Unterfränkische Geschichte

Unterfränkische Geschichte

Herausgegeben von
Peter Kolb und Ernst-Günter Krenig

Band 2
Vom hohen Mittelalter bis zum Beginn des konfessionellen Zeitalters

Im Auftrag des Bezirks Unterfranken

echter

Die Deutsche Bibliothek – CIP-Einheitsaufnahme

Unterfränkische Geschichte / hrsg. von Peter Kolb u. Ernst-Günter Krenig.
Im Auftr. des Bezirks Unterfranken. – Würzburg : Echter.
NE: Kolb, Peter [Hrsg.]
Bd. 2. Vom hohen Mittelalter bis zum Beginn des konfessionellen Zeitalters – 1992
ISBN 3-429-01459-X

Umschlaggestaltung: Ernst Loew
Gesamtherstellung: Echter Würzburg
Fränkische Gesellschaftsdruckerei und Verlag GmbH
ISBN 3-429-01459-X

Inhalt

Religion und Kirche

Bildung und literarisches Leben

Zum Geleit

»... sam die historien sagent, daz sind die geschrift von den geschichten in den landen und in den zeiten ...«
aus: Konrad von Megenberg (1309–1374), Buch der Natur

Das vorliegende Buch schlägt – im Anschluß an den vorangehenden Band – das nächste Kapitel »unterfränkischer« Geschichte auf: Er stellt dem Leser das Hoch- und Spätmittelalter vor Augen, indem er das historische Werden des heutigen Unterfranken vom beginnenden 13. Jahrhundert bis zur Reformation schildert. Eine für Unterfranken in besonderem Maße prägende Epoche gelangt damit zur Darstellung, entwickelten damals doch die das Land formenden Elemente jene strukturbildende Kraft, die auch heute noch in vielen Bereichen ablesbar ist. Jeder, der über die rund drei Jahrhunderte währende Epoche nähere Aufklärung sucht, vermag sich jetzt über die historische Genese dieses Raumes in kompakter Form zu informieren. In einer Zeit, in der die Geschichte erfreulicherweise wieder mehr und mehr Freunde gewinnt, verstehen wir das Buch als ein attraktives Angebot, sich den Wurzeln seiner fränkischen Heimat zu nähern, ihre Verästelungen zu verfolgen und den maßgeblichen Kräften ihres Wachstums nachzuspüren.
Der in der Tat außerordentliche Erfolg, den der vorangehende Band erzielen konnte – wenige Wochen nach seinem Erscheinen war er bereits vergriffen und heute befindet er sich in der dritten Auflage – bestätigt in beeindruckender Weise, daß Aufmachung, Darstellungsweise und Konzeption des Buches überzeugend gelungen sind. Der vorliegende Band 2 behält den in Band 1 vorgegebenen hohen Standard bei. Garanten dafür sind die Mitarbeiter, deren Zahl nunmehr auf 20 gestiegen ist. Ihre wissenschaftliche Reputation und ihre sorgfältige Arbeit bieten die sichere Gewähr für ein solides, gut lesbares Werk. Wir sind glücklich darüber, daß für alle Gebiete von der Politik bis zur Religion und von der Wirtschaft bis zum Geistesleben und zur Kunst renommierte Persönlichkeiten zur Mitarbeit gewonnen werden konnten. Vielen von ihnen bedeutete der Entschluß, zu diesem Bande einen Beitrag beizusteuern, eine zusätzliche Belastung zu den ohnehin schon zahlreichen Verpflichtungen ihres Berufes. Um so mehr haben wir ihnen für ihre Bereitschaft zu danken, sich der Bitte, Unterfrankens Weg ins 16. Jahrhundert mit aufzuzeichnen, nicht verschlossen zu haben.
Ein besonderes Wort des Dankes gehört auch diesmal wieder den beiden Herausgebern, den Herren Dr. Peter Kolb und Dr. Ernst-Günter Krenig,

denen die Verantwortung von der thematischen Konzeption bis zur drucktechnischen Fertigstellung oblag. Nur wer weiß, was es bedeutet, die Beiträge von 20 Mitarbeitern zeitgerecht zu einem Buch zusammenzufügen, vermag zu ermessen, was alles an Arbeit zu erbringen war. Ohne eine gehörige Portion Idealismus ist das nicht zu bewerkstelligen.
Doch Idealismus allein genügt nicht. Die Realisierung eines so anspruchsvollen Werkes wie des vorliegenden bedarf einer gesicherten finanziellen Basis. Der Bezirk Unterfranken hat diese im Bewußtsein seiner Verantwortung für die Geschichte und Kultur unseres Raumes großzügig geschaffen und es damit nicht nur ermöglicht, das Erscheines des Buches überhaupt sicherzustellen, sondern auch, es zu einem günstigen Preis auf den Markt zu bringen. Eine solche Haltung bedarf in Zeiten, in denen der Rotstift insbesondere im kulturellen Bereich unübersehbar seine Spuren hinterläßt, zu Recht der besonderen Hervorhebung. Der Bezirk verband damit die berechtigte Hoffnung, daß viele Bewohner und Freunde Unterfrankens das Angebot auch annehmen werden.
Mit dem beginnenden 16. Jahrhundert endet der vorliegende Band. Ein Teil der »unterfränkischen« Geschichte hat damit ihre adäquate Darstellung gefunden. Wir wünschen, daß der Band 2 beim Leser den gleichen Zuspruch wie der vorangehende finden möge. Das wäre für alle Beteiligten der schönste Lohn für ihre Arbeit.

Würzburg, im September 1992

Dr. Franz Gerstner
Bezirkstagspräsident

Dr. Franz Vogt
Regierungspräsident

Vorwort

Nach drei Jahren liegt nunmehr – wie geplant – Band 2 der »Unterfränkischen Geschichte« vor. Die überaus starke Nachfrage, die sein Vorgängerband hervorgerufen hat, war der beste Beweis dafür, daß ein solches Buch bisher gefehlt hat. Der jetzt vorliegende Band 2 schließt zeitlich bündig an den ersten Band an und erstreckt sich über den Zeitraum vom hohen Mittelalter bis zum Beginn des konfessionellen Zeitalters. Das sind – rein zeitlich betrachtet – »nur« rund drei Jahrhunderte, inhaltlich aber ergab sich gleichwohl eine wesentliche Erweiterung. Das liegt zum einen an den nun reichlicher fließenden Quellen, zum anderen aber an der zunehmenden Differenzierung des Stoffes.
So gesellt sich neben die chronologische Darstellung der politischen Ereignisse im weitesten Sinn in den heute Unterfranken darstellenden, ehedem selbständigen Herrschaftsgebieten – gewissermaßen wie Schuß und Kette – eine Reihe sachbezogener Themen. Die Kirche entfaltete sich in ihren seelsorglichen Institutionen. Die vielen Ordensgemeinschaften belebten untereinander konkurrierend das Bild. Das Volk suchte sich passende Formen zur Verwirklichung seiner Frömmigkeitsvorstellungen. Aus Überschwang und Mißverständnissen religiöser Gefühle entstehen ernste Gefahren für den gesellschaftlichen Frieden. Die soziale Vor- und Fürsorge wird sichtbar in den Spitälern. Die religiöse und geistige Bedeutung des Würzburger Judentums erscheint in neuem Licht. Die über Jahrhunderte hinweg praktizierte Landwirtschaft hatte auch die erste Strukturierung der Gesellschaft zur Folge. Jetzt treten neben Adel und Bauern, die in mannigfacher rechtlicher und sozialer Abstufung lebten, die Bürger der Städte. Eine Bildungslandschaft tritt uns entgegen mit verschiedenen Bildungseinrichtungen. Die deutsche Literatur hat in der staufischen Klassik ihre erste Hochblüte, auch in Unterfranken. Die lateinische Literatur lebt fort und mündet ein in den Humanismus, der europaweit durch unterfränkische Vertreter repräsentiert wird. Schließlich fassen sich die drei Jahrhunderte im Spiegel der Kunst zusammen. Auf diese Weise fand ein breites Spektrum all jener Ereignisse und Entwicklungen in den Vorgängerterritorien des heutigen Unterfranken ihren adäqaten Widerklang.
Eine solche Verzahnung bringt unausweichlich auch manche thematische Überlappung mit sich, die ganz bewußt nicht eliminiert wurde, wird es dadurch doch möglich, mit Gewinn das nämliche Thema aus unterschiedlichen Blickwinkeln zu betrachten und zu bewerten. Das alles hat freilich auch dazu geführt, daß Band 2 der Unterfränkischen Geschichte umfänglicher als sein Vorgängerband wurde, dem er in Zielsetzung und Darstel-

lungsweise folgt. Schließlich soll sich der Leser ohne Schwierigkeiten in beiden Bänden zurechtfinden.
Erneut hat sich gezeigt, daß ein solches Unternehmen ohne finanzielle Hilfestellung des Bezirks Unterfranken nicht machbar ist. Eingedenk seiner kulturellen Aufgabe hat der Bezirk Unterfranken auch diesmal wieder in ungewöhnlich großzügiger Weise das Entstehen des Buches finanziell mitgetragen. Er hat damit in beispielgebender Weise Kulturförderung betrieben und so breiten Schichten der Bevölkerung die Möglichkeit eröffnet, sich zuverlässig und schnell über die Vergangenheit ihrer Heimat zu informieren. Dafür sind ihm nicht nur die unmittelbar am Entstehen des Buches Beteiligten zu großem Dank verpflichtet, sondern ebenso all jene, denen Landesgeschichte im weitesten Sinn am Herzen liegt.
Ein herzliches Wort des Dankes gehört jenen Persönlichkeiten, die sich zur Mitarbeit an diesem Band bereit erklärt haben. Durch die Zunahme des Stoffes erhöhte sich naturgemäß auch die Zahl der Mitarbeiter ganz wesentlich. Jeder von ihnen hat durch seine fachliche Kompetenz dazu beigetragen, eine qualitätvolle Zusammenschau der Vergangenheit Unterfrankens zu erarbeiten.
Für die »Unterfränkische Geschichte« ein eingängiges, in sich schlüssiges Konzept zu verfassen, gelingt nicht ohne die hilfreiche Unterstützung Dritter. Stellvertretend für sie alle seien hier die Professoren Otto Meyer, Würzburg, Alfred Wendehorst, Erlangen, und Gerd Zimmermann, Bamberg, genannt. Ihr Rat und ihre kritische Mithilfe haben entscheidend dabei mitgewirkt, das Buch so zu machen, wie es jetzt vorliegt. Allen, die zur Bebilderung beigesteuert haben, sei schließlich ebenso gedankt wie den Damen und Herren des Echter Verlages, die mit Umsicht und Können das Buch zu Entstehen brachten.
Wer immer sich für die Vergangenheit des heute unterfränkischen Gebietes interessiert, mag das vorliegende Buch als eine Einladung verstehen, auf Entdeckungsreise zu gehen. Er wird auf vieles ihm Unbekannte stoßen. Wir wünschen allen, die dies tun, ein in jeder Hinsicht ungetrübtes Lesevergnügen.

Würzburg, am 14. Oktober, dem Tage des hl. Burkard, 1992

Peter Kolb *Ernst-Günter Krenig*

DIE TERRITORIALEN HERRSCHAFTEN

Walter Scherzer

Das Hochstift Würzburg

1. *Der Ausbau des Hochstifts unter den Bischöfen aus dem Hause Lobdeburg*

1.1 Die Situation vor den Lobdeburgern

Das Hochstift Würzburg wurde in der ersten Hälfte des 13. Jahrhunderts von den kraftvollen Bischöfen Otto I. (1207–1223) und Hermann I. von Lobdeburg (1225–1254) geprägt. Das edelfreie Geschlecht, das sich nach der Lobdeburg bei Jena benannte, war ursprünglich in Auhausen a. d. Wörnitz ansässig, wo die Lobdeburger ihr Hauskloster hatten. Mit Recht bezeichnet man diese beiden Bischöfe, Onkel und Neffen, als die Begründer des »ersten großen Territorialstaats in Franken«.[1] Die Wurzeln zu dieser Entwicklung reichen freilich weit in die Vergangenheit zurück. Bischof Heinrich I. (995/996–1018), der durch seine Beziehungen zu den deutschen Herrschern Otto III. und Heinrich II. den Besitz seiner Herrschaft beträchtlich mehren konnte,[2] Bischof Embricho (1127–1146), der die innere Struktur seines Hochstifts durch Förderung der überörtlichen Verkehrswege ausbaute (Bau der Steinbrücke zu Würzburg, Gründung der Stadt Ochsenfurt und vielleicht schon Bau der in diese Stadt führenden Brücke)[3] und zuletzt Bischof Konrad I. von Querfurt (1198–1202), der im Zuge seiner Zeit den Marienberg befestigt und den Grundstein für den bischöflichen Herrschaftssitz in der Burg über der Stadt gelegt hatte, sind hier zu nennen. Grundlage für diese Politik war das bis zum Investiturstreit in der Regel ungetrübte, seit dieser Zeit aber zeitweise gestörte Verhältnis zu den deutschen Königen und Kaisern. Das Hochstift Würzburg war als Reichsbistum nicht zuletzt wegen seiner Mittellage zwischen West und Ost sowie zwischen Nord und Süd des Reiches eine feste Komponente in der königlichen Politik. Seine Oberhirten kamen vor der Übernahme des Bischofsamtes häufig aus dem königlichen Verwaltungsdienst, waren als Bischöfe zur Teilnahme an den Heerfahrten der deutschen Herrscher verpflichtet und boten diesen in der Stadt Würzburg wiederholt die Möglichkeit zu kürzerem oder längerem Aufenthalt bei ihren Reisen durch das Reich.

1.2 Papst Innozenz III., der deutsche Thronstreit und das Bistum Würzburg

1197/98 trafen mehrere Todesfälle zusammen, die auch das Hochstift Würzburg entscheidend berührten. Im April 1197 starben Würzburgs Bischof Heinrich III. und nach kurzer Regierungszeit auch sein Nachfolger Gottfried II. (September 1197). Am ersten Weihnachtsfeiertag des gleichen Jahres schied der Stauferkaiser Heinrich VI. aus dem Leben. Am 8. Januar 1198 ereilte Papst Cölestin III. das gleiche Schicksal. Seine Nachfolge trat noch am gleichen Tag Innozenz, als Papst der dritte dieses Namens, an. Nachfolger im Amt des verstorbenen Kaisers wurde, nachdem dessen Sohn Friedrich wegen seiner Jugend keine Aussicht hatte, gewählt zu werden, der Bruder Heinrichs VI., Philipp von Schwaben. Eine Opposition unter Führung des Kölner Erzbischofs Adolf kürte jedoch den Welfen Otto von Braunschweig. Auf den vakanten Würzburger Bischofsthron aber wählte das Domkapitel den Hildesheimer Bischof Konrad I. von Querfurt, Kanzler des verstorbenen Kaisers Heinrich VI. und nun auch des Königs Philipp von Schwaben. Keine Frage, daß Papst Innozenz III. angesichts der schwierigen Auseinandersetzungen mit den Staufern sich sowohl gegen Philipp von Schwaben als auch gegen dessen Kanzler Konrad von Querfurt und für König Otto IV. entschied. War Bischof Konrad zunächst Anhänger des Staufers Philipp und unternahm, vielleicht sogar auf Wunsch seines Königs, noch in der ersten Hälfte des Jahres 1200 eine Reise nach Rom, um wegen der doppelten Führung der bischöflichen Ämter zu Hildesheim und Würzburg des Papstes Absolution zu erhalten, so scheint er sich dort der päpstlichen Politik geöffnet zu haben. Wenn dies so war, dann wurde das in den nächsten Monaten noch nicht publik. König Philipp scheint jedoch argwöhnisch geworden zu sein und hatte seinen Kanzler Ende des Jahres 1201 seines Amtes entsetzt. Der offene Abfall Konrads vom König erfolgte jedoch wohl erst im Herbst des Jahres 1202, was Philipp zu einer schnellen Expedition nach Würzburg veranlaßte. Dort angekommen, konnten ihm Klerus und Volk nur noch »die abgeschlagene Hand und die blutigen Kleider« des ermordeten Bischofs entgegentragen.[4]

Die Gründe, die Bischof Konrad zum Abfall von König Philipp und zum Übertritt in das Lager von Papst Innozenz III. veranlaßt haben, sind nicht bekannt. Aber könnte nicht die Sorge um das Wohl des ihm anvertrauten Bistums und Hochstifts Anlaß zu diesem Parteienwechsel gewesen sein? Die Ereignisse unter den nur wenige Jahre später folgenden Bischöfen aus dem Geschlecht der Lobdeburger scheinen diese Deutung zu unterstützen, hatte doch schon Konrad von Querfurt mit der Befestigung nicht nur des Marienbergs, sondern auch mit dem Ausbau des Castrums Freudenberg und vor allem mit der planmäßigen Anlage der Stadt Karlstadt mehr als seine Vorgänger die Hinwendung zur Territorialpolitik erkennen lassen.[5]

1.3 Bischof Otto I. von Lobdeburg (1207–1223) in der Auseinandersetzung zwischen Staufern und Welfen

Nach dem grausamen Ende Bischof Konrads I. von Querfurt kam mit Heinrich IV. (Caseus; 1202/03–1207) wieder ein Anhänger König Philipps auf den Stuhl des heiligen Burkard. Die Wahl des neuen Bischofs, die wenige Wochen nach der Ermordung seines Vorgängers vorgenommen worden war, erfolgte in Gegenwart des Königs. Während der nur kurzen Regierungszeit des Bischofs – er starb bereits Mitte des Jahres 1207 – weilte König Philipp zweimal in Würzburg. Bei dessen Besuch im Oktober 1206 war der Bischof jedoch abwesend, da ihn bei seiner Rückkehr von den oberösterreichischen Hochstiftsbesitzungen Anhänger des Gegenkönigs Otto IV. gefangengenommen hatten. Nach seiner Befreiung fand Heinrich im Kloster Auhausen a.d. Wörnitz Zuflucht. Dafür befreite er bei seiner Rückkehr nach Würzburg die Besitzungen des Klosters zu Frickenhausen a.M. – in erster Linie wohl Weingärten – von allen Abgaben.
Bischof Heinrich starb 1207. Zum Nachfolger wählte das Domkapitel einstimmig seinen Propst Otto von Lobdeburg (1207–1223).[6] Von Beginn an befand sich Bischof Otto auf Distanz zu König Philipp. Nur zweimal ist er in der Umgebung des Königs nachweisbar. Einen Auftrag des Papstes an Philipp konnte der Bischof nicht mehr ausführen, da der König am 21. Juni 1208 zu Bamberg von Pfalzgraf Otto von Wittelsbach ermordet worden war, eine Tat, die mit dem Thronstreit in keiner Weise zusammenhing. Doch auch zu König Otto IV. hatte sich der Bischof zunächst abwartend verhalten. Dies änderte sich vorerst auch nicht nach dem Tod von König Philipp. Vielmehr machte er seine Zustimmung für Otto IV. von der Wiedergutmachung der Schäden, die dem Hochstift durch Kaiser Heinrich VI. und König Philipp entstanden waren, abhängig, eine Forderung, die König Otto erfüllt zu haben scheint, da in der Folge der Bischof in der Umgebung des Königs zu finden ist.
Nach dem Tod seines staufischen Gegners vollzog König Otto IV. eine entscheidende Wende in seiner Politik. Zunächst gab er auf einem Hoftag zu Würzburg im Mai 1209 die Verlobung mit König Philipps Tochter Beatrix bekannt und gewann damit zahlreiche Anhänger der staufischen Partei. Im Juli zog der König über den Brenner nach Rom, um sich dort von Papst Innozenz zum Kaiser krönen zu lassen. Bischof Otto begleitete ihn. Schon auf dem Zug dorthin huldigten dem Welfen die lombardischen Städte wie einst den Staufern. Ansprüche des Papstes auf Anerkennung

päpstlicher Kirchengüter wies der König zurück, eine Haltung, die er auch nach seiner Krönung zum Kaiser nicht änderte. Die Folge war der Bannstrahl des Papstes gegen den Kaiser und die Lösung der Fürsten vom Treueid gegenüber ihrem Herrscher. Dennoch blieb Bischof Otto zunächst im Umkreis des Kaisers und war auch gegen eine Wahl des Staufers Friedrich II. zum König – eine Wahl, die von Erzbischof Siegfried von Mainz 1212 betrieben wurde. Darauf entsetzte der Mainzer Metropolit den Würzburger Bischof seines Amtes, was die Herren von Ravensburg wiederum veranlaßte, den Bischof aus der Stadt zu vertreiben und ihren Verwandten, den Domkanoniker Heinrich von Ravensburg, einen Neffen des Mörders von Bischof Konrad von Querfurt, als Bischof einzusetzen. Rückeroberung der Stadt, Vertreibung der Ravensburger und Zerstörung ihrer Stammburg ermöglichten dem Bischof mit päpstlicher Unterstützung die Rückkehr nach Würzburg.

Ende des Jahres 1212 zog der junge Staufer Friedrich über die Alpen nach Deutschland, wo er als der puer Apuliae, das Kind von Pulle, begeistert begrüßt wurde. Vor seiner Abreise hatte Friedrich die Unterstützung des Papstes durch für diesen günstige Verträge und Abmachungen abgesichert. Sie wurden für seinen Gegner Otto IV. zum Anlaß, den jungen Staufer später als Pfaffenkönig zu bezeichnen.

Die Abwendung Friedrichs II. von der Politik seiner staufischen Vorgänger und die Unterstützung Friedrichs durch den Papst bewog auch Bischof Otto, sich für den Jüngling, der am 5. Dezember 1212 in Frankfurt zum König gewählt worden war, zu entscheiden. Im Juli 1213 hält sich der Bischof in der Umgebung des Königs auf und bezeugt die Goldene Bulle von Eger, eine Urkunde, mit der auch die deutschen Fürsten die von Friedrich vor seiner Abreise aus Italien der Kurie gemachten Zugeständnisse bestätigten. In den nächsten Jahren finden wir den Würzburger Bischof im Umkreis des Königs. Er unterstütze ihn auf den Feldzügen gegen Kaiser Otto und erhielt, als Friedrich 1216 zu einem Hoftag in Würzburg weilte, von diesem für seine Kirche das Spolien- und Regalienrecht. Dadurch wurde der Geistlichkeit die freie Bestimmung über ihren Nachlaß ermöglicht. Der Bischof erhielt zudem das Recht, über die dem König reservierten Rechte wie z. B. über Zoll und Münze zu verfügen. 1219 begleitete Bischof Otto den König nach Goslar, wo dieser die Reichsinsignien übernahm.[7] Zum letzten Mal finden wir Bischof Otto im Juli 1220 zu Augsburg im Gefolge des Königs. Vermutlich dort wurde er auch in den Vormundschaftsrat für des Königs Erstgeborenen Heinrich berufen. Wenige Wochen später zog Friedrich II., nachdem er seinen Sohn von den deutschen Reichsfürsten zum König hatte wählen lassen und alle Angelegenheiten in Deutschland geordnet glaubte, wieder über die Alpen nach Süden. Inzwischen war

Papst Innozenz III. 1216 gestorben. Sein Nachfolger wurde der Kardinal und Kämmerer der römischen Kirche Cencius aus dem Haus Savelli, der als Honorius III. den päpstlichen Stuhl bestieg (1216–1227). Er, ein alter und abgeklärter Mann, der sich um die kurialen Finanzen verdient gemacht hatte, war das ganze Gegenteil seines Vorgängers.
Bischof Otto I. von Lobdeburg hatte eine wechselvolle Politik betrieben. Vorsichtiges Taktieren gegenüber König Philipp, Parteinahme für Kaiser Otto IV., dann Ablehnung des Kaisers und Hinwendung zu Friedrich II. und zu dessen Sohn Heinrich (VII.), den er 1222 zur Krönung nach Aachen begleitet hatte. Doch Richtschnur war für Bischof Otto das Verhältnis zum Papst. Nicht Bischof Otto hatte die Parteien gewechselt, sondern die Stellung der deutschen Herrscher zu Innozenz III. hatte ihn in seiner Politik bestimmt. Daß der Bischof des machtvollen Papstes Entscheidungen jedoch nicht kritiklos übernommen hatte, läßt die zunächst nur zögerliche Hinwendung zu König Otto nach dem Tode König Philipps von Schwaben vermuten. Die territorialen Interessen seines Stifts hatten hierbei den Vorrang, die er, wie die Vertreibung der Ravensburger aus der Stadt und dem Hochstift zeigt, auch militärisch zu verteidigen wußte. Auch der Verkauf der oberösterreichischen Besitzungen des Hochstifts darf ihm nicht nachteilig zugemessen werden, hatten doch seine bischöflichen Vorgänger diesen Besitz schon längst verpfändet.
Das von Friedrich II. noch vor seiner Rückkehr nach Italien auf dem Hoftag zu Frankfurt im April 1220 erlassene Reichsgesetz zugunsten der geistlichen Fürsten (Confoederatio cum principibus ecclesiasticis) hatte den Ausbau der geistlichen Herrschaften wesentlich gefördert, wurde doch damit das dem Bischof schon 1215 verliehene Spolien- und Regalienrecht wesentlich erweitert. Indem der König auf wichtige Rechte seiner Herrschaft verzichtete, wurde die ›Confoederatio‹ zur Magna Charta der geistlichen Fürsten. Freilich darf man nicht verkennen, daß viele der in dieser Urkunde aufgeführten Rechte bereits in früherer Zeit durch Sonderverträge den Fürsten gewährt oder durch stillschweigende Usurpation von den Fürsten vereinnahmt worden waren.

1.4 Bischof Hermann I. von Lobdeburg (1225–1254) – König Heinrich (VII.) – Kaiser Friedrich II.

Nach Bischof Ottos Hinscheiden hatte das Domkapitel seinen Mitkanoniker Dietrich von Hohenberg (Homburg a. d. Wern; 1223–1225) wohl noch Ende des Jahres 1223 zum Bischof gekürt. Er vermochte dieses Amt jedoch nur wenig länger als ein Jahr auszuüben. So schritten die Domherren, seit dem 12. Jahrhundert das Ratskollegium des Bischofs, 1225 erneut zur

Wahl. Schon unter Bischof Otto hatte das Domkapitel dessen Handlungsfreiheit beschnitten, hatte doch der Bischof durch sein Engagement im Königsdienst die Finanzen des Hochstifts stark strapaziert. 1216 machte ihm daher das Domkapitel zur Auflage, die bischöfliche Hofhaltung einzuschränken und in Vermögensangelegenheiten nichts ohne Billigung seiner Mitbrüder zu unternehmen. Bevor nun das Domkapitel 1225 zur Neuwahl schritt, einigten sich die Domherren in einer Wahlkapitulation auf gewisse Grundsätze, die der Gewählte zu beschwören und während seiner Regierung zu beachten hatte. Die Wahlkapitulation von 1225 war die erste einer langen Reihe ähnlicher Dokumente, mit welchen das Domkapitel seinen Anspruch auf Mitsprache in der Regierung des Bischofs bekundete. Mit den Wahlkapitulationen äußerte sich zugleich das Selbstbewußtsein des Domkapitels, das erst seit dem 12. Jahrhundert im Besitz der freien Bischofswahl war.[8]

Wie schon sein Onkel, Bischof Otto, so war auch Bischof Hermann in den ersten Jahren seiner Regierung vor allem in der Umgebung des jungen Königs Heinrich (VII.) zu finden. Im Spätherbst 1225 nahm er in Bamberg an Heinrichs Hochzeit mit der Babenbergerin Margarethe teil. Im Frühjahr 1226 begleitete er den König zu dem von Friedrich II. in Cremona ausgeschriebenen Hoftag und nahm teil an der im März 1227 erfolgten Krönung von Heinrichs Gattin zu Aachen. Nach 1228 ist jedoch des Bischofs Anwesenheit bei König Heinrich seltener nachzuweisen. Das mag Zufall oder mit den innerterritorialen Auseinandersetzungen des Bischofs mit den Henneberger, Casteller, Rienecker und Wertheimer Grafen zu begründen sein. Möglich aber auch, daß Heinrichs städte- und ministerialenfreundliche, gegen die Fürsten gerichtete Politik zu einer gewissen Zurückhaltung geführt hatte, eine Politik, mit der auch Heinrichs Vater Friedrich II. keinesfalls einverstanden war. Angesichts der Differenzen mit Papst Gregor IX. in Italien war der Kaiser auf das Wohlwollen der deutschen Fürsten angewiesen, hatten diese sich doch im Sommer 1230 in die Friedensverhandlungen von S. Germano bzw. Ceprano zwischen Papst und Kaiser vermittelnd eingeschaltet.

So kam es im Frühjahr 1231 zum Reichstag in Worms, auf dem der junge König das ›Statutum in favorem principum‹ verabschiedete, das, noch über den Inhalt der für die geistlichen Fürsten 1220 erlassenen ›Confoederatio‹ hinausgehend, nun den weltlichen und geistlichen Fürsten Freiheiten einräumte, die wesentliche Rechte der Landesherren festgeschrieben haben. Erstmals spricht der Urkundentext von den *domini terrae*, den Landesherren. Bischof Hermann scheint an dem Zustandekommen dieses Reichsgesetzes maßgeblich beteiligt gewesen zu sein, enthält es doch in Paragraph 7 starke Hinweise auf die würzburgische Rechtssprache.[9]

Das ›Statutum‹, von König Heinrich erlassen, hielt diesen keineswegs von seiner bisherigen Hinwendung zu den Städten und Ministerialen ab. Der Konflikt mit dem Kaiser schien vorprogrammiert. Vater und Sohn trafen sich 1232 in Aquileia und Cividale, wohin Bischof Hermann König Heinrich begleitet hatte und wo er zusammen mit anderen Fürsten sich für Heinrichs Einhaltung der vom Kaiser diktierten Auflagen verbürgte. Gleichzeitig bestätigte Friedrich den Fürsten die von seinem Sohn in Worms gemachten Zusagen im ›Statutum‹. Wiederholt ist Hermann von Lobdeburg in den folgenden Jahren am Hofe des Königs. 1234 trafen sich beide zweimal in Würzburg. Auch übernahm der Bischof im Auftrag Heinrichs eine Reise zu König Ludwig IX. von Frankreich. Trotz dieser engen Bindung zwischen Bischof und König rissen des Bischofs Beziehungen zum Kaiser nicht ab. Sowohl nach Aquileia und Cividale als auch nach der Absetzung König Heinrichs durch Kaiser Friedrich im Juli 1235 ist Bischof Hermann im Gefolge des Kaisers nachweisbar und an dessen militärischen Aktionen beteiligt. Eine gewisse Zurückhaltung des Bischofs gegenüber dem Kaiser ist allerdings nicht zu übersehen. Auch waren die Verbindungen zwischen Bischof und Papst nie abgerissen. Im Mai 1240 versprach Hermann von Lobdeburg dem Papst seine Hilfe bei der Durchsetzung der 1230 zwischen Kaiser und Papst im Frieden von S. Germano/Ceprano getroffenen Vereinbarungen. Als dann der Kaiser durch das Konzil zu Lyon am 17. Juli 1245 gebannt worden war und Papst Innozenz IV. (1243–1254) den Bischof aufforderte, sich an der Wahl des thüringischen Landgrafen Heinrich Raspe zum neuen König zu beteiligen, hatte Bischof Hermann dem Kandidaten zugestimmt. Die Wahl fand, da die Bürger Würzburgs zu den Staufern hielten, im benachbarten Veitshöchheim statt. 1247 nach dem frühen Tod Heinrich Raspes gehörte Bischof Hermann auch zu den Befürwortern des der Kurie genehmen Gegenkönigs Wilhelm von Holland.

1.5 Die territorialen Erwerbungen Bischof Hermanns I. von Lobdeburg

Überblickt man die wechselvolle Haltung Bischof Hermanns im Spiel der großen politischen Mächte, so scheint er bei Abwägung der realen Möglichkeiten jeweils die für sein Hochstift günstigste Lösung ergriffen zu haben. Möglich, daß er für König Heinrich gewisse Sympathien empfand. Doch als Kaiser Friedrich seinen Sohn zur Abdankung zwang, ist der Bischof im Umkreis des Kaisers zu finden. Als aber Kaiser Friedrich II. den Zenit seiner Macht überschritten hatte und sich Glück und Erfolg Papst Innozenz IV. zuneigten, wechselte Bischof Hermann auf die Seite des Papstes und seiner Gegenkönige. Betrachten wir die verschlungenen Wege der bischöflichen Politik, so hatte – wie schon bei Bischof Otto I. von Lobdeburg –

auch bei seinem Neffen der Ausbau des ihm anvertrauten Territoriums Vorrang. Mehr noch als bei seinem Onkel waren Bischof Hermanns Bemühungen vom Erfolg gekrönt.
Zahlreiche Burgen, diese in der Regel Mittelpunkt kleinerer Herrschaften edelfreier Herren, ließ sich Bischof Hermann schon bald nach seinem Regierungsantritt von deren Besitzern teils freiwillig, teils mit Zwang zu Lehen übertragen oder durch Kauf übereignen. Dazu gehörten u. a. die Burgen Langenburg (bei Crailsheim), Raueneck (Lkr. Haßberge), Endsee (bei Ansbach), Lauer (bei Münnerstadt), Wildberg und Sternberg (bei Königshofen i. Gr.), Stolberg (bei Oberschwarzach) und Werneck. Nicht wenige dieser Burgensitze wurden seit dem späten Mittelalter zu Kristallisationspunkten bischöflicher Landämter. Ganze Besitzkomplexe gewann der Bischof im Kampf mit den Grafen von Rieneck und Henneberg, diese wie der Bischof um den Ausbau ihrer Landesherrschaft bemüht. Von den ersteren bekam er 1243 das halbe Dorf Gemünden a. Main. Die Auseinandersetzungen mit den Hennebergern waren langwieriger. Von der hennebergischen Seitenlinie der von Botenlauben, vertreten durch den Minnesänger Otto von Botenlauben und seinen gleichnamigen Sohn, konnte Hermann von Lobdeburg zwischen 1228 und 1242 mit der Stammburg Botenlauben und den Burgen Hildenberg und Lichtenberg den dazu gehörigen reichen Grundbesitz käuflich erwerben. Um die Kaufsumme aufzubringen, verpfändete der Bischof seinem Domkapitel die Münze und weitere Einkünfte des Hochstifts. Die Hauptlinie der Henneberger hatte noch unter Bischof Otto von Lobdeburg auf Meiningen und Mellrichstadt verzichtet. Da jedoch das Domkapitel der damaligen Vereinbarung mißtraute, hatte es in der Wahlkapitulation von 1225 dessen Neffen das Versprechen abverlangt, beide Städte gegen hennebergische Forderungen zu schützen. Bischof Hermann konnte, obwohl 1228 im Kampf gegen Graf Poppo von Henneberg und gegen den mit diesem verbündeten Bischof Eckbert von Bamberg unterlegen und trotz starker Bedrängnis durch die Casteller und Wertheimer Grafen, sich aus dieser mißlichen Lage befreien und vor allem die Henneberger in ihrer Machtposition im Norden des Hochstifts empfindlich schwächen. Noch in den vierziger Jahren verzichtete Graf Poppo auf das von den Hennebergern seit dem Ende des 11. Jahrhunderts ausgeübte Burggrafenamt zu Würzburg, mit dem die Hochstiftsvogtei verbunden war. Diese war allerdings seit den Reichsgesetzen von 1220 und 1231/32 kaum mehr von Bedeutung. Als dann in einem Vertrag von 1250 die Grafen Hermann und Poppo von Henneberg sowie Graf Friedrich zu Castell sich als Vasallen und Amtsträger (*fideles et officiati*) dem Recht und Gericht des Bischofs unterordneten, war das fast mit einer Unterwerfung unter Herrschaft und Jurisdiktion des Bischofs gleichzusetzen.[10]

Was Bischof Hermann I. von Lobdeburg im Norden des Hochstifts gelungen war, hatte im Süden nur ansatzweise Erfolg. Dort schloß Bischof Hermann mit dem bischöflichen Vogt über Stadt und Stift Ansbach, Rudolf von Dornberg, 1246 einen Vertrag, der den Dornbergern die weibliche Erbfolge über das einst bischöfliche Amt Ansbach sicherte. Die weibliche Erbfolge führte letzten Endes dazu, daß 1331 die zollernschen Burggrafen zu Nürnberg das Dornberger Erbe in und um Ansbach erwarben und sich in diesem Gebiet noch im späten Mittelalter und in der Neuzeit zu ernsthaften Rivalen der Bischöfe von Würzburg entwickelten.[11]
Wenig Erfolg hatte Bischof Hermann im Kampf mit der nach Autonomie und Selbstverwaltung strebenden Bürgerschaft der Stadt Würzburg. Sie hatte 1245 vor dem Bischof und Heinrich Raspe die Tore verschlossen, so daß dessen Wahl zum Gegenkönig Kaiser Friedrichs II. in Veitshöchheim abgehalten werden mußte. Bischof Hermann hatte daher angesichts der staufertreuen Bürgerschaft seinen Wohnsitz auf die Marienburg verlegt, wo er seit Beginn der vierziger Jahre nachweisbar ist.[12]

2. *Fortschritte im weiteren Ausbau des Territoriums*

2.1 Schwierige Jahre. Bischof Iring von Reinstein-Homburg (1254–1265)

Mit Recht darf Bischof Hermann I. von Lobdeburg als Schöpfer des Würzburger ›Staates‹ bezeichnet werden.[13] Dennoch überschatteten die Auseinandersetzungen mit den Bürgern der Stadt Würzburg die letzten Jahre seiner Regierungszeit. Ursache hierfür war nicht nur der politische Gegensatz zwischen dem auf den Ausbau seines Hochstifts bedachten Bischof und der stauferfreundlichen Bürgerschaft, sondern auch Übergriffe der Stadt in die geistlichen Immunitäten. Verhängung des Interdikts durch den Bischof und letztlich sogar des Papstes über die Stadt waren die Folgen. Als Hermann I. von Lobdeburg am 3. März 1254 starb, war jedoch damit das Problem mit der widerborstigen Bürgerschaft keineswegs gelöst. Zudem hatte Papst Innozenz IV. schon vor dem Tod des Lobdeburgers im Falle der Erledigung des Bischofsstuhles die Neuwahl eines Nachfolgers untersagt und sich die Provision des Speyerer Elekten Graf Heinrich von Leiningen, Kanzler des vom Papst begünstigten Königs Wilhelm von Holland, vorbehalten. Zwar hatte sich das Domkapitel am 23. August 1253 vom Papst das freie Wahlrecht ausdrücklich bestätigen lassen,[14] doch dies galt nun nicht mehr. Rasch schritt daher das Domkapitel zur Neuwahl, die einstimmig auf Iring von Reinstein-Homburg (1254–1265) fiel. Das Domkapitel nahm sich nicht einmal die Zeit, um für den künftigen Elekten eine Wahlkapitulation auszuhandeln. Noch im April 1254 wurde der Elekt vom Mainzer Metropoliten zum Priester und am Tag darauf (Ostersonntag = 12. April), ohne die königliche Investitur erhalten zu haben, zum Bischof geweiht. Die Stadt Würzburg hielt allerdings zu dem von Papst providierten Bischof Heinrich von Leiningen, empfing ihn Pfingsten 1255 jubelnd in ihren Mauern, nachdem sie zuvor Bischof Iring aus der Stadt vertrieben hatte. Dies war freilich angesichts der bisher stauferfreundlichen Bürgerschaft eine merkwürdige Situation.

Inzwischen war Papst Innozenz IV. Anfang Dezember 1254 zu Perugia gestorben. Sein Nachfolger Alexander IV. (1254–1261) hielt sich jedoch nicht mehr an die Festlegung seines Vorgängers und entschied auf Grund eines Urteils seiner Kardinäle für Bischof Iring, der inzwischen an der Kurie seine Ansprüche persönlich vorgetragen hatte. Alle bisher von Bischof Heinrich für das Bistum Würzburg getroffenen Entscheidungen wurden für nichtig erklärt, er selbst für seine Unkosten mit Geld abgefunden.

Der Gegenzug der Stadt ließ jedoch nicht lange auf sich warten. Noch während der Verhandlungen an der Kurie trat sie dem rheinischen Bund, hervorgegangen aus städtischen Vereinigungen zur Wahrung des Landfriedens und seit 1254 auch für den Beitritt fürstlicher und gräflicher Mitglieder offen, bei. Auch Bischof Iring wurde Mitglied des Bundes, zumal die Stadt Würzburg 1256 Austragungsort der Bundesversammlung war. Doch die Spannungen zwischen Bischof und Stadt ließen sich nicht überbrücken und dauerten bis zum Ende der Regierung Bischof Irings an. Dank guter Beziehungen zu den benachbarten Territorialherren der Henneberger, Rienecker und Casteller kam es im Oktober 1261 und – als die Bürgerschaft auch weiterhin gegen den Bischof opponierte – noch einmal 1265 zu für die Stadt ungünstigen Verträgen.[15] Sie hatte dem Bischof Siegel und Stadtschlüssel zu übergeben und ihm eine finanzielle Entschädigung zu zahlen. Außerdem waren Zünfte, Stadtrat und Bürgermeister von der Zustimmung des Bischofs abhängig. Der Vertrag von 1265 kam unter Vermittlung des zwischen 1263 und 1267 in Würzburg weilenden Dominikanermönchs und großen scholastischen Gelehrten Albertus Magnus zustande.[16]

Trotz der ständigen Querelen mit Würzburgs Bürgerschaft hatte Bischof Iring die geistlichen Belange seiner Diözese keineswegs vernachlässigt. Hervorzuheben bleibt die Fürsorge für Klöster und Stifte, deren wirtschaftliche Basis er durch Inkorporierung von Pfarreien zu stärken versuchte. Davon profitierten vor allem die geistlichen Institutionen innerhalb der Stadt, die durch die Bürgerschaft geschädigt worden waren. Erstmals fanden unter ihm wieder Diözesansynoden statt. Der Volksfrömmigkeit diente die Transferierung der Gebeine seines großen Vorgängers Bruno

(1034–1045), der im Volk große Verehrung genoß, gleichwohl aber niemals heiliggesprochen worden ist. Dem gleichen Ziel mag auch die Erlaubnis zur Gründung eines Konvents der Augustinereremiten in Würzburg gedient haben.[17]

Bischof Iring hat in der Literatur kein allzu günstiges Urteil bekommen.[18] Das mag stimmen, wenn man ihn an den Erfolgen seiner Vorgänger Otto und Hermann von Lobdeburg mißt. Doch darf man nicht übersehen, daß Bischof Iring Verhältnisse vorfand, die schon die letzten Jahre seines Vorgängers Hermann überschattet hatten und mit denen er sich zeit seiner Herrschaft auseinanderzusetzen hatte. Zudem fehlte ihm die Stütze einer starken weltlichen Herrschernatur, die ihm, wie vielen seiner Vorgänger, hilfreich hätte zur Seite stehen können, fällt doch seine Regierungszeit bereits in die Jahre des Interregnums.

2.2 Das Hochstift während des Interregnums nach Bischof Iring. Sedisvakanz und Doppelwahl

Nach dem Tod Bischof Irings konnte sich das Domkapitel nicht auf die Wahl eines Nachfolgers einigen. Drei Kandidaten aus den eigenen Reihen standen zur Auswahl. Eine trimberg-sternbergische Mehrheit sah sich einer hennebergischen Partei gegenüber. Keiner konnte die Oberhand gewinnen. Dazu fehlte auch eine starke Hand, die wie früher die Wahl von außen beeinflußt hätte. Das deutsche Königtum war durch die Doppelwahl von 1257 zwischen den Ausländern Alfons von Kastilien und Richard von Cornwall kaum handlungsfähig, das Papsttum durch die staufischen Endkämpfe um das Königreich Sizilien gefesselt und zudem nach dem Tod von Papst Clemens IV. Ende November 1268 durch die französisch-italienische Rivalität im Kardinalskollegium fast drei Jahre führungslos. Erst im September 1271 gelangte mit Gregor X. ein Italiener auf den Papststuhl. So kam es an der Spitze des Bistums zu einer Vakanz von zwanzig Monaten. Erstmals in der Geschichte des Bistums mußte mit dem Domkustos Otto von Lobdeburg ein Kapitelsvikar eingesetzt werden.

Der Zwiespalt der Parteien im Domkapitel konnte freilich nicht beendet werden, sondern führte 1266 am Tag des heiligen Cyriacus (8. August) zum Treffen bei Kitzingen, der Überlieferung nach am Mühlberg südlich der Stadt; auf der einen Seite die trimberg-sternbergische Mehrheit des Domkapitels, verbunden mit den Herren von Hohenlohe und der Würzburger Bürgerschaft, auf der gegnerischen Seite Graf Hermann von Henneberg, ihm angeschlossen sein Neffe Heinrich Graf zu Castell. Sieger blieb die trimberg-sternbergische Partei, die in diesen Kampf mit der heute noch im Mainfränkischen Museum zu Würzburg verwahrten riesigen Kiliansfahne (ca. 5 m × 3 m) gezogen war (Farbbild S. 161).[19] Diesem Banner das man, wie seit alters üblich, auf einem Fahnenwagen in den Kampf mitgeführt hatte, soll nach der fabulösen Ausschmückung späterer Chronisten die siegreiche Kapitelsmehrheit den Sieg verdankt haben. Wurde das Treffen später in seiner Bedeutung für das Hochstift auch stark überschätzt,[20] so ist das Ereignis dennoch als Versuch der Henneberger zu werten, ihren seit dem Verlust der Burggrafenwürde geschwundenen Einfluß im Hochstift wieder herzustellen (vgl. 1.5). Für die Grafen zu Castell aber brachte der Kampf letztlich eine Wende in der Geschichte ihrer Grafschaft. Durch die Beteiligung des Castellers Heinrich auf seiten der hennebergischen Verlierer ruhte die Zukunft Castells künftig allein auf den Schultern von Heinrichs jüngerem Bruder Hermann. Er hatte sich nicht aktiv an der Auseinandersetzung beteiligt. Noch vor 1266 hatten Heinrich und Hermann die Grafschaft geteilt. Jeder ging in den folgenden Jahren seine eigenen Wege. Zweifellos war Heinrich der aktivere von beiden. Doch mit seiner Aktivität hatte er nach der Teilung sein Erbteil vertan. Ein Großteils seines Besitztums kam zuerst pfandweis, dann aber nach dem Tod seines Sohnes noch vor 1330 irgendwo im Welschland für immer in den Besitz der zollernschen Burggrafen und späteren Markgrafen von Brandenburg-Ansbach. Letztere hatten damit ihren Anteil an der Süd- bzw. Süd-West-Flanke des Hochstifts mehren können und wurden seit dem 15. Jahrhundert zu hartnäckigen Rivalen der Würzburger Fürstbischöfe. Für die Grafschaft Castell bedeutete der Verlust der Hälfte der Herrschaft letzten Endes den Rückzug aus dem Spannungsfeld der Mainlinie nach Osten in den Steigerwald.[21]

Das, was die Kontrahenten sich durch die kriegerische Auseinandersetzung erhofft hatten, das Ende der Vakanz, trat dennoch nicht ein. Erst ein knappes Jahr später wählte man neu. Immer noch war das Domkapitel in die Parteien Trimberg-Sternberg und Henneberg gespalten. So kam es zur Doppelwahl zwischen Dompropst Poppo III. von Trimberg und dem Mitkanoniker Berthold I. von Henneberg. Dieser, obwohl von einer Minderheit gewählt, wurde vom Mainzer Metropoliten zum Priester und Bischof geweiht, während Poppo von Trimberg an Papst Clemens IV. appellierte. Noch Ende 1267 oder Anfang 1268 zog der Trimberger mit zwei im kanonischen Recht erfahrenen Kanonikern seines Stifts nach Viterbo, damals Sitz der päpstlichen Kurie. Zwar gelang es Poppo von Trimberg, vom Papst die Kassation der vom Mainzer Erzbischof vorgenommenen Weihe des hennebergischen Gegenkandidaten zu erwirken, doch sollten die Rechte, die zu Bertholds Wahl geführt hatten, erst in einem weiteren Kurienprozeß geklärt werden. Dazu kam es aber nicht mehr, da Papst Clemens am 29. November 1268 starb.

Über die Ereignisse der nun folgenden Monate mit und um Poppo von Trimberg, der offensichtlich die Wahl eines päpstlichen Nachfolgers in Italien abwarten wollte, sind wir allein aus einer unscheinbaren, nach italienischer Art auf nur einseitig bearbeitetem Pergament geschriebenen Rechnung unterrichtet. Sie gibt uns reizvolle Einblicke in das Leben und Treiben um den Würzburger Bischofskandidaten. Merkwürdig, daß bei einer Reise ins benachbarte Assisi, wo man anscheinend das Grab des vor 43 Jahren verstorbenen Franz von Assisi aufgesucht hatte, nur die bischöfliche Familie, nicht aber Poppo von Trimberg selbst erwähnt wird. Auch scheint Poppo sein Gefolge wohl aus Kostengründen vorzeitig nach Würzburg zurück geschickt zu haben. Ob ihn Krankheit an der Heimfahrt gehindert hat? Ausgaben für den Apotheker scheinen darauf hinzudeuten. Fest steht nur, daß der Elekt vor dem 3. Mai 1271, wohl noch in Italien, gestorben ist.[22]
Mit des Trimbergers Tod schien der Weg für Bischof Berthold I. von Henneberg auf den Würzburger Bischofsstuhl frei zu sein, zumal ihn nun anscheinend auch die Mehrheit des Domkapitels anerkannt hatte. Doch nach wie vor verharrte Berthold von Sternberg, Scholaster seit 1260, Domdekan seit 1270 und einflußreicher Begleiter des Elekten Poppo von Trimberg auf der Italienreise, in entschiedener Gegnerschaft zu Berthold von Henneberg. Zudem schlossen Domkapitel und Bürgerschaft ein Bündnis gegen den Henneberger. An der Kurie, wo nach fast dreijähriger Vakanz der Stuhl sancti Petri mit Papst Gregor X. wieder besetzt worden war, betrieb nun Berthold von Sternberg mit Erfolg die Ungültigkeitserklärung von Wahl und Weihe des Henneberger Gegenkandidaten. Am 23. Oktober 1274 bestätigte bald darauf der Papst Berthold II. von Sternberg zum Bischof (1274–1287).[23]

2.3 Wieder geordnete Verhältnisse

Rom hatte wieder einen Papst. Aber auch die Kurfürsten, die erstmals schon 1257 als ausschließliche Königswähler in Erscheinung getreten waren, hatten sich nach dem Tod Richards von Cornwall auf Rudolf von Habsburg (1272–1287) als einzigen Kandidaten für den deutschen Königsthron geeinigt. Das Vorrecht der sieben Kurfürsten, allein für die Wahl des deutschen Königs zuständig zu sein, gereichte der Stellung des Königs nur zum Vorteil, einen Vorteil, den auch Bischof Berthold zu nutzen verstand. An den Auseinandersetzungen Rudolfs mit dem Böhmenkönig Ottokar II. aus dem Haus der Přemysliden nahm er aktiv teil, zog mit König Rudolf gegen Ottokar zu Felde und trat, ehe es zu Kämpfen kam, als Vermittler zwischen den Parteien auf. War Berthold auch an dem folgenden Feldzug

gegen Ottokar, der 1278 mit der völligen Niederlage und dem Tod des Böhmenkönigs auf dem Marchfeld endete, nicht beteiligt, so finden wir ihn 1281 in der Umgebung des Königs auf einem Hoftag zu Nürnberg. Dort hatte der König wie schon zuvor für andere Regionen des Reiches, so auch für Franken den Landfrieden verkündet und die Differenzen des Bischofs mit den Grafen von Rieneck bereinigt. In spätere nachbarliche Auseinandersetzungen des Bischofs mit dem Bamberger Bischof, den Grafen von Henneberg und dem Abt von Fulda, griff König Rudolf wiederum vermittelnd ein. Auf dem Reichstag zu Würzburg Ende Januar 1275 verhandelte Rudolf im Beisein Bischof Bertholds die Maßnahmen gegen den Böhmenkönig Ottokar. Auf einem weiteren Reichstag 1287 verweilte König Rudolf mehrere Wochen in Würzburg. Zu gleicher Zeit tagte hier ein Konzil, das jedoch schon nach der zweiten Sitzung wegen päpstlicher Zehntforderungen, aber auch wegen des von der Kurie ins Gespräch gebrachten Plans eines deutschen Erbkönigtums unter den Habsburgern tumultartig auseinanderging. Die Habsburger hätten dafür der Kurie in Italien freie Hand lassen sollen. König Rudolf hatte zu diesem Zeitpunkt den Höhepunkt seiner Macht bereits überschritten. So blieb als Ergebnis dieses Reichstages eine wenn auch nur kurzfristige Befriedung des teils offen, teils latent gespannten Verhältnisses zwischen dem Bischof und der Würzburger Bürgerschaft sowie die Erneuerung des fränkischen Landfriedens.
Die enge Bindung Bischof Bertholds an die Politik König Rudolfs, aber auch die ungeordneten Verhältnisse vor der Regierung Bischof Bertholds und nicht zuletzt die finanzielle Belastung durch die römische Kurie zwangen den Bischof zur Erhebung einer ›wingartbete‹.[24] Da diese Steuer, schon der Name Bede = Bitte macht dies deutlich, nur im Zusammenwirken mit der Geistlichkeit, dem Adel, der Ministerialität und den Bürgern auf freiwilliger Basis erhoben werden konnte, stärkten derartige Verhandlungen das Selbstgefühl der im Landvolk zusammengefaßten ständischen Gliederung. Sie sollte, je häufiger künftig derartige Abgaben durch die Bischöfe erhoben wurden, die innere Entwicklung des Hochstifts, in dem ohnehin mit dem Domkapitel schon ein wichtiges Kontrollorgan bestand, beeinflussen.
Eine bedeutsame Neuerung unter Bischof Berthold II. war die Berufung eines Offizials als Leiter des geistlichen Gerichts. Das Offizialat verdankte seine Einführung zweifellos der Übernahme des römisch-kanonischen Rechts in die bischöfliche Rechtspraxis. Als erster Amtsinhaber wirkte der Scholaster Magister Rudolf von Hürnheim, dieser einst Reisegefährte Bertholds von Sternberg mit dem Elekten Poppo von Trimberg auf der Reise nach Viterbo zur päpstlichen Kurie.[25]
Nachfolger nach dem Tod Bischof Bertholds wurde Dompropst Manegold

von Neuenburg (1287–1303), der zwar 1285 schon zum Bischof von Bamberg gewählt worden war, aber an der päpstlichen Kurie während des Wahlprozesses auf seine Wahl verzichtet hatte.[26] Manegolds Bischofszeit fiel noch in die letzten Jahre König Rudolfs, dann in die ganze Regierungszeit König Adolfs von Nassau (1291–1298) und in die ersten Jahre König Albrechts (1298–1308), des Sohnes von König Rudolf von Habsburg. Doch während er das gute Verhältnis seines Vorgängers zu König Rudolf fortführte, in dessen Umgebung er mehrfach nachzuweisen ist und der ihm in Differenzen mit Bischof Arnold von Bamberg vermittelnd zur Seite stand, scheint sich seine Beziehung zu den beiden folgenden Königen auf das Notwendigste beschränkt zu haben. 1292 war der Bischof bei der Königskrönung Adolfs in Aachen anwesend. 1296 hatten König und Bischof ein gegenseitiges Hilfs- und Schutzversprechen gegen Würzburgs Bürger vereinbart, die nicht gewillt waren, des Königs Heller als Zahlungsmittel anzuerkennen und die, wie schon früher, auf Zulassung der Zünfte und Besteuerung der Geistlichkeit bestanden. 1297 schließlich gewährte der Bischof dem König für den Zug gegen den französischen König Philipp IV. finanzielle Unterstützung, bekam dafür allerdings von Adolf unter anderem die Stadt Windsheim, die Dörfer Sommer- und Winterhausen, die Vogtei Heidingsfeld und weiteres Reichsgut verpfändet. An der von den Kurfürsten betriebenen Absetzung König Adolfs und am Kampf zwischen diesem und Albrecht von Habsburg 1298 bei Göllheim, der mit dem Tod des Königs endete, war Bischof Manegold nicht beteiligt, ist aber in der Umgebung des königlichen Nachfolgers auf dessen erstem Hoftag in Nürnberg anwesend, wo er die Belehnung der Söhne Albrechts mit den Herzogtümern Österreich und Steiermark bezeugte.

War Bischof Manegold nur wenig an den politischen Entscheidungen des Reichs beteiligt, so hatte er doch für sein Hochstift wichtige Besitzkomplexe erworben. Dazu gehörten Burg und Herrschaft Zabelstein am Steilabhang des westlichen Steigerwalds und Teile von Burg und Herrschaft Wildberg im Grabfeld. Ferner gelang der endgültige Erwerb von Burg und Herrschaft Trimberg im Saaletal. Kissingen (Burg und Stadt) und Königshofen i. Gr., die sich später zu Amtsmittelpunkten des Hochstifts entwikkelten, wurden ihm vorerst nur als Pfand übergeben. Wohl zur Sicherung des Hochstifts gegen Osten ließ der Bischof 1292/93 neben dem Dorf Iphofen (dem sogenannten Gräbenviertel) die ummauerte Stadt Iphofen planmäßig errichten.[27] Auf der negativen Seite standen allerdings nach dem 1288 erfolgten Tod des letzten Dornbergers die auf Grund des Vertrags von 1246 fällig gewordenen Belehnungen der Töchter des Verstorbenen mit der Herrschaft Dornberg/Ansbach/Lichtenau (vgl. 1.5), was zur weiteren Entfremdung des Würzburger Amtes Ansbach aus der Herrschaft des

Hochstifts führte.[28] Dem Domkapitel mußte Manegold zur Tilgung drängender Schulden die Stadt Ochsenfurt verkaufen, die sich zu einem Mittelpunkt der domkapitelschen Herrschaft entwickeln sollte.[29]
Wie schon bei der Wahl Manegolds von Neuenburg, ging nach dessen Hinscheiden auch die Wahl seines Nachfolgers Andreas von Gundelfingen (1303–1313) ohne Komplikationen rasch vonstatten. König Albrecht belehnte den Elekten noch vor der Bestätigung der Wahl durch den Mainzer Metropoliten zunächst vorläufig mit den Regalien, holte aber 1304 auf dem Hoftag zu Nürnberg die endgültige Belehnung nach. Auf einem nur wenige Wochen später abgehaltenen Hoftag vermittelte der König den Friedensschluß des Bischofs mit der Stadt Würzburg. Vermutlich hatte der König als Gegenleistung des Bischofs mit dessen Teilnahme am Feldzug gegen den Böhmenkönig Wenzel II. gerechnet. In der Tat steuerte Bischof Andreas für dieses Unternehmen zweimal 2000 Pfund Heller bei, wofür ihm König Albrecht Stadt und Burg Schweinfurt sowie die Stadt Heidingsfeld zum Pfand gab. Zur Aufbringung des Geldes hatte allerdings der Bischof seinerseits Burg Neuenburg (bei Markt Bibart) verpfänden müssen. Ende August 1304 zog er mit dem König gegen den Přemysliden zu Felde. Zwar brachte der Feldzug dem König nicht den erhofften Erfolg; doch 1306 mit dem Tod des letzten Přemysliden Wenzel III. – er fiel einem Mordanschlag zum Opfer – endeten ohnedies die Großmachtpläne des přemyslidischen Königshauses. Der König gedachte nun seinerseits, die böhmisch-mährischen Reichslehen seinen Söhnen zu verleihen, doch diese von Albrecht geplante Neuordnung führte zu seinem gewaltsamen Tod. Einer seiner Neffen, der sich in der Besitzverteilung des Königs übergangen fühlte, ermordete ihn am 1. Mai 1308. Knapp eineinhalb Jahre später wurden Albrechts Leib und mit ihm die Überreste König Adolfs von Nassau von König Heinrich VII. anläßlich eines Hoftags zu Speyer in die Kaisergruft des Domes überführt. Bischof Andreas wohnte der Beisetzung bei und wurde auf diesem Hoftag vom König mit den Regalien belehnt.
Die nur kurze Regierungszeit König Heinrichs VII. (1308/09–1313) aus dem Geschlecht der Luxemburger ist durch zwei Ereignisse nachhaltig in Erinnerung geblieben: durch den Erwerb der böhmischen Königskrone für sein Haus Luxemburg und des Königs Romfahrt, die ihm im Juli 1312 in der Lateranbasilika zu Rom die Kaiserkrone, am 24. August des folgenden Jahres aber zu Buonconvento den Tod brachte. Durch die Verleihung des Reichslehens Böhmen an König Heinrichs Sohn Johann blieb die böhmische Krone bis zum Aussterben des luxemburgischen Herrscherhauses 1437 im Besitz dieser Familie. Der Zug des Königs nach Rom hat durch die Bilderchronik seines jüngeren Bruders Balduin, des Kurfürsten und Erzbischofs zu Trier, ein bleibendes Denkmal erhalten.[30]

Bischof Andreas hatte sich an dem Italienzug Heinrichs nicht beteiligt. Wohl aber hatte er im Juli 1310 zu Frankfurt der Hochzeit Johanns, des Sohnes König Heinrichs, mit der Přemyslidenerbin Elisabeth von Böhmen und an der Belehnung Johanns mit Böhmen durch dessen Vater beigewohnt. Auch hatte er 1311 den Fürstentag zu Eger besucht, den Johann, nun Böhmenkönig und von seinem Vater in dessen Abwesenheit als Reichsverweser eingesetzt, abgehalten hatte. Im Oktober 1313, also kurze Zeit nach dem Tod König Heinrichs, weilte Johann noch einmal in Würzburg, doch waren die Kontakte des Bischofs zu König Heinrich und seinem Sohn Johann keineswegs so nachhaltig wie unter König Albrecht. Hatte dieser sich in die nach wie vor bestehenden Differenzen mit der Würzburger Bürgerschaft und mit den Hennebergern zugunsten des Bischofs eingeschaltet, so fehlten derartige Hilfen von seiten der beiden Luxemburger. Aufs Ganze gesehen aber haben die Regierungszeiten der Bischöfe Berthold II. von Sternberg, Manegold von Neuenburg und Andreas von Gundelfingen dem Hochstift eine Zeit des ruhigen Auf- und Ausbau's gebracht.

3. *Das Hochstift im Zeitalter Kaiser Ludwigs des Baiern*

3.1 Vakanz; Bischof Gottfried III. von Hohenlohe (1314/17–1322)

Wenige Wochen nach dem Tod des Bischofs Andreas erneuerte das Domkapitel die Wahlkapitulation.[31] Gegenüber der bisherigen war sie wesentlich umfangreicher. Testat-, Zoll- und Steuerfreiheit für die Geistlichen und Schutz des domkapitelschen Besitzstandes (Ochsenfurt !) galt der Absicherung geistlicher, speziell aber domkapitelscher Interessen. Die in der Kapitulation verankerte Bekämpfung der aufmüpfigen Bürgerschaft, insbesondere der in Würzburg, war allerdings ebenso ein Anliegen des Bischofs. Unverkennbar ist das Streben des Domkapitels nach größerer Einflußnahme auf die Regierungsgewalt des Bischofs. Anfang Februar 1314 erfolgte anscheinend einstimmig die Wahl des Mitkanonikers Gottfried von Hohenlohe. Doch wenig später hatte wohl eine Minderheit im Domkapitel Friedrich von Stolberg als Gegenkandidat gewählt. Das Papsttum, seit Clemens V. in Avignon unter dem Einfluß des französischen Königs stehend (avignonesische Gefangenschaft) und nach dem Tod des Papstes im April 1314 über zwei Jahre unbesetzt, und ebenso das deutsche Königtum, im Streit zwischen dem Habsburger Friedrich dem Schönen und dem von der luxemburgischen Partei begünstigten Wittelsbacher Ludwig dem Baiern über ein Jahr nicht handlungsfähig, fielen vorerst als Entscheidungshilfen aus. Gleichwohl unterstützte der Habsburger den Elekten Gottfried von

Hohenlohe und der Wittelsbacher dessen Gegenkandidaten.[32] Erst nach dem Tod des letzteren am 2. Oktober 1316 war der Weg frei für Gottfried von Hohenlohe. Inzwischen war auch der Papststuhl mit Papst Johannes XXII. (1316–1334) wieder besetzt. Dieser, ein Meister in der Erschließung neuer Einnahmequellen, zog, da der Gegenkandidat Friedrich von Stolberg an der Kurie zu Avignon gestorben war, die Ernennung des Würzburger Bischofs an sich. Erst nachdem Gottfried auf sein Recht aus der Wahl durch das Domkapitel verzichtet hatte und gegen Zahlung von 2300 Gulden Servitien (etwa ein Drittel der Jahreseinkünfte des Bistums) wurde er vom Papst providiert und vom zuständigen Metropoliten Erzbischof Peter von Mainz als Bischof bestätigt.[33]

In der Reichspolitik trat Bischof Gottfried III. nicht besonders in Erscheinung. Noch hatte der Konflikt zwischen König Ludwig dem Baiern (1314–1347) und Papst Johannes nicht das Abendland erschüttert. Trotz seiner früheren Beziehung zum Gegenkönig Friedrich dem Schönen stellte sich der Bischof nicht gegen Ludwig, zumal dieser in Franken über zahlreiche Anhänger verfügte. Im Juli 1320 war Bischof Gottfried am Hof des Königs zu Aschaffenburg, wo er die Heirat eines seiner Neffen mit des Königs Nichte Sophie von Brandenburg vereinbart hatte. Warum König Ludwig 1321 sich des Beistands von Abt Heinrich von Fulda gegen den Würzburger Bischof versichert hatte, bleibt unklar. Zu einer offenen Auseinandersetzung zwischen König und Bischof ist es jedenfalls nicht gekommen.

Die Beziehungen des Bischofs zum Papst und zur Kurie waren unterschiedlicher Art. Die von Papst Johannes dem Bischof und Domkapitel 1318 gegebene Bestätigung der für das Hochstift wichtigen ›Güldenen Freiheit‹ Kaiser Friedrich Barbarossas von 1168 darf wohl dem Anspruch des Papstes, in seiner Machtfülle auch über der kaiserlichen Herrschaft zu stehen, zugeschrieben werden. Die durch den päpstlichen Legaten 1318 verkündete Exkommunikation und Suspendierung des Bischofs, der wegen der Schulden des Hochstifts die versprochenen Servitien nur zögerlich leisten konnte, zeugen von des Papstes rigorosen Finanzpraktiken. Die Schulden des Hochstifts, durch Vakanz und Doppelwahl nur noch drükkender geworden, versuchte der Bischof daher durch eine außerordentliche Besteuerung des Klerus zu mildern. Konnten dadurch die finanziellen Zusagen an die Kurie beglichen werden, so gelang die in der Wahlkapitulation geforderte Einlösung von Verpfändungen wichtiger Teile des Hochstifts nur teilweise. Zur Stadt Würzburg hatte Bischof Gottfried im Gegensatz zu vielen seiner Vorgänger und Nachfolger ein erträgliches Verhältnis. Die Stadt verpflichtete sich sogar im Notfall zu gewissen Hilfeleistungen. Umgekehrt eximierte der Bischof das vor dem Hauger Tor durch Johann vom Steren für Würzburgs Bürger gestiftete Spital (Bürgerspital) von der Pfarrei Stift Haug. Die Wohnqualität seines Wohnsitzes auf dem Marienberg verbesserte er durch die Anlage einer Wasserleitung von Höchberg in die Burg. Der Sicherung des Ansbacher Besitzes mit Stadt und Stift diente 1319 offenbar die Belehnung der Grafen von Öttingen. Dies war allerdings die letzte Belehnung. Nur zwölf Jahre später war das einst würzburgische Gebiet um Ansbach in Händen der zollernschen Burggrafen von Nürnberg.[34] Zukunftsträchtiger waren dagegen die Vereinbarungen mit den Grafen von Henneberg. Eine Fehde mit Graf Berthold von Henneberg-Schleusingen wegen hochstiftischer Lehen in der sogenannten Neuen Herrschaft (Coburg, Sonneberg) konnte durch Vermittlung Graf Ludwigs von Öttingen beigelegt werden, wobei Bischof Gottfried dem vom Henneberger ursprünglich zu Schleusingen gegründeten, dann nach Hildburghausen und schließlich nach Schmalkalden verlegten Kollegiatstift die Bestätigung erteilte.[35]

3.2 Bischof Wolfram von Grumbach (1322–1333) zwischen Papst Johannes XXII. und Ludwig dem Baiern

Die Wahl Wolframs von Grumbach durch das Domkapitel erfolgte einstimmig. Wie nicht anders zu erwarten, annullierte Papst Johannes die Wahl und providierte Wolfram neun Monate später für den Würzburger Bischofsstuhl. Des Bischofs Verhältnis zu König Ludwig war zunächst neutral. Der König belehnte 1323 den Bischof mit den Regalien und dieser versprach, dem König im Notfall mit Waffenhilfe beizustehen. In diese Zeit des verträglichen Nebeneinanders dürfte wohl noch die dem Bischof vom König erteilte Erlaubnis fallen, seinen Märkten Iphofen und Homburg a. Main Stadtrechte zu verleihen.[36]

Damals begannen die großen Auseinandersetzungen zwischen Ludwig dem Baiern und Papst Johannes, der die Bestätigung des deutschen Königs für sich allein beanspruchte. Es war allerdings kein Geheimnis, daß der zu Avignon residierende Papst die Kandidatur des französischen Königs Karl IV. auf den deutschen Königsthron begünstigte. Prozesse des Papstes gegen Ludwig, Ludwigs Gegenschriften mit Unterstützung seines Leibarztes und Juristen Marsilius von Padua (dessen Schrift ›Defensor pacis‹) und Okkams, des Minoriten und Professors an der Universität Paris, lösten einander ab. Trotz der anfangs noch leidlichen Beziehungen zum König war Bischof Wolfram von Grumbach nun, als es zum offenen Kampf zwischen den Spitzen des Abendlandes kam, auf seiten des Papstes und gehörte zu den wenigen geistlichen Fürsten, die 1323 und 1324 die Prozesse des Papstes gegen Ludwig den Baiern verkündet hatten. Zudem belegte er die mit dem König sympathisierende Reichsstadt Schwäbisch Hall mit dem Interdikt. Zusammen mit Erzbischof Matthias von Mainz setzte er sich für die Heimführung des vom Papst in Bamberg eingesetzten Bischofs Heinrich von Sternberg, einem erklärten Gegner des Königs, ein.[37] König Ludwig seinerseits revanchierte sich, indem er die Grafen von Henneberg und den Abt von Fulda bewog, das Hochstift anzugreifen.

Unter dem Eindruck der überspannten Herrschaftsansprüche des Papstes, durch die nicht nur des Königs Stellung untergraben, sondern auch die Rechte und der Einfluß der deutschen Fürsten, vor allem aber der Kurfürsten, empfindlich beschnitten werden sollten, erhob sich unter den weltlichen und sogar bei den meisten geistlichen Fürsten Widerspruch gegen den Papst und offene Parteinahme für König Ludwig. Selbst der Bamberger Bischof Heinrich konnte sich der allgemeinen Stimmung unter den deutschen Fürsten nicht entziehen, während Bischof Wolfram von Grumbach wiederum, wie schon in den Anfangsjahren seiner Regierung, geschickt zum Papst und zum König annehmbare Beziehungen unterhielt.

Dieses Verhalten spricht zweifellos für die diplomatischen Fähigkeiten des Bischofs, die sich auch in den Beziehungen zur Stadt Würzburg bewährt haben. Zwar hatte Bischof Wolfram, als 1323 im Streit zwischen Klerus und Bürgerschaft einige Bürger gewaltsam die Ruhe des Domes störten, die Rädelsführer zeitweise nach Karlstadt verbannt,[38] doch erneuerte er der Stadt die Rechtssätze seiner Vorgänger Manegold und Andreas, die die Ladung eingesessener Bürger vor fremde Gerichte untersagten. Das gleiche Recht wurde übrigens den Bürgern 1332 noch einmal von Kaiser Ludwig bestätigt.[39] Umgekehrt verpflichtete sich die Stadt dem Bischof im Kriegsfall zu bestimmten Hilfsleistungen. 1328 gewährte der Bischof der Stadt einen vierzehntägigen Herbstmarkt von den Stufen des Doms bis zur alten Mainbrücke.[40] Bischof Wolfram gehörte so zu den wenigen Bischöfen des späten Mittelalters, die mit der Bürgerschaft Würzburgs ein verträgliches Einvernehmen hatten.

Der Stimmungsumschwung in Deutschland Mitte der zwanziger Jahre zugunsten Ludwigs des Baiern war diesem Veranlassung, die schon seit längerem geplante Romfahrt durchzuführen und sich dort zum Kaiser krönen zu lassen: Aufbruch des Königs nach Italien im März 1327, Kaiserkrönung in Rom am 17. Januar 1328 durch den dortigen Präfekten und die Syndici, Wahl des Minoriten Pietro Rainalducci zum Papst Nicolaus V., Bestätigung des Gegenpapstes durch den Kaiser, Anerkennung der Wahl und Krönung des Kaisers durch Papst Nicolaus trieben den Kampf zwischen Kaiser Ludwig und Papst Johannes auf die Spitze. Jeder der beiden bezichtigte den Gegner der Ketzerei und entsetzte ihn seines Amtes. Bischof Wolfram war an diesem Zug nach Rom nicht beteiligt. Es war vorauszusehen, daß des Kaisers Initiative den Kampf mit Papst Johannes nicht beenden würde, sondern die Kluft zwischen den beiden Häuptern des Abendlandes nur vergrößern mußte. Waren derartige Konfrontationen der friedfertigen Natur des Bischofs fremd und zudem seinem Herrschaftsbereich abträglich, so dürfte den Bischof auch die hohe Verschuldung seines Hochstifts von dem kriegerischen Unternehmen des Kaisers abgehalten haben. Schon 1324 hatte er, wie einst sein Vorgänger Berthold II. von Sternberg (vgl. 2.2), im ganzen Hochstift eine Weingartenbede erhoben. 1326 erlaubte ihm Papst Johannes ein weiteres subsidium caritativum umzulegen. Außerdem griff Bischof Wolfram zu der schon von seinen Vorgängern praktizierten Verpfändung hochstiftischer Besitzkomplexe und Finanzrechte wie z. B. des Zolls zu Würzburg, den er 1326 zur Hälfte dem Domkapitel und zur Hälfte zwei Würzburger Bürgern überließ. Mit derartigen Verpfändungen trieb man freilich den Teufel mit dem Beelzebub aus; zwar gab die Verpfändung dem Bischof im Augenblick Geld in die Hand, jedoch verminderten sich dadurch für längere Zeit die Einkünfte des Hochstifts. Zudem mußte das Pfand, sollte es nicht für immer verlorengehen, innerhalb einer gesetzten Frist mit der beliehenen Summe wieder ausgelöst werden. Mahnend galt daher das Sprichwort: »Pfand gibt oft Land«.[41] Nicht selten haben darum die Bischöfe mit der aus einer Verpfändung erzielten Summe ältere Verpfändungen wieder eingelöst.

3.3 Die Doppelwahl von 1333. Bischof Otto II. von Wolfskeel (1333–1345)

Ludwig der Baier hatte auf die Würzburger Bischofswahlen von 1314 und 1322 keinen unmittelbaren Einfluß nehmen können, versuchte aber nach dem Tod Bischof Wolframs, wie einst seine kaiserlichen Vorgänger des frühen und hohen Mittelalters, den Würzburger Bischofsstuhl mit seinem Kanzler zu besetzen. Ohne Verzögerung begab sich der Kaiser nach Würzburg, wo er, da noch immer gebannt, von den Kapitularen des Domkapitels und der Stifte Haug und Neumünster nur unter Vorbehalt empfangen wurde. Bei der in Anwesenheit Ludwigs durchgeführten Wahl erhielten des Kaisers Kanzler Hermann von Lichtenberg 17 und der Gegenkandidat Archidiakon Otto von Wolfskeel sechs Stimmen. Wie nicht anders zu erwarten, entschied sich Papst Johannes für Otto von Wolfskeel, ohne jedoch die Wahl des Domkapitels anzuerkennen. Vielmehr ließ er die Provision für Archidiakon Otto in Würzburg bekannt machen. Doch konnte dieser erst nach dem frühen Tod Hermanns von Lichtenberg am 11. Juli 1335 Ende des gleichen Monats in Würzburg einziehen und dort die Huldigung der Bürgerschaft – die erste bezeugte ihrer Art – entgegennehmen. Nach längeren Verhandlungen arrangierten sich auch Kaiser Ludwig und

Bischof Otto, doch mußte sich letzterer dem Domkapitel verpflichten, auch die Schulden Hermanns von Lichtenberg zu übernehmen und ebenso die Absolution des Papstes für Stadt und Bistum zu erwirken. Wie schon seine beiden Vorgänger, hatte auch Bischof Otto II. dem Papst Servitien in Höhe von 2300 Gulden zu leisten.

Die zwischen Kaiser und Bischof vereinbarten Abmachungen führten in der Folge zu einem verträglichen Nebeneinander, ohne daß des Bischofs Beziehungen zur päpstlichen Kurie dadurch gestört wurden. Dort hatte man inzwischen nach dem Tod des Papstes Johannes XXII. den versöhnlicheren Zisterziensermönch und Kardinal Jacques Fournier als Papst Benedikt XII. (1334–1342) inthronisiert. Dieser löste auf Bitten des Bischofs zunächst die Anhänger des verstorbenen Gegenbischofs von der Exkommunikation. Kraft päpstlicher Vollmacht befreite der Bischof in den kommenden Monaten dann auch Geistliche und Laien seines Bistums von allen Kirchenstrafen. Kaiser Ludwig seinerseits verlieh Bischof Otto den Gerichtsbann, allerdings noch nicht die Regalien. Gegenüber der Kurie war der Kaiser bereit, allen päpstlichen Forderungen nach ›Billigkeit und Ehre‹ zu entsprechen. Papst Benedikt ging jedoch auf das Friedensangebot des Kaisers nicht ein und stand in seiner Ablehnung zweifellos unter dem Einfluß des französischen Königs Philipp VI., dem im Interesse seiner eigenen Politik an einer Aussöhnung zwischen Papst und Kaiser nicht gelegen war.

Mit der nun folgenden Reaktion in Deutschland hatten weder Papst Benedikt noch König Philipp gerechnet. Auf dem Hintergrund nationaler Eigenständigkeit trafen sich die Kurfürsten am 15. und 16. Juli 1338 zunächst in Lahnstein und dann am westlichen Ufer des Rheins in Rhens, um die Rechte des Reichs und der Kurfürsten zu wahren. Rechtens sei, daß der von den Kurfürsten gewählte deutsche König keinerlei Zustimmung der Kurie bedarf. Auch sei die kaiserliche Regierung nur Ausfluß der königlichen Wahl. Diesen Beschlüssen reichsrechtlicher Geltung schloß sich die Mehrzahl der deutschen Fürsten an. Das Würzburger Domkapitel hatte schon wenige Monate zuvor in einer Supplik an den Papst um Absolution Kaiser Ludwigs gebeten und die Rechte des von den Kurfürsten gewählten Königs dargelegt. Deutlich verrät dieses Schriftstück die Handschrift des Würzburger Domkanonikers und Offizials Lupold von Bebenburg.[42] Nur zwei Jahre später veröffentlichte der rechtskundige Domkanoniker seine Schrift ›De iuribus regni et imperii‹, in der er die zu Rhens formulierten Gedanken weitgehend berücksichtigt hatte.[43]

Wesentlich zurückhaltender dagegen gab sich die Stellungnahme des Bischofs Otto. Knapp vier Monate vor dem Treffen der Kurfürsten zu Rhens hatten sich unter der Führung des Mainzer Erzbischofs Heinrich von Virneburg, einem der treuesten Anhänger des Kaisers, in Speyer die Bischöfe der Mainzer Kirchenprovinz zu einer gemeinsamen Aktion für Ludwig den Baiern versammelt. Schwerlich konnte sich der Würzburger Bischof angesichts der nationalen Erregung diesem Treffen entziehen. Allerdings ließ sich der Bischof lediglich durch einen Abgesandten vertreten. Obwohl nun in den folgenden Wochen Kaiser Ludwig, getragen von einer Woge nationaler Zustimmung, glanzvolle Reichstage zu Frankfurt und Koblenz abhalten konnte, verharrte Bischof Otto in passivem Widerstand. Erst die Drohung, den Dukat und die Regalien des Hochstifts anderweitig zu verleihen, veranlaßten ihn zu Beginn des Jahres 1339, fast dreieinhalb Jahre nach Übernahme der tatsächlichen Regierung, vom Kaiser das Herzogtum und die Regalien zu erbitten. Doch ließ er sich von den Kapiteln der Würzburger Stifte und den Äbten der Würzburger Benediktinerklöster bezeugen, daß er diesen Schritt nur getan habe, um größeres Unheil vom Hochstift abzuwenden. Trotzdem waren nun Bischof und Diözese kraft der noch gültigen Prozesse des Papstes Johannes XXII. der Exkommunikation verfallen. Diese Waffe hatte jedoch angesichts der Stimmung in Deutschland kaum noch Wirkung. Zudem verbot Bischof Otto den Geistlichen seiner Diözese bei Strafe der Suspension, Schreiben oder Befehle von Abgesandten der Avignoneser Kurie ohne vorhergehende Prüfung seines Offizials zu verkünden. Des Bischofs Offizial aber war Lupold von Bebenburg.[44] Der Kaiser wiederum nahm die Würzburger Geistlichkeit bei ihren Amtshandlungen in seinen Schutz. Ferner belehnte er den Bischof mit den Reichslehen zu Kitzingen und Heidingsfeld, die bisher Gottfried von Hohenlohe innegehabt hatte. Bischof Otto schloß seinerseits mit Erzbischof Heinrich von Virneburg, Burggraf Johann von Nürnberg und Heinrich VIII. von Henneberg-Schleusingen, alle drei entschiedene Parteigänger des Kaisers, mehrjährige Einungen ab. Außerdem trat er dem vom Kaiser am 1. Juli 1340 verkündeten großen fränkischen Landfrieden bei. Des Kaisers Söhne Ludwig und Stephan belehnte der Bischof mit Anteilen am Besitz der Burgen Rothenfels und Gemünden a. Main. Zur Vorbereitung dieses Vertrages weilte der Kaiser Ende des Jahres 1342 mehrere Wochen in Würzburg. Dort hatte er sich zuletzt vor sieben Jahren noch zu Lebzeiten seines Bischofskandidaten Hermann von Lichtenberg aufgehalten. Zu Pfingsten 1343 war Kaiser Ludwig noch einmal in Würzburg, um den Bischof mit einem Drittel des Mainzolls unter der Hallburg zu belehnen. Die Burg selbst hatte der Bischof ein Jahr zuvor von den Burggrafen zu Nürnberg erkauft.

Es spricht für das politische Geschick des Bischofs, daß er selbst auf dem Höhepunkt des spätmittelalterlichen Kampfes zwischen den beiden obersten Autoritäten des Abendlandes sein Bistum und Hochstift vor bleibendem Schaden bewahren konnte. In seelsorgerlicher Verantwortung für seine Gläubigen stand er ohne Zweifel auf seiten des Papstes. Dies zeigte sich in der 1340 oder bald danach erfolgten Berufung des Augustinermönchs Hermann von Schildesche zum Generalvikar,[45] ein Amt, das man als das Alter ego des Bischofs bezeichnen darf, oblag ihm doch die Aufgabe, als ständiger Vertreter den Bischof in der Verwaltung zu entlasten. Hermann von Schildesche, der erste nachweisbare Vertreter dieses Amtes in der Diözese Würzburg, hatte schon vor seinem Würzburger Aufenthalt durch eine dem Papst Johannes XXII. gewidmete Schrift klar Stellung gegen den ›Defensor pacis‹ des Marsilius von Padua bezogen. Trotzdem, bedingungsloser Parteigänger des Papstes war Bischof Otto nicht, hatte er doch, schon auf dem Sterbebett liegend, das Domkapitel ermahnt, rasch und einstimmig seinen Nachfolger zu wählen, um, so ist wohl diese Mahnung zu verstehen, den Absichten des Papstes und des Kaisers auf das erledigte Bistum zuvorzukommen. Der bischöfliche Protonotar Michael de Leone, Zeitgenosse des Bischofs, bezeichnete den Verstorbenen als gottesfürchtig (pius), klug (prudens), sanftmütig (mansuetus), beherrscht (quietus) und nüchtern (sobrius), Eigenschaften, die auch der in die Ferne gerichtete Gesichtsausdruck des Bischofs auf dem für ihn im Dom zu Würzburg gestifteten Epitaph widerspiegelt.[46] Sie befähigten ihn, nicht nur die Fährnisse der großen Politik zu meistern, sondern auch den Ausbau des Hochstifts und Bistums zu sichern. Trotz großer Schuldenlasten, die er 1336 durch eine vom Domkapitel bewilligte Besteuerung des Klerus und durch Verpfändungen aufzufangen versuchte – das Domkapitel hatte ihm derartige Transaktionen bis zu einem Betrag von 12000 Pfund Heller bewilligt; zusätzlich hatte ihm Papst Benedikt XII. im gleichen Jahr die ersatzlose Streichung aller bischöflichen Schulden bei Juden genehmigt –, gelangen dem Bischof wichtige Neuerwerbungen vor allem aus den Händen der Herren von Hohenlohe. Dazu gehörten neben den schon erwähnten Reichslehen zu Kitzingen und Heidingsfeld auch die zu Iphofen und Frikkenhausen a. Main und weiterer Hohenloher Besitz mit den Burgen und Herrschaften Röttingen, Ingolstadt im Gau und Reichenberg bei Würzburg. Zur Sicherung der Burgen hatte Bischof Otto zahlreiche Burghutverträge abgeschlossen, die die mit einem Lehen ausgestatteten Burgmannen im Gefahrenfall zur Verteidigung der Burg verpflichteten.

Auf dem Gebiet der Rechtspflege führte Bischof Otto Reformen des Landgerichts und Verbesserungen im bischöflichen Offizialat ein. An die Einführung des Generalvikariats sei noch einmal erinnert. Weitere Reformen galten zahlreichen Benediktinerklöstern und einigen Zisterzienserklöstern seiner Diözese. Ein weiteres Verdienst des Bischofs war die Gründung von 13 neuen Pfarreien, die das Pfarrnetz des Bistums engmaschiger werden ließ und dem gesteigerten religiösen Bedürfnis der Bevölkerung Rechnung trug.

4. *Das Hochstift nimmt Gestalt an*

4.1 Bischof Albrecht II. von Hohenlohe (1345/50–1372) im Fahrwasser Karls IV. und der päpstlichen Kurie

Den Luxemburgern hatte es Kaiser Ludwig der Baier zu verdanken, daß er 1314 zum deutschen König gewählt worden war (vgl. 3.1). Doch die Hausmachtpolitik des Kaisers, von dem Wittelsbacher oft zum Nachteil des luxemburgischen Hauses betrieben, war dem Böhmenkönig Johann und dessen Sohn Markgraf Karl von Mähren Veranlassung, im Verein mit Papst Clemens VI. (1342–1352) gegen Kaiser Ludwig zu opponieren. Selbst Erzbischof Balduin von Trier, Onkel Johanns und Großonkel Karls, bisher treuester Freund des Wittelsbachers, sagte sich vom Kaiser los. Am Gründonnerstag 1346 verkündete Papst Clemens die feierliche Verfluchung Kaiser Ludwigs und forderte die Kurfürsten auf, einen Nachfolger zu wählen. Sein Kandidat war, von König Johann dem Papst offeriert, Johanns Sohn Karl. Am 11. Juli 1346 wählten ihn die Kurfürsten in Rhens zum deutschen König (1346–1378), nachdem dieser zuvor dem Papst noch weitestgehende Zugeständnisse, mehr als irgendeiner seiner Vorgänger, gemacht hatte. Vergeblich hatte Ludwig der Baier versucht, durch seinen Kanzler Albrecht von Hohenberg Papst Clemens umzustimmen. Statt dessen war es dem Papst gelungen, des Kaisers Kanzler zum Kaplan seines Hofstaates zu gewinnen.

Soweit die Ereignisse in der Reichspolitik. In Würzburg hatte inzwischen das Domkapitel nur zwei Wochen nach dem Tod Bischof Ottos am 3. September 1345 eingedenk der Mahnung des Verstorbenen Dompropst Albrecht von Hohenlohe einstimmig zum Nachfolger gewählt. Doch wie befürchtet, providierte Papst Clemens nur wenige Wochen später unter Annullierung der domkapitelschen Wahl seinen Kaplan Albrecht von Hohenberg. Dieser fand im Hochstift indes keinerlei Unterstützung. Zu fest war die Position Albrechts von Hohenlohe, zumal ihn auch Kaiser Ludwig in seinen Schutz nahm und das Domkapitel vor der Wahl in der Wahlkapitulation die Annahme päpstlicher Provisionen, Indulgenzen und Privilegien, soweit sich diese gegen das Domkapitel richten würden, verboten hatte.[47] Der Hohenloher versuchte zunächst, es mit keinem der beiden Herrscher zu verderben, lehnte aber ab, sich von dem Wittelsbacher mit den Regalien belehnen zu lassen. Des Kaisers Zorn konnte eine Abordnung des Domkapitels, darunter Lupold von Bebenburg, anscheinend besänftigen. Erst nach dem plötzlichen Tod Kaiser Ludwigs am 11. Oktober 1347 huldigte der Bischof dem nun von den Fürsten, Herren und Städten in Franken als König anerkannten Luxemburger Karl auf einem Ende 1347 zu Nürnberg anberaumten Hoftag und empfing dort vom König mehrere Privilegienbestätigungen. Ab nun ist Bischof Albrecht II. von Hohenlohe einer der treuesten Anhänger des Königs, zumal dieser sich für des Bischofs Anerkennung beim Papst tatkräftig einsetzte. Doch erst nachdem Albrecht sowie das Domkapitel auf alle aus der Wahl herrührenden Rechte verzichtet hatte, ließ Papst Clemens 1350 dem ›Dompropst‹ durch seinen Legaten das Bistum übertragen. Wie schon seine Vorgänger, mußte auch Bischof Albrecht dem Papst die üblichen Servitien leisten. Zugleich wurden auch Klerus und Bevölkerung der Diözese von allen geistlichen Strafen losgesprochen.

Die guten Beziehungen Karls IV. zum Papst, wenngleich erkauft mit dem Verzicht auf viele Rechte, die zuvor Kaiser Ludwig und die Kurfürsten noch heftig verteidigt hatten, das bedingungslose Einlenken Albrechts II. von Hohenlohe auf alle päpstlichen Forderungen und sein enger Anschluß an den deutschen König konnten allerdings der Entwicklung des Hochstifts nur zum Vorteil gereichen. Wichtig für den äußeren und inneren Frieden des Hochstifts war Karls IV. Landfriedenspolitik. Zahlreich waren die Landfrieden, mit denen er einzelnen von Fehden besonders gefährdeten Distrikten des Reiches für einen begrenzten Zeitraum (meist zwei bis vier Jahre) erhöhte Sicherheit gewähren konnte. 1349 hatte Bischof Albrecht sich an der Erneuerung des fränkischen Landfriedens beteiligt. 1353 und noch einmal 1368 trat er dem fränkisch-baierischen Landfrieden bei, nachdem sich König Karl zuvor mit den Wittelsbachern ausgesöhnt hatte.

An Karls beiden Romzügen war Bischof Albrecht, so häufig er sonst in der Umgebung des Königs zu finden war, allerdings nicht beteiligt. Der erste von 1354/55 glich ohnedies eher einer Handelsreise und diente unter Einhaltung aller einst dem Papst zugesagten Auflagen lediglich der Gewinnung der Kaiserkrone. Der zweite Zug 1368/69 erfolgte jedoch mit großem Heeresaufgebot, war mit Papst Urban V. (1362–1370) in Avignon abgesprochen und sollte die Rückkehr des Papstes nach Rom erzwingen. Bei den deutschen Fürsten weckte diese Heerfahrt jedoch keine Begeisterung.

1353, verhältnismäßig spät, verlieh Karl IV. dem Bischof anläßlich eines Reichstages zu Nürnberg die Regalien des Hochstifts. 1355/56 auf einem weiteren Reichstag zu Nürnberg empfing Albrecht von ihm, nun seit Januar 1355 Kaiser, wichtige Hochstiftsprivilegien und andere Vertrauensbeweise. Hauptthema dieses Reichstags waren allerdings die Verhandlungen Karls mit den Kurfürsten und Fürsten wegen der künftigen Wahlen des deutschen Königs. Sie fanden Ende 1356 in Metz ihren Abschluß und wurden noch im gleichen Jahr in der Goldenen Bulle publiziert. Bischof Albrecht hatte an den Besprechungen zu Nürnberg teilgenommen, war aber auf dem Reichstag zu Metz nicht dabei. Die wichtigsten Punkte dieses Reichsgesetzes hatte man aber ohnedies schon in Nürnberg ausgehandelt.

Die Teilnahme an der Taufe von Kaiser Karls Erstgeborenem Wenzel 1361 in St. Sebald zu Nürnberg bestätigt das vertraute Verhältnis zwischen dem Kaiser und dem Bischof. Wie fest der Kaiser auf des Bischofs Gefolgschaft baute, läßt jene Erbeinung erkennen, die er und sein fünfjähriger Sohn Wenzel, damals schon böhmischer König, mit Erzbischof Gerlach von Mainz und Bischof Albrecht am 20. August 1366 zu Würzburg abgeschlossen hatten. Seinerzeit verpflichtete sich der Bischof, nach dem Tod des Kaisers die Wahl seines Sohnes zum deutschen König zu unterstützen. Er war damit einer der ersten unter den Fürsten, der von Karl IV. in seine Nachfolgepläne eingeweiht worden ist.[48]
Nur einen Monat später weilte der Kaiser wieder in Würzburg, um mit Albrecht den Erwerb von Stützpunkten für die Landbrücke vom böhmischen Stammland zum Krönungsort Frankfurt auszuhandeln. Gewarnt durch die Ereignisse, als ihm 1346 nach seiner Königswahl der Weg von Frankfurt nach Böhmen durch Franken versperrt worden war, hatte Kaiser Karl Ende der fünfziger Jahre mit dem Erwerb von Stützpunkten in Franken begonnen. Waren an dieser Aktion außer dem Würzburger Bischof auch noch andere Adelsgenossen beteiligt, so berührte dieses Unternehmen in erster Linie die Interessen des Hochstifts. Mit dem Einsatz gewaltiger Finanzmittel, die ihm sein Stammland Böhmen erbrachte, kaufte der Kaiser von dem hochverschuldeten Bischof die Stadt Iphofen mit den benachbarten Burgen Schwanfeld und Neuenburg, ferner Burg und Markt Bibart sowie die Burg Homburg. Dem unterhalb der Burg gelegenen Ort Homburg am Main verlieh der Kaiser wenig später das Stadtrecht. In einer weiteren Aktion, doch noch 1366, löste Karl IV. dem Hochstift die Reichspfandschaft über die Dörfer Mainbernheim und Heidingsfeld durch den Vormund seines minderjährigen Sohnes Wenzel ab. Ebenfalls noch 1366 erwarb der kleine Böhmenkönig die Burg Heidingsfeld von Bischof Albrecht und das Dorf Prichsendorf aus den Händen der Casteller Ministerialen Fuchs von Dornheim. Damals wurde das Dorf zur Stadt erhoben und in Prichsenstadt umbenannt.[49] Geschickt hatte es Karl verstanden, die von ihm erkauften Objekte durch lehensrechtliche Transaktionen der böhmischen Krone als Reichslehen zu übertragen, indem er den allodialen Besitz seinem Sohn übergab, der sie dann dem Kaiser zu Lehen auftrug. Vom Kaiser bekam König Wenzel sie anschließend wieder als Lehen des Reiches zurück. Zur Entschädigung für die Verlehnung seiner Allodien wurden dem Böhmenkönig von den Fürsten die Reichspfandschaften Heidingsfeld und Mainbernheim sogar in Reichslehen und damit faktisch in unanfechtbaren Besitz umgewandelt.[50]
Der Verkauf hochstiftischen Besitzes an die böhmische Krone konnte dem hochverschuldeten Hochstift nur gut tun, hatte doch Bischof Albrecht beim

Regierungsantritt eine Schuldenlast von 60000 Gulden übernommen. Zudem war noch aus der Zeit seines Vorgängers zahlreicher Hochstiftsbesitz verpfändet. Um dem Bischof dennoch einen gewissen finanziellen Freiraum zu geben, hatte ihm 1353 das Domkapitel, wie schon seinem Vorgänger, erlaubt, den hochstiftischen Grundbesitz bis zu 10000 Gulden zu verpfänden, ein Limit, das vom Domkapitel 1364 bis auf 100000 Gulden erhöht worden war. Der enge Anschluß an Kaiser Karls Politik erlaubte dem Bischof nicht einmal, die Verpfändungen seines Vorgängers einzulösen. Vielmehr sah er sich gezwungen, von den Stiften und Klöstern seines Bistums ein subsidium caritativum einzuheben. Doch gingen diese Leistungen nur schleppend ein.[51] Zusätzlich hatte Bischof Albrecht 1368 der Stadt Würzburg gegen Abgabe eines Teiles der Einnahmen an ihn die Einhebung einer Steuer erlaubt. Dennoch klagte das Domkapitel dem Papst, daß beim Tod des Bischofs 25 Ämter und 15 Burgen des Hochstifts verpfändet waren.[52] Lediglich am Beginn seiner Regierung waren Bischof Albrecht von Hohenlohe mit Schlüsselfeld aus dem Schlüsselberger Erbe und mit dem Kauf des halben Anteils an Burg und Stadt Münnerstadt einige zukunftsträchtige Erwerbungen gelungen.

Den stets latent vorhandenen Differenzen zwischen der Geistlichkeit und der Würzburger Bürgerschaft hatte ein dem Diözesanklerus 1347 vom König verliehenes Recht, Laien in allen Rechtsangelegenheiten vor das geistliche Gericht zu laden, nur noch weiteren Zündstoff gegeben.[53] Polizeisätze, vom Bischof 1350 wegen der Gerichtsbarkeit, der Immunitäten und der Zünfte erlassen, führten schließlich im Winter 1353/54 zum handgreiflichen Protest der Bürgerschaft. Achterklärung durch das kaiserliche Landgericht und Belagerung der Stadt durch den Bischof und seine auswärtigen Verbündeten einerseits, Zerstörung der Kurien des Stifts Haug, Verwüstung der Klöster Himmelspforten und Oberzell sowie zahlreicher Weingärten durch die Bürgerschaft andererseits waren die Folgen. Wiederholt griff der Kaiser zugunsten des Bischofs ein und ließ schließlich 1357 durch sein Hofgericht eine endgültige Entscheidung treffen. Dessen Urteil führte zur Beseitigung aller gegen den Bischof gerichteten Befestigungen, zum Verbot der Schwurverbände, zur Auflösung des Rates der ›Vierundzwanzig‹ und der Zünfte sowie zur Schadensersatzleistung an den Bischof. 1360 übergab die Stadt ihre Schlüssel. Nicht wenige der Bürger, besonders die wohlhabenderen unter ihnen, wanderten damals nach Nürnberg und in andere Reichsstädte aus.[54]

Der Abzug dieser Bürger führte zur Schwächung des wirtschaftlichen Potentials der Stadt. Schon der 1349 erfolgte Untergang der Judengemeinde hatte den Handel in der Stadt ohne Zweifel ebenfalls negativ beeinflußt. Ausgelöst wurde dieses Pogrom durch die 1347 aus dem Osten nach Europa eingeführte Beulenpest, die man den Juden, die die Brunnen vergiftet haben sollten, angelastet hatte. Schon im Sommer 1336 war es vor allem in den Amtsorten des südwestlichen Hochstifts zu schweren Ausschreitungen gegen die Juden gekommen. Lorenz Fries, Sekretär, Archivar und Geschichtsschreiber der Fürstbischöfe in der ersten Hälfte des 16. Jahrhunderts, berichtet uns von dem grausamen Schicksal der Juden. Hatten sich die Juden Würzburgs vor dem Eintreffen der Geißler mit ihren Häusern selbst verbrannt, so waren die Juden der hochstiftischen Amtsstadt Meiningen von Bischof Albrecht am 17. Juni 1349 dem Feuertod überantwortet worden. Mag Lorenz Fries diese düstere Begebenheit auch zu summarisch wiedergegeben haben – ist es doch schwer vorstellbar, daß in der mittelalterlichen Stadt mit ihren vielfach noch in Fachwerk und Holz errichteten Wohngebäuden beim Brand der Judenhäuser die übrige Stadt unbeschädigt davongekommen sein soll –, bleibt das uns überlieferte Schicksal auch nur eines Teiles der Juden ein dunkler Fleck in der Regierungszeit Bischof Albrechts. Das von den Juden verlassene Eigentum hatte wenig später Karl IV. dem Bischof verkauft. Die Bürgerschaft Würzburgs aber errichtete bald nach 1349 an der Stelle der Synagoge die erste Marienkapelle, die den Ort, wo einst das jüdische Heiligtum stand, mit dem Patrozinium Mariens als der neuen Ekklesia entsühnen sollte. 1377 konnte Bischof Gerhard von Schwarzburg, Nachfolger Bischof Albrechts, mit den von den Wallfahrern eingegangenen Spenden den Grundstein zu der heute noch stehenden Marienkapelle legen.[55]

4.2 Bischof Gerhard von Schwarzburg (1372–1400) im Ringen mit den Städten des Hochstifts[56]

Seit Bischof Albrecht II. von Hohenlohe hatten die Schwierigkeiten, hervorgerufen durch den Gegensatz zwischen Kaiser Ludwig und den Päpsten, ein Ende gefunden. Ausschlaggebend hierfür war das im allgemeinen gute Einvernehmen des profranzösischen Luxemburgers Karl mit der unter dem Einfluß des französischen Königs stehenden päpstlichen Kurie zu Avignon und der enge Anschluß des Bischofs an den Kaiser. Damit war dieser die letzten Jahrzehnte der hochstiftischen Regierung beherrschende Konflikt beseitigt. Albrecht II. von Hohenlohe hatte seinem Nachfolger freilich andere schwerwiegende Probleme hinterlassen. Zu ihnen gehörten die Schuldenlast des Hochstifts und die ständigen Kämpfe mit den Bürgern seiner Städte, allen voran die mit der Stadt Würzburg. Das noch ältere Problem, der Einfluß des Domkapitels auf das bischöfliche Regiment, war seit der Mitte des 13. Jahrhunderts durch die sich ständig ergänzenden Wahlkapitulationen in etwa gelöst. Durch sie übte das Domkapitel – nicht selten auch zugunsten des Hochstifts – Kontrollfunktionen aus, mit denen die Bischöfe leben konnten. Zündstoff gaben jedoch vor allem die vom Domkapitel häufig durchgeführten zwiespältigen Bischofswahlen, bis auch hier die veränderten Zeitverhältnisse das Domkapitel zur Vorsicht, ja zur Einsicht zwangen. Die nach dem Tod Bischof Albrechts sofort erfolgte Doppelwahl, bei der eine Mehrheit des Kapitels den Bamberger Domdekan Withego Hildebrandi, dieser wahrscheinlich bürgerlicher Herkunft aus Prag,[57] und eine Minderheit den Mitkanoniker Albrecht von Heßberg zum Bischof erkoren hatte, war im Grunde die letzte problematische Wahl dieser Art. Während Albrecht von Heßberg die Zustimmung der Würzburger Bürgerschaft fand, begab sich Withego umgehend zum Papst nach Avignon. Doch Kaiser Karl hatte den ›besseren Draht‹ zur Avignoneser Kurie. Sein Kandidat für Würzburg war Gerhard von Schwarzburg, derzeit Bischof von Naumburg. Die Grafen von Schwarzburg standen schon seit längerem in guter Beziehung zu Böhmen und Karl IV.; Gerhard von Schwarzburg ist 1354 als Hofkaplan Karls nachweisbar. Zudem hatte sich der Kaiser, seit die Päpste die Einsetzung der Würzburger Bischöfe an sich gezogen hatten, auf die neue Situation eingestellt. Das war schon seit der päpstlichen Anerkennung Albrechts II. von Hohenlohe zu bemerken und kam nun bei der Einsetzung Gerhards von Schwarzburg voll zur Geltung. Auf Betreiben des Kaisers providierte Papst Gregor XI. den ihm schon aus früheren Jahren bekannten Gerhard von Schwarzburg für Würzburg und den Würzburger Elekten Withego, mit dem sich der Schwarzburger zuvor geeinigt hatte, auf den Bischofsstuhl zu Naumburg. Nur wenige Wochen später wurde am 1. Dezember 1372 Gerhard von Schwarzburg vom Kaiser mit den Regalien des Hochstifts Würzburg belehnt.

Noch aber hatte der neue Bischof nicht Bistum und Hochstift für sich gewonnen. Wohl traten Teile des hochstiftischen Adels und auch die Domkapitulare, die einst für Withego gestimmt hatten, auf Gerhards Seite. Doch die Anhänger des Gegenbischofs Albrecht von Heßberg, vor allem aber die Stadt Würzburg, stellten sich gegen Gerhard. Bezeichnend, daß Bischof Gerhard bei seinem Eintritt in den neuen Wirkungskreis zuerst in dem von Karl IV. vor wenigen Jahren für Böhmen erworbenen Prichsenstadt Unterkunft fand. Von hier aus gab er den Würzburgern seine Versetzung bekannt. Bald konnte er, unterstützt von seinen Anhängern, große Teile des Hochstifts erobern; die Stadt Würzburg indes hätte der Bischof schwerlich mit Gewalt gewinnen können, da er dafür noch keineswegs gerüstet war. So tat er, was vor ihm schon Albrecht von Heßberg getan hatte: er bestätigte der Stadt weitgehende Rechte und Freiheiten, um die sie schon in vergangenen Jahrzehnten gekämpft hatte.

Kaum hatten ihm die Bürger Würzburgs gehuldigt, widerrief er seine Zusa-

gen und verlangte die Auslieferung der Stadtschlüssel. Vor dem heftigen Protest der Bürgerschaft flüchtete sich der Bischof auf den Marienberg. Wieder bewährte sich die gute Beziehung zu Karl IV. Das kaiserliche Hofgericht verhängte über die Stadt die Reichsacht. Der Kaiser, sein Sohn Wenzel, seit 1376 deutscher König, und der Erzbischof von Mainz verbündeten sich mit dem Bischof; Karl IV. aber erlaubte auf Kosten der Würzburger Bürgerschaft die Aufnahme von Juden und die Erhebung eines Transitzolls in der Stadt. Vergeblich belagerten die Bürger die Residenz des Bischofs. Der in der Folge zwischen Bischof und Stadt über mehrere Jahre vereinbarte Vergleich kam praktisch einer Unterwerfung der Bürger unter den Bischof gleich, führte er doch 1379 wiederum zur Öffnung der Tore und zur Auslieferung der Schlüssel.
Gerhards Wechsel von Naumburg zum reicheren Bistum und Hochstift Würzburg gab der mit Tatendrang gepaarten Willenskraft des Bischofs ein reiches Betätigungsfeld. Seit die Würzburger Bürger sich dem Einzug ihres Fürsten verschlossen hatten, richtete sich dessen Energie in erster Linie gegen jede auf Freiheit gerichtete politische Tätigkeit der Städte. Schon 1376 hatte Bischof Gerhard Kaiser Karl und König Wenzel im Kampf gegen die schwäbischen Städte mit Hilfstruppen unterstützt. Die noch vom Kaiser und dann von König Wenzel zahlreich erlassenen Landfrieden forderten zum Teil die Auflösung der Städtebünde. So war es schon ein Fortschritt, daß sich auf der von Bischof Gerhard mitbesiegelten Heidelberger Stallung (Ausgleichsverhandlung) der schwäbische und rheinische Städtebund dem 1383 zu Nürnberg verkündeten zwölfjährigen Reichslandfrieden anschlossen. 1387 wurde die Heidelberger Stallung, allerdings ohne den rheinischen Bund, erneuert. Doch konnten dadurch die zwischen den Fürsten und Städten bestehenden Spannungen nicht verringert werden. So kam es zur Schlacht bei Döffingen (Kr. Böblingen, Baden-Württemberg), an der auf seiten der Fürsten auch Bischof Gerhards Truppen teilgenommen hatten. Endete dieses Gefecht mit einem Sieg der Fürstenpartei, so hatte Bischof Gerhard gegen die Städte Windsheim, Schweinfurt und Rothenburg o. d. T. letztendlich wenig Erfolg. Schiedssprüche des Mainzer Erzbischofs brachten für den Bischof zwar finanzielle Vorteile, doch konnte die Reichsstadt Rothenburg Übergriffe des Landgerichts Würzburg auf ihr Gebiet abwehren. Immerhin wurden mit dem im Februar 1389 für sechs Jahre geschlossenen Landfrieden zu Eger, dem auch Bischof Gerhard beitrat, alle Städtebünde verboten.
Die Parteinahme Bischof Gerhards im großen Schisma der päpstlichen Kurie wurde entscheidend von seiner Abneigung gegen die politischen Aktivitäten radikaler Elemente innerhalb der Würzburger Bürgerschaft bestimmt. Die Wahl zweier Päpste, ausgelöst nach dem Tod des Papstes Gre-

gor XI. im März 1378 durch die Wahl des römischen Papstes Urban VI. von einer Kardinalsmehrheit und des Avignoneser Papstes Clemens VII. von einer Minderheit, hatte Karl IV. in den ihm noch verbleibenden Monaten seines Lebens vergeblich versucht zu verhindern. Doch stützte er den römischen Papst. Dasselbe tat auch König Wenzel nach dem am vorletzten Novembertag 1378 erfolgten Tod seines Vaters und schloß 1379 mit den vier rheinischen Kurfürsten einen Bund zugunsten von Papst Urban VI. Ihm trat nach einigem Schwanken auch Bischof Gerhard bei. Ebenso stellte sich das Domkapitel gegen *Ruprecht von Genffe ..., der sich jetzt Papst Clemens nennt.*[58] Doch noch zu Beginn der achtziger Jahre konnten die Prozesse des Avignoneser Papstes gegen Papst Urban VI. durch Anschlag an den Türen des Doms in Würzburg bekanntgemacht werden. Auch Bischof Gerhard reichte in dieser Zeit noch einen Rotulus mit Suppliken bei Papst Clemens ein. Erst als Würzburg 1392 vom Papst zu Avignon die Bestätigung zweier für die Stadt günstiger Privilegien Papst Alexanders IV. von 1260 erhalten hatte, ergriff Bischof Gerhard ohne Vorbehalt die Seite des römischen Papstes.
Nicht unproblematisch war auch des Bischofs Verhältnis zur eigenen Geistlichkeit, vor allem aber zum Domkapitel, das ihn seinerzeit nicht einmal gewählt hatte. Zwar hatte sich das Domkapitel der Einsetzung Bischof Gerhards gefügt, doch erzeugten ständige Geldforderungen des Bischofs auf die Dauer neue Spannungen. Angesichts der hohen Verschuldung des Hochstifts waren die Domherren zunächst durchaus bereit, dem Bischof mit persönlichen Beiträgen und mit einer Steuerabgabe der Bürger ihrer Stadt Ochsenfurt beizuspringen.[59] Auch stimmte das Domkapitel mehrmals einer allgemeinen Besteuerung der Hochstiftsuntertanen zu. Seit Beginn der achtziger und in den neunziger Jahren allerdings erhoben Domkapitel und Klerus gegen die von ihnen wiederholt geforderten subsidia caritativa Widerspruch, den der Bischof nur mit der Verbannung des Domdekans und der Gefangennahme zweier Domherren sowie mit Bannandrohungen brechen konnte. Wohl um sich gegenüber dem Domkapitel einen gewissen finanziellen Freiraum zu schaffen, schloß Bischof Gerhard Mitte der achtziger Jahre zunächst mit einigen Städten Schirm- und Schutzverträge und erlaubte 1387 zwanzig Städten seines Hochstifts eine Einung mit den fuldischen Stiftsstädten. Im Juli 1396 vereinbarte der aus 15 Mitgliedern bestehende fränkische Städtebund mit Billigung Bischof Gerhards Schutzbestimmungen für fünf Jahre. Hintergrund dieser städtefreundlichen Regungen des Bischofs waren zweifellos mehrjährige Steuervorauszahlungen der Städte an ihn. Unzählige Polizeiverordnungen zum Wohle der Städte und ihrer Bürger, viele Wiederholungen älterer Verordnungen Bischof Ottos II. von Wolfskeel, häufig allerdings mit schärferen

Strafandrohungen bei ihrer Übertretung, stammen aus jenen Jahren. Nicht immer wurden sie von den Bürgern akzeptiert, die dahinter Eigeninteressen des Bischofs vermuteten. Dies war nicht einmal so unberechtigt, da florierender Handel und gesunde Gewerbe der städtischen Gemeinwesen den bischöflichen Finanzen zugute kamen.[60]

Kritisch wurde die städtefreundliche Phase des Bischofs erst, als König Wenzel nach Abkehr der deutschen Fürsten, die ihm jahrelange Abwesenheit und Untätigkeit im Reich anlasteten, Rückhalt bei den Städten suchte. Auf einem Reichstag zu Nürnberg erneuerte Wenzel 1397, diesmal unter Begünstigung der Städte, den fränkisch-baierischen Landfrieden. Ihm blieb, wie nicht anders zu erwarten, Bischof Gerhard fern. Noch in Nürnberg verlieh der König am 13. Oktober elf Städten des Hochstifts, die sich zu Pfingsten desselben Jahres mit der Stadt Würzburg zu einem Bund zusammengeschlossen hatten, das in sich widersprüchliche Diplom der Reichsfreiheit (Reichsfreiheit auf Lebenszeit des Königs, ohne des Bischofs Rechte zu beeinträchtigen). Im Dezember wurde König Wenzel in Würzburg jubelnd begrüßt und ihm gehuldigt. Schon hatten die Städte ihre Tore, die Würzburger auch ihr Rathaus, mit dem gekrönten Adler geschmückt. Doch nur wenige Wochen später mußte König Wenzel Anfang 1398 auf einem Fürstentag zu Frankfurt angesichts der mit Bischof Gerhard solidarischen Fürstenopposition alle Rechte des Fürstbischofs und die Freiheiten der Stifte, Klöster und des Klerus im Würzburger Bistum bestätigen. Ein gleiches galt zwar auch für die althergebrachten Rechte der Städte, doch von Reichsfreiheit war keine Rede mehr. Das seit Jahren durch besondere Einungen mit den benachbarten Fürsten unter anderem mit dem Erzbischof von Mainz, dem Abt von Fulda, dem Bischof von Bamberg, den Landgrafen von Thüringen und Hessen, den Hennebergern und vor allem mit den Burggrafen zu Nürnberg herbeigeführte gute Einvernehmen des Bischofs trug jetzt seine Früchte.

Die Städte schienen die Brisanz des zweiten königlichen Diploms nicht erkannt oder nicht ernstgenommen zu haben, zumal der König wenig später Abgesandten der Städte noch Hoffnungen gemacht hatte. Unterdessen bereitete sich Bischof Gerhard auf eine Auseinandersetzung mit Würzburg vor, behob alle zwischen ihm und dem Domkapitel bestehenden Spannungen, schloß mit den Burggrafen von Nürnberg ein Militärbündnis gegen die aufständischen Städte und erwirkte ein Mandat des römischen Papstes Bonifaz IX., gegen Kirchenfeinde mit kirchlichen Zensuren einzuschreiten. Im Sommer 1399 begannen die Kämpfe. Wenige Städte (Meiningen, Ebern) lenkten ein. Haßfurt widerstand einer wochenlangen Belagerung des Fürstbischofs. Würzburg wurde belagert und sollte ausgehungert werden. Da beschlossen die vom Hunger geplagten Bürger, die Getreidelager des Domkapitels in Bergtheim (ca. 15 km nordöstlich von Würzburg) zu stürmen. Vorgewarnt, hatte die bischöfliche Streitmacht Gegenmaßnahmen ergriffen und bereitete den Würzburgern eine blutige Niederlage. Sie beendete ein für allemal den Traum der hochstiftischen Städte nach Reichsfreiheit. Würzburg mußte erneut seinem Landesherrn huldigen, die übrigen Städte des Bundes hatten sich ihm zu unterwerfen. Die Zünfte, bisher stets kämpferische Spitze gegen die Bischöfe, waren endgültig am Boden. »Was blieb ..., war die Ehrbarkeit und Kunstfertigkeit fleißiger Handwerker ...«.[61]

Es war der Erfolg Bischof Gerhards, die Städte des Hochstifts, besonders aber die Stadt Würzburg, in die Landsässigkeit seiner Herrschaft festgeschrieben zu haben. Er hatte damit die Konsolidierung des Territoriums entscheidend gefördert. Was blieb, waren die Schulden. Hochverschuldet hatte der Bischof das Land übernommen. Hochverschuldet hatte er es seinem Nachfolger hinterlassen. Subsidia caritativa, teils von den Päpsten genehmigt und dem Domkapitel bewilligt oder vom Bischof als Besteuerung des Klerus eingefordert, von Kaiser Karl und König Wenzel genehmigte Transitzölle und Ausfuhrzölle auf Wein – letzterer hatte 1397 den Städtekrieg gegen den Bischof heraufbeschworen –, Streichung der Judenschulden, Bede und Datz (allgemeine Landsteuern), diese vom Domkapitel, der Ritterschaft und den Städten bewilligt, haben die Untertanen stark belastet. Ungeheuere Summen sind so in die Hand des Bischofs geflossen. Mehrjährige Steuervorschüsse der Städte zwischen 1373 und 1390 ergaben die horrenden Summen von 60800 Gulden und 179800 Pfund Heller.[62] Doch handelte es sich hierbei nur um Teilsummen. Aber gerade die Steuerbewilligungen haben Domkapitel, Ritterschaft und Städte in ihrem Selbstbewußtsein bestärkt.[63] Und dann natürlich gab es die schon von den Vorgängern geübte Praxis der Immobilienverpfändungen, die das Domkapitel 1378 bis zur Höchstsumme von 200000 Gulden genehmigt hatte, die vom Bischof aber immer wieder überzogen wurde, so daß bei seinem Tod wiederum fast alle Burgen und Städte verpfändet waren. Das meiste dieser Einnahmen hatte Bischof Gerhard im Dienst für Kaiser und König, vor allem aber für den Kampf gegen die Städte des Hochstifts verbraucht. Er war, wie ihn ein Chronist beschreibt, ein *episcopus in armis strenuus*,[64] ein Haudegen, doch mit politischem Gespür. So zeigt ihn auch das Epitaph im Dom zu Würzburg (Farbbild S. 599).[65]

5. *Der schwierige und mühsame Weg zur Entschuldung des Hochstifts*

5.1 Bischof Johann I. von Egloffstein (1400–1411);[66] erste Erfolge bei der Sanierung des ›Staats‹-Haushalts

Als Bischof Gerhard von Schwarzburg am 9. November 1400 gestorben war, hatte er seinem Nachfolger eine Schuldenlast hinterlassen, die Papst Innozenz VII. 1406 mit der gewaltigen Summe von 2,5 Millionen Gulden bezifferte.[67] Den künftigen Inhaber des Bischofsamtes erwartete keine beneidenswerte Aufgabe. Doch gerade deshalb und um einer Provision der päpstlichen Kurie zuvorzukommen, die angesichts zweier Päpste zusätzliche Schwierigkeiten heraufbeschworen hätte, schritt das Domkapitel nur wenige Tage nach dem Tod Bischof Gerhards zur Wahl, in der weder Graf Eberhard von Wertheim noch Johann von Egloffstein eine Stimmenmehrheit erringen konnten. Das Domkapitel überließ daher die Entscheidung dem deutschen König. Inhaber dieses Amtes war seit August 1400 nach der Absetzung des untätigen Luxemburgers Wenzel der von der Mehrheit der Kurfürsten gewählte Pfälzer Graf Ruprecht (1400–1410). Ihm hatte Bischof Gerhard noch wenige Wochen vor seinem Tod gehuldigt. Der Elekt Johann von Egloffstein, er, unter Bischof Gerhard in der Schlacht bei Bergtheim Befehlshaber der bischöflichen Streitmacht, versprach, König Ruprecht gegen den abgesetzten König Wenzel zu unterstützen, so daß Ruprecht sich für Johann I. von Egloffstein entschied und den römischen Papst Bonifaz IX. um Bestätigung bat. Von dort erfolgte Ende März 1401 die Provision, nachdem, wie schon die päpstlichen Vorgänger, auch Papst Bonifaz weder die Wahl des Domkapitels noch die von Johann I. von Egloffstein beschworene Wahlkapitulation anerkannt hatte.

Das gute Verhältnis zu König Ruprecht bestimmte die politischen Entscheidungen des Bischofs. Vom König empfing er 1401 auf einem Reichstag zu Nürnberg die Regalien und Hochstiftsprivilegien. Auch war Bischof Johann am Zustandekommen des vom König 1403 verkündeten fränkischen Landfriedens beteiligt. Dieser wurde 1404 in Anlehnung an den Landfrieden zu Eger von 1389 noch einmal nachgebessert und 1407 wiederum erneuert. Ebenso ist auch des Bischofs Teilnahme an der vom König Ende 1407 erlassenen Münzordnung gesichert. Noch im gleichen Jahr hatte Bischof Johann im Auftrag des Königs – allerdings vergeblich – versucht, die Stadt Rothenburg o.T. vom Anschluß an die gegen den König gerichtete Fürstenvereinigung des Marbacher Bundes abzuhalten. Und wie der König, so anerkannte auch Bischof Johann die römischen Päpste Bonifaz IX. (1389–1404), Innozenz VII. (1404–1406) und Gregor XII. (seit 1406). Mit König Ruprecht lehnte er das von den Kardinälen 1409 einberufene Konzil zu Pisa ab, wo das Schisma beendet werden sollte und wo mit der Wahl Papst Alexanders V. die Zahl der Päpste um einen weiteren vermehrt worden ist. Statt dessen bevollmächtigte der König den Würzburger Bischof, ihn auf einem von Papst Gregor XII. nach Cividale einberufenen Konzil zu vertreten. Doch auch dort konnte das leidige Problem des Schismas nicht gelöst werden.

In den mit den benachbarten Territorien bestehenden Auseinandersetzungen hatte sich schon seit den letzten Jahrzehnten ein Wandel vollzogen. Waren früher vor allem die teils freundlichen, teils feindlichen Beziehungen zu den Hennebergern für die bischöfliche Territorialpolitik bestimmend, so traten diese schon unter den Bischöfen Albrecht II. von Hohenlohe und Gerhard von Schwarzburg immer mehr zurück gegenüber den politischen Kontakten zu den in Franken aufstrebenden Mächten der Reichsstadt Rothenburg und der zollernschen Burggrafen, die Kaiser Karl IV. 1363 in den Reichsfürstenstand erhoben hatte. Differenzen gab es mit beiden Nachbarn vor allem wegen der Zuständigkeit des kaiserlichen Landgerichts Würzburg. Während Rothenburg schon 1392 von Bischof Gerhard von Schwarzburg ein für die Reichsstadt befriedigendes Ergebnis bestätigt bekommen hatte, ging es im Streit mit den Burggrafen von Nürnberg vorerst um die Abgrenzung der Zuständigkeit der kaiserlichen Landgerichte Würzburg und Nürnberg. 1404 entschied das Hofgericht zunächst, daß das Würzburger Landgericht des Herzogtums Franken nicht zuständig sei für das Burggrafentum Nürnberg, womit jedoch bei den in Franken schwierigen Grenzziehungen zwischen den Territorien künftige Meinungsverschiedenheiten keineswegs aus der Welt geschafft worden sind. Für Bischof Johann I. von Egloffstein aber war das Hofgerichtsurteil vermutlich Anlaß, erstmals, wenn auch noch vereinzelt, den fränkischen Herzogstitel in die Intitulatio (Name und Titel des Absenders) seiner Urkunden aufzunehmen.

Das gute Verhältnis zu König Ruprecht war eine wichtige Komponente der Politik Bischof Johanns I. von Egloffstein. Zur Sicherung seiner Herrschaft und seines Territoriums aber genügten des Königs Macht allein nicht mehr. Entscheidend waren seit dem Erstarken der Landesherrschaften die Beziehungen zu den Nachbarterritorien. Schon Bischof Gerhard von Schwarzburg hatte daher mit seinen Nachbarn zahlreiche Einungen abgeschlossen, die dann seine spätmittelalterlichen Nachfolger im Hochstift fortgesetzt haben. Bischof Johann I. von Egloffstein war derartige Sonderbündnisse zwischen 1401 und 1411 zum Teil mehrfach mit Bischof Albrecht von Bamberg, den zollernschen Burggrafen von Nürnberg, Erzbischof Johann II. von Mainz, Graf Friedrich I. von Henneberg-Römhild und den Landgrafen von Thüringen und Markgrafen von Meißen eingegangen. In gewisser Weise lösten diese Einungen die von den deutschen Königen erlassenen Landfrieden ab.[68] Diese waren vornehmlich eine Erscheinung des ausgehenden 13., dann vor allem des 14. und des beginnenden 15. Jahrhunderts, während die zwischen den Territorialherren beschlossenen Einungen vom Ende des 14. Jahrhunderts bis zum Beginn des 16. Jahrhunderts den Frieden des Hochstifts Würzburg mit seinen Nachbarterritorien gewährleisten sollten. Somit machten die Einungen zugleich deutlich, daß die Macht des Königs nicht mehr ausreichte, mit Hilfe der Landfrieden die Ordnung im Reich zu sichern. Seit dem Ende des 14. Jahrhunderts wurde dies immer mehr zur Aufgabe der erstarkenden Territorialgewalten.

Als ein Zeichen territorialen Selbstverständnisses muß zweifellos auch die Gründung einer Universität in Würzburg durch Bischof Johann I. von Egloffstein gewertet werden.[69] Papst Bonifaz IX. hatte schon mit einer Bulle vom 10. Dezember 1402 die Errichtung des studium generale zu Würzburg nach dem Vorbild der Universität Bologna genehmigt.[70] Der Anstoß hierzu ging, wie die päpstliche Urkunde erkennen läßt, vom Bischof aus. Trotzdem hatte Johann von Egloffstein seine ›Hohe Schule‹ erst am 2. Oktober 1410 mit dem Gründungsprivileg ausgestattet. Der Lehrbetrieb konnte jedoch schon bald nach 1402 im Hof zum großen Löwen (in der heutigen Dominikanergasse) begonnen werden, lassen sich doch vor 1404 und 1407 bereits Rektoren der Universität nachweisen. Warum die Privilegierung erst so spät erfolgte, ist eindeutig nicht zu belegen. Möglicherweise trug das schlechte Verhältnis des Bischofs zum Domkapitel daran die Schuld, das auch aus Furcht, Einkünfte und Pfründen zu verlieren, nach dem 1411 erfolgten Tod des Bischofs keinerlei Interesse an der Universität zeigte. Noch 1419 erwähnte Papst Martin V. die Universität in einer Bulle.[71] Auch 1427 scheint der Lehrbetrieb noch bestanden zu haben. Dies war jedoch der letzte Hinweis.

Das Verhältnis des Bischofs zum Domkapitel war äußerst gespannt. Ursache hierfür waren die vom Bischof wegen der hohen Verschuldung des Hochstifts mehrfach angesetzten Steuern. Die 1401 vom Bischof verordnete fünfjährige Verbrauchssteuer (Datz) wurde vom Domkapitel noch mitgetragen. Als dann der Bischof 1403 und 1404 eine allgemeine Landsteuer (Bede) festsetzte,[72] konnte das Domkapitel für sich bereits gewisse Erleichterungen durchsetzen, zumal Papst Bonifaz IX. dem Bischof 1402 erlaubt hatte, für drei Jahre einen geistlichen Zehnten einzuheben. Vollends aber verschloß sich das Domkapitel den bischöflichen Forderungen, als Bischof Johann 1407 mit königlicher Genehmigung einen Ausfuhr- und Transitzoll auf Wein und Getreide für drei Jahre festgesetzt hatte. Hierbei handelte es sich um den Guldenzoll, den König Wenzel bereits 1397 Bischof Gerhard von Schwarzburg zeitweilig bewilligt und dadurch damals den kriegerischen Protest des fränkischen Städtebundes heraufbeschworen hatte. Unter Berufung auf die Wahlkapitulation verweigerte nun das Domkapitel seine Zustimmung. Kurzerhand ließ Johann I. von Egloffstein im Mai anläßlich einer Prozession 18 Domherren gefangensetzen, während einige von ihnen sich in ihrer Stadt Ochsenfurt in Sicherheit bringen konnten. Zwar kamen die auf dem Marienberg verhafteten Domherrn nach Vermittlung durch auswärtige Fürsten wieder frei, doch die vom Domkapitel geforderte Exkommunikation des Bischofs wurde mit Billigung Papst Gregors XII. niedergeschlagen. Vielmehr mußte das Domkapitel sich zu einem geistlichen Zehnt und gegen Verpfändung von Karlstadt und Karlburg zur Auslösung bischöflicher Pfandschaften in Höhe von 28 000 Gulden verpflichten.

Auf Grund dieser Vorkommnisse ist des Domkapitels Haß, mit dem es den Bischof noch über den Tod hinaus verfolgte, zwar verständlich, doch nicht gerecht. Anders als seine Vorgänger, konnte Johann I. von Egloffstein mit Erfolg die Schuldenlast des Hochstifts vermindern. Erstmals hatte er ein Verzeichnis über die bischöflichen Schulden angelegt.[73] Obwohl mit Archivalien schwer zu belegen, läßt sich nachweisen, daß der Bischof während seiner Regierungszeit 41 450 Gulden zur Tilgung von Schulden verwendet hatte.[74] Wahrscheinlich aber lag diese Summe noch weit höher. Obwohl Johann von Egloffstein zur Geldbeschaffung ebenfalls auf das Mittel der Verpfändung zurückgreifen mußte, setzte er Teilsummen hiervon zur Auslösung älterer Pfandschaften ein.[75] Freibriefe des Bischofs von 1403 und 1404 für die Juden, die damit wieder zur Ansiedlung in Würzburg aufgefordert wurden, und die Verleihung des Judenschutzes 1410 durch König Ruprecht, dienten gleichfalls der wirtschaftlichen Prosperität des Würzburger Territoriums. So werden ihm Äußerungen anderer Zeitgenossen, die ihm ein gutes Regiment bezeugen und ihn als Freund der Gelehrsamkeit schildern, weit eher gerecht.

Nach einer zehnjährigen kontinuierlichen Regierungszeit in Anlehnung an König Ruprecht und die römischen Päpste, die lediglich im 8. und 9. Jahr durch den Widerstand des Domkapitels für Aufregung gesorgt hatte, vollzog Bischof Johann im letzten Jahr seiner Regierung eine unerwartete Wende in der Beziehung zur päpstlichen Kurie. Nach dem Tod König Ruprechts am 18. Mai 1410 und bei der zu erwartenden Wahl eines Königs aus dem Haus der Luxemburger schwenkte der Bischof über zu dem von diesen begünstigten Konzilspapst Johannes XXIII. und bestätigte damit, daß seine Beziehung zum König auch weiterhin Grundlage seiner Politik sein sollte.

Und noch etwas geschah 1410, was angesichts der bisherigen Regierungszeit des Bischofs nicht zu erwarten war und allenfalls an seinen militärischen Einsatz gegen die Bürger Würzburgs kurz vor Antritt seiner Regierung in der Schlacht bei Bergtheim anknüpfen konnte: Johann I. von Egloffstein zog mit einem Heer in das Deutschordensland Preußen, um dem Deutschen Orden nach der Niederlage am 15. Juli 1410 bei Tannenberg in den Friedensverhandlungen mit dem litauischen Großfürsten und polnischen König Jagiello beizustehen. Ausschlaggebend zu diesem Schritt war wohl sein Bruder Konrad von Egloffstein, Deutschmeister des Ordens, der diese Hilfe der deutschen Fürsten organisiert hatte.[76] Am 9. Dezember 1410 war Bischof Johann an den Waffenstillstandsverhandlungen und ebenso am Abschluß des ersten Thorner Friedens vom 1. Februar 1411 beteiligt. Vor diesem Hintergrund scheint auch jener angezweifelte Vertrag des Bischofs von 1409 mit dem Deutschen Orden wegen der Tilgung der Hochstiftsschulden glaubwürdig zu sein,[77] verfügte doch der preußische Ordensstaat über ein musterhaft geordnetes Finanzsystem, so daß er auch anderen finanzschwachen Herrschern jener Zeit aushelfen konnte.

5.2 Rückschlag unter Bischof Johann II. von Brunn (1411–1440)

Die Einsetzung Johanns II. von Brunn in das Bischofsamt war noch problemloser als bei seinem Vorgänger. Das Domkapitel hatte ihn einstimmig gewählt. Papst Johannes XXIII. providierte ihn wenige Wochen später und König Sigmund (1410–1437) bestätigte ihm bald darauf die Hochstiftsprivilegien. Im August 1414 ernannte König Sigmund den Bischof zu seinem Rat mit einem Jahresgehalt von 5000 Gulden, ein Amt, das Bischof Johann allerdings nur zwei Jahre behielt. Der Bischof war am 8. November des gleichen Jahres anwesend bei der Krönung Sigmunds in Aachen und wurde von diesem wenige Tage später mit den Regalien und Hochstiftsprivilegien belehnt. Kein Zweifel, Bischof Johann gedachte, wie sein Vorgänger, sein Amt im engen Anschluß an das Oberhaupt des Reiches auszuüben.

König Sigmund, Bruder des 1400 zur Abdankung gezwungenen Königs Wenzel, war seit 1387 König von Ungarn und nach dem Tod des Königs Ruprecht seit 1410 König, seit 1433 Kaiser des deutschen Reiches und in die abendländische Politik seit langem eingebunden. Als deutschem Herrscher stellten sich ihm zwei Aufgaben: Beendigung des päpstlichen Schismas und Bekämpfung der böhmischen Hussiten, die die Struktur der abendländischen Kirche mit sozialpolitischen Ideen zu reformieren trachteten.

Beide Fragen zu lösen, erhoffte sich König Sigmund von einem Konzil, das 1414 am Tag des Allerheiligenfestes mit Zustimmung des ›Pisaner‹ Papstes

Johannes XXIII., einiger Kardinäle und der Mehrzahl der weltlichen Herrscher nach Konstanz geladen worden war. Auch Bischof Johann II. von Brunn erschien dort zu Beginn des Konzils, wo er im prächtigen Aufzug eintraf und etliche Wochen verweilte. Später ließ er sich in Konstanz durch seinen Dompropst Otto von Milz und seinen gelehrten Rat Johann Ambundii vertreten. In jenen Wochen soll der Würzburger Bischof auch versucht haben, zwischen den zerstrittenen königlichen Brüdern Wenzel und Sigmund zu vermitteln.

Während das Schisma erst nach langen Verhandlungen und nachdem man sowohl Benedikt XIII. (den avignonesischen Papst) als auch Gregor XII. (den römischen Papst) und Johannes XXIII. (den Pisaner Papst) mit mehr oder minder kräftigem Nachdruck zur Abdankung gezwungen hatte, 1417 mit der Wahl des Papstes Martin V. (–1431) beendet werden konnte, schien die hussitische Ketzerei mit der Ladung des Hus nach Konstanz, wo er 1415 den Feuertod erlitt, im Keim erstickt worden zu sein. Doch darin irrten nicht nur die Konzilsteilnehmer, sondern auch König Sigmund. Hus wurde zum Märtyrer. Hatte er immer noch gemäßigte Ziele vertreten, so gewann nach seinem Tod die radikale Partei der Taboriten, so genannt nach der von ihr 50 km östlich der mittleren Moldau gegründeten Stadt Tabor, die Oberhand. Abgesehen vom Abendmahl in beiderlei Gestalt, Hauptforderung der Gemäßigten, die sich daher Calixtiner (lat.: calix = Kelch) oder Utraquisten (lat. utrumque = beides) bezeichneten, vertraten die Taboriten darüber hinaus radikale sozialpolitische Ideen wie absolutes Armutsideal der Geistlichen, Enteignung allen Kirchenvermögens, Strafrechtspflege nach dem alttestamentlichen Dekalog und Ausbreitung des Reiches Gottes mit dem Schwert. Ihre Führer waren zunächst Žižka und Tschenek. Einig waren sich allerdings die Gemäßigten wie die Radikalen in ihrem Haß gegen die Deutschen, der schon zu Lebzeiten von Hus 1409 zum Auszug der deutschen Professoren und Studenten aus Prag und zur Gründung der Universität Leipzig geführt hatte.

Es vergingen etliche Jahre, bis die Hussiten sich in zum Teil recht turbulenten Kämpfen gegen die Altgläubigen in Böhmen durchgesetzt hatten. Der böhmische König Wenzel war diesen Aufregungen nicht gewachsen und erlag 1419 einem Schlaganfall. Als Erbe des böhmischen Königreichs oblag es nun König Sigmund, die Hussiten zu bekämpfen. Als dann die Hussiten seit 1420 ihren Krieg über Böhmen hinaus in die Markgrafschaft Meißen, nach Brandenburg, in die Oberpfalz und in das Hochstift Bamberg führten und dort die Lande verwüsteten, war König Sigmund auch als deutscher König und als Beschützer der Kirche gefordert. Der Krieg wurde zum Reichskrieg. Die Kurfürsten und vor allem die unmittelbar von den Hussiten bedrohten Fürsten unterstützten den deutschen König gegen die böh-

mischen Ketzer. Auch Bischof Johann, der die hussitische Soldateska und die taboritischen Irrlehren fürchten mußte, kam, getreu seiner bisherigen Einstellung, dem König nicht nur mit Geld und Truppen zu Hilfe, sondern zog mehrmals selber mit seinem Kriegsvolk gegen die Hussiten zu Felde. 1422 stand er mit seiner Truppe vor der Festung Karlstein, doch konnten die Reichstruppen die von den Hussiten besetzte Burg nicht einnehmen. Auf dem Rückzug hauste des Bischofs Truppe in der Oberpfalz allerdings ärger als die Hussiten.[78] Als seit 1427 Prokop der Kahle die hussitischen Heere führte und die blutigste Zeit des Krieges begann, zog Bischof Johann wiederum mit dem Reichsheer in den Kampf. Vergeblich hatten König Sigmund und Markgraf Friedrich I. von Brandenburg im Verein mit Bischof Johann 1431 versucht, die Hussiten durch Verhandlungen zum Einlenken zu bewegen. Darauf zog Johann II. von Brunn, nun bereits ein Sechziger, noch einmal mit dem Reichsheer in den Krieg. Doch angesichts der von Prokop geführten hussitischen Heerscharen stob das deutsche Heer in wilder Flucht vor Taus auseinander. Dies war der letzte Versuch des Reiches, der Hussiten mit kriegerischen Mitteln Herr zu werden.
Neben der Teilnahme an den Feldzügen gegen die Hussiten war der Würzburger Bischof auch noch in zahlreiche Kämpfe mit seinen fürstlichen, gräflichen und ritterschaftlichen Nachbarn verwickelt. Er führte Fehden mit dem zollernschen Burggrafen Johann III. wegen der Zuständigkeit des Würzburger Landgerichts und des geistlichen Gerichts sowie wegen etlicher im Bereich der Markgraftümer Ansbach und Kulmbach befindlicher Klöster (1415/16), ferner mit den Grafen von Wertheim wegen der Stiftspflegschaft (1437 s.u.), mit den Herren von Thüngen (1438) und mit Georg von Seckendorf wegen Gefangensetzung eines Priesters, wobei die Truppen des Bischofs die Kirche von Gnötzheim mit 400 Menschen verbrannt hatten.[79] Johann II. von Brunn war demnach ein Bischof alten Schlages, mehr Krieger als geistlicher Oberhirte, auch wenn er in seiner fast dreißigjährigen Regierungszeit 16 neue Pfarreien gegründet, den Grundstein zur Ritterkapelle in Haßfurt gelegt (1431), dem Offizialatsgericht eine neue Ordnung gegeben (1422) und die reiche Pfründenstiftung des Wertheimer Grafen für 10 Vikare an der Pfarrkirche zu Wertheim bestätigt hatte (1419).[80]
Neben den kriegerischen Einsätzen ist aber auch des Bischofs intensive diplomatische Tätigkeit beachtlich. Zwischen 1414 und 1438 war er auf acht Reichstagen und neun Fürstentagen. Mit dem deutschen König bzw. Kaiser traf er sich siebenmal, unter anderem 1424 im Auftrag der Kurfürsten in Ofen (heute zu Budapest gehörend). Hauptthema bei diesen Gesprächen war natürlich die Hussitenfrage. Häufig trat Johann II. von Brunn auf Wunsch des Königs zwischen streitenden Reichsständen als Vermittler auf

und hatte Erfolg. Auch Papst Martin V. hatte ihn zeitweise mit Aufgaben eines päpstlichen Legaten betraut. Bei seinen fürstlichen Kollegen und beim Oberhaupt des Reiches war der Würzburger Bischof durchaus geachtet. Wie schon seine Vorgänger hatte auch Johann II. von Brunn mit den benachbarten Landesherren zahlreiche Einungen zur Sicherung des Friedens abgeschlossen.

Dennoch erfuhr Bischof Johann in der Überlieferung fast nur negative, oft sogar harte Kritik. Ausschlaggebend hierfür war seine rigorose Steuer- und seine zum Teil gefährliche Finanzpolitik, die ihm im Hochstift nicht nur den Haß des Domkapitels, sondern auch den Widerstand der Ritterschaft eingetragen hat. Vorgeworfen wurden dem Bischof prunkvolles Auftreten, Vetternwirtschaft, Verschleuderung des von seinem Vorgänger angesammelten Vermögens, Verpfändung fast des ganzen Hochstiftsbesitzes, Mißbrauch der vom Kapitel genehmigten sowie unberechtigte Erhebung von Steuern, Unterdrückung der Stadt Würzburg, Gefangennahme einer Abordnung von Domherrn und Bürgern, mangelndes Interesse an der Verwaltung des Landes und Mißachtung der beschworenen Wahlkapitulationen. Nicht wenige Vorwürfe entsprachen der Wahrheit. Manche sind nur aus der Zeit zu verstehen. Die getadelte Prunksucht diente oft der Repräsentation des Staates. Der ständige Geldbedarf aber ließ sich angesichts der Bedrohung durch die Hussiten und wegen der gegen sie geführten Kriege nicht vermeiden. Immerhin war das Hochstift von ihnen verschont worden. Wiederholt hatte das Domkapitel, zuletzt 1423, mit Wahlkapitulationen, in denen das Bewilligungsrecht des Domkapitels zur Erhebung von Steuern festgeschrieben war, den Bischof zu knebeln versucht. Damals hatte der Bischof sich vom Papst von dieser Auflage befreien lassen. 1433 gelang es jedoch den Domherren im Verein mit Würzburg und weiteren Städten des Hochstifts, den Bischof zur Annahme ihres Mitkanonikers Graf Johann von Wertheim, und als dieser bald darauf starb, seines jüngeren Bruders Albrecht zum Koadjutor zu zwingen. Den Wertheimer Grafen, die schon seit längerem versucht hatten, ihren Einfluß auf das Hochstift zu intensivieren, konnte dies nur recht sein.[81] Auch die Ritterschaft des Hochstifts, die sich schon 1402 und 1410 unter Bischof Johann I. von Egloffstein durch Adelsbündnisse gegen die Erhebung von Steuern gewehrt hatte, versuchte 1435 durch den ›Runden Vertrag‹ auf die Regierung im Hochstift Einfluß zu gewinnen. Mehr als 100 Siegel, zu deren Befestigung am Pergament alle vier Randleisten benützt werden mußten, haben dem Vertrag den Namen gegeben (Abb. S. 59).[82]

Die Lage des Bischofs war in der Tat angesichts des Widerstands im eigenen Haus sehr gefährdet. Auf dem Baseler Konzil ließ er sich daher 1432 unter dem Vorwand seines hohen Alters vom persönlichen Erscheinen dis-

Aus: Fries-Chronik der UBW, M.ch.f. 760, Bl. 380a.

pensieren und schickte eine Vertretung. Massiv hatte das Domkapitel in Basel versucht, die Absetzung des Bischofs wegen skandalöser Lebens- und Amtsführung durchzusetzen. Ebenso heftig ließ Johann von Brunn durch seinen Prokurator mit Erfolg Widerspruch einlegen. Mit Unterstützung des Konzils und des seit 1433 von Papst Eugen IV. zum Kaiser gekrönten deutschen Königs konnte der Bischof nach etlichen Jahren die Bevormundung durch den Wertheimer Stiftspfleger wieder abschütteln. Dies veranlaßte Graf Michael I. von Wertheim, den Bischof vor ein westfälisches Femgericht zu laden. Als Johann II. von Brunn sich weigerte, dort zu erscheinen, ließ Graf Michael ihn von dem geheimen Gericht in Acht und Bann legen und trachtete ihm zeitweise nach dem Leben.
Kaiser Sigmund und nach seinem Tod Ende 1437 sein Nachfolger und Schwiegersohn, der Habsburger Albrecht II. von Österreich (1438–1439), waren Bischof Johanns starker Rückhalt. Vom Kaiser wurde ihm wie schon zuvor 1422 nochmals der Guldenzoll für etliche Jahre verliehen. Wie König Albrecht trat auch der Bischof im Streit um die Superiorität zwischen Papst und Konzil der kurfürstlichen Neutralität bei. Ohne mit Papst Eugen IV. und dem Konzil zu brechen und ohne den vom Konzil zum Gegenpapst gewählten Felix V. anzuerkennen, gelang es schließlich, in friedlicher Vereinbarung zwischen Kaiser, Konzil und Hussiten gewisse, nur für Böhmen gültige Reformen (Prager Kompaktaten) durchzusetzen. Das von vielen Historikern über Bischof Johann II. von Brunn gefällte negative Urteil ist daher angesichts der wieder beruhigten politischen Lage im deutschen Reich, von der auch das Bistum und Hochstift Würzburg profitierte, sicher nicht berechtigt. Die Verschuldung des Hochstifts ging allerdings ins Unermeßliche. Doch das Hochstift war nicht verwüstet und konnte sich bei guter Führung wieder von der Schuldenlast befreien.

5.3 Enttäuschendes Zwischenspiel des Bischofs Sigmund von Sachsen (1440–1443)

Die letzten dreißiger und die ersten vierziger Jahre des 15. Jahrhunderts brachten sowohl an der Spitze des deutschen Reiches als auch im Hochstift Würzburg das Ende einer alten und den Beginn einer neuen Epoche. Mit Kaiser Sigmunds Tod im Dezember 1437 starb der letzte männliche Sproß der Luxemburger Dynastie. Durch die Wahl Albrechts V. von Österreich zum deutschen König kamen die Habsburger auf den deutschen Königsthron, den sie bis zum Ende des Alten Reiches 1806 in fast ununterbrochener Folge behalten sollten.

Im Hochstift Würzburg hatte das Domkapitel noch zu Lebzeiten des alternden Bischofs Johann II. von Brunn in Verhandlungen mit dem Wettiner Herzog Friedrich von Sachsen dessen jüngeren Bruder Sigmund zum Stiftspfleger bestellt, und als Bischof Johann im Dezember 1440 gestorben war, zum Bischof gewählt. Wie schon anfangs der dreißiger Jahre von den Koadjutoren der Wertheimer Grafen, so erhoffte sich das Domkapitel nun von den sächsichen Herzögen Konsolidierung der maroden Finanzen des Hochstifts. Andererseits verfolgten damit seinerzeit die Wertheimer Grafen und nun das wettinische Herzogshaus die in jener Epoche bei den Landesherren nicht unübliche Praxis, eigenes Ansehen und politischen Einfluß zu mehren.[83] Verbunden war damit jedoch die Gefahr, daß das Hochstift in umfassendere Konflikte verwickelt werden konnte. Diese ließen in der Tat nicht lange auf sich warten.

Seit 1440 regierte im Ansbacher Unterland Markgraf Albrecht Achilles, der die Verbindung Sachsen-Würzburg mit wachem Mißtrauen beobachtete. Überraschend einigte sich der Markgraf mit Bischof Sigmund, verschaffte ihm Dispens des Basler Konzils von allen zuvor mit dem Domkapitel eingegangenen Verpflichtungen und ließ ihn im Oktober 1440 zu Ansbach von den Bischöfen zu Bamberg, Eichstätt und Augsburg zum Bischof weihen. Der 24jährige Bischof Sigmund, erst seit 1436 Geistlicher und kurz vor seiner Bestallung zum Stiftspfleger in das Domkapitel aufgenommen, wird allerdings von zeitgenössischen Quellen als einfältig und *mente captus* geschildert. Wohl nicht zuletzt deshalb zog des Bischofs erst 15jähriger Bruder Wilhelm mit ihm nach Würzburg und residierte dort auf der Burg mit sächsischen Räten als tatsächlicher Landesherr. Nach Gewährung von Vergünstigungen für die Bürger Würzburgs hielt Bischof Sigmund mit Unterstützung seines markgräflichen Gönners Einzug in der Stadt, während das Domkapitel, hoffend auf die Hilfe der sächsischen Brüder des Bischofs sowie Steuererhebungen und geistliche Handlungen des Bischofs boykottierend, sich auf die Feste Marienberg zurückzog. Das bald darauf folgende

Gefecht zwischen einer sächsischen und einer markgräflichen Streitmacht bei Bergtheim nahe Würzburg endete mit einem Sieg des Markgrafen, doch gelang es diesem nicht, die domkapitelsche Stadt Ochsenfurt zu erobern. Gleichwohl wurde der markgräflich-bischöfliche und der sächsisch-domkapitelsche Konflikt 1441 vorerst vertraglich überbrückt. Markgraf Albrecht Achilles ließ den Bischof fallen. Die bischöfliche Regierung wurde nach Eliminierung der sächsischen Räte einem fünfköpfigen Stiftsregiment übertragen. Zeitweise hatte das Domkapitel sogar erwogen, das hochverschuldete Hochstift dem Deutschen Orden abzutreten.[84] Entwirrung aus dieser verfahrenen Lage brachte erst das von Bischof Sigmund und vom Domkapitel erbetene Eingreifen Friedrichs III., dieser nach dem Tod seines Habsburger Vetters Albrecht II. seit April 1440 deutscher König (1440–1493). Nach 1440 hatte er dem Bischof für einige Jahre den Guldenzoll verliehen. Jetzt aber entsetzte er ihn mit einer Jahresrente von 2000 Gulden seines Amtes und übertrug die Verwaltung des Hochstifts dem Bamberger Domdekan und Würzburger Domherrn Gottfried Schenk von Limpurg. Doch erst 1443 zog sich Bischof Sigmund, verlassen von seinen Begleitern und verspottet als Niklausbischof, in sein sächsisches Stammland zurück,[85] wo er 1471 starb. Seine Rentenansprüche wurden erst nach seinem Tod in einer Vereinbarung zwischen Bischof Rudolf II. von Scherenberg und den sächsischen Herzögen abgefunden (s. 6.3).

6. *Die Konsolidierung*

6.1 Die Wende unter Bischof Gottfried IV. Schenk von Limpurg (1443–1455)[86]

Mit der Übertragung der Pflegschaft des Hochstifts an Gottfried Schenk von Limpurg hatten König Friedrich III. und das Domkapitel einen guten Griff getan. Der Pfleger war ohne Zweifel ein guter Verwaltungsfachmann und Politiker. Aus der Rückschau pries Lorenz Fries ihn drei Viertel Jahrhunderte später als friedliebend und als sparsamen Haushalter. Nach dem unrühmlichen Abzug Bischof Sigmunds wurde der Limpurger 1443 sowohl vom römischen Papst Eugen IV. als auch vom konziliaren Papst Felix V. providiert, jedoch mit dem Unterschied, daß Papst Eugen ihm als Nachfolger des 1440 verstorbenen Bischofs Johann II. von Brunn, Papst Felix ihm jedoch erst nach der Absetzung des Bischofs Sigmund die Provision erteilt hatte. Das Domkapitel, von dem Gottfried IV. Schenk von Limpurg kurz vor dem 17. Februar 1444 gewählt worden war, legte ihm, aus Erfahrung klug geworden, gleich viermal mit Wahlkapitulationen Fesseln an. Die letzte von 1446 war mit 47 Paragraphen die ausführlichste und wurde zur Grundlage auch aller künftigen Wahlkapitulationen.

Gleich zu Beginn seiner Regierung hatte der neue Bischof zwei Entscheidungen zu treffen: Anerkennung der von Markgraf Albrecht Achilles erhobenen hohen Schuldforderung für die Unterstützung des Vorgängers Bischof Sigmund, wofür Bischof Gottfried dem Markgrafen die Stadt Kitzingen verpfändete, und Absage an das Basler Konzil und dessen Papst Felix V. bei gleichzeitiger Hinwendung zu Papst Eugen IV. Während letztere Entscheidung der Stimmung der meisten deutschen Fürsten und auch der Politik König Friedrichs III. entsprach, wurde die Verpfändung Kitzingens sehr viel später im Ringen der beiden christlichen Konfessionen um die rechte Lehre zur Ursache schwerer und langwieriger Konflikte im täglichen Miteinander der Kitzinger Bürger. Doch das konnte der Bischof damals nicht ahnen.

Auch Bischof Gottfried suchte wie seine Vorgänger Anschluß an den König. Nicht zu übersehen ist allerdings, daß er wesentlich seltener in der Umgebung des Königs zu finden war. Friedrich III. übertrug ihm einige diplomatische Aufträge, die der Bischof meist durch seine Mitarbeiter ausführen ließ. Auch an der Romfahrt des Königs im Jahre 1451 und an dessen Kaiserkrönung war der Bischof nicht beteiligt. Bemerkenswert ist jedoch, daß der König bzw. Kaiser wesentlich stärker als die früheren Herrscher in die Territorialpolitik seines habsburgischen Hauses eingebunden war. Friedrich III. betrieb wie die übrigen deutschen Fürsten in erster Linie Hausmachtpolitik und betrat nach dem Reichstag zu Nürnberg von 1444 in den kommenden 27 Jahren nicht mehr den Boden des Reiches. Da zudem das Reich von größeren kriegerischen Ereignissen verschont blieb, konnte sich Bischof Gottfried im wesentlichen auf die Konsolidierung des Hochstifts konzentrieren.

In der Regierung stützte sich Gottfried IV. Schenk von Limpurg wie schon seine Vorgänger auf teils geistliche, teils weltliche Räte vom Adel. Die noch unter den Vorgängern des Bischofs die Verwaltung des Hochstifts lähmenden Konflikte zwischen Bischof, Domkapitel und Ritterschaft hatte er weitgehend vermieden und zog hervorragende Männer der ständischen Opposition als Räte an seinen Hof.[87] Herzstück der Verwaltung war die Kanzlei im sogenannten Palatium zwischen Dom und Neumünster. Dort hatten die Notare und Schreiber ihre Amtsstuben, dort wurden die Schriftsätze der hochstiftischen Korrespondenz gefertigt und dort wurden die Unterlagen des seit Beginn des 15. Jahrhunderts vermehrten Schriftverkehrs griffbereit für die laufenden Verhandlungen und Entscheidungen verwahrt. Schon hatte man in der politischen Korrespondenz die schwerfällige Urkunde durch das weit einfachere Briefformular abgelöst. Die nun überschwappende Schriftlichkeit erforderte neuartige Kanzleimethoden sowohl hinsichtlich der Verwahrung des Schriftgutes als auch bezüglich des Personals. Hatte man die Urkunden (nur sie galten bis zum Ende des 18. Jahrhunderts fast ausschließlich als archivwürdig) schon seit alters im bischöflichen Archiv auf der Burg und im domkapitelschen Archiv, dies vermutlich in der Sakristei des Doms, abgelegt, verwahrte man die laufenden Unterlagen in der bischöflichen Kanzlei. Verzeichnisse von den dort abgelegten Dokumenten gaben den Kanzleibeamten Kenntnis über die bereits archivierten Urkunden.[88] Um aber die ständig wachsende Korrespondenz, die vielfach gar nicht archiviert wurde, in den Griff zu bekommen, bediente man sich schon seit Bischof Gerhard von Schwarzburg (1372–1400) der Registerbücher, der sogenannten libri diversarum formarum, in die das Kanzleipersonal die auslaufenden und zum Teil auch wichtigen einlaufenden Schreiben abschriftlich eintrug. Diese Registerbücher, die man schon frühzeitig durch Spezialserien ergänzt hatte (z. B. Quittanzien über den Geldempfang der Bischöfe, ferner libri debitorum für die Schuldverschreibungen wegen Lieferungen an die Bischöfe), gehören zu der im Mittelalter und in der frühen Neuzeit weit verbreiteten Amtsbuchregistratur. Sie standen auf der Kanzlei dem Personal für Auskünfte, Information und Erledigung des Schriftverkehrs griffbereit zur Verfügung. Bischof Gottfried hatte das Personal mit der Aufstellung eines Kanzlers, der des Bischofs Vertrauen genoß, reorganisiert. Dem Kanzler unterstand das gesamte Kanzleipersonal.[89]

Dringlichste Aufgabe des Bischof war die Entschuldung des Hochstifts. Im Einvernehmen mit dem Domkapitel und der Bürgerschaft erhob er 1446 in Würzburg eine Herdsteuer von einem Gulden je Herdstatt, 1447 ein zehnjähriges Ungeld (eine Art Getränkesteuer), deren Einnahmen teilweise auch dem Domkapitel und der Stadt zugute kamen, und 1453 eine Sondersteuer zur Tilgung der Hochstiftsschulden. 1450 kamen Bischof und Ritterschaft überein, zur Abwehr der zahlreichen Fehden im gesamten Hochstift eine ›Klauensteuer‹ vom Vieh aller Untertanen zu erheben, um damit eine schlagkräftige Eingreiftruppe zu unterhalten. Zu diesem Zweck wurde das Hochstift in vier Viertel eingeteilt. Andererseits förderte der Bischof das Land mit Zollfreiheiten und Geleitsbriefen und gewährte Märkten und Städten Privilegien. Den Juden gab er weitreichende Vergünstigungen, die er jedoch, als sie der Bevölkerung zum Nachteil gereichten, durch Ausweisung der Juden wieder zurücknahm.[90] Eine Münzkonvention mit dem Hochstift Bamberg und Markgraf Albrecht Achilles, die der Bischof noch in der Zeit der Pflegschaft abgeschlossen hatte, war Voraussetzung für den wirtschaftlichen Aufschwung des Hochstifts.

Als geistlicher Oberhirte seines Bistums brachte er die älteren Synodalsta-

tuten wieder in Erinnerung, hielt zwei Diözesansynoden ab, gab den geistlichen Gerichten 1447 eine neue Ordnung, führte das Freitags-Mittagsläuten ein, ging gegen das Auftreten hussitischer Sektierer im Aischgrund vor und errichtete 14 neue Pfarreien.
Mit den Nachbarstaaten schloß Bischof Gottfried zahlreiche Einungen in wechselnder Zusammensetzung. Doch ungeachtet der mit dem Hochstift Bamberg und Albrecht Achilles 1443 geschlossenen Einung blieb das Verhältnis zum Markgrafen gespannt. Streitpunkte waren die schon seit dem Ende des 14. Jahrhunderts bestehenden Probleme: Zuständigkeit der kaiserlichen Landgerichte beider Territorien, geistliche Gerichtsbarkeit, Besteuerung der Geistlichkeit und Differenzen wegen der auf markgräflichem Territorium, jedoch im Bistum Würzburg liegenden Klöster. Mitten im Bereich älterer Territorien gelegen, versuchte der Markgraf seinem verhältnismäßig jungen und zudem zersplitterten Land mit der Cadolzburg und der Stadt Ansbach als Mittelpunkt Existenz und Lebensraum auf Kosten älterer Territorien zu sichern. Seine Angriffe richteten sich vor allem gegen die Reichsstadt Nürnberg und gegen das Hochstift Würzburg. Seine Absicht war, das Hochstift durch Bündnisse mit den sächsischen, hessischen und baierischen Territorialherren einzukreisen. Dagegen verband sich Bischof Gottfried mit Nürnberg und zahlreichen weiteren Reichsstädten. Dank diplomatischer Überlegenheit gelang es dem Bischof und der Reichsstadt Nürnberg Ende der vierziger und zu Beginn der fünfziger Jahre im sogenannten ersten Markgräfler Krieg (1449–1453), die Angriffe des Markgrafen ohne Gebietsverlust zu überstehen. Ebenso konnte Bischof Gottfried 1453 auch den Griff des Markgrafen nach der Grafschaft Castell durch einen Vertrag mit Graf Wilhelm zu Castell abwehren.[91] Mit dem Titel ›Herzog zu Franken‹, den die bischöflichen Vorgänger seit Johann I. von Egloffstein schon gelegentlich geführt hatten und den Bischof Gottfried und seine Nachfolger trotz heftigen Protests von Markgraf Albrecht Achilles seit 1446 ständig in ihren Schreiben verwendeten, ließ das Hochstift erkennen, daß es nicht bereit war, vor dem Markgrafen zurückzustekken.

6.2 Bischof Johann III. von Grumbach (1455–1466) im Kampf mit Markgraf Albrecht Achilles[92]

Schon unter Bischof Gottfried IV. Schenk von Limpurg wurde deutlich, daß die hohenzollernschen Burggrafen, seit 1415/17 Markgrafen zu Brandenburg, versuchten, den westlichen Teil ihrer zerstreuten, aus verschiedenen Wurzeln erworbenen Gebiete (das sogenannte Unterland) zur territorialen Geschlossenheit zusammenzubinden.[93] Diesem Ziel galten vor allem die politischen und kriegerischen Aktivitäten des Markgrafen Albrecht Achilles, der in seiner sechsundvierzigjährigen Regierungszeit sich im Hochstift Würzburg mit den Bischöfen Gottfried IV., Johann III. von Grumbach und Rudolf II. von Scherenberg (1466–1495) auseinanderzusetzen hatte. Bischof Gottfried hatte dank seiner diplomatischen Kunst kriegerische Verwicklungen mit dem Ansbacher Markgrafen vermeiden können.[94] Bischof Johann III. von Grumbach suchte jedoch dem in der Kriegskunst erfahrenen Markgrafen mit kriegerischen Mitteln beizukommen. Schon als Domkanoniker hatte er 1453 zusammen mit des Bischofs Kanzler gegen Bischof Gottfried in dessen Abwesenheit eine Verschwörung angezettelt. Er galt als das Haupt der Opposition im Domkapitel und in der Ritterschaft.[95] Möglich, daß ihn gerade deshalb das Domkapitel nach dem Tod Bischof Gottfrieds einstimmig zum Nachfolger gewählt hatte. Wie schon bei seinen Vorgängern erklärte die Kurie die Wahl zwar für ungültig, providierte aber den Elekten gegen Erstattung der Taxe von 2400 Gulden ohne weiteres zum Bischof. Von Kaiser Friedrich empfingen des Bischofs Beauftragte 1457 die Regalien und den Blutbann. Dies waren allerdings die einzigen bemerkenswerten Kontakte des Würzburger Bischofs zum Kaiser und zur Kurie. Hinfort war nicht Bischof Johann III. von Grumbach, sondern Markgraf Albrecht Achilles deren verlängerter Arm und Stütze im Reich. Vor ihm sollte der Bischof auch den persönlichen Eid über die kaiserliche Belehnung mit den Regalien und dem Blutbann ablegen.

Der Kaiser brauchte Markgraf Albrecht Achilles für seine kriegerischen Unternehmungen und hatte ihn 1456 zum Hofmeister, Reichshauptmann und Hofrichter sowie 1461 zum kaiserlichen Feldhauptmann bestellt. Als solcher verlor er 1462 gegen den Wittelsbacher Ludwig den Reichen von Baiern-Landshut die Schlacht bei Giengen im Kampf um die Reichsstadt Donauwörth. In gleicher Eigenschaft beteiligte sich der Markgraf 1474 an des Kaisers Kriegszug gegen Burgund und nahm Teil an den Friedensverhandlungen, die zunächst zur Verlobung und bald danach zur Heirat Maximilians, Sohnes des Kaisers, mit Maria, Tochter Herzog Karls des Kühnen von Burgund, führten, was dem Haus Habsburg die Herrschaft Burgund einbrachte. Die Päpste aber, allen voran Papst Pius II. (1458–1464), erhofften von Markgraf Albrecht kriegerische Unterstützung im Kreuzzug gegen die Türken, die nach der Eroberung Konstantinopels 1453 bereits vor Belgrad standen. Papst Pius, mit bürgerlichem Namen Aenea Silvio Piccolomini, war als Humanist schon vor seinem Eintritt in den geistlichen Stand mit Albrechts Vater Markgraf Friedrich I., dieser »ein Mann feiner Lebensart und weltmännischer Bildung«,[96] in Freundschaft verbunden und hatte diese Freundschaft auf dessen Sohn übertragen. Auf dem Fürstentag zu Mantua 1459/60 begrüßte er den Markgrafen als ›Herzog in Franken‹ und begabte ihn mit weitreichenden Freiheiten, die sich vor allem gegen die *herrligkeit des stiefts* Würzburg richteten, unter anderem in Sachen kaiserliches Landgericht, Zoll, Geleit und Wildbann. Auch soll der Papst das Würzburger Stift St. Gumbert zu Ansbach der römischen Kurie direkt unterstellt haben.[97]

Ungeachtet der Einungen Bischof Johanns mit Albrecht Achilles von 1457 und 1459 versuchte der Markgraf, die päpstlichen Freiheiten zu realisieren. Im Mai 1460 fand bei Roth nahe Nürnberg mit Würzburgs Bischof Johann, dieser verbündet mit Herzog Ludwig dem Reichen von Baiern und Kurfürst Friedrich von der Pfalz, ein für beide Parteien verlustreiches Gefecht statt. Noch ehe es zu einem zweiten Treffen kam, vereinbarte man *noch im felde bei der stad Roet* (Roth b. Nürnberg) einen Schiedstag in Nürnberg. Dort wurde Markgraf Achilles zum Empfang der bischöflichen Lehen über die Vogtei der Stadt Ansbach und des Stifts St. Gumbert genötigt. Außerdem bestimmte man die Bergeler Steige und die Aisch als Grenze der kaiserlichen Landgerichte Würzburg und Nürnberg.[98] Doch erst 1463 anerkannte Albrecht Achilles auf einem vom Böhmenkönig Georg Podiebrad anberaumten Tag zu Prag die Nürnberger Friedensabmachungen. Zuvor hatten die Heere Albrechts und Bischof Johanns die gegnerischen Ortschaften jedoch mit Krieg überzogen und verwüstet. Noch im September 1461 entzog Kaiser Friedrich dem Würzburger Bischof wegen dessen Verbindung zu den Wittelsbachern den Guldenzoll, das Landgericht und die übrige vom Reich zu Lehen gehende Gerichtsbarkeit. Entscheidend war allerdings, daß der Markgraf als kaiserlicher Feldhauptmann die Schlacht bei Giengen gegen Ludwig den Reichen von Baiern verloren hatte und damit alle Hoffnungen auf eine Vormachtstellung innerhalb der süddeutschen Territorien begraben mußte.

Im Innern des Hochstifts konnte Bischof Johann im Gnadenvertrag von 1461 die Ritterschaft seines Hochstifts, die von Markgraf Albrecht umworben wurde, für sich gewinnen. Mit diesem Vertrag durften – neben anderen Gunstbeweisen – die bischöflichen Lehen des Adels nicht nur an männliche, sondern auch an weibliche Adelsmitglieder verliehen oder verkauft werden; dies ein entscheidender Schritt zur Verdinglichung der Lehen. Auch die 1464 erfolgte Umwandlung des Würzburger Benediktinerklosters St. Burkard in ein nur ritterbürtigen Anwärtern offenstehendes Säkularkanonikerstift dürfte Bischof Johann im Interesse der Ritterschaft befürwortet haben, wenn auch vordergründig diese Veränderung durch den Verfall der mönchischen Gemeinschaft veranlaßt worden war.

Mit Hilfe des Lehenrechts hoffte Bischof Johann, auch die Grafschaft Castell an das Hochstift binden und letztlich vereinnahmen zu können. Schon

1453 hatte Bischof Gottfried mit Graf Wilhelm II. zu Castell gegen eine jährliche Rente vereinbart, daß ohne des Bischofs Zustimmung keine Rechte und Besitzungen der Grafschaft veräußert werden dürfen (vgl. 6.1). Diese Gefahr bestand aber, weil Graf Wilhelm seit 1435 wegen Überschuldung laufend Casteller Besitz verkauft hatte. Als daher 1452 der für die Nachfolge bestimmte Sohn Graf Leonhard tödlich verunglückt war, und Graf Wilhelm mit dem Aussterben seines Hauses rechnen mußte, hatte sich Markgraf Albrecht Achilles, zu dem die Casteller mancherlei Beziehungen unterhielten, Hoffnungen auf den Erwerb der Grafschaft gemacht. Hatte dies der Vertrag von 1453 zunächst verhindert, so konnte Bischof Johann die Gefahr endgültig bannen. Gegen eine jährliche Leibrente von 500 Gulden auf Lebenszeit Graf Wilhelms, seiner Frau Anna und seines Sohnes Friedrich, dieser damals noch Angehöriger des Domkapitels zu Straßburg, trug Wilhelm dem Würzburger Bischof die Grafschaft zu Lehen auf. Da aber trat Sohn Friedrich in den weltlichen Stand zurück, heiratete ein Edelfräulein des Ansbacher Markgrafenhofes und sicherte die Zukunft des Casteller Hauses. Mit einem Heimfall der Grafschaft Castell an das Hochstift war nicht mehr zu rechnen. Die Lehensabhängigkeit Castells vom Hochstift blieb allerdings bis zur Auflösung des Hochstifts bestehen und hat den Grafen im Verlauf der kommenden Jahrhunderte noch mancherlei Schwierigkeiten bereitet.

6.3 Bischof Rudolf II. von Scherenberg (1466–1495), *mehr ayn neuwer styfter des bischtums, dann nur ayn regierer*[99]

So oder ähnlich lauteten die meisten Nachrufe auf Bischof Rudolf II. von Scherenberg. Am Ende seiner fast dreißigjährigen Regierungszeit war das Hochstift nicht nur weitgehend schuldenfrei, sondern auch in seinem territorialen Bestand gesichert. Dies war allerdings zu Beginn der Regierung des Bischofs keineswegs vorauszusehen. Wie schon in der Vergangenheit, so hatten auch diesmal auswärtige Territorialherren versucht, nach dem Tod Bischof Johanns III. von Grumbach die Wahl des Nachfolgers in ihrem Sinne zu beeinflussen. Eine zwiespältige Wahl lag durchaus im Bereich der Möglichkeit. So schien die Wahl Rudolfs zum Bischof, der zu dieser Zeit in der Mitte seines siebenten Dezenniums stand, durch das Domkapitel eher eine Verlegenheitslösung zu sein, durfte man doch dem Elekten, nach damaliger Lebenserwartung bereits ein Greis, keine lange Regierungszeit zutrauen. Zudem war Rudolf der letzte seines Geschlechts, dessen Stammburg im Steigerwald oberhalb von Oberschwappach schon zu Lebzeiten Rudolfs dem Verfall preisgegeben wurde.[100] Die bisherige Laufbahn Rudolfs weist ihn allerdings als erfahrenen Verwaltungsfachmann

aus. Studien an den Universitäten zu Leipzig und Heidelberg, Pfarrer in verschiedenen Pfarreien, seit 1427 Domizellar und 1436 Domherr zu Würzburg, 1436 auf dem Konzil zu Basel, dann Richter am domkapitelschen Kellereigericht, Domscholaster unter Bischof Gottfried IV. Schenk von Limpurg und Generalvikar unter Bischof Johann III. von Grumbach, außerdem Archidiakon der Landkapitel Ochsenfurt und Mergentheim zeugen von der Laufbahn eines kenntnisreichen Verwaltungspraktikers.
Von Beginn an war Bischof Rudolf auf friedliche Lösung von Konflikten bedacht. Kriegerische Einsätze wie die seines Vorgängers verbot ihm nicht nur das Alter, sondern auch seine ganz auf die Sanierung des Hochstifts gerichtete Planung. Zwar konnte er erst zwei Jahre nach seiner Wahl vom Kaiser 1468 in Graz die Belehnung mit den Regalien des Hochstifts erhalten, doch anläßlich dieses Aufenthalts verlieh der Kaiser ihm für ewige Zeiten auch den Guldenzoll, der vom durch den Zoll geführten Wein erhoben und mit einem Gulden pro Fuder (ca. 900 l) berechnet wurde. Als Gegenleistung verpflichteten sich Bischof und Domkapitel, alljährlich für den Kaiser, seine Vorgänger und Nachfolger ein Totenamt abzuhalten. Zusätzlich wurde Bischof Rudolf noch zur Zahlung von 24 000 Gulden verpflichtet, die er im Laufe seiner langen Regierungszeit abstotterte. Die Besiegelung dieses Privilegs mit der kaiserlichen Goldbulle und die Deponierung der Urkunde nicht im Archiv, sondern im Dom am Altar der Frankenapostel, unterstrich die Bedeutung, die der Bischof dieser Verleihung beimaß. Sie versetzte ihn in die Lage, kaum weitere Steuern und Abgaben vom Domkapitel, der Ritterschaft und den Städten zu fordern, was den Frieden im Innern des Hochstifts besonders mit dem Domkapitel und der Ritterschaft wesentlich begünstigt hat (Abb. S. 69).[101]
Trotz des Guldenzollprivilegs hielt sich Bischof Rudolf jedoch mit der Unterstützung der zahlreichen kaiserlichen Unternehmungen, sei es gegen die Türken, gegen den ungarischen König Matthias Corvinus oder gegen Karl den Kühnen von Burgund äußerst zurück. Eine persönliche Teilnahme an den Feldzügen konnte er ohnedies mit seinem hohen Alter entschuldigen. Auf den Reichs- und Fürstentagen, auf welchen die Reichskontingente der Fürsten am Heeresaufgebot beschlossen wurden, ließ sich Bischof Rudolf häufig durch seine Gesandten in der Gestalt seines Kanzlers Johann von Allendorf und seines Dompropstes Kilian von Bibra vertreten. Kilian von Bibra, der schon unter Bischof Johann III. von Grumbach außerordentlich gutes Verhandlungsgeschick bewiesen hatte, gelang es mehrfach, den vom Kaiser geforderten Anteil, sei es an Truppen, sei es an Geld, herunterzuhandeln. Im Verlauf des Jahres 1474 als der Reichskrieg gegen Herzog Karl den Kühnen beschlossen worden war, weilte Kaiser Friedrich sogar dreimal in Würzburg. Nur dessen *hart, ungnädig schrift* war dem Bischof –

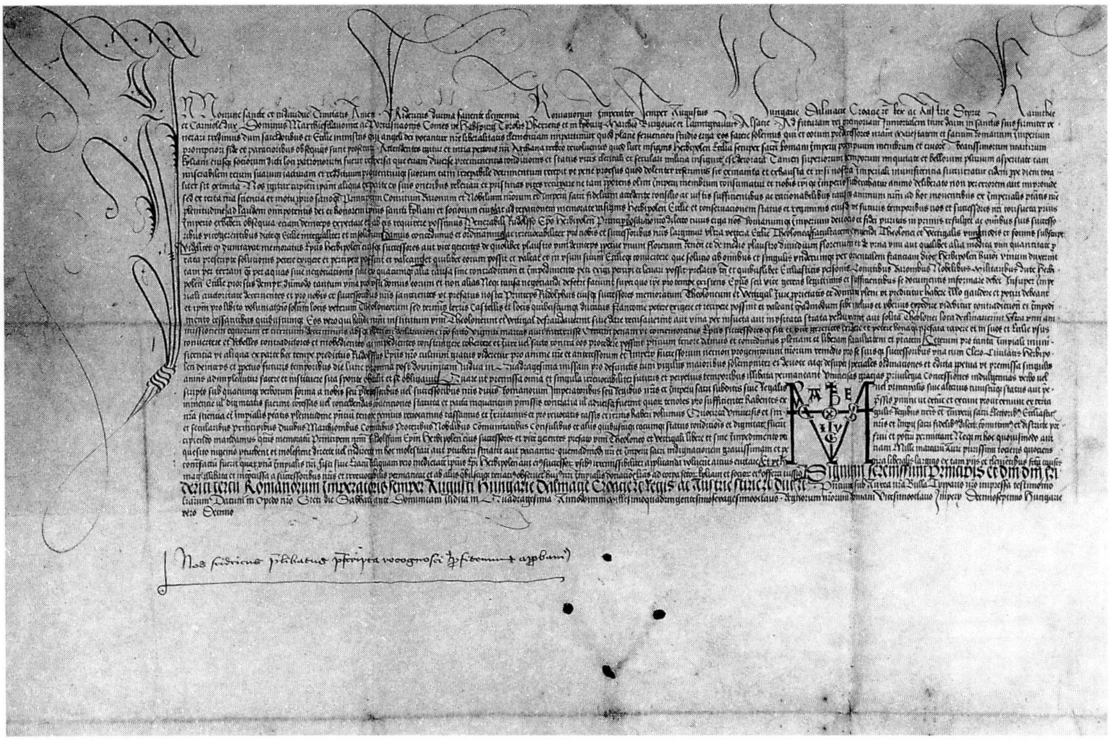

Kaiser Friedrich III. übereignet Bischof Rudolf von Scherenberg und seinen Nachfolgern den Guldenzoll (Urk. des StAW vom 2. April 1468).

wenn auch widerwillig – Veranlassung, das vom Hochstift abverlangte Truppenkontingent zu bewilligen. Des Kaisers wiederholte Aufforderung, dem Schwäbischen Bund beizutreten und gegen die Expansionspolitik der Landshuter Wittelsbacher Stellung zu beziehen, lehnte Rudolf II. von Scherenberg ab, vermied es aber auch, dem Wunsch Herzog Georgs von Baiern-Landshut zu entsprechen, sich ihm gegen den Schwäbischen Bund anzuschließen.

Kriege kosteten Geld. Konflikte, die zu kriegerischen Auseinandersetzungen führen konnten, waren dem friedfertigen Bischof zuwider. Schon 1467 und 1470 hatte er sich zahlreiche Grafen, Ritter und Edelknechte durch Einungen zum gegenseitigen Beistand verpflichtet. Auch machte er trotz Einspruchs der Benediktinermönche und trotz Strafandrohungen durch Papst Paul II. die unter Bischof Johann III. von Grumbach erfolgte Umwandlung des Benediktinerklosters St. Burkard in ein Ritterstift nicht rückgängig. Auch in der Rosenberger Fehde, ausgelöst durch den Selbstmord Anselms von Rosenberg und den dadurch verursachten ersatzlosen Heim-

fall der an diesen verpfändeten Würzburger Landämter Röttingen und Prosselsheim an das Hochstift, gab Bischof Rudolf letztendlich nach, obwohl die Rosenberger Erben dem Hochstift und seinen Bewohnern durch ständige Plaquereien übel mitgespielt hatten. Sichtbarer Höhepunkt des friedlichen Einvernehmens zwischen Bischof und Ritterschaft waren ohne Zweifel die 1479 und 1484 unter der Schirmherrschaft Rudolfs II. von Scherenberg auf dem Platz vor der Marienkapelle veranstalteten prunkvollen Turniere der fränkischen, schwäbischen, sächsischen und rheinischen Ritterschaft.
Auch mit den Territorialnachbarn war Bischof Rudolf bemüht, friedlichen Ausgleich zu schaffen. Die Verleihung des Guldenzolls durch den Kaiser hatte in den von mehreren Dorfherren beherrschten Orten zusätzlichen Zündstoff gegeben. Die schon seit Bischof Johann III. von Grumbach schwelenden Grenzstreitigkeiten mit dem Hochstift Bamberg in der Gegend von Eltmann und Zeil beendete der Würzburger Bischof durch Annahme eines Schiedsspruchs. Auch die noch uneingelösten Forderungen der sächsischen Herzöge wegen der Pensionszahlungen für den nach erfolgloser kurzer Regierungszeit 1443 aus dem Hochstift geschiedenen Bischof Sigmund von Sachsen (vgl. 5.3) löste der Scherenberger 1481 mit der einmaligen Zahlung von 32000 Gulden an die Erben ab. Selbst das äußerst gespannte Verhältnis zu Markgraf Albrecht Achilles versuchte Rudolf zu entkrampfen. 1471 beim Begräbnis Friedrichs, des Bruders von Albrecht Achilles, konnte er zwar nicht persönlich dabeisein, schickte aber einen Vertreter. Im Sommer 1477 weilte er sogar zu einem Besuch bei Albrecht Achilles auf der Cadolzburg. Doch wurden die beiderseitigen Beziehungen durch den Pfaffensteuerstreit erneut schwer belastet. Während der Bischof mit Zustimmung des Papstes die Steuerhoheit über seinen gesamten Diözesanklerus beanspruchte, zog der Markgraf diese Steuer vom Klerus, soweit dessen Pfarreien zum markgräflichen Territorium gehörten, zum Teil sogar mit Gewaltanwendung ein. Letztlich gab auch hier Bischof Rudolf 1482 im Frieden von Neustadt a.d. Aisch nach. Es blieb beim Status quo; dies zweifellos schon ein Schritt auf dem Weg zur landesherrlichen Kirchenhoheit der Markgrafen, die dann nach der Reformation ein halbes Jahrhundert später Wirklichkeit werden sollte.
Frieden im Hochstift war gleichbedeutend mit der Förderung des Wohlstandes der eigenen Bevölkerung. Zahlreiche Ordnungen Bischof Rudolfs für die Handwerker und Verordnungen zum Schutz der Händler und Handelsleute[102], Verleihungen von Wochen- und Jahrmärkten für Kitzingen, Königshofen i.Gr., Stadtschwarzach, Dettelbach und Arnstein, eine Dorfordnung für Randersacker, Stadtordnungen für Iphofen, Neustadt a.d. Saale, Ebern und Bischofsheim v.d. Rhön und das erfolgreiche Bemü-

hen des Bischofs bei Kaiser Friedrich um die Stadterhebung Dettelbachs (1484), dienten dem wirtschaftlichen Aufschwung des Hochstifts ebenso, wie die Erneuerung der ruinösen Steinbrücke zu Würzburg und der südlichen Holzbrücke bei Eltmann über den Main. Baulastträger waren die beiden Städte, denen der Bischof hierzu Sondereinnahmen gewährte.[103] Zum Schutz vor feindlichen Einfällen ließ Rudolf von Scherenberg seine Burg auf dem Marienberg verstärken. Das Scherenbergwappen am sogenannten Scherenbergtor zeugt heute noch von des Bischofs Initiative. Dem Schutz der Bevölkerung dienten die vom Bischof überall im Hochstift geförderten Landwehren.[104] Diese, bestehend aus Wall, Graben, Dornenhecken und Landtürmen sowie Verbarrikadierung der Furten und Straßen, waren durchaus imstande, räuberisches Gesindel ab- und Truppeneinheiten aufzuhalten, zumal auch die meisten Dörfer ihr Wohngebiet in ähnlicher Weise und mit mehr oder minder festen Toren gesichert hatten. 1492 teilte der Bischof die Landwehren des Hochstifts in acht Abschnitte ein und bestimmte hierfür in jedem Abschnitt aus den jeweils benachbarten Dörfern eine Eingreiftruppe. Spuren von Wall und Graben sind heute noch westlich von Würzburg zu erkennen. Ein Landturm hat sich zum Beispiel südlich von Ochsenfurt oberhalb des Maintals erhalten.
Weitere Bemühungen um das Wohl des Landes und seiner Bevölkerung galten der Verbesserung der Zentgerichtsordnung (Blutgerichtsbarkeit) und der geistlichen Gerichte, den Reformen der Zisterzienserinnenklöster, die Intensivierung der gemeindlichen Seelsorge durch zahlreiche Pfarreigründungen unter gleichzeitiger Errichtung neuer bzw. Renovierung älterer Kirchenbauten. In diesem Zusammenhang ist auch die durch Rudolf von Scherenberg 1479 erfolgte Erteilung eines Druckprivilegs an die drei Straßburger Drucker Stephan Dold, Johann Beckenhub und Georg Reyser zu erwähnen. Von diesen dreien blieb jedoch lediglich der letztere in Würzburg und hatte dort fast 25 Jahre eine reiche Drucktätigkeit entfaltet. Erstaunlich, daß der schon hochbetagte Bischof zu der noch jungen Kunst Zugang fand und ihren zukunftsträchtigen Wert erkannt hat.
Das größte Verdienst hat sich Bischof Rudolf von Scherenberg jedoch um die Entschuldung des Hochstifts erworben. Diesem Ziel galt seine Friedenspolitik im Innern wie im Äußern. Nicht selten nahm er um des Friedens willen Nachteile in Kauf und beglich manchen Streit mit harten Gulden. Dies waren die Voraussetzungen, um das fast gänzlich verpfändete Hochstift auszulösen und um über die Einnahmen im Land wieder frei verfügen zu können. 1474 waren schon wieder 18 Landämter unter bischöflicher Kontrolle, so daß die bischöfliche Kanzlei ein umfangreiches Salbuch (eine Mischung von Grundbuch und Steuerkataster) zur Erfassung der wieder im Besitz des Bischofs befindlichen Rechte und Einnahmen anlegen

konnte; es ist das erste bischöfliche dieser Art. Hatten andere Territorien derartige Übersichten schon im 13./14. Jahrhundert, so war dies in Würzburg wegen häufiger Verpfändungen großer Gebietsteile des Hochstifts und der damit verbundenen Einnahmenverluste nicht möglich.[105]
Die entscheidende Quelle zum Rückkauf der Verpfändungen war der von Kaiser Friedrich III. dem Hochstift 1468 für immer überlassene Guldenzoll. Dieser war den Würzburger Bischöfen vom Reichsoberhaupt schon seit 1397, allerdings stets nur für einige Jahre, zur Tilgung der Hochstiftsschulden verliehen worden (vgl. 4.2). Bei der Auslösung der Verpfändungen konnte Rudolf von Scherenberg seine Erfahrung in der Finanzpolitik einsetzen. Nicht immer reichte das Bargeld aus, um ein Amt wieder einzulösen. In solchen Fällen lieh sich der Bischof die fehlende Summe aus oder er beließ den Gläubigern das Amt auf befristete Zeit als Amtmann, das heißt, der Gläubiger wurde zum bischöflichen Beamten bzw. Diener und konnte, wie es damals üblich war, dem Amt sein entsprechendes Salär entnehmen. Bisweilen übereignete der Bischof den bisherigen Pfandinhabern auch die Zins- oder Steuereinnahmen aus anderen bischöflichen Objekten bis zur vollständigen Ablösung der Pfandsumme. Bei Unstimmigkeiten über die Höhe der Ablösesumme infolge Veränderung der Währung einigte sich der Bischof stets friedlich. Lediglich in besonders schwierigen Fällen verlieh er, wie bei den Ämtern Schlüsselfeld und Irmelshausen, das Pfandobjekt den Gläubigern als Mannlehen in der Hoffnung, daß das Lehen bei Aussterben der Lehensträger im Mannesstamm dem Hochstift wieder heimfallen würde. 1495, am Ende seiner Regierung, hatte Bischof Rudolf von Scherenberg bis auf die Ämter Kitzingen, Botenlauben, Steinach a.d. Saale und Bibart das Territorium wieder in seiner Hand und konnte seinem Nachfolger ein fast schuldenfreies Land hinterlassen.
Mit einigem Recht darf man sagen, daß unter Rudolf II. von Scherenberg das Mittelalter in Würzburg endete. Dies trifft besonders zu auf die Entschuldung des Hochstifts, ferner auf die verstärkte Hinwendung zur eigenen Territorialpolitik und die Abkehr von dem engen Anschluß an die Politik von Kaiser und Reich. Die lehensrechtlichen Bindungen zum Reichsoberhaupt blieben zwar auch weiterhin bestehen, hatten Gültigkeit bis 1803 und bildeten auch bei den kommenden Bischöfen eine feste Komponente ihrer Politik. Im Innern aber dominierte der Beamtenstaat. Das galt für die Verwaltung der Landämter ebenso wie für den zentralen Verwaltungsapparat. Die bischöfliche Kanzlei, die schon unter Bischof Schenk von Limpurg durch Berufung eines verbeamteten Juristen als Kanzler moderne Formen angenommen hatte, wurde unter Rudolf von Scherenberg weiter ausgebaut. Der Kanzler, ihm zur Seite zwei Sekretäre mit juristischer Bildung und der vermehrte Einsatz von Schreibern ermöglichten dem

Bischof, die Verwaltung des Hochstifts mit Hilfe der Korrespondenz zentral zu führen. Nicht zu übersehen ist allerdings, daß sich das Hochstift erst im Verlauf des 16. Jahrhunderts durch die Errichtung von Fachbehörden und durch den weiteren Ausbau eines spezialisierten Beamtenapparates zum modernen Territorialstaat entwickelt hat.

6.4 Lorenz von Bibra (1495–1519), Fürstbischof zwischen Mittelalter und Neuzeit

Bischof Rudolf II. von Scherenberg hatte durch die Einlösung der meisten Verpfändungen dem Hochstift die territoriale Basis geschaffen. Es ist als Glücksfall zu werten, daß nach Rudolfs Tod mit Lorenz von Bibra ein Nachfolger gefunden wurde, der in gleicher Weise die Substanz des Hochstifts bewahren und darüber hinaus sogar beträchtlich mehren konnte. Mit seinem Vorgänger hatte Bischof Lorenz gemein, das Hochstift von politischen und kriegerischen Verwicklungen weitgehend ferngehalten zu haben. Doch anders als Rudolf war Lorenz darauf bedacht, durch fürstliches Auftreten zu repräsentieren. Dafür hatte er eine überaus kostbare Inful, die von den Zeitgenossen auf 3000 Gulden geschätzt wurde, einen nicht minder kostbaren Bischofsstab und ein goldenes Meßgewand, das ihm einst der Kaiser geschenkt hatte. Dazu gehörten dann auch Auftritte mit *einem schönen zeug, grafen und herrn wol geputz mit 350 aller pferdt*[106] anläßlich der Inthronisation des Bischofs Georg Schenk von Limpurg in Bamberg am 20. Oktober 1505. Als König Maximilian I. (1493–1519) wenige Tage später Bischof Lorenz in Würzburg besuchte, kamen er und seine Begleitung nur mit 100 Pferden. Graf Heinrich zu Castell berichtete noch viele Jahrzehnte später aus den Erzählungen seines Vaters Wolfgang, der am Hofe von Bischof Lorenz erzogen worden war, wie der Bischof *einsmals uf einem reichstag kommen mit 200 wolgeruster pferden und für kayser Maximiliani losament uber geritten. Haben alle ein farb gekleidet in frenkischen mutzen, hinden und vornen zerschnitten, damit das harnisch hiedurch geglanzt, und fuchsschwäntz umb die spies gefuert, wie damals frenkischer reuter gebrauch gewesen.* Das aber war dem Kaiser gar nicht recht.[107] Lorenz von Bibra, in seiner Jugend an den Universitäten Heidelberg, Erfurt und Bologna immatrikuliert und vor seiner Wahl zum Bischof schon mit mehreren Pfründen begabt, die ihm zum Teil Papst Sixtus IV. durch Provision und König Maximilian mit dem Recht der preces primariae (Recht der ersten Bitte) an verschiedenen Orten des Reiches verschafft hatten, war nicht nur hochgebildet, kunst- und prachtliebend, sondern wußte auch, Pracht und Herrlichkeit zur rechten Zeit und am rechten Ort einzusetzen. Zu Recht darf man ihn als Renaissance-Menschen bezeichnen.

Als Lorenz von Bibra 1495 vom Domkapitel zum Würzburger Bischof gewählt worden war, zählte er mit seinen 36 Jahren zu den jüngsten, die je den Stuhl des hl. Burkard einnehmen konnten. Der Provision bzw. Bestätigung durch den Papst durfte er sicher sein, zumal die üblichen Servitiengelder an den Papst durch die Handelsgesellschaft der Fugger beglichen worden sind. Auch die Verleihung der Regalien und Bestätigung der Hochstiftsprivilegien durch König Maximilian in den ersten Januartagen 1496 haben keinerlei Schwierigkeiten bereitet, obwohl gerade zu jener Zeit zwischen dem König und der Opposition der Kurfürsten, Fürsten und Reichsstädte unter Führung des Erzkanzlers des Reichs, des Mainzer Erzbischofs Berthold von Henneberg (1484–1504), wegen der Forderung nach einer grundlegenden Reform des Reiches starke Differenzen bestanden. Diese Reichsreform, von Berthold von Henneberg seit 1487 intensiv betrieben, führte auf dem seit dem 18. März 1495 und in den folgenden Wochen zu Worms tagenden Reichstag zur Einführung des Ewigen Landfriedens, des Reichskammergerichts, vor dem alle Fehden und Streitigkeiten schiedlich geklärt werden sollten, zur Einrichtung des Gemeinen Pfennigs, dieser für die Finanzierung des Reichskammergerichts, und zur Forderung nach Aufrichtung eines Reichsregimentsrats, der wichtige Funktionen des Reichsoberhaupts wahrzunehmen hatte.
Es war klar, daß König Maximilian sich gegen diese Forderungen stellen und ihnen nur zustimmen würde, um von den Reichsständen finanzielle Hilfe für seine Hausmachtpolitik zu bekommen, die er geschickt mit der Reichspolitik in Einklang brachte. Bischof Lorenz von Bibra, erst am 12. Mai 1495 vom Domkapitel gewählt, seit dem 15. des gleichen Monats und in den folgenden Wochen mit der Einnahme der Huldigung seiner Untertanen im Hochstift beschäftigt, am 10. Juli von der päpstlichen Bestätigung seiner Wahl informiert und am 11. Oktober im Dom zu Würzburg inthronisiert, konnte sich mit gutem Grund von der Teilnahme an den Beratungen auf dem Wormser Reichstag entschuldigen. So ging er zunächst einer direkten Konfrontation mit dem König aus dem Weg. Aber auch auf den folgenden Reichstagen ließ er sich vorerst durch seine Berater, unter denen Peter von Aufseß das besondere Vertrauen des Bischofs genoß,[108] vertreten. Es war offensichtlich, daß der Bischof das Wohlwollen des Königs nicht aufs Spiel setzen wollte.
Auch die Ritterschaft, auf deren Unterstützung Bischof Lorenz bei kriegerischen Anlässen angewiesen war, mußte die Reichsreformen als Eingriff in ihre althergebrachten Rechte betrachten. Das galt nicht nur für die Erhebung des Gemeinen Pfennigs, sondern auch für den Ewigen Landfrieden und das Reichskammergericht. Beide waren mit dem Gnadenvertrag von 1461 (vgl. 6.2) schwerlich in Einklang zu bringen. Ewiger Landfriede und

Reichskammergericht untersagten nicht nur das adlige Fehderecht, sondern auch die Austrägalgerichtsbarkeit, mit deren Hilfe der Adel die Fehden mit den Standesgenossen in persönlichen Vereinbarungen beenden konnte.[109]

Der Stand der milites, der Ritter, hatte sich seit dem 14./15. Jahrhundert aus der Verbindung von Ministerialen (Dienstmannen) und Edelfreien entwickelt und wurde seit dem 15. Jahrhundert zu einem beachtenswerten Verhandlungspartner der fränkischen Territorialherren. Der Runde Vertrag von 1435 unter Bischof Johann II. von Brunn (vgl. 5.2) und der Gnadenvertrag von 1461 mit Bischof Johann III. von Grumbach (vgl. 6.2) abgeschlossen, waren wichtige Meilensteine der Ritterschaft auf dem Weg zur Lösung aus dem Personalverband des Hochstifts, eine Entwicklung, von der die Ritterschaft auch in den anderen fränkischen Territorien nicht unbeeinflußt geblieben ist. Die Reformbeschlüsse des Wormser Reichstages von 1495 aber hätten, wären sie in vollem Umfang verwirklicht worden, die Stellung der Fürsten gegenüber der Ritterschaft erheblich gefestigt. So aber löste der Wormser Reichstag den entscheidenden Schritt aus zu einer umfassenden Organisation der Ritterschaft ganz Frankens. Die Ritterschaft war auf dem Wormser Reichstag nicht vertreten. Die Bischöfe von Bamberg und Würzburg sowie Markgraf Friedrich von Brandenburg hatten daher den Auftrag, der fränkischen Ritterschaft am 14. Dezember 1495 auf einem Tag zu Schweinfurt die Wormser Reichsreform zu erläutern. Dort trat die Ritterschaft erstmals nach sechs Regionen gegliedert auf, die seit 1511 als die ritterschaftlichen Orte (Kantone) Baunach, Odenwald, Steigerwald, Rhön-Werra, Gebürg und Vogtland bezeichnet wurden. Der ritterschaftliche Personalverband wurde damit unabhängig von den bestehenden Territorien und deren Grenzen flächenmäßig organisiert. Jeder Kanton stand unter der Führung eines Hauptmanns und hatte in späterer Zeit einen festen Verwaltungssitz. Die Einrichtung des Kantonalsystems war im Grunde der entscheidende Schritt auf dem Weg zur Reichsritterschaft. Im Bereich des Würzburger Hochstifts hieß dies: nicht mehr Mitglieder des fürstbischöflichen Untertanenverbandes, sondern ›Vasall‹ des deutschen Königs und Kaisers, von dem die Ritterschaft unter anderem 1559 durch Kaiser Ferdinand I. (1556–1564) wichtige Privilegien ihrer Reichsstandschaft bekam.[110] Hatten der Bamberger Bischof und der Markgraf von Brandenburg-Ansbach/Kulmbach sich dieser Entwicklung in ihren Territorien nicht entgegengestellt, sondern die neue Entwicklung durch Teilnahme an den Rittertagen im Grunde bestätigt, so war Bischof Lorenz versucht, diese *unbefugten Convente* zu verbieten. Vergebens, er blieb ohne Unterstützung.[111]

An den von den deutschen Fürsten unter Führung des Mainzer Erzbischofs

Berthold von Henneberg 1495 auf dem Reichstag zu Worms gefaßten Beschlüssen über die Reichsreform war Bischof Lorenz nicht beteiligt (s. o.). Doch auf dem Reichstag zu Augsburg, wo zwischen April und Juli des Jahres 1500 die Errichtung eines Reichsregimentsrates mit ständigem Sitz zu Nürnberg, ferner die Einteilung des Reiches in Reichskreise (zunächst sechs, seit 1512 unter Einschluß von Burgund, der österreichischen Erblande, Kurrhein und Obersachsen zehn) beschlossen wurde,[112] war der Würzburger Bischof persönlich anwesend und ebenso auf dem anschließend in Nürnberg einberufenen ersten Regimentstag, dort in Begleitung seines Rates Peter von Aufseß. König Maximilian gehörte zwar dem Regimentsrat an, war aber neben den Kurfürsten und neben den Vertretern der Fürsten, Prälaten, Grafen und Städte nur einer unter mehreren. Zweifellos bedeutete der Regimentsrat eine Entmachtung des Königs. Wenn dieser trotzdem darauf einging, dann wieder nur in der Hoffnung, für seine Pläne unter anderem in Italien und gegen den französischen König finanzielle und militärische Hilfe zu bekommen. Dies geschah nicht. Aber auch von den Reichsreformen erwiesen sich nur der Ewige Landfrieden, die Reichskreise und das Reichskammergericht als dauerhaft. Der Reichsregimentsrat hielt sich nur kurze Zeit, und der Gemeine Pfennig blieb in den Anfängen stecken. Doch auch das Reichskammergericht konnte sich mangels Finanzen nur schwer entfalten, zumal der König diesem den von ihm abhängigen Reichshofrat als oberste Gerichtsbehörde entgegenstellte.
Bischof Lorenz von Bibra hatte sich an den folgenden Reichstagen, auf denen auch nach dem im Dezember 1504 erfolgten Tod Erzbischof Bertholds immer noch über die Reichsreformen verhandelt wurde, zum Teil persönlich beteiligt. Der Motor indes war mit dem Ausscheiden des Mainzer Erzbischofs weg. So scheint König Maximilian seine Position gegenüber den Fürsten gefestigt zu haben. Bischof Lorenz vermied jedenfalls die Konfrontation mit dem König. Für des Königs geplanten Romzug, der dann doch nicht zustande kam (Maximilian hatte statt dessen 1508 in Trient den Kaisertitel ohne feierliche Krönung angenommen), stellte der Würzburger Bischof eine bewaffnete Mannschaft und finanzielle Unterstützung in Aussicht. Schon 1499 hatte er dem König für den Reichskrieg gegen den Bischof von Chur und die Schweizer Eidgenossen militärische Hilfe gewährt. Der König seinerseits erneuerte dem Bischof das Recht, Gold- und Silbermünzen zu schlagen und bestätigte ihm 1510 das kaiserliche Landgericht. Auch weilte Maximilian 1505 und 1512 mehrere Tage in Würzburg. Das gute Verhältnis des Bischofs zum Kaiser wird von den Zeitgenossen besonders hervorgehoben. Andererseits widersetzte sich Lorenz von Bibra, dem Schwäbischen Bund beizutreten, und schloß sich dem gegen den Schwäbischen Bund gerichteten Contrabund an. Dies erregte

zwar das Mißfallen Maximilians, hatte aber dessen Wohlwollen für Bischof Lorenz auf Dauer nicht beeinträchtigt.
Wie schon seine Vorgänger, so vermochte auch Bischof Lorenz seinem Territorium den Frieden durch zahlreiche Einungen mit den benachbarten Territorialherren zu sichern. Im Landshuter Erbfolgekrieg, ausgelöst durch den Tod Georgs des Reichen, letzter Sproß der Landshuter Wittelsbacher, der sein Land entgegen den Wittelsbacher Hausverträgen nicht Herzog Albrecht IV. von Baiern-München, sondern seinem Schwiegersohn, dem Wittelsbacher Pfalzgrafen Ruprecht, vermacht hatte, verhielt sich Lorenz von Bibra daher zunächst neutral. Mit den Kurfürsten von der Pfalz bzw. den nachgeborenen Pfalzgrafen, aber auch mit den Wittelsbachern der Landshuter Linie war das Hochstift schon seit Bischof Johann II. von Brunn (1411–1440) bzw. seit Bischof Rudolf II. von Scherenberg (1466–1495) vertraglich eng verbunden. Diese Bündnispolitik hatte auch Lorenz von Bibra fortgesetzt. Angesichts der eindeutigen Rechtslage, die für Herzog Albrecht IV. von Baiern-München sprach, unterstützte der Würzburger Bischof daher erst nach anfänglichem Zögern, dann aber mit beträchtlichen Hilfstruppen, den Pfalzgrafen bzw. dessen Erben. Als Entschädigung für diese militärische Hilfe verzichtete Kurfürst Friedrich II. von der Pfalz als Vertreter der unmündigen Söhne seines 1504 verstorbenen Bruders Pfalzgraf Ruprecht unentgeltlich auf die Auslösung von Burg und Stadt Lauda. Diesen Besitz hatte bereits Bischof Gerhard von Schwarzburg 1387 von den Herzögen von Baiern, allerdings in verpfändetem Zustand, käuflich erwerben können. Erst jetzt kam Lauda endgültig an das Hochstift und wurde Mittelpunkt eines umfangreichen Amtes. Zu diesem Komplex gehörten auch noch Anteile an den Burgen und Städten Jagstberg und Gemünden, deren Hauptteile schon Bischof Rudolf II. von Scherenberg aus der Verpfändung gelöst hatte.[113] Ein weiterer wichtiger Zugewinn gelang Bischof Lorenz 1514 bzw. 1520 mit der endgültigen Übernahme der Stadt Volkach aus den Händen der Grafen zu Castell.
Andere, zunächst allerdings noch bescheidene Erwerbungen glückten dem Bischof zwischen 1499 und 1518 mit dem Altbestand des heutigen Guttenberger Waldes, zu dem die Wüstung Rockenstatt, die Reste des Dorfes Kist, die Wüstungen Limbach (heute Limbachshof) und Rohrensee und das damals bereits desolate Dorf Kleinrinderfeld gehörten. Das meiste kam von den Zobel, einiges von den Geyer und anderen Adligen sowie von Klöstern. Damit hatte Lorenz von Bibra den Grundstock zu dem von seinen Nachfolgern planmäßig ausgebauten und arrondierten Guttenberger und Irtenberger Forst gelegt.[114] Zukunftsträchtige Besitzansprüche gelangen dem Bischof mit dem Erwerb der Pfandschaft an Heidingsfeld, die sein Nachfolger Konrad II. von Thüngen 1521 auslösen konnte, sowie durch

die Lehenbarmachung von Burg, Stadt und Amt Grünsfeld, das sich der Bischof 1502 von den Landgrafen von Leuchtenberg zu Lehen auftragen ließ. Dieses Lehen fiel, allerdings erst 1653, als die Leuchtenberger Landgrafen 1646 ausgestorben waren, dem Hochstift heim.[115]
Überaus fruchtbar gestaltete sich Lorenz von Bibras Verwaltungstätigkeit. Zahlreich sind seine Gewerbeordnungen, Verleihungen von Stadt- und Dorfordnungen, von Marktrechten sowie Verordnungen zum Geleitswesen und anderen Rechtsbereichen. Die erste und einzige von Bischof Lorenz 1506 erlassene Kanzleiordnung läßt auf Grund ihrer einfachen Ausführungsbestimmungen erkennen, daß die zentrale Verwaltung des Hochstifts allerdings immer noch mittelalterlich geführt worden ist. Änderungen auf diesem Sektor erfolgten erst unter seinen unmittelbaren Nachfolgern mit der Einführung der modernen Aktenführung.[116] Auch im kirchlichen Bereich bewegte sich Bischof Lorenz durchaus noch im Rahmen der Tätigkeit seiner Vorgänger: Pfarreigründungen, Klosterreformen vor allem für die Zisterzienserinnenklöster, Stiftung von Reliquiaren und Ablaßbewilligungen. Doch die Zeichen einer neuen Zeit kündeten sich bereits an. 1503 separierte Markgraf Friedrich IV. von Brandenburg die Kirche Wernsbach von der Mutterpfarrei Weihenzell (Lkr. Ansbach) und erhob sie lediglich mit Zustimmung des Geistlichen der Mutterkirche und des Ansbacher Stifts St. Gumbert als zuständigem Patron zur Pfarrkirche. Lorenz von Bibra als episcopus loci wurde erst nachträglich aufgefordert, seine Zustimmung zu geben. Das landesherrliche Kirchenregiment, dessen Anzeichen unter Rudolf II. von Scherenberg mit dem Pfaffensteuerstreit bereits sichtbar zutage traten (s. 6.3), nahm seinen Fortgang. Aber auch die Mandate, die Bischof Lorenz gegen das ›Auslaufen‹ der Nonnen erlassen mußte, waren bereits Anzeichen kommender Turbulenzen. Hierher gehört auch der Besuch Martin Luthers bei Bischof Lorenz auf dem Marienberg. Auf seiner Reise nach Heidelberg zum Generalkapitel des Augustinerordens hatte Martin Luther, ausgerüstet mit je einem Empfehlungsschreiben seines sächsischen Landesherrn Kurfürst Friedrichs des Weisen für Bischof Lorenz und für dessen Hofmeister Sigmund von Thüngen, am 18. April 1518 in Würzburg haltgemacht, um hier zu übernachten. Den Hofmeister traf er nicht an, doch der Bischof ließ ihn sofort zu sich rufen, hatte er doch zu diesem Zeitpunkt bereits Kenntnis von Luthers Thesen. Über den Inhalt und die Dauer des Gesprächs ist uns nichts überliefert. Mehr als ein gegenseitiges ›Beschnuppern‹ wird es wohl kaum gewesen sein. Doch scheinen beide von ihrem Gesprächspartner einen guten Eindruck gewonnen zu haben. Bischof Lorenz schrieb wohl im Januar 1519 noch kurz vor seinem Tod an den sächsischen Kurfürst: *Liber her ohm, ich bit, wollet wol achtung auf den munch doctorem Martinum geben, den(n) er ist rechtschaffen. Und so Euer*

Lieb ihn nicht lenger darf behalten, so schicke er ihn mir zu. Er sol mir ein lieber gast sein. Luthers geäußerte Meinung vom Sommer 1540 *Lorentz zu Wirtzburg, ... ein sehr fromer bischof, der auch noch were luterisch worden, so er lenger gelebt hette,* muß allerdings auf Grund der im geistlichen Bereich bisher geübten Tätigkeit des Bischofs im Sinne herkömmlicher katholischer Praxis bezweifelt werden.[117] Lorenz von Bibra war Humanist, der Männer seinesgleichen um sich scharte. Zu ihnen gehörte der im Benediktinerkloster Sponheim bei Bad Kreuznach ob seines Wissensdurstes ungeliebte Abt Trithemius, den der Bischof nach Würzburg als Vorstand des Schottenklosters berief, wo der Abt seine Studien weiter verfolgen konnte.[118] Ob nicht Bischof Lorenz mit Martin Luther, allerdings in Verkennung von Luthers reformatorischem Sendungsbewußtsein, etwas ähnliches beabsichtigt hatte?

Lorenz von Bibra starb am 6. Februar 1519, es war ein Sonntag, abends zwischen acht und neun Uhr. Das Begräbniszeremoniell, das sich über drei Tage erstreckte, war das gleiche wie bei seinen Vorgängern. Am Ablauf hatte sich nichts gegenüber den althergebrachten Trauerhandlungen geändert. Aufgefallen aber war den Anwesenden des Verstorbenen prächtige Inful, der kostbare Bischofsstab und das goldene Meßgewand, mit denen man den toten, auf einem Stuhl sitzenden Bischof eingekleidet hatte. Dies vielleicht nur ein geringer Unterschied gegenüber früheren Begräbnisfeierlichkeiten (Farbbilder S. 162). Den Zeitgenossen war dies jedoch wert, darüber zu berichten.[119] Prunkvolles Auftreten im Leben wie im Tod des Bischofs als Mittel der Politik war sichtbares Zeichen einer Zeitenwende.

Anmerkungen

Grundlage für vorliegende Darstellung zur Geschichte des Hochstifts Würzburg im Spätmittelalter waren die drei Bände Alfred Wendehorsts des Bistums Würzburg in der Reihe der Germania Sacra Teil 1 Die Bischofsreihe bis 1254, Teil 2 Die Bischofsreihe 1254–1455 und Teil 3 Die Bischofsreihe von 1455–1617 (= Germania Sacra neue Folge 1, 1962; 4, 1969; 13, 1978). Ist es Aufgabe der Germania-Sacra-Reihe, eine »historisch-statistische Beschreibung der deutschen Reichskirche des Mittelalters« zu geben (Germania Sacra Neue Folge 1, S. V), so sollen im folgenden die einzelnen Ereignisse dieser Statistik in den Gesamtablauf der Landes- und Reichsgeschichte eingebaut werden. Nur in wenigen Anmerkungen wurde auf die umfassenden Arbeiten Alfred Wendehorsts Bezug genommen. Zur weiteren Information über das spätmittelalterliche Hochstift Würzburg, insbesondere für weitere Literatur- und Quellenhinweise, sind daher stets die entsprechenden Germania-Sacra-Bände heranzuziehen.

[1] GS Würzburg 1, S. 204; ferner Bosl, Hermann I. von Lobdeburg, Bischof von Würzburg, S. 20 ff., bes. S. 27 f.
[2] GS Würzburg 1, S. 82 ff.
[3] Scherzer, Aus der Frühzeit der Stadt Ochsenfurt, S. 42 ff.

[4] Zu den Ursachen des Mordes vgl. GS Würzburg 1, S. 195 ff.; ferner P. Herde, Das staufische Zeitalter, in: UFrGesch. 1, 1989, S. 355 ff.
[5] P. Schöffel, Herbipolis sacra. Zwei Untersuchungen zur Geschichte des Bistums Würzburg im frühen und hohen Mittelalter, hg. von W. Engel, VGffG IX/7, 1948, S. 36–41.
[6] Herberhold, Otto von Lobdeburg, Bischof von Würzburg 1207–1223, S. 1–152.
[7] GS Würzburg 1, S. 207.
[8] Abert, Die Wahlkapitulationen der Würzburger Bischöfe bis zum Ende des 17. Jahrhunderts, S. 57 ff. Zu Bischof Hermann von Lobdeburg vgl. Anm. 1.
[9] E. Klingelhöfer, Die Reichsgesetze von 1220, 1231/32 und 1235, in: Verfassungsgeschichte des deutschen Reiches im Mittelalter und in der Neuzeit, VIII, Heft 2, 1955, S. 76–82 und S. 95 f.
[10] GS Würzburg 1, S. 217 ff.
[11] W. Scherzer, Ansbach – Vom bischöflichen Eigenkloster zum markgräflichen Territorium, in: JbMFr 95, 1990/91, S. 1 ff.
[12] Füßlein, Zwei Jahrzehnte würzburgischer Stifts-, Stadt- und Landesgeschichte 1254–1275, S. 35, Anm. 2.
[13] GS Würzburg 1, S. 225 f. und Bosl, wie Anm. 1, S. 27.
[14] GS Würzburg 2, S. 4 f.
[15] Füßlein, wie Anm. 12, S. 60 ff.
[16] A. Wendehorst, Die Nachrichten des Würzburger Dominikaners Andreas Pfaff über Albertus Magnus, in: WDGBl 14/15, 1952/53, S. 303 f.
[17] GS Würzburg 2, S. 9 ff.
[18] Füßlein, wie Anm. 12, S. 38 ff. und S. 126 f.
[19] F. Pfister, Alexander der Große und die Würzburger Kiliansfahne, in: WDGBl 14/15, 1952/53, S. 279 ff.
[20] Zimmermann, Die Cyriacus-Schlacht bei Kitzingen (8. 8. 1266) in Tradition und Forschung, S. 417 ff.
[21] W. Scherzer, Sage und Wirklichkeit, in: August Sperl, Richiza (Faksimile der 3. Aufl. von 1909) 1984, Nachwort.
[22] P. Schöffel, Eine unbekannte Quelle zum Würzburger Bistumsstreit 1267–1271, S. 124 ff. und W. Scherzer, Die älteste Rechnung des Hochstifts Würzburg, in: Die Mainlande. Geschichte und Gegenwart, 6. Jg., 1955, Nr. 28, 29 (Beilage der Würzburger Tageszeitung Main-Post).
[23] GS Würzburg 2, S. 20 ff.
[24] Schubert, Die Landstände des Hochstifts Würzburg, S. 50 f. und S. 100 f.
[25] A. Wendehorst, Die Würzburger Formularbücher des 13. und 14. Jahrhunderts, in: WDGBl 16/17, 1954/55, S. 182 ff.
[26] E. v. Guttenberg GS 2. Abteilung, Die Bistümer der Kirchenprovinz Mainz, erster Band, Das Bistum Bamberg, Teil 1, 1937, S. 187 ff.
[27] I. Güssow, Stadtanlage und Stadtbild von Iphofen, MainfrH 25, 1956, S. 6 (nach P. Schöffel).
[28] Scherzer, wie Anm. 11, S. 7 ff.
[29] S. Wenisch, Ochsenfurt. Von der frühmittelalterlichen Gemarkung zur domkapitelschen Stadt, MainfrSt 3, 1972, S. 114 ff.
[30] Heyen, Kaiser Heinrichs Romfahrt. Die Bilderchronik von Kaiser Heinrich VII. und Kurfürst Balduin von Luxemburg 1308–1313.
[31] Abert, wie Anm. 8, S. 59 ff.
[32] Henner, Eine Doppelwahl für den Würzburger Bischofsstuhl im Jahre 1314, S. 57 ff.
[33] Weller, Geschichte des Hauses Hohenlohe, 2. Teil, S. 290 ff.
[34] Scherzer, wie Anm. 11, S. 9 f.
[35] GS Würzburg 2, S. 48 ff.
[36] Güssow, wie Anm. 27, S. 7 f.
[37] v. Guttenberg, wie Anm. 26, S. 203 ff.
[38] GS Würzburg 2, S. 54 f.

[39] W. Engel, Urkundenregesten zur Geschichte der Stadt Würzburg (1201–1401) (Regesta Herbipolensia I), QFW 5, 1952, Nr. 143f.
[40] Hermann Hoffmann, Würzburger Polizeisätze, Nr. 8.
[41] Schubert, wie Anm. 24, S. 51 f.
[42] Hetzenecker, Studien zur Reichs- und Kirchenpolitik des Würzburger Hochstifts in den Zeiten Kaiser Ludwigs des Bayern (1333–1347), S. 38 f.
[43] Zu Lupold von Bebenburgs Tätigkeit im Archiv des Domkapitels Würzburg vgl. W. Scherzer, Die Anfänge der Archive der Bischöfe und des Domkapitels zu Würzburg, in: AZ 73, 1977, S. 33ff.
[44] MB 40, Nr. 134f.
[45] A. Zumkeller, Magister Hermann von Schildesche OESA († 8. Juli 1357), erster Generalvikar des Bistums Würzburg, in: WDGBl 20, 1958, S. 127ff.
[46] H. Muth, Der Dom zu Würzburg, 1968, S. 55 und Abb. Nr. 38 f.
[47] Abert, wie Anm. 8, S. 60ff.
[48] GS Würzburg 2, S. 82f.
[49] G. Wöppel, Entwicklung und Struktur einer Kleinstadt in Franken, Prichsenstadt 1968, S. 38ff.
[50] H. H. Hofmann, ›Bömisch Lehen vom Reich‹. Karl IV. und die deutschen Lehen der Krone Böhmen, S. 210ff.
[51] Scherzer, Schulden und Schuldentilgung des Fürstbischofs Albrecht von Hohenlohe (1345/50–1372), S. 353ff.
[52] GS Würzburg 2, S. 90ff.
[53] Hetzenecker, wie Anm. 42, S. 73f.
[54] Engel, Zunftsiegel aus fünf Jahrhunderten, S. 21 ff.
[55] A. Wendehorst, Urkundenbuch der Marienkapelle am Markt zu Würzburg 1317–1530, QFW 27, 1974, S. 2ff.
[56] Wießner, Gerhard von Schwarzburg, Bischof von Naumburg und Würzburg (ca. 1323–1400), S. 22–45.
[57] H. Wießner, Zur Herkunft Withegos, Elektus in Würzburg 1372 und Bischof von Naumburg 1372–1381, in: WDGBl 27, 1965, S. 146ff.
[58] W. Engel, Würzburger Urkundenregesten vor dem Jahr 1400. Sonderveröffentlichung der Freunde Mainfränkischer Kunst und Geschichte, 1958, Nr. 192.
[59] Wenisch, wie Anm. 29, S. 121 f.
[60] Hoffmann, wie Anm. 40, Nr. 108–267.
[61] Engel, wie Anm. 54, S. 31 f.
[62] GS Würzburg 2, S. 114ff.
[63] Schubert, wie Anm. 24, S. 41–63.
[64] Chronicon Moguntinum editio Scriptores rerum Germanicarum in usum scolarum, hg. von Carolus Hegel, 1885, S. 77f.
[65] Abbildung bei Wießner, wie Anm. 56, S. 32f.
[66] Borkowsky, Johann I. von Egloffstein, phil. Diss. Würzburg, 1921, Mschr.
[67] StAW, WU 86/52.
[68] Pfeiffer, Quellen zur fränkisch-bayerischen Landfriedensorganisation, 1972.
[69] Abert, Aus der Geschichte der ersten Würzburger Universität unter Bischof von Egloffstein, S. 1 ff.
[70] F. X. v. Wegele, Geschichte der Universität Würzburg, 2, Urkundenband, 1882, Nr. 2.
[71] StAW, WU 83/72.
[72] Schubert, wie Anm. 24, S. 56ff.
[73] L. Rockinger, Magister Lorenz Fries. Zum fränkisch wirtzburgischen Rechts- und Gerichtswesen, in: Abhandlungen der Histor. Classe der kgl. bayer. Akademie der Wissenschaften 11/3, 1870, S. 160f.
[74] Borkowsky, wie Anm. 66, S. 145, Anm. 393.
[75] GS Würzburg 2, S. 136f.
[76] B. Schumacher, Geschichte Ost- und Wespreußens[6], 1977, S. 127f.

[77] Borkowsky, wie Anm. 66, S. 20f.
[78] D. Kerler, Deutsche Reichstagsakten unter Kaiser Sigmund, 2. Abteilung, hg. durch die Historische Kommission bei der bayerischen Akademie der Wissenschaften Band 8, 1956, Nr. 158, S. 180f.
[79] G. Rechter, Die Seckendorf. Quellen und Studien zur Genealogie und Besitzgeschichte, I, Stammfamilie mit den Linien Jochsberg und Rinhofen, 1987, S. 75ff.
[80] Ehmer, Geschichte der Grafschaft Wertheim, S. 82f.
[81] Ehmer, wie Anm. 80, S. 74ff.
[82] Schubert, wie Anm. 24, S. 67ff. und S. 77–85.
[83] Loserth, Geschichte des späteren Mittelalters von 1197–1492, S. 646ff.
[84] L. Fries, Geschichte, Namen, Geschlecht, Taten und Absterben der Bischöfe von Würzburg und Herzöge zu Franken (Edition Bonitas Bauer), 1, 1961, S. 648f.
[85] Fries, wie Anm. 84, S. 661f.
[86] Amrhein, Gotfrid IV. Schenk von Limpurg, Bischof von Würzburg und Herzog zu Franken.
[87] Schubert, wie Anm. 24, S. 85ff.
[88] Scherzer, wie Anm. 43, S. 21ff.
[89] Scherzer, Die fürstbischöfliche Kanzlei Würzburgs und der Weg von der Urkunde zu den Akten, S. 145ff.
[90] Amrhein, wie Anm. 86, Bd. 52, S. 50–53 und S. 57.
[91] Amrhein, wie Anm. 86, Bd. 53, S. 146ff.
[92] Muehlon, Johann III. von Grumbach, Bischof von Würzburg und Herzog zu Franken, 1935.
[93] Schuhmann, Die Markgrafen von Brandenburg-Ansbach. Eine Bilddokumentation zur Geschichte der Hohenzollern in Franken, S. 321ff.
[94] Schubert, Albrecht Achilles, Markgraf und Kurfürst von Brandenburg (1414–1486), S. 157f.
[95] GS Würzburg 2, S. 176f.
[96] Schuhmann, wie Anm. 93, S. 30f.
[97] W. Engel, Die Ratschronik der Stadt Würzburg (XV. und XVI. Jahrhundert), QFW 2, 1950, Nr. 73.
[98] Scherzer, wie Anm. 11, S. 9ff.
[99] Zeißner, Rudolf von Scherenberg, ^{2}1952; Schubert, Rudolf von Scherenberg, S. 133–158.
[100] W. Scherzer, Ein farbiger Plan über den Gangolfsberg und Oberschwappach von 1538, in: MainfrJb 11, 1959, S. 143ff. und Tafel XV.
[101] StAW WU 35/5. Die der Urk. anhangende Goldbulle kam schon in fürstbisch. Zeit abhanden.
[102] Hoffmann, wie Anm. 40, S. 133–214, Nr. 309–387.
[103] W. Scherzer, Die alten Mainbrücken Unterfrankens und ihre Baulastträger, in: WDGBl 20, 1958, S. 154ff.
[104] Zeißner, wie Anm. 99, S. 70ff.
[105] Rödel, Das erste Salbuch des Hochstifts Würzburg. Agrargeschichtliche Analyse einer spätmittelalterlichen Quelle, phil. Diss. Würzburg 1984, Druck München 1987.
[106] Engel, wie Anm. 97, Nr. 199.
[107] GS Würzburg 3, S. 69f.
[108] F. Merzbacher, Peter von Aufseß. Ein fränkisches Domherrenschicksal im Zeitalter Maximilians I., in: WDGBl 29, 1967, S. 89ff.
[109] Schubert, wie Anm. 24, S. 95, Anm. 26 und S. 124ff.
[110] v. Stetten, Die Rechtsstellung der unmittelbaren freien Reichsritterschaft, ihre Mediatisierung und ihre Stellung in den neuen Landen, dargestellt am fränkischen Kanton Odenwald. S. 19f. und 26ff.
[111] Schubert, wie Anm. 24, S. 126ff.
[112] A. Schröcker, unio atque concordia. Reichspolitik Bertholds von Henneberg 1484 bis 1504, phil. Diss. Würzburg 1970, Druck Würzburg 1970.

[113] K. Schreck, Lauda, Schicksal einer ehemaligen Oberamtsstadt, 1973, S. 110ff. und S. 175ff.

[114] Jäger/Scherzer, Territorienbildung, Forsthoheit und Wüstungsbewegung im Waldgebiet westlich von Würzburg, S. 89ff. und S. 150ff.

[115] I. Wagner, Geschichte der Landgrafen von Leuchtenberg, Bd. 4, 1953, S. 12 und Bd. 6, 1956, S. 287ff. und S. 324ff.

[116] Scherzer, wie Anm. 89, S. 148ff.

[117] GS Würzburg 3, S. 65f. und A. Zumkeller, Urkunden und Regesten der Augustinerklöster Würzburg und Münnerstadt von den Anfängen bis zur Mitte des 17. Jahrhunderts, QFW 18, 1966, Nr. (456).

[118] Zu Trithemius vgl. K. Arnold, De laude scriptorum. Zum Lobe der Schreiber, MainfrH 60, 1973.

[119] Engel, wie Anm. 97, Nr. 242.

Literatur (Auswahl)

Allgemein

J. F. Abert, Die Wahlkapitulation der Würzburger Bischöfe bis zum Ende des 17. Jahrhunderts, in: AUFr 46, 1904; GS NF 1: Das Bistum Würzburg 1, bearb. v. A. Wendehort, 1962; GS NF 4: Das Bistum Würzburg 2, bearb. von A. Wendehorst, 1969; GS NF 13: Das Bistum Würzburg 3, bearb. von A. Wendehorst, 1978; Hermann Hoffmann, Würzburger Polizeisätze (VGffG X/5), 1955; J. Leuschner, Deutschland im Spätmittelalter, 1975; J. Loserth, Geschichte des späteren Mittelalters von 1197–1492, 1903; B. Schmeidler, Das spätere Mittelalter von der Mitte des 13. Jahrhunderts bis zur Reformation, 1937, Nachdr. 1962; E. Schubert, Die Landstände des Hochstifts Würzburg (VGffG IX/23), 1967.

Zu 1. Der Ausbau des Hochstifts unter den Bischöfen aus dem Hause Lobdeburg

K. Bosl, Hermann I. von Lobdeburg, Bischof von Würzburg, in: FrLB 3, 1969, S. 20–34; K. Hampe, Deutsche Kaisergeschichte in der Zeit der Salier und Staufer, [12]1969, S. 234–322; F. Herberhold, Otto von Lobdeburg, Bischof von Würzburg 1207–1223, in: AUFr 70, 1935/36, S. 1–152.

Zu 2. Fortschritte im weiteren Ausbau des Territoriums

W. Füßlein, Zwei Jahrzehnte würzburgischer Stifts-, Stadt- und Landesgeschichte 1254–1275 (Neue Beiträge zur Geschichte deutschen Altertums, hg. von dem Hennebergischen altertumsforschenden Verein in Meiningen, 32. Lieferung), 1926; F.-J. Heyen, Kaiser Heinrichs Romfahrt. Die Bilderchronik von Kaiser Heinrich VII. und Kurfürst Balduin von Luxemburg 1308–1313 (Deutscher Taschenbuch Verlag), 1978; W. Scherzer, Aus der Frühzeit der Stadt Ochsenfurt, in: WDGBl 26, 1964, S. 42–51; P. Schöffel, Eine unbekannte Quelle zum Würzburger Bistumsstreit 1267–1271, in: ZBLG 10, 1937, S. 124–132; G. Zimmermann, Die Cyriacus-Schlacht bei Kitzingen (8. 8. 1266) in Tradition und Forschung, in: JffL 27, 1967, S. 417–425.

Zu 3. Das Hochstift im Zeitalter Kaiser Ludwigs des Baiern

Th. Henner, Eine Doppelwahl für den Würzburger Bischofsstuhl im Jahre 1314, in: AUFr 42, 1900, S. 57–74; Ders., in ADB 24 (Otto II. von Wolfskeel), 1887, S. 736–741; J. Hetzenecker, Studien zur Reichs- und Kirchenpolitik des Würzburger Hochstifts in den Zeiten Kaiser Ludwigs des Bayern (1333–1347), 1901; K. Weller, Geschichte des Hauses Hohenlohe 2, 1908. Vom Untergang der Hohenstaufen bis zur Mitte des 14. Jahrhunderts, S. 283–296.

Zu 4. Das Hochstift nimmt Gestalt an

W. Engel, Zunftsiegel aus fünf Jahrhunderten, MainfrH 7, 1950; Hans Hubert Hofmann, ›Bömisch Lehen vom Reich‹. Karl IV. und die deutschen Lehen der Krone Böhmen (Bohemia, Jahrbuch des Collegium Carolinum 2), 1961, S. 112ff.; W. Scherzer, Schulden und Schuldentilgung des Fürstbischofs Albrecht von Hohenlohe (1345/50–1372), in: WDGBl 16/17, 1954/55, S. 353–358; H. Wießner, Gerhard von Schwarzburg, Bischof von Naumburg und Würzburg (ca. 1323–1400), in: FrLB 9, 1980, S. 22–45.

Zu 5. Der schwierige und mühsame Weg zur Entschuldung des Hochstifts

J. F. Abert, Aus der Geschichte der ersten Würzburger Universität unter Bischof Johann von Egloffstein, in: AUFr 63, 1923, S. 1–32; R. Borkowsky, Johann I. von Egloffstein (phil. Diss. Würzburg) 1921, Mschr.; H. Ehmer, Geschichte der Grafschaft Wertheim, 1989; G. Pfeiffer, Quellen zur fränkisch-bayerischen Landfriedensorganisation (Kommission für bayerische Landesgeschichte bei der bayerischen Akademie der Wissenschaften 69 und VGffG II/2), 1972; E. Schubert, Die Landstände des Hochstifts Würzburg (VGffG IX/23), 1967, S. 45 und S. 77–88; F. X. Wegele, in: ADB 14 (Johann I. von Egloffstein), 1881, S. 442–445; Ders., in: ADB 14 (Johann II. von Brunn), 1881, S. 445–450; Ders., in: ADB 34 (Sigmund von Sachsen), 1892, S. 297–300.

Zu 6. Die Konsolidierung

A. Amrhein, Gotfrid IV. Schenk von Limpurg, Bischof von Würzburg und Herzog zu Franken, in: AUFr 50, 1908, S. 1–150; 51, 1909, S. 1–198; 52, 1910, S. 1–75; 53, 1911, S. 1–153; S. Göbl, in: ADB 19 (Lorenz von Bibra), 1884, S. 174–178; H. Jäger/W. Scherzer, Territorienbildung, Forsthoheit und Wüstungsbewegung im Waldgebiet westlich von Würzburg, MainfrSt 29, 1984; L. Muehlon, Johann III. von Grumbach, Bischof von Würzburg und Herzog zu Franken, 1935; D. Rödel, Das erste Salbuch des Hochstifts Würzburg. Agrargeschichtliche Analyse einer spätmittelalterlichen Quelle, 1987; W. Scherzer, Die fürstbischöfliche Kanzlei zu Würzburg und der Weg von der Urkunde zu den Akten, in: JffL 52, 1992, S. 145–152 (FS Alfred Wendehorst 1992 I); E. Schubert, Rudolf von Scherenberg, in: FrLB 2, 1968, S. 133–158; Ders., Albrecht Achilles, Markgraf und Kurfürst von Brandenburg (1414–1486) in: FrLB 4, 1971, S. 130–172; G. Schuhmann, Die Markgrafen von Brandenburg-Ansbach. Eine Bilddokumentation zur Geschichte der Hohenzollern in Franken, in: JbMFr 90, 1980; W. v. Stetten. Die Rechtsstellung der unmittelbaren freien Reichsritterschaft, ihre Mediatisierung und ihre Stellung in den neuen Landen, dargestellt am fränkischen Kanton Odenwald (Forschungen aus WürttembFr 8), 1973; S. Zeißner, Rudolf von Scherenberg, ^{2}1952.

Hans Körner

Grafen und Edelherren als territorienbildende Kräfte

1. *Die Herren und Grafen zu Castell*[1]

Castell, der namengebende Ort der Herren und Grafen zu Castell, wird erstmals bereits 816 in der Gründungsurkunde des Mattonen Megingaud für sein Kloster Megingaud(es)hausen ob dem Laimbach nördlich von Ullstadt (Lkr. Neustadt an der Aisch) erwähnt.[2] Wesentlich später, fast 300 Jahre nach der Ersterwähnung der Siedlung Castell, wird dieser Ort Namensbestandteil des Adelsgeschlechts Castell. Ruperth de Castello ist in der Reihe der Zeugen einer Würzburger Bischofsurkunde von 1091 der erste nachweisbare Träger dieses Namens. Doch ein knappes halbes Jahrhundert zuvor wird ebenfalls in der Zeugenreihe einer bischöflichen Urkunde schon ein Rupert (Ro̊bbrath), allerdings noch ohne ›Zunamen‹, genannt.[3] Ist er der gleiche wie jener Ruperth de Castello? Die neueren Publikationen nehmen dieses an. Der zeitliche Abstand von 34 Jahren spricht jedoch m. E. weder dagegen noch dafür. Auf jeden Fall aber steht dieser Ro̊bbrath in nahem verwandtschaftlichen Verhältnis zu jenem Namensträger von 1091, wird doch der Vorname Rupert in seinen verschiedenen Schreibweisen zum Leitnamen der Casteller Edelfreien in den nächsten vier Generationen. Mit großer Wahrscheinlichkeit hatten diese ›Rupertiner‹ zwischen 1057 und 1091 auf dem heutigen Herrenberg die sogenannte untere Burg, das *castrum dictum Castell* errichtet. Viel mehr als ein Turm dürfte die erste Befestigung auf der vordersten Spitze dieses die weite Landschaft überschauenden Bergsporns kaum gewesen sein. Wie andere Edelfreie jener Zeit, so haben sich auch die Castell damals einen festen Ansitz erbaut, der ihnen zum ›Nachnamen‹ wurde. Die edelfreien Rupertiner sind seßhaft geworden. Mit Recht wurde darauf hingewiesen, daß dieser Zug zur Seßhaftigkeit durch tiefgreifende Veränderungen im soziologischen Verhalten der Edelfreien hervorgerufen worden ist, Veränderungen, die die kommenden Jahrzehnte und Jahrhunderte entscheidend beeinflußt haben.[4] Doch festgeschrieben war der ›Nachname‹ Castell noch keineswegs, nannten sich doch die Rupertiner noch in der ersten Hälfte des 12. Jahrhunderts einmal nach ihrem Herrensitz Castell und dann nach einem zweiten Ansitz zu Deutenheim (Titenheim).[5]

Können wir erst seit der zweiten Hälfte des 11. Jahrhunderts die Geschichte der Familie Castell verfolgen, so ist dennoch die Frage nach der Abkunft der Rupertiner erlaubt. Als der Mattone Megingaud das Kloster zu Megingaud(es)hausen gründete, hatte er diese Stiftung nicht nur mit der von ihm oder seinem Vater Megingaud angelegten Siedlung Megingaud(es)hausen, sondern auch mit den Siedlungen Scheinfeld, Markt Bibart (Bibaroth), Groß- und Kleinlangheim (Lancheim), Bullenheim (Bullinheim), Dornheim, Krassolzheim (Graszulzun), Ullstadt (Ulgestatt), Krautostheim (Ostheim), Deutenheim (Titenheim), Ezelheim (Hezzelenheim) und Castell ausgestattet. In der Mehrzahl dieser Orte sind seit dem 12. und in den folgenden Jahrhunderten auch die Herren zu Castell, die seit 1205 den Grafentitel führen, belegt. Demnach scheinen die Grafen zu Castell die Mattonen zumindest teilweise beerbt zu haben und wären in einer Seitenlinie Nachfahren der wohl noch im 9. Jahrhundert ausgestorbenen Mattonen.
Es erstaunt, wie rasch die Casteller Grafen bereits im 12. und zu Beginn des 13. Jahrhunderts in die Politik der Herrscher aus dem Hause der Staufer eingebunden waren. In zahlreichen Urkunden der Staufer Konrad III., Friedrich I., Heinrich VI., Heinrich (VII.) und Konradin sind sie beim Abschluß von Verträgen als Zeugen herangezogen worden. Innerhalb der Zeugenschar nahmen die Casteller meist einen der vorderen Plätze ein. Entscheidend für dieses Ansehen war wohl die Stellung der Grafen in der Umgebung der Würzburger Bischöfe, die als Inhaber des für die deutschen Könige und Kaiser ob seiner Ausstattung und zentralen Lage wichtigen Reichsbistums sehr stark in die Reichspolitik eingebunden waren.
Von großer Bedeutung waren in jener Zeit die Vogteirechte, die, zunächst als Schutz für die bevogteten Institute und der zu diesen gehörigen Bevölkerung gedacht, dann aber zum Ausbau und zur Festigung der Herrschaft der Vogteiherren umgewandelt worden sind. Schon im frühen 12. Jahrhundert sind die Grafen zu Castell im Besitz von Vogteirechten, die indirekt zugleich auch von dem Ansehen und der Macht der Grafen zeugen, hatte man doch den Schutz nur demjenigen anvertraut, der auch wirklich Schutz gewähren konnte. 1134 hatte man den Castellern den Schutz der jungen und rasch aufblühenden Zisterze Heilsbronn übertragen.[6] Seit 1148 sind sie im Besitz der Vogtei über Kloster Münsterschwarzach nachweisbar.[7] Erste Ansätze zur Entwicklung eines Casteller Lehenhofes werden sichtbar, wenn auch das erste Casteller Lehenbuch erst zum Jahr 1376 überliefert ist.[8] Aber derartige Aufzeichnungen wurden stets erst lange nach der Konsolidierung des Lehenhofs erstellt. Angehörige des Hauses Castell bekleideten wichtige Positionen in den Domkapiteln zu Würzburg und Bamberg (Dompropst Marquard zu Würzburg 1224–1254 und sein

Neffe Albrecht, Dompropst zu Bamberg 1237–1258). Doch bereits Mitte der ersten Hälfte des 13. Jahrhunderts, als die Casteller, legalisiert durch das ›Statutum in favorem principum‹ des Stauferkönigs Friedrich II. von 1232, versuchten, ihre landesherrliche Stellung auszubauen, stießen sie auf den entschlossenen Widerstand des Würzburger Bischofs Hermann I. von Lobdeburg (1225–1254). Schon verwendeten die Grafen in ihren Urkunden die Devotionsformel ›dei gratia‹; schon hatten sie mit der Vogtei über Kloster Münsterschwarzach und mit der Hallburg an der wichtigen Wasserstraße des Mains Fuß gefaßt. Das Castellsche Wappen ist seit dieser Zeit unverändert geblieben: von Rot und Silber geviert (Farbbild S. 165).

Anlaß zum Eingreifen Bischof Hermanns gab der Tod Graf Ludwigs zu Castell, der von dem Kreuzzug Kaiser Friedrichs II. ins Heilige Land 1228/29 nicht mehr zurückgekehrt war. Der Kampf des Casteller Bruders Rupert, die hochstiftischen Lehen und andere Rechte des Verstorbenen gewaltsam zu gewinnen, endete mit dem Sieg des Bischofs. Graf Rupert mußte nicht nur auf alle Rechte am Kloster Münsterschwarzach und an Stadtschwarzach verzichten, sondern auch sein Allod Burg Hallburg vom Bischof zu Lehen nehmen. Im Kampf gegen den Bischof suchten die Casteller Grafen Anschluß bei den Grafen von Henneberg, die mit Bischof Hermann im Ausbau territorialer Vorherrschaft gleichfalls heftige Auseinandersetzungen führten. Friedrich (1234–1251), Sohn des Castellers Rupert, hatte mit Bertha eine Hennebergerin zur Frau. Die Vornamen ihrer beiden Söhne Heinrich und Hermann nach den hennebergischen Brüdern der Bertha zeugen von der engen Bindung zwischen den Häusern Castell und Henneberg.

Wenige Jahre später versuchten die Casteller Grafen, am Main noch einmal einen Stützpunkt zu gewinnen. Das Dorf Volkach am Main, zu unbekannter Zeit aus fuldischem Klosterbesitz möglicherweise durch Usurpation vogteilicher Rechte in den Besitz der Grafen gekommen, wurde nach 1231, aber noch vor 1258, mit dem Stadtrecht begabt.[9] *Nostra civitas* nannten die Brüder Heinrich und Hermann die junge Stadt, die sie ohne Zweifel zu einem Mittelpunkt ihres Dominiums, ihrer Herrschaft, ausbauen wollten. Noch 1398, als den Grafen nur noch das halbe Volkach gehörte, wurde den Castellern von dem zu jener Zeit bereits umstrittenen König Wenzel das Recht, in Volkach Pfennige und Heller schlagen zu lassen, gewährt.[10]

Auch bei den beiden Casteller Brüdern Heinrich und Hermann spielten die Ehefrauen eine entscheidende Rolle. Heinrich heiratete Sophie von Oettingen und fand damit Anschluß an das Haus der zollernschen Burggrafen, eine Bindung, die durch seine zweite Heirat mit Adelheid, einer Tochter des Burggrafen Friedrich III. von Nürnberg, noch intensiviert wurde. Heinrichs Bruder Hermann, vermählt mit Sophia von Wildberg, hielt zu

Würzburg. Die Eintracht der Brüder war zerstört und führte in der zweiten Hälfte des 13. Jahrhunderts zur Teilung der Grafschaft. Das untere (ältere) Schloß auf dem Herrenberg fiel mit dem Grafschaftsanteil an Heinrich, das obere Schloß auf dem Schloßberg nebst der Hälfte der Grafschaft an Hermann.[11] Die uns überlieferte, allerdings undatierte Aufzeichnung über den Grafschaftsanteil Graf Heinrichs enthält unter anderem die älteste Erwähnung der schon damals auf Casteller Markung angebauten Weinlagen Honart, Schloßberg, Reitsteig und Trautberg.[12]
In dem nach dem Tod Bischofs Iring von Reinstein († 1265) entbrannten Streit um die Neubesetzung des Würzburger Bischofsstuhls ergriff Graf Heinrich, dieser von beiden Casteller Brüdern zweifellos der aktivere, die Partei seines Onkels, des Domkanonikers Berthold von Henneberg. Die Henneberger unter Führung Graf Hermanns von Henneberg versuchten, mit ihrem Kandidaten den schwindenden Einfluß im Hochstift zurückzugewinnen. Der im Domkapitel entbrannte Streit um die Nachfolge Bischof Irings von Reinstein führte nach längerer Vakanz zur kriegerischen Auseinandersetzung zwischen der hennebergischen und der trimberg-sternbergischen Partei. In der Schlacht am Tag des hl. Cyriacus (8. August) 1266 am Mühlberg bei Kitzingen, in die das Heer der trimberg-sternbergischen Kapitelsmehrheit, vereint mit den Bürgern von Würzburg, unter dem heute noch im Mainfränkischen Museum zu Würzburg ausgestellten Kiliansbanner zog, verloren die Henneberger endgültig ihren Einfluß im Hochstift. Der mit den Hennebergern verbündete Graf Heinrich zu Castell aber verlor letztendlich seinen Anteil an der Grafschaft an die hohenzollernschen Burggrafen zu Nürnberg, denen er sein Erbteil verpfändet hatte. Graf Heinrichs ihm folgender Sohn Hermann ist zwischen Frühjahr 1330 und Frühjahr 1331 im fremden Land verschollen. Mit ihm starb die Linie des unteren Schlosses aus. Schloß und Grafschaftsanteil blieben in Besitz der Burggrafen von Nürnberg. Fortan wurde das untere Schloß Domizil eines burggräflichen, dann markgräflichen Amtes, dessen Sitz erst gegen Ende des 17. Jahrhunderts nach Kleinlangheim verlegt worden ist. Zum gemeinsamen Besitz der Brüder Heinrich und Hermann hatten das Zentgericht Castell und die Stadt Volkach gehört. Seit der Verpfändung des Heinrizischen Anteils stand die Zent nun unter dem gemeinschaftlichen Vorsitz eines Casteller und eines burg- bzw. markgräflichen Schultheißen. Heinrichs Halbteil an der Stadt Volkach aber gelangte über die Herren von Hohenlohe an das Hochstift Würzburg, dessen Bischöfe bis 1509 auch die einst Hermännische Hälfte für das Hochstift erwerben konnten. Volkach wurde zum Sitz eines Würzburger Landamtes.
Graf Hermann I. († ca. 1289), wurde zum Stammvater aller heutigen Castell. Er gründete auf der Vogelsburg oberhalb von Volkach ein Karmeli-

terkloster, das zur ältesten Grablege Casteller Familienangehöriger wurde. Zwar hatten 1525 plündernde Bauern das Kloster in Mitleidenschaft gezogen; soweit sich aber in der Klosterkapelle Casteller Epithaphien erhalten haben, wurden sie 1804/05 in die evangelische Kirche zu Rüdenhausen überführt und dort 1809 aufgestellt.[13]

Hermanns I. Sohn Friedrich III. († 1349) ist mit seinen vom Hochstift Würzburg vergebenen Lehen im Lehenbuch Bischof Gottfrieds III. von Hohenlohe (1314/17–1322) verzeichnet. Zu diesen gehörten das Schenkenamt, das im Hause Castell erblich wurde, das Geleit von Würzburg bis Bamberg, das halbe Gericht in Schwarzach und die Vogtei über Kloster Münsterschwarzach, ferner die Vogteien über Großlangheim, Willanzheim, Laub, Stadelschwarzach, Nordheim, Feuerbach, Gräfenneuses und Schönbach (heute aufgegangen in Prichsenstadt). Außerdem gehörten zu diesen Würzburger Lehen noch das castrum Haslach sowie ein halbes Fuder Wein (ca. 450 l) und 10 Pfund (Heller) aus Sulzfeld am Main, ferner das Gericht zu Schnodsenbach.[14]

Friedrichs III. gleichnamiger Sohn Friedrich (1311–1353) zählte zu den wenigen Castellern, die in den geistlichen Stand eingetreten sind. Er wurde Domkanoniker in Würzburg und Bamberg. Vor ihm hatten nur Marquard und Albrecht zu Castell höhere geistliche Ämter bekleidet, dieser als Dompropst zu Bamberg (1237–1258), jener als Dompropst zu Würzburg (1224–1254). Das sind erstaunlich wenige Casteller geistlichen Standes und hängt wohl mit der geringen Zahl männlicher Nachkommen zusammen. Mehrfach stand die Erbfolge nur auf zwei Augen, so Ende des 14. Jahrhunderts nach dem Tod Johanns (1384), dem das Casteller Archiv das erste einer größeren Serie von Lehenbüchern verdankt, als sein Bruder Wilhelm 15 Jahre allein Haus und Herrschaft verwaltete. Nach seinem Tod 1399 übernahm sein inzwischen mündig gewordener Vetter Linhard die Grafschaft. Rückschauend gereichten die nur wenigen männlichen Nachkommen dem Casteller Land allerdings nicht zum Schaden, weil dadurch die seinerzeit durchaus üblichen Teilungen der Herrschaft vermieden wurden.

Mit Linhard (1379–1426) stand das Haus Castell wiederum nur auf zwei Augen. Sein Sohn Wilhelm II. (1415–1479) regierte Haus und Herrschaft gleichfalls als einziger männlicher Vertreter seines Hauses. Er war allerdings ein schlechter Wirtschafter und verkaufte Rechte und Besitzungen der Casteller Herrschaft. Schon hatte Markgraf Albrecht Achilles von Brandenburg-Ansbach, zu dem Graf Wilhelm gute Beziehungen unterhielt, seine begehrliche Hand nach dem Casteller Land ausgestreckt. Doch der Würzburger Bischof Johann III. von Grumbach kam ihm zuvor und schloß mit dem Grafen 1453 zunächst einen Vertrag, der Wilhelm gegen

Rupert Graf v. Castell
urk. 1223–1234
⚭ Hedwig

Ludwig
† 1228

Marquard, Dompropst
zu Würzburg
1224–1254

Friedrich I.
urk. 1235–1251
⚭ Bertha v. Henneberg

Albrecht, Dompropst zu Bamberg
1237–1258

Heinrich II.
† 1307
⚭ I. Sophia v. Oettingen
⚭ II. Adelheid v. Nürnberg
Unteres Schloß

Hermann I.
† 1282/89
⚭ Sophia v. Wildberg
Oberes Schloß

Hermann II.
† 1330/31
⚭ Margarete v. Burgau

Friedrich III.
† 1349
⚭ I. Willebirg v. Hohenlohe-Brauneck
⚭ II. Elisabeth v. Nortenberg

aus I.
Hermann III.
† 1363
⚭ Luitgarde v. Teck

aus II.
Friedrich IV.
† 1376
⚭ Adelheid v. Nassau

Johann I.
† 1384
–

Wilhelm I.
† 1399
⚭ Adelheid
v. Nassau
–

Linhard I.
† 1426
⚭ Anna v. Hohenlohe-Speckfeld

Wilhelm II.
† 1479
⚭ Anna v. Helfenstein

Friedrich VI.
† 1498
⚭ Elisabeth v. Reitzenstein

Wolfgang
† 1546
⚭ Martha v. Wertheim

↓

Stammtafel der Herren und Grafen zu Castell (Auszug)

eine jährliche Rentenzahlung weitere Veräußerungen untersagte. Von Wilhelms beiden Söhne sollte Leonhard einmal Haus und Herrschaft übernehmen. Doch als dieser bei einem Ausritt tödlich vom Pferde stürzte, mußten Graf Wilhelm und seine Frau mit dem Aussterben der Familie Castell rechnen. Zwar hatten sie noch den Sohn Friedrich, doch dieser war Domherr zu Straßburg. Graf Wilhelm schloß daher mit Bischof Johann einen weiteren Vertrag. Gegen Zahlung einer Leibrente von 500 Gulden auf Lebenszeit des Grafen, seiner Frau und des Sohnes Friedrich trug Graf Wilhelm dem Bischof die Grafschaft zu Lehen auf. Damit waren der Bestand der Grafschaft zwar gewahrt und weitere Veräußerungen verhindert. Da aber trat Sohn Friedrich in den weltlichen Stand zurück, was in diesem Falle möglich war, heiratete ein Edelfräulein des Ansbacher Markgrafenhofes und sicherte die Zukunft des Hauses Castell. Mit einem baldigen Heimfall der Grafschaft an das Hochstift war nicht mehr zu rechnen, doch blieb die Lehensabhängigkeit Castells bis zur Auflösung des Hochstifts bestehen. Sie sollte den nachkommenden Grafen im 16. und 17. Jahrhundert noch manche Schwierigkeiten bereiten.
Graf Friedrich hinterließ drei Söhne, von denen allerdings nur die Grafen Johann und vor allem Graf Wolfgang die Geschicke der Grafschaft im 16. Jahrhundert beeinflußt haben.

2. *Die Herren von Grumbach und Rothenfels*

Nur rund zweihundert Jahre können die Edelfreien von Grumbach in der Geschichte Frankens verfolgt werden. Als Ahnherr ist ein Markward in einer Urkunde von 1099 belegt, der damals Vogt der Klöster Schlüchtern und Neustadt am Main war.[15] Bis zum Aussterben der Familie befanden sich die Erbvogteien über die beiden Klöster stets in der Hand des Ältesten des Geschlechts. Markward I. tritt als Zeuge in Würzburger Urkunden von 1106 bis 1113 in der Gruppe der Freien auf. Vor 1125 ist er gestorben.
In der Regierungszeit König Heinrichs IV. stiftete seine Witwe Friderun für das Seelenheil Markwards I. dem Kloster Rheinau bei Schaffhausen ihr Erbgut in Eggingen nahe Ulm. Sie stammte aus der Familie der Edelfreien von Wasungen und tat sich auch in ihrer Heimat als Stifterin hervor: Eine Reliquie des hl. Godehard übergab sie der St.-Georgs-Kapelle auf ihrem Besitz in Ichtershausen bei Arnstadt.[16] Zusammen mit ihrem ältesten Sohn Markward II. gründete sie hier 1147 ein Kloster, stattete es aus und besetzte es mit Zisterzienserinnen aus Wechterswinkel bei Mellrichstadt. Beraten wurde sie dabei von ihrem Verwandten, dem Erzbischof Heinrich I. von Mainz. König Konrad III. bestätigte die Stiftung. Markward II. von

Grumbach behielt sich die Vogtei vor für sich und dann jeweils den ältesten seiner Nachkommen.
Markward II. war der erste, der sich nach dem Stammsitz des Geschlechts, dem Dorf Burggrumbach bei Würzburg, nannte. Als Leitname blieb ›Markward‹ erhalten.
Die zwei Schwestern Markwards II. lebten im schwäbisch-alemannischen Raum ihrer Vorfahren. Ida war mit dem Edelfreien Werner von Kaltenbach († 1125) vermählt,[17] dessen Güter im Breisgau, in den Schweizer und den burgundischen Grenzgebieten sowie in Churrätien lagen. Seinen breisgauischen Besitz schenkte er zur Errichtung der Propstei Bürgeln. Er selbst trat in das Kloster St. Blasien ein. Seine Frau Ida nahm den Schleier im Kloster Berau und starb 1126. Ihre Schwester Agnes war an Stiftungen für St. Blasien beteiligt und wurde wohl Nonne in Sitzenkirch.
Neben den beiden Schwestern besaß Markward II. noch einen Bruder: Otto von Wiggershausen. Dieser tritt als Zeuge in Würzburger Urkunden zwischen 1133 und 1140 auf, zweimal auch in solchen, die den beiden mit der Familie eng verbundenen Klöstern galten: Schlüchtern und Neustadt am Main. Er verschied wohl bald nach 1144. Zu seinem Seelenheil hatte er vom Kammerforst (Gramschatzer Wald) dem Kloster Neustadt am Main zwei Drittel, dem Kloster Schlüchtern ein Drittel geschenkt. Neustadt erhielt wohl auch sein Gut Wiggershausen (bei Erbshausen nördlich von Würzburg).
Die größte Bedeutung der vier Geschwister gewann Markward II. von Grumbach,[18] der schon als Mitstifter von Kloster Ichtershausen erwähnt wurde. Er hielt sich seit 1139 am Hofe von König Konrad III. auf, der sich bei seinen Auseinandersetzungen mit den Welfen auf sein Haus- und Reichsgut in Franken stützte und den fränkischen Adel um sich scharte. Am Kreuzzug des Königs nahm er nicht teil. In dieser Zeit begann er auf dem Boden des Klosters Neustadt am Main mit dem Bau einer Burg. Die Abtei protestierte gegen diese Rechtsverletzung und erreichte, daß die Burg Rothenfels als Klosterlehen genommen werden mußte.[19]
In den Jahren 1050/51 ist Markward II. in der Umgebung des Königs in Speyer, Fulda, Würzburg und in den Rheinlanden nachzuweisen. Er war Vogt des Benediktinerinnenklosters Kitzingen. Am Hofe Friedrich Barbarossas hielt sich Markward II. oft auf. Allerdings begleitete er ihn nicht auf dem Italienzug. Nach der Rückkehr des Kaisers nahm er 1155 am Hoftag zu Würzburg teil, auf dem die Regelung der Mainzölle beraten wurde.
Bei Barbarossas Hochzeit mit Beatrix von Burgund gehörte er zu den Gästen. Er folgte dem Kaiser auf den Reichstag in Worms, nach Goslar und zum Hoftag in Bamberg. Hier trat er als Beisitzer des kaiserlichen Hofgerichts auf.

Markward II. war beim Würzburger Reichstag von 1157 dabei, nicht aber beim Zug nach Burgund. Überhaupt ist er nur bei Reichsangelegenheiten innerhalb von Deutschland zu finden, nie außerhalb. Meistens hielt er sich in Franken auf. Das bezeugen zahlreiche Rechtsgeschäfte für den Bischof von Würzburg oder für das Kloster Schlüchtern, dessen Vogt er war. Besuchte der Kaiser Franken, war Markward II. stets zur Stelle: beim Hoftag in Bamberg 1164, beim Reichstag in Würzburg 1165. Als der Kaiser im selben Jahr über die Reformen des Klosters Kitzingen eine Urkunde ausstellte, findet sich Markward II. als Vogt dieses Klosters unter den Zeugen. Immer wieder ist er am kaiserlichen Hofe anzutreffen: in Würzburg, in Bamberg und 1170 in Frankfurt am Main. Für sein Familienkloster Ichtershausen brachte er in diesem Jahr einen Gütertausch mit dem Stift Hersfeld zustande. Zuletzt genannt wird er am 5. Februar 1171 in Kaiserslautern. Am 9. Februar ist Markward II. gestorben. Aus seiner Ehe mit Tuta, über deren Herkunft nichts bekannt ist, hinterließ er die Söhne Markward III., Otto (urkundlich 1157–1170 erwähnt), Albert I. und Heinrich I. (urkundlich 1164–1176 genannt) sowie die Töchter Kunigunde und Agnes. Beide traten in das Kloster Ichtershausen ein und wurden Priorinnen. Kunigunde wirkte von 1184 bis 1190 als Äbtissin.
Die Söhne erschienen oft gemeinsam mit ihrem Vater am kaiserlichen Hofe. Im Gegensatz zu ihm beschränkten sie ihren Dienst nicht auf Deutschland, sondern zogen mit dem Kaiser nach Italien und gar ins Heilige Land.
Markward III. von Grumbach gehörte 1160 zum kaiserlichen Heer in Oberitalien, zeichnete sich im Winter 1161 bei der Blockade Mailands aus und erwarb sich später bei der Eroberung der Lombardenstädte große Verdienste. Als Anerkennung wurde er zum Podestà für Brescia und Bergamo ernannt. Seine hohe Rangstellung hob die kaiserliche Kanzlei dadurch hervor, daß sie ihn in den Zeugenreihen der Urkunden unter den Grafen aufführte. Im Sommer 1163 gelang es Markward III., die Burg Garda zu erobern. Sie hatte lange die Heerstraße an der Etsch entlang zum Brenner bedroht. Im September 1164 übernahm er zusätzlich das Amt des Podestà über die ausgesiedelten Mailänder in Pavia. Als der Kaiser im November nach Deutschland zurückkehrte, bestellte er Markward III. zum Statthalter über die Lombardei. Er führte sein Amt mit harter Hand, erzwang hohe Steuerzahlungen und große Naturalabgaben. Widerstand erhob sich, und Aufruhr bahnte sich an. Da starb Markward III. am 5. Mai 1166.
Der jüngere Bruder, Albert I. von Grumbach, manchmal auch ›von Rothenfels‹ genannt, tritt von 1157 bis 1170 stets gemeinsam mit Vater und Brüdern auf. Vom Vater erbte er die Vogteien über die Klöster Kitzingen, Ichtershausen, Schlüchtern und Neustadt am Main. Auch er stand im

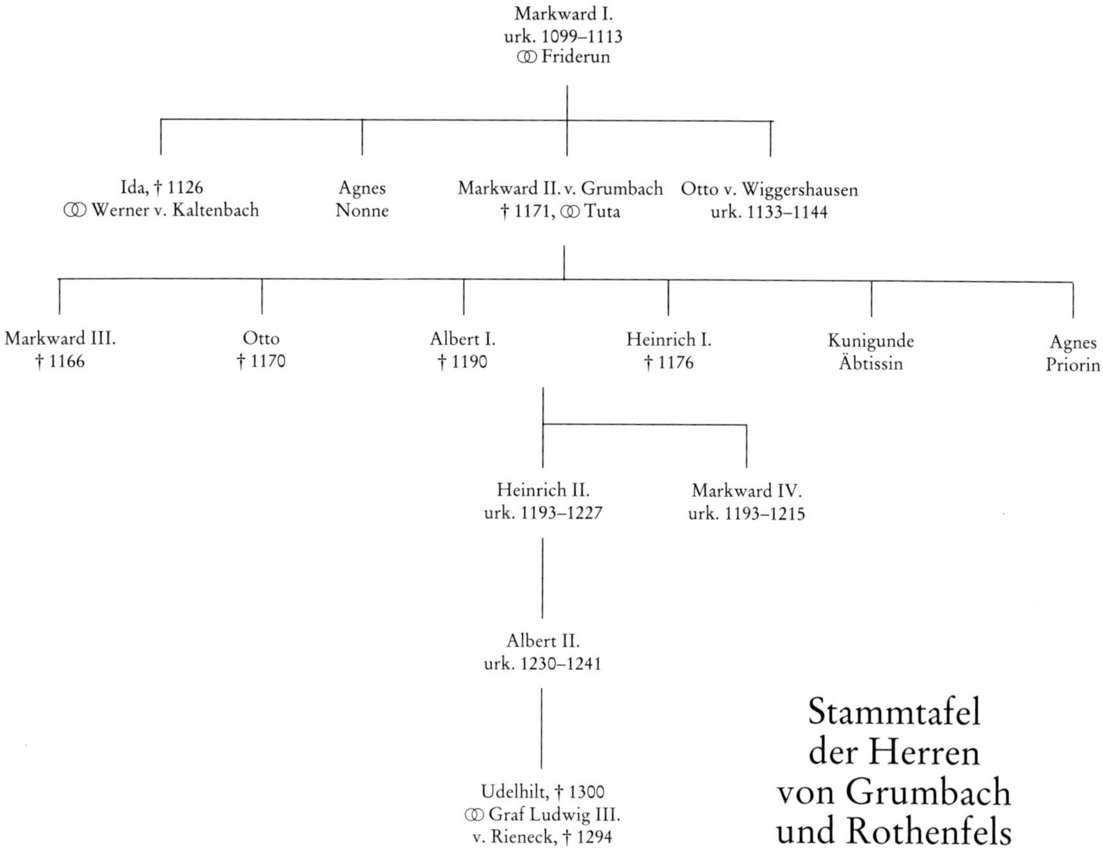

Stammtafel der Herren von Grumbach und Rothenfels

Dienste des Kaisers, besonders in den Jahren 1180 bis 1183. Auf dem ›Hoftag Christi‹, dem Mainzer Reichstag von 1188, schloß er sich den Kreuzfahrern an und zog mit ihnen im Mai 1189 von Regensburg aus an der Donau entlang nach Südosten. Bei der Musterung des Heeres vor Preßburg wird er unter den Edelfreien aus Franken aufgeführt. Sein weiteres Schicksal ist unbekannt. Er soll im Juli oder August 1190 in Kleinasien gestorben sein. Das auf seinem Siegel erkennbare Wappen zeigt einen Wellenschrägbalken mit beiderseitigem Lilienbord (Bild S. 165).
Wohl als einziger seiner Generation war Albert I. verheiratet, vielleicht mit einer Tochter der Edelfreien von Lobdeburg. Der Ehe entstammten zwei Söhne.
Heinrich II. von Grumbach wird vom Würzburger Bischof Konrad (aus dem Hause der Edelfreien von Querfurt) im Jahre 1200 als Blutsverwandter bezeichnet, auch 1208 von dessen Nachfolger Otto (aus dem Hause der Edelfreien von Lobdeburg), diesmal zusammen mit seinem Bruder Mark-

ward IV. Bis 1227 erscheint Heinrich II. in Urkunden der Würzburger Bischöfe als ›von Grumbach‹ und ›von Rothenfels‹. Gestorben ist er vor Dezember 1230. Er war verheiratet und hinterließ einen Sohn.
Albert II. von Grumbach, oft ›von Rothenfels‹ genannt, war 1230 – als er erstmals urkundlich erwähnt wird – noch minderjährig. Als sich König Heinrich (VII.) und mit ihm der Würzburger Bischof Hermann I. von Lobdeburg gegen Kaiser Friedrich II. erhoben, ging Albert II. 1234 an den Hof des Kaisers in Italien. Er folgte damit der Tradition seiner Familie, die stets zum Reichsoberhaupt gehalten hatte. Mit dem Kaiser kehrte er aus Italien nach Deutschland zurück. Letztmalig begegnet er als Urkundenzeuge im Jahre 1241. Er war der letzte männliche Sproß seines Geschlechts und hinterließ nur eine Tochter (Udelhilt). Am 10. September 1243 wurde die durch den Tod des *nobilis vir Albertus de Rotenfels* an das Hochstift Würzburg heimgefallene Vogtei des Klosters Schlüchtern, am 10. Dezember 1243 wurden die an das Hochstift Merseburg heimgefallenen Güter anderweitig vergeben.
Die Tochter Udelhilt heiratete den Grafen Ludwig III. von Rieneck, dem sie den Grumbacher Besitz einbrachte. Sie starb am 18. Juli 1300 und wurde im Kloster Bronnbach beigesetzt. Der reiche Besitz der Grumbacher kann nicht genau festgestellt werden. Er lag weit zerstreut in Franken, Thüringen und anfangs auch in Schwaben. Er bestand aus freiem Eigen und Lehen, besonders vom Hochstift Würzburg und vom Stift Fulda, den Erbvogteien über die Klöster Neustadt am Main, Schlüchtern, Kitzingen und Ichtershausen. Zu einem Territorium konnte der Streubesitz nicht ausgebaut werden.
Graf Ludwig der Jüngere von Rieneck, Sohn der Grumbacher Erbtochter, verkaufte schon 1328 die Burg Grumbach an den Ritter Eberhard von Grumbach, der aus einem Burgmannengeschlecht stammte, das im Dienst der Edelfreien von Grumbach gestanden hatte.

3. *Die Grafen von Henneberg*

Über die Herkunft der Grafen von Henneberg wird viel gerätselt. Man hielt sie früher zumeist für Abkömmlinge von den älteren ostfränkischen Babenbergern, den Popponen.[20] Als wahrscheinlicher aber gilt auf Grund neuerer Forschungen ihre Zugehörigkeit zu einem Adelskreis edelfreien Standes um das Kloster Fulda.[21] Dieser läßt sich bis ins 11. Jahrhundert zurückverfolgen und besaß fuldische Güter im Grabfeld.
Der erste nachweisbare ›Henneberger‹ ist Poppo I. Seine Ehe mit Hildegard, einer Tochter Ludwigs mit dem Barte von Thüringen, dem Stammva-

ter der zu den führenden thüringischen Grafengeschlechter gehörenden Ludowinger, zeugt von seinem ebenbürtigen Rang. Im Investiturstreit stand er auf der Seite von König Heinrich IV. Er fiel 1078 in der Schlacht gegen den Gegenkönig Rudolf von Rheinfelden, die auf dem zwischen Mellrichstadt und Oberstreu gelegenen Gelände geschlagen wurde.
Wohl aus Dank für diese Waffenhilfe übertrug der König dem Bruder Poppos, Gotebold I. († 1091/94), das Amt des Burggrafen von Würzburg. 1091 wird er als solcher genannt. Es war wohl erst von Heinrich IV. geschaffen worden, nachdem ihn der Investiturstreit in Konflikt mit dem Bischof von Würzburg gebracht hatte. Der Burggraf sollte im Auftrage des Königs weltliche Kontrollfunktionen wahrnehmen: Er hatte Verträge zu prüfen und zu beurkunden, war militärischer Befehlshaber von Burg und Stadt und saß dem Hochgericht vor. Vom Burggrafenamt leiteten die Henneberger den Grafentitel ab. 1096 ist er erstmals belegt. Zu den mit dem Burggrafenamt verliehenen Amtslehen gehörten unter anderem Meiningen, Mellrichstadt, Stockheim und fünf Dörfer.
Im Amt folgte – spätestens 1094 – ein Sohn Poppos I., Gotebold II. († 1144), nach. Er wirkte auch als Hochstiftsvogt (urkundlich nachweisbar für das Jahr 1102); Kaiser Friedrich Barbarossa hob dieses Amt im Jahre 1168 durch die ›Güldene Freiheit‹ auf.

Die Popponische Linie

Von seinem Bruder Poppo II. († 1118) gingen mehrere Linien ab, die sich nach ihren Ansitzen nannten: Irmelshausen, Lichtenberg, Sternberg und Habesberg (Habichtsburg). Diese Linien starben Ende des 13. Jahrhunderts aus. Ob die Herren von Wasungen eine solche Nebenlinie darstellten, ist nicht erwiesen. Ebenfalls von Poppo II. stammten die Herren von Frankenstein ab. Ihr Besitz lag zwischen Vacha und Schmalkalden. Sie gerieten in Abhängigkeit zum Stift Fulda, dem sie viele Güter abtreten mußten. Bis 1330 kam manches auch an das Hochstift Würzburg. Ihren Wildbann und ihr Hersfelder Lehen verkauften sie an Graf Berthold VII. von Henneberg-Schleusingen.

Die Goteboldische Linie

Das Geschlecht konnte seine kleine Allodialherrschaft durch weitere Lehennahmen von Würzburg, Bamberg, Hersfeld und Fulda zu einem Territorium zwischen Thüringer Wald und Grabfeld ausbauen. Die südwestlich von Meiningen gelegene Stammburg Henneburg ist 1096 erstmalig mit diesem Namen bezeugt. Gotebold II. und seine Nachkommen nannten sich

nach ihr. Wichtig war der vom Reich zu Lehen rührende Wildbann im Thüringer Wald zwischen Hasel und Schleuse um Schleusingen.
Westlich von Schleusingen gründete Gotebold II. 1131 das Prämonstratenserkloster Veßra und unterstellte es 1135 dem Hochstift Bamberg (Farbbild S. 163). Es wurde zum Hauskloster und zur Grablege der Henneberger. Später kam noch die Stadt Schleusingen hinzu, die zwar erst 1232 urkundlich erwähnt wird, aber mit Sicherheit im 12. Jahrhundert gegründet wurde. Veßra und Schleusingen bildeten den neuen Herrschaftsmittelpunkt, der – was Schleusingen betrifft – in einem Neurodungsgebiet lag.
Von den Söhnen Gotebolds II. wirkte Poppo IV. († 1156) als Burggraf von Würzburg und Vogt des Klosters Lorsch bei Worms, Günther († 1161) bestieg den Bischofsstuhl von Speyer, und Gebhard († 1159) wurde 1122 in zwiespältiger Wahl als kaiserlicher Kandidat zum Bischof von Würzburg gewählt, mußte aber nach fünf Jahren resignieren. 1150 erfolgte seine erneute Wahl zum Würzburger Bischof. Er beteiligte sich an der Reichspolitik und war Gastgeber bei der Hochzeit Friedrich Barbarossas mit Beatrix von Burgund 1156. In diesem Jahre folgte Berthold I. († 1159) im Burggrafenamt. Es verblieb seinen Nachkommen noch 70 Jahre. Ihr Amtssiegel zeigte den königlichen Adler (für 1187 erstmals belegt), Anfang des 13. Jahrhunderts führten sie einen geteilten Schild mit wachsendem Doppeladler und geschachtem Feld.
Burggraf Poppo VI. († 1190) war vermählt mit Sophie von Andechs. Die Andechser hatten durch die Erbtochter der Markgrafen von Schweinfurt großen Besitz in Franken erworben. Sophie brachte die Burg ›Struphe‹ (Straufhain bei Coburg) in die Ehe. Von hier aus dehnten die Henneberger ihren Machtbereich im östlichen Grabfeld weiter aus. Vielleicht stammt aus dem Andechser Erbe auch die Burg Botenlauben. Poppo VI. gründete das Nonnenkloster Trostadt bei Themar. Er begleitete Kaiser Friedrich Barbarossa auf dem 3. Kreuzzug und starb 1190 in Syrien.
Otto (I.) von Botenlauben († 1244/45), der Minnesänger, war der bekannteste von Poppos VI. Söhnen. Er machte 1197 den Kreuzzug Heinrichs VI. mit und hielt sich dann lange im Orient auf. Hier heiratete er Beatrix von Courtenay, die Tochter des Fürsten von Tiberias und Seneschalls von Jerusalem. Erst 1220 kehrte er endgültig in seine fränkische Heimat zurück und nannte sich nach seiner Burg Botenlauben bei Kissingen. Im Orient dürfte er den französischen Minnesang kennengelernt haben. In den mittelhochdeutschen Liederhandschriften sind 22 Liedstrophen (12 Lieder) und ein Minneleich von ihm überliefert. 1234 verkaufte er seine Burg mit Zubehör unter Vorbehalt des Wohnrechts an das Hochstift Würzburg. Er und seine Gemahlin liegen in dem von ihnen gestifteten Kloster Frauenroth begraben (Farbbild S. 600).

Ihr Sohn Otto (II.) von Botenlauben erwarb durch seine Frau Adelheid, Erbtochter der Herren von Hildenburg, 1220 die Herrschaften Hildenburg und Lichtenberg (bei der es sich wohl um ein fuldisches Kirchenlehen der Staufer handelte). Nach zehn Jahren löste er seine Ehe, trat in den Deutschen Orden ein und verkaufte seinen Besitz. Hildenburg kam an Würzburg, Lichtenberg an Fulda.
Der ältere Bruder Ottos (I.) von Botenlauben, Berthold II. († 1212), übernahm 1190 die althennebergischen Lande und das Burggrafenamt. Da sein Sohn Berthold III. schon 1218/19 kinderlos starb, fielen Besitz und Amt an dessen Onkel Poppo VII. († 1245), der schon früher zeitweise das Burggrafenamt ausgeübt hatte. Seine Treue zum staufischen Hause lohnte Kaiser Friedrich II. 1216 mit einem Bergbau- und Salzregal für die Grafschaft Henneberg.
Das Amt des Burggrafen wurde Poppo VII. durch den Bischof von Würzburg streitig gemacht. Die bischöfliche Macht war durch die ›Confoederatio cum principibus ecclesiasticis‹ des Jahres 1220, einem Reichsgesetz Friedrichs II., gewachsen und hatte den geistlichen Fürsten die Anerkennung als Landesherren gebracht. Das Amt des Burggrafen war damit bedeutungslos geworden. Als der Bischof die damit verbundenen Lehen einziehen wollte, kam es zu offener Fehde. Schließlich mußten die Henneberger gegen eine Entschädigung auf die würzburgischen Lehen verzichten und das Amt aufgeben. Die Reichslehen behielten sie. Jetzt, spätestens 1232, ersetzte Poppo VII. den königlichen Adler in seinem Siegel durch die Henne auf dem grünen Dreiberg. Durch die Mitgift seiner zweiten Frau, Jutta von Thüringen, Witwe des Markgrafen Dietrich von Meißen, vergrößerte er seinen Besitz im Rodach- und Itzgrund.
Nach Poppos VII. Tod (1245) ging der althennebergische Besitz an seinen Sohn Heinrich III. († 1262) über; dessen Halbbruder Hermann I. († 1290) erhielt einiges um Coburg.

Die ›Neue Herrschaft‹ Henneberg

Hermann I. († 1290) wurde zum Stifter der Henneberg-Coburger Linie. Er wechselte von der staufischen Partei, zu der die Henneberger traditionell gehört hatten, zur päpstlichen über. 1247 verzichtete er auf seine Kandidatur bei der Königswahl und förderte die Wahl des päpstlichen Favoriten Wilhelm von Holland, der ihm dafür seine Schwester Margarete zur Gemahlin gab. Im Thüringer Erbfolgestreit hielt er sich zurück und gewann dafür die Herrschaft Schmalkalden.
Nach dem Tod des letzten Andechs-Meraniers 1248 wurde Hermann I. beauftragt, dessen Testament zu vollziehen. Daraus und aus Vogteirechten

leitete er später Eigentumsrechte ab. Jedenfalls ist er 1265 Besitzer der Veste Coburg. Auch die Stadt Coburg selbst brachte er in seine Hand. Schließlich erstreckte sich seine später so genannte ›Neue Herrschaft‹ unter anderem auf Coburg, Heldburg, Ummerstadt, Rodach, Neustadt bei Coburg, Eisfeld, Hildburghausen, Schmalkalden, Königsberg, Sternberg, Irmelshausen und Aschach. In Aschach starb Hermann I. im Jahre 1290. Im nahen Kloster Frauenroth fand er seine letzte Ruhe. Sein einziger Sohn, Poppo VIII., verschied kinderlos wenige Wochen nach ihm 1291.

Hermann hatte seinen Bruder Berthold († 1312) im Kampf um den Würzburger Bischofsstuhl unterstützt. Das führte zu bewaffneter Auseinandersetzung, in der die Henneberger und die mit ihnen versippten Grafen zu Castell 1266 bei Kitzingen einer Koalition, bestehend aus den Herren von Hohenlohe, der Würzburger Bürgerschaft und der trimberg-sternbergischen Kapitelsmehrheit, unterlagen. Berthold konnte sich gleichwohl von 1267 bis 1274 als Bischof behaupten. Zu einer Vorherrschaft der Henneberger am Main kam es nicht.

Die Teilung von 1245 zwischen den Halbbrüdern Heinrich III. und Hermann I. war eine endgültige Teilung von bisher gemeinsamem Besitz gewesen. Deshalb fiel der gesamte Besitz 1291 an die Schwester von Poppo VIII., Jutta († 1327), die mit Markgraf Otto dem Langen von Brandenburg aus dem Hause Askanien verheiratet war. Ihm folgte 1298 der Sohn Hermann, der sich auch ›Graf von Henneberg‹ und ›Graf von Franken‹ nannte. Das ererbte Land wurde durch Pfleger verwaltet.

Die Linie Henneberg-Schleusingen

Im althennebergischen Gebiet, das Heinrich III. († 1262) besaß, nahm man 1274 eine Hauptteilung vor. Zunächst hatten Heinrichs Söhne, Berthold V. († 1284), Hermann II. († 1292) und Heinrich IV. († 1317), gemeinsam regiert.

Die Brüder wurden zu Stammvätern von drei Linien: Berthold in Schleusingen, Hermann in Aschach und Heinrich in Hartenberg. Der Linie Hartenberg (benannt nach einer Burg bei Römhild) wurden Besitzungen um Römhild, halb Benshausen und halb Themar sowie die Schlösser Schwarza und Hallenberg zugesprochen. An die Aschacher Linie gelangte der im Süden bei Kissingen an der Fränkischen Saale gelegene Besitz (unter anderem Aschach, halb Münnerstadt, Wildberg, Sulzfeld, Saal). Die Schleusinger Linie erhielt den ältesten Allodialbesitz mit der Stammburg Henneburg, aus dem später die Ämter Kaltennordheim, Hutsberg und Maßfeld hervorgingen. Auch Roßdorf, die Zent Wasungen, Schleusingen und Suhl fielen ihr zu, ferner halb Themar und halb Benshausen.

Die landesherrlichen Rechte, so der Wildbann im Thüringer Wald, wurden nur ideell geteilt, die Grundbesitzungen aber real. Die drei Teilgrafschaften stellten keine abgeschlossenen Gebiete dar, sondern waren ineinander verflochten. Offenbar sollte damit die Einheit der alten Grafschaft gezeigt werden. Das gelang allerdings nicht, und die Teilung von 1274 kam einer endgültigen Teilung gleich.

Der zweite Graf von Henneberg-Schleusingen war Berthold VII. der Weise († 1340). Durch geschickte Erwerbspolitik baute er seine Grafschaft weiter aus. In der Vorderrhön setzte er sich gegen Fulda durch (Bettenhausen, Seeba, Kaltennordheim). Um Salzungen erwarb er den Besitz der Herren von Frankenstein, einer hennebergischen Nebenlinie, zurück. Berthold VII. griff in die Reichspolitik ein. Er wirkte als Ratgeber der Könige Albrecht I. und Heinrich VII., vor allem aber von Kaiser Ludwig dem Baiern. Heinrich VII. bestellte ihn 1310 zum Administrator im Königreich Böhmen und zum Mitvormund für seinen Sohn Johann. Kaiser Ludwig ernannte ihn 1323 zum Verweser in der Mark Brandenburg (bis 1333).

Seinem Einsatz für das Reich verdankte Berthold VII. die Erhebung zum ›gefürsteten Grafen‹ (1310). Sie gab ihm persönlich fürstliche Rechte und räumte seinen Untertanen die gleichen Rechte ein, wie sie die anderer Fürsten genossen. Das bedeutete die Lösung der Henneberger Zenten aus der Zuständigkeit des Würzburger Landgerichts. Bekräftigt wurde das von Kaiser Ludwig, der 1315 der Grafschaft Henneberg das ›Privilegium de non evocando‹ erteilte, d. h. das Privileg, wodurch das Recht des Königs, jede noch nicht rechtskräftig erledigte Sache an sich zu ziehen, beseitigt wurde.

Graf Berthold VII. wurde die Ausdehnung nach Süden ermöglicht: Heinrich VII. verpfändete ihm die Stadt Schweinfurt und erlaubte ihm, hier eine Burg zu bauen (1427 von der Bürgerschaft abgebrochen). Burg und Amt Mainberg hatte Berthold VII. bereits 1305 erworben. Wasungen erhielt 1308 das Schweinfurter Stadtrecht verliehen. Auch Coburg, Königshofen, Königsberg und Münnerstadt erhielten Stadtrecht. In Schmalkalden gründete Berthold VII. 1319 ein Kollegiatstift und schuf sich damit eine Hauptkirche für sein Land. Sie war an sein Haus gebunden und konnte ihm Amtsträger stellen.

Das Hauptziel von Bertholds Politik war die Rückgewinnung der ›Neuen Herrschaft‹. Er machte sich die Askanier geneigt, indem er ihnen zur Belehnung mit der Lausitz verhalf. Einen Teil der Neuen Herrschaft kaufte er in den Jahren 1311 bis 1316. Der Rest kam hinzu, als sein Sohn Heinrich VIII. 1317 die Tochter Jutta von Markgraf Hermann von Brandenburg heiratete. Damit war die Neue Herrschaft nach 21 Jahren wieder mit Henneberg vereinigt. Es wurde ein Urbar der Neuen Herrschaft und ein Ver-

zeichnis aller adeligen Lehensträger angelegt, das als Grundlage für eine geordnete Verwaltung diente.[22]
Graf Berthold hatte zwar seinen Besitz fast verdoppeln können, zu einem Territorium von Dauer war die Grafschaft Henneberg-Schleusingen jedoch nicht geworden. Schon kurze Zeit nach seinem Tode (1340) brach sie auseinander, all seinen Vorkehrungen (z. B. Erstgeburtsrecht) zum Trotz. Sein Sohn Heinrich VIII. († 1347) ließ sich nicht in die Thüringer Grafenfehde verwickeln und gewann dadurch Ilmenau jenseits des Thüringer Waldes. Er starb söhnelos. Dessen Bruder Johann I. († 1359) wurde zum Universalerben eingesetzt. Er mußte jedoch die Neue Herrschaft seiner Schwägerin Jutta überlassen, die schon 1346 von Kaiser Ludwig damit belehnt worden war. Johann bekam nur die althennebergischen Lande zwischen Rhön und Thüringer Wald. Manches blieb bei dieser Aufteilung ungelöst und belastete über zwei Jahrhunderte die territoriale Entwicklung Hennebergs. Johann bedurfte offenbar der Hilfe des Hochstifts Würzburg und trug ihm 1348 seine Grafschaft Henneberg-Schleusingen zu Lehen auf.[23] In der Würzburger Urkunde wurde noch einmal das Burggrafenamt, ferner das Anfang des Jahrhunderts eingerichtete Obermarschallamt als würzburgische Lehen aufgeführt. Dieses rein repräsentative oberste Hofamt hatten die Henneberger seit mindestens 1309 inne (1533 niedergelegt). Die Lehensabhängigkcit zu Würzburg wurde aber schon 1349 wieder gelöst.
Gräfin Jutta von Henneberg geb. Markgräfin von Brandenburg regierte von 1347 bis zu ihrem Tode 1353 selbständig die Neue Herrschaft. Danach kam es zu offenem Bruch zwischen Graf Johann, der sich nicht durchsetzen konnte, und Juttas drei Schwiegersöhnen. Diese teilten die Neue Herrschaft unter sich auf: Friedrich der Strenge, Markgraf von Meißen, Landgraf von Thüringen (aus dem Hause Wettin), bekam den Coburger Teil. Graf Eberhard von Württemberg erhielt unter anderem Königshofen, Irmelshausen, Sternberg und Münnerstadt. Er verkaufte alles schon 1354 an das Hochstift Würzburg. An Burggraf Albrecht von Nürnberg fielen Schmalkalden, Heldburg, Hildburghausen, Eisfeld und Ummerstadt. Die Schleusinger Linie kaufte 1360 Schmalkalden zurück. An der Kaufsumme beteiligte sich Hessen zur Hälfte. Das andere erwarben 1374 die Wettiner und schlugen es zu den ›sächsischen Ortslanden in Franken‹. Die Machtstellung der Grafen von Henneberg in Nordfranken war seitdem auf Dauer geschwächt.
Auf Johann I. folgte 1359 sein Sohn Heinrich XI. († 1405). Er mehrte 1393 das Wappen der Schleusinger Linie durch das alte Burggrafen-Wappen. Das sollte wohl auf die reichsunmittelbare Stellung der Henneberger hinweisen: Felder 1 und 4 geteilt; oben in Gold ein wachsender schwarzer

Doppeladler, unten in Rot und Silber ein Schachfeld. Felder 2 und 3: in Gold eine schwarze Henne auf grünem Dreiberg (Farbbild S. 165).
Vom Niedergang konnten sich die Grafen von Henneberg-Schleusingen im 15. Jahrhundert durch Sparmaßnahmen wieder etwas erholen. Die aufeinander regierenden Grafen Wilhelm I. († 1426), Wilhelm II. († 1444) und Wilhelm III. († 1480) waren aber wenig bedeutend und konnten den Besitz nur mit Mühe zusammenhalten. Würzburg verpfändete 1434 an Wilhelm II. Burg, Stadt und Amt Meiningen, kündigte die Pfandschaft 1494 jedoch und löste sie in den Jahren von 1495 bis 1500 wieder ein. Wilhelm III. erwarb das Amt Fischberg von Fulda. Er förderte den Ilmenauer Bergbau und die Salzwerke von Schmalkalden. Er starb auf der Rückreise von Rom in Salurn. In der Stadtpfarrkirche von Bozen erinnert ein Denkstein an ihn (Farbbild S. 447). Sein Bruder Johann († 1513) war Abt von Fulda.
Ins 16. Jahrhundert führt Wilhelm IV. († 1559). 64 Jahre sollte er regieren. Er brachte die Grimmenthaler Wallfahrt in Aufschwung und gründete 1502 das Barfüßerkloster in Schleusingen. In der gegen die Landesherren gerichteten ritterschaftlichen Bewegung war er führend. Im Bauernkrieg sympathisierte er zunächst mit den Bauern, weil er eine Säkularisation Würzburgs erhoffte. Dennoch wurden seine Burgen zerstört: so z. B. Hutsberg, Landeswehr und Henneburg.
Das würzburgische Obermarschallamt kündigte Wilhelm 1533 auf. 1539 erließ er die Hennebergische Landesordnung und schuf damit einheitliches Recht. Das Reichsschultheißenamt (samt seinen Einnahmen) der Reichsstadt Schweinfurt mit den Reichsdörfern Gochsheim und Sennfeld, das die Henneberger seit 1440 innehatten, wurde ihm 1542 genommen. Im selben Jahr tauschte er das ertragreiche Amt Mainberg mit 20 Dörfern und großen Waldungen gegen Stadt und Amt Meiningen ein. Im folgenden Jahr nahm er seinen Sohn Georg Ernst als Mitregenten an. Der Sohn Johann († 1541) war seit 1521 Koadjutor, seit 1529 Abt von Fulda.

Die Linien Henneberg-Hartenberg und Henneberg-Aschach (-Römhild) seit 1274

Die am Großen Gleichberg gelegene Burg war namengebend für die Linie Henneberg-Hartenberg, die jedoch unbedeutend blieb und bald verschuldete. Nach einer unglücklich verlaufenen Fehde mit Würzburg mußte Graf Berthold X. dem Hochstift neben anderem die Burg Schwarza zu Lehen geben. 1365 schloß er mit seinem Vetter, Graf Hermann V. von der Aschacher Linie, einen Erbvertrag. Sechs Jahre später verkaufte er ihm alle Besitzungen, unter anderem Hartenberg, Osterburg, die halbe Stadt Themar, Hallenberg und Schwarza. 1378 starb der letzte Hartenberger Graf.

Jetzt meldete dessen Schwager, Graf Johann von Schwarzburg, Erbansprüche an und erhielt schließlich das Schloß Osterburg und die halbe Stadt Themar. Beides wurde 1384 von den Herren von Bibra erworben. An diese trat Hermann V. 1391 das Schloß Aschach ab und erhielt dafür Schloß und Amt Hallenberg. Die Stammgüter an der mittleren Saale verkaufte er an Würzburg.

Die Grafen von Henneberg-Aschach konzentrierten sich auf ihr neu erworbenes Gebiet um Römhild, verlegten ihre Residenz auf die Burg Hartenberg und nannten sich nun Grafen von Henneberg-Römhild. Friedrich I. († 1422) und vor allem sein Nachfolger Georg I. († 1465) schufen ein größeres, allerdings sehr zersplittertes Territorium im Grabfeld und vor der Rhön, das schließlich von Salzungen bis Münnerstadt reichte (Ämter Lichtenberg und Hildenburg, halbe Zent Kaltensundheim, ehemalige Johanniterkommende Kühndorf und anderes). In der Mitte des 15. Jahrhunderts nahmen die Römhilder Grafen in einen gevierten Schild zum Henneberger Wappen die Säulen der Colonna auf. Sie wollten von einem nach Franken eingewanderten Sproß des römischen Fürstengeschlechtes abstammen!

In Römhild, seit 1491 Residenz, gründete Georg I. ein Kollegiatstift und ließ die Marienkirche bauen. Hier erhielt sein Sohn Otto IV. ein Bronzegrabmal aus der Werkstatt von Peter Vischer in Nürnberg (Farbbild S. 164). Sein Enkel Hermann VIII. († 1535) und dessen Gemahlin Elisabeth von Brandenburg wurden in einem Hochgrab aus der Vischer-Werkstatt beigesetzt. Ein Sohn Georgs I., Philipp († 1487), wurde 1475 zum Bischof von Bamberg gewählt. Ein anderer, Berthold († 1504), stieg zum höchsten Kirchenfürsten des Reiches auf. 1484 wurde er Erzbischof und Kurfürst von Mainz. Er verschaffte seinem Amt als Erzkanzler mehr Einfluß und leitete die Versammlungen auf den Reichstagen. Er trat er für eine Reichsreform ein, die gemeinsam vom König und von den Reichsständen getragen werden sollte. Mit König Maximilian, der mehr absolutistisch regieren wollte, kam es darüber zum Konflikt und zum Bruch.

Die Machtstellung der Römhilder Linie schwand, als die Söhne Georgs I. das Land 1468 teilten: Otto IV. († 1502) erhielt die Münnerstädter Hälfte (mit Lichtenberg und Fischberg), Friedrich II. († 1488) die Römhilder Hälfte (mit Kühndorf, Schwarza, Hallenberg). Die Reichslehen, darunter der Wildbann im Thüringer Wald, blieben ungeteilt. In den folgenden Jahrzehnten gingen viele Erwerbungen Georgs I. verloren. Verschuldung kam hinzu, der Niedergang war nicht mehr aufzuhalten. Daran änderte auch die Erhebung in den Reichsfürstenstand 1486 nichts.

Mit den beiden Brüdern Berthold XIV. und Albrecht, die zum Protestantismus übergetreten waren, starben die Grafen von Henneberg-Römhild

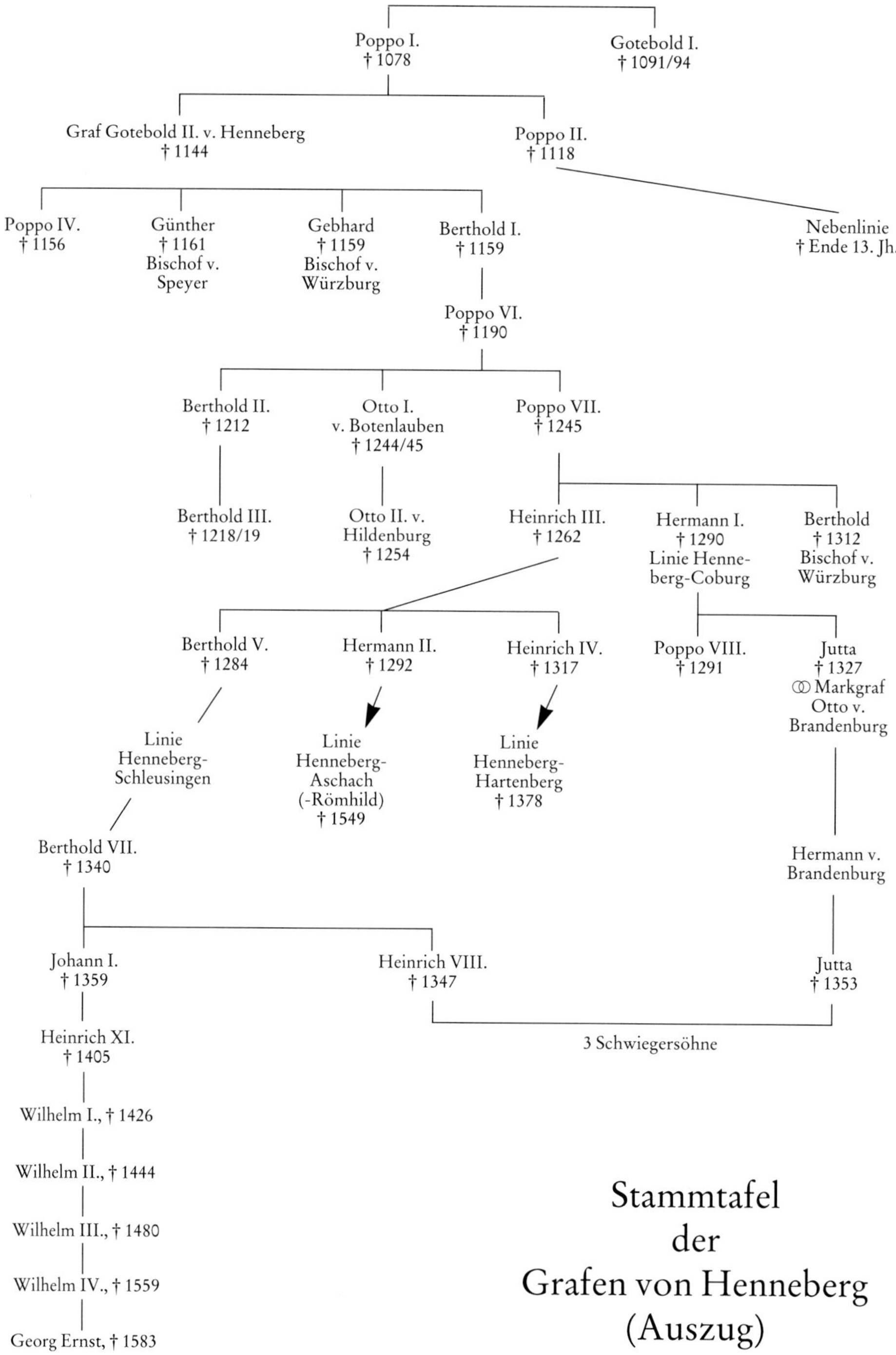

Stammtafel
der
Grafen von Henneberg
(Auszug)

1549 aus. An die Schleusinger Vettern kam der Besitz am Thüringer Wald (Hallenberg und Benshausen), an die Grafen von Mansfeld (bereits 1548) fiel der im Grabfeld gelegene (Römhild und Lichtenberg), die diesen 1555 den ernestinischen Wettinern abtraten. Von Graf Albrecht gelangte Schloß Schwarza an seine Schwäger, die Grafen von Stolberg, die sich darüber mit den Ernestinern bis 1676 auseinandersetzen mußten..

In der allein verbliebenen Grafschaft Henneberg-Schleusingen hatte 1543 Graf Georg Ernst einen Teil der Regierungsgeschäfte von seinem Vater übernommen. Seit 1544 bekannte er sich zur neuen Lehre und führte die Reformation in der Grafschaft ein. Wegen großer Schuldenlast suchten Vater und Sohn Hilfe bei den Herzögen von Sachsen Ernestinischer Linie. Diese übernahmen die Schulden und sicherten sich dafür im Vertrag von Kahla von 1554 die Anwartschaft auf die Grafschaft beim Aussterben der Henneberger. Im Jahr 1583 trat dieser Fall ein: Graf Georg Ernst starb im Hause seines Burgmannes Trott im Dorf Henneberg unterhalb der zerstörten Stammburg.

Inzwischen hatten sich die Albertinischen Wettiner in den Erbvertrag eingeschlichen. Herzog Johann Friedrich der Mittlere, ein Ernestiner, war in die Grumbachschen Händel verwickelt, abgesetzt, geächtet und gefangen worden. Der Vormund seiner Söhne, Kurfürst August von Sachsen, ein Albertiner, hatte sich daraufhin vom Kaiser fünf Zwölftel der Grafschaft zusprechen lassen. Die Herrschaft Schmalkalden und Herrenbreitungen fielen an Hessen, einige Orte an Würzburg und Fulda. Für alles andere wurde eine gemeinschaftliche Regierung mit Statthalter und Kanzler in Meiningen eingesetzt. Erst 1660 erfolgte die endgültige Aufteilung der alten Grafschaft Henneberg an die herzoglich-sächsischen und kursächsischen Linien der Wettiner.

4. *Die Grafen von Rieneck*

Der Stammvater der späteren Grafen von Rieneck, Gerhard, erscheint um das Jahr 1100 am Untermain. Seine Herkunft von den Ludowingern ist ziemlich gesichert. Er war Burggraf der Stadt Mainz und Vogt des Erzstiftes Mainz. Sein Geschlecht starb mit ihm um 1106 im Mannesstamme aus.

Er wurde beerbt von seinem Schwiegersohn, Graf Arnold I. von Loon, aus der in Brabant gelegenen Grafschaft Looz (so der heutige Name; nahe bei Maastricht), der auch in den Mainzer Ämtern nachfolgte. Das erheiratete Herrschaftsgebiet in Franken bestand aus Eigengütern und Lehen von Fulda, Würzburg und Mainz.

Arnold II. von Loon, der Sohn Arnolds I., heiratete wohl eine Tochter des

Grafen Otto von Rheineck. Dessen Familie strebte die Belehnung mit der Pfalzgrafschaft bei Rhein an, erreichte sie aber nur zeitweise. Sie kam an den Schwager von König Konrad III., Hermann von Stahleck. Nach dessen Tod (1156) führte Ludwig I. von Loon († 1171, ein Sohn Arnolds II.) zusätzlich den Namen ›von Rheineck‹ – wohl um den Anspruch auf das Pfalzgrafenamt zu betonen. Als ›Rieneck‹ wurde der Name auf die Herrschaft am Main (zwischen Neustadt und Gemünden mit Zentrum Lohr) und auf das Geschlecht übertragen; ›von Loon‹ verwandte man nur noch gelegentlich. Ludwigs Gemahlin, Agnes von Metz, förderte Heinrich von Veldeke, dem in der Großen Heidelberger Liederhandschrift ein Wappen mit den Farben von Loon-Rieneck (in Gold 5 rote Balken) beigegeben wurde (Farbbild S. 165).
Der Sohn, Gerhard II. von Loon und Rieneck († ca. 1197), übte vielleicht das Burggrafenamt in Mainz aus, das allmählich an Bedeutung verlor. Er verwaltete die fränkischen Besitzungen. Hier wurde die Burg Rieneck (Farbbild S. 590) an der Sinn Mittelpunkt der Verteidigung (1179 erstmals urkundlich erwähnt). Sie lag dort, wo die Grafschaft auf fuldischen und würzburgischen Besitz stieß. Daneben errichtete Graf Gerhard das Zisterzienserinnenkloster Schönau, in dem dann viele Grafentöchter Nonnen wurden und bis zur Äbtissin aufstiegen. In Schönau befand sich eine der Grablegen der Rienecker, wie auch in Lohr und später in Grünsfeld. Graf Gerhard II. ist 1187 als Stiftsvogt des Stifts St. Peter und Alexander in Aschaffenburg bezeugt. Er nahm das Kreuz, beteiligte sich aber nicht am 3. Kreuzzug. Seine Schwester Agnes war mit Otto von Wittelsbach, dem Herzog von Baiern, verheiratet.
Die Söhne Gerhards II. trennten die beiden Grafschaftsteile: Ludwig II. († 1218) bekam Loon. Ihm fiel auch der Streubesitz an der Nahe und südlich von Mainz zu, der dann veräußert wurde. Die Nachfolge in der Grafschaft Rieneck ging 1196/97 an den jüngeren Bruder Gerhard III. († 1216) über. Seine Heirat mit Kunigunde, der Erbtochter der Herren von Zimmern und Lauda, brachte ihm das Taubergebiet zwischen Lauda, Grünsfeld und Zimmern ein, das großenteils aus Eigengütern bestand.
Von ihren Söhnen übernahm Arnold IV. († 1276/78) die Grafschaft Loon, die seitdem ihren eigenen Weg ging. Nach dieser Trennung konnte sich Ludwig II., Graf von Rieneck († 1234), dem Auf- und Ausbau der Herrschaft im Spessart widmen. Er war verheiratet mit Adelheid von Henneberg. Beide stifteten 1232 das Zisterzienserinnenkloster Himmelthal im Spessart. Ihre Söhne Ludwig III. und Gerhard IV. begründeten zwei Linien – sehr zum Schaden für das Gesamthaus Rieneck.
Der ältere Sohn, Graf Ludwig III. († 1289), heiratete die Erbtochter Udelhilt von Grumbach und Rothenfels. Mit dem Grumbacher Erbe wurde das

Herrschaftsgebiet der Rienecker zwischen Lohr und Grünsfeld geschlossen. Streubesitz nördlich und nordwestlich von Würzburg gehörte dazu, ebenso Besitz im Raum Ebern-Coburg. Von den Grumbacher Klostervogteien konnten die Rienecker nur die Vogtei über Neustadt am Main behaupten.
Der jüngere Sohn, Gerhard IV. († 1295), soll nach dem Tode Rudolfs von Habsburg (1291) als Kandidat für die Königswahl ausersehen gewesen sein.
Der Gegensatz zu Würzburg und vor allem zu Mainz wurde durch den Machtzuwachs der Rienecker verschärft. Sie wollten ihr Territorium jetzt auf den Spessart erweitern und das Erzstift hinausdrängen. Das mißlang in heftigen Kämpfen in den Jahren 1260 bis 1271. Mainz wurde dabei von den Herren von Hanau unterstützt. Die Grafen von Rieneck mußten sich schließlich verpflichten, keine Burgen zu bauen, die mainzischen Rechte zu achten und neue Rodungen im Spessart aufzugeben. Jetzt konzentrierte man sich auf den Ausbau der alten Besitzungen im östlichen Spessart.
Beim Tode Ludwigs III. 1289 war dessen Sohn und Erbe Ludwig V. d. J. († 1333) noch minderjährig. Vormund wurde sein Schwager, Ulrich I. von Hanau. Er ließ sich für den Fall des kinderlosen Todes von Ludwig dessen mainzische Lehen zusichern. Der eigensinnige Ludwig strebte eine eigenständige Grafschaft an. Darüber kam es zu Zerwürfnissen mit den Vettern in Lohr, Ludwig IV. d. Ä. († 1330) und Heinrich III. († 1342). 1314 teilten beide Linien Burg und Stadt Rieneck und anderes. Eine gemeinsame Politik und eine Erbfolgeregelung waren nicht möglich.
Graf Ludwig V. d. J. nannte sich nach seinem mütterlichen Erbgut ›von Rieneck-Rothenfels‹ bzw. nur ›von Rothenfels‹. Er war zweimal verheiratet: mit Anna von Sponheim und mit Adelheid von Hohenlohe. Aus der zweiten Ehe stammte sein einziges Kind: Udelhilt († um 1350), die er zur Erbin einsetzte.
Als der Erbfall eintrat, erkannten die Lehnsherren in Mainz, Würzburg und Hanau sowie die Vettern in Lohr die weibliche Erbfolge nicht an. Es kam zu jahrelangem Streit, in dem schließlich fast der gesamte Besitz der Rothenfelser Linie verlorenging: an Mainz, Würzburg und Hanau (das sich auf die Einheirat von 1272 stützte). Es handelte sich um Lauda, Rothenfels, Partenstein, Gemünden und Teile der Burg Rieneck.
In die Auseinandersetzung schaltete sich Kaiser Ludwig der Baier ein. Ihm lag an einer sicheren Verbindung von Nürnberg nach Frankfurt und deshalb an guten Beziehungen zu den Grafen von Rieneck und von Wertheim. 1333 erteilte er Lohr das Stadtrecht von Gelnhausen. Die politische Bedeutung der Rienecker war nach der Teilung zwischen Ludwig IV. und Ludwig V. schon derartig gesunken, daß der Kaiser keine Möglichkeit sah, die

Stammtafel der Grafen von Rieneck (Auszug)

Gerhard
† um 1106

Tochter

Arnold Graf v. Loon
† 1129(?)

Arnold II. Graf v. Loon
† 1139(?), ⚭ v. Rheineck

Ludwig I. Graf v. Loon u. Rieneck
† 1171, ⚭ Agnes v. Metz

Gerhard II. Graf v. Loon u. Rieneck
† 1197(?), ⚭ Adelheid v. Geldern

Ludwig II. Graf v. Loon
† 1218, ⚭ Ada v. Holland
–

Gerhard III. Graf v. Rieneck
† 1216, ⚭ Kunigunde v. Lauda u. Zimmern

Ludwig II. Graf v. Rieneck, † 1234
⚭ Adelheid v. Henneberg

Arnold IV.
Graf v. Loon, † 1276/78

Ludwig III., † 1289
⚭ Udelhilt v. Grumbach-Rothenfels

Gerhard IV., † 1295
⚭ Adelheid v. Hohenlohe-Brauneck

Elisabeth
⚭ Ulrich I.
v. Hanau

Thomas I.
† 1291/93
⚭ Bertha
v. Katzen-
elnbogen

Ludwig V. d. J.
gen. v. Rothenfels
† 1333, ⚭ I. Anna
v. Sponheim,
⚭ II. Adelheid v.
Hohenlohe-
Weikersheim

aus II.
Udelhilt
⚭ Heinrich III. v.
Montfort-Tettnang

Ludwig IV. d. Ä.
gen. v. Grünsfeld
† 1330, ⚭ Elisabeth v.
Hohenlohe-Uffenheim-
Entsee

Heinrich III.
† 1342, ⚭ Adelheid v.
Ziegenhain

Gerhard V.
† 1381
⚭ Imagine v.
Bickenbach

Gottfried
† 1389
⚭ Anna v.
Falkenstein

Gerhard VI.
† 1338/43

Johann
† 1363
⚭ Heilwig
Isenburg

Ludwig VI., † 1408
⚭ I. Kunigunde v. Sponheim
⚭ II. Agnes v. Schwarzburg

Thomas, † 1431
⚭ I. Elisabeth v. Henneberg
⚭ II. Elisabeth v. Castell
⚭ III. Katherina v. Hanau

aus III.

Philipp I. d. Ä., † 1488
⚭ Amalie v. Pfalz-Mosbach

Philipp II. d. J., † 1497
⚭ I. Margarete v. Eppstein-Königstein
⚭ II. Anna v. Wertheim

Dorothea, † 1503
⚭ I. Friedrich V. v. Leuchtenberg
⚭ II. Asmus v. Wertheim

Reinhard, † 1518
⚭ Agnes v. Gleichen

Philipp III., † 1559
⚭ Margarete Schenk v. Erbach
–

alte Grafschaft als eine Stütze seiner Macht wiederherzustellen. 1342 erwarb Ludwig der Baier zwei Drittel von Rothenfels und Gemünden für seine Söhne Ludwig und Stephan (das dritte Drittel bekam Würzburg). Auch Lauda erwarb er und verlieh ihm Stadtrecht (Lauda wurde 1387 an Würzburg verkauft).
Das Gebiet der Grafschaft war auf den Stand von 1240 zurückgesunken. Dieser Abstieg konnte nie wieder gutgemacht werden.
Gerhard V. († 1381, Sohn von Ludwig IV. d. Ä.) und sein Vetter Johann († 1363/65, Sohn von Heinrich III.) regierten die verbliebene Grafschaft gemeinsam. Verlorenes konnten sie nicht zurückgewinnen. Lohr und Grünsfeld waren die Zentren. In Lohr stiftete Gerhard V. zusammen mit seiner Frau Imagina von Bickenbach 1363 das Spital. Da sie nur Töchter hatten (vier wurden Nonnen), trat Gerhards Bruder Gottfried († 1389), Domherr zu Würzburg und Propst von Neumünster, in den weltlichen Stand zurück. Die Brüder sicherten alte Rechte der Grafschaft und wehrten Begehrlichkeiten von Mainz, Würzburg und Hanau ab. Sie bauten die Hauptstädte aus (Gerhard Grünsfeld, Gottfried Lohr) und führten eine straffe Organisation durch (vier Ämter: Lohr, Rieneck, Wildenstein und Grünsfeld). Randbesitz wurde abgestoßen, die hier ansässigen Eigenleute an Würzburg verkauft. Zu den Ministerialen der Grafen von Rieneck gehörten neben anderen die Adelsfamilien Diemar von Rieneck, Echter, Fechenbach,Geyer, Hartheim, Horant, Hund, Riedern, Rüdt und Zobel. Hofämter hatten die Truchseß von Rieneck und die Voit von Rieneck inne. Gottfried heiratete, blieb aber kinderlos. Er schloß deshalb einen Erbvertrag mit seinem Neffen Ludwig VI. († 1408, Sohn von Johann), der zum Stammvater der letzten Rienecker Generationen wurde.
Die Grafschaft Rieneck war wieder in sich gefestigt und besaß in ihrem Kerngebiet den Großteil aller Güter und Rechte. Ein zusammenhängendes Territorium konnte allerdings auch jetzt nicht geschaffen werden. Ludwig VI. konzentrierte sich auf den Ausbau der Residenzstadt Lohr. Von Würzburg konnte er noch einmal Burg, Stadt und Amt Gemünden erwerben (bis 1469).
Sein Enkel Philipp d. Ä. († 1488) gewann Lauda zurück. Er einigte sich nach Streitigkeiten 1462/63 mit seinem Bruder Philipp d. J. († 1497), der bis 1453 Domherr in Köln und Würzburg gewesen war, auf die Bildung von zwei eigenständigen Herrschaften. Der Ältere erhielt den Grünsfelder Teil mit Wildenstein (hauptsächlich Allode), der Jüngere den Lohrer Teil (mainzische Lehen). Im folgenden Jahr wurde Philipp d. J. Vizedom über das mainzische Oberstift mit Sitz in Aschaffenburg.
Aus Philipps d. Ä. Ehe mit Amalie von Pfalz-Mosbach stammte nur die Tochter Dorothea († 1503), seit 1489 vermählt mit Landgraf Friedrich V.

von Leuchtenberg. Entgegen den Hausgesetzen der Rienecker und den Erbverträgen mit den Grafen von Wertheim vermachte ihr der Vater seinen Besitz um Grünsfeld und Lauda. Durch ihre zweite Heirat kam Grünsfeld an Graf Asmus von Wertheim. Lauda verkaufte sie dem Pfalzgrafen bei Rhein. Dorotheas Grabstein von Riemenschneider steht in der Kirche von Grünsfeld.

Von den Kindern Philipps d. J. wurden zwei, Thomas (1472–1547) und Johann (1473–1532), Domherren in Köln, Straßburg, Mainz und Würzburg. Thomas soll nach der Zimmerischen Chronik viele Bastardkinder gehabt haben. Ihr Halbbruder Reinhard († 1518) übernahm die Regierung der Grafschaft. Er prozessierte gegen Würzburg und Hanau um verlorengegangenen Besitz – ohne Erfolg. Zeitweise war er Vizedom in Aschaffenburg.

Sein einziges Kind aus der Ehe mit Agnes von Gleichen war Philipp III. (1504–1559). Auch er verstrickte sich in Prozesse. Er neigte früh schon zur Lehre Luthers, gehörte dem Schmalkaldischen Bund an, führte 1543 in der Grafschaft die Reformation ein und nahm aktiv am Feldzug der Schmalkaldener teil. Seine Ehe mit Margarete von Erbach († 1574) blieb kinderlos. So starben mit ihm 1559 die Grafen von Rieneck aus. Sie hatten sich durch Jahrhunderte ein eigenes Territorium zwischen Sinn, Kahl und Main aufgebaut, das sich aus den verschiedensten Rechten und Besitzungen zusammensetzte. Neben Mainz und Würzburg zur drittgrößten Macht am Untermain aufzusteigen, war ihnen nicht gelungen.

Auf Grund des Heimfallrechts wurde fast die gesamte Grafschaft vom Erzstift Mainz eingezogen. Einiges erbten die Grafen von Hanau, Isenburg und Erbach. Mainz verkaufte einen Teil 1673 an Graf Johann Hartung von Nostitz, Oberstkanzler des Königreichs Böhmen.

5. *Die Grafen von Wertheim*

Es wird wohl nicht möglich sein, die Herkunft der Grafen von Wertheim eindeutig festzulegen. Im Jahre 1132 wird ein Wolfram von Wertheim in einer Urkunde als Zeuge genannt, erst 1149 als ›Graf‹. Wo er seinen Sitz hatte, ist nicht bekannt. Jedenfalls mußte er sich im Herrschaftsbereich des Bischofs von Würzburg und des Erzbischofs von Mainz im Main-Tauber-Raum zwischen Mainviereck und Maindreieck behaupten. Graf Wolfram hielt zu König Konrad III. aus dem Geschlecht der Staufer und ist seit 1138 oft in dessen Nähe zu finden.

Die Grafen von Wertheim erbauten über der Taubermündung auf der linken Seite des Mains um 1130 eine Höhenburg. Sie lag gegenüber von dem ursprünglich ›Wertheim‹ genannten Dorf am rechten Mainufer, das auf eine fränkische Siedlung zurückgeht. In der Nähe – bei Urphar (Überfahrt) – überquerte eine wichtige Heerstraße den Fluß. Dieser Ort ›Werdheim‹ erhielt 1009 das Marktrecht und wurde zur Unterscheidung von der Stadt Wertheim, der jüngeren Siedlung unterhalb der Burg, seit 1311 Kreuzwertheim genannt. Die Grafenfamilie förderte das Zisterzienserkloster Bronnbach.

Graf Poppo I. († 1212), wohl ein Sohn von Wolfram, nahm Lehen von Würzburg, während der Hauptteil der frühen Herrschaft Wertheim aus fuldischen Lehen bestand. Ihm gehörten der Zoll und das Geleitrecht zwischen Marktheidenfeld und Freudenberg – Bürgstadt auf dem Main und auf dem Lande (später bis fast vor die Tore Würzburgs), zu beiden Seiten des Flusses. Das bedeutete eine gute Einnahmequelle und war wichtig für den Ausbau einer Landesherrschaft. Auch Poppo hielt sich oft am Königshof auf. Wahrscheinlich zog er mit dem Kaiser auf den 3. Kreuzzug.

Sein gleichnamiger Sohn, Poppo II. († 1238), trittt als Zeuge in etwa 40 Kaiserurkunden auf. Er nahm 1191 am Italienzug teil. Er ist es wohl, der von Wolfram von Eschenbach als *min herre der grave von Wertheim* im Parzival genannt wird. In der Regierungszeit Poppos II. entwickelte sich Wertheim zum Hauptort der Grafschaft. Mit dem Mauerbau wurde um 1200 begonnen. Die Ursiedlung rechts des Mains trat dagegen zurück.

Graf Poppo III. († 1260) und seine Söhne Poppo IV. und Rudolf II. zogen sich vom Königsdienst zurück und widmeten sich in verstärktem Umfang dem Ausbau ihrer eigenen Herrschaft, besonders gegen Osten im ehemals fuldischen Raum. Von den Schenken von Schüpf-Klingenberg kauften sie 1272/75 (zusammen mit Reinhard von Hanau) die Herrschaft Prozelten (Stadtprozelten).

Nach dem Tode Poppos IV. 1283 erbten dessen drei Töchter die eine Hälfte der Grafschaft Wertheim. Verheiratet waren sie mit Angehörigen der mächtigsten Adelsgeschlechter Frankens (Eppstein, dann Henneberg, Hohenlohe, Schlüsselberg). Elisabeth von Hohenlohe stiftete 1328 auf ihrem väterlichen Erbe das Kartäuserkloster Grünau. Die Vogtei übernahmen die Grafen von Wertheim.

Die andere Hälfte der Grafschaft behielt Poppos Bruder Rudolf II. († 1306). Ihm verpfändete König Albrecht die Wertheimer Juden, die damit dem Schutz des Grafen unterstellt wurden.

Sein Sohn Rudolf III. († 1355, auch seine zwei Brüder trugen diesen Namen) stand unter Vormundschaft von Graf Konrad von Hohenlohe. Dieser erlangte 1306 vom König das Frankfurter Stadtrecht für Wertheim. Für die Stadt begann eine wirtschaftliche Blütezeit durch Tuchfabrikation und Tuchhandel im Anschluß an das mittelrheinische Tuchgebiet.

Schwerpunkt der Grafschaft waren die Burgen Wertheim und Prozelten sowie als würzburgisches Lehen die Burg Freudenberg; der Ort erhielt 1333 Gelnhäuser Stadtrecht, 1362 Zollrecht. Hinzu kamen fuldische Lehen mit der seit altersher bestehenden Vogtei über das Benediktinerkloster Holzkirchen. Prozelten wurde 1317/21 an den Deutschen Orden verkauft, der hier eine Kommende einrichtete, die sich als Riegel zwischen die Territorien von Wertheim, Würzburg und Mainz schob (1483 an Mainz verkauft). Seine Burg Königheim bei Tauberbischofsheim in der Nähe der Fernstraße Frankfurt–Nürnberg trug er 1329 dem König Johann von Böhmen zu Lehen auf. 1331 wurde das fuldische Lehen Marktheidenfeld erworben.
Die Schwester der drei Brüder Rudolf, Kunigunde, war mit Konrad von Boxberg verheiratet. Als dieser 1317 als Letzter seines Geschlechts starb, erbte Rudolf III. die Burg Schweinberg mit Zubehör (1319 erhielt Schweinberg Gelnhäuser Stadtrecht). Rudolf III. war mit einer Erbtochter der Herren von Breuberg vermählt. Sie brachte 1323 ein Viertel der Herrschaft Breuberg an die Wertheimer.
Auf Rudolf III. folgte 1355 dessen Sohn Eberhard († 1373). Aus seiner Zeit gibt es ein Verzeichnis der Leibeigenen. Es zeigt den Umfang der Grafschaft in der Mitte des 14. Jahrhunderts: 84 Orte werden genannt, gestreut zwischen Freudenberg und Veitshöchheim, Laudenbach am Main und Impfingen an der Tauber.
Nach dem Tode Kaiser Ludwigs des Baiern 1347 schlossen sich die Wertheimer sogleich den Luxemburgern an. Kaiser Karl IV. war ihnen gewogen. Ihr Gebiet fügte sich ein in die von ihm angestrebte Landbrücke zwischen Frankfurt und Böhmen. Im Reichsgrundgesetz, der ›Goldenen Bulle‹, von 1356 verlieh er ihnen das Geleit für zwei Kurfürsten zum Wahlort Frankfurt: den König von Böhmen und den Herzog von Sachsen. Graf Eberhard trug dem Kaiser 1362 Burg und Stadt Wertheim sowie Kreuzwertheim (die Eigengut waren) zu Lehen auf. Kaiser Karl IV. bestätigte ihm daraufhin die Zollprivilegien auf dem Main. Sie betrafen vor allem fränkischen Wein und oberpfälzisches Eisen sowie den Transport von Ochsen aus Ungarn in das Rheinland. Weiterhin erhielt Graf Eberhard das Münzrecht für Wertheim (1363/68) und für Kreuzwertheim wie in Frankfurt und Nürnberg. Wohl ebenfalls von Karl IV. wurde den Wertheimern die Vogtei über das Kloster Bronnbach übertragen. Das alles bedeutete einen Rückhalt gegenüber Würzburg, mit dem es immer wieder zu Auseinandersetzungen kam.
An Eberhards Sohn Johann I. († 1407) verlieh der Kaiser weitere Privilegien. Der Graf ließ die Stadt Wertheim erweitern und die romanische Pfarrkirche seit 1384 umbauen. Hier wurde er im Chor beigesetzt.

In einem Hausstatut hatte Johann I. 1398 bestimmt (wohl unter dem Einfluß seiner zweiten Gemahlin), daß es künftig zwei Regierende in der Grafschaft geben solle. Damit beabsichtigte er, die Söhne aus seinen zwei Ehen (mit Margarete von Rieneck und Uta von Teck) gleichzustellen. Die anderen Kinder sollten als Domherren und Deutschordensritter versorgt werden. Von den Töchtern durfte nur eine heiraten. Die anderen sollten in Klöster eintreten.

Viele Wertheimer Grafen waren Domherren: in Würzburg, Bamberg, Eichstätt, Mainz, Straßburg, Köln und Trier. Zum Bischof wurde nur einer gewählt, und zwar in Bamberg: Albrecht, ein Bruder von Johann I. Er regierte von 1398 bis 1421 und bemühte sich um die Reform der kirchlichen Verhältnisse. Den Würzburger Bischofsstuhl erlangten die Wertheimer nicht; bei den Wahlen von 1400 und 1411 wurden andere Bewerber bevorzugt. Zweimal konnten sie 1433 bis 1436 den Stiftspfleger stellen.

Im Hausstatut von 1398 war zwar eine Teilung der Grafschaft verfügt, weitere Teilungen aber unterbunden worden. Graf Johann II. (aus der ersten Ehe) erhielt die Grafschaft Wertheim (mit den Ämtern Freudenberg, Laudenbach sowie Remlingen, die von Würzburg zu Lehen gingen), Graf Michael I. (aus der zweiten Ehe) die Herrschaft Breuberg mit dem würzburgischen Amt Schweinberg. Anderes und das Erbkämmereramt beim Bischof von Würzburg blieben ungeteilt. Alle Passiv-Lehen sollten jeweils vom ältesten Grafen empfangen werden.

Kaiserliche Privilegien bestätigten und vermehrten die bereits erteilten Rechte. Sie betrafen Halsgericht, Geleit, Zentgericht, Zölle, Wildbann, Klosterschutz, Vogelweide, Münze, Bergwerke und Judenschutz. Die Grafen und ihre Untertanen wurden 1422 von fremdem Gericht befreit, ausgenommen dem des Königs. Das richtete sich gegen den Bischof von Würzburg, der mit seinem kaiserlichen Landgericht die Gerichtshoheit auch über Wertheim beanspruchte. Schließlich erhielten die Grafen noch das ausschließliche Befestigungsrecht und damit die Militärhoheit. Jetzt übten sie die volle Landeshoheit aus. Als Wappen führte man einen gevierten Schild. Feld 1 und 4 geteilt. Oben in Gold ein wachsender schwarzer Adler; unten in Blau (urspr. Rot) 3 (2:1) silberne Rosen. Feld 2 und 3: in Silber 2rote Balken (Farbbild S. 165).

Aus den Jahren 1444 und 1454 sind Register und Bücher über die von den Grafen ausgegebenen Lehen vorhanden. Sie geben ein Bild von dem dicht gedrängten Lehenrecht der Grafen im Taubergau, Waldsassengau und Maingau. Sie zeigen auch die weite Streuung von der Wetterau bis an den Neckar und von Würzburg über den Steigerwald bis in den Nürnberger Raum. Unter den Lehnsträgern befinden sich die fränkischen Adelsfamilien Rosenberg, Seckendorff, Grumbach, Riedern, Hartheim, Schenk von

Stammtafel der Grafen von Wertheim (Auszug)

- Wolfram Graf v. Wertheim, † 1157
  - ⋮ Poppo I., 1212 ⚭ I. v. Riedenburg ⚭ II. Kunigunde
    - Poppo II., † 1238 ⚭ Kunigunde
      - Poppo III., † 1260 ⚭ Kunigunde v. Rieneck
        - Poppo IV., † 1278 ⚭ Mechtild v. Eppstein
          - Kunigunde ⚭ I. Graf Wolfram v. Eppstein ⚭ II. Graf Heinrich v. Henneberg
          - Elisabeth ⚭ Graf Gottfried v. Hohenlohe
          - Mechtild ⚭ Gottfried v. Schlüsselberg
        - Rudolf II., † 1306 ⚭ I. Mechtild v. Dürn ⚭ II. Kunigunde v. Baden
          - Kunigunde ⚭ I. Konrad v. Boxberg ⚭ II. Gerlach v. Isenburg
          - Rudolf Domherr
          - Rudolf III. † 1355 ⚭ Elisabeth v. Breuberg
            - Eberhard, † 1373 ⚭ Katharina v. Nürnberg
              - Johann I., † 1407 ⚭ I. Margarete v. Rieneck ⚭ II. Uta v. Teck
                - aus I. Johann II., † 1444 zu Wertheim ⚭ Mechtild v. Schwarzburg
                  - Georg I., † 1454 ⚭ Anna v. Oettingen
                  - Johann, † 1433 Koadjutor v. Würzburg
                  - Albrecht, † 1466 Koadjutor v. Würzburg
                - aus II. Michael I., † 1440 zu Breuberg ⚭ Sophie v. Henneberg
                  - Wilhelm I., † 1482 ⚭ Agnes v. Isenburg
                    - Michael II., † 1531 zu Breuberg u. Wertheim ⚭ Barbara v. Eberstein
                      - Georg II., † 1530 ⚭ I. Margarete v. Montfort ⚭ II. Barbara Schenk v. Limpurg
                        - aus II. Michael III., † 1556 ⚭ Katharina zu Stolberg
                    - Asmus, † 1509 zu Freudenberg ⚭ Dorothea v. Rieneck
              - Albrecht † 1421 Bischof v. Bamberg
          - Rudolf

Erbach, Voit von Rieneck, Rüdt und Zobel sowie Bürger aus Wertheim, Mergentheim und Nürnberg. Aus den Adelsfamilien kamen die gräflichen Amtleute.

In Wertheim folgte auf Johann II., der den Bau der Pfarrkirche zu Ende führte, sein Sohn Georg I., der aber schon nach zehn Jahren 1454 starb. Sohn und Erbe war Johann III. († 1497). Er nahm an der Mainzer Stiftsfehde zwischen Dietrich von Isenburg und Adolf von Nassau auf der Seite des Nassauers teil, eroberte 1462 Külsheim und hatte es sowie Dürn und Walldürn vorübergehend in Besitz. Die Wertheimer Pfarrkirche wurde 1481 vom Papst zur Stiftskirche erhoben. Sie diente den Grafen als Grablege.

Im Jahr 1476 trat Hans Behem, der ›Pauker von Niklashausen‹, auf. Er machte das wertheimische Dorf, zunächst unter Duldung des Grafen, zu einem Ort der Marienverehrung. Massenwallfahrten setzten ein. Als sich Hans Behem in revolutionären Reden gegen die geistliche und weltliche Obrigkeit wandte, wurde ihm vom Bischof von Würzburg der Prozeß gemacht.

Mit Johann III. starb die Wertheimer Linie 1497 aus. Sie wurde beerbt von Michael II. von der Breuberger Linie. Er mußte seinen Bruder Asmus († 1509), der sein Aschaffenburger Kanonikat aufgegeben hatte, laut Hausstatut zum Mitregierenden annehmen. Asmus residierte auf der Burg Freudenberg, die er ausbaute. Durch seine Heirat mit Dorothea von Wertheim kam er in den Besitz von Grünsfeld.

Graf Michael II. († 1531) regierte fast 50 Jahre. Mit Würzburg tauschte er 1505 die in ihren Gebieten wohnenden Leibeigenen aus. Er verbesserte den Zustand der Burgen Breuberg und Wertheim. Die Zimmersche Chronik schildert ihn als *seltsamen, abenteuerlichen Mann*, der so schlicht gekleidet war, daß man ihn eher *für einen Wächter oder Ofenheizer denn für einen Grafen* ansah. Seit 1509 beteiligte er seinen Sohn Georg an den Regierungsgeschäften.

Georg II. († 1530) gehörte auf dem Wormser Reichstag von 1521 zu der Kommission, die Luther zum Widerruf seiner Schriften bringen sollte. So lernte er dessen Lehre kennen und schloß sich bald der Reformation an. Von Luther ließ er evangelische Pfarrer nach Wertheim schicken und eine Evangelienharmonie im Wortlaut der Lutherschen Bibelübersetzung drukken. Im Bauernkrieg von 1525 hielt Georg zu den Bauern. Mit ihnen zog der ›Bauerngraf‹ vor die Festung Marienberg über Würzburg und verhandelte wegen der Übergabe.

Die Reformation der Grafschaft wurde mit Johann Eberlin von Günzburg, der 1525 zum Prediger berufen wurde, in toleranter Weise fortgesetzt und eine Kirchenordnung eingeführt. Als Georg II. 1530 starb, waren 19 evan-

gelische Pfarrer aus der Grafschaft bei der von Eberlin gehaltenen Leichenfeier in der Stiftskirche anwesend.
Für ein Jahr führte der fast achtzigjährige Graf Michael II. die Regierung allein. Als er starb, folgte sein zweijähriger Enkel Michael III. unter Vormundschaft seiner Mutter Barbara geborene Schenk von Limpurg.
Die Liste der Türkensteuer (sie wurde für Rüstungen zur Abwehr der Türken erhoben) von 1542 gibt Auskunft über die Bevölkerung der Grafschaft. Insgesamt kann man für ihre zwei Städte und 54 Dörfer und Weiler eine Bevölkerungszahl von 11560 Personen errechnen. Ein Fünftel davon wohnte in der Stadt Wertheim.
Die Wertheimer Schutzvogtei über die Klöster Bronnbach, Grünau und Holzkirchen wurde 1548 bestätigt. Zwei Jahre danach wurden sie aufgehoben. Das Bronnbacher Kloster wurde in eine Schule umgewandelt.
Im Jahr 1551 übernahm Graf Michael III. die Regierung. Er hatte in Wittenberg und Leipzig studiert. Er sollte der letzte Graf von Wertheim sein: Er starb 26jährig am 14. März 1556 auf dem Breuberg. Aus seiner Ehe mit Katharina geborene Gräfin zu Stolberg hinterließ er eine Tochter, die zehn Tage nach ihm verschied.
Erbe der Grafschaft Wertheim wurde der Schwiegervater von Graf Michael III., Graf Ludwig zu Stolberg. Die böhmischen und die Reichslehen wurden ihm ohne weiteres übertragen. Der Bischof von Würzburg ließ sich die Belehnung reich honorieren. Graf Stolberg wurde von seinen drei Schwiegersöhnen beerbt. Diese regierten zunächst gemeinsam, dann abwechselnd, bis sich Graf Ludwig II. von Löwenstein 1598 der Alleinherrschaft bemächtigte.

Anmerkungen

1 Stein, Geschichte der Grafen und Herren zu Castell von ihrem ersten Auftreten bis zum Beginne der neuen Zeit 1058–1528, 1892; Sperl, Castell. Bilder aus der Vergangenheit eines deutschen Dynastengeschlechts, 1908.
2 R. Kengel, Megingaudhausen-Münsterschwarzach. Eine besitzgeschichtliche Studie, in: MainfrJb 1, 1949, S. 81 ff.
3 W. Engel, Haus und Herrschaft Castell, in: NJBl d. GffG 24, 1952, S. 1 ff., hier S. 2.
4 Otto Meyer, Das Haus Castell. Landes- und Standesherrschaft im Wandel der Jahrhunderte, in: Castell. Landesherrschaft – Burgen – Standesherrschaft, NJBl d. GffG 37, 1979, S. 12.
5 P. Schöffel, Zur Frühgeschichte der Grafen Castell, in: ZBLG 8, 1935, S. 445 ff.
6 Wittmann, Monumenta Castellana (MonCast), 1890, Nr. 10.
7 Wittmann, MonCast Nr. 29 und 63.
8 W. Engel, Das älteste Lehenbuch der Grafschaft Castell (1376), in: Castell. Beiträge zu Kultur und Geschichte von Haus und Herrschaft, 1952, S. 109 ff.
9 G. Egert, 700 Jahre Stadt Volkach 1258–1958, in: Volkach am Main, 1958, S. 15 ff. S. 14 Faksimile der Urkunde von 1258.

[10] E. Krause, Die Castell'sche Münze zu Volkach, in: Volkach am Main, 1958, S. 41 ff.
[11] O. Meyer, wie Anm. 4, S. 18.
[12] BHStAM, Würzburger Urkunden (WU), Nr. 8536.
[13] M. Domarus, Die Kirche in Rüdenhausen, MainfrH 35, 1959, S. 77–82.
[14] Hermann Hoffmann, Das älteste Würzburger Lehenbuch, QFW 25, 1972, Nr. 1508.
[15] Der Beitrag folgt dem grundlegenden Aufsatz von F. Hausmann, Die Edelfreien von Grumbach und Rothenfels, in: FS Karl Pivec zum 60. Geburtstag, besorgt von A. Haidacher und Hans Eberhard Mayer (Innsbrucker Beiträge zur Kulturwissenschaft 13), 1966, S. 167–199. Hier sind alle erreichbaren ungedruckten und gedruckten Quellen ausgewertet und angeführt. Mit der älteren Literatur setzt sich Hausmann kritisch auseinander. Die Urkunde aus dem Jahre 1100 ist allerdings eine Fälschung von 1150 (vgl. P. Johannek, Die Frühzeit der Siegelurkunde im Bistum Würzburg, QFW 20, 1969, S. 97 f.).
[16] H. Patze, Ichtershausen, in: Hb. d. Historischen Stätten Deutschlands, Thüringen (hg. von H. Patze), 1968, S. 208–210.
[17] H. Jänichen, Herrschafts- und Territorialverhältnisse um Tübingen und Rottenburg im 11. und 12. Jahrhundert, 1. Teil: Die freien Herren (Schr. zur südwestdeutschen Landeskunde 2), 1964, S. 40 ff.
[18] F. Güterbock, Markward von Grumbach, Vater und Sohn II und III, in: MIÖG 48, 1934, S. 22 ff., 512.
[19] Vgl. P. Kolb, Rothenfelser Chronik, 1992, S. 17.
[20] So z. B. Friese, Studien zur Herrschaftsgeschichte, S. 135 f., und Patze, Landesherrschaft Thüringen, 1, S. 547; ferner Patze/Aufgebauer, Thüringen (Hb. d. Histor. Stätten Dtschls. 9), S. 193.
[21] Henning, Genealogische und sphragistische Studien, S. 33 ff., insbesondere S. 43 f.; Wagner, Neustadt a. d. Saale (HAB Teil Franken 27), S. 121.
[22] Schultes, Diplomat. Geschichte, 2. Teil, Anhang, S. 30–62. In der Neuen Herrschaft gehörten zum Lehnhof u. a. die Herren von Bibra, von Heßberg, von Rotenhan, von Schaumberg und von Siemau. Den Lehnhof in den althennebergischen Landen bildeten u. a.: Auerochs, von Bibra, von Buttlar gen. von Neuerburg, von Herda, von Heßberg, von der Kere (Untermarschallamt von Würzburg), Marschall bzw. Schenk von Ostheim (hennebergische Hofämter), von Schletten, Schrimpf, von Berg, von Stein zu Nord- und Ostheim, von Stein zu Barchfeld, von der Tann, Truchseß von Unsleben. Zufraß.
[23] Die in hennebergischem Besitz verbliebenen Lehen des Burggrafenamtes (1462 Zentgrafenamt genannt) wurden bis ins 16. Jahrhundert der Familie von Stein zu Nord- und Ostheim verliehen. Urkunden im Archiv der Freiherren von Stein in Völkershausen.

Literatur (Auswahl)

Zu 1. Die Herren und Grafen zu Castell

W. Engel, Haus und Herrschaft Castell. Ihre Stellung in der fränkischen Geschichte, in: Castell. Beiträge zur Kultur und Geschichte von Haus und Herrschaft (NJBl d. GffG 24), 1952, S. 1–18; Ders., Das älteste Lehenbuch der Grafschaft Castell, ebd., S. 109–146; M. H. v. Freeden, Kunstdenkmäler der Herrschaft und des Hauses Castell, ebd., S. 91–108; H. Kunstmann, Die beiden Burgen in Castell, in: Castell. Landesherrschaft – Burgen – Standesherrschaft (NJBl d. GffG 37), 1979, S. 53–119; Otto Meyer, Das Haus Castell, Landes- und Standesherrschaft im Wandel der Jahrhunderte, ebd., S. 9–50; A. Sperl, Castell. Bilder aus der Vergangenheit eines deutschen Dynastengeschlechtes, 1908; F. Stein, Geschichte der Grafen und Herren zu Castell von ihrem ersten Auftreten bis zum Beginn der neuen Zeit 1058–1528, 1892; P. Wittmann, Monumenta Castellana. UB zur Geschichte der Grafen und Herren zu Castell, 1890.

Zu 2. Die Herren von Grumbach und Rothenfels

F. Güterbock, Markward von Grumbach, Vater und Sohn II und III, in: MIÖG 48, 1934, S. 22 ff., 512; F. Hausmann, Die Edelfreien von Grumbach und Rothenfels, in: FS Karl Pivec zum 60. Geburtstag, besorgt von A. Haidacher u. Hans Eberhard Mayer (Innsbrucker Beiträge zur Kulturwissenschaft 13), 1966, S. 167–199.

Zu 3. Die Grafen von Henneberg

E. Henning u. G. Jochums, Bibliographie zur Hennebergischen Geschichte (Mitteldeutsche Forschungen 80), 1976; Nachträge und Ergänzungen in: MainfrJb 31, 1979, S. 163–168.

G. Drummer, Otto von Botenlauben, in: Bayerische Literaturgeschichte in ausgewählten Beispielen. Mittelalter. Hg. von E. Dünninger und D. Kiesselbach, 1965, S. 234-255; W. Engel, 400 Jahre Hennebergische Geschichtsschreibung, in: Sachsen und Anhalt, Jb der Histor. Kommission für die Provinz Sachsen und für Anhalt, 9, 1933, S. 1–32; A. Friese, Studien zur Herrschaftsgeschichte des fränkischen Adels (Geschichte und Gesellschaft 18), 1979; W. Füßlein, Hermann I. Graf von Henneberg (1224–1290) und der Aufschwung der hennebergischen Politik, in: Zs des Vereins für Thüringische Geschichte und Altertumskunde 19, NF 11, 1899, S. 56–109, 151–224, 295–342; Ders., Zwei Jahrzehnte würzburgischer Stifts-, Stadt- und Landesgeschichte 1254–1275 (Neue Beiträge zur Geschichte des deutschen Altertums 32, Verein für Hennebergische Geschichte und Landeskunde in Schmalkalden 20), 1926; Ders., Die Erwerbung der Herrschaft Coburg durch das Haus Henneberg-Schleusingen in den Jahren 1311–1316 (Schr. des hennebergischen Geschichtsvereins 15), 1928, S. 51–132; Ders., Der Übergang der Herrschaft Coburg vom Hause Henneberg-Schleusingen an die Wettiner 1353, in: Zs des Vereins für Thüringische Geschichte und Altertumskunde 36, NF 28, 1929, S. 325–434; Ders., Berthold VII. Graf von Henneberg. Ein Beitrag zur Reichsgeschichte des XIV. Jahrhunderts. Mit einem Urkundenanhang. Um den bisher unveröffentlichten 2. Teil erweiterter Nachdruck der Ausgabe von 1905. Aus dem Nachlaß hg. und eingeleitet von E. Henning (Mitteldeutsche Forschungen. Sonderreihe: Quellen und Darstellungen in Nachdrucken 3), 1983; W. Germann, Wilhelm I., II., III., IV. Grafen von Henneberg, in: ADB 43, 1898, S. 24–27; H. Hahn, Das Reich, die Grafen von Henneberg und Schweinfurt, in: MainfrJb 19, 1967, S. 18–31; F. Hartung, Berthold von Henneberg, Kurfürst von Mainz, in: HZ 103, 1909, S. 527–551; E. Henning, Die Veränderungen des Siegel- und Wappenbildes der Grafen von Henneberg vom 12. bis ins 16. Jahrhundert, in: Jb der Heraldisch-Genealogischen Gesellschaft ›Adler‹, 3. Folge, 7, 1967/70, S. 45–65, Abb. S. 227–229; Ders., Genealogische und sphragistische Studien zur Herrschaftsbildung der Grafen von Henneberg im XI. und XII. Jahrhundert, in: FS zum hundertjährigen Bestehen des Herold, hg. von K. Winkelsesser, 1969, S. 33–57; Ders., Die Entwicklung der Landesherrschaft zwischen dem nördlichen Thüringer Wald und dem südlichen Maingebiet am Beispiel der Grafschaft Henneberg (1078–1583), in: MainfrJb 24, 1972, S. 1–37; Ders., Die Neue Herrschaft Henneberg 1245–1353, in: Jb der Coburger Landesstiftung, 1981, S. 43–70; Ders., Die gefürstete Grafschaft Henneberg-Schleusingen im Zeitalter der Reformation (Mitteldeutsche Forschungen 88), 1981; U. Heß, Die Verwaltung der gefürsteten Grafschaft Henneberg, Diss. Würzburg 1944 (Maschr.); Ders., Henneberg, Grafen von, in: NDB 8, 1969, S. 536–538; C. v. Kraus, Deutsche Liederdichter des 13. Jahrhunderts, I: Text, 1952, Nr. 41, II: Kommentar, 1958, Nr. 41; E.-G. Krenig, Otto von Botenlauben, in: FrLB 1, 1967, S. 33–45; J. Kröll, Otto von Botenlauben, in: Archiv für Geschichte von Oberfranken 40, 1960, S. 83–107; K. Th. Lauter, Die Entstehung der Exklave Ostheim v. d. Rhön, in: Zs des Vereins für Thüringische Geschichte und Altertumskunde 35, 1941, S. 101–132; D. Lösche, 600 Jahre Schmalkalder Eisengewinnung und Eisenverarbeitung vom 14.–20. Jahrhundert, Diss. Halle 1963; E. Neidiger, Die Herzöge von Meranien im Blickfeld der Heimat- und Reichsgeschichte, in: Zur Geschichte des Hauses Andechs-Meranien am

Obermain. FS zur Feier der Namensverleihung ›Meranier Oberschule Lichtenfels‹, 1967, S. 79–92; Ders., Die hennebergische Nachbarschaft der Obermainlande z. Z. der Herzöge von Meranien, in: Geschichte am Obermain. Colloquium historicum Wirsbergense. Jahresgabe 1964/65, S. 56–66; H. Parigger, Das Würzburger Burggrafenamt, in: MainfrJb 31, 1979, S. 9–31; H. Patze, Die Entstehung der Landesherrschaft in Thüringen, Teil 1, 1962; Ders., Politische Geschichte im hohen und späten Mittelalter. Verfassungs- und Rechtsgeschichte im hohen und späten Mittelalter, in: Geschichte Thüringens, hg. von H. Patze und W. Schlesinger, 2. Bd, 1. Teil (Mitteldeutsche Forschungen 48/II, 1) 1974; H. Patze und P. Aufgebauer, Thüringen, 2. Aufl. (Hb. Histor. Stätten Deutschls. 9), 1989; K. Schöppach, L. Bechstein und G. Brückner, Hennebergisches UB, 7 Teile, 1842–1877; E. Schubert, Berthold VII. (der Weise), Graf von Henneberg, † 1340, in: FrLB 5, 1973, S. 1–22; J. A. v. Schultes, Diplomatische Geschichte des gräflichen Hauses Henneberg, 2 Teile, 1788, 1791; Ders., Historisch-statistische Beschreibung der gefürsteten Grafschaft Henneberg. Mit Urkunden. 5 Teile, 1794–1815; F. Tenner, Burg Henneberg (Volkstümliche Schriften des Hennebergisch-fränkischen Geschichtsvereins 1) 1936; H. Wagner, Zur Genealogie der Grafen von Henneberg, in: MainfrJb 32, 1980, S. 70–104; Ders., Neustadt a. d. Saale (HAB Teil Franken 27), 1982, bes. S. 121–128; Ders., Mellrichstadt (HAB Teil Franken 29) 1992; A. Wendehorst, Das Bistum Würzburg, Teil 1–3 (Die Bistümer der Kirchenprovinz Mainz. Germania sacra NF 1, 4, 13) 1962–1978; G. Wölfing, Geschichte des Henneberger Landes zwischen Grabfeld, Rennsteig und Rhön, 1992; E. Zickgraf, Die gefürstete Grafschaft Henneberg-Schleusingen. Geschichte des Territoriums und seiner Organisation (Schr. d. Inst. für geschichtliche Landeskunde von Hessen und Nassau 22), 1944.

Zu 4. Die Grafen von Rieneck

C. Cramer, Landeshoheit und Wildbann im Spessart, in: AJb 1, 1952, S. 51–123; R. Elzenbeck, Rieneck, Aufzeichnungen zur Geschichte der Stadt, ihrer Pfarrei und der Burg, o. J. (1978); W. Möller, Stamm-Tafeln westdeutscher Adels-Geschlechter im Mittelalter, 1922, S. 23–25, Tafel XI; G. Opp, Die Reformation in der Grafschaft Rieneck unter Johann Konrad Ulmer, in: Lohr a. Main 1333–1983. 650 Jahre Stadtrecht. Festschrift zum Stadtrechtsjubiläum 1983, 1983, S. 87–105; K. Richter, Gemünden (HAB Teil Franken 11), 1963; Th. Ruf, Das Inventar über die fahrende Habe des Grafen Philipp III. von Rieneck in den Schlössern Schönrain, Rieneck, Wildenstein und Lohr 1559, MainfrH 77, 1982; Ders., Lohr und die Grafen von Rieneck. Die Hintergründe der Stadtrechtsverleihung vom 29. Juli 1333, in: Lohr a. Main 1333–1983, S. 11–27; Ders., Die Grafen von Rieneck. Genealogie und Territorienbildung, Diss. Würzburg 1983, MainfrSt 32, 1984 (enthält die Nachweise); Ders., Partenstein unter Rieneck, Hanau und Mainz, in: 750 Jahre Partenstein, 1985, S. 7–21; O. Schecher, Die Grafen von Rieneck. Studien zur Geschichte eines mittelalterlichen Hochadelsgeschlechts in Franken, Diss. Würzburg 1963; A. Schübel, Das Evangelium in Mainfranken, 1958, S. 98–105; F. Stein, Die Reichslande Rienek und die übrigen Besitzungen ihres Dynastengeschlechtes. Eine historisch-staatsrechtliche Skizze, in: AUFr 20, 3. H., 1870, S. 1–136; W. Störmer, Staufische Reichslandpolitik und hochadelige Herrschaftsbildung am Mainviereck, in: FS Friedrich Hausmann, 1977, S. 505–528; W. Weigand, Münzen und Medaillen der Grafen von Rieneck, in: Jb für Numismatik und Geldgeschichte 14, 1964, S. 147–186; Ders., Grabdenkmäler und Grabinschriften der Grafen von Rieneck (Schr. des Geschichtsvereins Lohr 6), 1968; E. Weiß, Geschichte der Stadt Grünsfeld, 1981; M. Wieland, Beiträge zur Geschichte der Grafen, Grafschaft, Burg und Stadt Rieneck, in: AUFr 20, 1. und 2. H., 1869, S. 61–368 (mit Urkundenregesten); Zimmerische Chronik, hg. von K. A. Barack, 2. Bd., 1869.

Zu 5. Die Grafen von Wertheim

P. P. Albert, Die Herkunft der Grafen von Wertheim, in: MainfrJb 3, 1951, S. 94–105; J. Aschbach, Geschichte der Grafen von Wertheim von den ältesten Zeiten bis zum Erlöschen im Mannesstamme im Jahre 1556, 2 Teile, 1843, Teil 2: Wertheimer Urkundenbuch; H. Ehmer, Die Stifter der Wertheimer Stiftskirche, in: WtJb 1984/85, S. 13–30; Ders., Die ältesten Siegel der Grafen von Wertheim und die Entstehung des Wertheimer Wappens, in: Aus der Arbeit des Archivars. FS für Eberhard Gönner (hg. von G. Richter), 1986, S. 407–423; Ders., Geschichte der Grafschaft Wertheim, 1989; Ders., N. Hofmann, E. Langguth und R. Trunk, Dokumente zur Wertheimer Geschichte. Katalog zur Ausstellung anläßlich der Eröffnung der Staatsarchivs Wertheim am 10. Februar 1978, 1978; W. Engel (Bearbeiter), Urkundenregesten zur Geschichte der kirchlichen Verwaltung der Grafschaft Wertheim 1278–1499 (Sonderveröffentlichung des Historischen Vereins Wertheim e. V., zugleich WtJb 1958), 1959; A. Friese, Die ältesten Steuerverzeichnisse der Grafschaft Wertheim, in: Jb ›Alt-Wertheim‹ 1954, 1955, S. 44–66; Ders., Entwicklungsgeschichte der Grafschaft Wertheim im hohen und späten Mittelalter, in: WtJb 1960, 1963, S. 19–23; Ders., Der Lehenhof der Grafen von Wertheim im späten Mittelalter, MainfrH 21, 1955; Ders., Studien zur Herrschaftsgeschichte des fränkischen Adels (Geschichte und Gesellschaft 18) 1979; F. H. Haug, Wolfram von Eschenbach, ein Lehnsmann der Grafen von Wertheim, in: Jb ›Alt-Wertheim‹ 1917, S. 41–47; O. Kienitz, Die fürstlich Löwenstein-Wertheimischen Territorien und ihre Entwicklung, in: Jb ›Alt-Wertheim‹ 1919, S. 35–104; E. Langguth, Wertheim in der Reichsgeschichte, in: Jb ›Alt-Wertheim‹ 1947, S. 25–32; Ders. und H. Wehnert, Wertheim – die 800jährige Main-Tauber-Stadt in Wort und Bild, 1984; K. Mader, Entstehung und Entwicklung der Stadt Wertheim, in: MainfrJb 4, 1952, S. 91–126; L. Scherg, Die Zisterzienserabtei Bronnbach im Mittelalter, MainfrSt 14, 1976; P. Schöffel, Der Markt Wertheim von 1009, in: ZGO 93, NF 54, 1941, S. 468–482; A. Schübel, Das Evangelium in Mainfranken, 1958, S. 105–112; W. Störmer, Marktheidenfeld (HAB Teil Franken 10), 1962, bes. S. 62–77; Ders., Karl IV. und die Grafen von Wertheim, in: Blätter für deutsche Landesgeschichte 114, 1978, S. 547–561; Ders. Grundherrschaften des hohen und niederen Adels im Main-Tauber-Raum, in: Die Grundherrschaften im späten Mittelalter (hg. von H. Patze; Vorträge und Forschungen/Konstanzer Arbeitskreis für mittelalterliche Geschichte 27), 1983, S. 25–43; W. Trost, Die gleichnamigen Uferorte beiderseits des Mains, in: MainfrJb 21, 1969, S. 1–161, hier S. 138–144.

ROMAN FISCHER

Das Untermaingebiet und der Spessart

Gegenstand des vorliegenden Beitrags ist das Gebiet des ›Mainzer Oberstifts‹ innerhalb der Grenzen des heutigen Unterfranken, ein Bereich, der sich im großen und ganzen mit dem Mainviereck und Spessart deckt, jedoch ohne dessen östlichen Randstreifen mit der gedachten Linie Wertheim-Partenstein als ungefährer Grenze. Die Landeshoheit über den Hauptteil dieses Gebietes besaß das Erzstift Mainz; daher wurde es auch ›Mainzer Oberstift‹ genannt, im Gegensatz zu dem ›unteren‹ Erzstift Mainz, das am Rhein lag. Jedoch ragte das Mainzer ›Oberstift‹ vor allen Dingen im Süden über die unterfränkischen Grenzen hinaus, während andere Territorien in den Spessart hineinreichten: die Grafen von Hanau im Norden, von Rieneck im Nordosten, von Wertheim im Südosten, das Hochstift Würzburg im Osten sowie einige kleinere ritterschaftliche Gebiete.

1. *Politische Geschichte*

Das Untermaingebiet und der Spessart sind keine Zentrallandschaft, kein Schauplatz der ›großen Politik‹ gewesen. Hier haben sich keine historischen Ereignisse von großer Bedeutung und nationaler Reichweite abgespielt. Maintal und Spessart besitzen zwar als Durchgangsgebiet große Verkehrsbedeutung, von den historischen Zentren aus gesehen handelt es sich dennoch um ein Randgebiet. Dementsprechend findet man hier keine Haupt- und Residenzstadt, sieht man von Aschaffenburg als Nebenresidenz der Mainzer Erzbischöfe ab, das in dieser Eigenschaft aber kaum überregionale Bedeutung entfalten konnte. Hier wurde Politik im wesentlichen also nicht gestaltet, sondern erlitten.

1.1 Innerer Landesausbau; neue Städte, Märkte, Burgen und Klöster

Das 12. und 13. Jahrhundert war allenthalben in Deutschland eine Zeit des Bevölkerungswachstums und des inneren Landesausbaus, der intensiveren Erschließung des Raumes und der Verdichtung der staatlichen Herrschaftsorganisation. Der Spessart wurde entlang der Täler durch Rodung

erschlossen und durch neue Dörfer bevölkert; an allen vier Ecken des Spessarts bzw. Mainvierecks entstanden neue Landesherrschaften durch die Grafen von Hanau, von Rieneck, von Wertheim und die Herren von Klingenberg.
Von der herrschaftlichen Seite wirkten als maßgebliche Kräfte der Besiedlung im Spessart das Stift Aschaffenburg, die Grafen von Rieneck (vor allem im Bessenbachtal und im Gebiet zwischen Kahl und Aschaff, namentlich im späteren Gericht Johannisberg) und die Erzbischöfe von Mainz (insbesondere im Gericht Kleinwallstadt, im Elsava- und Dammbachtal).[1] Bereits um die Mitte des 13. Jahrhunderts hatte dieser Vorgang einen gewissen Abschluß erreicht: so enthält das ›Mainzer Koppelfutterregister‹ aus der zweiten Hälfte des 13. Jahrhunderts[2] bereits fast alle heute vorhandenen Orte. Die Besiedlung bisher unerschlossener Landstriche wurde aber nicht nur durch die Bevölkerungszunahme verursacht, sondern auch durch das politische Interesse der im Entstehen begriffenen Landesherrschaften, die dadurch ihr Territorium vergrößern wollten. So ist die Erschließung des Spessarts begleitet von der planmäßigen Anlage neuer Städte, Märkte, Burgen und Klöster, welche ebenfalls im 13. Jahrhundert ihre Blüte fand. Während im westlichen Unterfranken lediglich zwei Städte bzw. Märkte in die Zeit vor 1200 zurückreichen (Aschaffenburg und Erlenbach, das seit 1183 als Markt nachzuweisen ist), kamen im Laufe des 13. Jahrhunderts Miltenberg (1237 Zollstätte), Amorbach (1253 Stadtrecht), Kleinwallstadt (Markt), Klingenberg (1276), Eschau (1285 Markt) und Wörth (Stadtrecht zwischen 1292 und 1298) hinzu. In den beiden folgenden Jahrhunderten folgten nur noch Obernburg (1317), Stadtprozelten (1355), Mönchberg (1367), Alzenau (1401) und Großostheim (15. Jahrhundert).[3]
Durch die Reichsgesetze von 1220 und 1231, welche den geistlichen und weltlichen Fürsten das Recht zugestanden, in ihrem Herrschaftsbereich nach Belieben neue Burgen anzulegen (Befestigungsrecht), entwickelte sich der Burgenbau zum wichtigsten strategischen Mittel der Territorialpolitik. Der Main wurde besonders in jener Zeit mit einem dichten Saum von Burgen umgeben, die vielfach noch heute als Ruinen vorhanden sind. Auch den Konflikt zwischen den Erzbischöfen von Mainz und den Grafen von Rieneck um die Vorherrschaft im Spessart trug man hauptsächlich durch das Mittel der Burgenpolitik aus.[4]
Neben der Rodung des Spessarts und der Anlage von Burgen, Städten, Märkten und Dörfern konnte auch die Gründung von Klöstern ein Mittel sein, um politische Herrschaft zu befestigen und religiös zu fundieren. So errichteten 1218 die Ritter von Kugelnberg die Frauenabtei Schmerlenbach, die sich bald von einem Zisterzienserinnenkloster zu einem Benediktinerinnenkloster umwandelte. Da die Stifterfamilie kurz darauf ausstarb,

wurde das Kloster vom Patriziat der Stadt Aschaffenburg und dem Adel der Umgebung weitergetragen, welche hier eine Versorgungsanstalt für weibliche Familienangehörige fanden[5]. Nur wenig später, im Jahr 1232, gründeten die Grafen von Rieneck das Zisterzienserinnenkloster Himmelthal im Elsavatal, um ihren planmäßigen Vorstoß im südwestlichen Spessart zu konsolidieren.[6]

Ein Paradebeispiel für das Ineinandergreifen von Territorial-, Burgen- und Städtepolitik stellt die Gründung von Miltenberg durch die Erzbischöfe von Mainz dar. Hier, am südwestlichen Mainknie, stießen die territorialen Interessen des Erzstifts Mainz, der wittelsbachischen Pfalzgrafen bei Rhein und des Hochstifts Würzburg aufeinander. Mittelpunkt der Umgebung, Sitz der Urpfarrei und des späteren Zentgerichts war das mainzische Bürgstadt; Würzburg errichtete nur wenige Kilometer weiter östlich einen Stützpunkt mit der Burg Freudenberg und besaß überdies die kirchliche Hoheit über das Kloster Amorbach; die rheinischen Pfalzgrafen wiederum bauten Wallhausen, ein wohlhabendes Handelszentrum unmittelbar bei Miltenberg, als Brückenkopf aus. Die Gründung der Burg Miltenberg an einem Ort, wo drei Mächte aufeinanderstießen, und die 1226 bereits im wesentlichen realisierte Fertigstellung können nur als planmäßiges strategisches Vorgehen von Mainz gegen Würzburg und Kurpfalz verstanden werden. 1237 wurde Miltenberg zu einer Zollstätte ausgebaut; da zwischen Mainz und der Kurpfalz auch die Abtei Lorsch strittig war, entbrannte daraufhin ein regelrechter Krieg, in dessen Verlauf der pfälzische Zentralort Wallhausen durch das aufblühende Miltenberg niederkonkurriert wurde.[7]

1.2 Territorialisierung

Im ›Endkampf‹ des staufischen Kaiserhauses, eingeleitet durch den endgültigen päpstlichen Bann über Kaiser Friedrich II. (1212–1250) im Jahr 1239, fungierten das Mittelrheingebiet und die Wetterau, eines der wichtigsten Zentren der staufischen Macht, als Hauptschauplatz; das Untermaingebiet um Aschaffenburg nahm dabei aber nur eine Randposition ein. Immerhin war das Freigericht im Kahlgrund mit seiner strategischen Lage zwischen den kaiserlichen Pfalzen Gelnhausen und Seligenstadt für die staufische Territorialpolitik keine zu vernachlässigende Größe[9]; wenn man aus dieser Verbindungslinie einen Stein herausbrechen konnte, bedeutete dies einen nicht unbedeutenden Erfolg. Der ›Gegenkönig‹ Wilhelm von Holland versuchte deshalb in seinem Kampf gegen den Staufer Konrad IV. (1250–1254), den Aschaffenburger Viztum Friedrich von Kälberau-Rannenberg auf seine Seite zu ziehen; er versprach ihm 200 Mark und seinem Bruder Heinrich von Rannenberg 100 Mark zu zahlen, weil sie ihm als rö-

mischem König die Treue versprochen hatten, und belehnte die beiden Brüder überdies mit Reichsgütern in Hörstein.[10]
Der Mainzer Erzbischof Siegfried III. von Eppstein war bis 1241 staufisch orientiert; als er 1241 die Partei wechselte, erwies sich dies als ein schwerer Schlag für die Staufer.[11] Sein Nachfolger, Christian II. von Weisenau, bezog einen eher zurückhaltenden Standpunkt und begab sich nur »widerwillig«[12] in den Kampf gegen Konrad.
Von militärischen Auseinandersetzungen in unserem Gebiet ist nichts überliefert; überhaupt kam es zwischen Konrad IV. und Wilhelm von Holland zu keiner Schlachtentscheidung. Stattdessen versuchten beide Seiten, den Gegner durch Plünderungen, Verwüstungen, Verbrennungen und Verheerungen zu schädigen.[13] Inwieweit auch das westliche Unterfranken davon betroffen war, geht aus den Quellen nicht hervor. Weder Stift noch Bürgerschaft von Aschaffenburg noch der einheimische Adel – außer den genannten Gebrüdern von Rannenberg – sind in diesem Konflikt in Erscheinung getreten.
Das Ende der staufischen Dynastie war jedoch in anderer Beziehung von großer Folgewirkung: das Machtvakuum, das es gerade auch im Rhein-Main-Gebiet hinterließ, mußte neue politische Kräfte auf den Plan rufen. Dazu gehörten außer den geistlichen und weltlichen Fürsten erstmals auch die Städte: Noch vor dem Tod König Wilhelms waren die Verfassungs- und Rechtsverhältnisse im Reich so unsicher geworden, daß die Städte zur Selbsthilfe griffen. Auf Initiative von Mainz und Worms wurde 1254 ein ›ewiges Bündnis‹ geschlossen, dem bald weitere Städte beitraten. So entstand der ›Rheinische Städtebund‹, dem sich auch viele Fürsten zuwandten, um nicht als Friedensfeinde zu gelten. 1254 schloß sich Erzbischof Gerhard I. von Mainz an, 1255 die Stadt Aschaffenburg, gleichzeitig Seligenstadt. Die übrigen Städte des Mainzer Oberstifts waren noch nicht so weit gediehen, daß sie sich an dem Bündnis beteiligten.[14]
Die Grafen von Rieneck, seit ungefähr 1100 als Burggrafen von Mainz und als Vögte des Erzstifts Mainz nachweisbar, seit 1187 auch als Vögte des Aschaffenburger Stifts[15], strebten mit aller Macht danach, im Spessart ein eigenes Territorium aufzubauen (Abb. S. 126). Schon um 1100 verfügten sie über Besitz im Nordspessart und gewannen kurz darauf Einfluß im Raum Schönrain-Gemünden. Ludwig I. von Loon und Rieneck scheint intensiv die Grundlagen der rieneckischen Machtstellung im östlichen Spessart erweitert zu haben, war aber auch im Westen, in Laufach, begütert.[16] Doch erst Kaiser Friedrich I. Barbarossa (1152–1190) verschaffte der Familie, wohl nach dem Ausbau von Gelnhausen um 1170, die entscheidenden Positionen in diesem Raum, wozu die Vogtei über das Stift Aschaffenburg und der Schutz über die königlichen Freileute im Spessart zählten.[17] Als ihre

wichtigste strategische Position im Südwestspessart erwies sich die Burg Wildenstein bei Eschau. Zur kirchenpolitischen Absicherung seines Einflußgebiets im Elsavatal gründete Graf Ludwig von Rieneck 1232 das Zisterzienserinnenkloster Himmelthal. Beim Aufbau eines Territoriums im Spessart gerieten die Grafen von Rieneck bald in Konflikt mit den Erzbischöfen von Mainz, die ihrerseits ihre Wildbannrechte (herrschaftliche Jagdrechte) als Basis für den Ausbau der Landeshoheit benutzten. Schon 1233 kam es zu offenen Auseinandersetzungen zwischen dem Aschaffenburger Stift und den Grafen von Rieneck wegen der Rodungstätigkeit von Bauern bei der rieneckischen Burg Partenstein; damals mußte das Stift zurückweichen.[18] 1243 erbten die Grafen von Rieneck die Herrschaft Grumbach, zu der auch die Zent (Gerichtsbezirk) Rothenfels und die Vogtei über das Kloster Neustadt am Main gehörten. Damit umfaßte ihr Herrschaftsgebiet den Innerspessart fast durchgehend auf drei Seiten.
Nach 1250 weitete sich der Konflikt aus. Die Rienecker Grafen legten zusätzlich zu den Burgen in ihrem Stammterritorium (Partenstein, Rieneck, Lohr, Gemünden) eine große Anzahl von Burgen im Spessart an, in Steinau, Burgjoß, Wiesen, Hauenstein, Wombach, Eschau, Wildenstein, Prozelten, Rothenfels sowie eine Burg mit dem programmatischen Namen ›Landesere‹, die nicht genau zu lokalisieren ist (auf dem Gräfenberg bei Rottenberg?).[19] Mainz errichtete seinerseits Burgen in Vivarium (Weiberhöfe bei Hösbach), Rothenbuch, Rohrbrunn, Waldenburg, Mule (Schloß Mole bei Heimbuchental), Mönchberg, Miltenberg und Schönrain. Im Verlauf dieser Auseinandersetzungen, wohl zwischen 1260 und 1264, wurde auch die Stadt Aschaffenburg neu befestigt.[20]
Von den Einzelheiten der Kämpfe ist wenig bekannt. Im Ergebnis setzte sich jedoch Mainz auf ganzer Linie durch. 1260 eroberte Mainz die rieneckische Burg Wildenstein; im Juli dieses Jahres mußte sich Rieneck verpflichten, weder diesseits (westlich) des Spessarts noch sonstwo auf mainzischem Boden eine Befestigung zu errichten, die mainzischen Rechte weder innerhalb noch außerhalb des Spessartforstes zu stören, ihre neuangelegten ›Bifänge‹ (eingehegte Neurodungen) aufzugeben und auf jeden Schadensersatz wegen der Einnahme der Burg Wildenstein zu verzichten. Mainz war es gelungen, sowohl Graf Reinhard von Hanau (einen Vetter von Erzbischof Werner von Eppstein) als auch die Herren von Kälberau-Rannenburg auf ihre Seite zu ziehen.[21]
Im Gefolge des Vertrags von 1260 mußten die Rienecker auch ihre Burg ›Landesere‹ in der Nähe von Aschaffenburg niederlegen, errichteten jedoch – wohl als Ersatz für den Wildenstein – eine neue Burg im Elsavatal, in Eschau. Auch diese wurde von Mainz ohne Zögern gebrochen, und 1261 mußte Rieneck erneut auf jeden Burgenbau im Spessart und seinem

Der Kampf Mainz-Rieneck

Nach C. Cramer, Landeshoheit und Wildbann im Spessart, in: AJb, 1952, S. 85.

Umkreis, sowohl auf mainzischem wie auf eigenem Boden, verzichten.[22] Trotzdem bauten die Rienecker die Burg Wildenstein wieder auf.[23]
1266 zog Erzbischof Werner wiederum gegen die Rienecker zu Felde und zwang sie, ihm die Burg Wildenstein zu verpfänden und die in ihrer Hand

befindliche Burg Rannenberg zusammen mit anderen in der Zwischenzeit angelegten Burgen zu schleifen.[24] Die Auseinandersetzung dauert noch bis 1271 an: auf beiden Seiten wurden Gefangene gemacht und Güter des Aschaffenburger Stifts in Langenprozelten verwüstet.[25] Wohl um den Rest ihrer Besitzungen im südwestlichen Spessart zu retten und vor dem mainzischen Zugriff zu sichern, trugen die Grafen von Rieneck diese den rheinischen Pfalzgrafen als Lehen auf.[26]

Während Mainz sich fast auf ganzer Linie durchsetzte und damit seine Landeshoheit endgültig befestigte, erholten sich die Grafen von Rieneck nicht wieder von dieser Niederlage. Der größere Teil des Mainvierecks blieb in mainzischer Hand.[27] »Wenn der Erfolg des Erzstifts nicht größer war, lag es nicht zuletzt an dem Frontwechsel der Herren von Hanau. Sie haben die politische Erbschaft der Grafen von Rieneck übernommen, zunächst durch Eheverbindung und Bündnis, dann sind sie auch in die Ganerbenschaft des Territoriums, besonders nach dem Aussterben der Linie Rieneck-Rothenfels (1339), eingetreten.«[28]

1.3 Das 14. Jahrhundert

Die Aschaffenburger Bürgerschaft war im Laufe des 13. Jahrhunderts immer mächtiger und selbstbewußter geworden (s. unten Kap. 3.1). Im Jahr 1304 fühlte sie sich stark genug, um die Kraftprobe mit dem bisher übermächtigen Kollegiatstift St. Peter und Alexander zu wagen: unter Führung des Schultheißen Heinrich Ruschebusch und ihrer Schöffen, des höchsten erzbischöflichen Stadtbeamten und der angesehensten bürgerlichen Honoratioren, begannen die Bürger einen regelrechten Aufstand, drangen in die Höfe der Stiftskanoniker ein, beschlagnahmten deren Eigentum, setzten die Geistlichen gefangen, hielten über sie Gericht und urteilten sie öffentlich ab. Das Stift ging daraufhin mit dem schärfsten zur Verfügung stehenden Strafmittel gegen die Stadt vor und erreichte es, daß sich der Erzbischof von Mainz als Stadtherr auf seine Seite stellte. Die Bürgerschaft mußte nun klein beigeben und sich wieder unterwerfen. Ihr Groll schwelte jedoch unterschwellig weiter, und kam immer von neuem in Rechtshändeln zum Ausdruck: waren doch die Gründe für den Aufstand nicht ausgeräumt worden, nämlich die Befreiung der Geistlichen von der städtischen Gerichtsbarkeit und Besteuerung, was zu allerlei Mißbräuchen und Unzuträglichkeiten geführt hatte.[29]

In dem Streit zwischen Balduin von Trier und Heinrich von Virneburg um das Amt des Mainzer Erzbischofs 1328 unterstützte das Aschaffenburger Stift bis 1332 Heinrich von Virneburg, den Kandidaten des Papstes; die Haltung der Aschaffenburger Bürgerschaft dagegen läßt sich nicht bestimmen.[30] Nachdem sich Heinrich von Virneburg zunächst gegen Balduin von Trier durchgesetzt hatte, flammte der Streit 1346 erneut auf: Wegen seiner Unterstützung für den gebannten Kaiser Ludwig den Baiern (1314–1347) suspendierte Papst Clemens VI. 1344 Erzbischof Heinrich von Virneburg und setzte ihn 1346 ab; an seiner Stelle ernannte er Gerlach von Nassau. Heinrich von Virneburg wurde vom Kaiser und der Mehrheit des Domkapitels unterstützt, während die meisten Stifte und Klöster dem päpstlichen Kandidaten anhingen. In dieser Situation verlieh Heinrich von Virneburg den Städten des Mainzer Oberstifts ein Privileg, das allen Bürgern Freizügigkeit garantierte, die Befreiung von Sondersteuern einräumte und die Höhe der ordentlichen Steuern fixierte.[31] Es gelang ihm damit, die Städte auf seine Seite zu ziehen und seine Lage zu stabilisieren. Erst nach dem Tod Kaiser Ludwigs (1347) wendete sich das Blatt zugunsten Gerlachs. Während die Stadt Aschaffenburg Heinrich treu blieb, war die Besatzung der Aschaffenburger Burg, bestehend aus dem niederen Adel der Region, in sich gespalten: als der Mainzer Domkapitular Kuno von Falkenstein, der für Heinrich von Virneburg die ›Vormundschaft‹ über das Erzstift ausübte, in der Nacht des 29. Oktober 1349 in der Aschaffenburger Burg schlief, verübten seine Feinde einen Mordanschlag gegen ihn, dem er nur mit knapper Not entrann.[32] Der Streit erlosch erst nach Heinrichs Tod 1353.

Für die Politik Kaiser Karls IV. (1346–1378) war die Sicherung der Verkehrsverbindung zwischen seinem Hauptsitz Prag und den Reichsstädten Nürnberg und Frankfurt sowie seinem Erbland Luxemburg von besonderer Bedeutung. Hintergrund für diese Strategie waren die Ansätze zu einer Residenzbildung in Prag und die Ausbildung von Franken und des Mittelrheingebietes als königsnahe Landschaften.

Da die einzelnen territorialen Herrschaftsbereiche sich schon stark verfestigt hatten, war es illusorisch, eine durchgehende Landverbindung zwischen diesen Plätzen anzustreben, wie es sein Vorgänger Friedrich I. Barbarossa noch unternommen hatte; Karl IV. mußte sich darauf beschränken, die Verkehrslinie zu sichern, militärisch wichtige Plätze zu gewinnen oder den königlichen Einfluß an solchen Plätzen zu erhöhen.[33]

Das Mainviereck und der Spessart besaßen an dieser wichtigen Verkehrslinie erheblichen Anteil.[34] Wohl aus diesem Grund erwarb Karl IV. 1368 den vormals würzburgischen Markt Homburg am Main und erhob ihn noch im gleichen Jahr zur Stadt. Von hier aus konnte die alte Poststraße von Würzburg über Lengfurt nach Aschaffenburg kontrolliert und abgeriegelt werden.[35] Nur ein Jahr später, 1367, erhielt Mönchberg im Spessart von Karl IV. das Stadtrecht verliehen.[36]

1.4 Das 15. Jahrhundert

In der ersten Hälfte des 15. Jahrhunderts erlebte das Mainzer Oberstift eine ausgesprochen ruhige und friedliche Entwicklung, in der wenige nennenswerte Ereignisse stattfanden. Für den 13. Juli 1447 rief Kaiser Friedrich III. (1440–1493) einen Reichstag in Aschaffenburg zusammen, auf welchem Verhandlungen über das grundlegende Verhältnis zwischen Reichskirche und Papsttum gepflogen wurden, die 1448 im Wiener Konkordat mündeten.[37] Im Juni 1455 beschäftigte sich eine Provinzialsynode in Aschaffenburg mit der wachsenden Kritik in Deutschland an der Besteuerungs- und Verwaltungspraxis der römischen Kurie und forderte kirchliche Reformen: »Dort kam bereits der drohende Ruf nach einem Nationalkonzil auf«.[38]
1459 starb der Erzbischof Theoderich (oder Dietrich) Schenk von Erbach in Aschaffenburg; unter seiner Regierungszeit waren der Tiergarten im heutigen Schöntal sowie das Theoderichstor oder Maintor angelegt worden, mit dem die Stadtbefestigung ihren krönenden Abschluß fand. Er wurde in der Stiftskirche beigesetzt: »Sein mit 16 Stammbaumwappen geziertes Epitaph läßt erkennen, daß der Geist der Renaissance auch in den Mainzer Raum gefunden hatte.«[39]
In der Mainzer Stiftsfehde zwischen Dieter von Isenburg und Adolf II. von Nassau um den Mainzer Bischofsstuhl, die zwischen 1461 und 1463 zum offenen Krieg eskalierte, in welchem die überzogenen Gebiete schrecklich verwüstet wurden, standen Stift und Stadt Aschaffenburg gleichermaßen auf seiten Dieters; zahlreiche Aschaffenburger Bürger unterstützten diesen mit Krediten. Adolf von Nassau zog am 2. März 1463 mit einem Heer von 1500 Mann vor Aschaffenburg auf und begehrte Einlaß, wurde aber abgewiesen. Graf Philipp von Rieneck unterstützte dagegen seinen Schwager Adolf von Nassau mit einem Kredit über 2000 Gulden, und erhielt dafür, wohl im Vorgriff auf künftige Eroberung, das Viztumamt Aschaffenburg verliehen. Da sich das Blatt seit Ende 1462 zugunsten Adolfs gewendet hatte und das Bedürfnis nach Frieden allgemein geworden war, verzichtete Dieter von Isenburg im Vertrag von Zeilsheim am 5. Oktober 1463 auf das Erzstift. Die ›Neun Städte‹ des Mainzer Oberstifts und der Rheingau bürgten für die Einhaltung des Vertrags und wirkten damit erstmals als Korporation an einem staatsrechtlichen Akt mit.[40]
Im Taubergrund und im Odenwald wurde das Mainzer Oberstift am Ende des 15. Jahrhunderts von sozialen und religiösen Unruhen heimgesucht. Hier sei nur der Name des Hans Behem aus Niklashausen genannt.[41] Das Taubergebiet gehörte zwar territorial zu Mainz, war jedoch Teil der Diözese Würzburg. Der Würzburger Bischof Rudolf II. von Scherenberg ließ

Hans Behem 1476 in Würzburg hinrichten; da die Massenwallfahrten nach Niklashausen gleichwohl nicht aufhörten, mußte auch der Mainzer Erzbischof Dieter von Isenburg (er regierte erneut 1475–1482, diesmal unangefochten) eingreifen, die Wallfahrten durch Strafandrohungen unterbinden und die von Hans Behem erbaute Kapelle niederreißen.[42] Damit war – zumindest an der Oberfläche – für ein halbes Jahrhundert die Ruhe wiederhergestellt; das Streben nach Reform sollte jedoch 1525 im Bauernkrieg erneut, und diesmal bedrohlicher, aufleben.

2. *Territorialgeschichte: einzelne Mächte und Gebiete*

2.1 Erzstift Mainz

Dem Erzstift Mainz gelang es im Verlauf des 13. Jahrhunderts, einen geschlossenen Landkomplex zwischen Neckar, Tauber und Main zu erwerben und sich damit als größter Territorialherr in dieser Region zu etablieren.
Schon bis zur Mitte des 13. Jahrhunderts besaß Mainz die Gegend von Aschaffenburg und den Spessart, Miltenberg und Bürgstadt, im Taubergebiet Gamburg und Tauberbischofsheim. Das Hauptinteresse von Mainz richtete sich nun darauf, die kleineren Gewalten in dieser Region zurückzudrängen und vor allem die Vögte zu beseitigen, was durch die Ausschaltung der Rienecker mit Erfolg durchgesetzt werden konnte.
Im Spessart fiel den Mainzer Erzbischöfen nach der siegreichen Auseinandersetzung mit den Grafen von Rieneck (s.o. Kap. 1.3) im 14. Jahrhundert ein weiterer Teil des rieneckischen Besitzkomplexes zu: Der Tod des Grafen Ludwig d. J. von Rieneck-Rothenfels (1333) brachte den Heimfall von dessen Lehen an Mainz. Da die übrigen Erben deren Lehenscharakter bestritten, kam es zur Fehde. Am 8. Juli 1334 gelang eine Einigung zwischen dem Erzbischof von Mainz und den Grafen von Rieneck-Grünsfeld: Mainz erhielt dadurch die Vogtei über Aschaffenburg[43] und die Hälfte der Burg Partenstein mit den dazugehörigen Orten Heimbuchenthal, Hessenthal, Krausenbach, Mespelbrunn und Oberaltenbuch (die andere Hälfte erhielt Hanau). Damit hatte Mainz endlich sein Ziel erreicht, das es schon seit dem 13. Jahrhundert anstrebte, nämlich die Ausschaltung der Rienecker im inneren Spessart.[44]
Gleichzeitig mit der Auseinandersetzung mit Rieneck erfolgte auch die Ausdehnung von Mainz im Odenwald, wo die Dynasten von Dürn reich begütert waren. Die Herren von Dürn waren von den Staufern mit der Vogteiherrschaft über das Kloster Amorbach belehnt worden, die sie zu ei-

nem Territorium ausbauen konnten.[45] Erzbischof Werner von Eppstein nutzte deren Verschuldung und kaufte am 19. Mai 1271 von Ulrich von Dürn die Burg Wildenburg mit sieben zugehörigen Dörfern[46] und am 13. Januar 1272 die Stadt Amorbach mit der Vogtei über die Stadt und das Kloster, dem Zentgericht und allem Zugehör.[47] Amorbach war schon 1253 zur Stadt erhoben worden.[48] Damit wurde Wildenberg unmittelbar mit dem Mainzer Besitz um Miltenberg, Bürgstadt und Külsheim verbunden. 1287 und 1291 verpfändeten die Herren von Dürn ihren Stammsitz, die Burg und Stadt Walldürn, mit allem Zugehör an Graf Rudolf von Wertheim; dieser überließ die Pfandschaft samt dem Dorf Külsheim am 30. März 1292 für 2230 Pfund an den Mainzer Erzbischof Gerhard II. von Eppstein.[49] Külsheim wurde noch im gleichen Jahr 1292 von König Adolf (1292–1298) das Recht der Stadt Frankfurt verliehen, zugleich mit dem Recht der Befestigung und der Errichtung eines Wochenmarktes. Rupert von Dürn ließ sich zwar am 20. März 1294 das Rückkaufrecht für die alten Besitzungen bestätigen, doch reichten seine Mittel hierzu nicht aus. Schon am 1. Mai 1294 verkaufte er Burg und Stadt Walldürn mit dem Patronatsrecht über die dortige Kirche, die Vogtei in Bretzingen und dem Zentgericht Reinhardshausen für 1540 Pfund an Mainz.[50] Mit der Herrschaft Dürn brachte Mainz das verkehrswichtige Ostvorland des Odenwaldes und damit die Übergänge in die Gebiete an Neckar, Jagst und Kocher in seine Hand. Durch die Erwerbung von Buchen schließlich im Jahr 1309 erreichte das Mainzer Territorium zwischen Main und Neckar eine gewisse Abrundung.[51]

2.2 Andere Herrschaften

Die Grafen von Rieneck waren trotz der Niederlage, die sie im Ringen um die Hegemonie im Spessart gegen das Mainzer Erzstift erlitten hatten, immer noch von großer Bedeutung in diesem Raum. Zu Beginn des 14. Jahrhunderts, vor dem Aussterben der Linie Rieneck-Rothenfels (1333), lagen ihre wichtigsten Besitzungen im Kahlgrund (hier hatte Rieneck kein eigenes Amt, die Güter waren fast ausnahmslos als Lehen vergeben), im Südwestspessart um Eschau (mit dem Amt Wildenstein, welches von den rheinischen Pfalzgrafen zu Lehen rührte), und im östlichen Spessart, wo sie weite Teile des Mainlaufs zwischen Wertheim und Gemünden, das Gebiet von Lohr und Jossa, den Biebergrund und die Unterläufe von Sinn und Saale beherrschten. Ihre wichtigsten Orte waren Rothenfels, Lohr, Partenstein, Frammersbach, Wiesen, Burgsinn, Rieneck und Gemünden (Abb. S. 126).[52]

Zu Beginn der Territorialisierung suchten auch die rheinischen Pfalzgrafen

in diesem Gebiet Fuß zu fassen: in der staufischen Zeit ist »ein beinahe systematisches Vordringen« durch sie in das Mainviereckgebiet zu beobachten.[53] Im frühen 13. Jahrhundert kamen sie deshalb in Konflikt mit den Mainzer Erzbischöfen. Zentralort der Pfalzgrafen für diesen Raum war Wallhausen-Heubach, eine Furtsiedlung von überregionaler Bedeutung, Sitz einer Altpfarrei, dort, wo der von Orb kommende ›Eselsweg‹ den Main überquert. Durch Gründung der Burg und der Stadt Miltenberg gelang es dem Erzstift Mainz, Wallhausen niederzukonkurrieren. In pfälzischer Hand verblieb damit außer den Lehen, die an Rieneck ausgegeben waren (Kleinheubach, die Burg Wildenstein, Eschau und die ›Cent halb an der Eich‹) nur noch unbedeutender Besitz.[54]
In der zweiten Hälfte des 12. Jahrhunderts haben die staufischen Könige die Reichsministerialenfamilie von Schüpf-Klingenberg-Prozelten im südwestlichen Mainviereck »angesetzt«[55], wo sie das Maintal zwischen den beiden Reichsburgen Klingenberg und Prozelten auf einer Länge von 35 Kilometern kontrollierten. Außer den beiden von ihnen befehligten Reichsburgen legten sie vor 1214 eine eigene Burg an, die Kollenburg bei Fechenbach. Nach dem Aussterben der Herren von Schüpf-Klingenberg-Prozelten fielen 1260 Burg und Stadt Klingenberg, Hauptort der Zent zur Eich, später der Zent Klingenberg, samt den umliegenden Besitzungen durch eine Zweitehe der Erbin an die Edelherren von Bickenbach, welche sie als Mainzer Lehen innehatten. 1398 verlieh König Wenzel (1378–1400) der Herrschaft Bickenbach einen neuen Zoll bei Klingenberg als Reichslehen. Nach einer vorübergehenden Verpfändung der Herrschaft an die Grafen von Hanau-Lichtenberg (ab 1455/1469) gelangte Klingenberg 1505 dauerhaft an Mainz.

2.3 Freigericht und Kahlgrund

Eine Ausnahmeerscheinung in der Verfassungslandschaft des Reiches stellte das ›Freigericht‹ im Kahlgrund dar. Das ›Freigericht‹ war eine Genossenschaft freier Bauern, die in einem besonderen Verhältnis zum König standen.[56] Über seine Entstehung ist wenig bekannt. Man nimmt an, daß es sich um ein Reichslehen der Grafen von Berbach handelte, das nach dem Aussterben des Geschlechts an das Reich zurückfiel und – in engem Zusammenhang mit der staufischen Reichslandpolitik – nicht wieder ausgegeben wurde.[57] Der Begriff ›Freigericht‹ selbst ist erstmals 1309 urkundlich belegt. Der räumliche Umfang dieses Gerichts umfaßte die vier Zenten (Gerichtsbezirke) Wilmundsheim (Alzenau), Hörstein, Mömbris und Somborn sowie die vier gleichnamigen Altpfarreien (Abb. S. 133). Die vier Gerichtsbezirke wurden durch eine gemeinschaftliche Almende (die ›Hohe

Das Freigericht

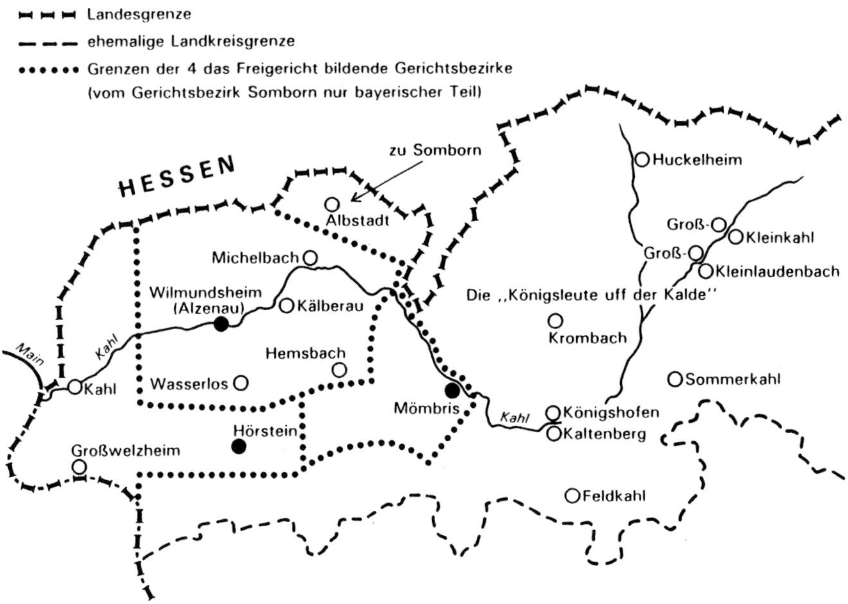

Nach Josef Fächer, Alzenau (Historischer Atlas von Bayern, Teil Franken) 1968, S. 33.

Mark‹) zu einer Markgenossenschaft verbunden; Landesherr war allein der König.[58] Er verlieh Weidegerechtigkeit und Wildbannrecht, ihm waren die Bewohner zu persönlichen Diensten und Leistung verpflichtet. Dafür genossen sie Freizügigkeit, hatten freies Verfügungsrecht über ihr Gut und wählten ihren Landrichter, der ›Landesherr‹ genannt wurde, selbst. Der Landrichter stand als Schirmherr und Markrichter dem Freigericht vor, übte zugleich für den Abt von Seligenstadt die Blutgerichtsbarkeit aus, vereidigte und bestätigte den Märkermeister. Über ihm rangierte außer dem König lediglich der Obermärker, der jeweilige Abt des Klosters Seligenstadt als der größte Grundbesitzer innerhalb der Mark. Der Abt beanspruchte die Oberaufsicht über die Beamten und die Verwaltung, er besaß alle markrichterlichen Rechte.[59]
Alle freien Leute innerhalb des Freigerichts, die über eigenen Grund und Boden verfügten, erschienen dreimal jährlich unter der großen Linde bei Alzenau zum Märkerding (Gerichtsversammlung). Das Freigericht übte die hohe Gerichtsbarkeit, d. h. die Rechtsprechung über Leib und Leben aus; die Rechtsprechung erfolgte nach dem Herkommen, das durch Wei-

stümer schriftlich aufgezeichnet wurde. Die freien Bauern des Freigerichts besaßen die gleichen Rechte wie die Bürger der Wetterauer Reichsstädte Frankfurt, Gelnhausen, Friedberg und Wetzlar. Landrichter im Freigericht waren zumeist die Herren von Kälberau-Rannenburg, die im 14. Jahrhundert das Amt »durch Erbwahl faktisch ganz« innehatten und »die volle Landesherrschaft« erstrebten.[60] Jedoch mußten sie im Verlauf des 14. Jahrhunderts ihren Besitz stückweise an die Grafen von Hanau und Eppstein verkaufen, wodurch sie das Amt verloren.

Nicht zum Verband des Freigerichts gehörten die freien Königsleute an der oberen Kahl, die seit dem 13. Jahrhundert dort und im Ostspessart nachzuweisen sind und der Verwaltung der Reichsburg Gelnhausen unterstellt waren. Sie wurden im Spätmittelalter häufig verpfändet, so an die Grafen von Wertheim und im 15. Jahrhundert an die Grafen von Isenburg. Sie verdanken ihre Freiheit wohl ihrer Rodungstätigkeit.[61] Die Grafen von Rieneck hatten neben ihrem umfangreichen Besitz im Kahlgrund noch im späten 14. Jahrhundert das Reichslehen über die freien Leute im Spessart, an der Kahl, um Aschaffenburg, Gelnhausen und Wirtheim inne.[62]

Die Gerichte im Freigericht gerieten seit dem 14. Jahrhundert in immer größere Abhängigkeit von den Erzbischöfen von Mainz und den Grafen von Hanau. Letztere erwarben zwischen 1309 und 1357 Teile der Niedergerichtsbarkeit im Freigericht; um 1400 besaßen sie die Dorfgerichte in Wilmundsheim (Alzenau), Somborn und Hörstein.[63] Um 1395 wurde der Ort Wilmundsheim mainzisch, 1400 auch die Burg Alzenau, nach welcher der Ort nun benannt wurde. 1401 wurde Alzenau auf Initiative des Mainzer Erzbischofs Johann II. von Nassau von König Ruprecht (1400–1410) zur Stadt erhoben.[64] 1487 verfügte Kaiser Friedrich III., daß kein ›Landesherr‹ im Freigericht ohne Wissen und Willen von Mainz und Hanau gewählt werden dürfe.[65] Wenige Jahre später, im Jahr 1500, verlieh Kaiser Maximilian (1493–1519) das Freigericht an Mainz und Hanau als gemeinschaftliches Lehen; dies war der Beginn für das Kondominium (die gemeinschaftliche Regierung) der beiden Mächte im Freigericht.

2.4 Bachgau

Der Bachgau, eine fruchtbare Altsiedellandschaft, hatte ein sehr wechselvolles Schicksal zu erleiden, bis er 1308 endgültig in den Besitz des Erzstifts Mainz kam. 1024 fiel der ›Comitatus Stoddenstadt‹, der Vorläufer der späteren Bachgauzent, der altes Königsgut war, an die Abtei Fulda.[66] Diese übertrug ihn als Lehen oder Vogteigut an die Reichsministerialenfamilie von Hagen-Münzenberg, welche ihn während des Interregnums in ein Allod (freies Eigentum) umwandelten.[67] Die Herren von Hagen-Münzenberg ihrerseits wurden beerbt von den Grafen von Hanau, welche den Bachgau 1278 für 600 Mark an Erzbischof Werner von Eppstein verkauften. 1284 zog König Rudolf von Habsburg (1273–1291) den Bachgau ein und übertrug ihn erneut an Graf Ulrich von Hanau. Auch die Stadt Seligenstadt, welche die Staufer als mainzisches Lehen innehatten, wurde von Erzbischof Werner (vermutlich nach dem Tod Konradins) eingezogen, 1284 aber von König Rudolf von Habsburg beansprucht.[68] 1292 versprach Adolf von Nassau die Rückgabe der Grafschaft Bachgau und der Stadt Seligenstadt.[69]

König Albrecht (1298–1308) bemühte sich um die Revindikation (Wiedergewinnung) von Reichsgut, zog 1300 den Bachgau wieder ein und übertrug ihn von neuem Graf Ulrich von Hanau. Seligenstadt trat am 28. Dezember 1301 als Reichsstadt dem Bund der Wetterauer Städte bei.[70] Nach dem Tod Albrechts mußte König Heinrich VII. (1308–1313) am 28. Dezember 1308 dem Mainzer Erzbischof Peter von Aspelt die Bestätigung aller Privilegien früherer Kaiser und Könige versprechen, unter anderem die Grafschaft Bachgau und die Stadt Seligenstadt.[71] Der Bachgau und Seligenstadt blieben jetzt für dauernd beim Mainzer Erzstift. Der Besitz wurde abgerundet durch den Erwerb von Dieburg 1310[72] und den Ausbau Obernburgs zur Stadt 1313.[73] Seit Anfang des 14. Jahrhunderts ist für Großostheim, dem Mittelpunkt des Bachgaus, ein Landgericht belegt; Großostheim blieb Landgerichts- und Zentsitz sowie Oberhof (Rechtsbelehrungs- und Rechtsauskunftsstelle) für eine Anzahl benachbarter Gerichte, namentlich für die Zent zur Eich.

2.5 Spessart

Der Spessart war seit der großen Wildbannschenkung der Jahrtausendwende Kern des Mainzer Besitzes im Oberstift. Die Grafen von Rieneck konnten hier zwar Fuß fassen, ihre Bemühungen zur Erringung der Vorherrschaft blieben aber ohne Erfolg; ihr größter geschlossener Besitzkomplex befand sich im Osten, um Rieneck und Lohr, ein weiterer Komplex im Südwestspessart wurde an die Kurpfalz übertragen (Amt Wildenstein-Eschau; s.o. Kap. 1.1). Die Mainzer Erzbischöfe hielten den Innerspessrt weitgehend siedlungsfrei.[14] Wirtschaftliche Bedeutung besaßen die Waldnutzung (Holzwirtschaft und Weide) sowie die Gewinnung von Bausteinen (roter Sandstein), der über den Main verschifft wurde. Schon sehr früh entstanden in dem großen Waldgebiet Glashütten, die eine sehr rege Produktivität entfalteten und auch für die Siedlungsbildung fruchtbar wurden.[75] Die forstliche Nutzung des Spessarts ging man früh systematisch an; sie wird an anderer Stelle dargestellt (u. Kap. 3.4).

2.6 Der Main zwischen Wertheim und Seligenstadt

Verfolgen wir zum Abschluß dieses Kapitels den Lauf des Mains zwischen Wertheim und Seligenstadt, und halten wir fest, wie sich diese Lebensader der Region am Ende des Mittelalters, um 1500, darbietet.[76] Nur wenige Kilometer hinter Wertheim, der Residenz der gleichnamigen Grafen, gelangen wir auf mainzisches Territorium. Um Stadtprozelten kaufte der Deutsche Orden 1317 umfangreiche Besitzungen, die im späten 15. Jahrhundert »durch eine der imposantesten Burganlagen Süddeutschlands«[77] gekrönt wurden (Farbbild S. 166); 1483 ging diese Kommende an Mainz über. Die Burg Kollenberg und das Dorf Fechenbach waren im Besitz der Ritterfamilie Rüdt, die sich nach der Burg Kollenberg benannte.[78] Burg und Stadt Freudenberg, eine Gründung der Bischöfe von Würzburg aus dem ausgehenden 12. Jahrhundert, waren von Anbeginn an als Lehen an die Grafen von Wertheim ausgegeben, die hier ihren westlichsten Vorposten hatten. Miltenberg war nächst Aschaffenburg die bedeutendste Stadt des Mainzer Oberstifts, ein lebhafter Handelsplatz mit Stapel und Zoll, wichtigster Mainhafen zwischen Frankfurt und Würzburg. Nur wenig weiter, im Dorf Kleinheubach, finden wir noch einmal eine Bastion der Grafen von Rieneck. Das benachbarte Dorf Laudenbach veräußerten 1315 die Rienecker an die Freiherrn von Fechenbach; die Lehensbindung an Rieneck blieb jedoch erhalten.[79] Stadt und Burg Klingenberg auf der gegenüberliegenden Mainseite waren seit dem 13. Jahrhundert mainzisches Lehen (vorher Königsgut[80]), seit 1260 im Besitz der Herren von Bickenbach, die hier 1398 vom König einen neuen Zoll als Reichslehen erhielten; nach vorübergehender Verpfändung an die Grafen von Hanau-Lichtenberg blieb Klingenberg seit 1505 dauerhaft bei Mainz. Es folgen nun in einigem Abstand die mainzischen Städte Wörth (im 14. Jahrhundert im Besitz der Herren von Breuberg, seit 1438 in der Hand des Erzstifts) und Obernburg sowie der Markt Kleinwallstadt, bis wir schließlich in Aschaffenburg in der traditionellen Hauptstadt des Mainzer Oberstifts eintreffen, Sitz einer reich ausgestatteten erzbischöflichen Burg, die als Nebenresidenz genutzt wurde, und eines bedeutenden Kollegiatstifts.

Im linksmainischen Stockstadt befindet sich die letzte Zollstätte auf mainzischem Gebiet. Das rechtsmainische Gebiet südlich der Kahl ist schon ein Kondominium von Mainz und Hanau, und mit dem mainzischen Seligenstadt, Sitz einer uralten Benediktinerabtei, haben wir das unterfränkische Gebiet schließlich verlassen.

Hier, an der Mainlinie, stießen die territorialen Interessen aller Mächte der Region (Würzburg, Mainz, Kurpfalz, Rieneck, Wertheim, Hanau) zusammen, so daß Otto Meyer die Geschichte Unterfrankens während der Terri-

torialisierung trefflich als »Kampf um den Main« bezeichnet hat.[81] Die Verkehrsbedeutung des Flusses kann nicht deutlich genug betont werden[82], sie wird durch die Zollstationen in Wertheim, Stadtprozelten, Freudenberg, Miltenberg, Klingenberg, Aschaffenburg und Stockstadt[83] sowie durch den Stapel in Miltenberg unterstrichen.
Der Fluß ist reich an Städten und Burgen: alle Städte mit Ausnahme von Mönchberg und Alzenau liegen am Main, während die Burgen über die gesamte Region verteilt sind. Dagegen findet sich hier auf der gesamten Strecke zwischen Neustadt am Main und Seligenstadt kein einziges Kloster.

3. *Innere Verwaltung*

Im Spätmittelalter wandelte sich auch das Erzstift Mainz von einem Personenverbandsstaat, der durch die personalen Bindungen zwischen dem Erzbischof, seinen Gefolgsmannen und Untertanen gekennzeichnet war, zu einem territorialen Flächenstaat, der einen moderneren Staatstypus repräsentierte: Staatlichkeit wurde nun nicht mehr als Schutz und Herrschaft über Personen verstanden, sondern als Herrschaft über das Land, als abstraktes Prinzip, das der institutionellen Ausgestaltung bedurfte. Damit gingen die Intensivierung von Herrschaftsrechten und der Aufbau einer eigenständigen Verwaltung einher, die den Beginn von Staatlichkeit im modernen Sinne kennzeichnet.

3.1 Viztumamt und Ämtereinteilung

Als Vorspiel zu diesem Prozeß, der einen längeren Zeitraum in Anspruch nahm, läßt sich die Einsetzung jeweils eines Viztums für die verschiedenen Teile des Mainzer Erzstifts bezeichnen. In Aschaffenburg ist ein solcher Viztum (aus lat. vicedominus = Stellvertreter des Herrn) seit 1112 nachweisbar, der für Regierung und Verwaltung der Mainzer Besitzungen zwischen Main, Spessart, Odenwald und Tauber zuständig war.[84] Die Amtszeit eines Viztums war zeitlich nicht befristet, der Amtsinhaber konnte aber jederzeit durch den Erzbischof abgesetzt werden. Die Inhaber des Amtes entstammten meist dem einheimischen Adel.[85]
Ob der Amtssprengel des Viztums ursprünglich wirklich den gesamten mainzischen Besitz im Gebiet von Main, Spessart und Tauber umfaßte, ist nicht unumstritten. Im Laufe der weiteren Entwicklung büßte der Viztum jedenfalls seine herausragende Stellung ein und sank auf eine Stufe mit den Vorstehern anderer Amtsbezirke herab. »Zumindest seit dem späteren 15.

Jahrhundert steht das Vizedomamt Aschaffenburg in einer Reihe mit den benachbarten Ämtern und Oberämtern wie Steinheim, Miltenberg, Prozelten. Sein Umfang deckt sich schon Ende des 15. Jahrhunderts im wesentlichen mit dem der alten Zenten Bachgau, Seligenstadt und vorm Spessart (unter Einschluß der bei der Auflösung der Zent zur Eich dazugekommenen Gebiete).«[86]

Das Viztumamt wurde auch pfandweise verliehen.[87] Der Inhaber des Amtes konnte gleichzeitig weitere Ämter bekleiden, wie das Beispiel des Heinrich Geiling zeigt, der 1354 in Personalunion Viztum, Forstmeister, Amtmann zu Aschaffenburg und Zentgraf der drei Zenten Spessart, Bachgau und Seligenstadt war. Seine Bestallungsurkunde umreißt seine Aufgaben wie folgt: er sollte seinen Amtsbezirk bereiten, die Geistlichkeit, die Klöster und die Armen schützen und schirmen. Dafür erhielt er ein Drittel von allen landesherrlichen Bußen und Einkünften aus dem Spessart sowie die Bußen aus dem Viztum- und Forstmeisteramt sowie den drei Zenten, ausgenommen die ›demmen‹ (Abgabe für die Schweinemast) des Spessarts, die Hämmel und die *oberste busse, di da gett uber lip und uber gut*, die dem Erzbischof selbst vorbehalten blieb.[88]

Die Befugnisse des Viztums in der Hochgerichtsbarkeit sind ungeklärt.[89] Durch die fachliche und räumliche Differenzierung der Verwaltung minderten sich die Kompetenzen des Viztums mehr und mehr; zunächst wurde die Stadt Aschaffenburg durch einen eigenen Schultheißen verwaltet, in der Folgezeit entstanden neue Verwaltungsbezirke, die Ämter und Oberämter. Seit 1328 ging in Aschaffenburg die Finanzverwaltung auf die Keller (Vorsteher einer Kellerei, die etwa einem Finanzamt entspricht) über. Ungefähr gleichzeitig wurde auch die Forstverwaltung ausgegliedert und das Amt des Forstmeisters eingeführt (s. u. Kap. 3.4). So entstanden im Laufe des 14. Jahrhunderts die Ämter bzw. Oberämter und Kellereien Amorbach[90] und Miltenberg.[91]

Die Steuerlisten über die Erhebung des ›Gemeinen Pfennigs‹ 1496/97 ergeben ein sehr detailliertes Bild der Verwaltungseinteilung des Mainzer Oberstifts am Ausgang des Mittelalters: sie teilen das Mainzer Oberstift in das Viztumamt Aschaffenburg (57 % des Steueraufkommens), die Ämter Amorbach (11 %), Tauberbischofsheim (10 %), Miltenberg (8 %), Buchen und Burken (6 %), Külsheim (4 %) und Walldürn (3 %) auf; von diesen Amtsbezirken liegen freilich nur drei im unterfränkischen Bereich. Das Viztumamt Aschaffenburg umfaßte zu diesem Zeitpunkt die Städte Aschaffenburg, Seligenstadt, Wörth und Obernburg, die Zenten vorm Spessart (einschließlich der Ämter Kahl, Bessenbach und Oberafferbach), Bachgau und Seligenstadt, die Gerichte Kleinwallstadt und Heimbuchenthal, die Dörfer Schweinheim (bei Aschaffenburg) und Rothenbuch sowie die zur Abtei Seligenstadt gehörigen Dörfer. Das Oberstift erbrachte damit 36 % des Steueraufkommens des gesamten Erzstifts Mainz, dieses wiederum 1,87 % des Steueraufkommens im gesamten Reich.[92]

3. 2 Gerichtswesen

Kernstück der beginnenden Staatlichkeit war das Gerichtswesen, um das sich dann die anderen Hoheitsrechte anlagern konnten. Seit dem Hochmittelalter bestand die Einteilung des Gebietes in Hochgerichtsbezirke (Zenten). In unserem Raum waren dies:
1. Die ›Centa Ascaffinburg‹, seit dem ausgehenden 15. Jahrhundert ›Cent vorm Spessart‹ genannt, umfaßte die rechtsmainischen Orte nördlich der Zent zur Eich mit der Linie Kleinwallstadt–Volkersbrunn als ungefährer Grenze im Süden.[93] Zu ihr gehörten u. a. Goldbach, Hösbach, Laufach, Rottenberg, Unterbessenbach, im Norden des ehemaligen Landkreises Obernburg die Orte Sulzbach, Dornau, Leidersbach und Soden. Sie gehörte gänzlich zu Mainz.
2. Die ›Zent Bachgau‹, auch ›Centa trans Mogum‹ (jenseits des Mains) oder ›Zent Ostheim‹ genannt, mit den linksmainischen Orten (unter anderem Pflaumheim, Wenigumstadt, Niedernberg, Großwallstadt, Mömlingen). Aus der Zent Bachgau wuchs im ausgehenden 15. und 16. Jahrhundert die Zent Obernburg heraus.[94] Sie gehörte ebenfalls gänzlich zu Mainz.
3. Die Zent zur Eich, die ›Centa ad Quercum‹, umfaßte 42 Ortschaften des südwestlichen Spessarts – auch die linksmainischen Gebiete des Südens –, unter anderem Himmelthal, Eschau, Wintersbach, Krausenbach, Heimbuchenthal, Röllfeld, Erlenbach, Mönchberg, Elsenfeld, Kleinwallstadt, Trennfurt, Klingenberg, Wörth und Laudenbach. Diese Zent war »wahrscheinlich ein Mainzer Lehen in den Händen der Bickenbacher auf Klingenberg und der Rienecker«[95]; sie wurde später umbenannt in Zent Klingenberg und hat sich 1473 auf Kosten der Zent Aschaffenburg um Sulzbach, Soden, Dornau, Leidersbach und Ebersbach erweitert.[96] Sie löste sich um 1500 auf und zerfiel bis 1530 in die vier Zenten Wörth (Stadt Wörth), Klingenberg, Mönchberg und Eschau.[97] Als ursprünglichen Gerichtsort nimmt man eine alte Eiche in der Flur Mechenhard bei Klingenberg an, seit dem späten 15. Jahrhundert ist eine alte Linde vor den Mauern der Stadt Klingenberg, unweit des Maintorturms, bezeugt.[98]
4. Die Zent Kleinheubach: Es scheint sich um eine Altzent zu handeln, die unmittelbar zum Reich gehörte und später vielleicht an die Pfalzgrafen bei Rhein übergegangen ist. Im 13. Jahrhundert gehörte sie zur Zent zur Eich. Sie umfaßte das Gebiet links des Mains mit dem Laudenbach als Grenze, mit den Orten Kleinheubach, Rüdenau und Mainbullau.[99]

5. Die Zent Bürgstadt-Miltenberg schloß sich räumlich an die Grenzen der hochmittelalterlichen Altpfarrei Bürgstadt an; sie lag südlich des Mains mit Miltenberg, Bürgstadt, Eichenbühl, Schippach und Riedern. Von ihr war die Bürgerschaft von Miltenberg befreit: sie unterstand nicht dem Landgericht, sondern dem Stadtgericht. Gerichtsort war der Platz vor dem Mitteltor, der heutige Engelsplatz, in Miltenberg.[100]
6. Die Zent Amorbach wurde 1272 von Ulrich von Dürn an Erzbischof Werner von Mainz verkauft. Ihr Umfang deckt sich mit dem alten Pfarrsprengel. Zentgraf war der Mainzer Stadtschultheiß von Amorbach.[101]
Die vier Zenten des Freigerichts (s. o. Kap. 2.3) und die mainzischen Zenten Seligenstadt und Külsheim[102] können hier unberücksichtigt bleiben.
Bis auf die Zent zur Eich gehörten alle diese Zenten zum Erzstift Mainz. Die Zenten waren als Hochgerichte im Hoch- und Spätmittelalter zuständig für schwere Kriminalfälle sowie für Grundstücksangelegenheiten und tagten zu bestimmten Terminen, ursprünglich dreimal im Jahr. Den Vorsitz bei Gericht führte in der Regel der Zentgraf, der zugleich in Personalunion ein anderes herrschaftliches Amt verwalten konnte. Dort, wo es im Sprengel des Zentgrafen noch weitere, ranghöhere Amtsträger gab, wie in Aschaffenburg mit dem Viztum und dem Stadtschultheißen, waren die Kompetenzen nicht klar voneinander geschieden.[103] Erst mit der albertinischen Ordnung von 1526 wurde diese Materie klar geregelt: im Viztumamt Aschaffenburg gingen alle Entscheidungsbefugnisse in Kriminalfällen an den Stadtschultheißen von Aschaffenburg. Das Viztumamt Aschaffenburg wurde damit zu einem einzigen geschlossen Hochgerichtsbezirk.[104] Namentlich in der Zent Bachgau übte der Aschaffenburger Stadtschultheiß die Hochgerichtsbarkeit aus.
In Aschaffenburg gab es drei Gerichte, an denen sich die jeweiligen Zuständigkeiten anschaulich ablesen lassen: das Stadtgericht für die mittlere und niedere Gerichtsbarkeit im Bereich der Stadt, das Landgericht als Hochgericht für die Stadt Aschaffenburg und die Zent Spessart sowie das archidiakonale Gericht des Stiftspropstes für die geistliche Gerichtsbarkeit.
Das Stadtgericht Aschaffenburg tagte unter dem Vorsitz des Stadtschultheißen am Herstall und befaßte sich mit Zivilsachen, vor allem Grundstückssachen, sowie den leichten bis mittleren Kriminalfällen im Bereich der Stadt.[105] Das Landgericht, das am Landing zusammentrat, war für die schweren Kriminalfälle aus dem Bereich der Stadt und für die gesamte Zent Aschaffenburg zuständig[106], und das geistliche Gericht, dessen Sprengel sich in etwa mit dem Oberstift deckte, hatte als Kompetenz die Strafgerichtsbarkeit insbesondere in Eheangelegenheiten, die streitige Gerichtsbarkeit, wenn eine der beiden Parteien geistlich war, die freiwillige Gerichtsbarkeit und die Beurkundungstätigkeit.[107]

Über die Aufgaben und Arbeitsweise des Landgerichts Bachgau in Großostheim ist ein älteres Weistum erhalten; es legt fest, daß alle Käufe, Verkäufe und Währschaften beim Landgericht eingetragen werden müssen und alle Streitigkeiten um Güter vor dieser Instanz auszutragen sind. Der Viztum von Aschaffenburg war beim Gericht anwesend.[108] Das Landgericht Bachgau war Oberhof der Zent zur Eich.[109] Nach einem Mömlinger Weistum von 1539 war das Landgericht Ostheim auch zuständig für Kläger, die das Ortsgericht nicht anerkannten und für *Lügenstraff und Maulstreich*, soweit sie vor das Landgericht kamen.[110] Es wird zur mittleren Gerichtsbarkeit gerechnet; den Vorsitz führte entweder der Viztum von Aschaffenburg oder der Obervogt, Beisitzer waren der Landschreiber im Bachgau, der Zentschultheiß, zehn Zentschöffen und ein Zentschreiber.[111]
Das spätmittelalterliche Weistum über die Zent zur Eich legte fest, daß den Gerichtsvorsitz der jeweilige (bickenbachische) Amtmann von Klingenberg, in seiner Vertretung der (rieneckische) Amtmann von Wildenstein führen solle; eine Teilnahmepflicht gab es nur für die Gerichtsschöffen.[109]
Die niedere Gerichtsbarkeit stand nicht dem Landesherrn zu, sondern wurde in den Städten durch das jeweilige Stadtgericht, in den Dörfern zumeist durch den jeweils mächtigsten Grundherrn ausgeübt. So hatte das Stift Aschaffenburg ursprünglich die Niedergerichtsbarkeit in vielen Orten der Region, unter anderem in der ›Ossenheimer Mark‹ (Mainaschaff, Kleinostheim, Dettingen), wurde aber im Laufe des Spätmittelalters (bis ins 15. Jahrhundert) zumeist von Mainz darin abgelöst. Im benachbarten Raum um Eschau/Wildenstein und im Ort Hofstetten gelang es Rieneck, seine Herrschaft zu behaupten. Daneben besaßen eine ganze Reihe anderer geistlicher und weltlicher Herrschaften die niedere Gerichtsbarkeit in den einzelnen Dörfern. Die Niedergerichtsbarkeit übten die Gemeinde- oder Dorfgerichte aus; dort wurden die im Gemeindegebiet begangenen (Forst-, Wald- und Flur-)Frevel gerügt, kleinere Streitfälle entschieden, neue Absteinungstermine und die Größe des jährlichen Holzschlages festgesetzt.[112]

3.3 Finanzverwaltung

In der ersten Hälfte des 14. Jahrhunderts wurde im Zuge der Rationalisierung und Intensivierung der staatlichen Verwaltung und bedingt durch den zunehmenden staatlichen Finanzbedarf die Finanzverwaltung von der allgemeinen inneren Verwaltung und vom Gerichtswesen abgetrennt und das Amt des Kellers eingeführt.[113] Ein mainzischer Keller ist erstmals 1310 in Amöneburg (Oberhessen) nachweisbar, 1326 in Dieburg, 1328 in Aschaffenburg, 1339 in Amorbach und 1340 in Miltenberg.

Die Aufgaben der Keller waren vor allen Dingen die Erhebung der landesherrlichen und sonstigen Einkünfte des Mainzer Erzbischofs. Vereinzelte Kellereiabrechnungen sind überliefert, leider jedoch nur sehr summarisch, da sie nicht die Einnahme- und Ausgabepositionen enthalten, sondern nur die Summe der Überschüsse bzw. Defizite in Geld, Wein, Weizen, Roggen und Hafer.[114] Bis 1669 waren Vizedomamt und Kellereibezirk Aschaffenburg identisch[115]; ebenso waren in Miltenberg und Amorbach die Sprengel von Amtsbezirk und Kellerei deckungsgleich.
In Aschaffenburg verdrängte der Keller den Viztum gänzlich als erzbischöflichen Vertreter im Stadtregiment: er saß seit 1360 als Vertreter des Stadtherrn im Stadtrat; ohne sein Wissen durften keine Gesetze oder Verordnungen erlassen, keine Steuer beschlossen und kein Kredit im Namen der Stadt aufgenommen werden.[116] Auch in Miltenberg hatte der Keller spätestens im 16. Jahrhundert den Amtmann in den Hintergrund gedrängt; ihm oblag die Oberaufsicht über Steuern, grundherrliche Abgaben, Forst, Vogtei und Zent.[117]
Die Keller waren zumeist nichtadelig und deshalb in stärkerem Maß als der adelige Viztum oder Amtmann vom Landesherrn abhängig. In Aschaffenburg bekleidete zumeist ein Stiftskanoniker das Kelleramt.[118] Auch die Miltenberger Keller stammten meist aus bürgerlichen Schichten, während die mittelalterlichen Burggrafen und Oberamtmänner (ab 1541) von Miltenberg zumeist dem Adel angehörten.[119]

3.4 Forstverwaltung

Der Wildbann über den Spessart wurde um das Jahr 1000 an das Stift Aschaffenburg übertragen (vgl. UFrGesch 1, S. 266–268) und gelangte zusammen mit diesem an das Erzstift Mainz. Für die Mainzer Staatlichkeit im Bereich des Oberstifts besaß das Forstwesen existentielle Bedeutung, beruhte doch die Mainzer Landeshoheit im Spessart wesentlich auf dieser Wildbannschenkung, durch welche er zum Kernstück der Landeshoheit im Spessart wurde. Schon im 12. Jahrhundert begann man deshalb mit Hilfe von sogenannten Försterweistümern, die herrschaftlichen Rechte im Spessart schriftlich zu fixieren. Durch diese Weistümer, die bis ins 15. Jahrhundert immer wieder erneuert wurden, unternahm man den Versuch, die wilde Rodung zu stoppen, die Waldbewirtschaftung zu verbessern, und die Laub-, Lese- und Weiderechte der Anwohner in möglichst engen Grenzen zu halten. In Zusammenhang mit dem inneren Landesausbau des 12. und 13. Jahrhunderts, der sich durch die Bevölkerungszunahme als notwendig erwies, konnte der Spessart als Potential für Rodungen und für die Anlage von bäuerlichen Waldhufendörfern dienen.

Das Jagdrecht war ein Privileg des Landesherrn; die Untertanen hatten sich, im wesentlichen ohne Entlohnung, für die Jagdhilfe zur Verfügung zu stellen. Die Forstgerichtsbarkeit lag beim Landesherrn, dem jeweiligen Erzbischof von Mainz.[120]
In der Mitte des 14. Jahrhunderts ging Mainz zu einer strafferen Ausübung seiner Forstverwaltung über: in Hösbach wurden sechs Forsthuben eingerichtet, deren Inhaber die Forstaufsicht über den gesamten Spessart übernahmen.[121] Ihre Aufgabe bestand hauptsächlich darin, Wald und Wasser im Spessart vor unbefugten Eingriffen zu schützen und die Leistungen der Einwohner für den Erzbischof zu überwachen. Neben den sechs Forsthuben (auch das Jagdschloß ›Mule‹ bei Höllhammer und Mespelbrunn werden als ehemalige Forsthuben angesehen) existierten 18 Bachhuben, unter anderem in Obernau, Sailauf, Waldaschaff, Hessenthal, Wintersbach, Krausenbach und allein sechs in Kleinostheim.[122] Die Forsthuben waren mit Unfreien besetzt, welche eine Besoldung erhielten und verpflichtet waren, Schutz- und Jagddienste zu leisten, Jagdhunde zu halten, die Untertanen zu Jagdfronden anzuhalten und sie bei den Jagden zu führen.[123]
Zu Jagdaufenthalten der Kurfürsten, zur Überwachung des Forstes, aber auch zur Kontrolle der Straßen durch den Spessart dienten die Jagdschlösser Vivarium (die späteren Weiberhöfe), ›Mule‹ (1282), Rothenbuch (1318) und Rohrbrunn (1339).[124]
Die ältesten Försterweistümer, die bis in das 12. Jahrhundert zurückreichen, sind nicht überliefert. Das früheste erhaltene Spessarter Försterweistum beinhaltet eine Grenzbeschreibung des Spessarter Wildbannes, in dessen Bereich kein bürgerlicher Bau errichtet, kein neues Dorf angelegt, kein Hirte gehalten und kein Holz geschlagen werden durfte. Es regelte sowohl die Hoheitsbefugnisse der kurfürstlichen Forstbediensteten, nämlich des Forstmeisters, des Laubmeisters, der sechs reitenden Förster und der Forsthübner, als auch die Nutzungsrechte der An- und Inwohner des Spessarts. Die Haltung des Förstergerichts oblag nach dieser Quelle Mainz und Rieneck gemeinsam.[125]
Zur Erhaltung des Eigentums des Landesherrn und zum Schutz von Wald und Wild gegen Übergriffe jeglicher Art diente das Amt des Forstmeisters, das erstmals 1332 nachzuweisen ist.[126] Die von den Mainzer Erzbischöfen ernannten Forstmeister waren Adelige, Vertrauensleute des Landesherrn ohne spezifische Fachkenntnisse. Unter den Amtsinhabern befand sich unter anderem Hamman Echter, der erste Erbauer des Schlosses in Mespelbrunn. Amtssitz des Forstmeisters war zunächst das Schloß in Aschaffenburg, seit 1485 das Jagdschloß in Rothenbuch. Zeitweilig wurden auch Forstmeister- und Viztumamt in Personalunion ausgeübt[127]; das Amt wurde häufig auch für Geld verpfändet.[128]

Die Aufgaben des Forstmeisters stellten sich so dar: Schutz des Waldes vor unberechtigtem Roden, Schutz des Wildbannes vor Wilddieben und Zugriffen adeliger Nachbarn; später Schutz des Waldes gegen Frevel und Gewährung von Holz-, Mast-, Weide- und Streunutzung an die Bevölkerung.[129] Seit 1485, der Verlegung des Amtssitzes nach Rothenbuch, änderte sich die Funktion des Amts für den Landesherrn: nicht mehr die politisch-territoriale, sondern die wirtschaftliche Bedeutung des Waldes trat in den Vordergrund, der Forstmeister mußte nunmehr auch fachliche Kompetenzen aufweisen: der erste Forstmeister in Rothenbuch, Heintz Geipel, ist zugleich der Verfasser der ersten Forstordnung des Spessarts, die Geschäftsanweisungen in administrativer, technischer und polizeilicher Hinsicht enthält.[130]
Als Vollzugsorgane des Forstmeisters fungierten sechs reitende Förster mit Sitz in Waldaschaff, Sailauf, Altenbuch, Krausenbach, Wiesthal und Rohrbrunn zur intensiveren Schutztätigkeit und unmittelbaren Anweisung von Holz und anderen Bezügen an die Bevölkerung. Seit Mitte des 15. Jahrhunderts wurde dem Forstmeister auch ein Laubmeister beigegeben, der forstliche Sachkenntnisse besitzen mußte, und neben anderem die Erlaubnis zur Holznutzung zu erteilen hatte; sein Amtssitz war von Anfang an in Rothenbuch.

4. *Städtewesen*

Das 13. Jahrhundert war das große Zeitalter der Stadtgründungen. Während vorher als Stadt nur Aschaffenburg bestand, kamen nun Miltenberg (1237), Amorbach (1253), Klingenberg (1276) und Wörth (1292/98) hinzu; im 14. Jahrhundert wurden Obernburg (1317), Stadtprozelten (1355) und Mönchberg (1367) zur Stadt erhoben, im 15. Jahrhundert schaffte dies nur mehr Alzenau (1401). Unter diesen gelang es allerdings lediglich Aschaffenburg und Miltenberg, eine gewisse überregionale Ausstrahlung zu erreichen und in die Gruppe der Mittelstädte aufzusteigen, während alle jüngeren Gründungen Kleinstädte blieben.
Im Gegensatz zu den Bewohnern des flachen Landes genossen die Stadtbewohner persönliche Freiheit, d. h. sie waren nicht leibeigen. Die rechtliche und soziale Besserstellung ihrer Bewohner trug dazu bei, daß die Städte im Laufe des 13. Jahrhunderts aufblühten, an Zahl zunahmen und ihre Einwohnerzahlen vermehrten. Im Innern dieser neuartigen Sozialgebilde konnten die tradierten Herrschaftsformen, wie sie in der Beziehung zwischen Herrn und leibeigenem Untertanen bestanden, nur in stark modifizierter Form aufrechterhalten werden. Zwar wurde nicht das Wesen der

Herrschaft an sich in Frage gestellt, auch nicht die Tatsache, daß der Untertan gegenüber seinem Herrn Verpflichtungen hatte; jedoch wurden diese Verpflichtungen objektiviert, versachlicht, und immer mehr kommerzialisiert, d. h. die persönliche Dienstpflicht gegenüber dem Herrn, wie sie auf dem Land bis weit in die Neuzeit hinein existierte (Frondienste), gegen Geldzahlungen abgelöst. Der Stadtbürger war bald ausschließlich seiner Stadt, d. h. seinen Mitbürgern gegenüber, zu persönlichen Diensten verpflichtet; diese bestanden im Wachdienst (Schutz der Stadt vor Feuer und feindlichen Angriffen), Kriegsdienst (jedoch nur innerhalb der Mauern, nicht bei auswärtigen Kriegszügen des Stadtherrn) und Arbeiten an der Stadtbefestigung. Für den Stadtherrn zahlte der Stadtbewohner nur noch Geldabgaben, die bald in ihrer Höhe fixiert und pauschaliert wurden, wie in den Privilegien von 1346 für die Städte des Oberstifts.

4.1 Aschaffenburg

Aschaffenburg darf als ›Hauptstadt‹ des Mainzer Oberstifts gelten: es war Sitz des Viztums und einer kurfürstlichen Burg, die als Nebenresidenz diente (Farbbild S. 167). Im 13. Jahrhundert setzte sich der dynamische Aufstieg des 12. Jahrhunderts fort. 1229 sind eine eigene Währung (Aschaffenburger Pfennige) und ein eigenes Maß (Aschaffenburger Malter) nachweisbar; 1237 feierte hier Kaiser Friedrich II. die Verlobung seiner Tochter Margaretha mit Landgraf Hermann II. von Thüringen. Ab 1240 führte die Bürgerschaft ein Siegel, womit sie den Rang einer Rechtspersönlichkeit in Anspruch nahm; durch den Beitritt zum ›Rheinischen Bund‹ im Jahr 1255 trat die Bürgerschaft zum erstenmal auch politisch in Erscheinung. Vermutlich zwischen 1260 und 1264 wurde die Stadt neu befestigt. Noch im 13. Jahrhundert ließen sich viele Adelige aus der Umgebung in der Stadt nieder und erbauten sich einen Stadthof; auch eine jüdische Gemeinde siedelte sich hier an. Zu dieser Zeit gab es bereits Berufsverbände der Bäcker, Metzger, Fischer, Krämer, Marktkaufleute und Seligenstädter Kaufleute sowie Salzverkäufer und Müller.
1304 erfolgte ein großer Aufstand gegen die Stiftsgeistlichkeit (s. o. Kap. 1.3), der für die Bürgerschaft mit einer Niederlage endete. 1332 rotteten sich die Bürger wieder zu einer Revolte zusammen, diesmal gegen die städtische Obrigkeit, nämlich die Amtleute des Stadtherrn und die patrizischen Schöffen. Die Bürgerschaft unterlag zwar erneut, doch die Einführung einer Ratsverfassung mit zwei Bürgermeistern, die jährlich neu zur Wahl standen, und einem Stadtrat an der Spitze war nicht aufzuhalten.
1346 erhielt Aschaffenburg das gleiche Stadtprivileg wie die übrigen der ›Neun Städte‹ des Oberstifts (s. o. Kap. 1.3), womit aber im wesentlichen

nicht neues Recht geschaffen, sondern Gewohnheitsrecht bestätigt wurde. 1360 erfuhr die innere Verfassung der Stadt durch Erzbischof Gerlach von Nassau eine Weiterentwicklung: der Keller von Aschaffenburg verfügte nun als Vertreter der Stadtherren über weitreichende Befugnisse im Stadtrat. Die Ausübung der niederen Gerichtsbarkeit wurde den beiden Bürgermeistern übertragen. Da die Bestellung der Schöffen durch Zuwahl aus den eigenen Reihen erfolgte, bekam die Bürgerschaft zum Ausgleich das Recht, zur Kontrolle von Schöffen und Rat vier Vertreter zu wählen.
In wirtschaftlicher Hinsicht erlebte Aschaffenburg im späten Mittelalter eine Blütezeit. Von dem Aschaffenburger Kaufmann Lorenz Dubeney ist zu Beginn des 15. Jahrhunderts überliefert, daß er mit dem Basler Stadtschreiber einen Handel in aragonesischem Safran betrieb und zusammen mit einigen anderen Basler Kaufleuten von Kaiser Sigmund (1410–1437) einen Auftrag zur Lieferung einer größeren Ladung Wein an den englischen König Heinrich entgegennahm.[131]
Die Bevölkerungszahl Aschaffenburgs am Ausgang des Mittelalters wird auf etwas über 2000 Einwohner geschätzt, womit die Stadt in der Gruppe der kleineren Mittelstädte rangierte.[132]

4.2 Miltenberg

Durch seine außerordentlich günstige Verkehrslage erlangte Miltenberg im Spätmittelalter große wirtschaftliche Bedeutung und überflügelte in dieser Hinsicht sogar Aschaffenburg: an der Handelsstraße zwischen Frankfurt und Nürnberg bzw. Augsburg – die nächsten Etappenstationen waren Aschaffenburg und Tauberbischofsheim, jeweils eine Tagesreise entfernt – wurden hier die Waren vom Landweg auf den Wasserweg umgeschlagen. Schon im 13. Jahrhundert ist im Ort eine Judengemeinde bezeugt. Seit der Mitte des 14. Jahrhunderts betrieben die Mainzer Erzbischöfe hier eine Münzstätte (Abb. S. 147), 1367/68 verlieh Kaiser Karl IV. der Stadt das Stapelrecht.[133] Die Miltenberger Zollstätte war einträglicher als die Aschaffenburger: im Rechnungsjahr 1526/27 betrugen die Zolleinnahmen in Miltenberg 1003 Gulden, in Aschaffenburg 954 Gulden.[134] Auch das Steueraufkommen war höher: bei der Landsteuer des Jahres 1390 brachte die Stadt Miltenberg allein 30 % des Gesamtsteueraufkommens der ›Neun Städte‹ des Mainzer Oberstifts auf, gefolgt von Aschaffenburg mit 22 %; bei der Landsteuer von 1505 stand Miltenberg erneut mit 21,33 % des Gesamtsteueraufkommens an der Spitze, vor Tauberbischofsheim (19,33 %) und Aschaffenburg (17,33 %).[135] Miltenberg war Mitglied des ›Neun-Städte-Bunds‹ und besaß ein eigenes Zentgericht (Hochgericht) für die Stadt, das von dem Zentgerichtsbezirk der Umgebung getrennt war. Dem Stadtge-

Pfennig aus der Regierungszeit der Mainzer Erzbischöfe Konrad III. von Daun (1419–1434) und Dietrich Schenk von Erbach (1434–1459).

richt stand der erzbischöfliche Schultheiß vor, Oberhof, d. h. Rechtsbelehrungs- und Rechtsauskunftsstelle, war Aschaffenburg. Miltenberg fungierte seinerseits als Oberhof für Aschaffenburg, Buchen, Külsheim, Obernburg, Wörth (seit 1459), Stadtprozelten, König im Odenwald und Klingenberg (seit 1504). Das in der Stadt geltende Recht für die einzelnen Handwerker und Gewerbe wurde 1379 im Auftrag des Burggrafen Nikolaus von Grünberg durch den Ratsschreiber im sogenannten Miltenberger Stadtbuch fixiert.[136] 1407 eskalierten Spannungen zwischen der Bürgerschaft und dem Rat zu einem offenen Konflikt, in den der Stadtherr eingreifen mußte. Seitdem ist festgelegt, daß die Bürgergemeinde vier Vertreter in den Rat entsenden und keine Ratssitzung oder Rechnungslegung der Bürgermeister ohne die Präsenz des erzbischöflichen Burggrafen, Stadtschultheißen oder Kellers stattfinden durfte.[137]
Internationale Bekanntheit erlangte Miltenberg als Sammelpunkt für Pilger: aus ganz Süddeutschland, Böhmen und dem Balkan fanden sich in der Stadt regelmäßig alle sieben Jahre die Pilger zur Aachener Heiltumsfahrt ein, die häufig als Sühne für Totschlag auferlegt wurde, um von hier aus per Schiff nach Aachen weiterzureisen.[138]
In kirchlicher Hinsicht konnte Miltenberg allerdings mit seiner wirtschaftlichen Bedeutung nicht Schritt halten, da es bis ins 16. Jahrhundert nicht gelang, die Abhängigkeit von der alten Mutterpfarrei Bürgstadt abzustreifen. Im Laufe des 14. Jahrhunderts bildete sich in Miltenberg ein ›Halbstift‹ mit zwölf Altären und ebensovielen Altaristen heraus, das unter der Leitung des Plebans von Miltenberg stand.[139] Die Einwohnerzahl dürfte in etwa der von Aschaffenburg entsprochen haben.[140] Von dem wirtschaftlichen Wohlstand der Stadt im Spätmittelalter zeugen heute noch zahlreiche

stattliche Bürgerhäuser der Spätgotik und Renaissance. Der Humanist Johannes Butzbach, ein Sohn der Stadt, rühmt an Miltenberg die prächtigen Kirchen und bezeichnet den Hafen als den größten am Main: *Darumb so regiren die Miltenberger schiffleut und furleut den ganzen verkehr zwischen Nürnberg und Bamberg und Franckford.*[141]

4.3 Der Neun-Städte-Bund und das Ringen um die Landstandschaft

Etwa gleichzeitig mit der Einführung der Ratsverfassung in Aschaffenburg schlossen sich die Städte des Mainzer Oberstifts zu einem Bündnis zusammen, das bald nach der Zahl seiner Mitglieder ›Neun-Städte-Bund‹ genannt wurde. Zu diesem Bund gehörten die Städte Aschaffenburg, Miltenberg, Tauberbischofsheim, Buchen, Seligenstadt, Dieburg, Amorbach, Walldürn und Külsheim. Nur drei davon (Aschaffenburg, Miltenberg und Amorbach) liegen in Unterfranken. Eine Reihe von Städten des Oberstifts blieb dem Bündnis fern, nämlich alle, die später als Amorbach gegründet oder mit Stadtrecht ausgestattet wurden (Klingenberg, Wörth, Obernburg, Stadtprozelten, Mönchberg und Alzenau).

Erstmals ist der Begriff ›Neun Städte‹ im Jahr 1333 faßbar, als die Juden der neun Städte – wohl im Auftrag des Landesherrn als Inhaber des Judenregals – eine Summe von 1000 Pfund Heller an die Herren von Weinsberg bezahlten.[142] Im Jahr 1346 erhielten alle Städte dieses Bündnisses das gleiche Stadtrecht durch Erzbischof Heinrich III. von Virneburg: darin wurde allen Bürgern, ob männlich oder weiblich, arm oder reich, das freie Abzugsrecht garantiert und ihnen zugesichert, daß sie ohne Zustimmung ihrer Stadtschöffen keine Sondersteuern an den Stadtherrn aufbringen müßten. Der Stadtherr verpflichtete sich, über die ›gerechte Bede‹ hinaus keine Sondersteuer von der Bürgerschaft zu erheben, es sei denn, daß die Mehrheit des Mainzer Domkapitels einen außergewöhnlichen Notstand für das ganze Erzstift feststellte. Die Höhe des von den einzelnen Städten aufzubringenden Ungelds, einer Getränkesteuer, wurde schriftlich fixiert.[143] Möglicherweise ging die Initiative zum Zusammenschluß der Städte des Mainzer Oberstifts von der Regierung in Mainz aus, die für alle Städte einen gleichen Rechtsstatus herstellen und aus Gründen der Verwaltungsvereinfachung mit allen Städten gemeinsam über die Erhebung von Steuern verhandeln wollte.[144]

Die ›Neun Städte‹ begriffen sich in ihrem Landesteil, dem Mainzer Oberstift, als legitime Vertreter des ganzen Landes, d. h. der Gesamtbevölkerung, gegenüber dem Landesherrn, so wie dies auf der Ebene des Gesamtterritoriums das Domkapitel tat. Sie strebten daher nach Landstandschaft, d. h. nach rechtlich anerkanntem Mitspracherecht in der Landespolitik; ihr

Ansatzpunkt hierzu war das Steuerwesen. Das Mitspracherecht des Neun-Städte-Bundes, das sich ursprünglich auf die Bewilligung von außerordentlichen Landsteuern beschränkte[145], steigerte sich im Laufe des Spätmittelalters bis zur Teilhabe an der Landstandschaft: im Jahr 1480 schlossen Erzbischof und Domkapitel von Mainz einen Vertrag, nach dem die Regierungsgewalt im Falle einer Sedisvakanz bei Vertretern des Domkapitels, der Stadt Mainz, den Ämtern des Rheingaus, den Neun Städten des Oberstiftes und dem Viztum des Rheingaus liegen sollte.[146]
Unter Kardinal Albrecht von Brandenburg waren die ›Neun Städte‹ schließlich in vollem Besitz des Steuerbewilligungsrechtes[147], bis dieses Städtebündnis im Gefolge des Bauernkrieges von der Regierung aufgehoben wurde.

4.4 Gesellschaft, Wirtschaft, Handel

Wie sah nun die Bevölkerung der mittelalterlichen Städte aus? Adel und reiche Bürger, das Patriziat, bildeten die Oberschicht; eine breite Mittelschicht bestand aus Zunfthandwerkern; die Unterschicht setzte sich zusammen aus den ärmsten Teilen der Handwerkerschaft und den Gesellen, einem großen Teil der Nichtbürger (Tagelöhner, Knechte, Dienstpersonal). Es gab in rechtlicher Hinsicht zwei Bevölkerungsklassen: Bürger und Nichtbürger, d. h. Einwohner ohne Bürgerrecht. Der Rechtsgrundsatz ›Stadtluft macht frei‹ wurde zwar nicht formal, aber inhaltlich im Spätmittelalter dadurch eingeschränkt, daß nicht jeder Zuzügler nach einer gewissen Frist das Bürgerrecht erhielt oder sich als Handwerker bzw. Gewerbetreibender niederlassen konnte, denn die Zünfte schlossen sich schon bald gegen Zustrom von außen ab. Insgesamt war auch das städtische Milieu noch recht ländlich geprägt: viele Bürger besaßen einen Acker, Garten oder Weinberg, den sie selbst bebauten, und hielten eigenes Vieh; wir hören immer wieder von Konflikten wegen der Nutzung der städtischen Weidegründe. Einen rechtlichen Sonderstatus genossen die Geistlichen, die dem kanonischen Recht unterstanden und nicht den städtischen Behörden unterworfen waren, woraus sich immer wieder Konflikte ergaben[148], und die Juden, die direkt dem König oder dem Landesherrn unterstellt waren und ihre Angelegenheiten weitgehend selbst regelten. Jüdische Gemeinden scheinen bereits 1333 in allen ›Neun Städten‹ des Mainzer Oberstifts bestanden zu haben. Während der Armlederbewegung 1337 und der Pestepidemie 1348/49 wurden die Juden von Verfolgung und Vertreibungen betroffen; sie haben sich jedoch bald wieder angesiedelt. 1470 wurden die Juden des gesamten Erzstifts ausgewiesen.[149] Eine nicht unerhebliche Randgruppe bildeten schließlich die zahlreichen ›unehrlichen Berufe‹.[150]

Das Wirtschaftsleben war, wie schon angedeutet, noch stark auf die landwirtschaftlichen Grundlagen bezogen; die Nahrungsmittelgewerbe (Metzger, Bäcker, Fischer und Häcker bzw. Winzer) und die mit ihm verwandten Zweige (Bender, d. h. Faßmacher) standen ganz im Vordergrund; die Angehörigen dieser Zünfte machten etwa in Aschaffenburg die Hälfte der gesamten Zunfthandwerkerschaft aus. An zweiter Stelle folgte das Bekleidungsgewerbe mit den Webern, Schneidern und Schuhmachern, erst dann kamen die Metall- und Lederverarbeitung (Gerber) sowie das Bauwesen.[151] Das gesamte Gewerbe war in Zünften organisiert, welche die Produktion reglementierten, den Markt untereinander aufteilten und sich nach außen hin immer mehr abschlossen. Der Handel teilte sich in den örtlichen Kleinhandel, den die Mitglieder der jeweiligen Krämerzunft abwickelten, und den Groß- und Fernhandel, der von wenigen Großbürgern betrieben wurde wie in Aschaffenburg etwa Lorenz Dubeney, dessen Geschäftsverbindungen von Spanien bis England reichten.[152] Exportiert wurden hauptsächlich Wein, Aschaffenburger Tuche, Miltenberger Sandstein, Spessartholz, Spessartglas und Getreide.

Vergleicht man die einzelnen Städte des Mainzer Oberstifts hinsichtlich ihrer Steuerkraft, so ergibt sich folgendes Bild:

Stadt	1390	1496/97	1505	Gesamter Anteil
1. Miltenberg	30	17	21	68
2. Aschaffenburg	22	24	17	63
3. Dieburg	15	–	16	[31:2 × 3 = 46,5]
4. Tauberbischofsheim	11	15	19	45
5. Seligenstadt	12	14	15	41
6. Amorbach	5	7	4	16
7. Buchen	3	9	3	15
8. Külsheim	–	4	4	–
9. Walldürn	1	3	–	
Obernburg	–	5	–	–
Wörth	–	3	–	–

[Erläuterungen: Angegeben wird der prozentuale Anteil der jeweiligen Stadt am Gesamtsteueraufkommen aller Städte, gerundet. Letzte Kolumne: Gesamter Anteil = Addition der einzelnen prozentualen Anteile. Die Städte Obernburg und Wörth gehörten nicht dem ›Neun-Städte-Bund‹ an und sind nur in einer der drei Quellen überliefert, weshalb sie hier außer Konkurrenz rangieren. Quellen: für 1390: Höbelheinrich, S. 25

(Külsheim war damals an die Grafen von Wertheim verpfändet). 1496/97: Stadtarchiv Frankfurt, Reichssachen Nachträge 2762. 1505: Höbelheinrich, S. 26.]
An der Spitze aller Städte stehen also Miltenberg und Aschaffenburg, gefolgt von einer Mittelgruppe aus Dieburg, Tauberbischofsheim und Seligenstadt sowie einem zahlreichen ›Unterhaus‹, angeführt von Amorbach und Buchen.

4.5 Kirche und Kultur

Der Adel und das aufstrebende Bürgertum des Mainzer Oberstifts konnten auch im Spätmittelalter mit dem Landesherrn oder der Kirche in kultureller Hinsicht nicht konkurrieren. In Aschaffenburg war der Mainzer Erzbischof mit seiner dortigen Residenz bei weitem der größte ›Kulturfaktor‹. In den Jahren nach 1500 erlebte das Erzstift eine Kunstblüte, die weder vorher noch nachher jemals wieder erreicht werden konnte: »Man muß sich das (Aschaffenburger) Schloß mit allen Köstlichkeiten ausgestattet vorstellen, die Spätgotik und Renaissance in Nürnberg, Augsburg, Frankfurt, Mainz zu produzieren vermochten«.[153]
In Aschaffenburg und der Umgebung wirkten zu dieser Zeit der Maler Matthias Grünewald[154], die Bildhauer Hans Backoffen[155] und Tilman Riemenschneider[156]. Grünewald war zwischen 1480 und 1490 in Aschaffenburg tätig und wurde unter Erzbischof Uriel von Gemmingen 1511 Werkmeister beim Ausbau des Aschaffenburger Schlosses; diese Funktion behielt er auch unter Kardinal Albrecht von Brandenburg bis zum Ausbruch des Bauernkrieges. Er hatte damit die Oberaufsicht über den riesigen Aschaffenburger Kunstbesitz und legte einen gewaltigen Springbrunnen im Schloßhof an, zu welchem das Wasser mit großem technischen Aufwand vom Main hochgepumpt werden mußte.
Die Auftragsproduktion für Hof und Kirche herrschte vor; eigene Zünfte von Künstlern oder Kunsthandwerkern gab es in Aschaffenburg oder Miltenberg nicht.
Als kulturtragende Schicht blieb aber auch im Spätmittelalter die Geistlichkeit tonangebend, vor allem in Aschaffenburg mit seiner zahlreichen Stiftsgeistlichkeit (Farbbild S. 166). Nur hier bestand ein Publikum, das wissenschaftlich vorgebildet und interessiert war, welches dann auch das Reservoir für die anspruchsvolleren Verwaltungsämter des Kurfürsten bildete.[157]
Beim Stift Aschaffenburg existierte eine eigene Bibliothek[158] und eine Schule, deren Rang jedoch nicht allzu hoch anzusetzen ist. Weitere Schulen gab es in Amorbach an der Abtei und in Miltenberg, wo bereits 1379 die Stadt, der Präsenzfonds der Kirche St. Jakob und der Mainzer Erzbischof

jeweils einen Schulmeister finanzierten. In Obernburg erteilte der Frühmesser im 15. Jahrhundert Elementarunterricht. In Klingenberg, Wörth, Stadtprozelten und Alzenau bestanden keine Schulen.[159] Ein Plan des Stiftsscholasters Dietrich Ebbracht († 1462), die Aschaffenburger Stiftsschule im Sinne des Humanismus umzugestalten und eine Ausbildungsstätte für Juristen zu schaffen, ist nicht über das Anfangsstadium hinaus gediehen.[160]

Literarische Zeugnisse sind äußerst rar. Aus Miltenberg stammt der Humanist und Prior von Maria Laach, Johannes Butzbach (1478–1516), der in seiner Lebensbeschreibung seine Heimatgegend sehr anschaulich schilderte.[161] Ansonsten sind nur wenige Äußerung von fremden Reisenden überliefert: 1447 weilte Enea Silvio Piccolomini, der spätere Papst Pius II., in Aschaffenburg, und 1495 besuchte der weitgereiste Nürnberger Arzt Hieronymus Münzer die Stadt[162]

Die bedeutendsten geistlichen Institutionen waren neben dem Stift Aschaffenburg die Benediktinerabteien Seligenstadt und Amorbach. Die Frauenklöster in Schmerlenbach (Benediktinerinnen) und Himmelthal (Zisterzienserinnen) dienten eher als Versorgungseinrichtungen denn als kulturelle Zentren von Bedeutung. Das Oberstift war keine Klosterlandschaft: weder Zisterzienser, noch Ritter- oder Bettelorden haben sich hier niedergelassen.

Anmerkungen

1 Christ, Aschaffenburg (HAB Teil Franken 12), S. 14f.

2 Staatsarchiv Darmstadt, Handschrift C 1 Nr. 76. Druck: H. A. Erhard, Erzbischöflich-Mainzische Heberolle aus dem 13. Jahrhundert, in: Archiv für Geschichte und Alterthumskunde Westphalens 3, 1840, Neudruck Osnabrück 1971, S. 1–71. Christ, wie Anm. 1, S. 13 datiert diese Quelle auf die Zeit nach 1278, Störmer, Miltenberg (HAB Teil Franken 25), S. 61 auf 1248.

3 Bayerischer Geschichtsatlas, hg. von M. Spindler, 1969, Karte S. 22f.; zu Mönchberg vgl. Fischer, Aschaffenburg im Mittelalter, S. 86; Fächer, Alzenau (HAB Teil Franken 18), S. 55 behauptet eine Stadterhebung für Großwelzheim 1401; er sitzt dabei einem Irrtum seiner Quelle auf, die Welmizheim (Großwelzheim) mit Wilmundsheim (Alzenau) verwechselt.

4 Vgl. unten Kap. 1.2. Die wichtigen Reichsburgen Klingenberg und Prozelten entstanden freilich schon im 12. Jahrhundert: Störmer, wie Anm. 2, S. 88.

5 Vgl. Büll, Quellen und Forschungen zur Geschichte der mittelalterlichen Frauenabtei Schmerlenbach im Spessart, S. 959.

6 Vgl. J. Kittel, Das Cisterzienserinnenkloster Himmelthal, in: AUFr 47, 1905, S. 239, Nr. 1.

7 Vgl. W. Störmer, Die Rolle der höfischen Tugendbegriffe fröude, milte, êre im politischen Spannungsfeld zwischen dem Hochstift Würzburg und dem Erzstift Mainz, in: WDGBl 42, 1980, S. 1–10; Ders., Stützpunktpolitik im 13. und 14. Jahrhundert. Wittelsbachische Territorienbildungsversuche in Mainfranken, in: FS A. Kraus, 1982; Ders., wie Anm. 2, S. 58–60; R. Vocke, Die Entwicklung der herrschaftlichen und rechtlichen Verhältnisse im

Landkreis Miltenberg bis zu Übergang an Bayern, phil. Diss. Würzburg 1960; erste Erwähnung 1226: Böhmer/Will, Regesten zur Geschichte der Mainzer Erzbischöfe bis 1288, II, S. 192, Nr. 507.

8 Demandt, Der Endkampf des staufischen Kaiserhauses, S. 102–164; vgl. auch H. Grundmann, in: Gebhardt, Handbuch der deutschen Geschichte, 9. Aufl. 1979, I, § 41.

9 Fächer, wie Anm. 3, S. 37.

10 Regesta Imperii, V, Nr. 5021; Reimer, Urkundenbuch zur Geschichte der Herren von Hanau, 1, Nr. 259. Die Rannenburg bei Alzenau gehörte den Herren von Kälberau; eine ihrer Linien nannte sich nach der Rannenburg, vgl. Fächer, wie Anm. 3, S. 47f. und G. Schenk zu Schweinsberg, Die Burgen Ronneburg und Rannenberg und ihre Besitzer, in: Mitteilungen des Hanauer Bezirksvereins für hessische Geschichte und Landeskunde 5, 1876, S. 24–44.

11 Jürgensmeier, Das Bistum Mainz, 1988, S. 101–105; Demandt, wie Anm. 8, S. 115: »einer der großen Verratsfälle unserer Geschichte«; ADB 4, S. 260–262.

12 Jürgensmeier, wie Anm. 11, S. 106; ADB 4, S. 170; NDB 3, S. 227.

13 Demandt, wie Anm. 8, S. 154.

14 Vgl. u. Kap. 1.4; Fischer, wie Anm. 3, S. 66f.; Voltmer, in: Der Rheinische Städtebund von 1254/56. Katalog zur Landesausstellung Worms, S. 17f.

15 Erster Beleg als Aschaffenburger Stiftsvögte 1187 bei Thiel, Urkundenbuch des Stifts St. Peter und Alexander zu Aschaffenburg, Nr. 31; Ruf, Die Grafen von Rieneck, II, S. 114f. vermutet, daß die Rienecker dieses Amt schon ca. 1150–1160 erhielten.

16 Störmer, wie Anm. 2, S. 82.

17 Ebd.

18 Thiel, wie Anm. 15, Nr. 61.

19 Zur Lokalisierung vgl. E. Pfahler, Rottenberg. Geschichte eines Dorfes im Vorspessart, 1978, S. 22–39.

20 Fischer, wie Anm. 3, S. 68f.

21 F. V. v. Gudenus, Codex Diplomaticvs, I, S. 671; Cramer, Landeshoheit und Wildbann im Spessart, S. 84.

22 Gudenus, wie Anm. 21, I, S. 682–686; Cramer, wie Anm. 21, S. 84.

23 Wohner, Obernburg (HAB Teil Franken 17), S. 51.

24 Gudenus, wie Anm. 21, I, S. 718; Cramer, wie Anm. 21, S. 84.

25 Gudenus, wie Anm. 21, I, S. 735–738: Vergleich zwischen Rieneck und Mainz 1271, in welchem u.a. die beiderseitigen Gefangenen gegen Geldzahlungen freigelassen werden; Thiel, wie Anm. 15, Nr. 84: Dekan Volrad von Aschaffenburg verleiht die stiftischen Güter in Langenprozelten, die durch Brand, Raub u.a. verwüstet worden sind, gegen einen Zins an Gottfried Voit von Rieneck.

26 Wohner, wie Anm. 23, S. 52; Störmer, wie Anm. 2, S. 82 und 84.

27 Cramer, wie Anm. 21, S. 84f.: »Für Rieneck war der Ausgang dieser Fehde zugleich ein Wendepunkt. Die Grafschaft hat sich nicht wieder davon erholt, und ihre weitere Geschichte ist ein langsamer Verfall.« Ruf, wie Anm. 15, I, S. 159f. hält dieses Urteil Cramers für »überzogen«.

28 Cramer, wie Anm. 21, S. 85.

29 Thiel, wie Anm. 15, Nr. 167; Fischer, wie Anm. 3, S. 77–79.

30 Jürgensmeier, wie Anm. 11, S. 134; vgl. zu dem Gesamtkomplex Fischer, wie Anm. 3, S. 80f.

31 Vgl. dazu Fischer, wie Anm. 3, S. 83 und 137f.

32 Ebd., S. 85.

33 Wohner, wie Anm. 23, S. 58.

34 Vgl. F. Burgard, Das Itinerar König Karls IV. von 1346 bis zum Antritt des Italienzuges 1354, in: Kurtrierisches Jahrbuch 19, 1979, S. 68–110. Burgard betont die Rolle der Mainlinie als Bindeglied zwischen Luxemburg und Böhmen.

35 Vgl. Störmer, Marktheidenfeld (HAB Teil Franken 10), S. 43; Fischer, wie Anm. 3, S. 86.

36 Vgl. H. Müller, Oberhof und Territorialstaat, 1978, S. 70; Fischer, wie Anm. 3, S. 86.

[37] H. Raab, Aschaffenburg und das Wiener Konkordat, in: AJb 4, 1957, S. 463–470.
[38] Jürgensmeier, wie Anm. 11, S. 158; vgl. M. Hannappel, Die in Aschaffenburg tagenden Provinzialsynoden, in: AJb 4, 1957, S. 439–461, hier S. 456 f. (»convocacio nationalis principalium principum nacionis Germanice«).
[39] Jürgensmeier, wie Anm. 11, S. 158; ADB 5, S. 185–186; NDB 3, S. 679 f.
[40] Fischer, wie Anm. 3, S. 94–97. Zur Rolle der ›Neun Städte‹ vgl. Höbelheinrich, Die ›9 Städte‹ des Mainzer Oberstifts, S. 12 f. und S. 139–141.
[41] Vgl. K. Arnold, Niklashausen 1476, 1980.
[42] Jürgensmeier, wie Anm. 11, S. 165 f.
[43] St. A. Würdtwein, Nova subsidia diplomatica, Neudr. Frankfurt 1969, V, S. 105–109; Fenner, Die Erwerbspolitik des Erzbistums Mainz, S. 95 f.
[44] Ruf, wie Anm. 15, I, S. 194.
[45] Vgl. zu ihnen Störmer, wie Anm. 2, S. 73–79.
[46] Böhmer/Will, wie Anm. 7, II, S. 379, Nr. 254.
[47] Ebd., II, S. 380, Nr. 264.
[48] R. Schröder, Oberrheinische Stadtrechte. Erste Abt.: Fränkische Rechte, Heft 3, 1895, S. 213 f.
[49] Vogt, Regesten der Erzbischöfe von Mainz (1289–1328), I, Nr. 254.
[50] Ebd., Nr. 352.
[51] Höbelheinrich, wie Anm. 40, S. 7 f.
[52] Ruf, wie Anm. 15, I, S. 174.
[53] Störmer, wie Anm. 2, S. 79.
[54] Ebd., S. 80 f.; Ders., Stützpunktpolitik im 13. und 14. Jahrhundert, wie Anm. 7.
[55] Störmer, wie Anm. 2, S. 88.
[56] Fächer, wie Anm. 3, S. 30
[57] Ebd., S. 28.
[58] Ebd., S. 32.
[59] Ebd., S. 34.
[60] Ebd., S. 53.
[61] Cramer, wie Anm. 21, S. 87 spricht von Kolonisten und A. Klein, Studien zur Territorienbildung am unteren Main, Diss. Würzburg 1938, S. 90 von Rodungsfreiheit.
[62] Reimer, wie Anm. 10, 4, Nr. 572 (1391 Sept. 8).
[63] Fächer, wie Anm. 3, S. 55.
[64] E. Keyser/H. Stoob, Bayerisches Städtebuch, Teil 1, 1971, S. 39; Fächer, wie Anm. 3, S. 55 verwechselt Alzenau mit Großwelzheim!
[65] Reimer, wie Anm. 10, 3, Nr., 383.
[66] Christ, wie Anm. 1, S. 40.
[67] G. Hoch, Aus der Geschichte des Bachgaues, in: AJb 3, 1956, S. 86.
[68] Fenner, wie Anm. 43, S. 33.
[69] Ebd., S. 48.
[70] Vogt, wie Anm. 49, I, Nr. 707.
[71] Fenner, wie Anm. 43, S. 68; Vogt, wie Anm. 49, I, Nr. 1224.
[72] Höbelheinrich, wie Anm. 40, S. 7 f.
[73] Am 23. Mai 1313 kaufte Erzbischof Peter vom Stift Aschaffenburg die Vogtei über das Dorf Oberburg, um es zur befestigten Stadt erheben zu können: Thiel, wie Anm. 15, Nr. 222. Zu Obernburg vgl. auch Schröder, wie Anm. 48, Heft 4, S. 361–366.
[74] Cramer, wie Anm. 21, S. 100; zum Spessart im allgemeinen vgl. Siebert, Der Spessart. Eine landeskundliche Studie, 1934.
[75] Krimm, Die mittelalterlichen und frühneuzeitlichen Glashütten im Spessart, S. 220.
[76] Vgl. Bayerischer Geschichtsatlas, wie Anm. 3, Karte S. 25 (Franken um 1500).
[77] A. Gerlich in: M. Spindler, HbbG, 3.1, [2]1979, S. 293.
[78] Zur Familie Rüdt vgl. Störmer, wie Anm. 2, S. 90–94.
[79] K. Diehl, Die Freiherren von Fechenbach, 1951.
[80] Gerlich, wie Anm. 77, S. 276, nach Störmer, Marktheidenfeld, wie Anm. 35.

[81] Otto Meyer, Unterfranken. Ein Abriß seines Weges durch die Jahrhunderte, 1979, S. 8.
[82] Fischer, wie Anm. 3, S. 286f.
[83] Vgl. Bayerischer Geschichtsatlas, wie Anm. 3, Karte S. 38: Die Mainzölle zwischen Bamberg und Frankfurt vom Spätmittelalter bis 1803. Alle genannten Zölle waren mainzisch mit Ausnahme von Wertheim (Grafen von Wertheim) und Freudenberg (Hochstift Würzburg).
[84] Zum Viztumamt vgl. UFrGesch. 1, S. 273; Christ, wie Anm. 1, S. 63–66; Fischer, wie Anm. 3, S. 149–155.
[85] Abrechnung über Viztumamt durch Eberhard von Fechenbach ohne Datum, ca. 1398 in StAW, Mainzer Ingrossaturbücher 13, f. 75' (der Erzbischof bleibt seinem Beamten noch 750 Gulden schuldig!). In den Mainzer Ingrossaturbüchern des Staatsarchivs Würzburg finden sich zahlreiche Verschreibungen und Abrechnungen über das Viztumamt Aschaffenburg seit dem späten 14. Jahrhundert: z.B. Bd. 14, f. 72' (Hamman Echter 1404), Bd. 16, f. 63' (Dieter Landschade 1420), Bd. 22, f. 126 (Peter von Rosenbach 1435).
[86] Christ, wie Anm. 1, S. 64.
[87] Z. B. StAW, Mainzer Ingrossaturbücher 14, f. 73 (Hamman Echter 1404 wegen einer Schuld von 2500 Gulden).
[88] StAW, Mainzer Ingrossaturbücher 3, f. 29.
[89] Christ, wie Anm. 1, S. 65; vgl. u. Kap. 3.2.
[90] Titel des mainzischen Amtsträgers im Bezirk Amorbach: 1319 Burgvogt, 1342 Burggraf, 1358 Vogt von Wildenberg; 1400 Amtmann von Amorbach; seit 1339 ist ein Keller nachweisbar, 1482–1485 erfolgte der Bau des heute noch bestehenden Kellereigebäudes: Störmer, wie Anm. 2, S. 165–174.
[91] Bis Mitte des 14. Jahrhunderts war Bürgstadt Mittelpunkt des Amtsbezirks; der Schultheiß von Miltenberg war zunächst auch Burghauptmann; seit 1340 ist hier ein Keller bezeugt: Störmer, wie Anm. 2, S. 174–179.
[92] Stadtarchiv Frankfurt, Reichssachen Nachträge Nr. 2762. Das Steueraufkommen des Viztumamts Aschaffenburg enthält auch die Steuer der Geistlichkeit im Kommissariat Aschaffenburg (29% des Steueraufkommens im Viztumamt!). Es fehlen bzw. sind nicht einzeln aufgeführt die Städte Klingenberg, Stadtprozelten, Mönchberg und Alzenau sowie der Kellereibezirk Dieburg. Bei den nicht-unterfränkischen Ämtern ist zu berücksichtigen, daß diese vielfach stark durchsetzt sind mit Dörfern fremder Herrschaften, die keine Steuer entrichteten. Vgl. Schmid, Der Gemeine Pfennig von 1495, 1989, S. 487–490, 558, 564.
[93] Wohner, wie Anm. 23, S. 75.
[94] Christ, wie Anm. 1, S. 74.
[95] Klein, wie Anm. 61, S. 107.
[96] Wohner, wie Anm. 23, S. 74.
[97] Christ, wie Anm. 1, S. 71; Wohner, wie Anm. 23, S. 72 und 75f.
[98] Störmer, wie Anm. 2, S. 159f.
[99] Ebd., S. 152.
[100] Ebd., S. 157–159.
[101] Ebd., S. 153–156.
[102] Ebd., S. 160–162; hierher gehörten aber auch die unterfränkischen Orte Neunkirchen, Richelbach und Umpfenbach.
[103] Christ, wie Anm. 1, S. 76.
[104] Wohner, wie Anm. 23, S. 78.
[105] Zur Tätigkeit des Stadtgerichts vgl. Fischer, wie Anm. 3, S. 190–194 nach dem erhaltenen Stadtgerichtsbuch 1387–1502 im StAW, G 12323.
[106] Christ, wie Anm. 1, S. 80–83 und Fischer, wie Anm. 3, S. 187–198.
[107] Fath, Das archidiakonale Gericht zu Aschaffenburg, S. 51–249, bes. Karte S. 70 (Sprengel) und S. 112–153 (Kompetenzen).
[108] Wohner, wie Anm. 23, S. 80.
[109] Weistum der Zent zur Eich, undatiert, ed. bei Jacob Grimm, Weisthümer, Neudr. Darmstadt 1957, III, S. 553–557 (von Störmer, wie Anm. 2, S. 151 auf 1473 datiert).

[110] Christ, wie Anm. 1, S. 80.
[111] Wohner, wie Anm. 23, S. 83.
[112] Ebd., S. 86.
[113] Zum Amt des Kellers vgl. Fischer, wie Anm. 3, S. 155–157 und Christ, wie Anm. 1, S. 67 (für Aschaffenburg); Störmer, wie Anm. 2, S. 165–174 (für Amorbach) und S. 174–179 (für Miltenberg).
[114] Kellereiabrechnungen für Aschaffenburg 1420 im StAW, Mainzer Ingrossaturbücher 16, f. 41 (Jan. 17), f. 64' (Mai 6) und f. 85 (Mai 6).
[115] Christ, wie Anm. 1, S. 67.
[116] Fischer, wie Anm. 3, S. 139f.
[117] Störmer, wie Anm. 2, S. 175.
[118] Christ, wie Anm. 1, S. 67, Fischer, wie Anm. 3, S. 156.
[119] Störmer, wie Anm. 2, S. 177f.
[120] Wohner, wie Anm. 23, S. 104f.
[121] E. Pfahler, Forsthuben und Großhöfe, in: E. Roth (Hg.), Hösbach. Geschichte und Gegenwart eines Dorfes vor dem Spessart, 1983, S. 52–75; vgl. Christ, wie Anm. 1, S. 16: Hösbach als Sitz der ›reitenden Förster‹ war Zentrum der mainzischen Forstaufsicht über den Spessart; daneben befand sich hier die Sternhube, deren Inhaber als Berittener für Sonderaufgaben eingesetzt wurde. Die erste Verleihung einer Forsthube an Hans Gundelwein zu Hösbach datiert aus dem Jahr 1360: StAW, Mainzer Ingrossaturbücher 5, f. 452; der erste Beleg für Mespelbrunn datiert erst 1412 (Christ, wie Anm. 1, S. 17).
[122] Christ, wie Anm. 1, S. 16.
[123] Weber, Die Geschichte der Spessarter Forstorganisation, 1954, S. 17.
[124] Christ, wie Anm. 1, S. 18.
[125] Abschrift von 1589 im StAW, Akten G 11 897; gedr. bei K. Vanselow, Die Waldbautechnik im Spessart, 1926, S. 171f.; Lit.: Weber, wie Anm. 123; Ders., Die Forstrechtssetzung über den Spessart in Kurmainzer Zeit, in: AJb 2, 1955, S. 250–262; Vanselow, Zur Geschichte der Spessarter Forstorganisation, S. 263–270; Datierung des Försterweistums auf 1338 durch Krimm, wie Anm. 75, S. 37ff.
[126] Weber, wie Anm. 123, S. 22ff. Dort sind Name, Amtsdauer, Beleihungsurkunden, Funktionen und Besoldung der Forstmeister lückenlos nachgewiesen.
[127] Vgl. das Beispiel von Heinrich Geiling 1354, StAW, Mainzer Ingrossaturbücher 3, f. 29.
[128] StAW, Mainzer Ingrossaturbücher 14, f. 88: Henner von Hofheim erhielt 1404 für 500 Gulden, die er aus seiner Amtstätigkeit als Viztum beim Erzbischof gut hatte, das Forstmeisteramt verschrieben; seine Aufgaben bestanden darin, Wald, Wild, Wasser, Weide, Äcker, Wiesen und andere Zugehörungen des Amtes zu bereiten, schützen, schirmen und hegen; seine Amtszeit sollte enden, wenn der Erzbischof seine Schuld beglich.
[129] Weber, wie Anm. 123, S. 31f.
[130] Vanselow, Geschichte, wie Anm. 125, S. 265.
[131] Zu diesem ganzen Abschnitt vgl. Fischer, wie Anm. 3, S. 60–101.
[132] Ebd., S. 222–227.
[133] Zu Miltenberg allgemein vgl. W. Störmer, Die Anfänge der Stadt Miltenberg, in: 750 Jahre Stadt Miltenberg, 1987, S. 105–125; W. O. Keller, Wirtschaftliche Beziehungen der Abtei Amorbach zu Miltenberg, in: F. Oswald/W. Störmer, Die Abtei Amorbach im Odenwald, 1984, S. 229–243; W. Störmer, 750 Jahre Stadt Miltenberg am Main, in: Schönere Heimat, 76, 1987, S. 144. Zum Stapelprivileg von 1367/68 vgl. Keller, S. 230 und Störmer, 750 Jahre Stadt Miltenberg am Main, S. 144; zur Münze vgl. W. Diepenbach, Die Tätigkeit der mainzischen Münzstätten, in: Deutsche Münzblätter 54, 1934; vgl. die Schilderung der Lage und Wirtschaftsbedeutung durch Johannes Butzbach, wie Anm. 161.
[134] StAW, Mainzer Rechnungen 39939.
[135] Fischer, wie Anm. 3, S. 207f.
[136] Abschrift: StAW, Mainzer Bücher verschiedenen Inhalts, 78; Druck: Schröder, wie Anm. 48, Heft 4, 1898, S. 307–325.
[137] Störmer, 750 Jahre Stadt Miltenberg am Main, wie Anm. 133, S. 144.

[138] W. Brod/O. Meyer, Weistümer, Ordnungen und Satzungen der Fischer- und Schifferzunft zu Miltenberg 1379–1919, MainfrH 85, 1988, S. 14f.; vgl. H. Schiffers, Aachener Heiltumsfahrt, Veröff. des Bischöflichen Diözesanarchivs Aachen 5, 1937.

[139] N. Schmitt, Aus Kirchen- und Pfarrgeschichte von Miltenberg, in: 750 Jahre Stadt Miltenberg, S. 202.

[140] Keller, wie Anm. 133, S. 231 gibt für das Jahr 1551 510 Steuerzahler an, was einer Einwohnerzahl von über 2000 Seelen entspricht.

[141] Zitiert nach: J. J. Häßlin, Frankfurt, 1954, S. 170–173.

[142] BHStAM, Mainzer Urkunden Nr. 2660.

[143] BHStAM, Mainzer Urkunden Nr. 994 (Aschaffenburg); Druck: Schröder, wie Anm. 48, H. 3, S. 212f., für Miltenberg auch ebd. H. 4, S. 328f. Vgl. Höbelheinrich, wie Anm. 40, S. 8f. und Fischer, wie Anm. 3, S. 137f.

[144] Vgl. Fischer, wie Anm. 3, S. 353.

[145] Höbelheinrich, wie Anm. 40, S. 23 und 31. 1386 scheint das Bündnis ein gewisses Mitwirkungsrecht bei Bewilligung von außerordentlichen Steuern gehabt zu haben; 1439 wurde es offiziell bei den Beratungen um die Landsteuer hinzugezogen.

[146] Ebd., S. 33, Fischer, wie Anm. 3, S. 355, dort weitere Lit.

[147] Höbelheinrich, wie Anm. 40, S. 33–50, dort Nachweise.

[148] Fischer, Kirchenrecht und Alltagsleben – Das Spannungsfeld von Geistlichkeit und Bürgerschaft im spätmittelalterlichen Aschaffenburg, in: FS R. Weigand, 1989, S. 222–240.

[149] A. Maimon (Hg.), Germania Judaica, 3.1, 1987, S. 30–33 (Aschaffenburg); Fischer, wie Anm. 3, S. 267–273.

[150] Fischer, wie Anm. 3, S. 364; W. Danckert, Unehrliche Leute. Die verfemten Berufe, 1963, [2]1979.

[151] Fischer, wie Anm. 3, S. 308.

[152] Zu Dubeney vgl. ebd., S. 92f.; zum Handel allgemein vgl. ebd. S. 293–307; ferner R. Grimm, Handel und Gewerbe der Stadt Aschaffenburg vom 14. Jahrhundert bis zum Ende des Dreißigjährigen Krieges, Diss. masch. Innsbruck 1964.

[153] W. Braunfels, Die Kunst im Heiligen Römischen Reich Deutscher Nation, II: Die geistlichen Fürstentümer, 1980, S. 60.

[154] Zülch, Der historische Grünewald, Anm. 65; Saran, Reitzmanns Maria-Schnee-Stiftung und Grünewalds Altar – Humanistisch gesehen, in: AJb 7, 1981, S. 263–371. Von Grünewald stammt die Beweinung in der Aschaffenburger Stiftskirche und ein Altar in der dortigen Maria-Schnee-Kapelle (Mittelteil jetzt in Stuppach).

[155] Goeltzer, Der ›Fall Hans Backoffen‹, Teil 1, Mainzer Zs. 84/85, 1989/90, S. 1–78. Backoffen oder seiner Schule zugeschrieben wurden die Kreuzigungsgruppen in Großostheim und Hessenthal und ein Kruzifix in Miltenberg (nach Goeltzer, S. 25); Hessenthal ist jedoch nach Goeltzer, S. 58–60 ein Werk von Peter Schro.

[156] Katalog ›Tilman Riemenschneider – Frühe Werke –‹, S. 322–323; Schneider, Zu den Spuren Riemenschneiders im Raum Aschaffenburg, S. 47–87. Von Riemenschneider stammen Beweinungsgruppen in Hessenthal und Großostheim.

[157] I. H. Ringel, Studien zum Personal der Kanzlei des Mainzer Erzbischofs Dietrich von Erbach (1434–1459), 1980.

[158] Fischer, Privatbesitz von Büchern im mittelalterlichen Aschaffenburg, S. 1–32, hier S. 28.

[159] Keyser/Stoob, wie Anm. 64.

[160] H. Koller, Dietrich Ebbracht, in: AJb 8, 1984, S. 145–256, hier S. 239 und 243.

[161] Johannes Butzbach, Chronica eines fahrenden Schülers oder Wanderbüchlein. Aus der lateinischen Handschrift übersetzt und mit Beilagen vermehrt von Damian Johann Becker, 1869; zu den übrigen vgl. Fischer, wie Anm. 3, S. 100.

[162] Piccolomini zit. bei H. Ring, Einleitung, in: F. Mader, KDB Aschaffenburg, 1918, S. 18; A. Ruland, Der Besuch des Nürnberger Arztes Hieronymus Münzer bei Bischof Rudolph von Scherenberg in Wirzburg 1495, in: AUFr 14, 1858, 3, S. 215–226.

Literatur (Auswahl)

Quellen:

a) Erzstift Mainz: Das Mainzer Urkundenbuch (hg. von M. Stimming und P. Acht, 1932–1971) reicht nur bis zum Jahr 1200; für die Folgezeit sind die Regesten der Erzbischöfe von Mainz heranzuziehen, hg. von J. F. Böhmer/C. Will, 1877–1886 (bis 1288), E. Vogt, 1913 (1289–1328), H. Otto, 1932–1935 (1328–1353) und F. Vigener, 1913–1914 (1354–1374). Weitere Urkundenabdrucke bei F. V. v. Gudenus, Codex Diplomaticvs sive Anecdotorum, Res mogvntinas, Francicas, Trevirenses, Colonienses, Finitimarvmque Regionum ... illustrantium, 1–5, 1743–1768, St. A. Würdtwein, Diocesis Moguntina in archidiaconatus distincta, 1–4, 1769–1777; Ders., Subsidia diplomatica, 1–13, 1772–1780; Ders., Nova subsidia, 1–14, 1781–1792. Siehe auch F. Herrmann und H. Knies, Die Protokolle des Mainzer Domkapitels, 1: Die Protokolle aus der Zeit 1450–1484, 1976.

b) Einzelne Orte und Institutionen: F. L. Büll, Quellen und Forschungen zur Geschichte der mittelalterlichen Frauenabtei Schmerlenbach im Spessart, 1970; J. Kittel, Das Cisterzienserinnenkloster Himmeltal, in: AUFr 47, 1905, S. 211–296 (mit Regestenanhang); H. Reimer, Urkundenbuch zur Geschichte der Grafen von Hanau, 1–4, 1891–1897; R. Schröder, Oberrheinische Stadtrechte, 1. Abt.: Fränkische Rechte, 3. Heft (u. a. Amorbach), 1897, 4. Heft (u. a. Miltenberg und Obernburg), 1898; J. W. C. Steiner, Geschichte und Topographie der alten Grafschaft und Cent Ostheim und der Stadt Obernburg am Main, 1821; M. Thiel, Urkundenbuch des Stifts St. Peter und Alexander zu Aschaffenburg, I: 861–1325, 1986.

Durchgängig benutzt:

R. Fischer, Aschaffenburg im Mittelalter, 1989; Histor. Atlas von Bayern, Teil Franken, Reihe I: Heft 10 (W. Störmer, Marktheidenfeld, 1962), Heft 12 (G. Christ, Aschaffenburg, 1963) Heft 17 (R. Wohner, Obernburg, 1968), Heft 18 (J. Fächer, Alzenau, 1968), Heft 25 (W. Störmer, Miltenberg, 1979); das Heft über Lohr ist noch in Bearbeitung (G. Christ); N. Höbelheinrich, Die ›9 Städte‹ des Mainzer Oberstifts, ihre verfassungsmäßige Entwicklung und ihre Beteiligung am Bauernkrieg 1346–1527, 1939; F. Jürgensmeier, Das Bistum Mainz, 1988; 750 Jahre Stadt Miltenberg 1987; F. Oswald/W. Störmer (Hgg.), Die Abtei Amorbach im Odenwald, 1984.

Zu 1. Politische Geschichte

E. Bielfeldt, Der Rheinische Bund von 1254, 1937; C. Cramer Landeshoheit und Wildbann im Spessart, in: AJb 1, 1952, S. 51–123; K. E. Demandt, Der Endkampf des staufischen Hauses im Rhein-Main-Gebiet, in: Hessisches Jb f. Landesgesch. 7, 1957, S. 102–164; H. H. Hofmann, Karl IV. und die politische Landbrücke von Prag nach Frankfurt, in: K. Bosl (Hg.), Zwischen Frankfurt und Prag, 1963, S. 51–74; Th. Kräling, Der Mainzer Bistumsstreit von 1328–1337, Diss. Marburg 1949; Th. Ruf, Die Grafen von Rieneck, MainfrSt 32 I/II, 1984; E. Voltmer, Der Rheinische Bund (1254–1256), in: Der Rheinische Städtebund von 1254/56 (Katalog), 1986.

Zu 2. Territorialgeschichte: einzelne Mächte und Gebiete

E. Fenner, Die Erwerbspolitik des Erzbistums Mainz von der Mitte des 13. bis zur Mitte des 14. Jahrhunderts, 1915; G. Hoch, Aus der Geschichte des Bachgaus, in: AJb 3, 1956,

S. 80–90; Th. Humpert, Die territoriale Entwicklung von Kurmainz zwischen Main und Neckar, in: AUfr 55, 1913, S. 1–102; A. Klein, Studien zur Territorienbildung am unteren Main, Phil. Diss. Würzburg 1938; St. Krimm, Die mittelalterlichen und frühneuzeitlichen Glashütten im Spessart, 1982; W. Seidenspinner, Stockstadt am Main, 1979; J. Siebert, Der Spessart. Eine landeskundliche Studie, 1934; M. Stimming, Die Entstehung des weltlichen Territoriums des Erzbistums Mainz (Quellen und Forschungen zur hessischen Geschichte 3), 1915.

Zu 3. Innere Verwaltung

H. Fath, Das archidiakonale Gericht zu Aschaffenburg, in: AJb 5, 1972, S. 51–249; H. Nickles, Herrschaft, Gericht und Genossenschaft der ehemaligen Cent zu Eich, Diss. München 1910; P. Schmid, Der Gemeine Pfennig von 1495, 1989; K. Vanselow, Zur Geschichte der Spessarter Forstorganisation, in: AJb 2, 1955, S. 263–270; H. Weber, Die Geschichte der Spessarter Forstorganisation, 1954.

Zu 4. Städtewesen

R. Fischer, Kirchenrecht und Alltagsleben – Das Spannungsfeld von Geistlichkeit und Bürgerschaft im spätmittelalterlichen Aschaffenburg, in: N. Höhl (Hg.), Jus et Historia, FS Rudolf Weigand, 1989, S. 222–240; Ders., Privatbesitz von Büchern im mittelalterlichen Aschaffenburg, in: AJb 9, 1985, S. 1–32; W. Goeltzer, Der ›Fall Hans Backoffen‹, Teil 1, Mainzer Zeitschrift 84/85, 1989/90, S. 1–78; W. O. Keller, ... bei Bayern viel verloren, in: B. Kirchgässner/W. O. Keller (Hgg.), Stadt an der Grenze, 1990, S. 6–38; H. Koller, Dietrich Ebbracht, in: AJb 8, 1984, S. 145–256; Katalog Tilman Riemenschneider – Frühe Werke, 1981; B. Saran, Reitzmanns Maria-Schnee-Stiftung und Grünewalds Altar – Humanistisch gesehen, in: AJb 7, 1981, S. 263–371; E. Schneider, Zu den Spuren Riemenschneiders im Raum Aschaffenburg, in: AJb 13/14, 1990, S. 47–87; W. Störmer, Städte der territorialen Randzonen im westlichen Unterfranken, in: B. Kirchgässner/W. O. Keller (Hgg.), Stadt an der Grenze, 1990, S. 39–83; W. K. Zülch, Der historische Grünewald, 1938.

Die Farbbilder

Seite 161 *Banner mit dem Bild des hl. Kilian, Würzburg um 1266 (Mainfränkisches Museum Würzburg).*

Seite 162 oben *Beginn und Ende eines Pontifikats in Würzburg: rechts der neue Bischof im schlichten Gewand, links der Körper des verstorbenen Bischofs im vollen Ornat auf einem Thron sitzend (aus: Fries-Chronik der UBW M. ch. f. 760, Bl. 151a).*

Seite 162 unten *Das Herz eines verstorbenen Würzburger Bischofs wird in einem schwarz ausgeschlagenen Wagen ins Kloster Ebrach überführt (aus: Fries-Chronik der UBW M. ch. f. 760, Bl. 131b).*

Seite 163 *Klosterkirche Veßra, Grablege der Grafen von Henneberg.*

Seite 164 *Grabmal von Graf Otto IV. von Henneberg-Römhild in der Stiftskirche Römhild.*

Seite 165 *Wappen der Herren von Grumbach und Rothenfels (oben Mitte) sowie der Grafen zu Castell, von Henneberg-Schleusingen (Mitte links bzw. rechts), von Rieneck und von Wertheim (unten links bzw. rechts).*

Seite 166 oben *Stiftskirche Aschaffenburg, Kreuzgang.*

Seite 166 unten *Die Henneburg bei Stadtprozelten.*

Seite 167 *Der mittelalterliche Bergfried im Aschaffenburger Schloß.*

Seite 168 oben *Kaiser Maximilian I. genehmigt die von seinen Commissarien am 13. Juni 1514 errichteten ›Statuta und Ordnungen‹, die die Niederschlagung des sog. ›Aufruhrs in der Gemeinde‹ von 1513/1514 besiegelten und das – mit geringfügigen Modifikationen – bis zum Ende der Reichsfreiheit gültige Verfassungsstatut der Reichsstadt Schweinfurt darstellten (StadtASW, Urkunden, Nr. 417, 1515 II 6).*

Seite 168 unten *Ältestes Siegel der Stadt Schweinfurt. Das runde mit Sternchen besetzte Siegelfeld ist mit dem einköpfigen, heraldisch rechtsblickenden Adler im Wappenschild belegt, Siegelumschrift: S(IGILLVM) B(VR)GENSIV(M) DE SWEINVORT Q(VOD) HABENT DE GRA(TIA) REGIS (StadtASW, Urkunden, Nr. 36, 1364 IV 26).*

Von dem gebreng so man in der Bischoue zu Wirtzburg vfgang, vnd nach Irem absterben thut, Auch warumb man Inen aim Schwert furtregt,

Von der Stifftung deß Closters Ebrach, vnd wie eines Jeden Bischoffs Hertz da, sebst vergraben wurt,

VN FRAV · FRAV
GOT GND AME

Uwe Müller

Reichsstadt Schweinfurt

1. *Die junge Reichsstadt im Prozeß der mainfränkischen Territorienbildung (bis 1282)*

Im Spruch König Rudolfs I. vom 29. April 1282,[1] der den vor seinem Hofgericht zu Nürnberg verhandelten Streit zwischen dem Deutschen Orden und der Stadt Schweinfurt schlichtet, treten die Stadt und ihre Bürger erstmals als politisch handelnde Subjekte auf. Der Versuch des Deutschen Ordens, in der Rechtsnachfolge des Benediktinerklosters auf der Peterstirn, Gerichts- und Vogteirechte in Schweinfurt auszuüben, wird zurückgewiesen, die Markungsgrenzen zwischen der Reichsstadt und den Dörfern Altstadt und Hilpersdorf werden neu festgesetzt, und der Charakter Schweinfurts als einer Reichsstadt wird bestätigt. Der Vogt als Vertreter des königlichen Stadtherren ist in der Urkunde mehrfach genannt.

Diese königliche Bestätigung reichsstädtischer Autonomie, Zeichen der erfolgreichen Revindikationspolitik Rudolfs von Habsburg (1273–1291), bedeutet das Ende der seit dem vierten Jahrzehnt des 13. Jahrhunderts urkundlich greifbaren Versuche benachbarter Mächte – in erster Linie des Hochstifts Würzburg und der Grafen von Henneberg als den dominierenden Kräften im mainfränkischen Raum, dann des Hochstifts Eichstätt, seines Vogtes Manegold von Wildberg und des Deutschen Ordens –, die Stadt dem Reich zu entfremden und in den Ausbau der eigenen Territorien einzubeziehen.

Zugleich verweist der Spruch von 1282 auf die Anfänge der Schweinfurter Geschichte, die nur lückenhaft zu rekonstruieren sind.[2]

Die vom Deutschen Orden 1282 in der Nachfolge des Benediktinerklosters beanspruchten Rechte, die dieses für den weit entfernt sitzenden Eichstätter Bischof wahrgenommen hatte, gehen auf das Geschlecht der Markgrafen von Schweinfurt zurück, zu deren Stammsitz die Burg Schweinfurt auf der später sog. Peterstirn am Westrand der Mainleite wurde und dessen großen Einflußbereich im 10. Jahrhundert Erich von Guttenberg so beschrieben hat: »Vom Frankenwald bis zum Regen und bis zur Donau, vom Mainknie bei Schweinfurt bis zum Fichtelgebirge und Böhmerwald saßen die Schweinfurter nunmehr im Namen des Königs zu Gericht und führten die königlichen und ihre eigenen Vasallen und Ministerialen gegen äußere und innere Feinde des Reiches ins Feld.«[3] Namentlich bekannt wird das

Geschlecht mit Berthold, der seit Mitte des 10. Jahrhunderts als Graf im bayerischen Nordgau, im Radenzgau und im Volkfeldgau nachzuweisen ist. Sein Sohn und Erbe Markgraf Heinrich oder Hezilo erhob sich aus enttäuschter Ambition auf das bayerische Herzogtum gegen König Heinrich II. (1002–1024).

Nach erfolgreicher Reichsexekution 1003 wurde er begnadigt und in seine Allodien wieder eingesetzt. An öffentlichen Ämtern wurden ihm die Grafschaftsrechte in den östlichen Gebieten des aufgeteilten Nordgaus um Cham und Nabburg wieder übertragen, auch der Markgrafentitel blieb ihm. Wohl als Sühnestiftung[4] errichtete seine Mutter Eila ein Nonnenkloster auf der Peterstirn, das noch vor Mitte des 12. Jahrhunderts in ein Männerkloster des Benediktinerordens umgewandelt wurde.

Vom hohen Ansehen, das Hezilo trotz seiner Empörung weiterhin genoß, zeugen die Aufzeichnungen des Geschichtsschreibers Thietmar von Merseburg, der berichtet, daß selbst der Kaiser den Tod des Markgrafen im Jahre 1017 sehr betrauert habe. Ohne negative Folgen blieb die Empörung für die Familie. Nach wie vor wurden den »Angehörigen des Hauses Schweinfurt [...] die höchsten kirchlichen und weltlichen Ämter und Würden im Reich übertragen [...]; der Heiratskreis der Familie umfaßte auch weiterhin die klangvollsten Namen des deutschen und europäischen Hochadels.«[5]

In männlicher Linie starb das Geschlecht mit Hezilos Sohn Otto, seit 1048 Herzog von Schwaben, im Jahre 1057 aus. Aus dem reichen Besitz fiel an Ottos Tochter Beatrix das Gut um Schweinfurt, neben der Burg das auf die karolingische villa zurückgehende Dorf mit einer Kilianskirche, deren Alter als Pfarre unbestimmt ist, am Fuße der Peterstirn zwischen Höllenbach und Marienbach, östlich der späteren Reichsstadt gelegen. Der letzte der männlichen Nachkommen der Beatrix, Bischof Eberhard von Eichstätt, vermachte vor seinem Tod (1112) den Besitz zu Schweinfurt – *bona Suinvurt cum eius attinenciis*[6] – dem Hochstift Eichstätt, für den weit entfernten Bischof nahm wie gesagt das Benediktinerkloster die Rechte über die eichstättischen Besitzungen wahr. 1263/1265[7] wurde das herabgekommene Kloster auf Betreiben des Würzburger Bischofs Iring mit päpstlicher Genehmigung dem Deutschen Orden zugewiesen.

Der Spruch König Rudolfs von 1282 hob hinsichtlich Gericht und Vogtei auf, was für diese ehemals markgräflich schweinfurterischen, später eichstättischen Besitzungen gegolten hatte und bereitete dem Versuch des Deutschen Ordens, Herrschaftsrechte zu reaktivieren und auf die daneben entstandene neue Reichsstadt auszudehnen, ein Ende.

Die Urkunde von 1282 ist mit ihrer Abgrenzung der Rechte der neuen, westlich des Marienbaches entstandenen Reichsstadt, von denen der alten Ansiedlung, nunmehr Altstadt genannt, zwischen Höllenbach und Marien-

bach, die erste Urkunde, die von dem Schweinfurter »Siedlungsdualismus«[8] berichtet, der der Forschung viele Probleme bereitet hat. Plausibel scheint folgende Rekonstruktion: Zu einem unbekannten Zeitpunkt – vielleicht im Zusammenhang mit der Empörung Hezilos – wurde gegenüber der markgräflichen Burg eine Reichsburg errichtet. Wohl Kaiser Friedrich I. Barbarossa (1152–1190) ließ westlich des Marienbachs unter Ausnutzung noch verfügbaren Königsgutes in Konkurrenz zur nunmehr eichstättischen villa eine neue Siedlung anlegen. Eine civitas imperii entstand, Furt am Main und Kreuzungspunkt der wichtigen Straßen vom Spessart/Untermain über das Werntal nach Osten zum Obermain und von Nürnberg nach Norden über den Thüringer Wald nach Erfurt. Bald schon wurde der Fischerrain, eine alte Fischersiedlung am Main, in die neue Gründung einbezogen.
Erste urkundliche Hinweise auf die Existenz der jungen Siedlung gibt die Bestätigung von Zehntrechten im Schweinfurter Umland für das Stift Haug in Würzburg durch Papst Lucius III. vom 12. Mai 1182.[9] Ein Zehntverzeichnis von 1542 zeigt, daß »sich die dem Stift Haug zehentpflichtigen Fluren wie ein Kranz um die Stadt ziehen, wie sie am Ort der heutigen Innenstadt gegründet wurde.«[10] Als Gegenleistung übernahm das Stift Haug die Seelsorge in der neuen Siedlung. Der Baubeginn der heutigen St.-Johannis-Kirche wird traditionell am Anfang des 13. Jahrhunderts gesehen. Beamte des Reichs sind in Schweinfurt erstmals 1234 urkundlich bezeugt. Auf Wunsch Bischof Hermanns I. von Würzburg erläßt König Heinrich (VII.) ein Mandat an *scultetis et aliis officiatis suis*[11] in mehreren fränkischen Städten, darunter auch Schweinfurt, in dem es um die Abstellung der vom Bischof beklagten Rechtsverletzungen – im Falle Schweinfurts wegen der Münze und der Umleitung einer Straße – geht.
Das Mandat König Heinrichs (VII.) mit dem Verzicht auf die Münze zu Schweinfurt, dessen Vollzug wie so vieles andere der frühen Schweinfurter Geschichte im dunkeln liegt, wirft ein Schlaglicht auf die erfolgreiche Territorialpolitik Bischof Hermanns I. aus dem Hause Lobdeburg (1225–1254), der durch die Ausschöpfung, der ihm durch die ›Güldene Freiheit‹ von 1168 und die ›Confoederatio cum principibus ecclesiasticis‹ von 1220 gegebenen Möglichkeiten »zum eigentlichen Schöpfer des Würzburger Staates«[12] wurde.
Andererseits ist das genannte Mandat mit der Nennung königlicher Beamter der erste Beleg dafür, daß die Mittelpunktsfunktion für das umliegende Reichsgut von der schon in karolingischer Zeit bezeugten Pfalz Geldersheim auf das neue Schweinfurt übergegangen war. Die Bedeutung, die die Herrscher diesem Ort beimaßen, zeigt auch der Brief König Wilhelms von Holland vom 9. Januar 1254, eines der wenigen Dokumente, die das Inter-

esse Wilhelms für Franken bekunden: Der König unterrichtet Bischof Hermann davon, daß er Gottfried von Eppstein in Schweinfurt als Marschall des Reiches habe einsetzen lassen und bittet den Bischof, diesem beizustehen. Dieser Brief ist auch das älteste Zeugnis über das sog. ›Erste Stadtverderben‹. Der konkrete Auftrag für den Eppsteiner lautete, daß er sich nach Kräften bemühen sollte, zum Wiederaufbau der Stadt Schweinfurt, die einst eine Stadt des Reiches gewesen sei, beizutragen: [...] *ad reedificationem et reparationem civitatis de Swinforde, que olim imperii civitas fuerat, omnem, quam potest, operam et sollicitudinem studeat adhibere.*[13]
Ob diese erste Zerstörung der Reichsstadt Schweinfurt Anfang der 1240er Jahre in den Auseinandersetzungen der Würzburger Bischöfe mit den Hennebergern oder wenige Jahre später im Kampf um das Erbe der 1248 ausgestorbenen Andechs-Meranier erfolgte, ist ungeklärt[14], über einen Vollzug des königlichen Mandats liegen keine Nachrichten vor.
Auf dem Höhepunkt der Schwäche von König und Reich im Interregnum werden dann 1258/1259 Bischof Iring von Würzburg und die Henneberger selbst als Handelnde faßbar: Am 17. Februar 1258[15] nimmt der Bischof die Hilfe des Grafen Ludwig von Rieneck und anderer in Anspruch, um sich mit Heinrich und Hermann von Henneberg über die Schweinfurter Stadtbefestigung dahingehend zu verständigen, daß die Henneberger erst in einem Jahr ihm darüber Rechenschaft zu leisten schuldig seien. Am 13. Dezember 1258[16] tritt er als Vermittler auf im Streit der beiden Henneberger mit Manegold von Wildberg um die Burg Schweinfurt und zugehörige Güter. Mit Datum vom 6. Februar 1259[17] schließlich richten Bischof Iring und die Henneberger einen Vertrag auf über die zwischen ihnen seit langem strittige *area Swinfurte* und deren Zugehörungen. Die Henneberger nehmen den Würzburger Bischof als Teilhaber in alle Rechte auf, die sie zu Schweinfurt durch kaiserliche oder königliche Privilegien oder von wem auch immer haben, sie verabreden, Schweinfurt gemeinsam mit dem Bischof wiederaufzubauen und innezuhaben, dabei aber die alte Burg, d. h. die Reichsburg, zu zerstören; Münze und Zoll wollen sie mit dem Bischof gleichmäßig teilen, die eichstättischen Güter gemeinschaftlich erwerben. Ansprüche des Reiches oder wessen auch immer – namentlich wird Manegold von Wildberg genannt – wollten sie gemeinsam zurückweisen.
Der 1259 beurkundete Plan einer gemeinsam von den Grafen von Henneberg und vom Würzburger Bischof unter Ausschluß des Reiches beherrschten Stadt blieb, wie der Spruch Rudolfs von 1282 zeigt, Episode. Dennoch lassen die Urkunden von 1258/1259 einen Blick mitten in den komplizierten Prozeß der spätmittelalterlichen Territorienbildung im mainfränkischen Raum zu. Sie zeigen das radikale Ausnützen der Schwäche des Reiches im Interregnum durch die aufstrebenden Territorialgewalten. Neben-

sächlich waren die Rechtstitel geworden, aus denen die Vertragsparteien ihre Präsenz im Schweinfurter Raum ursprünglich herleiten mochten: seien es Rechte des Bischofs aus dem königlichen Mandat von 1234 oder von diesem als Herzog in Franken beanspruchte Gerichtsrechte an der Zent Schweinfurt oder nicht genauer zu definierende Rechte der Henneberger vom Reiche her, in deren Besitz sich 1258 offensichtlich die Schweinfurter Reichsburg befindet. Beide Vertragsparteien sind sich im Kompromiß von 1259 sowohl darin einig, Ansprüche des Reiches als auch die des eichstättischen Vogtes und Lehensträgers Manegold von Wildberg auszuschalten. Obwohl ihnen auf Dauer beides nicht gelang – auch die eichstättischen Rechtspositionen, die später durch Benediktinerkloster bzw. Deutschen Orden beansprucht wurden, unterlagen schließlich dem neu erstarkten Reich – markieren die Vorgänge von 1258/1259 einen entscheidenden Fortschritt im Bemühen der Henneberger um territoriale Expansion in Auseinandersetzung mit dem Hochstift Würzburg.
Bis zur Mitte des 13. Jahrhunderts war es den Hennebergern – herausragend unter ihnen Graf Hermann I. (1224–1290), der selbst als Kandidat für die Reichskrone im Gespräch war, – also gelungen »ihre Herrschaft aus dem fränkisch-thüringischen Grenzgebiet bis an den Main vorzuschieben«[18] und sich in Schweinfurt festzusetzen, sie standen »unbestritten als die mächtigsten unter den weltlichen Großen Ostfrankens«[19] da. Daran änderte die Machtverschiebung im Schweinfurter Raum zugunsten des Reichs in den folgenden Jahrzehnten nichts. Auch wenn 1282 Burg und Stadt Schweinfurt im Reichsbesitz waren, so gaben sich weder die Grafen von Henneberg noch die Bischöfe von Würzburg geschlagen. Neue Gefahr für die Unabhängigkeit Schweinfurts ging von der Finanznot des Reiches aus. Schon wenige Jahre nach 1282 wurde die Stadt erstmals an einen der beiden Rivalen verpfändet.

2. *Durch Verpfändung bedrohte Reichsfreiheit und Selbstauslösung (1305–1386)*

Die seit Friedrich I. Barbarossa praktizierte Verpfändung[20] von Reichsgut, deren Höhepunkt im 14. Jahrhundert liegt, bedeutete häufig den endgültigen Übergang des Pfandobjekts in den Herrschaftsbereich des Pfandherren. Von den rund 100 Reichsstädten, über deren Gerechtsame der König als Stadtherr verfügte, wurden fast alle von Verpfändungen betroffen. 35 büßten durch diese Praxis ihre Reichsunmittelbarkeit ein, da die Herrscher auf Grund der schlechten finanziellen Lage des Reichs das verpfändete Reichsgut nicht wieder einzulösen vermochten.

Daß Rechte des Reiches in Schweinfurt bereits in den 1290er Jahren verpfändet waren, geht aus einer Urkunde König Adolfs von Nassau von 1297 (zwischen dem 7. und 17. Juli)[21] hervor, in der er sich verpflichtete, Berthold von Castell als Burgmann in Rothenburg oder im Falle der Auslösung der Burg Schweinfurt, in Schweinfurt anzunehmen. Wenige Jahre später, am 3. Juli 1304[22] verpfändete König Albrecht Burg und Stadt Schweinfurt mit allen Rechten und Zugehörungen an Bischof Andreas von Würzburg um 2000 Pfund Heller; ein Jahr später, am 24. Juni 1305[23] erhöhte er die Pfandsumme auf 1000 Mark Silber und 100 Pfund Heller. Die Verpfändung an den Würzburger Bischof kollidierte jedoch mit einer bereits bestehenden an den Schwiegersohn des Königs, Markgraf Hermann von Brandenburg, was den Bischof – nach einer anonymen Würzburger Chronik – sogar zur gewaltsamen Einnahme seines Pfandes veranlaßt haben soll.[24]
Am 28. Dezember 1309[25] verpfändete König Heinrich VII. die Stadt für 1000 Mark Silber an Berthold IV. (VII.) von Henneberg-Schleusingen. Am 31. Mai 1310[26] wurde die Pfandsumme auf 2000 Mark Silber erhöht. Als Vogt setzte der Henneberger Richolf von Wenkheim ein. Das Hennebergische Urbar von 1317 beschreibt den Umfang dieser Schweinfurter Reichspfandschaft. Außer vom Reiche abhängenden Gerichtsrechten und anderen Einkünften zu Gochsheim, Sennfeld, Grettstadt, Spießheim, Geldersheim, Oberndorf und Hilpersdorf führt das Urbar für die Stadt auf: *Zu Swynfurte, in der statt hat myn herre di zenthe halp und der byschof daz andir teyl. Ouch hat myn herre in der stat gerichte gar von deme riche. Ouch hat myn herre eyne bethe ubir di stat. Ouch ist der zol uffe deme lande mynis herryn von des richis wegyn. Ouch hat myn herre ein var uffe dem Meun und von vunf mullin funf maltir weyzis und wirt der mullin mer, so wirt ouch des weyzis mer, und von fleysbenkyn zwey achtel vnslydes und zwene schillinge pfennynge.*[27]
Ludwig der Baier (1314–1347) bestätigte – nachdem er seine Herrschaft in der Schlacht von Mühldorf gegen Friedrich den Schönen durchgesetzt hatte – am 2. Februar 1323[28] die Pfandschaft und erhöhte sie am 21. März 1223[29] auf 3000 Mark Silber. In der wenige Wochen später ausgestellten Huldigungsurkunde der Stadt für Berthold von Henneberg als Pfandherren (28. April 1323) sind zum ersten Mal die Mitglieder des Rats, *die zwölff geschworne*[30], namentlich faßbar. Am 26. Mai 1330[31] schließlich erhöhte Ludwig den Pfandschilling auf 5000 Mark Silber.
Erfolgreich setzte sich Graf Berthold als Pfandherr für die Wahrung der politischen Rechte der Reichsstadt ein. Insbesondere gegen die Würzburger Versuche, über die Beteiligung am Zentgericht, zu dem der Bischof einen ›schweigenden‹ Richter zu setzen hatte, Einfluß zu gewinnen, erreichte er von Ludwig dem Baiern am 14. Mai 1330[32] neben der allgemei-

nen Privilegienkonfirmation die ausdrückliche Bestätigung der Befugnisse des Schweinfurter Amtmanns im Vorsitz des Zent- oder Landgerichts und das privilegium de non evocando, den Ausschluß der Zuständigkeit fremder Gerichte über die Einwohner Schweinfurts.
Nach Bertholds Tod (15. April 1340) fiel der Schweinfurter Pfandbesitz an seinen Sohn Heinrich, nach dessen Tod (10. September 1347) zu gleichen Teilen an Heinrichs Witwe Jutta von Brandenburg und seinen Bruder Johann. Diese Teilung bedeutete nur eine Teilung der Nutzungen und Gefälle unter die Pfandinhaber, aber keine der Stadtgemeinde. Allerdings hatte jeder Pfandinhaber das Recht, einen eigenen Vogt oder Amtmann zu bestellen. Durch die Teilung trat aber der Aspekt der fiskalischen Nutzung des Pfandobjekts durch die jeweiligen Inhaber noch mehr als bisher in den Vordergrund. Sichtbarer Ausdruck dieser neuen Qualität in den Beziehungen der Henneberger zu Schweinfurt ist die Vereinbarung Johanns und seiner Gemahlin Elisabeth von Henneberg mit Bischof Albrecht II. von Würzburg über die Afterverpfändung ihrer Hälfte an der Schweinfurter Reichspfandschaf an den Würzburger um 6000 Pfund Heller vom 15. Februar 1351.[33] Dieser Versuch scheiterte aber am Veto Karls IV., der die Modalitäten nicht akzeptierte, sondern ein Ausscheiden des Hennebergers aus dem Pfandverhältnis verlangte. Damit blieb die Johanneische Hälfte der Pfandschaft bis zur Selbstauslösung durch Schweinfurt 1361 im Besitz der Henneberger.
Die andere Hälfte der Pfandschaft fiel nach Juttas Tod (1. Februar 1353) an ihre Tochter Elisabeth von Henneberg und deren Mann Graf Eberhard von Württemberg. Zum im *bystum zu Wirtzburg und in Frankenlant*[34] gelegenen Erbe gehörten auch Besitzungen und Rechte in Münnerstadt, Königshofen im Grabfeld, Irmelshausen, Sternberg, Rotenstein, Steinach und Wildberg. Diesen weitab von Württemberg gelegenen gesamten Besitz verkauften die beiden am 20. Dezember 1354 an Bischof Albrecht II. von Würzburg und das Hochstift um 90 000 Gulden. Schon acht Tage[35] früher wies Pfalzgraf Rupprecht d. Ä. als Reichsvikar die Schweinfurter an, dem Bischof zu huldigen; die kaiserliche Genehmigung erfolgte am 10. Januar 1356.[36] Der bereits unter Graf Eberhard tätige Schultheiß Fritz Schmit blieb weiter im Amt und erwarb um 3000 Pfund Heller vom Würzburger Bischof für sich und seine Erben auf Wiederkauf am 14. Februar 1359[37] die Amtmannschaft des würzburgischen Teils an der Schweinfurter Pfandschaft mit allen Gerichten, Gülten, Beten, Zöllen, Nutzungen, Rechten und Gefällen. Ausgenommen und dem Bischof reserviert war die mit dem Blutbann verbundene Hochgerichtsbarkeit. Dem Reich gegenüber blieb der Bischof dadurch der Pfandherr.
Durch den Eintritt des Bischofs in die Reichspfandschaft 1354 wuchs für

Schweinfurt die Gefahr, dem Reiche auf Dauer entfremdet zu werden, etwa durch Vereinigung beider Pfandhälften in Würzburger Hand, war doch das Desinteresse der Johanneischen Linie der Henneberger an ihrer Pfandhälfte seit dem Projekt von 1351 offenbar geworden. Nach dem Tode Graf Johanns (2. Mai 1359), als seine Witwe Elisabeth für die noch unmündigen Kinder die Regierung führte, entschloß sich deshalb die Stadt, die bei den Hennebergern verbliebene Pfandhälfte in Höhe von 2500 Mark Silber selbst auszulösen.

In einem komplizierten Rechtsgeschäft zwischen Kaiser Karl IV., der Stadt und Gräfin Elisabeth von Henneberg wurden die Modalitäten geregelt, der Rat hatte Bürgen für die Bezahlung zu stellen (21. April 1361).[38] Als erster Reichsamtmann fungierte in der nunmehr freien Stadthälfte Konrad von Seinsheim († 1369). Gegenleistung des Reichs waren die beiden sog. großen Privilegien Kaiser Karls IV. vom 29. April 1361[39] und 28. Januar 1362,[40] die selbstverständlich das Nichtverpfändungsprivileg, das privilegium de non alienando, enthielten. Außerdem wurde die Stadt auf 20 Jahre von der Reichssteuer befreit.[41]

Um die Beachtung des Nichtverpfändungsprivilegs mußte die Stadt allerdings mehrfach heftig kämpfen, so 1371[42] als Karl IV. dem Ritter Götz Lamprecht unter anderem die Reichsburg und Fischereirechte verpfändete, so am 19. Februar 1380[43], als König Wenzel (1378–1400) dem Würzburger Bischof Gerhard die Reichshälfte der Stadt auslieferte und die Stadt daraufhin zur Verteidigung ihrer Rechte den mächtigen Burggrafen Friedrich V. von Nürnberg als Reichsamtmann wählte, der seinerseits als Vogteiverweser Ruprecht Haberkorn bestellte (18. März 1381)[44]. Wenzel machte sein Vorgehen zwar rückgängig, erhöhte aber den Pfandschilling für die Würzburger Pfandhälfte um 10 000 Gulden, was eine eventuelle Selbstauslösung auch dieser Pfandhälfte entscheidend erschweren mußte.[45]

Deren Notwendigkeit schien der Stadt um so mehr gegeben, als auf dem Nürnberger Reichstag vom 22. Februar 1383 ein allgemeiner Landfriedensbund bei Ausschaltung aller anderen Bünde auf 12 Jahre unter Führung König Wenzels beschlossen und das Reich zu Exekutionszwecken in vier Kreise eingeteilt wurde. Zu den Kreishauptleuten im thüringisch-fränkischen Kreis gehörte Bischof Gerhard von Würzburg, der gegen den Schwäbischen Städtebund, der die Auflösung verweigerte, vorgehen wollte und dazu auch – allerdings vergeblich – das verpfändete Schweinfurt aufforderte.[46] Nachdem selbst Wenzel am 26. Juli 1384 zu Heidelberg den Bund und seine Rolle bei der Landfriedenswahrung anerkannt hatte und die fränkischen Reichsstädte geschlossen zum Bund standen, war man fest entschlossen, die Emanzipation vom Hochstift Würzburg durch Ablösung der Pfandsumme zu vollziehen. Burggraf Friedrich V. wurde von der Stadt als Vermittler eingeschaltet, 1384 fanden in Prag Gespräche zwischen Würzburg, Schweinfurt und König Wenzel statt, die Aufnahme der Stadt in den Bund, wozu die Ablösung der Reichspfandschaft Vorbedingung war, wurde vorbereitet. Der förmliche Bundesvertrag wurde am 7. November 1385[47] ausgefertigt, Wenzel genehmigte die Ablösung am 31. Dezember 1385[48], Bischof Gerhard von Würzburg quittierte den Pfandschilling über 15 000 Gulden am 28. Juli 1386[49]. Gleichzeitig endete die Würzburger Amtmannschaft des Fritz Schmit. Zum ersten Reichsamtmann der wieder freien Reichsstadt Schweinfurt wurde Andreas Truchseß von Wetzhausen bestimmt. Ähnlich Karl IV. förderte auch Wenzel die frei gewordene Reichsstadt durch eine Reihe wichtiger Privilegien im Jahre 1397.

3. *Entwicklung der reichsstädtischen Autonomie und Erwerbung eines Territoriums (1282 – 1443)*

Aufschluß über die Verfassungsentwicklung der Reichsstadt, über den Weg, der auch im Falle Schweinfurts »von der direkten Königsstadtherrschaft zu mehr indirekter Reichshoheit führte«[50], geben die Privilegien der Kaiser und Könige. In seinem 1732/1733 erschienenen ›Reichs-Stättischen Handbuch‹ setzt Johann Jakob Moser mit den beiden bereits erwähnten sog. großen Privilegien Karls IV. von 1361 und 1362 ein und verfolgt die Entwicklung durch drei Jahrhunderte bis zur Privilegienkonfirmation Leopolds von 1659. Die Jahre 1361/1362 markieren allerdings nicht den Anfangspunkt des kaiserlichen Interesses für Schweinfurt, sondern einen der Höhepunkte. Bereits ein gutes halbes Jahrhundert vorher, an der Wende vom 13. zum 14. Jahrhundert, kann in verfassungsrechtlicher Hinsicht ein gewisser Abschluß der allmählichen Stadtwerdung konstatiert werden: Den königlichen Stadtherrn vertritt der Vogt und unter ihm der Schultheiß, das Satzungsrecht liegt beim Rat, 12 Ratsherren fungieren zugleich als Schöffen des Stadtgerichts. Das erste bekannte Stadtsiegel (Farbbild S. 168) zeigt den Reichsadler mit der Legende: »S[IGILLVM] B[VR]GENSIV[M] DE SWEINVORT Q[VOD] HABENT DE GRA[TIA] REGIS«.[51]

Über den damals aktuellen Stand der Entwicklung unterrichtet detailliert das bereits erwähnte Privileg Ludwigs d. Baiern vom 14. Mai 1330, erlassen auf Bitten des Pfandinhabers Berthold von Henneberg: Ludwig bestätigt Bürgermeistern, Rat und Gemeinde der Stadt Schweinfurt – *magistris consulum, consulibus et universitati civitas Swinfurthe*[52] – die der Stadt von seinen Vorgängern verliehenen Freiheiten, insbesondere die Befugnisse des Amtmanns, die schon der Spruch Rudolfs von 1282 fixiert hatte, im Vorsitz des Zent- oder Landgerichts. Damit wird dem Schweinfurter Zent- oder Landgericht die Qualität eines kaiserlichen Landgerichts bestätigt, in dem der Reichsvogt den Vorsitz führte. Im daneben bestehenden Stadtgericht wurde der Reichsvogt als Vorsitzender Richter durch den Schultheiß vertreten. Die aus dem Status dieser Gerichte folgende Nichtzuständigkeit fremder Gerichte über die Einwohner Schweinfurts, das privilegium de non evocando, ist in der Urkunde ebenfalls fixiert.

Den unter großen finanziellen Opfern beschrittenen Weg der Selbstauslösung aus der Verpfändung – zunächst 1361 gegenüber Henneberg – unterstützte Karl IV. durch den Erlaß der Reichssteuer auf 20 Jahre (29. April 1361)[53]. Gleichzeitig stärkte er die Autonomie der Reichsstadt durch die beiden oben erwähnten großen Privilegien von 1361 und 1362. Das erste große Privileg vom 29. April 1361[54] brachte neben der allgemeinen Privilegienkonfirmation in acht Spezialartikeln die Bestätigung bzw. Präzisierung der Gerechtsame des Stadt- und Landgerichts, des Satzungsrechtes des Rates, des Selbstergänzungsrechts des Rates, des privilegiums de non evocando, der Verwendung des Ungeldes zum Bau der Stadtbefestigung; besonders wichtig das Nichtverpfändungsprivileg (privilegium de non alienando), sowohl gegen Pfandnahme durch Dritte als auch gegen Verpfändung durch den Herrscher. Wegen des Erlasses der Reichssteuer auf 20 Jahre blieb zunächst die Zusicherung der Nichterhöhung der Reichssteuer ohne Bedeutung.

Das zweite große Privileg Karls IV. vom 28. Januar 1362 ergänzte die Rechte des ersten durch eine Reihe von Bestimmungen des Immobilien-, Steuer- und Strafrechts, zum Gerichtsstand und zum Wirtschaftsleben (Bau eines Kaufhauses). Angeführt wird die Reihe der ausdrücklich unter Hinweis auf die Pfandauslösung gewährten Begnadigungen – *mit namen umb daz, daz sie sich mit yrem eigem gelde und grozzer erbeit zu dem reich gelost haben*[55] – mit dem Recht der freien Amtmannswahl. Dies brachte einen wesentlichen Fortschritt für die städtische Autonomie, da der Vertreter des königlichen Stadtherren, der Reichsamtmann oder Reichsvogt, nicht mehr wie bisher vom Herrscher oktroyiert, sondern vom Rat gewählt wurde und vom Herrscher zu bestätigen war. Die Bedeutung der beiden großen Privilegien Karls IV. für Schweinfurt liegt nach Erich Saffert darin, daß Karl IV. mit ihnen »die Stadt von neuem frei gemacht und [...] den Stadtstaat erst richtig geschaffen [hat], mit allen wesentlichen Hoheitsrechten in Justiz und Verwaltung.«[56]

In einer Reihe von sieben Privilegien[57] förderte dann Wenzel im Jahre 1397 die Stadt, die nach der Ablösung der zweiten Pfandhälfte 1385/86 wieder voll unter dem Reich stand, in rechtlicher und wirtschaftlicher Hinsicht. Von besonderer Bedeutung für die Stadt war dies durch den Umstand, daß

das seit 1386 laufende Kompromißverfahren wegen der Klage Bischof Gerhards von Würzburg gegen die Stadt Schweinfurt in Sachen Mainmühle und Land- und Zentgericht durch die Verwicklung beider Parteien in den Städtekrieg gestört wurde. Der schließlich von den Vermittlern, dem Erzbischof von Mainz und dem Bischof von Bamberg gefällte sog. ›Böse Schiedsspruch‹ vom 9. Mai 1389[58], dessen wichtigste Bestimmungen das Hochstift auf Kosten der Stadt zum Gerichtsherrn am Schweinfurter Land- und Zentgericht machten, war für die Stadt unannehmbar. Zwar konnte dieser Schiedsspruch vom Würzburger Bischof nicht durchgesetzt werden, aber eine förmliche Kassation des Spruchs erfolgte erst auf dem Reichstag zu Nürnberg 1397 im sog. zweiten größeren Privileg Wenzels für Schweinfurt vom 7. November 1397[59], das zu den genannten sieben Privilegien Wenzels zählt, die zwischen dem 30. April 1397 und dem 10. Dezember 1397 zu Prag, Nürnberg und Würzburg ausgestellt wurden.
Neben der Präzisierung der Gerichtsrechte – wichtig vor allem das Recht, einen ›fragenden‹ d. h. verfahrensleitenden Richter bei Abwesenheit des Vogtes oder Schultheißen setzen zu dürfen – stehen im Mittelpunkt Regelungen zu Markt-, Zoll- und Steuerangelegenheiten, die der gewachsenen Bedeutung der Stadt als Handels- und Wirtschaftszentrum Rechnung tragen, so das Recht, im Main und an dessen Ufern Brücken, Stege, Mühlen, Wehre und andere Bauwerke zu errichten.
Weitere wichtige Rechte gewährte Wenzels Bruder Sigmund der Stadt: Am 5. November 1427[60] bestätigte er das Recht der Amtmannswahl und erweiterte es durch die Ermächtigung, den Amtmann nötigenfalls zu entlassen und durch einen anderen zu ersetzen. Unter dem gleichen Datum[61] begnadete er Schweinfurt mit dem Recht der Vereinigung und des Bündnisses mit anderen Reichsständen. Dieses Privileg legte die Rechtsgrundlage für das Institut der Schutzherrschaft, das die Unabhängigkeit der Reichsstadt sichern helfen sollte. Ein weiterer wichtiger Meilenstein beim Ausbau der reichsstädtischen Landeshoheit war schließlich die Verleihung des Blutbannes, der hohen Gerichtsbarkeit, an Bürgermeister und Rat der Stadt durch Friedrich III. am 12. April 1443[62]; logische Konsequenz der Tatsache, daß der vom Reichsvogt (Amtmann) ausgeübte Blutbann durch die freie Amtmannswahl de facto bereits auf den Rat übergegangen war.
Den Schlußpunkt der Entwicklung der Reichsfreiheit im Sinne zunehmender Unabhängigkeit von kaiserlichem Stadtherrn und reichischer Gerichtsbarkeit setzte erst Kaiser Maximilian II. in den Jahren 1568 und 1570: Am 21. Oktober 1570[63] gewährte er das privilegium de non appellando bis zu einem Streitwert von 200 Gulden, am 30. September 1568[64] räumte er das Recht ein, den Reichsvogt künftig aus den Reihen des Rats und der Bürgerschaft zu wählen. Damit sank das Amt zu einer reinen Sinekure für ver-

diente Ratsherren ab. Alle Macht – Legislative, Exekutive, Judikative – lag nun beim Inneren Rat, der nach Einführung der Reformation 1542 auch die Kirchenhoheitsrechte an sich bringen konnte, nachdem das Patronatsrecht an der Pfarrkirche St. Johannis bis dahin vom Würzburger Domnebenstift Haug ausgeübt worden war und der Rat nur Zugriff auf die bürgerlichen Pfründenstiftungen hatte, für die er das Präsentationsrecht ausübte.[65]

Im Jahrzehnt zwischen 1562 und 1572 sollte es auch zu einer wenigstens vorübergehenden Entspannung des Verhältnisses der Reichsstadt zum Hochstift Würzburg kommen. In mehreren Staatsverträgen einigten sich die alten Kontrahenten über strittige Gemarkungsgrenzen und Jagdrechte, über den Besuch der Zentgerichte und die durch Würzburg in Anspruch genommene landgerichtliche Jurisdiktion und zentbarliche Obrigkeit. Nunmehr war für alle Einwohner Schweinfurts und seines Territoriums nur noch das Stadtgericht zuständig, die Aufgaben des kaiserlichen Land- oder Zentgerichts gingen auf das städtische Hochgericht über. Mit einbezogen in die Regelungen zwischen dem Hochstift Würzburg und der Reichsstadt waren auch die zur Reichsvogtei Schweinfurt gehörigen Reichsdörfer Gochsheim und Sennfeld – sie wurden auch zur Schweinfurter Reichssteuerleistung herangezogen – deren zentbarliche Obrigkeit ursprünglich dem Fürstbischof als Inhaber der Zent Karlsberg zugestanden hatte. Im Staatsvertrag vom 14. April 1572 trat Schweinfurt die Reichsvogtei über die beiden Dörfer mit allen Rechten und Einkünften dem Bischof ab, daneben auch die erst am 25. September 1562[66] erworbene zentbarliche Obrigkeit über Sennfeld. Bischof Friedrich dagegen sicherte zu: [...] *alle Unsere und des Stifts Sprüch und Forderung, so wir zu gemelter Stat Schweinfurth, deren Burgern und Güttern darinnen und dann auch den dreyen Gemeinden zu Oberndorf, Zell und Weipoltshausen und Allem, so in denselben Marckungen gelegen der landgerichtlichen Juridiction halben Herzogthumbs zu Francken, dann auch von wegen zentbarlichen Obrigkeit, so Wir auf berurtter Stat biszhero gehabt und deszhalb zu Speyr am Cammergericht in Rechtferttigung gestanden, gnedigelich und guetwilligelich begeben und fallen lassen.*[67]

Die genannten Dörfer Oberndorf, Zell und Weipoltshausen mit ihren Markungen bildeten den wesentlichen Teil des Territoriums der Reichsstadt Schweinfurt, das – nach dem Erwerb der Exklave Madenhausen 1620 – schließlich 53 qkm umfassen sollte und dessen Einwohner zum Rat der Stadt in einem Untertanenverhältnis standen, des Bürgerrechts nicht teilhaftig waren.

Der Erwerb Oberndorfs um 5900 Gulden rheinisch von den Brüdern Karl und Heinz von Thüngen mit Kaufvertrag vom 26. Februar 1436[68] war der

erste Gebietserwerb der Reichsstadt außerhalb ihrer Mauern. Vermutlich aus dem Besitz der Markgrafen von Schweinfurt auf dem Erbwege an die Burggrafen von Nürnberg gelangt, die es 1371 unter Vorbehalt der Vogtei an das Kloster Theres verkauften, erwarben es die Herren von Thüngen 1425[69]. Nachdem Karl von Thüngen 1430 als Reichsvogt zu Schweinfurt eingesetzt worden war, trat die Stadt in konkrete Verhandlungen, um das in Würzburger Richtung gelegene Oberndorf mit seinen Zugehörungen zu erwerben. Dies gelang 1436, nachdem Markgraf Friedrich I. von Brandenburg, Burggraf von Nürnberg, in einem Kompensationsgeschäft mit den Herren von Thüngen auf seine Vogteirechte verzichtet hatte.
Von wesentlich größerer Bedeutung aber war für Schweinfurt der Erwerb der Besitzungen des Deutschen Ordens 1437. Unter dem Deutschmeister Eberhard von Seinsheim (1420–1444) begann der Orden das Deutsche Haus zu Schweinfurt zu einer Burg auszubauen und sich zentbarliche Gerichtsrechte anzumaßen, was König Sigmund auf Intervention der Reichsstadt am 5. November 1427[70] untersagte; gleichzeitig erwirkte der Rat das Recht[71], jeden Burgbau innerhalb einer Meile Weges um die Stadt zu hindern und das schon erwähnte wichtige Privileg der Bündnisfreiheit[72]. Die Situation spitzte sich zu, als der Versuch Schweinfurts, am 24. Juli 1430[72] die noch vorhandenen eichstättischen Besitzungen und Rechte in der Altstadt und der Gemarkung Schweinfurt vom Bischof von Eichstätt zu erwerben, vom Deutschmeister unter Hinweis auf ein 1294 verbrieftes Einstandrecht beim König erfolgreich hintertrieben wurde und Bischof Albrecht von Eichstätt schließlich am 17. Juni 1431[74] an den Deutschen Orden verkaufte. Am 2. November 1435[75] gelang es der Stadt, auf Grund des genannten Privilegiums von 1427 einen Bündnisvertrag mit Graf Wilhelm von Henneberg gegen den Deutschen Orden wegen des Deutschhauses zu Schweinfurt abzuschließen. Die kritische Situation wurde unter Vermitteilung des früheren Schweinfurter Reichsvogtes Erkinger von Seinsheim, eines Bruders des Deutschmeisters Eberhard von Seinsheim, bereinigt durch den Verkauf des Deutschhauses mit allen Zugehörungen und Rechten um 18 000 Gulden rheinisch an die Stadt, d. h. der Deutschordensburg auf der Peterstirn und des Landgebiets mit den Dörfern Altstadt, Zell, Weipoltshausen, Hilpersdorf und den Höfen Deutschhof und Thomashof und den beiden exklavierten Dörfern Ottenhausen und Weipoltsdorf, ausgenommen der Pfarrei zu Geldersheim samt zugehörigem Hof. Der Rat ließ das zur Burg ausgebaute Deutschhaus umgehend abbrechen.
Durch diese Erwerbung war eine beträchtliche Erweiterung der Stadt – von 14 ha auf 43 ha – in nordwestlicher Richtung möglich geworden, die auch realisiert wurde. Die Bedeutung dieser Erwerbungen für Schweinfurt resümiert Friedrich Stein: »Die Reichsstadt hatte mit dem Erwerbe des

Deutschhauses Schweinfurt und seiner Besitzungen nicht nur dem Jahrhunderte alten Uebelstande des Nebeneinanderbestehens verschiedener Herrschaftsgebiete innerhalb der alten Schweinfurter Stadtmarkung ein Ende gemacht, sondern auch ein ansehnliches Gebiet erworben und stand nun auf der Höhe ihrer Blüthezeit im Mittelalter.«[76]

4. *Entwicklung der Ratsverfassung (bis 1514); Wirtschafts- und Sozialstruktur*

Die Gebietserwerbungen 1436/37 und die nachfolgend vorgenommene Erweiterung der Stadtbefestigung nach Westen und Norden waren nur mit großem finanziellen Einsatz möglich gewesen. Zur Schuldentilgung mußten 1446[77] die Gefälle auf Wein, Brot und Fleisch erhöht werden. Dies war einer der Gründe für den Ausbruch der sog. ›Großen Ratsverstörung‹ der Jahre 1446 bis 1450. Endgültig wurde sie durch den Spruch eines Schiedsgerichtes (Bischof Gottfried IV. von Würzburg, Dietz Truchseß als Reichsamtmann in Schweinfurt, je ein Ratsmitglied aus Augsburg, Ulm, Nördlingen, Rothenburg und zwei aus Nürnberg) vom 20. Mai 1450[78] beigelegt, der das erste schriftliche Verfassungsinstitut der Reichstadt Schweinfurt darstellt.
Die inneren verfassungsrechtlichen Verhältnisse vor Mitte des 15. Jahrhunderts lassen sich nur indirekt aus dem überlieferten Urkundenmaterial erschließen: 1299 wird der Rat als Organ der gemeindlichen Selbstverwaltung urkundlich[79] genannt, seine Existenz ist jedoch schon aus dem obengenannten Schiedsspruch Rudolfs von 1282 zu erschließen, in dem *die von Schweinfurt*[80] als aktiv Handelnde erwähnt werden. Eine Zweiteilung des Rats in den sog. Inneren Rat, die Schöffen und den ebenfalls 12 Mitglieder umfassenden sog. Äußeren Rat läßt sich schon aus den Urkunden der Jahre 1325 bis 1330[81] erschließen, obwohl die Bezeichnungen in dieser Form erst aus der Zeit der Ratsverstörung 1446–1450 überliefert sind. 1323[82] sind die Schöffen, die bald gefreundete Ratsfamilien ausbildeten und eine geschlossene Schwurgemeinschaft darstellten, erstmals namentlich bekannt. Sie amtierten auf Lebenszeit und hatten das Recht der Selbstergänzung, das ihnen von Karl IV. bestätigt wurde.[83] Aus ihren Reihen wurden die seit 1323[84] genannten zwei Bürgermeister gewählt. Die Mitglieder des Äußeren Rates wurden als Vertreter der Bürgerschaft auf Zeit von den Schöffen gewählt. Der Äußere Rat hatte vermutlich auch das Mitspracherecht bei der Gesetzgebung, sonst nur beratende Funktion für den regierenden Inneren Rat. Die zwölf Schöffen allein besetzten das Stadtgericht[85]; Richter war der Schultheiß in Vertretung des Reichsvogtes[86], zuletzt nachgewiesen

1397[87], danach gelangte das Amt in die Hände des Rats und wurde vom Bürgermeister als einem der 12 Schöffen wahrgenommen.
Das Verfassungsinstitut vom 20. Mai 1450[88] brachte eine Reihe wichtiger Änderungen: Die 12 Schöffen des Inneren Rates und der alte Äußere Rat, die Zwölf von der Gemeinde wurden zum 24köpfigen neuen Gremium des Inneren Rates zusammengefaßt, aus dessen Reihen die beiden Bürgermeister gewählt wurden. Dem neuen Inneren Rat oblagen das städtische Hochgericht und die Verwaltung, während das Stadtgericht nach wie vor von den zwölf Schöffen versehen wurde. Der ebenfalls 24 Mitglieder zählende Äußere Rat konnte vom Inneren Rat nach Belieben zugezogen werden, seine Mitglieder hatten dann gleiches Stimmrecht. Allen 48 Ratsmitgliedern stand bei der Besetzung der Ämter das aktive und passive Wahlrecht zu, wobei quantitative Stimmenmehrheit entschied. Alle Amtsträger mußten jährlich dem gesamten Rat Rechnung legen. Die ersten 48 Ratsmitglieder wurden 1450 von den Schiedsrichtern bestimmt. Für die Folgezeit war das Selbstergänzungsprivileg[89] des Inneren Rats auf alle 48 Ratsmitglieder ausgedehnt und damit die Dominanz der Schöffen in Frage gestellt. Mit Stimmenmehrheit konnten die einzelnen Ratsgremien, Schöffen, Zwölf von der Gemeinde, Äußerer Rat, gegenseitig die Absetzung mißliebiger Mitglieder durchsetzen. Der einzelne Bürger hatte lediglich das passive Wahlrecht zum Rat, das aktive stand nur den Ratsmitgliedern zu.
Modifiziert wurde diese Stadtverfassung in wesentlichen Punkten durch die nach Niederschlagung des sog. ›Aufruhrs in der Gemeinde‹ 1513/1514 vom Reichsvogt Graf Wilhelm von Henneberg, daneben Georg von Schaumburg zu der Lauterburg, Amtmann zu Königsberg und Dr. jur. utr. Johann Volck, bambergisch-bischöflicher Rat als kaiserlichen Commissarien am 13. Juni 1514 errichteten *Statuta und Ordnungen, aus Kraft kaiserlichen Befehls aufgerichtet, gesetzt und gemacht* (Farbbild S. 168).[90]
Die bezüglich des Rates vorgenommenen Regelungen kamen zwar auf den ersten Blick den Beschwerden der Bürgerschaft, die zum Aufruhr Anlaß gegeben hatten, entgegen – Väter, Söhne, Brüder, Schwäger und Eidame, auch Geschwisterkinder sollten nicht mehr nebeneinander im Rat sitzen, der Rat sollte jährlich Rechnung legen vor acht von ihm ausgewählten Männern aus der Gemeinde, später Achterherrn oder Achterstand genannt, bei notwendiger Höherverschuldung oder Steuererhöhung sollte der Äußere Rat als Vertretungsorgan der Gemeinde noch sechs Männer aus der Gemeinde zuwählen – andererseits aber wurden gegen das Statut von 1450 durch die Verminderung der Zahl der Mitglieder des Äußeren Rats (später Zusatz genannt) von 24 auf 12 die Mehrheitsverhältnisse zugunsten des Inneren Rats verschoben, die Wahl der Ratsmitglieder auf Lebenszeit vorausgesetzt, die Achterherrn zu strengem Stillschweigen über

die Details der Rechnungslegung gegenüber der Gemeinde verpflichtet und ein Versammlungsrecht der Gemeinde ausdrücklich unter Strafandrohung negiert.
Die Kodifizierung der Ratsverfassung wurde ausgelöst durch die gescheiterten Bürgeraufstände von 1446–1450 (›Große Ratsverstörung‹) und 1513/1514 (›Aufruhr in der Gemeinde‹). In beiden Fällen waren die Ursachen im wesentlichen gleich: Beschränkung des Inneren Rats auf wenige Familien, Steuererhöhungen und fehlende Rechnungslegung vor der Gesamtgemeinde. Äußerer Verlauf und Niederschlagung der Aufstände unterscheiden sich dagegen voneinander: Den Aufständischen von 1446 gelang die Erstürmung des Rathauses und die Einsetzung eines neuen, von der Gemeinde gewählten Rats, der dann unter dem Namen *der neue Rat, Zünfte und von der Gemeinde*[91] – Reichsvogt Hermann von Seinsheim charakterisierte den Vorgang mit der Bemerkung, daß *die Schemel, auf die Bänke gesprungen*[92] seien – bis 1450 tatsächlich amtieren konnte. Während Vermittlungsbemühungen seitens des Schwäbischen Städtebundes[93] vom neuen Rat abgelehnt wurden, mußte er sich dem Spruch des Königlichen Kammergerichts vom 27. September 1448[94] beugen, der die Wiedereinsetzung des alten Rats verfügte. Am 11. Oktober 1448[95] beauftragte Friedrich III. die Reichsstände mit der Urteilsvollstreckung und setzte den neuen Rat davon in Kenntnis[96]. Bischof Gottfried IV. von Würzburg verfügte am 30. April 1449[97] dann mit Einverständnis der Streitparteien die Einsetzung eines Schiedsgerichts, das am 20. Mai 1450 seinen oben bereits angeführten Spruch fällte, der die Gewichte zwar zuungunsten der Schöffen verschob, auch Mitglieder des aufständischen Rates nicht von der neuerlichen Übernahme von Ratsämtern ausschloß, aber doch ganz klar dem Streben der Zünfte nach politischer Beteiligung eine Absage erteilte.
Ganz anders Verlauf und Ergebnis des Aufstandes von 1513. Ausgangspunkt war eine ohne Willen des Amtmanns und des Rats zustandegekommene Versammlung von Gemeinde und Handwerken am 22. November 1513, deren Verlauf unklar ist.[98] Während sich die Empörer bewaffneten, setzten sich aus dem offensichtlich vorgewarnten Rat sieben Mitglieder des Schöffenkollegiums ab und flüchteten zum Reichsamtmann Graf Wilhelm IV. von Henneberg. Zur Einsetzung eines neuen Rates kam es nicht, es wurden lediglich Viertelmeister aufgestellt. Um einem Einschreiten des Amtmanns zuvorzukommen, erhoben die zurückgebliebenen Ratsmitglieder, die anscheinend bereit waren, mit den Aufständischen zusammenzuarbeiten, gemeinsam mit diesen Klage gegen die Entflohenen wegen Verletzung ihres Bürgereids durch Verlassen der Stadt. Wilhelm von Henneberg wies die Klage im Urteil vom 19. Dezember 1513[99] zurück und setzte die Geflüchteten wieder in ihre Ämter ein. Die daneben auf königlichen Befehl

angestellte Untersuchung führte zu den oben genannten *Statuta und Ordnungen* (Farbbild S. 168). Ausdrücklich wurde dabei eingeschärft: *Es sollen auch hinfüro zue ewigen Zeiten die aus der Gemeinde sich zusammen nit beruffen, fordern oder vorpieten undt keine Versamblung, Convocation, klein oder grosz wider einen Rath in den Plezen, Heüsern, oder sonst halten ohn sonderbar Verwilligung vndt geheisz eines Raths zu Schweinfurt.*[100] Ein drakonisches Strafgericht[101] folgte – neben fünf Enthauptungen (Philipp Horst/Steinmetz, Valentin Braun/Schneider, Albert Apel/Büttner, Klaus Rudolf/Häcker, Kunz Kaufmann/Häcker) wurden rund 20 weitere Körper, Geld- und Ehrenstrafen und Stadtverweise vollstreckt – und besiegelte das Scheitern der Bemühungen der Gemeinde um angemessene politische Beteiligung. Die Arbeit der ›Handwerke‹ oder Zünfte war auch in Zukunft nur unter strenger obrigkeitlicher Regelung möglich.

Graf Wilhelm von Henneberg, der als Schutzherr und Reichsvogt die zentrale Figur bei der Niederschlagung des Aufruhrs war, hatte auch für sich selbst Vorteile gesucht: Nach einer Schweinfurter Überlieferung hatte er *durch Erpracticierung zu seinem vortheil*[102] Maximilian I. veranlaßt, der Stadt das Recht der freien Amtmannwahl zu nehmen. Maximilian restituierte[103] es allerdings nach Erlaß der *Statuta und Ordnungen* und Wiedereinsetzung des alten Rates.

Daß die von Erich Saffert als Ergebnis der beiden Bürgeraufstände festgestellte Möglichkeit der vertikalen Mobilität – »Im übrigen war es [...] auch jedem Handwerker und jedem Kleinhändler möglich, bis zu den höchsten Stellen und Ämtern des Rates und der Verwaltung, seit 1568 auch bis zum Reichsvogt, aufzusteigen.«[104] – wohl eher theoretisch als praktisch realisierbar war, zeigt ein Blick auf die verfügbaren Daten zur Wirtschafts- und Sozialstruktur der Reichsstadt. Die Analyse der Bethbeschreibung von 1585[105] – für die Zeit vor dem zweiten Stadtverderben von 1554 fehlen die Quellen – zeigt, daß von 766 Haushalten und rund 3600 Einwohnern die 44 Ratsherren (5,7 % der Haushalte) 13,7 % der Gesamtbethe (Geld-, Vermögens- und mit Einschränkung, einer Art Gewerbesteuer) aufbringen bzw. durchschnittlich 10,4 Gulden. Somit stellen sie die reichste Gruppe im reichsstädtischen Spektrum dar. Der Gesamtdurchschnitt aller Haushalte beträgt dagegen 4,3 Gulden. Einzig die mit 76 Haushalten (9,7 %) ebenfalls kleine Gruppe der Händler und Fuhrleute liegt mit 19,8 % bzw. einem Mittelwert von 9,0 Gulden in vergleichbarer Größenordnung. Alle anderen Berufszweige, knapp 85 % aller Haushalte, liegen unter dem Mittelwert von 4,3 Gulden. Eine Einteilung der Haushalte nach dem Steueraufkommen zeigt eine alle Schichten umfassende, ausgewogene Differenzierung der Vermögensstruktur. Sowohl der Anteil der Oberschicht am Gesamtergebnis (8 % der Haushalte, 30 % des Steueraufkommens bzw.

Vermögens), als auch der Unterschicht (56 % der Haushalte, 25 % des Vermögens) weisen auf eine Sozialstruktur hin, die von den extremen Besitzgegensätzen einer Exportgewerbestadt, aber auch von der homogenen Ausgeglichenheit der Besitzverhältnisse einer Ackerbürgerstadt gleichermaßen entfernt ist. Vielmehr sind die ermittelten sozioökonomischen Daten[106] charakteristisch für eine Stadt, deren Gewerbe und Handel zwar entwickelt, aber auf den lokalen Markt der näheren Umgebung beschränkt bleibt, einer sog. »allseitig entwickelten Gewerbestadt lokalen Gepräges«.[107] Prägend für die Wirtschafts- und Sozialstruktur Schweinfurts war dementsprechend eine zahlenmäßig starke handwerkliche Mittelschicht, die in erster Linie für den städtischen Gebrauch und das Umland produzierte; nennenswerter Export, frühe Ansätze industrieller Fertigung und ausgeprägtes Kunsthandwerk fehlen. Die Bethbeschreibung von 1564[108] verzeichnet bei etwa 670 steuerzahlenden Haushalten fast 280 Handwerker, 80 Häcker und Bauern, rund 50 Fischer, aber nur 36 Kaufleute.
Für den sozialen Status[109] des einzelnen Bürgers war neben Vermögen und Beruf auch die Stadtteilzugehörigkeit bestimmend. Während im Fischerrain, der alten Fischersiedlung am Main, und in den nach 1437 entstandenen Stadtteilen Erster Teil Anger und Zweiter Teil Anger die ärmeren Haushalte dominierten, genoß – noch vor der Ersten Halben Stadt – die nördlich gelegene Zweite Halbe Stadt mit Markt und Johanniskirche das größte Sozialprestige. Dort wohnten die meisten Ratsherren, die wohlhabendsten Kaufleute, Akademiker, Geistliche und Lateinschullehrer.

5. *Schweinfurt als Reichsstand*

Das Heilige Römische Reich gewährte der Reichsstadt nicht nur den zur Wahrung der Eigenstaatlichkeit notwendigen Schutz und Schirm – ergänzt durch das mit Privileg Sigmunds vom 5. November 1427[110] sanktionierte Institut der Schutzherrschaft –, sondern forderte seinerseits Rat und Hilfe (auxilium et consilium), vorwiegend in Form finanzieller Zuwendungen: sei es als Stadtsteuer, Gemeiner Pfennig, Türkenhilfe, Reichs- und Kreisrömermonat, Kammerzieler oder Gebührenentrichtung für Privilegienbestätigungen beim Herrscherwechsel. Das ›do-ut-des‹-Verhältnis zwischen Kaiser und Reichsstadt wurde in der Reichsreform unter Maximilian I. durch Reichskreiseinteilung und Reichskammergericht auf eine neue Basis gestellt und in der Wormser Reichsmatrikel von 1521 leistungsmäßig fixiert. Die Höhe eines Römermonats[112] betrug für Schweinfurt 5 Reiter und 36 Mann zu Fuß, bzw. 204 Gulden.

Für den Betrachtungszeitraum stehen neben knappen chronikalischen Aufzeichnungen[113] und urkundlichen Belegen lediglich zwei Quellen zur Verfügung, die die Aufwendungen der Stadt im Zusammenhang mit dem Reich[114] wenigstens für das 15. Jahrhundert erkennen lassen: Eine aus den Jahresrechnungen gezogene *Kurtze Verzeichnus was gemeine Stat bey dem Heiligen reich zugesetzt und gethan haben vor hundert Jaren her bis uff 1507 Jar*[115] und die Einnehmerrechnung für die Jahre 1486 bis 1506.[116] Neben den jährlich zu entrichtenden 100 Gulden Stadtssteuer und 100 Gulden für den Schutzherren sind zu ermitteln die Ausgaben für Gesandtschaften an den königlichen Hof[117] und Privilegienbestätigungen – z. B. 1429 für das Judenaufnahmeprivileg und die Gesandtschaft nach Ungarn 960 Gulden, 1437 für die Goldene Bulle und die kaiserliche Bestätigung des Kaufs des Deutschen Hauses 240 Gulden, 1447 für drei Gesandtschaften zum Römischen König 570 Gulden, 1497 für die Privilegienkonfirmation und Belehnung mit Zent und Blutbann 90 Gulden, 1498 für die Erneuerung des Rechts der Amtmannswahl 62 Gulden – und die Ausgaben für die ›Reisen‹, die militärischen Unternehmungen von König und Reich – unter anderem 1474 nach Neuss gegen Karl den Kühnen von Burgund 618 Gulden, 1481/1482 nach Österreich gegen Matthias Corvinus von Ungarn 754 Gulden, 1486 gegen den König von Ungarn und Türkenhilfe 1247 Gulden, 1488 nach Gent und Flandern zur Befreiung König Maximilians aus der Gefangenschaft in Brügge 560 Gulden, 1491 gegen Ungarn 312 Gulden, 1492 Zug auf das Lechfeld gegen Herzog Albrecht von Baiern-München 360 Gulden, 1495 gegen Türken und Franzosen 100 Gulden, 1499 an den Bodensee gegen die Schweizer 790 Gulden.

Die unmittelbare Zugehörigkeit zum Reich und die damit einhergehenden aufgezeigten vielfältigen Verpflichtungen gewährleisteten die Eigenstaatlichkeit der Reichsstadt und ermöglichten eine aktive Außenpolitik der Stadt im Rahmen des Reichsverbandes für die hier nur der Beitritt zum Schwäbischen Städtebund 1385 und der Bundesvertrag mit der Einigung der Grafen, Herren, Ritter und Knechte zu Franken 1459 als Beispiele genannt seien.

Im Zusammenhang mit der Landfriedenspolitik König Wenzels und der städtefeindlichen Politik Bischof Gerhards von Würzburg, der zu den Kreishauptleuten des auf dem Nürnberger Reichstag 1383 aufgerichteten Landfriedensbundes gehörte, hatte Schweinfurt gleich anderen fränkischen Reichsstädten Rückhalt am Schwäbischen Städtebund gesucht. Nach Ablösung der Würzburger Pfandhälfte 1385 erreichte die Stadt am 7. November 1385[118] die Aufnahme in den Bund, wurde dann konsequenterweise in den Städtekrieg verwickelt, sogar von Würzburg belagert und in die Niederlage des Bundes gegen Graf Eberhard von Württemberg in der

Schlacht von Döffingen (23. August 1388) hineingezogen. Der bereits zitierte ›Böse Schiedsspruch‹ des Erzbischofs von Mainz und des Bischofs von Bamberg vom 9. Mai 1389[119] erfolgte im einseitigen Interesse Bischof Gerhards von Würzburg. Die Stadt mußte jahrelang um seine endgültige Aufhebung kämpfen.

Ebenfalls unbefriedigende Folgen zeitigte der Bundesvertrag der Stadt mit der Einigung der Grafen, Herren, Ritter und Knechte zu Franken vom 31. Juli 1459.[120] Im Krieg um die gewaltsame Einnahme der Reichsstadt Donauwörth durch Herzog Ludwig den Reichen von Baiern 1460–1462 mußte die Stadt schließlich trotz allen Zögerns auf kaiserlichen Druck hin Partei für den als Reichshauptmann eingesetzten Markgrafen Albrecht Achilles ergreifen, was ihr die Fehdeansage außerhalb der Einigung stehender Adeliger eintrug.

Solidarität mit anderen Reichsstädten war aber nicht nur im konkreten Konfliktfall geboten, sondern unabdingbare Voraussetzung des eigenstaatlichen Überlebens in der Phase zunehmender Territorialisierungs- und Institutionalisierungstendenzen in der entstehenden frühen Neuzeit. Seit 1471 entwickelte sich parallel zur Entstehung des Reichstages der allgemeine Städtetag, der »schnell zur alles überragenden Drehscheibe der auf das Reich und seine Institutionen zielenden ›ständischen‹ Politik der Freien und Reichsstädte wurde.«[121] Schweinfurt fand dabei besonderen Rückhalt an Nürnberg, dessen Experten Gutachten in verfassungsrechtlichen und militärischen Fragen für die Schweinfurter erstellten.[122] Wie ernst Schweinfurt die Zusammenarbeit im Rahmen einer korporativen Politik nahm, geht daraus hervor, daß es auf 19 von 27 Städtetagen zwischen 1445 und 1549 mit eigenen Delegierten teilnahm und sich bei den meisten anderen durch Nürnberg vertreten ließ.[123]

Während die Städte auf den Reichstagen gegen die Dominanz der Fürsten weitgehend ohne Einfluß blieben, zeichnete sich der Fränkische Reichskreis durch eine gewisse Ausgewogenheit der Kräfte aus.[124] Da keiner der größeren Stände – Hochstifte, Markgraftümer, Nürnberg – sich zur unbestrittenen Vormacht entwickeln konnte, blieb den kleineren Ständen eher die Möglichkeit, eigene Interessen zu verwirklichen. Der konstituierende Kreistag fand 1517 in Schweinfurt[125] statt. Der Glanz und die Last eines Reichstages in den eigenen Mauern blieben Schweinfurt erspart.

Anmerkungen

[1] MSh, Nr. 26.

[2] Neben MSh grundlegend Fuchs, Schweinfurt. Die Entwicklung einer fränkischen villula zur Reichsstadt; bei Fuchs sind alle relevanten Quellen bis 1300 und die Sekundärliteratur nachgewiesen; H. Hahn, Das Reich, die Grafen von Henneberg und Schweinfurt, in: MainfrJb 19, 1967, S. 18–31; wichtig seither: Otto Meyer, Schweinfurt – Von der Markgrafenburg zur Industriestadt; Ders., Wie Schweinfurt Reichsstadt wurde; Rosenstock, Das vor-städtische Schweinfurt; Ders., Frühgeschichte der Stadt Schweinfurt von 700 bis 1500; Saffert, Gedanken zur frühen Schweinfurter Stadtgeschichte; H. Schöffel, Materialien zur Entstehungsgeschichte der Reichsstadt Schweinfurt (als umfangreiche Materialiensammlung brauchbar). Unverzichtbar: Stein, Geschichte der Reichsstadt Schweinfurt, 2 Bde., 1900.

[3] E. Frh. v. Guttenberg, Die Territorienbildung am Obermain, in: BHVB 79, 1926, S. 59.

[4] Meyer, Reichsstadt, wie Anm. 2, S. 262.

[5] Endres, Die Rolle der Grafen von Schweinfurt in der Besiedlung Nordostbayerns, S. 20. Zu Hezilos Tochter Judith siehe jüngst H. Schoßwald, Judith von Schweinfurt, Herzogin von Böhmen, in: Schweinfurter Mainleite 1991/I. S. 11–18; E. Meidel, Der Einfluß der Schweinfurter Markgrafen und der Fürstin Judith von Böhmen auf die deutschen Kaiser, in: Frankenland 1991/9, S. 369–377.

[6] MSh, Nr. 14.

[7] MSh, Nr. 25.

[8] Fuchs, wie Anm. 2, S. 40. Die folgende Rekonstruktion stützt sich wesentlich auf Fuchs, Meyer, Saffert (alle wie Anm. 2).

[9] MSh, Nr. 16.

[10] Saffert, wie Anm. 2, S. 132. Zur Baugeschichte von St. Johannis siehe F. Mader, G. Lill, KDB Schweinfurt, S. 16 ff.; s. a. H. Hahn, Die Johanniskirche und ihre Vorgängerbauten – Gedanken über die Besiedlung der Schweinfurter Gemarkung, in: Schweinfurter Mainleite 1991/II, S. 44–49.

[11] MSh, Nr. 20 (21. November 1234).

[12] GS: Das Bistum Würzburg, Teil 1. Die Bischofsreihe bis 1254, bearbeitet von A. Wendehorst, (GS Würzburg 1) 1962, S. 225.

[13] Zitiert nach W. Engel, Das ›Schweinfurter Stadtverderben‹ um 1250, in: FS E. E. Stengel, 1952, S. 534–543, S. 543.

[14] Vgl. Fuchs, wie Anm. 2. S. 70; GS Würzburg 1, S. 220; Engel, wie Anm. 13, S. 540.

[15] MSh, Nr. 22.

[16] MSh, Nr. 23.

[17] MSh, Nr. 24.

[18] Fuchs, wie Anm. 2, S. 104

[19] W. Füßlein, Zwei Jahrzehnte würzburgischer Stifts-, Stadt- und Landesgeschichte 1254–1275, 1926, S. 92 (= Neue Beiträge zur Geschichte deutschen Altertums, Lieferung 32). Zur territorialen Expansion der Henneberger s. E. Henning, Die Entwicklung der Landesherrschaft zwischen dem nördlichen Thüringer Wald und dem südlichen Maingebiet am Beispiel der Grafschaft Henneberg (1078–1583), in: MainfrJb 24, 1972, S. 1–36 (dort auch Nachweis der wichtigen Literatur).

[20] Zur Verpfändung allgemein: Landwehr, Die Verpfändung der deutschen Reichsstädte im Mittelalter; zu Schweinfurt Fuchs, wie Anm. 2, und vor allem Stein, wie Anm. 2, 1. Bd., S. 129–242, auf den sich die folgende Darstellung stützt.

[21] Fuchs, wie Anm. 2, Regest 61.

[22] MSh, Nr. 34 a.

[23] MSh, Nr. 34 b.

[24] Nach Stein, wie Anm. 2, 1. Bd., S. 133, Die reizvolle Hypothese Fuchs', daß Hermann von Brandenburg als Enkel Hermanns von Henneberg († 1290) diese Pfandrechte auf dem Erbweg erworben habe, woraus zu schließen sei, daß »Hermann von Henneberg zwischen

1282 und 1290 sein Ziel erreichte, durch den Erwerb einer Pfandschaft die Stadt in das hennebergische Territorium einzubeziehen« (S. 85), ist quellenmäßig nicht belegbar.

[25] MSh, Nr. 37 a.

[26] MSh, Nr. 37 b.

[27] MSh, Nr. 44.

[28] MSh, Nr. 47 a.

[29] MSh, Nr. 47 b.

[30] MSh, Nr. 48.

[31] MSh, Nr. 54.

[32] MSh, Nr. 53. Zum Gerichtswesen siehe G. Hufnagel, Die Entwicklung der Rechts- und Herrschaftsformen in Stadt und Landkreis Schweinfurt, Diss. masch. Würzburg 1958, S. 39–45.

[33] MSh, Nr. 74. Zum fiskalischen Aspekt: Stein, wie Anm. 2, 1. Bd., S. 171.

[34] MSh, Nr. 86 a.

[35] MSh, Nr. 85.

[36] MSh, Nr. Nr. 88 1/2.

[37] MSh, Nr. 92 a.

[38] MSh, Nr. 97.

[39] MSh, Nr. 98.

[40] MSh, Nr. 103.

[41] MSh, Nr. 101.

[42] MSh, Nr. 124.

[43] MSh, Nr. 135.

[44] Stein, wie Anm. 2, 1. Bd., S. 221; MSh, S. 495 (Schöns Annalen).

[45] MSh, Nr. 137, 2. Februar 1381.

[46] Stein, wie Anm. 2, 1. Bd., S. 227; MSh, S. 319 (Sprengers Annalen).

[47] MSh, Nr. 144.

[48] MSh, Nr. 146.

[49] MSh, Nr. 152.

[50] Rainer A. Müller (Hg.), Reichsstädte in Franken, Katalog zur Ausstellung 1987, S. 20; s. a. Uwe Müller, Der Reichsstadtgedanke in Mainfranken, S. 226–236.

[51] Vgl. Saffert, Schweinfurt, in: Bayerisches Städtebuch Teil 1, S. 499–526, 1971, S. 511. Nach Stein stammt der älteste erhaltene Siegelabdruck vom 28. November 1309 (MSh, Nr. 36), s. a. Saffert, Wappen, Siegel und Farben unserer Stadt; H. U. Ziegler, Die Siegel und Wappen der Reichsstädte, in: R. A. Müller, wie Anm. 2, S. 217–228. Zum Satzungs- bzw. Stadtrecht (19. Juli 1299 Erlaß eines Erbrechtsstatuts durch den Rat. MSh, Nr. 33) s. Saffert, Schweinfurt, S. 501; Dirian, Über das Schweinfurter Stadtrecht und seine Verbreitung, S. 53–98; R. Heydenreuter, Reichsstädtisches Recht, in R. A. Müller, wie Anm. 2, S. 191–204. Eine förmliche Stadtrechtsverleihung ist nicht feststellbar, ein eigenes Stadtrecht scheint aber aus den Urkunden ab 1234 nachweisbar. Mit Schweinfurter Stadtrecht wurden unmittelbar bewidmet Brückenau 1310, Zellingen 1312 (auf Bitten der Fürstabtei Fulda), Wasungen 1308, Coburg 1331 (auf Bitten der Grafschaft Henneberg-Schleusingen), Meiningen 1344 (auf Bitte des Hochstifts Würzburg).

[52] MSh, Nr. 53; s. Stein, wie Anm. 2, 1. Bd., S. 153 ff.

[53] MSh, Nr. 101.

[54] MSh, Nr. 98.

[55] MSh, Nr. 103.

[56] E. Saffert, Kaiser Karl IV. und Schweinfurt, in: Schweinfurter Tagblatt, 1978, X 13; s. a. E. Schubert, Franken als königsnahe Landschaft unter Karl IV., in: H. Patze (Hg.), Kaiser Karl IV. 1316–1378. Forschungen über Kaiser und Reich, 1978, S. 865–890.

[57] MSh, Nr. 188–190, 192–194, 196; Stein, wie Anm. 2, 1. Bd., S. 293 ff.

[58] MSh, Nr. 168.

[59] MSh, Nr. 194.

[60] MSh, Nr. 236.

[61] MSh, Nr. 239. Zur Schutzherrschaft s. u. und Anm. 110.
[62] MSh, Nr. 297.
[63] MSh, Nr. 544 f., Nr. 129.
[64] MSh, Nr. 551 f., Nr. 121.
[65] Zur Kirchenhoheit: Schoeffel, Die Kirchenhoheit der Reichsstadt Schweinfurt; dazu die Rezension von O. Riedner, Aus der kirchlichen und bürgerlichen Frühgeschichte der Stadt Schweinfurt, in: Hist. Jb der Görres-Gesellschaft 40, 1920, S. 187–203.
[66] MSh, S. 542 ff., Nr. 102.
[67] MSh, Nr. 554 ff., Nr. 132; s. a. Saffert, Schweinfurt – Würzburg: Die gegenseitigen historischen Beziehungen. Zu Gochsheim u. Sennfeld: Mackh, Die fränkischen Reichsdörfer dargestellt an den beiden ehemaligen Reichsdörfern Gochsheim und Sennfeld, S. 37 ff.
[68] MSh, Nr. 267; Stein, wie Anm. 2, 1. Bd., S. 361–379; Saffert, Schweinfurt, wie Anm. 51, S. 514; Chr. Schümann, Geschichte von Schweinfurt-Oberndorf, 1989.
[69] MSh, Nr. 232.
[70] MSh, Nr. 238.
[71] MSh, Nr. 235.
[72] MSh, Nr. 239.
[73] MSh, Nr. 244.
[74] MSh, Nr. 252.
[75] MSh, Nr. 265.
[76] Stein, wie Anm. 2, 1. Bd., S. 379.
[77] Dirian, Das Schweinfurter Stadtregiment während der Reichsstadtzeit, S. 28; siehe a. Stein, wie Anm. 2, 2. Bd., S. 12 ff u. 97 ff. Die folgende Darstellung in den Fakten nach Dirian.
[78] MSh, Nr. 315 (20. Mai 1450).
[79] MSh, Nr. 33 (19. Juli 1299).
[80] MSh, Nr. 26.
[81] MSh, Nr. 49, 53, 57.
[82] MSh, Nr. 48 (28. April 1323).
[83] MSh, Nr. 98 (29. April 1361).
[84] MSh, Nr. 48 (28. April 1328).
[85] MSh, Nr. 52, 63, 70.
[86] MSh, Nr. 36 (28. November 1309).
[87] MSh, Nr. 194 (9. November 1397).
[88] MSh, Nr. 315.
[89] MSh, Nr. 98 (29. April 1361).
[90] MSh, S. 463–467 (Alte Chronik) u. S. 519, Nr. 14; Stein, wie Anm. 2, 2. Bd., S. 100–105. Zur Verfassungsänderung 1776 s. Dirian, wie Anm. 77, S. 116 f.
[91] MSh, Nr. 309.
[92] Nach Stein, wie Anm. 2, 2. Bd., S. 14.
[93] MSh, Nr. 305.
[94] MSh, Nr. 304.
[95] MSh, Nr. 310.
[96] MSh, Nr. 311.
[97] MSh, Nr. 312.
[98] Vgl. MSh, S. 518 f., Nr. 13 (19. Dezember 1513) u. Saffert, Eine neue Quelle zur Geschichte des Schweinfurter Bürgeraufstandes von 1513.
[99] MSh, Nr. 518 f., Nr. 13.
[100] MSh, Nr. 465 (Alte Chronik, 13. Juni 1514).
[101] MSh, S 520, Nr. 19, MSh, S. 569–571 (nach StAW, Liber I diversarum formarum Laurentii fol. 121 a, b, 122); Stein, wie Anm. 2, 2. Bd., S. 105 f.
[102] MSh, Nr. 463 (Alte Chronik, 7. März 1514).
[103] MSh, S. 527, Nr. 44 (6. Februar 1516).
[104] Saffert, Schweinfurt, wie Anm. 51, S. 506.

[105] Nach Mahr, Bildungs- und Sozialstruktur der Reichsstadt Schweinfurt, S. 115–123; vgl. E. Saffert, Die älteste Bürgerliste von Schweinfurt (1557), 1961 (= Veröff. d. Hist. Vereins u. d. Stadtarchivs Schweinfurt, Sonderreihe Heft 5).
[106] Vgl. Endres, Die soziale Problematik in den kleineren Reichsstädten, in: Müller, wie Anm. 2, Aufsätze 2, 1987, S. 70–83, S. 74.
[107] Mahr, wie Anm. 105, S. 120.
[108] Nach Saffert, Schweinfurt, wie Anm. 51, S. 506.
[109] Nach Mahr, wie Anm. 105, S. 141–158 u. Endres, wie Anm. 106, S. 76.
[110] MSh, Nr. 239. Zur Schutzherrschaft, seit 1464 mit der Reichsvogtei vereinigt, siehe Fr. W. Tasch, Die verfassungsrechtlichen Verhältnisse in der freien Reichsstadt Schweinfurt gegen Ende der Reichsunmittelbarkeit, Diss. jur. München 1952, S. 29–35.
[111] Schnelbögl, Die fränkischen Reichsstädte, S. 430.
[112] Vgl. Dittmar, Die Einnehmerrechnungen der freien Reichsstadt Schweinfurt (1554–1802), S. 235 ff.
[113] MSh, S. 320–370 (Sprengers Annalen), S. 427–494 (Alte Chronik), S. 494–507 (Annalen des Nikodemus Schön).
[114] Vgl. Raab, Beziehungen Schweinfurts zum Reich am Ausgang des Mittelalters. Falsche Jahresangaben der *Kurtzen Verzeichnis* wurden in der folgenden Darstellung stillschweigend korrigiert.
[115] StadtASW, Reichsstädt. Rep. I–IV (Varia).
[116] StadtASW, Einnehmerrechnung 1486–1506 (früher StAW, Rechnungen 40 355).
[117] Zur Reisediplomatie: Künzel, Die Schweinfurter Stadtschreiber und Ratsadvokaten von 1327–1803, S. 134 ff.
[118] MSh, Nr. 144; Stein, wie Anm. 2, 1. Bd., S. 224–280.
[119] MSh, Nr. 168.
[120] MSh, Nr. 331; Stein, wie Anm. 2, 2. Bd., S. 21–32.
[121] Georg Schmidt, Die kleineren fränkischen Reichsstädte und der allgemeine Städtetag, S. 161.
[122] Nach Schnelbögl, wie Anm. 111, S. 439.
[123] Nach Schmidt, wie Anm. 121, S. 163.
[124] Vgl. R. Aulinger, Der Reichstag in spätmittelalterlicher und früher Neuzeit (dort auch zum Stand der Edition der Deutschen Reichstagsakten), in: Müller, Aufsätze 1, wie Anm. 2, S. 125–142, insb. S. 130 ff.; R. Endres, Der Fränkische Reichskreis, in M. Spindler (Hg.), HbbG, III/1, S. 212–215.
[125] H. Beck, Die Geschichte des fränkischen Kreises von 1500–1533. Aufgrund archivalischer Studien dargestellt von Henry Beck, in: AUFr 48, 1906, S. 1–185, S. 56.

Literatur (Auswahl)

Quellen:

W. Engel (Bearb.) Urkundenregesten zur Geschichte der Städte des Hochstifts Würzburg (1172–1413), QFW 12, 1956; A. Fuchs Schweinfurt. Die Entwicklung einer fränkischen villula zur Reichsstadt, MainfrSt 2, 1972; Fr. Stein (Hg.), Monumenta Suinfurtensia historica inde ab anno DCCXCI usque ad annum MDC. Denkmäler der Schweinfurter Geschichte bis zum Ende des sechzehnten Jahrhunderts, 1875 (MSh).

Bibliographien:

Fränkische Bibliographie. Schrifttumsnachweis zur historischen Landeskunde Frankens bis zum Jahre 1945, hg. von G. Pfeiffer, 4 Bde., 1965–1978, Nr. 41 530 ff; Unterfränkische Bibliographie, jeweils in MainfrJb ab Bd. 15, 1963 ff.; E. Saffert, Schweinfurt, in: E. Keyser, H. Stoob (Hgg.), Bayerisches Städtebuch Teil 1, 1971, S. 499–526; H. Schöffel, Materialien zur Entstehungsgeschichte der Reichsstadt Schweinfurt, 1989, S. 227–255; Verzeichnis der Veröffentlichungen Dr. Safferts, in: Miscellanea Suinfurtensia Historica VII, 1985, S. 93–145 (= Veröff. d. Hist. Vereins Schweinfurt e.V., Sonderreihe Heft 10).

Durchgängig benutzt:

A. Fuchs (wie o.); Rainer A. Müller (Hg.), Reichsstädte in Franken, Aufsätze 1 u. 2, (= Veröff. zur Bay. Geschichte u. Kultur Nr. 15/1 u. 2), 1987; E. Saffert, Schweinfurt (wie o.); Max Spindler (Hg.), HbbG III/1, Franken, 1971; Fr. Stein, Geschichte der Reichsstadt Schweinfurt, 2 Bde., 1900; Fr. Stein (Hg.), MSh (wie o.).

Zu 1. Die junge Reichsstadt im Prozeß der mainfränkischen Territorienbildung (bis 1282)

R. Endres, Die Rolle der Grafen von Schweinfurt in der Besiedlung Nordostbayerns, in: JffL 32, 1972, S. 1–43; W. Engel, Das Schweinfurter ›Stadtverderben‹ um 1250, in: FS E. E. Stengel, 1952, S. 534–543; Otto Meyer, Schweinfurt – Von der Markgrafenburg zur Industriestadt, in: O. Meyer, Varia Franconiae historica III, MainfrSt 13, 3, 1986, S. 972–993; Ders., Wie Schweinfurt Reichsstadt wurde, in: Müller (wie o.), Aufsätze 1, 1987, S. 262–269; D. Rosenstock, Das vor-städtische Schweinfurt, in: Frankenland 1991/4, S. 88–101; Ders., Frühgeschichte der Stadt Schweinfurt von 700 bis 1500 (= Schweinfurter Museumsschriften Heft 49/1992), 1992; E. Saffert, Gedanken zur frühen Schweinfurter Stadtgeschichte, in: Frankenland 1984/5, S. 130–137.

Zu 2. Durch Verpfändung bedrohte Reichsfreiheit und Selbstauslösung (1305–1386)

G. Landwehr, Die Verpfändung der deutschen Reichsstädte im Mittelalter, (= Forschungen zur deutschen Rechtsgeschichte 5), 1967.

Zu 3. Entwicklung der reichsstädtischen Autonomie und Erwerbung eines Territoriums (1282–1443)

H. W. Dirian, Über das Schweinfurter Stadtrecht und seine Verbreitung, in: NJBl d. GffG 36, 1954, S. 53–98; H. Mackh, Die fränkischen Reichsdörfer dargestellt an den beiden ehemaligen Reichsdörfern Gochsheim und Sennfeld, Diss. masch. jur. Erlangen 1951; Uwe Müller, Der Reichsstadtgedanke in Mainfranken, in: Frankenland 1988/6, S. 226–236; E. Saffert, Schweinfurt – Würzburg: Die gegenseitigen historischen Beziehungen, (= Veröff. d. Hist. Vereins u. d. Stadtarchivs Schweinfurt, Sonderreihe Heft 2), 1957; Ders., Wappen, Siegel und Farben unserer Stadt, in: Schweinfurter Tagblatt 1953 VIII 28, 29, IX, 1; S. Schoeffel, Die Kirchenhoheit der Reichsstadt Schweinfurt, (= Quellen und Forschungen zur bayer. Kirchengeschichte 3), 1918.

Zu 4. Entwicklung der Ratsverfassung (bis 1514); Wirtschafts- und Sozialstruktur

H. W. Dirian, Das Schweinfurter Stadtregiment während der Reichsstadtzeit (= Veröff. d. Hist. Vereins- u. d. Stadtarchivs Schweinfurt Sonderreihe Heft 1), 1954; R. Endres, Die soziale Problematik in den kleineren Reichsstädten, in: Müller (wie o.), Aufsätze 2, 1987, S. 70–83; M. Mahr, Bildungs- und Sozialstruktur der Reichsstadt Schweinfurt, MainfrSt 20, 1978; E. Saffert, Eine neue Quelle zur Geschichte des Schweinfurter Bürgeraufstandes von 1513, in: NJBl. d. GffG 36, 1954, S. 99–112.

Zu 5. Schweinfurt als Reichsstand

C. Dittmar, Die Einnehmerrechnungen der freien Reichsstadt Schweinfurt (1554–1802) (= Veröff. d. Hist. Vereins u. d. Stadtarchivs Schweinfurt, Sonderreihe Heft 4), 1961; U. Künzel, Die Schweinfurter Stadtschreiber und Ratsadvokaten von 1327–1803, Diss. jur. Würzburg 1974; K. R. Raab, Beziehungen Schweinfurts zum Reich am Ausgang des Mittelalters, in: Programm des k. Gymnasiums Schweinfurt für das Schuljahr 1896/97, 1897, S. 9–44; Georg Schmidt, Die kleineren fränkischen Reichsstädte und der allgemeine Städtetag, in: Müller, (wie o.), Aufsätze 1, S. 159–168; F. Schnelbögl, Die fränkischen Reichsstädte, in: ZBLG 31, 1968, S. 421–471.

Josef Leinweber (†) / Johannes Merz*

Der fuldische Süden

Das spätmittelalterliche Territorium der Fuldaer Fürstäbte lag überwiegend außerhalb des heute unterfränkischen Gebietes. Eine Ausnahme bildeten die weiträumigen Besitzungen um Hammelburg und Brückenau, die in mehrfacher Hinsicht von großer Bedeutung für die Ausbildung des Gesamtterritoriums waren. Wenn auch im vorliegenden Rahmen einer unterfränkischen Geschichte diese fuldischen Gebietsteile vorrangig in den Blick genommen werden, so soll doch am Anfang ein Überblick über die Entwicklung des Ganzen und abschließend eine nähere Bestimmung des Verhältnisses zwischen den genannten Gebietsteilen und dem Gesamtterritorium stehen.

1. *Die Ausbildung der fuldischen Landesherrschaft*

Die Reichsabtei Fulda, 744 im Rahmen der Kirchenorganisation des Bonifatius gegründet und zu seiner Grablege bestimmt[1], nimmt einen hervorragenden Platz in der früh- und hochmittelalterlichen Reichsgeschichte ein.[2] Dies gilt für den religiösen und kulturellen Bereich ebenso wie für den wirtschaftlichen und politischen: Die grundherrschaftlichen Besitzungen des Klosters, Ergebnis einer unübersehbaren Flut von Schenkungen, verstreuten sich von der Nordsee bis zu den Alpen, vom Elsaß bis nach Sachsen und Thüringen.[3] Vom 10. bis zum 12. Jahrhundert vollzog sich freilich ein deutlicher Wandel: Das Einzugsgebiet der Abtei schrumpfte auf ein Gebiet zusammen, das im wesentlichen von den Flüssen Fulda, Werra, Nidda und Kinzig bestimmt und von den Höhenzügen von Spessart, Rhön, Knüllgebirge und Vogelsberg umschlossen war; nur im Bereich der Fränkischen Saale um Hammelburg blieb der Abtei ein außerhalb dieses Zentrums gelegener großflächiger Besitzkomplex erhalten.[4] Der Niedergang der kulturellen Stellung Fuldas dokumentiert sich in der Zusammensetzung der berühmten Klosterbibliothek, deren Werke praktisch ausschließlich aus der Zeit vor dem 13. Jahrhundert stammten.[5]
Dieser Wandel fügt sich in grundlegende Umgestaltungen der Zeit, den Aufstieg der Territorialstaaten einerseits und den Niedergang des benediktinischen Mönchstums[6] andererseits. Diese großen Entwicklungslinien führten zum einen auch in Fulda dazu, daß die abgelegenen Besitzungen

durch Tausch und Verkauf abgestoßen oder insbesondere von den Lehensträgern entfremdet wurden und die Abtei in ihrem näheren Einzugsbereich eine eigene Landesherrschaft ausbildete. Zum anderen wurde der Verlust der geistigen Führungsstellung spürbar, die nun an die neu aufsteigenden Reform- und Mendikantenorden und die Universitäten überging.
Die Entwicklung Fuldas zu einem Fürstentum, das im 13. Jahrhundert seine endgültige reichsrechtliche Anerkennung fand, ist bereits im Gründungsjahrhundert angelegt. 765 nahm König Pippin das Kloster in seinen besonderen Schutz, das damit zum Reichskloster aufstieg, dem Karl der Große schon kurz darauf (774) die königliche Immunität verlieh. Zu den zahllosen Grundbesitzschenkungen trat in der Folgezeit die Übertragung hoheitlicher Befugnisse, so die Verleihung von Grafschaftsrechten, Wildbann und Bannforsten im 10. und 11. Jahrhundert.[7] Schon im 12. Jahrhundert als Reichsfürst tituliert[8], wurde schließlich diese Stellung des Fuldaer Abtes wie die seiner Standeskollegen durch die Reichsgesetze von 1220 und 1231/32 definitiv anerkannt.[9] Die bedeutsame Rolle, die der Reichsabtei trotz ihres wirtschaftlichen und kulturellen Verfalls auch weiterhin in der Reichspolitik zukam[10], findet ihren Niederschlag in der Privilegierung der Fürstäbte mit dem Ehrentitel eines Erzkanzlers der Kaiserin durch Kaiser Karl IV. 1356, der damit in deutlicher Parallele zum Erzkanzlerstatus des Mainzer Erzbischofs die besondere Stellung Fuldas anerkannte.[11]
Die Ausbildung der Landesherrschaft war allerdings kein bruchloser Prozeß: Ausgehend vom Grundbesitz im weiteren Bereich des Hauptklosters mußten die Äbte diese Herrschaft unter Ausnutzung der unterschiedlichsten Rechte und in Konkurrenz zu den territorialen Nachbarn – vor allem dem Bistum Würzburg[12] und den Grafen von Henneberg[13], später den Landgrafen von Hessen[14] – mühsam erkämpfen. Zudem war die Stellung des Landesherrn durch seine Einbindung in die Klostergemeinschaft eingeschränkt: Die benediktinische Mönchsregel verlangt vom Abt, daß er vor wichtigen Entscheidungen die Mönche zu Rate ziehen müsse. Dieser Bestimmung entspricht die starke Stellung des fuldischen Kapitels im Spätmittelalter, das sich vor allem durch sein ausschließliches Wahlrecht[15] und die damit zusammenhängenden Wahlkapitulationen einen weitgehenden Einfluß auf alle geistlichen und weltlichen Angelegenheiten sichern konnte.[16]
Nicht nur in seiner politischen Stellung nahm das Kloster Fulda schon in seiner Frühzeit eine herausragende Stellung ein, auch und gerade im Bereich der kirchlichen Organisation spielte es eine einzigartige Sonderrolle. Sie bezog sich auf das Exemtionsprivileg von Papst Zacharias aus dem Jahr 751, mit dem dieser das Hauptkloster St. Salvator und alle von ihm abhängigen Nebenklöster von der Diözesangewalt der bisher zuständigen Gewalten (Erzbistum Mainz und Bistum Würzburg) befreite und direkt dem

päpstlichen Stuhl unterstellte.[17] Zum allmählich entstehenden machtpolitischen Gegensatz zwischen Würzburg und Fulda trat somit die Konkurrenz der beiden um die geistliche Jurisdiktion im Fuldaer Einflußgebiet. Den großen und prinzipiellen Zusammenstoß von 1049 schlichtete Kaiser Heinrich III.: Die Exemtion beschränkte sich demnach auf den Klosterbereich, während der Ort Fulda der Würzburger Diözesangewalt unterlag. Auch das übrige weltliche Herrschaftsgebiet nahm nicht an der Exemtion teil. Im Norden, Osten und Süden gehörte es zur Diözese Würzburg, im Westen (d.h. westlich des Flusses Fulda) und Nordosten (um Vacha) zur Erzdiözese Mainz.[18] Diese grundsätzliche Unterscheidung zwischen dem exemten Klosterbezirk und dem der geistlichen Jurisdiktion von Würzburg bzw. Mainz unterstehenden weltlichen Herrschaftsbereich Fuldas sollte auch in den folgenden Jahrhunderten gelten. Allerdings gelang es den Fuldaer Äbten schrittweise, den Würzburger Einfluß auf die Pfarrei und später den Archidiakonat Fulda zu verringern, bis diese 1476 dem Abtstisch inkorporiert wurden und damit an der Exemtion Anteil erhielten. Ebenso nahmen seit dem 13. Jahrhundert die von den fuldischen Klöstern pastorierten Pfarreien teilweise an der Exemtion teil.[19] Diese zunehmend starke Stellung der Fuldaer Äbte im Bereich der kirchlichen Jurisdiktion, wie sie im 15. Jahrhundert besonders deutlich sichtbar wird[20] und die über verschiedene Stadien hinweg 1752 zur Bistumserhebung führte, liegt nicht zuletzt in einer Reihe von päpstlichen Privilegien begründet: Bereits 999 erhielten sie das Recht, wie die Bischöfe an den Heiligen Stuhl zu appellieren[21], definitiv seit 1049 durften sie bischöfliche Gewänder und Schuhe tragen[22], 1133 wurden ihnen Mitra und Ring zugestanden[23], und seit 1154 waren sie berechtigt, Verbrecher in allen Bistümern zu bannen.[24] Zusammen mit dem Ehrenprimat vor allen Benediktineräbten des Reiches (seit 969)[25], den die Fuldaer Fürstäbte freilich erst seit dem 16. Jahrhundert regelmäßig im Titel führten, erreichten sie somit im Laufe des Mittelalters eine auch kirchenrechtlich bedeutsame, teilweise bischofsähnliche Autorität. Freilich entsprach dieser Stellung die geistig-religiöse Lage im Hochstift nur in eingeschränktem Maße: Trotz kontinuierlicher, oft mit beachtlichem Erfolg gekrönter Reformansätze[26] waren Fürstabt und Kapitel mehr von der politisch-ökonomischen als der geistlichen Komponente ihres Doppelamtes bestimmt. Nicht zuletzt diese Entwicklung mußte die Konkurrenz mit dem geistlichen Fürstbistum Würzburg, in dem prinzipiell eine ähnliche Tendenz vorherrschend war, nochmals verschärfen.

In diesem Spannungsfeld zwischen Würzburg und Fulda ist das Gebiet um die Städte Brückenau und Hammelburg angesiedelt, das seit dem Frühmittelalter bis zur Säkularisation zur Abtei Fulda gehörte und erst danach an Bayern und zum heutigen Unterfranken gelangte.

Orientierungsskizze: Der fuldische Süden um 1500

Fuldische Landesherrschaft (unter Einschluß von mediaten Gewalten, Pfandschaften, Streitgebieten, Kondominaten, kleineren Enklaven)

Nördliche Grenze des heutigen Regierungsbezirks von Unterfranken

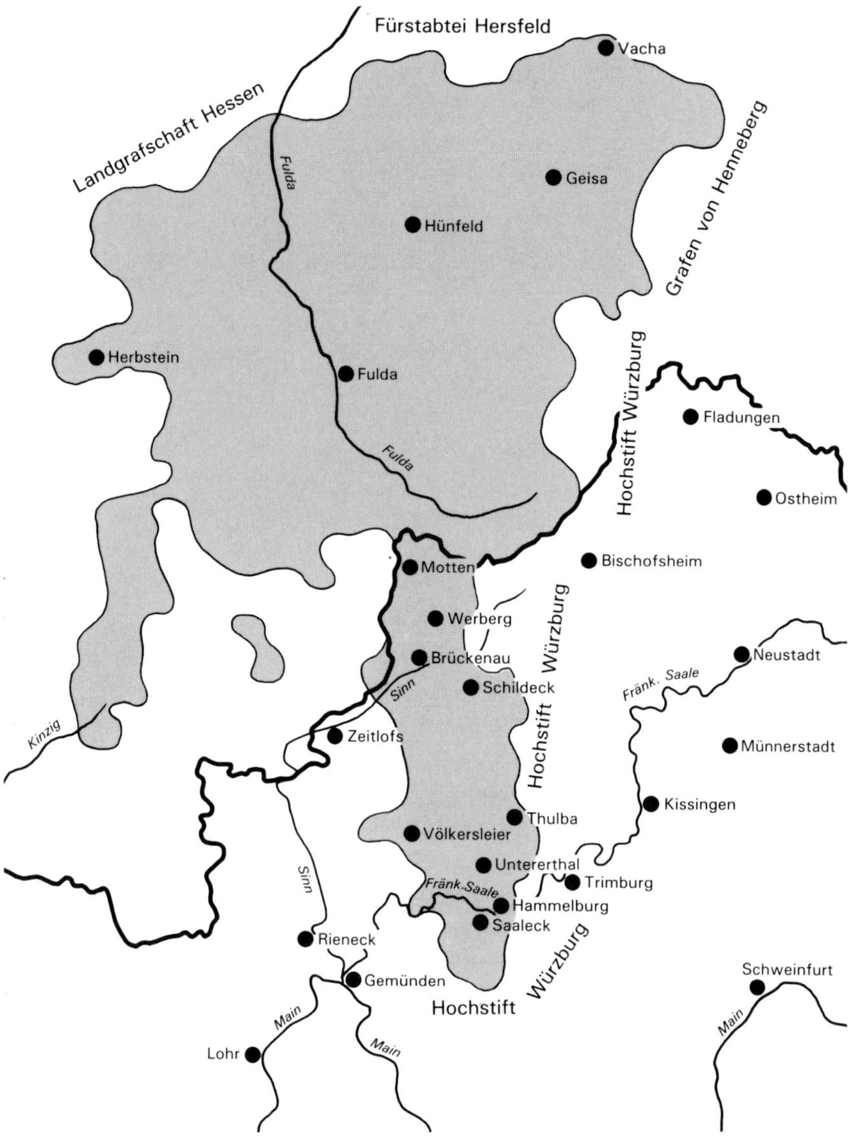

2. *Die Gebietsteile im heutigen Unterfranken*

2.1 Räumliche Gliederung

Der Süden des Hochstifts Fulda setzte sich territorial zusammen aus dem Fiskus Hammelburg, den Karl der Große 774/777[27] dem Kloster Fulda schenkte und aus dem sich später das fuldische (Ober-)Amt Hammelburg entwickelte, aus den massierten Grundbesitzungen, die sich nördlich an den Fiskus Hammelburg anschlossen und später zu dem fuldischen (Ober-)Amt Brückenau ausgebaut wurden, und dem aus einem Freigericht erwachsenen fuldischen Amt Motten. Nach der Säkularisation kamen diese Verwaltungsbezirke in Gestalt der Landgerichte und späteren Bezirksämter Hammelburg und Brückenau an Bayern; 1972 gingen die Landkreise Hammelburg und Brückenau im Großlandkreis Bad Kissingen auf.
Dieses Gebiet wurde bereits im 8. Jahrhundert durchzogen von einer nach Norden führenden Handelsstraße, die, von Würzburg kommend, in Fulda von allen bedeutenden West-Ost-Verbindungen gekreuzt wurde. Diese nach Kassel weiterführende Nord-Süd-Straße wurde von Fulda her nach Süden hin flankiert von Burgen und Warttürmen, über die in Kriegs- und Fehdezeiten zu ihrer Sicherung von Fulda bis Saaleck durch Leuchtzeichen verhältnismäßig leicht ein Kommunikationssystem aufrechtzuerhalten war. Die alte Handelsstraße überquerte bei Hammelburg die Fränkische Saale und bei Brückenau die Sinn und galt, bereits im 8. Jahrhundert bezeugt, im Mittelalter als d i e Straße der Rhön. Es ist sicher kein Zufall, daß der fuldische Fürstbischof Heinrich von Bibra (1759–1788) sie zu einer Kunststraße ausbaute. In Hammelburg wurde diese Straße gekreuzt von einer schon in der Merowingerzeit bestehenden Ost-West-Verbindung, die vom Mittelrhein bis nach Thüringen führte.[28]
In seiner Struktur wurde der Süden des Hochstifts Fulda, soweit er im heutigen Unterfranken lag, bestimmt von den hochmittelalterlichen Burgen Saaleck, Schildeck und Werberg, den Städten Hammelburg und Brückenau sowie dem Umspannplatz Motten, die im Spätmittelalter allesamt Amtssitze waren. Dazu kamen innerhalb des späteren Oberamts Hammelburg das Amt des kurz nach 1127 gegründeten Benediktinerinnenklosters bzw. der späteren Propstei Thulba und die Grundherrschaften der Herren von Thüngen zu Völkersleier und der Herren von Erthal.
Völlig getrennt von diesem Gebiet bildete schließlich das weitab zwischen Würzburg und Wertheim gelegene fuldische Nebenkloster Holzkirchen einen wichtigen Stützpunkt des Hochstifts im Bereich des heutigen Unterfranken.

2.2 Territoriale Entwicklung im Spätmittelalter

Infolge der geographischen Gegebenheiten fand die Konkurrenzsituation der Bischöfe von Würzburg und der Äbte von Fulda im Süden des sich ausbildenden fuldischen Territoriums eine besonders starke Ausprägung. Wie ein Keil schob sich das Hochstift Fulda hier in den Herrschaftsbereich des Würzburger Bischofs. Zur Abwehr der expandierenden Nachbarn Würzburg und Henneberg hatte bereits Abt Marquard I. (1150–1165) begonnen, Burgen zur Sicherung des Landes anzulegen. Dem Ausgreifen des Würzburger Bischofs Hermann I. von Lobdeburg (1225–1254) in das fuldische Interessensgebiet, 1230/34 entscheidend gefördert durch die Erwerbung der hennebergischen Grafschaft Botenlauben[29], begegnete Abt Konrad III. von Malkos (1222–1248) mit der Befestigung von Hammelburg. Dadurch brachte er einen wichtigen Kreuzungspunkt alter Handelsstraßen und die Furt über die Saale unter seine militärische Kontrolle und verstärkte die Südspitze seiner Herrschaft neben der Burg Saaleck um ein weiteres Bollwerk. Bischof Hermann, der gerade versuchte, seine Besitzungen in der Ostrhön bis in das Dammersfeld (später Amt Motten) zu erweitern, mußte sich in seinem Expansionsdrang empfindlich gestört fühlen. Sein Versuch, die Hammelburger Befestigung zu zerstören, schlug jedoch fehl, ebenso die folgende kriegerische Auseinandersetzung mit Abt Konrad: 1242 wurde er bei Thulba und bald danach bei Fulda geschlagen und mußte die Hammelburger Befestigung anerkennen, die im folgenden unter Fürstabt Heinrich von Erthal (1249–1261) noch ausgebaut wurde. Trotz mehrfacher Zusammenstöße zwischen Würzburg und Fulda, so vor allem 1283, 1342 und 1385, konnten die Fuldaer Fürstäbte den Südteil ihres sich ausbildenden Territoriums somit uneingeschränkt sichern.[30] Zwar kam es noch Ende des 15. Jahrhunderts zu Auseinandersetzungen über die Zuständigkeit des Würzburger Landgerichts im Hammelburger Raum. Doch wurde dieser Streit 1495 durch ein Mandat Kaiser Maximilians I. und 1552 durch ein Reichskammergerichtsurteil eindeutig zugunsten Fuldas entschieden.[31]

Die starke Stellung Fuldas in diesem Bereich ist zweifellos Folge des umfangreichen, fast völlig geschlossenen[32] Grundbesitzes des Fiskus Hammelburg, den Karl der Große dem Kloster aus seinem Königsgut übertragen hatte. Möglicherweise ging die Besitzübertragung dieser extrem großen Grundherrschaft[33] nicht problemlos vonstatten, da Karl einer ersten Schenkungsurkunde von 774[34] bereits drei Jahre später eine feierliche Bestätigung folgen[35] und zudem den Umfang der Schenkung durch eine Grenzfeststellungsurkunde[36] sichern ließ. Jedoch erwies sich diese Grundherrschaft sehr schnell als fundamentale wirtschaftliche und politische Stütze des Klosters Fulda[37], die durch ebenfalls sehr umfangreiche Grundbesitzerwerbungen um Brückenau und Motten an das Fuldaer Land angebunden war. Von entscheidender Bedeutung war dabei die Lage dieser Grundherrschaften an der alten Hochstraße Kassel–Fulda–Hammelburg, deren Beherrschung den fuldischen Territorialausbau sicherte, während andernorts gelegene Besitzungen dem Hochstift verlorengingen.[38] So erweist sich für Fulda massierter grundherrschaftlicher Besitz als Ausgangslage für den Aufbau der Landesherrschaft[39], die durch die Kombination mit anderen Rechten[40] im späten Mittelalter vollendet wurde.[41]

2.3 Verwaltungsorganisation[42]

Während im Hammelburger Bereich infolge des geschlossenen Charakters des ehemaligen Königsgutsbezirkes die Ausbildung der Landesherrschaft schon im 13. Jahrhundert weitgehend abgeschlossen erscheint, zog sie sich im Gebiet um Brückenau und Motten über Jahrhunderte hin. Den Ausgangspunkt für die Bildung des späteren Amtes Brückenau stellte die ursprünglich mit der Burg Schildeck verknüpfte Gerichtsherrschaft dar, die in die beiden Verwaltungsbezirke Schildeck und Brückenau aufgespalten wurde.[43] Bei Motten handelte es sich um ein Freigericht, das im späten 13. Jahrhundert sogar vorübergehend als Königsgut beansprucht wurde, aber bereits im frühen 14. Jahrhundert wieder in fuldischem Besitz erscheint; ursprünglich von der Burg Werberg aus verwaltet, entwickelt sich Motten zu Beginn des 15. Jahrhunderts zum Amtsmittelpunkt des Gerichtes.[44] Die zunächst unvollkommene und verzögerte Ausbildung der Landesherrschaft der Fuldaer Fürstäbte in diesem Bereich entsprang jedoch nicht einem Mangel an Besitzrechten und Gerichtsbefugnissen, sondern deren unentwegten Verpfändungen infolge des wirtschaftlichen Verfalls der Fürstabtei im späten Mittelalter. Erst im 16. und teilweise noch im 17. Jahrhundert wurden die Ämter Schildeck und Brückenau sowie Werberg/Motten endgültig wieder eingelöst.[45]

Zwar wurde auch das Hammelburger Gebiet mehrfach verpfändet[46], doch handelt es sich hierbei um relativ kurzfristige Vergabungen, die das Herrschaftsrecht der Fürstäbte nicht in Frage stellten. Allerdings blieb auch hier im äußersten Süden der geschlossene Charakter der Grundherrschaft nicht erhalten. Ähnlich wie bei Schildeck/Brückenau und Werberg/Motten erscheint das Gebiet um Hammelburg aufgespalten in das Amt Saaleck und das Kellereiamt Hammelburg, von denen der Stadtbezirk Hammelburg nochmals deutlich abgehoben war.[47]

Hinzu kam der Grundbesitz des fuldischen Benediktinerinnenklosters Thulba, das an den Fiskus Hammelburg grenzte und im Anschluß an eine

Schenkung von 1127 gegründet worden war. Schon im 8. Jahrhundert verfügte das Kloster Fulda in diesem Raum über Besitzungen, die vor allem durch Schenkungen des 9. Jahrhunderts beträchtlich vermehrt wurden.[48] In der Gründungszeit des Klosters schenkten der fuldische Abt Konrad I. (1134–1140) und der um die wirtschaftliche Fundierung seiner Klöster besonders bemühte Abt Marquard I.[49] eine Reihe von Gütern an das Kloster Thulba[50]. An der Spitze des Klosters Thulba stand ein Propst, der zusammen mit den Pröpsten der anderen fuldischen Nebenklöster das Stiftskapitel bildete. Als im 12. Jahrhundert Abtsgut, Konventsgut und Propsteigut getrennt wurden, begann die Entwicklung von eigenständigen propsteilichen Verwaltungsbezirken, die in der frühen Neuzeit schließlich einen »Staat im Staate« bildeten.[51] Auch das fernab gelegene Kloster Holzkirchen partizipierte an dieser territorialen Sonderentwicklung und blieb weitgehend von Würzburg und Wertheim unabhängig.[52]
Schließlich konnten sich auch im unmittelbaren Herrschaftsgebiet des Hochstifts Fulda adelige Grundherrschaften ausbilden, an die sich niedergerichtliche Befugnisse knüpften. Trotz der im Spätmittelalter unbestrittenen Landesherrschaft der Fuldaer Fürstäbte waren besonders die umfangreichen Besitzungen der Herren von Thüngen und der Herren von Erthal der stiftischen Verwaltung weitgehend entzogen. Die Herren von Thüngen, die mit dem Gericht Zeitlofs ein eigenes Territorium aufbauten, besaßen im Hochstift vor allem Besitzungen in Völkersleier, Morlesau, Ochsenthal und Windheim, während sich die Grundherrschaft der Herren von Erthal insbesondere um Untererthal und Hetzlos konzentrierte.[53]

2.4 Kirchliche Organisation

Der fuldische Süden, der um 1450 dem Würzburger Archidiakonat und Landkapitel Karlstadt angehörte[54], spiegelt im kleinen die kirchlichen Strukturen wider, wie sie das Bistum Würzburg und das Kloster Fulda im Hochstift Fulda ausbildeten. Die Urpfarrei für den Hammelburger Raum war die dortige St.-Martins-Kirche, die von den Karolingern um die Mitte des 8. Jahrhunderts mitsamt dem Zehnten des Königsgutes dem neugegründeten Bistum Würzburg übertragen wurde.[55] Aus dieser Schenkung resultierte offenbar das Kollationsrecht des Würzburger Domkapitels. Der Sprengel der Martinskirche umfaßte ursprünglich wohl den ganzen Fiskus Hammelburg und wurde im Laufe der Jahrhunderte in die Pfarreien Diebach (belegt ab ca. 1450), Obereschenbach (belegt ab 1332) und Untererthal (belegt ab 1323) aufgeteilt, wobei sich der Hammelburger Pfarrer das Kollationsrecht der drei Tochterpfarreien vorbehielt.[56] Hinzu kam die Pfarrei Hundsfeld, die vermutlich von Würzburg aus gegründet worden

war, da sie vom dortigen Domkapitel bestellt wurde[57], und die seit 1317 sicher als Pfarrei bezeugt ist.[58]
Die ältesten Pfarreien im Gebiet um Brückenau und Motten sind Oberleichtersbach, wo bereits 836 ein Oratorium genannt wird, und die würzburgische Gründung Schondra.[59] Während Schondra im Spätmittelalter vom Würzburger Domkapitel bestellt wurde, befand sich die Rodungspfarrei Oberleichtersbach in fuldischem Besitz, da Abt Marquard (1150–1165) sie 1156 dem Kloster Thulba zusammen mit einer Reihe von Besitzungen und Einkünften übereignete.[60] Analog zur Verwaltungsentwicklung verlagerte sich der Sitz dieser Pfarrei seit dem späten 14. Jahrhundert in den Amtssitz Brückenau, der allerdings erst im 17. Jahrhundert als selbständige Pfarrei erscheint.[61] Der Amtsort Motten wurde um 1450 Sitz einer eigenen, von Würzburg bestellten Pfarrei und war zuvor Filiale von Hettenhausen, das wiederum als Tochtergründung zur Großpfarrei Dietershausen gehört hatte.[62]
Das Kloster Fulda besaß in Thulba eine Kirche, die 811 im Bau begriffen und 815 bereits vollendet war.[63] Seit der Zeit der Klostergründung um die Mitte des 12. Jahrhunderts ist Thulba auch als Pfarrei sicher belegt[64], zu der neben dem Dorf Obererthal eine Reihe von Rodungsorten als Filialen kam.[65] Diese Pfarrei war dem Kloster Thulba inkorporiert und nahm insofern – ebenso wie das Kloster Holzkirchen – an der fuldischen Exemtion von der (Würzburger) Diözesangewalt teil. Neben Oberleichtersbach übertrug Abt Marquard dem Kloster Thulba auch die Pfarrei Pfaffenhausen bei Hammelburg; dieser Ort hatte nicht zum dortigen Fiskus gehört, sondern war erst 907 durch Tausch mit dem Kloster Echternach erworben worden.[66] Beide Pfarreien wurden infolge dieser Schenkung auch vom Kloster Thulba besetzt, Oberleichtersbach vom Propst und Pfaffenhausen von Äbtissin und Konvent.
Diese Zersplitterung der kirchlichen Strukturen in überwiegend ältere Pfarreien, die von Würzburg aus besetzt wurden, Pfarrgründungen, die vom Kloster Fulda oder ihm untergebenen Gewalten bestellt wurden, und schließlich der Würzburger Jurisdiktion völlig entzogene, exemte Gebiete verdeutlicht somit den langsam wachsenden fuldischen Einfluß über sein Hochstift auch im Bereich der geistlichen Jurisdiktion.

2.5 Die Städte

Bis zum Ende der Fürstabtei Fulda waren Hammelburg und Brückenau die einzigen Städte im Süden des Territoriums. Die ältere und bedeutendere der beiden war Hammelburg, das bereits 716 als *Hamulo castellum* genannt wird. Für ihre Entwicklung war von großer Bedeutung ihre Lage an der

Kreuzung zweier Handelsstraßen und der Furt über die Fränkische Saale. Möglicherweise war für diese Siedlung eine alte thüringische Höhenburg auf dem Hammelberg namengebend[67], doch war das *Hamulo castellum* von 716 höchstwahrscheinlich eine fränkische Anlage am Fuß des Saaleckberges, die ihren militärischen Zweck verloren hatte und deshalb von Herzog Hetan II. zum Ort einer Klostergründung durch den angelsächsischen Missionar Willibrord bestimmt wurde[68]; dementsprechend taucht das in diesem Zusammenhang verschenkte Zubehör des Kastells im Besitz des Klosters Echternach als Rechtsnachfolger Willibrords auf und wird erst 907 im Tausch von Fulda erworben. Bei der um die Mitte des 8. Jahrhunderts und 836 als *villa* bezeichneten fränkischen Siedlung *Hamalunburg*, die den Verwaltungsmittelpunkt des umfangreichen, 774/777 an Fulda geschenkten Königsgutes darstellte, handelt es sich dagegen zweifelsfrei um eine planmäßig angelegte Siedlung an der Südwestecke der heutigen Stadt.[69] Sie sollte bis zum Untergang des Hochstifts nach dem Hauptort Fulda das bedeutendste Gemeinwesen der Fuldaer Äbte sein.[70] Nicht zuletzt am Neubau eines Schlosses 1385 innerhalb der Stadtmauern läßt sich ihr Status als Nebenresidenz der Fürstäbte ablesen.[71]
Im 12. Jahrhundert wurde der Saaleübergang durch eine steinerne Brücke gesichert, im 13. Jahrhundert erfolgte im Zuge der Auseinandersetzungen mit Würzburg die Befestigung Hammelburgs, mit der 1240 die Verleihung städtischer Freiheiten und die Erlaubnis zur Führung eines Stadtsiegels durch Abt Konrad von Malkos verbunden war. König Albrecht I. bestätigte diesen Status am 1. August 1303 mit der Verleihung der Rechte und Freiheiten der Stadt und der Bürger von Gelnhausen. Die Urkunde betont dabei, daß dadurch die Rechte des Abtes und des Stiftes nicht geschädigt werden sollten. Dieser Einschränkung entspricht die abhängige Stellung der Stadt, die sich nicht völlig von der Zentgerichtsbarkeit befreien konnte und weiterhin landesherrliche Abgaben zu entrichten hatte.[72] Mit der Bildung eines Stadtgerichtes aus zwölf Schöffen für die niederen Fälle wurde jedoch die Entwicklung zu einer relativ großen Eigenständigkeit der Stadt in ihren inneren Verhältnissen eingeleitet. Dem herrschaftlichen Schultheißen blieb zwar die Genehmigung aller Anordnungen des seit 1385 neben den Schöffen bezeugten Rates vorbehalten, doch zogen diese beiden Gremien faktisch die Durchführung der Verwaltungsgeschäfte an sich. Da sich Schöffen und Rat selbständig ergänzten, verlief ihre Willensbildung unabhängig vom Landesherrn. Ihre starke Stellung zu Ausgang des Mittelalters zeigt sich einerseits daran, daß sie gemeinsam mit dem Schultheißen über die Torschlüssel verfügten und die Hälfte der Bußgelder einbehalten durften (ein Privileg vor allen anderen fuldischen Städten), andererseits daran, daß sich das 1343 gegründete Spital und die im frühen 15. Jahrhundert

greifbare Schule vollkommen, die kirchliche Vermögensverwaltung überwiegend in ihrer Hand befanden. Zwar scheint es wie vielerorts auch in Hammelburg Bürgerunruhen gegeben zu haben, da seit dem frühen 16. Jahrhundert ein ›Zusatz‹ neben Schöffen und Rat bezeugt ist. Aufgrund fehlender Organisationsformen (z. B. Zünfte), die einen Gegensatz zu den etablierten Familien aufrechterhalten hätten, wurde die Stellung der herrschenden Schicht dadurch jedoch nicht dauerhaft in Frage gestellt und der Kreis der politisch Führenden nur rein numerisch ausgeweitet.[73]
Brückenau als die jüngere der beiden Städte des fuldischen Südens verdankte seine Entwicklung einer Furt, welche hier seit ältester Zeit die Sinn überqueren half. Ursprünglich standen in diesem Bereich vier adelige Gutshöfe als Keimzelle der Siedlung, die anfänglich noch Sinnau hieß und erst allmählich den neuen Namen Brückenau annahm, als eine Brücke mit einer Zollstelle am Furtenübergang errichtet wurde.[74] Im Rahmen der fuldischen Territorialpolitik wurde Brückenau um 1260 befestigt.[75] 1294 zum ersten Mal urkundlich genannt, erhielt Brückenau 1310 von König Heinrich VII. das Schweinfurter Stadtrecht verliehen.[76] Auch hier tangierte die Stadterhebung die Rechte des Landesherrn in keiner Weise. Im 14. Jahrhundert wurde die Stellung Brückenaus durch die Verlegung des Zentgerichtes in die Stadt aufgewertet.[77] Allerdings deutet die Tatsache, daß über die Verlegung des Pfarrsitzes von Oberleichtersbach in die Stadt hinaus hier keine eigene Pfarrei errichtet wurde, schon auf die vergleichsweise geringere Bedeutung Brückenaus hin. Sie spiegelt sich sowohl in einer recht schwachen und späten Ausbildung der Stadtverwaltung wider wie im Bevölkerungsstand, der 1499 nur 65 *Seßhaffte Man* (maximal 400 Einwohner) aufwies.[78]
Demgegenüber lag die Einwohnerzahl Hammelburgs im frühen 16. Jahrhundert mit einer Größenordnung um 3000 im mainfränkischen Raum deutlich über dem Durchschnitt.[79] Aus Hammelburg stammen im Zeitraum 1400 bis 1530 190 Studenten an deutschen Universitäten, das ist rund ein Viertel aller in dieser Zeit aus dem Stift Fulda stammenden Studenten; nur Fulda lag mit einem Anteil von 43 % deutlich höher, die nächstgrößte Studentenzahl weist Vacha mit knapp 7 % auf. Aus Brückenau kommen in dieser Periode vier Studenten.[80] Bedenkt man zudem, wie sehr etwa so bedeutende Männer aus Hammelburg wie der Mainzer Rechtsgelehrte Ivo Wittich (ca. 1450–1507)[81] und der Basler ›Buchdruckerfürst‹ Johannes Froben (ca. 1460–1527)[82] auch weiterhin mit ihrer Heimatstadt verbunden blieben und dadurch deren geistigen Horizont erweiterten[83], so wird hier erneut deutlich, einen welch hohen Stellenwert die Stadt Hammelburg innerhalb der Fürstabtei einnahm.

2.6 Wirtschaftliche Verhältnisse

Dieser Stellenwert Hammelburgs findet seine Entsprechung im wirtschaftlichen Bereich. Der Weinbau, seit der Schenkungsurkunde von 777 bezeugt, stellte die Lebensgrundlage des größten Teils der Bevölkerung und für den Wohlstand der Stadt in ihrer Gesamtheit dar. Alle Berufe, die mit dem Anbau des Weines und dessen Verarbeitung zu tun haben, lebten von ihm. Das Fuldaer Hauptkloster wie dessen Nebenklöster und fuldische Kollegiatstifter besaßen aufgrund von Jahrtagsstiftungen Weinzinsen in Hammelburg und Umgebung. Die Stiftungsurkunden sind z. T. die ältesten Belege für ihre Lagen.[84] Da dieses Gebiet der einzige Bereich der Fürstabtei war, in dem Wein in größeren Mengen angebaut wurde, nahm es als Weinlieferant gegenüber dem fuldischen Hof geradezu eine Monopolstellung ein. Darüber hinaus exportierten Kaufleute auch ins angrenzende hessische Land.[85] Transport war daher ein weiteres Standbein der Wirtschaft im fuldischen Süden. Da Hammelburg an einer viel befahrenen Durchgangsstraße lag, waren auch die entsprechenden Gewerbe der Verköstigung, der Beherbergung, der Betreuung von Pferden und der Instandsetzung von Wagen stark ausgebaut. Für einen Anteil der Stadt am Tuchhandel, wie er überall in der weiteren Region betrieben wurde, gibt es erst im 16. Jahrhundert eindeutige Hinweise.[86] Ebensowenig läßt sich die wirtschaftliche Relevanz der im Spätmittelalter durchgängig präsenten Judengemeinde näher fassen.[87]

In Brückenau und Umgebung waren Um- und Vorspanndienste von Bedeutung, da im Verlauf der Handelsstraße beträchtliche Höhenunterschiede an den drei Bergrücken zwischen Schondra und Motten zu überwinden waren. Brückenau lebte größtenteils von seinem stark entwickelten Lebensmittel- und Beherbergungsgewerbe, mit dem sich Berufe verbanden, die sich um die Instandsetzung defekter Wagen und um die Versorgung der Zugtiere kümmerten. In Kothen und auf dem Dammersfeld begannen im Spätmittelalter Eisenschmelzen und Eisenhämmer zu arbeiten, die im 18. Jahrhundert jedoch wegen Unwirtschaftlichkeit wieder aufgegeben wurden.[88] Insgesamt spielten die fuldischen Städte eine bedeutende Rolle als Geldquelle für die im Spätmittelalter stets finanzschwachen Fürstäbte aufgrund von direkten und indirekten Abgaben (Bede, Verbrauchssteuern), Zöllen, Wegegeldern und außerordentlichen Steuern. Im 14. Jahrhundert ist in dieser Hinsicht ein Höhepunkt zu beobachten, während im 15. Jahrhundert, auch im Falle Hammelburgs, vorübergehend ein wirtschaftlicher Niedergang eintrat.[89] Es gelang den Städten jedoch nicht, eine ihrer wirtschaftlichen Bedeutung entsprechende politische Stellung gegenüber dem Landesherrn zu erringen. Zwar erscheinen sie neben Kapitel und Ritterschaft als Landstand der Fürstabtei, doch blieb ihr Einfluß stets gering.[90]

3. *Das Verhältnis des fuldischen Südens zum Gesamtterritorium*

Schon die geographischen Verhältnisse legen eine Sonderrolle des fuldischen Südens gegenüber dem Hauptteil des Territoriums der Fürstabtei Fulda nahe. Galt das Land der Fuldaer Fürstäbte gemeinhin als ›Buchonia‹, so war der Süden um Hammelburg ein Teil Frankens und auf diese Landschaft hin orientiert. Deutlich faßbar wird diese Erscheinung etwa im Gefolge der Errichtung der Reichskreise im Jahr 1512: Während das Stift Fulda insgesamt dem Oberrheinischen Kreis zugerechnet wurde, bewahrte sich Hammelburg wenigstens bis ins späte 16. Jahrhundert seinen dazu im Gegensatz stehenden eigenständigen Charakter als fränkische Stadt, der auch im öffentlichen Bewußtsein verankert war.[91]
Daneben sticht die im Vergleich zur Hauptstadt Fulda relativ schwache geistliche Ausprägung der Städte Hammelburg und Brückenau ins Auge. Zwar fällt in die Zeit der spätmittelalterlichen Frömmigkeitsbestrebungen auch die Stiftung von insgesamt sieben Vikarien in Hammelburg[92] und einer Engelmesse in Brückenau[93] sowie der rege Zulauf aus dem Hammelburger Raum zur Euerdorfer Bruderschaft St. Nikolaus[94], was die religiöse Prägung der Einwohnerschaft unterstreicht. Ebenso illustrieren die großen Kirchbauten von 1302 und 1389[95] die wirtschaftliche und kulturelle Potenz Hammelburgs im 14. Jahrhundert. Doch hält dies alles keinem Vergleich mit den 58 Vikarien der Hauptstadt und den – gemessen an den Einwohnerzahlen – zahlreicheren Pfründen in anderen fuldischen Städten stand.[96]
Demnach war zwar der fuldische Süden ein gewichtiger administrativer und wirtschaftlicher Schwerpunkt im Gesamtterritorium, die geistliche Tradition des Bonifatiusklosters und seiner zahlreichen Ableger fand hier jedoch nur im Kloster Thulba einen schwachen Abglanz. Nicht zuletzt dieser Umstand trug maßgeblich dazu bei, daß die Stadtgemeinde Hammelburg in viel stärkerem Maße homogen bürgerlich geprägt war als irgendein anderes Gemeinwesen des fuldischen Territoriums. In Verbindung mit der landschaftlichen Gliederung der Fürstabtei wird somit sehr deutlich ein eigenständiger Charakter des Grenzbereichs um Hammelburg am Ausgang des Mittelalters erkennbar.

Anmerkungen

* Das vorliegende Kapitel sollte ursprünglich von J. Leinweber bearbeitet werden, der jedoch infolge schwerer Erkrankung nur einen Teilentwurf liefern konnte. Am 18. August 1992 ist J. Leinweber verstorben. Sein Teilentwurf wurde von J. Merz stark überarbeitet und in die Abschnitte 2.1 und 2.4–2.6 integriert.

1 Vgl. K. Heinemeyer, Die Gründung des Klosters Fulda im Rahmen der bonifatianischen Kirchenorganisation, in: Hess. Jb für Landesgesch. 30, 1980, S. 1–45.

2 Vgl. UFrGesch. 1, bes. S. 165–173, 176–179 (W. Störmer). Eine Skizze der Rechtsstellung sowie der politischen und geistig-kulturellen Bedeutung Fuldas, vor allem im frühen und hohen Mittelalter, bietet Stengel, Reichsabtei.

3 Stengel, Reichsabtei, S. 20f. Vgl. ausführlich U. Weidinger, Untersuchungen zur Wirtschaftsstruktur des Klosters Fulda in der Karolingerzeit (Monographien zur Geschichte des Mittelalters 36), 1991, bes. die Karte S. 123. Zum Besitzstand um 1160 vgl. Höfling, Der Abt von Fulda als Reichsfürst in der Stauferzeit, S. 10f.

4 Vgl. Höfling, wie Anm. 3, S. 8, 11–14.

5 Stengel, Reichsabtei, S. 30.

6 Vgl. Ph. Schmitz, Geschichte des Benediktinerordens 3, 1955, bes. S. 15–23; Leinweber, Hochstift, S. 266f.

7 Vgl. dazu auch Hofemann, Studien, S. 23–45, die allerdings auf die geringe Bedeutung bes. der Grafschaftsrechte hinweist (ebd. S. 45).

8 MG D F.I. Nr. 570: 25. Juli 1170.

9 Zur Verfassungsentwicklung im frühen und hohen Mittelalter vgl. die umfassenden neueren Studien von Hussong und Franke sowie den Aufsatz von Höfling (s. Lit.-Verz.).

10 Vgl. dazu etwa B. Mohr, Die äußere Politik des Fuldaer Abtes Heinrich VI. von Hohenberg (1315–1353), in: Fuldaer Geschichtsblätter 19, (1926), S. 1–16, 20–32, 36–48, 58–63, 75–80, 90–96; 20, (1927), S. 11–21, 39–48, 60–64.

11 E. E. Stengel, Primat und Archicancellariat der Abtei Fulda, in: Ders., Abhandlungen und Untersuchungen zur Geschichte der Reichsabtei Fulda (37. Veröff. des Fuldaer Geschichtsvereins), 1960, S. 312–334.

12 Vgl. W. Engel, Fulda und Mainfranken, in: Fulda. Ein Stadtbild, hg. von J. Theele u. L. Deubner, 1939, S. 2–12, bes. S. 4–8.

13 Zur Geschichte des Henneberger Landes jetzt zusammenfassend: G. Wölfing, Geschichte des Henneberger Landes zwischen Grabfeld, Rennsteig und Rhön. Ein Überblick, 1992, hier bes. S. 24f.

14 Vgl. A. Weber, Das Vordringen der Hessen nach Süden in den Fuldaer Raum, in: Fuldaer Geschichtsblätter 35, 1959, S. 69–81.

15 Trotz zahlreicher Privilegien konnte das Fuldaer Kapitel erst etwa seit dem 13. Jahrhundert in weitgehend freier Wahl den Abt bestimmen. Zur Entwicklung des Wahlrechtes und zur Einflußnahme der Könige vgl. Franke, wie Anm. 9, S. 72–93, Höfling, wie Anm. 3, S. 19–24, Leinweber, Äbte, S. 65–79.

16 Leinweber, Hochstift, S. 14f. In Fulda gibt es seit dem 14. Jahrhundert Wahlkapitulationen. Die wichtigste stammt aus dem Jahr 1395; sie galt mit einigen Modifikationen auch für die folgenden Jahrhunderte und kann somit als »Staatsgrundgesetz« (ebd., S. 14) bezeichnet werden. Vgl. auch G. Richter (Hg.), Statuta maioris Ecclesiae Fuldensis (Quellen u. Abh. z. Gesch. d. Abtei u. Diöz. Fulda 1), 1904, S. XIV-XVII, 1–12.

17 Detaillierte Behandlung der Einzelaspekte bei Hussong I, wie Anm. 9, S. 61–85. Möglicherweise waren die fuldischen Nebenklöster ursprünglich nicht oder nur teilweise in die Exemtion eingeschlossen (ebd. S. 66f.); jedenfalls galt sie im Spätmittelalter für alle mit Ausnahme von Zella, das erst im 13. Jahrhundert von Würzburg an Fulda gekommen war (Leinweber, Hochstift, S. 265f.).

18 Zur Diskussion um die frühen Diözesanverhältnisse vgl. die Hinweise bei Hussong I, wie Anm. 9, S. 47–61.

19 Zum Ganzen der Jurisdiktionsentwicklung die Skizze bei H. H. Hack, Der Rechtsstreit zwischen dem Fürstbischof von Würzburg und dem Fürstabt von Fulda an der Römischen

Kurie um die geistliche Hoheit im Gebiet des Stifts Fulda 1688–1717 (Quellen und Abh. z. Gesch. d. Abtei u. Diöz. Fulda 18), 1956, S. 13–25.

[20] Leinweber, Hochstift, S. 131–134.

[21] GP IV/4, Nr. 56.

[22] Ebd. Nr. 70, vgl. Nr. 54 u. 56.

[23] Ebd. Nr. 102.

[24] Ebd. Nr. 122.

[25] Dazu Hussong I, wie Anm. 9, S. 203–225.

[26] Vgl. dazu J. Leinweber, Zur spätmittelalterlichen Klosterreform in Fulda – eine Fuldaer Reformgruppe?, in: J. F. Angerer/J. Lenzenweger (Hgg.), Consuetudines Monasticae. Festgabe für Kassius Hallinger (Studia Anselmiana 85), 1982, S. 302–331.

[27] S. dazu unten 2.2.

[28] Vgl. Hofemann, wie Anm. 7, S. 108; Wich, Brückenau–Hammelburg, S. 11.

[29] E. Zickgraf, Die gefürstete Grafschaft Henneberg-Schleusingen (Schriften d. Inst. f. Gesch. Landeskde von Hessen u. Nassau 22), 1944, S. 37f.

[30] Vgl. die Schilderung bei Doell, Geschichtl. und statistische Nachrichten, S. 17–21, sowie Wich, wie Anm. 28, S. 35, 47; Leinweber, Äbte, S. 70, 72; H. Gerhard, Ortus et progressus conventus Palaeopolitani 1649–1672, MainfrSt 51, 1991, S. 96, Anm. 6.

[31] Merz, Georg Horn, S. 17, Anm. 8.

[32] K. Dinklage, Hammelburg im Frühmittelalter, in: MainfrJb 11, 1959, S. 18–63; Weidinger, wie Anm. 3, S. 134. Dagegen Hofemann, wie Anm. 7, S. 102.

[33] Um 830 gehörten zum Hammelburger Fronhof ca. 800–1000 Hektar eigenbewirtschaftete und ca. 6000–7000 Hektar bäuerlich bestellte Flächen (Weidinger, wie Anm. 3, S. 176f.).

[34] Diese (verlorengegangene) Urkunde war der gesamten Forschung bisher nicht bekannt, doch ist ihre Existenz zweifelsfrei gesichert durch eine chronikalische Notiz in: Georg Horn, Hierampelos, Schmalkalden 1585, fol. c (vgl. Merz, wie Anm. 31, bes. S. 236, Anm. 42). Demnach schenkte Karl 774 *Hamaleburg (Locum fisci nostri situm iuxta fluuium Salam)* zusammen mit den Orten Diebach und Hundsfeld mit allen Zugehörungen dem Kloster Fulda, damit die Mönche den König in ihr Gebet einschlössen und ihr Unterhalt gesichert sei. Der Inhalt der Schenkung wird also hier deutlich anders umschrieben als in der Schenkungsurkunde von 777 (s. im folgenden). Die Ausstellung der Urkunde erfolgte wohl im Zusammenhang mit den königlichen Privilegien des Jahres 774 für Fulda, der Verleihung der Immunität und der freien Abtswahl (vgl. dazu Hussong I, wie Anm. 9, Kap. II).

[35] E. E. Stengel, Urkundenbuch des Klosters Fulda 1, 1913/58, U 77: 7. Januar 777: Schenkung von *Hamalumburg* mit den Zugehörungen Eschenbach, Diebach und Erthal. Bereits G. Göpfert, Castellum. Stadt oder Burg, 1920, S. 43, weist darauf hin, daß es sich hier nur um die feierliche Bestätigung einer Schenkung handle, die nach seiner Vermutung bereits unter Pippin erfolgt sei. Vgl. auch Brower, Fuldensium Antiquitatum libri IIII, S. 6.

[36] Ebd. U 83: 8. Oktober 777. Zur Forschungslage: R. Bauer, Die ältesten Grenzbeschreibungen in Bayern und ihre Aussagen für Namenkunde und Geschichte (Die Flurnamen Bayerns 8), 1988, S. 3–27 u. Karte 2. Die Grenzpunkte lassen beim derzeitigen Forschungsstand nicht erkennen, ob das 774 angeführte Hundsfeld in den Schenkungsbereich fällt.

[37] Vgl. Weidinger, wie Anm. 3, S. 133f.

[38] Hofemann, wie Anm. 7, S. 108; Wich, wie Anm. 28, S. 34.

[39] Hofemann, wie Anm. 7, S. 42f.

[40] So auch die Übertragung des Wildbannes über ein riesiges Gebiet vom Einzugsbereich der Flüsse Fulda und Haune im Norden bis zu Saale und Kinzig im Süden durch Kaiser Heinrich IV. 1059, die vor allem für den Landesausbau durch Rodung die Voraussetzungen schuf (vgl. Hofemann, wie Anm. 7, S. 37–45; Wich, wie Anm. 28, S. 20, 31).

[41] Auf die (Gesamt-)Klostervogtei soll im vorliegenden Rahmen nicht eingegangen werden, da sie für das Spätmittelalter nur noch von untergeordneter Bedeutung war. Vgl. dazu Hofemann, wie Anm. 7, S. 7–9; F.-W. Witzel, Die Reichsabtei Fulda und ihre Hochvögte,

die Grafen von Ziegenhain, im 12. und 13. Jahrhundert (41. Veröff. des Fuldaer Geschichtsvereins), 1963.

[42] Auf Begriff und Inhalt von Immunität, Zent, Vogtei und Mark kann hier nicht im einzelnen eingegangen werden. Vgl. hierzu die umfangreichen Studien von Hofemann, wie Anm. 7, die allerdings schon wegen der Dürftigkeit des Materials und der Blickrichtung der Autorin vom Befund der Neuzeit aus noch nicht als abschließend bezeichnet werden können. Wich hängt von Hofemann völlig ab und systematisiert den Stoff teilweise übersichtlicher. Wo ihm entsprechende Vorarbeiten fehlen, gelangt er zu einer ganzen Reihe von schweren Irrtümern, die seine Distanz zu den mittelalterlichen Verhältnissen verdeutlichen (vgl. etwa durchgehend das Kapitel über die kirchl. Organisation; Kritik bezügl. der Hammelburger Markbeschreibung bei Bauer, wie Anm. 36, S. 15).

[43] Hofemann, wie Anm. 7, S. 59.

[44] Ebd. S. 133–136.

[45] Vgl. die Liste der Verpfändungen ebd. S. 59–62, 134f.

[46] Vgl. ebd. S. 106f.

[47] Vgl. Wich, wie Anm. 28, S. 89f., ergänzend Merz, wie Anm. 31, S. 19f.

[48] Lübeck, Nebenklöster, S. 44f., vgl. Wich, wie Anm. 28, S. 66f.

[49] Leinweber, Äbte, S. 57–59.

[50] Lübeck, Nebenklöster, S. 46f., 49f.

[51] B. Jäger, Das geistliche Fürstentum Fulda in der Frühen Neuzeit (Schr. des Hess. Landesamtes f. gesch. Landeskde 39), 1986, S. 186–190, Zitat 188.

[52] Dies gilt allerdings nur für den engeren Klosterbereich. Vgl. dazu W. Störmer, Marktheidenfeld (HAB Teil Franken 10), 1962, S. 83–85.

[53] Vgl. Wich, wie Anm. 28, S. 52–63; Hofemann, wie Anm. 7, S. 103–105.

[54] F. Bendel, Die Würzburger Diözesanmatrikel aus der Mitte des 15. Jahrhunderts, in: WDGBl 2/2, 1934, S. 15f. m. Kartenbeilage.

[55] Vgl. H. Wagner, Die Zehntenschenkung Pippins für Würzburg (751/2), in: 1250 Jahre Bistum Würzburg. Archäologisch-historische Zeugnisse der Frühzeit, hg. von J. Lenssen u. L. Wamser, 1992, S. 35–38, gegen UFrGesch. 1, S. 116f. (E. Soder von Güldenstubbe).

[56] Vgl. Heller, Das Fuldische Dekanat Hammelburg, S. 139f., 152f., 169f. Das Mitkollationsrecht der Grundherren von Erthal ist erst für das frühe 16. Jahrhundert bezeugt (vgl. dazu Leinweber, Hochstift, S. 61; H. Ullrich, Untererthal, 1913, S. 253f., 256).

[57] Leinweber, Hochstift, S. 62.

[58] Ullrich, Untererthal, wie Anm. 56, S. 254.

[59] Zu diesen Pfarreien vgl. Leinweber, Hochstift, S. 57–59; Heller, wie Anm. 56, S. 159f., 163; Wich, wie Anm. 28, S. 25f.

[60] W. Engel, Urkundenregesten zur Geschichte der kirchlichen Verwaltung des Bistums Würzburg im hohen und späten Mittelalter, QFW 9, 1954, Nr. 2.

[61] Leinweber, Hochstift, S. 57f.; K. Gartenhof, Geschichte der Pfarrei Brückenau II, 1952, S. 8–11.

[62] Leinweber, Hochstift, S. 54–57.

[63] Lübeck, Nebenklöster, S. 44.

[64] Wich, wie Anm. 28, S. 22.

[65] Heller, wie Anm. 56, S. 166, 168.

[66] Vgl. Leinweber, Hochstift, S. 59f.; Heller, wie Anm. 56, S. 146.

[67] Dinklage, wie Anm. 32, S. 19–27.

[68] Vgl. zum Klostergründungsplan UFrGesch. 1, S. 105–107 (E. Soder von Güldenstubbe).

[69] Eine umfangreiche Forschung hat die widersprüchlichsten Theorien zu den Siedlungsverhältnissen am Hammelberg, Saaleckberg und dem heutigen Lageort der Stadt aufgestellt (vgl. etwa die Hinweise bei F. Warmuth, Die Vor- und Frühgeschichte Hammelburgs bis Mitte des 8. Jahrhunderts, in: Hammelburger Jb, 1966, S. 10–21). Die Ausführungen von Göpfert, wie Anm. 35, S. 41–49, denen hier gefolgt wurde, wurden bisher jedoch kaum diskutiert und dementsprechend auch nicht widerlegt. Vgl. ergänzend dazu auch Gerhard, wie Anm. 30, S. 3.

[70] Vgl. auch Brower, wie Anm. 35, S. 6; Dinklage, wie Anm. 32, S. 62f.
[71] Doell, wie Anm. 30, S. 242f., vgl. Leinweber, Äbte, S. 91f.
[72] Vgl. Wich, wie Anm. 28, S. 70.
[73] Vgl. zur Verfassungsentwicklung die Angaben bei E. Thomas, Sistem aller fuldischen Privatrechte 1, 1788, S. 118f. u. passim sowie Merz, wie Anm. 31, S. 17–19.
[74] Brower, wie Anm. 35, S. 307f.
[75] Leinweber, Äbte, S. 72.
[76] Gartenhof, Studien, S. 6.
[77] Hofemann, wie Anm. 7, S. 57.
[78] Gartenhof/Lisiecki, Zur Geschichte der Stadt Brückenau, S. 16. Vgl. im einzelnen Gartenhof, Studien, S. 6–10 u. passim.
[79] Merz, wie Anm. 31, S. 20–23.
[80] Zahlen nach der Übersicht im Anhang von Leinweber, Hochstift.
[81] Vgl. Falk, Ivo Wittig von Hammelburg in Mainz, in: Centralbl. f. Bibliothekswesen 6, 1889, S. 256–261, ergänzend G. Bauch, in: ebd. 14, 1897, S. 526f., sowie in: Der Katholik 78/2, 1898, S. 106–115.
[82] Vgl. A. Pfister, in: NDB 5, 1961, S. 637–640.
[83] Zu dieser Erscheinung vgl. allg. die Hinweise bei Merz, wie Anm. 31, S. 26–29, zu Froben ebd. S. 39, 327 u. 510f.
[84] Vgl. Staatsarchiv Marburg, K 423, f. 135; K 450, f. 8.
[85] Die Literatur zur spätmittelalterlichen Wirtschaftsgeschichte des Hammelburger Landes ist äußerst spärlich. Vgl. die Hinweise bei Merz, wie Anm. 31, S. 24f.
[86] Ebd. S. 25f.
[87] Vgl. Germania Judaica II, hg. v. Z. Avneri, 1968, S. 335f., u. Germania Judaica III/1, hg. v. A. Maimon, 1987, S. 511 (H. Kallfelz).
[88] Der Volkersberg. Wallfahrtsort – Kloster – Jugendhaus, hg. v. Jugendhaus Volkersberg, [2]1978, S. 60f.
[89] Vgl. die Hinweise bei Grossart, Die Landstände, S. 19–25, S. 82, Anm. 87, S. 85, Anm. 94.
[90] Hofemann, wie Anm. 7, S. 206f.; Jäger, wie Anm. 51, S. 203f. Dieser Gesamtbefund wird nicht entkräftet durch die Tatsache, daß der Hammelburger Bürgermeister Conrad Schmid 1382 Mitglied der Stiftspflegschaft war (Doell, wie Anm. 30, S. 26f.) oder daß im Konflikt Fürstabt Hartmanns von Kirchberg mit seinen Landständen 1516–1521 die Stadt Hammelburg eine eigenständige Politik verfolgte (dazu Merz, wie Anm. 31, S. 52).
[91] Vgl. dazu Merz, wie Anm. 31, S. 26–29.
[92] Übersicht ebd. S. 42–45.
[93] DAW, S 1, 10. Vgl. Gartenhof, Pfarrei, wie Anm. 61, I, 1951, S. 36–54, II, 1952, S. 112.
[94] L. Remling, Bruderschaften in Franken, QFW 35, 1986, S. 196–202, bes. S. 200.
[95] Zur Dominanz der 1302 erbauten Marienkapelle im Stadtbild vgl. die Ansicht bei S. Münster, Cosmographey, 1592, S. 952; der 1389 begonnene Bau der Pfarrkirche wurde erst 1461 vollendet, wohl wegen der verschlechterten wirtschaftlichen Lage im frühen 15. Jahrhundert. Vgl. Ullrich, Hammelburg, S. 62f.
[96] Vgl. dazu die Übersichten bei Leinweber, Hochstift, S. 97–120. Die nach Hammelburg größten Städte des Stiftes Hünfeld, Vacha, Herbstein und Geisa hatten ausweislich der Studentenzahlen von 1400 bis 1530 zwischen 36% und 16% der Einwohnerzahlen Hammelburgs (ebd., Übersichten im Anhang). Hünfeld (36%) besaß ein eigenes Kollegiatstift mit fünf Vikarien sowie ein weiteres Benefizium in der Pfarrkirche, in Vacha (27%) gab es elf Vikarien, in Herbstein (20%) drei, in Geisa (16%) sechs.

Literatur (Auswahl)

Die Quellen- und Literaturlage zum Thema ist äußerst unbefriedigend. Quelleneditionen fehlen weitgehend. Die Studien von Hofemann zur territorialen Entwicklung können trotz der Fülle des Gebotenen schon aus methodischen Gründen nicht überzeugen. Wich gelangt über die ihm vorliegende Literatur für das Spätmittelalter nicht hinaus. Den lokalen Studien ermangelt überwiegend der wissenschaftliche Apparat. Zwar hat Leinweber in den letzten 20 Jahren in zahlreichen Publikationen insbesondere zentrale Themen der kirchlichen und kulturellen Entwicklung aufgearbeitet, die erstmals eine weite Bresche in die fast völlig vernachlässigte Geschichte des Hochstifts Fulda im Spätmittelalter geschlagen haben. Doch fehlen vor allem für die Bereiche der Territorialentwicklung und Verwaltung sowie der wirtschaftlichen und gesellschaftlichen Verhältnisse entsprechende neuere Forschungen.

Allgemein:

Chr. Brower, Fuldensium Antiquitatum libri IIII, 1612; W. Dersch, Hessisches Klosterbuch, ²1940 (Bibliographie); J. Leinweber, Das Hochstift Fulda vor der Reformation (Quellen und Abh. z. Gesch. d. Abtei und der Diöz. Fulda 22), 1972; Ders., Der Fuldaer Abtskatalog des Apollo von Vilbel (Quellen u. Abh. z. Gesch. d. Abtei u. Diöz. Fulda 25), 1986; Ders., Die Fuldaer Äbte und Bischöfe, 1989; K. Lübeck, Die Fuldaer Äbte und Fürstäbte des Mittelalters (31. Veröff. d. Fuldaer Gesch.vereins), 1952; GP IV/4, bearb. v. H. Jakobs, 1978 (Lit.); J. F. Schannat, Dioecesis Fuldensis cum annexa sua Hierarchia, 1727; Ders. Historia Fuldensis, 1729; G. Wich, Brückenau – Hammelburg (HAB Teil Franken, 23), 1973.

Zu 1. Die Ausbildung der fuldischen Landesherrschaft

B. Höfling, Der Abt von Fulda als Reichsfürst in der Stauferzeit, in: Fuldaer Geschichtsblätter 51, 1975, S. 8–33; Th. Franke, Studien zur Geschichte der Fuldaer Äbte im 11. und frühen 12. Jahrhundert, in: ADipl 33, 1987, S. 55–238; U. Hussong, Studien zur Geschichte der Reichsabtei Fulda bis zur Jahrtausendwende, in: ADipl 31, 1985, S. 1–225 [= I], 32, 1986, S. 129–304 [= II]; E. E. Stengel, Die Reichsabtei Fulda in der deutschen Geschichte, 1948 (Ndr. in: Ders., Abhandlungen u. Unters. zur Gesch. d. Reichsabtei Fulda [37. Veröff. d. Fuldaer Gesch.vereins], 1960, S. 1–26).

Zu 2.1–2.4 Die Gebietsteile im heutigen Unterfranken (Räumliche Gliederung – Territoriale Entwicklung im Spätmittelalter – Verwaltungsorganisation – Kirchliche Organisation)

D. Heller, Das Fuldische Dekanat Hammelburg, in: WDGBl 13, 1951, S. 132–174; A. Hofemann, Studien zur Entwicklung des Territoriums der Reichsabtei Fulda und seiner Ämter (Schr. des hess. Landesamtes für gesch. Landeskunde 25), 1958; K. Lübeck, Fuldaer Nebenklöster in Mainfranken, in: MainfrJb 2, 1950, S. 1–52.

Zu 2.5 u. 2.6 Die Gebietsteile im heutigen Unterfranken (Die Städte – Wirtschaftliche Verhältnisse)

Ph. J. Doell, Geschichtliche und statistische Nachrichten über die Stadt Hammelburg und Schloß Saaleck, 1873 (auch in: AUFr 22, 1874, S. 263–552); K. Gartenhof/J. Lisiecki, Zur Geschichte der Stadt Brückenau, 1950; K. Gartenhof, Studien zur Geschichte der Stadt Brückenau, MainfrSt 7, 1973; K. Grossart, Die Landstände in der Reichsabtei Fulda und ihre Einungen bis zum Jahre 1410, 1914; J. Merz, Georg Horn (1542–1603) und seine Historia über die Reformation in Hammelburg, phil. Diss. Würzburg 1991; H. Ullrich, Hammelburg. Bilder aus der Geschichte einer uralten Frankensiedlung (1. Aufl. 1956).

RELIGION UND KIRCHE

Erik Soder von Güldenstubbe

Die Entwicklung der kirchlichen Strukturen im Bistum Würzburg

Der fürstliche Rang des Würzburger Bischofs verpflichtete ihn zu vielen Aufgaben im und am Reich sowie bei der Regierung seines Hochstifts.[1] Die rein kirchlichen Aufgaben des Bischofsamtes dagegen standen oft dahinter zurück. Die gestiegenen geistlichen Bedürfnisse der Gläubigen und der immer komplexere Ausbau kirchlicher Strukturen, Stiftungen und Einrichtungen verlangten aber die volle Aufmerksamkeit der Bistumsleitung. So entwickelte sich zwangsläufig ein größerer Mitarbeiterstab des Bischofs, auf den die immer differenzierter werdenden Belange aufgeteilt wurden. Allmählich bildeten sich dann aus der jahrhundertelangen einzigen bischöflichen Kanzlei zwei unterschiedliche Behörden heraus, die – von der Klammer der Personalunion des Fürstbischofs zusammengehalten – sich jeweils den weltlichen Angelegenheiten des Hochstifts und den geistlichen Angelegenheiten des Bistums widmeten. Neben der Person des Fürsten und Bischofs formierte sich aber im Laufe des Mittelalters eine weitere, starke Klammer.

1. *Das Domkapitel*

Aus dem Presbyterium an der Kathedrale des Bischofssitzes war ein Gremium gewachsen, das gegenüber dem Oberhirten eine immer größere Selbständigkeit erreichte. Noch in der Karolingerzeit war im Prinzip das gesamte Kirchenvermögen in der Verfügungsgewalt des Bischofs gewesen. Einzige Ausnahme bildeten die Eigenkirchen in königlicher oder adliger Hand. Im 10. oder spätestens im 11. Jahrhundert aber bestand neben dem bischöflichen ein besonderes Kapitelseigentum, das vom Kustos des Domes verwaltet wurde.[2] Eine Körperschaft war entstanden, die – heute noch – rechtsfähig ist und Vermögen besitzt. Die bischöflichen Rechte, die denen eines Eigenkirchenherren analog waren, scheinen dabei teilweise aufgehoben worden zu sein. Offensichtlich geschah diese Entwicklung jedoch nicht ohne, schon gar nicht gegen den Bischof, denn von Bischof Hugo (983–990) wird berichtet, er habe den Lebensunterhalt der Mangel leidenden »Fratres de domo S. Kiliani, der Brüder vom St. Kiliansdom« gesi-

chert.[3] 1036 schenkte St. Bruno sein Erbgut Sunrike in Westfalen bei Borgentreich an das Domkapitel.[4] Andere Schenkungen folgten.
Bereits vorher hatte das Domkapitel vom Kaiser Otto dem Großen 941 ein Privileg erhalten, den Bischof von Würzburg frei wählen zu können.[5] Freilich kam dieses Vorrecht lange nicht zum Tragen; den Reichsregenten schien das Mainbistum so bedeutsam zu sein, daß sie dessen Besetzung nicht einfach den Domherren allein überlassen wollten.
In späteren Jahrhunderten freilich konnte dieses früh erlangte Vorrecht in Wirklichkeit geltend gemacht werden, als nämlich das Kapitel – angesichts der einander rivalisierenden Mächte des Mittelalters: Kaiser und Papsttum – einen eigenen Kurs zu steuern versuchte und in sogenannten Wahlkapitulationen den jeweiligen Kandidaten auf ein bestimmtes Regierungsprogramm festzulegen bestrebt war.
Die im Investiturstreit (1085–1127) und von 1266 bis 1400 immer wiederkehrenden Doppelwahlen, die häufigen Kämpfe der päpstlichen und kaiserlichen Favoriten untereinander, legen deutliches Zeugnis dafür ab, wie wichtig der Bischofsstuhl von Würzburg war und daß es keiner Seite gleichgültig schien, wer darauf saß. In all diesen Auseinandersetzungen stieg die Macht des Domkapitels, das fast immer verhindern konnte, daß ihm jemand als Oberhirte aufgezwungen wurde, der nicht ›ex gremio‹ kam. Auch die in Franken einander bekämpfenden Dynastien, die Fraktionen im Kapitel selbst sowie die Parteinahmen der Würzburger Bürgerschaft konnten auf Dauer das Domkapitel nicht entmachten, das wohl seit dem 11. Jahrhundert seine Vita Communis aufgegeben hatte. Seither lebte jeder Domherr in seinem eigenen Hof (Curia; Farbbild S. 289). Diese Höfe bildeten einen weiten Kranz um die Kilianskathedrale.[6] Bis in unsere Tage hinein besteht die Domstiftspfarrei, eine Personalpfarrei, die nicht – wie gewöhnlich – ein bestimmtes Territorium umfaßte, sondern alle Geistlichen, die zum Dom gehörten, mitsamt ihrer Hausgemeinschaft.[7]
Betrachten wir die einzelnen Entwicklungen etwas genauer, so erkennen wir, daß in der späten Stauferzeit immer mehr Königsrechte, die sogenannten Regalien, in die Hände der Reichsbischöfe gelangen. 1216 verzichtete Kaiser Friedrich II. zugunsten der Würzburger Kirche auf das Recht an der Hinterlassenschaft von Klerikern (Spolienrecht) und auf das Recht, die Erträgnisse der Bistümer während einer Sedisvakanz einzuziehen. 1220 bestätigte Friedrich in seiner berühmten ›Confoederatio cum principibus ecclesiasticis‹ die Würzburg bereits früher zugestandenen Rechte reichsweit und verzichtete auf die Einrichtung von kaiserlichen Münz- und Zollstätten in den Hochstiften sowie auf den Bau von Festungen und Städten.
Über freiwerdende Lehen der Kirchen sollten nunmehr die geistlichen Fürsten selbständig verfügen dürfen. 1232 unterstützten verschiedene Bestim-

mungen des Kaisers die Fürstbischöfe in ihrem Kampf gegen die Hochstiftsstädte, die – unter Führung der Zünfte – reichsfrei werden wollten, und erlaubten den Fürstbischöfen, Befestigungen zu errichten und Marktrechte zu verleihen.[8]

Diese Rechtsprivilegien hätten zu einem uneingeschränkten Absolutismus der geistlichen Reichsfürsten führen können, hätten nicht andere Kräfte Einfluß erlangt.

In der Theorie hatte das Wormser Konkordat 1122 ausschließlich dem Domkapitel das Recht zugesprochen, die Bischöfe zu wählen. Das 2. Laterankonzil bestätigte dies 1139 nach kirchlichem, die Egerer Bulle von 1213 nach Reichsrecht.[9]

Es ist kein Zufall, daß vom Jahre 1225 an der neuzuwählende Würzburger Oberhirte durch das wählende Domkapitel in einer Urkunde auf ein gutes, dem Frieden dienendes Kirchenregime festgelegt wurde. Konkret ging es damals um die Bewahrung der kaiserlichen Lehen, um den Kampf gegen die Vögte, die dem Hochstift zugunsten eigener Interessen oft geschadet hatten, um die Zurückgewinnung von Vogteien und Lehen an die Kirche und ähnliches mehr.[10]

Hier begann erstmals das Domkapitel, durch sein inzwischen verbrieftes ausschließliches Wahlrecht bestärkt, den künftigen Bischof auf eine bestimmte Linie zu verpflichten, das heißt nichts anderes, als die sich abzeichnende Autokratie des Bischofs spürbar einzudämmen. Die so entstandenen urkundlichen Verpflichtungen der Elekten nannte man dementsprechend ›Wahlkapitulationen‹. Natürlich führte dieses System zu fortgesetzten Spannungen. Starke Persönlichkeiten unter den Fürstbischöfen suchten die Einschränkungen, die ihnen das Kapitel vorgeschrieben hatte, abzuschütteln und fanden dafür oft die Hilfe der römischen Kurie. Mit mehr oder weniger Erfolg untersagte das Domkapitel einen solchen Rekurs an den päpstlichen Stuhl, aber erst 1698 machten päpstliche und kaiserliche Verbote den Wahlkapitulationen in Würzburg ein Ende.

Natürlich hatte eine lange Entwicklung zu diesem Wahlrecht geführt. Noch im Frühmittelalter hatten die Bischöfe vor wichtigen Entscheidungen den Rat des gesamten Presbyteriums und angesehener Laien eingeholt. Die oben schon angedeutete Güterteilung zwischen dem Bischofsvermögen (mensa episcopalis) und dem Kapitelsvermögen hatte den Weg zur größeren Selbständigkeit der Kathedralgeistlichkeit gegenüber dem Bischof eröffnet. Weitere kirchliche Rechte wurden dazuerworben, wie Lehen, Patronate, Zehnten, Pfarrechte, diese meist durch Inkorporationen. So lösten sich die übrigen Kollegiatstifte und die sonstige Priesterschaft des Bistums von der Kathedralkirche.

Immer stärker drängten die Domgeistlichen dazu, als einzige Körperschaft den Bischof bei der Regierung seiner Diözese zu beraten. In der Dekretalensammlung des Papstes Gregors IX. (1227–1241) wurde festgelegt, daß die Bischöfe vor wichtigen Entscheidungen jetzt das Domkapitel und sonst niemand anders im Bistum befragen und dessen Zustimmung erreichen müßten.

Die Kanonistik, besonders unter den Päpsten Alexander III. (1159–1181) und Innozenz III. (1198–1216) oder der Gelehrte Bernardus Papiensis († 1213) unterschieden noch nicht eindeutig zwischen consensus, gleich Zustimmung, und consilium, gleich Rat; der Kardinal Heinrich von Ostia († 1254) legte dagegen in seiner ›Summa Aurea‹ die Fälle dar, in denen der Bischof den Rat und in denen er die Zustimmung seines Domkapitels einholen mußte, was in die erwähnte Dekretalensammlung Gregors IX. einging.[11]

Ab Bischof Iring von Reinstein wurde 1260 statt der Einberufung des gesamten Domkapitels für den Normalfall ein sogenannter engerer bischöflicher Rat gebildet, der in der Regel aus den Dignitären des Domkapitels, Propst und Dekan, bestand und dem noch zwei weitere Domherren zugesellt wurden.[12]

In etwa derselben Zeit übernahm das Domkapitel während einer Sedisvakanz die geistliche Verwaltung der Diözese, die früher der zuständige Metropolit, im Falle Würzburgs also der Erzbischof von Mainz oder ein von diesem beauftragter Nachbarbischof (Commendator, Intercessor oder Visitator), interimistisch übernommen hatte. In Deutschland hatte die Reichsgewalt versucht, spätestens ab der Jahrtausendwende mit Erfolg, die Ernennung eines Bistumsverwesers nicht mehr dem Metropoliten zu überlassen, sondern einen königlichen Beauftragten zu ernennen, da die Reichsbischöfe als Lehensträger angesehen wurden und somit die verwaisten Bischofsstühle als heimgefallenes Lehensgut galten. Erst der oben erwähnte Verzicht des Kaisers Friedrich II. auf das Regalien- und Spolienrecht machte den Weg frei, daß in der Sedisvakanz das Domkapitel im Bistum zu bestimmen hatte. Dies galt sowohl hinsichtlich der Verwaltung der geistlichen Angelegenheiten als auch der weltlichen Rechte im Stift. Kirchenrechtlich sprachen die Päpste Honorius III. (1223) und Gregor IX. (1228) den Domkapiteln die jurisdictio spiritualis im Fall einer Vakanz des bischöflichen Stuhles zu. Da eine kollektive Leitung aber meist mit Schwierigkeiten verbunden ist, wurde es zur Regel, daß die Domkapitel aus ihren Reihen einen oder mehrere Vikare dazu bestellten, die meist Verweser oder Pfleger genannt wurden.[13]

Diese Machtfülle der Domkapitel wurde oft in verantwortungsvoller Weise für die Interessen von Bistum und Hochstift eingesetzt, zumal nicht selten höchst erfahrene und gebildete Domherren Einfluß gewannen. Gleichwohl gab es auch Zeiten, in denen verschiedene Parteiungen oder Fraktionen im Kapitel gegeneinander arbeiteten, in denen einseitig die Interessen des Kapitels gegen das bischöfliche Regiment – zum Schaden des Ganzen – im Vordergrund standen. Da das Domkapitel von Würzburg zu den größten und bestdotierten im Reiche gehörte, sich fast ausschließlich die Zuwahl neuer Mitglieder reservieren konnte und nur Adelige in seinen Reihen duldete, drängten sich viele in dieses Gremium, bei denen die religiöse Berufung nicht das Hauptmotiv ihrer Wahl war. Dadurch, daß bereits Knaben in den Genuß einer Pfründe kommen konnten – wenn auch freilich noch unter der Aufsicht des Domscholasters stehend und ohne Stimmrecht in den Kapitelssitzungen bis zur sogenannten Emanzipation – standen für die meist nachgeborenen Söhne von Adelsfamilien die Sippen- oder Standesinteressen im Vordergrund.

Wegen der Verpflichtung von Priestern und Diakonen zum ehelosen Leben schoben viele Domherren den Empfang der höheren Weihen lange hinaus oder gingen überhaupt nur bis zum Weihegrad des Subdiakons, wenn sie nicht einfach nur als Tonsuristae oder Minoristae verharrten. So konnten sie leichter aus dem geistlichen Stand wieder ausscheiden und im Bedarfsfall die Familie von einem drohenden Aussterben bewahren. Solche Verzichtleistungen auf Domherrenpfründen kamen bis zur Säkularisation 1802/03 nicht selten bei den Domizellaren, also den Aspiranten auf die Kapitelstellen, aber auch bei schon voll stimmberechtigten Kapitularen vor.

Ein weiterer Mißstand war die Pfründenkumulation, das ist die Anhäufung von verschiedenen geistlichen Stellen in einer Hand. Hierfür waren wohl überwiegend materielle Beweggründe maßgebend, denn die Ämterhäufung brachte nicht nur vermehrte Einkünfte, sondern vergrößerte auch Einflußmöglichkeiten, Ansehen und Macht. Da natürlich in solchen Fällen die tatsächliche Ausübung der mit den Pfründen verbundenen Ämter wenigstens nicht im vollen Umfang mehr möglich war, mußten Vikare die Domkapitulare bei den Gottesdiensten und beim gemeinsamen Chorgebet vertreten. Dafür erhielten die Vikare einen Bruchteil der Einnahmen der Domherren zum Lebensunterhalt,[14] falls sie nicht über ein eigenes Benefizium verfügten, was im Spätmittelalter die Regel gewesen sein dürfte.

Gerechterweise dürfen neben manchen Schattenseiten, die sich vor der Reformation verstärkten,[15] aber nicht die positiven Leistungen des Domkapitels als ganzem und einer ganzen Reihe seiner qualifizierten Mitglieder übersehen werden. Dazu gehört beispielsweise die Pflege der Bildung durch den Unterhalt der Domschule, die immer wieder anerkennenswerte Leistungen erreichte.[16] Der riesige Baukomplex des Domes, seine prachtvolle künstlerische Ausstattung, Um- und Anbauten war stets gemeinsame Sorge von Bischof, Domkapitel und Bürgerschaft.[17]

Das Dietricher Spital, das Dompropst Otto von Estenfeld 1144 errichtet hatte, erfuhr ebenso die Unterstützung des Domkapitels wie das Spital zu den Vierzehn Nothelfern (Hofspital), das 1494 durch das Testament des Domherren Johann von Allendorf begründet werden konnte. Vielfach haben die Geistlichen des Kathedralkapitels ihre Einkünfte zu Stiftungen und Schenkungen im Geist christlicher Caritas verwendet, haben sie die Errichtung und den Unterhalt von Klöstern und Kirchen in Stadt und Bistum Würzburg gefördert, ebensooft auch die Wissenschaften, die Rechtssicherheit (Bibliothek und Archiv) und das künstlerische Schaffen.
Reiche Besitzungen erlangte das Domkapitel meist durch bischöfliche und adelige Schenkungen. Diese wurden entweder gemeinsam verwaltet oder als sogenannte Oblei einem einzelnen Domherrn zur Nutzung auf Lebenszeit zugewiesen. Zum gemeinsamen Besitz gehörten Städte wie Karlstadt und Ochsenfurt, Dörfer wie Karlburg oder Wiesenfeld, Güter in Orten, wie Kühndorf oder Gänheim. In einer großen Anzahl von Pfarreien übte das Domkapitel Patronatsrechte aus,[18] viele Pfarrpfründen waren ihm förmlich einverleibt, inkorporiert, wie in Aschfeld, Bettingen, Bibra, Burgbernheim, Burggrumbach, Creglingen, Eßleben, Ettleben, Eußenheim, Frickenhausen am Main, Gochsheim, Gollhofen, Grafenrheinfeld, Greußenheim, Markt Bibart, Michelfeld, Prosselsheim, Reinsberg, Retzstadt, Rottendorf bis 1258, Steinkirchen, Sulzdorf bis 1406, Unternbibert, Volkach, Wenkheim in Baden, Westheim in Mittelfranken, Wiesenfeld und die Würzburger Stadtpfarrei Haug bis 1258. [19]
1345 forderten die Domkapitulare in ihrer Wahlkapitulation vom neuzuwählenden Bischof, daß dieser folgende Ämter nur durch Angehörige aus ihren Reihen besetzen dürfe: den Protonotarius und den Tabellionatus, die beiden Vorsteher der bischöflichen Kanzlei, den Thesaurarius, den Vermögensverwalter, den Plebanus, das war der Dompfarrer, und den Officialis Curiae, den geistlichen Hofrichter. Über das letztgenannte Amt und andere geistliche Officia wird unten noch gesondert zu berichten sein.
1400 verboten die Domherren erstmals, an der päpstlichen Kurie die Wahlkapitulationen aufheben oder verbieten zu lassen. Die Stiftsbeamten und die Untertanen des Hochstiftes mußten ab dieser Zeit die Erbhuldigung nicht mehr nur dem Fürstbischof, sondern auch dem Domkapitel gegenüber leisten. 1411 – nach dem Tod des Fürstbischofs Johann I. von Egloffstein, der 1401/02 die erste Würzburger Universität errichtet hatte – sicherte sich das Domkapitel eine förmliche Mitregierung über das Hochstift und verbot, weitere Schulden zu machen. Als der damals Neugewählte, Johann II. von Brunn, diese Bestimmungen häufig nicht einhielt, gab es dementsprechend großen Streit zwischen dem Fürsten und seinem Kapitel.[20]
In den unruhigen Zeiten des Johann II. von Brunn und Sigmund von Sach-

sen hatte das Domkapitel viele Einkünfte eingebüßt. Als Ersatz dafür mußte ihm Fürstbischof Gottfried IV. Schenk von Limpurg[21] 1444 den Besitz von sogenannten Oberpfarreien zusichern, alles gut dotierte Pfründen, deren Einkommen in der Folgezeit hauptsächlich den jeweiligen Oberpfarrern aus dem Kapitel zuflossen, die dafür eigene Seelsorger bestellen und besolden mußten. Dazu gehörten Pfarreien wie Altbessingen, Binsfeld, Eibelstadt, Eltmann, Greßthal, Haßfurt, Maibach, Mellrichstadt und Oberschwarzach.

1466 verlangte die Wahlkapitulation, daß bei allen Regierungshandlungen des künftigen Bischofs die Zustimmung des Domkapitels eingeholt werden müsse.[22] Die Forderungen gipfelten 1519 darin, Einsicht in die fürstbischöflichen Finanzen nehmen zu dürfen und Abschriften aller Urkunden des Oberhirten für das Kapitelsarchiv zu erhalten.[23]

Bereits um 1450 wurde – ähnlich wie im benachbarten Bamberg[24] – eine eigene Gerichtsbarkeit des Domkapitels unter Vorsitz seines Dekans geltend gemacht, was sich aber in Würzburg nicht lange halten konnte.[25]

Dagegen blieben das Chorgericht und das Kellereigericht des Kapitels bestehen. Streitfälle mit Belehnten, Dienstpflichtigen und Gesinde des Domkapitels und der Kollegiatstifte wurden vor das Chorgericht, solche mit den ›Hausgenossen‹ des Domstifts, worunter ›Beamte auf Zeit‹, wie Bergmeister oder Förster gehörten, vor das Kellereigericht gezogen.[26]

2. *Die Archidiakone*

Bei den Archidiakonen werden solche älterer und jüngerer Ordnung unterschieden. Ursprünglich amtierte ein Archidiakon als Vorsteher der Diakone an der Kathedrale. Diese hatten caritative, pastorale und liturgische Aufgaben und spielten bei der Verkündigung des Gotteswortes und bei der Kirchenbuße eine wichtige Rolle.

Im späten Mittelalter gewann das Priestertum stärkere Bedeutung, der Diakonat als Lebensstellung verschwand dagegen fast völlig, mehr und mehr wurde er zu einer Vorstufe des Priesteramtes.[27] So kam auch der Archidiakon älterer Prägung in Abgang, der als enger Mitarbeiter des Bischofs schon bei der Bistumsverwaltung mitgewirkt hatte. Es bildete sich allmählich ein Archidiakonat jüngerer Ordnung heraus, der bei der starken Hinwendung der Würzburger Bischöfe zum Reichsdienst durch Gewohnheitsrecht bischöfliche Aufgaben übernahm. Der Archidiakon, den Papst Innozenz III.(1198–1216) ›das Auge des Bischofs‹ genannt hatte,[28] übte immer selbständiger Visitationsrechte im Bistum aus. Ab dem 12. Jahrhundert tauchen in Würzburg mehrere Archidiakone gleichzeitig auf. Vielleicht ist damals – unter Bischof Embricho – bereits das weitgedehnte Bistum in einzelne Sprengel unterteilt worden, die jetzt den Archidiakonen jüngerer Ordnung unterstellt waren.

Ihre vom Bischof delegierte Jurisdiktion wurde allmählich zu einer ordentlichen, die diejenige des Bischofs stark zurückdrängte. Es widersprach dem Kirchenrecht, wie auf dem ersten Laterankonzil (1123) festgelegt wurde, daß kein Archidiakon einen Geistlichen ohne Zustimmung des Bischofs einsetzen dürfe. Die den Würzburger Bischöfen abgerungenen Wahlkapitulationen waren jedoch stärker als das allgemeine Kirchenrecht. Freilich galt die Gerichtsbarkeit der Archidiakone nur in ihrem eigenen Sprengel. Da sie selbst dem Domkapitel angehörten – 1314 hatte der Wahleid beim Elekten durchgesetzt, die Archidiakonate nur noch an geweihte Domherren zu vergeben[29] –, nahmen sie wohl nur rund einhundert Jahre die Visitations- und Gerichtsaufgaben in Person wahr. Seit dem 13. Jahrhundert ernannten sie in der Regel Offiziale als selbständige Vertreter.[30]

In der sogenannten Ebracher Handschrift, die der Würzburger Protonotar Michael de Leone[31] um 1350 zusammenstellte, erscheinen zwölf Archidiakonatsbezirke:[32] Im rechtsmainischen Würzburg war der Dompropst der zuständige Archidiakon. Der Stiftspropst von St. Gumbert in Ansbach, der Domherr in Würzburg sein mußte, leitete den Archidiakonat Ansbach (auch Rangau genannt). Sein Bezirk war in zwei Landkapitel eingeteilt: (Bad) Windsheim und (Langen-)Zenn.[33] Der Archidiakonat Mellrichstadt umfaßte die Landkapitel Mellrichstadt, Coburg[34] und Geisa[35], der Bezirk (Schwäbisch) Hall die Kapitel Crailsheim und Ingelfingen. Der Archidiakonat Ochsenfurt bestand aus dem gleichnamigen Landkapitel und dem von (Bad) Mergentheim; ähnlich der Archidiakonat Weinsberg, der auch das Landkapitel Buchen umfaßte.

Nicht weiter unterteilt waren die Archidiakonate Karlstadt, Iphofen, Gerolzhofen, Schweinfurt (später Münnerstadt),[36] Kitzingen und der Kleinarchidiakonat Fulda. Letzterer begegnet uns erst 1301. Immer wieder versuchte der Fürstabt von Fulda mit wachsendem Erfolg, auch kirchlich von der Diözesangewalt Würzburgs unabhängiger zu werden. So galt er als Ordinarius der drei im fuldischen Stift gelegenen Kollegiatstifte Hünfeld, Rasdorf und Salmünster. In »über 16 Pfarreien seines Reichsterritoriums besaß der Abt selbst das Patronat. Über Kämmerzell stand es ihm in seiner Eigenschaft als Archidiakon zu« (was er durch eine Bulle des Papstes Sixtus IV. 1476 erreichte).

»Weitere 18 Pfarrpatronate besaßen die vom Abt abhängigen Klöster und Stifte. Dazu kamen noch sechs Klosterpfarreien. Von den übrigen 28 Pfarreien des Fuldaer Hochstifts besaßen der Bischof von Würzburg und das dortige Domkapitel nur über je drei das Patronatsrecht. Von den 142 Vikarien im Fuldaer Hochstift war der Abt selbst Patron über 43. Über vier weitere besaß er das Patronat als Archidiakon. Der Fuldaer Stiftsdechant war Lehensherr von 10, die Dechanten der Kollgiatstifte von 11, die Pröpste der fuldischen Nebenklöster von 11 und verschiedene Stiftsherren (Kantor und Kämmerer) des Hauptklosters von fünf Vikarien. Der Bischof von Würzburg dagegen war Lehensherr einer einzigen Vikarie im Fuldaer Hochstift . Das Würzburger Domkapitel teilte das Patronatsrecht über fünf Vikarien mit dem Hammelburger Stadtrat.«[37]

Aber nicht nur die Klöster, Kollegiatstifte, Spitäler und Burgen des Fürstabtes von Fulda waren von der Amtsgewalt der Archidiakone befreit – zumindest bis, wie erwähnt, 1476 der Abt selbst Archidiakon wurde –, sondern auch die entsprechenden Institutionen, die reichs- oder eigenkirchenrechtlich dem Bischof von Würzburg gehörten.[38] Grafen und Barone wurden um 1300 von der archidiakonalen Gerichtsbarkeit befreit.[39] In der Pfarrei (Kloster) Heidenfeld nahm der Propst des dortigen Augustinerchorherrenstiftes die archidiakonalen Rechte wahr.[40]

Diese bestanden im allgemeinen in der Abhaltung der Sendgerichte. Der Ausdruck ist die verkürzte eingedeutschte Form des Laiensend, der Synode der Laien, die in der alten Kirche bei Visitationen der Bischöfe stattgefunden hatte. Dabei wurde Gottesdienst gefeiert, gepredigt, das Sakrament der Firmung (confirmatio) gespendet.

Daneben kamen in Art von Gerichtsverhandlungen auch Vergehen von Klerus und Kirchenvolk zur Ahndung. Sendherr war ursprünglich der Bischof selbst gewesen, der diese Aufgabe dann an die Archidiakone delegierte. Unter deren Vorsitz traten die Sendzeugen auf, die zugleich als Schöffen neben den geistlichen Beisitzern fungierten. Behandelt wurden Fragen der kirchlichen Lehre, der Achtung von gegenseitigen Vereinbarungen nach Treue und Glauben, die Sakramentenspendung und sonstige Gottesdienste, Wahrung der Keuschheit und Ehe, weitere religiöse Gebote (Dekalog) und die Bauaufsicht über die kirchlichen Gebäude.[41]

Meist wurden Bußgebete, Fasttage, Almosengeben und Wallfahrten den Schuldigen auferlegt, im Spätmittelalter traten an deren Stelle überwiegend Geldstrafen, was neben der Begünstigung des Denunziantenwesens die Sendgerichtsbarkeit immer unbeliebter machte. Die ursprüngliche seelsorgerliche Absicht wurde in der Spätzeit daher meist nicht mehr erreicht.[42]

Den Bischöfen blieb dies nicht verborgen. Sie schufen neue Formen geistlicher Gerichtsbarkeit, die konkurrierend den Archidiakonen an die Seite traten, diese in einem langen Entwicklungsprozeß schließlich ganz aus der Gerichtsbarkeit verdrängten. Gesamtkirchenrechtlich nahm das Tridentinum (1545–1563) den Archidiakonen ihre richterliche Befugnis, in Würzburg aber konnten sie endgültig erst 1673 abgeschafft werden.[43] Um die

Archidakone bzw. deren Offiziale stärker unter Kontrolle zu bekommen, fanden ab 1451 deren Gerichtstage nicht mehr in den Amtssprengeln, sondern in Würzburg vor der sogenannten Roten Tür des Domes statt. Wichtig war diese Gerichtsbarkeit auch deswegen, weil sie zugleich als Appellationsinstanz für die Zent fungierte, also die Gerichte, vor denen die Kapitalverbrechen behandelt wurden.[44]

3. *Die Ruraldekane*

In der kirchlichen Hierarchie standen die Ruraldekane unterhalb der Archidiakone. Sie wurden – wenigstens seit dem 15. Jahrhundert – von den Geistlichen des Landkapitels oder Dekanates gewählt. Dem Dekan gegenüber waren die Kapitelsgeistlichen zu Gehorsam verpflichtet, der seinerseits ein Aufsichtsrecht über sie hatte. Allerdings kam ihm im Gegensatz zu den Archidiakonen keine Jurisdiktion zu, er hatte also kein Recht, unter Strafandrohung etwas zu gebieten oder zu verbieten. In Vertretung des Archidiakons leitete der Dekan die Kapitelssitzungen, er repräsentierte die Kapitelsgeistlichen dem Bischof gegenüber, z. B. bei Diözesansynoden und feierlichen Gottesdiensten in der Kathedrale. In Rechtsstreitigkeiten hatte der Dekan die Interessen seines Kapitels zu vertreten. Er ist also einerseits ›untergeordnetes Vollzugsorgan der Diözesanverwaltung‹, andererseits aber auch Vermittler zwischen Bischof bzw. Archidiakon und dem Klerus. Als Vorstände der Ruralkapitel führten sie das Dekanatssiegel und konnten so notarielle Funktionen wahrnehmen, d. h. Rechtsgeschäfte beurkunden. Eingeschränkt war dieses Tätigkeitsfeld dadurch, daß es sich dabei um Kirchenangelegenheiten ihres Bezirkes handeln mußte.
An der Seite des Dekans stand der Kämmerer des Kapitels, der zunächst mit finanziellen Dingen befaßt war. So hatte er Abgaben an den Bischof zu sammeln und das Kapitelsvermögen zu verwalten. Dies galt zumindest bis ins späte 14. Jahrhundert, wo dann die letztgenannte Aufgabe an den Prokurator des Landkapitels überging. Dem Kämmerer verblieben neben dem Einsammeln der bischöflich angeordneten Kollekten in der Hauptsache die Vertretung des Dekans sowie liturgische Funktionen bei den Kapitelsgottesdiensten. Aber auch dabei kamen dem Prokurator gewisse Aufgaben zu.[45]
Zu einem bestimmten Termin kamen einmal im Jahr alle Geistlichen des Dekanates zur Kapitelsversammlung zusammen, wovon ihr Zusammenschluß auch den Namen führte. Oft schlossen sich die Kleriker eines solchen Landkapitels zu geistlichen Bruderschaften zusammen.[46]

4. *Die Pfarrer und Vikare*

Das eigentliche Feld der Seelsorge und des kirchlichen Lebens an der Basis sind in der Regel die Pfarreien. Die ersten Seelsorgssprengel der Gründungszeit des Bistums Würzburg nennt man oft Urpfarreien. Gewöhnlich waren es solche, die dann zu Mutterpfarreien selbständig gewordener Filialgemeinden wurden, als die Bevölkerung sich mehrte und die religiösen Bedürfnisse wuchsen. So verdichtete sich das Netz der Pfarreien. Freilich mußten für die Errichtung neuer Pfarreien, die meist durch Separationen aus älteren und größeren Sprengeln entstanden, gewisse Voraussetzungen in rechtlicher und wirtschaftlicher Hinsicht geschaffen werden. Dazu gehörte ein Kirchengebäude, dessen Erhalt gesichert sein mußte, oft durch Stiftungen, oft durch die Selbstverpflichtung der Gemeinden, oft auch durch Leistungen der Zehntempfänger im Sprengel.[47] Daneben mußten die Pfarrer – bei großen Kirchspielen auch die nötigen Hilfsgeistlichen – einen gesicherten Lebensunterhalt finden. Meist geschah dies durch ein Pfarrgut, durch Zehnteinnahmen, Spenden der Bevölkerung und gewisse Gebühren bei kirchlichen Handlungen, wie Taufen, Trauungen, Beerdigungen, woran die sonst noch Beteiligten, wie der Küster, der Kantor und Organist, die Ministranten und Blasbalgtreter ihren Anteil hatten. Häufig waren die Pfarrzehnten aber dem Ortsgeistlichen entzogen, teils durch Patronatsherren, teils durch Inkorporationen.

Die Patronatsherrschaften, Relikte aus der Zeit des frühmittelalterlichen Eigenkirchenwesens, beanspruchten Teile der Pfarrzehnten. Ganz einziehen durften die Institutionen die Einkünfte der Pfarrpfründestiftung, denen diese inkorporiert waren. Dafür besoldeten die Inhaber solcher inkorporierten Pfarreien die Geistlichen, die vor Ort die eigentliche Seelsorge ausübten.[48]

Da die Einkünfte stiftungsmäßig fixiert waren, konnten sie nicht den im Spätmittelalter häufigen Geldentwertungen angepaßt werden. So reichten die Mittel in vielen Fällen nicht mehr aus. Die Pfründeninhaber suchten daher verständlicherweise, ihren Lebensunterhalt aufzubessern. Meist erstrebten sie, mehrere Benefizien zu erlangen oder sie widmeten sich einem Nebenerwerb. Dies war nicht nur dem Ansehen der Geistlichkeit abträglich; die Verpflichtungen der jeweiligen Stelle konnten häufig nicht mehr im vollen Umfang erfüllt werden und die Gewerbetreibenden empfanden die Geistlichen mit Nebenerwerb oft als lästige Konkurrenz. Diese und manch andere Mißstände bestärkten die Gläubigen im Wunsch nach einer Besserung der Verhältnisse.[49]

Ging es unter den Geistlichen des deutschen Spätmittelalters den Pfarrern noch vergleichsweise gut, so galt das viel weniger von den Amtsverwesern,

den Viceplebanen oder Kaplänen, die für die oft nicht am Ort befindlichen Pfründeeigentümer den Dienst taten. Die seit dem Hochmittelalter gestiegene Verehrung der hl. Eucharistie hatte eine große Zahl von Stiftungen zur Folge, durch die Geistliche ohne Seelsorgsverpflichtung nur zur Zelebration von gestifteten Gottesdiensten verpflichtet waren. Solche Benefizien oder auch Vikarien deckten das anwachsende Bedürfnis der Gläubigen nach öfteren und feierlichen Meßfeiern ab. Es entstanden Stiftungen für frühe, mittlere und späte Messen oder die sogenannten Engelmessen, die meist am Donnerstag eine besonders feierliche Form der Eucharistie darstellten. Auch die Einkünfte dieser Benefizien blieben nicht vom Geldverfall der Zeit verschont, und so übernahmen die Vikare oft zusätzlich noch weitere Benefizien, was zu den angedeuteten Mißständen führte. Mit der Zeit bildete sich eine Art geistliches Proletariat, das angesichts der Armut nicht immer die Würde seines Berufes wahren konnte oder wollte und nicht immer von einem starken Bildungswillen beseelt war.
Bis zur Reformation im Geiste Martin Luthers bestanden im Bistum Würzburg (etwa um 1520) rund 1800 Benefizien, wovon etwas mehr als die Hälfte der Pfarrseelsorge, der Rest aber mehr der Frömmigkeit diente. Davon konnte der Bischof damals nur rund ein Zehntel frei besetzen, bei etwa 40 % waren Klöster und Stifte die Patronatsherren, der Rest verteilte sich auf adelige Grundherren und einige Institutionen, wie Universitäten oder Spitäler.[50]

5. *Der Weihbischof*

Die verstärkt politische Ausrichtung der mittelalterlichen Fürstbischöfe machte es nötig, nach einem Ersatz für die Aufgaben zu suchen, die Kirchenrecht und Liturgie einem geweihten Bischof vorbehalten. Da Bischöfe nicht ohne Bezug auf ein Bistum geweiht werden dürfen, wird solchen Hilfsbischöfen ein Titularbistum verliehen, auf dessen Namen sie die Weihe (consecratio) empfangen, ohne daß sie damit für dieses – längst erloschene – Bistum und auch nicht für das Bistum, für das sie ein regierender Diözesanbischof einsetzen will, die Jurisdiktion erhielten. Mit den Ortsbischöfen (ordinarius loci) teilen sie also die Weihevollmacht, nicht aber das kirchliche Hirtenamt oder die Regierungsgewalt.
Im 13. Jahrhundert gab es eine Reihe von Bischöfen, die auf Missionsbistümer im osteuropäischen Raum geweiht waren, dort aber an ihrer Amtstätigkeit vorübergehend oder dauernd gehindert waren, weil die heidnische Bevölkerung sie nicht duldete. Diese standen den zu Fürsten aufgestiegenen Amtsbrüdern im alten deutschen Reiche zur Verfügung. Später weihte

man dann Hilfsbischöfe (Auxiliares) meist auf den Titel einer Diözese im Mittelmeerraum, die durch die Ausbreitung der Mohammedaner oder nach den Kreuzzügen erloschen waren.[51]

Der erste Weihbischof trat 1206 in Würzburg in der Person des Lamprecht auf, der zum Bischof von Havelberg, einem späteren Suffraganbistum von Magdeburg, geweiht gewesen war. Gelegentlich waren solche Weihbischöfe Angehörige der Ministerialenschicht oder des Landadels, meist aber gehörten sie einem Orden an, waren Zisterzienser, Prämonstratenser, Deutschherren, später aber überwiegend Angehörige der Bettelorden, wie der Augustinereremiten, Dominikaner, Franziskaner (Farbbild S. 290) oder Karmeliten.[52]

Zunächst reisten die ersten Hilfsbischöfe noch oft durch die Lande und boten verschiedenen Oberhirten ihre Dienste an. Wenngleich dann das Konzil von Vienne 1311 unter Papst Clemens V. das Umherreisen der Weihbischöfe untersagte, dauerte es doch noch geraume Zeit,[53] bis die weitausgedehnten Bistümer regelmäßig und ständig einen eigenen Hilfsbischof einsetzten.

Zu den häufigsten Aufgaben der Auxiliarbischöfe zählten die Konsekration von Geistlichen (Weihe oder Ordination), die Segnung und Weihe von kirchlichen Gebäuden, Einrichtungen (Kirchen, Klöster, Kapellen, Hospitäler, Friedhöfe) und Kultgegenständen (Kelche, Altäre, Paramente etc.), die Benediktion von Äbten und Äbtissinnen, Firmungen, Grundsteinlegungen, die Erteilung von Ablässen, also die Minderung oder Tilgung kirchlicher Strafen. Auch als Schiedsrichter, Friedensvermittler oder Urkundenzeugen treten sie auf. In der Diözesanverwaltung waren sie unmittelbar kaum nachweisbar; ab dem 15. Jahrhundert sind sie auch bei Aus- und Weiterbildung der Kleriker tätig geworden, wozu sie durch ihr Studium und z. T. auch durch eigene wissenschaftliche Arbeiten besonders qualifiziert waren.[54]

6. *Die Generalvikare*

Vom Weihbischof als ›Vicarius Generalis in pontificalibus‹ ist der ›Vicarius Generalis in spiritualibus‹ deutlich zu unterscheiden. Das Amt dieses Generalvikars ist erwachsen aus den Prokuratoren oder Administratoren des Bistums, die im bischöflichen Auftrag den Sprengel zu verwalten hatten, während einer Vakanz oder während der Abwesenheit oder Verhinderung des Oberhirten.[55]

Stand der Generalvikar als ›Alter Ego‹ des Bischofs ursprünglich in gewisser Konkurrenz zu den aus dem Domkapitel hervorgehenden Archidiakonen, so setzten die Kathedralkanoniker es 1423 durch, daß auch die Generalvikare nur noch aus dem Kreis der Domherren genommen werden durften.[56] Soweit erkennbar, tritt im Bistum Würzburg erstmals 1342 ein Generalvikar auf. Es handelt sich dabei um den bedeutenden Geistlichen und Gelehrten Hermann von Schildesche, einem gebürtigen Westfalen und Angehörigen des Ordens der Augustinereremiten.[57] Das Amt des Generalvikars ist keine Pfründe, der Amtsträger ist als persönlicher Vertreter des Bischofs tätig, weswegen das Amt des Generalvikars mit dem Tod oder dem Rücktritt des Bischofs gleichzeitig erlischt. Auch der Generalvikar übte richterliche Funktionen aus, hat also Teil an der Jurisdiktion. Die Kompetenzverteilung zwischen Archidiakon, Generalvikar und dem noch zu behandelnden Offizial war allerdings nicht immer klar, und so waren mehrfach Abgrenzungen nötig. Jedenfalls entwickelte sich das Vikariat unter seinem Leiter zur wichtigsten Institution der diözesanen Verwaltung (Farbbild S. 290 und Abb. S. 228). In der Wahlkapitulation von 1466 mußte der Elekt die Art der Tätigkeit des Generalvikars folgendermaßen beschreiben: *Sachen, als umb geistliche Lehen, die man nennt beneficiales und Testament, oder den Unglauben und Ketzerey antreffenden ... sollen vor meinem Vicarier in spiritualibus ausgetragen und gerechtfertigt werden.*[58]

Siegel des Würzburger Generalvikars Dr. Johannes Ambundii (StAW, WU, Nr. 78/320 vom 26. 10. 1411).

7. *Die Offiziale*

Der Offizial war der geistliche Hofrichter des Fürstbischofs, er leitet auch heute noch eine besondere Kurialbehörde für die Justiz, das sogenannte Offizialat. Das grenzt seine Tätigkeit von der des Generalvikars ab, der stärker mit Verwaltungsaufgaben betraut ist. Im 13. Jahrhundert gab es in vielen Diözesen des Reiches bereits Offiziale.[59] Als ständige Richter befinden sie sich in der Nachfolge der früher für Einzelfälle oder im Vakanzfall vom Domkapitel delegierten Richter. Die Bulle Romana ecclesia des Papstes Innozenz IV. vom Jahre 1246 sanktionierte gemeinrechtlich die Stellung des Offizials als iudex ordinarius. Der Bischof und er, so heißt es, bildeten *unum et idem consistorium sive auditorium.*[60] 1275 tritt erstmals in Würzburg ein Offizial in diesem Sinn in Erscheinung: Magister Rudolf von Hürnheim. Ähnlich wie der Generalvikar, verfügt auch der Offizial über ein eigenes Dienstsiegel. Das Offizialat hier war zuständig für die streitige und freiwillige Gerichtsbarkeit, ihm kamen Straf-und Disziplinargewalt sowie Aufsichts- und Visitationsrechte zu. Sachlich gehörten vor das geistliche Gericht alle Rügen von Verstößen gegen die Zehn Gebote (Dekalog), im engeren Sinn alle Vergehen, die gegen die Glaubensnorm und kirchlichen Gesetze gerichtet waren, wie Ketzerei, Wucher, Simonie (geistlicher Ämterkauf), Ehebruch, Raub, Meineid.[61] In persönlicher Hinsicht waren alle Kleriker dem geistlichen (und nicht dem weltlichen) Gericht unterworfen.

Da die Gerichtsbarkeit des Offizials der Materie nach weitgehend der der Archidiakone entsprach, konkurrierte einerseits der Offizial dieser Instanz, wichtiger aber war, daß der Offizial Appellationsinstanz für die Archidiakonatsgerichte wurde, ebenso aber auch für Prozesse beim Landgericht sowie den Würzburger Hof- und Brückengerichten.[62] Mit der Gründung des Offizialates wurde gleichzeitig der römisch-kanonische Zivilprozeß in Würzburg eingeführt.[63]

8. *Diözesansynoden*

Synoden wurden im Mittelalter mehr oder weniger regelmäßig alljährlich im Bistum abgehalten. Im 15. Jahrhundert allerdings bestimmte man als Zwischenzeit fünf Jahre. Unter dem Vorsitz des Bischofs oder seines Generalvikars trat sie meist in der Domkirche zusammen. Die Teilnahme der Laien, die im Frühmittelalter noch obligat war, ging mit der Zeit zurück, später wurden sie ganz ausgeschlossen. Die Funktionen der Rechtsprechung und der Verwaltung traten bei der Synode nach dem Ausbau ständiger kirchlicher Behörden zurück. So dienten Synoden hauptsächlich der Beratung und Information sowie der geistlichen Erbauung. In der Reformationszeit kamen die Synoden für lange Zeit ganz zum Erliegen.[64]

9. *Die Fiskale*

Vom lateinischen Wort fiscus (= Korb), später in der Bedeutung von Geldkasse, (Staats-)Eigentum, leitet sich das Amt des Fiskals ab. Er hatte mit der finanziellen Seite der kirchlichen Verwaltung zu tun. Daneben betreute das Fiskalat die Registratur und das Archiv der Diözesanleitung und war eine Stelle für Beurkundungen, wofür dem Fiskal in der Regel das Siegel des Generalvikars zur Verfügung stand. Der Fiskal führte die Jahresrechnungen über alle Einnahmen von kirchlichen Gebühren, wie sie bei Investituren, Bestätigungen, Petitionen u. a. anfielen, er verwaltete die ankommenden Zahlungen aus den Pfarreien, Dekanaten und Archidiakonaten und hatte umgekehrt auch die Rechnungsprüfung für die nötigen Ausgaben.[65] Ab dem Ende des Mittelalters wurde die Fiskalatskammer die eigentliche Finanzbehörde des Bistums, das Domkapitel hatte in seinem Pforten- und Obleiamt eigene Einnahmestellen.[66]

Anmerkungen

[1] E. Soder, Bistum und Hochstift Würzburg. Zwei Begriffe, zwei verschiedene Inhalte in: J. Lenssen/L. Wamser (Hgg.). 1250 Jahre Bistum Würzburg, 1992, S. 11–30; GS Würzburg 1–4, 1962–1989.

[2] H. Thurn, Die Pergamenthandschriften der ehemaligen Dombibliothek, 1984, S. 29f.; M.p.th.f. 40, worin u. a. auch ein Katalog der Dombibliothek etwa aus dem Jahre 1000 mit Nachträgen des 11. Jahrhunderts verzeichnet ist.

[3] Vgl. GS Würzburg 1, S. 69.

[4] P.-W. Scheele, Bruno von Würzburg. Freund Gottes und der Welt, 1985, S. 81–85.

[5] MG DO. I. nr. 44.

[6] J. Lusin, Die Baugeschichte der Würzburger Domherrenhöfe, 1984; A. Amrhein, Reihenfolge der Mitglieder des adeligen Domstiftes zu Würzburg, St. Kiliansbrüder genannt, 1. Teil, in: AUFr 32, 1889, S. 8ff.

[7] Ders., Realschematismus für das Bistum Würzburg, 1897; Th. Wehner, Realschematismus der Diözese Würzburg. Dekanat Würzburg Stadt, 1992.

[8] J. F. Abert, Die Wahlkapitulationen der Würzburger Bischöfe bis zum Ausgang des XVII. Jahrhunderts 1225–1698, in: AUFr 46, 1904, S. 27–186, hier bes. S. 40f.

[9] H. Jedin, Kleine Konziliengeschichte, 5 . Aufl., 1962, S. 44; G. v. Below, Die Entstehung des ausschließlichen Wahlrechts der Domkapitel (Leipziger Hist. Studien 11), 1883.

[10] Abert, wie Anm. 8, S. 54–58; S. 114f.

[11] P. Hinschius, System des katholischen Kirchenrechts mit besonderer Rücksicht auf Deutschland, 2, 1878, S. 59–61; Ph. Schneider, Die bischöflichen Domkapitel, ihre Entwicklung und rechtliche Stellung im Organismus der Kirche, 1892, S. 147–149.

[12] MB 37, S. 389–392, Nr. 343; Abert, wie Anm. 8, S. 59.

[13] Schneider, wie Anm. 11, S. 51f., S. 149–152.

[14] Amrhein, wie Anm. 6; I. Fischer, Die Vikarien und Benefizien im Domstift zu Würzburg, in: WDGBl 3, 1935, S. 1–108.

[15] E. Soder, Kulturelles Leben im Würzburg der Riemenschneiderzeit. Beiheft zum Katalog der Ausstellung ›Tilman Riemenschneider – Frühe Werke‹, Mainfränkisches Museum Würzburg 1981, Berlin Staatliche Museen preußischer Kulturbesitz 1981.

[16] H. Thurn, Die Würzburger Domschule von ihren Anfängen bis zum Ausgang des Mittelalters: religionis et rei publicae seminarium, in G. Koch / J. Pretscher (Hgg.), Würzburgs Domschule in alter und neuer Zeit, 1990, S. 11–33.

[17] R. Schömig (Hg.), Ecclesia Cathedralis. Der Dom zu Würzburg, (2. Aufl.), 1989; H. Schulze, Der Dom zu Würzburg. Sein Werden bis zum späten Mittelalter. Eine Baugeschichte, QFW 49, I-III, 1991.

[18] E. Soder, Würzburgische Benefizialpatronate in einer Aufstellung der Echterzeit. Erscheint voraussichtlich in: WDGBl 55, 1993.

[19] E. Soder, Nachweise über inkorporierte Pfarreien im Bistum Würzburg. Erscheint voraussichtlich in WDGBl 56, 1994.

[20] Abert, wie Anm. 8, S. 60 ff.; GS Würzburg 2, S. 142–173.

[21] GS Würzburg 2, S. 173–186; A. Amrhein, Gotfried IV. Schenk von Limpurg, Bischof zu Würzburg, in: AUFr 51, 1909, S. 1–98; 52, 1910, S. 1–75; 53, 1911, S. 1–153.

[22] W. Weigand / A. Müller, Geschichte und Verfassung des Bisthums Würzburg von seiner Entstehung bis zur Reformation, in: AUFr 1, II, 1832, S. 1–104, hier S. 74; E. Soder, Die katholischen Kirchenbauten von Mellrichstadt, in: Mellrichstadt einst und jetzt. Ein Erinnerungsbuch, 1983, S. 177–253, hier S. 181; Abert, wie Anm. 8, S. 77 f.

[23] Abert, wie Anm. 8, S. 80.

[24] Vgl. H. Straub, Die geistliche Gerichtsbarkeit des Domdekans im alten Bistum Bamberg von den Anfängen bis zum Ende des 16. Jahrhunderts, 1957; E. Soder, Das Wirken von Dr. Johannes Ambundii in Franken. Theol. Dipl.-Arbeit, Würzburg 1975, masch.-schr.

[25] Abert, wie Anm. 8, S. 156.

[26] Abert, wie Anm. 8, S. 166; A. Amrhein, Die Würzburger Zivilgerichte erster Instanz, in: AUFr 56, 1914, S. 73–212; 58, 1916, S. 1–71.

[27] Vgl. B.-U. Hergemöller, Diakon, Diakonat, in: LexMA 3, 1985, Sp. 940–943.

[28] B. Panzram, Archidiakon, in: LexMA 1, 1979, Sp. 896 f.

[29] Abert, wie Anm. 8, S. 157; E. Baumgartner, Geschichte und Recht des Archidiakonates der oberrheinischen Bistümer mit Einschluß von Mainz und Würzburg, 1907.

[30] Abert, wie Anm. 8, S. 158; J. Krieg, Der Kampf der Bischöfe gegen die Archidiakone im Bistum Würzburg, 1914.

[31] P. Keyser, Michael de Leone († 1355) und seine literarische Sammlung, 1966.

[32] A. Ruland, Die Ebracher Handschrift des Michael de Leone, in: AUFr 13, 1854, S. 111–210; Weigand / Müller, wie Anm. 22, S. 99–104.

[33] P. Schöffel, Der Archidiakonat Rangau am Ausgang des Mittelalters, in: JffL 5, 1939, S. 132–157; A. Ussermann, Episcopatus Wirceburgensis, 1794; Codex Probationum Nr. 51 S. 49 f.; Nr. 58, S. 54.

[34] A. Wendehorst, Das Würzburger Landkapitel Coburg zur Zeit der Reformation, 1964; W. Köhler / J. Reich (Hgg.), Kirchenfahrt durch Sonneberger Land, (3. Aufl.), 1983.

[35] A. Schröter, Land an der Straße. Die Geschichte der katholischen Pfarreien in der thüringischen Rhön, (3. Aufl.), 1989.

[36] A. Wendehorst, Der Archidiakonat Münnerstadt am Ende des Mittelalters, in: WDGBl 23, 1961, S. 5–52; H. Neumaier, Reformation und Gegenreformation im Bauland unter besonderer Berücksichtigung der Ritterschaft, 1978; E. Soder, Kleruslisten des Würzburger Landkapitels Gerolzhofen im Reformationszeitalter bis 1975, in: ZBKG 54, 1985, S. 67–95; Ders., Die Restitution unter Fürstbischof Philipp Adolf von Ehrenberg, in: WDGBl 43, 1981, S. 343–396, hier S. 357–386; P. P. Albert, Geschichte des Landkapitels Buchen in alter und neuer Zeit, 1950.

[37] J. Leinweber, Das Hochstift Fulda vor der Reformation, 1972, S. 128–135, bes. S. 133, Anm. 47.

[38] F. J. Bendel, Die Würzburger Diözesanmatrikel aus der Mitte des 15. Jahrhunderts, in: WDGBl 2/II, 1934.

[39] Abert, wie Anm. 8, S. 158 f.

[40] Ussermann, wie Anm. 33, S. 374; Cod. Prob. Nr. 35, S. 35 f.

[41] F. J. Bendel, Quellenbeiträge zum mittelalterlichen Send im Bistum Würzburg, in: WDGBl 6, 1939, S. 1–20; Leinweber, wie Anm. 37, S. 130 f.

[42] Leinweber, ebd., S. 131; Krieg, wie Anm. 30, S. 100, S. 128–130.

[43] Hinschius, wie Anm. 11, S. 203 f.; Abert, wie Anm. 8, S. 164.

[44] Abert, wie Anm. 8, S. 162; H. Knapp, Die Zenten des Hochstifts Würzburg. Ein Beitrag zur Geschichte des süddeutschen Gerichtswesens und Strafrechts, 2 Bde, 1907.

[45] J. Krieg, Die Landkapitel im Bistum Würzburg bis zum Ende des 14. Jahrhunderts, 1916, S. 51–73; 2. Teil ... von der Hälfte des 14. bis zur 2. Häfte des 16. Jahrhunderts, 1923.

[46] S. Zeißner, Die Priesterbruderschaften im Bistum Würzburg, in: WDGBl 4/II, 1936, S. 41–65; L: Remling, Bruderschaften in Franken, QFW 35, 1986.

[47] Vgl. I. Silbernagel, Lehrbuch des katholischen Kirchenrechts. (2. Aufl.), 1890; Frz. X. Künstle, Die deutsche Pfarrei und ihr Recht zu Ausgang des Mittelalters, 1905; P. G. Schmitt, Die Kultusbaulast mit besonderer Berücksichtigung der Partikularrechte in Franken, 1888; A. Amrhein, Kultusbaurecht und Kultusbauverhältnisse im Gebiete des Mainzer Landrechts, 1910.

[48] Vgl. C. Holböck, Handbuch des Kirchenrechts, 1951, S. 863ff.

[49] Leinweber, wie Anm. 37, S. 145ff.

[50] Bendel, wie Anm. 38, S. VIIf., XXVII-XXX; siehe auch: DAW, Bendelnachlaß K. 4; A. Wendehorst, Das Bistum Würzburg. Ein Überblick von den Anfängen bis zur Säkularisation, in: FDA 86, 1966, S. 9–93.

[51] F. G. v. Bunge, Livland, die Wiege der deutschen Weihbischöfe, 1875; W. Rupp, Der Titularepiskopat in der römisch-katholischen Kirche mit besonderer Berücksichtigung der deutschen Weihbischöfe, Breslau, jur. Diss. 1910; G. Prüfer, Die Weihbischöfe in der katholischen Kirche, 1911.

[52] H. Hoffmann, Die Würzburger Weihbischöfe von 1206–1402, in: WDGBl 26, 1964, S. 52–90; N. Reininger, Die Weihbischöfe von Würzburg, in: AUFr 18, 1865, S. 1–428; G. Bossert, Zur Geschichte der Würzburger Weihbischöfe, in: AUFr 34, 1891, S. 15–21.

[53] Silbernagel, wie Anm. 47, S. 302; Hinschius, wie Anm. 11, S. 173.

[54] Soder, wie Anm. 15, S. 18f.; Reininger, wie Anm. 52.

[55] Vgl. Hinschius, wie Anm. 11, S. 205–261; E. v. Kienitz, Generalvikar und Offizial auf Grund des CIC, 1931.

[56] Abert, wie Anm. 8, S. 133f.

[57] A. Zumkeller, Hermann von Schildesche OESA († 8. Juli 1357), 1957, S. 68–85; Ders., Magister Hermann von Schildesche OESA († 8. Juli 1357), erster Generalvikar des Bistums Würzburg, in: WDGBl 20, 1958, S. 127–139.

[58] Abert, wie Anm. 8, S. 159–164.

[59] v. Kienitz, wie Anm. 55; H. E. Feiner, Kirchliche Rechtsgeschichte, ^{4}1964, S. 371.

[60] Hier zitiert nach W. Trusen, Aus den Anfängen des Würzburger Offizialates, in: WDGBl 37/38, 1975, S. 321.

[61] Ders., ebd. S. 321–335, hier S. 322ff.; Abert, wie Anm. 8, S. 154–157; Leinweber, wie Anm. 37, S. 127.

[62] Abert, wie Anm. 8, S. 163.

[63] Trusen, wie Anm. 60; Ders., Anfänge des gelehrten Rechts in Deutschland, 1962, S. 20f., 55f., 102ff; vgl. noch: E. Seckel, Beiträge zur Geschichte beider Rechte im Mittelalter, 1, 1967, S. 129–221: Hermann von Schildesche, Introductorium pro studio sacrorum canonum, die Grundlage der Collectio.

[64] F. X. Himmelstein, Synodicon Herbipolense, 1855; Die Diözesansynoden von Würzburg. Erscheint in: WDGBl 54, 1992.

[65] Krieg, wie Anm. 45, 1916, S. 92; Ders., 1923, S. 128ff., 140; J. M. Schneidt, Thesaurus juris Franconici, 12, 1788, S. 745–753: ›Reformatio Rudolphi epi. Herb.‹; fr. BOAW, Tom. C, fol. 324–326, Regest in: DAW S. 3fol. 28, lt. Nachlaß Dr. F. J. Bendel K.4; E. Soder, Das Diözesan-Archiv Würzburg. Geschichte und Bestände, in: Jffl 53, 1992, S. 421–433.

[66] Abert, wie Anm. 8, S. 137–144.

Literatur (Auswahl)

J. F. Abert, Die Wahlkapitulationen der Würzburger Bischöfe bis zum Ausgang des XVII. Jahrhunderts 1225–1698, in AUFr 46, 1904, S. 27–186; P. Hinschius, System des katholischen Kirchenrechts mit besonderer Rücksicht auf Deutschland, 6 Bde. 1869–97; J. Leinweber, Das Hochstift Fulda vor der Reformation, 1972; Ph. Schneider, Die bischöflichen Domkapitel, ihre Entwicklung und rechtliche Stellung im Organismus der Kirche, 1892.

Alfred Wendehorst

Orden und religiöse Gemeinschaften

Mit einem Beitrag von Dieter J. Weiß über die Ritterorden

Orden und religiöse Gemeinschaften

Das Streben nach Verwirklichung apostolischen Lebens fand zu allen Zeiten verschiedene Ausdrucksformen. Es führte im 12. und 13. Jahrhundert zu einer schon die Zeitgenossen verwirrenden Vielfalt religiöser Gemeinschaften. Im 14. und 15. Jahrhundert gab es (von einigen insgesamt unbedeutenden Ausnahmen in den romanischen Ländern abgesehen) keine Ordensneugründungen mehr. An die Stelle neuer Bewegungen traten Veränderungen, welche ›Reformen‹ genannt wurden, Anschlüsse an Kongregationen bei den monastischen, an Observanzen bei den Bettelorden. Beiden gemeinsam ist ein Zug zur Innerlichkeit.
Der häufige Wechsel von Niedergang und Reformbestrebungen in vielen Konventen und konvergierende Frömmigkeitsformen in den reformierten religiösen Gemeinschaften bewirkten, daß das Bild der spätmittelalterlichen Kirche sich sowohl von ihren älteren als auch von ihren späteren Erscheinungsformen unverwechselbar abhebt. Das läßt sich nicht nur im allgemeinen erkennen, sondern auch im regionalen Bereich. Aber auch hier gilt: Das Ganze ist etwas anderes als die Summe seiner Teile. Die Kirche und die Orden haben sich im späten Mittelalter zu einem neuen Ganzen zusammengefügt.

1. *Die alten Orden und Stifte*

a. Benediktiner

Der Niedergang der Benediktinerabteien, der um die Mitte des 12. Jahrhunderts einsetzt, hatte vielfältige Ursachen.[1] Zumal in den adeligen Klöstern konnten Mönche und Nonnen von ihren Einzelpfründen ein üppiges Leben führen, das sich von dem ihrer weltlichen Vettern kaum unterschied. Häufiger aber als auf Reichtum und adeligen Lebensstil trifft man in den Klöstern des 12. und 13. Jahrhunderts auf bittere Armut. Es war die Armut aus Not, nicht die im Verzicht als religiöser Wert erfahrene ›heilige Armut‹ des Franz von Assisi. Die Auflösung des Villikationssystems führte seit dem 13. Jahrhundert überhaupt zum Verfall der großen Grundherrschaften, die Ablösung von Gefällen und Arbeitsleistungen in fixierte Geldrenten zu einem Strukturwandel des Agrarsystems. Die Kaufkraft des Geldes sank, der Wert der Arbeitsleistung, die man nun kaufen mußte, stieg.[2] Nur das in der Nähe liegende Klostergut, das oft weit verstreut war, konnte in Eigenwirtschaft genutzt werden. Die Würzburger Abtei St. Burkard etwa hatte Besitz in der Gegend von Lichtenfels im Bambergischen,[3] Neustadt am Main in der Schweinfurter und Coburger Gegend.[4] Besitz des Klosters Michelsberg (Bamberg) wiederum lag u. a. im Ochsenfurter Gau, in der Umgebung von Würzburg, in Frankfurt, in der Wetterau und im mittleren Lahntal.[5] Der Grundbesitz des Klosters Fulda reichte von Sachsen bis ins Alpenvorland, vom Rhein bis an die Elbe.[6] Aber der im Jahre 1150 zum Abt gewählte Marquard I. fand nicht einmal Lebensmittel vor, die auch nur für einen einzigen Tag gereicht hätten.[7] Das Klostergut war gegen bestimmte, vielfach niedrigere Zinse ausgegeben, die, zumal aus dem Streubesitz, selten regelmäßig eingingen. Die Armut führte zu Streitigkeiten zwischen Abt und Konvent, welche die Würzburger Bischöfe des 14. Jahrhunderts einerseits durch Trennung des Abtsgutes vom Konventsgut,[8] andererseits durch Inkorporationen von Pfarrkirchen zu entschärfen beziehungsweise zu steuern versuchten. Zwar formelhaft, aber gewiß der Wirklichkeit entsprechend, heißt es in den Inkorporationsurkunden, daß die Brüder (oder Schwestern) *an unerträglichem Mangel dahinsiechten.*[9] Da aber manche Klöster nicht wenige inkorporierte Pfarreien auch mit eigenen Mönchen besetzten, zerfielen die Konvente. Gewiß hat auch die Anziehungskraft der neuen Gemeinschaften die alten Konvente verkleinert, vor allem die des Zisterzienserordens, dem Graf Hermann I. von Henneberg um das Jahr 1250 gleich das ganze Kloster Aura, dessen Vogt er war, anschließen wollte;[10] aber in erster Linie war es wiederum die Armut, die es geraten erscheinen ließ, die Zahl der Professen durch einen numerus clausus zu begrenzen. Der Würzburger Bischof Manegold beschränkte 1298 die Zahl der Mönche in Amorbach auf 20,[11] der Mainzer Erzbischof Peter Aspelt (1306–1320) setzte die Zahl der Nonnen im Kloster Schmerlenbach bei Aschaffenburg auf 32 herab.[12] Die Äbtissin von Kitzingen klagte 1388, daß die Einkünfte des Kloster so zurückgegangen seien, daß gegenwärtig kaum 24 und nicht mehr wie früher 50 Nonnen ihr Auskommen fänden.[13] Aber auch einfache Mißachtung der Regel führte zur Auflösung des Konventslebens. Seit dem 14. Jahrhundert mehren sich Klagen über herumvagierende Mönche und Nonnen und über die Mißachtung der Klausur besonders in den Frauenklöstern.[14]

Reformen schienen durch das Adelsprinzip blockiert. Die adeligen Familien pochten auf ihre Rechte als Stifter. Die Klöster seien vom Adel für den Adel gestiftet,[15] ein Standpunkt, für den man sich nicht nur auf das Herkommen, sondern auch auf Äußerungen von keineswegs unfrommer Seite berufen konnte. Die Benediktinerin Hildegard von Bingen († 1179) rechtfertigte den Anspruch des Adels auch mit dem Hinweis darauf, daß doch auch kein Mensch seine ganze Herde – Rinder, Esel, Schafe und Böcke – in einem einzigen Stall versammle.[16] Man war auch bemüht, biblische Textstellen, die dem Adel wenig günstig waren, abzuschwächen.[17] Durch dieses, bis ins frühe 15. Jahrhundert weitgehend als selbstverständlich hingenommene Adelsprinzip wurde mancher veranlaßt, in den Zisterzienser- oder einen der Bettelorden auszuweichen, die ständische Schranken nicht kannten.
Die Tendenz zur Auflösung ergriff die Klöster auch als Institutionen. 1263 übergab Bischof Iring das völlig heruntergekommene, nur noch von einem einzigen Mönch mit seinem Diener bewohnte Benediktinerkloster Schweinfurt dem Deutschen Orden.[18] Das Würzburger Schottenkloster St. Jakob starb 1498 aus, konnte aber mit deutschen Mönchen wiederbesiedelt werden.[19] Der Niedergang weiterer Abteien ließ sich nur noch durch eine Preisgabe der Ordensregel auffangen: Aus St. Burkard in Würzburg wurde nach längeren, auch an der römischen Kurie geführten Prozessen im Jahre 1464,[20] aus Komburg 1488[21] ein adeliges Chorherrenstift. Der Abt des Würzburger Schottenklosters Johannes Trithemius († 1516), ein asketischer Eiferer, wird kaum Unrecht gehabt haben, wenn er urteilte, daß aus schlechten Mönchen noch schlechtere Chorherren geworden seien.[22]
Gerade die Umwandlungen zeigen, daß in manchen Klöstern längst eine Mentalität herrschte, welche die Frage nach der Verbindlichkeit der Ordensregel allenfalls noch in der Weise stellen ließ, welche kirchenrechtlich zulässigen Auswege es gab, die adeligen Lebensformen nicht durch fromme Störenfriede, welche diesen wiedersprachen, beizubehalten und unter sich bleiben zu können. Der Adel hatte dabei oft genug das längst zum alten Recht gewordene Herkommen auf seiner Seite und pochte darauf den kirchlichen Reformen gegenüber. Insbesondere die Ritterschaft verlor mit jedem reformierten Kloster Versorgungsmöglichkeiten für nachgeborene Söhne und Töchter und war deshalb an der Erhaltung des status quo interessiert. Bei drohender Reform favorisierte sie deshalb nachdrücklich die Umwandlung der Klöster in adelige Chorherrenstifte.[23] Auf längere Sicht aber saß der Adel am kürzeren Arm des Hebels.
Nach den Reformkonzilien von Konstanz und Basel, an denen auch fränkische Äbte teilnahmen, setzte das Wirken der großen Reformbewegungen ein, die ebenso nachhaltige Besserung erzielten wie die Provinzialkapitel

der Benediktinerklöster der Mainzer Kirchenprovinz (seit 1417). Die von Kastl im Bistum Eichstätt ausgehende Reform gewann Einfluß nur im Osten Frankens.[24] Breiter und tiefergehend war der Einfluß der von der Abtei Bursfelde an der Weser ausgehende Reform. Die rechtlich fest gefügte Bursfelder Kongregation arbeitete eng mit den Bischöfen zusammen, übernahm von den neuen Orden das Prinzip der regelmäßigen Visitationen und der jährlichen Generalkapitel und löste die Klöster, nachdem einigen Reformkreisen bereits Einbrüche gelungen waren, aus den Verstrickungen in die Welt des Adels. Dem Anschluß des Klosters St. Stephan in Würzburg an die Bursfelder Kongregation (1459) folgten die Klöster Aura (1469), Münsterschwarzach (1480) und St. Jakob in Würzburg (1513).[25]
Aus eigener Kraft konnte das Kloster Amorbach sich reformieren. Um das Jahr 1420 legte Abt Dieter von Kuntich (1406–1428) die Einzelpfründen wieder zusammen, stellte das gemeinsame Leben wieder her und beseitigte das Adelsprinzip.[26] Vom Adel wurde die Öffnung heftig und nachhaltig bekämpft: Der den Abt offenbar unterstützende Prior Heinrich von Stettenberg wurde erschlagen,[27] und die Gefangennahme des Abtes Heinrich von Kuntich (1428–1456), zu dessen Befreiung des Basler Konzil 1434 Schritte unternahm,[28] gehört auch noch in diesen Zusammenhang. Klosterreform heißt im 15. Jahrhundert häufig nichts anderes als Beseitigung des Adelsprinzips.[29]
Die Bischöfe haben die Reformen teils im Verein mit Bursfelde, teils auch aus eigener Initiative gefördert. Wie Bischof Gottfried IV. (Schenk von Limpurg) 1444 die Abtei Münsterschwarzach reformierte, so erließ sein zweiter Nachfolger Rudolf II. von Scherenberg 1489 nochmals eigene Statuten für Münsterschwarzach,[30] das die Bursfelder Reform offenbar nur widerwillig angenommen hatte, und 1492 für die Abtei Banz, die keiner Reformkongregation angegliedert war.[31]
Nur selten noch hörte man aus den reformierten Klöstern von Verhältnissen, welche die ältere Literatur als »vorreformatorische Mißstände« bezeichnete. Im Gegenteil, in den reformierten Klöstern erwacht auch das geistige Leben wieder.[32]
Bauernkrieg und Reformation haben dann positive wie negative Entwicklungen häufig abgebrochen. Die Benediktinerklöster, die außerhalb der geistlichen Territorien lagen, haben die Mitte des 16. Jahrhunderts nicht überdauert.

b. Säkularkanoniker.

Für die Verwaltung von Bistum und Hochstift, für das Schulwesen und für die Liturgie, besonders soweit sie sich außerhalb der Kirchengebäude ab-

spielte, hatten die Säkularkanonikerstifte eine kaum zu überschätzende Bedeutung. Da es für sie, anders als für die Klöster keine einheitliche Regel gab, mußte eine solche durch Statuten ersetzt werden, welche das Leben des Stiftes, von der Liturgie bis zu den Wirtschaftsangelegenheiten, die Aufgaben der Dignitäre, Amtsinhaber, Kanoniker und Vikare und die Ergänzung des Kapitels – in ein Stift konnte man nicht eintreten wie in ein Kloster –, auch die Außenbeziehungen regelten. Die Statuten hatten auch die Aufgabe, den Zusammenhalt der Gemeinschaften, die ja weniger fest gefügt waren als klösterliche, zu fördern und Einflüsse von außen nach Möglichkeit zu begrenzen. Auch für die Würzburger Säkularkanonikerstifte – Dom, Haug, Neumünster – waren vor allem das 14. Jahrhundert und das beginnende 15. Zeiten dichter Statutengesetzgebung.[33]
Die Kanoniker eines Stiftes waren, was bei weitgehendem Selbstergänzungsrecht[34] nicht wundernimmt, vielfach miteinander versippt und rekrutierten sich aus den sozialen Führungsschichten ihres Einzugsbereiches. Dies gilt nicht nur für das dem Adel vorbehaltene Domkapitel, sondern auch für die beiden anderen Stifte, in denen Kanoniker bürgerlicher Herkunft dominierten.
Das Selbstergänzungsrecht der Kapitel wurde seit Papst Innozenz IV. (1243–1254), in stärkerem Maße seit Papst Johannes XXII. (1316–1334), durch Provisionen durchlöchert. Doch mit dem Anwachsen dieser Provisionen, mit denen vielfach landfremde Kleriker für ihre Dienste an der römischen Kurie belohnt werden sollten, ging die Neigung der Kapitel, die Providierten wirklich anzunehmen, zurück.[35] Ja, es kam vor, daß Bevollmächtigte der Providierten, wollten sie deren Ansprüche an Ort und Stelle durchsetzen, im Main ertränkt wurden.[36] Erst durch das Wiener Konkordat von 1448 wurden die Recht des Papstes bei der Besetzung der Kanonikate in der Weise formalisiert, daß dieser die in den ungeraden (›päpstlichen‹) Monaten freiwerdenden Kanonikate besetzen konnte; das Selbstergänzungsrecht des Kapitels blieb auf die in den geraden Monaten freiwerdenden beschränkt.[37]
Die päpstlichen Provisionen begünstigten die Häufung von Pfründen an mehreren Stiftskirchen in der Hand eines einzigen Kanonikers. Hielt sich die Kumulation bei den Domherren meist in Grenzen, so zeigen die anderen Stifte ein breiteres Spektrum. Es gab Häufungen von Pfründen mit geringem Ertrag zur Sicherung des Lebens, es gab auch Häufungen aus Streben nach Reichtum (›Pfründenjäger‹). Letzteres war offensichtlich die Triebfeder für die in der zweiten Hälfte des 15. Jahrhunderts auch im Stift Neumünster bepfründeten Brüder Johann, Georg (seit 1477 Kardinal) und Nikolaus Heßler.[38]
An den beiden Stiften Haug und Neumünster hatte der Bischof ein Bündel

von Rechten, deren Ausübung der schrittweisen Auflösung des gemeinsamen Lebens schon seit Beginn des 12. Jahrhunderts sowohl entgegenkam als sie auch weitertrieb. Der Bischof konnte durch Erste Bitten einen gewissen Einfluß auf die Besetzung der Kanonikate nehmen,[39] sein Zugriff auf das Stiftsvermögen war nicht grundsätzlich ausgeschlossen,[40] er konnte Kanoniker in seinen unmittelbaren Dienst nehmen.[41] Besonders zahlreich waren jene Kanoniker, welche in der bischöflichen Kanzlei tätig waren, wobei, soweit man bis jetzt sieht, die des Stiftes Neumünster stärker repräsentiert waren als die des Stiftes Haug.[42] In beiden Stiften ist die Zahl jener Kanoniker, die sich durch Gelehrsamkeit, Frömmigkeit und karitative Werke auszeichneten, verhältnismäßig groß.

Die Stifte in der Bischofsstadt waren vom Pfarrsystem ausgenommen. Die Seelsorge für die Stiftsangehörigen oblag dem jeweiligen Kustos.[43] Stift Haug verfügte außer über die Stiftskirche noch über eine räumlich von dieser getrennte Pfarrkirche,[44] deren Pfarrer seit ihrer Inkorporation in das Stift (1258)[45] meist ein Stiftsangehöriger war. Die Dompfarrei hatte keine eigene Kirche, sondern nur einen eigenen Altar im Dom.[46] Es kann kein Zufall sein, daß es im Stift Neumünster, das dem Dom unmittelbar benachbart ist, im Gegensatz zu den meisten Säkularkanonikerstiften keine Prädikatur gab. Im Dom wurde eine Predigerstelle bereits im Jahre 1419, also kurz nach dem Zusammenbruch der ersten Universität, gestiftet, im Stift Haug im Jahre 1509.[47]

Während die beiden Würzburger Stifte Haug und Neumünster mit dem Domkapitel insofern institutionell verbunden waren, als sie ihren Propst aus dessen Reihen zu wählen hatten,[48] so entwickelten sich (abgesehen von den fuldischen Eigenstiften Hünfeld und Rasdorf) die außerhalb der Bischofsstadt gelegenen Stifte Ansbach und Öhringen, Mosbach und Möckmühl, Schmalkalden, Römhild und Wertheim größtenteils zu Residenzstiften oder wurden bereits als solche gegründet, waren am Ausgang des Mittelalters kirchliche Zentren der Territorien, in welchen sie lagen, und viele ihrer Angehörigen taten Dienst in Herrschaft und Verwaltung der Landesherren, zu welchen die Bindungen im 15. und beginnenden 16. Jahrhundert enger wurden, während die zum Bischof von Würzburg sich lockerten.

c. Augustiner-Chorherren

Die beiden älteren Augustiner-Chorherrenstifte Heidenfeld und Triefenstein[49] entwickelten sich formell unbeeinflußt von der vom böhmischen Raudnitz ausgehenden Reform, welche im 14. Jahrhundert viele Stifte in Oberdeutschland erfaßte. Doch hatten auch die beiden genannten Stifte,

deren Vorsteher Pröpste waren, bereits mehrere Patronatspfarreien erworben, und viele ihrer Angehörigen waren in der Seelsorge tätig.[50]
Zu den beiden älteren Stiften trat im 15. Jahrhundert ein drittes: Nach Birklingen bei Iphofen, wo sich eine Marienwallfahrt entwickelt hatte,[51] berief der Würzburger Bischof Johann III. (von Grumbach) 1459 Chorherren aus Heidenfeld und Triefenstein zur Übernahme der Wallfahrtsseelsorge. Auf seine Bitte hin schickte das Generalkapitel der Windesheimer Kongregation mehrere Konventualen nach Birklingen. Am 17. März 1462 bestätigte der Bischof die Gemeinschaft als Augustiner-Chorherrenstift, das noch im gleichen Jahre der vom Geist der Devotio moderna geprägten Windesheimer Kongregation inkorporiert wurde.[52] Nach dem Vorbild von Birklingen ließ Bischof Rudolf II. (von Scherenberg) 1469 das heruntergekommene Stift Heidenfeld reformieren;[53] doch hatte die Reform offenbar keinen Bestand.

2. *Reformorden*

a. Zisterzienser

»In der monastischen Welt entstanden aus und neben der Benediktsregel neue Ausprägungen klösterlichen Lebens mit gewaltiger Anziehungskraft«.[54] Eindrucksvollste und erfolgreichste war der Zisterzienserorden. Andererseits zeigen die frühen Dokumente aus der Geschichte dieses Ordens klar, »daß es nicht um die Reform einer bestehenden Institution ging, sondern um den Anfang einer neuen Institution, die sich von der vorherrschenden Ausdrucksweise des Mönchtums unterschied«.[55] Auch in Franken entstand kein einziges Zisterzienserkloster aus benediktinischer Wurzel.
Die *Charta caritatis*, mit welcher im Jahre 1119 die Organisation des Zisterzienserordens begründet wurde, forderte strikte, vollkommene und einheitliche Befolgung der Regel St. Benedikts, wahre Armut, Trennung von der Welt und möglichst wenige Verpflichtungen grundherrschaftlicher Natur. Auf Einkommen, das nicht von der Arbeit der eigenen Hände kam, sollte verzichtet werden. Armut wurde auch für Bau und Ausstattung von Kirchen und Klöstern gefordert.[56] Buße, nicht Lehre, sei Sache des Mönchs, und für ihn müsse die Stadt ein Kerker, die Einsamkeit aber ein Paradies sein; so schrieb Abt Bernhard von Clairvaux,[57] der auf die frühe Entwicklung des Ordens tiefgehenden Einfluß hatte, im Jahre 1146 an Erzbischof Heinrich I. von Mainz.[58]
Der Zustrom derer, denen das alte Mönchtum nicht mehr genügte und die

eine neue Elite bilden wollten, war groß.[59] Doch schon früh ging man die ersten Kompromisse ein: Die Übernahme des Instituts der Konversen (Laienbrüder), welche die Wirtschaft des Klosters besorgten, beschränkte die Mönche mehr und mehr auf die Liturgie und lief damit den ursprünglichen Intentionen der Ordensgründer entgegen, welche den Cluniacensern, denen die Liturgie keine Zeit mehr für die Arbeit mit den Händen ließ, Widerpart leisten wollten.[60]

Erste Zisterzienserniederlassung im alten Bistum Würzburg war Ebrach im Steigerwald (Farbbild S. 291), 1127 dotiert von den Brüdern Berno und Riwin, wohl eher Edelfreie als Ministerialen, und besiedelt vom Kloster Morimond.[61] Fromme Schenkungen und eigene Rodungen ließen Ebrach bald zum reichsten Kloster in Franken werden.[62] Noch unter seinem ersten Abt Adam, der als einer der engsten Vertrauten König Konrads III. auch in der Reichspolitik eine bedeutende Rolle spielte,[63] besiedelte Ebrach sechs Tochterklöster,[64] darunter im Bistum Würzburg Bildhausen bei Münnerstadt,[65] eine Stiftung Pfalzgraf Hermanns I. von Stahleck († 1157), der kurz vor seinem Tod als Konverse in das Kloster eingetreten war[66] wie vor ihm schon der Klostergründer Berno in Ebrach. Indem von Ebrachs Tochterklöster wiederum zahlreiche Neugründungen ausgingen, entstand die große Ebracher Klosterfamilie, die sich über Franken hinaus bis nach Böhmen, Bayern und Österreich erstreckte.

Die im Westen des alten Bistums Würzburg gelegenen Klöster, nämlich Bronnbach, wohl 1151 gestiftet,[67] und Schöntal an der Jagst, 1157 gegründet, aber etwas später besiedelt,[68] waren jedoch Tochterklöster von Maulbronn, wenn auch Bronnbach nur mit Hilfe aus Waldsassen den Gründungskonvent von zwölf Mönchen konstituieren konnte.

Die Zisterzienserklöster waren zwar vom Adel gestiftet, haben sich aber ständisch nicht nach unten abgeschlossen; dies gilt nicht nur für die zum größeren Teil den unteren sozialen Schichten entstammenden Konversen,[69] sondern, soweit man sieht, mit gewissen Einschränkungen auch für die Mönche.

Unter allen fränkischen Klöstern behauptete Ebrach bis zum Ende des Mittelalters das höchste Ansehen. In der Klosterkirche, einem bedeutenden romanisch-frühgotischen Bau,[70] wurden – vermutlich seit 1287 (1150 ?) – die Herzen der Würzburger Bischöfe beigesetzt.[71] Doch herrschte zwischen den Bischöfen und dem Kloster nur gelegentlich durch Verträge unterbrochener Streit. Spätmittelalterliche Klostertradition hatte nämlich Ebrachs Beziehungen zum Reich in eine Staufergründung umgedeutet und die Ansprüche des Klosters auf Reichsunmittelbarkeit, an denen es bis zur Säkularisation festhielt, begründen helfen.[72] Während in den anderen fränkischen Zisterzen im Spätmittelalter monastischer und wirtschaftlicher Niedergang zu beobachten ist, den auch Generalkapitel und regelmäßige Visitationen nicht durchgreifend bessern konnten,[73] bleib Ebrach geistig und personell in gutem Zustand. Die Klosterbibliothek war bedeutend.[74] Im 15. Jahrhundert studierten Ebracher Zisterzienser an Universitäten, die meisten in Heidelberg,[75] wo der um den Abbau des intellektuellen Rückstandes gegenüber den Mendikanten bemühte Orden ein eigenes Studienhaus unterhielt.[76]

Der Übergang von der Eigenwirtschaft des Klosters, welche die Bearbeitung der in den sogenannten Grangien organisierten Außenbesitzungen durch konventsangehörige Konversen implizierte, zur Rentengrundherrschaft und zur teilweisen Bewirtschaftung durch Lohnarbeiter[77] scheint in den fränkischen Zisterzienserabteien bereits ziemlich früh eingesetzt zu haben, ist aber in den Einzelheiten noch nicht geklärt.

Mit der Errichtung von Stadthöfen – meist schon im 12. Jahrhundert – hatte der Orden sowohl seinen Grundsatz der größtmöglichen wirtschaftlichen Autarkie als auch den der Siedlungs- und überhaupt der Weltferne aufgegeben.[78] Die oft mit großen Speichern, Kellern und Stallungen ausgestatteten Stadthöfe hatten nicht nur die Aufgabe, die Weinversorgung der Klöster sicherzustellen, sondern auch, einen Teil der durch Meliorationen und Konsumverzicht erzielten Überschüsse der landwirtschaftlichen Produktion auf den Markt zu bringen; darüber hinaus spielten die Stadthöfe auch im Kreditwesen und im Depositengeschäft eine Rolle. Eine solche Entwicklung war konfliktträchtig. Die in Würzburg gelegenen Höfe der Zisterzienserabteien wurden bei den Auseinandersetzungen um das Stadtregiment seit dem ausgehenden 13. Jahrhundert wegen ihrer von seiten des Ordens in extensiver Weise beanspruchten Steuer- und Abgabenfreiheit bevorzugte Opfer von Gewalt und Plünderungen durch die Bürger.[79] Das Problem: Wohin mit dem durch Schweiß und Verzicht gewonnenen Reichtum? ließ sich nicht glatt lösen.

b. Prämonstratenser

Norbert von Xanten, aus vermutlich edelfreiem niederrheinischen Geschlecht stammend, suchte nach einer kanonikale und monastische Elemente verbindenden Lebensform, in welcher mönchische Kontemplation und geistliche Aktivität, priesterliches Gemeinschaftsleben und Apostolat, das auch Pfarrseelsorge und Predigttätigkeit einschloß, gleichen Wert und gleichen Platz hatten. Nach dem Scheitern des Versuches, im Augustiner-Chorherrenstift Laon seine Ideen zu verwirklichen, gründete er im benachbarten Prémontré ein eigenes Stift. Als seine Gemeinschaft, die sich zunächst eher als Reformgruppe der Augustiner-Chorherren denn als neuer

Orden verstand, sich auszubreiten begann, übernahm er von den Zisterziensern wesentliche Elemente ihrer zentralistischen Verfassung (Generalkapitel und Generalabt, nicht jedoch das Filiationssystem).[80] Mit ihnen teilte er auch die intensive Marienfrömmigkeit.[81] Das alte Gebot der stabilitas loci aber wurde von der einzelnen Ordensniederlassung auf den Verband ausgeweitet.[82] So versteht es sich, daß die Prämonstratenser ein weniger distanziertes Verhältnis zur Stadt und ihrer Bevölkerung hatten als die Zisterzienser.[83]
In Franken begegnet man den Prämonstratensern nicht viel später als den Zisterziensern. Doch fehlte ihnen auch in den Anfängen deren atemberaubender Elan, und ingesamt blieb die Zahl ihrer Stifte unter jener der Zisterzienserabteien. Ihre älteste Niederlassung in Franken und zugleich ihre bedeutendste ist Oberzell unterhalb von Würzburg, deren Gründung im Jahre 1128 mit der Anwesenheit Norberts von Xanten selbst zusammenhängt, der zu Ostern 1126 in Würzburg weilte, wo man ihn offenbar für geeignet hielt, den gerade vakanten Bischofssitz einzunehmen.[84] Erste Schenkungen an die geplante Gründung erfolgten bereits in Norberts Anwesenheit. Bischof Embricho bestätigte in der Gründungsurkunde auch, daß das Domkapitel der neuen Kanonie die alte Pfarrkirche Oberzell abgetreten habe.[85] Oberzell, das bald auch durch Rodungen Bedeutung gewann, war – wie bei Prämonstratenserstiften häufig[86] – zunächst ein Doppelkloster, d.h. es bildete rechtlich, wirtschaftlich und mit Einschränkungen auch räumlich mit einem Frauenkloster unter einem gemeinsamen Oberen eine Einheit. Auch das zweite Prämonstratenserstift in Mainfranken trat als Doppelkloster ins Leben. Man kennt die Gründer von Tückelhausen bei Ochsenfurt nicht; man weiß nur, daß sie ihre Kanonie Bischof Otto I. von Bamberg (1102–1139) übereigneten, damit er ihre Ausstattung ergänze.[87] Aber die wirtschaftliche Ausstattung des Stiftes Tückelhausen blieb so schmal, daß es nicht recht gedieh. Vielleicht einen Generalkapitelsbeschluß ausführend oder anderen Anweisungen folgend, welche die Auflösung der Doppelklöster anordneten,[88] übersiedelten die Frauen 1144/46 nach Lochgarten bei Mergentheim.[89] Zu Beginn des 14. Jahrhunderts aber wurde Tückelhausen durch Zuzug von Nonnen aus Michelfeld bei Kitzingen nochmals Doppelkloster,[90] bis im Jahre 1307 die Kanoniker nach Oberzell zogen.[91] Doch geriet bald auch das Frauenkloster in einen derart desolaten Zustand, daß es aufgegeben werden mußte. 1351 wurde Tückelhausen den Kartäusern übergeben.[92] Durch Auflösung des Doppelklosters Oberzell entstand gegen Ende des 12. Jahrhunderts das von diesem nicht sehr weit entfernte Frauenkloster Unterzell.[93] Aus dem heute unterfränkischen Bereich des alten Bistums Würzburg ist nur noch ein Prämonstratenserinnenkloster zu nennen: Im Jahre 1161 übergab ein Heinrich von Hen-

neberg (*quidam Heinricus de Hynneberc*) dem Bistum Würzburg das von ihm gestiftete Frauenkloster Hausen bei Kissingen.[94] In der Literatur wird der Stifter durchweg dem bekannten Dynastenhause zugerechnet, in dessen Genealogie er jedoch kaum unterzubringen ist. Der Titel bzw. sein Fehlen (*quidam ... de Hynneberc*) läßt kaum einen anderen Schluß zu, als daß es sich um einen Ministerialen der Grafen von Henneberg handelt. Indes hatte Kloster Hausen mannigfache Beziehungen zu dem 1135 gegründeten hennebergischen Hausstift Veßra, das von Prämonstratensern besiedelt war.
Alle fränkischen Niederlassungen des Prämonstratenserordens gehörten zur Zirkarie (bei anderen Orden Provinz genannt) Ilfeld am Harz.

3. *Ritterorden*

Die besonderen Lebensumstände der Christen im Heiligen Land zur Zeit der Kreuzzüge hatten die Ausbildung geistlicher Ritterorden ermöglicht. Die Verbindung von geistlichem Leben nach den evangelischen Räten und bewaffnetem Pilgerschutz sprengte die mittelalterliche Ständeordnung. Bernhard von Clairvaux schaffte ihnen durch seine Rechtfertigungsschrift *De laude novae militiae* allgemeine Anerkennung.[95] An der Spitze der Entwicklung standen die Templer, die aus einer um Hugo von Payns († 1137/38) gescharten Gemeinschaft romanischer Ritter erwachsen waren.[96] Der Johanniterorden hatte sich aus einer am Spital in Jerusalem tätigen Bruderschaft entwickelt.[97] Auch der Dritte der großen Orden war im caritativen Bereich entstanden. Im Verlauf des dritten Kreuzzuges hatten 1190 Kaufleute aus Bremen und Lübeck vor Akkon ein Feldspital eingerichtet, aus dem der Deutsche Orden hervorging.[98] Neben Aufgaben im sozialen Bereich beteiligten sich die Mitglieder dieser Orden bald an Kämpfen und bauten umfangreiche weltliche Herrschaften auf. Päpstliche Privilegien sicherten ihren Status als Orden und verschafften ihnen allgemeine Unterstützung. Auch im Abendland errichteten sie Stützpunkte, die zunächst an den Einschiffungshäfen der Jerusalempilger lagen. Doch erhielten sie bald ebenso an anderen Orten umfangreiche Besitzungen. Einen Grund mag man in der Dankbarkeit für bei Pilgerfahrten und Kreuzzügen erfahrene Hilfe sehen, doch entscheidend dürfte der Wunsch nach Teilhabe an ihren umfassenden Ablässen und Privilegien, die Schutz vor dem Interdikt boten, gewesen sein.
In Hochstift Würzburg hat der 1312 aufgehobene Templerorden nur mit der Nennung zweier Zeugen – *Siboto de Wollechingen, Bertoldus de Mergentheim, templarii* – in einer Urkunde Bischof Ottos I. für Kloster Bronn-

Die St. Johannis-Kirche (Federzeichnung im StAW, Lichtbildersammlg. 5).

bach von 1221[99] und mit einem Eintrag in ein Würzburger Formularbuch[100] Spuren hinterlassen. Ungleich größere Bedeutung kam den beiden anderen großen Ritterorden zu.

a. Johanniter

Die seit 1153/56 (Duisburg und Mailberg) im Reich ansässigen Johanniter wurden besonders von Kaiser Friedrich I. gefördert. Den frühesten Beleg für die Existenz des Ordenshauses Würzburg bildet die Bestätigung Kaiser Friedrichs II. der Schenkung des Rubertus Curvus im Jahre 1215, als der Orden das spätestens 1190 bestehende St. Oswalds Spital übernommen hatte.[101] Ein Komtur, der Vorsteher eines Konvents, ist ermals mit Konrad von Trimberg 1239 belegt.[102] Das Spital wurde bald aufgegeben. Um 1300 errichtete die Kommende die St. Johannis-Kirche (Abb. S. 244), die 1815 abgebrochen wurde.
In Biebelried erwarben die Johanniter 1244 von Bischof Herrmann von Lobdeburg Besitz, 1251 erhielten sie die Kapelle vom Domkapitel übertragen.[103] Um 1275 errichteten sie hier eine wehrhafte Burg.[104] Nach einer Verpfändung am Ende des 14. Jahrhunderts gelangte der Orden erst 1418 wieder in den Besitz Biebelrieds, das nun von Würzburg verwaltet wurde.
Im nördlich von Arnstein gelegenen Büchold, wo der Orden 1257 begütert war, bestand zeitweise eine Johanniter-Kommende.[105] Für die Jahre 1301 bis 1339 sind Komture belegt,[106] 1364 wurde der Besitz verkauft.[107]
In der Diözese Würzburg gab es außerdem Johanniter-Häuser in Mergentheim, Rothenburg und Reichardsroth, zeitweise in Affaltrach, Boxberg, Krautheim, Neckarelz und Schwäbisch Hall sowie auf hennebergischem Gebiet in Schleusingen und Kühndorf.
Nach der Aufbauphase im 13. Jahrhundert zeigten sich Verfallserscheinungen. 1361/1362 tagte das Kapitel der fränkischen Johanniterhäuser in Würzburg.[108] Ein Ausschuß erarbeitete Reform-Statuten. Auf einem Kapitel des deutschen Zweigs wurden 1371 die Mißstände erneut schonungslos offengelegt, die Tilgung der Schulden und die Sicherung der Disziplin verlangt.
Die innere Struktur des Ordens wird in den Quellen nur undeutlich faßbar. Die Würde eines Priors von Deutschland ist für das Jahr 1187 bezeugt, ein Großpriorat Deutschland wurde ab 1249 institutionalisiert.[109] Der Großprior erhielt fallweise Stellvertreter für Ober- und Niederdeutschland, später für einzelne Regionen. 1253 ist ein Statthalter des Meisters in Franken genannt,[110] später wurde das Amt eines Balyers oder Baillis von Franken zu einer festen Einrichtung. Allerdings konnte sich keine Kommende als Residenz dieses Amtsträgers durchsetzen. Oft wurden mehrere Häuser in Per-

Aus: Fries-Chronik der UBW M.ch.f. 760, Bl. 227a

sonalunion verwaltet. 1428 übertrug das Generalkapitel auf Rhodos der deutschen Zunge das Amt des Groß-Bailli und bestimmte Heitersheim zum Sitz des Großpriors.[111]

b. Deutscher Orden

Der Deutsche Orden erfreute sich bei seiner Niederlassung im Reich nachhaltiger Unterstützung Kaiser Friedrichs II. und der ihm besonders verbundenen Dynasten- und Ministerialengeschlechter. Die früheste Ansiedlung im Hochstift Würzburg fällt in das Jahr 1213. Der Würzburger Bischof Otto von Lobdeburg bestätigte die Stiftung Alberts von Hüttenheim in dessen Stammburg.[112] Von 1254 bis 1318 sind Komture in Hüttenheim nachweisbar, doch stand die Kommende seit 1287 unter dem beherrschenden Einfluß des Deutschen Hauses Nürnberg, von dem dieser Besitz später als Amt verwaltet wurde.
Am Anfang der Kommende Würzburg steht ebenfalls Otto von Lobdeburg, der dem Orden 1219 den alten Königshof auf dem linken Mainufer beim Schottenkloster übertrug.[113] Die enge Bindung des Hauses an den Bischof charakterisiert Herzig[114] durch den Begriff ›Bischofskommende‹. Der Orden nützte diese Niederlassung im 13. Jahrhundert besonders zur Abhaltung von Kapiteln der führenden Ordensvertreter, bis das Haus in dieser Funktion von Mergentheim abgelöst wurde. Die seit 1226 bezeugte Marienkapelle ist im Untergeschoß des Turmes noch heute erkennbar. Zwischen 1272 und 1280 wurde daneben die Ordenskirche errichtet, die mit dem Turm durch einen Schwibbogen verbunden ist, um die darunter führende Straße nicht zu verbauen (Abb. S. 246).

In Münnerstadt, das der Stadtherrschaft der Grafen von Henneberg unterstand, war dem Orden, nachweisbar seit 1250/51, die Pfarrei inkorporiert.[115] Die Henneberger blieben ihrer Stiftung weiterhin verbunden. Die Kommende konnte bis in das 14. Jahrhundert die dominierende Stellung in der Stadt behaupten. Später gelang es der Bürgerschaft, gestützt auf das Augustinerkloster, ihren Einfluß im geistlichen Bereich merklich zurückzudrängen.

Am Beginn der Kommende bei Schweinfurt stand Bischof Iring von Reinstein, der 1263 von Papst Urban IV. die Erlaubnis erwirkt hatte, mit dem verfallenen Benediktinerkloster auf der Peterstirn vor der Stadt nach Gutdünken zu verfahren.[116] 1273 wird ein Komtur genannt, 1282 erwähnt ein Schiedsspruch König Rudolfs die Kommende, doch erst im folgenden Jahr gewährte der Bischof von Eichstätt als Inhaber des Fundationsgutes die Inkorporation des ehemaligen Klosters in den Deutschen Orden. Das Haus gelangte jedoch nie zu größerer Bedeutung und mußte 1437 an die Reichsstadt verkauft werden.

Die genannten Deutschen Häuser waren in der Ballei Franken, die mit der Nennung Gerhards von Hirschberg 1268 als Landkomtur bezeugt ist, organisiert.[117] Zu ihr gehörten in der alten Diözese Würzburg außerdem die Kommenden Mergentheim, Heilbronn, Archshofen, Rothenburg und Virnsberg.

Mit der Niederlassung in Prozelten lag ein Kammerhaus, das unmittelbar dem Deutschmeister unterstellt war, im heutigen Unterfranken. Elisabeth von Hohenlohe stiftete zwischen 1305 und 1311 ein Spital für den Deutschen Orden in Neubrunn, das 1319 nach Prozelten transferiert wurde.[118] 1321 ist der erste Komtur von Prozelten bezeugt. 1483/84 vertauschte Deutschmeister Reinhard von Neipperg diesen Besitzkomplex am Südabhang des Spessarts an das Erzstift Mainz gegen Scheuerberg und Neckarsulm, die günstiger zu seiner Residenz Horneck lagen.

Die mainfränkischen Häuser des Deutschen Ordens erfreuten sich von Anfang an der besonderen Förderung der Würzburger Bischöfe, besonders Ottos und Hermanns von Lobdeburg. 1441 erwog das Würzburger Domkapitel sogar die Abtretung des hochverschuldeten Hochstifts an den Deutschen Orden.[119] Zu Auseinandersetzungen führte die Politik Bischof Rudolfs von Scherenberg, der sein Landgericht und die Einhebung der Türkensteuer über das reichsunmittelbare Territorium des Ordens um Mergentheim durchsetzen wollte.[120]

Beide Orden hatten Besitzschwerpunkte in dem alten Reichsland am Main und seinen Zuflüssen, der Aufstieg zur Reichsstandschaft glückte hier jedoch nur dem Deutschen Orden. Die Ballei Franken bildete mit den Kammerhäusern des Deutschmeisters die Grundlage für das spätmittelalterliche

Grabplatte Graf Bertholds IV. von Henneberg (Bayer. Nationalmuseum München).

und frühneuzeitliche Reichsfürstentum des Deutschen Ordens. Der Deutschmeister, der seit 1494 Reichsfürst war, saß auf der geistlichen Bank des fränkischen Reichskreises.[121]
Die Ordensmitglieder rekrutierten sich im wesentlichen aus den gleichen Familien des fränkischen Adels. Die Ritterorden boten ihnen eine Möglichkeit standesgemäßen Lebens im geistlichen Gewande, dessen materielle Basis die Stiftungen ihrer Familien bildeten. Als Beispiele seien hier einige Henneberger genannt. Berthold IV. d. Ä., zu dessen Eintritt in den Johanniterorden die Kommende Schleusingen um 1291 gestiftet wurde, war seit 1313 Prior von Polen, Böhmen, Mähren und Österreich, außerdem 1309 Komtur von Büchold, 1316 zusätzlich Komtur von Würzburg, 1318 von Schleusingen, 1321 von Boxberg und 1323 von Kühndorf.[122] Er starb am 21. August 1331. An ihn erinnert in der Würzburger Ordenskirche ein Grabstein, der die asketische Gestalt in der schlichten Ordenstracht zeigt (Abb. S. 248).[123] Nur Schwert und Schild weisen auf seinen Rang hin. Auch sein Neffe Berthold d. J. war 1329 Komtur zu Würzburg, Boxberg und Bieberried, 1332 noch zu Büchold und von 1337–1341 Großprior von Deutschland.[124] Dem Deutschen Orden gehörten an: Berthold, Komtur von Nürnberg (1318–1329),[125] Georg, Komtur von Mergentheim (1484–1508),[126] Heinrich, Komtur von Schweinfurt (1296/1313)[127] und Poppo, Landkomtur von Franken (1349/1350).[128]
Die Kommenden der Ritterorden überdauerten, soweit sie die Reichsunmittelbarkeit besaßen oder Anlehnung an katholische Territorien fanden, die Reformation.

4. *Die Bettelorden (Mendikanten)*

Auch in Franken fallen die ersten Niederlassungen der Bettelorden zumeist noch in die späte Stauferzeit. Die Mendikanten unterschieden sich von den Mönchen der alten Abteien wesentlich: Ihre Angehörigen waren nicht wie jene zeit ihres Lebens an ein einziges Kloster gebunden, sondern nur an ihren Orden, in der Regel an ihre Ordensprovinz, die sich unabhängig von Diözesangrenzen bildete. Sie waren also mobil. Sodann: Die Armut der Bettelmönche war nicht nur persönliche Armut – diese kannten die alten Orden auch –, vielmehr sollte auch das Ordenshaus selbst arm sein; außer einem kleinen Garten für den täglichen Bedarf sollte ihm kein Grundbesitz gehören. Man verzichtete auch auf Handarbeit, welche, wie die Entwicklung des Zisterzienserordens zeigte, Reichtum schaffen konnte. Die Inkorporation von Pfarreien lehnten die Mendikanten konsequent ab, aber ihr eigentliches Wirkungsfeld war die Seelsorge in der Stadt.

»Der wirtschaftliche und kulturelle Aufschwung im Klerus, im Adel und im kaufmännischen Bürgertum ..., die glänzende Lebensentfaltung und die Freude an den Schätzen des irdischen Daseins, die in Klöstern und an Bischofshöfen, auf den Burgen und in den Städten die Herzen erfüllte und das Streben lenkte, gefährdete den Rang des Religiösen als der höchsten und wesentlichsten Aufgabe und machte es zum bloßen Rahmen irdischer Werke und Freuden. Gegen diese Entwicklung hat sich die religiöse Bewegung gewendet. ... Arm zu sein und von der Welt verachtet, das schien deshalb auf einmal die wesentlichste Forderung des Evangeliums in einer Welt, die in einem bisher unerhörten Maße der Freude an irdischem Reichtum und Ansehen zu verfallen drohte. Und diese Forderung wie einst die Apostel unermüdlich ... zu predigen, das galt deshalb von nun an als die höchste Aufgabe jedes guten Christen« (Herbert Grundmann).[129] Dieser neue Maßstab, der zum gelebten Materialismus in der Stadt kontrastierte, und seine auch unvollkommene Verwirklichung machte die Mendikanten attraktiv, verhalf ihnen zu hohem Ansehen und sicherte ihnen vielfache Solidarität. Die Päpste, die das Ideal der Nachfolge Christi nicht häretischen Gruppierungen überlassen wollten, verschafften der Armutsbewegung einen Platz in der Kirche. Sollten die Bettelorden – Franziskaner, Dominikaner, Augustiner, Karmeliten – in einer sich sozial umschichtenden Welt Stützen der Kirche bilden, so mußten sie in die Städte einziehen und hier auf kirchliches, geistliches und überhaupt auf das Leben Einfluß zu gewinnen suchen. Dies ist ihnen weitgehend gelungen. Sie haben vor allem für das 13. und 14. Jahrhundert eine ähnlich große, wenn auch ganz anders geartete Bedeutung wie das alte Mönchtum für die frühere Zeit.
Das städtereiche Franken war ein günstiger Boden für die Bettelorden. Man trifft sie hier schon sehr früh und bald auch mit verhältnismäßig vielen Klöstern; zuerst in der Stadt Würzburg, wo die beiden Bischöfe aus dem Hause Lobdeburg, Otto I. (1207–1223) und Hermann I. (1225–1254), deren Bedeutung für die Seelsorge in der neuen, eben der städtischen Gesellschaft früher als die meisten anderen deutschen Bischöfe erkannten. An erster Stelle stehen chronologisch und mit der Anzahl ihrer Klöster

a. Franziskaner (Barfüßer)

Franz von Assisi († 1226), der wohlhabende umbrische Kaufmannssohn,[130] nahm die Herrenworte von der Armut, die den Weg ins Himmelreich weise (Matth 19,21; Luk 12,33), und von der Aussendung der Apostel (Matth 28,19f.; Mark 16,15) buchstäblich: Er zog das Kleid der armen Leute an und forderte zu missionarischer Aktivität auf. Er hielt sich und seine Anhänger hielten ihn für inspiriert. Er wollte das Wort Gottes nicht

interpretieren, sondern es einfach erfüllen. Es lag ihm auch fern, einen neuen Orden gründen zu wollen.[131] Aber wohl kein anderer Ordensgründer hat in so starkem Maße als Leitbild und Autorität gegolten und Jahrhunderte hindurch eine so unvergleichliche Faszination ausgestrahlt.
Papst Innozenz III. war es gewesen, der seine Einsicht, »daß die neuen religiösen Kräfte und Ideen nicht länger aus der Kirche ausgeschlossen bleiben dürften«,[132] in die Tat umsetzte. Denn der franziskanische Aufbruch war nicht (wie manchmal heute noch behauptet wird) Fundamentalopposition gegen die Kirche,[133] sondern eher der Versuch, eine Utopie zu realisieren, eine Utopie, der das Element der Planung zunächst ebenso fehlte wie das einer hierarchischen Gliederung. Es waren eher Anpassungsbereitschaft und Anpassungsnotwendigkeit als Konformitätsdruck, die dazu führten, daß das Außerordentliche des Beginns verblaßte. Vor dem Hintergrund der Bestimmungen des 4. Laterankonzils (1215), keine neuen Ordensformen zu »erfinden«,[134] mußten bereits die päpstliche Bulle vom 22. September 1220 und auch die Regeln von 1221 und 1223[135] zu Verfestigungen der Bewegung führen, indem sie das Ideal der perfectio evangelica den älteren Mönchsregeln insofern anglichen, als sie die Einführung einer Probezeit (Noviziat), den Empfang der Tonsur und die unbedingte Verpflichtung, im Orden zu bleiben, anordneten und die Franziskanerkutte zum Ordensgewand erklärten.[136]
In diese frühe Zeit der ersten Regel, als die Franziskaner seßhaft zu werden begannen, fällt ihr Einzug in Franken. Hauptquelle für ihre Anfänge im ganzen oberdeutschen Raum ist die ältere Dokumente verarbeitende Chronik des Nikolaus Glassberger, der um das Jahr 1500 Beichtvater der Klarissen in Nürnberg war.[137]
Auf dem zu Pfingsten 1221 bei Assisi abgehaltenen Kapitel sagte Franz, daß er – der Sprachschwierigkeiten wegen, die einen ersten Vorstoß über die Alpen mißlingen ließen, – niemanden drängen wolle, nach Deutschland zu ziehen; wenn aber jemand sich freiwillig dorthin begebe, so solle er ein größeres Verdienst haben, als wenn er ins Heilige Land (*ultra mare*) zöge. Als die Schar unter Führung des mehrsprachigen Caesarius von Speyer Augsburg erreicht hatte, waren bereits sechs Deutsche zu ihnen gestoßen. Dort schickte Caesarius die Brüder in verschiedene Richtungen, während er sich selbst mit dem größeren Teil nach Würzburg begab, wo man im November 1221 ankam.[138] Hier bezogen die Brüder die leerstehende Bartholomäusklause vor der Stadtmauer am Rennweg,[139] die Bischof Otto I. (von Lobdeburg) ihnen als vorläufige Bleibe zugewiesen haben soll.[140] Schenkungen ermöglichten es der Gemeinschaft im Jahre 1249, an jene Stelle zu übersiedeln, an welcher sich Kirche und Kloster bis heute befinden.[141] Noch im Jahre der Ankunft der Brüder hatte Caesarius von Speyer drei

Novizen in ihre Gemeinschaft aufgenommen,[142] die rasch an Ansehen gewann. Bereits das dritte deutsche Provinzialkapitel fand 1224 (also noch zu Lebzeiten des Franz von Assisi) in Würzburg statt.[143]
Wichtig für die Franziskaner im Bistum Würzburg war, daß der lange Zeit, und zwar in den entscheidenden Jahren von 1225 bis 1254 regierende Bischof Hermann I. (von Lobdeburg) sich den neuen religiösen Bewegungen gegenüber außerordentlich aufgeschlossen zeigte.[144] Von Papst Gregor IX. im Jahre 1231 zusammen mit den Erzbischöfen von Köln und Magdeburg zum Protektor der Franziskaner in Deutschland ernannt,[145] machte er von diesem Amt auch außerhalb seines Bistums Gebrauch[146] und erteilte ihnen für sein Bistum Würzburg 1235 weitgehende Vollmachten, durch welche die Rechte des Weltklerus beschnitten wurden.[147]
Die Möglichkeit zum Besitzerwerb hatte bereits die Regelerklärung Papst Gregors IX. aus dem Jahre 1230 eröffnet: alles, was die Franziskaner besäßen, sei Eigentum des apostolischen Stuhles und der Orden nur Nutznießer.[148] Damit hatten die Franziskaner sich zwar den älteren Orden angepaßt, konnten aber von den ursprünglichen Intentionen des Franz von Assisi so viel konservieren, daß sie noch sehr lange eine merkwürdige Faszination ausübten. Die Würzburger Franziskaner nahmen sich auch derer an, zu denen sonst niemand gerne ging. Mit der Seelsorge in den Leprosenhäusern des Bistums beauftragte Papst Innozenz IV. im Jahre 1245 die Würzburger Franziskaner.[149] Sie scheinen diesem Auftrag, solange es Lepröse gab, nachgekommen zu sein. Franziskaner nämlich begegnen als Prokuratoren des Sondersiechenhauses Wöllried unweit der Stadt Würzburg.[150] Von einem aussätzigen Franziskaner, der im 14. Jahrhundert, wie es scheint, im Leprosenhaus vor dem Sander Tor in Würzburg lebte, wird berichtet, daß er volkstümlich gewordene Lieder gedichtet und vertont habe.[151]
Im Streit zwischen Papst Johannes XXII. (1316–1334) und Ludwig dem Baiern (1314–1347), der auch in Stadt, Hochstift und Bistum Würzburg hohe Wellen schlug,[152] standen die Würzburger Franziskaner offensichtlich gleich den meisten ihrer Ordensbrüder auf Seiten des Königs.[153]
Obwohl das Würzburger Kloster sich nicht der Observanzbewegung anschloß, verfügte es über eine bedeutende Bibliothek,[154] die allein der fleißige Pater Johannes Sintram († 1450), der in Oxford studiert hatte[155] und zeitweise dem Würzburger Kloster als Guardian vorstand,[156] um nicht weniger als 61 Bände vermehrte.[157]
Vergleicht man die Ausbreitung der Franziskaner mit jener der älteren Orden, so kann man nicht sagen, daß die Entwicklung bei ihnen rascher verlief. Gewiß waren sie gegen Ende des 13. Jahrhunderts in den meisten bedeutenderen Städten Frankens präsent, gerufen vom Landesherren oder

von Rat und Bürgerschaft. Daß sie hier die Aufmerksamkeit der Zeitgenossen stärker als die alten Klöster auf sich zogen, lag an ihrer religiösen Dynamik und der – auch im Vergleich mit den anderen Mendikanten – unruhigeren Entwicklung des Ordens.
Die Meinung, daß die Bettelmönche, besonders die Franziskaner, den unteren sozialen Schichten entstammten, ist längst korrigiert. Soweit man ihre soziale Herkunft nachprüfen kann, kamen sie wie Franz von Assisi selbst aus dem städtischen Bürgertum.[158] Die Konvente der Franziskaner waren bereits im 15. Jahrhundert klein. Im Jahre 1483 etwa klagt der Würzburger Guardian, daß sein Konvent nur aus vier Priestern bestehe.[159] Unterschiedliches Verständnis der Ordensregel führte schon im 13. Jahrhundert zu unterschiedlichen Richtungen innerhalb des Ordens.[160] Bei der Trennung der Franziskaner im Jahre 1517 in zwei organisatorisch selbständige Orden, nämlich die Konventualen und die einer strikteren Armutsauffassung verpflichteten Observanten,[161] blieb der Würzburger Konvent im Gegensatz zu den meisten anderen in Franken im Verband der einen schwarzen Habit tragenden Konventualen (Minoriten).
Das Würzburger Kloster gehörte zur Oberdeutschen Provinz, die schon seit dem 14. Jahrhundert auch als Straßburger Provinz bezeichnet wurde.

b. Dominikaner (Predigerbrüder)

Was in spätmittelalterlichen Chroniken und Urkunden häufig unter dem Begriff *quatuor ordines mendicantium* (vier Bettelorden) zusammengefaßt wurde und im Laufe des späten Mittelalters auch gewisse Assimilationsprozesse durchschritt, war vom Ursprung her sehr verschieden. Man kann sich innerhalb der mittelalterlichen Kirche kaum Andersartigeres vorstellen als die Anfänge der Dominikaner, die in Deutschland meist Predigerbrüder genannt wurden, und die der Franziskaner.[162] Der Kastilier Dominikus († 1221)[163] und seine ersten Begleiter wirkten zunächst als Ketzermissionare. Sie suchten die Albigenser der Kirche zurückzugewinnen, indem sie deren Forderungen nach apostolischem Leben selbst praktizierten und durch ihre Predigt begründeten, daß ein solches Leben auch innerhalb der Kirche seinen legitimen Platz habe. Durch Predigt Menschen für ein apostolisches Leben zu gewinnen, blieb die Hauptaufgabe der Dominikaner, die auch in ihrer Verfassung an die Prämonstratenser anknüpften.[164] Dominikus war der erste Ordensgründer, der grundsätzlich ein systematisches Studium vorschrieb. Als Realist forderte er, anders als Franz von Assisi, nicht Armut um der Armut willen, sondern Armut, um frei und beweglich zu sein.
Kamen die ersten Franziskaner aus Italien nach Deutschland, so die ersten

Dominikaner – etwa um die gleiche Zeit – aus Frankreich. In die frühen zwanziger Jahre fiel ihr Einzug in einige Städte am Rhein, nicht viel später trifft man sie in Franken, Schwaben, Bayern und Österreich. Auch als ältestes Dominikanerkloster Frankens ist das in Würzburg zu nennen. Der Ordenschronist Johannes Meyer († 1485) berichtet, daß die Dominikaner im Jahre 1227 in Würzburg eingezogen seien.[165] Diese Nachricht wird wohl richtig sein; denn die ältesten Urkunden für das Kloster wurden 1229 ausgestellt.[166] Auf dem Umweg über die 1246 dem Dominikanerinnenkloster St. Marx inkorporierte Pfarrkirche St. Gertraud in der Vorstadt Pleich fanden sie früh Zugang zur Pfarrseelsorge.[167] Bedeutende Schenkungen gingen an das Kloster,[168] das sich bald nicht zuletzt deshalb eines hohen Ansehens erfreute, weil Albertus Magnus, der große Universalgelehrte des Mittelalters, dessen leiblicher Bruder Heinrich um 1250 Prior des Klosters war,[169] bald nach seinem Verzicht auf das Bistum Regensburg eine Zeitlang (1264/67) im Würzburger Konvent lebte.[170] Albertus vermittelte im Sommer 1265 in dem schweren Konflikt Bischof Irings mit der Stadt Würzburg,[171] und in seinen Würzburger Jahren schrieb er seinen Kommentar zum Lukasevangelium,[172] in welchem er wie in seinen anderen Bibelkommentaren das Problem der Kirchenreform grundsätzlich anmahnte.[173] Auch soll er im Jahre 1266 den Grundstein für die Dominikanerkirche innerhalb der Stadtmauern (seit 1813 Augustinerkirche) gelegt haben und an deren Planung beteiligt gewesen sein.[174]
Die mittelalterlichen Bestände der Klosterbibliothek, die auch mystisches Schrifttum enthielt, waren bedeutend (Farbbild S. 292).[175]
Die Zahl der Dominikanerklöster hat in kaum einer Diözese des Reiches jene der Franziskanerniederlassungen erreicht. Trotzdem ist der Einfluß der Predigerbrüder nicht nur auf die spätmittelalterliche Stadtbevölkerung, sondern auch auf die Kirchenpolitik mindestens ebenso hoch zu veranschlagen wie die Wirksamkeit der Franziskaner.[176] Wie kaum ein anderer Orden im Mittelalter galten sie als verlängerter Arm des Papstes. Als während der letzten großen Auseinandersetzung zwischen Papsttum und Kaisertum Papst Johannes XXII. den Würzburger Bischof Otto II. von Wolfskeel (1333–1345) aufforderte, die Prozesse gegen Ludwig den Baiern zur allgemeinen Kenntnis zu bringen, da konnte der Bischof diesen Auftrag nur durch die Predigerbrüder ausführen lassen, da es aus Furcht sonst niemand wagte.[177] Auch in Würzburg hatten die Dominikaner Schlüsselstellungen im kirchlichen Leben inne. Der dem Mergentheimer Konvent angehörende Konrad von Bopfingen war Beichtvater Bischof Gottfrieds III. (von Hohenlohe),[178] und Johannes von Münnerstadt († 1453), der in mehreren Konventen wirkte, war von 1427 bis 1430 Domprediger.[179]
Nachdem bereits 1395 ein Reformversuch gescheitert war,[180] sperrte das

Würzburger Kloster sich zunächst auch dem Veränderungsdruck der vom Nünberger Konvent ausgehenden Reformbewegung (Observanz), die von Bischof Gottfried IV. (1443–1455) gefördert wurde.[181] In der Auswirkung der Legationsreise des Kardinals Nikolaus von Kues (1451) gelang ein Anschluß des Würzburger Klosters an die Observanz, der jedoch nur von kurzer Dauer war.[182]
Ebenso wie das zum alten Bistum Würzburg gehörende Dominikanerkloster in Mergentheim zählte auch das Würzburger zur Ordensprovinz Theutonia.[183]

c. Augustiner

Der dritte Mendikantenorden sind die Augustiner-Eremiten, die zu unterscheiden sind von den älteren Augustiner-Chorherren. Die Augustiner-Eremiten gehen – entgegen legendären Ordenstraditionen – nicht wie Franziskaner und Dominikaner auf einen Stifter zurück, sondern auf päpstliche Anordnung. Das altchristliche Ideal der Einsamkeit und Weltflucht hatte auch im Abendland eremitische Lebensweise anziehend gemacht.[184] Genossenschaften von Eremiten faßte Papst Alexander IV. 1256 zu einem Orden zusammen: *Ordo Eremitarum sancti Augustini* und verpflichtete sie auf eine von dem Kirchenlehrer Aurelius Augustinus († 430) verfaßte oder aus Zitaten aus seinen Werken zusammengestellte Regel.[185] Zu Unrecht wurde Sankt Augustinus wie von den Augustiner-Chorherren so auch von den Augustiner-Eremiten als Gründer ihres Ordens angesehen.[186] Aber er wurde für die Gemeinschaft die große geistige Autorität, dessen unverwechselbares Erbe sie vor allem mit der Betonung der Bibelfrömmigkeit und dem starken Interesse an der Frage der Rechtfertigung pflegte.[187]
Der Name ›Eremiten‹ war nach dem Jahre 1256 kaum mehr zutreffend, sondern trotz gelegentlicher konservativer Strömungen im Orden eher eine historische Bezeichnung. Denn die Augustiner waren den anderen Bettelorden auch darin angepaßt, daß sie die Seelsorge in der Stadt als ihre eigentliche Aufgabe ansahen.
Die ziemlich rasche Ausbreitung der Augustiner mag sich zum Teil daraus erklären, daß sie nicht von bestimmten Klöstern aus durch Tochtergründungen vonstatten ging, vielmehr einzelne Eremiten, wie sie im Mittelalter auch im Bistum Würzburg begegnen,[188] und Eremitengemeinschaften die Konvente bildeten. Doch ist von den fränkischen Klöstern des Ordens keines mehr auf diese Weise entstanden.
Am 23. Dezember 1262 gestattete Bischof Iring (von Reinstein-Homburg) auf Intervention des Kardinals Richard Annibali den Augustinern die Nie-

derlassung in Würzburg und bestätigte ihnen am 17. März 1263 den Erwerb eines Hauses.[189] Ihr Kloster und ihre 1824 abgebrochene Kirche befanden sich in der Augustinerstraße (an der Stelle des heutigen Polizeipräsidiums).[190] Unter den Konventsangehörigen ragt vor allem der Theologe und erste Generalvikar der Diözese Würzburg Hermann von Schildesche heraus.[191] Spuren der Klosterbibliothek sind selten.[192] Welch hohen Ansehens das Kloster sich schon früh erfreute, zeigt sich darin, daß 1391 das Generalkapitel des Ordens, also dessen oberstes Leitungsorgan mit gesetzgebender Gewalt, in Würzburg stattfand.[193]

Noch im 13. Jahrhundert entstand das Kloster in Münnerstadt, eine bürgerliche Stiftung von 1279.[194] Letzte Gründung im alten Bistum Würzburg war das Kloster in Königsberg in Franken, gestiftet 1362 von Kunigunde von Sternberg, gefördert von Sophia geb. Gräfin von Henneberg und Witwe Burggraf Albrechts von Nürnberg, und den Truchsessen von Wetzhausen.[195] Stärker als in den anderen Konventen war in Königsberg die zweite Hälfte des 15. Jahrhunderts angefüllt mit Kämpfen um die Annahme der Observanz, welche Privilegien und Ausnahmeregelungen ablehnte,[196] d.h. jener institutionalisierten Reformbewegung, welcher der Würzburger Konvent 1456 beigetreten war[197] und der auch Martin Luther angehörte.

Die Klöster Würzburg, Münnerstadt und Königsberg gehörten seit 1298/99 zur thüringisch-sächsischen Ordensprovinz.[198]

d. Karmeliten (Frauenbrüder)

Den ›Barfüßern‹, den ›Predigerbrüdern‹ und den Augustinern gesellte sich in einigen Städten Frankens, gelegentlich ebenfalls schon im 13. Jahrhundert, der Orden der Karmeliten hinzu. In lateinischen Texten heißen seine Angehörigen *fratres b. Marie de Monte Carmelo*, in deutschen werden sie gewöhnlich als ›Frauenbrüder‹ bezeichnet.

Alte karmelitische Tradition, wie sie auch Johannes Trithemius, Abt des Würzburger Schottenklosters St. Jakob (1506–1516), wiedergibt,[199] hielt (mit Bezug auf II. Kg. 2) den Propheten Elias für den Stifter und den Berg Karmel für die Heimat des Ordens. Aber bereits die gelehrte Kritik des 17. Jahrhunderts hat von dieser Legende nichts mehr übriggelassen.[200] Allem Anschein nach gingen die Karmeliten aus einer Eremitengemeinschaft hervor, die sich aus Kreuzfahrern und Pilgern zusammensetzte, die im lateinischen Orient bleiben wollten. Um das Jahr 1210 erhielt die Gemeinschaft vom Patriarchen Albert von Jerusalem eine Regel (*vite seu conversationis formula*), welche Papst Honorius III. 1226 bestätigte.[201] Unter dem Druck der Sarazenen verließen die Einsiedler nach dem Jahre 1238 den Berg Karmel, begaben sich zunächst nach Cypern und Sizilien, dann auch nach Mitteleuropa. 1245 wird der erste abendländische Generalprior gewählt. Zwei Jahre später änderte Papst Innozenz IV., der nun den *Ordo beate Marie virginis de Monte Carmelo* den Bettelmönchen zurechnete, einige Bestimmungen der mehr auf ein eremitisches Leben zugeschnittenen Regel in solche, die für eine Klostergemeinschaft und ein Leben in der Stadt zweckmäßiger waren.[202] Diese Regel wurde 1432 von Papst Eugen IV. gemildert,[203] was jedoch zu einer Polarisierung im Orden führte. Observanzbestrebungen griffen im Würzburger Konvent um 1458, im Schweinfurter (auf dem Weg über Bamberg) im Jahre 1472.[204] Gewiß verzichteten auch die Karmeliten weitgehend auf Grundbesitz und lebten vor allem von freiwilligen Gaben, um die sie innerhalb ihrer Terminierbezirke baten. Ihr eigentliches Wirkungsfeld wurde die Stadt; nur wenige ihrer Klöster, wie etwa Vogelsburg (s. unten), lagen nicht im städtischen Umfeld. Trotzdem wirkte in ihrer Lebensweise viel stärker als bei den anderen Mendikanten eremitische Tradition weiter. Einen großen Teil ihres Tagesablaufes nahm die Kontemplation ein. Die Einwirkung der Karmeliten und ihrer von der Verehrung Mariens geprägten Spiritualität auf ihr städtisches Umfeld sind ansatzweise erforscht. Außer den überregionalen karmelitanischen Gebetsgemeinschaften, die in allen Häusern des Ordens Stützpunkte hatten,[205] waren mit dem Würzburger Kloster die Bruderschaften des Seilerhandwerks und der Schustergesellen verbunden,[206] außerdem die Bruderschaft des bischöflichen Hofgesindes, die sich 1406 neu bildete, aber schon vor 1428 ihren Sitz in die Marienkapelle am Markt verlege.[207]

Entgegen der Haustradition, die 1212 als Gründungsjahr des Würzburger Klosters (nicht zu verwechseln mit dem noch heute bestehenden Kloster der in Würzburg Reuerer genannten Unbeschuhten Karmeliten) bezeichnet, hat neuere Forschung wahrscheinlich machen können, daß seine Anfänge in die Zeit des Bischofs Iring von Reinstein-Homburg (1254–1265) fallen, welcher Vertreter des Ordens anläßlich seines Aufenthaltes an der römischen Kurie (1255/56) kennengelernt haben mag.[208] Die ersten Ordensmänner, die vermutlich aus Köln, dem ältesten Karmelitenkloster auf deutschem Boden, kamen, ließen sich am Fischmarkt (heute Domstraße) nahe der Nikolauskapelle nieder.[209] Diese schenkte der Domherr Friedrich von Hohenberg am 4. Januar 1280 der neuen Gemeinschaft.[210] Noch im gleichen Jahr ließ der Stifter eine Güterschenkung folgen.[211] Bischof Manegold bestätigte dem Konvent am 1. Mai 1290 für die Diözese Würzburg die päpstlichen Seelsorgsvollmachten mit der üblichen Einschränkung, daß durch die päpstlichen Privilegien die Rechte der Pfarr- und anderen Kirchen nicht beeinträchtigt werden dürften. Doch hört man zunächst nichts von weiteren Schenkungen, und auch ein Sammelablaß mehrerer Bischöfe vom 7. Oktober 1290[212] hatte kaum den gewünschten Erfolg. Denn erst um das Jahr 1330 konnten die Brüder mit dem Bau des Klosters und einer Kirche, die St. Barbara geweiht wurde, beginnen. Um diese Zeit mehren sich Schenkungen und auch Verkäufe an das Kloster. Die Kirche scheint vor dem Jahr 1372 fertiggestellt worden zu sein, das Kloster wurde erst 1468 eingeweiht.[213] Die Kirche des 1805 säkularisierten Klosters wurde 1824/25 abgebrochen, die drei Flügel der Klosteranlage sind seitdem in das Rathaus einbezogen.[214]

Zeitlich an zweiter Stelle steht das Kloster in der die Mainschleife bei Volkach beherrschenden Vogelsburg. Sein Stifter ist Graf Hermann II. (I.) von Castell († 1289?), der die Burg 1282 dem Orden schenkte; als Gründungsjahr des Konventes wird 1288 angenommen.[215] In diesem Kloster, das in Anbetracht seiner Lage und in Erinnerung an den Berg Karmel im Heiligen Land ›Mons Dei‹ genannt wurde, planten die Grafen von Castell ihr Erbbegräbnis, doch wurden in der Klosterkirche außer dem Stifter nur wenige Angehörige seines Geschlechtes beigesetzt.[216] Die Vogelsburg blieb im Mittelalter das einzige Mendikantenkloster Frankens in nichtstädtischem Umfeld. Mit der Verpfändung und schließlich dem Verkauf der dem Haus Castell noch verbliebenen Rechte in Volkach und an der Mainschleife zu Beginn des 16. Jahrhunderts gelangte das Kloster auch unter die weltliche Herrschaft der Bischöfe von Würzburg.[217] Nachdem die Escherndorfer Bauern es 1525 zerstört hatten, wurden seine Einkünfte mit denen des Würzburger Klosters vereinigt.[218]

Der Initiative von Rat und Bürgerschaft ist die Gründung des Klosters in Neustadt an der Saale zu verdanken. Bischof Albrecht II. (von Hohenlohe) bestätigte am 13. Februar 1353 das Kloster[219] und schlichtete zwei Jahre später die Streitigkeiten mit der Pfarrgeistlichkeit.[220] Der benachbarte Adel förderte das Kloster insbesondere durch Jahrtagsstiftungen[221] und wählte die Kirche vielfach als Begräbnisstätte.[222] Bereits im Mittelalter begannen die Neustädter Karmeliten mit dem Aufbau einer bemerkenswerten Bibliothek.[223] Wie die meisten auf hochstiftischem Gebiet gelegenen Männerklöster hat Neustadt die Reformation überdauert.

Wenig später als Neustadt an der Saale trat auch das Kloster in der Reichsstadt Schweinfurt ins Leben, wie jenes eine bürgerliche Stiftung. 1367 erhielt der Orden die Nikolauskapelle mit dem sog. alten Spital außerhalb der Stadtmauer als Geschenk.[224] 1368 wurde für das neue Kloster ein eigener Terminierbezirk ausgeschieden.[225] Das Kloster hat die Reformation in der Reichsstadt nicht überdauert;[226] die Gebäude wurden 1554 im 2. Markgräflerkrieg zerstört.[227]

Alle Karmelitenklöster in Franken gehörten zu der endgültig 1348 vom Generalkapitel errichteten Oberdeutschen Provinz.[228]

e. Die Bettelorden und die alten kirchlichen Strukturen

Die städtische Gesellschaft nahm die Bettelmönche, solange sie ihren eigenen Maßstäben gerecht zu werden bestrebt waren,[229] als die wahren religiösen Ernstmacher an.[230] Die Bischöfe förderten sie. Aus ihren Reihen wählten sie mit Vorliebe ihre Weihbischöfe. Als solche amtierten in Würzburg bis zur Reformation elf Franziskaner, fünf Dominikaner und drei Augustiner.[231] Mochten nun die Angehörigen des alten Mönchtums und die Chorherren empfinden, daß in den neuen Orden ein Vorwurf gegen ihr Leben nach den alten Regeln liege und sie der Meinung Ausdruck geben, daß St. Benedikt und St. Augustin nicht von neuen Heiligen übertroffen werden könnten, so führte dies doch kaum zu tiefer greifenden Konflikten. Der städtische Pfarrklerus aber reagierte auf die Ansprüche der Mendikanten und die Mißachtung des bisherigen strengen Pfarrzwanges durch das Volk mit Schärfe und Bitterkeit. Manches Vermächtnis an die Bettelordensklöster erregte weniger das Staunen als den Neid der Pfarrgeistlichkeit, deren Vorstellungen von kirchlicher Ordnung durch die neuen Ordensmänner nachhaltig gestört wurden.

Es stellt sich die Frage: Konnten die Mendikanten, die nicht als Gehilfen, sondern durchaus als Konkurrenten des Pfarrklerus auftraten, ihr neues päpstliches Privilegienrecht, das die alte Ordnung der Seelsorge zerriß, gegen das überkommene Recht des Pfarrklerus durchsetzen? Und konnte dieser seinen Widerstand gegen eine – nicht immer konstant bleibende – päpstliche Protektion und gegen päpstliche Protektoren durchhalten? Konnten die Bettelmönche doch bei ihren Auseinandersetzungen mit dem Pfarrklerus nicht nur päpstliche Privilegien ins Feld führen, sondern auch darauf hinweisen, daß es in den Städten um die Pfarrseelsorge nicht überall zum besten bestellt war.[232]

In Würzburg entzündete der Streit sich an der Tätigkeit der Dominikaner. Im April 1229 hatten diese von Papst Gregor IX. das Privileg erhalten, auch während des Interdiktes Gottesdienst zu halten, und es war ihnen erlaubt worden, Laien in ihren Kirchen und auf ordenseigenen Friedhöfen zu bestatten.[233] Als der städtische Klerus dagegen rebellierte, kam es am 16. Februar 1231 unter Vermittlung Bischof Hermanns I. zu einer Vereinbarung, durch welche die Geltung der päpstlichen Privilegien für die Würzburger Dominikaner eingeschränkt wurde. Doch appellierten diese bald gegen die Vereinbarung an die römische Kurie, welche dann die Kompetenz wieder zugunsten der Appellanten verschob, ohne die Privilegien wieder in vollem Umfang in Kraft zu setzen. Deshalb boten die Dominikaner wie auch die Franziskaner alles auf, um zu ihren verbrieften Rechten zu kommen.[234]

Nach dem Tode des den Mendikanten so freundlich gesonnenen Papstes Gregor IX. (1227–1241) wurde es für die Bettelorden auch im Bistum Würzburg schwieriger, da der Säkularklerus glaubte, den Status quo ante wiederherstellen zu können. Schon am 19. September 1253 hatte Papst Innozenz IV. dem Bichof Hermann aufgetragen, den Laien den Besuch der Sonntagsmesse in ihren Pfarrkirchen zu befehlen.[235] Sogleich nach Bischof Hermanns I. († 3. März 1254) Tod machte das Domkapitel sich zum Sprecher der Opposition gegen die Mendikanten. Es richtete eine den Ernst der Situation wiedergebende Beschwerde an den Papst, in welcher es sie dafür verantwortlich machte, daß viele Leute unter Verachtung der für ihre Seelsorge aufgestellten Geistlichen sich zu den Orden begäben, gleichsam als fänden sie dort den Hort des Heiles. Obgleich deren Angehörige keine Binde- und Lösegewalt hätten, würden sie die Leute durch eine Scheinabsolution täuschen und ihnen die Kommunion zum Schaden ihrer Seele reichen. Doch nicht genug, daß die Pfarrangehörigen ihre Seelsorger verachteten, in gleicher Weise würden auch deren Kirchen verschmäht, indem sie nicht dort, wo sie sollten, das Wort Gottes hörten, sondern ganz nach ihrem Gutdünken in den Ordenskirchen. Dadurch entgingen der Pfarrgeistlichkeit die Opfer und anderen Reichnisse ihrer Pfarrkinder. Wenn eines von ihnen dem Tode nahe sei, kämen jene Religiosen unter dem Schein der Frömmigkeit, machten dann dessen Testament und bestimmten den Sterbenden dazu, sich bei ihnen bestatten zu lassen, wodurch die Seelsorger oft auch um die ihnen zustehenden Oblationen und andere Zuwendungen betrogen würden. Papst Innozenz IV. (1243–1254) nahm Rücksicht auf solche Beschwerden und erließ am 10. Mai 1254 restriktive Bestimmungen, in denen er auf das Gebot des 4. Laterankonzils (1215) hinwies, daß jeder wenigstens einmal jährlich seinem Pfarrer zu beichten habe; nur wenn jemand aus besonderer Frömmigkeit mehrmals im Jahre beichte und auch dann nur mit Erlaubnis des Pfarrers, könnten Ordenspriester die Beichte abhören.[236]
Bei den schweren Konflikten zwischen den städtischen Obrigkeiten und dem Klerus während des 13. und 14. Jahrhunderts um den Besitz der ›Toten Hand‹, um Steuerfreiheit und Immunitäten waren die Mendikanten kaum betroffen. Sie besaßen keine Immunitäten, und erst seit dem 14. Jahrhundert verfügten sie über einen nicht stark zu Buche schlagenden Grundbesitz, der ihnen meist mit der Stiftung von Jahrtagen zugewachsen war. Auch bei den Stürmen der Bürger auf die Kurien der Dom- und Stiftsherren sowie die alten Klöster und ihre Höfe blieben die Häuser der Mendikanten verschont.[237] Dafür haben diese bei Interdikten gelegentlich weiter Gottesdienst gehalten, manchmal mit päpstlichem Privileg, manchmal auch, wie es scheint, ohne ein solches.[238]
Nicht überall wurden die Gegensätze zwischen Pfarrgeistlichkeit und Bet-

telmönchen so laut und gewalttätig ausgetragen wie in Mergentheim[239] oder im oberfränkischen Hof.[240] Päpstliche Bestimmungen regelten die Rechte der Mendikanten im allgemeinen. Für das Nebeneinander und das Zusammenwirken von Pfarrklerus und Bettelorden vor Ort wurden unterschiedliche Formeln gefunden, durch Diözesanstatuten, durch Schiedssprüche, durch Vereinbarungen der Beteiligten.[241] Sie liefen meist darauf hinaus, daß die Bettelmönche ein nur wenig eingeschränktes Recht der Sakramentenspendung und das volle Begräbnisrecht ausüben konnten, jedoch zur Zeit des sonntäglichen Pfarrgottesdienstes keinen konkurrierenden Gottesdienst halten durften.[242] Aber die Gegensätze, welche die vier Würzburger Konvente im Jahre 1411 veranlaßten, sich zu einem Bündnis zur Wahrung ihrer Rechte zusammenzuschließen,[243] schwelten weiter bis in die Zeit der Reformation, welche die Aufmerksamkeit von den Streitigkeiten ablenkte oder sie gegenstandslos machte.

Innerhalb der Bettelorden waren schon früh, begünstigt durch das Große abendländische Schisma (1378–1417), Richtungskonflikte, ja Spaltungen entstanden zwischen den moderateren Konventualen und den strengeren Observanten.[244] Bei ersteren waren mit dem Eindringen bürgerlicher Lebensformen in die Konvente die Unterschiede in der Spiritualität zwischen den einzelnen Orden, auch den älteren, im ausgehenden Mittelalter weitgehend eingeebnet. Die Observanten dagegen, welche im Konventualentum Niedergang sahen, versuchten immer wieder, die ursprünglichen Zielsetzungen der Ordensgründer und ihre spezifischen Lebens- und Frömmigkeitsformen zu verlebendigen.

Die Ausstrahlung der Konvente und der Ordensheiligen reichte über die Klostermauern hinaus, kolorierte die Frömmigkeit vor allem der Handwerkerschaft, deren Organisation als Zünfte durch eine bruderschaftliche Seite ergänzt wurde. Hier gilt der Satz Marcel Lefebvres: »Man geht nicht nur zur Messe, man frequentiert auch ein Milieu«.[245] Die Bruderschaften hatten teil an den Gebeten und guten Werken der Klosterinsassen und unterstanden ihrer geistlichen Leitung.[246]

›Dritte Orden‹ entstanden bereits im Umfeld der Armutsbewegung.[247] Ihre Terziaren genannten Angehörigen führten ihr Leben, so gut es außerhalb des Klosters möglich war, gemäß einer der Ordensregeln, schlossen sich aber gelegentlich auch zu Klostergemeinden zusammen. Im alten Bistum Würzburg sind sie im Mittelalter nicht eindeutig nachweisbar[248] (wohl dagegen Terziarinnen, über die am Ende des folgenden Abschnittes zu sprechen sein wird).

5. *Kartäuser*

Die Anfänge der Kartäuser reichen zwar noch ins 11. Jahrhundert zurück, und ihr Ordensstifter, Bruno von Köln († 1101),[249] war Deutscher, doch lange Zeit breiteten die Kartäuser sich nur in den romanischen Ländern aus, in Frankreich und Italien vor allem; nach Deutschland kamen sie erst im 14. Jahrhundert.[250] Die Kartause Mainz wurde 1320 gegründet. Von diesem Zeitpunkt an wuchs der Orden auch im Reich langsam, doch stetig. Im Jahre 1510 zählte man im Reich 195 Kartausen. Die Lebensform der Ordensangehörigen war mehr eremitisch als coenobitisch. Sie lebten zwar in einer klosterartigen Siedlung mit gemeinsamem Chorgebet, doch hatte jeder sein eigenes Häuschen mit einem kleinen Garten. Die Kartause war also ein Ensemble von Eremitagen. Im Gegensatz zu den Bettelorden übernahmen die Kartäuser keine Aufgaben in der Seelsorge und im Gegensatz zu den Spitalorden auch keine im karitativen Dienst. Sie gingen den Weg des eingezogenen, der Welt abgewandten Lebens. Dieser Rückzug muß im 14. und 15. Jahrhundert eine starke Faszination ausgeübt haben. Denn anders ist das Wachstum der Kartausen nicht zu erklären.

Frankens älteste Kartause lag in der Abgeschiedenheit des Spessarts. 1328 wurde sie von Elisabeth, Witwe Gottfrieds von Hohenlohe, geb. Gräfin von Wertheim, gestiftet,[251] um, wie die Gründungsurkunde sagt, *den Orden in Franken und in der Maingegend, wo er unbekannt ist, einzuführen.* Das Leben der Kartäuser sei ein Abbild des Lebens Jesu und seines Vorläufers, der in der Wüste gerufen habe.[252] Grünau wurde von der Mainzer Kartause besiedelt[253] und besiedelte selbst wiederum die Kartause Salvatorberg bei Erfurt.[254]

Im Bistum Würzburg stieg die Zahl der Kartausen allmählich auf insgesamt fünf, eine vergleichsweise hohe Zahl, wenn man bedenkt, daß es in den Nachbarbistümern Eichstätt und Bamberg keine bzw. eine einzige Kartause (Nürnberg)[255] gab. Im Jahre 1351 hat das Generalkapitel des Prämonstratenserordens sein heruntergekommenes und unreformierbares Frauenkloster Cella Salutis in Tückelhausen bei Ochsenfurt den Kartäusern übertragen,[256] nach der Ordenstradition vor allem auf Betreiben des Würzburger Domdekans Eberhard von Riedern.[257] Tückelhausen ist von allen fränkischen Kartausen am besten erhalten und am ehesten geeignet, das Bild einer mittelalterlichen Anlage zu vermitteln (Farbbild S. 292).[258] Die Würzburger Kartause Engelgarten (Hortus Angelorum) wurde nach längeren Vorbereitungen 1352 von den Patriziern Rüdiger und Wolfram Teufel wohl unter Beteiligung Bischof Albrechts II. und Angehöriger des Domkapitels gegründet (Abb. S. 263).[259] Wohltäter verhalfen ihr zu ausgedehntem Grundbesitz, und sie scheint auch eine bedeutende Bibliothek gehabt zu

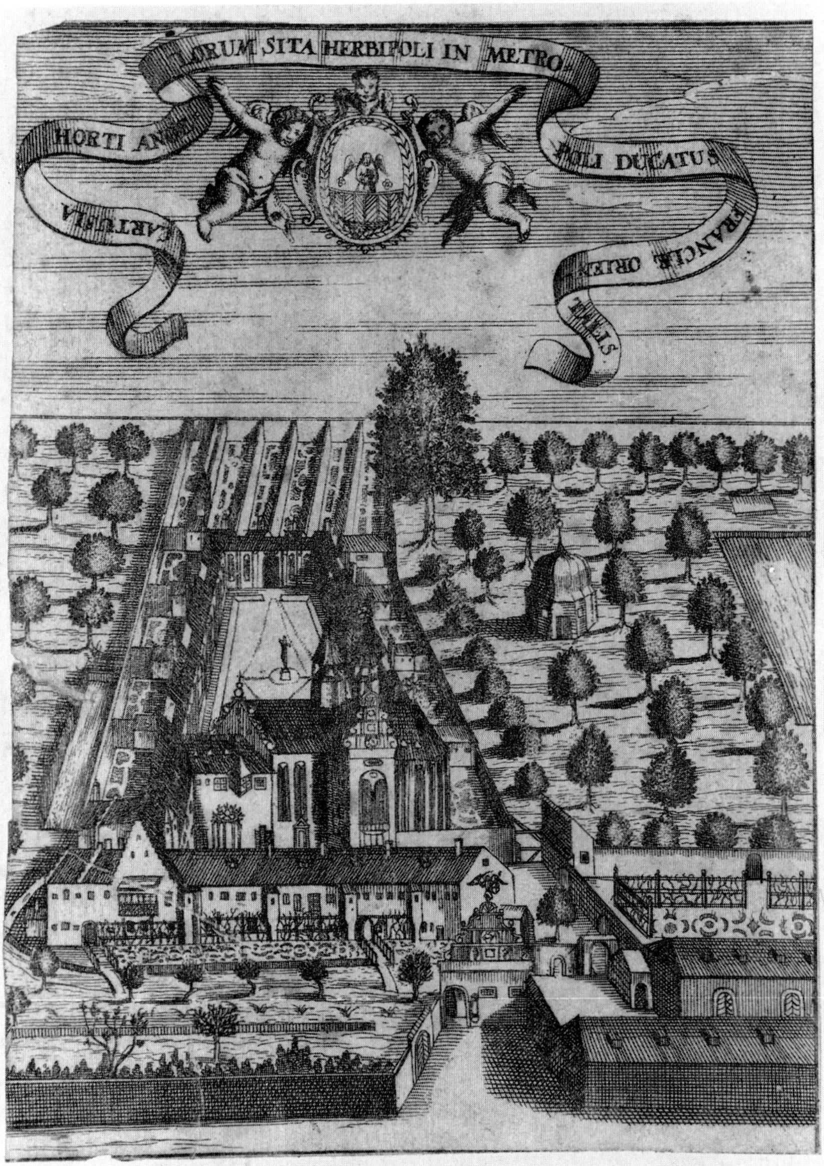

Kartause Engelgarten in Würzburg (Stich aus dem frühen 17. Jahrhundert, Mainfränkisches Museum Würzburg).

haben.[260] In ihrer Gemeinschaft lebten einige angesehene theologische Schriftsteller.[261] 1409 stifteten Erkinger von Seinsheim und seine erste Frau Anna geb. von Bibra in Astheim bei Volkach die Kartause Marienbrück (Pons s. Mariae).[262] Als letzte trat schließlich 1453 die Kartause Mariengart (Hortus s. Mariae) in Ilmbach im Steigerwald ins Leben.[263] Ihre Stifter waren Balthasar Fere vom Berge und seine Frau Magdalena geb. von Vestenberg, welche die Burg Ilmbach kurz zuvor gekauft hatten.[264]
Anpassung an Zeitströmungen kann, wofür die allgemeine Ordensgeschichte zahlreiche Beispiele bietet, ans Mark einer Institution gehen. Einem solchen Prozeß konnten die regelmäßigen und rigorosen Visitationen der Kartausen mit weitgehenden Erfolgen entgegenwirken.[265] Michael de Leone († 1355), bischöflicher Protonotar und Scholaster des Stiftes Neumünster, berichtet mit größter Bewunderung und Hochachtung von den Lebensnormen der Kartäuser.[266] Reform war bei ihnen »kein punktueller disziplinärer und organisatorischer Kraftakt ... Reform (war) ein ständiger Prozeß«.[267] Reform vollzieht sich im einzelnen Mönch. Insofern ist das alte, oft zitierte Diktum *Cartusia numquam reformata, quia numquam deformata* (Der Kartäuserorden wurde nie reformiert, weil er nie deformiert war) richtig. Insofern stellte der Kartäuserorden auch »allein durch seine Existenz ein stilles Reformpotential dar. Die starke Expansion der Kartausen im 14. und 15. Jahrhundert muß denn auch als Teil der spätmittelalterlichen Ordensreformen insgesamt begriffen werden«.[268] Die Kartäuser waren es, welche die Maßstäbe für das geistliche Leben setzten.
Die Kartausen des alten Bistums Würzburg, die alle zur 1355 formierten ›Ordensprovinz‹ (Visitationsbezirk) Alemannia inferior gehörten,[269] haben die Reformation überdauert, Grünau mit Unterbrechungen, alle mit personellen Verlusten.[270]

6. *Antoniter*

Nur eine barocke Steinfigur des heiligen Antonius des Einsiedlers († 356) mit seinem Attribut, dem Schwein, an der Apsis der heutigen Ursulinenkirche erinnert in Würzburg (Farbbild S. 292) noch an einen Orden, der hier länger als ein Jahrhundert tätig war: die Antoniter. Die bemalte Holzfigur des Heiligen (ca. 1470/80), die sich im Inneren der Kirche befand, verbrannte beim Luftangriff auf Würzburg am 16. März 1945 und ist nur noch aus einer Abbildung bekannt.[271]
Seitdem in der zweiten Hälfte des 11. Jahrhunderts die Reliquien dieses heiligen Antonius nach La-Motte-aux-Bois in der Dauphiné übertragen worden waren – der Ort wurde hernach St-Antoine genannt –, setzte ein

starker Zustrom von Hilfesuchenden zu dieser Kirche ein. Hier rief man St. Antonius vor allem gegen eine rätselhafte, rotlaufartige epidemische Krankheit an, die Antoniusfeuer genannt wurde, von welcher Menschen und Tiere, besonders Schweine, betroffen wurden. Daß die Krankheit durch das Mutterkorn hervorgerufen wurde, welches, zumal in Zeiten der Hungersnot, mit Brotmehl verbacken wurde, erkannte die Medizin erst im 17. Jahrhundert. Bei der Kirche St-Antoine bildete sich eine Bruderschaft, die sich in den Dienst der Erkrankten stellte.[272] Erstaunlich rasch konnte sie in Mittel- und Südeuropa zahlreiche Niederlassungen gründen, und sie dehnte ihre Tätigkeit bald auf Hilfsbedürftige aller Art aus. 1297 wurden die Antoniter von Papst Bonifaz VIII. als Chorherrenorden bestätigt,[273] der jedoch der Funktion nach den Spitalorden zuzuordnen ist. Die Antoniter, die an ihrem Habit ein blaues Tau-Zeichen (Antoniterkreuz) trugen, galten als einheitliche Gemeinschaft unter der Leitung des Abtes von St-Antoine. Die auswärtigen Häuser hatten keine rechtliche Sonderexistenz als Konvente, was jedoch deren mehr oder weniger ausgeprägtes Eigenleben auf Dauer ebensowenig verhindern konnte wie eine hierarchische Gliederung der Gemeinschaft. So stand an der Spitze des Würzburger Hauses ein Präzeptor, in deutschen Urkunden *Statthalter* genannt. Das Würzburger Haus unterstand der Generalpräzeptorei Isenheim im Elsaß, die vor allem durch den Altar des Matthias Grünewald bekannt ist.

Die Antoniterhäuser unterhielten zur Unterstützung der Spitäler und Bedürftiger eine Anzahl von Schweinen.[274] Diese hatten, gekennzeichnet mit einem Antoniterkreuz, in den Orten, in welchen sie zugelassen waren, freien Auslauf, um in den Gassen nach Nahrung zu suchen; in Würzburg waren es 14.[275]

Die Anfänge des Würzburger Antoniterhauses, das 1545 vom Orden verkauft wurde, liegen wohl im ersten Viertel des 15. Jahrhunderts. Es gibt keine Nachrichten über die Gründung, und auch spätere Quellen sind überaus spärlich.

Zur Würzburger Präzeptorei gehörten wohl wenigstens zwei kleinere Häuser, welche Zentren von Terminierbezirken waren. Graf Friedrich I. von Henneberg-Aschach übergab am 19. August 1411 die in der Pfarrei Gleichamberg gelegene Antoniuskapelle zu Eicha (dicht hinter der heutigen bayerisch-thüringischen Grenze) dem Antoniterhaus zu Isenheim.[276] Die Kapelle scheint dann von den Würzburger Antonitern betreut, ihre Einkünfte von ihnen genutzt worden zu sein.[277] Auch in der Stadt Kitzingen wurden Antoniusschweine gehalten. Am 28. Februar 1524 teilten Bürgermeister und Rat der Stadt den Würzburger Antonitern mit, daß sie zwei ihrer Schweine hätten abstechen lassen, für die sie eine Entschädigungssumme übersenden. Weitere Antoniusschweine würden nicht mehr zugelassen.[278] Ihr Verschwinden wies auf die Annahme der Reformation durch die Stadt hin.

7. *Religiöse Frauengemeinschaften*

Bereits 1935 hat Herbert Grundmann (was häufig übersehen wird) darauf hingewiesen, daß die religiösen Frauengemeinschaften nicht in erster Linie als Adnex der Männerorden anzusehen seien. Man habe »niemals die religiöse Frauenbewegung als ein einheitliches Ganzes ins Auge gefaßt. Die Entwicklung des Verhältnisses der einzelnen Orden zu ihren weiblichen Zweigen greift aber so stark ineinander ein, verkettet sich so eng in gegenseitiger Einwirkung und Folgewirkung, daß sie überhaupt nicht als eine Angelegenheit jedes Ordens für sich, sondern nur als eine Auseinandersetzung der religiösen Frauenbewegung als Ganzes mit der Gesamtheit der religiösen Orden zu verstehen ist«.[279] Daher erklärt es sich auch, daß die Ordenzugehörigkeit mancher Frauengemeinschaften über längere Zeit unklar bleibt. Kloster Schmerlenbach bei Aschaffenburg wurde bald nach diesem, bald nach jenem Orden benannt, aber nach keinem auf Dauer.[280]
Die Unbestimmtheit lag zum Teil darin begründet, daß sowohl die Zisterzienser als auch die Bettelorden die geistliche Leitung von Frauenklöstern lange abgelehnt haben. Im 13. Jahrhundert war es die römische Kurie, später waren es die Bischöfe, welche die Eingliederung von ›beginenartigen‹ Frauengemeinschaften in die festen Formen eines anerkannten Ordens betrieben.[281] Den Frauen selbst ging es »nicht so sehr um eine bestimmte Regel ..., sondern vielmehr um die Anerkennung der kirchlichen Behörden und deshalb ... um eine vom Papst und von der Tradition gebilligte Regel, damit sie nicht mit der Auflösung bedroht wurden«.[282] In dem Maße, in welchem die prägende Kraft einer Ordensregel im 14. und vor allem im 15. Jahrhundert auch bei den Frauenklöstern nachließ, verlor die Entscheidung für einen bestimmten Orden an Bedeutung.
Ablehnend verhielten sich bereits die Zisterzienser, als religiöse Frauengemeinschaften begannen, deren Gewohnheiten zu beobachten und nach einem rechtlich gesicherten Anschluß an den Orden zu suchen. Erst zu Beginn des 13. Jahrhunderts inkorporierten die Generalkapitel auf päpstlichen Druck hin einzelne Frauenklöster förmlich dem Orden.[283] Diese Konvente hatten dann Anspruch auf seelsorgliche Betreuung und wirtschaftliche Beratung durch ein Männerkloster, dessen Abt zur Visitation des Frauenklosters verpflichtet war. Es sind also zwei Arten von Zisterzienserinnen-Klöstern zu unterscheiden: die dem Orden förmlich inkorporierten[284] und jene Klöster, welche nur nach den Zisterzienserkonstitutionen lebten. Die

ältesten von ihnen in Unterfranken, Wechterswinkel bei Mellrichstadt (spätestens 1143 gegründet) und Schönau bei Gemünden am Main (gegründet 1189), waren dem Orden nie förmlich inkorporiert.
Frommer Sinn und der starke Frauenüberschuß des Mittelalters, der sich nach dem Jahr 1200 infolge der hohen Ausfälle bei der Ritterschaft durch die Kreuzzüge besonders krass auswirkte, ließ im zweiten Viertel des 13. Jahrhunderts die Zahl der Frauen, welche in die klösterlichen Gemeinschaften strebten, sprunghaft ansteigen. Der Würzburger Bischof Hermann von Lobdeburg sah sich bereits 1231 veranlaßt, für das Kloster Wechterswinkel eine Höchstzahl von hundert Nonnen festzusetzen.[285] Wenn der Geschichtsschreiber Jakob von Vitry († 1254) sagt, daß die zisterziensischen Frauenkonvente sich um diese Zeit wie die Sterne am Himmel vermehrten,[286] so läßt sich dies auch für das Bistum Würzburg bestätigen. Um 1230 setzen die Gründungen, bei denen meist Adel und Bischof zusammenwirkten, in dichter Folge ein.[287] 1231 wird Himmelspforten (Celi Porta) gestiftet (Farbbild S. 293).[288] Im gleichen Jahr dotieren Graf Otto von Botenlauben und seine Gemahlin Beatrix das Kloster Frauenroth (Novalis s. Marie) bei Kissingen. Ein Jahr später, 1232, stiftet Bischof Hermann I. in der Nähe Würzburgs das Kloster Maidbronn (Fons Virginis s. Marie, Fons virginum). Eine adelige Stiftung ist Heiligenthal (Vallis sanctorum) bei Schweinfurt (1234), von wo aus 1237 ein Tochterkloster in Mariaburghausen (Vallis s. Crucis) bei Haßfurt besiedelt wurde. Es folgen vor 1250 noch sechs weitere Zisterzienserinnenklöster im Südwesten des alten Bistums Würzburg.[289] Im Mainzer Oberstift dotierten die Grafen von Rieneck 1232 das Kloster Himmelthal (Vallis Celi) bei Obernburg.[290] In den Benennungen der Niederlassungen drückt sich das Streben der Frauen nach Umwandlung ihrer selbst und ihrer unmittelbaren Umgebung aus.[291]
So plötzlich die Gründungswelle einsetzte, so abrupt brach die Bewegung wieder ab. Nach der Mitte des 13. Jahrhunderts entstanden in Franken nur noch einzelne Zisterzienserinnenklöster, darunter das offenbar nur kurzlebige Kürnach bei Würzburg, das lediglich in einigen Urkunden aus der zweiten Hälfte des 13. Jahrhunderts bezeugt ist.[292] Um diese Zeit hatte die Armutsbewegung den Frauengemeinschaften neue, die Frömmigkeit verändernde Impulse gegeben und die sozialen Schranken vor dem Eintritt in die Konvente beseitigt, ohne adeligen Frauen den Eintritt zu verwehren.
Zahlreich waren die ›beginenartigen‹ Gemeinschaften, welche dem Dominikanerorden angegliedert wurden.[293] Ihm fiel in der religiösen Frauenbewegung »eindeutig die Führungsaufgabe zu«.[294] In Franken am Anfang steht St. Marx (Markus) in der Würzburger Vorstadt Pleich, wo eine Gemeinschaft von Frauen lebte, welcher 1243/45 Königin Margarethe, Witwe des Staufers Heinrich (VII.), angehörte. Diesen Konvent inkorpo-

rierte Papst Innozenz IV. 1246 dem Dominikanerorden,[295] etwa gleichzeitig mit mehr als 30 anderen Gemeinschaften im Reich.[296] Eine Zeitlang stand Katharina, Schwester des Würzburger Bischofs Rudolf von Scherenberg, als Priorin (1427 ?–1462) dem Kloster St. Marx vor,[297] dessen Angehörige im Mittelalter zum großen Teil ritterschaftlichen Familien entstammten.[298] Eine Verwirklichung des vom Generalmagister Raymund von Capua 1397 gemachten Vorschlages, Novizinnen alternierend aus dem Adel und aus dem Bürgertum zuzulassen,[299] ist im Würzburger Dominikanerinnenkloster nicht zu erkennen.

In diesen Zusammenhang sind auch die seit dem zweiten Viertel des 13. Jahrhunderts auftretenden Magdalenerinnen (*Ordo penitentium s. Magdalene*)[300] einzuordnen, die in deutschen Dokumenten ›Reuerinnen‹ genannt wurden, obgleich sie keineswegs nur gefallene Mädchen aufnahmen.[301] Bei der Bestätigung des Ordens durch Papst Gregor IX. am 10. Juni 1227, anläßlich welcher das Würzburger Kloster erstmals genannt wird,[302] wurden von der Frauengemeinschaft die Zisterziensergewohnheiten beobachtet, obwohl sie zu diesem Orden keine geregelten Beziehungen hatte. Am 23. Oktober 1232 verordnete der gleiche Papst dem Orden die Augustinerregel mit den Konstitutionen von S. Sisto in Rom,[303] für das Würzburger Kloster ausdrücklich bezeugt im Jahre 1327.[304] Die Klosterkirche war 1255 offenbar im Bau[305] und wurde wenig später vollendet. Die Zustände im Konvent – Mißachtung der Klausur, offener Bettel wegen unzureichender Einkünfte – hatten schon gegen Ende des 13. Jahrhunderts Anlaß zu Klagen und Reformversuchen gegeben. Doch hat der Domdekan, der auch der Grundherr des Klosters war, von seinen Aufsichtsrechten offenbar keinen durchgreifenden Gebrauch gemacht.[306]

Frauengemeinschaften, die nach der Augustinerregel lebten, waren im alten Bistum Würzburg ansonsten selten. In Königsberg in Franken vereinigten sich offenbar schon bald nach der Gründung des Augustinerklosters (s. oben 4 c) adelige Frauen zu einer Gesellschaft, welche am 30. Juni 1391 festere Formen annahm. Nach ihrem Abzeichen, einer silbervergoldeten Akeleiblume, hießen sie Aglai-Schwestern.[307] In der Stadt Würzburg nahm eine im Hof ›Zur hohen Zinne‹ (heute Hörleingasse 6) ansässige Frauengemeinschaft, die zunächst in Beziehungen zu den Franziskanern gestanden hatte, 1460 die Augustinerregel an.[308]

Auch das älteste Klarissenkloster Frankens, das in Würzburg, entstand aus einer beginenartigen, möglicherweise nach der Augustinerregel lebenden Gemeinschaft, der Bischof Hermann I. (von Lobdeburg) im Februar 1250 die Erlaubnis gab, in die Bartholomäusklause einzuziehen, die zuvor von den Franziskanern verlassen worden war, und sich deren geistlicher Leitung zu unterstellen. Ein Teil der Frauen nahm das Angebot an, ein neues

Kloster entstand, dessen Kirche das Patrozinium St. Agnes erhielt. Klarissen aus dem schwäbischen Kloster Söflingen halfen bei der Formierung des Konventes. Am 4. Mai 1254 inkorporierte Papst Innozenz IV. das Würzburger Kloster dem Klarissenorden, verlieh ihm das Recht der freien Äbtissinenwahl und das Recht zum Besitzerwerb.[309] Vorbild für den Klarissenorden waren jene frommen Frauen, die seit 1212 nach den Anweisungen des Franz von Assisi und unter der Leitung der Clara Sciffi bei der Kirche S. Damiano bei Assisi lebten und zunächst den Namen *ordo S. Damiani*, bald aber die Bezeichnung *ordo S. Clarae* führten. Franz von Assisi selbst hat ansonsten institutionelle Verbindungen von Frauenklöstern zu seiner Gemeinschaft zu verhindern versucht. Doch hat die Ordensleitung diesen Kurs nicht lange durchhalten können.[310] Das Nachlassen der Anfangsbegeisterung, Schenkungen und Käufe, trugen auch im Würzburger St. Agnes-Kloster mit dazu bei, daß aus den, wie es in der Urkunde Innozenz' IV. heißt, *klugen Jungfrauen, die sich darauf vorbereiten, mit brennenden Lampen dem Bräutigam entgegenzugehen,* eine Vereinigung mit sinkendem Personalstand und erheblichen Disziplinschwierigkeiten wurde.
Schwer von den Beginen abzugrenzen sind die Terziarinnen vom heiligen Franz von Assisi, die gelegentlich ein konventartiges Leben führten, jedoch, wie es scheint, ohne Klausur.[311] Zwei solcher Gemeinschaften lassen sich in Würzburg nachweisen, eine davon, die jedoch schon 1460 die Augustinerregel übernahm, lebte in dem schon genannten Haus ›Zur hohen Zinne‹, die andere, bereits 1366 bezeugte, im ›Wilberghaus‹ (Hofstraße), welches offensichtlich nach ihrer wohl adeligen Stifterin benannt worden war.[312]
Der Druck der kirchlichen Obrigkeiten auf die Beginenhäuser führte bei zweien von ihnen zur Annahme der Benediktinerregel. Bischof Hermann I. veranlaßte 1237 die vor dem Heidingsfelder Nikolaustor lebenden Frauen, in das Dorf zu übersiedeln, dort ein Kloster zu bauen, für welches er den Namen ›Paradies‹ bestimmte, und verordnete ihnen die Benediktinerregel.[313] Papst Innozenz IV. bestätigte diese Anordnungen am 23. Mai 1254.[314] Mehr als zwei Jahrhunderte später, am 30. Januar 1476, verfügte Bischof Rudolf (von Scherenberg) die Umwandlung der St. Ulrichsklause in Würzburg, die zeitweise von den Franziskanern betreut wurde,[315] in ein Benediktinerinnenpriorat mit dem Patrozinium St. Scholastika zu der Gnadenpforte, und unterstellte das neue Kloster den Patres der Bursfelder Observanz und der Aufsicht des Abtes von St. Stephan in Würzburg (Farbbild S. 294).[316]
Ansonsten standen die Benediktinerinnen außerhalb der religiösen Frauenbewegung des 12. und 13. Jahrhunderts. Als adelige Eigenklöster gegründet, bewahrten sie ihre ursprünglichen Funktionen auch im späten Mittelal-

ter. Das Adelsprinzip erlitt keine wesentlichen Einbrüche. Nicht trotz, sondern wegen der weltlichen Lebensweise in den Benediktinerinnenklöstern blieb der Adel an ihrer Erhaltung interessiert, boten sie ihm doch Gewähr für die soziale Absicherung unverheiratet gebliebener Töchter, ohne daß diese zu einem wirklich der Ordensregel entsprechenden Leben verpflichtet waren. Im 15. Jahrhundert läßt sich fast überall eine Zweiteilung der Konvente beobachten. Durch die Teilung in Chorschwestern und Konversenschwestern blieb die weltliche Ständestruktur im Kloster erhalten, was offenbar den Zorn vieler erregte.[317] Der Einfluß der Bursfelder Reform auf die Frauenklöster war gering und konnte, wenn überhaupt, erst sehr spät durchgesetzt werden.[318] Während Bischof Rudolf (von Scherenberg) die Frauenabtei Kitzingen, in welcher ein ganz und gar ungeistliches Leben herrschte und die in Einzelhaushalte zerfallen war, über zwanzig Jahre lang ohne erkennbaren Erfolg zu reformieren versuchte,[319] gelang seinem Nachfolger Lorenz (von Bibra) im Jahre 1506 die Reform des Klosters St. Afra vor den Mauern der Stadt Würzburg,[320] mit der auch eine Öffnung für nichtadelige Frauen verbunden war.[321]

In den Klöstern der Zisterzienserinnen stand es jedenfalls gegen Ende des 15. Jahrhunderts nicht besser als in denen der Benediktinerinnen. Vom Orden oder vom Bischof abgeordnete Visitatoren stellten Zerfall und Verweltlichung der Konvente fest: Zerfall des gemeinsamen Lebens, des gemeinsamen Gebetes, des gemeinsamen Tisches, jedoch eigenes Vermögen; Verweltlichung, insofern die Frauen die Klausur nicht beachteten und bürgerliche Kleidung, ja modischen Schmuck trügen. Zum Teil waren es päpstliche Dispensationen, welche auch schwere Abweichungen von Ordensregel und Konstitutionen legitimiert hatten. Genuß, persönlicher Reichtum und ungebundenes Leben, denen die erste Generation abgesagt hatte, waren bald mit Privilegien der höchsten kirchlichen Autorität im Kloster zu Hause.[322] So verwundert es nicht, daß die Päpste in Fragen der Klosterreform im 15. Jahrhundert keine Autorität mehr hatten. Es waren die Generalkapitel des Ordens und im Bistum Würzburg die Bischöfe Rudolf von Scherenberg und Lorenz von Bibra, welche in den Zisterzienserinnenklöstern gegen meist zähen, vor allem mit dem Herkommen begründeten Widerstand[323] eine strengere, regeltreuere Lebensform durchzusetzen versuchten. So ergingen bischöfliche Statuten für die Klöster Wechterswinkel (1486, 1490, 1515), Mariaburghausen (1492, 1498), Maidbronn (1492, 1500) und Heiligenthal (1501).[324] Bischof Lorenz verbot 1504 allgemein den Besuch in Nonnenklöstern und das Auslaufen der Nonnen.[325] Die Erfolge der Reformversuche scheinen nirgendwo von nachhaltiger Wirkung gewesen zu sein.

Frauengemeinschaften, die sich in die Organisationsformen der alten Orden nicht einfügen lassen wollten, konnten als Beginenklausen noch eine Zeitlang mehr schlecht als recht weiterexistieren. Gewiß wurden sie von nahegelegenen Männerklöstern seelsorglich betreut, ohne daß rechtliche Beziehungen zu ihnen bestanden hätten.[326] Fehlende dauerhafte Aufsicht über das durch keine anerkannte Ordensregel normierte Leben der Beginen ließ vor allem die Bischöfe gegen ihre Häuser mißtrauisch werden, worin sie von der öffentlichen Meinung unterstützt wurden.[327] Die Alternative, vor der die Häuser im 15. Jahrhundert standen, hieß: Anschluß an einen Orden oder Auflösung.[328] Unter bischöflichem Druck löste sich auch im Bistum noch vor der Reformation eine Beginenklause nach der anderen auf.[329]

Anmerkungen

[1] Ich folge stellenweise dem dritten Abschnitt meines Beitrages: Das benediktinische Mönchtum im mittelalterlichen Franken (s. Literaturverz.), S. 53–60.

[2] F. Lütge, Geschichte der deutschen Agrarverfassung vom frühen Mittelalter bis zum 19. Jahrhundert, 1963, S. 74; M. Ofer, St. Stephan in Würzburg (Dissertationen zur mittelalterlichen Geschichte 6), 1990 (nicht in jeder Hinsicht typisch).

[3] Jedoch schon 1144 vertauscht: J. Looshorn, Die Geschichte des Bisthums Bamberg 2, 1888, S. 384f.

[4] G. Link, Klosterbuch der Diöcese Würzburg 1, 1873, S. 309–311; RB 2, S. 133.

[5] R. Braun, Das Benediktinerkloster Michelsberg 1015–1525 2 (Die Plassenburg 39), 1977, S. 295–304.

[6] E. E. Stengel/F. Uhlhorn, Geschichtlicher Atlas von Hessen, 1960, Karte 9.

[7] K. Lübeck, Die Fuldaer Äbte und Fürstäbte des Mittelalters, 1952, S. 143f.

[8] Besonders Bischof Otto II. (v. Wolfskeel): GS Würzburg 2, 1969, S. 70.

[9] Vgl. die im genannten Band (wie Anm. 8) nachgewiesenen Inkorporationsurkunden.

[10] MG Epp. saec. XIII. sel. III, S. 35 Nr. 47.

[11] Fürstl. Leiningisches Archiv Amorbach, Or.-Pgt. (1298 Okt. 22).

[12] St. A. Würdtwein, Diplomataria Maguntina I, Mainz 1788, S. 379 Nr. 216 (undatiert).

[13] W. Engel, Urkundenregesten zur Geschichte der kirchlichen Verwaltung des Bistums Würzburg im hohen und späten Mittelalter (QFW 9), 1954, S. 193 Nr. 246.

[14] A. Wendehorst, Analekten zur Geschichte der Abtei Münsterschwarzach im Spätmittelalter, in: WDGBl 25, 1963, S. 131 Nr. 1; A. Amrhein, Gotfrid Schenk von Limpurg, Bischof von Würzburg und Herzog zu Franken, 1442–1455, in: AUFr 53, 1911, S. 84f.; v. Pölnitz, S. 131.

[15] A. Schulte, Der Adel und die deutsche Kirche im Mittelalter, ³1958; H. Heimpel, Das deutsche fünfzehnte Jahrhundert in Krise und Beharrung, in: Die Welt zur Zeit des Konstanzer Konzils (Vorträge und Forschungen 9), 1965, bes. S. 17–19.

[16] Migne, PL 197, Sp. 338.

[17] K. Schreiner, Zur biblischen Legitimation des Adels. Auslegungsgeschichtliche Studien zu 1 Kor 1,26–29, in: Zs. für Kirchengeschichte 85, 1974, S. 317–357.

[18] F. Stein, Monumenta Suinfurtensia historica, 1875, S. 40 Nr. 25.

[19] Ussermann, S. 282f.; Die Rats-Chronik der Stadt Würzburg, hg. von W. Engel (QFW 2), 1950, S. 58; zum Zeitpunkt: UB der Marienkapelle am Markt zu Würzburg 1317–1530, hg. von A. Wendehorst (QFW 27), 1974, S. 273 Anm. 9.

[20] Engel, Urkundenregesten (wie Anm. 13), S. 229f. Nr. 298; F. Merzbacher, Johann von Allendorf, Stiftspropst von St. Burkard und bischöflicher Kanzler (QFW 11), 1955, S. 15–17; GS Würzburg 3, 1978, S. 16, 42f.

[21] F. X. Mayer, Verwandlung des Benediktinerklosters Comburg in ein adeliges Chorherrenstift 1488, in: Diözesanarchiv von Schwaben 23, 1905, S. 33–35; R. Jooß, Kloster Komburg im Mittelalter (Forschungen aus WürttembFr 4), ²1987, S. 90–97.

[22] Chronicon Sponheimense, in: Johannis Trithemii secundae partis chronicae insignia duo, Frankfurt 1601, S. 377; vgl. auch J. Trithemius, Annales Hirsaugienses II, St. Gallen 1690, S. 533f. und dessen Liber lugubris de statu et ruina monastici ordinis, in: J. Trithemius, Opera pia et spiritualia, Mainz 1604, S. 806–839.

[23] Wendehorst, Der Adel und die Benediktinerklöster.

[24] P. Maier, Ursprung und Ausbreitung der Kastler Reformbewegung, in: StMBO 102, 1991, S. 75–204.

[25] Volk, Generalkapitelsrezesse 1, S. 100, 141, 187, 428.

[26] R. Krebs, Das Kloster Amorbach im 14. und 15. Jahrhundert, in: Archiv für hessische Geschichte und Altertumskunde NF 7, 1910, S. 185–269.

[27] W. Eichhorn, Die Prioren der Abtei Amorbach, in: WDGBl 32, 1970, S. 19, 30.

[28] Concilium Basiliense III, hg. von J. Haller, 1900, S. 108.

[29] Vgl. Monumentum vetus ignori autoris, in: J. P. Ludewig, Geschicht-Schreiber von dem Bischoffthum Wirtzburg, Frankfurt 1713, S. 813 Anm. 7; J. Widemann, UBSt Erg.-H., 1938, S. 41 Nr. 77; Chronicon Ecclesiasticum Nicolai de Siegen, hg. von F. X. Wegele (Thüringische Geschichtsquellen 2), 1855, S. 444f.; v. Pölnitz, S. 48 mit Anm. 2.

[30] Wendehorst, Analekten (wie Anm. 14), S. 139–143 Nr. 10.

[31] v. Pölnitz, S. 133f.

[32] Vgl. P. Becker, Erstrebte und erreichte Ziele benediktinischer Reformen im Spätmittelalter, in: Reformbemühungen und Observanzbestrebungen, S. 23–34; Einzelheiten: J. Mayerhofer, Kleine Beiträge zur Geschichte des Klosters St. Stephan in Würzburg, in: AUFr 36, 1893, S. 187–192; H. Endres, Zur Geschichte der Buchbinderei des Benediktiner-Klosters St. Stephan in Würzburg, in: MainfrJb 10, 1958, S. 254–260.

[33] Für die Verfassungsgeschichte des Domkapitels ist man immer noch angewiesen auf A. Amrhein, Reihenfolge der Mitglieder des adeligen Domstifts zu Wirzburg [1], in: AUFr 32, 1889, S. 8–41; ergänzend: W. Engel, Zur inneren Geschichte der Würzburger Dompropstei im 14. Jahrhundert, in: WDGBl 26, 1964, S. 91–108 und F. Merzbacher, Die Dignitäten in den Statuten des Würzburger Domkapitels, ebd. 37/38, 1975, S. 359–377; Haug: J. Kühles, Das Stifthauger Dekanatsbuch, in: AUFr 21/III, 1872, S. 1–72; Neumünster: GS Würzburg 4, 1989, S. 82f.

[34] GS Würzburg 4, S. 84f.

[35] Ebd., S. 85f.

[36] W. Engel, Würzburg und Avignon, in: ZRG KA 35, 1948, S. 150–200; GS Würzburg 2, 1969, S. 83f.

[37] GS Würzburg 4, S. 84–86.

[38] Ebd., S. 305f., 409–414.

[39] Ebd., S. 86.

[40] Ebd., S. 247f.

[41] Ebd., S. 140f.

[42] Für Neumünster: ebd. S. 326–669; für Stift Haug vorerst P. Johanek, Die Frühzeit der Siegelurkunde im Bistum Würzburg (QFW 20), 1969, S. 89f.

[43] GS Würzburg 4, S. 119.

[44] Die mittelalterliche Gottesdienstordnung des Stiftes Haug in Würzburg, hg. von R. Wehner (Schr. d. Inst. f. fränk. LF 17), 1979.

[45] RB 3, S. 117; E. Bünz, Bemerkungen zu einem Besitzverzeichnis der Würzburger Domkustodie aus der ersten Hälfte des 11. Jahrhunderts, in: WDGBl 50, 1988, S. 605f.

[46] A. Wendehorst, Der Dom, das Reich, das Bistum und die Stadt, in: Ecclesia Cathedralis – Der Dom zu Würzburg, hg. von R. Schömig, 1967, S. 88.

[47] Th. Freudenberger, Der Würzburger Domprediger Dr. Johann Reyss (Katholisches Leben und Kämpfen im Zeitalter der Glaubensspaltung 11), 1954, S. 8–15.

[48] GS Würzburg 4, S. 112f.

[49] UFrGesch 1, S. 308, 328 Anm. 98–100.

[50] Backmund, Chorherrenorden, S. 85, 144 (z. T. korrekturbedürftig).

[51] Lexikon der Marienkunde 1, 1967, Sp. 810f. (Th. Freudenberger).

[52] Th. Freudenberger, Quellen zur Geschichte der Wallfahrt und des Augustinerchorherrenstiftes Birklingen, in: WDGBl 5, 1937 S. 81–85 Nr. 9, 13, 15, 18, 21, S. 90 Nr. 43, S. 92, Nr. 56; v. Pölnitz, S. 115; Monasticon Windesheimense 2: Deutsches Sprachgebiet (Archives et Bibliothèques de Belgique /Archief- en Bibliotheekswezen in Belgie, Numéro spécial/ Extranumer 16), Brüssel 1977, S. 43–48 (N. Backmund) (z. T. ungenau).

[53] Freudenberger, Quellen (wie Anm. 52), S. 95 Nr. 66; v. Pölnitz, S. 129f.

[54] L. Schmugge, Kirche und Gesellschaft im Hochmittelalter, in: Jahres- und Tagungsbericht der Görres-Gesellschaft 1976, 1977, S. 63.

[55] J. Leclerq, Die Intentionen der Gründer des Zisterzienserordens, in: Cistercienser-Chronik 96, 1989, S. 9.

[56] Ebd., S. 3–32.

[57] Zuletzt: J. Leclerq, Bernhard von Clairvaux – Entschiedenheit in Demut, 1991.

[58] Mainzer UB II/1, bearb. von P. Acht, 1968, S. 172 Nr. 89 (... *monachus non habet docentis, sed plangentis officium, quippe cui oppidum carcer esse debet et solitudo paradysus*).

[59] G. Zimmermann, Zisterziensertum als ›alternative‹ Lebenshaltung, in: Geschichte am Obermain 14, 1983/84, S. 38–52.

[60] M. Toepfer, Die Konversen der Zisterzienser (Berliner Historische Studien 10 = Ordensstudien IV), 1983, S. 27–31.

[61] G. Zimmermann, Ebrach und seine Stifter – Die fränkischen Zisterzen und der Adel, in: MainfrJb 21, 1969, S. 162–182.

[62] Das Gesamt-Urbar des Zisterzienserklosters Ebrach vom Jahre 1340, bearb. von W. Wiessner (VGffG X/8), 1973; H. Weiss, Die Zisterzienserabtei Ebrach, 1962; J. Reimann, Zur Besitz- und Familiengeschichte der Ministerialen des Hochstifts Würzburg, in: MainfrJb 15, 1963, S. 3–7.

[63] F. Geldner, Abt Adam von Ebrach, das staufische Königshaus und der Heilige Bernhard von Clairvaux, in: JffL 11/12, 1953, S. 53–65; Ders., Abt Adam von Ebrach, in: FrLB 2, 1968, S. 8–25; zum Todesjahr: L. Grill, Abt Adam von Ebrachs letzte Lebensjahre, Tod und Grab, in: WDGBl 32, 1970, S. 5–18.

[64] Krausen, S. 35.

[65] H. Wagner, Geschichte der Zisterzienserabtei Bildhausen im Mittelalter (–1525) (MainfrSt 15), 1976; Ders., Regesten der Zisterzienserabtei Bildhausen 1158–1525 (QFW 37), 1987.

[66] W. Goez, Hermann von Stahleck, in: FrLB 8, 1978, S. 1–21.

[67] GP III/3, S. 199–202; L. Scherg, Die Zisterzienserabtei Bronnbach im Mittelalter (MainfrSt 14), 1976.

[68] GP III/3, S. 203–205; Die Kunstdenkmäler in Württemberg, Ehem. Oberamt Künzelsau, 1962, S. 271–384.

[69] K. Schreiner, Mönchsein in der Adelsgesellschaft, in: HZ 248, 1989, S. 578f.

[70] W. Wiemer, Die Baugeschichte und Bauhütte der Ebracher Abteikirche 1200–1285, in: JffL 17, 1957, S. 1–85.

[71] GS Würzburg 2, S. 27f., 35.

[72] H. Zeiß, Reichsunmittelbarkeit und Schutzverhältnisse der Zisterzienserabtei Ebrach vom 12. bis 16. Jahrhundert, in: BHVB 80, 1928, S. 1–102.

[73] B. Schimmelpfennig, Das Papsttum und die Reform des Zisterzienserordens im späten Mittelalter, in: Reformbemühungen und Observanzbestrebungen, S. 410.

[74] Die Handschriften der Univ.-Bibl. Würzburg I: Die Hss. der Zisterzienserabtei Ebrach, bearb. von H. Thurn, 1970.

[75] J. Kist, Ebracher Zisterzienser und ihr Universitätsstudium im Mittelalter, in: WDGBl 14/15, 1952, S. 343–347.

[76] G. Ritter, Die Heidelberger Universität 1, 1936, S. 83–85.

[77] Vgl. Toepfer (wie Anm. 60), S. 35f., 51.

[78] W. Schich, Die Stadthöfe der fränkischen Zisterzienserklöster in Würzburg, in: Zisterzienser – Studien III, 1976, S. 45–94; Ders., Zum Problem des Einstiegs der Zisterzienser in den Handel im 12. Jahrhundert unter besonderer Berücksichtigung des Ordensstatuts ›De Nundinis‹, in: Historia i kultura Cystersów, hg. von J. Strzelcyzk, Poznań 1987, S. 33–59; G. Friedrich, Die Stadthöfe fränkischer Zisterzienserklöster, in: MainfrJb 39, 1987, S. 1–44.

[79] GS Würzburg 2, S. 33.

[80] Norbert von Xanten, hg. von K. Elm, 1984; bes. die Beiträge von St. Weinfurter, Norbert von Xanten als Reformkanoniker und Stifter des Prämonstratenserordens (S. 159–187) und K. Elm, Norbert von Xanten. Bedeutung – Persönlichkeit – Nachleben (S. 267–318).

[81] Schreiber, Prämonstratenserkultur, S. 16f.

[82] Ebd., S. 44.

[83] Ebd., S. 55, 64f.

[84] Vita Norberti archiep. Magdeburg., MG SS 12, S. 690; GS Würzburg 1, S. 136; GP III/3, S. 194–197; L. Günther, Kloster Oberzell, in: FS zum 800jährigen Jubiläum des Norbertus-Klosters Oberzell, 1928, S. 5–55.

[85] MB 45, S. 6f Nr. 3; GS Würzburg 1, S. 145f.

[86] Grundmann, Religiöse Bewegungen, S. 48f.

[87] GS Bamberg 1, S. 135.

[88] F. J. Felten, Norbert von Xanten. Vom Wanderprediger zum Kirchenfürsten, in: Norbert von Xanten (wie Anm. 80), S. 100f.

[89] Wirtemberg. UB 2, S. 54f. Nr. 332; GS Würzburg 1, S. 147.

[90] N. Backmund, Die Originalurkunden des Prämonstratenserklosters Tückelhausen, in: WDGBl 28, 1966, S. 18 Nr. 11.

[91] Ebd., S. 12–14 Nr. 4.

[92] Ebd., S. 19–24 Nr. 12; vgl. unten S. 262.

[93] S. Zeissner, Geschichte des Frauenklosters Unterzell bei Würzburg, in: WDGBl 16/17, 1955, S. 246–271.

[94] MB 37, S. 79–81 Nr. 103; W. Mahr/H. Schiesser, Geschichte von (Kloster-)Hausen an der Fränkischen Saale, in: MainfrJb 14, 1962, S. 101–153.

[95] J. Fleckenstein, Die Rechtfertigung der geistlichen Ritterorden nach der Schrift ›De laude novae militiae‹ Bernhards von Clairvaux, in: Vorträge und Forschungen 26, S. 9–22.

[96] M. Melville, Les Débuts de l'Ordre du Temple, in: Vorträge und Forschungen 26, S. 23–30; M. Schüpferling, Der Tempelherren-Orden in Deutschland, 1915.

[97] R. Hiestand, Die Anfänge der Johanniter, in: Vorträge und Forschungen 26, S. 31–80.

[98] U. Arnold, Entstehung und Frühzeit des Deutschen Ordens. Zur Gründung und inneren Struktur des Deutschen Hospitals von Akkon und des Ritterordens in der ersten Hälfte des 13. Jahrhunderts, in: Vorträge und Forschungen 26, S. 81–107.

[99] Angabe nach A. Wendehorst, Das Bistum Würzburg. Ein Überblick von den Anfängen bis zur Säkularisation, in: FDA 86, 1966, S. 9–93, hier S. 37.

[100] 1308 August 12. Tabula formarum curie episcopi (QFW 13), 1967, 175, S. 109.

[101] 1215 September 16. BHStA München, Kaiserselekt 615. MB 30, 615, S. 34f. – Während Rödel die Urkunde BGStA München, WU 4828 (RB I, S. 305) noch traditionell auf 1179 datiert, gelingt Karl Borchardt, Zwei Spendenaufrufe aus dem 13. Jahrhundert (Manuskript), der Nachweis, daß die fragliche Urkunde erst im 2. Drittel des 13. Jahrhunderts (wohl 1244 oder 1253) entstand. Vgl. Scharold, Das St. Oswalds-Spital und die daraus entstandene Johanniter-Ordens-Commenthurie zu Würzburg, in: AUFr 3/2, 1836, S. 144–150; J. Hoh, Die Komture der Johanniterkommende Würzburg, in: WDGBl 11/12, 1950, S. 113–126; Rödel, Großpriorat, S. 172–175.

[102] 1239. BHStA München, WU 4843. RB II, S. 295; 1251. BHStA München, WU 4858. MB 37, 317, S. 354f.

[103] 1244 April. BHStA München, WU 4849, 4850, 4851. MB 37, 280/281, S. 313–315. J. Hoh, Das ehemalige Johanniterkastell in Biebelried, in: MainfrJb 4, 1952, S. 319–326; Rödel, Großpriorat, S. 175f.

[104] G. Lill, F. K. Weysser, KDB Kitzingen, 1911, S. 65–69.

[105] 1257 Dezember 28. BHStA München, WU 4864. RB III, S. 125 (gibt 1258). E. Riedenauer, Karlstadt (HAB Teil Franken 9), 1963, S. 10.

[106] 1301 Mai 11. BHStA München, WU 4945; 1320 Dezember 8 (QFW 9), 1954, S. 64, Nr. 72; 1332 Mai 27. BHStA München, WU 5029. RB VII, S. 17; 1339 Mai 24. StAW, Standbuch 339, fol. 250 (frdl. Angabe Prof. Dr. A. Wendehorst).

[107] A. Feulner, KDB Karlstadt, 1912, S. 54.

[108] W. Engel, Die Krise der Ballei Franken des Johanniterordens zur Mitte des 14. Jahrhunderts, in: ZBLG 18, 1955, S. 279–290; W. G. Rödel, Reformbestrebungen im Johanniterorden in der Zeit zwischen dem Fall Akkons und dem Verlust von Rhodos (1291–1522), in: Elm, Reformbemühungen, S. 109–129.

[109] J. v. Pflugk-Harttung, Die Anfänge des Johanniter-Ordens in Deutschland besonders in der Mark Brandenburg und in Mecklenburg, 1899, S. 5–25; Ders., Die inneren Verhältnisse des Johanniterordens in Deutschland, besonders im östlichen Niederdeutschland (bis zum Beginne der Herrenmeisterwürde), in: Zeitschrift für Kirchengeschichte 20, 1900, S. 1–18, 132–158; Rödel, S. 30–35; Johanniter-Orden, hg. v. A. Wienand, v.a. S. 334–340.

[110] 1253 Mai 9. BHStA München, Geistliche Ritterorden, Urk. 101/1. Hohenl. UB I 253, S. 168.

[111] Johanniter-Orden, hg. v. A.Wienand, S. 325–328, 338.

[112] Weiß, S. 38–40.

[113] A. Herzig, Die Deutschordenskommende Würzburg im Mittelalter (1219–1549). Ihre Stellung als bischöfliche ›Hauskommende‹ und Komturspfründe, in: MainfrJb 18, 1966, S. 1–120; Weiß, S. 64–73, 256–259.

[114] Herzig, S. 2.

[115] E. Schöffler, Die Deutschordenskommende Münnerstadt (Quellen und Studien zur Geschichte des Deutschen Ordens 45), 1991; Weiß, S. 96–102, 259–264.

[116] Weiß, S. 111–114, 240 f., 296–298.

[117] Weiß, S. 139–158.

[118] K. H. Lampe, Die Entstehung der Deutschordenskommende Prozelten, in: WtJb 1955/56, S. 39–45; Weiß, S. 224–226, 331 f.

[119] GS Würzburg 2, S. 167.

[120] Weiß, S. 360 f.

[121] Weiß, S. 346–351.

[122] Pflugk-Harttung, Anfänge, S. 169–175; Ders., Der Johanniter- und der Deutsche Orden im Kampfe Ludwig's des Bayern mit der Kurie, 1900, S. 205 f., Regesten S. 208–216; W. Füßlein, Berthold VII. Graf von Henneberg (Mitteldeutsche Forschungen, Quellen und Darstellungen in Nachdrucken 3), hg. v. E. Henning, 1983, S. 116–125.

[123] Pflugk-Harttung, Anfänge, S. 61 f.; Ders., Verhältnisse, S. 147–149.

[124] Pflugk-Harttung, Anfänge, S. 172 f.; Ders., Der Johanniter- und der Deutsche Orden, S. 206 f., Regesten S. 216–221; Füßlein, S. 127–131.

[125] Weiß, S. 457.

[126] Weiß, S. 449.

[127] Weiß, S. 481 f.

[128] Weiß, S. 404.

[129] Religiöse Bewegungen, S. 169; vgl. auch ebd. S. 524 und J. Le Goff, Das Hochmittelalter (Fischer Weltgeschichte 11), 1965, S. 249–255.

[130] Dictionnaire d'histoire et de géographie ecclésiastiques 18, 1977, Sp. 683–698 (L. di Fonzo); R. Manselli, San Francesco, Roma ^{2}1981; Ders., ›Nos qui cum eo fuimus‹. Contributo alla questione francescana, Roma 1980.

[131] K. Esser, Anfänge und ursprüngliche Zielsetzungen des Ordens der Minderbrüder (Studia et Documenta Franciscana 4), 1966.

[132] Grundmann, Religiöse Bewegungen, S. 128.

[133] Die falsche Meinung wurde u. a. korrigiert von S. Clasen, Priesterliche Würdigkeit. Das Verhältnis des heiligen Franziskus zum Priestertum der Kirche, in: Wissenschaft und Weisheit 20, 1957, S. 43–58 und K. Elm, Die Entwicklung des Franziskanerordens zwischen dem ersten und letzten Zeugnis des Jakob von Vitry (Atti del IV Convegno internazionale: Francesco d'Assisi e Francescanesimo dal 1216 al 1226, Assisi, 15–17 ottobre 1976), Assisi 1977, S. 193–233.

[134] Vgl. Grundmann, Religiöse Bewegungen, S. 135–148.

[135] Potthast, Regesta Pontificum Romanorum I Nr. 6361; K. Esser, Die endgültige Regel der Minderen Brüder im Licht der neuesten Forschung, 1965.

[136] Zur inneren und äußeren Entwicklung des Ordens allgemein: Dictionnaire de Spiritualité 5, 1964, Sp. 1268–1401 (Ę. Longpré/M. de Pobladura / A. Blasucci / O. de Veghel / L. Hardick); Dictionnaire d'histoire et de géographie ecclésiastiques 18, 1977, Sp. 824–931 (C. Schmitt / S. de Munter / R. Aubert /L. Ceyssens / H. Roggen / L. di Fonzo).

[137] LThK ²4, 1960, Sp. 912 f. (W. Forster).

[138] Chronica fratris Iordani a Iano (Analecta Franciscana 1), Quaracchi 1885, S. 6–9; Glassberger, S. 11, 19–24; Eubel, Minoriten-Provinz, S. 3–5.

[139] Glassberger, S. 71.

[140] Zum Würzburger Kloster: K. Eubel, Die 700jährige Niederlassung der Franziskaner-Minoriten in Würzburg, in: Franziskanische Studien 9, 1921, S. 1–47; Bavaria Franciscana Antiqua 2, S. 87–136; Im Dienst an der Gemeinde. 750 Jahre Franziskaner-Minoritenkloster in Würzburg (1221–1971), 1971.

[141] Eubel, 700jährige Niederlassung, S. 5–7; Bestätigung durch Papst Innozenz IV. am 27. April 1250: Potthast, Regesta Pontificum Romanorum II Nr. 13963.

[142] Iordanus a Iano (wie oben Anm. 138), S. 9 f.; Glassberger, S. 23 f.

[143] Iordanus a Iano (wie oben Anm. 138), S. 12; Glassberger, S. 31.

[144] GS Würzburg 1, S. 223–225.

[145] Potthast, Regesta Pontificum Romanorum I Nr. 8789; Sehi, S. 60–64.

[146] Eubel, Minoriten-Provinz, S. 23, 240–242 Anm. 179.

[147] Wirtemberg. UB 3, S. 363 f. Nr. 866; vgl. ebd. S. 378 Nr. 880; Sehi, S. 77–81, 131 f.

[148] Potthast, Regesta Pontificum Romanorum I Nr. 8620; Eubel, Minoriten-Provinz, S. 39.

[149] Eubel, Minoriten-Provinz, S. 28 f., 250 Anm. 212.

[150] Sehi, S. 104–107.

[151] Die Limburger Chronik des Tilemann Elhen von Wolfenhagen, MG Dt. Chron. IV/1, S. 70.

[152] GS Würzburg 2, bes. S. 51 f., 57 f., 62–65.

[153] Vgl. den folgenden Abschnitt (Dominikaner); Sehi, S. 269–275.

[154] K. Eubel, Mittelhochdeutsche Stücke aus dem Handschriftenbestand des Minoritenklosters Würzburg; in: Kirchengeschichtliche Festgabe Anton de Waal (Röm. Quartalschrift, Suppl.-Heft 20), 1913, S. 370–387; L. Meier, Aufzeichnungen aus vernichteten Handschriften des Würzburger Minoritenklosters, in: Archivum Franciscanum Historicum 44, 1951, S. 191–209; A. Büchner, Die ehemalige Bibliothek des Würzburger Franziskanerklosters, in: Im Dienst an der Gemeinde, S. 149–167.

[155] A. B. Emden, A Biographical Register of the University of Oxford to A. D. 1500, III, Oxford 1959, S. 1703.

[156] Eubel, Die 700jährige Niederlassung, S. 20.

[157] D. K. Coveney, Johannes Sintram de Herbipoli, in: Speculum 16, 1941, S. 336–339; Th. C. Petersen, Johs. Sintram de Herbipoli in two of his mss., ebd. 20, 1945, S. 73–83; W. Besch, Sprachlandschaft und Sprachausgleich im 15. Jahrhundert (Bibliotheca Germanica 11), 1967.

[158] Grundmann, Religiöse Bewegungen, S. 106 f.

[159] Deutsche Privatbriefe des Mittelalters, hg. von G. Steinhausen 2, 1907, S. 75 Nr. 74, S. 78 f. Nr. 76.

[160] Holzapfel, Handbuch, S. 21–157; F. Machilek, Armut und Reform. Die franziskanische Observanzbewegung des 15. Jahrhunderts und ihre Verbreitung in Franken, in: Der Buß-

prediger Capestrano auf dem Domplatz in Bamberg (Schriften des Historischen Museums Bamberg 12), 1989, S. 115–125.

161 C. Schmitt, Osservanti (OFMOss), in: Dizionario degli Istituti di perfezione 6, Sp. 1022–1035; W. Ziegler, Die deutschen Franziskanerobservanten zwischen Reform und Gegenreformation, in: Atti del XIII Convengo internazionale Assisi, 17–18–19 ottobre 1985, Assisi 1987, S. 53–94; P. L. Nyhus, The Franciscan Observant Reform in Germany, in: Reformbemühungen und Observanzbestrebungen, S. 207–217.

162 K. Elm, Franziskus und Dominikus. Wirkungen und Antriebskräfte zweier Ordensstifter, in: Saeculum 23, 1972, S. 127–147.

163 Dictionnaire de spiritualité 3, 1957, Sp. 1519–1532 (M.-H. Vicaire); G. Bedouelle, Dominikus, 1984.

164 H. Denifle, Die Constitutionen des Prediger-Ordens vom Jahre 1228, in: Archiv für Literatur- und Kirchengeschichte des Mittelalters 1, 1885, S. 165–227.

165 Johannes Meyer O. P., Chronica brevis Ordinis Praedicatorum, hg. von H. Ch. Scheeben (Quellen und Forschungen zur Gesch. des Dominikanerordens in Deutschland 29), 1933, S. 29; zur Gesch. des Würzburger Klosters: Sehi, S. 41–60, 64–77, 81–104, 137–164, 185–193.

166 BHStAM, WU 3444, 3445, 3446.

167 Unten S. 281 f. Anm. 295; Sehi, S. 100–103, 304.

168 Trüdinger, S. 81 f.

169 H. Ch. Scheeben, Albert der Große. Zur Chronologie seines Lebens (Quellen und Forschungen zur Gesch. des Dominikanerordens in Deutschland 27), 1931, S. 7, 126.

170 Ebd., S. 78–81.

171 MB 37, S. 427 Nr. 370; vgl. GS Würzburg 2, S. 7.

172 B. Alberti Magni Opera omnia, ed. A. Borgnet, tom. 22, 23, Paris 1894/95.

173 A. Wendehorst, Albertus Magnus und die Kirchenreform, in: MIÖG 64, 1956, S. 241–261.

174 Ders., Die Nachrichten des Würzburger Dominikaners Andreas Pfaff über Albertus Magnus, in: WDGBl 14/15, 1952, S. 299–307.

175 H. Thurn, Die Handschriften des Würzburger Dominikanerkonvents in der Univ.-Bibl. Würzburg, in: WDGBl 29, 1967, S. 5–87; Die Handschriften der Univ.-Bibl. Würzburg 4: Die Hss. der kleinen Provenienzen und Fragmente, bearb. von H. Thurn, 1990, S. 91–96; L. Sprandel-Krafft, Über die Bibliothek der Würzburger Dominikaner am Ende des Mittelalters, in: WDGBl 48, 1986, S. 355–429.

176 A. Walz, Dominikaner und Dominikanerinnen in Süddeutschland (1225–1966), 1967, S. 10–15, 19–27.

177 GS Würzburg 2, S. 63; Sehi, S. 272–275.

178 GS Würzburg 2, S. 48.

179 Th. Freudenberger, Der Würzburger Domprediger Dr. Johann Reyss (Katholisches Leben und Kämpfen im Zeitalter der Glaubensspaltung 11), 1954, S. 14, 30; Die deutsche Literatur des Mittelalters – Verfasserlexikon ²6, 1987, Sp. 779 f. (K. Schneider).

180 E. Hillenbrand, Die Observantenbewegung in der deutschen Ordensprovinz der Dominikaner, in: Reformbemühungen und Observanzbestrebungen, S. 230.

181 Johannes Meyer (wie Anm. 165), S. 94 f.; Ders., Buch der Reformacio Predigerordens IV und V, hg. von B. M. Reichert (Quellen und Forschungen zur Gesch. des Dominikanerordens in Deutschland 3), 1908, S. 107, 151 f.; v. Pölnitz S. 68.

182 v. Pölnitz, S. 68, 89; Sehi, S. 366; Hillenbrand (wie Anm. 180), S. 258.

183 A. Walz, Statistisches über die Süddeutsche Ordensprovinz (Quellen und Forschungen zur Gesch. des Dominikanerordens in Deutschland 23), 1927, S. 9 f., 31 f.

184 H. Grundmann, Deutsche Eremiten, Einsiedler und Klausner im Hochmittelalter (10.–12. Jahrhundert), in: Archiv für Kulturgeschichte 45, 1963, S. 60–90.

185 Potthast, Regesta Pontificum Romanorum II Nr. 16334. Edition: A. de Meijer/R. Kuiters, Licet Ecclesiae Catholicae, in: Augustiniana 6, 1956, S. 9–36. Text der Regel: L. Verheijen, La Règle de Saint Augustin, 2 Bde., Paris 1967. Zur Problematik: A. Zumkeller, Augustinusregel, in: Theologische Realenzyklopädie 4, 1979, S. 745–748.

[186] K. Elm, Elias, Paulus von Theben und Augustinus als Ordensgründer, in: Geschichtsschreibung und Geschichtsbewußtsein im späten Mittelalter, hg. von H. Patze (Vorträge und Forschungen 31), 1987, S. 371–397.

[187] Außer dem unten genannten Beitrag von D. Gutiérrez: A. Zumkeller, Zur Spiritualität des Augustinerordens, in: Cor Unum 46, 1988, S. 5–14.

[188] BHStAM, WU 4596 (1331 Juli 5); L. Fischer, Der heilige Matthias, ein Rekluse am Bamberger Dom, in: Bamberger Blätter für fränkische Kunst und Geschichte 1, 1924, S. 9f.

[189] Zumkeller, Urkunden und Regesten 1, Nr. 15, 16.

[190] F. Mader, KDB Stadt Würzburg, 1915, S. 361f.; Hemmerle, S. 96–100; 700 Jahre Augustiner-Eremiten in Würzburg (1263–1963), 1963.

[191] S. unten, Beitrag H. Brunner/H. Düchting.

[192] D. Gutiérrez, De antiquis Ordinis Eremitarum S. Augustini bibliothecis, in: Analecta Augustiniana 23, 1954/55, S. 205f.; Die Handschriften der Universitätsbibliothek Würzburg, bearb. von H. Thurn 4, 1990, S. 89–91. Der Cod. Vat. Lat. 10057 (M. Vattasso / H. Carusi, Codices Vaticani Latini, Codices 9852–10300, Roma 1914, S. 422f.) gehörte, worauf eine alte Signatur (M. ch. f. 2) hindeutet, zeitweise der Universitätsbibliothek Würzburg.

[193] A. Zumkeller, Das Generalkapitel des Augustinerordens zu Würzburg im Mai 1391, in: WDGBl 26, 1964, S. 126–130.

[194] A. Zumkeller, Urkunden und Regesten, 2. Teilbd. Nr. 874; Hemmerle, S. 57–61; S. Back/A. Zumkeller, Das Augustinerkloster in Münnerstadt (Cassiciacum 31), 1975.

[195] Bestätigung Papst Urbans V. vom 1. Juni 1363: Staatsarchiv Gotha, QQ I. Oa Nr. 1*. M. Wieland, Das Augustinerkloster und die adelige Schwesterschaft der Agelblume zu Königsberg i. Fr., 1895, S. 5–20, 31–46.

[196] Hemmerle, S. 31f.

[197] Zumkeller, Urkunden und Regesten, 1. Teilbd. Nr. 328, 331–334, 338.

[198] Zumkeller, Zur Frühgeschichte, S. 93–104.

[199] De laudibus ordinis fratrum carmelitarum, Mainz [ca. 1495]; vgl. auch Elm (wie Anm. 186).

[200] Wetzer und Welte's Kirchenlexikon ²2, 1883, Sp. 1966f. (F. Janner); Elm (wie Anm. 186), S. 390–393.

[201] C. Cicconetti, La Regola del Carmelo. Origine – Natura – Significato (Textus et Studia Historica Carmelitana 12), Roma 1973, S. 108–126, 140–147.

[202] Ebd. S. 183–298.

[203] J. Smed, Pre-Tridentine Reform in the Carmelite Order, in: Reformbemühungen und Observanzbestrebungen, S. 295.

[204] Deckert S. 105f.; Smed (wie oben Anm. 203), S. 293–323, bes. S. 298, 301f.

[205] Remling, S. 296f.

[206] Trüdinger, S. 84; Remling, S. 306–308.

[207] UB der Marienkapelle am Markt zu Würzburg 1317–1530, hg. von A. Wendehorst (QFW 27) 1974, S. 25f.

[208] Sehi, S. 167f.

[209] Deckert, S. 18f.; Sehi, S. 169–174.

[210] MB 37, S. 516 Nr. 438.

[211] Ebd. S. 523 Nr. 444.

[212] Sehi, S. 171f.

[213] J. Baier, Geschichte der beiden Karmelitenklöster mit besonderer Berücksichtigung des ehemaligen Reuerinnenklosters in Würzburg, 1902, S. 17–20.

[214] Ebd. S.43–50; KDB Stadt Würzburg, 1915, S. 365f.

[215] F. Stein, Geschichte der Grafen und Herren von Castell ... 1058–1528, 1892, S. 87–90; B. Stengele, Das ehem. Karmelitenkloster Vogelsburg am Main, in: (Sulzbacher) Kalender für katholische Christen ... 1896, S. 102–104; A. Sperl, Castell, 1908, S. 27; Deckert, S. 23.

[216] Stein (wie oben Anm. 215) S. 89; KDB Gerolzhofen, 1913, S. 234.

[217] Der genaue Zeitpunkt ist nicht bekannt.

[218] Ussermann, S. 509f.; L. Reinhold, Um den Steigerwald, wie es war und wie es ist, 1984 (Neudruck der Ausgabe von 1877), S. 284f. (mit Liste der Prioren).
[219] Ussermann, C. pr. S. 123 Nr. 120; Hohenl. UB 3, S. 451 Nr. 442/302; O. Schnell, Das ehemalige Carmelitenkloster in Neustadt a/Saale, in: AUFr 34, 1891, S. 181–213; Deckert, S. 31f.
[220] S. unten S. 261 mit Anm. 241.
[221] Schnell (wie oben Anm. 219), S. 200f.
[222] Ebd. 202f.; KDB Neustadt a. Saale, 1922, S. 116–122.
[223] Die Handschriften der Universitätsbibliothek Würzburg, bearb. von H. Thurn 4, 1990, S. 103–115.
[224] Monumenta Suinfurtensia historica, hg. von F. Stein, 1875, S. 113 Nr. 115; vgl. F. Stein, Geschichte der Reichsstadt Schweinfurt 1, 1900, S. 201–206; KDB Schweinfurt, 1917, S. 56; Deckert, S. 33f.; einzelne Nachrichten auch bei F. Beyschlag, Schweinfurter geistliche Stiftungen und deren Inhaber in den Jahren 1486–1506, in: Archiv für Stadt und Bezirksamt Schweinfurt 11, 1913, S. 29–34.
[225] Monumenta (wie oben Anm. 224), S. 115 Nr. 116.
[226] Ebd. S. 478f.; E. Saffert, Annotationen zur Geschichte des ehemaligen Karmelitenklosters in der Reichsstadt Schweinfurt, in: WDGBl 26, 1964, S. 255–267; Sehi, S. 323.
[227] E. Saffert, Die Reichsstadt Schweinfurt von 1554 bis 1615, Phil. Diss. Würzburg 1951, Bd. 1, S. 41f.
[228] Deckert, S. 13–17.
[229] UB der Marienkapelle am Markt (wie Anm. 207), S. 27 mit Anm. 25; Sehi, S. 398f.
[230] Sigmund Meisterlin's Chronik der Reichsstadt Nürnberg (Die Chroniken der deutschen Städte 3), 1864, S. 101f.
[231] Sehi, S. 204–210.
[232] Vgl. Bauerreiss 4, S. 98.
[233] S. oben S. 254 mit Anm. 166; Sehi, S. 49.
[234] Sehi, S. 51–77.
[235] MB 46, S. 31 Nr. 18.
[236] MB 37, S. 366 Nr. 326; Sehi, S. 139–150.
[237] Sehi, S. 131–133, 318.
[238] Ebd., S. 133–135, 299f.
[239] Ebd., S. 261f.
[240] Bavaria Franciscana Antiqua 1, S. 108–110.
[241] Münnerstadt 1280, 1284, 1288: Zumkeller, Urkunden und Regesten 2 (QFW 18/II), Nr. 879, 888, 892; Back/Zumkeller, Münnerstadt (wie Anm. 194), S. 16–20; Sehi, S. 218f. – Neustadt a.d. Saale 1355: Urkundenregesten zur Geschichte der kirchlichen Verwaltung des Bistums Würzburg im hohen und späten Mittelalter, bearb. von W. Engel (QFW 9), 1954, Nr. 186; Sehi, S. 319f.
[242] v. Pölnitz, S. 89–91, 107f.
[243] Zumkeller, Urkunden und Regesten 1 (QFW 18/I), Nr. 241; Sehi, S. 357f.
[244] M. Fois, L' ›Osservanza‹ come espressione della ›Ecclesia semper reformanda‹, in: Problemi di storia della Chiesa nei secoli XV–XVII, Napoli 1979, S. 13–107.
[245] In einem Interview mit der Zeitschrift ›Fideliter‹; deutsch: Mitteilungsblatt der Priesterbruderschaft St. Pius X. für den deutschen Sprachraum Nr. 147 (März 1991), S. 24.
[246] Vgl. den Beitrag von W. Brückner in diesem Band.
[247] J. de Longny, A l'ombre des Grand Ordres, Paris 1937; zu den Anfängen zuletzt E. Börner, Das Umfeld der Pönitentenregel, in: Wissenschaft und Weisheit 53, 1990, S. 106–141 und G. P. Freeman, Supra Montem – Die Regel für die Pönitenten von Papst Nikolaus IV. (1289), ebd., S. 142–156.
[248] Vgl. M. Bihl, De Tertio Ordine S. Francisci in Provincia Germaniae Superioris sive Argentinensi Syntagma, in: Archivum Franciscanum Historicum 14, 1921, S. 138–198, 442–460; 15, 1922, S. 349–381; 17, 1924, S. 237–265; 18, 1925, S. 63–89.
[249] G. Posada, Der heilige Bruno, Vater der Kartäuser, 1987.

[250] A. Miraeus, Origines Cartusianorum monasteriorum per universum orbem, Köln 1609 (S. 44–58: Provincia Alemaniae inferioris, quae et Franconia vulgo nuncupatur).

[251] KDB Marktheidenfeld, 1913, S. 23–26; G. Rommel, Geschichte der ehem. Kartause Grünau, in: WtJb 1932, S. 39–97; 1933, S. 41–74; Ders., Elisabeth v. Hohenlohe geb. Gräfin v. Wertheim (1260–1335), die Gründerin der Kartause Grünau im Spessart, ebd. NF 4, 1951, S. 33–39; J. und I. Hogg, The Charterhouse of Grünau, in: Analecta Cartusiana 55/2, 1981, S. 180–204; deutsch von H. Ehmer in: WtJb 1981/82, 1983, S. 37–54.

[252] Hohenl. UB 2, S. 389 Nr. 465/56: ... *humilem ordinem ac sanctam religionem fratrum Carthusiensium, quorum vita est exemplar vite et conversationis domini nostri Jesu Christi, dum in terris deguit humani generis pro salute, ac sui precursoris clamantis in deserto, ad partes Franconiae et Mogoni, ubi dictus ordo est incognitus, deducere valeremus.*

[253] J. Simmert, Geschichte der Kartause zu Mainz (Beiträge zur Gesch. der Stadt Mainz 16) 1958, S. 21.

[254] Vgl. J. Klapper, Der Erfurter Kartäuser Johannes Hagen 1 (Erfurter Theologische Studien 9), 1960, S. 5.

[255] H. Heerwagen, Die Kartause in Nürnberg 1380–1525, in: Mitteilungen des Vereins für Gesch. der Stadt Nürnberg 15, 1902, S. 88–132.

[256] N. Backmund, Die Originalurkunden des Prämonstratenserklosters Tückelhausen, in: WDGBl 28, 1966, S. 17–24 Nr. 10–12.

[257] Le Couteulx 5, S. 511.

[258] KDB Ochsenfurt, 1911, S. 254–268.

[259] Ph. Ullrich, Die Kartause Engelgarten in Würzburg, 3 Teile, in: AUFr 40, 1898, S. 1–72; 41, 1899, S. 71–156; 43, 1901, S. 85–165; Le Couteux 5, S. 475 f.

[260] Die Handschriften sind seit der Säkularisation bis auf wenige verschollen, s. O. Handwerker, Zur Geschichte der Handschriftensammlung der Würzburger Universitätsbibliothek, in: Zentralblatt für Bibliothekswesen 26, 1909, bes. S. 508 f. mit Anm. 5.

[261] A. Miraeus, Bibliotheca Carthusiana, Köln 1609, S. 8, 45 f., 140, 296 f.

[262] Burckhardt, Urkundliche Geschichte der Karthause Ostheim, in: AUFr 9/I, 1846, S. 1–80; M. Wieland, Die Kartause Ostheim und ihre Bewohner, ebd. 38, 1896, S. 1–35; E. v. Fugger, Die Seinsheims und ihre Zeit, 1893, S. 100–102, Beilagen 110, 112; KDB Gerolzhofen, 1913, S. 23–27.

[263] G. Höfling, Geschichte der ehemaligen Karthause Ilmbach im Steigerwald, in: AUFr 6/III, 1841, S. 67–127; KDB Gerolzhofen, S. 144; J. Hogg, Th. Charterhouse of Ilmbach, in: Analecta Cartusiana 125, 1991, S. 91–99.

[264] Über die ritterschaftliche Familie vgl. G. Egert, Stadt und Pfarrei Volkach am Main 1, 1964, S. 52 f.

[265] Dictionnaire de droit canonique 3, 1942, Sp. 632–662 (L. Ray); J. Simmert, Zur Geschichte der Generalkapitel der Kartäuser und ihrer Akten, in: FS für Hermann Heimpel 3 (Veröffentlichungen des Max-Planck-Instituts für Geschichte 36/III), 1972, S. 677–692.

[266] Michaelis de Leone Annotata Historica, in: Fontes Rerum Germanicarum, hg. von J. F. Boehmer 1, 1853, S. 454 f.

[267] H. Rüthing, Die Kartäuser und die spätmittelalterlichen Ordensreformen, in: Reformbemühungen und Observanzbestrebungen, S. 38.

[268] Ebd. S. 40.

[269] H. Rüthing, Der Kartäuser Heinrich Egher von Kalkar 1328–1408 (Veröffentlichungen des Max-Planck-Instituts für Geschichte 18), 1967, S. 19–50.

[270] Vgl. Ullrich, wie Anm. 259, 1. Teil, S. 10; A. Wendehorst, Der Kartäuser Georg Koberer, in: Ecclesia Militans. Studien zur Konzilien- und Reformationsgeschichte Remigius Bäumer zum 70. Geburtstag gewidmet 2, 1988, S. 395–406; allgemein die Beiträge in dem Sammelband: Die Kartäuser und die Reformation 1 (Analecta Cartusiana 108, 1), 1984.

[271] KDB Stadt Würzburg, 1915, S. 359 f.; Abb. auch bei Bauerreiss 4, nach S. 32.

[272] Vgl. die Artikel ›Antonius der Einsiedler‹ (P. Sartori) und ›Antoniusfeuer‹ (E. Stemplinger) im Handwörterbuch des deutschen Aberglaubens 1, 1927, Sp. 503–506, 507.

[273] Regesta Pontificum Romanorum, ed. A. Potthast II Nr. 24530.

[274] A. Mischlewski, Der Heilige und das Schwein, in: Innsbrucker Historische Studien 10/11, 1988, S. 391–394 mit Hinweisen auf neuere, meist medizingeschichtliche Literatur. Für die Annahme von Bauerreiss 4, S. 26, die Glücksschweine seien »eine letzte Reminiszenz an jene Ordensgemeinschaft«, fehlt jede Begründung.

[275] Mischlewski, Niederlassungen, S. 242.

[276] J. A. v. Schultes, Historisch-statistische Beschreibung der Grafschaft Henneberg I/4, 1799, S. 724 Nr. 8; vgl. W. Engel, Würzburg und Isenheim, in: Die Mainlande 7, 1956, S. 20.

[277] StAW, Ldf. 35, S. 156.

[278] D. Demandt/H. Ch. Rublack, Stadt und Kirche in Kitzingen (Spätmittelalter und Frühe Neuzeit 10), 1978, S. 223f. Nr. 41.

[279] Grundmann, S. 201.

[280] F. L. Büll, Quellen und Forschungen zur Geschichte der mittelalterlichen Frauenabtei Schmerlenbach im Spessart, Theol. Diss. Würzburg 1970, bes. S. 957–962.

[281] Grundmann, S. 274f.

[282] Freemann (wie Anm. 247), S. 154.

[283] Grundmann, S. 203–208.

[284] In einem ›amtlichen‹ Klosterverzeichnis der bischöflichen Kanzlei aus der Mitte des 14. Jahrhunderts wird das dem Orden nicht inkorporierte Kloster Wechterswinkel den Benediktinerinnen zugerechnet: A. Ruland, Die Ebracher Handschrift des Michael de Leone, in: AUFr 13/I–II, 1854, S. 140, 142f.

[285] F. X. Himmelstein, Das Frauenkloster Wechterswinkel, in: AUFr 15/I, 1860, S. 143.

[286] The Historia Occidentalis of Jaques de Vitry, ed. J. F. Hinnebusch O. P. (Spicilegium Friburgense 17), 1972, S. 117: *... multiplicata est sicut stelle celi et excrevit in immensum cysterciensis ordinis religio sanctimonialium, benedicente eis domino et dicente »Crescite et multiplicamini et implete celum«. Fundabantur cenobia, edificabantur monasteria, replebantur claustra, confluebant virgines, currebant vidue, et mulieres coniugate de consensu maritorum carnale matrimonium in spirituale commutabant. Ex aliis monasteriis moniales, mutato habitu, ad fructum melioris vite et artioris vie advolabant. Matrone nobiles et potentes in seculo relictis hereditatibus terrenis et immensis possessionibus, preeligebant esse abiecte in conspectu domini magis quam habitare in tabernaculis peccatorum. Illustris prosapie virgines oblata matrimonia contempnentes, relictis ingenuis parentibus et blandientis seculi deliciis, proiectis ornamentis et vestibus pretisosis, Christo sponso virginum iungebantur in paupertate et humilitate et vite durioris asperitate domino devotissime servientes, temporales divitias et fallaces delicias pro spiritualibus sapienter permutantes.*

[287] Krenig, Mittelalterliche Frauenklöster, mit der älteren Literatur. Im folgenden werden nur noch nach 1954 erschienene Literatur und Einzelbelege angegeben.

[288] Darüber zuletzt H. Hoffmann, Urkundenregesten zur Geschichte des Zisterzienserinnenklosters Himmelspforten 1231–1400 (QFW 14), 1962.

[289] 1232 Frauenthal (Vallis s. Marie virginis) bei Mergentheim, durch die Herren von Hohenlohe gestiftet; 1236 Seligental (Vallis beatorum) bei Schlierstadt durch die Herren von Dürn; 1238 Mariental (Vallis s. Marie) in Böckingen bei Heilbronn, dessen Konvent jedoch schon wenige Jahre später nach Frauenzimmern (Diöz. Worms) übersiedelt; 1239 wird Kloster Billigheim bei Mosbach dem Orden inkorporiert (Krenig, S. 25; K.-H. Mistele, Billigheim, in: Histor. Verein Heilbronn, Jb 26, 1969, S. 115–131); 1243 wird Lichtenstern (Clara stella) durch Lukardis von Weinsberg geb. Schenk von Limpurg und 1243 Gnadental (Vallis gratie) bei Schwäbisch Hall durch die Herren von Krautheim gegründet.

[290] J. Kittel, Das Zisterzienserinnenkloster Himmeltal, in: AUFr 47, 1905, S. 211–296.

[291] Vgl. G. Pfeiffer, Kirche und Ortsnamengebung, in: Erlanger Ortsnamen-Kolloquium, hg. von R. Schützeichel (Beiträge zur Namenforschung NF Beih. 18), 1980, S. 67–90.

[292] P. Schöffel, Ein vergessenes Nonnenkloster in Kürnach, in: Fränkische Heimat 13, 1934, S. 46f.; Ders., Neues über Kloster Kürnach, in: Die Frankenwarte Jg. 1934, Nr. 49.

[293] Grundmann, S. 208–252, 312–318.

[294] Sehi, S. 88.

[295] Potthast, Regesta Pontificum Romanorum II Nr. 12208, 09; GS Würzburg 1, S. 224. Zur weiteren Entwicklung: H. Wilms, Das älteste Verzeichnis der deutschen Dominikanerinnenklöster (Quellen und Forschungen zur Geschichte des Dominikanerordens in Deutschland 24), 1928, S. 66; Sehi, S. 81–104, 301–306.

[296] Grundmann, S. 248–252.

[297] GS Würzburg 3, S. 21.

[298] A. Amrhein, Personalstand des Dominikanerinnenklosters zum hl. Markus in der Vorstadt Bleichach zu Würzburg vom Jahre 1248–1803, in: Fränkische Heimat 64, 1934, S. 41–48.

[299] E. Hillenbrand (wie Anm. 180), S. 231.

[300] A. Ruland (wie Anm. 284), S. 144.

[301] Heimbucher [3]1, S. 646–648; Bauerreiss 4, S. 29 f.; Grundmann, bes. S. 302 Anm. 320.

[302] RB 2, S. 165; Ph. Hofmeister, Die Exemtion des Magdalenerinnenordens, in: ZRG KA 35, 1948, S. 305–329.

[303] Grundmann, S. 320.

[304] Baier (wie Anm. 213), S. 64–66, 87–93.

[305] RB 3, S. 57.

[306] Baier (wie Anm. 213), S. 68 f.

[307] Wieland (wie Anm. 195), S. 21–30, S. 34 Nr. 12, S. 35 f. Nr. 16, 17, S. 36 Nr. 20, S. 45 Nr. 24; Sehi, S. 332 f.

[308] Bavaria Franciscana Antiqua 2, S. 123.

[309] I. Denzinger, Geschichte des Clarissenklosters zu St. Agnes in Würzburg, in: AUFr 13/I–II, 1854, S. 1–110; Bavaria Franciscana Antiqua 2, S. 120–122; Sehi, S. 120–131.

[310] Grundmann, S. 148–151, 253–284; 303–312; Dictionnaire de spiritualité 5, 1964, Sp. 1409–1422 (F. Casolini); Dictionnaire d'histoire et de géographie ecclésiastiques 18, 1977, Sp. 958–965 (H. Roggen).

[311] Dictionnaire d'histoire et de géographie ecclésiastiques 18, Sp. 965–971 (H. Roggen).

[312] Sehi, S. 197–199, 334 f.

[313] A. S. Stumpf, Denkwürdigkeiten der teutschen, besonders fränkischen Geschichte, 1802, S. 70 Nr. 1.

[314] Les Registres d'Innocent IV, ed. E. Berger, Paris 1897, S. 425 Nr. 7576.

[315] Sehi, S. 196.

[316] W. Engel, wie Anm. 13 (QFW 9), 1954, Nr. 308; J. F. Abert, St. Ulrich zur Gnadenpforte, in: Die Mainlande 6, 1955, S. 90.

[317] MG Staatsschriften 6: Reformation Kaiser Siegmunds, hg. von H. Koller, 1964, S. 208 f.

[318] Ph. Hofmeister, Liste der Nonnenklöster der Bursfelder Kongregation, in: StMBO 53, 1935, S. 37–76.

[319] v. Pölnitz, S. 130–134.

[320] Th. Kramer/F. X. Herrmann/K. Borchardt, Die Würzburger Inschriften bis 1525 (Die Deutschen Inschriften 27), 1988, S. 200 Nr. 433; H. Bauer, St. Afra, das Benediktinerinnenkloster, in: 100 Jahre Kilianeum (1871–1971), 1971, S. 148–163.

[321] K. Trüdinger, Stadt und Kirche im spätmittelalterlichen Würzburg (Spätmittelalter und Frühe Neuzeit 1), 1978, S. 91 f.

[322] v. Pölnitz, S. 137 f.; Krenig, S. 79–92.

[323] K. Schreiner, Mönchsein in der Adelsgesellschaft des hohen und späten Mittelalters, in: HZ 248, 1989, S. 608 f.

[324] GS Würzburg 3, S. 43, 62.

[325] J. Ch. Wibel, Codex Diplomaticus Hohenlohicus, 1755, S. 408 Nr. 236.

[326] Sehi, S. 193–204.

[327] Reformation Kaiser Siegmunds (wie Anm. 317), S. 216–220.

[328] Grundmann, S. 319–354.

[329] Roeder, S. 127–132; v. Pölnitz, S. 47, 114, 138.

Literatur (Auswahl)

Allgemein:

Ae. Ussermann, Episcopatus Wirceburgensis, St. Blasien 1794; A. Hauck, Kirchengeschichte Deutschlands 4 und 5, ⁹1958; M. Heimbucher, Die Orden und Kongregationen der katholischen Kirche, 2 Bde., ³1933/34 (Neudruck 1965); S. Frhr. v. Pölnitz, Die bischöfliche Reformarbeit im Hochstift Würzburg während des 15. Jahrhunderts, in: WDGBl 8/9, 1941; R. Bauerreiss, Kirchengeschichte Bayerns, 3–5, 1951, 1953, 1955; H. Grundmann, Religiöse Bewegungen im Mittelalter. Untersuchungen über die geschichtlichen Zusammenhänge zwischen der Ketzerei, den Bettelorden und der religiösen Frauenbewegung im 12. und 13. Jahrhundert und über die geschichtlichen Grundlagen der deutschen Mystik. Anhang: Neue Beiträge zur Geschichte der religiösen Bewegungen im Mittelalter, ²1961; GS NF 1, 4, 13, 26: Das Bistum Würzburg 1–4, bearb. von A. Wendehorst, 1962, 1969, 1978, 1989; Dizionario degli Istituti di perfezione, bis jetzt 8 Bde., Rom 1974–; K. Elm, Verfall und Erneuerung des Ordenswesens im Spätmittelalter, in: Untersuchungen zu Kloster und Stift, hg. vom Max-Planck-Institut für Geschichte (Veröffentlichungen des Max-Planck-Instituts für Geschichte 68), 1980, S. 188–238; Reformbemühungen und Observanzbestrebungen im spätmittelalterlichen Ordenswesen, hg. von K. Elm (Berliner Historische Studien 14 = Ordensstudien 6), 1989.

Zu 1. Die alten Orden und Stifte

a. Benediktiner
Heimbucher ³1, S. 154–226; v. Pölnitz; Bauerreiss 4, S. 37–43; 5, S. 53–63; Ph. Schmitz, Geschichte des Benediktinerordens 3, 1955; P. Volk, Die Generalkapitels-Rezesse der Bursfelder Kongregation 1 (1458–1530), 1955; GB II: J. Hemmerle, Die Benediktinerklöster in Bayern, 1970; A. Wendehorst, Das benediktinische Mönchtum im mittelalterlichen Franken, in: Untersuchungen zu Kloster und Stift, hg. vom Max-Planck-Institut für Geschichte (Veröffentlichungen des Max-Planck-Instituts für Geschichte 68), 1980, S. 38–60; Ders., Der Adel und die Benediktinerklöster im späten Mittelalter, in: Consuetudines Monasticae. Festgabe für Kassius Hallinger (Studia Anselmiana 85), 1982, S. 333–353; K. Schreiner, Mönchsein in der Adelsgesellschaft des hohen und späten Mittelalters, in: HZ 248, 1989, S. 557–620.

b. Säkularkanoniker
Bauerreiss 4, S. 47–53; 5, S. 78–82; N. Backmund, Die Kollegiat- und Kanonissenstifte in Bayern, 1973.

c. Augustiner-Chorherren
Heimbucher ³1, S. 392–410; Bauerreiss 3, S. 30–39; 5, S. 44–49; N. Backmund, Die Chorherrenorden und ihre Stifte in Bayern, 1966; Theologische Realenzyklopädie 4, 1979, S. 723–728 (M. Schmid); Lexikon des Mittelalters 1, 1980, Sp. 1219f. (C. D. Fonseca).

Zu 2. Reformorden

a. Zisterzienser
Heimbucher ³1, S. 330–356; Bauerreiss 4, S. 43–47; Statuta Capitulorum Generalium Ordinis Cisterciensis 1176–1786, ed. J.-M. Canivez, 8 Bde. (Bibliothèque de la Revue d'Histoire

ecclésiastique 9–14), Louvain 1933–1941; E. Krausen, Die Klöster des Zisterzienserordens in Bayern (Bayerische Heimatforschung 7), 1953; Dictionnaire d'histoire et de géographie ecclésiastiques 12, 1953, Sp. 874–997 (J.-M. Canivez); E. Bouette/A. Dinnier/E. Manning, Dictionnaire des auteurs cisterciens 1, 1975; Die Zisterzienser. Ordensleben zwischen Ideal und Wirklichkeit [Katalog der Ausstellung in Aachen 1980], neue Ausgabe, hg. von K. Elm, 1982, mit Erg-Bd., hg. von dems., 1982; Die Cistercienser. Geschichte, Geist, Kunst. Hg. von A. Schneider, A. Wienand, W. Bickel, E. Coester, ³1986; Zisterzienser in Franken, hg. von W. Brückner und J. Lenssen (Kirche, Kunst und Kultur in Franken 2) 1991.

b. Prämonstratenser

Heimbucher ³1, S. 432–447, 459f.; Bauerreiss 3, S. 39–42; Acta et Decreta Capitulorum Generalium Ordinis Praemonstratensis, ed. J. B. Valvekens, 1–2 [1968, 1973]; G. Schreiber, Prämonstratenserkultur des 12. Jahrhunderts, in: Analecta Praemonstratensia 16, 1940, S. 41–107; 17, 1941, S. 5–33 (auch separat); N. Backmund, Die Chorherrenorden und ihre Stifte in Bayern, 1966; Dictionnaire de Spiritualité 11, 1982, Sp. 412–424 (J.-B. Valvekens); N. Backmund, Monasticum Praemonstratense ²1, 1983.

Zu 3. Ritterorden

Heimbucher ³1, S. 615–620; Bauerreiss 3, S. 47–51; 4, S. 23–25; H. Prutz, Die Geistlichen Ritterorden. Ihre Stellung zur kirchlichen, politischen, gesellschaftlichen und wirtschaftlichen Entwicklung des Mittelalters, 1908 (Nachdruck 1977); Die geistlichen Ritterorden Europas, hg. v. J. Fleckenstein und M. Hellmann (Vorträge und Forschungen 26), 1980; A. Linage Conde, Militari, ordini, in: Dizionario V, 1978, Sp. 1287–1299; W. K. Klein, Die Ausbreitung des Johanniterordens in Oberdeutschland bis zum Jahr 1317, Diss. phil. Freiburg/Br. 1922; W. G. Rödel, Das Großpriorat Deutschland des Johanniter-Ordens (an Hand der Visitationsberichte von 1494/95 und 1540/41), 1965; Der Johanniter-Orden. Der Malteser-Orden. Der ritterliche Orden des hl. Johannes vom Spital zu Jerusalem. Seine Aufgaben, seine Geschichte, hg. v. A. Wienand, 1970; C. Toumanoff, G. Rocca, Sovrano militare ospedaliero Ordine di Malta, in: Dizionario VIII, 1988, Sp. 1934–1945; M. Tumler, Der Deutsche Orden im Werden, Wachsen und Wirken bis 1400 mit einem Abriß der Geschichte des Ordens von 1400 bis zur neuesten Zeit, 1955; K. Wieser, Ordine Teutonico, in: Dizionario VI, 1980, Sp. 796–806; M. Tumler, unter Mitarbeit von U. Arnold, Der Deutsche Orden von seinem Ursprung bis zur Gegenwart, ⁴1986; D. Weiß, Die Geschichte der Deutschordens-Ballei Franken im Mittelalter (VGffG IX/39), 1991.

Zu 4. Die Bettelorden (Mendikanten)

Bauerreiss 4, S. 98–100; Grundmann, Religiöse Bewegungen; Urkundenregesten zur Geschichte der kirchlichen Verwaltung des Bistums Würzburg im hohen und späten Mittelalter (1136–1488), bearb. v. W. Engel (QFW 9), 1954; A. Borst, Lebensformen im Mittelalter, 1973, S. 526–538; K. Trüdinger, Stadt und Kirche im spätmittelalterlichen Würzburg (Spätmittelalter und Frühe Neuzeit 1), 1978; M. Sehi, Die Bettelorden in der Seelsorgsgeschichte der Stadt und des Bistums Würzburg bis zum Konzil von Trient, 1981; L. Remling, Bruderschaften in Franken (QFW 35), 1986; J. Miethke, Politische Theorie und die Mentalität der Bettelorden, in: Mentalitäten im Mittelalter, hg. v. F. Graus (Vorträge und Forschungen 35), 1987, S. 157–176.

a. Franziskaner (Barfüßer)
Heimbucher ^{3}1, S. 656–718; Bauerreiss 4, S. 4–9; Chronica fratris Nicolai Glassberger (Analecta Franciscana 2), Quaracchi 1887; K. Eubel, Geschichte der oberdeutschen (Straßburger) Minoritenprovinz, 1886; H. Holzapfel, Handbuch der Geschichte des Franziskanerordens, 1909; Bavaria Franciscana Antiqua, 5 Bde., 1954–1961.

b. Dominikaner (Predigerbrüder)
Heimbucher ^{3}1, S. 469–523; Bauerreiss 4, S. 12–15; A.Walz, Compendium Historiae Ordinis Praedicatorum, Roma ^{2}1948; Th. Kaeppeli, Scriptores Ordinis Praedicatorum Medii Aevi, bis jetz 3 Bde., Roma 1970– ; Dictionnaire d'histoire et de géographie ecclésiastiques 18, 1977, Sp. 1369–1410 (M.-H. Vicaire).

c. Augustiner
Heimbucher ^{3}1, S. 536–546; Bauerreiss 4, S. 15–18; A. Zumkeller, Die Bedeutung der Augustiner für das kirchliche und religiöse Leben in Franken und Thüringen während des 14. Jahrhunderts, in: WDGBl 18/19, 1957, S. 33–52; J. Hemmerle, Die Klöster der Augustiner-Eremiten in Bayern (Bayerische Heimatforschung 12), 1958; A. Zumkeller, Zur Frühgeschichte der Augustiner in Deutschland, in: Augustiniana 9, 1959, S. 93–104; Dictionnaire de Spiritualité 4, 1961, Sp. 983–1018 (D. Gutiérrez); Urkunden und Regesten zur Geschichte der Augustinerklöster Würzburg und Münnerstadt, bearb. von A. Zumkeller (QFW 18/I–II), 1966, 1967; A. Kunzelmann, Geschichte der deutschen Augustiner-Eremiten, Bd. 1–3 (Cassiciacum XXVI), 1969, 1970, 1972; Theologische Realenzyklopädie 4, 1979, S. 728–739 (A. Zumkeller).

d. Karmeliten (Frauenbrüder)
Heimbucher ^{3}2, S. 54–64; Bauerreiss 4, S. 18 f.; Dictionnaire d'histoire et de géographie ecclésiastiques 11, 1949, Sp. 1070–1104 (M. de Ste – Marie); Dictionnaire de Spiritualité 2, 1953, Sp. 156–171 (T. Brandsma); A. Deckert, Die oberdeutsche Provinz der Karmeliten nach den Akten ihrer Generalkapitel von 1421 bis 1529 (Archivum Historicum Carmelitanum 1), Roma 1961; J. Smed / U. Dobhan, Die Karmeliten. Eine Geschichte der Brüder U. L. Frau vom Berge Karmel, 1981.

e. Die Bettelorden und die alten kirchlichen Strukturen
Y. Congar, Aspects ecclésiologiques de la querelle entre mendiants et séculiers dans la seconde moitié du XIIIe siècle et le debut du XIVe, in: Archives d'histoire doctrinale et littéraire du moyen âge 36, 1961, S. 35–151; Trüdinger, S. 80–88; Sehi, Die Bettelorden in der Seelsorgsgeschichte.

Zu 5.Kartäuser

Heimbucher ^{3}1, S. 376–392; Bauerreiss 4, S. 20–22; C. Le Couteulx, Annales Ordinis Carthusiensis ab anno 1084 ad annum 1429, 8 Bde., Monteuil 1887–1891; Dictionnaire de Spiritualité 2, 1953, Sp. 705–776 (Y. Gourdel); N. Backmund, Die kleineren Orden in Bayern, 1974, S. 57–71; Die Kartäuser. Der Orden der schweigenden Mönche, hg. von M. Zadnikar und A. Wienand, 1953.

Zu 6. Antoniter

Heimbucher [3]1, S. 423f.; Bauerreiss 4, S. 25–27; A.Mischlewski, Die Niederlassungen des Antoniterordens in Bayern (N. Backmund, Die Chorherrenorden und ihre Stifte in Bayern, 1966, S. 231–242); Ders., Grundzüge der Geschichte des Antoniterordens bis zum Ausgang des 15. Jahrhunderts (Bonner Beiträge zur Kirchengesch. 8), 1976.

Zu 7. Religiöse Frauengemeinschaften

Grundmann, Religiöse Bewegungen; E. Roeder, Die Beginen in Stadt und Bistum Würzburg, Phil. Diss. Würzburg 1932; v. Pölnitz, Die bischöfliche Reformarbeit; E. G. Krenig, Mittelalterliche Frauenklöster nach den Konstitutionen von Cîteaux unter bes. Berücksichtigung fränkischer Nonnenkonvente, in: Analecta Sacri Ordinis Cisterciensis 10, 1954, S. 1–105.

Die Farbbilder

Seite 289 *Heutige Innenansicht der Marienkapelle, die Dr. Johannes von Allendorf, Dompropst, Archidiakon und fürstbischöflich würzburgischer Kanzler (1400–1496) in seinem Hof Seebach gestiftet hat. Die Kapelle gehört jetzt zur Theresienklinik der Erlöserschwestern in Würzburg.*

Seite 290 links *Grabdenkmal des Würzburger Weihbischofs Prof. Georg Antworter (1479–1499) in der Kirche der Franziskaner-Minoriten zu Würzburg.*

Seite 290 rechts *Selbstbildnis des Würzburger Generalvikars (1409/10) und Universitätsprofessors Dr. Winand Ort von Steeg in einer juristischen Handschrift (veröffentlicht mit freundlicher Genehmigung Seiner Königlichen Hoheit Herzog Albrechts von Bayern).*

Seite 291 *Innenansicht der mit der ehemaligen Zisterzienser-Abteikirche Ebrach verbundenen St.-Michaels-Kapelle.*

Seite 292 oben links *Widmungsbild einer Bibelhandschrift, die Abt Konrad von St. Burkard in Würzburg 1246 für das Dominikanerkloster schreiben ließ.*

Seite 292 oben rechts *St. Antonius der Einsiedler. Steinfigur in Muschelnische an der Apsis der heutigen Ursulinenkirche in Würzburg.*

Seite 292 unten *Gesamtansicht der ehemaligen Kartause Tückelhausen (freigegeben durch die Regierung von Mittelfranken, Luftamt Nordbayern, Nr. P 4065/221).*

Seite 293 *Innenansicht der ehemaligen Zisterzienserinnenkirche Himmelspforten gegen Westen.*

Seite 294 *St. Benedikt überreicht den Nonnen von St. Ulrich in Würzburg ein Exemplar der Benediktinerregel. Im Hintergrund Kloster St. Stephan in Würzburg. Miniatur von 1517.*

Seite 295 oben links *Reliquienbestücktes Gnadenbild von Fridritt bei Kloster Maria Bildhausen. Ende des 14. Jahrhunderts.*

Seite 295 oben rechts *Das Gnadenbild von Schmerlenbach (»das Muttergottes'che von Schmerle[n]bach«) um 1400, 1518 neu gefaßt.*

Seite 295 unten links *Innenansicht vom Chor des Würzburger Domes mit Ablaß-Kruzifix von Riemenschneider. Ausschnitt aus der Predella des Bartholomäus-Altars von Hans Ulrich Buehler, 1627 (Martin-von-Wagner-Museum der Universität Würzburg).*

Seite 295 unten rechts *Der ›Erbärmde-Christus‹ im Neumünster zu Würzburg. Um 1350.*

Seite 296 *Der heilige Christophorus. Wandmalerei in der Kirche zu Bibra/Thüringen, vor 1500.*

Seite 297 oben *Jakobspilger auf dem gestickten Antependium aus der Spitalkirche zu Karlstadt, 1519 (Mainfränkisches Museum Würzburg).*

Seite 297 unten links *Gnadenbild von Dimbach, 1398. In nachmittelalterlicher Zeit verändert, wurde seine einstige Fassung 1975 wieder freigelegt.*

Seite 297 unten rechts *Pilgerzeichen mit Vesperbild aus Dettelbach 1507. Grabungsfund in München.*

Seite 298 *Die ›Graue Marter‹ von Gerlachshausen am Main (1511).*

Seite 299 *Die Bauinschrift des Bruders Konrad Holzschuh für die Johanniterkommende in Würzburg von 1349 erinnert an das Auftreten der ›kopflosen Sekte‹ (secta sine capite) der Geißler (Mainfränkisches Museum Würzburg).*

Seite 300 oben *Darstellung der Wallfahrt nach Niklashausen (1476) in der Schedelschen Weltchronik: Hans Behem, hinter dem ein Mönch steht, predigt aus dem Fenster eines Hauses. Rechts die Dorfkirche mit den großen Wallfahrtskerzen.*

Seite 300 unten *Der ›Pauker‹ von Niklashausen verkündet, auf einer Weinkufe stehend, sein Reformprogramm. Daneben lodert ein Scheiterhaufen mit Spieltischen und Spielbrettern (aus der Würzburger Bischofschronik des Lorenz Fries – Ratsbuch 412, Bl. 343r – im StadtAW).*

S·GREGORIVS

Ano dni 1598.

O heiliger her : sant : iacob : bit : got fur vns : amen : 151

Diebuncz festis maximo concursu dominum longu sermone in odium cleri deducebat. Ego igit a Rudolfo epo herbipolen. missi exploratores inde sectatore pricipale ad herbipoli ducẽtes igni tradidert. post cui⁹ mortẽ hec pegrinatio viror̄ ⁊ mulier̄ euanuit. Nurmbergẽses q̄z sb mulcta ne q̄s de ciuib⁹ suis accedẽt phibuert

Von der walfart und grossem gelauffe zu dem Baucker gein Niclaußhausen an der Taube:

Es ware dazumal ain junger man Hans Behaim gnant, der kunde uf der claynen baucken spilen, zoge auch allenthalben an der Tauber umb in die wirtsheuser vnnd nerer sich damit, und als mir von ainem gaistlichen gesagt ward, wie vor etlichen Jaren ain heiliger vatter barfuser ordens in diß land komen, darin geprediget vnd

WOLFGANG BRÜCKNER

Volksfrömmigkeit vor 1517

1. *Methodische Vorüberlegung oder heutige Beurteilungsprobleme*

Unser Verständnis mittelalterlicher Kulturerscheinungen ist nicht allein erschwert durch eine völlig andere Mentalität unserer Tage sowie des damit verbundenen Lebensgefühls und Selbstverständnisses. Unsere speziellen Blicke auf angebliche Fakten und Faktoren der Vergangenheit sind vornehmlich verstellt von einem uns überkommenen Schauen in und auf diese fernen Tage, ohne daß uns immer bewußt wird, wie sehr wir mit ererbten, also selbst schon historischen Sichtweisen quasi durch lenkende oder fokusierende Brillen zu sehen gelernt haben und deshalb unser Denken und Verstehen eingebunden ist in damit gleichzeitig vermittelte Interpretationsklischees und Erklärungszusammenhänge. Die Vorstellung vom angeblich finsteren Mittelalter war ein solch wertender Beobachtungsraster, aber auch ein Begriff wie der Herbst des Mittelalters setzt mehr voraus als bloß die Jahreszeitmetapher vom Werden und Vergehen, nämlich die schon biblische Idee vom Aufstieg und Fall der Reiche und Epochen. In Mitteleuropa ist ein Datum wie 1517 zur magischen Zahl im Bildungsbewußtsein geworden, zur Scheidungsmarke von Mittelalter und Neuzeit, auch wenn der Fachhistoriker heute längst weiß, daß die eigentlichen Wendeepochen unserer Geschichte um 1200 und um 1800 genauer auszumachen sind.
Das hängt natürlich mit unserer konfessionell geprägten Kultur zusammen und mit dem von daher beeinflußten Geschichtsbild, voran dem der kirchlichen Verhältnisse und einer nicht historischen, sondern theologischen Beurteilung der praktischen Religionsausübung. ›Aberglaube‹ ist zunächst einmal kein Faktum, sondern die Setzung von einem bestimmten Glaubensstandpunkt aus. Dem Agnostiker ist in solchem Sinne auch die biblischste und aufgeklärteste christliche Theologie eine Art Aberglauben, hier dann im Gegensatz etwa zu rationaler Wissenschaftlichkeit verstanden. Gewichtiger aber noch scheint mir für geschichtlich weiterwirkendes Denken die polemische Argumentationsstruktur der Kontroverstheologen untereinander zu sein, weil hier zum Teil die Interpretationsfiguren moderner wissenschaftlicher Theorie vorgeprägt worden sind. Wenn die Reformatoren von ›heidnisch‹ sprechen im Blick auf ›Papistisches‹, dann war das weniger historisch als essentiell gemeint, aber dies ist für Jahrhunderte zum Interpretament sogenannten Volksglaubens geworden. Er stammt angeblich aus

dem Heidentum, ist ein Rest älterer Zeiten, noch nicht christianisierte Vorgeschichte. Im 19. Jahrhundert wurde dies in der mythologischen Forschung etwa der Brüder Grimm zum wissenschaftlichen Programm, das mehrere moderne kulturhistorische Disziplinen befruchtet und zugleich in die Irre geführt hat. Heute noch zehren die Heimatforschung und der Lokaljournalismus weitgehend davon. Dort glaubt man meist genau zu wissen, woher die ›Dinge‹ kommen und was sie einst zu bedeuten hatten. Solch falsches Fragen kann keine richtigen Antworten hervorbringen.

Wenn wir Angemesseneres über frühere Zeiten erfahren wollen, so dürfen wir

a) nicht davon ausgehen, daß es durchgängig konstant bleibende kulturelle Phänomene gibt oder solche, deren gesellschaftlich wirksamer Sinn tiefer als in der beobachtbaren Gegenwartspraxis liegt. Die Frage nach sogenannt eigentlichen Ursprüngen und Bedeutungen ist in unserem Zusammenhang für den Historiker schlichtweg illegitim. Für Theologie und Philosophie macht es einen Sinn, nach ›Eigentlichem‹, nach Dingen ›an sich‹ und dergleichen zu fragen. Historische Wissenschaften aber haben es mit geschichtlichem Wandel, und das heißt mit zeitgebundenen Erscheinungen zu tun. Auch altartig Anmutendes existiert nur in jeweiliger Gegenwart. Unkritische Rückprojektionen sind ebenso verboten wie direkte Kontinuitätskonstrukte.

b) Wir dürfen nicht auf Erklärungen aus jüngeren Epochen über ältere vertrauen, sondern wir müssen kritisch nach den Erkenntnisinteressen der jeweiligen Autoren fragen, um dem historischen Kern ihrer zeitbedingten Aussagen näherzukommen. Das gilt zum Beispiel für viele Annahmen des Johannes Trithemius um 1500 über das Alter von Kulten an Wallfahrtsorten seiner Zeit in der Diözese Würzburg.

c) Neue Zeiten produzieren neue Weltbilder, auch wenn sie sich gerne auf überkommene berufen. Sowohl die Reform der Echterzeit wie die religiöse Restauration seit dem Biedermeier haben keine mittelalterliche Frömmigkeit einfach konserviert, sondern allenfalls eigene Mittelalterbilder entworfen. Wir müssen also mit direkten Rückschlüssen höchst vorsichtig sein. Die ältesten Brauchbeschreibungen für christliche Kalenderfeste in Franken stammen bezeichnenderweise von reformatorischen Autoren wie Joannes Boemus (1520) und Sebastian Franck (1534) und transportieren neben polemischen auch humanistische Vorzeitvorstellungen, und ein Mann der katholischen Reform wie Valentin Leucht (1550–1619) kannte aus seiner Jugend nur noch die Reste altkirchlicher Gewohnheiten.

›Volksfrömmigkeit‹ ist ein fataler Begriff. Man erkennt das an seiner Manipulierbarkeit für positive wie negative Konnotationen: Entweder meint er ›echt und unverfälscht‹ oder aber theologisch ›nicht ganz koscher‹, eben ein Zugeständnis an die Dummen. Wenn wir das ominöse ›Volk‹ aus dem Spiel lassen, weil es hier weder biblisches Volk Gottes noch Volkskirche im Sinne staatskirchlichen Konfessionalismus meint, sondern eher soziale Unterschicht oder zumindest die Masse der (Halb-)Gläubigen, dann bleibt nur ›Frömmigkeit‹ als sinnvoller Begriff. Dieser gilt für alle Bevölkerungsschichten, meint weder die Frömmelei der auf ›Kirche, Küche, Kinder‹ eingeschränkten ›Religiosität‹ der Moderne noch bloß die hohe Mystik der gelehrten Nonnen und Mönche des Mittelalters. Frömmigkeit benennt vielmehr die ›praxis pietatis‹, den gelebten Glauben der vielen in ihren Gemeinden und Gemeinschaften zu allen Zeiten. Er steht in Wechselbeziehung zu den Zeitströmungen von unten und oben, umfaßt Kreuzzugsbegeisterung, Armutsbewegung und Frauenkollektive ebenso wie Geißlerprozessionen und soziale Aufstände, von denen in diesem Buch andernorts bei ›Klöstern‹ oder ›Unruhen‹ gehandelt wird.
Sozusagen archäologisch festmachbar aber ist solcher Geist nur an seinen dinglichen Manifestationen und deren Überlieferungen, den frommen Denkmalen und Andenken frommer Gesinnung. Diese sind in der Regel handfeste Realien, brauchtümliches Tun und Gebaren, soweit es sich in Bild und Wort niedergeschlagen hat, und schließlich die faßbar werdende Mentalität, das geistige Ausgerichtet- und Geprägtsein, wie es sich in bestimmten Lebensstilen und gruppenbezogenen Haltungen kundtut. Der Volkskundler spricht darum vom ›Umgang mit Dingen‹. Realien lassen sich nicht von den Menschen trennen, und umgekehrt lassen sich die Menschen nicht von bestimmtem Dinggebrauch her schon einordnen in unsere modernen Beurteilungsschemata. Wir dürfen zum Beispiel nicht von Heiligen- und Reliquienkult reden, als seien das entweder vernachlässigbare Ärgerlichkeiten oder bedauerliches Fehlverhalten, jedenfalls mehr pittoreske Kulturkuriosa als sinnstiftende Kulturprägungsfaktoren. Solange wir nicht nach der einstigen gesellschaftlichen Funktion, nach dem jeweiligen ›Sitz im Leben‹ fragen, läßt sich nur wenig für uns begreifen. Die Erklärungsmuster der älteren Religionswissenschaft über Heroenvergottungen und ›magische‹ Partizipationen bringen uns keinen Schritt weiter zu verstehen, wie Menschen damals gedacht haben.
Es gilt vorab, die Phänomologie der Bilder und Zeichen und damit ihre Kommunikationsweisen im Kontext des tatsächlichen Gebrauchs zu entschlüsseln. Was aber bildeten Voraussetzung, Lebenskraft und sozialer

Sinn von Heiligenkult und Reliquienwesen? Es ist der Gedanke des Patronats, der väterlich sorgenden Oberherrschaft des Dienstherrn im ritterlich geprägten Feudalsystem: Himmel und Erde als christlicher Lehensstaat gedacht, in dem jeder seinen dienenden Platz findet und dafür quasi familiäre An- und Einbindung erfährt. Aus dieser Grundidee erwuchsen die Strukturen kultureller Ausdrucksgestaltungen und deren Wandel im Laufe sich verändernder politischer und gesellschaftlicher Lebensbedingungen.

3. *Heiligen- und Reliquienkult*

Das Gesellschaftbild des christlichen Mittelalters ist geprägt durch die auf das paulinische Kirchenverständnis zurückgehende Korporationstheorie. Die Metapher vom Haupt und den Gliedern, der theologischen Idee vom ›Corpus Christi Mysticum‹, wurde zur Rechtsfiktion für Stifte und Klöster, deren himmlischer Patron dadurch das eigentliche Haupt bildete und der damit Eigentümer im Rechtssinne sein konnte.[1] Die Stellvertreter auf Erden waren die patriarchalischen Hierarchen wie Bischöfe und Äbte, die übrigen Mitglieder bildeten deren Grundholden, Zinser innerhalb und außerhalb der Immunitäten, sie waren dem Heiligen ›zu eigen‹ und – im geistlichen Bereich – die Diözesanen in ihren Parochialverbänden. Sie standen als Pfarrkinder unter himmlischen Subpatronen ihrer Mutterkirchen, die – wie die Namenspatrone der einzelnen Menschen – spezifische Schutzaufgaben besaßen. Man erhielt seit dem 14. Jahrhundert seinen Vornamen vom Kalenderheiligen des christlichen Geburtstages, nämlich dem der oft noch am selben oder nächsten Tage erfolgten Taufe. Das Jahr bestand nicht aus Zifferndaten, sondern aus Heiligengedenktagen und den wechselnden Feierterminen des ›Kirchenjahres‹, das zugleich das ›bürgerliche‹ Jahr war für Tagesbenennungen und Beurkundungen. Alles stand unter den ›Sternzeichen‹ der Heilsgeschichte. Auch Berufe und Handwerke wählten sich ihre Patrone. Sie waren himmlische Helfer, Verbindungsleute zum Jenseits, die eigentlichen Geschichtsgestalten des Christentums. Gebotene Feiertage nahmen dadurch so überhand, daß im Bistum Würzburg 1404 eine Reduzierung und 1407 eine Limitierung auf 50 im Jahr angeordnet werden mußte und die Diözesansynode von 1411 sich unter anderem mit der Heiligenverehrung befaßte.[2]
Die Patrozinienforschung spricht für die Frühzeit der Christianisierung in unseren Breiten von Pertinenzpatrozinien, also den Besitz – die Schenkung – anzeigenden Zusammenhang von rechtlicher Zugehörigkeit in dem oben genannten wechselseitigen Sinne. Von der Zeit des Hochmittelalters an läßt sich eine für die Kultpraxis gewichtige Veränderung feststellen, näm-

lich der Wechsel von einer quasi ›objektiven‹ zu einer ›subjektiven‹ Patrozinienwahl.[3] Man konnte jetzt auch solche Heiligen zu Patronen erwählen, von denen man keine Reliquien besaß, und so wurde das Spätmittelalter zur Epoche der ›Volkspatrozinien‹, der heute noch bekannten und beliebten Nothelfer. Auf Dauer konnten daher ihre Bilder mit den sie klar erkennbar machenden Attributen aus Motiven ihrer Legende wichtiger als ihre meist nur spurenhaften Reliquien werden.

Die Manifestationen der Heiligen aber bildeten lange noch ihre irdischen Hinterlassenschaften. In dieser Form ›umschritten‹ sie ihren Schutzbereich oder ›besuchten‹ einander, wenn ihre Reliquien in liturgischer Prozession mitgeführt wurden oder bei Pflichtprozessionen den Hauptpatron ›aufsuchten‹.[4] Täglich fand jedes Meßopfer mehr als bloß symbolisch auf den Gräbern der Märtyrer statt, nämlich über Reliquien in jeglichem Altar, dort als Sepulcrum in der Mensa eingelassen oder diese insgesamt als Heiligengrab aufgefaßt, wie der Altar der Frankenapostel des 13. Jahrhunderts in der Neumünsterkrypta in Würzburg mit ›fenestellae‹ zum Hineinschauen und zum Anlangen oder indirekt Berühren durch Tuchstreifen. Zu Prozessionszwecken wurden sie in kostbaren Gefäßen mitgeführt, später zur Schau gestellt an den Festtagen oder in Bilder der Heiligen eingelassen. So bestand der Würzburger Domschatz im Jahre 1448 u.a. aus 55 Armreliquiaren, Reliquienmonstranzen und Ostensorien, darunter ein Marienbild mit silbernem Tabernakel, das eine Locke der Muttergottes enthielt.[5] Über Büstenreliquiare und dergleichen verlief ganz generell die Wiederzulassung der Plastik im Kult der Westkirche im Hochmittelalter, und auch der spätmittelalterliche Flügelaltar war zunächst Reliquienschrein, also Schrankaufbau nicht so sehr für Bilder als für die Heiligen selbst.[6]

Damit sind wir längst im Zeitalter der sogenannten Schaudevotion von Sakrament und Reliquien, die das Phänomen der großen Heiltumsweisungen des 14. und 15. Jahrhunderts hervorgebracht hat,[7] in Würzburg mit dessen Domschätzen vom Jahre 1401 an durch einen jährlichen vollkommenen päpstlichen Ablaß belegt.[8] Die feierliche Einzelaufrufung und öffentliche Vorweisung der kostbaren Reliquienbehältnisse fand auf Kiliani (8. Juli) an den drei Hauptfesttagen in der Nähe des Pfarraltares statt. Dieser stand im Dom an jener Stelle, wo sich heute das moderne Sakramentshaus befindet. 1484 waren die Weisungen zusätzlich mit dem römischen Jubelablaß verbunden und wurden daher im Freien hinter dem Dom arrangiert. Von 1493 stammt ein sogenanntes Heiltumsbüchlein, das in 46 Holzschnitten festhält, was der fromme Besucher beim großen Volksauflauf alles kaum selbst aus der Nähe betrachten konnte und daher dank der jungen Buchdruckerkunst jetzt als Bilderheft angeboten bekam.[9] Die haptische ›Realpräsenz‹ der Heiligen wurde durch Anschauen nicht weniger spürbar.

Haupt des Gekreuzigten vom Triumphkreuz des Würzburger Domes (Gipsabdruck; Mainfränkisches Museum Würzburg).

Hauptheiltümer der Würzburger Kirche waren selbverständlich die Reliquien der Frankenapostel Kilian und seiner Gefährten und ihres von der Tradition auf 689 an den Kiliansbrunnen der Krypta lokalisierten Martyriums, deren Gebeine der erste Bischof von Würzburg, der heilige Burkard, 752 erhoben hatte. Ihre silbernen Reliquienbüsten – die besonders große des hl. Kilian von 1518 – schmückten den Hauptaltar des Doms, wie wir auf einer nachmittelalterlichen Darstellung von 1627 im Martin-von-Wagner-Museum sehen. Ebenfalls gut zu erkennen ist dort über dem einstigen Lettner, der den Klerikerchor vor den Blicken der Laien verschloß, das riesige, 1945 verbrannte Triumphkreuz, das Tilman Riemenschneider 1497 als Ersatz für einen älteren Chorbogenkruzifixus schuf (Farbbild S. 295). Das monumentale Werk, dessen Corpus ca. 3,50 Meter Länge maß, beherrschte den Blick zum Domchor. Das Haupt des Gekreuzigten (Abb. S. 306)

wurde mit Reliquien bestückt, wovon unten noch mehr die Rede sein wird. Hier ist zunächst festzuhalten, daß schon die Vorgängerplastik von 1478 mit den einstigen Assistenzfiguren Maria und Johannes Reliquien enthielt und mit Ablaßversprechen versehen war.[10]
Die enge Verbindung von Bildwerk und Reliquien ist bis auf den heutigen Tag noch bei einer zweiten Riemenschneiderplastik aus gleicher Zeit gegeben, seiner Prozessionsmadonna in Sankt Burkard, auch wenn die Partikel sich jetzt in einem Sockel des frühen 18. Jahrhunderts befinden.[11] Nicht mehr im Schmuck von Reliquien befindet sich das sogenannte Kiliansevangeliar des Würzburger Doms, das bei der Bischofsweihe früher eine Rolle spielte und hinter dessen Bergkristallen bis zur Übergabe an die Universitätsbibliothek im 19. Jahrhundert sich Reliquienpartikel befanden. Selbverständlich gab es auch draußen im Lande Figuren mit Reliquieneinschlüssen, so die Madonna mit Kind vom Ende des 14. Jahrhunderts, heute in Fridritt als Gnadenbild verehrt (Farbbild S. 295). Wir befinden uns hier im Umkreis und Herrschaftsbereich des Zisterzienserklosters Bildhausen.[12] Das schlichte, strenge Bildnis trägt als Mantelspange einen großen Kristall oder Glasbrocken, der die Reliquie in der Brust verschließt.
Das alte Benediktinerkloster Neustadt a. Main, gegründet um 770, ließ um 1200 »unter Verwendung von spanisch-sarazenischen Stoffen des 12. Jahrhunderts, die vom Grabe der hl. Gertrud von Nivelles kamen, einen heute noch vorhandenen ›Mantel der hl. Gertrud‹ anfertigen«, wohl nach dem Muster des aus gleichem Stoff bestehenden in Nivelles.[13] Mit dieser Reliquie stärkte das Kloster seine späte Gründungslegende, nach der Karl der Große und seine Schwester Gertrud die Fundatoren gewesen seien. Die Heilige ist erst im 16. Jahrhundert zu Ehre der Altäre erhoben worden und der Gertrudenkult in Franken im wesentlichen nachmittelalterlich.
Vollständige Heiligengräber existierten in Würzburg neben den Frankenaposteln für die kirchenpolitisch bedeutsamen und deshalb als Heilige verehrten Bischöfe Burkard († 753), den ersten Diözesanbischof, und für Bischof Bruno († 1045), den Planer des heutigen Domes. Auf dem Würzburger Reichstag von 1189 wurde die Heiligsprechung des Bamberger Bischofs Otto verkündet. In Würzburg gibt es daher seit 1237 offizielle Bemühungen für eine Heiligsprechung Brunos, parallel zu Erweiterungsbauten am Dom und seiner Krypta.[14] Tumuluskult nennt das die Frömmigkeitsgeschichte. 50 Mirakelaufzeichnungen, also Beweismaterial für einen offiziellen Heiligsprechungsprozeß, stammen aus dieser Zeit und berichten von der Art der Heilbräuche an seinem Grab: Opfergaben auf dem Altar, Hineingreifen in dessen Öffnungen zur Berührung der Reliquien und Wasser vom Veitsbrunnen in der Domkrypta, alles also wie in Neumünster. Vor allem aber konnte man hier, wie heute noch beim Ottograb in Sankt

Michael zu Bamberg, durch die Steintumba des Bruno hindurchkriechen. Daneben gab es im Spätmittelalter natürlich noch andere verehrte Grabstätten von heiligmäßigen Personen, aber solche Kulte besaßen oft nur zeitlich beschränkte Aufmerksamkeit, zum Beispiel das spätgotische Hochgrab des Stifters der Magdalenenkapelle in Baunach, in dem der selige Viktor Überkomm bestattet liegt.[15]
Selbst Herren-Reliquien wie Kreuz- und Blutpartikel, gar erst die Wunderhostien, kannten regelrechte Modezeiten und spiegeln darin besondere Frömmigkeitsströmungen, eingebunden in dogmatischen Streit und politische Auseinandersetzungen mit wirklichen und angeblichen Ketzern, mit zunächst geduldeten und dann wieder vertriebenen Juden. Stätten solcher Legenden-Verortungen von Strafmirakeln zur Pogromauslösung sind im Bereich der mittelalterlichen Diözese die Blutkapellen von Röttingen (1288), Iphofen (1297) und Lauda (1298), solche, an denen liturgisch verunehrte Hostien als Sakramentsreliquien Wallfahrten auslösten, Creglingen (1384) und Burgwindheim (1465) sowie Corporaletropfen in Rothenburg (1266) und spätestens seit der Mitte des 15. Jahrhunderts in Walldürn mit der schon aus Bolsena/Orvieto bekannten Legende vom umgestürzten Kelch, dessen Corporale zum Mittelpunkt eines vor der Reformation lediglich lokalen Heiligblutkultes führte.[16] Rothenburgs Heiligtum im Kristallkreuz des 13. Jahrhunderts, das in der Literatur oft fälschlich für ein palästinensisches Blutpartikel ausgegeben wird, erhielt zu Ende des 15. Jahrhunderts gemeinsam mit dem Endausbau der Jakobuskirche einen eigenen Westhochchor mit hinauf- und herabführenden Stiegen für die vielen Pilger zum berühmten Altar des Tilman Riemenschneider von 1501. Er schuf 1505/10 auch in Creglingen ein Meisterwerk für die dortige Wunderhostie, an der man durch zwei gegenüberliegende Türen vorbeiziehen konnte.[17]

Aus Kreuzfahrertagen hat sich bei uns wenig erhalten; der Domschatz in Würzburg und das Kloster Mariaburghausen besaßen je einen Partikel der Dornenkrone; die zahlreichen heutigen Kreuzpartikel im Lande sind meist erst in nachmittelalterlicher Zeit erworben oder neu gefaßt worden für Schaugefäße zum Wetter- und Pilgersegen. Im Jahre 1501 fügten Fürstbischof Lorenz von Bibra und sein Weihbischof eigenhändig einen Kreuzpartikel und andere Reliquien aus dem Heiligen Land in das Haupt des vor dem Laurentiusaltar in der Marienkapelle hängenden Kruzifixus und weihten das Bildwerk.[18] Die zahlreichen Heiltümer von Kloster Mariaburghausen enthielten 1559 trotz Totalverlust im Bauernkrieg u. a. wieder »Splitter vom hl. Kreuz«, »Teile vom Berge Tabor«, »ein Stück vom Stein, darauf Christus selbst blutigen Schweiß geschwitzt«, »Reste vom Kleid, darin der Heiland gekreuzigt verstorben«, »lederne Fransen von den Geißeln ...«[19]

4. *Ablässe und Gnadenbilder*

Ablässe gibt es zwar in der römischen Kirche auch heute noch, doch spielen sie für die Frömmigkeit der Gläubigen so gut wie keine Rolle mehr.[20] Historisch bringt sie der Normalgebildete meist nur mit dem Ausbruch der Reformation in Deutschland zusammen. Der Dominikaner Tetzel hatte den römischen Ablaß zum Beispiel an einem der Wallfahrtsorte in der alten Diözese Würzburg, in Creglingen, gepredigt.[21] Wir denken daher sogleich an Luthers Thesenanschlag vom 31. Oktober 1517, so sehr der türnagelnde Wittenberger Professor ein legendarischer Bildtopos der spätprotestantischen Erbauungsfeiern ist, während zu solchem Termin die Katholiken weiterhin Wolfgangi begingen, zum Beispiel in Ochsenfurt. Des Heiligen Kapelle vor der Stadt war 1466 zu bauen begonnen worden, und dieses Unternehmen sicherte ein 100-Tage-Ablaß von zehn Kardinälen im Jahre 1470 finanziell ab, denen sich der bestätigende Würzburger Bischof mit weiteren 40 Tagen Indulgenz anschloß, denn der Ablaß wurde allen gewährt, die zum Bau und zur Errichtung einer Kaplanei beitrugen. Nach Fertigstellung des Kirchleins 1474/75 erfolgte die Stiftung einer Vikarie durch den Rat der Stadt. Die heute noch vorhandene Wolfgangstatue stammt aus der Werkstatt Riemenschneiders um 1520, wurde mithin fast ein halbes Jahrhundert später angeschafft, als wieder Geld für ein ansehnliches Patronatsbild vorhanden war.[22]

Hier noch ein zweites, sehr viel früheres Beispiel. Das oben schon mit seinen Heiltümern benannte Zisterzienserinnenkloster Mariaburghausen bei Haßfurt war im Jahre 1279 niedergebrannt worden und erhielt für den Wiederaufbau noch im selben Jahr einen ersten bischöflichen Ablaß auf die üblichen 40 Tage Sündenstrafennachlaß, der zunächst nur an den zehn Hauptfeiertagen des Jahres und deren Oktav, also an 20 Tagen im Jahr, gewonnen werden konnte. Bis zum Jahre 1292 besaß das Kloster so viele Indulgentien, daß sich fast das ganze Jahr über Ablässe unter bestimmten geistlichen Bedingungen und zusätzlichen materiellen Leistungen in Mariaburghausen erwerben ließen. Die rührige Äbtissin hatte allein während der Anwesenheit von 57 Bischöfen in Würzburg zum deutschen Nationalkonzil und Reichstag von 1287 dreizehn verschiedene Ablaßbriefe besorgt, so daß der Gnadenschatz bis 1336 auf 23 Schreiben anstieg und damit ein glänzender Wiederaufbau und eine reiche Ausstattung des Klosters gesichert waren.[23]

Dies ist zu allen Zeiten der normale Gang der Dinge gewesen: Investitionen müssen finanziert werden. Im Mittelalter gab es dafür die Geldbeschaffungsinstitution Ablaß, und zwar nicht nur für kirchliche Zwecke, zum Beispiel für den Würzburger Domumbau 1237. Ablaß und Stiftungen brachten die finanzielle Unterstützung von Kirchenbauten, Altarstipendien und dergleichen, wie sich allerorten nachweisen läßt, aber auch für andere gemeinnützige Bau- und Unterhaltungsmaßnahmen, voran Brücken als karitativen Einrichtungen. So stand die alte Würzburger Mainbrücke aus dem frühen 12. Jahrhundert unter dem Schutz der hl. Gertrud samt Brükkenkapelle St. Godehard. 1322 stellten 15 Bischöfe am päpstlichen Hof in Avignon einen Ablaß zugunsten von Reparaturen aus, 1390 und 1439 erneuerte ihn der Würzburger Bischof. Den völligen Neubau 1473 half die Verbrauchssteuer Tatz (= datio) mitzufinanzieren. Der Brückenzoll für fremde Benutzer genügte nie.[24]

Allgemeine und vor allem ›vollkommene‹ römische Ablässe, nach denen man sich wegen ihrer besonderen Gnadengaben drängte, waren die der Jubeljahre, ab 1300 bekannt und schließlich alle Vierteljahrhundert verkündet, so daß sich in diesen sogenannten ›Heiligen Jahren‹ viele Pilger nach Rom begaben.[25] Für die am Reisen verhinderten Menschen gab es an einzelnen Orten die Möglichkeit, zu bestimmten Zeiten besonders benannte Kirchen zu besuchen und dabei die gleichen Indulgentien wie im anno santo in Rom zu erwerben. So hat der berühmte reformerische Kardinallegat Nikolaus von Kues 1451 in und für Würzburg den damaligen Jubelablaß verkündet;[26] von seiner Ausrufung 1484 auf Kiliani in Würzburg war oben schon die Rede. Der Kardinallegat hat während seines Würzburger Aufenthaltes aber auch kleineren Kirchen im Lande Ablässe zukommen lassen, so der heute noch besuchten Heilig-Kreuz-Kapelle zu Sulzthal in der damaligen Pfarrei Euerdorf.

Daß in Würzburg diese seit der Zeit um 1400 bekannten festlichen Heiltumsweisungen den Besuch jener frommen Schauen mit Ablässen belohnten, versteht sich von selbst. Die Schaudevotion war ein verdienstliches Werk der Heiligenverehrung. Ablässe, die in Verbindung mit Gebeten vor einzelnen Kultbildern verliehen wurden, besaßen den gleichen Sinn. Wir kennen das in Würzburg von den oben schon für die zweite Hälfte des 15. Jahrhunderts erwähnten großen Kruzifixen im Dom und in der Marienkapelle. Sie wurden vom Bischof im Zusammenhang der Bildweihe und deren Bestückung mit Reliquien verliehen: »sich neigen oder ihr andächtiges Gebet verrichten oder aber ein Kerzlein anzünden oder lassen anzünden«, brachte 40 Tage Ablaß, so oft dieser Besuch geschah.[27] Für das Chorbogenkreuz des Domes genügte deshalb ein kurzes Betreten der Kathedrale unter Anschauung des monumentalen Kruzifixus, sozusagen ein Hineinblicken im Vorbeigehen.

Damit nähern wir uns dem modernen Begriff des Gnadenbildes. ›Gnad und Ablaß‹ heißt die alte Formel, und noch für Luther war der Gekreuzigte das *Gnadenbild* schlechthin, von dem er allerdings formuliert: *ansehen und in*

sich bilden... wider des todes und sünde bilde.[28] Hier wird eine Frömmigkeitspraxis spiritualisiert, deren religiöser Sinn schon immer so gemeint war: Bildwerke als Stimulantien der Andacht, weshalb die deutsche Kunstgeschichte den heutigen Fachterminus ›Andachtsbild‹ für bestimmte ikonographische Typen vereinbart hat:[29] zum Beispiel den Schmerzensmann (oder Pie Jesu), Christus in der Rast, das Vesperbild (oder die Pietà), die Schutzmantelmadonna u. a. m., von denen sich aus mittelalterlicher Zeit zahlreiche Bilder, vor allem aber Plastiken, in Kirchen Unterfrankens erhalten haben. Von großer Seltenheit hingegen ist ein mystisches Andachtsbild, das in den Umkreis bernhardinischer Frömmigkeit der Zisterzienser gehört und eine direkte Parallele im thüringischen Heinrichs bei Suhl besitzt: der um 1350 entstandene Neumünster-Kruzifixus, der die mit Nägeln durchbohrten Hände vom Kreuz genommen hat und den Beter zu umarmen scheint (Farbbild 295). Dieses Bildnis ist wegen seiner Absonderlichkeit in nachmittelalterlicher Zeit zum Kultobjekt wallfahrtsmäßiger Verehrung in der Ostkrypta des Neumünsters geworden.[30]
Sehr viel häufiger verbreitet waren einst die Darstellungen der Gregoriusmesse mit dem von den Leidenswerkzeugen umgebenen Schmerzensmann, der seine Wunden weist. Dieses überaus beliebte spätmittelalterliche Legendenbild popularisierte im fortschreitenden 15. Jahrhundert vornehmlich die Druckgraphik, oft verbunden mit sagenhaften Ablaßversprechen. An der Südwand des Querschiffes der Pfarrkirche von Karlstadt am Main befindet sich aus dem Jahre 1446 eine solche Gregormesse mit Ablaßinschrift. Elf Pater noster und Ave Maria *vor diser figurr* erbringen angeblich Tausende von Jahren Strafnachlaß gleich wie in Rom, nämlich in Santa Croce in Gerusalemme, eine der sieben Hauptkirchen, deren Schatz an Passionsreliquien zur ikonographischen Ausschmückung beigetragen hat. Die gleiche Inschrift und eine ähnliche Darstellung wie in Karlstadt zeigt ein Steinrelief mit Stifterfamilie in der Schunterkapelle der Pfarrkirche Münnerstadt, ebenfalls aus dem 14. Jahrhundert. Der Schmerzensmann allein taucht auf den ältesten erhaltenen fränkischen Bildstöcken mehrfach auf, so 1350 in Naisa, 1361 in Dörfleins, 1423 in Gamburg, 1448 in Oberstreu.
Besondere Verehrung erfuhren eine Reihe von Vesperbildern, die spätestens um die Mitte des 15. Jahrhunderts in den Ruf der Wunderwirksamkeit gerieten: Maria Buchen (1434 Kapellenbau), Heilbronn (1442 Kapellenbau), Hessenthal (1454 Kapellenbau), Volkach (1. Hälfte 15. Jahrhundert), Limbach (1461 Altarweihe), Grossenberg bei Mellrichstadt (1494 bezeugt), Grimmenthal (1498), Schmerlenbach (Bild um 1400, 1518 neu gefaßt – Farbbild S. 295), Sandkirche Aschaffenburg (1418 Kapellenbau) usw.[31] Es ist für unseren Zusammenhang typisch, daß erst seit dem 15.

Jahrhundert Marienplastiken auch ohne Reliquien kultische Authentizität gewinnen konnten. Sie wurden zu besonders verehrten Gnadenbildern, hier bezeichnenderweise der Andachtsbildtypus der Pietà, während die thronenden und stehenden Madonnen Patronatsbilder waren und oft erst von den geistlichen Propagandeuren der Gegenreformation wegen ihres Alters für besondere Kultobjekte ausgegeben wurden und seitdem als Gnadenbilder verehrt werden (Dimbach, Farbbild S. 297).
›Gnadenbild‹ im Sinne von Ablaßbild war zu Ende des Mittelalters die apokalyptische Frau in der Sonne. Sie ist darum als Nürnberger Schreinmadonna weit verbreitet gewesen, und im kleinen Andachtszettel mit falschem Ablaßversprechen versehen, vielfach gedruckt worden. Auch von anderen Andachtsbildtypen wie Anna Selbdritt, Schmerzensmann, Gregorsmesse, Christkind, IHS, fünf Wunden, gab es in Süddeutschland zwischen 1470 und 1520 solche Ablaßzettel.[32] Von 1420 aber stammt der frühest datierte Einblattdruck, bezeichnenderweise mit dem Bilde des Christophorus und der lateinischen Inschrift, daß sein Anblick vor bösem (= unvorbereitetem) Tod bewahre.[33] Darum gab es sein Bild auch riesengroß an Kirchenwänden gemalt, bei uns z.B. in den heute evangelischen Kirchen in Urphar am Main und in Bibra/Thüringen (Farbbild S. 296) wiederentdeckt oder in Amorsbrunn außen erneuert.

5. *Andachten und Bruderschaften*

Andachts- und Gnadenbilder tauchen nicht von ungefähr in der Frömmigkeitsgeschichte auf. Sie bilden vielmehr die Vergegenständlichung religiöser Leitgedanken ihrer Zeit, und sie wurden von aktiven religiösen Gruppierungen jeweils besonders gepflegt. Die mittelalterliche Organisationsform dafür heißt Bruderschaft. Das Andachtsbild der Pietà zum Beispiel ist nach heutiger Forschungsmeinung aus der Marienklage der geistlichen Spiele hervorgegangen, sozusagen aus einem ›lebenden‹ Bilde der öffentlichen österlichen Passionsdarstellung entstanden.[34] Auch in Würzburg hat es solche Aufführungen in deutscher Sprache gegeben. Bischof Rudolf II. von Scherenberg (1466–1495) bestimmte dafür in der zweiten Hälfte des 15. Jahrhunderts die Einrichtung einer ›fraternitas‹, einer Bruderschaft als Trägerverein, so würden wir heute sagen, und er erteilte für das ›Feiern‹ der ›representaciones‹, also für die Vorstellungen des Lebens Jesu, Mariae, der Heiligen, Adams und Evas und des Kampfes zwischen Gott und Luzifer, einen Ablaß, so daß wir sagen können: Ostertheater fand als Andacht, als Schaudevotion statt.[35]
Auch die Ausgestaltung der Fronleichnamsprozessionen besorgten nicht

nur insgesamt die verschiedenen Bruderschaften als Hauptbeteiligte, sondern der besonderen Verehrung des Altarsakraments nahmen sich meist eigene Corporis-Christi-Bruderschaften an.[36] Sie förderten vor allem die sogenannten Engelmessen und trugen bisweilen auch den Namen Engelbruderschaften. Es handelt sich um spezielle Donnerstagsämter, die unter feierlicher Aussetzung des Allerheiligsten stattfanden. Dahinter steht die im Text des Canon missae formulierte Vorstellung von Engeln, die das Meßopfer vor Gottes Angesicht tragen mögen. Die älteste Nachricht dafür im Bistum Würzburg stammt aus Ebern 1426: Um einen Kleriker anstellen zu können, erhielt die Bruderschaft einen Ablaß gewährt, aber erst eine größere Stiftung von 1450 ermöglichte die Einrichtung einer Frühmesse, deren Vikar auch das Engelamt übernahm. Es waren ebenfalls Bürger und Ratsherren, die in Münnerstadt 1444 und in Seßlach 1459 ähnliche Initiativen ergriffen. Haßfurt 1440 und Kleinrinderfeld 1461 im heutigen Unterfranken wären noch neben zahlreichen anderen Städten der mittelalterlichen Diözese, zum Beispiel im heutigen Thüringen und andernorts, zu nennen und dazu eine Reihe von gemischten und auch reinen Klerikerbruderschaften zur Förderung der Sakramentsverehrung, zum Beispiel in Mellrichstadt, Ostheim v. d. Rhön und Königshofen im Grabfeld, also vornehmlich im nördlichen Teil der Diözese.
Im mittelalterlichen Bistum verteilten sich die rund 120 religiösen Laienbruderschaften (ohne die mit zünftischem Gewerbebezug) zu zwei Dritteln auf drei Patrozinien: 18 % Corpus-Christi-, 27 % Sebastiani- und 15 % Anna-Bruderschaften, womit die Akzente der damaligen Frömmigkeitskultur deutlich benannt sind.[37] Die Sebastiani-Buderschaft in Würzburg war die des Rates. Sie erhielt 1468 in der Marienkapelle einen Jakobsaltar, wofür wiederum dem Rat der Stadt in dieser Bürgerkirche das Besetzungsrecht zustand. Selbst die Jungfrau Maria trat dabei zurück, ihre Dominanz auf allen Feldern kirchlichen Lebens ist erst eine Frucht der Gegenreformation einschließlich der Rosenkranz-Bruderschaften trotz der Volkacher Riemenschneidermadonna von 1522/24, einem hier ganz frühen Zeugnis in der Nachfolge Nürnberger Beispiele. Aber auch die sozial-karitativen Spital- und Elendenbruderschaften gab es sehr viel spärlicher als etwa den Anna-Kult, der übrigens eine äußerst späte Erscheinung ist, und dessen Bruderschaften sich um und nach 1500 etablierten, nur in Wertheim schon 1498 erwähnt, 1502 in Würzburg und Münnerstadt errichtet, 1511 in Kitzingen auf älterem Vorläufer usw. Die Feier des Annatages am 26. Juli mit Ablaßgewährung stand im Mittelpunkt der Bruderschaftsziele.[38]
In 26 fränkischen Städten der mittelalterlichen Diözese Würzburg gab es seit der Mitte des 15. Jahrhunderts Sebastiani-Bruderschaften. Man hat die Pest und das Schützenwesen als Begründung dafür genannt, aber es gibt in

Wirklichkeit sehr unterschiedliche lokale Motive. Eine wichtige Rolle spielte die jeweilige soziale Funktion dieser Bürgervereinigungen. Bruderschaften dienten auch der gesellschaftlichen Einordnung und Statuszuweisung. Ihre Mitglieder gehörten im Spätmittelalter der vermögenden Ober- und Mittelschicht an.[39] Für Kitzingen können wir die fortschreitende soziale Aufwertung der Anna-Bruderschaft durch Steuerlistenvergleiche ihrer Mitglieder genauer verfolgen. In den Landstädten florierten die Laienbruderschaften, voran in Münnerstadt mit acht an der Zahl, gefolgt von je fünf in Dettelbach, Haßfurt, Kitzingen und Königsberg, vier gab es in Karlstadt, Ochsenfurt und Volkach, drei in Iphofen. Die Sebastiani-Bruderschaften hingegen faßten dort am ehesten Fuß, wo es noch keine oder späte Corpus-Christi-Bruderschaften gab, so in Volkach 1440, Karlstadt vor 1449, Eibelstadt vor 1453, Würzburg 1453, Arnstein vor 1478; die meisten aber entstanden erst nach 1480. In der Bischofsstadt Würzburg gab es zwar 23 Bruderschaften, aber ihre Mehrzahl waren Kleriker-Gebetsverbrüderungen und Handwerkerzünfte.[40]

Die Kirchweihfeste der einzelnen Gemeinden, von denen es im 16. Jahrhundert kritisch heißt, sie seien eine fränkische Eigen- und Unart, gehören nicht allein zu den besonderen Andachten. Zeitgenossen nannten sie *deß teufels spielfest* (1502). Wir kennen aus dieser Spätzeit die aufschlußreichen Illustrationen der Nürnberger Holzschnitte dazu, in deren Mittelpunkt der Bauerntanz als Gleichnis irdischer Verlorenheit steht.[41] Sie waren aber gleichzeitig Patrozinien- und Ablaßtage, also kirchlich-weltliche Höhepunkte des Jahres gerade für das Zusammengehörigkeitsbewußtsein der sozialen Selbstorganisation auf dem Dorfe nach kleinstädtischem Vorbild.

Die Funktion der Kirche und ihres weit sicht- und hörbaren Glockenturms in der Gemeinde betraf den gesamten Alltag, Uhren gab es auf dem Lande erst in nachmittelalterlicher Zeit. Ihr Aufkommen in den Städten veränderte im Spätmittelalter zunächst den Lebensrhythmus durch gewandelte Zeitnormen, wodurch eine genauere Synchronie des täglichen Handelns aller Bewohner entstand.[42] Die jahreszeitlich wechselnde Stundeneinteilung des Mönchskalenders entsprach noch länger den Arbeitsmöglichkeiten in der Landwirtschaft, und hierfür genügte das schließlich dreimalige Angelusläuten am Tage. Um 1400 war es überall am Rhein für den Abend in Gebrauch und signalisierte das Ende der Feldarbeit, samstags den Beginn der Sonntagsruhe. Bald traten auch das morgendliche und ab 1455 dann noch mittägliche Angelusläuten als päpstlich angeordnete Türkenabwehrbitte hinzu.[43] Zusätzliches Freitagsläuten zur Todesstunde Christi schrieb für die Würzburger Diözese 1447 Bischof Gottfried IV. Schenk von Limpurg vor.[44] Wetterläuten gegen Ungewitter war alter Brauch seit dem Vorhandensein von Glocken, die stets geweiht und im Spätmittelalter mit Abdrucken gegossener Pilgerzeichen versehen wurden. Fürs Sterbeläuten gab es Stiftungen sogenannter ›Zügenglöcklein‹, wenn jemand in den letzten Zügen lag, so innerhalb der alten Diözese für Walldürn beispielhaft zu belegen.[45]

Die Bestattungsfürsorge oblag wiederum oder fast generell den Bruderschaften; gesellschaftlich bildete dies oftmals ihren Hauptzweck neben den gemeinsamen öffentlichen Auftritten bei den üblichen Prozessionen des Kirchenjahres. Dazu zählten Gedächtnisgottesdienste und die Anniversarienstiftungen für die verstorbenen Mitglieder. Auf dem Friedhof gab es Karner, Totenleuchten und Ölberge, letztere dienten der Verehrung der Todesangst Christi und waren in Franken seit dem 15. Jahrhundert sehr beliebt. Im Bauland, dem heutigen Nordbaden, stammen sie in Külsheim von 1497, Königheim 1499 und Buchen 1507 und sind in Tauberbischofsheim, natürlich auch in Nürnberg an St. Sebald heute noch sichtbar und in Rothenburg an St. Jakob sowie an anderen, z. T. protestantischen Orten: Prichsenstadt, Kitzingen, Kleinlangheim, Königsberg, Winterhausen, in Würzburg nur noch in Resten einer mittelalterlichen Ölbergsgruppe von St. Burkard am Aufgang zum Käppele. Im heutigen Unterfranken sind jüngst 81 Ölberge auf Friedhöfen gezählt worden, wovon die Hälfte aus dem 15. oder frühen 16. Jahrhundert stammt, der älteste von 1428 in Münnerstadt, schließlich Goßmannsdorf am Main von 1460, Heidingsfeld 1510, Theilheim 1511, Brendlorenzen und Sulzfeld 1497, Eßleben 1480, Estenfeld 1500, Gerolzhofen und Hopferstadt 1520, Fuchsstadt 1530.[46]

Beinhäuser mit Sepulturkapellen hingegen sind älter. Sie tauchen zwar nicht vor 1100 in Franken auf, dann aber gehäuft, und waren in aller Regel dem Erzengel Michael als Seelengeleiter geweiht, oft in gotischer Zeit zweistöckig in Kapelle und Gruft unterteilt, wie heute noch besonders gut als spätmittelalterlicher Kapellenbau in Wertheim sichtbar. In Unterfranken existieren von fast 90 nachweisbaren Beinhäusern heute noch gute 20, davon aus mittelalterlicher Zeit in Iphofen von 1380, wo noch bis 1960 lastwagenweise Knochen lagerten, in Ochsenfurt von 1444 mit besonders gut erhaltener Kapellenausschmückung, in Haßfurt von 1450, Ebern 1469, Gerolzhofen 1497, Baunach 1543 in Fachwerk[47] usw. Totenleuchten in situ an der Kirchenaußenwand kennt Rothenburg, in die Kirche gerettet ist die frühest bekannte vom Anfang des 13. Jahrhunderts in Karlstadt am Main.[48]

In Würzburg stand im Bruderhof am Platz der Ermordung des Bischofs Konrad von Querfurt (1202) ein ewiges Erinnerungslicht, doch dies führt schon zu unserem übernächsten Kapitel der Denksteinsetzungen hinüber.[49]

6. *Prozessionen und Wallfahrten*

Prozessionen sind ›fromme Begehungen‹, liturgisches Ab- und Umschreiten, kollektive Gebärde einer Kultgemeinde, organisierter Aufmarsch sozialer Gruppierungen oder spontan geordnetes Gemeinschaftstun im kirchlichen Raum und in der Sakrallandschaft. Wallfahrten hingegen sind Begehungen mit dem klaren Ziel eines besonders geheiligten Ortes mit speziellem Kultobjekt, wobei der Weg dorthin – die Fahrt – den eigentlichen Sinn dieses Tuns ausmacht. ›Wallen‹ heißt ursprünglich hin- und herlaufen, und ›wallen‹ nennt man darum in Franken seit dem Spätmittelalter jegliches Gehen mit und in Prozessionen. Die Kreuzwoche um Himmelfahrt mit ihren Flurprozessionen heißt darum Wallwoche, und auch die Fronleichnamsprozession kann als Prozession ›die Wallfahrt‹ genannt werden.[50]

Das hängt hierzulande mit der Siedlungs- und Gemeindestruktur zusammen, die Franken im Spätmittelalter zu einer damals modernen, quasi verstädterten Region werden ließ. Die sozialen Organisationsformen kommunalen Gemeinschaftsbewußtseins drangen weit auf das Land vor. Auch Dörfer schufen sich als Schutz vor marodierenden und brandschatzenden Bewaffneten der zahlreichen Adelsfehden und dauernden Herrschaftsauseinandersetzungen befestigte Tore und einen Mauernkranz mit Türmen oder zumindest eine starke Umwehrung der Kirche.[51] Die Bewohner pflegten innerhalb dieser Befestigungen vielerlei Gemeinschaftseinrichtungen, reglementierten untereinander den Rechtsfrieden und traten entsprechend nach außen als sich wechselseitig stärkende Wir-Gruppe auf. Prozessionen waren dafür ein naheliegender und sinnträchtiger öffentlicher Ausdruck. Im zeremoniellen Auftritt repräsentiert sich die Gemeinde und konkurriert darin mit den Nachbarn, z. B. beim Zusammentreffen von Prozessionen in der Himmelfahrtswoche, wie es heute noch üblich ist, und auch zu Ende des Mittelalters von Johannes Boemus aus Aub 1520 kritisch vermerkt wird, bei Sebastian Franck 1534 dann so ins Deutsche gebracht: *Da mercken die priester allzugleich auff, welche rott am besten singet, dise gewinnen etlich kanten mit wein ....*[52]

Diesen Flurprozessionen sind noch hinzuzuzählen: die früheste im Jahr am 25. April, dem Markustag, für Würzburg 1320 als eine der städtischen Hauptprozessionen genannt, auf Pfingsten gelegentliche Umritte wie in Ochsenfurt sowie die Weinbergsprozessionen der zahlreichen Urbani-Bruderschaften des späten 15. und frühen 16. Jahrhunderts, die mit einer Statue des Heiligen unterwegs waren.[53] Als Wetterbittveranstaltungen bildeten sie quasi Gemarkungsumgänge und besaßen neben dem kultischen Charakter der heiligen Hegung ähnlich einübende Funktionen wie gemeinschaftliche Grenzbegehungen. Kreuz, Fahnen und Reliquien wurden bei

diesen, wegen der Pfarrkreuze ›Kreuzprozessionen‹ genannten Veranstaltungen mitgetragen, vom 15. Jahrhundert an oft auch das Altarsakrament, wie umgekehrt die nun aufgekommene Fronleichnamsprozession in Deutschland eine Wettersegensliturgie erhielt mit den vier Altären und den vier Evangelienanfängen in die vier Himmelsrichtungen.[54]
In der Diözese Würzburg soll es schon 1298 erste Sakramentsprozessionen gegeben haben, im Dom führte sie das Kapitel 1381 für die Stadt ein.[55] Man zog nach der hier erstmals greifbaren Ordnung mit Kreuz und Kiliansreliquien über den Markt, sprich die heutige Domstraße, auf die Brücke bis zur Godehardskapelle an deren Beginn, dann über die Fleischbänke, also wohl den beginnenden Viktualienmarkt vor der im Bau befindlichen Marienkapelle, bis zum Pleicher Tor und zog von da aus einmal um die Stadt herum und betrat sie wieder am Sandertor, um ungefähr der heutigen Straßenbahnführung nach zurück in den Dom zu gelangen. Das Kapitel veranstaltete damals öffentliche Prozessionen an Beschneidung, Verkündigung, Ostern, Pfingsten, Johannes Baptist, Peter und Paul, Laurentius, Mariae Geburt, Michael, Burkard, Martin, Andreas.
Daß nicht bloß in Nürnberg Palmprozessionen mit szenischem Nachspiel eine Woche vor Ostern üblich waren, belegt der spätmittelalterliche Palmesel-Christus auf Rädern im Mainfränkischen Museum aus der ersten Hälfte des 16. Jahrhunderts.[56] Hier handelt es sich mehr um die Ausschmückung einer liturgischen Prozession im Zusammenhang mit der Festtags-Gottesdienstordnung, während die später in Süddeutschland und auch in Franken so berühmten Karfreitagsprozessionen im Mittelalter völlig unbekannt waren. Hierfür gab es die geistlichen Spiele, von denen schon die Rede gewesen ist. Das Würzburger Domkapitel allerdings zog auf Palmsonntag 1381 – *selbstverständlich am Abend* – vor die Stadt nach Stift Haug (damals außerhalb der Mauern anstelle des heutigen Hauptbahnhofs auf einem Hügel gelegen), so noch von Lorenz Fries bezeugt.[57]
Als besondere Heiligenfestprozession sei nur noch die am Cyriakustag in Würzburg besonders erwähnt. Am 8. April 1266 hatte die vereinigte Streitmacht von Domkapitel, Bürgerschaft und den Grafen von Hohenlohe das Heer des Grafen von Henneberg am Mühlberg bei Kitzingen geschlagen und damit auf Dauer die Territorialentwicklung am Main zugunsten des Bistums entschieden. Kiliansreliquien und das seitdem wie eine Reliquie verehrte, heute noch existierende riesige Kiliansbanner (Farbbild S. 161) waren mit dabei gewesen, die Fahne auch in späteren Schlachten zugegen (zum letzten Mal 1460), und jährlich nahm sie an der Cyriakusprozession am 8. April teil, die jenen oben geschilderten Weg nahm, den später auch die Fronleichnamsprozession gehen sollte: eine schutzheischende Umrundung der Stadt und damit ihre symbolische Anheimstellung unter das wohl-

wollende himmlische Patronat der Nothelfer Cyriakus und Kilian. Letzterer erhielt eine eigene Prozession mit Reliquien und Altarsakrament am Oktavtag seines Festes (15. Juli) um die Stadt erst im Zusammenhang mit der Einführung theophorischer Umgänge nach 1381.[58]

Ab 1344 hatte das bischöfliche Domstift damit begonnen, die Feier des Kilianstages am 8. Juli in besonderer Weise zu begehen, woraus sich die schon beschriebene Heiltumsschau und damit die eigentliche spätmittelalterliche Kilianiwallfahrt entwickelte. Der schon 1030 am Mainufer privilegierte städtische Jahrmarkt war längst in die Oktavwoche von Kiliani verlegt worden und fand ab 1328 auch in der Nähe des Heiligengrabes auf dem Kürschnerhof statt. Die im Hochmittelalter üblichen und bis ins 16. Jahrhundert hinein rudimentär weiter bezeugten Pfingstfahrten vom Lande zum Grabe des Bistumspatrons stellten hingegen sogenannte Bann- oder Pflichtprozessionen dar, also rechtliche Zugehörigkeitsbekundungen, wie wir sie oben im Zusammenhang des Patronatswesens erörtert haben. Seit dem 12. Jahrhundert waren diese Pfarrbesuche bei der bischöflichen Mutterkirche aus vielerlei Gründen zurückgegangen, auch wenn sie 1314 und 1329 neuerlich von der Diözesansynode eingeschärft wurden. Bis zum Ausbruch der Reformation kamen nur noch die Orte Hochheim, Güntersleben, Gerbrunn, Randersacker, Heidingsfeld und Münsterschwarzach gemeinsam mit dem Benediktinerkonvent und die Würzburger Kirchen mit ihren Reliquien in den Dom, die dort eine Nacht verblieben. Die Pfarrer erhielten dafür Präsenzwein, schließlich nur noch als Ehrentrunk verstanden und so bei Lorenz Fries ins Bild gebracht, wo auch die Übergabe von grünen Kränzchen für Honoratioren genannt wird.[59]

An dem Beispiel der so wechselhaften Geschichte der ›Kilianiwallfahrt‹ wird deutlich, daß wir es im Verlaufe der Jahrhunderte nicht mit einer einheitlichen oder gar durchgängigen Erscheinung zu tun haben. Den hier geschilderten Gewohnheiten voraus und parallel ging die christliche Pilgerschaft, und es folgte ihnen, besonders vom 15. Jahrhundert an, das Aufkommen heimischer Kultziele mit besonderen Gnadenbildern, von denen in anderem Zusammenhang schon die Rede war. Die Bilderflut des 15. Jahrhunderts durch die neuen Möglichkeiten der Druckgraphik, aber auch die durch wirtschaftliche Wohlhabenheit gesteigerte Kunstausübung in Tafelmalerei und Plastik allerorten, erhob das Sehen zur eigentlichen Sinnlichkeit. In nachmittelalterlicher Zeit sollte auf katholischer Seite die ignatianische Anthropologie der Sinne die hier grundgelegten Ideen und Motive nochmals verstärkt aufgreifen. Was bislang nur über kleinformatige gegossene Pilgerzeichen Verbreitung hatte finden können,[60] erlebte dann im Kupferstich die eigentliche Popularisierung. So hat das sakramentale hl. Blut von Walldürn nicht schon im 15. Jahrhundert jene bildliche Entstehungsschilderung gefunden, die ab 1589 mit dem legendarischen ›Blutbild‹ eine überregionale Wallfahrt heraufführte. Im oberfränkischen Vierzehnheiligen sind gleichfalls erst in nachmittelalterlicher Zeit mit der Visionsabbildung des Kinderkranzes 1623 Möglichkeiten für ein erfolgreiches Wallfahrtbild geschaffen worden anstelle des unanschaulichen Stückchens Rasen von 1445, über dem sich der Gnadenaltar erhebt.[61]

Da hatten es kurz vor der Reformation die schnell aufblühenden spektakulären Wunderorte wie Regensburg mit der ›Schönen Maria‹ von 1519 und in der alten Diözese Würzburg das ebenfalls verlorengegangene Gnadenbild von Grimmenthal bei Meiningen (1497) leichter, völlig vergleichbar deren parallelem Bildstockkult von Dettelbach ab 1504.[62] Für Grimmenthal wie für Dettelbach (Farbbild S. 297) hat sich je ein gegossenes mittelalterliches Pilgerzeichen mit Vesperbild erhalten, weil in unserem Jahrhundert als Bodenfund wieder aufgetaucht. Dettelbach erfuhr durch das Geschichtsinteresse des Würzburger Schottenabtes Johann Trithemius 1511 ein gewichtiges literarisches Denkmal von Mirakelaufzeichnungen mit einem Vorspann über besondere örtliche Marienkulte in der Diözese. Dort sind jene Fehlschlüsse aller späteren ›historischen‹ Nachrichten grundgelegt, daß z. B. Dimbach (Farbbild S. 297) schon 1020 Marienwallfahrt gewesen sei und auch Höchberg zu den ältesten Kultorten zähle, wobei sich solche Meinungen auf Kirchengründung oder spätere Bauablässe zu beziehen pflegen.[63] Nichts davon läßt sich jedoch halten. Das 15. Jahrhundert ist in Wahrheit die Ursprungszeit des gesteigerten lokalen *geläuffs.*

Aus früher Zeit gibt es wenig direkte Nachrichten über die damals seltenere Einzelpilgerschaft zu den heiligen Stätten der Christenheit in Palästina, später nach Santiago de Compostela oder zu den Mirabilia Romae, letzteres ohnehin eine spätmittelalterliche Erscheinung. Die Jakobusfahrt von Franken aus war es nicht minder (Farbbild S. 297), während für die nur alle sieben Jahre stattfindende Aachenfahrt zu den dortigen Heiltumsweisungen eine wichtige Straße von Ungarn und Süddeutschland an den Rhein bei uns vorbeiführte mit Miltenberg als Sammelstation für die Weiterfahrt per Schiff, so um 1500 in einem Lebensbericht bezeugt und 1510 in einer Schiffahrtsordnung festgehalten.[64] Compostela-Höfe und Jakobus-Bruderschaften zur Pilgerbetreuung gab es in Bamberg und Nürnberg, eine besondere Jakobusverehrung in Rothenburg.[65] Im Ochsenfurter Spital lassen indirekte Hinweise auf Jakobusbezüge schließen, eben an der Handels- und Geleitsstraße von Lübeck über Meiningen und Würzburg nach Augsburg, auf der auch die skandinavischen Rompilger damals unterwegs waren. Nicht alle befanden sich freiwillig auf so ferner und gefährlicher Wanderschaft. Im Spätmittelalter verhängten vor allem nordwesteuropäische Gerichte gerne Strafwallfahrten, die übrigens gegen Geld auch von Stell-

vertretern abgeleistet werden konnten. Bußpilgerfahrten schrieben auch Sühneverträge bei Totschlag vor, so 1416 in Mellrichstadt neben anderen Leistungen eine Fahrt nach Rom und zwei nach Aachen. 1441 lautete in Nordheim v. d. Rhön eine der Auflagen bei einem ähnlichen Fall, innerhalb eines Jahres Rom, Aachen, Einsiedeln in der Schweiz und das hl. Blut von Wilsnack in der Mark Brandenburg zu besuchen. Würzburger Domherren hingegen erhielten gewöhnlich, wie 1381 in einem Kapitelsbeschluß festgehalten wurde, genau bemessene Zuschüsse für Pilgerreisen in folgender Abstufung: *ultra mare*, also nach jenseits des Meeres ins Heilige Land, des weiteren nach Rom, nach Santiago und nach Aachen.[66]
Jerusalem zu besuchen, hat sich jahrhundertelang die abendländische Ritterschaft zur Ehrenaufgabe gemacht, und dies steht im Zusammenhang mit den Kreuzzügen zur Wiedereroberung des Heiligen Landes. Es wirkte bis ins 16. Jahrhundert nach, wie wir noch aus dem protestantischen Nürnberg wissen. Aus früherer Zeit stammen die oft mißdeuteten romanischen Zentralbauten kleiner oktogonaler Kirchen in Oberwittighausen (ca. 1150 ff.), Grünsfeldhausen (ca. 1190 abgeschlossen) und Standorf (nach 1200), wohl auch die abgegangene Zentralkirche St. Michael in Gaurettersheim von vor 1245/94, alle im Taubergau, im heutigen Baden-Württemberg. Sie zeugen von dem ursprünglichen Willen, Erinnerungen an die Grabeskirche in Jerusalem oder ähnliche Bauten des Orients zu errichten.[67] Es waren ritterliche Gründungen zur Errichtung einer Sakrallandschaft und keine Nachwehen germanischer Kultplätze mit nachfolgender Wallfahrt.
In Würzburg steht in der Marienkapelle das bedeutende Kunstwerk des Grabdenkmals für Ritter Konrad von Schaumberg, der 1499 auf der Rückfahrt vom Heiligen Land auf See verstarb. Er war längjähriger Hofmarschall der Bischöfe von Würzburg, und der Stadtrat erfüllte 1504 durch Tilman Riemenschneider seinen letzten Willen. Das älteste Bischofsdenkmal im Dom gehört auch zu einem Heilig-Land-Fahrer, der auf dem dritten Kreuzzug mit Kaiser Barbarossa schon auf dem Hinwege in Antiochia 1190 verstarb: Gottfried I. von Spitzenberg-Helfenstein. Er bestimmte, daß wenigstens seine rechte Hand nach Würzburg zurückkommen sollte, aber dem Boten ist sie unterwegs abhanden gekommen.[68]
Echte Pilgerschaft hieß immer, Abschied von der Welt nehmen. Kilian und seine Gefährten waren als irische Wandermönche solche Fremdlinge, peregrini. Wallfahrer hingegen sind geistige Ausflügler, Kurzurlauber auf religiöser Gemeinschaftstour, fromme Volkswanderer, jedenfalls etwas ganz anderes, sehr viel Neuzeitlicheres.

7. *Weihungen und himmlische Hilfe*

Die praxis pietatis des Mittelalters ›funktionierte‹ als ein System von Weihungen und himmlischen Hilfen. Sich und sein Leben heiligen durch tätiges Christentum bedeutete nicht bloß mentale Versprechungen machen oder fromme Gesinnungen zeigen, sondern ›Votationen‹ als Stiftungen und Opfer demonstrieren in der Hoffnung auf Wundertaten Gottes, z. B. in der Errettung vor unvorbereitetem Tod, schlimmem Unglück, schwerer Krankheit. Solche Gnadenerweise hießen damals ›Mirakel‹, und beides wird heute gerne in Bereiche praelogischen Denkens und atavistischer Verhaltensweisen verwiesen. Der Schimpf rechenhafter Werkfrömmigkeit im Sinne eines platten ›do ut des‹, wie das religionswissenschaftliche Theorien seit dem 18. Jahrhundert aus dem modernen Geiste ökonomischen Denkens konstruieren und früheren Zeiten oder heutigen Unterschichten der Bevölkerung andichten wollen, steht in einer langen Tradition christlicher Reformpredigt und ständiger Katechese gegen ›heidnische‹ Haltungen. Zugleich erweist sich gerade darin das dauerhafte Bemühen um eine angemessene Verkündigung der ursprünglichen biblischen Botschaft.[69]
Ihre kirchlichen Umsetzungen konnten allerdings jeweiligen (im weitesten Sinne) politischen Ambitionen und soziokulturellen Bedürfnissen dienstbar gemacht werden, und dabei sind sie immer wieder an Grenzen gestoßen und durch Grenzüberschreitungen auf Dauer zu radikalen Kehrtwendungen gezwungen worden, z. B. von 1517 an. Doch, so wissen die Kirchenhistoriker beider Konfessionen heute, nicht weil die kirchlichen Verhältnisse in Mitteleuropa damals so desolat waren, wie uns im nachhinein von einer jahrhundertelang eifernden Kontroverstheologie weisgemacht wurde, ist in Deutschland die Reformation ausgebrochen und zu einer wahren Volksbewegung geworden, sondern weil hier – anders als im religiös heruntergekommenen Frankreich jener Zeit (wo zunächst weiterhin nichts geschah) – eine von breiten Schichten der Bevölkerung getragene intensive Frömmigkeit existierte, also ein positiver Boden für noch stärkere Verinnerlichungen und zugleich öffentlich verantwortete Religiosität bereit war.[70] Hinzu trat bei uns die oben für Franken schon formulierte starke gemeindliche Selbstorganisation der Städte und Dörfer, denen Luthers Forderung nach gottesdienstlicher Mitte und Kirchenorganisation durch die Pfarrgemeinde entgegenkam und aus deren Konsequenz die jurisdiktionale Vorherrschaft von Stiften und Klöstern mit Hilfe der neuen Lehre aufgehoben wurde.
Pfründenstiftungen aller Art, vom Kapital zur Anstellung eines Frühmessers oder zur Bezahlung eines Spitalplatzes oder Geldspenden für Kirchenbauten und Kirchenauszier von Einzelfiguren bis zum riesigen Wandel-

retabel oder ›nur‹ die Beteiligung an Spital-, Pilger- und Elenden-Bruderschaften sind zuvorderst Ausdruck einer gesteigerten Laienfrömmigkeit seit dem Spätmittelalter. Kranken- und Fremdenhilfe-Bruderschaften gibt es in Franken seit dem 13. Jahrhundert, Spitalgründungen aus bürgerlicher Initiative im frühen 14. Jahrhundert[71], die z. T. bis zum heutigen Tag existieren, wie das ›zum hl. Geist‹ in Würzburg, so ab 1371 benannt, aber stets ausdrücklich ›Bürgerspital‹ geheißen, weil 1319 von begüterten Bürgern für bedürftige Mitbürger errichtet. Im Stifterrelief der Totenkapelle von ca. 1350, das sich heute im Mainfränkischen Museum befindet, ›weiht‹ sich die Patrizierfamilie von Steren mit ihrem großen Wappenschild und den beiden kleinen Beterfiguren des Stifterehepaares der heiligsten Dreifaltigkeit (und im Stifterdenkmal im Spital einer Kreuzigungsgruppe), also stets dem barmherzigen Erlösergott und stellt damit das gesamte Unternehmen und die künftigen Insassen unter seinen besonderen Schutz.[72] Wir nennen einen solchen religiösen Akt heute von seiner phänomenologischen Hauptfunktion her ›Anheimstellung‹.
Daß damit und dabei auch das Sozialprestige einer der damals führenden Familien in der Stadt gestärkt, herausgestrichen, ja verewigt wurde, versteht sich von selbst, wie wir aus der Geschichte des Stiftungswesens bis in unsere Tage wissen, ohne diese menschliche Komponente dadurch grundsätzlich zu verdammen. Es gibt gleichzeitig mindestens drei keineswegs superstitiöse, sondern ehrenwerte Motivationen: das eigene Seelenheil, die persönliche Anteilnahme am Wohl des Gemeinwesens, die Denkmal- und Vorbildsetzung für den Namen der Familie. Es können spezielle Sühneanliegen und allgemeine Bußgesinnung hinzutreten oder vorherrschen und weiteres mehr. Nichts rechtfertigt jedenfalls die unterstellte Reduktion auf abergläubischen Krämergeist im bloßen Handel mit Gott und den Heiligen. Menschen sind und waren selten Heilige, aber in ihrer Mehrzahl auch keine bornierten Bösewichter.
Nur ein Jahrzehnt nach dem Bürgerspital-Gnadenstuhl setzt die Kunstgeschichtsforschung das ›Votivbild aus der ehemaligen Leprosenkapelle‹ an, wie es unter dem Stifterrelief von 1360 in St. Burkhard heute eingemeißelt heißt. Die Oranten mit ihren Wappen in der Fialenrahmung um die Kreuzigungsgruppe sind das Stifterehepaar Brunlin. Die Aussätzigen mußten vor der Stadt in der Zellerau wohnen, am Main, um sich baden zu können, an der Straße, um für den weiteren Unterhalt zu betteln.[73] Solche Sondersiechenhäuser waren die Vorläufer unserer Isolierstationen gegen Seucheninfektionen. Es ist typisch für Franken, daß die meisten mittelalterlichen Spitäler aus privaten Stiftungen entstanden sind und keine Hospitalorden oder ältere Bruderschaften vorangingen. So errichtete der Nürnberger Kleriker Friedrich Schulein in seinem Heimatort Prichsenstadt 1443

ein Spital, und Bürgermeister wie Rat begründeten dazu 1453 eine unterstützende Marienbruderschaft.[74]

Die ungenaue Bezeichnung ›Votivbild‹ für den Leprosenstein in Würzburg macht darauf aufmerksam, daß wir es hier mit einem ikonographischen Bildschema zu tun haben, das von der gleichen Zeit des 14. Jahrhunderts an auch den Denkmalstypus Epitaph prägen sollte und vor allem in nachmittelalterlicher Zeit das gemalte Votivbild der dankbaren Promulgation erfahrener Hilfe aufgrund eines Weiheversprechens. Die Zeichenkombination von Orant und himmlischer Person drückt jedesmal den Sinn des religiösen Aktes aus: Der Stifter bringt sein Opfer dar, indem er sich selbst damit anheimgibt; der Verstorbene wird einem himmlischen Patron besonders anempfohlen; der dankende Votant begibt sich weiterhin unter den Schutz seiner direkten oder fürbittenden Helfer.[75]

Votivgaben aus Wachs, Holz, Ton oder Eisen kennen wir von Tafelbildern des Spätmittelalters, wo dargestellt ist, wie über Heiligengräbern an Stangen solche Hände, Füße, Augen, Figürchen usw. aufgehängt erscheinen, auch sind sie als Bodenfunde z. B. in Vierzehnheiligen zutage getreten, und sie begegnen indirekt als geformtes Wachs oder getriebenes Silber in den Berichten der Mirakelbücher von Dettelbach und Grimmenthal aus der Zeit um 1500.[76] Hierzu zählen auch die Hufeisen an den Kirchentüren von St. Wolfgang vor Ochsenfurt und St. Gangolf vor Neudenau. Alles sind kommunikative Zeichen und keine Opfergaben im Geldwertsinne oder gar bildmagische Pressionsversuche, wie das in zaubertheoretischen Konstruktionen vor hundert Jahren zu interpretieren versucht worden ist und seitdem in den Medien spukt. Zumindest von Fruchtbarkeitsbeschwörungen ist dort immer noch die Rede, wenn es um Mutter und Kind, um Vieh- und Feldersegen geht.

Die überlieferten fränkischen Mirakelbücher aus dem Raum zwischen Heilbronn und Bamberg, Grimmenthal und Rothenburg verzeichnen im 15. Jahrhundert mindestens achtmal Wachsopfer im Gewicht der eigenen Person, meist von verlobten kranken Kindern.[77] Das entspricht dem mittelalterlichen Rechtsbrauch des Loskaufs von Gefangenen und meint mithin die Übereignung des Votierten in die Leibeigen- oder Knechtschaft des helfenden himmlischen Patrons. Solche personale Übereignung konnte auch durch jährliche Zinsversprechungen in Wachs oder Geld erfolgen. *Des blutz eygn...ir lebtag* heißt das um 1490 in Walldürn, und in der Folgezeit verweigerten manche dieser Leute dem Landesherrn die Abgaben, denn sie zinsten ja schon, verstanden sich als Leibeigene des heiligen Patrons, so wie andernorts auch z. B. in Schwaben.[78]

Riesenkerzen am Wallfahrtsort signalisieren bis zum heutigen Tage die Gemeinderepräsentanz von Prozessionen. Die Schedelsche Weltchronik hat sie im Bilde der verbotenen Wallfahrt des Pfeifers von Niklashausen für die 2. Hälfte des 15. Jahrhunderts festgehalten (Farbbild S. 300). Es sind dort um Holzkerne gewickelte Wachsfäden gleich der heute noch jährlich auf Pfingsten zum Bogenberg in Niederbayern angeschleppten viele Meter hohen Kerze aus Holzkirchen bei Passau. Wachsfäden- und Kerzenopfer wie ›Immerlicht‹ oder ›Ewiger Leuchter‹ als jährliche Leistungen dienten allemal nicht bloß der Beleuchtung des Gottesdienstes, sondern versinnbildlichten die Anwesenheit und Zuneigung, ja Zuneigung der bittenden und dankenden Beter und über den Tod hinaus die Gegenwärtigsetzung der Person für ihre noch der Erlösung harrenden und darum leidenden armen Seele. Dieser sollten sich voran ›die Freund‹, d. h. die Verwandtschaft annehmen oder aber die Nächstenliebe der Allgemeinheit. Dafür gab es die Einrichtung der ›Elendenkerzen‹, bei uns besonders am Zisterzienserinnenkloster Mariaburghausen bei Haßfurt gepflegt. Es handelt sich um Stiftungen für den Unterhalt von Begräbnis- und Seelenmessenkerzen. 1478 faßte die Äbtissin verschiedene Initiativen zu einer Marienbruderschaft zusammen, die an jedem Quartember-Sonntag, also viermal im Jahr, ein feierliches Begängnis für die Seelen aller Verstorbenen mit Tumba und Kerzen ausrichten sollte. Auch im Dorfe Thulba und seinen Filialgemeinden bei Hammelburg bestätigte 1504 der Fuldaer Fürstabt eine Bruderschaft ›zu den vier elenden Kertzen‹.[79]

8. *Kreuze und Martern*

In der Frömmigkeitsforschung gibt es den Begriff der Sakrallandschaft. Er ist vornehmlich für die konfessionsverschiedene nachmittelalterliche Zeit geprägt worden, und in der Tat lassen sich heute in Franken katholische und evangelische Orte mit ihren Gemarkungen schon auf einen ersten Blick hin unterscheiden durch Feldkreuze und sonstige religiöse Flurdenkmale. Der katholische Teil Frankens ist seit mindestens vierhundert Jahren eine typische Bildstocklandschaft. Die Wurzeln dafür liegen jedoch im Spätmittelalter. Es gilt dabei sachlich wie zeitlich klar zu unterscheiden zwischen Hochkreuzen, Steinkreuzen und Bildstöcken.

Letztere sind in der Forschung wegen formaler Verwandtschaften bisweilen von den frei im Friedhof aufgestellten Totenleuchten auf hoher Säule abgeleitet worden, jedoch für Franken eher in der direkten Nachfolge der mittelalterlichen Steinkreuzsetzungen zu sehen.[80] Dabei besitzen das altbayerische ›Marterl‹ und die spätmittelalterliche ›Marter‹ in Franken nur den Namen gemeinsam und bisweilen die Funktion des Gedenksteins. ›Marterl‹ benennt Unglückskreuze mit erzählendem Text- oder Bildverweis, ›Marter‹ heißen die oft repräsentativen Steinsetzungen mit künstlerischer Darstellung der Passion Christi, quasi Kreuzwegbilder in einer einzigen Station. Berühmt dafür ist die sogenannte ›graue Marter‹ vor Gerlachshausen am Main von 1511 (Farbbild S. 298) aus dem stilistischen Umfeld der Werkstatt Riemenschneiders, errichtet für den verstorbenen Schultheißen Heinrich Zorn.[81]

Eine der ältesten unterfränkischen Martern, heute im Mainfränkischen Museum in Würzburg, stammt aus Hopferstadt im Ochsenfurter Gau und gehört der Zeit um 1400 an. Im Bambergischen gibt es weitere Beispiele, bei uns in Volkach von ca. 1460, Röttingen 1463, Münsterschwarzach 1475, Erlach 1483 mit dem Bilde des Schmerzensmannes, in Gamburg 1423, Oberstreu 1448 und auch in Volkach zusätzlich auf dem erwähnten Bildstock.[82] Aus der Zeit um und nach 1500 hat sich jener schlichtere Typ mehrfach erhalten, der später zum Demonstrationsobjekt für den alten Glauben werden sollte und während der Julius-Zeit die katholischen Lande zu prägen begann: Eckartshausen 1508, Oberwerrn 1513, Ebenhausen 1514, Euerbach 1518, Stammheim 1522 und Kolitzheim 1522, so lauten die letzten Daten vor der Reformation für Bildstöcke, nur bestehend aus massivem Sockel, stämmiger Säule und blockhaftem Kopfteil mit einem Relief der Kreuzigungsgruppe an der Frontseite.[83]

Es sind in aller Regel fromme Stifterdenkmale zum Lobe und Preise des Erlösers und zum Gedächtnis seines Leidens, zur Anrufung und Anheimstellung im Leben wie im Tode, ein Zeichen der Andacht und eine Aufforderung zum Andachthalten für die Vorübergehenden. Diese religiösen Privatinitiativen des letzten Jahrhunderts vor der Reformation unterscheiden sich von den älteren Steinkreuzsetzungen, die offiziellen Rechtscharakter besaßen und oft Teil vertraglicher Strafauflagen für Verbrechen waren, nämlich Sühnemale bei außergerichtlichen Vergleichen der betroffenen Familien im Falle von Totschlag. Sie tragen keine Beschriftung, höchstens einfache Symbole als zeichenhaften Verweis auf den Setzungszusammenhang, und sie standen einst an Wegkreuzungen oder direkt am Ort des zu erinnernden Unrechts, weshalb sich in späteren Jahrhunderten oft Schauersagen daran hefteten. Das Lülsfelder ›Löffelkreuz‹ ist dafür ein sprechendes Beispiel (Abb. S. 326). Sein Name rührt von einer Vertiefung im Schnittpunkt der Kreuzbalken her und gab Anlaß für eine Mordgeschichte.

Aus der Rhön sind uns zwei markante Fälle historisch gut überliefert, wie wir oben im Zusammenhang von Pflicht- und Strafwallfahrten schon erfahren haben. In Mellrichstadt mußte der Täter 1416 zusätzlich ein Steinkreuz an der Stelle errichten lassen, wo er sein Opfer erstochen hatte und

Lülsfelder ›Löffelkreuz‹.

mit sechzig Männern seiner Verwandtschaft auf dem Kirchhof erscheinen, wobei die Hälfte von ihnen jeder eine pfundschwere Kerze trug, die andere Hälfte mit einer Halbpfünder versehen war. 1441 gab es in Nordheim eine ähnliche Abmachung. *Hans Thomas soll auch ein steiner Creutz funff schuhelang uff einen steinern Fus macht lasen und soll dazu haben fuffzig manner, der sollen fünfundzwanzig jeder eine Kerze von 1 Pfund Wachs und fünfundzwanzig von ½ Pfund haben und sollen mit den Kerzen auf dem Grabe von Hans Ditzen seelig anheben, und gehen bis an die Statt, da der Mord geschehen*

ist und von derselben Statt bis an die Statt, wo das steiner Creutz stehen soll und die Kerzen dalassen.[84]
Sinn dieser Sühneverträge im Mittelalter war das Verhindern von Blutrachefehden. Der Rechtsbrauch fand im Alten Reich sein Ende mit der Carolina von 1532, der Peinlichen Gerichtsordnung Kaiser Karls V., die in jedem Falle ordentliche Gerichtsverfahren verlangte. Geblieben sind die Erinnerungsdenkmale sozusagen von öffentlicher Hand, wie das bis ins frühe 19. Jahrhundert erhaltene ewige Licht auf hoher Säule im Bruderhof südlich vom Würzburger Dom, an der Stelle der Ermordung des Bischofs Konrad von Querfurt 1202 oder die beiden erzernen Schrifttafeln in Bildstöcken an den Plätzen des Attentats auf Bischof Melchior Zobel von Giebelstadt 1558 vor der Brücke im Mainviertel und dann auf halber Höhe zur Festung, wo er tot vom Pferde fiel, so auch als ›Bilderbogen‹ auf seinem Epitaph im Dom dargestellt.[85]
Ein schönes Beispiel für den formalen Übergang vom Steinkreuz zum Bildstock bietet die Sühnemarter von 1432 vor dem Nikolaustor in Heidingsfeld, zumal wir aus dem Sühnevertrag wissen, daß dieser Stein nach dem Vorbild zweier damals schon vor den Toren existierender Martern errichtet werden sollte. Auf seinem Schaft, unterhalb des Kopfteils mit der Kreuzigungsgruppe, kam in Wort und Darstellung der Anlaß epitaphmäßig zur Anschauung, eine Bluttat des Jahres 1428, indem hier der Getötete als anheimzustellender Orant mit dem Schriftband erscheint *miserere mei deus* (Erbarme dich meiner, o Gott) und darüber, dreimal so groß, der Ortspatron St. Laurentius.[86]
Nichts an öffentlichen Malen aus dem Mittelalter ist uns überliefert, sofern sie aus Holz geformt waren. Wir können nur vermuten, daß es auch damals schon bisweilen große Feld- und Wetterkreuze um die Dörfer herum gegeben hat,[87] wenngleich die Vorstellung von Gipfelkreuzen und christlichen Zeichenaufrichtungen schon in Missionstagen in den Bereich der Legendentopologie verwiesen werden muß. Hingegen gab es steinerne Marktkreuze, deren Funktion den norddeutschen Rolanden entspricht, nämlich den Marktfrieden zu symbolisieren. Geistliche wie territoriale Besitznahme durch Kreuzaufrichtungen hat man in der frühen Neuzeit gerne geübt, so Julius Echter. ›Sein‹ Kreuzberg in der Rhön geht auf ihn und nicht auf Kilian zurück, denn erst so spät ist der Aschberg, eben durch jene Kreuzaufrichtung, zu seinem Namen und seiner bis heute andauernden kultischen Bedeutung für das einstige Fürstbistum Würzburg gekommen.[88] Tatsächlich spätmittelalterlich hingegen sind die Entstehungskerne der Gnadenbildlegenden heutiger Kultstätten am Platze einstiger Marienbildstöcke wie in Dettelbach oder der Marienbildbäume in Buchen und Schneeberg.[89]

Die eben erwähnte kleine Marienwallfahrt Schneeberg bei Amorbach im ehemaligen Mainzer Oberstift, mithin seit alters Aschaffenburg zugehörig, läßt den Frömmigkeitsforscher – hier fälschlich – die römische Legende von ›Maria Schnee‹ assoziieren. Es ist die mittelalterliche Gründungs- und Bauplatzsage des Ursprungs der Hauptmarienkirche des Abendlands Maria Maggiore in Rom. Durch Papst Liberius († 366) auf dem Esquilin erbaut, wurde sie durch Papst Sixtus III. restauriert und 435 eigens der ›Mutter Gottes‹ geweiht in Erinnerung an das Konzil von Ephesus, auf dem vier Jahre zuvor 431 dieser Marientitel gegen die Nestorianer bestätigt worden war. Dafür gibt es im römischen Missale zum 5. August das ›Fest der Einweihung der Kirche Maria Schnee‹ (›Dedicatio B.M.V. ad nives‹), seit der jüngsten Liturgiereform nur noch ›Weihe der Basilika Santa Maria Maggiore in Rom‹ geheißen.[90]
Aus dem liturgischen Blumenstreuen an Dedikationsfesten im alten Rom war in der mittelalterlichen Legende eine erklärende Entstehungsgeschichte geworden: mitten im August habe ein nächtlicher Schneefall Bauplatz und Grundriß der Kirche geoffenbart. Für Aschaffenburg hat kein Geringerer als Matthias Grünewald diese Szene 1519 dargestellt auf einem der beiden Seitenflügel seines Maria-Schnee-Altares in der Stiftskirche St. Peter und Alexander – das Gemälde befindet sich heute im Augustinermuseum zu Freiburg. Dieses berühmte Beispiel vom Ende des Mittelalters soll noch einmal unsere Eingangsprobleme mit ›Volk‹ und ›Frömmigkeit‹ aufgreifen.
Der Altar, dessen signierter Rahmen sich heute noch am alten Platz in Aschaffenburg befindet und dessen Hauptblatt – geliefert 1517 – möglicherweise die ikonographisch hochgelehrte, auf Visionstexte der hl. Birgitta von Schweden zurückzuführende sogenannte Stuppacher Madonna gewesen ist – oder ›bloß‹ das Andachtsbild einer Schutzmantelmaria – war eine Stiftung des Kanonikus Heinrich Reitzmann, Kustos von St. Peter und Alexander aus dem Jahre 1513, für die durch seine Konfratres Georg und Kaspar Schantz finanzierte Maria-Schnee-Kapelle, die der Kardinal Albrecht von Brandenburg 1516 persönlich geweiht hatte.[91] Wenn man nun noch hinzunimmt, welchen bedeutenden städtebaulichen Akzent die dadurch herbeigeführte Umorientierung des optischen Hauptzugangs der Stiftskirche mit nun monumentalem, der Stadt zugewandtem Treppenaufgang erbrachte, dann wird kaum die Idee an frömmigkeitsgeschichtlich relevante Ein- und Auswirkungen aufkommen. Und doch verhält es sich so.
Der gewachsenen und inzwischen religiös unterversorgten Stadt, in der es keine Mendikanten-Klöster gab, die ›Volksseelsorge‹ über die beiden Pfar-

reien hinaus hätten anbieten können, kam das hohe und hochgelegene Stift entgegen. Die verschiedenen Kapellenstiftungen vom Beginn des 15. Jahrhunderts: Magdalena, Leonhard, Jakob und Laurentius, und vom Ende des Jahrhunderts: Katharina, 1100-Jungfrauen, 14-Nothelfer und Anna zeugen von zeittypischen Verehrungsformen für alle Schichten der Bevölkerung. Hierher gehört auch die Zentrierung der Marienverehrung auf die Muttergottes nach dem Vorbild von Maria Maggiore. Beide bekannten Grünewald-Entwürfe passen deshalb dafür: die gedanklich schlichte Schutzmantelidee oder die theologisch tiefsinnige, nach den Birgittischen Revelationes aus dem 15. Jahrhundert. Ersteres wäre ein bloßes Anheimstellungsbild, wie es für Mönchskonvente sowie Bürger- und Bruderschaften beliebt geworden war, letzteres scheint mir eher dem großartigen Gesamtaufwand der einschneidenden Baumaßnahmen zu entsprechen, ohne daß dabei Andacht und Frömmigkeit zurücktraten. Im Gegenteil! Hier gab es fortan etwas zu erklären und auszudeuten, eine gute Gelegenheit, dem Bild das Wort folgen zu lassen, nachdem das Gemälde aus Visionstexten, aus geistlicher Schau, d.h. aus Gedanken geboren war, die selbst schon der Visualisierung bedurften, um überhaupt denkbar zu werden. Der bald aufflammen sollende Bildersturm hat diese religiöse Kommunikationsweise in Mitteleuropa für fast ein Jahrhundert gestoppt oder zumindest stark zurückgedrängt, weil Wort und Bild in der überspitzten Polemik wieder einmal zu Gegensätzen stilisiert wurden. Die starken Reformbemühungen in Ländern deutscher Zunge während der Jahrzehnte vor dem Ausbruch der großen Spaltung in der abendländischen Christenheit hatten stets noch beides klar vor Augen: die narrative und die anschauliche Theologie der Sinne in Liturgie und Andacht, die sozusagen katholische religio carnalis wie aber auch gleichermaßen den Dienst am biblischen Wort Gottes von der Kanzel herab. So auch in Aschaffenburg.

Der Mainzer Erzbischof Berthold von Henneberg errichtete dort 1504 an der Kollegiatskirche St. Peter und Alexander eine Predigerstelle.[92] Predikaturstiftungen für akademisch graduierte Theologen waren seit der ersten Dompredigerstelle in Deutschland von 1465 in Mainz zu beliebten öffentlichen Instituten der Massenseelsorge geworden. Den Kathedral- und Stiftskirchen folgten vornehmlich im deutschen Südwesten zu Ende des 15. Jahrhunderts viele, zumal kleinere Städte. In Aschaffenburg, wo es keine predigenden Bettelmönche gab, half das Stift somit einem allgemeinen Bedürfnis ab, öffnete seine Kirche dem breiten Publikum.

Solch eine Präbende verlangte oft hundert Predigten im Jahr, die in der Regel mindestens eine Stunde lang dauern sollten und die sich an die Sonntagsperikopen oder Tagesevangelien anschlossen oder zyklische Evangeliumserklärungen boten. Der Aschaffenburger Kanzelinhaber mußte 72

Predigten zu festgelegten Zeiten pro anno halten. Das zahlreiche Publikum des gelehrten Mannes waren vornehmlich Laien, das heißt die Bürger aus der Stadt. Wir wissen aus Frankfurt am Main, daß dort dem Stadtpfarrer im Bartholomäusstift, dem aus Walldürn stammenden Dr. (!) Peter Meyer ab 1511 bisweilen 3000 bis 4000 Gläubige zuhörten bei einer damaligen Gesamtbevölkerung von unter 20 000 Personen.[93] Durch Ulrich von Hutten, seinen fränkischen Studienkollegen aus Leipzig und Frankfurt an der Oder, literarisch befehdet, mußte er während der Unruhen des Jahres 1525 Frankfurt am Main verlassen und starb 1531 als Prediger am Stift Haug in Würzburg.[94]

Das war ein für Umbruchszeiten typisches Einzelschicksal. Auch Doktor Meyer hatte die religiöse Hochstimmung seiner Zeit mitgetragen, ja mit vorangetrieben, hatte dem Volke Frömmigkeit gepredigt. War die des Doktor Luther eine so ganz andere? Manchem Zeitgenossen mochte es wohl so scheinen, wenn der Streit sich an bestimmten dogmatischen Positionen erhitzte, deren religiöse Relevanz uns Heutigen zum großen Teil nur noch historisch verstehbar bleibt.

Allgemein gesprochen und bezogen auf die hier ausgebreiteten Details von Mentalitäten und die dazugehörigen Realien und deren möglichem Fortleben, kann nur im Einzelfall entschieden werden, was wirklich mittelalterliche Kontinuität besitzt und wo spätere Zeiten ältere Zusammenhänge lediglich erhofft oder postuliert haben. In der Regel ist Mittelalterliches nur als Relikt und auch dann bloß in Umformungen auf uns gekommen und erst im bewußten Rückgriff des Historismus seit dem vorigen Jahrhundert ästhetisch ›zurückgewonnen‹ worden, so daß wir uns davor hüten müssen zu meinen, wir wüßten viel davon, wie es wirklich gewesen ist. Unser Wissen und unsere Bilder vom Mittelalter bestehen aus vielfach gebrochenen und gefilterten Überlieferungen vom Leben der Menschen zu einer Zeit, die uns manchmal nahe erscheint und zugleich so fern ist wie eine andere Welt und sich deshalb der unmittelbaren Beurteilung entzieht. Wir tun gut daran, naiv weitergereichte vorgefaßte Bildungsmeinungen zu vergessen und uns vorschnellen Interpretationen zu versagen.

Religiosität, sprich die praxis pietatis, war im Spätmittelalter in unseren Breiten pralle Alltagswirklichkeit als Lebensbewältigungssystem. Sie unterschied sich von unserem heutigen Bewußtsein durch die Selbstverständlichkeit und Allgemeingültigkeit der dahinterstehenden Glaubensgewißheiten, so wie uns heute das naturwissenschaftliche Weltbild und seine technologischen Instrumentalisierungen weitgehend unreflektiert beherrschen. Insofern sind wir nicht weniger ›Gläubige‹ unserer Ideologien, und der inzwischen gewonnene Erkenntnisgewinn stellt sich lediglich als ein anders formuliertes Wissen vom Überleben dar.

Anmerkungen

[1] Kantorowicz, Die zwei Körper des Königs; Brückner, Devotio und Patronage.
[2] Wittstadt, Würzburger Bischöfe, S. 48.
[3] Zimmermann, Patrozinienwahl II, S. 5f., S. 60–88.
[4] Kyll, Pflichtprozessionen.
[5] C.G. Scharold, in: AUFr 4, 1837/38, S. 131–141, verbessert bei Engel, Heiltum, S. 140ff; zum Kiliansaltar in der Neumünsterkrypta s. KDB S. 303 u. Kat. Kilian Nr. 204 u. 205 mit Abb. S. 219.
[6] Keller, Der Flügelaltar als Reliquienschrein.
[7] Mayers Wortschöpfung in der FS Ildefons Herwegen hat sich durchgesetzt; Brückner, Heiltumsweisung (Lit.).
[8] Engel, Das Würzburger Heiltum, S. 142–154: Abdruck des Büchleins.
[9] Ebd. S. 155–158: die Holzschnitte dazu.
[10] Tilmann Riemenschneider, Frühe Werke, S. 219–222; Wendehorst, Geschichte in Bilddokumenten, Abb. 156 (1627).
[11] Brückner, Zwei fränkische Gnadenbilder; KDB Stadt Würzburg, S. 161 Fig. 121; Wendehorst, wie Anm. 10, Abb. 150.
[12] J. Dünninger, Die marianischen Wallfahrten, S. 53f. o. Abb. Es gibt gute Postkarten vor Ort.
[13] Schemmel, St. Gertrud, S. 54, 60.
[14] H. Dünninger, Processio peregrinationis I, S. 100ff., 108.
[15] Ebd., S. 103–106.
[16] Kolb, Vom Heiligen Blut; Brückner, Die Verehrung des hl. Blutes in Walldürn (allg. Lit.).
[17] H. Dünninger in: Jb. f. Vkde. N. F. 10, 1987, S. 148ff.
[18] Ders., Zu Fragen der Hostiensepulcren, S. 75f.; nach A. Wendehorst: Urkundenbuch der Marienkapelle, 1974, S. 278f.
[19] Wailersbacher, 750 Jahre Kloster Kreuzthal-Mariaburghausen, S. 160.
[20] Paulus, Geschichte des Ablasses; G. Schwaiger in: Kriss/Rettenbeck/Möhler, Wallfahrt kennt keine Grenzen; H. Dünninger, Ablaßbilder; Ders., Gnad und Ablaß.
[21] Die mittelalterliche Außenkanzel wird in Creglingen laut Kirchenführer als Tetzelkanzel bezeichnet.
[22] H. Dünninger, FS Sankt Wolfgang in Franken und Kat. im Jb. f. Vkde.
[23] Wailersbacher, wie Anm. 19, S. 250: Auflistung mit Archivnachweisen.
[24] Seberich, Die alte Mainbrücke, S. 159f.: Ablaßbrief von 1322; S. 161f.: Vertrag von 1473.
[25] J. Vincke in: Schreiber, Wallfahrt und Volkstum; G. Goldberg in: Kriss-Rettenbeck/Möhler, wie Anm. 20.
[26] Wittstadt, wie Anm. 2, S. 55, weitere s. MainfrJb 2, 1950, S. 82.
[27] Riemenschneider, wie Anm. 10, S. 219.
[28] H. Dünninger, Ablaßbilder, S. 69f.
[29] Klein, Andachtsbild.
[30] H. Dünninger, Processio peregrinationis II, S. 157f., KDB Stadt Würzburg, Fig. 255; Wendehorst, wie Anm. 11, Abb. 138. Das Suhler Original von ca. 1340 heute im Angermuseum Erfurt; eine weitere Parallele in Helmstedt bei Braunschweig.
[31] J. Dünninger, wie Anm. 12, zu den einzelnen Orten; Kolb, Maria Patronin Frankens, S. 74–89.
[32] H. Dünninger, Ablaßbilder, mit Abb.
[33] Es ist der sogenannte Buxheim-Christophorus, weil aus der Kartause bei Memmingen stammend, heute in Manchester, Abb. bei Hayet Mayor: Prints and People, 1971, Nr. 9, dort fälschlich ›1423‹ bezeichnet.
[34] Wimmer, Maria im Leid, S. 64–71: zum Vesperbild, weitere Andachtsbilder S. 71–74; Abb. s.o. Anm. 31, bes. Kolb.
[35] J. Dünninger/Schopf, Bräuche und Feste, S. 64, Nr. 93.
[36] Remling, Bruderschaften in Franken, S. 215–237.

[37] Ebd., S. 214.
[38] Ebd., S. 258–277.
[39] Ebd., S. 277.
[40] Ebd., S. 412 ff.: Auflistung.
[41] Literarisch mit weiterführender Lit. vom 17. Jahrhundert her aufgearbeitet bei Thomke, Das Leben ist ein Bauerntanz; Bildzeugnisse des 16. Jahrhundert in den Dokumentationen der Nürnberger Holzschneider, vgl. M. Geisberg, Bilderkatalog zu seinen Mappen durch H. Schmidt, 1930.
[42] G. Dohrn-van Rossum, Bielefeld: Städtische Zeitnorm. Ref. auf dem Symposion des Instituts für Realienkunde am GNM Nürnberg 1991 über ›Visualisierung städtischer Ordnung‹; soeben erschienen: Ders., Die Geschichte der Stunde. Uhren und moderne Zeitordnungen, 1992.
[43] Veit, Volksfrommes Brauchtum, S. 167 ff.: Angelusläuten, sonst siehe Register unter dem Stichwort Glocken.
[44] Wittstadt, wie Anm. 2, S. 55.
[45] Veit, wie Anm. 43, S. 190.
[46] Heuer, Ländliche Friedhöfe in Unterfranken, S. 13–26 mit Karte.
[47] Ebd., S. 27–45 mit Karte.
[48] Abb. bei Koch/Pretscher, Fränkisches Credo, S. 112.
[49] Fries-Chronik, Abb. 86.
[50] H. Dünninger, Was ist Wallfahrt?; Brückner, Zur Phänomenologie und Nomenklatur.
[51] K. Kolb, Wehrkirchen und Kirchenburgen in Franken, 1977. Die im angrenzenden südlichen Thüringen ebenso häufigen Kirchenburgen werden z. Z. im Hennebergischen Museum Kloster Veßra inventarisiert.
[52] J. Dünninger/Schopf, wie Anm. 35, S. 76, Nr. 115 u. 116.
[53] Lühmann, St. Urban, S. 77 ff.; Remling, wie Anm. 36, S. 337.
[54] Brückner, Die Verehrung des hl. Blutes in Walldürn, S. 35–38 mit weiterf. Lit.
[55] Mitterwieser/Gebhard, Geschichte der Fronleichnamsprozession, S. 23; MB 43, 1876, Nr. 168 u. 169, S. 390–396.
[56] Lt. Auskunft des Mainfränkischen Museums 1902 durch den Kunst- und Altertumsverein bei Würzburger Kunsthändler gekauft und wohl fränkischer, wahrscheinlich sogar würzburgischer Provenienz.
[57] Fries-Chronik, Abb. 17.
[58] Zum Gesamtkomplex abschließend H. Dünninger, Frankens politischer wie religiöser Mittelpunkt; zur Kiliansfahne: Katalog Kilian. Mönch aus Irland – aller Franken Patron, 1989 Nr. 393 mit Abb. S. 360 f.
[59] Ebd.; Engel, wie Anm. 8; Merzbacher, Zur Rechtsgeschichte; Fries-Chronik, Abb. 22.
[60] Gruppe mit Lit. zur Slg. Kurt Köster, von ihm selbst in Kriss-Rettenbeck/Möhler, wie Anm. 20, S. 203, 225.
[61] Brückner, wie Anm. 54, S. 98–108.
[62] Engel, Grimmenthal; J. Dünninger, wie Anm. 12, S. 56–59 u. 162; H. Dünninger, Maria siegt in Franken.
[65] Plötz, Santiago-peregrinatio, s. 122 ff.; vgl. Karlstädter Gelöbnis nach Dettelbach in Seenot auf der Compostela-Fahrt 1507.
[64] Thoemmes, Die Wallfahrten der Ungarn an den Rhein; zu Miltenberg: Johannes Butzbach: Odeporicon. Eine Autobiographie aus dem Jahre 1506, hg. v. A. Beriger, 1991; Brückner, wie Anm. 54, S. 52.
[65] Plötz, Santiago-peregrinatio, S. 122 ff.
[66] MB 43, 1876, S. 396; zu den beiden Sühneverträgen s. Schätzlein, Steinkreuze und Kreuzsteine.
[67] Heckmann, Romanische Achteckanlagen, S. 111 ff.: über fränkische Kreuzfahrer des 13. Jahrhunderts in diesem Zusammenhang.
[68] Wittstadt, wie Anm. 2, S. 28; zu Schaumberg: Riemenschneider, wie Anm. 10, S. 349 ff.; Abb. auch in KDB Stadt Würzburg Fig. 217.

69 Brückner, Volkstümliche Denkstrukturen; Kriss-Rettenbeck, Votivbild; Ders., Ex Voto.
70 Moeller, Frömmigkeit in Deutschland um 1500.
71 Vgl. den Beitrag von P. Kolb in diesem Bande.
72 Freeden, Aus den Schätzen des Mainfr. Museums, Nr. 68.
73 KDB Stadt Würzburg Taf. XV zu S. 158, dort als »Kreuzigungsrelief« bezeichnet.
74 Remling, wie Anm. 36, S. 278–290, hier S. 279.
75 Schoenen, Epitaph; Brückner, Der Bischof als Orant.
76 Harmening, Fränkische Mirakelbücher, S. 120.
77 Ebd., S. 125 ff.
78 Ebd., S. 123, Brückner, wie Anm. 54, S. 92; Kramer, St. Blasius.
79 Remling, wie Anm. 36, S. 285–289.
80 Hula, Totenleuchten, vertritt vor allem die allein formal argumentierende These; Walter, Vom Steinkreuz zum Bildstock, hat für Franken die gültige Genese entwickelt.
81 J. Dünninger/Treutwein, Bildstöcke in Franken, Abb. 6–9 und Kommentar.
82 J. Dünninger/Schemmel, Bildstöcke Martern in Franken, bilden alle hier genannten Stücke ab.
83 Koppelt, Der Schlüssel zu einem monolithischen Bildstocktyp, S. 14 f.: Auflistung.
84 Schätzlein, wie Anm. 66, o. S.
85 Brückner, wie Anm. 75, S. 152f. und Abb. S. 159.
86 J. Dünninger/Treutwein, wie Anm. 81, Abb. 11 und Kommentar.
87 Heimberger, Das gefeite Dorf.
88 H. Dünninger, Processio peregrinationis I, S. 165–168.
89 H. Dünninger, wie Anm. 62; Brückner, Maria Buchen.
90 L. Eisenhofer, Handbuch der katholischen Liturgik. 2. Aufl., I, 1932, S. 598. Der große Wochentags-Schott. Teil II, 1976, S. 1459 ff.
91 M. Klewitz, Die Baugeschichte der Stiftskirche St. Peter und Alexander zu Aschaffenburg (VGKA 2), 1953, S. 19 f., 93; H. Feuerstein, Matthias-Grünewald, 1930, S. 49 f.; W. K. Zülch, Der historische Grünewald, 1938, S. 231; P. Fraundorfer, Quellen zur Begründung der Maria-Schnee-Verehrung in Aschaffenburg, in: AJb 7, 1981, S. 117–222, weitere Beiträge S. 223–372.
92 E. Mossmaier: Die Predikaturstiftung an St. Peter und Alexander zu Aschaffenburg unter Berücksichtigung des Predigtwesens Südwestdeutschlands, in: AJb 4/2, 1957, S. 543–573.
93 J. Janssen, Geschichte des deutschen Volkes seit dem Ausgang des Mittelalters, I, 20. Aufl. 1913, S. 44 f.
94 Brückner, wie Anm. 54, S. 65.

Literatur (Auswahl)

Zu 1. und 2. Methodische Vorüberlegung und Grundsätzliches

H. Bausinger, Volkskunde. Von der Altertumsforschung zur Kulturanalyse, 1971, Reprint 1979 u. 1992; W. Brückner, Der kaiserliche Bücherkommissar Valentin Leucht. Leben und literarisches Werk, in: Archiv f. Gesch. d. Buchwesens III, Lfg. 1/3, 1960, Sp. 97–180; W. Brückner/G. Korff/M. Scharfe, Volksfrömmigkeitsforschung (= Ethnologia Bavarica 13), 1986; W. Brückner, Devotio und Patronage. Zum konkreten Rechtsdenken in handfesten Frömmigkeitsformen des Spätmittelalters und der frühen Neuzeit, in: K. Schreiner (Hg.), Laienfrömmigkeit in sozialen und politischen Zusammenhängen des späten Mittelalters (im Druck); Chr. Daxelmüller, Volksfrömmigkeit, in: R. W. Brednich (Hg.), Grundriß der Volkskunde, 1988, S. 329–352; P. Dinzelbacher u. D. R. Bauer (Hgg.), Volksreligion im hohen und späten Mittelalter (= Quellen und Forschungen aus dem Gebiet der Geschichte NF 13), 1990; J. Dünninger u. H. Schopf (Hgg.), Bräuche und Feste im fränkischen Jahreslauf. Texte vom 16. bis 18. Jahrhundert (= Die Plassenburg

30), 1971; Die Fries-Chronik des Fürstbischofs Julius Echter von Mespelbrunn. Eine fränkische Prachthandschrift des 16. Jahrhunderts (Ausstellung), 1989; A. Gribl, Volksfrömmigkeit, in: E. Harvolk (Hg.), Wege der Volkskunde in Bayern (= Veröff. z. Volkskunde u. Kulturgesch. 25), 1987, S. 293–334; H. Molitor, Frömmigkeit im Spätmittelalter und früher Neuzeit als historisch-methodisches Problem, in: FS f. E.W. Zeeden (= Reformationsgesch. Studien Suppl. 2), 1976, S. 1–20; L. Kriss-Rettenbeck, Bilder und Zeichen religiösen Volksglaubens, 1963, 2. Aufl. 1971; A. Wendehorst (Hg.), Würzburg. Geschichte in Bilddokumenten, 1981; K. Wittstadt, Würzburger Bischöfe 742–1979, 1979.

Zu 3. Heiligen- und Reliquienkult

W. Brückner, Hl. Blut, in: Lex. d. christl. Ikonographie I, 1968, Sp. 309–312; Ders., Heiltumsweisung, in: LexMA IV, Lfg. 10, 1989, Sp. 2033f; St. Beissel, Die Verehrung der Heiligen und ihrer Reliquien in Deutschland im Mittelalter, 1890–92, Reprint 1976; K. Borchardt, Der hl. Kilian als Symbolfigur des Bistums Würzburg im Spätmittelalter, in: J. Erichsen (Hg.), Kilian. Mönch aus Irland, aller Franken Patron. Aufsätze (= Veröff. z. Bayer. Gesch. u. Kultur 19/89), 1989, S. 373–382; P. Dinzelbacher u. D. R. Bauer (Hgg.), Heiligenverehrung in Geschichte und Gegenwart, 1990; H. Dünninger, Zu Fragen der Hostiensepulcren und Reliquienrekondierungen in Bildwerken, in: Jb f. Vkde. N.F. 9, 1986, S. 72–84; W. Engel, Das Würzburger Heiltum des späten Mittelalters, in: WDGBl 11/12, 1949/50, S. 127–158; H. Günter, Psychologie der Legende. Studien zu einer wissenschaftlichen Heiligen-Geschichte, 1949; E. H. Kantorowicz, Die zwei Körper des Königs. Eine Studie zur politischen Theologie des Mittelalters (engl. Princeton NJ 1957), 1991; H. Keller: Der Flügelaltar als Reliquienschrein, in: FSf. Theodor Müller, 1965, S. 125–144; K. Kolb, Vom Heiligen Blut. Eine Bilddokumentation der Wallfahrt und Verehrung, 1980; K. Kunze, Heilige, in: Enzyklopädie des Märchens VI, Lfg. 2/3, 1989, Sp. 666–677; A. Legner (Hg.), Ornamenta Ecclesiae. Kunst und Künstler der Romanik. Kat. des Schnüttgen-Museums, 3, 1985, S. 19–184: Sacrae Reliquiae; Ders., (Hg.), Reliquien. Verehrung und Verklärung, 1989; W. Lühmann, St. Urban. Beiträge zur Vita und Legende, zum Brauchtum und zur Ikonographie, QFW 19, 1968; W. Pötzl, Bild und Reliquie im hohen Mittelalter, in: Jb f. Vkde. N.F. 9, 1986, S. 56–71; Tilman Riemenschneider. Frühe Werke. Ausstellung im Mainfränkischen Museum Würzburg, 1981; B. Schemmel, Sankt Gertrud in Franken, in: WDGBl 30, 1968, S. 7–153; R. Wailersbacher, 750 Jahre Kloster Kreuzthal-Mariaburghausen 1237/43–1582, 1987; G. Zimmermann, Patrozinienwahl und Frömmigkeitswandel im Mittelalter, dargestellt an Beispielen aus dem alten Bistum Würzburg, in: WDGBl 20, 1958, S. 24–126; 21, 1959, S. 5–124.

Zu 4. Ablässe und Gnadenbilder

H. Belting, Bild und Kult. Eine Geschichte des Bildes vor dem Zeitalter der Kunst, 1990; W. Brückner, Gnadenbild und Legende. Kultwandel in Dimbach (= Land und Leute), 1978; Ders., Zwei fränkische Gnadenbilder, in: Altfränkische Bilder 77, 1978, S. 2–5; Ders., Heiligenbild, in: Enzyklopädie des Märchens VI, Lfg. 2/3, 1989, Sp. 677–682; H. Dünninger, Wahres Abbild. Bildwallfahrt und Gnadenbildkopie, in: L. Kriss-Rettenbeck u. G. Möhler (Hgg.), Wallfahrt kennt keine Grenzen. Themen zu einer Ausstellung, 1984, S. 274–283; Ders., Ablaßbilder, Zur Klärung der Begriffe ›Gnadenbild‹ und ›Gnadenstätte‹, in: Jb f. Vkde. N.F. 8, 1985, S. 51–91; Ders., Gnad und Ablaß – Glück und Segen. Das Verhüllen und Enthüllen heiliger Bilder, in: Jb f. Vkde. N.F. 10, 1987, S. 135–150; Ders., Die ehemalige Wallfahrtkirche St. Wolfgang in Ochsenfurt, in: Sankt Wolfgang. FS Ochsenfurt 1989, S. 19–54 u. 59–81; M. Fagiolo / M. L. Madonna (Hgg.), Roma 1300–1875, L' arte degli anni santi (Katalog), 1984; D. Freedberg, The Power of Images.

Studies in the History and Theory of Response, 1989; D. Klein, Andachtsbild, in: RDK I, 1937, Sp. 681–687; K. Kolb: Eleusa. 2000 Jahre Madonnen-Bild, 1968; Ders., Maria Patronin Frankens in der Kunst der Jahrhunderte, 1982; A. L. Mayer, Die heilbringende Schau in Sitte und Kult, in FS I. Herwegen, 1938, S. 234–262; N. Paulus, Geschichte des Ablasses im Mittelalter, 3 Bde. 1922/23; F. Seberich, Die alte Mainbrücke zu Würzburg, MainfrH 31, 1958; E. Wimmer, Maria im Leid. Die Mater dolorosa insbesondere in der deutschen Literatur und Frömmigkeit des Mittelalters. Diss. phil. Würzburg 1968; Ders., Das Buchener Vesperbild und die Pieta-Wallfahrten, in: Brückner, Maria-Buchen, S. 9–20.

Zu 5. Andachten und Bruderschaften

H. und Th. Finkenstaedt, Stanglsitzer-Heilige und Große Kerzen. Stäbe, Kerzen und Stangen der Bruderschaften und Zünfte in Bayern, 1968; L. Heuer, Ländliche Friedhöfe in Unterfranken, Diss. phil. Würzburg 1992; G. Koch u. J. Pretscher (Hgg.), Fränkisches Credo. Glauben in Franken seit Kilians Tagen, 1989; K. Kolb, Heiliges Franken, 1973; A. Mitterwieser u. T. Gebhard, Geschichte der Fronleichnamsprozession in Bayern, 2. Aufl., 1949; L. Remling, Bruderschaften in Franken. Kirchen- und sozialgeschichtliche Untersuchungen zum spätmittelalterlichen und frühneuzeitlichen Bruderschaftswesen, QFW 35, 1986; H. Thomke, Das Leben ist ein Bauerntanz, in: W. Brückner u.a. (Hgg.), Literatur und Volk im 17. Jahrhundert, 1985, I, S. 207–226; L. Andreas Veit, Volksfrommes Brauchtum und Kirche im deutschen Mittelalter. Ein Durchblick, 1936.

Zu 6. Prozessionen und Wallfahrten

W. Brückner, Die Verehrung des hl. Blutes in Walldürn, VGKA 3, 1958; Ders., Zur Phänomenologie und Nomenklatur des Wallfahrtswesens und seiner Erforschung, in: FS J. Dünninger, 1970, S. 384–424; Ders., (Hg.), Maria Buchen. Eine fränkische Wallfahrt (= Land und Leute), 1979; Ders., Heiligenkult und Wallfahrtswesen im 13. Jahrhundert, in: Sankt Elisabeth, 1981, S. 117–127; J. Dünninger: Die marianischen Wallfahrten der Diözese Würzburg, 1960; Ders. (Hg.), Pilger und Walleut in Franken, o. J.; H. Dünninger, Processio peregrinationis. Volkskundliche Untersuchungen zu einer Geschichte des Wallfahrtswesens im Gebiet der heutigen Diözese Würzburg, in: WDGBl 23, 1961, S. 53–176; 24, 1962, S. 52–188; Ders., Was ist Wallfahrt? Erneute Aufforderung zur Diskussion um eine Begriffsbestimmung, in: Z. f. Vkde. 59, 1963, S. 299–323; Ders., Maria siegt in Franken. Die Wallfahrt nach Dettelbach als Bekenntnis (= Land und Leute), 1979; Ders., Frankens politischer wie religiöser Mittelpunkt. Die Kilianiwallfahrt in früheren Jahrhunderten, in: J. Erichsen (Hg.), Kilian. Mönch aus Irland, aller Franken Patron. Aufsätze (= Veröff. Bayer. Gesch. u. Kultur 19/89), 1989, S. 405–417; Ders., Sankt Wolfgang in Franken und angrenzenden Regionen. Ein Katalog vorreformatorischer Kirchen, Kapellen und Bildwerke des Heiligen, in: Jb f. Vkde. N. F. 13, 1990, S. 211–217; W. Engel, Grimmenthal, in: Altfränkische Bilder 53, 1954, u. 54, 1955; H. Gruppe, Pilgerzeichenkatalog, in: W. Brückner (Hg.), Wallfahrt, Pilgerzeichen, Andachtsbild (= Veröff. z. Volkskunde u. Kulturgesch. 14), 1982, S. 9–46; O. Heckmann, Romanische Achteckanlagen im Gebiet der mittleren Tauber. Diss. Ing. TH Berlin 1940; K. Kolb, Wallfahrtsland Franken, 1979; L. Kriss-Rettenbeck u. G. Möhler (Hgg.), Wallfahrt kennt keine Grenzen. Themen zu einer Ausstellung, 1984; N. Kyll, Pflichtprozessionen und Bannfahrten im westlichen Teil des alten Erzbistums Trier (= Rheinisches Archiv 57), 1962; E. Lipsmeyer, Palmsonntag – Christus und Palmesel, in: Volkskunst 12, 1989, S. 50–58 mit 11 Abb. und Literatur; F. Merzbacher, Zur Rechtsgeschichte und Volkskunde der Würzburger Kiliansverehrung, in: WDGBl 14/15, 1952/53, S. 27–56; R. Plötz, Santiago-peregrinatio und Jacobus-Kult mit besonderer Berücksichtigung des deutschen Frankenlandes, in: Gesammelte Aufsätze zur Kulturgeschichte Spaniens 31, 1984, S. 24–135; G. Schreiber (Hg.), Wallfahrt und Volkstum in Geschichte und Leben (= Forsch. z. Vkde. 16/17), 1934; E. Thoemmes, Die Wallfahrten der Ungarn an den Rhein (= Veröff. d. Aachener bisch. Diözesanvereins 4), 1932.

Zu 7. Weihungen und himmlische Hilfen

P. Blickle, Der Kommunalismus als Gestaltungsprinzip, in: FS für Ulrich Im Hof, 1982, S. 95–113; Ders., Gemeindereformation. Die Menschen des 16. Jahrhunderts auf dem Weg zum Heil, 1985; W. Brückner, Volkstümliche Denkstrukturen und hochschichtliches Weltbild im Votivwesen. Zur Forschungssituation und Theorie des bildlichen Opferkultes, in: Schweiz. Archiv f. Vkde. 59, 1963, S. 186–203; Ders., Der Bischof als Orant. Zur Ikonographie der knieenden Gebetshaltung auf Bildnissen des 16. Jahrhunderts, in: WDGBl 50, 1988, S. 149–162; R. Büll, Vom Wachs. Hoechster Beiträge I, 1–10/11, 1959–1970; M. H. v. Freeden, Aus den Schätzen des Mainfränkischen Museums, 1972; D. Harmening, Fränkische Mirakelbücher, Quellen und Untersuchungen zur historischen Volkskunde und Geschichte der Volksfrömmigkeit, in: WDGBl 28, 1966, S. 25–240; K.-S. Kramer, St. Blasius zu leibeigen, in: Bayer. Jb f. Vkde. 1954, S. 141–150; L. Kriss-Rettenbeck, Das Votivbild, 1958; Ders., Ex Voto. Zeichen, Bild und Abbild im christlichen Votivbrauch, 1972; B. Moeller, Frömmigkeit in Deutschland um 1500, in: Archiv f. Reformationsgesch. 56, 1965, S. 5–31; Ders., Deutschland im Zeitalter der Reformation, 1977; P. Schoenen, Epitaph, in: RDK V, 1967, Sp. 872–921.

Zu 8. Kreuze und Martern

J. Dünninger u. K. Treutwein, Bildstöcke in Franken, 1960; J. Dünninger u. B. Schemmel, Bildstöcke und Martern in Franken, 1970; H. Heimberger, Das gefeite Dorf. Wegkreuze im Gebiet zwischen Neckar und Main, in: MainfrJb 4, 1952, S. 263–304; F. Hula, Die Totenleuchten und Bildstöcke Österreichs, 1948; H. Koppelt, Der Schlüssel zu einem monolithischen Bildstocktyp des 16./17. Jahrhunderts in Unterfranken (= Deutsche Steinkreuzforschung 1), 1983; H. Mehl, Fränkische Bildstöcke in Rhön und Grabfeld (= Land und Leute), 1978; G. Schätzlein, Steinkreuze und Kreuzsteine als Gedenk- und Sühnemale im Landkreis Rhön-Grabfeld, in: Heimatblätter Rhön-Grabfeld 7, 1980, Nr. 1; M. Walter, Vom Steinkreuz zum Bildstock. Ein Beitrag zur badischen Steinkreuzforschung (= Vom Bodensee zum Main 25), 1923; R. Worschech, Bildstöcke, Wahrzeichen einer Landschaft, 1985.

Zu 9. Schlußüberlegungen

H. Bausinger u. W. Brückner (Hgg.), Kontinuität? Geschichtlichkeit und Dauer als volkskundliches Problem, 1969; W. Brückner, Popular Culture. Konstrukt, Interpretament, Realität, in: Ethnologie Europaea 14, 1984, S. 14–24; Ders., Der Mensch als Kulturwesen. Ethnographische Probleme unseres Selbstbewußtseins, in: M. Lindauer u. A. Schöpf (Hgg.), Wie erkennt der Mensch die Welt? 1984, S. 177–195; W. Lipp, Alltagswissen, Kulturideen und Biologismus. Soziale Grundlagen und soziologische Erkenntnis, in: ebd. S. 151–176.

Klaus Arnold

Abweichung im Glauben – Judenverfolgung – Volksbewegungen

1. *Krise und Aufbruch*

Das Mittelalter gilt, verglichen mit der Moderne, als ein dunkles Zeitalter. Eine solche Auffassung wird nicht erst von ›aufgeklärten‹ Zeitgenossen vertreten; bereits die Renaissance-Humanisten und die Anhänger der Reformation waren dieser Meinung. Verdichtet hat sich diese Einschätzung insbesondere im Hinblick auf das Spätmittelalter, welches als ›Krisenzeit‹ schlechthin, als die Zeit eines allgemeinen Niedergangs von Reich und Kirche gilt; während allenfalls im ›Herbst des Mittelalters‹ so etwas wie eine kulturelle Blüte erkennbar werde.[1]

In Wahrheit jedoch hat sich in vielen Bereichen, in denen die Geschichtsschreibung entscheidende Wandlungen um 1500 zu erkennen glaubte, eher wenig verändert. So haben auch die Erfindung des Buchdrucks mit beweglichen Lettern, die Entdeckung der Neuen Welt und die Reformation schwerlich jene Einschnitte bedeutet, die man ihnen aus europäischer oder (klein-)deutscher Perspektive zuweisen wollte. Vielmehr liegen im technischen Bereich – man denke nur an das Aufkommen des Papiers – und insbesondere auf wirtschaftlichem und sozialem Sektor entscheidende Wandlungen früher (die meisten freilich später); andererseits hat es im agrarischen Bereich, in den sozialen Strukturen oder der Geschichte des privaten Lebens kaum spürbare Veränderungen gegeben.

Somit hat die Einschätzung des Spätmittelalters als einer Zeit des Niedergangs und der Katastrophen entscheidend an Gewicht verloren. Dies hat Auswirkungen auch für den Bereich des religiösen Lebens. Daß kritische Äußerungen gegen die Amtskirche zunahmen und Forderungen nach einer Reform an Haupt und Gliedern immer deutlicher ausgesprochen wurden, ist zweifelsfrei Indiz für Krise und Niedergang, muß andererseits jedoch auch als ein Zeichen für Aufbruch und Reformwillen gewertet werden – und grundsätzlich als Zeugnis eines religiösen Klimas, ohne das späterhin die Reformation nicht vorstellbar wäre. So können die religiösen Volksbewegungen des Spätmittelalters nicht allein – wie von der kirchlichen Hierarchie ihrer Zeit – als Abweichung im Glauben, sondern auch als ein Zeichen allgemeiner Unzufriedenheit mit Formen und Institutionen des Glaubens sowie als Hinweis auf ein verstärktes Interesse der Laienwelt an Glaubensinhalten verstanden werden. Erst auf dieser Basis werden das Entstehen und die Wirkung der Reformation verständlich.

2. *Eine Minderheit als Zielscheibe*

2.1 Judenpogrome begleiten die Kreuzzüge

Als um die Mitte des 14. Jahrhunderts mit dem ›großen Sterben‹, dem (Wieder-)Auftreten der Pest in Europa, das Schreckliche und Unverständliche nach einer Erklärung und bald auch Schuldzuweisung suchte, da waren die Verantwortlichen rasch gefunden: die Juden, eine Minderheit und Randgruppe der städtischen Gesellschaft, die man verdächtigte, die Brunnen vergiftet und so die Epidemie verursacht zu haben.[2]

Die Pogrome, die auf diesen Verdacht folgten, waren nicht ohne Vorgeschichte.[3] Nachdem im hohen Mittelalter die Juden offenbar als geachtete Mitglieder mittelrheinischer Gemeinden sowie als angesehene Fernkaufleute und Kreditgeber in den sich herausbildenden Städten ohne größere Konflikte gelebt hatten, kam es im Gefolge des ersten Kreuzzugs ins Heilige Land im Jahr 1096 im Abendland zum ersten Ausbruch von Judenfeindschaft und Judenverfolgung. Warum sollte man, so die Argumentation der ›Judenschläger‹, bis ins ferne Palästina ziehen, um das Grab des Erlösers aus der Hand der Heiden zu befreien, wenn man bereits hier, in der Heimat, der ›Feinde Christi‹ habhaft werden konnte?

Wesentliches Element der Judenfeindschaft war ein stets vorhandener religiöser Gegensatz zwischen Juden und Christen. Insbesondere die seit dem Frühchristentum belegte kollektive Schuldzuweisung, die die Juden als ›Gottesmörder‹ sah, konnte in Krisenzeiten rasch in Racheakte münden. Zu den religiösen traten soziale und wirtschaftliche Motive. Denn die Juden lebten als eine Randgruppe in der mittelalterlichen Gesellschaft und die – angesichts des hohen Risikos und der für gewöhnlich kurzen Laufzeiten naturgemäß hohen – Kreditzinsen von 23–43 % pro Jahr für die jüdische Geldleihe weckten Mißgunst der hiervon Betroffenen und den Neid der christlichen Nachbarn.[4]

Nicht die regulären Teilnehmer des ersten Kreuzzugs, sondern unorganisierte Horden aus Frankreich und Westdeutschland, die sich auf diese Weise erst die benötigten Mittel zum Zug ins Heilige Land zu verschaffen suchten, zerstörten 1096 die ältesten und bedeutendsten jüdischen Gemeinden Deutschlands in Speyer, Worms und Mainz am Mittelrhein ebenso wie jene von Trier, Köln und Xanten.

Möglicherweise erst in der Folge dieser Pogrome haben sich Juden auch in Würzburg niedergelassen.[5] Es gehört zur Tragik der jüdischen Geschichte und des christlich-jüdischen Verhältnisses in Deutschland, daß in den Quellen kaum je vom innergemeindlichen Leben und von friedlicher Koexistenz zwischen Christen und Juden[6], sondern nahezu ausschließlich von Friktionen, Krisen und Pogromen die Rede ist. So auch in Würzburg: Eine Mordbeschuldigung im Vorfeld des Zweiten Kreuzzugs brachte im Jahr 1147 Gewalt und Tod über die dortige jüdische Gemeinde. Ein Augenzeuge, der anonyme Würzburger Fortsetzer der Chronik Ekkehards von Aura und ohnehin ein entschiedener Kritiker dieses Kreuzzugsunternehmens, berichtet: *... Als im Februar (dieses Jahres) die Kreuzfahrer in der Stadt zusammenströmten, wurde am 24. wunderbarerweise der Leichnam eines Mannes aufgefunden, welcher in mehrere Teile zerstückelt war; die beiden größten fand man im Main, einen bei der Mühle nahe der Pleicher Vorstadt, einen weiteren beim Dorf Thüngersheim und die restlichen außerhalb der Mauer in einer Senke nahe des ›Katzenwicker‹ genannten Turms. Die verstreuten Teile des Körpers hat man gesammelt, den Leichnam zum Spital in der unteren Stadt gebracht und dort in der Eingangshalle vor der Kirche aufgebahrt. Dies wurde als ein willkommener und gerechter Anlaß genommen, um gegen die Juden vorzugehen: Bürger wie Kreuzfahrer wurden von spontaner Wut ergriffen, rannten gegen die Häuser der Juden an, drangen in diese ein und töteten wahllos Alte und Junge, Frauen mit ihren Kindern, ohne jedes Zögern und ohne Mitleid. Wenige nur wurden durch die Flucht gerettet, noch weniger ließen sich in der Hoffnung auf Rettung taufen, die wenigsten schließlich durften späterhin nach Rückkehr des Friedens in ihrem Glauben verbleiben ...*[7]

Der jüdische Chronist Ephraim bar Jakob schildert diese Ereignisse aus der Sicht der Betroffenen: *Als die Übeltäter sich gegen die Gemeinde Würzburg erhoben ..., ersannen die Feinde lügenhafte und hinterlistige Verdächtigungen, um über sie herfallen zu können. Sie sprachen: ›Wir haben im Fluß einen Christen gefunden, den ihr umgebracht und in den Fluß geworfen habt, doch er ist heilig geworden und läßt Wunder geschehen!‹ Daraufhin erhoben sich die Irrenden und der Pöbel voll Freude über solchen Unsinn und erschlugen die Juden. Der heilige Rabbi Isaac, Sohn des Rabbi Eljakim, ein bescheidener, sanftmütiger und ausgezeichneter edler Mann, wurde damals über seinem Buch sitzend umgebracht, und weitere 21 Personen mit ihm ...*[8] Der Würzburger Bischof Siegfried hatte zwar das Schlimmste zu verhindern versucht, mußte jedoch vor dem ›spontanen Volkszorn‹ in einen festen Turm fliehen, um selbst der Steinigung zu entgehen.[9]

So wiederholte sich in Würzburg im Gefolge des zweiten Kreuzzugs – und ein weiteres Mal im Jahr 1188[10] – mit Ermordung, Enteignung und

Zwangstaufen jenes Schicksal, das die mittelrheinischen Gemeinden während des ersten Zuges ins Heilige Land erlitten hatten. Die zwischenzeitlich ergriffenen Schutzmaßnahmen erwiesen sich weitgehend als wirkungslos: Kaiserliche Privilegien und Landfrieden, wie sie bereits 1090 und 1103 ergangen waren, vermochten Leben und Eigentum der jüdischen Gemeinden nicht zu schützen: Ausgelöst durch die Kreuzzugspredigten eines französischen Zisterziensermönchs Radulf, kam es im Jahr 1146 zu Ausschreitungen in Köln, Mainz, Speyer und Worms, aber auch in Aschaffenburg.[11] Bernhard von Clairvaux, der berühmteste Prediger seiner Zeit, sah sich veranlaßt, an Geistlichkeit und Volk von Ostfranken und Bayern die Mahnung ausgehen zu lassen, *nicht jedem Geist Glauben zu schenken ... Die Juden sollen nicht verfolgt, nicht erschlagen und auch nicht vertrieben werden ...! Lebend nämlich sind sie eine stete Mahnung an das Leiden unseres Herrn; deshalb sind sie auch über alle Länder verstreut, auf daß sie, indem sie die gerechte Strafe für dieses Vergehen erleiden, Zeugen unserer Errettung seien... Jedoch ist von ihnen nach dem Wortlaut eines päpstlichen Mandats zu verlangen, daß sie alle, die das Zeichen des Kreuzes genommen haben, gänzlich von der Entrichtung von Wucherzinsen befreien ...*[12]
Die Massenbewegung der Kreuzzüge hat im übrigen Franken weit weniger erfaßt als gemeinhin angenommen; Persönlichkeiten wie Bischof Gottfried I. von Würzburg und der Dichter Otto von Botenlauben blieben eher die Ausnahme. Neues Unheil für die Juden bedeutete jedoch in jenen Jahren eine weitere Massenpsychose, die Ritualmordbeschuldigung: Der ›heilige‹ Dietrich von Würzburg hatte im ›seligen‹ Wilhelm, einem zwölfjährigen Gerberknaben, der im Jahr 1144 im ostenglischen Norwich das angebliche Opfer eines jüdischen Ritualmordes wurde, seinen Vorläufer.
Denn den Juden wurde nicht allein die Blutschuld der Kreuzigung des Heilands zugeschrieben, man verdächtigte sie darüber hinaus, selbst in der Gegenwart noch Christenkinder zu martern und zu töten, und fachte mit solchen Erzählungen stets neue Judenverfolgungen an. Im Verlauf der Zeit wurde die Fabel dadurch erweitert, daß das Schicksal des angeblich zu Tode gemarterten Opfers nicht nur der Passion Christi angeglichen, sondern auch mit dem Schauermärchen ausstaffiert wurde, wonach die jüdischen Missetäter das Blut des Christenknaben zu rituellen Zwecken mißbrauchten. Daß den Juden jegliches Blut als unrein galt – und gilt -, tat der Verbreitung solcher Greuelgeschichten und pauschaler Anschuldigungen gegen Juden – bis ins 20. Jahrhundert hinein – keinen Abbruch, obgleich kirchliche wie weltliche Autoritäten wiederholt entschieden Stellung dagegen bezogen.[13]
Aus dem Taubertal, aus Lauda und Tauberbischofsheim, sind 1234/35 schwere Ausschreitungen und die Ermordung von Juden belegt; und in

Kitzingen wurden am 5. August des Jahres 1243 sechs Männer und zwei Frauen getötet sowie zwei Juden und eine Jüdin gefoltert und anschließend aufs Rad geflochten.[14] Größte Aufmerksamkeit erlangte ein Vorgang in Fulda, wo am 28. Dezember 1235 32 Menschen der Beschuldigung eines Ritualmordes zum Opfer gefallen waren, nachdem Fuldaer Bürger und Kreuzfahrer die Juden des Ritualmordes an fünf Kindern eines Müllers beschuldigt hatten. Kaiser Friedrich II. ließ Mitte 1236 auf einem Hoftag in Hagenau sorgfältig untersuchen, *ob die Juden etwa eine besondere Auffassung vom menschlichen Blut haben, die sie hätte veranlassen können, ein Verbrechen wie die vorgenannte Untat zu begehen.* Das Ergebnis der Untersuchung ließ der Staufer in Urkundenform publizieren: *Weder im Alten noch im Neuen Testament ist zu finden, daß die Juden nach Menschenblut begierig wären; vielmehr können wir, ganz im Gegensatz zum vorher Gesagten, feststellen, daß sie überhaupt sich vor jeglicher Befleckung mit Blut hüten sollen... Sie, denen sogar das Blut der ihnen erlaubten Tiere untersagt ist, dürften keinerlei Durst auf das Blut von Menschen haben; allein schon wegen der Schauderhaftigkeit eines solchen Vorwurfs, und auch wegen des Verbots der Natur und des natürlichen menschlichen Empfindens, welches auch die Juden den Christen entgegenbringen ...«*[15]

2.2 Die ›Rintfleisch‹-Verfolgung

Im Verlauf des 13. Jahrhunderts kam zu den bisherigen eine neue Anschuldigung gegen die Juden hinzu: Sie wurden angeklagt, Kruzifixe und die Gottesmutter zu verhöhnen, insbesondere aber die Kreuzigung Christi durch die Schändung geweihter Hostien zu wiederholen. Berichte über sogenannte ›Hostienfrevel‹ wurden zu Gemeinplätzen spätmittelalterlicher Predigtliteratur und insbesondere nach der endgültigen Durchsetzung des Dogmas der Transsubstantiation, wonach Christus in jeder geweihten Hostie körperlich vorhanden geglaubt wurde, breiteten sich Berichte über solche Hostienwunder aus. So fanden auch Greuelerzählungen Glauben, denen zufolge Juden Hostien verspottet und gemartert hatten – als hätten sie die entsprechenden Glaubenswahrheiten selbst verinnerlicht! Die entehrten, oftmals ›blutenden‹ Hostien wurden in Heilig-Blut-Kapellen verehrt und die Hostienschändung durch Verfolgung und Tod der Übeltäter gesühnt.[16] Vor allem die Ausbreitung des Fronleichnamsfestes in der zweiten Hälfte des 13. Jahrhunderts – in Deutschland ist es zuerst im Jahr 1278 in Würzburg bezeugt – verlieh nicht nur der Verehrung der Hostie weiteren Auftrieb; auch die aus angeblichem Hostienfrevel resultierenden Pogrome wurden häufiger.[17]

Im Sommer des Jahres 1298 erschütterte eine aus einer solchen ›Hostienschändung‹ hervorgegangene Volksbewegung Franken und die angrenzenden Regionen: In dem kleinen Ort Röttingen begann der Leib des Herrn, von Nadeln zerstochen und in einem Mörser zerstampft, zu bluten und Wunder zu wirken. Am 20. April wurden die Juden von der Bevölkerung unter Anführung eines *nobilis Rintfleusch* – eines Adligen also, der in anderen Quellen jedoch als *carnifex,* als Metzger (oder ›Schlächter‹) – bezeichnet wird, angegriffen und 21 von ihnen erschlagen. Unter ihrem Anführer zogen die ›Judenschläger‹ durch Franken und hinterließen eine blutige Spur: In Rothenburg starb die gesamte jüdische Gemeinde mit 470 Menschen zwischen dem 25. Juni und dem 22. Juli, 71 wurden in Neustadt an der Aisch ermordet, 57 in Bad Windsheim, 25 in Iphofen, 17 in Bad Mergentheim, 131 in Tauberbischofsheim, 34 in Ochsenfurt, 15 in Kitzingen, 628 in Nürnberg, über 900, die sich zum Teil in die Bischofsstadt geflüchtet hatten, am 23. Juli in Würzburg.[18]

In ihrer Intensität und in ihren Folgen (mit schätzungsweise 5000 Toten) übertrafen die ›Rintfleisch‹-Pogrome von 1298 deutlich die Verfolgungen im Umkreis des ersten und zweiten Kreuzzuges. Obgleich die Ereignisse durch eine Reihe von zeitgenössischen christlichen und jüdischen Quellenzeugnissen dokumentiert sind, bleiben viele Fragen insbesondere im Hinblick auf die Beteiligten und ihre Motive unbeantwortet. Dies gilt sowohl für den Anführer Rintfleisch wie für seine Anhänger, die wohl eher den unteren Volksschichten entstammten. Die Geistlichkeit scheint dem Treiben jedenfalls keinen entschiedenen Widerstand entgegengesetzt zu haben, wie ihre Haltung zu den Blutwundern von Lauda, Iphofen, Möckmühl, Weikersheim und Würzburg erweist; in Lauda und Iphofen halten noch heute Wallfahrtskirchen, in Röttingen bildliche Darstellungen die Erinnerung an vorgebliche Hostienfrevel und Blutwunder wach. Die Haltung der städtischen Oberschichten erscheint gleichfalls uneinheitlich: teils unterstützten sie die Judenschläger, teils schützten sie die Juden, teils gaben sie – wie Bischof Manegold von Würzburg oder Kraft von Hohenlohe – die anfangs Geschützten dann doch dem Wüten der Massen preis.[19]

2.3 Die ›Armleder‹-Bewegung

Das Tal der mittleren Tauber blieb auch in den nachfolgenden Jahrzehnten ein Herd der Unruhe. Von hier gingen im Sommer des Jahres 1336 erneute Judenverfolgungen aus, welche sich in den beiden folgenden Jahren über große Teile Südwestdeutschlands ausweiteten. Wiederum, wie schon vor 38 Jahren, war das Städtchen Röttingen an der Tauber der Ausgangspunkt; hier nahm auch die nach ihrem Anführer *rex Armleder* benannte Bewegung am 28. Juli 1336 ihren Anfang.

Anders als beim mysteriösen *carnifex Rintfleisch* ist in diesem Fall die Enttarnung des ›König Armleder‹ gelungen: An die Spitze der Judenschläger setzte sich der Ritter Arnold der Jüngere aus dem edelfreien Geschlecht derer von Uissigheim. Er hatte sich schon vorher als Tunichtgut erzeigt und war, wie ein glücklicher Quellenfund ausweist, bereits 1332/33 wegen Wegelagerei für zehn Jahre aus dem Territorium der Grafen von Wertheim verbannt worden.[20] Seine vor allem von ländlichen und städtischen Unterschichten – oft im Gegensatz zu den Oberschichten der Städte, die die Juden in Schutz nahmen – getragene Bewegung forderte insbesondere in den kleineren Städten an Tauber und Main viele Opfer. Der Beiname ›Armleder‹ rührt von einem ledernen Armschutz her, der im Spätmittelalter insbesondere zur Bewaffnung der Stadtbürger gehörte; mit diesem zeigt ihn auch sein erhalten gebliebenes Grabmal in der Kirche von Uissigheim über der Tauber.[21]

Im Sommer 1336 fiel Armleder mit seinen Scharen – der Chronist Lorenz Fries nennt sie *gepovel* – in die Orte Aub, Uffenheim, Laudenbach, Krautheim und Bad Mergentheim (möglicherweise auch Weikersheim) ein und tötete die dortigen Juden. Tauberbischofsheim wurde dreimal belagert, jedesmal jedoch vergeblich. So wandte sich der Zug nach Nordosten dem südlichen Maindreieck zu.

In Kitzingen erfuhren die blutigen Unruhen einen letzten Höhepunkt. Rat und Oberschicht der Bürgerschaft suchten die Juden der Stadt zu schützen und ließen die Tore vor dem heranziehenden *unsinig pof* schließen. Doch die unteren Schichten, die *gemeinen burgere,* sympathisierten mit den Heranziehenden. Mit Gewalt setzten sie sich in den Besitz der Schlüssel, öffneten die Tore und ließen zu, daß die Judengemeinde in einem Blutbad unterging.

Dies war für den Stadtherrn, Rat und Bürgerschaft von Würzburg das Zeichen zu handeln: Wohl im Zusammenwirken von Bischof Otto II. von Wolfskeel (1333-1345) und Graf Gottfried von Hohenlohe zog man den Judenschlägern entgegen und schlug sie bei Kleinochsenfurt entscheidend; viele wurden getötet, 47 gefangen, der Rest entkam. Unter den Gefangenen war auch der Anführer. In Kitzingen, dessen Stadtherrschaft sich Hohenlohe und das Hochstift Würzburg teilten, spielt das letzte Kapitel der Armleder-Bewegung. Vor dem dortigen Zentgericht wurde Arnold von Uissigheim zum Tod verurteilt und am 14. November 1336 mit dem Schwert hingerichtet. Im heimatlichen Uissigheim bei Külsheim hat man ihm ein Grabmal errichtet mit der Umschrift: *† ANNO DOMINI MCCCXXXVI SUBIIT GLADIO BEATUS ARNOLDUS IUVENIS MILES DE VSSINKEIM XVIII. KL. DECEMBRIS – Im Jahr des Herrn 1336 am 14. November starb durch das Schwert der selige Arnold der Junge Ritter* *von Uissigheim.* Die ikonographisch einzigartige Darstellung zeigt den jungen Ritter etwa lebensgroß mit dem Wappenschild zu seiner Seite auf Helm und einem Kissen ruhend, die übereinandergelegten – mit Armledern geschützten – Hände gefesselt, in eben jenem Augenblick, als er mit seinem eigenen Schwert durch die verkleinert wiedergegebene Gestalt des Henkers (eines Juden?) enthauptet wird Ursprünglich bildete das heute in die westliche Rückwand der Dorfkirche eingemauerte Grabmal die Deckplatte eines inmitten der Kirche aufgestellten zeitgenössischen Hochgrabes. Die Formulierung *beatus* weist auf die Verehrung hin, die der dort Bestattete schon bald genoß, selbst Wunder sollen an seinem Grab geschehen sein.[22]

Grabplatte Armleders in der Kirche von Uissigheim.

Doch die ›Armleder‹-Bewegung entwickelte nach dem Tod ihres Namensgebers ein Eigenleben. Im Sommer des den Ereignissen von 1336 folgenden Jahres gibt am 10. Juni die Eroberung des im Vorjahr vergeblich belagerten Städtchens Tauberbischofsheim und die Niedermetzelung der dortigen Judengemeinde den Auftakt zu neuen Pogromen. Betroffen ist vor allem das Gebiet zwischen Tauber und Jagst: In Brettheim bei Crailsheim, in Buchen, Külsheim, Lauda, Weikersheim und Widdern werden die Juden von *judenslahern,* umherziehenden Bauern wie Stadtbewohnern, getötet.
Im gleichen Jahr breitet sich die Bewegung jedoch auch in nördlicher und westlicher Richtung über den Main bis an die Saale (Miltenberg, Hammelburg, Steinach), nach Hessen, an Mittelrhein und Mosel (Aschaffenburg, Babenhausen, Büdingen, Diez, Friedberg, Limburg an der Lahn, Frankfurt und Hanau) sowie in das Gebiet des Erzbistums Trier aus, um im darauffolgenden Jahr 1338 im Elsaß ihren Höhepunkt und zugleich Abschluß zu finden.
Das Taubertal mit seinen Dörfern und kleinen Städten war nicht zum letzten Mal zum Ursprung und Träger spätmittelalterlicher Unruhen gewor-

den. Mit Arnold von Uissigheim hatte die Bewegung einen Mann gefunden, dessen adliger Ursprung und ritterliche Ausbildung ihn nach seiner Verbannung aus dem Wertheimer Territorium als Anführer besonders geeignet erscheinen ließen. Sein Name blieb einer Bewegung, deren Ziel zweifellos die fränkischen Judengemeinden waren, auch nach seinem Tod erhalten. Religiöse Motive der Judenfeindschaft spielten, wie die Verehrung bezeugt, die der *rex Armleder* nach seinem Tod fand, ebenso eine Rolle wie die gegen die Juden gerichtete blanke Besitzgier unter seinen Anhängern. Der einzige Grund der Armledererhebung, meinte schon der zeitgenössische Chronist Heinrich von Diessenhofen, sei in der Gier der Verfolger zu suchen, sich in den Besitz der jüdischen Habe zu setzen.

2.4 Pogrome im Gefolge des Schwarzen Todes

Die gefährliche Ambivalenz des Zusammenlebens von Juden und Christen im späteren Mittelalter – das Bedürfnis, Geld zu leihen einerseits, die wachsende Schuldenlast durch schnell auflaufende Zinsen und der Neid auf die bei den Juden anwachsenden Reichtümer auf der anderen Seite[23] – wurden im besonderen Maße im Umfeld der Europa um die Mitte des 14. Jahrhunderts heimsuchenden Pestzüge offenkundig. Im Umfeld – nicht in der Folge – des Schwarzen Todes gingen in den fränkischen Städten die Judengemeinden ihrer endgültigen Vernichtung und Vertreibung entgegen. Allein aus Furcht vor der näherkommenden Pest und auf das bloße Gerücht hin, die Verursacher des großen Sterbens seien Juden, die die Brunnen vergiftet hätten, brach in Würzburg ein Pogrom gegen die Juden los.
Die Beschuldigung der Brunnenvergiftung, der dritten unter den gegen Juden vorgebrachten Anschuldigungen – nach jenen des Ritualmords und des Hostienfrevels -, verbreitete sich vom Süden Frankreichs her über ganz Europa. Zu Ende des Jahres 1348 gelangten solche Gerüchte auch nach Würzburg. Der städtische Rat wandte sich daher an eine Reihe oberdeutscher Städte mit der Bitte um Auskunft in dieser Angelegenheit. Die Mehrzahl von ihnen ging von der Schuld der Juden aus und rechtfertigte die Verfolgungen. Die Stadt Freiburg antwortete lakonisch, *daß wir sie verbrannt haben mit Ausnahme jener Kinder und Schwangeren, die sich taufen ließen.* Rat und Bürger von Fulda ließen wissen, daß sie am 22. März 1349 nach einem Auflauf zur Vermeidung von Schlimmerem *die Juden mit Hilfe der fürstäbtlichen Amtleute dermaßen gestraft (hätten), daß wir keine Sorge mehr vor ihnen haben (müssen)*[24].
Dies gab möglicherweise in Würzburg den Ausschlag zu einem Stimmungsumschwung gegen die Juden. Angesichts der Ausweglosigkeit ihrer Lage entschieden sich die meisten unter ihnen zu einer Verzweiflungstat,

die seit den Kreuzzügen im Kontext von Pogromen immer wieder berichtet wird: Am Morgen des 21. April 1349 schlossen sich die Juden in den Häusern des Judenviertels ein und steckten die Gebäude selbst in Brand.[25] An der Stelle der Synagoge wurde später die Marienkapelle errichtet; *in platea Judeorum*, wie die erhaltene Inschrift des Neubaus von 1377 besagt.[26] Grabsteine des verwaisten jüdischen Friedhofs, die beim Bau des in der Pleich gelegenen Markusklosters Verwendung gefunden hatten, wurden 1987 bei Abbrucharbeiten in großer Zahl aufgedeckt.

Im gleichen Jahr 1349 wurden neben jenen von Würzburg auch die Judengemeinden von Rothenburg, Wertheim, Kitzingen, Iphofen, Nürnberg und Bamberg vernichtet; in Nürnberg und Wertheim wurden auf dem Platz des vormaligen Judenviertels ebenfalls Marienkirchen errichtet.

Materielle Motive sind nicht nur bei den einfachen Leuten zu vermuten; beim bischöflichen Landesherrn und mehr noch beim Kaiser sind sie nachweisbar: Wie Karl IV. in einer Urkunde vom 20. Juni 1349 die Judenhäuser in Nürnberg für den Fall eines in dieser Stadt zu erwartenden Pogroms vorab verschenkte, so hat er dem Würzburger Elekten Albrecht II. von Hohenlohe bereits am 28. März dieses Jahres die Zusicherung gegeben, ohne seine Einwilligung die Güter erschlagener Juden nicht zu veräußern, hat ihm am 28. Juni die Rothenburger Juden um 1200 Mark Silber verpfändet und am 29. September die Judengüter in der Reichsstadt und im gesamten Hochstift Würzburg überlassen. Die in Frankfurt Ende Juni ausgestellte und im Original erhaltene Kaiserurkunde läßt an Deutlichkeit nichts zu wünschen übrig: Für den Fall, daß in Rothenburg eines Tages *die Juden da abgingen, so mögen und sollen die Vorgenannten, Albrecht und das Hochstift, alle Nutzungen und Rechte des Reiches ... an allen Häusern, Grundstücken, Pretiosen und dem Inventar der Juden* zu ihrer freien Verfügung in Besitz nehmen.[27]

Nach diesem entscheidenden Einschnitt in den christlich-jüdischen Beziehungen um die Mitte des 14. Jahrhunderts wurden die Juden bis zum Ausgang des Mittelalters auf Dauer aus den fränkischen Städten vertrieben. Wirtschaftlich bedurfte man der Juden als Geldleiher nicht mehr, da man das kanonische Zinsverbot durch den städtischen Rentenkauf umging; so wurden sie in den Viehhandel und kleinen Pfänderhandel und räumlich auf das flache Land, insbesondere in die ritterschaftlichen Territorien Frankens und darüber hinaus allgemein in den Osten Europas abgedrängt. Erstaunlich genug, daß nach einigen Jahrzehnten auch in Städten, in denen 1349 Judenverfolgungen stattgefunden hatten, – wie in Würzburg im Jahr 1377 bis zu ihrer endgültigen Vertreibung nach 1560 – noch einmal jüdische Gemeinden nachweisbar sind.

3. *Ketzer und Volksbewegungen*

3.1 Die Geißler

Als der Bruder Konrad Holzschuh von Arnstein im Jahr 1349 für seine Würzburger Johanniterkommende ein neues Gartenhaus errichten ließ, hat er an diese Tatsache und den Anteil seines elterlichen Vermögens daran durch eine steinerne Inschrift erinnert (Farbbild S. 299). Sie hat sich erhalten und gedenkt des Jahres 1349 folgendermaßen: *ET EODEM ANNO CIRCUIBAT OMNES REGIONES SECTA SINE CAPITE DICTA FLAGELLATORES – und in diesem Jahr durchzog eine kopflose Sekte, die man ›Geißler‹ nannte, alle Gegenden.* Nicht erwähnt werden in diesem Zeugnis die Judenverfolgungen und – erstaunlicherweise – auch kein großes Sterben in diesem Jahr.[28] Dies bestätigt für Franken und Würzburg noch einmal den zeitlichen Ablauf der Ereignisse: Bereits auf das Gerücht der angeblichen Brunnenvergiftung durch die Juden sowie einer bevorstehenden Ankunft der Geißler hin geschah das Pogrom; diese Abfolge und eine die Gewalttaten gegen die Juden auslösende Funktion der Geißler hat allgemein auch die zeitgenössische Kölner Weltchronik festgehalten.[29] Die Pest selbst kam im übrigen entschieden später nach Würzburg, Ostfranken und Böhmen: erst im Jahr 1356.

Der Zug der Geißler traf, dem Würzburger Chronisten Michael de Leone zufolge, aus Thüringen kommend am 2. Mai 1349 mit Kreuzen und Fahnen in der Bischofsstadt ein.[30] In jener Zeit zogen Menschen aller Schichten prozessionsartig durch Städte und Dörfer, geißelten ihren Körper und hofften durch diese Bußübung den Zorn Gottes zu besänftigen sowie das Vordringen der Pest aufzuhalten. Ihrem äußeren Erscheinungsbild nach ähnelten sie den kirchlichen Bittprozessionen: barfüßig, mit kreuzbestickten Kapuzenmänteln und Hüten angetan, mit Kerzen, Fahnen und unter Glockengeläut zogen die Flagellanten in Zweierreihen in die Städte ein. Ihr Auftreten griff, wie der gelehrte Würzburger Geschichtsschreiber wohl wußte, auf das Vorbild einer oberitalienisch-süddeutschen Flagellantenbewegung von 1260/61 zurück und fand mit dem Verbot durch eine Bulle Papst Clemens VI. vom 20. Oktober des Jahres 1349 ihr rasches Ende.[31]

Die thüringisch-fränkische Bewegung gilt in ihrem Auftreten und in ihrer antiklerikalen Haltung als besonders radikal: Michael de Leone beklagt, daß die Geißler während ihres dreitägigen Auftritts auch freigeistige und waldensische Irrlehren verbreiteten und überliefert in diesem Zusammenhang eine zeitgenössische, jedoch der heiligen Hildegard von Bingen zugeschriebene Prophezeiung auf dieses Jahr 1349, deren Ziel die Verteidigung der Rechtgläubigkeit gegen die Anschauungen der Geißler ist.[32] Unter anderem wird ihnen darin zum Vorwurf gemacht, daß sie als Pseudopropheten unter Berufung auf einen angeblichen Brief Gottes, der vom Himmel gefallen sei, aufträten; weiterhin ihre offen zutage tretende Feindschaft gegen den Klerus; ungebildete Laien erteilten einander die Absolution; sie lebten wie die Begarden bequem von der Bettelei und erzielten Eindruck durch ihre Selbstgeißelung, welche jedoch nicht von der Sünde reinigen könne; und nicht zuletzt verachteten sie die Gottesmutter.

3.2 Waldenser und andere Sektierer

Der bischöfliche Protonotar Michael de Leone sowie der Domscholaster und Generalvikar Hermann von Schildesche waren schon vorher an Untersuchungen gegen ketzerische Umtriebe in Würzburg beteiligt gewesen; dies mag ihr entschiedenes Auftreten gegen die Geißler erklären. Herrmann hatte im Jahr 1342 auch den Prozeß gegen Magister Konrad Hager geführt, der waldensische Lehren vertrat, und sich gegen dessen häretische Überzeugungen, wie auch die der Geißler, in eigenen Traktaten schriftlich verbreitet.[33] Im gleichen Jahr wurde mit Hermann Kuchener aus Nürnberg ein Vertreter der Sekte vom freien Geist unter Anklage gestellt.[34] Um 1345 wurde gegen den Begarden Berthold aus Rohrbach ein Inquisitionsverfahren eröffnet; 1356 wurde er in Speyer als Ketzer verbrannt.[35]
Die spezifischen Inhalte ihrer Abweichung vom Glauben der römischen Kirche lassen sich im einzelnen nur schwer feststellen, zumal im Detail schwer nachzuzeichnende Verbindungen zur Mystik und zu den Beginen- und Begardenbewegungen bestehen. Kuchener etwa bekannte in seinem Verhör, nicht an Hölle und Fegfeuer zu glauben, Unkeuschheit als etwas Natürliches und den Papst für überflüssig anzusehen. Berthold von Rohrbach fühlte sich, wie Kuchener, als gottgewordener Mensch allen gelehrten Klerikern überlegen, lehnte Fasten und Gebete ab und bekannte sich zu libertinistischen Auffassungen. Ob zwischen beiden persönliche Beziehungen oder solche im Hinblick auf ihre häretischen Lehren bestanden, ist nicht zu entscheiden; auch nicht, welche Resonanz diese Irrlehren in Stadt und Bistum Würzburg gefunden haben. Gemeinsam war ihnen jedenfalls die Ablehnung der kirchlichen Hierarchie und ihre Überzeugung von der Bedeutung der Laien für die Auslegung der Heiligen Schrift.
Auch in den folgenden Jahrzehnten blieb – neben Mittelfranken vor allem in der Gegend um Windsheim – Würzburg von häretischen Umtrieben nicht verschont: 1391 gab es wiederum Untersuchungen gegen Waldenser und Freigeister. Hussitische Lehren sind im Fränkischen seit 1429 in Lauda nachweisbar. Der bekannteste unter den Wanderpredigern, die die Lehre des Jan Hus verbreiteten, war Friedrich Reiser. Im Verlauf eines Prozesses,

der 1458 in Straßburg mit seiner Hinrichtung endete, gestand er ein, in den Dörfern um Würzburg als *underweiser* tätig gewesen zu sein. Reisers Vertraute Anna Weilerin war schon 1446 zusammen mit weiteren 126 Häretikern in Würzburg zu Widerruf, Kirchenstrafen und einer Bußprozession verurteilt worden. Unter den waldensisch-hussitischen Lehrmeinungen Reisers und seiner Anhänger finden sich die Ablehnung von Ablaß und Bildern, des Fegfeuers und des Reliquienwesens sowie der Verehrung Marias und der Heiligen.

Ausdruck findet die religiöse Erregtheit der Zeit in einer Reihe weiterer Zeugnisse wie dem Auftreten des franziskanischen Bußpredigers Johannes von Capistrano vom 8. bis 10. November 1453 in Würzburg sowie mehreren prophetischen Schriften fränkischer Provenienz aus jenen Jahrzehnten, in denen politische und soziale Reformen gefordert oder für die Zukunft vorausgesagt wurden.[36]

3.3 Der Pauker von Niklashausen

Alle Unruhe und Kritik, alle Reformwünsche und -hoffnungen des 15. Jahrhunderts scheinen gebündelt in der prophetischen Erscheinung und konzentriert in den Predigten des Paukers von Niklashausen: Im Sommer des Jahres 1476 erfaßte das ›Laufen‹, ins Taubertal, eine religiöse, aber auch sozial motivierte Volksbewegung, weite Teile im Süden und der Mitte Deutschlands: Frankens, Bayerns, Schwabens, der Pfalz, Thüringens und Sachsens, aber auch Städte wie Nürnberg oder Eichstätt und, allen voran, Würzburg (Farbbild S. 300).

Im Mittelpunkt dieser Massenwallfahrt stand Hans Behem, ein junger Hirte aus dem wertheimischen Dorf Helmstadt westlich von Würzburg. Wohl Vollwaise aus leibeigener Familie, hatte er seinen Lebensunterhalt verdient, indem er auf Dudelsack und Handtrommel in den Dörfern zwischen Main- und Taubertal zum Tanz aufspielte. Eine Marienerscheinung änderte sein Leben; fortan predigte er, ein ungelehrter Laie, und verkündete im unbedeutenden Dorf Niklashausen unter dem rasch wachsenden Zulauf des Volkes die Botschaft, von der er sagte, daß sie ihm die Gottesmutter geoffenbart habe. Erst die charismatische Persönlichkeit des ›Paukers‹ oder ›Pfeifers‹ machte das Dorf an der Tauber und seine Kirche zum Zentrum einer Marienwallfahrt, von der weder vor noch nach 1476 die Rede war (Abb. S. 350).

Das Programm, das der Prophet vor immer größeren Scharen von Anhängern entwickelte, entstammte teils waldensisch-hussitischem Gedankengut, teils den im Volk weitverbreiteten Vorstellungen von einer Reform des Reiches und der Kirche. Es nahm rasch radikale Züge an, die den geistli-

›Die nicklas hausser fart‹ (Staatsbibl. Preußischer Kulturbesitz, Berlin, Inc. 1932).

chen und weltlichen Obrigkeiten angesichts des bald unüberschaubar werdenden Zulaufs immer bedrohlicher erschienen: Die Forderungen Behems gipfelten im Postulat nach einer allgemeinen Gleichheit, und die Weisen, die der Hirtenmusikant unter dem Volk verbreitete, waren von unverhohlenem Haß gegen die Geistlichkeit durchdrungen:

Wir wollens gott vom himmel clagen, kyrie eleyson,
Das wir die pfaffen nicht zue todt sollen schlagen, kyrie eleyson.

Obgleich dies schon von zeitgenössischen Chronisten immer wieder behauptet wurde, war der Pauker mit Sicherheit nicht allein das Werkzeug anderer, die dem Laienprediger seine sozialreligiösen Lehren lediglich eingeflüstert hatten. Zu sehr war die Bewegung, wie ihr Ende zeigte, auf seine Person ausgerichtet.
Die neben den Grafen von Wertheim zunächst betroffenen geistlichen und weltlichen Obrigkeiten, Mainz und Würzburg, beschlossen, den Verursacher des Übels in einem Überraschungscoup in ihre Gewalt zu bringen, um ihm den Prozeß und damit dem ganzen Spuk ein Ende zu machen. Es sollte ein Ketzerverfahren werden; deshalb wurden der bischöfliche Rat Kilian von Bibra und der Würzburger Domprediger Sigismund Meisterlin am 2. Juli heimlich aus Würzburg nach Niklashausen entsandt, um Behems Worte als Grundlage der Anklage zu protokollieren.
Ihren erhalten gebliebenen Aufzeichnungen verdanken wir eine authentische und detaillierte Auflistung der Lehren des Paukers zumindest für diesen Tag, das Fest Mariä Heimsuchung: Die Jungfrau Maria habe ihm den Zorn Gottes wider die Menschen und insbesondere gegen die Priesterschaft geoffenbart. Hier, im Tal der Tauber, sei mehr Gnade zu erlangen als selbst in Rom. Behem bestreitet die Existenz des Fegfeuers; mit eigener Hand will er seine Anhänger in die ewige Seligkeit führen. Dann die soziale Komponente: Der Kaiser hat Mitschuld an der Misere des gemeinen Mannes. Die Geistlichen werden ob ihrer Pfründenhäufung gegeißelt; geistliche und weltliche Herren sollten nicht mehr besitzen als der arme Mann oder was ihnen zum Leben nötig sei; die Fische im Wasser und die Jagd auf das Wild sollten allen gemein sein – Forderungen, die teilweise ein halbes Jahrhundert später in den Artikeln der Bauern von 1525 wiederkehren werden; doch da hat sich schon niemand mehr an den Pauker von Niklashausen erinnert ...
In der Nacht zum 13. Juli wurde Hans Behem, der Prophet der Niklashäuser Fahrt, im Handstreich gefangengenommen und nach Würzburg überstellt. Seine Anhänger zogen ihm nach und erschienen am übernächsten Morgen vor der Festung Marienberg, um ihren Propheten aus dem Gefängnis zu befreien. Sie waren jedoch, mit Ausnahme der mitgeführten Kirchenfahnen und Votivkerzen, ohne Waffen und ohne jede Chance. So scheiterte selbst dieser zaghafte Ansatz einer Revolte; der kopf- und führerlose Rückzug der Wallfahrer forderte bei der Eroberung des befestigten Kirchhofes von Waldbüttelbrunn, wohin sie sich schutzsuchend zurückgezogen hatten, zwölf Todesopfer. Hans Behem wurde als Ketzer verurteilt und zusammen mit zweien seiner Anhänger hingerichtet; die Asche seines Scheiterhaufens wurde im Main verstreut.[37]

3.4 Innerstädtische Unruhen

Wie die ›Niklashäuser Fahrt‹ war auch der Bauernkrieg von 1525 in Franken eine die Städte wie das Land gleichermaßen erfassende Bewegung. Doch schon die vorangegangenen Jahrhunderte waren für Frankens Städte keineswegs allein eine Zeit des inneren Friedens. Zwei Beispiele seien herausgegriffen: die bischöfliche Residenzstadt Würzburg und die benachbarte brandenburgische Landstadt Kitzingen.
Schon die Häufigkeit innerstädtischer Unruhen in Würzburg spricht eine deutliche Sprache: 1247/48, 1253, 1265, 1286, 1296, 1353, 1357, 1361, 1372/73, 1374 und wieder 1397–1400 hören wir von Auseinandersetzungen der Würzburger mit ihrem bischöflichen Stadtherrn. Die Opposition der Bürger brach erstmals 1247 in bewaffneten Auseinandersetzungen auf, die von beiden Seiten mit Hartnäckigkeit und ungewöhnlicher Grausamkeit geführt wurde – so gehörte das Niederbrennen von Häusern in klösterlichem Besitz und das Aushauen der Weinstöcke und damit die Vernichtung der Existenzgrundlage der städtischen Häcker zu den gängigen Methoden der Kriegführung –, bis der Bischof 1400 in der Schlacht von Bergtheim endgültig über die Autonomiebestrebungen der Bürger obsiegte. Zu ihren Forderungen, die im Wechsel zwischen bischöflichen Siegen und bürgerlichem Aufbegehren immer wiederkehren, gehörten die freie Wahl von Bürgermeistern und Rat, die Bildung von Handwerkerzünften, die Entscheidung über die Aufnahme von Neubürgern und die Erhebung eigener Steuern. Im Gegensatz zu vielen deutschen Bischofsstädten unterlagen in Würzburg die Bürger in ihrem Freiheitsstreben wiederholt und schließlich endgültig ihrem bischöflichen Stadtherrn. Für die Stadt bedeutete dieser Verlust der bürgerlichen Freiheit den Niedergang Würzburgs als überregionaler Handelsplatz. Nicht wenige Angehörige der unternehmenden Oberschichten suchten in der aufblühenden Reichsstadt Nürnberg ihr Glück und trugen auf diese Weise zu deren Aufstieg bei; Würzburg wurde zu einer geistlich bestimmten Residenzstadt.[38]
Das benachbarte Kitzingen, dessen Beteiligung an den Armleder-Unruhen des Jahres 1336 bereits Erwähnung fand, war im Spätmittelalter mit 2500-3000 Bewohnern eine mittelgroße Stadt. Seit 1434 bis 1629 befand es sich, ursprünglich würzburgisch, pfandweise im Besitz der Markgrafen von Brandenburg-Ansbach. Von innerstädtischen Auseinandersetzungen zwischen Rat und den *gemainen burgere* war am 2. August 1336 die Rede, als diese die Schlüssel zu den Toren an sich brachten und die Anhänger König Armleders in die Stadt einließen. Knapp ein Jahrhundert später, um 1430, wurden Streitigkeiten um die städtische Rechnungslegung zum Anlaß eines Konflikts zwischen dem Rat und der *gemeynde,* der politisch machtlosen

Einwohnerschaft aus der Vorstadt, die in die Häuser der reichen Bürger in der inneren Stadt einzudringen und sie aus ihrem Besitz zu vertreiben suchten. Vom 15. November 1498 datiert eine Urfehdeerklärung zweier Kitzinger Bürger, die beschuldigt werden – und dies auch zugeben -, sie hätten versucht, einen ›Bundschuh‹ aufzuwerfen und Anhänger für ein Vorgehen gegen Bürgermeister und Rat der Stadt zu werben; es ist dies im übrigen die einzige Verwendung des Begriffs Bundschuh, die im Vorfeld des Bauernkriegs in Franken nachweisbar ist. Schließlich hat sich, den Worten des Stadtchronisten Friedrich Bernbeck zufolge, Ende des Jahres 1511 in der Stadt Kitzingen eine *empörung gegen einen rat erhoben.* Doch konnte der Streit um Steuerangelegenheiten und die Forderung der Gemeinde – keineswegs nur von Angehörigen der städtischen Unterschichten – nach einer Vierteleinteilung noch einmal friedlich beigelegt werden; eine trügerische Ruhe, wie die Ereignisse von 1525 zeigen sollten, an deren Ende die Hinrichtung von neun Bürgern, die Blendung von sechzig und die Verweisung von mehr als hundert weiteren aus der Stadt standen.[39]

4. *Reform vor der Reformation: Kritik an Kirche und Klerus*

Das Empfinden der Notwendigkeit und das Verlangen nach einer durchgreifenden Reform in Reich und Kirche wird in einer Vielzahl von Äußerungen – Aktionen wie Reformschriften – aus dem 15. Jahrhundert greifbar. Das Hochstift Würzburg macht hier keine Ausnahme. Vor allem die Kritik an der Geistlichkeit läßt an Deutlichkeit nichts zu wünschen übrig: *wann wir die pfaffen hier vertrieben / und selber herrn im stifte bliben / unser sune zu tunherrn machen / des werden wir gar frolich lachen ...* ist im zeitgenössischen Gedicht auf den Würzburger Städtekrieg von 1397/1400 zu lesen, und die Wallfahrer nach Niklashausen sangen 1476 in unchristlichen Weisen: *Wir wollens Gott vom himmel clagen, kirie eleyson, das wir die pfaffen nicht zue todt sollen schlagen ...*
Doch die Kritik kam nicht nur von außen, aus der Welt der Laien. Ungeachtet mehrfacher reformerischer Ansätze haben selbst Angehörige der Geistlichkeit des Würzburger Bistums auf die Notwendigkeit einer umfassenden und tiefgreifenden Reform hingewiesen: So appelliert 1486/87 ein ungenannt bleibender Geistlicher in der Form eines Denkschreibens an seinen Bischof Rudolf von Scherenberg: *Nimm das heilige Schwert, das Gott und der heilige Kilian Dir verliehen haben, in die Hand und zeige Härte gegen die weltlichen Sünder!* Darunter werden vor allem die Angehörigen des Adels verstanden, die die Armen bedrücken, das Recht beugen und ein lasterhaftes Leben führten. Aber auch die Geistlichen lebten dem Memo-

randum zufolge nahezu ohne Ausnahme im Stande der Sünde: sie frönen aufwendigem Kleiderluxus, spielen – und dazu noch falsch – im Würzburger ›Grünen Baum‹ um Geld und leben gleich den Laien im Stande der Sünde. Die bischöflichen Beamten pressen das Volk aus, sind bestechlich, leben im Konkubinat; schließlich müßten die Landgeistlichen die Demütigungen des zornigen Volkes ertragen ... Und selbst der Dekan des Stifts Neumünster, der berühmte Humanist Engelhard Funck, spricht in Gegenwart des Bischofs und des Domkapitels 1509 von den Mißständen und der allgemeinen Verunsicherung im Hochstift Würzburg: adlige Kriegsknechte und Wegelagerer bedrohten Geistliche wie Laien, kein Ort und keine Straße sei mehr sicher vor ihnen. Die Zeichen allgemeiner Verunsicherung sind nicht mehr zu übersehen.[40]

Anmerkungen

1 Schubert, Einführung in die Grundprobleme der deutschen Geschichte im Spätmittelalter, 1992, S. 1ff.

2 Fr. Graus, Randgruppen der städtischen Gesellschaft im Spätmittelalter, in: Zs. für histor. Forschung 8, 1981, S. 385–437.

3 Zum Folgenden: P. Herde, Von der mittelalterlichen Judenfeindschaft zum modernen Antisemitismus, in: Geschichte und Kultur des Judentums, hg. von K. Müller/K. Wittstadt, QFW 38, 1988, S. 11–69; Ders., Die Kirche und die Juden im Mittelalter, in: Geschichte und Kultur der Juden in Bayern. Aufsätze, hg. von M. Treml u. a., 1988, S. 71–84; Ders., Probleme der christlich-jüdischen Beziehungen in Mainfranken im Mittelalter, S. 82ff.

4 M. Toch, Jüdische Geldleihe im Mittelalter, in: Geschichte und Kultur des Judentums, wie Anm. 3, S. 85–94.

5 Flade, Die Würzburger Juden. Ihre Geschichte vom Mittelalter bis zur Gegenwart; Ders., ›Jene, einem rebenreichen Weinstock verglichene Gemeinde‹. Zur Situation der Juden im mittelalterlichen Würzburg, in: Geschichte und Kultur der Juden in Bayern, wie Anm. 3, S. 173–180; K. Wittstadt, Die Juden unter den Würzburger Fürstbischöfen und Bischöfen – Vom Mittelalter bis zur Gegenwart, in: Geschichte und Kultur des Judentums, wie Anm. 3, S. 151–173.

6 Vgl. den Beitrag von W. Störmer, oben S. 459ff.

7 Annales Herbipolenses, MG SS 16, S. 3f.; vgl. H.-P. Baum, Quellen zu Judenverfolgungen von 1147 bis 1938, in: U. Wagner, Hg., Zeugnisse jüd. Geschichte in Unterfranken (Schr. des StadtAW, Heft 2), 1987, S. 19–58, S. 2f.; U. Knefelkamp, Das Verhalten von Bevölkerung und Obrigkeit bei den Judenverfolgungen des ersten und zweiten Kreuzzuges, in: Anzeiger des German. Nationalmuseums 1988, S. 24–34.

8 A. Neubauer/M. Stern, Hebräische Berichte über die Judenverfolgungen während der Kreuzzüge, 1892, S. 192 ff; Sh. Eidelberg, The Jews and the Crusaders, 1977, S. 127ff; J. Aronius, Regesten zur Geschichte der Juden im Fränkischen und Deutschen Reich, 1887–1902, Ndr. 1970, Nr. 245.

9 GS Würzburg 1, S. 153f.

10 Neubauer/Stern, wie Anm. 8, S. 214ff; Schich, Würzburg im Mittelalter, S. 158ff.

11 Herde, Judenfeindschaft, wie Anm. 3, S. 17f.

12 D. Berg/H. Steur, Juden im Mittelalter, 1976, Nr. 56, S. 72f; Aronius, wie Anm. 8, Nr. 244.

13 Fr. Graus, Judenfeindschaft im Mittelalter, in: H. A. Strauss/ N. Kampe, (Hgg.), Antisemitismus. Von der Judenfeindschaft zum Holocaust, 1984, S. 29–46, 35f.

[14] Aronius, wie Anm. 8, Nr. 469; Germania Judaica I, 1934, Ndr. 1963; II, 1, 2, 1968; III, 1, 1987: I, S. 153f. II, S. XXXIV, 402, 470, 815; F. X. Himmelstein, Die Juden in Franken, in: AUFr 12, 1853, S. 125–188, 167ff., 177ff.

[15] J. Höxter, Quellenlesebuch zur jüd. Geschichte und Literatur, T. III, 1927, Nr. XIV, S. 19ff; Aronius, wie Anm. 8, Nr. 474, 497. Hierzu und zur Haltung der Päpste Herde, Judenfeindschaft, wie Anm. 3, S. 21f.

[16] Graus, wie Anm. 13, S. 36ff.

[17] Herde, Judenfeindschaft, wie Anm. 3, S. 22f.

[18] S. Salfeld, Das Martyrologium des Nürnberger Memorbuches, 1898, S. 164–214; Germania Judaica II, wie Anm. 14, S. XXXV, 377f., 470f., 598f., 707, 719f., 929 und die Übersichtskarte am Ende des ersten Bandes nach S. 504.

[19] Wichtigste Quelle sind die um 1303 aufgezeichneten Historiae memoriabiles des Rudolf von Schlettstadt, hg. von E. Kleinschmidt, 1974; vgl. Lotter, Die Judenverfolgung des ›König Rintfleisch‹ in Franken um 1298, S. 385–422; Ders., Hostienfrevelvorwurf und Blutwunderfälschungen bei den Judenverfolgungen von 1298 (›Rintfleisch‹) und 1336–1338 (›Armleder‹), S. 533–583.

[20] Arnold, Die Armledererhebung in Franken 1336, S. 35–62.

[21] Arnold, Armledererhebung, wie Anm. 20, bes. S. 51ff. (mit Abb.); S. Hoyer, Die Armlederbewegung – ein Bauernaufstand 1336/39, in: Zs. für Geschichtswissenschaft 13, 1965, S. 74–89; Lotter, Hostienfrevelvorwurf, wie Anm. 19, S. 560ff.

[22] Das Vorhergehende nach Arnold, Armledererhebung, wie Anm. 20, passim.

[23] O. Stobbe, Die Juden in Deutschland, 1866, S. 104; St. Jenks, Judenverschuldung und Verfolgung von Juden im 14. Jahrhundert: Franken bis 1349, in: VSWG 65, 1978, S. 309–356.

[24] Hoffmann, Die Würzburger Judenverfolgung von 1349, S. 91–114, 98ff.

[25] Hoffmann, Judenverfolgung, wie Anm. 24, S. 91–114; M. A. Szulwas, Die Juden in Würzburg während des Mittelalters, 1934, S. 49; A. Haverkamp, Die Judenverfolgungen zur Zeit des Schwarzen Todes, in: Ders., Zur Geschichte der Juden im Deutschland des späten Mittelalters und der frühen Neuzeit, 1981, S. 35ff; Fr. Graus, Pest-Geißler-Judenmorde. Das 14. Jahrhundert als Krisenzeit, 1987, S. 38, 303; GS Würzburg 2, S. 90f.

[26] Die Würzburger Inschriften bis 1525, ... bearb. von K. Borchardt, 1988, Nr. 97, S. 57; Schich, Würzburg, wie Anm. 10, S. 160.

[27] GS Würzburg 2, S. 80, 90. Druck: MG Const. IX 391.

[28] Heute im Mainfränkischen Museum Würzburg; vgl. Die Würzburger Inschriften, wie Anm. 26, Nr. 68, S. 43f.; ›kopflos‹ ist ein auch in der sonstigen Historiographie der Zeit belegtes Epitheton für die Geißler mit eschatologischer Konnotation.

[29] Die Kölner Weltchronik 1273/88–1376, hg. von R. Sprandel, 1991 (MG SS rer Germ. NS XV), S. 91f; vgl. Graus, Pest-Geißler-Judenmorde, wie Anm. 25, S. 220f.

[30] J. F. Boehmer, Fontes rerum Germanicarum, I, 1843, S. 476.

[31] Graus, Pest-Geißler-Judenmorde, wie Anm. 25, S. 38ff; N. Bulst, Flagellanten, in: Lex MA 4, 1987, Sp. 509ff.

[32] Jenks, Die Prophezeiung der Ps.-Hildegard von Bingen, S. 9–38; M. Erbstösser, Sozialreligiöse Strömungen im späten Mittelalter, 1970, S. 23ff.

[33] GS Würzburg 2, S. 69; Jenks, Prophezeiung, wie Anm. 32, S. 18 mit Anm. 65, 22 mit Anm. 87; MB 40, Nr. 155, S. 387ff; zum Folgenden noch immer maßgebend: Haupt, Die religiösen Sekten in Franken vor der Reformation.

[34] Haupt, wie Anm. 33, S. 6ff; GS Würzburg 2, S. 69; MB 40, Nr. 189, S. 415ff; R. E. Lerner, The Heresy of the Free Spirit, 1972, S. 125ff., 131f., 146; Erbstösser, Strömungen, wie Anm. 32, S. 87ff.

[35] Quelle ist J. Trithemius, Annales Hirsaugienses, II, 1690, S. 231ff; Erbstösser, wie Anm. 32, S. 89ff; Haupt, wie Anm. 33, S. 6ff., 20f; G. Leff, Heresy in the Later Middle Ages, I, 1967, S. 327.

[36] Zum Vorhergehenden (mit den notwendigen Belegen): Arnold, Niklashausen 1476, S. 42ff.

[37] Arnold, Niklashausen 1476, wie Anm. 36; Ders., Hans Behem, der Pauker von Niklashausen, in: FrLB 10, 1982, S. 57–66; Ders., Neues zu Niklashausen 1476, S. 69–89; H. D. Schmidt, Hans Beheim. Ein Vorläufer des Bauernkriegs?, in: WtJb 1981/83, S. 23–36; E. Weiss, Der Pfeifer von Niklashausen, 1984.

[38] Graus, Pest-Geißler-Judenmorde, wie Anm. 25, S. 404; Schich, Würzburg, wie Anm. 10, bes. S. 212ff., 303ff. (mit weiterführender Lit.); W. Engel, Würzburger Zunftsiegel aus fünf Jahrhunderten, MainfrH 7, 1950; GS Würzburg 2, S. 5ff., 32f., 40f., 65f., 91, 118f., 120ff., 155. »Kaltschnäuzige Inhumanität« hat zuletzt H. Brunner dem Verfasser Bernhard von Uissigheim des um 1397/1400 entstandenen Reimgedichts ›Vom Würzburger Städtekrieg‹, das die endgültige Niederlage der Würzburger deutet, attestiert, in: JffL 50, 1990, S. 177; vgl. auch S. 567f. in diesem Band.

[39] Arnold, Spätmittelalterl. Sozialstruktur, Bürgeropposition und Bauernkrieg in der Stadt Kitzingen, S. 173–214.

[40] Beyschlag, Zur kirchlichen Geschichte der Würzburger Diözese im 15. Jahrhundert, S. 81–97; K. Arnold, Engelhard Funck (Scintilla), in: JffL 52, 1992 (FS für A. Wendehorst), S. 367–380.

Literatur (Auswahl)

Zu 1. Krise und Aufbruch

Die Einschätzung ist naturgemäß kontrovers; Hinweise und Literatur zum Spätmittelalter bei E. Schubert, Einführung in die Grundprobleme der dt. Geschichte im Spätmittelalter, 1992, S. 1ff. und H. Boockmann, Stauferzeit und spätes Mittelalter. Deutschland 1125–1517, 1987, S. 228ff., 376ff.; zur Reformation und ihrer Vorgeschichte: P. Baumgart, Formen der Volksfrömmigkeit – Krise der alten Kirche und reformator. Bewegung, in: HZ Beiheft 4, 1975, 186–204; R. Wohlfeil, Einführung in die Geschichte der dt. Reformation, 1982, bes. S. 14ff.

Zu 2. Eine Minderheit als Zielscheibe

K. Arnold, Die Armledererhebung in Franken 1336, in: MainfrJb 26, 1974, S. 35-62; R. Flade, Die Würzburger Juden. Ihre Geschichte vom Mittelalter bis zur Gegenwart, 1987; P. Herde, Probleme der christlich-jüdischen Beziehungen in Mainfranken im Mittelalter, in: WDGBl 40, 1978, S. 82ff.; H. Hoffmann, Die Würzburger Judenverfolgung von 1349, in: MainfrJb 5, 1953, S. 91-114; F. Lotter, Die Judenverfolgung des ›König Rintfleisch‹ in Franken um 1298, in: Zs. für Histor. Forschung 15, 1988, S. 385-422; Ders., Hostienfrevelvorwurf und Blutwunderfälschungen bei den Judenverfolgungen von 1298 (›Rintfleisch‹) und 1336–1338 (›Armleder‹), in: Fälschungen im Mittelalter 5 (MG Schriften 33, 5) 1988, S. 533–583.

Zu 3. Ketzer und Volksbewegungen

K. Arnold, Niklashausen 1476, 1980, S. 42ff.; Ders., Neues zu Niklashausen 1476, in: Reformation und Revolution. FS für R. Wohlfeil, 1989, S. 69–89; Ders., Spätmittelalterl. Sozialstruktur, Bürgeropposition und Bauernkrieg in der Stadt Kitzingen, in: JffL 36, 1976, S. 173–214; H. Haupt, Die religiösen Sekten in Franken vor der Reformation, 1882; St. Jenks, Die Prophezeiung der Ps.-Hildegard von Bingen: Eine vernachlässigte Quelle über die Geißlerzüge von 1348/49 im Lichte des Kampfes der Würzburger Kirche gegen die Flagellanten, in: MainfrJb 29, 1977, S. 9–38; W. Schich, Würzburg im Mittelalter, 1977.

Zu 4. Reform vor der Reformation: Kritik an Kirche und Klerus

Fr. Beyschlag, Zur kirchlichen Geschichte der Würzburger Diözese im 15. Jahrhundert, in: Beitr. zur bayer. Kirchengeschichte 15, 1909, S. 81–97; S. Frhr. von Pölnitz, Die bischöfl. Reformarbeit im Hochstift Würzburg während des 15. Jahrhunderts, 1941.

Peter Kolb

Das Spitalwesen

1. *Entstehung und Ausbreitung des Spitalwesens*

Das Spitalwesen (spät)mittelalterlicher Prägung vereinigt in sich eine Vielzahl von Einflüssen, die – umgeformt und fortentwickelt – ein eigenes Spezifikum ergaben. Eine wichtige Komponente führt in das oströmische Reich der Spätantike. Dort hatten sich verschiedene Spitaltypen herausgebildet, darunter die Xenodochien. Sie dienten vornehmlich der Aufnahme von Fremden, Gästen und Pilgern. Für Kranke, Alte, Waisen und Findelkinder gab es eigene Anstalten. Die Xenodochien unterstanden bereits früh dem zuständigen Ortsordinarius. Es dauerte nicht lange, bis diese Einrichtung im westlichen Abendland Wurzeln fassen konnte. Etwa um das 4. Jahrhundert findet man Xenodochien im weströmischen Reich, im Schwerpunkt getragen vom Mönchtum, aber auch die Kirche und die Gläubigen konnten als Gründer auftreten. Das Xenodochium »verkörperte die Urform des Spitals schlechthin, charakterisierte sich als Gott wohlgefälliges Werk, das pro remedio animae wirkte und im Abendland auch unter der synonymen Bezeichnung hospitale, hospitium, domus hospitale begegnete und grundsätzlich als allgemeine Herberge für Kranke und Pilger diente«.[1] In der Folgezeit breitete es sich durch die fortschreitende Christianisierung des Abendlandes weiter aus, wobei sich allerdings in den einzelnen Ländern wegen der jeweils unterschiedlichen rechtlichen Vorgaben und der uneinheitlichen politischen sowie kirchlichen Entwicklungen verschiedene Formen herausbildeten. Die große Bedeutung, aber auch die vielen, einer Lösung harrenden Probleme dieser Einrichtung mag man daran ermessen, daß sich die Xenodochien in zahlreichen kirchlichen Konzilsbeschlüssen und in fränkischen Kapitularien widerspiegelten. Auch die Xenodochien im Westen wurden von Geistlichen verwaltet und unterstanden dem zuständigen Ortsordinarius. Sie verkörperten kirchliche Anstalten, die als religiosissima loca oder piae causae bezeichnet wurden, auch wenn sie keinen gottesdienstlichen Raum enthielten und nicht von der Kirche, sondern von Privaten errichtet waren.[2] Im 9. Jahrhundert werden die Begriffe Xenodochium und Hospitale synonym gebraucht,[3] wobei freilich angemerkt werden muß, daß sich im Ostfrankenreich kaum Spuren der altkirchlichen Form des selbständigen Xenodochiums finden.[4]

Schon den frühen Klöstern, die nach der Regel des hl. Benedikt lebten, war die hospitalitas heilig. Wie Merzbacher[5] zeigen konnte, galt die »Verpflichtung zur Gastfreundschaft gegenüber Armen, Pilgern und Kranken ... im Grunde Christus selbst, dem Erlöser und Herren der Welt«. Die weite Ausbreitung der Benediktinerregel hat hinsichtlich des Spitalwesens befruchtend gewirkt. Insbesondere bei Klöstern, die an stark frequentierten Straßen lagen, entstanden anstaltsähnliche Hospitien, lange Zeit hat man monasterium und Xenodochium »sehr gerne wechselweise für einander gebraucht und beide mit Vorliebe zusammen als einen Begriff betrachtet«.[6] Das mit einem Kloster verbundene Hospital war weithin Selbstverständlichkeit geworden.

Neben den klösterlichen Spitälern bestanden die bischöflichen oder stiftischen, die gewissermaßen eine Parallele oder auch ein Gegenstück zu ersteren bildeten. Sie entsprangen der Übertragung »mönchischer Einrichtungen auf die Regelung des Lebens der an den Bischofskirchen und anderen städtischen und ländlichen Kirchen in größerer oder geringerer Zahl amtierenden Weltgeistlichkeit«.[7] Im 8. Jahrhundert wird die Regel des Bischofs Chrodegang von Metz (742–766) von spitalspezifischer Bedeutung. Sie hat die Ämter des infirmarius und des hospitalarius vorgesehen. »Während dem infirmarius die Überwachung der Krankenpflege übertragen war, übte der hospitalarius die Leitung über das Xenodochium für bedürftige Personen«.[8] Die Spitalpflege gelangte über diese Regel, aber auch über mannigfache weltliche und kirchliche Gesetzgebungsakte, in den Lebenskreis der Kanoniker. So wurde z. B. auf dem Konzil zu Aachen 816[9] u. a. die Regelung getroffen, die die »anstaltliche Wohltätigkeitsausübung am Sitze der hochstiftischen und stiftischen Kirchen konzentrierte und sie als Nebenaufgabe an die kanonische Lebensordnung der Stiftsgeistlichkeit band«.[10] Mit dem altstiftischen Spital fand das Spitalwesen Eingang in die Städte, wobei sich im Zuge der weiteren städtischen Entwicklung auch bei den Spitälern die Notwendigkeit einer strukturellen und inhaltlichen Anpassung und Fortführung ergab. Ob auch in Würzburg ein altstiftisches (Dom)spital bestanden hat, bleibt unklar.

Trotz beachtlicher Reformarbeit in der Karolingerzeit gab es für das altkirchliche Xenodochium keine Zukunft. Das Spitalwesen unterlag in den folgenden Jahrhunderten einem Anpassungsprozeß an die ständig neue Legitimation und Verankerung in der Gesellschaft. Dabei erwies sich die Benediktinerregel für die Neu- bzw. Fortentwicklung der Spitalidee, insonderheit seiner klösterlichen Ausprägung, als tragende Basis. Benedikt von Nursia verlangte in seiner Ordensregel, alle Gäste, die das Kloster aufsuchten, wie Christus aufzunehmen, weil dieser sagen werde: Gast war ich und ihr habt mich aufgenommen.[11] Um die Armen und die Pilger solle man sich

– so Benedikt – mit größter Sorgfalt kümmern, weil in ihnen Christus umsorgt werde.[12] Und schließlich schrieb er vor, man solle um die Kranken vor allem und über alles besorgt sein; man diene ihnen wie Christus selbst.[13] In diesen Forderungen waren Geist und Wesen klösterlicher Wohltätigkeitspflege festgelegt. Die vom burgundischen Kloster Cluny ausgehende Reform und – davon abgeleitet – die Hirsauer Konstitutionen vermittelten neue Impulse für die karitative Betätigung in den Klöstern. Zisterzienser und Prämonstratenser widmeten sich ebenso wie Benediktiner und Augustinerchorherren in beeindruckender Weise den vorüberziehenden Bettlern, Pilgern und Reisenden. Vor allem im 12. und 13. Jahrhundert führten diese Orden die karitative Tätigkeit zu einem bemerkenswert hohen Stand. Verfügten reichere Klöster über eigene Spitalbauten, so wird wohl den weitaus größten Umfang die offene Armenpflege ausgemacht haben. Im Zeitalter der Kreuzzüge beginnt eine neue Phase des Spitalwesens. Es trat aus seiner engen Verbindung mit Kloster und Stift heraus. Die Bevölkerungszunahme und der große Zulauf, den die Städte in jener Zeit verzeichneten, brachten neue Probleme der Massenarmut mit sich. Nur eine verstärkte Wohlfahrtspflege vermochte dem einigermaßen entgegenzusteuern. Die Kräfte der rein kirchlichen Anstalten reichten bei weitem nicht aus. Es waren damals vor allem die Bruderschaften sowie die ritterlichen und nichtritterlichen Spitalorden, die den Ruf aufnahmen. Ihre Motive lagen im religiösen Bereich. Auch sie verstanden die Pflege der Armen und Kranken als Dienst an Christus. Während von den Niederlassungen der Johanniter nur eine geringe Anzahl mit Spitälern verbunden war, zeigt die Reihe jener Deutschordenshäuser, denen ein Spital angegliedert war, eine »nicht unbeträchtliche Wirksamkeit des Ordens im Dienste anstaltlicher Wohlfahrtspflege«.[14] Und es entstanden nichtritterliche Spitalorden wie die Antoniter, Hospitaliter, Alexianer und der Heilig-Geist-Orden. Letzterer sei deswegen besonders erwähnt, weil sein Patrozinium von vielen, vor allem von bürgerlicher Seite ins Leben gerufenen Spitälern, übernommen wurde. Als das Spitalwesen der (Ritter)orden verfiel, entstand mit dem Aufblühen der Städte eine neue Spitalgründungswelle auf bürgerlicher bzw. weltlicher Initiative, die sich von der Mitte des 13. Jahrhunderts bis zum Beginn des 16. Jahrhunderts hinzog. Diese in knappen Zügen geschilderte Entwicklungslinie läßt sich – mit einer gewissen zeitlichen Verschiebung – auch im mainfränkischen Gebiet verfolgen.

2. *Die Spitäler im Bereich des Hochstifts Würzburg*

2.1 Stadt Würzburg

Verläßliche Quellen über das Spitalwesen im heutigen Unterfranken tauchen erst im 12. Jahrhundert auf. Und hier ist es Würzburg, das über die frühesten einschlägigen Belege verfügt.[15] Ihnen zufolge war das älteste urkundlich nachweisbare Spital das Margaretenspital gewesen. Bischof Emehard (1089–1105) unterstellte es dem Stephanskloster. Das geht aus einer Urkunde des Jahres 1120 hervor.[16] Das Spital bestand also bereits gegen Ende des 11. Jahrhunderts.[17] Wenngleich urkundliche Nachweise fehlen, darf man wohl das Margaretenspital als eine geistliche Gründung bezeichnen, die dem Geiste des hl. Benedikts verpflichtet war. Es lag in der Würzburger Vorstadt Sand dicht vor dem Stephanstor und bis um 1200 außerhalb der Fünfeckmauer der Stadt (Farbbild S. 445). Dem Margaretenspital war jedoch kein langes Wirken beschieden. Lediglich bis zum Beginn des 13. Jahrhunderts ist sein Bestand urkundlich gesichert.[18]

Nur wenig jünger ist das urkundlich 1144[19] bezeugte, von Dompropst Otto für sein Seelenheil aus eigenen Mitteln gestiftete Spital vor der bischöflichen Pfalz.[20] Im Jahre 1144 übertrug Bischof Embricho (1127–1146) das Spitalgrundstück dem Dompropst, vermehrte die Ausstattung der Anstalt durch weitere Liegenschaften und legte fest, daß ausschließlich dem Domdekan und dem Domkapitel gemeinsam die Verantwortung für das Spital obliege. Es diente der Versorgung der *pauperum peregrinorum sive hospitum,*[21] sein Siegelbild zeigte nicht ohne Grund zwei gekreuzte Pilgerstäbe. Im Jahre 1184 als *hospitale sancti Egidii* bezeichnet,[22] findet sich 1211 das Doppelpatrozinium *sancti Egidii et beati Theodrici;*[23] später wird nur noch vom Dietrichspital gesprochen. Ab der Mitte des 13. Jahrhunderts unterstand es dem Domdekan, das Domkapitel vergab die Pfründen und eine Bruderschaft aus Laien und Geistlichen kümmerte sich um die Insassen. Im Gegensatz zum ursprünglichen Zweck begegnet in der Folgezeit das zunehmende Bemühen der Geistlichkeit, vor allem des Domkapitels, dort die jeweils eigene Dienerschaft unterzubringen, was auf den Widerstand der Stadt stieß. Das Spital befand sich zwischen heutigem Marktplatz und Kürschnerhof, verkehrsmäßig günstig gelegen, da die Hauptverkehrsstraße im Mittelalter über Domstraße, Kürschnerhof und Eichhornstraße führte. Es ist ein sehr verführerischer, aber leider nicht nachweisbarer Gedankengang, daß dieses Spital die Stelle des – vermuteten – Domspitals eingenommen haben könnte.

Würzburg beherbergte im 12. Jahrhundert ein weiteres Spital: das Oswaldspital. Nicht eindeutig geklärt ist, von wem das Spital gegründet wurde.[24]

Es bestand spätestens 1190 und befand sich im Jahre 1215 im Besitz des Johanniterordens.[25] Das Spital lag wie das Margaretenspital bis etwa zum Jahre 1200 außerhalb der Fünfeckmauer. Sein Standort befand sich in der Nähe des Georgtores (etwa Kreuzung heutiger Augustinerstraße/Neubaustraße). Entsprechend den Ordensregeln wird wohl die Krankenpflege im Vordergrund spitälischer Aktivität gestanden haben. Im 13. Jahrhundert kommt die Bezeichnung St. Johanniterspital auf und gegen Ende dieses Jahrhunderts wird häufig vom St. Johannishaus (Johanniterhaus) gesprochen. Eine Urkunde von 1347[26] berichtet vom Johannisspital. In der Hohen Registratur des Magisters Lorenz Fries (1491–1550) ist es gleichfalls verzeichnet.[27] Wie lange sein segensreiches Wirken währte, ist nicht genau datierbar.

Das Bürgertum der im Spätmittelalter mächtig aufblühenden Städte überließ das Spitalwesen nicht mehr allein der Kirche. Durch zunehmende Finanzkraft und wachsende Bevölkerungszahlen erstarkte das städtische Selbstbewußtsein. Das Zeitalter des bürgerlichen Spitals war angebrochen. Kennzeichnend für diese Einrichtungen wurde, daß ihre Verwaltung in der Hand städtischer Organe lag und daß ihre Leistungen allein oder doch überwiegend den Bürgern der Stadt zugute kamen. Auch Würzburg bietet ein Beispiel dafür. Johann von (vom) Steren (de ariete) stiftete 1319 *vor dem Stadttor (porta civitatis), genannt Haugesburgtor, auf dem Platz versus monasterium sancte Afre* ein Spital zur Aufnahme von Siechen, das später Spital zum Heiligen Geist oder Bürgerspital genannt wurde. Die Errichtung des Hauses folgte der mittelalterlichen Gewohnheit, solche Anstalten gerne nahe bei stark benutzten Stadttoren zu erbauen. Das Haugesburgtor stand am Anfang der Eichhornstraße und damit an einem wichtigen Zugang zur Stadt. Der von Rimpar an Stift Haug vorbeiziehende Weg, der von Schweinfurt durch die Semmelstraße strömende Verkehr und die über Galgenberg und Rennweg von Nürnberg und Regensburg Anreisenden trafen sich hier und wurden in die Stadt geleitet.

Bischof Gottfried III. von Hohenlohe (1317–1322) bestätigte die Gründung. Er legte unter anderem fest, daß die Leitung und Verwaltung des Spitals und seines Vermögens in den Händen des Stifters und seines Sohnes sowie einer dritten von ihnen auszuwählenden Person liegen sollte. Bei Ausfall eines oder mehrerer dieser drei sollten die Fehlenden vom Rat der Würzburger Bürger als Nachfolger bestellt werden. Die drei Vorstände sollten außerdem vor dem Rat für das Spital Rechenschaft ablegen.[28]

An den vielfältigen Zustiftungen, die der Einrichtung in der Folgezeit zuteil wurden, kann man die große Sympathie ablesen, welche die Stiftung bei den Würzburger Bürgern genoß. Auf diese Weise gelangten zahlreiche Grundstücke, insbesondere Weinberge, aber auch Gefälle, Rechte und Ka-

pitalien in das Vermögen der Stiftung. Besonders bemerkenswert ist die Entscheidung der Brüder Rüdiger und Wolfram Teufel, die im Jahre 1340 aus ihrem Besitz das gesamte Dorf Laub dem Spital schenkten.[29]
Es dauerte knapp zwei Jahrhunderte, bis in Würzburg wieder ein Spital errichtet wurde. Der letzte Abt und erste Propst von St. Burkard, Johann von Allendorf, verfügte 1494 in seinem Testament die Gründung einer solchen Anstalt.[30] Es war dies die Geburtsstunde des Spitals ›Zu den 14 Nothelfern‹, das schon bald nach des Stifters Tod ins Leben gerufen wurde. 1498 konnten die ersten Insassen aufgenommen werden. Für zwölf Arme aus der Stadt war es bestimmt, auch durchziehende Pilger sollten dort Aufnahme finden. Die Oberaufsicht sollte einem Kanoniker von St. Burkard und einem Mitglied des Rates obliegen. Das Spital lag nahe am linksmainischen Brückenkopf der Alten Mainbrücke. Dies war vorher der Platz eines Hofes mit dem Namen ›Zum Schakan‹.[31]
Im folgenden sollen unter Begrenzung auf das Gebiet des heutigen Regierungsbezirkes Unterfranken die bis zum Jahre 1519 gegründeten Spitäler im gerafften Überblick aufgeführt werden.[32] Im wesentlichen sind damit fast das ganze Hochstift Würzburg, ferner Teile des Erzstiftes Mainz und der Reichsabtei Fulda sowie einige verstreut dazwischen liegende Territorien angesprochen. Für die territoriale Zuordnung wurde der jeweilige Gebietsstand des Jahres 1500 zugrunde gelegt. In dem vorgenannten Gebiet brachte vor allem die vom 14. bis zum beginnenden 16. Jahrhundert reichende Epoche eine ansehnliche Zahl von Spitalgründungen hervor. Viele von ihnen gingen auf bürgerliche Initiative zurück, einige verdankten ihr Entstehen adeligen Stiftern. Um den sozialen Bereich etwas weiter zu greifen, muß auch noch auf die zahlreichen im Lande ehedem befindlichen Siechenhäuser hingewiesen werden, die vornehmlich Leprosen und Syphilitikern zur Unterkunft dienten. Sie lagen regelmäßig außerhalb der Mauern und sollten durch Absonderung der Kranken weitere Ansteckungsgefahren bannen. Die Seelhäuser als Herberge für arme, alte Frauen und arbeitsunfähige Dienstboten bildeten eine soziale Ergänzung dazu. Schließlich sind noch die Beginen zu nennen, eine gottesfürchtige Vereinigung von Mädchen und Frauen, die ihr Leben der Frömmigkeit und der Nächstenliebe widmeten.

2.2 Auf dem Lande

Am nördlichen Rand des Hochstifts findet sich neben dem in diesem Zusammenhang nicht zu behandelnden Spital von Meiningen das Spital zu Mellrichstadt. Es verdankt seine Entstehung einer wohltätigen Stiftung der Elisabetha Ungemach und ihres Sohnes Gottfried. 1349 übergaben beide

einen Teil ihres Vermögens dem Rat der Stadt zur Errichtung einer Armenanstalt, für die Bischof Albrecht II. von Hohenlohe (1345–1372) im Jahr 1350 die Bestätigungsurkunde ausfertigte.[33] Über die Anfänge des Spitals zu Neustadt a. d. Saale ist nichts näheres bekannt. 1403 wird es erwähnt und 1430 erhält es die bischöfliche Konfirmationsurkunde. Es stand zwischen dem Spönleinstor und dem Brendbach, also vor der Stadt.[34] Münnerstadt besaß eine ähnliche Einrichtung, begründet vom Deutschen Orden und 1280 erstmals genannt. Leitung und Seelsorge des Spitals lagen zunächst in den Händen der Deutschordensherren. Im 14. Jahrhundert gelangte das Spital – anfänglich noch unter einem geistlichen Spitalmeister, später unter einem bürgerlichen – unter die Aufsicht des Rates der Stadt.[35] Königshofen i. Gr., nur rund 20 Kilometer östlich davon entfernt, sieht sein Spital in einer Zentbeschreibung des Jahres 1340 aufgeführt.[36] Möglicherweise geht es auf ein altes Siechenhaus zurück; es hatte seinen Standort – wie dieses – außerhalb der Stadt an der Straße nach Merkershausen.[37] In diesem Zusammenhang muß auch das wohl schon seit dem 12. Jahrhundert bestehende Klosterspital der Zisterzienserabtei Bildhausen erwähnt werden.[38] Es bot nicht nur Reisenden und Pilgern Aufnahme an, sondern besaß durch eine im Jahre 1354 erfolgte Schenkung des Ritters Heinrich von Königshofen und seiner Ehefrau Elisabeth auch vier Armenpfründen.[39] Finanziell besser gestellte Personen konnten sich als Pfründner einkaufen. Sie unterlagen dann der Jurisdiktion des Abtes und der Klosterzucht.[40]
Aus dem beginnenden 16. Jahrhundert stammt das Spital zu Geldersheim. Der 30 Jahre lang in Köln lebende Universitätsprofessor Valentin Engelhardt, ein gebürtiger Geldersheimer, rief es im Jahre 1516 ins Leben. Fürstbischof Lorenz von Bibra (1495–1519) sprach im gleichen Jahr die Bestätigung aus.[41] Engelhardt stellte Grund und Boden samt Haus für das Spital zur Verfügung und traf Regelungen über Aufnahme, Gedächtnisfeiern und Armenspeisung.
Am östlichen Rand des Hochstifts hatte in Ebern das dortige Bürgerehepaar Dietrich und Hedwig Waltmann ein Spital gegründet, das Bischof Albrecht II. von Hohenlohe im Jahre 1352 urkundlich bestätigte.[42] Der für den Bau gestiftete Grund und Boden lag außerhalb der Stadtmauer nahe dem Glaubensteinbrünnchen. Dietrich Waltmann stand der Stiftung als erster Spitalmeister vor. Das Gebäude wurde im Stadtbrand von 1430 vernichtet und anschließend »offenbar mehr schlecht als recht aufgebaut«.[43] Auch in Haßfurt gab es eine entsprechende Einrichtung, die wohl bereits vor der Mitte des 15. Jahrhunderts ihre Arbeit aufgenommen hatte.[44] Sie besitzt eine längere Vorgeschichte, die aber nicht befriedigend aufklärbar ist. Das Spitalgebäude entstand nach einer Steuerausschreibung des Jahres 1452[45] um die Jahrhundertmitte. Als Platz wählte man ein Grundstück au-

ßerhalb der Stadtmauern nahe bei der Ritterkapelle. In Gerolzhofen stifteten 1402 der ehemalige Schweinfurter Schultheiß Betz Rücker und seine Ehefrau Anna ein Spital. Dem in der Literatur immer wieder zu findenden Hinweis auf einen Vorgänger in der Form des Gerolzhöfer Siechenhauses hat Merzbacher ernsthafte Zweifel entgegengesetzt.[46] Nicht weit entfernt findet sich das Spital zu Dettelbach. Sein Stifter war Dr. Johann Horn, Dekan des Stifts Feuchtwangen und päpstlicher Abbreviator, dessen Vorfahren aus Dettelbach stammten. Papst Sixtus IV. bestätigte 1481 die Gründung. Der Bruder des Stifters, Dr. Matthias Horn, Domherr zu Brixen, vergrößerte die Einrichtung im Jahr 1533 durch testamentarische Überlassung seines Vermögens.[47] Im nahe gelegenen Iphofen errichtete im Jahre 1338 Bürgermeister Berthold Schurig mit Einwilligung der Äbtissin des Klosters zu Kitzingen ein Spital. Bischof Otto II. von Wolfskeel (1333–1345) erließ im gleichen Jahr die Bestätigungsurkunde.[48]
Im südlichen Bereich des Hochstifts wirkte das Spital zu Röttingen, eine Gründung von Hans Truchseß von Baldersheim und seiner Ehefrau Anna aus dem Jahre 1421/1422. Es steht zu vermuten, daß es eine Vorgängerstiftung gab.[49] Das Spital in Ochsenfurt wird im Jahre 1431 greifbar, als Ochsenfurter Bürger mit Zustimmung des Domkapitels darangingen, eine entsprechende Einrichtung zu schaffen. Es handelte sich dabei aber wohl nicht um einen Neubau, sondern um die Umgestaltung bereits vorhandener Gebäude, die nahe bei der heutigen Herz-Jesu-Kirche – und damit am Ortsrand – gelegen waren.[50] Eine Stiftungsurkunde über die Gründung selbst ist nicht vorhanden. In Heidingsfeld bestand – mutmaßlich aus dem Jahr 1381 – ein Spital. Seine Stifter bleiben unbekannt.[51] Im mainabwärts gelegenen Karlstadt[52] findet sich auch ein Haus für die Armen und Alten. Seine Wurzeln reichen in die Zeit zwischen 1356 bis 1369 zurück. Und schließlich ist noch Gemünden a. M. zu nennen. Dort hatten Graf Ludwig von Rieneck-Rothenfels und seine Gemahlin Adelheid von Hohenlohe im Jahre 1326 – wahrscheinlich außerhalb der Stadtmauern (prope Gemundiam) – ein Spital gegründet. Zur Ehre Gottes und der heiligen Jungfrau gaben sie ihm den Namen des heiligen Nikolaus.[53]

3. *Die Spitäler im übrigen, heute unterfränkischen Gebiet*

In Aschaffenburg unterhielt das Stift St. Peter und Alexander möglicherweise ein Spital. Gründungsdatum oder Urkunden sind freilich nicht überliefert. Aber in der Straße ›Neben der Großen Metzgergasse‹ haben sich Grundstücke gefunden, die dem Stiftsspital gedient haben könnten.[54] Etwa ab dem Jahre 1240 wurde das Gelände anderweitig benutzt. Es kam des-

halb zur Errichtung eines neuen Spitals außerhalb der Stadtmauern an der Mainbrücke, dem späteren Elisabethenspital. Aus dem Jahre 1285 stammt seine erste urkundliche Erwähnung, wobei unentschieden bleiben muß, ob Stadt und Stift gemeinsam die Gründer waren oder ob ein stiftisches Spital mit Unterstützung der Stadt erweitert wurde.[55] Es diente Pilgern, Reisenden und Kranken zur Unterkunft.[56]
Der Mainzer Erzbischof Peter von Aspelt (1305–1320) besaß eine besondere Vorliebe für Miltenberg. Wohl im Jahr 1310 rief er in der Stadt ein Spital ins Leben. In seinem 1319 niedergelegten Testament schenkte er 100 Mark Silber, um die Kranken im Spital versorgen zu können. Im Zusammenhang mit der Spitalerrichtung entstand auch die Spitalkapelle, die im 19. Jahrhundert abgebrochen wurde.[57]
Gründer und Gründungszeitpunkt des Spitals von Amorbach sind unbekannt. Der früheste Beleg für seine Existenz stammt aus dem Jahre 1322. Ein wohl niederadeliger Ebro und seine Schwester wurden damals als Insassen aufgenommen und das Kloster verpflichtete sich, für die Schenkung einer Mühle auf ewige Zeiten dem Spital aus dieser Mühle gewisse Reichnisse zu liefern. Das Spitalgebäude befand sich auf dem sogenannten Freihof. Dieser nördlich vor der Abtei gelegene Ort vermittelte seit dem Mittelalter den Zugang von der Stadt her zur Abteikirche.[58]
Das Spital in Neubrunn verdankt sein Entstehen adeligem Willen. Gräfin Elisabeth von Hohenlohe, eine geborene Gräfin von Wertheim, stiftete es wohl zwischen 1305 und 1311[59] und übergab es dem Deutschen Orden. Sie, die kinderlos und früh verwitwet war, schenkte fast ihr ganzes Vermögen an Kirche, Klöster und den Deutschen Orden. Im Jahre 1319 wurde das Spital von Neubrunn nach (Stadt)Prozelten verlegt. Dort hatte es inzwischen der Deutsche Orden verstanden, durch Schenkungen und Zukäufe seinen Grundbesitz entscheidend zu vergrößern. 1484 vertauschte er ihn an Kurmainz.
Das fuldische Hammelburg besaß etwa seit 1343 ein Spital. Wie es entstand, ist nicht weiter bekannt. Abt Heinrich von Hohenberg wird als Gründer genannt.[60] 1404 erhielt die Stiftung eine Spitalkapelle. Das Spitalareal liegt zentral im Ort nahe dem Marktplatz.[61]
Das Spital im rieneckischen Lohr a. M. geht auf adelige Initiative zurück. Graf Gerhard V. von Rieneck und seine Gemahlin Imagina (Mena) errichteten 1363 die Anstalt. Sie war am oberen Tor in der Nähe des alten Schlosses gelegen und sollte Kranken und Armen der Pfarrei Lohr dienen.[62] Schon 1365 erhielt sie eine eigene Kirche.
Auch im Spital zu Aub, das 1355 erstmals erwähnt wird, wirkte der Adel als Spitalstifter. Da eine Gründungsurkunde fehlt, können Gottfried II. († 1354) oder Gottfried III. von (Hohenlohe)-Brauneck als Fundatoren

der Auber Anstalt in Betracht kommen.[63] Im Jahre 1355 wurde die mit dem Spital verbundene Kaplanei von der Auber Pfarrei getrennt und mit Parochialrechten gegenüber den Angehörigen des Spitals ausgestattet. Das Spital hat aber wahrscheinlich bereits vorher bestanden. Es befand sich am Ortseingang neben der Gollachbrücke und besaß damit eine günstige Anlaufposition.

In der freien Reichsstadt Schweinfurt bestand seit dem ersten Drittel des 13. Jahrhunderts ein Siechenhaus. Die Gründung eines Spitals erfolgte in der ersten Hälfte oder vielleicht auch im ersten Drittel des 14. Jahrhunderts. 1364 führt es eine Urkunde als bereits bestehend auf. Das Hospital unterstand dem Patrozinium des Heiligen Geistes.[64] Zunächst vier, später zwei Ratsherren besaßen als Spitalmeister die Aufsicht über die Stiftung. Das Spitalgebäude entstand außerhalb der Stadtmauer, erst zwischen 1437 und 1442 wurde es in den schützenden Mauerring einbezogen. 1450 erbaute man eine Spitalkirche. Besonders wichtig für das wirtschaftliche Wohlergehen der Stiftung wurde der Erwerb des Deutschhofes, der 1519 erfolgte.

Und schließlich sind noch zwei Spitäler auf ehedem markgräflich brandenburgisch-ansbachischem Gebiet anzuführen. In Prichsenstadt[65] stiftete mit Urkunde vom 1. September 1443 Friedrich Schülein ein Seelhaus, in dem arme Leute Herberge und Wohnung finden sollten. Schülein stammte aus Prichsenstadt, war aber zum Zeitpunkt der Stiftungserrichtung Vikar bei St. Sebald in Nürnberg. Es entsprach der Intention des Stifters, daß sich die Einrichtung zu einem Spital entwickeln sollte. Das geschah auch in der Folgezeit. Er hatte ein Wohnhaus samt Scheune und verschiedenen Gärten, alles in der Nordwestecke der befestigten Vorstadt gelegen, angekauft und zur Verfügung gestellt. Dieses Anwesen führte den Namen Spitalhof.

Die Stadt Prichsenstadt übernahm den Schutz über die Einrichtung, eine Spitalkapelle, die den Patronen Sixtus, Agnes, Elisabeth und Martha geweiht war, wurde 1444 bischöflich bestätigt, und neun Jahre später gründete sich eine Bruderschaft im Spital, das in den folgenden Jahrhunderten als sozialer und wirtschaftlicher Faktor in Prichsenstadt eine bemerkenswerte Rolle spielen sollte.

Es bleibt noch das Spital in dem seit 1443 markgräflich brandenburgisch-ansbachischen Kitzingen zu nennen, das im Jahr 1344 von den Würzburger Brüdern Wolfram und Rüdiger Teufel, beide gebürtige Kitzinger (Farbbild S. 445), sowie vom Nürnberger Schultheiß Conrad Groß, dem Stifter des Nürnberger Heilig-Geist-Spitals, neu dotiert wurde.[66] Ungünstige wirtschaftliche Verhältnisse hinderten das Benediktinerinnenkloster Kitzingen, das alte Spital weiterzuführen. Die beiden Brüder Teufel kauften nun um 600 Pfund Heller vom Kloster den erforderlichen Platz für die Errichtung ihres Spitals. Dazu gehörte auch ein Teil der alten klösterlichen Anlage. Sie schenkten ferner Geldmittel und Liegenschaften als wirtschaftliche Grundlage des Betriebes. Conrad Groß verzichtete auf sein Recht, aus dem Klosterforst zu Kitzingen zehn Jahre lang Holz zu schlagen und trug so seinen Teil für die Neugründung bei.

4. *Gründung, Struktur und Wirkung der Spitäler*

Aussagen über Motive und Gründungsvorgang, über Struktur und Verwaltung sowie über diejenigen, die in den Spitälern Aufnahme fanden, sind für die Zeit des hohen und späten Mittelalters insofern erschwert, als nur wenig urkundliches Material überkommen ist, das Erkenntnisse zu diesem Punkt vermittelt. Die meisten Unterlagen stammen erst aus späterer Zeit. So muß man aus den wenigen Originalen auf ähnliche Verhältnisse bei den übrigen Spitälern schließen. Einiges allgemeine läßt sich gleichwohl festhalten, wobei die Ordensspitäler außer Betracht bleiben sollen.
Bei den Motiven, aus denen heraus sich jemand zur Errichtung eines Spitals entschloß, stehen bis zum Beginn der Neuzeit vornehmlich religiöse Erwägungen im Vordergrund. Das Gebot der Nächstenliebe, die Verheißung in der Bergpredigt, die Barmherzigen würden selbst Barmherzigkeit erlangen (Matth. 5,7) oder auch die Worte Christi zum reichen Jüngling (Mark. 10,21): *Geh hin, verkaufe alles, was Du hast, und gib es den Armen und Du wirst einen Schatz im Himmel haben* mögen als Beispiele genügen. Der Wunsch, etwas zu tun, um das ewige Seelenheil zu erlangen, läßt sich aus vielen alten Stiftungsbriefen entnehmen. Der Glaube an die sühnende Kraft der guten Werke hat häufig als Movens für eine Stiftung gewirkt. Auch die Dankbarkeit gegenüber einem wohlmeinenden Schicksal, die persönliche Verbundenheit zu einer Stadt bzw. Gemeinde und das Wachhalten des Andenkens der Nachgeborenen an den Stifter sind als Motive zu finden.
Das jeweilige Stiftungsgeschäft bedurfte zu seiner Wirksamkeit der Mitwirkung des Landesherrn und der kirchlichen Obrigkeit, d. h. des Bischofs und des Dekans des Domkapitels. Eine Reihe von Bestätigungsurkunden wie jene für Mellrichstadt oder Neustadt a. d. Saale zeigt dies. Damit kam die im römisch-kanonischen Recht festgelegte Verantwortlichkeit der Kirche bei der Stiftung von Spitälern zum Ausdruck. Beurkundet wird, was nach dem Willen des oder der Stifter als für die Entstehung und den Betrieb des Spitals maßgeblich sein soll.
Was die Verwaltung eines Spitals betrifft, so stand an der Spitze der Spitalleitung in der Regel ein Spitalmeister, der die Vertretung nach außen wahr-

nahm und dem die Verantwortung für den ordnungsgemäßen Betrieb im Inneren der Einrichtung oblag. Er wurde von mehreren barmherzig gesinnten Männern und Frauen, mit denen er in der Form einer Bruderschaft – zumeist nach der Augustinerregel – zusammenlebte, unterstützt. Die Entwicklung ging häufig dahin, daß an Stelle der vorstehend geschilderten Verfassung sich eine Verwaltung durch Pfleger etablierte und damit den Einfluß der Kirche stark einschränkte. Die Regel war dies bei kommunalen Gründungen. Hier kam dem Rat der Stadt die oberste Leitung und Aufsicht über das Spital zu. Pfleger, häufig Mitglieder des Rates, bildeten das verbindende Band zwischen ihm und dem vor Ort tätigen Spitalmeister oder Schaffner. Aber auch bei nichtkommunalen Stiftungen strebten die Städte danach, über die Einsetzung von Pflegern das Spital ihrem Einfluß- und Direktionsbereich einzufügen. Den Pflegern oblag es, gegenüber dem Rat der jeweiligen Stadt Rechenschaft abzulegen.

Die Zweckrichtung der Spitäler änderte sich im Laufe der Zeit. Dienten sie ursprünglich in erster Linie Pilgern, Armen, Waisen, Gebrechlichen und sonstwie Hilfsbedürftigen zur Unterkunft und Verpflegung, wobei sicherlich auch Kranke dort Zuflucht fanden, so trat dieser Zweck allmählich in den Hintergrund.[67] Der anfängliche Charakter als Herberge wandelte sich immer mehr zu einem ausschließlich oder doch überwiegend der Unterkunft von Pfründnern dienenden Haus. Damit wurde die Pfründe zum »Inbegriff der den Aufgenommenen vom Spital regelmäßig auf Dauer gewährten Reichnisse an Wohnung und Unterhalt«.[68] Eine soziale Differenzierung trat nun ein, indem man vielerorts Armenpfründen und Herrenpfründen unterschied. War erstere aus den Erträgen des Spitals erwirtschaftet, so mußten letztere erkauft werden. Hinzu kam, daß man den Einzugsbereich, also den Kreis derer, die in den Spitalgenuß kommen konnten, zunehmend einschränkte, ja in vielen Fällen auf die Bürger der jeweiligen Stadt begrenzte.

Die Anzahl der Insassen richtete sich gerne nach der Zahl der Apostel, 12 bzw. einem Teil oder auch einem Mehrfachen davon. Sie war jedoch letztlich abhängig von der finanziellen Leistungskraft der Anstalt und von der Höhe eventueller Zustiftungen. Da sich die Spitäler die Mittel für den laufenden Betrieb weitgehend selbst erwirtschaften mußten, schlug sich dies auch in der Zahl der Insassen nieder. Sie selbst lebten nach Klosterregeln ähnelnden Grundsätzen und bildeten eine religiöse Gemeinschaft. Ihr Streben galt einer guten Todesstunde und einem seligen Lebensende. Die seelsorgerische Betreuung – in der Regel durch Vikare der zuständigen Pfarrei – half ihnen dabei, wobei die jeweilige Spitalkapelle, über die viele Spitäler verfügten, eine elementare Bedeutung besaß.

Betrachtet man auf einer Landkarte die Verteilung der Spitäler in heutigen

Unterfranken, so ergeben sich gewisse Verdichtungen in den Räumen Iphofen, Dettelbach, Gerolzhofen, Prichsenstadt und Kitzingen sowie Mellrichstadt, Neustadt a.d. Saale, Münnerstadt (einschließlich Bildhausen), Geldersheim und Königshofen i.Gr., was aber sicherlich ein rein zufälliges Ergebnis darstellt. Die übrigen Spitäler lagen mehr oder minder gestreut. Ein Spital entstand eben dort, wo sich entsprechende kirchliche, landesherrliche oder bürgerliche Initiativen entfalteten und die erforderlichen Finanzmittel zur Verfügung stellten.

Das, was man heute als Soziales Netz bezeichnet, findet seine Wurzeln im 19. Jahrhundert. Die Bismarcksche Sozialgesetzgebung schuf die Basis für die Entwicklung einer Soziallandschaft, die inzwischen zu einer beinahe allumfassenden Daseinfürsorge des Staates ausgebaut wurde. In der Zeit des hohen und späten Mittelalters oblag die Sorge um die sozial Schwachen, um die Kranken und Armen in erster Linie der Familie, fiel diese aus, ging der Ruf an den der Nächstenliebe verpflichteten einzelnen und an die Kirche. Eine der Möglichkeiten, auf diesem Gebiet etwas zur Linderung der Not zu tun, war die Gründung von Spitälern. Ihnen fiel daher im sozialen Leben eine wichtige Rolle zu. Doch muß auch hinzugefügt werden, daß die Spitäler nur einem verschwindend geringen Prozentsatz der Bevölkerung zugute kamen und daher nicht geeignet waren, die sozialen Probleme in Stadt und Land entscheidend zu lindern.

Anmerkungen

1 Merzbacher, Das Spital im kanonischen Recht bis zum Tridentinum, S. 76.
2 Schönfeld, Die Xenodochien, S. 23.
3 Merzbacher, a. a. O., S. 81.
4 Reicke, Das deutsche Spital und sein Recht im Mittelalter, 1, S. 5.
5 Wie Anm. 1, S. 72.
6 Schönfeld, a. a. O., S. 9.
7 Reicke, a. a. O., S. 25.
8 Merzbacher, a. a. O., S. 81.
9 MG Conc. II, 1, S. 416.
10 Reicke, a. a. O., S. 27.
11 Benedicti Regula 53, 1 (zitiert nach Règle de Saint Benoît, Lat.-franz. Ausgabe, Edition du Centenaire, 1980).
12 Benedicti Regula 53, 15.
13 Benedicti Regula 36, 1.
14 Reicke, a. a. O., S. 117.
15 Vgl. Kolb, Stiftungen im Geiste wohltätigen Bürgersinns, S. 140ff.; dort die Anfänge und der Stand der Würzburger Stiftungen im Jahre 1979. Ferner Verzeichnis der Stiftungen in Würzburg.
16 UBSt 1, Nr. 81.
17 Eine auf das Jahr 1097 (UBSt 1, Nr. 12) datierende Urkunde, die Bischof Emehard als den Gründer des Spitals nennt, ist eine Fälschung, obgleich der Würzburger Offizial des Geist-

lichen Gerichts an der Roten Tür am 20. Juni 1394 (UBSt 2, Nr. 523) diese Urkunde von angeblich 1097 bestätigte.

[18] Urkunde von 1215 (UBSt 1, Nr. 229).

[19] MB 37, Nr. 92.

[20] Die 1140 für das Spital angeblich ausgestellte Urkunde (MB 37, Nr. 90) ist eine Fälschung.

[21] MB 37, Nr. 93.

[22] MB 37, Nr. 137.

[23] MB 37, Nr. 180.

[24] W. Schich, Würzburg im Mittelalter, 1977, S. 176 deutet auf eine Verbindung zu den benachbarten Ministerialen hin.

[25] BHStAM, Kaiserselekt 615. MB 30, 615, S. 34f.; vgl. auch Schich, a. a. O., S. 176 mit weiteren Nachweisen; Tenner, Die Ritterordensspitäler im süddeutschen Raum (Ballei Franken), S. 40ff., nimmt erst das 4. Jahrzehnt des 13. Jahrhunderts an. Den aktuellen Stand der Forschung stellt in diesem Bande Weiß, S. ⊠, Anm. 101 dar.

[26] W. Engel (Bearb.), Urkundenregesten zur Geschichte der Stadt Würzburg (1201–1401), QFW 5, 1952, Nr. 219.

[27] StAW, Standbuch 1012, S. 531 r; ebenso in der amtlichen Hochstiftsregistratur des Fürstbischofs Lorenz von Bibra (1495–1519), StAW, Lib. div. form. 24, S. 425.

[28] Wie Anm. 26, Nr. 102 (Urk. vom 23. Juni 1319); H. Zeller, Das Bürgerspital zum Hl. Geist in Würzburg, in: Lebensbilder Deutscher Stiftungen, 5, 1986, S. 217ff.; Otto Meyer, Bürgerspital Würzburg 1319 bis 1969, MainfrH 53, 1969.

[29] A. Franz, Alter und neuer Besitz des Würzburger Bürgerspitals vor dem Steigerwald, in: MainfrJb 12, 1960, S. 12ff.; 14, 1962, S. 154ff.

[30] Vgl. F. Merzbacher, Johann von Allendorf, Stiftspropst von St. Burkard und bischöflicher Kanzler, QFW 11, 1955, S. 85–98; H. W. Muth, Aus der Geschichte des Spitals ZU DEN VIERZEHN NOTHELFERN in Würzburg, in: Würzburg heute 35, 1983, S. 18ff.

[31] Weitere Schreibweise ›Zum Schacken‹. Um das Bild sozialer Aktivitäten abzurunden, sei abschließend noch auf die beiden Siechenhäuser vor dem Zeller Tor und vor dem Sander Tor sowie auf den 1252 erstmals erwähnten Wöllrieder Hof (Leprosenhaus) hingewiesen. Zu den beiden erstgenannten vgl. W. Schich, Würzburg im Mittelalter, 1977, S. 205 und S. 190. Eine Reihe von Pflegen wie die Küttenbaumpflege (1322), die Himmelkronenstiftung (1323), die Elisabethenhauspflege (1340), die Seelenhauspflege (1379), die Rock- und Schuhalmosenpflege (1416), die Brücknersche Stiftung (1515), die Gabrielspflege (1521) oder die Hohenzinnenpflege (1544) brachten zusätzliche Impulse im sozialen Bereich.

[32] Außerhalb des heutigen Unterfranken, aber noch innerhalb der Würzburger Diözesangrenzen um 1500 befanden sich die nachfolgenden Spitäler. Die Zusammenstellung basiert auf Wendehorst, Das Juliusspital in Würzburg, S. 5ff.: Fulda (Hl. Geist 1290; neues Spital 1451), außerhalb Schmalkalden (vor 1339), Geisa (vor 1429), Wasungen, außerhalb Schleusingen (1418), Altenrömhild (1456), Hildburghausen, außerhalb Seßlach, Heldburg (1497), Eisfeld (um 1500), Coburg (vor 1317), Neustadt/Aisch (nach 1300), Langenzenn (1382), Windsheim (1318), Rothenburg (Johanniterspital vor 1260, neues Spital um 1280), Uffenheim (1360), Mergentheim (1340), Tauberbischofsheim (Mainzer Erzdiözese), Wertheim (Mainzer Erzdiözese – vor 1359), Mosbach (1421), Crailsheim (1400), Weinsberg (1421), Heilbronn (1306), Schwäbisch Hall (1249), Reichardsroth (1182), Öhringen (1353), Unterlimpurg (1450).
Vgl. ergänzend StAW, Standbuch 1012, S. 531 r (Hohe Registratur des Magisters Lorenz Fries) und StAW, Lib. div. form. 24, S. 425 (amtliche Hochstiftsregistratur aus der Zeit von Fürstbischof Lorenz von Bibra).

[33] Michael Müller, Die Wohltätigkeits-Stiftungen zu Mellrichstadt, 1858, S. 4; Stiftungsurkunde dort abgedruckt S. 64; Bestätigung S. 65–68. Ferner W. Engel, Würzburger Urkundenregesten vor dem Jahr 1400, 1958, S. 76, Nr. 112.

[34] L. Benkert, Bad Neustadt an der Saale, 1985, S. 74ff.; DAW, S. 2, Bl. 55 v; A. Wendehorst, Das Archidiakonat Münnerstadt am Ende des Mittelalters, in: WDGBl 23, 1961, S. 18.

[35] N. Reininger, Münnerstadt und seine nächste Umgebung, 1852, S. 121 ff.; K. Dinklage, 15 Jahrhunderte Münnerstädter Geschichte, 1983, S. 72, 104 ff.

[36] J. Sperl, Stadt und Festung Königshofen i. Grabfeld, 1974, S. 26, 37.

[37] J. B. Rost, Versuch einer historisch-statistischen Beschreibung der Stadt und der ehemaligen Festung Königshofen, 1832, S. 83.

[38] Ergänzend sei auf die Zisterzienserklöster Bronnbach und Ebrach hingewiesen, die ebenfalls über Spitäler verfügten.

[39] H. Wagner, Regesten der Zisterzienserabtei Bildhausen 1158–1525, QFW 37, 1987, Nr. 303 (Urk. vom 22. Februar 1354).

[40] H. Wagner, Geschichte der Zisterzienserabtei Bildhausen im Mittelalter (– 1525), phil. Diss. Würzburg 1976, S. 125.

[41] M. Meissner, Valentin Engelhardt und seine Spitalstiftung, in: MainfrJb 20, 1968, S. 1–190.

[42] I. Maierhöfer, Ebern, Bild einer fränkischen Kleinstadt, 1980, S. 79 f., 108 ff.; H. Holzapfel, Die Caritas im mittelalterlichen Ebern, in: ZBKG 23, 1954, S. 1–4; Wendehorst, Das Archidiakonat Münnerstadt am Ende des Mittelalters, a. a. O., S. 34; K. Brinker, Stätte der Geborgenheit – das Pfründerspital Ebern, in: Fränkischer Heimat-Kalender 1977, S. 51 f.

[43] Maierhöfer, a. a. O., S. 79.

[44] N. Reininger, Die Marien- oder Ritterkapelle zu Haßfurt, in: AUFr 15/I, 1861, S. 8, der eine Urkunde von Martini 1452 aufführt; J. Kehl, Chronik von Haßfurt, 1948, S. 273–278; I. Maierhöfer, Haßfurter Inschriften, in: Stadt Haßfurt 1235–1985, 1985, S. 153 ff., 159.

[45] StAW, Gericht Haßfurt (Haßfurter Bürgerspital) 4/111, Bl. 28 ff.

[46] F. Merzbacher, Das spätmittelalterliche und frühneuzeitliche Spitalwesen in Gerolzhofen, in: Das Bürgerspital in Gerolzhofen, 1981, S. 7 f.; im übrigen F. Sixt, Chronik der Stadt Gerolzhofen, in: AUFr 35, 1892, S. 33–207.

[47] Bestätigung durch Fürstbischof Konrad IV. von Bibra 1540; J. I. Seidner, Urkundliche Nachrichten von der Stadt Dettelbach – Die geöffneten Archive 3, 1824, S. 39–41; M. Göbel, Dettelbach a. Main, 1912.

[48] DAW, S. 2, Bl. 74 v; G. Hojer, Ehemaliger Landkreis Scheinfeld, 1976, S. 130 ff.; A. Brombierstäudl, Iphofen, 1983, S. 223 ff.

[49] So M. Wieland, Röttingen, 1904, S. 40; ferner H. Bauer, Die Truchsesse von Baldersheim, in: AUFr 14/III, 1858, S. 129 ff., hier S. 159 Nr. 45 (= 1412), S. 165, Nr. 61 (= 1422); Ders., Die ältere Geschichte von Röttingen, in: AUFr 15/II und III, 1861, S. 357 ff., 369.

[50] Vgl. H. Hohe, Ein Beitrag zur Geschichte des Ochsenfurter Spitals, in: Beiträge zur Geschichte der Stadt Ochsenfurt, 1, 1986, S. 115 ff. Dort wird auch die Vorgeschichte in der Form eines Sondersiechenhauses bzw. eines Seelhauses dargestellt. Für die ältere Forschung sei auf J. B. Kestler, Beschreibung von Ochsenfurt, 1845, S. 290–298 und H. Karlinger, Bezirksamt Ochsenfurt (KDB), 1911, S. 156–162 verwiesen.

[51] J. N. Buchinger, Beiträge zur Geschichte der Stadt Heidingsfeld, in: AUFr 2/II, 1834, S. 1 ff., 42–47; J. B. Kestler, Beiträge zur Geschichte der Stadt Heidingsfeld, in: AUFr 3/III, 1836, S. 61 ff., 67–69.

[52] Für 1356 siehe Hohenlohisches UB 3, S. 665, Nr. 583 (3); für 1369 DAW, S. 2, Bl. 2 v; ferner J. Hoernes, Kurze historisch-topographische Beschreibung der Karlsburg und der Stadt Karlstadt, 1898, S. 58 ff.

[53] Hohenlohisches UB 2, S. 362, Nr. 7 (Urk. vom 14. November 1326).

[54] A. Grimm, Aschaffenburger Häuserbuch, 1985, S. 267, 279, 516; M. Stenger, 1000 Jahre Hospital in Aschaffenburg, in: Spessart 7, 1974, S. 29 f.

[55] R. Fischer, Aschaffenburg im Mittelalter, 1989, S. 265.

[56] W. Kaup, Die Leprakapelle in Aschaffenburg, in: Spessart 5, 1991, S. 3; M. Ebert, Das Medizinalwesen in Aschaffenburg und Umgebung unter bevorzugter Berücksichtigung des 19. Jahrhunderts, 1979, S. 57 ff. (weitere Literatur in Anm. 286 – S. 211).

[57] M. J. Wirth, Chronik der Stadt Miltenberg, 1890, S. 280, 332 f.; R. Vierengel, Miltenberg am Main, 1985, S. 89.

[58] R. Krebs, Das Kloster Amorbach im 14. und 15. Jahrhundert, in: Archiv für hessische Geschichte und Altertumskunde, N. F. VII, 1910, S. 227; Ders., Amorbach im Odenwald, 1923, S. 64. Für freundliche Unterstützung sei Herrn Dr. Friedrich Oswald, Amorbach, herzlich gedankt.

[59] K. H. Lampe, Die Entstehung der Deutsch-Ordens-Kommende Prozelten, in: WtJb 1955, S. 41; ferner Tenner, a. a. O., S. 49; D. Weiß, Die Geschichte der Deutschordens-Ballei Franken im Mittelalter (VGffG IX/39), 1991, S. 224–226, 331 f.

[60] Ph. J. Doell, Geschichtliche und statistische Nachrichten über die Stadt Hammelburg und Schloß Saaleck, 1873, S. 234 ff.

[61] H. Ullrich, Hammelburg, o.J., S. 81 f. In Brückenau entstand erst im 16. Jahrhundert ein Spital (freundliche Mitteilung von Herrn L. Rugel, Bad Brückenau).

[62] G. Gensthaler, Das Spital zu Lohr, in: Lohr a. Main 1333–1983, 1983, S. 137 ff.; ferner G. Höfling, Die Beschreibung der Stadt Lohr, 1835, S. 185 ff.

[63] Hohenlohisches UB 3, S. 150, Nr. 93 (Urk. vom 15. Januar 1357); J. Kühles, Beiträge zur Geschichte des Spitals in Aub, in: AUFr 21/I, 1871, S. 39–80; G. Menth, Stadt Aub, Baldersheim, Burgerroth, 1988, S. 44 ff.

[64] E. Saffert, Umb daz die werke der barmherzigkeit ... werden gemeret ..., 1970, S. 3 ff.; Ders., Vom Leprosenhaus zum Leopoldina-Krankenhaus, in: Leopoldina-Krankenhaus der Stadt Schweinfurt, 1981, S. 129 ff.; G. Adler, Das Hospital zum Heiligen Geist und sein Archiv, in: Schweinfurter Mainleite, 1984, S. 272 ff.; U. Knefelkamp, Die Heilig-Geist-Spitäler in den Reichsstädten, in: Reichsstädte in Franken, 2, 1987, S. 107 ff., 117.

[65] J. Arnholdt, Chronik des Städtchens Prichsenstadt, 1929 bzw. 1930/38, S. 26 ff.; G. Wöppel, Prichsenstadt im Wandel der Geschichte, in: Prichsenstadt, FS anläßlich des 600jährigen Stadt-Jubiläums 1367–1967, 1967, S. 1 ff., 14 f.; Ders., Prichsenstadt, Entwicklung und Struktur einer Kleinstadt in Franken, 1968, S. 104 ff.

[66] H. Link, Zur Geschichte des Kitzinger Spitals, in: WDGBl 18/19, 1957, S. 99–124; K. Arnold, Das Epitaph der Familie Teufel in der Eingangshalle des Landratsamtes Kitzingen (ungedr. Manuskript).

[67] Probst, Das Hospitalwesen im hohen und späten Mittelalter und die geistliche und gesellschaftliche Stellung des Kranken, S. 246 ff.

[68] Handwörterbuch zur Deutschen Rechtsgeschichte, 4, Sp. 1778.

Literatur (Auswahl)

Zu 1. Entstehung und Ausbreitung des Spitalwesens

H.-J. Becker, Spital, in: Handwörterbuch zur deutschen Rechtsgeschichte, 4, 1990, Sp. 1776 ff; D. Jetter, Geschichte des Hospitals, 1, Westdeutschland von den Anfängen bis 1850, in: Sudhoffs Archiv, Beiheft 5, 1966; H. Liermann, Handbuch des Stiftungsrechts, 1, Geschichte des Stiftungsrechts, 1963; U. Lindgren, Hospital, in: LexMA, 5, 1990, Sp. 133 ff; F. Merzbacher, Das Spital im kanonischen Recht bis zum Tridentinum, in: Archiv für kathol. Kirchenrecht, 148, 1979, S. 72 ff.; A. Mitterwieser, Geschichte der Stiftungen und des Stiftungsrecht in Bayern, in: Forschungen zur Geschichte Bayerns, 13, 1905, S. 166 ff. (Teil I und II) und 14, 1906, S. 41 ff. bzw. S. 192 ff. (Teil III und IV); S. Reicke, Das deutsche Spital und sein Recht im Mittelalter, 1. Teil: Das deutsche Spital. Geschichte und Gestalt, in: Kirchenrechtliche Abhandlungen 111./112., 1932, und 2. Teil, Das deutsche Spitalrecht, a. a. O., 113./114., (1932); W. Schönfeld, Die Xenodochien in Italien und Frankreich im frühen Mittelalter, in: ZRG KA, 43, 1922, S. 1 ff; A. Wendehorst, Hospital, in: Theologische Realenzyklopädie, 15, 1986, S. 600 ff.

Zu 2. Die Spitäler im Bereich des Hochstifts Würzburg und zu 3. Die Spitäler im übrigen, heute unterfränkischen Gebiet

P. Kolb, Stiftungen im Geiste wohltätigen Bürgersinns, in: H. Otremba/ B. Rottenbach (Hgg.), 15 Jahrhunderte Würzburg, 1979, S. 140ff.; J. Schott, Aus der Geschichte der Caritas im Bistum Würzburg, in: Totnan der Diakon und seine Nachfolger im Bistum Würzburg, eine Geschichte der Caritas unserer Diözese (Sonderdrucke aus den Caritaskalendern 1959–1961), 1960, S. 1ff.; Ch. Tenner, Die Ritterordensspitäler im süddeutschen Raum (Ballei Franken), 1969; Verzeichnis der Stiftungen in Würzburg, die unter städtischer Verwaltung stehen, hg. vom Stiftungsreferat der Stadt Würzburg, 1965; A. Wendehorst, Das Juliusspital in Würzburg, 1, Kulturgeschichte, 1976, S. 5ff.

Zu 4. Gründung, Struktur und Wirkung der Spitäler

Neben den zu 1. Genannten: Ch. Probst, Das Hospitalwesen im hohen und späten Mittelalter und die geistliche und gesellschaftliche Stellung des Kranken, in: Sudhoffs Archiv 50, 1966, S. 246f.

Karlheinz Müller

Bildungsrang und Spiritualität der Würzburger Juden

Wer dem Niveau und der Organisation der jüdischen Bildung in Würzburg während des Mittelalters nachspüren will, muß zuerst erklären, worum es dabei unterscheidbar geht. Denn die Voraussetzungen einer solchen Erkundung sind durchaus besondere. Sie betreffen zunächst weniger das Problem der Quellen, als vielmehr den gänzlich aus dem Rahmen fallenden Begriff von Bildung, wie ihn das Judentum seit der Antike grundsätzlich bedachte und mit zunehmender Beharrlichkeit innerhalb seiner weltweit siedelnden Ortsgemeinden realisierte. Das macht einige Vorbemerkungen unverzichtbar. Sie halten das Thema keineswegs auf, sondern führen unverzüglich an das theologische Geländer heran, dem sich während des Mittelalters das jüdische Leben entlangtastet und dessen Beschreibung deshalb auch nicht fehlen darf, wenn es zu einem wirklichen Verstehen der zugehörigen Bildungsambitionen kommen soll.

1. *Vorbemerkungen zur »Lerngesellschaft Israel«*[1] *im Mittelalter*

Etwas von den ungewöhnlichen und auffallenden Vorstellungen, welche die mittelalterlichen Juden mit dem Begriff der Bildung und mit deren intellektuellem Umfeld verbanden, läßt sich schnell an einem ›Minhag‹[2] ablesen, von dem der sogenannte ›Machsor Vitry‹ zu berichten weiß. Dieses maßgebende Buch wurde von dem Rabbiner Simcha ben Schmuel aus Vitry am Ende des 11. Jahrhunderts verfaßt. Es ist darum bemüht, die Gesetze, Bräuche und Gebete zusammenzuführen, die an den Feiertagen eines liturgischen Jahres in den nordfranzösischen und deutschen Gemeinden absolviert zu werden pflegten. Und es kann kaum zweifelhaft sein, daß auch die Juden Würzburgs gewohnt waren, sich in den Bahnen zu bewegen, die der ›Machsor Vitry‹ festhielt.[3] Dort wird unter anderem die Anweisung gegeben: *Nur wenige Zeit nach der Beschneidung* (die am achten Tag nach der Geburt eines Knaben vorgenommen wurde[4]) *versammelt man* (im Haus der Eltern) *zehn Männer* (wie bei jedem öffentlichen Gottesdienst) *und legt einen ›Chumasch‹* (der die 54 Leseabschnitte der ersten fünf Bücher aus der Bibel enthält)[5] *auf das Kind. Dann spricht man den Wunsch aus, daß der* (Knabe) *all das beobachten möge, was in diesem* (Buch) *geschrieben steht.*

1.1 Die ›schriftliche Tora‹ und die ›mündliche Tora‹

Die Zeremonie markiert eindrucksvoll die grundlegende jüdische Einstellung zu dem Buch par excellence, an das sich die Bildung ebenso wie die Bildungsideale der mittelalterlichen Juden (in Nordfrankreich und Deutschland) so gut wie ausschließlich anklammern: es ist die ›schriftliche Tora‹, um die es dabei geht – die eigentliche Offenbarungsurkunde des Judentums, wie sie im hebräischen Pentateuch vorliegt. Ihr wurde zu allen Zeiten jüdischer Geschichte ein Vorrang gegenüber den übrigen Schriften der Bibel zugebilligt. Denn sie enthält die 613 Gebote und Verbote vom Sinai, auf die das Leben und Überleben des gläubigen Juden ein für allemal angewiesen bleibt.[6]

Aber dieses Leben hat endlos verschiedene Facetten und es bewegt sich unablässig. Deshalb kam es stets darauf an, den von der ›schriftlichen Tora‹ verheißenen Nutzen eines erfolgreichen Lebens in jedem geschichtlichen Verhältnis neu zu erproben, in das Juden eintraten. Die sich wandelnden historischen und politischen Umstände verlangten eine ständige und begründbare Anwendung der als Autorität schlechthin anerkannten ›schriftlichen Tora‹ auf die Wechselfälle des alltäglich verziehenden Lebens. Und es war diese Aufgabe, die jene vielschichtige Bewegung auf den Weg brachte, die wie nichts anderes das Judentum bis heute kennzeichnet und unterscheidet: die ›mündliche Tora‹. Ihr fiel es durch die Jahrhunderte hindurch zu, die profanen und vor Ort gemachten Lebenserfahrungen in das allmählich zu riesigen Ausmaßen emporwachsende compendium jener Leitbilder und Maßstäbe zu überführen, dem die Juden schließlich die ›Halacha‹ abgewannen – die aktuell gültige ›Regel‹ des Verhaltens, die sie der ›schriftlichen Tora‹ gleichrangig an die Seite stellten.

Diesem bemerkenswert offenen Modell der Offenbarung entsprach es, daß der Schriftgelehrte – oder wie der Talmud ihn immer wieder mit terminologischem Ehrgeiz nennt: der ›Schüler eines Weisen‹ – zur überragenden Figur in der jüdischen Gesellschaft wurde. Er arbeitet nicht nur die Implikationen und Weiterungen der ›schriftlichen Tora‹ heraus. Und er beherrscht nicht nur die Kunst, deren heiligen Text zu lesen und zu interpretieren. Sondern er ist auch der Lehrer der Gemeinde, der den Text der ›schriftlichen Tora‹ auf die zeitgenössischen Begebenheiten und Bedürfnisse zuarbeitet: der Schriftgelehrte ist der Beweger der ›mündlichen Tora‹ und deren unverzichtbares Gegenstück. Denn in seiner Zuständigkeit liegt es, die ›mündliche Tora‹ mit der ›schriftlichen Tora‹ im Einklang zu halten. Dabei wird seine Kompetenz nicht an seiner Fähigkeit gemessen, Originalität zu beweisen, indem er Noch-Nie-Dagewesenes vorträgt. Vielmehr kommt es darauf an, daß er in der Lage ist, seine Entscheidungen nachprüfbar dem überlieferten corpus der ›mündlichen Tora‹ zuzuschalten und auf ihren Gleisen den modernen Bezug der ›schriftlichen Tora‹ auf das eigene Zeitalter zu gewährleisten. Er ist somit derjenige, der in den Formen und Möglichkeiten des ›Kommentars‹ nach den Wegen des jüdischen Lebens forscht. Was er derart abzuleiten und mehrheitsfähig zu sagen versteht, genießt die volle Würde der Offenbarung. *Alles was der scharfsinnige Schüler eines Weisen jemals vor seinem Lehrer vortragen wird, ist bereits dem Mose auf dem Sinai verkündigt worden,* heißt es lapidar und exemplarisch im Midrasch Tanchuma aus dem fünften Jahrhundert.[7]

1.2 Das ›Studium der Tora‹ als höchster religiöser Wert für alle

Und genau an dieser Stelle gerät dann das Unterscheidende und Besondere in den Blick, das den jüdischen Begriff der Bildung (und der Erziehung) nicht erst seit dem Mittelalter auszeichnet. Denn der Beruf des Schriftgelehrten, der sich so nahtlos mit der Offenheit und Beweglichkeit der spezifisch jüdischen Vorstellung von den Wegen der Offenbarung verbindet, geriet schon im Altertum zum Muster der Erziehung schlechthin und zum Ideal der Bildung für alle Juden. Seit der Zerstörung Jerusalems durch die Römer im Jahre 70 und seit dem Verlust des dortigen Zentralheiligtums wurde das ununterbrochene ›Lernen‹[8] des Schriftgelehrten zum verpflichtenden Exempel für die gesamte ecclesia Israel emporgehoben. Schon in der ›Mischna‹ – in der ältesten Kodifikation der ›Halacha‹ aus dem beginnenden dritten Jahrhundert[9] – kann man den Satz lesen: *Es sind folgende Dinge, deren Früchte der Mensch bereits in dieser Welt genießen darf, deren Ertrag ihm jedoch auch in der kommenden Welt erhalten bleibt: Ehrerbietung gegenüber den Eltern, Wohltätigkeit und Frieden-Schaffen unter den Mitmenschen. Aber das Studium der* (›schriftlichen‹ und ›mündlichen‹) *Tora übertrifft sie alle* (Pea 1,1). Demzufolge ist das ›Studium der Tora‹ das wichtigste aller Gebote. Und man darf keineswegs übersehen, daß damit eine rein intellektuelle Beschäftigung in die Skala der höchsten Werte des Judentums einrückt. *Eine unwissende Person kann nicht fromm sein,* entschieden in solchen Zusammenhängen bereits die anonymen Verfasser des Traktats mit den ›Sprüchen der Väter‹ (2,5), der um 300 der ›Mischna‹ hinzugefügt worden sein dürfte.[10] Noch deutlicher und grundsätzlicher spricht sich darüber allerdings Mosche ben Maimon aus – der unbestritten bedeutendste Gelehrte der Juden im Mittelalter (1135–1204): *Jeder in Israel ist verpflichtet, die Tora zu studieren.* (Dabei ist es gleichgültig) *ob er arm ist*

oder reich, ob er körperlich gesund ist oder Schwierigkeiten (mit seiner Gesundheit) *hat, ob er ein junger Mann ist oder ein älterer* (Mann), *dessen Kraft sich* (bereits) *verringert hat. Sogar ein armer Mann, der von der Wohltätigkeit lebt und* (gezwungen ist) *an den Türen zu betteln,* (ja, selbst wenn er dazu noch) *verheiratet und Vater von Kindern ist – auch er bleibt verpflichtet, eine feste Zeit einzurichten, um die Tora ›Tag und Nacht‹ zu studieren. Denn es heißt: ›Du sollst über sie nachsinnen Tag und Nacht‹* (Josua 1,8).[11] Und von Mosche ben Maimon stammt auch der viel zitierte Satz, der den Vorrang des Studiums im mittelalterlichen Judentum vor allen anderen spirituellen und religiösen Werten mit kaum noch überbietbarer Prägnanz zur Sprache bringt: *Wenn der Mensch vor dem Gericht* (Gottes) *steht, wird es zuerst um sein Studium gehen. Erst dann* (werden) *seine übrigen* (Taten) *verhandelt*[12].
Unter solchen Voraussetzungen organisierten alle jüdischen Gemeinden des Mittelalters den wesentlichen Teil ihres Innenlebens um das ›Studium der Tora‹. Und nach Möglichkeit suchten sie aus jeder ihrer Siedlungen *eine große Stadt von Weisen und Schriftgelehrten*[13] zu machen, wo das ununterbrochene ›Lernen‹ den eigentlich bestimmenden Rahmen des Lebens auslegte. Zum einen dadurch, daß dieses ›Lernen‹ eine Distanz nach außen schuf. Denn in seiner tief religiösen Substanz und in seinen Bildungsqualitäten konnte es von der jeweiligen nichtjüdischen Umwelt schon deswegen nicht registriert und eingeschätzt werden, weil es sich entlang den Richtlinien der hebräischen und der aramäischen Grammatik vollzog. Zum anderen: dasselbe ›Lernen‹ vermaß auch den gesellschaftlichen Rang des einzelnen Juden innerhalb seines angestammten jüdischen Umfeldes. Denn in einer *großen Stadt von Weisen und Schriftgelehrten* waren es nicht der Reiche und der Arme, die das gesellschaftliche Gefälle ausrichteten, sondern der ›Lernende‹ und der sich dem ›Lernen‹ mehr oder weniger Entziehende. Das alles machte die mittelalterlichen Niederlassungen der Juden im allgemeinen zu ›Lerngesellschaften‹, die sich zwar um eine berechenbare gemeinsame Grenze zu den Nichtjuden bemühten, sonst aber ihre Energien mit Vorzug jener Art von Bildung zuwandten, die sich aus dem Studium der jüdischen Traditionsliteratur gewinnen ließ. Zuerst aus der Bibel und aus der endlosen Reihe ihrer jüdischen Kommentatoren. Dann aber vor allem aus dem (babylonischen) Talmud[14] – dem vorgeordneten Werk der ›mündlichen Tora‹, jenem Meer ohne Horizont, in dem der Jude zu ›lernen‹ vermochte, daß das sachgemäße und methodisch bewußte Fragen nach den Wegen des Lebens wichtiger war als die bislang gegebenen Antworten.[15]
So gesehen gehören ›Bildung‹ und ›Bildungseinrichtungen‹ zu den bevorzugten und normativen Daten der jüdischen Überlieferung. Wo immer sie siedelten – die Juden führten stets ein längst institutionalisiertes und hoch

differenziertes ›Lern‹-System mit sich, das reproduktive Phasen ebenso umfaßte wie produktive Faktoren und das seit der Antike den (männlichen) Analphabeten faktisch nicht zuließ.[16] Auf einer solchen Höhe des allgemeinen jüdischen Bildungsanspruchs richteten die Juden auch die Maßstäbe ein, nach denen sie das Ansehen ihrer Siedlungen bemaßen: der innerjüdische Ruf einer Stadt, in der Juden sich niedergelassen hatten, hing im Mittelalter maßgeblich davon ab, inwiefern es dort gelang durch den Aufbau von Schulen[17] und durch die Verpflichtung renommierter Gelehrter dem Idealbild eines ›Tora‹-Zentrums möglichst nahezukommen.

1.3 Die hebräischen Quellen

Das alles hat eine einschneidende Beschränkung zur Folge. Der Bildungsrang einer jüdischen Gemeinde im Mittelalter kann nur innerjüdisch vermessen werden: nur aus den zeitgenössischen hebräischen Quellen lassen sich die einschlägigen Wertungen ablesen, die das geistige Profil einer Ansiedlung der Juden auf sich zog. Denn gerade die Ausschließlichkeit, mit der sich die jüdischen Bildungsanstrengungen um den ›Talmud Torah‹ – um das ›Lernen der (›schriftlichen‹ und ›mündlichen‹) Tora‹ bemühten, unterschied sie von ihrer jeweiligen christlichen Umwelt. Für die nichtjüdischen Mehrheiten waren die Bildungsbestrebungen der Juden weder an ihrem theologischen Drehmoment noch in ihren Zielen durchschaubar. Und höchstens, wenn es um den Erwerb oder den Bestand von zugehörigen Gebäuden ging, schlug sich das Bildungsanliegen einer jüdischen Gemeinde in den lateinischen oder deutschen Urkunden einer mittelalterlichen Stadtverwaltung nieder. So wie in Würzburg, wo in den zwei Jahrhunderten, in deren Verlauf die Juden ihr höchstes Bildungsniveau im Mittelalter erreichten – zwischen den beiden Pogromen von 1147 und 1349 – nur einmal von einer *schola Judaeorum*[18] und dann noch einmal von den *scholae*[19] der Juden die Rede geht. Wobei jene ›Schulen‹ mit Gewißheit die Synagoge(n) meinen, die keineswegs nur als Bildungsstätten verwendet zu werden pflegten. Das aber heißt, daß in den nichthebräischen Quellen der zentrale Innenraum des Würzburger Judentums während des gesamten Mittelalters völlig außer Acht bleibt.
Die hebräischen Quellen jedoch, auf die somit alles ankommt, sind nur schwer zugänglich. Und bis zur Stunde fehlt im Falle Würzburgs ihre umfassende Sammlung sowie ihre ausführliche Übersetzung und kritische Vorführung. Nur in wichtigen Anfängen ist diese vordringliche Aufgabe bislang in Angriff genommen worden.[20] Da es jedoch jüdische Historiker waren, die sich an die ersten und maßgebenden Gesamtdarstellungen der mittelalterlichen Geschichte der Juden in Würzburg machten, wurden die

nur innerjüdisch absehbaren und lediglich auf der hebräischen Sprachschiene zugänglichen Aspekte der Entwicklung keinesfalls ausgespart. Und das heißt: schon in diesen ersten und noch unvollständigen Versuchen wird Würzburg als eine der Hochburgen jüdischer Bildung im Mittelalter erkennbar.[21]

2. *Die Situation nach dem Fund der jüdischen Grabsteine in der Würzburger ›Pleich‹*

Seit Januar 1987 haben sich die Voraussetzungen für die Erforschung der mittelalterlichen Judengemeinde Würzburgs und ihres Bildungsniveaus einschneidend verändert. Denn beim Abriß des Gebäudes der sogenannten ›Landelektra‹ im Stadtteil Pleich kamen 1495 jüdische Grabsteine und Grabsteinfragmente zutage, deren Daten sich von der ersten Hälfte des 12. bis zur ersten Hälfte des 14. Jahrhunderts erstrecken. Näherhin stammt der älteste geborgene Grabstein, der in der Statistik der Würzburger Universität die Nummer 1481 (Abb. S. 380) trägt, aus dem Jahr 1154. Während der jüngste Stein (mit der Nummer 1480) das Jahr 1347 ausweist. Der Fund deckt somit exakt die beiden Jahrhunderte ab, in denen die jüdische Gemeinde Würzburgs schon nach dem Urteil der älteren Forschung ihr »goldenes Zeitalter« der Bildung und Forschung erreichte.[22]
Die ›Judensteine aus der Pleich‹ verbessern entscheidend die Chancen der Forschung. Denn bislang war es lediglich das Stichwort ›Würzburg‹, das eine dünne Spur in das hebräische Schrifttum erschloß. Und mehr noch: bisher war die Geschichte der Juden im mittelalterlichen Würzburg vorwiegend aus den lateinischen oder deutschsprachigen Urkunden zu erfahren gewesen.[23] Diese Dokumente betreffen häufig den Besitz der Juden in jenem Halbkreis, der zwischen dem Rathaus und der Marienkapelle um den Grünen Markt herumführt. Zum anderen zeigen sie sich mit Verordnungen befaßt. In jedem Fall spiegelt sich in ihnen die Einstellung und das Diktat der christlichen Mehrheit – und sie zeigen die jüdischen Anstrengungen zur Anpassung an die christliche Macht in der Stadt. Dementsprechend erscheinen die Juden auf ihnen unter ihren bürgerlichen Namen, die oft genug einen verstümmelten oder provisorischen Eindruck hinterlassen und zuweilen auch zu erkennen geben, daß man die bürgerliche Identität nur der Umstände halber in Kauf nahm, um unter ihrem leidlichen Schutz ein Leben als Jude führen zu können.[24] Auf solchen Urkunden heißen die Juden Würzburgs Minnemann und Alexander Süßkind, Biscop de Rothenburg, Elegastus, Falko, Frumann oder Fyvelmann de Uffenheim.[25] Dagegen steht auf den Grabsteinen aus der Pleich immer der hebräische Name,

Grabstein aus dem Jahre 1154 (Fund in der Würzburger ›Pleich‹).

den die einzelne Jüdin und der einzelne Jude seit ihrer Geburt in ihrer jüdischen Umgebung und in der Synagoge führten – stets verbunden mit einer wenigstens einlinigen Genealogie, in der sich bewußt und mit Stolz die Ungebrochenheit der jüdischen Herkunft zur Sprache bringen will.
Damit aber erschließen die Steine einen direkten Zugang zum hebräischen Schrifttum. Es wird erstmals möglich, über einen breiten Korridor zur hebräischen Innenseite des mittelalterlichen Judentums vorzudringen und dort das intellektuelle Image zu erkunden, das die Juden Würzburgs innerhalb der europäischen Judenheit beanspruchten und de facto auch ausfüllten.

3. *Neue Hinweise auf die Gründer*

Zunächst bieten die hebräischen Inschriften auf den Grabsteinen Code-Worte an, die neue Erkenntnisse über die Gründung der jüdischen Gemeinde in Würzburg zulassen.

So war längst klar, daß die älteste Nachricht über die Würzburger Juden aus dem ›Sefär Sechira‹ – dem ›Buch der Erinnerung‹ kommt, in dem Efrajim ben Jaaqov die Leiden der Juden während des zweiten Kreuzzugs dokumentiert.[26] Dort heißt es unter anderem: *Es war am 22. Tag des Monats Adar* (= 24.2.1147). *Da erhoben sich Übeltäter gegen die* (jüdische) *Gemeinde in Würzburg. Alle anderen* (jüdischen) *Gemeinden waren bereits in die Burgen und Festungen entkommen. Die* (Würzburger Juden) *jedoch dachten, daß sie in Frieden weiterleben könnten. Aber siehe, es kam nur Kummer und nichts als Vernichtung über Vernichtung. Und siehe, man erhob falsche Anschuldigungen – lügenhaft und hinterlistig –, um über sie* (die Juden) *mit aller Härte herfallen zu können. Man sagte: ›Wir haben im Fluß einen Nichtjuden gefunden, den ihr umgebracht und in den Fluß geworfen habt. Aber er ist ein Heiliger unter uns geworden – und siehe, er tut Wunder‹. Darauf erhoben sich die Ungebildeten und der ganze Pöbel. Sie freuten sich über diese Erfindung und erschlugen sie* (die Juden). *Der heilige Rabbiner Jizchaq, der Sohn unseres Rabbiners Eljaqim, ein demütiger, sanftmütiger, abgeklärter und angenehmer Mann, wurde damals ermordet, während er über seinem Buch saß. Und mit ihm noch weitere 21 Personen. Und unter ihnen befand sich dort auch ein hebräischer Knabe, ein anständiger Schüler des Rabbiners Schim'on ben Jizchaq. Es wurden ihm 20 Verletzungen zugefügt, aber er lebte noch ein volles Jahr.*[27]

An diesem Bericht sind bislang zwei Dinge beinahe oder ganz übersehen worden. Kaum bemerkt wurde der auffallende Nachdruck, mit dem der Verfasser an erster Stelle die Rabbiner und deren Schüler nennt, die während des Massakers im Jahre 1147 zu Tode kamen. Hier findet Efrajim ben Jaaqov offensichtlich den Schwerpunkt seiner Verlustmeldung: der Anteil der Gelehrten war hoch, und vor allem, sie wurden aus ihren Studien heraus in den Tod gerissen. Die Wertskala dieses jüdischen Chronisten entspricht somit ohne Frage der am ›Studium der Tora‹ ausgerichteten rabbinischen Norm. Und die Verhältnisse in Würzburg entsprachen nach seiner Meinung einer solchen Vorgabe: bereits für das Jahr 1147 wertete er in seiner späteren Berichterstattung Würzburg als eine Stadt, unter deren jüdischer Bevölkerung sich eine beträchtliche Anzahl von Rabbinern fand, die sich mit ihren Schülern um den ›Limmud‹ – das ununterbrochene ›Lernen‹ mühten.

Völlig außer Betracht blieb dabei jedoch ein anderer Umstand. Der Verfasser des ›Sefär Sechira‹ ist nämlich selbst ein herausragender Gelehrter und

Grabstein aus dem Jahre 1154 (Detail).

Schüler eines ebenfalls prominenten Rabbiners, des Rabbi Joel ben Jizchaq hal-Levi (1115?–1200). Und er wurde dessen Nachfolger in der Führung des Rabbinatsgerichts, als dieser Bonn verließ.[28] Sein Lehrer Rabbi Joel wiederum war schon lange vor seiner Bonner Tätigkeit ein bekannter Talmud-Lehrer in Mainz gewesen, wo er offenkundig mit seinem Schüler Efrajim erstmals zusammentraf.[29] Bemerkenswert ist dann allerdings, daß es vor Mainz und Bonn noch eine dritte Stadt gibt, welche die beiden einflußreichen Rabbiner miteinander verbindet. Denn Joel ben Jizchaq hal-Levi führt mit Efraajim ben Jaqov einen langwierigen halachischen Disput über einen Konvertiten aus Würzburg, mit dem er befreundet war und dem er erlaubt hatte, als öffentlicher Vorbeter in der Würzburger Synagoge zu fungieren.[30] Rabbi Joel verbrachte demnach vor Mainz und Bonn auch eine längere Zeit in Würzburg und hatte dort Anteil an der Führung der Gemeinde. Denn er entschied Streitfälle vor Ort.

Und hier ist es dann auch, wo der Grabstein mit der Nummer 1481 einen wichtigen Informationskanal eröffnet. Wie gesagt: er ist der älteste Stein aus dem Fund. Und die Frau Channah, an die er erinnert, starb im Jahre 1154 bei der Geburt eines Kindes – somit nur sieben Jahre nach der Einrichtung des jüdischen Friedhofs im *Garten des Bischofs*, über die Efrajim ben Jaaqov gleichfalls in seinem ›Sefär Sechira‹ Auskunft gibt.[31] Die eigentlich wichtige Nachricht des Grabmals hängt indessen am letzten Wort seiner fünften Zeile (Abb. S. 382). Bis dorthin heißt es:

1 ביגון
2 בעט חקוק בצור חוצף
3 לראש מהוללת מרת חנה
4 אשת]ו לרבינו ר֗ יואל . נין הקחת
5 בנו] למומונא : בתו לרבינו אבן

1 *In Trauer*
2 *wurde mit dem Meißel in den Felsen eingehauen, der aufgestellt wurde*
3 *zuhäupten der geehrten Frau Channah,*
4 *der Frau unseres Meisters, des Rabbiners Joel, des Enkels des Qechat,*
5 *des Sohnes des Momona, der Tochter unseres Meisters E[lieser] b[en] N[atan].*

Das Wort am Ende der fünften Zeile, auf das zunächst alles ankommt, ist ein Akronym – die Abkürzung für Elieser ben Natan, den berühmten Ravan, den Verfasser des ersten vollständig erhaltenen halachischen Kompendiums der deutschen Judenheit. Dieses Buch vermittelt mehr Wissen über die nordfranzösischen und deutschen Juden als jedes andere zeitgenössische Werk. Es enthält Auslegungen talmudischer Stellen. Und es kommentiert die Bräuche der Juden in Deutschland. In ihm gibt es liturgische Anweisungen und die Diskussion älterer Bibelexegesen sowie eine Interpretation des 31. Kapitels aus dem biblischen Buch der Sprüche. Dazu kommt die Korrespondenz mit über 20 anderen rabbinischen Autoritäten über Fragen der Halacha. Das Werk trägt den Titel ›Ävän ha-Äsär = Stein der Hilfe‹ und ist seit seiner ersten Druckausgabe (1610 in Prag) auch unter dem Titel ›Sefär Ravan = Buch des *R*abbi *E*lieser *b*en *N*atan‹ bekannt geworden.[32]

Auf dem Grabstein Nr. 1481 wird also die Tochter des Ravan betrauert. Und diese Tochter Channah war *mit unserem Meister Joel* verheiratet, wie am Anfang der Zeile 4 nachgelesen werden kann. *Joel* aber meint Rabbi Joel ben Jizchaq hal-Levi, von dessen späterer Karriere in Mainz und schließlich in Bonn schon die Rede war. Die Inschrift auf dem Grabmal seiner Frau Channah macht ihn ausdrücklich zum Schwiegersohn des Ravan. Und bereits diese familiäre Gegebenheit bringt den Ravan in eine lockere Verbindung zu Würzburg.

Aber das ist noch nicht alles. Denn Rabbi Elieser ben Natan sagt selbst, daß er sich *in Würzburg* bei seinem Schwiegersohn aufgehalten habe. Im Paragraphen 16 seines ›Sefär Ravan‹ merkt er an, daß sie auf einem gemeinsamen Weg – כשבאנו מווירצבורק = *als wir von Würzburg kamen*[33] – über die besonderen Trauerbräuche der Judengemeinde in der Stadt diskutiert hätten. Elieser ben Natan, die führende rabbinische Autorität des 12. Jahrhunderts war somit in Würzburg.

Das aber verdient umso mehr Aufmerksamkeit, als feststeht, daß der Ravan ehedem zu den ›Ältesten in Mainz‹ gehörte und dort auch die Verfolgungswelle erleben mußte, die im Zusammenhang des ersten Kreuzzuges über die Juden des unteren Rhein-Main-Gebietes hinwegging. Er hinterließ darüber eine wichtige hebräische Chronik, in die mehrere erschütternde ›Qinot‹ = Klagelieder über die Opfer des Pogroms in Mainz am 27.5.1096 eingestreut sind.[34] Demzufolge war Elieser ben Natan zunächst fest in Mainz verwurzelt. Nach der Vernichtung der Mainzer Judengemeinde wird sein Name jedoch nur noch im Kontext der Stadt Würzburg genannt. So zum Beispiel in zwei hebräisch überlieferten Legenden, mit denen man bisher nur wenig anzufangen wußte. Sie werden am Ende einer Handschrift festgehalten, die Nahum Brüll im 9. Band (1889) seiner ›Jahrbücher für jüdische Geschichte und Literatur‹ auf den Seiten 38–39 und 44 abgeschrieben hat.

Die erste der beiden Sagen weiß zu erzählen, daß es ehedem in Würzburg zu einem heftigen Zerwürfnis zwischen der Geistlichkeit und der Bürgerschaft wegen einer Neubesetzung des bischöflichen Stuhls gekommen sei. Der Streit habe sich zwei Jahre hingezogen. Während dieser Zeit sei ein Schalksnarr an Rabbi Elieser ben Natan herangetreten, der sich gerade in Würzburg aufhielt und einen Apfel in der Hand hatte. Der Schalk erklärte sich bereit, alles für den Ravan zu tun, wenn er ihm den Apfel überlassen wollte. Darauf habe Rabbi Elieser ben Natan den Narren in den Würzburger Dom geschickt und ihn angewiesen, dort auf dem umstrittenen Thron des Bischofs Platz zu nehmen. Nachdem der Tor im Dom erwartungsgemäß einiges hatte erdulden müssen, habe die eine der dort streitenden Parteien der anderen zugerufen, daß sie lieber diesen Schalksnarren als Bischof anerkennen wolle als den Kandidaten der Gegenseite. Darauf sei zu guter Letzt auch die andere Seite eingegangen. Und so habe man den Narren zum Bischof erhoben, von dem sich der Ravan dann sechs Vorzüge erbat – unter anderem die Privilegien, daß den in der Diözese lebenden Juden die Steuern erlassen wurden und daß man ihnen eine eigene Straße zuwies. Und der Erzähler beendet seine Geschichte mit den Worten: שאר השאלות שכחתי *die übrigen Bitten habe ich vergessen.*

Aus dieser eigenartigen Legende geht zumindest eines hervor: der Ravan muß sich längere Zeit in Würzburg aufgehalten haben. Das ist die grundlegende Voraussetzung, auf der die Sage aufruht. Und damit geht die Erzählung wie selbstverständlich um: sie beruft sich bei ihren jüdischen Hörern und Lesern auf das einvernehmliche Wissen, daß Elieser ben Natan ein Mann gewesen sei, der einst maßgebend in das Geschick der Würzburger

Juden einzugreifen vermochte. Ohne die Unterstellung, daß der Ravan einmal Entscheidendes in Würzburg zu sagen hatte, verliert die überlieferte Geschichte ihren Drehpunkt, an dem sich ihre sagenhaften Einzelheiten festklammern.

Und da ist die zweite Legende. Sie erzählt ein noch eigentümlicheres Geschehen beim Tod des Rabbi Elieser ben Natan. Er sei in Würzburg gestorben (וירצבורג בשנפטר). Und zwar an einem Freitagnachmittag – also unmittelbar vor Eintritt des Schabbat. Der Ravan habe jedoch verlangt, in Mainz begraben zu werden. Die Würzburger Rabbiner hätten daraufhin beraten, ob sie in seinem Fall den Schabbat gefährden durften. Schließlich sei man darüber einig geworden, den Willen des großen Toten zu respektieren. Den Mainschiffer, der die Leiche nach Mainz bringen sollte, habe unterwegs jedoch der Schlaf übermannt, so daß er nicht wahrnehmen konnte, daß sein Boot mit wunderbarer Geschwindigkeit über Frankfurt nach Mainz fuhr und dort noch am Abend desselben Freitag anlangte, als sich die Juden gerade anschickten, in die Synagoge zu gehen, um den Schabbat feierlich zu beginnen. Unter solchen Umständen habe man beschlossen, den Ravan sofort zu beerdigen. Nach dem Begräbnis sei dann plötzlich eine Finsternis herabgebrochen, die so dicht war, daß sich die Mainzer Juden außerstande sahen, nach Hause zu gehen, und die Nacht auf dem Friedhof zubringen mußten.

Auch diese Erzählung bewegt sich jenseits ihrer legendären Details um einen harten Kern, an dem sie sich unverrückbar festklammert. Sie transportiert die Information, daß der Ravan bis zu seinem Tod in Würzburg war und auch in Würzburg starb. Ohne diese verschattete Nachricht auf ihrem Boden und ohne das Einverständnis ihrer jüdischen Adressaten an diesem Fixpunkt, verliert die Sage ihre Erzählbarkeit. Aber auch der Umstand, daß sie handgreifliche Anstrengungen unternimmt, den Rabbi Elieser ben Natan aus Würzburg nach Mainz zurückzuholen, will in diesem Zusammenhang bedacht sein. Deshalb wird man nicht daran zweifeln dürfen, daß die beiden Geschichten ein gemeinsames fundamentum in re haben: der Ravan muß bis zu seinem Lebensende längere Zeit in Würzburg einflußreich tätig gewesen sein.

Und hier tritt dann wieder der Grabstein mit der Nummer 1481 hilfreich ins Bild. Denn er zeigt über jeden Zweifel erhaben, daß sich um das Jahr 1154 ein wesentlicher Teil der Familie des Rabbi Elieser ben Natan in Würzburg niedergelassen hatte – und dort in der Person des Schwiegersohns Führung sowie Rabbinatsaufgaben wahrnahm: der schon angesprochene Streit um das Vorbeteramt eines Würzburger Konvertiten belegt dies exemplarisch. Dazu paßt natürlich, wenn der Ravan selbst und in seinem eigenen Buch die Mitteilung macht, daß er in Würzburg mit seinem

Schwiegersohn halachische Aspekte der von den Würzburger Juden gepflegten Trauergewohnheiten diskutiert habe. Und dadurch werden schließlich auch die auf einer Brücke von Sagen herübergebrachten Informationen bestätigt, denenzufolge Elieser ben Natan gegen Ende seines Lebens in Würzburg tätig gewesen sei. Der Grabstein mit der Nummer 1481 unterstützt somit die Vermutung, daß sich der weltberühmte Ravan mit Teilen seiner Familie für Würzburg entschied, nachdem die Juden in Mainz den Massakern des Jahres 1096 erlegen waren. Und da die erste Erwähnung einer Würzburger Judengemeinde in das Jahr 1147 fällt, ist mit dieser Vermutung nicht mehr und nicht weniger gesagt, als daß Elieser ben Natan zur Gründergeneration gehört haben muß. Er war mit hoher Wahrscheinlichkeit einer der ersten Juden, die hier in Würzburg Fuß faßten, nachdem sich in Mainz[35], aber auch in Köln, Worms und Speyer das vorläufige Ende der dortigen Judenheiten vollzogen hatte.

Unter solchen Voraussetzungen gehört der Ravan in die Reihe derjenigen Juden, die in Würzburg jenes jüdische Gemeinwesen aufbauten, das dann im Jahre 1147 das erste Mal durch einen Pogrom frontal angerührt wurde. Und sofort fällt an der Liste der damaligen Opfer der hohe Anteil von Rabbinern auf, den Efrajim ben Jaaqov mit so unverkennbarem Vorzug in seinem Bericht festschreibt.[36] Daß aber Würzburg schon damals und damit von vornherein als Stätte jüdischer Gelehrsamkeit und Bildung in Erscheinung tritt, dürfte nicht zuletzt damit zusammenhängen, daß Rabbi Elieser ben Natan die Grundlinien der jüdischen Gemeinde in Würzburg markierte und bestimmte. Denn er ist unbestritten die führende rabbinische Autorität im Deutschland des 12. Jahrhunderts. Daß er in Würzburg nicht nur als Rabbiner tätig war, sondern auch die Anfänge der Würzburger Judenheit maßgebend bewegte, hebt Würzburg von vornherein aus den von Juden bewohnten Städten heraus.

Im übrigen lohnt es sich, nocheinmal auf den Grabstein Nr. 1481 zurückzukommen. Denn er betrauert den Tod einer Frau Channah, die nicht nur die Tochter des Ravan und die Gemahlin des Rabbi Joel ben Jizchaq hal-Levi, sondern auch noch die Mutter eines international anerkannten Gelehrten ist – des *R*abbi *E*lieser *b*en *J*oel *h*al-Levi: des Ravijah (1140–1225).[37] Der Ravijah hat nicht nur ein noch heute immer wieder in 5 Bänden nachgedrucktes Buch mit dem Titel ›Avi ha-äsri = mein Vater ist meine Hilfe‹[38] geschrieben, das voller wichtiger halachischer Stellungnahmen steckt und das an der Hand solcher Entscheidungen ein Spiegelbild der geistigen Welt des europäischen Judentums am Anfang des 13. Jahrhunderts aufbietet, so daß ihm unter anderem viele Nachrichten über die Würzburger Juden zu danken sind.[39] Sondern Elieser ben Joel hal-Levi war während seines langen Lebens und zwischen seinen Jahren in Bonn, Worms, Mainz, Metz,

Köln und Regensburg auch über einen längeren Zeitraum hinweg Rabbiner in Würzburg. Noch in hohem Alter kehrte er nach Würzburg zurück, wo er seinen Schüler Jizchaq ben Mosche aus Wien als Rabbiner wiedertraf, der längst unter dem Namen ›Or sarua = Lichtsaat‹ berühmt geworden war.[40] Zusammen mit ihm verhalf er Würzburg zu einem solchen Ansehen, daß kurz vor seinem Tod – um das Jahr 1225 – der junge Meir von Rothenburg in die Stadt kam, um dort sein Studium zu beginnen.[41] Und an diese Studienzeit in Würzburg erinnert sich der Maharam[42] noch, nachdem er in der zweiten Hälfte des 13. Jahrhunderts schon lange zur anerkannten zentralen Figur in Deutschland emporgestiegen war.[43] Nichts jedoch kann Würzburg als Stadt des ›Talmud Torah‹ mehr auszeichnen als dieser Umstand.

4. *Zum Bildungsstand der Gemeinde und ihrer Repräsentanten*

Zu den wichtigsten Ergebnissen aus den bisherigen Forschungen an den Grabsteinen gehört die Erkenntnis, daß die Juden Würzburgs über die gesamte Zeitstrecke zwischen den Jahren 1147 und 1349 hinweg eine hochorganisierte und mit allen denkbaren Positionen jüdischer Selbstverwaltung ausgestattete Gemeinde unterhielten.[44] Daß man dabei auch unterhalb der Ebene des ordinierten[45] Rabbiners auf das intellektuelle Niveau sah, wird an einem Titel deutlich, der auf den Grabsteinen immer wieder erscheint: die Anrede ›Chaver‹. In Deutschland dient diese Benennung schon im 13. Jahrhundert der öffentlichen Anerkennung eines außerordentlichen Verdienstes um das ›Studium der Tora‹. Und so gut wie immer brachte dieser Titel, der unter bestimmten Bedingungen und nach rabbinischen Prüfungen erworben werden mußte, für seine Träger eine bevorzugte und leitende Stellung in der jeweiligen Gemeinde mit sich. Auch andere Privilegien – wie Steuererlässe – konnten sich damit verbinden. Wie kaum ein anderes Wort signalisierte die Titulatur ›Chaver‹ eine exquisite Erziehung und eine herausragende Gelehrsamkeit. ›Chaver‹ ist der erwiesene Forscher und Spezialist in allen halachischen Fragen: es fehlt ihm die Ordination zum Rabbiner, aber er steht diesem an Wissen und Ausbildung nicht nach.[46]

In Würzburg war die Würde und die Ehre eines ›Chaver‹ außerordentlich begehrt. Das geht nicht zuletzt aus den Inschriften auf Grabsteinen hervor, die sogar zwei Generationen solcher ›Chaverim‹ aufführen. So sehr identifizierten sich ganze Familienverbände mit dem anstrengenden Torastudium ihrer rechtskundigen Mitglieder. Unter anderem ist dafür der Stein Nr. 1023 ein guter Zeuge, der festhält, daß im Jahre 1267 – und zwar an einem Mittwoch – *der Chaver Natronaj, der Sohn des Chaver Schim'on* verstarb.

Einen der wichtigsten dieser ›Chaverim‹ erwähnt indessen der Grabstein mit der Nummer 328:

1 ובזה הנערה
2 באה אל המלך
3 היתה רבקה
4 הבתולה בת
5 החבר ר׳ הילל
6 נפטרה [...] באב
7 ובא גואל לפרט
8 ונפשה תהא
9 בגן עדן אמן אמן סלה

1 *Und darauf ging das Mädchen*
2 *zum König.*[47]
3 *Sie war Rebekka,*
4 *das Mädchen, die Tochter*
5 *des Chaver R. Hillel.*
6 *Sie starb am [ ] im (Monat) Av*
7 *1289*[48] *nach der kleinen Zählung.*
8 *Und ihre Seele sei*
9 *im Garten Eden. Amen. Amen. Sela.*

Der Name des ›Chaver‹, der seine Tochter sehr geliebt haben muß, da der Text auf dem Stein erhebliche Sorgfalt verrät, steht in der fünften Zeile. Der ›Chaver Hillel‹ war einer der herausragenden Schüler des Meir von Rothenburg, der ihn: אלופי ומיודעי = *meinen engen Freund und Vertrauten* nennt[49] und sich mit ihm mehrfach über halachische Fragen austauscht.[50] Er begegnet noch einmal im Martyrologium des Nürnberger Memorbuches.[51] Und zwar auf der umfangreichsten von Juden angefertigten Totenliste des Mittelalters. Sie zählt die 900 jüdischen Bürger auf, die am 23. Juli 1298 in Würzburg ermordet wurden, nachdem man in Röttingen die falsche Beschuldigung der Hostienschändung erhoben hatte.[52] Dabei bleibt nachzutragen, daß man am gleichen Tag neben Hillel, dem ›Chaver‹, noch 29 andere ›Chaverim‹ um ihr Leben brachte: ein weiterer, denkwürdiger Hinweis auf den hohen Bildungsrang der jüdischen Familien im mittelalterlichen Würzburg.

Ein ›Chaver‹ konnte der ›Behörde‹ einer Gemeinde angehören, aber er brauchte nicht ihr Angestellter zu werden. Das war anders, wenn es um den Dienst des ›Chasan‹ – des Vorbeters – ging. Denn die Aufgabe des Vorbeters war an ein wirkliches Amt gebunden, das eine größere jüdische Gemeinde in der Regel für drei Jahre vergab.[53] Näherhin war es das zweite Amt hinter dem Rabbiner.[54] Und der Verpflichtung eines ›Chasan‹ pflegte eine Abstimmung aller Gemeindezugehörigen vorauszugehen. Bei diesen Abstimmungen kam es immer wieder zu ernsten Meinungsverschiedenheiten, welche die Stellungnahmen prominenter Rabbiner herausforderten.[55] So entschied der Würzburger Rabbi Jizchaq Or Sarua: *Ein Vorbeter soll nur mit der Zustimmung der ganzen Gemeinde angestellt werden.*[56] Meir von Rothenburg dagegen schlug vor: *Mir scheint, daß man einen ›Chasan‹ nicht daran hindern darf, vorzubeten, wenn die Mehrheit für ihn ist und* (etwa) *nur ein einziges Gemeindemitglied ihm feindlich gegenübersteht.*[57] Solche Streitigkeiten markieren die Bedeutung, die man einem Vorbeter beimaß, der ja zudem den halachisch hoch komplizierten Beruf des Schächters auszuüben hatte[58] und manchmal auch noch als Gemeindeschreiber[59] fungierte. Vor allem jedoch gibt der Finanzierungsmodus das vorgeordnete Ansehen der Stellung eines ›Chasan‹ zu erkennen. Der Maharam läßt daran keinen Zweifel: *Für die Bezahlung des Vorbeters werden nach beiden* (Maßgaben – sowohl nach den Vermögensverhältnissen als auch nach der Kopfzahl einer Familie – Steuern) *erhoben. Denn das Gebet macht das Wesen des Gottesdienstes aus.*[60]

Es kam somit sehr darauf an, wie attraktiv sich eine Gemeinde im innerjüdischen Verkehr darzustellen vermochte, wenn sie Vorbeter mit Niveau und Klasse an sich ziehen wollte. Wie es umgekehrt auch schwierig sein mußte, angesichts der täglichen Öffentlichkeit und der permanenten Kritik dieses Amtes ›Chasanim‹ von Rang auf Dauer zu halten. Und es wird verstehbar, daß nur selten eine jüdische Gemeinde das spirituelle und intellektuelle Milieu aufbieten konnte, in dem ein Vorbeter zu überregionaler Bedeutung aufstieg.

Um so mehr Aufmerksamkeit verdient es, daß sich in Würzburg unmittelbar nach dem Pogrom des Jahres 1147 ein ›Chasan‹ niederließ, der weit über die Grenzen der Stadt hinaus Anerkennung fand und hier auch starb. Sein Grabstein (Nr. 453) erinnert an ihn:

1 בחור נעים ונחמד
2 בתורה ובמעשים טובים
3 נסגל ונצמד ר׳ יוסף בהר[בי]
4 נתן הנפטר בתתקעה

5 לפרט בחדש תמוז חלקו
6 לחיי עולם

1 *Ein liebenswerter und angenehmer Bachur,*
2 *mit der Tora und mit guten Werken*
3 *ausgezeichnet und verbunden: R. Josef, der Sohn des Rabbiners*
4 *Natan. Er starb im (Jahr) 1218*
5 *nach der kleinen Zählung, im Monat Tamus. Er habe Anteil*
6 *am ewigen Leben.*

Dieser Mann ist der Verfasser von 15 liturgischen Gedichten.[61] Und eines seiner besten Stücke ist eine ›Slicha‹ – ein Bußgebet, in dem er das noch nicht allzu lang zurückliegende Massaker des Jahres 1147 theologisch zu verarbeiten sucht.[62] Er besingt den immer wieder neu anbrechenden Morgen und läßt deshalb jeweils die letzte Zeile einer Strophe mit dem hebräischen Wort בקר = *Morgen* oder mit dessen Mehrzahl בקרים beginnen. Außerdem ist jede der acht Strophen dreizeilig. Und jede Zeile besteht wiederum nur aus drei Worten. Das Gedicht ist wegen dieser kunstfertigen hebräischen Veranlagung nicht adäquat übersetzbar. Aber seine zweite Strophe läßt etwas vom Selbstverständnis dieses bedeutenden Mannes sehen:

1 *Auch heute ist es wieder mein Beruf, für Dein Erbe zu flehen,*
2 *daß Dein Volk nicht zu Tode komme.*
3 *Deswegen rufe ich zu Dir schon am Morgen.*

Hebräisch sieht die letzte Strophe mit ihrem Reimgefälle so aus:

1 נאמן וקים בשבועתך
2 סלה קיום בריתך
3 לבקרים רבה אמונתך

1 *Du bist zuverlässig und beständig in Deinem Schwur.*
2 *In der Tat! Stärke ist Dein Bündnis.*
3 *Deine große Treue verbürgt die neuen Morgen.*

Eine Gemeinde, die Vorbeter mit einem solchen intellektuellen und theologischen Zuschnitt in ihren Reihen halten konnte, muß selbst von einer enormen geistigen Beweglichkeit getragen gewesen sein. Und sie muß ein überdurchschnittliches jüdisches Profil gehabt haben.
Der Grabstein Nr. 453 bestätigt diese Vermutung auf eine sehr einprägsame Weise. Seine Inschrift hebt hervor, was in Würzburg galt. Josef ben

Natan, heißt es dort, war *ausgezeichnet und verbunden mit der Tora und mit guten Werken.* Zuvor aber und an erster Stelle geht die Rede davon, daß die Würzburger Juden ihren Vorbeter für einen ›Bachur‹ hielten. ›Bachur‹ wiederum ist eine Benennung, die mitten in das Schulwesen und in die Bildungsinstitute der Juden hineinreicht. Und sie kann nur dort geklärt werden.

5. *Die Bildungseinrichtungen*

Die Anrede ›Bachur = Erwählter‹ begegnet oft auf den Grabsteinen aus der Pleich: nicht nur der Vorbeter Josef ben Natan wird so benannt. Näherhin verbirgt sich hinter diesem Titel die Absolvierung eines anstrengenden und langwierigen schulischen Werdegangs, der bei den Juden Würzburgs während des Mittelalters offensichtlich in höchstem Ansehen stand und die Peripherie ihrer grundlegenden Bildungsabsichten absteckte. Eine konkrete Vorstellung von dem, was damit im einzelnen gemeint war, vermag eine anonyme hebräische Abhandlung vom Ausgang des 12. Jahrhunderts zu vermitteln, die unter der Überschrift ›Chuqqej hat-Torah = Regeln (für das Studium) der Tora‹ eine Art Schulverfassung für die nordfranzösischen und deutschen Judengemeinden vorschreibt.[63]

Dort kann man unter anderem lesen: *Man baue für die Bachurim, die das Joch der Tora auf sich nehmen, ein Lehrhaus neben die Synagoge. Es soll ›großes Lehrhaus‹ heißen. Wie man Vorbeter anstellt, damit sie im Namen des Volkes beten, so wähle man auch bestimmte Schüler aus, die sich ohne Unterlaß mit der Tora beschäftigen, auf daß sich das Reich Gottes nicht rückwärts bewege. Diese Schüler, die das ›Studium der Tora‹ betreiben, sind die Bachurim.* Und nur wenige Zeilen weiter heißt es: *Die Bachurim dürfen das Lehrhaus nicht vor Ablauf von* (wenigstens) *sieben Jahren verlassen. Sie sollen dort mit Essen, Getränk und Unterkunft versorgt werden und* (sie dürfen) *keine Zeit mit nichtigen Dingen im Lehrhaus verlieren.*

Am Anfang dieser Intensivausbildung steht eine feierliche Verpflichtung auf Gegenseitigkeit – des Schulleiters gegenüber dem ›Bachur‹ und umgekehrt: *Man bringe den Knaben in seinem 16. Lebensjahr vor den Leiter der Schule. Der lege seine Hände auf den Knaben und spreche: Er sei ihm* (Gott) *heilig! Deine Nahrung wirst du in meinem Haus haben. Für das Studium der Tora habe ich dich geheiligt'.*

Auch die dem ›Bachur‹ zu vermittelnden Lehrinhalte werden zusammen mit den dafür vorgesehenen Zeiten genau angewiesen: *Zwei Jahre lang* (soll er) *die* (zweite) *›Ordnung‹* (des Talmud über die) *›Festzeiten‹ studieren, zwei Jahre lang die* (dritte) *›Ordnung‹* (des Talmud über die) *›Frauen‹* (=

das Eherecht), *zwei Jahre lang die* (vierte) ›*Ordnung*‹ (des Talmud über die) ›*Schäden*‹ (= das Zivil- und Strafrecht), *zwei Jahre lang die* (fünfte und sechste) ›*Ordnung*‹ (des Talmud über die) ›*Opfer*‹ (= die Schlacht-, Speise-, Reinheitssatzungen, die Pflichten gegen Eltern und Lehrer, die Trauerbräuche). *All das soll nach dem Talmud gelernt werden – mag man nun den Wortsinn* (des talmudischen Textes selbst) *erklären oder die Tosafot* (= Ergänzungen: die Sammlungen von Erklärungen und Zusätzen zu älteren Talmudkommentaren).

Für die Ermöglichung und Durchführung dieses differenzierten und lange andauernden Studiums übernimmt die Ortsgemeinde einen erheblichen Anteil an der Verantwortung. Aber auch den ›Bachurim‹ werden beträchtliche Aufwendungen zugemutet: *Die Bachurim müssen für die Wohnung* (im ›großen Lehrhaus‹) *Miete bezahlen. Und sie sollen auch zur Besoldung des Lehrers und des Helfers* (= Tutors) *beitragen. Das Haus jedoch wird aus Gemeindemitteln erworben.* Das verlangt von jedem einzelnen Gemeindemitglied *jährlich eine freiwillige Steuer: zur Erhaltung des Lehrhauses, zur Verpflegung der Bachurim, zur Besoldung der Lehrer und Helfer, sowie zum Ankauf von Büchern.*

Vor einem solchen Hintergrund und im Wertungsgefüge solcher Bildungsvorgaben bewegten sich im Mittelalter auch die Juden Würzburgs. Auch für sie war ein ›Bachur‹ ein Hochschulabsolvent, der all das durchlaufen und abgeschlossen hatte, was die Bildungsambition der gehobenen jüdischen Erziehung unterhalb der noch sehr viel weiter reichenden Spezialisierungen der Rabbiner- oder Chaver-Ausbildung verlangte. Und angesichts der Aufwände und der Plagen, die ein derartiges curriculum mit sich führte, wird der Stolz verständlich, der sich nicht zuletzt darin äußert, daß die Würzburger Juden stets darauf bedacht waren, es auf ihren Grabmälern anzumerken, wenn der Verstorbene den Bildungsweg eines ›Bachur‹ beschritten hatte.

Dabei verdient nicht nur die hohe Anzahl der ›Bachur‹-Inschriften Beachtung, sondern auch noch ein anderer Umstand. Der schon besprochene Stein mit der Nummer 453 vermag darauf aufmerksam zu machen. Denn obwohl Josef ben Natan schon unter seinen Zeitgenossen ein hochberühmter ›Chasan‹ gewesen sein muß, sind seine Hinterbliebenen daran interessiert, auf seinem Grabstein ausschließlich daran zu erinnern, daß der Verstorbene die Erziehung und die Ausbildung eines ›Bachur‹ besaß. Die Würzburger Juden bewegten sich eben bewußt und streng entlang der traditionellen Maxime, die die intellektuelle Ausrichtung des Lebens am ›Studium der Tora‹ als den höchsten spirituellen und religiösen Wert empfahl. Das wiederum bringt es mit sich, daß gerade auch auf den Grabsteinen von Juden aus den höheren Rängen der Gemeindeprominenz meistens mitgeteilt wird, daß sie dem Bildungsniveau eines ›Bachur‹ entsprachen. Und das heißt: auf dieser Spur wird es möglich, exakt zu überprüfen, wie hoch der Bildungsrang der Gemeindeleitung und Gemeindeverwaltung der Juden Würzburgs während des Mittelalters war. Der Stein Nr. 450 kann dies exemplarisch vorführen:

האבן 1
הזאת הוקמה 2
לראש ר׳ מאיר בר׳ 3
אברהם הכהן הגבאי 4
הבחור הנפטר בשם טוב 5
בשנת תתק[...] לפרט 6

1 *Dieser Stein*
2 *wurde aufgestellt*
3 *zuhäupten des R. Meir, des Sohnes des R.*
4 *Avraham, des Priesters, des Gabbaj,*
5 *des Bachur, der in gutem Ruf starb*
6 *im Jahr 12[...] nach der kleinen Zählung.*

Dieser Verstorbene war ein ›Gabbaj‹. Als ›Gabbaj‹ gehörte er in das oberste Gremium der jüdischen Selbstverwaltung in Würzburg. Er hatte das Amt eines gewählten, aber ehrenamtlichen Schatzmeisters inne, der sich nicht nur um die Steuern, sondern auch um die Krankenfürsorge und um die Wohltätigkeit zu kümmern hatte.[64] Meir von Rothenburg gibt in einem Responsum (Prag Nr. 1012) einen Hinweis auf die mögliche Dauer der Bestallung eines derartigen ›Gabbaj‹: *Du fragst mich wegen des Gabbaj, der nach dreizehnjähriger Amtstätigkeit seinen Posten verlassen hat und jetzt mit der Gemeinde prozessiert.* Die Tätigkeit eines ›Gabbaj‹ war somit ohne Frage auf eine längere Zeit angelegt, da der Umgang mit den Finanzen einer Gemeinde komplizierte Einblicke verlangte, die nicht schnell erworben und auch nicht sofort weitergegeben werden konnten. Und das zitierte Responsum des Maharam deutet darüber hinaus an, wie stark das durch und durch weltliche Amt des ›Gabbaj‹ mit ständigem Ärger durchsetzt war.

Das allein macht es bereits verständlich, daß man diesen aufreibenden Nebenberuf immer wieder auf den Grabsteinen vermerkt findet. Erstaunlich ist jedoch, daß man dem ›Gabbaj‹ Meir, der aus einer priesterlichen Familie kam, zudem auf den Stein Nr. 450 schrieb, daß er ein ›Bachur‹ = ein Hochschulabsolvent gewesen sei. Denn eine solche Qualifikation hat nichts mit seiner sonstigen Arbeit in der Gemeindeführung zu tun. Erklärbar wird der Vermerk ›Bachur‹ im Falle dieses ›Gabbaj‹ nur, wenn man einmal mehr den auffälligen Nachdruck in die Rechnung einbezieht, mit dem die Juden in Würzburg während des Mittelalters die klassische jüdische Erziehung und Bildung nach dem curriculum des nordfranzösischen und deutschen ›Talmud Torah‹ favorisierten und hochhielten.

6. *Die Rabbiner*

Vor allem jedoch waren es die Rabbiner, die Würzburg im Mittelalter bekannt machten. Die Würzburger Juden waren in der Lage, eine beträchtliche Anzahl von renommierten Gelehrten anzuziehen, so daß die Wendung: רבותינו בווירצבורק = *unsere Lehrer in Würzburg* wiederholt und in geradezu sprichwörtlicher Manier belegt werden kann.[65] An Würzburg hafteten so sehr der Ruf der Zuständigkeit und die Atmosphäre des Studiums, daß der Maharam nicht anstand, einem seiner Korrespondenten den bezeichnenden Rat zu geben: אם הלכה רפופה בידכם שלחו אל רבותינו קהל ווירצפורק – *wenn die Halacha bei euch zweifelhaft ist, dann schickt zu unseren Lehrern (in) der Gemeinde Würzburg!*[66] In der Tat riß die Reihe international anerkannter Rabbiner nicht ab. Die Stadt war auf das dichteste verstrickt in das Hin und Her des Responsenflusses.[67] Und immer wieder nehmen Würzburger Rabbiner Einfluß auf die Weiterentwicklung der Halacha und des ›Minhag‹.[68] In dieses Bild des offensichtlichen Erfolges fügt sich die Gegebenheit ein, daß der Maharam – bevor er im Jahre 1272 nach Rothenburg ging – noch einmal nach Würzburg zurückkam, um Rabbinatsaufgaben in der Stadt zu übernehmen.[69] Und damals war Meir von Rothenburg bereits der führende Mann in Deutschland! Das alles ist mehr oder weniger schon um die Jahrhundertwende durch die Forschungen von Herz und Seligmann Bamberger[70] ans Licht gebracht worden. Die alten Ergebnisse brauchen nicht im einzelnen wiederholt zu werden. Denn die neu erschlossenen Belegstrecken bestätigen in eindrucksvoller Weise das bereits damals gewonnene Gesamtbild. Wie das derzeit auf vielen Wegen geschieht, demonstriert der Grabstein mit der Nummer 659, dessen sechs erhaltene Zeilen lauten:

1 משמת
2 ר׳ אלעזר בר׳ משה
3 הדרשן נסכרו
4 מעינות החכמה
5 [נפטר] ביום ד׳ עשר [...]
6 [...] שנת מ׳ז [...]

1 *Als da starb*
2 *Rabbi El'asar, der Sohn des Rabbi Mosche,*
3 *des Predigers, da wurden verstopft*
4 *die Quellen der Weisheit.*
5 *[Er starb] am Dienstag, dem 10. [?]*
6 *im Jahre 1287 [...].*«

Niemand weiß bislang, daß dieser Mann in Würzburg starb – und zwar im Jahr 1287. Mit ihm erreichten die Würzburger Juden wahrscheinlich den Höhepunkt ihres Ansehens im Mittelalter. Er war bereits Kabbalist und er ist der Verfasser des ›Sefär Gematrijjot‹ – eines Werkes, das sich mit den Zahlenwerten der Buchstaben im Pentateuch befaßt.[71] Außerdem schrieb er einen Kommentar zum ›Sefär Jezira‹, zum ›Buch von der Schöpfung‹ – einer der wichtigsten und grundlegenden Abhandlungen der Kabbala.[72] Und er dichtet auch.[73] Das ließ ihn längst entdeckt werden, so daß auf die wissenschaftlichen Arbeiten verwiesen werden kann, die sich unter den verschiedensten Aspekten mit ihm befassen. Neu ist nur, daß es der jüdischen Gemeinde in Würzburg gelang, diesen renommierten Rabbiner bis zu seinem Tod in ihrer Mitte zu halten.
Im übrigen spricht einiges dafür, daß die Würzburger Rabbiner aufgrund ihres wissenschaftlichen Rangs und wegen der Höhe ihres Bildungsniveaus notorisch selbstbewußt waren. Sie verweigerten ohne Skrupel die Zustimmung zu Entscheidungen, welche die alten Gemeinden Speyer, Worms und Mainz auf einer gemeinsamen Synode im Jahre 1223 getroffen hatten,[74] und scheinen auch sonst ihre eigenen Wege gegangen zu sein.
Darauf macht nicht zuletzt der Stein Nr. 1438 aufmerksam. Den dort betrauerten Rabbiner Schlomo ben Rabbi Avraham nennen seine Zeitgenossen und Kollegen in Würzburg: מאור הגולה = *Licht des Exils.* Dieser Titel ist in der vierten Zeile problemlos lesbar. Er bildet die Inanspruchnahme der höchsten rabbinischen Würde und Autorität ab. Denn vor dem Würzburger Rabbiner Schlomo, der 1236 starb, hatte man nur und erstmals dem Rabbi Gerschom ben Jehuda aus Mainz (960–1028) die Anrede *Licht des Exils* zugebilligt – einem der ersten überragenden Talmud-Gelehrten des deutschen Judentums überhaupt.[75] Über Rabbi Schlomo dagegen war bislang lediglich zu erfahren, daß er wahrscheinlich der Verfasser einer ›Qinah‹ – eines Trauergesangs auf die Toten des Pogroms in Erfurt (1221) ist.[76] Aber die Würzburger Juden scheinen mehr von ihm gewußt zu haben. Und auf keinen Fall warteten sie mit der Verleihung des Titels *Licht des Exils* bis man im übrigen Deutschland darauf drängte, Rabbi Schlomo ben Rabbi Avraham mit jener Benennung zu ehren.
So dürfte während des Mittelalters der Eigensinn der jüdischen Gemeinde

in Würzburg ebenso bekannt gewesen sein wie ihr Bildungsrang. Jehuda, der Fromme jedenfalls – der Begründer des deutschen Chasidismus[77], meinte noch auf dem Totenbett seinen Sohn Mosche Salman vor der selbstbewußten Strenge der Würzburger Rabbiner warnen zu müssen. Denn צוה לבנו משה שלא יבא בממשלת הגאונים בוירצבורג – *er befahl seinem Sohn Mosche, sich ja nicht unter die Herrschaft der Gelehrten in Würzburg zu begeben.* Selbst in dieser Mahnung schwingt noch der Respekt, den nicht nur Jehuda hä-Chasid den Rabbinern in Würzburg entgegenbrachte.

7. *Das Ende*

Nicht zuletzt auf den neuen Spuren, die von den Grabsteinen aus der Pleich in die hebräische Literatur führen, wird erkennbar, daß sich die jüdische Gemeinde Würzburgs in den ersten beiden Jahrhunderten ihrer Existenz – also zwischen den Jahren 1147 und 1349 – zu einer hochrangigen Adresse für das ›Studium der Tora‹ entwickelte. Die Stadt wurde in dieser Zeit zu einem der großen ›Tora‹-Zentren Europas mit einer enormen Anziehungskraft. Ihr Bildungsrang sowie ihre Bildungsinstitute und vor allem auch ihre Rabbiner genossen einen internationalen Ruf – bis 1349. Als im Laufe dieses Jahres der schwarze Tod immer näher an Würzburg herankam, fragten die Bürger der Stadt penibel in Frankfurt, Freiburg, Fulda, Heilbronn, Obernheim, Breisach, Erfurt und Straßburg an, ob die Juden tatsächlich der Brunnenvergiftung schuldig und damit die Urheber der Pest seien. Nur zwei Städte, nämlich Erfurt und Straßburg, antworteten damals verneinend.[78] Daraufhin kam es auch in Würzburg am 20. April 1349 zu einem Pogrom, in dessen Vollzug so gut wie alle Juden den Tod fanden. Also jene jüdische Gemeinde, deren bedeutendes geistiges Profil sich so eindrucksvoll in den hebräischen Quellen abzeichnet. Von diesem Schlag hat sie sich nicht wieder erholt: für die Zeit des Mittelalters vermochte sich Würzburg nicht mehr zu einer vergleichsfähigen Metropole des ›Talmud Torah‹ zu erheben.

Anmerkungen

[1] Becker/Liegle, Israel. Erziehung und Gesellschaft, S. 465–508, hier S. 465.
[2] Der verpflichtende ›Brauch‹. Zum ›Minhag‹ als Quelle und Korrektur der Halacha: Elon, Ham-Mischpath ha-Ivri. Toldotaw, meqorotaw, ʿäqronotaw (Das hebräische Recht. Seine Geschichte, seine Quellen, seine Grundlagen) I, S. 713–725.726–767.
[3] Die Einzelheiten bei: Hurwitz (und A. Berliner), Mafteach u-Mavo le-Machsor Vitry (Re-

gister und Einleitung zum Machsor Vitry), S. 4–8. Der zitierte Text: Hurwitz, Machsor Vitry le-Rabbenu Simcha, ächad mit-talmidej Raschi (Machsor Vitry unseres Meisters Simcha, eines Schülers des Raschi), S. 628 (Mitte, unter Nr. 507).

4 Nach Genesis 17,12 und Leviticus 12,3 vgl. Genesis 21,4.

5 Der einjährige Lesezyklus: Elbogen, Der jüdische Gottesdienst in seiner geistesgeschichtlichen Entwicklung, S. 155–174. Die Vorschriften für das Verlesen des einzelnen Toraabschnitts am Schabbat: Schulchan 'Aruch, Orach chajjim §§ 135–149.

6 Zum Verständnis der Unterscheidung zwischen ›schriftlicher Tora‹ und ›mündlicher Tora‹ ist nach wie vor grundlegend: Katz, Die mündliche Lehre und ihr Dogma I, S. 4–39. Außerdem: Schimmel, The Oral Law. A Study of the Rabbinic Contribution to the Torah She-Be-Al-Peh, passim. Zu den 613 Geboten und Verboten der ›schriftlichen Tora‹: Rosenthal, Torah and Nomos in Medieval Jewish Philosophy, S. 215–230 sowie Aminoah, Nitzan, Torah. The Oral Tradition. An Outline of Rabbinic Literature throughout the Ages, S. 9–20 und: Scholem, Offenbarung und Tradition als religiöse Kategorien im Judentum, S. 90–120.

7 Text: S. Buber, Midrasch Tanchuma II 60 a.

8 Gewissenhaft notieren die ›Pirqej Avot = Sprüche der Väter‹ (siehe unter Anmerkung 10) die 48 Aspekte, unter denen das ›Studium der Tora‹ sich darstellen soll. Ebd. 6,5–6 heißt es: *Die Tora wird durch 48 Dinge erworben: durch Lernen, Aufhorchen des Ohres, Zurüstung der Lippen, Einsicht des Herzens, Verstehen des Herzens, Schrecken und Furcht, Demut, Freude, Bedienung der Weisen, Forschen mit Kollegen, Erörterung mit Schülern, Überlegung,* (Lesen der) *Schrift,* (Lesen der) *Mischna* (siehe Anmerkung 9), *Einschränkung des Handels, des Schlafs, des Vergnügens, des Spaßes, der weltlichen Beschäftigung, durch Geduld, ein gutes Herz, Vertrauen zu den Weisen, Ertragen von Leiden. Wer seine Stelle kennt* (wer sich zufriedengibt), *über sein Los sich freut, einen Zaun für sein Wort macht, sich nichts zugute rechnet, geliebt ist, Gott liebt, die Geschöpfe liebt, Almosen liebt, Zurechtweisungen liebt, Geradheit liebt, sich von Ehrgeiz fernhält, nicht stolz auf seine Gelehrsamkeit ist, sich nicht daran freut, andere abzuurteilen, seinem Mitmenschen das Joch tragen hilft, ihn nach der guten Seite beurteilt, ihn zur Wahrheit bringt und ihm zum Frieden verhilft, wer bei seinem Lernen überlegt, fragt und antwortet, hört und dazulernt, lernt, um zu lehren, lernt, um danach zu handeln, seinen Lehrer weise macht, das Gehörte genau beachtet und* (jedes) *Wort im Namen seines Urhebers sagt.*

9 (Strack -) Stemberger, Einleitung in Talmud und Midrasch, S. 111–149.

10 A. Guttmann, Tractate Abot. Its Place in Rabbinic Literature, in: Jewish Quarterly Review 41 (1950–1951), S. 181–193.

11 Text: Mischneh Torah, Hilchot Talmud Torah 1,8.

12 Ebd. 3.5. Zum Mischneh Torah: Twersky, Introduction to the Code of Maimonides (Mishneh Torah), in: Yale Judaica Series 22, 1980 passim; zur Stelle: ebd. S. 535–536 sowie S. 356–429.

13 ›Sprüche der Väter‹ 6,9.

14 Wie Anm. 9, S. 185–214.

15 Steinsaltz, The Essential Talmud, S. 272–275.

16 Vgl. schon ›Sprüche der Väter‹ 5,21: *Mit fünf Jahren zur Bibel, mit zehn zur Mischnah, mit 13 zu den* (613) *Geboten* (und Verboten der ›schriftlichen Tora‹), *mit 15 zum Talmud.*

17 Vgl. die ausdrückliche Anordnung in den ›Taqqanot Schum‹ – in den Verlautbarungen der zweiten Synode der Gemeinden Speyer, Worms und Mainz von 1220 (§ 23). Dazu Auerbach, Die rheinischen Rabbinerversammlungen im 13. Jahrhundert, Diss.-phil. Würzburg 1931, S. 66–67 und 78. Außerdem: Finkelstein, Jewish Self-Government in the Middle Ages, S. 247. 350–354; Rabinowitz, The Social Life of the Jews of Northern France in the XII-XIV Centuries of the Period, S. 211–224.

18 Aronius 301.

19 MB 38,13.

20 Es sind dies folgende Arbeiten: (Herz und) S(eligmann) Bamberger, Geschichte der Rabbiner der Stadt und des Bezirkes Würzburg, S. 7–32; Szulwas, Die Juden in Würzburg

während des Mittelalters, Diss. phil. Berlin 1934; Ders., One Hundred Years in the History of the Jewish Community of Wuerzburg (1250–1350), in: Yivo Annual of Jewish Social Studies 12 (1958–1959), S. 196–210 (= Ders., Between the Rhine and the Bosporus. Studies and Essays in European Jewish History, 1964, S. 15–31); Löwenstein/Fischer, Artikel: Würzburg, in: Elbogen, Freimann, Tykocinski (Hgg.), Germania Iudaica I. Von den ältesten Zeiten bis 1238, S. 475–496. Dazu die ›Nachträge und Verbesserungen‹ von Avneri, ebd., S. 556–557; Szulwas, Artikel: Würzburg, in: Avneri (Hg.), Germania Judaica II 2. Von 1238 bis zur Mitte des 14. Jahrhunderts, S. 928–936.

[21] Bamberger, Rabbiner, S. 2–4 und Szulwas, Juden, S. 26–27.

[22] Szulwas, One Hundred Years 31: ›The zenith of Jewish communal life in Würzburg was between 1250 and 1350‹.

[23] Das Beispiel einer nützlichen Zusammenstellung (mit zum Teil neuen Bestandteilen) bietet Baum, Quellen der Judenverfolgungen von 1147–1938, S. 19–57.

[24] Vgl. Kessler, Die Familiennamen der Juden in Deutschland, S. 14–27.

[25] Vgl. Zunz, Namen der Juden. Eine geschichtliche Untersuchung, S. 48–52.

[26] Neubauer/Stern (Hgg.), Hebräische Berichte über die Judenverfolgungen während der Kreuzzüge: Quellen zur Geschichte der Juden in Deutschland II, S. XXV.

[27] Hebräischer Text nach: Haberman (und Baer), Sefär gserot aschkenas we-zarfat (Buch der deutschen und französischen Judenverfolgungen), S. 119.

[28] Aptowitzer, Mavo le-Sefär Ravijah (Einleitung zum Buch des Rabbi Elieser ben Joel hal-Levi), S. 319–321.

[29] Ebd., S. 37–48. 164–187.

[30] Der Fall ist beschrieben im Sefär Ravijah (Buch des Rabbi Elieser ben Joel hal-Levi. Edition: Aptowitzer, 1964, II, S. 255–256.

[31] *Am folgenden Tag befahl der Bischof alle die erschlagenen Frommen auf Wagen zu sammeln – ›alle guten Stücke, Lende(n) und Schulter(n)‹* (Ezechiel 24,4): *die Daumen ihrer Hände und* (die Zehen) *ihrer Füße,* (nachdem sie) *mit heiligem Öl gereinigt worden waren, und alles, was von ihren Körpern und von ihren Gliedern gefunden wurde. Und er sagte, man solle sie in seinem Garten beerdigen. Und danach kauften Rabbi Chisqija, der Sohn unseres Meisters Eljaqim, und seine Frau Judit von dem Bischof den Garten Eden* (= den Friedhof). *Und sie bestimmten, daß er Begräbnisplatz* (der Juden) *werden solle. Sela! ›Das gute Auge sei gesegnet, denn es gibt‹* (Sprüche 22,9). Hebräischer Text: Haberman S. 119–120. Der Bischof ist Siegfried von Truhendingen (1146–1150). Zur Lage des Friedhofs auf dem Gelände des heutigen Juliusspitals: Seberich, Beiträge zur Geschichte des Juliusspitals, S. 107–136, hier S. 108–110; Schich, Würzburg im Mittelalter. Studien zum Verhältnis von Topographie und Bevölkerungsstruktur, S. 159.

[32] Baron, A Social and Religious History of the Jews IV, S. 287–288.

[33] Edition: Sefär Ravan hu Sefär Ävän ha-Äsär, Jerusalem 1984 (!), S. 15. Die Lesart כשבאין muß in כשבאנו verbessert werden. Mit Bamberger, Rabbiner, S. 10.

[34] Neubauer/Stern, wie Anm. 26, S. 36–46. 153–168.

[35] Vgl. den Bericht des Schlomo ben Schimschon, der um 1140 schreibt: Marcus, The Jew in the Medieval World, S. 115–120.

[36] Siehe oben S. 381–382. Auch Chisqija, der den Friedhof kauft, ist Rabbiner (Anm. 31).

[37] Das, was vor dem Fund des Grabsteins mit der Nummer 1481 von der Familie des Ravijah bekannt war, hat Aptowitzer, Mavo le-Sefär Ravijah (Einleitung zum Buch des Rabbi Elieser ben Joel hal-Levi), S. 1–163 mit unübertroffener Gründlichkeit zusammengetragen.

[38] Der ›fünfte‹ Band mit bislang unbekannten Responsen erschien 1989: Dablitzki, Sefär Ravijah hu Avi ha-äsri, Benej Baraq 1989. Zu den ersten vier Bänden: oben Anm. 30.

[39] Tchernowitz, Toldot hap-Posqim (Geschichte der Dezisoren) II, S. 50–54.

[40] J. Wellesz, Isaak ben Mose Or Sarua, in: Monatsschrift für Geschichte und Wissenschaft des Judentums 48 (1904), S. 129–144.209–213. 361–371. 440–456. 710–712, sowie H. Vogelstein, Zu Wellesz' Isaak ben Mose Or Sarua, in: Monatsschrift für Geschichte und Wissenschaft des Judentums 49 (1905), S. 701–706; H. Tykocinski, Lebenszeit und Heimat

des Isaak Or Sarua, in: Monatsschrift für Geschichte und Wissenschaft des Judentums 55 (1911), S. 478–500, Aptowitzer, Mavo le-Sefär Ravijah, S. 25–32.

[41] Groß, Elieser ben Joel halevi. Ein literarhistorischer Versuch, S. 25–26; Back, Rabbi Meir ben Baruch aus Rothenburg. Sein Leben und Wirken, seine Schicksale und Schriften, S. 21–22 (mit allen Quellen).

[42] Maharam ist eine Abkürzung für ›*M*orenu *h*arav *R*abbi *M*eir‹.

[43] Agus, Rabbi Meir of Rothenburg. His Life and Works as Sources for the Religious, Legal, and Social History of the Jews of Germany in the Thirteenth Century I, S. 14–29.

[44] I. A. Agus, Hasch-schilthon ha-'azma'i schäl haq-qehillah haj-jehudit bimej hab-benajim (Die Selbstverwaltung der jüdischen Gemeinde im Mittelalter), in: Talpiot 5 (1951–1952), S. 637–648; 6 (1952–1953), S. 305–320; vgl. M. Frank, Le-toldot mivneh haq-qahal be-Aschkenas (Zur Geschichte der Gemeindeorganisation in Deutschland), in: Zion 1 (1935–1936), S. 327–355.

[45] Katz, Le-toldot ha-Rabbanut be-'ämza jemej hab-benajim (Zur Geschichte des Rabbinats um die Mitte des Mittelalters), S. 281–294; B. Rosenzweig, The Emergence of the Professional Rabbi in Ashkenazic Jewry, in: Tradition 11,3 (1970), S. 22–30.

[46] Encyclopaedia Iudaica VII (1971), S. 1489–1492.

[47] Zitat aus Ester 2,13. Das Buch Ester wurde (und wird) am Purim-Fest in der Synagoge verlesen. Das Mädchen starb also an Purim.

[48] Im Hebräischen hat jeder Buchstabe einen Zahlwert. Das Datum steht in der Zeile 7: ובא גואל = (der) *Erlöser kommt.* Dieser Satz hat die Quersumme 49. Die Tochter des Chaver Hillel starb also 1289.

[49] Responsum Nr. 143 der Ausgabe Prag.

[50] Back, wie Anm. 41, S. 110, Anm. 3.

[51] Salfeld, Das Martyrologium des Nürnberger Memorbuches, S. 43–48. 192–200.

[52] F. Lotter, Die Judenverfolgung des ›König Rintfleisch‹ in Franken um 1298. Die endgültige Wende in den christlich-jüdischen Beziehungen im Deutschen Reich des Mittelalters, in: Zeitschrift für historische Forschung 15 (1988), S. 385–420 und Ders., Hostienfrevelprozeß und Blutwunderfälschung bei den Judenverfolgungen von 1298 (›Rintfleisch‹) und 1336–1338 (›Armleder‹), in: Fälschungen im Mittelalter. Internationaler Kongress der Monumenta Germaniae Historica. München, 16.–19. September 1986. Teil V: Fingierte Briefe, Frömmigkeit und Fälschung, Realienfälschungen, 1988, S. 533–583.

[53] Maharam: Responsum Nr. 234 der Ausgabe Berlin.

[54] Maharam: Responsum Nr. 925 der Ausgabe Prag.

[55] Zimmels, Beiträge zur Geschichte der Juden in Deutschland im 13. Jahrhundert, S. 26–28.

[56] Zitiert vom Maharam im Responsum Nr. 109 der Lemberger Ausgabe.

[57] So der Maharam im Responsum Nr. 111 der Lemberger Ausgabe.

[58] Maharam im Responsum Nr. 90 der Prager Ausgabe.

[59] Zum Beispiel in Mainz: Maharam im Responsum Nr. 805 der Prager Ausgabe.

[60] Maharam im Responsum Nr. 228 der Ausgabe Cremona.

[61] Zunz, Literaturgeschichte der synagogalen Poesie, S. 271–273.

[62] Zunz, Die synagogale Poesie des Mittelalters I, S. 257–258.

[63] Der hebräische Text findet sich in: Güdemann, Geschichte des Erziehungswesens und der Kultur der abendländischen Juden während des Mittelalters und der neueren Zeit, III, Anhang 2.

[64] Encyclopaedia Judaica VII (1971), S. 230–231.

[65] Vgl. Agus, wie Anm. 43, I, S. 21 Anm. 38.

[66] Responsum Nr. 934 der Prager Ausgabe.

[67] Vgl. die Liste bei Szulwas, One Hundred Years, S. 29 Anm. 66.

[68] Vgl. Bamberger, Rabbiner S. 2–3 sowie S. 16 Anm. 6.

[69] Back, wie Anm. 41, S. 39.

[70] Oben, Anm. 20.

[71] Zunz, Zur Geschichte und Literatur I, S. 105. Eine Beschreibung der Handschrift (codex München 221,10) bei: M. Steinschneider, Hebräische Bibliographie, XIV S. 64–65.

[72] Szulwas, Juden, S. 25.
[73] Davidson, Otzar hasch-schirah we-hap-pijjuth (Thesaurus der Poesie und des Piut) III, S. 323 unter Nr. 314.
[74] Löwenstein/Fischer, wie Anm. 20, S. 490, Anm. 89.
[75] Grossman, Chakhmei Aschkes ha-rischonim (Die ersten Weisen aus Deutschland), S. 106–174.
[76] Urbach, Ba'alej hat-tosafot (Die Tosafisten) I, S. 427 mit Anm. 13.
[77] Das folgende Zitat bei: Bamberger, Rabbiner, S. 25.
[78] H. Hoffmann, Die Würzburger Judenverfolgung von 1349, in: MainfrJb 5, 1953, S. 91–114, hier S. 98–103. 109–114.

Literatur (Auswahl)

Zu 1. Vorbemerkungen zur »Lerngesellschaft Israel« im Mittelalter

N. Aminoah, J. Nitzan, Torah. The Oral Tradition. An Outline of Rabbinic Literature throughout the Ages, 1983; S. Auerbach, Die rheinischen Rabbinerversammlungen im 13. Jahrhundert, Diss. phil. Würzburg 1931; S. Bamberger, Geschichte der Rabbiner der Stadt und des Bezirkes Würzburg, 1905; H. Becker, L. Liegle, Israel – Erziehung und Gesellschaft, in: W. Ackermann, A. Carmon, D. Zucker (Hgg.), Erziehung in Israel. 2 Bde., 1982; S. Buber, Midrasch Tanchuma. 2 Bde., 1964; I. Elbogen, Der jüdische Gottesdienst in seiner geistesgeschichtlichen Entwicklung, ⁴1962; M. Elon, Ham-Mischpath ha-Ivri. Toldotaw, meqorotaw, 'äqronotaw. 2 Bde., 1978; L. Finkelstein, Jewish Self-Government in the Middle Ages, 1964; S. Hurwitz (und A. Berliner), Mafteach u-Mavo le-Machsor Vitry, 1896–1897; Ders., Machsor Vitry le-Rabbenu Simcha, ächad mit-talmidej Raschi, 1889; S. Katz, Die mündliche Lehre und ihr Dogma. 2 Bde., 1922–1923; L. Löwenstein, H. Fischer, Artikel: Würzburg, in: I. Elbogen, A. Freimann, H. Tykocinski (Hgg.), Germania Judaica I. Von den ältesten Zeiten bis 1238, 1963, S. 475–496 und 556–557; L. Rabinowitz, The Social Life of the Jews of Northern France in the XII–XIV Centuries of the Period, ²1972; E. I. J. Rosenthal, Torah and Nomos in Medieval Jewish Philosophy, in: R. Loewe (Hg.), Studies in Rationalism, Judaism and Universalism, 1966; H. Ch. Schimmel, The Oral Law. A Study of the Rabbinic Contribution to the Torah She-Be-Al-Peh, 1971; G. Scholem, Offenbarung und Tradition als religiöse Kategorien im Judentum, in: Ders., Über einige Grundbegriffe des Judentums: Edition Suhrkamp 414, 1970; A. Steinsaltz, The Essential Talmud, 1976; (H. L. Strack-) G. Stemberger, Einleitung in Talmud und Midrasch, ⁷1982; M. A. Szulwas, Die Juden in Würzburg während des Mittelalters, Diss. phil. Berlin 1934; Ders., Artikel: Würzburg, in: Z. Avneri (Hg.), Germania Judaica II 2. Von 1238 bis zur Mitte des 14. Jahrhunderts, 1968, S. 928–936.

Zu 2. Die Situation nach dem Fund der jüdischen Grabsteine in der Würzburger ›Pleich‹

H.-P. Baum, Quellen der Judenverfolgungen von 1147–1938, in: Zeugnisse jüdischer Geschichte in Unterfranken (Schr. des StadtA W 2), 1987, S. 19–57; G. Kessler, Die Familiennamen der Juden in Deutschland, in: Mitteilungen der Zentralstelle für Deutsche Personen- und Familiengeschichte. Quellen und Darstellungen aus dem Gebiete der Genealogie und verwandter Wissenschaften 53, 1935; L. Zunz, Namen der Juden. Eine geschichtliche Untersuchung, 1837.

Zu 3. Neue Hinweise auf die Gründer

I. A. Agus, Rabbi Meir of Rothenburg. His Life and Works as Sources for the Religious, Legal and Social History of the Jews of Germany in the Thirteenth Century. 2 Bde., 1970; A. Aptowitzer, Sefär Ravijah. 4 Bde., 1964; Ders., Mavo le-Sefär Ravijah, 1985; S. Back, Rabbi Meir ben Baruch aus Rothenburg. Sein Leben und Wirken, seine Schicksale und Schriften, 1895; S. W. Baron, A Social and Religious History of the Jews. 18 Bde. plus Index, 1952–1985; D. Dablitzki, Sefär Ravijah hu Avi ha-äsri, 1989; Elieser ben Natan, Sefär Ravan hu Sefär Ävän ha-Äsär, 1984 (letzte Edition); H. Groß, Elieser ben Joel halevi. Ein literaturhistorischer Versuch, 1885; A. M. Haberman (und J. Baer), Sefär gserot aschkenas we-zarfat, 1945; J. R. Marcus, The Jew in the Medieval World, 1973; A. Neubauer, M. Stern (Hgg.), Hebräische Berichte über die Judenverfolgungen während der Kreuzzüge: Quellen zur Geschichte der Juden in Deutschland II, 1892; W. Schich, Würzburg im Mittelalter. Studien zum Verhältnis von Topographie und Bevölkerungsstruktur, 1977; F. Seberich, Beiträge zur Geschichte des Juliusspitals, in: MainfrJb 10, 1958, S. 107–136; H. Tschernowitz, Toldot hap-Posqim, 1947.

Zu 4. Der Bildungsstand der Gemeinde und ihrer Repräsentanten

J. Katz, Le-toldot ha-Rabbanut be-'ämz'a jemej hab-benajjim, in: E. Z. Melamed (Hg.), Benjamin-de-Vries-Memorial-Volume, 1968–1969, S. 281–294; S. Salfeld, Das Martyrologium des Nürnberger Memorbuches, in: Quellen zur Geschichte der Juden in Deutschland III, 1898; H. J. Zimmels, Beiträge zur Geschichte der Juden in Deutschland im 13. Jahrhundert, 1926; L. Zunz, Literaturgeschichte der synagogalen Poesie, 1865; Ders., Die synagogale Poesie des Mittelalters, ^{2}1967.

Zu 5. Bildungseinrichtungen

J. Davidson, Otzar hasch-schirah we-hap-pijjut. 4 Bde., 1970; A. Grossman, Chakhmej Aschkenas ha-rischonim, ^{2}1988; M. Güdemann, Geschichte des Erziehungswesens und der Kultur der abendländischen Juden während des Mittelalters und der neueren Zeit. 3 Bde., ^{3}1966 (=1880–1888); H. Hoffmann, Die Würzburger Judenverfolgung von 1349, in MainfrJb 5, 1953, S. 91–114; M. Steinschneider, Ham-Maskir. Hebräische Bibliographie. Blätter für neuere und ältere Literatur des Judentums, 1858–1865. 1869–1882; E. E. Urbach, Ba'alej hat-tosafot, 2 Bde., 1980; L. Zunz, Zur Geschichte und Literatur, 2 Bde., 1845.

BEVÖLKERUNG UND LANDESSTRUKTUR

Wilhelm Störmer

Die Gesellschaft

Lebensformen und Lebensbedingungen

1. *Zum Ordo- und Schichtenverständnis*

Über die gesellschaftlichen Verhältnisse und Strukturen im spätmittelalterlichen Unterfranken gibt es kaum zeitgenössische Reflexionen. Verbreitet ist offenbar nur eine vage Kritik an ungerechten Verhältnissen: *So geht heutzutage Gewalt vor Recht und der Gottlose übervorteilt den Gerechten* (Der König vom Odenwald, 14. Jahrhundert).[1] Selbst der eine sozialistische Gleichheit predigende Pfeifer von Niklashausen argumentiert nicht mit einer grundsätzlichen Beseitigung von *keyser, fürsten, geistlich und werntlich, graven und rytter und knecht.* Ihm geht es nur um eine völlige Gleichschaltung aller Menschen. Die Modelle des ordo vermag er nicht zu liquidieren. Eine weitere Stände- oder gar Gesellschaftsreflexion fehlt auch bei ihm.

Das Bedürfnis, die Gesellschaft in Großgruppen einzuteilen, ist älter als das christliche Mittelalter; es war aber in dieser Zeit besonders wirksam, da die Einteilung in oratores, bellatores und laboratores als gottgewollte Ordnung aufgefaßt wurde, an der man die Feinde dieser Ordnung maß. Daß das Grobraster der Unterscheidung von Priestern, Kriegern und landbebauenden Menschen immer unschärfer wurde, zeigt die Tatsache, daß die im 12./13. Jahrhundert entstandenen Städte in dieser Ordnung überhaupt nicht erscheinen. Noch im 14./15. Jahrhundert haben geistliche Didaktiker die Stadtbewohner, vornehmlich die Kaufleute, lediglich mit negativen Qualitäten ausgestattet, d. h. für sie war das, was in der Stadt sich gesellschaftlich entwickelte, ein Gegenpol zur rechten, gottgewollten Ordnung. Der italienische Gelehrte Thomas von Aquin geht zwar grundsätzlich von alten Ordogedanken aus. Er ist aber schon mehr realitätsbezogen. Thomas rechnet mit den Ordines der Richter, der Krieger, der Bauern, der ›artificiorum‹ (Handwerker bzw. Zünfte), der Kaufleute, der Priester und der Beamten, wobei Priester, Beamte und Krieger eine besondere Rechtsstellung erhalten. Der Stand der Knechtschaft ist für ihn ein Bestandteil der gottgewollten Ordnung. Thomas von Aquin erkennt zwar die neue soziale Wirklichkeit, die in Italien auch gar nicht übersehen werden kann, aber er bejaht vorbehaltlos die statisch gedachte hierarchische ›Ordnung‹. Noch die ›Reformatio Sigismundi‹ basiert 1439 auf dem alten Ordo-Gedanken. Der unbekannte Verfasser, ein Kleriker, sieht die Ursache allen Übels darin, daß die gottgewollte alte Ordnung mit ihrem ›wohlausgewogenen Gleichgewicht der Stände‹, mit ihren Aufgaben und Funktionen durchbrochen sei. Als praktisches Heilmittel empfiehlt er, zwar scheinbar retrospektiv, in Wirklichkeit revolutionär, eine klare Trennung der kirchlichen und weltlichen Sphäre, wobei die Kirche auf alle äußere Zwangs- und Befehlsgewalt verzichten sollte. Man sieht, die ›gottgewollte Ordnung‹ ist im Mittelalter von den Theoretikern gleichzeitig als Rangordnung aufgefaßt worden, sie ist zudem eine äußere, stark formalistische Ordnung, die Apostolizität als kirchlichen Vorrang, monastische Rangordnungen und Rangfragen im weltlichen Bereich zu regulieren suchte.

Moderne Untersuchungen der Gesellschaftsstruktur vermögen dieser Grobgliederung, der die Dynamik fehlt, nicht mehr zu folgen. In den letzten Jahrzehnten haben sich methodisch-theoretisch immer mehr primär soziologische Schichtungsdefinitionsversuche durchgesetzt. K. M. Boltes bekannte Definition der Schichten ist durchaus ein für die gegenwärtige Gesellschaft brauchbares Modell: »Unter Schichten sollen dabei sich durch das ganze soziale System hindurchziehende, klar voneinander abzugrenzende und auf Grund der Wertung des jeweils betrachteten Merkmals als über- und untereinander, als höher und tiefer liegend empfundene Gruppierungen von Mitgliedern eines sozialen Systems bezeichnet werden.«[2] Ob sich Boltes Definition im Zusammenhang mit historischen Quellen überhaupt ›mit lebendigem Inhalt füllen‹ läßt, muß angesichts der Quellenarmut bezweifelt werden. Für Mainfranken wird eine generelle Aussage allein schon dadurch erschwert, weil bislang kaum Untersuchungen zur regionalen Sozialstruktur des Spätmittelalters vorliegen. Noch immer sind zudem die methodischen Schwierigkeiten enorm, aus einem dürftigen Quellengerüst Rückschlüsse zu ziehen. Dabei ist zu beachten: »Was Schicht von Merkmalsgruppen bzw. Sozialkategorien entscheidend absetzt, ist das Kriterium der gesellschaftlichen Bewertung bestimmter Merkmale. Es genügt nicht, daß ein Merkmal objektiv gegeben ist, es muß von den Zeitgenossen subjektiv bewertet worden sein«.[3]

Im folgenden werden wir von zwei Grundformen mittelalterlicher Sozialtypen ausgehen, einerseits von jenen, die an Haus und Familie orientiert sind, andererseits von den gemeindlich-genossenschaftlichen. Ganz besonders dominant ist der stark herrschaftlich strukturierte Verband der Familie in den verschiedenen Rangabstufungen des Adels. Unter gemeindlich-genossenschaftlichen Sozialformen lassen sich drei Arten bezüglich des Personenkreises unterscheiden:

1. die Landesgemeinde, jener Personenverband von Adeligen, die am ›Land‹, d. h. in Mainfranken im wesentlichen am ›Haus‹ des Bischofs, orientiert sind
2. die Stadtgemeinde, innerhalb derer sich wiederum verschiedene genossenschaftliche Strukturen, soziale Teilsysteme, herausbildeten,
3. die ländliche Gemeinde mit ihren wichtigsten Ausformungen der Gerichts- und der Pfarrgemeinde.

Unsere Darstellung ist äußerlich gegliedert nach den bekannten politisch-sozialen Institutionen und ›Ständen‹ des Spätmittelalters. Obgleich man dagegen Vorbehalte haben kann, schien uns dies der beste Zugang zu sein für einen größeren interessierten Leserkreis.

2. *Der bischöfliche Hof*

Das ›Haus‹ des Bischofs von Würzburg, erwachsen aus dem engsten Kreis der bischöflichen ›Familia‹ ist als Personenverband nicht nur eine geistliche Hausgemeinschaft. Da dem Bischof seit dem Frühmittelalter immer mehr macht- und verwaltungspolitische Aufgaben zufielen, ist das bischöfliche ›Haus‹ nicht so wesentlich vom Adelshaus unterschieden, auch wenn es vom Umfang her größere Dimensionen annimmt (Farbbild S. 446). Das bischöfliche Hofgesinde stellt, da Herrschaftsausübung sich im Mittelalter wesentlich mit dem personellen Instrumentarium des Hofes vollzieht, zugleich den Kern eines ›zentralen‹ Verwaltungsapparates dar. Die Hofämter des Bischofs wie anderer Fürsten weisen noch zurück auf archaische Haushaltung und Hausorganisation. Die Hofgeistlichkeit ist nicht nur von hohem Belang deshalb, weil der Herr des bischöflichen Hauses ein Bischof war; aus ihren Reihen kamen in der Regel jene Vertreter, die die fürstbischöfliche Kanzlei bildeten. Die Würzburger Hofgeistlichkeit hatte neben ihren geistlichen Funktionen durchaus noch eine Fülle anderer Aufgaben wahrzunehmen, nicht zuletzt im diplomatischen Bereich.

Bekanntlich ist die reichsfürstliche Stellung des Bischofs von Würzburg nicht erst ein Produkt des Spätmittelalters, sie ergibt sich aus der starken Reichsbezogenheit Würzburgs, die im 8. Jahrhundert schon zum Ausdruck kommt. In der Stauferzeit baute der König bzw. Kaiser das verkehrsgünstig gelegene Bistum planmäßig in seine Reichslandpolitik ein. Nicht grundsätzlich anders wurde die königsnahe Landschaft Franken und besonders das Hochstift Würzburg von Kaiser Karl IV. in seine Landbrükkenpläne zwischen Frankfurt und Prag eingefügt.

Aus dieser führenden regionalen Rolle in bezug auf das Königtum erwuchs allmählich im Hochmittelalter der Titel des Bischofs als Herzog von Franken. Es fällt allerdings auf, daß der Würzburger Fürstbischof den Herzogstitel in seinen Urkunden während des Mittelalters kaum gebraucht und daß es auch lange dauert, bis dem Bischof auf den Grabmälern das Herzogsschwert beigegeben wird. Auf dem Grabdenkmal Bischof Gottfrieds I. von Spitzenberg-Helfenstein (1186–1190), zeitlich besonders nahe an der ›Güldenen Freiheit‹, fehlt das Herzogsschwert. Dies gilt auch noch für das Grabmal Hermanns von Lichtenberg (1334–1335). Bischof Otto II. von Wolfskeel (1335–1345) trägt auf seinem Grabmal das Herzogsschwert in der rechten Hand. Seither gehört es zur Selbstdarstellung des Würzburger Bischofs.[4]

Der dem Bischof und Herzog nächste Kreis ist sein Hof. Nach der Aussage Michaels de Leone um 1350 gehörten diesem lediglich ein Hofmeister, ein Marschall, ein Koch, fünf Adelige und eine ungenannte Zahl fürstlichen Gesindes an. Schon um 1410 ist der Hof umfangreicher (oder die Quelle ist gesprächiger): Edelleute, Kapläne und Schreiber, der Personenkreis des Marstalls, der Küche mit dem Küchenmeister und den Küchenknechten, Torhüter, Läufer (Boten), Falkner, dazu Büttner (für den bischöflichen Weinkeller), Wächter, Eselsknechte, aber auch Musiker (Pfeifer, Geiger und Fiedler) sowie weiteres Gesinde.

Die Hofordnung Bischof Konrads II. von Thüngen 1526 bringt bereits Ansätze zu einer modernen Verwaltung. An der Spitze steht ein adeliger Burgvogt, der nicht nur die Strafgewalt über das Hofgesinde ausübt, sondern auch die Oberaufsicht über die Zweige der Hofhaltung; er hat dem Fürstbischof Bericht zu erstatten über alle Haushaltsbelange des Hofs. Dabei wird er assistiert vom Kammermeister, dem obersten Finanz-›Beamten‹, von Küchenmeister, Küchenschreiber, Futtermeister und Schenk.

Zum täglichen Hofgesinde gehörten die höchsten Hofbeamten, Hofmeister, Marschall und Kanzler, die fürstlichen Räte, die adeligen Burgmannen mit der kriegerischen Burgbesatzung, fürstliche Jäger, Handwerksleute und dergleichen. Nicht weniger als 400 Personen speisten täglich an 50 langen Tischen. Nur für den Fürstbischof und seinen nächsten Anhang, für den Kammermeister und für den Küchenmeister und dessen Arbeitsstab wurde in eigenen Räumen aufgetragen.

Diese buchstäbliche Bischofsnähe hat mit Sicherheit auch Mentalität und Prestigebewußtsein des Personenkreises geprägt. Daß gerade im engeren, aber auch im weiteren Einflußbereich des Bischofs Patronage und Klientel eine große Rolle spielten, ja existenznotwendig sein konnten, versteht sich fast von selbst.

Das ›Haus‹ des Bischofs von Würzburg ist – darauf darf abschließend wenigstens hingewiesen werden – nicht der einzige episkopale Hof in Unterfranken. Der Mainzer Erzbischof und Kurfürst, der im westlichen Unterfranken ohnehin seinen geschlossensten Herrschaftsblock hatte, residierte im Spätmittelalter nicht nur im Sommer in seinem Schloß Aschaffenburg. Das Schloß Johannisburg war angesichts des permanenten Konflikts mit der Mainzer Bürgerschaft zeitweise durchaus Hauptsitz des Erzbischofs. Über die Struktur dieses Aschaffenburger erzbischöflichen ›Hauses‹ liegen noch kaum Untersuchungen vor. Im weitesten Sinne gehört auch die militärische Begleitung zum ›Haus‹ des Bischofs bzw. Erzbischofs. Laut Wormser Reichsabschied von 1521 hatte der Mainzer Kurfürst für den anstehenden Römerzug Karls V. 60 Mann zu Roß und 270 zu Fuß zu stellen, der Würzburger Bischof und Herzog zu Franken 45 Berittene und 208 Mann zu Fuß.

3. *Das Domkapitel*

Das Domkapitel umfaßte die am Dom des Bischofs tätigen Geistlichen; es gehörte also anfangs zum engsten Kreis der familia des Bischofs.
Die entscheidenden geistlichen Räte des Bischofs entstammten weitgehend dem Kreis der Kapitulare der Kathedralkirche. Neben und mit dem Bischof von Würzburg entwickelte sich das Domkapitel, der Klerus der Domkirche, zum wichtigsten geistlichen und herrschaftspolitischen Faktor im Hochstift. Um 1200 hatten die Domherren bereits die Aufsicht über das Stiftsgut, bald darauf die Verwaltung der Temporalien des Bistums während der Sedisvakanz. 1215 wurde dem Domkapitel das ausschließliche Bischofswahlrecht zugesprochen, seit 1225 gingen bis zum Ende des Reiches fast alle Würzburger Bischöfe aus der Wahl des Domkapitels hervor. Schon seit dem 13. Jahrhundert zeichnete sich das Würzburger Domkapitel durch besondere Geschlossenheit und Machtstellung aus. Die Abgrenzung des Kapitels wurde verstärkt durch die zahlenmäßige Beschränkung der Domherrenpfründen.
Durch die Wahlkapitulation des neu zu wählenden Bischofs (seit 1225) vermochte das Domkapitel allmählich die weltliche Amtsführung des Bischofs festzulegen, so daß er an den Willen jener Korporation gebunden war, die ihn gewählt hatte. So war das Domkapitel in ständische Funktionen hineingewachsen. Wie an anderen fränkischen Bischofssitzen wurde das Würzburger Domkapitel eine Domäne der Ministerialen, dann des Niederadels; seine Herrschaft, von eminenter politischer Bedeutung, gepaart mit grundherrschaftlichem Reichtum, wurde zu einer Sonderform der Adelsherrschaft, die der Bischof bis in das 17. Jahrhundert hinein nicht zu beschneiden vermochte.
Das Würzburger Domkapitel konnte schon in der zweiten Hälfte des 13.

Jahrhunderts seine ständische Abschließung zu einer Adelskorporation erzwingen. 1267 wurde für die Präbendenverleihung der Grundsatz adeliger Herkunft als Qualifikation festgelegt, 1283 gehörten sowohl die Domkapitulare als auch die Domizellare dem Adel an. Im Jahre 1500 wurde der Sachverhalt des speziell adeligen Domkapitels in Würzburg auch vom Papst ausdrücklich bestätigt. Der Nachweis adeliger Herkunft für die Aufnahme in das Domkapitel war nicht ganz so rigide wie in Mainz und Bamberg, wo 16 adelige Ahnen nachgewiesen werden mußten. Im Kapitel Würzburg galt als Ahnenprobe die Norm von vier, später acht adeligen Vorfahren. Um das Domkapitel gegenüber Kandidaten aus den untersten Adelsschichten abzugrenzen, mußte seit dem späten 15. Jahrhundert auch der Nachweis der Turnierfähigkeit erbracht werden. Zeichen des auch verfassungsmäßig errungenen Machteinflusses im Hochstift ist die Formulierung *unser Herren dez capitels und stiffts zu Wirtzburg*. Das Domkapitel wurde auffälligster Ausdruck der spätmittelalterlichen Adelskirche in Franken.

4. *Die Gesellschaft in mainfränkischen Klostergemeinschaften*

Wie andere Landschaften ist auch das mittelalterlich-christliche Mainfranken vom aktiven und kontemplativen Mönchtum mitgeprägt worden, auch wenn das Kloster zunächst eine Welt für sich war. Wesentlich für unsere Fragestellung ist zunächst die – zumindest theoretische – Geschlossenheit der jeweiligen monastischen Gemeinschaft. Sie ist in besonderem Maße eine Hausgemeinschaft. Der Verband der Mönche und auch der Konversen ist seiner Struktur nach familiär angelegt. Der jeweilige Abt steht als Vater an der Spitze seiner monastischen Brüdergemeinde. Der Klosternachwuchs wurde in der Regel schon von Kindheit an ›im Hause‹ herangebildet, wobei die Klosterschule ein wichtiges Teilsystem der monastischen Hausgemeinschaft wurde. Auch das Klosterspital ist ein integrierender Teil dieser auf Lebenszeit hin ausgerichteten klösterlichen Hausgemeinschaft; es wurde im Spätmittelalter Modell für die städtischen Spitäler. Schließlich wurden auch die Klosterbauten, vornehmlich die Kirche, je nach den Ordensregeln konzipiert, denn das Nachdenken über den Geist der Regel führte dazu, daß man die Gestalt der einzelnen Gebäude dem Rang ihrer Funktionen entsprechend zu gestalten versucht hat. Die Mönchsregel bestimmte zudem den ganzen Tagesablauf für den einzelnen wie für die Gemeinschaft.

Für das Spätmittelalter genügt es nicht, die fränkischen Klöster und Stifte als monastische Institutionen zu umschreiben, die von einer Regel geprägt sind, Toten- und Armensorge pflegen, Buße und liturgisches Gedenken. Die Mönchswelt vieler geistlicher Kommunitäten Frankens ist zutiefst in die Adelswelt eingebunden. Die Cohabitation von Mönchen und Adeligen, die auf den Ausbau ihrer Familienbeziehungen und ihrer Herrschaften bedacht waren, war zwar für beide in gewissen Graden notwendig, erwies sich aber für das Kloster als sehr konfliktreich und für eigentlich monastische Ziele teilweise verhängnisvoll. Die ständischen Gesichtspunkte traten beim Aufnahmeverfahren immer mehr hervor. Waren im 11. und frühen 12. Jahrhundert viele junge Adelige in Klöster eingetreten, um dort in strenger Armut und Askese unter Aufhebung aller Standesschranken die Nachfolge Christi einzuüben, so änderte sich das Bild seit dem 12./13. Jahrhundert unübersehbar. Schon die hl. Hildegard von Bingen (1098–1179) machte mit theologischer Begründung die Schwierigkeiten des Zusammenlebens im Kloster deutlich. Als ihr Tenxwind, eine andere rheinische Klostervorsteherin, vorhielt, daß sie im Widerspruch zu den Sozialvorstellungen der Hl. Schrift in ihrem Konvent nur adelige Jungfrauen aufnehme, den nicht-adeligen und weniger begüterten Bewerberinnen dagegen den Zutritt zur Gemeinschaft der Bräute Christi verweigere, da entgegnete Hildegard mit aristokratischem Selbstbewußtsein: *Welcher Mensch pfercht seine ganze Herde unterschiedslos im Stall zusammen?* Hildegards Vorstellungen über die ideale Zusammensetzung eines Frauenkonvents rechtfertigen die bestehende Sozialordnung, die auch dem Kloster angepaßt sei. Hier ist nichts mehr zu verspüren vom leidenschaftlichen Kampf der Klosterreformer um die Freiheit der Klöster von laikaler Bevormundung.

Ganz allgemein gilt auch für die zisterziensische Klosterherrschaft Frankens der Erlaß des 1188 abgehaltenen zisterziensischen Generalkapitels, daß Adelige, die dem Orden beitreten wollen, nur noch Mönche, nicht mehr Konversen werden dürfen. Diese Konversen oder Laienbrüder, die vornehmlich für Spezialarbeit und landwirtschaftliche Arbeit auf den klösterlichen Grangien eingesetzt wurden, hatten ihrem Abt gegenüber lebenslange Gehorsamspflicht; bildungsmäßig aber erreichten sie nicht den Status der Mönche. Die zisterziensische Konversenregel bestimmt: *Kein Konverse darf ein Buch besitzen, und er darf nichts lernen außer dem Vaterunser, dem Glaubensbekenntnis und dem Miserere. Was er sonst noch lernen soll, ... soll er nicht schriftlich besitzen, sondern nur auswendig lernen.* Die soziale Basis für den großartigen zisterziensischen Landesausbau, wie ihn etwa die Klöster Ebrach oder Bronnbach zeigen, war eine »innerklösterliche Funktions- und Standestrennung von unversöhnlicher Härte«.[5] Auch innerhalb des Mönchskonvents konnte es zu ernsthaften Konflikten um Statussymbole und unterschiedliches Essen kommen. Die Zisterzienser von Heilsbronn (Mittelfranken), das in der Nähe Würzburgs beträchtliche Weinberge besaß, überwarfen sich aus folgenden Gründen mit ihrem Abt: Die Mönche müssen Bohnen essen, der Abt ißt Fleisch. Mönche gehen zu Fuß, der Abt reitet auf einem prächtigen Pferd.

Das Benediktinerkloster Münsterschwarzach scheint bereits im beginnenden 14. Jahrhundert schwere innere Konflikte ausgetragen zu haben, so daß eine Reihe von Schwarzacher Mönchen außerhalb des Klosters umherschweiften. Der Würzburger Bischof geht gegen sie vor und versucht, sie zu ergreifen. Die eigentlichen Ursachen dieses innerklösterlichen Konflikts sind freilich nicht bekannt. 1473 schlossen sich Abt und Konvent von Münsterschwarzach der Bursfelder Observanz an, 1489 erließ Bischof Rudolf II.von Scherenberg Reformstatuten für das Kloster.[6] Auch im traditionsreichen Würzburger Benediktinerkloster St. Stephan hatte das monastische Leben des frühen 14. Jahrhunderts nurmehr wenig mit der Benediktsregel gemein, denn es »hatten die einzelnen officia eigenständige Einkünfte; ein Privatvermögen der Mönche war üblich und wurde gebilligt, die vita communis war nicht nur im wirtschaftlichen, sondern auch im spirituellen Bereich weitgehend aufgehoben«.[7]

Für viele Klöster und Stifte lassen die Quellen bis in das 15. Jahrhundert, ja bis in die Neuzeit keinen Schluß auf die soziale Zusammensetzung des Konvents zu. Man muß sich davor hüten, spätere Konventszustände zurückzuprojizieren. Eine Reihe von Klöstern nahmen durchaus nicht nur Adelige, sondern auch Bürgerliche auf. Nur handelte es sich bei diesen Bürgersöhnen und Töchtern im wesentlichen um Nachkommen der städtischen Oberschicht, was keine großen Unterschiede zum Adel macht, zumal viele Patrizierfamilien ministerialischen Ursprungs waren. Insgesamt bietet sich ein gewichtiges Indiz für die aristokratische Konventsstruktur eines Klosters: es ist die geringe Konventsstärke. Der Eintritt ins Kloster war durchaus begehrt – nicht nur aus religiösen, sondern auch aus wirtschaftlichen Gründen. Kleine Konvente zeigen daher oft an, daß sie bewußt nicht alle Klosteraspiranten aufnahmen, um die Pfründe der klösterlichen Grundherrschaft besser in wenigen Händen verteilen zu können.

So lassen sich beispielsweise in der Abtei Komburg[8] 1287 12 Konventualen feststellen. 1341 wird freilich die Abhaltung des Gottesdienstes in der Klosterkirche wegen der geringen Mönchszahl gefährdet. 1343 und 1345 haben Reformen die Zahl von 24 Konventualen festgelegt. Aber bei den Abtswahlen von 1360 und 1377 gaben nur 8 bzw. 7 Konventsmitglieder ihre Stimme ab. Bei der Abtswahl von 1449 werden 13 Mönche sichtbar. Im ausgehenden 15. Jahrhundert sinkt ihre Zahl wieder.

Im 13. Jahrhundert sind in Komburg lediglich zahlreiche Mönche aus Patrizier- und Ministerialenfamilien der Stadt Hall bekannt. Hier scheint sich erst im 15. Jahrhundert während der Auseinandersetzung um die Reform des Klosters die Meinung durchgesetzt zu haben, nichtadelige Mönche dürfen nicht aufgenommen werden. Aber auch im 13. und 14. Jahrhundert wird man in diesem Kloster nicht erwarten dürfen, daß Vertreter aus den Unterschichten aufgenommen wurden.

Besonders dramatisch und hartnäckig verlief die Auseinandersetzung um die Reform des Kloster Amorbach im Odenwald, dessen Konvent im 14. und frühen 15. Jahrhundert nurmehr den Mitgliedern des Adels der Umgebung zugänglich war. Als der Reformabt Dietrich von Kuntich (1406–1428), selbst dem Odenwälder Adel entstammend, nach der Teilnahme am Konstanzer Konzil (1417) etwa um 1420 das Adelsprivileg für die Mönchsaufnahme beseitigte, die Ordenszucht wieder herzustellen suchte und alle Tendenzen zu einem weltlichen Stift abschnitt, konnte er sich nicht mehr in seinem Kloster halten. Er mußte sich in einen benachbarten Klosterhof zurückziehen und konnte die Abtei nur noch bewaffnet und mit militärischem Anhang betreten. Sein Prior, der die Reformhaltung des Abts im Kloster weiter durchzusetzen versuchte, wurde von seinen adeligen Mitbrüdern erschlagen. Erst der Nachfolger – und Neffe – Abt Dietrichs, Heinrich (1428–1456), vermochte das Kloster wirkungsvoll zu reformieren und es auch für *armer lute kind* zu öffnen; eine neue geistliche, geistige und wirtschaftliche Blütezeit Amorbachs war die Folge.

Auch die mächtige Reichsabtei Fulda, die weit nach Unterfranken hinein ausstrahlte, gehörte zu jenen Klöstern, die den fränkischen Rittern die Möglichkeit boten, die überzähligen Kinder standesgemäß zu versorgen, ohne tief in die Substanz des Familienbesitzes eingreifen zu müssen.

Ulrich von Hutten, einer der bedeutendsten Vertreter des deutschen Humanismus, 1488 auf der väterlichen Burg Steckelberg in Franken geboren, war von seinem gleichnamigen Vater zum Mönch der Abtei Fulda bestimmt worden, wo er eine gründliche humanistische Ausbildung erhielt. Mitglieder der Hutten-Familie hatten seit langem Beziehungen zu Fulda. Weshalb Ulrich von Hutten als ältester Sohn der Familie elfjährig ins Kloster Fulda kam, wird nirgends gesagt. Möglicherweise lag die Ursache in seiner kränklichen und zarten Natur. Ulrich blieb aber nicht in der Reichsabtei; nach seiner eigenen Aussage habe er auch nicht die klösterlichen Gelübde abgelegt.

Die Frauenklöster Frankens waren keineswegs weniger dem adeligen Einfluß ausgesetzt, im Gegenteil: Viele dieser Frauenklöster waren im 12. und 13. Jahrhundert von Grafen- und Herrenfamilien geschaffen worden, vornehmlich unter dem Aspekt der Versorgung der eigenen Töchter und jener ihrer Ministerialen (z. B. Himmelthal, Seligenthal, St. Gotthardsberg). Dabei handelt es sich vielfach um Klöster, die einem Orden strenger Obser-

vanz angehörten, wie etwa der Dominikanerinnen oder Zisterzienserinnen. 1397 wurde für das Rothenburger Dominikanerinnenkloster von seiten des Dominikanergenerals festgelegt, daß künftighin abwechselnd *nach einer edlen tochter ... eins bürgers tochter und nach eins bürgers tochter ein edele tochter* aufgenommen werden solle. Trotzdem blieb das Dominikanerinnenkloster fest in der Hand des Adels. Aber auch ältere Frauenklöster wurden durchaus von diesem Trend erfaßt. Der Würzburger Bischof versuchte im 15. Jahrhundert vergeblich, die altehrwürdige Benediktinerinnenabtei Kitzingen zu reformieren. Die Nonnen – und deren Familien – konnten das alte Herkommen erfolgreich verteidigen, das auch die Ordensregelpflichten reduziert hatte.[9]
Wir sehen also: wie andernorts entwickelten sich auch in Mainfranken viele Klöster zu Versorgungsanstalten, zu ›Hospitälern des Adels‹. Diese Zweckentfremdung durch den Adel wurde im ausgehenden Mittelalter zwar heftig kritisiert; das Problem zu lösen, war aber durchaus schwierig. Seit dem frühen 15. Jahrhundert entstehen in Süddeutschland monastische Reformzentren, die oft von Bischöfen und Landesherren unterstützt werden. Hinter der Forderung nach einer inneren Reform der Konvente steht ein Zentralproblem: die Öffnung des Konvents gegenüber breiteren Schichten. Da viele Adelsfamilien einzelne Klöster reich beschenkt, womöglich sogar gegründet hatten, bestanden Ansprüche dieser Familien auf die Pfründe des jeweiligen Klosters. Das bedeutet, daß viele adelige Söhne und Töchter nicht in erster Linie aus Berufung, sondern aus Versorgungsgründen und aus adeliger Hauspolitik zur Erhaltung des Erbbesitzes in das Kloster eintraten. Damit sollte aber auch gewährleistet sein, daß diese adeligen Mönche oder Nonnen ihre aristokratische Lebensform einigermaßen beibehalten konnten, was bei einer Aufnahme von Bürgerlichen und Bauernsöhnen nicht gewährleistet war. Diese Lebensform war nur schwer mit strengen Klosterregeln, Gelübden und Klausur zu vereinbaren.

5. *Der höhere Adel*

Alle mainfränkischen Grafen und edelfreien Herren des Spätmittelalters lassen sich mindestens bis in die erste Hälfte des 12. Jahrhunderts zurückführen. Die Grafen von Henneberg haben bereits im 11. Jahrhundert eine Vorreiterstellung innerhalb ihrer gräflichen Gesellschaft; sie sind als Vertraute des Königs Burggrafen von Würzburg und gleichzeitig Hochstiftsvögte. Besonderes Kennzeichen fast aller fränkischen Grafen ist ihre Königsnähe spätestens seit Kaiser Friedrich I. Barbarossa. Das Jahrhundert ist in Franken schon seit 1125 durch heftiges territorialstaatliches Ringen und gleichzeitiges Vordringen der Staufer gekennzeichnet. Dabei drängen sich zunächst nicht in erster Linie die alten reichskirchlichen Herrschaftskräfte vor, sondern vor allem der König, seine Ministerialen und seine adeligen Vasallen: Stützpunktbildung vornehmlich am Main ist geradezu das Motto der Zeit. Kirchenvogteien und Kirchenlehen spielen in diesem Rahmen hier wie andernorts eine beträchtliche Rolle, und ideale Stützpunkte sind nun eben die festen Höhenburgen neuen Typs.

Wie die drastische Eindämmung der Mainzölle durch Friedrich Barbarossa zeigt, sind die neuen Burgherren vor 1157 zunehmend dabei, den Mainverkehr durch Zölle für sich fiskalisch nutzbar zu machen. Man wundert sich, weshalb dem Staufer, der ja sonst einen starken Zugriff auf die Mainlande hat, diese königliche Zollpolitik nicht gelingt, obgleich schiffbare Flüsse, Treidelwege, Fernstraßen, aber auch Zoll und Geleit zu den königlichen Regalien gehören. Die Antwort ist einfach: Die neuen Zolleinnehmer sind im wesentlichen enge Mitarbeiter des Königs, denen er verpflichtet ist. Ältestes Quellenbeispiel unseres Raumes ist Wertheim: Burg und Zoll werden erstmals 1183 genannt, als Graf Poppo I. von Wertheim der Abtei Altenberg bei Köln in seiner Grafschaft Zollfreiheit für alle Güter gewährt, die zu Pferde, zu Fuß und zu Schiff an seiner Burg vorüberziehen. Daraus geht hervor, daß der Wertheimer Zoll des Grafen schon älter sein muß. 1192 ist dann auch von einem suburbium castri Wertheim die Rede. Was suburbium im Detail bedeutet, ist schwer zu sagen, doch dürfte mit Sicherheit der Markt eine Rolle gespielt haben, wie denn auch Zoll und Markt ganz allgemein in einem engen Verhältnis zueinander stehen. 1235 wird erstmals das Wertheimer Maß erwähnt, sichtbares Zeichen eines Zentralorts, und 1244 wird eine Urkunde ausdrücklich *in civitate nostra* Wertheim ausgestellt. Damit sind wichtige, ja konstitutive Elemente gräflicher Herrschaftsbildung genannt: Lehen, Kirchenvogtei, Burg und Markt bzw. Stadt.

Die Königsnähe, wohl auch königliche Amtsfunktion, drückt sich in diesem Kreise bald in Wappen aus: bei den Hennebergern und Wertheimern spielt der Reichsadler eine zentrale Rolle (Farbbild S. 447 und S. 416). Die Selbstdarstellung in Wappen und Siegel ist ohne Zweifel von entscheidender Bedeutung für die einzelne Familie oder Person. Es kann nicht Nebensache sein, daß sich der hohe Dynastenadel seit dem 12. Jahrhundert bis weit ins 14. /15. Jahrhundert in seinen Siegeln mit Vorliebe als Krieger, und zwar als Reiter, darstellt (Abb. S. 416).

Auffallend ist dabei, daß gerade anfangs jene Adeligen mit dem höchsten Rang, nämlich die Herzöge, diese Selbstdarstellung wählten, an der sich dann weitere Dynastenschichten orientierten. Schon aus dem 11. Jahrhundert besitzen wir eine Reihe von Herzogssiegeln, die den *dux* stehend darstellen, mit Helm und Kettenhemd bewaffnet, in der Linken einen spitz-

Siegel der Grafen Ludwig von Rieneck (1229) und Poppo IV. von Wertheim (1275). Aus: Breuberg – Bund, Sonderveröffentlichung 1972, S. 7 bzw. 9.

ovalen Schild, in der Rechten eine Fahnenlanze. Dieser Typus ist bezeichnenderweise königlichen Siegeln entnommen, wie wir sie von Otto III. und Konrad II. kennen. Diesen Standbildtypus wählt dann in der ersten Hälfte des 12. Jahrhunderts der Markgraf von Cham-Vohburg in Bayern und am Ende des Jahrhunderts (1185) Graf Poppo I. von Wertheim, in dieser Zeit eine fast einmalige Erscheinung unter den deutschen Grafen. Wie die weltlichen Herzöge knüpften sie an königliche Siegelembleme an, freilich an solche, die von den Königen bereits nicht mehr verwendet wurden.
Eindrucksvolles Selbstverständnis der Grafen von Rieneck zeigen ihre Reitersiegel, die sie – für deutsche Verhältnisse außerordentlich früh – von spätestens 1155 bis 1319 gewissermaßen als juristischen Ausweis ihrer hervorragenden Qualität den Urkunden beigaben. Dazu kommt in der Mitte des 13. Jahrhunderts noch ein weiterer, besonders exquisiter Erweis vornehmer höfischer Herkunft. Der Dichter Konrad von Würzburg, in Basel wirkend, behauptet in seiner Verserzählung ›Der Schwanritter‹, daß die Grafen von Rieneck neben den Grafen von Geldern und Cleve Nachkommen Lohengrins seien. *ir künne wart in manec lant geteilt harte wîte, daz noch aldâ zu strîte den swanen füeret unde treit.* Konrad von Würzburg kannte die fränkischen Grafen offenbar aus seiner Heimat. Die Art und Weise genealogischer Legitimation braucht uns hier nicht zu kümmern. Entscheidend ist, daß es nicht nur bei einer literarischen Bemerkung bleibt, sondern daß die Rienecker Grafen tatsächlich in der Mitte des 13. Jahrhunderts den Schwan als Helmzier übernehmen. Über die Tochter Graf Ludwigs III. von Rieneck, Elisabeth, die einen Herrn von Hanau heiratete, gelangte der Schwan als Helmzier auch in das Haus Hanau.
Umreißen wir wenigstens kurz den politischen Entwicklungsprozeß der mainfränkischen Grafen und edelfreien Herren seit dem 12. Jahrhundert.

Wir hatten bereits deren nutzbringende Königsnähe betont. 1168 mußten sie sogar als Anwesende und Zeugen die Erhöhung und Territorialisierung des Würzburger bischöflichen Herrschaftsgebildes in der sogenannten ›Güldenen Freiheit‹ hinnehmen. Dies erscheint widersprüchlich: hier die scheinbare Machtausdehnung des Bischofs auch in den Grafschaften, dort die Grafen, die stets dem Kaiser beigestanden waren. Auf den ersten Blick möchte man meinen, daß die fränkischen Grafen ihr ›Todesurteil‹ auf Befehl Friedrich Barbarossas in der berühmten Würzburger Herzogsurkunde selbst unterschreiben mußten. Aber dies kann so nicht gewesen sein. Das Diplom schreibt wohl nur neben dem Herzogstitel des Bischofs das von diesem bislang Erreichte fest. Mit dem Ergebnis konnte der fränkische Hochadel sehr wohl weiterleben. Von einer Landsässigmachung dieser Geschlechter konnte jedenfalls keine Rede sein. Schwieriger wurde es wohl erst mit dem Niedergang der Staufer.
In der Mitte des 13. Jahrhunderts fand vor allem im Osten Frankens ein gewaltiger Umschichtungsprozeß statt. Ursache war das Aussterben der Grafen von Andechs, Herzöge von Meranien. Aber auch im Maindreieck und Mainviereck wird die Lage für manche Grafen kritisch. Die Grafen von Rieneck werden von zwei geistlichen Fürstentümern in die Schranken gewiesen, von Mainz und Würzburg, die Henneberger vornehmlich von Würzburg.
Während dem grandiosen stauferzeitlichen Aufstieg der Herren und Grafen von Dürn im endenden 13. Jahrhundert ein rapider territorialer Zersetzungsprozeß und wirtschaftlicher Bankrott und endlich das rasche Aussterben des Adelshauses folgte, konnten die Grafen von Wertheim, die gleichzeitig eine Schwächephase erlebten, zwischen den Blöcken Kurmainz und Würzburg ein beachtliches gräfliches Territorium konsolidieren. Kennzeichnend dafür ist nicht zuletzt der überaus umfangreiche Wertheimer Lehenhof, der seit dem 15. Jahrhundert belegt ist.
Noch instruktiver ist die Verbreitung wertheimischer Leibeigenschaft: 1544 werden in rund 170 Orten 1865 leibeigene Familien der Grafen sichtbar. Das Verbreitungsgebiet deckt sich stark mit jenem der Wertheimer Aktiv-Lehen.
Nach dem Interregnum wurde Franken bald wieder zu einer königsnahen Landschaft und einer der wichtigsten Rekrutierungsräume für Ratgeber und Helfer des Königs. Davon profitierten die Grafen und Herren Frankens, insbesondere die Zollern als Burggrafen von Nürnberg und nachmalige Markgrafen, ebenso die Herren (später Grafen) von Hohenlohe. Unter Ludwig dem Baiern sind zusätzlich die Herren und Grafen von Hanau zu nennen, unter den Luxemburgern besonders die Grafen von Wertheim. Ansonsten traten aber die Grafen von Rieneck, Wertheim, Castell, auch die

Schenken von Erbach im Dienste des Königs bzw. Kaisers wenig hervor. »Das hatte zur Folge, daß sie im Prozeß der territorialen Vereinheitlichung und Verdichtung von Herrschaft, vor allem seit er sich im 15. Jahrhundert zunehmend beschleunigte, mit den großen Fürstenhäusern, aber auch mit den eigenen Standesgenossen königsferner Zonen ... immer weniger mithalten konnten.«[10]
Ein zentrales Strukturmerkmal für den höheren wie für den niederen Adel waren – weit über das Mittelalter hinaus – die Heiratsverbindungen der einzelnen Familien. Familiäre Beziehungen waren für den Adel wie überhaupt für die Gesellschaft des späten Mittelalters eine ganz entscheidende Klammer. Die Ehe hatte vor allem die Aufgabe, die Familie und ihren Wohlstand zu erhalten. E. Böhme hat die Ehen des fränkischen Grafen- und Herrenverbandes untersucht und ist für den Ausgang des Mittelalters (letztes Viertel des 15. Jahrhunderts bis 1530) zu folgenden Ergebnissen gekommen: Von den 58 Ehen, die in dieser Zeit Vertreter dieser Gesellschaft schlossen, wurden 41 (70%) mit Standesgenossen eingegangen, 11 mit Niederadeligen (Rittern), 4 mit Angehörigen des Fürstenstandes und 2 mit Bürgerlichen. An den Fürstenehen waren indes nur zwei Familien beteiligt, die Grafen von Henneberg, deren Grafschaft ohnehin schon gefürstet war, und die Grafen von Hohenlohe, die besonders enge Verbindungen zum Fürstenstand suchten. In der hohen Zahl der Ehen mit ritterschaftlichen Partnern spiegelt sich die enge Verflochtenheit des höheren mit dem Niederadel wider. Beide Schichten hatten besonders gegenüber dem Hochstift Würzburg gleichartige Interessen. Zwischen Grafen und Ritterschaft bestand ein schon traditionelles Konnubium von größerem Umfang. Bürgerlich-patrizische Verbindungen der fränkischen Grafenhäuser waren und blieben eine Randerscheinung. Bei weitem die größte Gruppe der eingegangenen Ehen des höheren fränkischen Adels bildeten also diejenigen zwischen den Standesgenossen der Grafen und Herren. Im 16. Jahrhundert veränderten sich die Rahmenbedingungen des höheren Adels in Mainfranken erheblich, da zwei der vornehmsten Familien ausstarben, die Grafen von Wertheim (1556) und die Grafen von Rieneck (1559).

6. *Der Niederadel*

Gesellschaftlich kennzeichnet die Zeit zwischen der Mitte des 11. Jahrhunderts und dem frühen 13. Jahrhundert als Aufbruchszeitalter wohl nichts so sehr wie die Entwicklung der Ministerialität. Unsichere Vasallitätsverhältnisse wurden durch die Herren, besonders .durch König und Kirche, zunehmend aufgebrochen und neben den adeligen Vasallen vermehrt Unfreie für vielerlei Dienste im agrarischen, verwaltungstechnischen und vor allem auch im militärischen Bereich eingesetzt. In Franken dominierte Reichs- (bzw. Königs-) und Bischofsministerialität, deren Einfluß immer mehr erstarkte, wie die Untersuchung von Johanna Reimann verdeutlicht. Daneben gab es durchaus auch kleinere Ministerialenverbände der Grafen und edelfreien Herren.

Es gibt keinen Hinweis, daß sich diese unfreien Dienstmannen und die Ministerialenverbände der einzelnen Herren (die bambergischen Ministerialen waren besonders privilegiert) irgendwie noch an den kulturellen Wertmaßstäben ihres Herkunftsmilieus orientierten. Die neue Dienstmannenschicht suchte sich vielmehr rasch als milites (Ritter) zu identifizieren, ohne sich gegenüber dem alten Adel abzugrenzen. Diese Identifikation verlief einmal über gleichartige Aufgaben (Kriegsdienst, Burghut, Verwaltung, Ämter usw.), aber auch über gemeinsame, ursprünglich rein altadelige Symbole (typische Kleidung, Waffenschmuck, Wappen, Standessprache unter anderem) und Attitüden, die die Funktionen hatten, die Distanz zur übrigen unfreien Bevölkerung anzuzeigen und die eigenen Aufstiegserwartungen zu stärken. Da die oft rüde zupackende Dienstmannschaft für den König und die werdenden Landesherren, wie etwa für den Würzburger Bischof, unentbehrlich war und innerhalb der Ministerialität sich eine starke, offenbar auch politisch wirksame Gruppierung um Verwandschaftsysteme ähnlich wie beim alten Adel entwickelte, wurde sie zu einer politischen Kraft ersten Ranges. In Würzburg zeigt sich dies erstmals bei der Ermordung Bischof Konrads von Querfurt 1202 durch seine eigenen Hochstiftsministerialen. Das Ereignis von Würzburg steht nicht allein da. Es fügt sich in eine ganze Reihe von Vorfällen ein, die die gewaltsame Emanzipation der in diesen Fragen offenbar solidarischen Dienstmannschaften aufzeigen. Gleichzeitig haben diese stauferzeitlichen Dienstmannen, die sich teilweise seit etwa 1200 auch den nobilis-Titel zulegten, bereits eigene Burgen errichtet, wobei sicherlich der Konsens der Dienstherren nötig war. Ihre Dienstlehen wurden zunehmend zu vererbbaren Vasallenlehen. Damit wurde im Grunde schon der ›landsässige Niederadel‹ konstituiert, der weitgehend aus der Dienstmannschaft hervorgegangen war.

Seit dem Ende der Stauferzeit konnten sich nicht nur die ehemaligen Reichsministerialen, sondern auch die zu niederadeligen Vasallen gewordenen Dienstmannen der fränkischen Territorialherren nach und nach verselbständigen und eigene Kleinherrschaften bilden, ohne dabei völlig ihre bisherigen Beziehungen zu ihren Herren aufzugeben.

In zahlreichen Dörfern, in denen heute kein adeliger Ansitz mehr zu entdecken ist, saßen wirtschaftlich meist bescheidene Niederadelsfamilien kleinen Zuschnitts, die sich Ritter oder Edelknechte nannten. Es wäre aber völlig falsch, von einer generellen Verarmungssituation fränkischer Ritter auszugehen. Eine ganze Reihe von Ritterfamilien haben es zu beachtlichem Reichtum gebracht, manche konnten zudem in den Edelfreienstand einheiraten wie etwa die Schenken von Erbach (im Odenwald), die ähnlich wie die Schwarzenberger Linie der Seinsheim schließlich sogar in den Reichsfürstenstand aufstiegen. Andere Ritterfamilien, deren wirtschaftliches Beziehungsgeflecht erstaunlich weitläufig war, sind vor allem die Herren von Berlichingen, deren Besitz bis in die Würzburger Umgebung reichte, die Rüdt von Collenberg, die Ritter von Seinsheim und die Herren von Bickenbach (Farbbild S. 447).

Was auch ärmeren Ritterfamilien das wirtschaftliche und gesellschaftliche Weiterleben ermöglichte, war der Umstand, daß sie echte Mannlehen bei weitem nicht nur von ihrem ursprünglichen Dienstherrn, sondern von anderen Lehensherren erwerben konnten. Die meisten Wertheimer Lehensträger begegnen wieder in den Würzburger Lehenbüchern, viele auch als pfälzische und mainzische Lehensträger. Die klösterlichen Lehen scheinen zum Zeitpunkt innerklösterlicher Wirren besonders geeignet gewesen zu sein zur Allodialisierung des ehemaligen Klosterbesitzes. Wenn niederadeliger Eigenbesitz im Spätmittelalter auftaucht, dann ist noch nicht gesagt, daß dies ein älterer Zustand ist. So erwähnt ein Verzeichnis der Ritter von Dürn aus dem 16. Jahrhundert drei Orte, wo diese Eigen besitzen, betont aber gleichzeitig, daß dieser Besitz einst dem Kloster Amorbach gehörte und diesen *die von Dürn an sich gebracht* haben. Der Sachverhalt der vorhandenem Lehenbücher und Lehensbeschriebe geistlicher und weltlicher Herrschaften legt es nahe, daß man in der Regel wenig niederadeligen Eigenbesitz, als Gros des ritterlichen Besitzes dagegen Lehen verschiedenster Provenienz und Qualität annehmen darf. Der bekannte Götz von Berlichingen hatte insgesamt beachtlichen Lehensbesitz von nicht weniger als zehn Lehensherren. Ein weiteres Musterbeispiel sind die Echter.

Hatto Kallfelz weist darauf hin, daß die Echter dem Odenwaldraum entstammten und diese ihre ältesten bekannten Lehen bereits in der ersten Hälfte des 14. Jahrhunderts von den Schenken von Erbach entgegennahmen. Diese Erbachschen Lehen der Echter sind in vieler Hinsicht interessant, besonders wegen ihrer Streulage, aber auch wegen ihrer Kleinteiligkeit.

Peter III. Echter, der Vater des Würzburger Bischofs Julius Echter, hatte die Familienlehen gemeinsam mit seinen Onkeln und seinem Bruder inne, also als Ganerbschaft, nach deren Tod aber vereinigte er sämtliche Familienlehen in seiner Hand. Auffällig ist dabei die Vielfalt der Lehensherren. Insgesamt sind es sieben Herrschaften, von denen Peter III. Echter und

seine Vorfahren Lehen empfingen: Erzstift Mainz, Hochstift Speyer, Kollegiatstift St. Peter und Alexander in Aschaffenburg, ferner Kurpfalz, Landgrafschaft Hessen, Grafschaft Erbach und Grafschaft Rieneck. Damit wird ein beachtlicher Aktionskreis einer Niederadelsfamilie sichtbar. Die Mainzer Lehen lagen fast durchwegs im Spessart, einige wenige im Umkreis von Tauberbischofsheim. Die Kurpfälzer, Erbacher und hessischen Lehen dagegen lagen an der Bergstraße sowie im Odenwald. Ob eine derartige extensive Verteilung grundherrschaftlicher Lehensobjekte wirtschaftlich effektiv war, muß wohl von Fall zu Fall entschieden werden.
Vielfach läßt sich beobachten, daß im Falle von Geldschwierigkeiten einer Ritterfamilie die Verwandtschaft einsprang, so daß man in wirtschaftlichen Krisenzeiten nicht an Klöster oder Territorialherren verkaufen bzw. verpfänden mußte, sondern in der Regel an ein anderes Familienmitglied. Ein Besitzschwund konnte damit meist verhindert werden.
Zwischen nördlichem Mainviereck und Maindreieck fällt dagegen allgemein auf, daß der Niederadel, abgesehen von seiner Erwähnung in den Lehenbüchern, vornehmlich in Verkaufsurkunden erwähnt wird. Die gelegentliche Betonung in Rechtsgeschäften, daß ein Ritter Besitz aus dringender Not verkauft, ist wohl keine leere Floskel. Im wertheimischen Herrschaftsbereich sind zwar im 14. Jahrhundert fast in jedem Ort ritterbürtige Familien greifbar, zu Beginn des 16. Jahrhunderts aber sind sie fast völlig verschwunden. Dieser Sachverhalt spricht für sich. Konnte der Niederadel im Umkreis der Abtei Amorbach seine bevogteten Bauern noch im 15. Jahrhundert gegen den Klosterherrn aufstacheln, um selbst daraus wirtschaftlich und rechtlich zu profitieren, so ist es im Raum zwischen Spessart und Würzburg umgekehrt. Hier operieren die bäuerlichen Gemeinden mit wohlwollendem Konsens des wertheimischen Dorfherrn offenbar weitgehend effektiv gegen den Niederadel. Im 1410 verfaßten Weistum von Remlingen ist jeder Dorfgenosse, *der da siczet und wazzer und weide nuzet*, unterschiedslos ob adelig oder nicht, zur Teilnahme an den jährlichen Gerichtstagen verpflichtet, d. h. er ist auch der Gemeindeordnung unterworfen.
Noch einen Schritt weiter geht das Weistum für Steinfeld von 1450, wo es heißt: Wer im Dorf ansässig ist, ist unfrei, auch wenn er edler Abkunft wäre. Deshalb soll auch kein Adeliger dort Schultheiß oder Gerichtsvorsitzender sein. Wesentlich besser scheinen die Strukturbedingungen im Grabfeld und im Vorland der Haßberge gewesen zu sein, so daß dort zahlreiche Ritter aus dem Dissens zwischen Würzburg und Henneberg, die oft beide ihre Lehensherren waren, Kapital schlagen konnten. Hier und im Umland des Odenwaldes konnten sich auch viele Familien emanzipieren und im 16. Jahrhundert der Reichsritterschaft beitreten.

Tief eingeprägt in die Volksmeinung ist die Vorstellung von Raubrittern, die mehr oder weniger alle Burgen beherrscht haben sollten, von denen aus sie ihr Unwesen trieben. Dazu mag auch die ältere Kulturgeschichte beigetragen haben, die weitgehend aus literarischen Quellen des Mittelalters schöpfte. Die Zeitenklage der mittelhochdeutschen Dichtung ist aber ein Topos und erklärt sich eher aus strukturellen Veränderungen in der aristokratischen Gesellschaft. Die heutigen Vorstellungen von der spätmittelalterlichen Ritterfehde sind zudem stark geprägt vom Wirken eines Götz von Berlichingen bzw. genauer von dessen Autobiographie, oder von der großen Adelsfehde eines Franz von Sickingen. Otto Brunner hat in einem grundlegenden Werk über ›Land und Herrschaft‹ die Fehde zu einem wesentlichen Zugang zur mittelalterlichen Verfassungsgeschichte überhaupt gemacht: »Jede politische Geschichte des Mittelalters, die an der Fehde vorbeisieht, versperrt sich selbst den Zugang zu Einsichten, aus denen politisches Handeln im Mittelalter erst verstanden werden kann ... Alle mittelalterliche Politik vollzieht sich soweit sie an die Entscheidung der Waffen appelliert, im Wege der Fehde.«[11] Es versteht sich, daß der König bzw. Kaiser das Fehdewesen möglichst einzudämmen versuchte (Farbbild S. 447). Diesbezüglich waren die königlichen Landfrieden in Franken von großer Bedeutung; sie waren auch nicht unwirksam, da die Landfriedensteilnehmer auch den Landfrieden beschwören mußten. Über die fränkische Landfriedensorganisation des 14./15. Jahrhunderts und ihre Wirksamkeit, d. h. auch über eine Reihe von Fehdefällen, informiert die Quellensammlung von Gerhard Pfeiffer. Natürlicherweise spielt auch das leicht verletzbare Ehrverständnis des Adels bei Fehdefällen, auf die hier nicht einzeln eingegangen werden kann, eine große Rolle. Die kaiserlichen Landfrieden in Franken unterscheiden nun *rechte* und *unrechte* Fehde, die Landfriedensbrecher werden als *schändliche Personen* bezeichnet, deren Burg als *Raubhaus* charakterisiert. Als Straftaten der *unrechten Fehde* werden vor allem Raub, widerrechtliche Wegnahme von Gut, unrechte Fehdeansage bezeichnet. Es scheint auch im 14. Jahrhundert schon einzelne Straßenräuberbanden im Stile des ›Meier Helmbrecht‹ gegeben zu haben, gegen die man eine Art Polizeitruppe aufstellte. Der Leidtragende aller Fehden war vor allem der Bauer. Ob das spätmittelalterliche Raubrittertum seine Ursachen in der wirtschaftlichen Verarmung des Niederadels als Folge veränderter ökonomischer Rahmenbedingungen hatte, ist keineswegs geklärt und eher unwahrscheinlich. K. Andermann hat jüngst auch an fränkischen Beispielen gezeigt, daß zumindest eine ganze Reihe dieser Adelsfamilien beim älteren Usus der grundherrschaftlichen Getreideabgaben blieb, also durch Inflation der Geldreichnisse nicht ohne weiteres verarmen konnte. Obwohl sicherlich manche Niederadelsfamilien keine großen Sprünge machen konnten, kann doch von einer allgemeinen Verarmung des unterfränkischen Niederadels keine Rede sein. Wie die noch heute immer wieder feststellbare Präsenz vieler Adelsfamilien zeigt, hat es eine nicht geringe Zahl von Rittern verstanden, sich den veränderten ökonomischen Gegebenheiten anzupassen und gegebenenfalls die wirtschaftliche Situation sogar zu verbessern.

Wenn wir uns dem Lebensstil dieser fränkischen Ritter zuwenden, müssen wir uns bewußt sein, daß die Quellen in der Regel über die alltäglichen Probleme überhaupt nichts aussagen. Am aufschlußreichsten für die wirtschaftlichen Bedingungen in Burgen sind die Listen und Inventare jener Burgen, die 1525 von den Bauern zerstört worden waren. Über adelige Mentalitäten und entsprechende Lebenseinstellungen des Adels, vor allem des Niederadels, werden aber doch bezeichnende Sachverhalte überliefert. So drückt etwa der fränkische Markgraf Albrecht Achilles die Haltung vieler unterfränkischer Adeliger des 15. Jahrhunderts so aus: *wir haben nit studirt und halten uns lands gewonnheit und alts Herkommen.* Nur wenige verstanden sich auf Fremdsprachen und Schrift. Wer es sich leisten konnte, schickte seine Söhne – soweit sie nicht geistlich wurden – zur Einführung in das höfische Leben und in die gesellschaftlichen Richtlinien an einen fremden – nahen oder fernen – Fürstenhof. Dies war zumindest für den höheren Adel selbstverständlich. Der spätere Markgraf Albrecht Achilles, »Hauptstörenfried in der fränkischen Geschichte des 15. Jahrhunderts«,[12] der tief in die unterfränkische Herrschaftslandschaft einzudringen vermochte, lernte als Knappe am Hofe einer Königin ein besonderes Adelsbewußtsein, Menschenkenntnis, aber auch immerwährendes Mißtrauen und schließlich »die Freude an der Zote, das Prahlen mit seinen im Bette verrichteten Heldentaten, das wir bis ins hohe Alter in vielen Briefen ... finden«.[13] Der Ansbacher Hof Albrecht Achilles wurde aber auch Sammelpunkt ritterlichen Lebens, das er selbst mit folgenden stolzen Worten beschrieb: *Bei uns ist König Artus Hof mit Jagen, Hetzen, Stechen, Rennen und aller Kurzweil.* In der Tat wurden die glänzendsten Turniere des damaligen Reiches offenbar in Ansbach veranstaltet, so im Mai 1485, bei dem die Stadt mehr als 600 Personen mit 2000 Pferden unterzubringen hatte. Für 200 Turnierteilnehmer waren 1000 Wappner als Ordnungshüter eingesetzt. Die fränkische Kriegswirklichkeit des 15. Jahrhunderts spiegelt freilich nichts von jenen bei Festen praktizierten ritterlichen Idealen wider. Kampfspiel und Kampf bleiben zwei völlig getrennte Dinge.

Die früheste Erwähnung des Wortes Turnier steht in Verbindung mit Würzburg. Der große Geschichtsschreiber Otto von Freising berichtet zum Jahre 1127 von einem Kampfspiel, *quod vulgo nunc turneimentum dicitur.* Obgleich die Kirche lange die Turniere ablehnte, konnte sich der Würzburger Bischof auf die Dauer nicht dem gesellschaftlich-politischen Zwang entziehen, Turniere zu veranstalten oder zumindest in seiner Bischofsstadt zuzulassen. Das Bedürfnis nach Selbstprofilierung vieler vorwiegend junger Adeliger wird am besten durch die aufgezeichneten Turniere des hessischen Adeligen Philipp von Kronberg dokumentiert. Siebzehnjährig besuchte er 1410 sein erstes Turnier in Wiesbaden am 5. Oktober. Schon am 18. November besuchte er ein Turnier in Mainz, nur eine Woche später in Frankfurt, an Weihnachten in Boppard am Rhein. Nach der Winterpause turnierte er an Ostern 1411 erneut in Mainz, kurz darauf in Worms und am 21. Juni in Würzburg; an Martini 1411 turnierte er wiederum in Frankfurt. Die dichte Folge dieser Turnierbesuche läßt erahnen, daß es sich dabei um ein ausgesprochen teueres ritterliches ›Hobby‹ handelte, das auch an den Familienressourcen zehren mußte. Die Würzburger Turnierordnungen von 1479 machen auch im obligatorischen Personenaufwand die aristokratische Hierarchie bei den Turnieren deutlich: Ein Fürst sollte vier Knechte, ein Graf oder Herr drei, ein Ritter zwei Knechte haben. Ein einfacher Edelmann – wohl Edelknecht – mußte sich mit einem Knappen begnügen. Dabei mußte jeder, der am Turnier teilnehmen wollte, seine adelig-rittermäßige Herkunft durch Ahnenprobe erweisen. Am Würzburger Turnier des Jahres 1479 traf die fränkische Ritterschaft auch Vereinbarungen über die Turnierausrüstungen. Mit diesem Würzburger Ereignis von 1479 begann die kurze zweite Blütezeit landsmannschaftlicher Turniere. »Hinter dem bis 1487 währenden emsigen Getriebe verbarg sich aber der Schwanengesang des in solchem Festtaumel finanziell verblutenden Rittertums.«[14] Die Würzburger Stadtchronik beschreibt uns plastisch dieses Turnier und seine Teilnehmer, so daß wir in einzigartiger Weise das fränkische Turnierpanorama feststellen können:

Item a. d. (14)79. jar am sontag nach Obersten (I 10) ist hie zu Würtzburg von der ritterschaft und adel wegen zu Franckhen zugelassen ein thurnir by bischof Rudolpf von Schernberg, burgermeister Hans Brend und Engelhart Vick, also daß man die holm theilt am montag, dinstag und mitwochen; und uf den donnerstag darnach (I 14) wart der thurnir gehalten und vollfürt für Unser Frawen capeln uf dem Judenplatz von 12 uhren nach mitte tag bis uf eins. Undt es wart in der summ allenthalben in allen virteln der gantzen statt gestelt angeschriben pferdt 4073, undt an derselben summ findt man im Gawnhaimer virtel gestelt 833 pferdt, undt es plieben vil stallung im selben virtel ubrig undt ledig sten. Item es wurden auch diese nachgeschribene geschlecht der land, als hernach folget, zugelassen: Francken: item Henneberg, grafe, Weinspurg, Lympurg, herrn; ritter undt knecht: item Fuchse, Wolffskehle, Grumbach, Schenckh von Roßberg, Thüngen, Seckhendorff, Ryenhoffen, Ehenheim, Truchseßn von Wezhausen, Baldersheimb, Schauwenberg, Lichtenstein, Stein,

Aletzheim, Riedenn, Heßburg, Rosenberg, Ussickem, Truchseß von Bummerfelden, Maßbach, Münster, Redwitz, Marschalck zur Sney, Zollner zu Walchenfelt, Marschalckh von Ostheim, Wenckheimb, Herbelstatt, Landtschade, Zobel, Thünfelt, Tottenheimb, Veyt, Stetten, Berlichingen, Rottenhan, Saunsheimb, Egloffstein, Schenckh von Geyern, Fortsch, Wallenrode, Leonrode, Hirschberg, Zollner von Halberg, Geylingen, Esel, Sparneckh, Wilhelmsdorf, Künßberg, Bibra, Streitberg, Lentersheim, Wirsberg, Aufseß, Guttenberg, Gotzman, Vestenberg, Kreylsheim, Luchaw, Eybe, Ridern, Leyneckh genannt Schütz, Rewß von Plauen, herr zu Gretz, Brandenstein, Schleinitz, vom Ende.[15] Es folgt die Liste der Turnierteilnehmer aus Schwaben, Bayern, Rheinland und den westlichen Gebieten. Aufschlußreich ist ferner der Schluß des Berichts, da er notiert, welche Familien nicht zugelassen wurden, da sie – wohl weitgehend geringer adeliger Herkunft, bisweilen vielleicht auch wegen nicht ›untadeligen‹ ritterlichen Lebenslaufs – als nicht turnierfähig erklärt wurden.

Es dürfte deutlich geworden sein, daß trotz mehr oder weniger starker gesellschaftlicher Differenzierung zwischen höherem und niederem Adel und beachtlicher wirtschaftlicher Differenzierung innerhalb der fränkischen Ritterschaft gewisse Grundzüge adeliger Lebensführung gemeinsam waren, für die das feste ›Haus‹, die Burg, den Rahmen bot. Die vielfältigen Lehen unterfränkischer Ritter brachten notgedrungen Interessenkonflikte mit ihren Lehensherren. Was Ludwig von Eyb für das Markgrafentum Ansbach formulierte, gilt durchaus auch für den unterfränkischen Raum: *Die Ritterschaft unter dem Gebirg mit viel Fürsten und Herren versehen sind; wenn bei einem Fürsten oder Herrn die Rechtfertigung nicht eben ist, so rückt er zu einem anderen ... dadurch er Wegerung und Verzug erlangt.*[16] In der Regel vermochte sich der ritterbürtige Adel in die neue territorialstaatliche Ordnung des Erzstifts Mainz, der Hochstifte Würzburg und Bamberg und der zollerischen Markgraftümer einzuordnen und seinen sozialständischen und wirtschaftlichen Interessen dienstbar zu machen. Es gelang ihm, innerhalb des sich stabilisierenden territorialen Verwaltungsgefüges die tragenden Positionen der Lokalverwaltung (Ämter, Oberämter) zu besetzen, dadurch wie durch Lehenbindungen und verwandtschaftliche Beziehungen zum Domkapitel seinen politischen Einfluß und seine wirtschaftlichen Grundlagen noch zu verbessern.

7. *Stadt und städtische Gesellschaft*

Die Metropole Würzburg, Stadt des heiligen Kilian, ist seit dem frühen Mittelalter Symbol Frankens. Bezeichnend für Franken – vor allem Mainfranken – sind aber auch die vielen kleineren Städte und Städtchen. Die Häufung der Städte im Haupttal und an dessen Nebenflüssen findet man auch in den westlichen Nachbarlandschaften Frankens. Hier wie dort ist es die politische Aufsplitterung des Gebietes gewesen, die den Städtereichtum verursachte; Städtegründungen wurden allenthalben zu wichtigen Bausteinen bei der Durchsetzung territorialer Herrschaften. Die zahlreichen Städte und Städtchen Frankens zeugen nicht nur von Bürgersinn (Farbbild S. 448) und Wirtschaftskraft, sondern ebenso vom harten Ringen um die Intensivierung und Expandierung der jeweiligen Herrschaft. Zur fruchtbaren Entwicklung verhalfen aber Weinbau (Farbbild S. 448), Getreidebau, Marktwirtschaft (Farbbild S. 450) und Handel (Farbbild S. 449). Im einzelnen waren die Entwicklungsfaktoren recht verschieden. Trotz mancher Gemeinsamkeiten sind verschiedene Stadttypen entstanden; auffallend ist immer wieder das Individuelle einer solchen Stadt, sei es in der Platzgestaltung, im Fachwerk oder in öffentlichen Bauten wie Pfarrkirche, Rat- und Kaufhaus. Auch der landschaftliche Rahmen hat das Stadtbild mitbeeinflußt. Jede mainfränkische Stadt ist noch als Gesamtkörper erfaßbar. Sehen wir von den wenigen großen Industriestädten ab, erscheinen die meisten – trotz neuester Stadterweiterungen seit 1950 – als Bestandteil der Landschaft. Franken war stets eine Landschaft der kleinen Städte – bis heute.

Eine Sonderrolle unter den mainfränkischen Städten des Spätmittelalters spielte Würzburg, nicht nur, weil es die größte Stadt der Region war. Schon im Investiturstreit zeigte die Bürgerschaft ihren Sonderwillen gegenüber ihrem Bischof. Während dieser, Adalbero von Lambach-Wels, auf die Seite Papst Gregors VII. trat, nahmen die Bürger Partei für den König. Der Bischof mußte seine eigene Stadt belagern, freilich ohne Erfolg.

Seit dem 13. Jahrhundert wurde das Verhältnis zwischen Bischof, der sich auf die Festung Marienburg zurückzog, und Stadt langfristig schwieriger. Bis zur Wende vom 14. zum 15. Jahrhundert dauerten die Autonomiebestrebungen in Würzburg an mit dem Ziel der Reichsunmittelbarkeit. Die vernichtende Niederlage der Würzburger Bürgerschaft in der Schlacht um die Friedhofsbefestigung Bergtheim am 11. Januar 1400 bedeutete dann auch einen tiefen Einschnitt in die Sozialstruktur der Stadt. Schon seit 1357 wanderten viele Kaufleute ab in die benachbarten Reichsstädte, wo sie bessere Chancen erwarteten. Nach 1400 sank die wirtschaftliche und gesellschaftliche Bedeutung Würzburgs stark ab. Auch bevölkerungsmäßig war Würzburg nun von Frankfurt am Main und Nürnberg überflügelt.

Anders als bei den übrigen mainfränkischen Städten hatte sich die Stadtwerdung Würzburgs seit dem Frühmittelalter auf einen langen Zeitraum erstreckt. Schon in der Mitte des 12. Jahrhunderts, als sonst noch keine Stadt in der Region existierte – höchstens noch Aschaffenburg –, bot Würzburg ein städtisches Bild mit einem breiten Straßenmarkt zur neuen steinernen Mainbrücke hin, mit Handwerkergassen und einer breiten Palette von Handwerkerberufen. Durch die Ausweitung der Macht der höheren sozialen Schichten und durch die Erweiterung der Immunitäten kirchlicher Institutionen – der Domkapitulare und der Klöster und Stifte – wurden früh viele Handwerker schon vor die Stadtmauer gedrängt. Zentrale Bereiche der Stadt beanspruchten Bischof und geistliche Institutionen sowie Händler für sich, so daß ein geistlicher Stadtteil östlich des Doms entstand und ein bürgerlicher zwischen Dom und Mainbrücke. Aber hier wiederum dominierten die Häuser und Höfe der Ministerialen. Die Handwerker organisierten sich in Verbänden, wobei Schuhmacher, Büttner, Weinschröter, Semmelbäcker und weitere zur bischöflichen Herrschaft hin organisiert wurden, andere, wie die Metzger und Roggenbrotbäcker, städtische Zunftgebilde schaffen konnten.

In einer Bündnisurkunde von 1373 siegelten nicht weniger als 37 Zünfte. Trotzdem zeigten diese Zünfte keine allzugroße wirtschaftliche Bandbreite – etwa verglichen mit Regensburg oder Passau. Zehn Zünfte waren allein regional aufgeteilte Winzer. Dazu kommen noch weitere Zünfte, die mit dem Wein im Zusammenhang standen. Die Winzerzünfte machen also fast ⅓ der in der Urkunde genannten Zünfte aus. Sieht man von den Goldschmieden ab, fehlen vor allem qualifizierte Metallverarbeiter wie etwa Plattner (erst kurz vor 1500 existiert die Plattnergasse).

An der Bildung der Gemeinde Würzburg hatten die stadtsässigen Ministerialen maßgebenden Anteil, während eine besonders aktive Rolle der Kaufleute an diesem Prozeß nicht erkennbar wird. Immerhin entstand im 13. Jahrhundert eine neue bürgerliche Führungsschicht aus Ministerialen, Münzern und Kaufleuten, die wirksamen Anteil an der Stadtverwaltung gewinnen konnte.

Im 13. und 14. Jahrhundert standen nicht nur die ratsfähigen Schichten, sondern auch die Zünfte im Kampf gegen den Stadt- und Landesherrn. Das in Zünften organisierte Handwerk wurde zu einem gewichtigen politischen Faktor in Würzburg. Die Vorgänge des Jahres 1279 zeigen, wie weit der Einfluß der Zünfte schon gediehen war. Sie wollten zur Wahrung ihrer Interessen den Einfluß der Fremden ausschalten. Zwar wurden die Zünfte, die fast kontinuierlich um Mitbesteuerung der Geistlichkeit kämpften, später politisch ausgeschaltet, trotzdem sind sie seit Beginn des 14. Jahrhunderts auch im Rate nachweisbar.

Die Auseinandersetzungen zwischen den Würzburger Bürgern und dem Bischof schienen noch einmal eine Wende zugunsten der Stadt zu nehmen, als Kaiser Karl IV. seine Landbrückenpolitik in Franken betrieb. Aber der Kaiser stellte sich 1357 auf die Seite des bischöflichen Stadtherrn, den er auch andernorts brauchte, nahm der bürgerlichen Stadt die Selbständigkeit und schaffte den Rat der Vierundzwanzig ab. Schwerwiegende ökonomische Folgen zeigten sich sofort für Würzburg. König Wenzel genehmigte dem Bischof 1396 noch eine Sondersteuer, um die Stadt auspressen zu können. Ein Jahr später ließ der Fürstbischof eine weitere Sondersteuer für fünf Jahre folgen. Rat und Zünfte versuchten ein letztes Mal, mit königlicher Hilfe den Schutz des Reiches zu erlangen; die scheinbare Zusage des Königs 1397 war Makulatur, ein Jahr später bestätigte er dem Bischof alle Rechte. Die Würzburger Bürger gaben sich noch nicht geschlagen; aber in der blutigen Schlacht in Bergtheim im Januar 1400 wurden alle Träume von städtischer Selbständigkeit erstickt. Nun regierte der Bischof über seinen Schultheißen direkt in den bürgerlichen Rat, zudem wurden die Zünfte als politische Gemeinschaften beseitigt und zu Handwerken und Bruderschaften degradiert. Der zeitgenössische Dichter Bernhard von Uissigheim beurteilt in seinem Reimgedicht ›Vom Würzburger Städtekrieg‹ die aufständischen Würzburger verzerrend negativ und gleichzeitig holzschnittartig: Sie sind für ihn törichte, ehrlose und streitsüchtige, aber auch feige Bauern. Die Ursache des Aufstands sieht er in der Torheit und Überheblichkeit, aber auch im Sachverhalt, daß sie sich angeblich fortwährend am guten Frankenwein berauschen. Bernhard von Uissigheim hat kein Verständnis für die Anliegen der Würzburger Bürgerschaft.

Ausgehendes 14. und beginnendes 15. Jahrhundert sind in Würzburg gekennzeichnet durch die Abwanderung zahlreicher Patrizierfamilien, was einen beträchtlichen Aderlaß bedeutete. Damit konnten nun auch vermögende Vertreter des Handwerks in den Rat aufsteigen. Diese Familien bildeten im 15. Jahrhundert zusammen mit der Kaufmannschaft und den wenigen in Würzburg verbliebenen alten Geschlechtern sowie dem in geistlichen Diensten stehenden Personenkreis die neue städtische Führungsschicht, deren festliches Zentrum der Grafeneckart war.

Der Rat des 15. Jahrhunderts ging zunehmend auf Distanz zu den Forderungen der einzelnen Stadtviertel, d. h. jener Gesellschaftsgruppen, die nicht in den Rat kamen, während die Viertel ihm vorwarfen, er zeige sich gegenüber den bischöflichen Interessen zu nachgiebig. Fürstbischöfliche Patronage und Klientel wurde nun auch im städtischen Bereich stärker. Das eigentliche Unruheelement bildeten die Häcker; sie waren offenbar auch die ärmste Schicht, die immer wieder für innerstädtische Spannungen sorgte.

Wenige Städte im Hochstift Würzburg vermochten im Laufe des Mittelalters eine führende Patrizierschicht und einen starken Rat auszubilden. Dies gelang besonders der Stadt Kitzingen, deren Stadtrat 24 Mitglieder zählte, wobei der innere Rat gleichzeitig als Stadtgericht fungierte. Der ›Gemeinde‹ ist es in Kitzingen nie gelungen, eine stärkere Beteiligung am Stadtregiment durchzusetzen. Streitigkeiten zwischen Rat und Gemeinde konnten bisweilen gefährlich werden.
Kitzingen ist ein aufschlußreiches Beispiel für eine sozialstrukturierte Stadttopographie. In der inneren Stadt wohnten die wohlhabenden Bürger, die wohl primär vom Weinhandel profitierten, in der rechtsmainischen Vorstadt vorwiegend Handwerker, in der linksmainischen Vorstadt Etwashausen vor allem kleine Weinbauern und Häcker. Kompliziert wurde die politische Situation durch die Präsenz dreier Herren, des Würzburger Bischofs, des Markgrafen und des Nonnenklosters Kitzingen, das bis 1462 das Marktrecht besaß. Viele Kitzinger waren zudem Lehensträger des Klosters.
Stärker handwerklich strukturiert war z. B. Münnerstadt, doch spielen auch hier reiche Ratsherren, die in der Regionalliteratur als Patrizier angesprochen werden, eine Rolle; interessanterweise begegnet für sie im 15. Jahrhundert auch der Begriff ›Herrenbürger‹. Immerhin erreicht 1585 die ›Gemeinde‹ ihre Beteiligung am Rat.
Für die innere Struktur der kleineren Städte war schon das Gründungsmotiv folgenschwer. Eine Reihe von Stadtgründungen Mainfrankens lassen sich mit dem Prinzip der Expansion bzw. Defension der Randzonen des Territoriums erklären. Die jüngeren Städte Frankens haben in besonderem Maße Stützpunktcharakter. So gründete Bischof Manegold von Würzburg kurz vor 1300 die Stadt Iphofen in einem würzburgischen Grenzbereich, in den sich eine Reihe von Laiengewalten drängten. Schon der Nachbarort Mainbernheim war ein Reichsdorf, das von Barbarossa zum Freidorf unter Königsschutz erhoben worden war. Freilich gelangte es bald nach Iphofens Stadtgründung durch König Albrecht für lange Zeit in den Pfandbesitz des Hochstifts. Im Norden Iphofens saßen die Grafen von Castell, vom Osten her drängten die Burggrafen von Nürnberg gegen den Main vor, im Süden die Grafen von Hohenlohe. Im sogenannten Gräbenviertel Iphofens, um 1300 außerhalb der Mauern, hatten sie sogar umfangreiche Besitzungen, die zum größten Teil Reichslehen waren. Da sie im Ringen um die Position in Iphofen offenbar den kürzeren zogen, gaben sie 1384 diesen Besitz im Gräbenviertel auf; kurz darauf bezog das Hochstift dieses Viertel in den Iphofer Mauerring ein. Bezeichnend für diese Situation der Stützpunktpolitik ist schon die Stadtgründungsurkunde von Iphofen. Sie besagt, daß am 22. Februar 1293 Bischof Manegold von Würzburg unter Zustimmung des

Domkapitels die von den Einwohnern Iphofens zu entrichtenden Hochstiftsabgaben an Geld und Wein ermäßigt und die Einwohner dafür verpflichtet, am Orte Iphofen eine Stadt zu errichten und diese durch Gräben, Mauern, Türme und Vorwerke zu sichern. Die Diktion des Befehls zeigt deutlich, von einem Interesse der Bürgerschaft an der Stadtgründung ist gar nicht die Rede. Zweck der neuen Stadt ist die Befestigung.
Vergleicht man die historisch-geographische Situation der würzburgischen Stadt Iphofen mit anderen fränkischen Stadtgründungen des späteren Mittelalters, so wird in einer Reihe von Fällen das gleiche Motiv offenbar. Karlstadt, Windsheim, Lenkersheim und Freudenberg sind besonders für das Hochstift Würzburg zu nennen, für Kurmainz Miltenberg und Obernburg, die Minderstädte Stadtprozelten und Neubrunn für den Deutschen Orden, Lohr und Gemünden für die Grafen von Rieneck, Amorbach für die Herren/Grafen von Dürn, Klingenberg für die Reichsministerialen von Klingenberg-Prozelten. Die Reihe ließe sich beliebig fortsetzen. Auch die Grafen von Castell errichteten ihre einzige Stadt Volkach (1258: Civitas nostra Volkach) nicht im Zentrum ihrer Herrschaft, sondern mehr am Rande, wobei natürlich die Lage am Main eine besondere Rolle spielte. Aus unseren Beispielen geht hervor, daß wir es mit einer engräumigen Ballung und mit einer oft außerordentlichen Kleinräumigkeit der städtischen Einflußbereiche zu tun haben. Die Extreme finden sich verständlicherweise besonders an den größeren schiffbaren Flüssen, vorab am Main.
Die Art und Weise der landesherrlichen Stadtgründungen im Franken des späten Mittelalters mußte natürlich Konsequenzen für Funktion, Größe und Struktur dieser Städte haben. Bei ihrer Anlage standen politische Erwägungen ganz im Vordergrund. Es scheint, daß die Stadtgründungspolitik sogar das sicherste Mittel zur spätmittelalterlichen Territorienbildung und Herrschaftsintensivierung war. In den meisten Fällen ging dieser städtischen Befestigung bereits eine kleinere Befestigung am Ort, nämlich eine Burg voraus. Die neuen Städtchen lehnten sich somit vielfach an eine Burg an, z. B. Klingenberg, Miltenberg, Freudenberg, Rothenfels, Schweinberg. Für die genannten Städte ist auch typisch, daß sie ihren Namen von der Burg übernommen haben.
Eine zweifellos sehr wichtige Frage ist die nach dem Bevölkerungsumfang der landesherrlichen Städte Frankens. Über diese Problematik liegen freilich bisher kaum Untersuchungen vor. Das Zins- und Gültregister der Deutschordenskommende Prozelten vom Jahre 1379 nennt für Stadtprozelten nur 48 Bürger. Wenn wir diese vorwiegend mit Weinbergzinsen belasteten Personen als Haushaltsvorstände betrachten und die Haushaltungen durchschnittlich mit fünf Köpfen veranschlagen, so umfaßte die Stadt Prozelten rund 250 Personen. Etwa aus der gleichen Zeit (1355–1375)

stammen Angaben für Freudenberg in den Wertheimer Steuerverzeichnissen. Hier finden wir 53 Freudenberger Steuerzahler, eine Zahl, die ebenfalls ca. 250 Einwohner dieser Stadt ergäbe. Interessant ist, daß beide Städte – obwohl von verschiedenen Herren gegründet – das gleiche stadttopographische Bild haben: Beherrscht von einer Burg, eingezwängt zwischen Burgberg und Main, bestehen sie im Grunde nur aus einer einzigen langen Straße, die gleichzeitig den Markt aufnimmt, aber keineswegs die Großzügigkeit eines altbayerischen Straßenmarkts zeigt. In der Deutschordensstadt Neubrunn, einem ummauerten und mit Stadtprivilegien ausgestattenen ehemaligen Dorf, werden laut Zins- und Gültregister von 1379 immerhin 57 Fastnachtshühner gegeben, die in der Regel Anerkennungszins für Häuser, Hofstätten, Huben, Lehen und Güter sind. Damit kämen wir hier schon annähernd an 300 Einwohner.

Prichsenstadt, eine Stützpunktstadt Kaiser Karls IV., die neben dem älteren Prichsendorf errichtet wurde, zählte im Spätmittelalter zwanzig Lehen, denen rund zwanzig große Hofanlagen entsprachen, die an der Hauptstraße Platz fanden. Zu ihnen gesellte sich ein großer herrschaftlicher Bauhof, von dessen Flur offensichtlich die sogenannten acht alten Lehen abgetrennt worden waren. Trotz der isolierten Lage ohne wirtschaftliches Hinterland füllte sich die Stadt offenbar rasch. 1599 zählte sie 134 Wohnungen. Man muß freilich berücksichtigen, daß allein in den Jahren 1551 bis 1600 538 Zuziehende das Prichsenstadter Stadtrecht erwarben, so daß möglicherweise der Aufstieg erst im 16. Jahrhundert stärker einsetzte. Für Iphofen haben wir erst ganz späte Angaben. 1611 werden hier rund 300 Wohnhäuser gezählt. In der Reichsstadt Windsheim kommt man mit etwa 490 Steuerern um 1400 auf rund 2000 Seelen; ähnlich ist es in Münnerstadt. Bei all diesen geschilderten Verhältnissen ist in den landesherrlichen Klein- und Kleinststädten keine allzu differenzierte Berufs- und Sozialstruktur zu erwarten. Fast überall spielte offensichtlich zunächst das Ackerbürgertum eine große Rolle, zum Teil sogar bis heute. In Prichsenstadt läßt sich beobachten, wie das Ackerbürgertum im Laufe des 15. Jahrhunderts zurückgeht zugunsten eines stärker werdenden Handwerksbürgertums.

Eine besondere Rolle spielte in den meisten Städten vornehmlich des Mainlandes der Weinbau, der bisweilen ausgesprochen dominierte. Ein Prichsenstadter Urbar aus der ersten Hälfte des 15. Jahrhunderts zählt 14 Bauern und 34 Häcker. Viel mehr Bürger kann Prichsenstadt in dieser Zeit kaum gehabt haben. Hier waren mindestens zwei Drittel der Bevölkerung in der Landwirtschaft tätig. Es fragt sich, ob nicht ein Großteil der Handwerker in diesen Städtchen auch Landwirtschaft hatte. Es wäre ein wesentlicher Beitrag zur Berufs- und Sozialstruktur der Städte, wenn einmal die frühen Urbare systematisch untersucht würden, weil sie Besitz, aber auch

Berufsbezeichnungen enthalten. So ist die Aussage des Zins- und Gültregisters von 1379 für die Berufsstruktur der Stadt Prozelten sehr aufschlußreich: Wir finden hier folgende Berufsnamen: Messersmyde, Senttelsmyt (Sensenschmied), Zollnerin (vgl. den Stadtprozeltener Mainzoll), Buttener (Büttner, vgl. den Stadtprozeltener Weinbau), Meyster, Besener (Besenmacher?), Schuhman, Spytelmeyster (vgl. Deutschordensspital in der Stadt), Hyrten (Stadthirte?), Schoffman, Fere (Mainfähre), Smyt, Scheffer. Daneben treten nur zwei Herkunftsnamen auf: Nuwenbuch (Ort unmittelbar bei Stadtprozelten), Beyer. Ebenso aufschlußreich sind die Wertheimer Steuerverzeichnisse für Freudenberg in der zweiten Hälfte des 14. Jahrhunderts. Hier finden sich die Berufsnamen Zimmermann, Glockener (der wohl kein Glockengießer ist), Teuber (wohl Daubholzhauer für Weinfässer, vgl. Büttner), Smit, Schuhmacher, Ver (Mainfähre), Pfister, Mulner, Visscherin, Bederin (vgl. Badstube), Zolner, Snyder. Herkunftsnamen weisen nur auf Orte in der näheren Umgebung Freudenbergs. Für Freudenberg läßt sich aber auch die Höhe der Steuern mit jenen der Nachbardörfer vergleichen. Hier gibt es keine wesentlichen Unterschiede. Erwähnenswert ist jedoch, daß hohe Besteuerung über 250 Pfund zwar in einzelnen Dörfern der Grafschaft Wertheim vorkommt, nicht aber in der Stadt Freudenberg.

Die Berufsstruktur zeigt zwar ein stärkeres Handwerkertum, es fehlen aber städtische Spezialberufe. Die meisten dieser Handwerkerberufe lassen sich nämlich auch in den umliegenden Dörfern der Deutschordenskommende Prozelten und der Grafschaft Wertheim feststellen, freilich in wesentlich geringerer Zahl. Hinter den vielfältigen stadtherrlichen Funktionen dieser mainfränkischen Kleinstädte hinkt ihre Bedeutung als Nahmarkt, Handels- und Wirtschaftsplatz meist nach. Die Bevölkerungsstruktur ist in der Regel wenig differenziert, Bauern und allgemeine Handwerksberufe herrschen vor.

Trotz des Fehlens einer ausgesprochenen Oberschicht konnten sich eine Reihe von diesen Städten im 14. Jahrhundert den großen Städtebünden anschließen. In dieser Zeit erscheint auch in der Regel das Stadtsiegel – ein wichtiges Zeichen dafür, daß eine Stadt eine Rechtspersönlichkeit ist. Freilich trägt das Stadtsiegel häufig das Wappen des Stadtherrn. Der herrschaftliche Charakter der planmäßig als Stützpunkte beim Ausbau des Territoriums entstandenen Städte kommt auch in der Ausformung der städtischen Verwaltungsorgane zum Ausdruck.

8. *Dorf und ländliche Bevölkerung*

Im Spätmittelalter stellt nicht die Stadt, sondern das Dorf den Lebensraum des bei weitem größten Teils der Bevölkerung dar. Es ist ein Siedlungsverband, der gerade in Franken als ›lokale Kollektivität‹ charakterisiert werden sollte. Die Dorfbewohner stellen eine in der Regel zwar nicht homogene, aber doch eine soziale Gruppierung dar, die bestimmte, von zeitgebundenen gesellschaftlichen Voraussetzungen geprägte Funktionen wirtschaftlicher, sozialer, kultureller und politischer Art ausübt.[17]

Bei einer Durchquerung Unterfrankens – in welcher Richtung auch immer – wird das weite bebaute Land sichtbar, in dem noch heute wie kleine Nester die einzelnen Dörfer liegen, trotz vielfältiger moderner Dorferweiterungen. Fränkische Kultur und Siedlungsweise offenbart sich immer noch im Bild des Dorfes. Im Grundriß ist es – soweit es sich um Altsiedelland handelt – meist als Haufendorf angelegt. Dessen kleinste Einheit wiederum ist das sogenannte Fränkische Gehöft mit kleinem Wirtschaftshof und Tor.

Besonders in den Randgebieten Frankens, im Raum Rhön-Grabfeld und in den Haßbergen, aber auch im westlichen Mittelfranken ist noch eine erstaunliche Dichte und nahezu Unversehrtheit alter Bausubstanz mit einem engen Nebeneinander verschiedener Fachwerkhäuser, Hoftypen und Torformen anzutreffen. Aus dem späten Mittelalter sind noch eine Reihe von eindrucksvollen Friedhofsbefestigungen erhalten geblieben, die für die Bauern in kriegerischen Unruhen bis ins endende 18. Jahrhundert außerordentlich wichtig waren, da der höhere Friede dieses Platzes nicht nur sie, sondern auch ihr Getreide und ihren Wein schützte oder doch schützen sollte. Von manchen dieser Kirchenburgen sind nur noch die bis ins 18. Jahrhundert erneuerten Torhäuser zu sehen. In einzelnen Dörfern findet sich sogar noch die alte Gerichtslaube oder Gerichtslinde, und in Mainnähe sind erstaunlich viele alte Dorfrathäuser in eindrucksvollem Fachwerk vorhanden – deutliche Zeugnisse alter gemeindlicher Mitsprache.

Um das Dorf herrscht im Altsiedelland die Gewannflur vor, soweit nicht die Flurbereinigung die alten Strukturen völlig zerstört hat.

In den Siedlungsausbaugebieten, vorweg in den Mittelgebirgen, finden sich dagegen andere Dorf- und Flurformen, Angerdörfer und oft kilometerlange Straßendörfer mit Waldhufenflur, die dort noch sichtbar ist, wo das karge Mittelgebirgsland nicht mehr bebaut wird. Viele dieser Waldhufendörfer trugen jahrhundertelang das Stigma der Armut.

Der aus dem heutigen Landschaftsbild gewonnene Eindruck des ›alten‹ fränkischen Dorfes ist freilich nicht beliebig in die Vergangenheit projizierbar. Selten geht die Bausubstanz bis auf das späte Mittelalter zurück, häufi-

ger schon auf das 16. und 17. Jahrhundert. Für die Dorfstruktur des Spätmittelalters gibt es zwar eine Reihe von Indizien, doch für ein genaueres Bild wären viele Detailuntersuchungen wirtschaftshistorischer und siedlungsarchäologischer Art notwendig.
Vor allem im 13. Jahrhundert ist durch die erhebliche Verkleinerung der herrschaftlichen Fronhöfe und Ansiedlung von bäuerlichen Hintersassen im ehemals herrschaftlichen Hofland, durch Zusammenwachsen von Kleinweilern und Gehöftegruppen der Prozeß der ›Verdorfung‹ erst richtig in Gang gekommen.
Für die gesellschaftliche Entwicklung im dörflichen Rahmen noch wichtiger ist die institutionelle Verfestigung des Dorfes zu einem Sonderrechtsbezirk geworden. Zunächst hat sich offenbar allgemein im inneren Dorfbereich der Hausfriede (innerhalb der Dachtraufe) zum Dorffrieden innerhalb des Ortsetters entwickelt; bald entstand auch die Dreiheit dörflicher Rechtskreise von Siedlung, bebauter Flur und Allmende.
Im Laufe des Spätmittelalters vollzieht sich in diesem Zusammenhang die herrschaftsfunktionale Aufwertung des dörflichen Siedlungsverbandes mit Hilfe der Vogtei; ihr ist vielfach schon die Verfestigung und Ausgestaltung der kirchlichen Pfarreiorganisation vorausgegangen. Die Bedeutung der Pfarrei als kirchliches Zentrum im regional-agrarischen Bereich ist nicht zu übersehen. Kirche und Friedhof werden zentrale Stätten für die bäuerliche Gemeinschaft.
Betrachtet man den strukturellen Wandel im Inneren der Dörfer, dann sind zunächst die allmähliche Umgestaltung der älteren Villikationsverfassung, die Intensivierung der bäuerlichen Bodennutzung, die Verzelgungsvorgänge (Gewannflurbildung) zu beachten, die bald ein neues Organisationsprinzip erfordern, nämlich den alle Besitzer verpflichtenden Flurzwang mit zunehmenden Regeln der Kooperation und gegenseitiger Abstimmung. Aus der Nutzungsgenossenschaft erwächst allmählich die dörfliche Selbstregelung und Selbstverwaltung, die in Mainfranken besonders stark ausgeprägt ist.
Solidarität gegenüber den Forderungen der Natur, der Herrschaft und des dorfbezogenen Brauchtums ist aber nur eine Seite. Im Laufe der Zeit differenziert sich die Dorfbevölkerung und konstituiert sich eine dörfliche Oberschicht. Bei allen innerdörflichen Schwierigkeiten ist nicht zu übersehen, daß sich das Dorf in Mainfranken wie im südwestdeutschen Bereich zu einem politischen Aktionsverband formiert, in dem sich die Dorfverfassung mit teils durchaus stadtähnlichen Institutionen bewährt. In der Regel werden herrschaftliche Ansprüche durch defensiven Druck von seiten des Dorfes erfolgreich gemildert oder gar abgewiesen.
Die Entwicklung des Dorfes und seiner Bewohner zu einer rechtsfähigen

Befestigungen

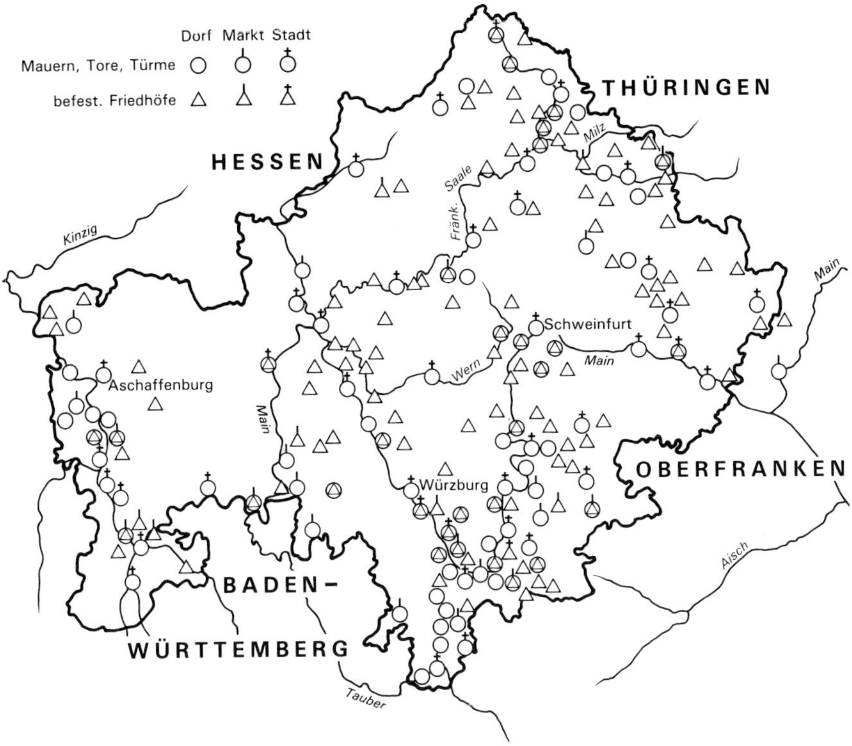

Nach K. S. Kramer, Bauern und Bürger im nachmittelalterlichen Unterfranken, S. 19.

Gemeinde, die sich notfalls zu erwehren weiß, wird in Denkmälern sichtbar, die zwar heute recht selten geworden sind, aber in einer Reihe von Quellen und Dokumenten der frühen Neuzeit noch aufscheinen: überaus weit verbreitet war die Dorflinde, die als Dorfgerichtssitz und allgemein als Versammlungsplatz fungierte (Abb. S. 436); sie wurde weitgehend abgelöst vom dörflichen Rathaus, das erst im späten 16. Jahrhundert bezeugt ist. Selten erfahren wir von Dorfbefestigungen (Abb. S. 435). Immerhin existiert die Ummauerung von Weinorten wie Sulzfeld, Sommerhausen, Eibelstadt noch heute. Theilheim bei Würzburg hatte noch im 17. Jahrhundert einen Dorfhag mit Dorfgraben und Dorftoren. Weit verbreitet war vor allem die Kirchhofburg bzw. Friedhofbefestigung, die mit zu den Kompetenzen der dörflichen Gemeinde gehörte und in deren Gaden die Getreide- und Weinvorräte der bäuerlichen Nachbarschaft gelagert waren. Friedhof und Wehrkirche konnten durchaus Konflikte zwischen Gemeinde und Dorfherrn oder zwischen mehreren Dorfherren verursachen; in der Regel aber blieb den Herren das Öffnungsrecht gewahrt. Schwierig wurde die Situa-

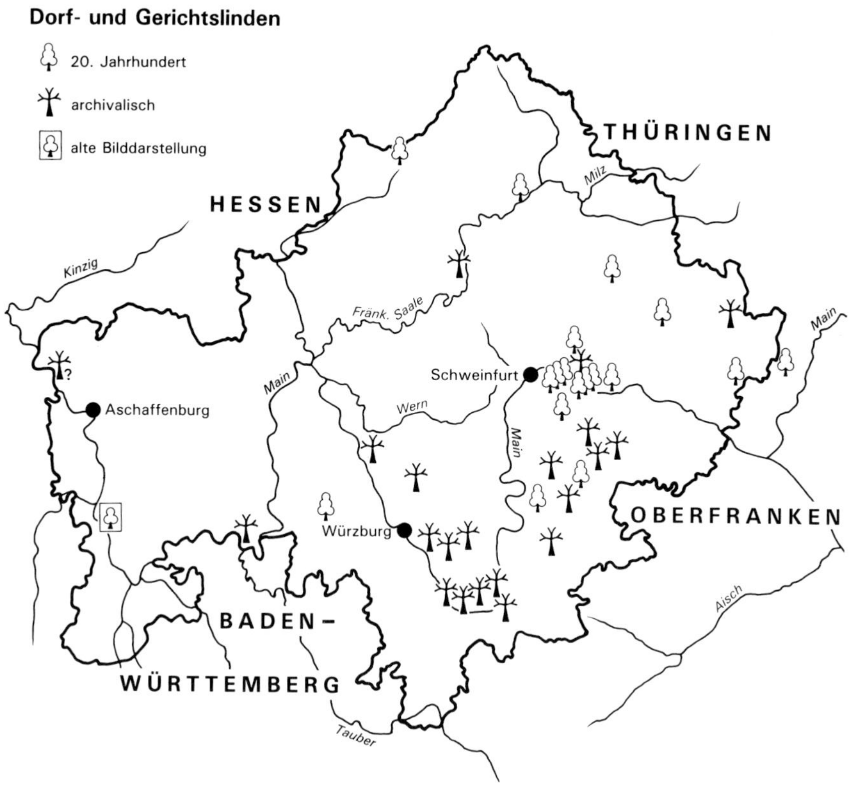

Nach K. S. Kramer, Bauern und Bürger im nachmittelalterlichen Unterfranken, S. 25.

tion, wenn es mehrere Dorfherren gab, die sich befehdeten. Dies bot aber der Dorfgemeinde auch die Möglichkeit des Lavierens. Die meisten Dörfer hatten eine Reihe von ausgesprochenen Gemeindebauten, fast immer das Hirtenhaus, oft auch Schmiede, Badstube und dergleichen. Nicht zu unterschätzen ist schließlich die Funktion des Dorfwirtshauses als Kommunikationsstätte und als Versammlungsraum der institutionalisierten Gemeinde (vorwiegend im Winter oder bei schlechtem Wetter). Hier wurden schließlich auch die Gerichtsbußen gemeinsam vertrunken, Zeichen dafür, daß die bäuerliche Gemeinde auch gildeartige Züge trug.

Bäuerliche Gemeinden als Mitsprachekörper, die in einem ausgeprägten Villikationssystem kaum denkbar sind, werden im westunterfränkischen Raum schon um 1200 greifbar, als der Abt der Zisterze Bronnbach versuchte, in den Wäldern und Dorffluren Grangien zu errichten. Der recht effektive Widerstand der Bauern gegen diese Grangien in ihren Mitmärkerwaldungen oder gar Fluren ist nur denkbar, wenn bereits eine starke genossenschaftliche Organisation besteht. Sie spielt als Dorfgemeinde im

Odenwaldvorraum während des Spätmittelalters eine beachtliche Rolle. 1232 mußten die Bauern des Dürnschen Dorfs Neunkirchen mit der Exkommunikation belegt werden, weil sie sich in dem genannten Konflikt weder zu den Gerichtsverhandlungen nach Aschaffenburg noch nach Amorbach eingefunden hatten.
Seit dem 13./14. Jahrhundert dokumentieren die Quellen mehr und mehr, daß auch das Herrschaftsverhältnis zwischen dem Grundherrn und seinem Hintersassen aufhört, ein einseitiges Gewaltverhältnis zu sein und zum Vertragsverhältnis wird. Dies war besonders früh nötig bei Rodungen und in Gebieten von Intensiv- und Sonderkulturen, die eine langfristige Pflege benötigen, so etwa beim Weinbau (Farbbild S. 448).
Die aufblühenden Städte, deren es gerade in Franken eine Fülle gab, boten dem Bauern viele Abwanderungsmöglichkeiten, desgleichen die Kolonisationstätigkeit in den Waldgebieten, die den Neusiedlern bestes bäuerliches Erbrecht versprach.
Im 14. Jahrhundert finden wir in den mainnahen Gegenden kaum mehr kurzfristige Verleihung eines bäuerlichen Wirtschaftsobjektes. Das ›Leibgeding‹, die Überlassung des Bauernlehens auf Lebzeit, herrscht schon vor, das meist noch auf Ehefrau oder Sohn ausgedehnt werden konnte. Damit war die Lage des Grundholden schon wesentlich gesicherter, zumal die Abgaben früh fixiert wurden und – soweit es Geldabgaben waren – der Geldwert immer mehr sank zugunsten des abgabepflichtigen Bauern.
Geldentwertung verursachte bereits seit dem endenden 13. Jahrhundert eine herrschaftliche Gegenbewegung, nämlich die Einziehung der freien Leibgedinggüter und Neuausgaben zu Teilbau. Diese Teilbauverträge für Bauerngüter, die oft auf wenige Jahre befristet waren, mußten den Herrschaften erstrebenswert sein, weil sie in diesem Bereich das Problem der Geldentwertung lösten und bei kurzfristiger Leihe gestatteten, die Grundrente zu regulieren, d. h. zu erhöhen. Aber die Knappheit der Arbeitskräfte durch städtische Konkurrenz sowie die Abnahme der Bevölkerung durch Seuchen und dergleichen förderte in Franken die rasche Ausbreitung der Erbleihe, die seit dem endenden 14. Jahrhundert beinahe die Regel geworden ist.
Diese bäuerliche Besitzfreiheit war im Unterfranken des ausgehenden Mittelalters so groß, daß die Real- oder Erbteilung vehement einsetzte und viele alte Bauerngüter zerteilt wurden. Diese Möglichkeit der Erb- oder Realteilung setzt aber bereits große Freiheiten voraus, nämlich die freie Vererbbarkeit des Bauerngutes; also wird man mit Fug und Recht sagen können, daß dort, wo Realteilung im Mittelalter möglich ist, normalerweise auch freies Erbrecht vorherrscht, mindestens das Leibrecht. Der Grundherr freilich ließ auch diesen Zustand nicht zu einem Herrschafts-

verlust werden. Immerhin erhöht er durch Realteilung seine ›Mannschaft‹, soweit er auch Vogtherr ist, und gewinnt neue Fronholden, was gerade in der Zeit des Burgen- und Städtebaus nicht unwesentlich ist. Vor allem aber erkennt er offenbar sehr früh eine weitere Rentabilität der Realteilung, indem er von den einzelnen Teilen eines alten Bauernguts jeweils ein Fastnachtshuhn verlangt. Diese Methode läßt sich besonders gut feststellen im erzstiftisch Mainzer Raum des Odenwalds wie auch auf den Gütern des Klosters Amorbach. Schließlich zeigt allenthalben das Zins- und Gült-Register Prozelten, daß es der Deutsche Orden in seiner Kommende Prozelten genauso hielt. In anderen Realteilungsgebieten Frankens wäre das Problem noch zu untersuchen. Dazu kommt noch, daß Realteilung eine Intensivierung des Anbaus normalerweise zur Folge hat, was wiederum eine Erhöhung der Zehntabgaben bedeutete. In einer Zeit, in der die Fixierung der bäuerlichen Abgaben sich immer mehr durchsetzt, ist die Realteilung für den Grundherrn die Möglichkeit, neue Einkünfte zu gewinnen. Diese Spekulationen spielen noch im 18. Jahrhundert bei kurmainzischen Behörden eine Rolle. Durch die verstärkte Parzellierung des Grundbesitzes in den Dörfern wird außerdem die Ordungsgewalt, Zwing und Bann, stärker auf den Plan gerufen, so daß sich ebenso die Rolle der Dorf- und Gemeindeherrschaft verstärkt, selbst wenn gleichzeitig die bäuerliche Genossenschaft sich Rechte erwirbt. Die Realteilung entbindet also durchaus auch herrschaftsbildende Kräfte. Freilich wird unter solchen Umständen eine schwache Grundherrschaft häufig Opfer eines stärkeren Nachbarn. Schließlich darf noch eine weitere negative Folge der von der Grundherrschaft wohlwollend geduldeten oder gar geförderten Erbteilung nicht vergessen werden, nämlich die Entstehung einer starken unterbäuerlichen Schicht, ja eines bäuerlichen Proletariats.

Die Wertheimer Urkundenregesten enthalten, soweit ich sehe, als einzigen Leiheterminus das Erbrecht. Wenn man die übrigen ohne Leiherechtsfixierung erscheinenden Bauerngüter einordnen wollte, dann wird man ihnen mindestens das Leibgeding zuerkennen müssen. Andere Leiheverhältnisse wären sicherlich in den Urkunden genannt worden. Neben dem Erbrecht nennen die Wertheimer Regesten aber auch noch das bäuerliche Freieigen. Geschlossene Bauerngüter scheinen selten freieigen zu sein, häufiger sind es Wiesen, Weinberge und Äcker.

Noch ein Wort zur Leibeigenschaft, die von den bäuerlichen Leiheformen unabhängig ist. Es ist damit zu rechnen, daß im Spätmittelalter das Gros der bäuerlichen Bevölkerung in Franken leibeigen ist. Soweit Bauern bisher persönlich frei waren, kamen sie wohl großenteils unter die Lokalleibeigenschaft des Dorfherrn. Von der Rechtsstruktur der fränkischen Leibeigenschaft her scheint noch ein weiterer, und zwar besonders wichtiger Weg

zur Entstehung der bäuerlichen Realteilung, die sehr weit in Franken verbreitet ist, zu führen. Magister Lorenz Fries berichtet in seiner Hohen Registratur, daß die Kinder – Söhne wie Töchter – einer leibeigenen Frau nicht dem Vater, sondern der Mutter in das Leibeigenschaftsverhältnis folgen. Auch für die Grafschaft Rieneck gilt 1466 der Grundsatz *Partus sequitur ventrum.* Noch 1733 heißt es in einem Würzburger Gebrechenamtsprotokoll: *Die Kinder eines leibeigenen Vaters werden nicht leibeigen, sondern nur bei einer leibeigenen Mutter. Daher wird auch bei der Ledigzählung einer Mannsperson nicht an die Kinder gedacht.*
Das sind doch offensichtlich ausgesprochen mutterrechtliche Züge, die sich in Franken mindestens seit dem Spätmittelalter stark durchsetzen. Gerade in diese mutterrechtliche Struktur scheint auch die bäuerliche Erbteilung, die für alle Kinder sorgt, besonders zu passen. Sicherlich ist das Mutterrecht, das sich ja vornehmlich bei archaischen Ackerbauvölkern zeigt, nicht die einzige Ursache der Real- bzw. Erbteilung – von anderen Komponenten wurde bereits gesprochen -, aber vielleicht liegt hier doch eine besonders gravierende Begründung dieses Erbsystems. Eine Untersuchung der Eheberedungen in fränkischen Gerichtsbüchern könnte wohl eine Klärung dieser Probleme bringen.
Die Gebiete bzw. Dörfer in Franken, in denen das Anerbenrecht vorherrschte und sich vielleicht erst gegenüber der Realteilung durchsetzte, können hier nicht im einzelnen betrachtet werden. Sie bedürfen noch einer genauen und modernen Untersuchung.
Während für die Grundherrschaft der Zisterzienserabtei Ebrach festgestellt werden konnte, daß um 1340 im allgemeinen die Anzahl der Kleinbetriebe noch weit unter der für das gleiche Dorf angegebenen Anzahl von Mansen und Feoda liegt, zeigen doch die Wertheimer Steuerverzeichnisse des 14. Jahrhunderts ein anderes Bild, nämlich offenbar ein enormes Vordringen der Kleinbetriebe. Im ersten Gült- und Zinsbuch der Deutschordenskommende Schweinfurt (1313) ist die ›Verseldung‹ zweifellos noch nicht so weit fortgeschritten wie 60 Jahre später in der Prozeltener Grundherrschaft, aber doch bereits im vollen Gange. Auffallend ist in der Schweinfurter Quelle, daß die Zahl der geschlossenen Bauernstellen je Ortschaft doch bereits kleinen bis mittleren Dörfern entspricht.
Mit dem Vordringen armer und ärmster Schichten im fränkischen Dorf scheint auch ein beachtliches Vordringen von Handwerksberufen nicht primär bäuerlicher Art verbunden zu sein. Neben den Berufen Müller, Schmied, Fischer, Schäfer stehen vor allem Schneider, Schuster und Bäkker. Diese Beispiele zeigen jedenfalls, daß viele Dörfer keineswegs mehr rein agrarisch geprägt sind. Wenn die Handwerker eine verhältnismäßig geringe Steuersumme zu zahlen haben, so scheint dies in erster Linie auf

ihren geringen Bodenbesitz hinzuweisen. Ob ihre Handwerksprodukte versteuert werden mußten, bleibt fraglich. Die wirtschaftlichen Grenzen zur Stadt verwischen sich offenbar mit dem 14. Jahrhundert mehr und mehr.

Auch für die Herkunft der Dorfinsassen sind die Steuerverzeichnisse sehr aufschlußreich. Wenn man auch erkennen kann, daß die Personen vielfach aus Nachbarorten stammen, so ist doch erstaunlich, wie weit manche Herkunftsorte vom Ort der Ansässigkeit weg liegen. Das läßt auf eine gewisse Freizügigkeit der Hintersassen schließen und zeigt die räumliche Mobilität des mittelalterlichen Dorfbewohners.

Früheste Statistiken auf breiterer Grundlage liegen um die Wende vom 15. zum 16. Jahrhundert vor in den Erhebungslisten zum Gemeinen Pfennig. Nach dem Beschluß des Wormser Reichstags von 1495 sollten alle haussässigen Bewohner des Reiches, die über 15 Jahre alt sind, bei 500 Gulden Besitz bzw. einer Rente von 25 Gulden je einen halben Gulden, bei doppeltem Vermögen einen Gulden vier Jahre lang bezahlen. Diejenigen, die mehr besitzen, sollen sich – wie die Stadtbürger – selbst einschätzen. Haben Haushaltsvorstände weniger Vermögen als 500 Gulden, dann sollen je 24 dieser Gruppe einen Gulden steuern. Wilhelm Matzat hat die Erhebungslisten für den östlichen kurmainzischen Odenwald untersucht.[18] Nach den Erhebungslisten besaß kaum ein Haushalt dieses Raumes ein Vermögen über 500 Gulden. Im Gegenteil: Fast alle Personen zahlten den Mindestsatz von 1 Albus und 1 Heller (für 24 Personen 1 Gulden). Es ist wenig wahrscheinlich, daß diese Steuerhöhe repräsentativ ist für die Vermögenslage der Bevölkerung des hinteren Odenwaldes. Aber vermutlich darf man daraus schließen, daß insgesamt ein geringer Vermögensstandard in diesem Raum vorhanden war.

Auch über die Geburtenentwicklung lassen sich nur Schlüsse durch Vergleiche ziehen, da Kirchenbücher in der Regel nicht vor dem 17. Jahrhundert vorhanden sind, aber auch weil demographische Untersuchungen für Franken – soweit ich sehe – fehlen. Für den Salzburger Raum hat man errechnet, daß – bei allen Schwankungen von Jahr zu Jahr – jede Frau vor 1870 im Durchschnitt vier Kinder gebar. Von diesen erreichten freilich oft nur zwei das 15. Lebensjahr. Die Untersuchungen stammen aus dem Bereich des Anerbenrechts, das in Unterfranken nur partiell vorhanden war. Bei diesem Erbsystem werden Haus und Hof nur einem Erben, in der Regel dem ältesten Sohn, übertragen. Da die Hofübergabe meist erst in höherem Alter des Hofinhabers stattfand, bedeutete das vielfach späte Eheschließung des Nachfolgers, entsprechend geringe Kinderzahl. Diejenigen Kinder des Hofinhabers, die den Hof nicht erbten und ihn verlassen mußten, kamen oft mangels Geldes und wirtschaftlicher Absicherung überhaupt nicht zur Eheschließung. Es müßte noch untersucht werden, inwieweit auch in Franken in Rechtsgebieten des Anerbenrechts hohe Ledigenquoten und höhere Quoten unehelicher Geburten feststellbar sind. Das bedeutet auch, daß das Anerbensystem einen großen Teil der Landbevölkerung in einen extremen Unterschichten-Status drängte.

In Realteilungsgebieten findet man offenbar weniger soziale Unterschiede. Im wertheimischen Ort Höhefeld, in dem Realteilung galt, trifft man um 1600 offensichtlich kaum Ledige. Mit Sicherheit sind nur drei Brüder unverheiratet. Da eine große Anzahl von Männern ihre Ehefrauen von auswärts holen, wird man erschließen können, daß der Anteil lediger Frauen in Höhefeld nicht groß war.

Die dörflichen Siedlungen im spätmittelalterlichen Unterfranken waren recht unterschiedlich groß.[19] Noch im beginnenden 19. Jahrhundert werden viele Häuser als mit Stroh bedeckt bezeichnet.

Die Bevölkerungsentwicklung und damit die Dorf- und Siedlungsentwicklung erlitt im späten Mittelalter und in der Neuzeit immer wieder Rückschläge durch zahlreiche Pestwellen, von denen die ›Große Pest‹ um 1348 nur die Spitze des Eisberges gewesen sein dürfte. Auch wenn nach diesen gewaltigen Bevölkerungsverlusten ein erhebliches Wachstum erfolgte, so muß doch die hohe Sterblichkeit der Pestzeit beträchtliche Strukturwandlungen zur Folge gehabt haben. Ansonsten waren für Franken wie für die meisten Räume in Europa Geburt und Tod in der vorindustriellen Zeit wohl keine biologischen Konstanten, sondern soziale Variablen.

Aussagen über Leben und Mentalität bäuerlicher Gruppen im Mittelalter sind in Franken wie andernorts sehr schwierig. Bäuerliche Selbstaussagen fehlen; der Bauer wurde nicht eigentlicher Gegenstand der Dichtung, wenn ja, dann meist in Form der Gesellschaftssatire städtischer Schreiber. Zudem fehlen aussagekräftige Inquisitionsakten, wie sie Emmanuel Le Roy Ladurie für sein Werk ›Montaillou‹ verwenden konnte. Für die fränkische Mittelgebirgszone des Odenwaldes – und sicherlich nicht für diese allein – gibt es aber doch eine sehr aufschlußreiche Aussage bezüglich der bäuerlichen Verhältnisse, die der Amorbacher Pater und Geschichtsschreiber Anton Klug vor annähernd 300 Jahren verfaßte: *Hafer und Buchweizen dienen den Leuten zur Nahrung. Ihr Reichtum besteht aus Vieh, das nicht besonders ist, und aus Holz, das sie verkaufen. Um einen Pflug oder einen Wagen zu ziehen, spannt man vier, fünf oder sechs Paar Jungstiere vor; und geradezu arm wäre der Bauer, der nicht sechzehn Ochsen oder Jungstiere hätte, mit wenigstens drei Kühen. Ein jeder läßt seine Jungrinder für sich weiden, gehütet von den kleinen Söhnen und Töchtern. Arm sind jene Bauern dran, die nicht reiche Nachkommenschaft haben; in diesem Falle sind sie nämlich gezwungen, mit den um teures Geld gedungenen Knechten und Mägden den Betrieb aufrecht-*

Feldarbeiten, aus: Vergil Georgica, Straßburg 1502 (Germanisches Nationalmuseum Nürnberg).

zuerhalten. Noch ärmer aber sind die Kinder – auch der reichsten Bauern – wenn sie herangewachsen sind, weil nämlich die Äcker nicht unter den Söhnen aufgeteilt werden dürfen, und die Bauern gewöhnlich den Hof, d. h. Haus, Äkker und Gerät dem ältesten Sohn oder der ältesten Tochter übergeben, wobei sie sich ein Leibgeding vorbehalten, so kommt es, daß die jüngeren Brüder oder Schwestern dem Bruder oder der Schwester dienen müssen. Da sie aber sich der Hoffnung hingeben, von diesen Äckern einst ein Heiratsgut zu erhalten, kommt es, daß sie kein Handwerk erlernen und – der Einschichtigkeit überdrüssig – eine meist unglückliche Ehe schließen. Hierauf werden sie zunächst Taglöhner im Dorf und dann, nachdem das Geld aus der väterlichen Erbschaft – auf beiden Seiten eine meist größere Summe als bei städtischen Bürgerfamilien üblich – verbraucht ist, werden sie Hirten und zuletzt Bettler samt ihren Kindern (Abb. S. 442).[20]

Das Beispiel bezieht sich also auf Höfe in Anerbengebieten. Die ausgedehnte Viehzucht, wie hier im nördlichen Teil des Odenwaldes, dürfte sonst nur in Mittelgebirgen vorhanden gewesen sein.

Der Verfasser schreibt weiter: *Die meisten hält die Landarbeit in engen geistigen Grenzen, oder die Liebe zum Nachtschlaf und die Furcht vor dem Hunger. So bleiben sie untätig zu Hause und in der Heimat, treten nicht in den Militärdienst und verstehen kein Handwerk. Allerdings können sie es auch außerhalb der Heimat nicht lange aushalten, außer man zwingt sie. Die Heimat gefällt ihnen, wie dem Odysseus sein Ithaka.*

Die Farbbilder

Seite 445 oben *Kranken- und Armenfürsorge in früherer Zeit. Kranke werden herbeitransportiert, um im Spital beim Kloster St. Stephan Aufnahme zu finden. Nicht jeder bekam dabei ein eigenes Bett (aus: Fries-Chronik der UBW M. ch. f. 760, Bl. 114a).*

Seite 445 unten *Epitaph der Stifterfamilie Teufel in der Eingangshalle des Landratsamtes Kitzingen.*

Seite 446 *Wappenblatt mit Kilianshymnus, um 1525. Die Wappen des Würzburger Bischofs Konrad II. von Thüngen (Kopfleiste) und der adeligen Lehensträger des Hochstifts symbolisieren das ›Haus‹ des Fürstbischofs im weitesten Sinne (Germanisches Nationalmuseum Nürnberg, Sign. HB 2372).*

Seite 447 oben links *Grabmal des Grafen Wilhelm von Henneberg, der 1475 auf einer Italien-Reise bei Bozen gestorben ist. Der Graf steht auf einem Löwen, in qualitätvoller Rüstung, einen Feldherrnstab in der Rechten. Das Selbstverständnis dieses Grafen wird auch durch das hennebergische Wappen dokumentiert, dessen prächtiger Wappenhelmschmuck über den Grafen hinausreicht (Bozen, Stadtkirche).*

Seite 447 oben rechts *Grabmal des Konrad von Bickenbach (Bayer. Nationalmuseum München). Konrad von Bickenbach, Herr von Klingenberg a. Main und Homburg a. d. Wern, 1393 in Grübingen bei Klingenberg bestattet, trägt auf dem monumentalen Grabmal die modische Rüstung der Zeit Kaiser Karls IV. mit einem plattenbeschlagenen Gürtel. Schwert, Turnierhelm und Wappen erweisen zudem seine adelige Herkunft.*

Seite 447 unten *Zerstörung der thüngenschen Burg Reußenberg durch den Schwäbischen Bund 1523 wegen unrechter Fehdehandlungen. Aus: Conterfei etlicher Kriegshandlungen von 1525 bis in die 1527 Jar (Staatsbibliothek Bamberg, R.B./H. bell./f./1).*

Seite 448 oben *›Kueffen, Butten vnd Vaß‹. Küfer gehören zu den wichtigsten Handwerkern in Weinbaugebieten. Das Bild zeigt Küfer bzw. Büttner bei der Arbeit (aus: Stadtarchiv Volkach: Volkacher Stadtbuch um 1500).*

Seite 448 unten *Die Weinbergshüter, die zur Zeit der Weinlese die Weinberge hüten, beeiden vor dem Bürgermeister, die Rechte und Pflichten einzuhalten. Rechts ein Traubendieb (aus: Stadtarchiv Volkach: Volkacher Stadtbuch um 1500).*

Seite 449 oben *Neubürger müssen dem Bürgermeister und dem Schultheiß den Bürgereid leisten. Sie geloben den Stadtherren und dem Bürgermeister ihre Treue und schwören bei den Heiligen, sie werden der Stadt und Herrschaft dienen und sie vor Schaden bewahren. Grundsätzlich haben alle Bürger der Stadt jährlich das Bürgerrecht zu beeiden. Der Schultheiß spricht den Eid vor (aus: Stadtarchiv Volkach: Volkacher Stadtbuch um 1500).*

Seite 449 unten *Der Main ist eine wichtige Verkehrsader, daher ist das Schiff für Orte am Main ein viel verwendetes Transportmittel. Das hier dargestellte Schiff äh-*

nelt fast einem Seeschiff. Für die Fahrt flußaufwärts müssen Pferde das Schiff ziehen (treideln) (aus: Stadtarchiv Volkach: Volkacher Stadtbuch um 1500).

Seite 450 *Jahrmarkt in Volkach am St.-Bartholomäus-Tag. In den Marktständen verschiedene Waren, besonders Gürtel, Beutel und Spiegel. Im Kirchentor der Marktwächter, auf dem Turm die Kirchweih- und Marktfahne, daneben der hl. Bartholomäus. Wenn die Marktfahne ausgesteckt ist, darf jeder kaufen (aus: Stadtarchiv Volkach: Volkacher Stadtbuch um 1500).*

Seite 451 oben *Judenverfolgung 1336 in Franken in der Sicht des Würzburger Malers M. Seger (16. Jahrhundert). Das Bild vermittelt Fanatismus und Brutalität dieses Judenpogroms (aus: Fries-Chronik der UBW M. ch. f. 760, Bl. 257b).*

Seite 451 unten *Kirchenruine der Wüstung Bischofs (= Mauerschädel), 6 km östlich Fladungen/Rhön. Das Dorf wurde um 1400 wüst (siehe Abb. S. 473).*

Seite 452 oben *Kirchhofbefestigung Ostheim v. d. Rhön mit doppeltem Bering, starken Türmen, Wehrgang und Gaden, im 15. Jahrhundert entstanden. Die Pfarrkirche wurde im 16./17. Jahrhundert über einem Vorgängerbau errichtet.*

Seite 452 unten *Das im Rathaus von Ochsenfurt hängende Gemälde überzeichnet die Merkmale einer Gründungsstadt der Würzburger Bischöfe: Aus dem dicht bebauten, durch eine viereckige Befestigung gesicherten Stadtraum treten hervor das Rathaus als bürgerliches, die Pfarrkirche als geistliches und der Amtshof als territorialherrschaftliches Zentrum.*

Seite 453 oben *Unterricht für die Konventualen und externe Schüler in der Klosterschule von Fulda (aus: Fries-Chronik der UBW M. ch. f. 760, Bl. 30a).*

Seite 453 Mitte *Gründung der ersten Würzburger Hochschule durch Bischof Johann I. Der Lehrbetrieb und die Übergabe eines Reverses durch die Würzburger Bürgerschaft wegen der bischöflichen Privilegien (aus: Fries-Chronik der UBW M. ch. f. 760, Bl. 325a).*

Seite 453 unten *Ermordung des Rektors der Würzburger Universität, Johann Zantfort 1413 (aus: Fries-Chronik der UBW M. ch. f. 760, Bl. 327b).*

Seite 454 oben *Konrad von Würzburg (Miniatur aus der Manessischen Liederhandschrift).*

Seite 454 unten *Eidesleistung des Schulmeisters vor einem Ratsherrn in Volkach (aus: Stadtarchiv Volkach: Volkacher Stadtbuch um 1500).*

Seite 455 oben *Der Kamin im Palas von Burg Wildenberg im Odenwald.*

Seite 455 unten *Der Kreuzgang des Neumünsterstifts in Würzburg (Begräbnisplatz Walthers von der Vogelweide).*

Seite 456 *Das Wappen der Familie Jude (Michael de Leone) im Hof des Bürgerspitals Würzburg.*

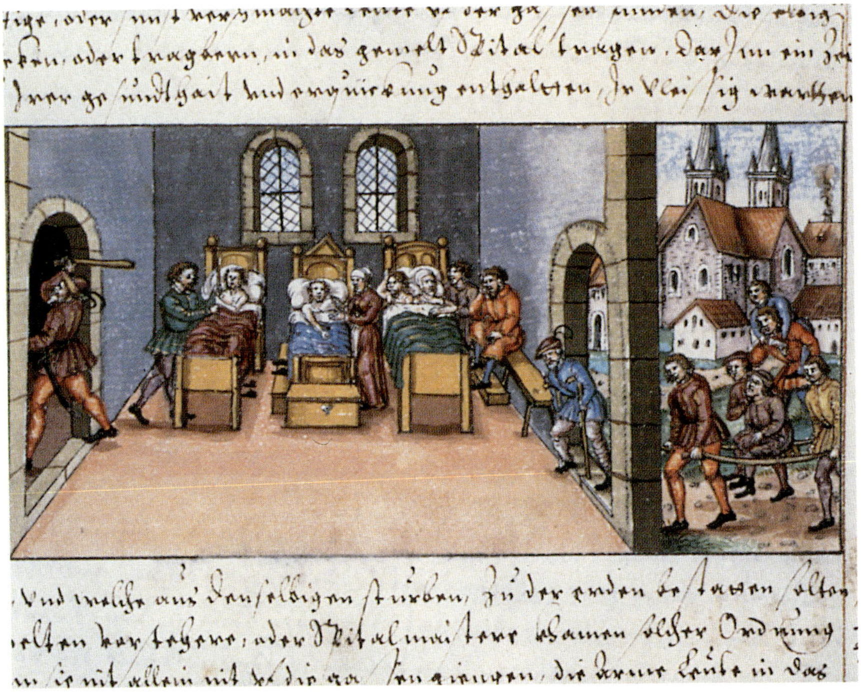

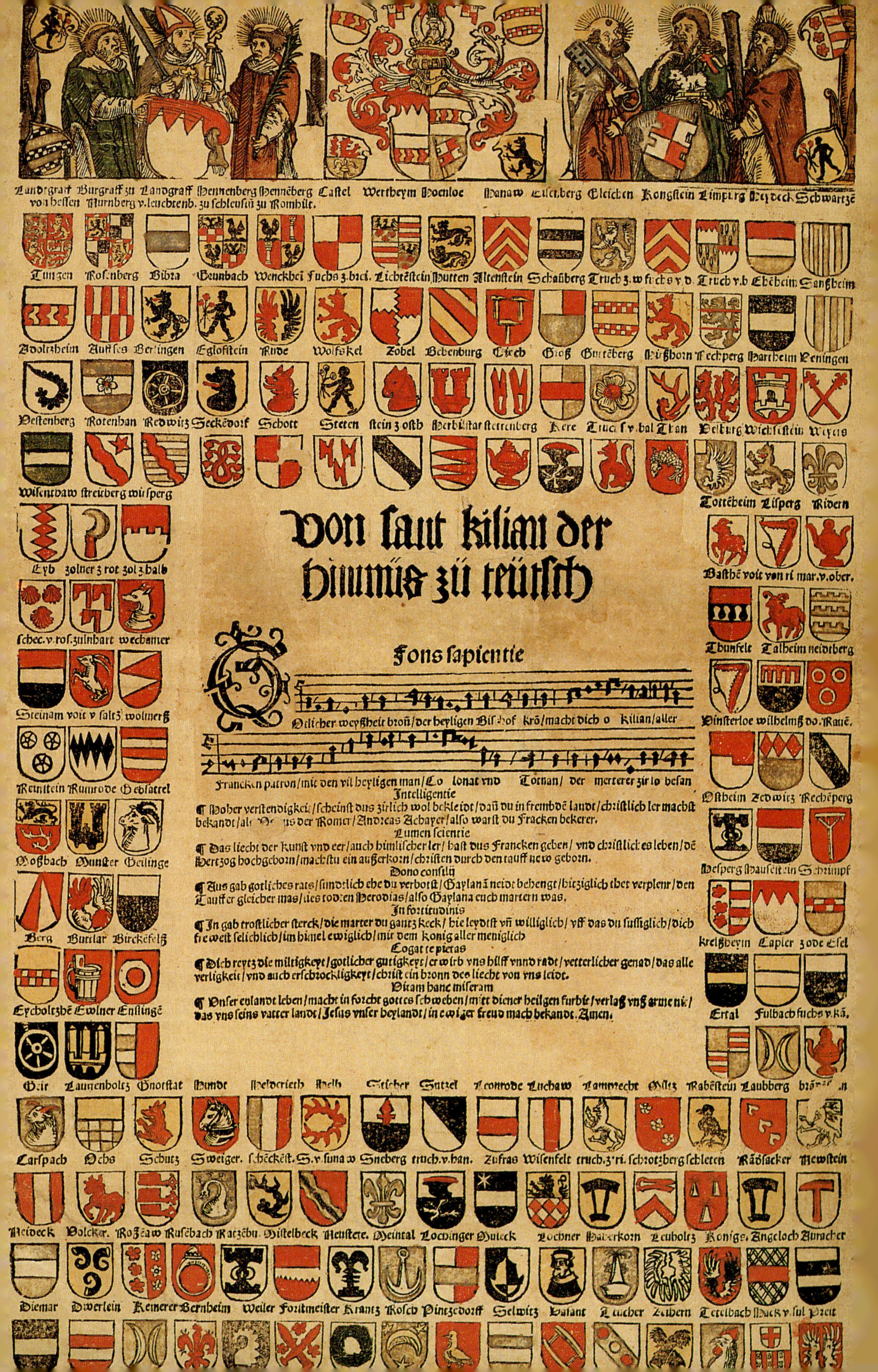

Von sant kilian der Hinmus zü teütsch

Fons sapientie

Gotlicher weyßheit broñ/der heyligen Bischof krõ/macht dich o Kilian/aller Francken patron/mit den vil heyligen man/Colonat vnd Totnan/ der merterer zir lo besan

Intelligentie

¶ Hoher verstendigkeit/scheinst dus zirlich wol bekleidt/dañ du in frembdẽ landt/christlich ler machst bekandt/als [illegible] us der Romer/Andreas Achayer/also warst du Fracken bekerer.

Lumen scientie

¶ Das liecht der kunst vnd eer/auch himlischer ler/ hast dus Francken geben/ vnd christliches leben/dẽ Hertzog hochgeborn/machstu ein außerkorn/christen durch den tauff new geborn.

Dono consilij

¶ Aus gab gotliches rats/sundtlich ehe du verbotst/Gaylanã neidt behengt/hitziglich vber verplenr/den Tauffer gleicher mas/lies todten Herodias/also Gaylana euch martern was.

In fortitudinis

¶ In gab trostlicher sterck/die marter du gantz keck/ hie leydist vñ williglich/ vff das du sussiglich/dich frewest selichlich/im himel ewiglich/mit dem konig aller meniglich

Cogat te pietas

¶ Dich reytz die miltigkeyt/gotlicher gutigkeyt/erwirb vns hilff vnnd radt/vetterlicher genad/das alle verligkeit/vnd auch erschrockligkeyt/christ ein bronn des liecht von vns leidt.

Vitam hanc miseram

¶ Vnser ellandt leben/macht in forcht gottes schweben/mit diener heilgen furbit/verlaß vnß arme nit/das vns seins vatter landt/Jesus vnser heylandt/in ewiger freud mach bekandt. Amen.

Reyssenberg. Jst hāns Jorg von
Dinga hauß.ij. meyl vō würtzburg ge
legen/Jst zerrissen wordē vom Bundt.
am.xxvj.tag Junij. vñ haben Jorg/Eu
stachius vñ Casper von dinga teyl dar
an gehabt. 1523
IX

kueffen Butten und vaß die man zumkauff niderlegt

Weingartt hüeter

Zolt

Wie sich der gemain mann
an etlichen orten im Bistumb wider die Juden
entbözet und die verfolgt hat.
In dem obberürten .1336. Jar.

Meist Chůnrat von Wúrzburg.
C VI

9. *Arme, Randgruppen, Juden*

9.1 Armut

Im Spätmittelalter gilt allgemein der Bauer und Hintersasse als der ›arme Mann‹. Er ist jener, der keine eigenen Herrschaftsrechte besitzt, seinem Herrn bzw. seinen Herren Dienste verschiedenster Art zu leisten hat und damit an einem Mangel an sozialer Stärke leidet. Der Bauer ist gleichzeitig jener, der in der Vorstellung der Adeligen (bellatores) und Geistlichen (oratores) Handarbeit zu leisten hat. Zwar hat sich mit dem Christentum und seinen mittelalterlichen Reformwellen eine positive Wertung der manuellen Arbeit und der Armut vollzogen, noch immer aber galt für die Herren ›von Stand‹ körperliche Arbeit als unanständig und Armut wurde weiterhin mit Unmoral gleichgesetzt. Die Härte des Konflikts ›Armut‹ und ›Arbeit‹ einerseits und ›Stand‹ andererseits wird besonders im Leben der heiligen Elisabeth stigmatisiert.
Armut war also im Mittelalter keineswegs nur ein ökonomisches Phänomen, das nur eine Seite beleuchtet: materieller Mangel, Mittellosigkeit. Gesellschaftlich gehören zu diesem Bereich diejenigen, die stets an der Subsistenzgrenze leben, vorwiegend Tagelöhner, Gelegenheitsarbeiter und andere. Eine tiefgreifende Schwelle zur Armut bildet die physische Unfähigkeit und Mittellosigkeit. Zu diesen Armen zählen die Kranken, Invaliden und Alten. Nicht von ungefähr versucht das Gemeinwesen Stadt Reiche und Arme schützend zu umfassen. In den Würzburger Urkunden begegnet dieses Begriffspaar immer wieder. Die städtischen Spitäler zeugen davon, daß sich neben den Klöstern vor allem die Städte zunehmend mit Armut und Altersversorgung innerhalb der Bürgerschaft – wohl lange noch nicht grundsätzlich mit allen Armen innerhalb ihrer Mauern – befaßt haben. Der starke Bevölkerungsrückgang des 14. Jahrhunderts, der auch in Franken tiefgreifende Folgen hatte, vor allem im Mangel an Arbeitskräften, brachte nun erstmals herrschaftliche Bettelverbote und Einschränkungen des Almosengebens mit sich. Man glaubte, den Bettel und den Müßiggang kanalisieren und Arbeitspflicht durchsetzen zu können. Damit traten nun Armut und Arbeit in einen polaren Gegensatz zueinander. Jetzt erst wurde Armut als Nicht-Arbeit definiert, Armut und Kriminalität in einen engen Zusammenhang gerückt, damit als a-soziales Element gekennzeichnet.

9.2 ›Randgruppen‹

Die armen Leute und sozial Benachteiligten schlagen sich in den Quellen am seltensten nieder, erst dann, wenn es zu justiziablen Konflikten kommt.

Ihre marginale Rolle in den Quellen darf aber nicht so interpretiert werden, daß es sich bei ihnen um Randerscheinungen in der Gesellschaft handelte. Selbstzeugnisse, die über derartige Gruppen und ihr Selbstverständnis etwas aussagen könnten, fehlen praktisch ganz, wenn wir von den Juden absehen, die ein Sonderfall sind. Es bleibt auch zu bedenken, daß von den Armen alles mit ihrem Tod untergeht: Das »Dunkel des Lebens findet seine Entsprechung im Vergessen«.[21] Ebenso beachtenswert ist, daß das Leitbild des sozialen Ansehens in den mittelalterlichen Städten und auch Dörfern vom Reichtum bestimmt war. Zahlreich sind spätmittelalterliche Aussagen aus führenden und sogar mittleren Schichten, daß das ›gemeine Volk‹, das ›arme Volk‹ auch der verdorbene, der ›böse Mann‹ sei. Stadttopographisch läßt sich freilich trotz fehlender schriftlicher Quellen häufig ein Bild der sozialen Schichtung, speziell der ärmsten Schichten in den Vorstädten, rekonstruieren. Das Problem aber sind die Unbehausten, die Bettler, Spielleute, Akrobaten, gescheiterten Existenzen usw. Das ganze Ausmaß dieses bedrängenden Problemkreises tritt uns erst in den Bettelordnungen und in fürstlichen Versuchen der frühen Neuzeit entgegen, die dem Pauperismus Herr zu werden suchen. Ernst Schubert[22] hat uns dieses Phänomen in Franken anschaulich vorgeführt.
Hatten im frühen und hohen Mittelalter noch das Gastrecht und die Gastpflicht einen positiven Stellenwert, so veränderte sich dies in Zeiten der Bevölkerungsvermehrung erheblich. Die Situation für den Fremden, der im Mittelalter buchstäblich der Elende heißt, wurde im Spätmittelalter wesentlich schwieriger. Der ›wahre‹ Reisende und der wandernde Handwerksgeselle mußten sich positiv absetzen von jenen Fremden und Fahrenden, deren Status negativ besetzt war. Die Skepsis gegenüber dem Fremden wird wohl allgemein groß gewesen sein, selbst wenn er ein Pilgerzeichen trug. Diese Skepsis und die Schutzmaßnahmen gegen den ›Fahrenden‹ steigern sich deutlich im Spätmittelalter; er wird immer negativer beurteilt. Gerade der nicht seßhafte Bettler erfährt (gegenüber dem seßhaften Bettler) zunehmende Abneigung, was sich in der wachsenden Anzahl von Auseinandersetzungen in der schriftlichen Überlieferung zeigt. Auffällig ist, daß seit dem ausgehenden 15. Jahrhundert in den süddeutschen Städten sogar die Abneigung gegenüber ›welschen‹ Handwerksgesellen erheblich wächst. Bezeichnend ist schließlich, daß im beginnenden 16. Jahrhundert ein ›Liber vagatorum‹ (Buch der Vaganten) auf dem Büchermarkt erscheint, der 28 verschiedene Bettlertypen beschreibt, qualifiziert und angibt, ob sie der Unterstützung wert oder nicht wert seien.
Bei der Diskussion der ›Randgruppen‹, die für Unterfranken noch kaum in Gang gekommen ist, darf man freilich die Rechtsstruktur der Städte und Dörfer, die lediglich an ›Bürgern‹ bzw. an ›Nachbarn‹ orientiert ist, nicht

außer acht lassen. Denn die Schwierigkeiten ergeben sich allein schon aus der Tatsache der Exklusivität der Bürgerschaften und bäuerlichen Nachbarschaften, die gewissermaßen aus ihrem Selbstverständnis heraus den ›unehrlichen‹ Leuten das Wohnrecht verwehrten oder nur unter besonderen Bedingungen gestatteten. Entsprechend scharf ist man in der Regel gegenüber Fremden, fahrendem Volk, Zigeunern und dergleichen.
Der schillernde Begriff ›Randgruppen‹, der sich weitgehend durchgesetzt hat, erscheint nicht ganz glücklich. Vielleicht sollte man besser von den ›Schutzbedürftigen‹ sprechen. Für die Unschärfe des Begriffs ›Randgruppen‹ darf auf folgendes Beispiel verwiesen werden. Bezüglich der Wissensvermittlung spielte lange Zeit im Spätmittelalter fast die gesamte nichtgeistliche und nicht Latein sprechende Gesellschaft die Rolle einer ›Randgruppe‹, bis schließlich die Gleichsetzung von laicus und illiteratus nicht mehr aufging. Der Streit um die richtige Sprache in Kirche, Recht, Medizin und anderen Wissenschaften schlug hohe Wellen. »Auf der einen Seite standen die Apologeten der lateinischen Liturgie- und Kirchensprache, auf der anderen die Verfechter einer muttersprachlichen Erschließung des in Latein überlieferten Heils-, Bildungs- und Berufswissens.«[23] Vor allem glaubten die gelehrten Vertreter der Kirche, volkssprachliches Bibellesen könne die Lehrautorität von Kirche und Klerus erschüttern, es gefährde die Einheitlichkeit des kirchlichen Lehrgebäudes. Das Lesepublikum deutschsprachiger Bibeln war aber recht vielfältig. Es reichte von einfachen Pfarrern, die kein Universitätsstudium genossen hatten, über Laienbrüder und Nonnen bis zu den ›Weltleuten‹ in Adel und Bürgertum. Der vielgelesene Straßburger Münsterprediger Johannes Geiler von Kaysersberg, der selbst bemängelte, daß nicht einmal in Spitälern Arme und Kranke genügend christliche Unterweisung erhalten, um christlich sterben zu können, hielt es trotzdem für *ein Böß ding, daß man die Bibel tütsch druckt.* Er fürchtete die selbständige Bibelauslegung durch Bürger und Bauern und betonte, es sei gefährlich, Kindern das Messer in die Hand zu geben, um sich selber das Brot zu schneiden.
Man sieht, wie der Streit um Legitimität volkssprachlicher Kommunikation im Spätmittelalter erhebliche Sozialkonflikte hervorrief, bis schließlich die Erfindung des Buchdrucks eine breite Entwicklung hin zur gedruckten Volkssprache ermöglichte.

9.3 Juden

Eine Sonderrolle unter den spätmittelalterlichen Randgruppen spielen die Juden, zumal sie wirtschaftlich bis zu den Pogromen und Vertreibungen eine zentrale Rolle in den größeren Städten gespielt haben dürften. Sie waren auch insofern eine Sonderform unter den Randgruppen, als sie in der Diaspora eine Traditionsgemeinschaft mit ausgeprägtem Sendungsbewußtsein auf religiöser Grundlage bildeten. Erst im Gegenzug zu deren Bewußtsein des Auserwähltseins und der Heilsgewißheit entstand die Vorurteilsbildung der europäischen Bevölkerung gegenüber den Juden, die sich in gewissen Phasen in Verdammung und Dämonisierung verwandelte. Von der ersten Krise anläßlich des ersten Kreuzzugs 1097 war nur Bamberg betroffen. Ob die im Zusammenhang mit Bamberg genannten Juden erst aus dem Rheinland hierher geflohen waren oder bereits länger hier wohnten, wird nicht klar. Ansonsten werden die Juden in Mainfranken erstmals im 12. Jahrhundert nachweisbar. Es versteht sich, daß Würzburg, der älteste Zentralort dieses Raumes, auch bald die bedeutendste Judenniederlassung wurde. In der Stiftsstadt Aschaffenburg und in Würzburg sind sie 1147 belegt. Von der ersten großen Judenverfolgungswelle des 12. Jahrhunderts angesichts des bevorstehenden zweiten Kreuzzugs wurde Franken mitbetroffen. In Würzburg, wo die Juden engen wirtschaftlichen Kontakt zum bischöflichen Hof hatten, fiel der Pöbel offenbar vor allem über die Judenschule her, ermordete den Rabbi und 21 seiner Schüler.

In der Folgezeit aber scheint sich während der ganzen Stauferepoche eine Aufbau- und Ausweitungsphase konsolidiert zu haben. Im 13. Jahrhundert entwickeln sich eine ganze Reihe von Niederlassungen: Wertheim, Lauda, Röttingen, Grünsfeld, Weikersheim und Rothenburg, Schweinfurt, Kitzingen, Rothenfels, sogar Randersacker, der bekannte Weinort. Diese Feststellungen sind nicht nur bedeutend für die Ausbreitung der Juden, sondern auch wichtiges Indiz für die Entwicklung der Städte. Seit den Kreuzzügen waren die Juden aus den Erwerbszweigen Ackerbau und Gewerbe verdrängt und durch kirchliches Ausnahmerecht fast ganz auf den ›Wucher‹, d. h. auf Geld- und Pfandleihe gegen Zins beschränkt. Ihre Finanzkenntnisse machten sich die Stadtherren, besonders der Würzburger Bischof, bald zunutze, denn sie brauchten die Juden zur Entwicklung der Geldwirtschaft in den Städten.

Als ›königliche Kammerknechte‹ unterstanden sie dem Schutz des Königs und seiner Amtsträger, bald auch des Bischofs und der fränkischen Grafen. 1234/35 führte eine Ritualmordbeschuldigung zu einem größeren Massaker unter den Juden von Lauda und Tauberbischofsheim. 1243 folgten Ausschreitungen gegen Juden in Kitzingen. »Kreditgeschäfte und zunehmende Abdrängung in den Lokal- und Kleinhandel brachten die Juden zumeist in scharfen Gegensatz zu den mittleren und unteren Schichten der städtischen Gesellschaft, dem niederen Adel ... und bäuerlichen Schichten, die bei den Juden verschuldet waren.«[24]

1298 gab das Gerücht einer Hostienschändung den Anstoß für ein neuerliches Pogrom schlimmsten Ausmaßes in Franken, dem viele Judengemeinden zum Opfer fielen. Zur Illustration der Krisen des 14. Jahrhunderts, die für Judenverfolgungen höchst relevant wurden, dürfen ein paar Angaben der Würzburger Bischofschronik des Magisters Lorenz Fries stichwortartig geboten werden.

1312 große Teuerung und heftiges Sterben; in Würzburg starben angeblich fast 5 000 Menschen,
1332 reicher Herbst mit außerordentlich viel Wein,
1333 aber sehr wenig
1336 Judenverfolgung durch den *Pöbel*, vom Taubertal ausgehend: Röttingen, Aub, Mergentheim, Uffenheim, Krautheim, Kitzingen
1339 Heuschreckenplage, Teuerung, Pest
1346 erfriert im Herbst der gesamte Wein
1347 wächst kein Wein
1348/49 Judenverfolgung – die Pest wird eigenartigerweise nicht erwähnt
1356 große Pestseuche
1363 Pest in Würzburg.

So gesehen, ragt der schwarze Tod mit seinen Folgen in der Mitte des 14. Jahrhunderts in unserem Raum nur graduell aus ähnlich gelagerten Ereignissen der ersten Hälfte dieses Jahrhunderts heraus. Die sogenannte Armlederbewegung 1336 gegen die Juden scheint ein Ereignis zu sein, das bei aller Warnung vor monokausalen Erklärungen auch im Zusammenhang mit den wirtschaftlichen Verhältnissen des Tauberraumes gesehen werden muß (Farbbild S. 451). Sie berührt offensichtlich nicht Wertheim, sondern breitet sich zwischen Tauberbischofsheim und Röttingen aus. Der Anführer dieser gefährlichen bäuerlichen Massenhysterie, Ritter Arnold von Uissigheim, ist immerhin Vasall der Grafen von Wertheim. In diesen Jahren sind auch die Notverkäufe einiger Niederadelsfamilien besonders auffällig. Ob man in diesem Jahrzehnt von einer ausgesprochenen Agrarkrise des Main-Tauber-Raumes sprechen sollte, möchte ich dahingestellt lassen. Ohne Zweifel sind wir in einer Zeit starken agrarischen und wohl allgemein wirtschaftlichen Wandels, der auch durch die Ansiedlung offenbar größerer Judengruppen in den kleineren Städten (schon seit dem 13. Jahrhundert) signalisiert wurde. Dieser Wandel besteht darin, daß auch das Agrarland nun besonders marktorientiert sein muß, daher jetzt die starke Krisenanfälligkeit, die nicht nur den Bauern, sondern gerade auch die kleinen adeligen Grundherren betrifft. Mit der großen Pestepidemie, die im Juni/Juli 1349 Mainfranken erreichte, kam gleichzeitig eine Massenhysterie ohnegleichen gegen die Juden: Rothenburg, Wertheim, Würzburg, Kitzingen, Bamberg, Iphofen, Nürnberg sind in diesem Jahr die Stationen der

Judenvernichtung. Damit waren im unterfränkischen Raum die blühenden Judengemeinden zerstört. Auch wenn im 14./15. Jahrhundert sich noch einzelne Judenfamilien ansiedelten, gewannen ihre Gemeinden doch nie mehr ihre ältere Bedeutung. In der Mitte des 15. Jahrhunderts kam es infolge einer Krise erneut zu einer Vertreibung der Juden; am Ende des 15. Jahrhunderts sind die meisten fränkischen und deutschen Judengemeinden verschwunden. Folge war die große Wanderbewegung der Juden nach Ost- und Südosteuropa. Seit dem 16. Jahrhundert beginnt dann die Geschichte des Landjudentums, das in den ritterschaftlichen Dörfern Frankens eine große Rolle spielt.

10. *Zum Alltag im mainfränkischen Spätmittelalter*

Die Geschichte des Alltags ist erst in den letzten Jahrzehnten zu einem gesonderten historischen Forschungsbereich geworden. Was auf den ersten Blick so einleuchtend aussieht, gestaltet sich freilich relativ schwierig, wenn man davon ausgeht, daß das Alltägliche kaum überlieferungswürdig war. Eine Forschungsdiskussion kann hier nicht geleistet werden. Grundsätzlich sei auf die wichtigen Beiträge von Hans-Werner Goetz verwiesen. Man muß sich auch darüber im klaren sein, daß man einen speziell regional geformten Alltag kaum zu finden vermag. Leichter ist dies schon bei Ausformungen der Festkultur in Stadt und Land, die in Kirche und Gemeinde stark verankert ist.

Hier können nur ganz wenige Grundzüge des alltäglichen Lebens angedeutet werden, zum ersten die Abhängigkeit des Menschen, vor allem des Bauern, von der Natur. Dürrejahre, Unwetter und harte Winter gefährdeten immer wieder das Leben zahlreicher Menschen. War eine Getreideernte zerstört, dann konnte dies Folgen auf Jahre hinaus haben, zumal die Erträge außerordentlich gering waren. Mußte auch das Saatgetreide angegriffen werden, dann war der Hunger für das folgende Jahr schon vorprogrammiert. Unter derartigen Bedingungen muß man mit einem breiten Kreis hungernder, auch verhungernder Menschen rechnen, die in erhöhtem Maße krankheits- und seuchenanfällig waren. Von diesen Krankheiten waren vor allem die Kinder unter zehn Jahren betroffen. So erklärt sich, daß die Familien relativ klein blieben. Das ständige Gefährdetsein durch die Natur bestimmte vor allem die kleinbäuerliche Existenz grundlegend.

Aber nicht nur die Kinder waren hochgefährdet, sondern auch die gebärenden Mütter. Die hohe Sterblichkeit der Mütter im Kindbett ist zweifellos in der ganzen vorindustriellen Zeit ein Alltagsproblem. Beim Tod seiner

Ehefrau heiratete der Mann in der Regel rasch wieder, zumal weitgehend Frauenüberschuß bestand. Überlebte die Frau ihren Gatten, war sie – gleich welchen Standes – wirtschaftlich und sozial besonders gefährdet, denn nun versuchte häufig die Verwandtschaft zu ungunsten der Frau auf ihre Kosten zu kommen. Schon die Kapitularien Karls des Großen betonten daher den Schutz der Witwen und Waisen. Da zudem die Frau in der Regel einer männlichen Vertretungsgewalt unterstand, war es tunlich, daß sie sich so schnell wie möglich wieder verheiratete. Im Bereich der Zünfte bot die Meisterswitwe einheiratenden Gesellen die fast einzige Möglichkeit, Meister und damit handwerklich selbständig zu werden. Allgemein galt als Hauptzweck der ehelichen Verbindung die legitime Fortpflanzung – davon hing oft das Ansehen der Ehefrau ab -, doch wird allgemein im bürgerlichen – zumindest zünftischen – Bereich und in der bäuerlichen Familie die Frau als Arbeitskraft eine gewichtige Rolle gespielt haben, und zwar nicht nur am Herd. Das Verhältnis zwischen Mann und Frau ist im Spätmittelalter recht ambivalent. Einerseits wird sie im Minnesang als frouwe und auch als wîp hochgeschätzt, andererseits erfährt sie als Nachfahrin Evas in der didaktischen Literatur, in Novellen, Schwänken und Fastnachtspielen nicht gerade eine positive Bewertung. Im Einzelfalle werden der Ehemann und oft auch die Verwandtschaft die Stellung der Ehefrau entscheidend gewertet und geprägt haben.
Angesichts des harten Lebens-, Jahres- und Tageslaufs wurden für Menschen aller Schichten die zahlreichen Heiligenfeste nicht nur religiöse, sondern auch gesellschaftliche Markierungspunkte. Heiligenfeste dürfen nicht völlig vom Alltag abgehoben werden, denn sie gliedern geradezu das Alltagsleben während des Jahres. Schon ein Blick auf die Urkunden zeigt, daß die gesamte Zeit nach dem Heiligenkalender berechnet war. Für bäuerliche Dienstboten und Gesellen im Handwerk waren sie ohnehin willkommene Urlaubstage. Wollten kirchliche Reformer wie etwa Nikolaus von Kues zweifelhafte oder ›drittrangige‹ Heiligenfeste abschaffen, dann machte sich rasch elementarer Widerstand gegen diese Verminderung von Heiligenfesten und ›Urlaubstagen‹ bemerkbar.
Ein Ausbrechen aus der Alltagswelt war fast nur bei Wallfahrten möglich. Am Ende des Mittelalters überzog ein dichtes Netz von Pilgerstätten den mitteleuropäischen Raum und bot den Menschen Möglichkeiten, ihre persönlichen Anliegen dem jeweiligen Heiligen vorzubringen. Für Franken läßt sich allerdings zeigen, daß die Einzelwallfahrt zu benachbarten Gnadenstätten im ausgehenden Mittelalter mehr und mehr von der Gemeinschafts-, städtischen Bruderschafts- und sogar von der Gemeindewallfahrt abgelöst wird, so daß dieser Wallfahrtstypus geradezu ›als ein Akt der dörflichen Rechtsgemeinschaft erscheint‹.[25]

Die spätmittelalterliche Arbeitswelt war auch in Franken keine ›heile Welt‹. Zwar mußten in den städtischen Zünften Meister und Gesellen auf irgendeine Weise Arbeit, Haus und Brot miteinander teilen, aber darüber hinaus gab es noch einen anderen Arbeitsmarkt, den die Zünfte durch ihre Zwänge und Regelungen zwar zu verdrängen suchten, der aber immer stärker wurde. Neben dem Individualvertrag des zünftischen Meisters mit Lehrling und Gesellen gab es in vielen, vor allem größeren Städten einen mehr oder minder geregelten Arbeitskräftemarkt. Gerade der fränkische Weinbaubereich scheint stark von derartigen unzünftischen Arbeitskräften gelebt zu haben. Diese abhängigen Arbeitskräfte arbeiteten nicht unter dem ›schützenden Dach‹ einer Zunft, sondern in Lohnarbeitsverhältnissen oder Taglohn. Sie konnten nicht von der sozialen Sicherheit der Zünfte profitieren. Armut, Arbeitslosigkeit und Hunger waren Faktoren, die immer wieder in ihre Lebensverhältnisse eingriffen und ihre Existenz bedrohten. Vor allem die Zeit nach der großen Pest 1349 bewirkte Veränderungen der Märkte und der Marktlage. Diese teilweise tiefgreifenden Veränderungen haben aber auch vielfach in das bäuerliche und das städtische Leben eingegriffen.
Zwischen den Extremen städtischer und bäuerlicher Blüte und schwerer Krise gab es zahlreiche Schattierungen, deren Ursachen kaum präzise zu klären sind. Eine gewisse Rolle hat dabei aber sicherlich der recht unterschiedliche Grad der strukturellen Anpassung an die Erfordernisse der Marktverflechtung gespielt.
Über Hof, höfisches Leben und ›Alltag‹ der mainfränkischen Adelsgesellschaft läßt sich bislang nur sehr wenig aussagen. Sicher ist ›höfisches Leben‹ eine Zielvorstellung in dieser Gesellschaft gewesen, es bleibt aber zu befürchten, daß die Realität in der engen, nicht gerade wohnlichen Burg weit davon entfernt war. Praktisch nichts erfahren wir in den Quellen über die ritterlich-militärische Ausbildung der jungen Adeligen, weder von Reit- noch von Waffenübungen. Besser sind die Informationen über adelige Jagd, zumal Hohe und Niedere Jagd (nur Niederjagdgebiete waren der Ritterschaft erlaubt) zu den streng fixierten Regalienrechten gehörten.
Auch für das mittelalterliche Franken gilt im Grunde das, was Wolf Helmhard von Hohberg (1612–1688) in seinem durch Otto Brunners Untersuchung über das Adelige Landleben klassisch gewordenen Werk ›Georgica curiosa‹ zum adeligen Waidwerk gesagt hat:
Es ist das Jagen eine tapfere und ritterliche Übung und dem Adel gleichsam ein Praeludium belli, darinnen sie lernen ein wildes Tier mit List und Geschwindigkeit anfallen, bestreiten und fällen, zu Fuß und zu Pferd ihre Waffen und Gewehre geschicklich brauchen, Kälte, Hitz, Regen und Ungewitter sowol als der Sonnen heiße Strahlen ertragen und dulten, Durst und Abmattungen zu er-

leiden, die Gegend und Nachbarschaft von schädlichen, reißenden Tieren zu erledigen.[26]
Auch in Franken legten höherer und niederer Adel besonderen Wert auf Jagd und Fischfang. Die Rechnungen der Grafen von Wertheim-Breuberg lassen eindrucksvoll die Aufwendungen für Jagdzeug, Jäger und Jägerknechte, Schuhwerk für Wildschweinhetzer und Jagdgehilfen, Futter für Pferde und Jagdhunde, Hühner für die Jagdfalken, Abtransportieren des erlegten Wildes usw. belegen. Bei einer Wildschwein-Hetzjagd zu Pferd wurden 1416 allein für Pferde und Jagdhunde Dreiviertel dessen verfüttert, was man in diesem Jahr auf dem gräflichen Hof Arnheiden geerntet hatte. Die Anzahl der Hatzhunde, die vielfach von den Bauern gefüttert werden mußten, war offensichtlich beträchtlich.
Beim Fischfang begnügte man sich bisweilen nicht mit den eigenen herrschaftlichen Flüssen, Bächen und Seen; zur Deckung des beträchtlichen Eigenbedarfs an Fischen wurde auch Fischzucht in eigens dafür angelegten Seen in der Nähe der Burg betrieben. Dazu mögen wohl auch die Seen der Wasserburgen gedient haben.
Da die Jagd ein wichtiger Bestandteil adeligen Lebens war, mußten die Wälder sorgfältig kontrolliert und betreut werden. Zur Wahrnehmung der Forstaufgaben erhielt beispielsweise der Förster des Grafen von Wertheim-Breuberg ein Pferd und jährlich einen Hofrock. Er hatte die gräflichen Wälder zu ›beforsten, zu bereiten und zu behüten‹. Konkret hieß das die Obsorge, daß niemand im gräflichen Waldbezirk ›jagt, fischt, Vögel fängt, dem Wild heimlich in einem Hinterhalt auflauert oder es aufjagt‹.[27] Die Förster wurden wiederum vom gräflichen Amtmann kontrolliert.
Wir müssen uns mit diesen wenigen Hinweisen begnügen. Alles in allem wird man nur gewisse Grundstrukturen der spätmittelalterlichen Lebens- und Alltagswelt erkennen können, auch wenn sicherlich noch viele aufschlußreiche Details auf die Erforschung in den Archiven harren.

Anmerkungen

1 R. Olt, Die Gedichte des ›Königs vom Odenwald‹ – Textedition – Übertragung – Verfasserfrage, in: W. Wackerfuß (Hg.), Beiträge zur Erforschung des Odenwaldes und seiner Randlandschaften IV., 1986, S. 88 f.
2 K. M. Bolte, Einige Anmerkungen zur Problematik der Analyse von ›Schichtungen und sozialen Systemen‹ in: D. V. Glass, R. König (Hgg.), Soziale Schichtung und soziale Mobilität (Kölner Zs. f. Soziologie und Sozialpsychologie, Sonderheft 5), 1961, S. 43.
3 Mitterauer, Probleme der Stratifikation in mittelalterlichen Gesellschaftssystemen, H. 3, 1976, S. 67.
4 Fries, Geschichte, Namen, Geschlecht, Leben, I., 1924, S. 224, 391, 396, 420, 449, 490,

516, 665, 689, 739. Eine Ausnahme bildet Bischof Sigmund S. 626. Zum Grabmal Bischof Gottfrieds III. von Hohenlohe († 1322), das bei Fries S. 236 auf Gottfried II. († 1197) bezogen wird, s. GS Würzburg 1, S. 183.

[5] Schreiner, Mönchsein in der Adelsgesellschaft des hohen und späten Mittelalters, S. 15.

[6] A. Wendehorst, Analekten zur Geschichte der Abtei Münsterschwarzach im Spätmittelalter, in: WDGBl 25, 1963, S. 125–143, hier S. 131, 138 ff.

[7] Ofer, St. Stephan in Würzburg, S. 81.

[8] Jooß, Komburg, S. 86, 88.

[9] S. Frhr. v. Pölnitz, Die bischöfliche Reformarbeit im Hochstift Würzburg während des 15. Jahrhunderts, in: WDGBl 8/9, 1941, S. 113 f., 130 ff.; A. Wendehorst, Kloster Frauenaurach im späten Mittelalter, in: Erlanger Bausteine zur fränk. Heimatforschung 30, 1983, S. 21–27, hier S. 21.

[10] Böhme, Das fränk. Reichsgrafenkollegium, S. 77.

[11] O. Brunner, Land und Herrschaft, S. 108.

[12] G. Schuhmann, Die Markgrafen von Brandenburg-Ansbach, 1980, S. 46.

[13] Kanter, Markgraf Albrecht Achilles von Brandenburg I., S. 111.

[14] O. Gamber, Turniergesellschaften, in: J. Fleckenstein (Hg.), Das ritterliche Turnier im Mittelalter, 1985, S. 513–531, hier S. 519.

[15] W. Engel (Hg.), Die Rats-Chronik der Stadt Würzburg (XV. und XVI. Jahrhundert), S. 36 f. Nr. 114.

[16] Zit. nach H. H. Hofmann, Territorienbildung in Franken im 14. Jahrhundert, in: ZBLG 31, 1968, S. 369–420, hier S. 386.

[17] R. Sablonier, Das Dorf im Übergang vom Hoch- zum Spätmittelalter, in: L. Fenske u. a. (Hg.), Institutionen, Kultur und Gesellschaft im Mittelalter, FS f. Josef Fleckenstein, 1984, S. 727–746, hier bes. S. 728 f.

[18] W. Matzat, Die Zenten im östlichen Odenwald und angrenzenden Bauland und eine Bevölkerungsstatistik von 1496, in: Der Odenwald 15, 1968, S. 75–88.

[19] Vgl. Störmer, Probleme der spätmittelalterlichen Grundherrschaft, S. 118–160, bes. S. 157 ff.

[20] E. J. Greipl, Der Odenwald und seine Bewohner vor 250 Jahren in der Sicht P. A. Klugs, in: Der Odenwald 31, 1984, S. 39–44, hier S. 41 f.

[21] A. Sapori, Studi di storia economia (secoli XIII-XIV-XV), Bibliotheca Storica Sansoni V Bd. I., 1955³, S. 165.

[22] E. Schubert, Arme Leute, Bettler und Gauner im Franken des 18. Jahrhunderts, 1983.

[23] Kl. Schreiner, Volkssprache als Element gesellschaftlicher Integration und Ursache sozialer Konflikte. Formen und Funktionen volkssprachlicher Wissensverbreitung um 1500, in: F. Seibt, W. Eberhard (Hgg.), Europa 1500, 1987, S. 468–495, hier S. 492.

[24] Herde, Probleme, S. 89.

[25] D. Harmening, Fränkische Mirakelbücher, in: WDGBl 28, 1966, S. 97.

[26] Wolf Helmhard v. Hohberg, Georgica curiosa, 1682, II, S. 684.

[27] Wackerfuß, Kultur-, Wirtschafts- und Sozialgesch., S. 116 ff.

Literatur (Auswahl)

Zu 1. Zum Ordo- und Schichtenverständnis

K. M. Bolte, Schichtung, in: Das Fischer-Lexikon: Soziologie, 1958, S. 244–253; K. Bosl, Die Grundlagen der modernen Gesellschaft im Mittelalter, 1972; M. Mitterauer, Probleme der Stratifikation in mittelalterlichen Gesellschaftssystemen, in: Sozialwissenschaftliche Informationen für Unterricht und Studium 5, 1976; W. Schwer, Stand und Ständeordnung im Weltbild des Mittelalters, ²1952.

Zu 2. Der bischöfliche Hof

G. Christ, Aschaffenburg als kurmainzische Residenzstadt (demnächst); K. Dinklage, Burg und Stadt Aschaffenburg bis zum Ausgang des 14. Jhs., in: AJb. 4, 1957, S. 49–73; J. Fleckenstein (Hg.), Curialitas. Studien zu Grundfragen der höfisch-mittelalterlichen Kultur, 1990; Th. Frenz, Kanzlei, Registratur und Archiv des Hochstifts Würzburg im 15. Jahrhundert, in: Landesherrliche Kanzleien im Spätmittelalter, 1 (Münchener Beitrr. z. Mediävistik u. Renaissanceforschg. 35), 1984, S. 139–146; L. Fries, Geschichte ... der Bischöfe von Würzburg und Herzöge zu Franken, in: Geschichts-Schreiber von dem Bischoffthum Wirtzburg. Zusammengetragen ... von Johann Peter Ludewig, Frankfurt 1713; H. N. Reuschling, Die Regierung des Hochstifts Würzburg 1495–1642 (Forschungen z. fränk. Kirchen- und Theologiegesch. 10), 1984; K. H. Spiess, Königshof und Fürstenhof. Der Adel und die Mainzer Erzbischöfe im 12. Jahrhundert, in: E. D. Hehl, H. Seibert, F. Staab (Hgg.), Deus qui mutat tempora, 1987, S. 203–234; A. Wendehorst, Das Bistum Würzburg II (Germania Sacra NF 4), 1969.

Zu 3. Das Domkapitel

J. F. Abert, Die Wahlkapitulationen der Würzburger Bischöfe bis zum Ende des 17. Jahrhunderts 1225–1698, 1905; A. Amrhein, Reihenfolge der Mitglieder des adeligen Domstifts zu Würzburg, in: AUFr 32, 1889, 33, 1890; S. Frhr. v. Pölnitz, Stiftsfähigkeit und Ahnenprobe in Bistum Würzburg, in: WDGBl 14, 15, 1952/53; E. Schubert, Die Landstände des Hochstifts Würzburg, 1967.

Zu 4. Die Gesellschaft in mainfränkischen Klostergemeinschaften

E. Bernstein, Ulrich von Hutten mit Selbstzeugnissen und Dokumenten, 1988; A. Haverkamp, Tenxwind von Andernach und Hildegard von Bingen, in: Institutionen, Kultur u. Gesellschaft im Mittelalter (FS J. Fleckenstein, hg. v. L. Fenske u. a.), 1984; R. Jooß, Kloster Komburg im Mittelalter, ²1987; R. Krebs, Das Kloster Amorbach im 14. und 15. Jh., in: Archiv f. Hess. Gesch. 7, 1910; E. G. Krenig, Mittelalterliche Frauenklöster nach den Konstitutionen von Citeaux unter besonderer Berücksichtigung fränkischer Nonnenkonvente, ASOC 10, 1954; M. Ofer, St. Stephan in Würzburg. Untersuchungen zu Herrschafts- , Wirtschafts- und Verwaltungsformen eines Benediktinerklosters in Unterfranken 1057–1500, 1990; Kl. Schreiner, Mönchsein in der Adelsgesellschaft des hohen und späten Mittelalters, 1989; A. Wendehorst, Der Adel und die Benediktinerklöster im späten Mittelalter, in: Consuetudines Monasticae, hg. v. J. F. Angerer u. a. (Studia Anselmiana 85), 1982; Ders., Das benediktinische Mönchtum im mittelalterlichen Franken, in: Untersuchungen zu Kloster und Stift, hg. v. Max-Planck-Institut f. Gesch. (Studien z. Germania Sacra 14), 1980.

Zu 5. Der höhere Adel

E. Böhme, Das fränkische Reichsgrafenkollegium im 16. und 17. Jahrhundert (Veröff. d. Instituts für europ. Gesch. Mainz 132 Nr. 8), 1989; H. Ehmer, Geschichte der Grafschaft Wertheim, 1989; A. Fischer, Geschichte des Hauses Hohenlohe I, II, 1866/71; A. Friese, Der Lehenhof der Grafen von Wertheim, MainfrH 21, 1955; E. Henning, Die Entwicklung der Landesherrschaft zwischen dem Thüringer Wald und dem Maingebiet am Beispiel der Grafschaft Henneberg, in: MainfrJb 14, 1972; E. Kittel, Siegel, 1970; Otto Meyer/H. Kunstmann, Castell (NJBl. d. GffG 37), 1979; V. Press, Reichsgrafenstand und Reich, in: Wege in die Zeitgeschichte. FS Gerhard Schulz, hg. v. J. Heideking u. a., 1989; Th. Ruf, Die Grafen von Rieneck. Genealogie und Territorienbildung, MainfrSt 32/I/II, 1984; F. Stein, Geschichte der Grafen und Herren von Castell von ihrem ersten Auftreten bis zum Beginn der neuen Zeit, 1892; A. F. Wolfert, Die Wappen der edelfreien Familen des Odenwald-Spessart-Raumes in der Stauferzeit, in: Breuberg-Bund, Sonderveröffentlichung, 1972.

Zu 6. Der Niederadel

K. Andermann, Studien zur Geschichte des pfälzischen Niederadels im späten Mittelalter, 1982; Ders., Grundherrschaften des spätmittelalterlichen Niederadels in Südwestdeutschland, in: Bll. f. dt. Landesgeschichte 127, 1991; O. Brunner, Land und Herrschaft, [5]1965; R. Endres, Adelige Lebensformen in Franken zur Zeit des Bauernkrieges (NJBl. d. GffG 35), 1974; J. Fleckenstein (Hg.), Das ritterliche Turnier im Mittelalter (Veröff. d. Max-Planck-Inst. f. Gesch. 80), 1985; E. Gf. v. Fugger, Die Seinsheim und ihre Zeit, 1893; N. Kandler, Ritterschaft, Dienstadel und Lehensherren in den Haßbergen, in: WDGBl 52, 1990; E. Kanter, Markgraf Albrecht Achilles von Brandenburg, 1911; U. Krüger-Löwenstein, Der Besitz des Wilhelm von Karsbach, in: MainfrJb 31, 1979; H. Frhr. v. Mauchenheim, gen. Bechtoldsheim, Des Heiligen Römischen Reiches unmittelbar-freie Ritterschaft zu Franken Ort Steigerwald I, II, 1972; M. Mitterauer, Zur Frage des Heiratsverhaltens im österreichischen Adel, in: H. Fichtenau, E. Zöllner (Hgg.), Beiträge zur neueren Geschichte Österreichs, 1974; G. Pfeiffer, Quellen zur Geschichte der fränkisch-bayerischen Landfriedensorganisation im Spätmittelalter (Schr. z. bayer. Landesgesch. 69), 1975; J. Reimann, Die Ministerialen des Hochstifts Würzburg in sozial-, rechts- und verfassungsgeschichtlicher Sicht, in: MainfrJb 16, 1964; E. Riedenauer, Kontinuität und Wandel im Mitgliederstand der fränkischen Reichsritterschaft, in: Gesellschaft und Herrschaft. Festgabe für Karl Bosl, 1969; W. Rösener, Zur Problematik des spätmittelalterlichen Raubrittertums, in: FS f. Berent Schwineköper, hg. v. H. Maurer u. H. Patze, 1982; H. Rößler (Hg.), Deutscher Adel 1430–1555, 1965 (bes. die Beitr. E. Frhr. Schenk v. Schweinsberg, F. W. Euler, H. H. Hofmann, R. Wohlfeil, H. Rößler); W. Störmer, Grundherrschaften des höheren und niederen Adels im Main-Tauber-Raum, in: H. Patze (Hg.), Die Grundherrschaft im späten Mittelalter (Vortr. u. Forschungen 27), 2, 1983; A. Tausendpfund, Adelsinteressen im Spannungsfeld landesherrlicher Politik und landständischer Organisation, in: WDGBl 42, 1980; A. Werminghoff, Ludwig von Eyb d. Ältere, 1919.

Zu 7. Stadt und städtische Gesellschaft

K. Bosl, Die bayerische Stadt in Mittelalter und Neuzeit. Altbayern–Franken–Schwaben, 1988; 600 Jahre Büttnerzunft 1373–1972, hg. v. W. M. Brod u. a., MainfrH 59, 1973; D. Demandt, H.-Chr. Rublack, Stadt und Kirche in Kitzingen, 1978; K. Dinklage, Fünfzehn Jahrhunderte Münnerstädter Geschichte, 1983; G. Egert, Stadt und Pfarrei Volkach am Main, Diss. Würzburg 1962; W. Engel, Würzburger Urkundenregesten vor dem Jahre 1400, 1958; Ders., Die Rats-Chronik der Stadt Würzburg (XV. und XVI. Jahrhundert), QFW 2, 1950; R. Fischer, Aschaffenburg im Mittelalter, 1989; J. Güssow, Stadtanlage und Stadtbild von Iphofen, 1956; Historischer Atlas von Bayern, T. Franken, 1962ff. (H. 9–13, 15–18, 23, 25, 27); H. Hoffmann, Würzburger Handel und Gewerbe im Mittelalter, 1940; Ders., Würzburger Polizeisätze 1125–1495, 1955; E. Isenmann, Die deutsche Stadt im Spätmittelalter 1250–1500. 1988; E. Keyser, H. Stoob (Hgg.), Bayerisches Städtebuch I, 1971 (behandelt alle fränk. Städte); K.-S. Kramer, Fränkisches Alltagsleben um 1500: Eid, Markt und Zoll im Volkacher Salbuch, 1985; E.-G. Krenig, Bad Kissingen, MainfrH 41, 1964; Ders., Münnerstadt, 1970; E. Maschke, J. Sydow (Hgg.), Die Stadt am Fluß (Stadt in der Geschichte 4), 1978; Otto Meyer, Varia Franconiae Historica III, MainfrSt 24/III, 1986; Lohr am Main 1333–1983, 1983; M. Schaab, Städtlein, Burg-, Amts- und Marktflecken Südwestdeutschlands in Spätmittelalter und früher Neuzeit, in: E. Meynen (Hg.), Zentralität als Problem der mittelalterlichen Stadtgeschichtsforschung, 1979; W. Schich, Würzburg im Mittelalter. Studien zum Verhältnis von Topographie und Bevölkerungsstruktur, 1977; P. Schöffel, Alte Städte in Mainfranken, in: Mainfranken, hg. v. L. Deubner, 1939; K. Schulz, Handwerksgesellen und Lohnarbeiter, 1985; Ders., Gesellentrinkstuben und Gesellenherbergen im 14./15. und 16. Jh., in: Gastfreundschaft, Taverne und Gasthaus im Mittelalter, hg. v. C. Peyer, 1983; M. Spindler (Hg.), Handbuch der bayerischen Geschichte III/1, 1971, S. 268–348; Fr. Stein, Geschichte der Reichsstadt Schweinfurt, 2 Bde., 1900; W. Störmer, Die Gründung von Kleinstädten als Mittel herrschaftlichen Territorialaufbaus, gezeigt an fränkischen Beispielen, in: ZBLG 36, 1973; Ders., Städte der territorialen Randzonen im westlichen Mainfranken, in: B. Kirchgässner, W. O. Keller (Hgg.), Stadt an der Grenze (Stadt in der Geschichte 16), 1990 K. Trüdinger, Stadt und Kirche im spätmittelalterlichen Würzburg, 1978; A. Welte, Zur Entstehung der mainfränkischen Städte, in: Petermanns geogr. Mitteilungen 87, 1941; G. Wöppel, Prichsenstadt. Entwicklung und Struktur einer Kleinstadt in Franken, 1968.

Zu 8. Dorf und ländliche Bevölkerung

K. Arnold, Dorfweistümer in Franken, in: ZBLG 38, 1975; Ders., Niklashausen 1476, 1980; K. S. Bader, Das mittelalterliche Dorf als Friedens- und Rechtsbereich, 1957; K. Dinklage (Hg.), Fränkische Bauernweistümer (VGffG X/4), 1954; R. Endres, Ländliche Rechtsquellen als sozialgeschichtliche Quellen, in: P. Blickle, Deutsche ländliche Rechtsquellen, 1977; Ders., Zur sozialökonomischen Lage und sozialpsychischen Einstellung des ›Gemeinen Mannes‹. Der Kloster- und Burgensturm in Franken 1525, in: U. H. Wehler (Hg.), Der Deutsche Bauernkrieg, 1975; A. Friese, Die ältesten Steuerverzeichnisse der Grafschaft Wertheim, in: WtJb 1954; H. Jäger, Entwicklungsperioden agrarer Siedlungsgebiete im mittleren Westdeutschland seit dem frühen 13. Jahrhundert, WGA 6, 1958; R. Johaentges, Die Entstehung der Erbteilung und die Entwicklung der bäuerlichen Erbsitten im Bezirk Miltenberg, Diss. Würzburg 1936; H. Heerwagen, Die Lage der Bauern zur Zeit des Bauernkrieges in den Taubergegenden, 1899; H. H. Hofmann, Bauern und Herrschaft in Franken, in: G. Franz (Hg.), Deutsches Bauerntum im Mittelalter, 1976; J. Kopp, Untersuchungen zur Siedlungsgenese, Wirtschafts- und Sozialstruktur in Gemeinden des Südost-Spessarts (Mainzer Geogr. Studien 8), 1975; K.-S. Kramer, Bauern und Bürger im nachmittlalterlichen Unterfranken (VGffG IX/12), 1957; Ders., Die Nachbarschaft als bäuerliche Gemeinschaft, 1954; K. H. Lampe (Hg.), Das Zins- und Gült-Register der Deutschordenskommende Prozelten (VGffG X/6), 1965; W. Lutz, Die Geschichte des Weinbaues in Würzburg im Mittelalter und in der Neuzeit bis 1800, MainfrH 43, 1965; L. Müller (Hg.), Gült- und Zinsbücher des Deutschordenshauses Schweinfurt aus den Jahren 1313 und 1337, in AUFr 22, 1873; D. Rödel, Das erste Salbuch des Hochstifts Würzburg. Agrargeschichtliche Analyse einer spätmittelalterlichen Quelle (Studien z. bayer. Verf.- u. Sozialgesch. 13), 1987; W. Scherzer, Herrschaft, Gemeinde und Rechtler in Unterfranken, in: 102. BHVB, 1966; Ders., Die Dorfverfassung der Gemeinden im Bereich des ehem. Hochstifts Würzburg. Ein Vergleich mit den Verhältnissen im Obermaingebiet, in: JffL 36, 1976; W. Störmer, Probleme der spätmittelalterlichen Grundherrschaft und Agrarstruktur in Franken, in: ZBLG 30, 1967; Ders., Ansatzpunkte politischer

Willensbildung der Bauernschaft im spätmittelalterlichen Schwaben, Franken und Bayern, in: Zs. f. Agrargesch. u. Agrarsoziologie 23, 1975; Ders., Grundherrschaften des höheren und niederen Adels im Main-Tauber-Raum, in: H. Patze (Hg.), Die Grundherrschaft im späten Mittelalter II (Vortr. u. Forschungen 27), 1983; M. Tischler, Die Leibeigenschaft im Hochstift Würzburg vom 13. bis zum beginnenden 19. Jahrhundert (VGffG IX/18), 1963; H. Weiß, Die Zisterzienserabtei Ebrach. Eine Untersuchung zur Grundherrschaft, Gerichtsherrschaft und Dorfgemeinde im fränkischen Raum (Quellen u. Forschungen z. Agrargesch. 8), 1962; O. Weitz, Siedlung, Wirtschaft und Volkstum im südlichen Maindreieck (Fränk. Studien NF 1), 1937; H.-P. Ziegler, Die Dorfordnungen im Gebiet der Reichsstadt Rothenburg, 1977.

Zu 9. Arme, Randgruppen, Juden

K. Arnold, Niklashausen 1476, 1980; Ders., Die Armlederbewegung in Franken 1336, in: MainfrJb 26, 1974; Fr. Battenberg, Das europäische Zeitalter der Juden I, 1990; R. Endres, Zur Geschichte der Juden in Franken, in: Archiv f. Gesch. v. Oberfranken 69, 1989; H. Herde, Probleme der christlich-jüdischen Beziehungen in Mainfranken im Mittelalter, in: WDGBl 40, 1978; H. Hoffmann, Die Würzburger Judenverfolgung von 1349, in: MainfrJb 5, 1953; B. Kirchgässner, Fr. Reuter (Hgg.), Städtische Randgruppen und Minderheiten (Stadt in der Gesch. 13), 1986; M. Mollat, Die Armen im Mittelalter, 1984; O. G. Oexle, Armut und Armenfürsorge um 1200, in: St. Elisabeth – Fürstin – Dienerin – Heilige, hg. v. Univ. Marburg, 1981; Kl. Schreiner, Volkssprache als Element gesellschaftlicher Integration und Ursache sozialer Konflikte, in: F. Seibt, W. Eberhard (Hgg.), Europa 1500, 1987.; E. Schubert, Soziale Randgruppen und Bevölkerungsentwicklung im Mittelalter, in: Saeculum XXXIX, H. 3–4, 1988, S. 294–339.

Zu 10. Zum Alltag im mainfränkischen Spätmittelalter

H.-W. Goetz, Leben im Mittelalter, 1986; Ders., Geschichte des mittelalterlichen Alltags. Theorie – Methoden – Bilanz der Forschung, in: Mensch und Objekt im Mittelalter und in der frühen Neuzeit. Leben – Alltag – Kultur (Österr. Akademie. d. Wiss. Phil.-Hist. Kl. S. Ber. 568 = Veröff. d. Instituts f. Realienkde. d. Mittelalter u. d. frühen Neuzeit 13) 1990; H. Dienst, Frauenalltag in erzählenden Quellen des Spätmittelalters, in: Frau und spätmittelalterlicher Alltag (Österr. Akademie d. Wiss. Phil.-Hist. Kl. S. Ber. 473 = Veröff. d. Instituts f. mittelalterl. Realienkunde Österreichs 9) 1986; H. Schüppert, Frauenbild und Frauenalltag in der Predigtliteratur, in: ebd., 1986; W. Wackerfuß, Kultur-, Wirtschafts- u. Sozialgeschichte des Odenwaldes im 15. Jahrhundert. Die ältesten Rechnungen für die Grafen von Wertheim in der Herrschaft Breuberg (1409–1484), 1991.

Helmut Jäger

Die Agrarlandschaft

1. *Die Entstehung der ländlichen Siedlungen, ihr Gefüge und ihre räumliche Verteilung*

1.1 Siedlungs- und Wüstungsbewegung

Die heutigen Dörfer im Bereich des gegenwärtigen Unterfranken waren um 1250 größtenteils vorhanden. Ihre Ursprünge datieren im tiefer gelegenen Altsiedelland mit seinen ackerwürdigen Böden und seiner Klimagunst bereits aus der Merowinger- und Karolingerzeit,[1] dann aus den folgenden Ausbauperioden.[2] Im überwiegend randlich gelegenen Jungsiedelland, das größeren Anteil an weniger guten Böden und weithin eine höhere Lage besitzt, sind die Siedlungen zumeist zwischen etwa 900 und 1250 entstanden. Für die wenigsten älteren Dörfer läßt sich ihre Erstanlage aufs Jahrhundert genau bestimmen, es sei denn mittels archäologischer Ausgrabung. Auch die meisten der ehemaligen, abseits von Dörfern und Weilern gelegenen Gutshöfe (Grangien) der Klöster waren um 1250 schon vorhanden, wozu etwa der Rindhof des ehemaligen Zisterzienserklosters Bildhausen oder der zum früheren Zisterzienserinnenkloster Wechterswinkel gehörige, im Brendtal gelegene Kollertshof[3] zählen. Diese einzeln in ihren landwirtschaftlichen Flächen stehenden Wirtschaftshöfe waren entweder Neugründungen oder anstelle eines älteren Dorfes durch kräftige Mitwirkung ihrer klösterlichen Herrschaft entstanden. Ähnlich stark wie durch Neusiedlungstätigkeit hatte sich die Agrarlandschaft des hohen bis späten Mittelalters durch Rodungen von Wald in den Außenbezirken von längst vorhanden gewesenen Dörfern verändert, hie und da im zentralen Gäuland, stärker in seinen Randgebieten, wie im Steigerwaldvorland, dem Hesselbacher Waldland östlich von Schweinfurt, dem Rhönvorland sowie in der Übergangszone zwischen Fränkischer Platte und östlichem Spessart.[4]
Gewiß, schon vor dem Jahre 1300 waren durch Abzug oder Tod der Einwohner vereinzelt Dörfer und Weiler wüst gefallen, doch erst im Verlaufe des 14. Jahrhunderts und vor allem im 15. Jahrhundert häuften sich die Orts- und Flurwüstungen so sehr, daß jene Zeit als die der Wüstungsbewegung des späten Mittelalters bezeichnet wird. Sie wurde im Bereich des heutigen Unterfranken und darüber hinaus, wie im fränkisch-hennebergi-

schen Kulturraum, durch eine etwa um 1500/1550 einsetzende Periode der Stabilisierung, ja neuer Rodungen und weniger Siedlungsgründungen, abgelöst. Kräfte, die jene und andere historische Siedlungs- und Wüstungsbewegungen ausgelöst und in ihrer Stärke und regionalen Verbreitung beeinflußt haben, waren zunächst Schwankungen der Bevölkerungszahlen, sei es durch biologisch bedingte Zu- und Abnahme oder durch Weg- und Zuzug, etwa in die Städte, ferner waren mitwirkende Ursachen erhebliche Schwankungen in der landwirtschaftlichen Konjunktur, ebenso Unterschiede in der landwirtschaftlichen Eignung der Wirtschaftsflächen und die jeweilige Besitz- und Herrschaftsstruktur. Von Landschaft zu Landschaft haben diese vier Hauptfaktoren, zu denen noch weitere mitwirkende Umstände getreten sind, wie etwa Abnahme des Bodenertrags, ungünstige Klimaphasen, Seuchen bei Mensch und Tier, Wildschäden und Schädlingsbefall der Kulturen, jeweils besondere, durch die wechselnden Rahmenbedingungen variierte Wirkungsgefüge gebildet. Sie lassen sich in ihrer Eigenart nur durch regionale Untersuchungen verläßlich erforschen. So bestanden z. B. in der Rhön mit ihrem rauhen Klima, ihren nur mittelguten bis schlechten Böden und kleingliedrigen Territorialstrukturen, dazu in Grenzlage zwischen den Kernräumen von Würzburg, Fulda, Hessen und Henneberg, völlig andere Rahmenbedingungen für die Entfaltung von agrarräumlichen Strukturen als im zentralen Gäuland mit seiner Boden- und Klimagunst und dem überragenden und damit bestimmenden Einfluß des Würzburger Hochstiftes.

Da die Faktorenbündel, welche den Gang der Landschaftsgeschichte bestimmen, im räumlichen Wechsel jeweils andere Kombinationen mit variabler Gewichtung der Einzelelemente bilden, bestehen, wie bei allen anderen Erscheinungen, auch bei der Wüstungsbewegung erhebliche regionale Unterschiede. Im Vorland des Steigerwaldes, des Spessarts und in der Rhön häufen sich die spätmittelalterlichen Wüstungen, während ihre Zahl in den Kerngebieten der lößbedeckten und klimabegünstigten Muschelkalk- und Keuperplatten geringer ist. Nur der Guttenberger Wald, macht dort eine Ausnahme, deren Ursachen nicht restlos zu ergründen sind.[5] Da Rückert für das fränkische Gäuland mit seinen randlichen Gebirgsvorländern einen Verlust von 18% der um 1300 vorhanden gewesenen Siedlungen errechnet hat,[6] ist für diese fränkische Kernlandschaft schwerlich von einer Wüstungeperiode, wohl aber von einer Wüstungsbewegung zu sprechen. Dagegen wird die höher gelegene Rhön bis in Hochplateaus von fast 800 m ü.NN im bayerischen wie anschließenden, ehemals hennebergischen Teil, wo auch Würzburg und Fulda Rechte gehabt haben, mit rund 30% Verlust von Siedlungen des Hochmittelalters so dicht mit verschwundenen Ortschaften durchsetzt, daß für den spätmittelalterlichen Kulturlandschaftswandel in jenem Mittelgebirgsland, wie auch in anderen Teilen des benachbarten fränkisch-hennebergischen Bereichs, der Ausdruck Wüstungsperiode angebracht erscheint[7] (Abb. S. 473 und Farbbild S. 451).

1.2 Form, Gefüge und Größe der Siedlungen – Struktur ihrer Bevölkerung

An ländlichen Ortsformen herrschte im Hoch- wie im Spätmittelalter das Haufendorf unterschiedlicher Größe vor, anders ausgedrückt: die Gruppensiedlung mit unregelmäßigem Grundriß. Im Unterschied zu gegenwärtigen Haufendörfern waren jedoch bei weniger Einwohnern die Bebauungsdichte und Zahl der Gebäude geringer und viele Einzelheiten des Grundrisses anders. Durch Teilung von Hofgrundstücken, durch An-, Um- und Neubauten bei den Gebäuden, ist es innerhalb mancher Hofparzelle, die im mittelalterlichen Franken hofstat oder hofreit und vereinzelt noch im 14. Jahrhundert mansus genannt wurde, schon während des Spätmittelalters zu manchen Veränderungen gekommen. Auch die sogenann-

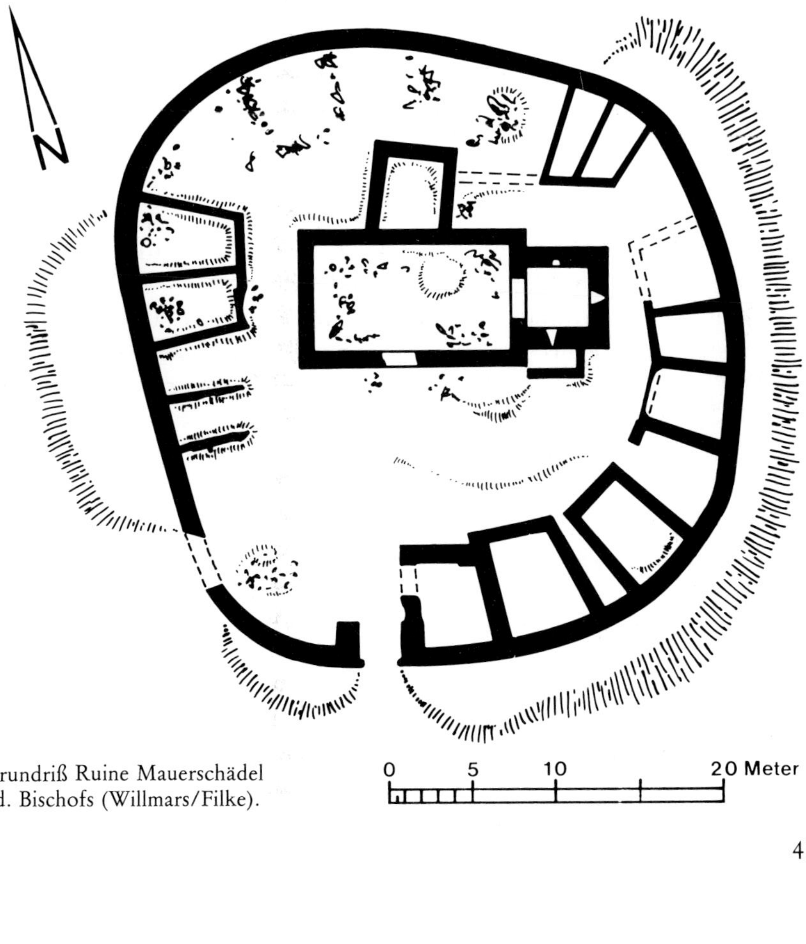

Grundriß Ruine Mauerschädel od. Bischofs (Willmars/Filke).

ten Weiler gehörten, namentlich in Form kleiner Hofgruppen, zu jenem verbreiteten Siedlungstyp. Aus manchen haben sich im Verlaufe der Jahrhunderte durch Verdichtung der Bebauung im Innern und zusätzliche Anbauten im Außenbereich größere Haufendörfer entwickelt. Wichtigste Triebkraft für die bauliche Veränderung der ländlichen Siedlungen waren als Folge zunehmender Bevölkerung die bereits im Spätmittelalter verbreiteten Teilungen länger bestehender landwirtschaftlicher Betriebe und die Gründung neuer, in der Regel kleiner Stellen, der sogenannten Seldner, Söldner, Hintersiedler, Hintersassen oder Inquilinen, wie diese Klein- und Kleinstbauern in fränkischen Zeugnissen genannt werden.[8] Die Verdichtung der Bebauung in ländlichen Gruppensiedlungen und ihr Anwachsen nach außen sollte jedoch erst im 16. Jahrhundert ihren ersten Höhepunkt erreichen. Im späten Mittelalter gab es zunächst einen gegenläufigen Vorgang. Denn zur gleichen Zeit da totale Ortswüstungen entstanden sind, waren auch in manchen überdauernden Dörfern durch Eingehen von Höfen einzelne Baulücken entstanden (vgl. S. 476 ff.).
Ein zweiter Grundrißtyp ländlicher Siedlungen, der spät gerodetes Waldland der Jungsiedelgebiete kennzeichnet, ist in Form der gereihten Dörfer und Weiler mit Breitstreifenflur bis um die Mitte des 13. Jahrhunderts angewandt worden. Es sind nur kleinere Gruppen von Dörfern in den Randgebieten von Unterfranken, die noch in den Katasterkarten des 19. Jahrhunderts jene Grundrißgestalt besitzen. Sie liegen im südöstlichen Buntsandsteinspessart und im Hinteren Buntsandsteinodenwald; in beiden erstrecken sich neben sandigen Böden schlechter Ertragsfähigkeit auch akkerwürdige Lehmböden. In der Rhön kommt jener Grundrißtyp nur vereinzelt vor, etwa in der Umgebung von Bischofsheim v. d. Rhön.[9]
Im Bereich von Unterfranken und benachbarten Räumen war gegen 1300 die Größe der ländlichen Siedlungen ähnlich verschieden wie heute, wenn auch die Einwohnerzahlen, namentlich der größeren Orte, erheblich niedriger als gegenwärtig gewesen sind. Sie erreichten etwa 300 bis 500 Personen, während viele Dörfer kleiner waren. Die Gesamtzahl der Einwohner von Unterfranken für die Zeit um 1300 anzugeben, ist aus Mangel an Quellen nicht möglich. Aus Reduktionen von späteren Berechnungen,[10] die dem 16. Jahrhundert gelten, dürfte sie etwa bei 190 000 Personen gelegen haben, so daß damit eine Bevölkerungsdichte von 22 Einwohner/ km² anzusetzen wäre, eine Zahl, die nur die Größenordnung angeben kann. Obwohl die Einwohnerzahl nur etwa ⅙ der gegenwärtigen betragen hat, waren die Nutzungsansprüche an den verfügbaren Raum sehr hoch und voller Konkurrenzen zwischen den einzelnen Gruppen und Institutionen der Bevölkerung und den verschiedenen Bereichen der Wirtschaft. Fast jede neue Mühle z. B., die mit einem Wehr und der Ableitung des Wassers in einen

Graben verbunden war, oder die spätestens im 15. Jahrhundert einsetzende Flößerei, ebenso die Ausdehnung der Flachsrösten mit ihren verderblichen Abwässern brachte eine Beeinträchtigung der Fischerei. Andererseits konnten Mühlen durch Anzapfen von Bächen und Gräben zur Anlage von Fischteichen oder von Bewässerungssystemen für Wiesen geschädigt werden. Bereits im späten Mittelalter gab es, wie manche Urkunden belegen, Kampf und Streit um die Benutzung des Wassers. Sicherlich gehen Redensarten – und zwar in ganz gegenständlichem Sinne – wie ›das Wasser auf seine Mühle leiten‹ oder ›einem das Wasser abgraben‹ mindestens bis in jene Zeit zurück.

1.3 Kapazitätsgrenzen des Landesausbaus

Da jede neue Siedlung und das Anwachsen der bereits vorhandenen Siedlungen eine zusätzliche Beanspruchung des Waldes (vgl. S. 486 ff.) zur Folge hatte, und dieser als Lieferant für Brennstoff, Kohlholz, Bauholz, Holz für die meisten Gewerbe, als Jagdgebiete für die adeligen Herren und als Weidegebiet für die Herden von adeligen Grundherren, Klöstern, Städten und vor allem von Bauerngemeinden unverzichtbar gewesen ist, waren gegen Ende der mittelalterlichen Ausbau- und Rodezeit (ca. 1300) die Wälder auf ein damals aus wirtschaftlichen Gründen kaum noch unterschreitbares Minimum zurückgedrängt worden. Damit war zugleich das Reservoir für die Gewinnung weiteren Acker- und Grünlandes weitgehend erschöpft. Wie bei den meisten räumlichen Erscheinungen, bestanden ebenfalls in der Verbreitung und Dichte der Wälder und damit in der Verfügbarkeit von Holz erhebliche regionale Unterschiede, so etwa zwischen dem noch immer sehr waldreichen Salzforst und dem waldarmen Ochsenfurter Gäuland. Im ganzen waren zu jener Zeit Unterfranken und die benachbarten Räume so dicht mit Siedlungen durchsetzt, waren die forstlichen und agrarischen Nutzflächen und die Gewässer im Verhältnis zu Technik, Wissensstand und Können so intensiv genutzt, daß ein Endstadium damals möglicher Kulturlandschaftsentwicklung erreicht war. Eine erhebliche Fortentwicklung der Kulturlandschaft im ländlichen Raum, die mit einem erneuten Anwachsen der Bevölkerung verbunden war, sollte sich erst im Verlaufe des 16. Jahrhunderts mit seinen zahlreichen Neuerungen in den Bereichen von Territorialorganisation und -verwaltung, von Agrar- und Forstwirtschaft sowie Handwerk und Gewerbe einstellen. Die Innovationen, wie z. B. die raumrelevante neuartige Organisation der Herrschaftsgebiete in Ämter,[11] werden größtenteils schon im späteren Mittelalter sichtbar, doch sollten sie ihre Vollendung und damit einen ersten Höhepunkt ihrer Wirksamkeit erst im Verlaufe des 16. Jahrhunderts entfalten.

1.4 Ortsstruktur und Höfeklassen

Grundriß und Aufriß der größeren Dörfer, namentlich im Gäuland und in den größeren Talungen und Becken, waren in den Einzelheiten vielgestaltig und abgestuft. Bei aller Individualität, die jedem einzelnen Dorf zukam, gab es dennoch über den formalen Grundrißtyp hinausgehende allgemeinere Merkmale, die vielen Dörfern des Gäulandes gemeinsam waren. Dazu gehört zunächst die Lage der Kirche, gewöhnlich randlich vom Dorfkern, weil ja dieser in seiner topographischen Position, wenn auch nicht in seinen Gebäuden, zumeist älter war als die erst mit der Ausbreitung der mittelalterlichen Kirchenorganisation errichteten Gotteshäuser. Womöglich befand sich die Kirche auf einer Anhöhe, wie z.B. in Castell und Nordheim v. d. Rhön. Diese zunächst eher kultische Lage in beherrschender Position sollte im späten Mittelalter eine weitere Funktion erhalten, als zahlreiche Kirchen mit ihren umgebenden Friedhöfen befestigt worden sind. Die von Kramer in einer kleinmaßstäblichen Kartenskizze dargestellte Verbreitung befestigter Kirchen[12] (Abb. S. 435) gibt eine gewisse Vorstellung von der Verbreitungsdichte, ohne jedoch vollständig zu sein. Deutlich zeichnet sich eine Häufung befestigter Kirchhöfe im Altsiedelland, namentlich im Maindreieck und seinen Randgebieten, im Vorland des Steigerwaldes und im Grabfeld ab; erkennbar wird ebenfalls aus der Lage ein Zusammenhang mit den spätmittelalterlichen Heer- und Handelsstraßen. Kirchhofsbefestigungen gehen selten bis ins 14., häufiger ins 15. und frühe 16. Jahrhundert zurück. Typisch für die manchmal noch ganz oder teilweise erhaltenen Anlagen sind hohe Außenmauern; von ihren einstigen Wehrgängen sind nur noch selten Reste sichtbar, ähnlich verhält es sich mit vorgelagertem Zwinger und Wassergräben, während Wehrtürme eher bewahrt worden sind. Innen an die festen Mauern waren unterkellerte, zumeist einräumige, kleine Gebäude angebaut, die Gaden, welche von den Vollbauern (Hübnern u. ä., Lehnern), nicht von den Seldnern, besessen wurden und in Fehdezeiten die wertvollste Habe bergen konnten. Die Kirchhofsfesten boten aber nicht allein den Dorfbewohnern bei Scharmützeln und vor Marodeuren Schutz, sondern im Notfall waren sie als wehrhafte Zufluchtsstätte auch für die jeweilige Dorfherrchaft offen, seien es ein Reichsritter, Graf, der Bischof, ein Abt oder seine Beamten gewesen-.Dieses Recht der Obrigkeit wird in Weistümern[13] und anderen zeitgenössischen Quellen vielfach belegt. Daher wurden im späten Mittelalter mit seinen zahlreichen Auseinandersetzungen im Zusammenhang mit der Neuordnung des territorialen Gefüges manche Festungskirchen von der Landesherrschaft als eine Art von Kleinburgen in die Territorialstrategie einbezogen. So wurde die damals vom Hochstift Würzburg abschnittsweise gehaltene Werralinie nicht nur durch die Würzburger Hauptfesten in Landsberg und Meiningen geschützt, sondern ebenfalls durch die noch in beachtlicher Anlage vorhandene Kirchenburg von Walldorf und die Kirchenfeste von Queienfeld, die sich in Resten erhalten hat. Weiter im Süden dienten neben der hoch aufragenden Lichtenburg die im Tal der Streu gelegene, bis heute mit ihren Mauern, Türmen, Tor und Gaden vorzüglich erhaltene Kirchenfeste des damaligen Dorfes Ostheim v. d. Rhön (Farbbild S. 452) und dessen Ortsbefestigung als ein bedeutendes Bollwerk in der Verteidigung des zeitweilig hennebergischen Amtes Lichtenberg.[14]

Zu den öffentlichen Gebäuden und Anlagen zählten bei den vielen befestigten Dörfern entweder Mauern, Tore und Türme oder ein Hag mit Torhäusern. In solchen wohnten Bedienstete des Dorfes, wie der Hirte, der Flurhüter oder der Büttel. Unweit der Kirche befand sich der Pfarrhof, dessen Ländereien und Weinberge vielfach verpachtet waren, ebenfalls ein Kirchnerhaus. Lebenswichtige öffentliche Einrichtungen waren die Gemeindebrunnen. Größere Dörfer konnten über mehrere verfügen. Die einfachste Form war die offene oder in Art der Brunnenstube gefaßte Quelle, der sogenannte Schöpfbrunnen, doch gab es auch bereits Zieh- oder Wippbrunnen mit kräftigem Stock und langem Schwengel- oder Schwingbalken, der am unteren Ende durch einen großen Stein beschwert war. Aus dem Lauf-, Rohr- oder Springbrunnen ergoß sich das Wasser aus einem Rohr, das durch den Brunnenstock geführt war, manchmal in einen hölzernen Tränkekasten. Der Ortsname Rohrbrunn, 1339: *bi dem Rorbrunnen,*[15] ist von einem Rohrbrunnen abgeleitet. Der Ziehbrunnen verfügte über eine Seilrolle, die an einem Balkenrahmen aufgehängt war. Wo verunreinigtes Sikkerwasser in Brunnen einzudringen vermochte, konnten sie eine Quelle für die zahlreichen Seuchen des Spätmittelalters sein. Manche Orte besaßen neben einem Teich noch ein relativ flaches und kleines Weet, das als Viehschwemme diente. Zu den von der Gemeinde mit Obliegenheiten beauftragten Personen zählte auch der Heimbürge oder Dorfmeister, während der Schultheiß vom Grundherrn ernannt wurde und in seinem Auftrag für den pünktlichen Eingang der Steuern aller Art (großer und kleiner Zins, Gült, Bede, Einzugs- und Auszugsgeld, Besthaupt u.ä.) zu sorgen hatte. Waren in einem Dorfe mehrere Grundherren mit Besitz vertreten, so konnte es auch mehrere Schultheißen geben. Einzelne Dörfer besaßen bereits im späten Mittelalter eine Badestube und ein Spielhaus (spilhus), wie 1367 das Gemeindehaus in Hösbach genannt wird.[16] Einen Adelssitz, im Fränkischen und in Nachbarräumen, wie dem Henneberger Land, als Kemenate oder Steinhaus bezeichnet, der oft mit einem Gutshof verbunden war, haben viele Dörfer, namentlich im Altsiedelland besessen, so z.B. Bundorf und Rannungen. In manchen Orten gab es mehrere Kemenaten, doch dürfte Ostheim v. d. Rhön mit zeitweilig bis zu zehn Adelssitzen eine Ausnahme gewesen sein. Ein Zusammenhang mit seiner am Ort auf beherrschender Höhe befindlichen Kirchenburg, welche die wehrhafteste in Mainfranken gewesen ist, wäre in Rechnung zu stellen. Grundherrliche Höfe, die Fronhöfe oder Kurien, befanden sich auch in manchen Dörfern, die ohne Herrensitz gewesen sind, oder wo sich ein solcher befand, konnte es neben dem dazugehörigen Wirtschaftshof eine oder mehrere Kurien oder Gutshöfe anderer Grundherren geben. Über die Größe des 1348 vom Deutschen Orden erworbenen Fronhofs in Röllbach (nördlich Miltenberg) gibt das von Störmer[17] veröffentlichte Inventar eine zureichende Vorstellung. Der Hof besaß u.a.: 13 Ziehpferde, zwei Fohlen von zwei Jahren, ein Fohlen von einem Jahr, ein weiters von drei Jahren, zwei Reitpferde, acht Milchrinder, acht Rinder gemeines Vieh, 30 Schweine älter als ein Jahr, 232 Schafe oder Lämmer, sieben Bachen, zwei Schlachtrinder und vier Schlachtschweine, außerdem drei Wagen und drei Pflüge, an Getreide 36 Malter Korn (d. i. Roggen; ca. 72 Ztr.) 20 Malter Hafer (ca.34 Ztr.), 6 Malter Erbsen, 17 Eimer Wein (ca. 1300 bis 1500 l). Zur Unterbringung dieser umfangreichen Ausstattung und des entsprechenden Personals waren geräumige Gebäude erforderlich. Beherbergte ein Dorf einen Klosterhof oder womöglich von unterschiedlichen Klöstern mehre solcher Kurien, zeichneten sich diese, wie die Adelshöfe, durch besondere Größe ihrer Gebäude und Liegenschaften aus. Dazu konnten landwirtschaftliche Betriebsflächen von 100 bis über 300 ha und dazu noch Wald gehören. In der Ebracher Kurie Sulzheim z. B., die als typisch für die großen Klosterhöfe des Steigerwaldvorlandes gelten kann, entfielen von der gesamten Wirtschaftsfläche auf Ackerland 63%, auf Wiesen 14%, auf Wein 2% und Wald 21%. Je nach naturräumlichen Eigenschaften des Standorts war das Verhältnis der einzelnen Kulturarten zueinander ein anderes. So konnten Kurien im Maintal bis zu 100% Rebareal umfassen; es gab auch vorherrschende Viehwirtschaftsbetriebe unter den Klosterhöfen und bei anderen grundherrlichen Großbetrieben, wie etwa die ehemalige Kurie Lützelfeld zeigt. Auch in Kurien o. ä. Gutsbetrieben, die wie Alitzheim im Steigerwaldvorland mit Feuchtböden einen entsprechenden, doch fürs späte mainfränkische Mittelalter hohen Anteil von 42% Wiese an der gesamten Wirtschaftsfläche gehabt haben, muß ein größerer Viehbestand gewesen sein. Ein vorwiegend der Schafhaltung dienender Hof der Grafen von Wertheim beim Dorfe Eichenfürst (östlicher Spessartrand) hat in seinem Hauptgebäude laut dem Ausgrabungsbefund die stattliche Grundfläche von 140 m^2 besessen.[18] Schon im 14. Jahrhundert mehren sich die Belege über die Teilung der großen Höfe: so war 1334 der zeitweilig zu Würzburg gehörige Helwigis Hof in Fischbach a.d. Felda (Thüringer Rhön) bereits geteilt.[19] Die Landwirt-

schaftsbetriebe in den meisten Teilen von Mainfranken, wo gewöhnlich nur zwischen ca. 550 und 700 mm Niederschläge fallen, und auch im Mittelalter die Bodenfeuchte relativ mäßig war, weisen unter ihrer Wirtschaftsfläche etwa einen Anteil von 90% Ackerland auf.
Noch zu Beginn des 14. Jahrhunderts waren in vielen Dörfern des Altsiedellandes die älteren bäuerlichen Normalbetriebe, die Mansen oder Hufen, intakt. Sie besaßen zwar eine Regelgröße von 30 Morgen oder Äckern (= Flächenmaß), doch gab es davon zahlreiche Abweichungen, im Mittelalter öfter nach oben, wie bei den 60 Morgen umfassenden fuldischen Hufen. Diese waren ebenfalls in manchen Dörfern des hochstiftischen und des Henneberger Grabfeldes verbreitet. Gewöhnlich bot jedoch die Hufe von 30 Morgen die Ackernahrung für eine Familie. Im altbesiedelten Land war öfter in ein und demselben Dorf neben den Hufen (mansi) als weiterer Betriebstyp, etwa von halber Hufengröße, das sogenannte Lehen verbreitet. Während im altbesiedelten Land Lehnshöfe in den einzelnen Dörfern gewöhnlich in minderer Zahl vorhanden waren, ist dieser entwicklungsgeschichtlich jüngere Bauernbetrieb in den meisten Jungsiedelräumen und damit vor allem im Mittelgebirge mit Vorländern und im höher gelegenen Stufenland, in vielen Siedlungen der vorherrschende, wenn nicht einzige Betriebstyp gewesen. Hinter manchem *bonum* der lateinischen Urkunden verbirgt sich ein Lehen im obigen Wortverstand von Bauerngut, wie z.B. eine Würzburger Urkunde aus der Thüringer Rhön von 1334 zeigt.[20] Die schon um 1340 u. a. im Steigerwald auftretenden Kleinlehen (parva feoda), die nur etwa 0,5 ha Betriebsfläche gehabt haben, stehen bereits den Selden nahe; diese besaßen noch weniger Land und kein Großvieh. Selden sind im Verlaufe des 14. bis 16. Jahrhunderts in größerer Zahl entstanden, wohl weniger als Hintersassenkaten durch Herauslösung aus größeren Betrieben, mehr noch als neue Anwesen in Verbindung mit Rodeland, das zumeist randlich in den Ortsgemarkungen lag. Daß sich der Bestand an landwirtschaftlichen Betrieben in den ländlichen Siedlungen an Zahl wie an Qualität im Verlaufe der Jahrhunderte in vielen Dörfern erheblich verändert hat, ist von Scherzer am Beispiel von Estenfeld, einem typischen Dorf des Altsiedellandes, mustergültig aufgezeigt worden. An seinem sich über mehrere Jahrhunderte erstreckenden Höfebestand läßt sich die Ablösung der Hufe als bäuerlicher Standardbetrieb feststellen. Konnte Scherzer für 1144 noch über 30 Hufen nachweisen, war ihre Zahl 1404 auf sechs zurückgegangen. Dafür gab es eine Adelsburg, ein dazugehöriges Vorwerk von ca. 32 ha landwirtschaftliche Betriebsfläche, zwei halbe Vorwerke, ein Gut in der Größe eines halben Vorwerks, acht Lehen, zwei halbe Lehen, elf Seldenhäuser, drei Hofreiten (wohl unbebaute Hofplätze) und zwei größere Höfe.[21] Bemerkenswert und durchaus zeittypisch ist, daß um 1400 be-

reits ein Drittel aller Stellen aus Selden bestanden hat. Die Entstehung von Selden und ähnlichen Kleinstbetrieben durch Herauslösung aus größeren Betriebseinheiten ist in Quellen bezeugt. So hat 1313 Konrad Manegold einen Schilling an das Deutschordenshaus auf der Peterstirn in Schweinfurt gezinst von einer *hovestat, die uz unserem hove genumen ist* und sich im später wüst gewordenen Hilpersdorf nordwestlich von Schweinfurt befand. Was die Grund- und Aufrisse von Haus und Hof der Bauern anbelangt, so zeigen die in den letzten Jahren entdeckten und untersuchten Fachwerkhäuser Frankens aus dem Spätmittelalter, daß bereits damals in Stadt und Land der Fachwerkbau hoch entwickelt war,[22] so daß es stattliche Gebäude gegeben hat. Da die Abmessungen von Haus und Hof durch die Größe der Betriebe bestimmt wurden und in den meisten Dörfern drei bis fünf Höfeklassen vorhanden waren (s. oben S. 479), sind vor allem die größeren Dörfer vielgliedrig und vielgestaltig gewesen.

2. *Die Wirtschaftsflächen und ihre Nutzungen*

2.1 Fluren und ihre Bewirtschaftung

Die Fluren der meisten Dörfer im Altsiedelland haben ebenfalls bereits im 13., spätestens im 14. Jahrhundert, ein vielgliedriges Gefüge besessen. Wo sich als Erbe der älteren Fronhof- oder Villikationsverfassung noch große grundherrliche Höfe, sei es eines Klosters, des landsässigen Adels oder des Hochstiftes befanden, hatten sich noch in erheblichem Umfang größere Parzellen von jeweils mehreren ha erhalten. Im übrigen entwickelten sich die Fluren der meisten Dörfer zu wachsender Kleingliedrigkeit unter dem Einfluß zunehmender Zersplitterung, wie sie sich am Beispiel von Estenfeld zeigen ließ. Sie wurde herbeigeführt durch Teilung der älteren und größeren Betriebe und Schaffung von Kleinstellen mit wenigen Rodeäckern. Einzelne Beispiele mögen für viele weitere Fälle das Ausmaß der Zersplitterung der Betriebsflächen seit dem 13.Jahrhundert beleuchten: im Dorfe Zellingen, unterhalb von Würzburg im Maintal, wo die Betriebszersplitterung unter dem Einfluß des Weinbaus besonders früh einsetzte, befand sich 1277 ein früheres Rittergut mit 197 Äckern (= Feldmaß; ca 39 ha), die in 31 Parzellen zersplittert über große Teile der Flur zerstreut lagen.[23] Während die größten Parzellen 23 und 20 Äcker (ca 4,5 u. 4 ha) umfaßten, zählte die kleinste nur 2 Ruten (ca. ⅓ a). Im Dorfe Damm (heute nördlicher Stadtteil von Aschaffenburg) befand sich 1312 ein Hof von ca. 110 Joch (etwa 22 ha), dessen Wirtschaftsland auf über 21 Parzellen verteilt war. Im Dorfe Eßleben (Gäuland südwestlich Schweinfurt) waren 30 Joch

(= Morgen) Ackerland, die das Kloster Himmmelspforten aus adeligem Besitz erhielt, auf 14 Parzellen in drei Feldern oder Zelgen verteilt.[24] Hochgradig war bereits im Spätmittelalter die Flurzersplitterung in Dörfern um Würzburg. Es bestand z.B. 1377 ein Bauerngut in Oberleinach, das über 25 Morgen Betriebsfläche verfügte, aus 16 getrennten Parzellen, die sich in verschiedenen Flurlagen der Gemarkung befanden.[25] Als allgemeine Regel läßt sich herausstellen, daß die hoch- und spätmittelalterliche Betriebsflächen- oder Flurzersplitterung in den altbesiedelten Landstrichen, mitunter ebenfalls in den unmittelbar anschließenden Räumen des älteren Landesausbaus, am größten gewesen ist. Die stärkste Parzellengliederung verzeichnete der Weinbau. Rebstücke von 1 Morgen und weniger waren um die Mitte des 14. Jahrhunderts weit verbreitet.

Das Bodennutzungssystem, das sich zur Bewirtschaftung zersplitterter Fluren bei gleichzeitigem Optimum der Effektivität unter mittelalterlichen Agrartechniken am besten eignete, war das Dreizelgenbrachsystem oder die Dreifelderwirtschaft, sofern die Landesnatur einen annähernd ausgewogenen Anbau von Sommer- wie Wintergetreide gewährte. Mit andern Worten: Jenes Feldsystem eignete sich nicht für rauhe Landstriche, wo sich wegen großen Auswinterungsrisikos der Anbau von Wintergetreide nicht rentierte. Daher können die höheren Mittelgebirgslagen, etwa die Flächen oberhalb von 500 bis 600 m, keine Dreifelderwirtschaft gehabt haben. Bislang fehlen präzise Hinweise auf die Mittelgebirgslandwirtschaft aus dem Mittelalter, doch können relevante Angaben aus der hervorragenden Henneberger Amtsbeschreibung von 1584 ohne Bedenken in die vorangegangenen Jahrhunderte zurückversetzt und in angrenzende Würzburger Naturräume übertragen werden, da sich damals die natürlichen Anbaubedingungen kaum und die Getreidesorten nicht verändert hatten. In dieser aussagekräftigen Quelle werden auch die landwirtschaftlichen Verhältnisse in Ämtern beschrieben, die ohne naturräumliche Grenze ans Würzburger Hochstift angrenzten, so daß eine Übertragung innerhalb der gleichen Naturräume möglich ist. Das gilt z. B. für die Beschreibung der Hochrhön, namentlich den zum Amt Kaltennordheim gehörigen Rhönhof, der vielleicht mit dem heutigen Anzenhof identisch ist, jedenfalls auf der 600 m hohen Fläche um Oberweid lokalisiert werden kann. Jener Rhönhof mit ca. 30 ha Ackerland wurde 1584 wegen der dort üblichen strengen Winter nur mit Sommerkorn bebaut. Sommergetreide ist damals Hafer, seltener auch Gerste gewesen. Noch 1803 waren in Frankenheim und Birx, die dem gleichen Naturraum wie jener Rhönhof angehören, an Getreide aus klimatischen Gründen nur Hafer und Gerste bekannt. Es wurde damals dort Feld-Graswirtschaft betrieben.[26] Ein Teil der zahlreichen Spuren früherer Beackerung unter heutigem Grasland der Hochrhön ist mit früherer Feld-Graswirtschaft zu verknüpfen. Das Schwergewicht der Wirtschaft lag dort 1584, und sicherlich im Spätmittelalter, in Anpassung an die Landesnatur auf Viehhaltung. Daraus ergab sich ein erhebliches Übergewicht der ›Hutweide‹ über die Wiesen, die von schlechter Qualität waren. Mit den 20 Fudern Heu, die damals jährlich eingefahren wurden, ließen sich höchstens acht Rinder und drei Pferde überwintern, doch wurde ›den Sommer über Vieh in die Weide‹ genommen, das über Winter wieder in die Siedlungen der tieferen Lagen zurückkehrte. Alles in allem läßt sich für die höhere Rhön des Spätmittelalters als Bodennutzungssystem am ehesten eine extensive Felderwirtschaft mit alleinigem Sommergetreidebau nach Art der geregelten Feld-Graswirtschaft in Verbindung mit stärkerer Haltung von Eigen- und Pensionsvieh in Rechnung stellen.

In den tiefer gelegenen Landstrichen, namentlich in den Becken, Tälern und auf den Gäuplatten, war dank ackerbaufreundlichem Klima die Dreifelder- oder Dreizelgenwirtschaft verbreitet. Bei ihr bestand eine Gliederung des gesamten Ackerlandes einer Siedlung in ⅓ Wintergetreide (Roggen = Korn und/oder Weizen), ⅓ Sommergetreide (Hafer/Gerste) und ⅓ Brache. Ebenfalls in den Vorländern des Berglandes, wie der Rhön, war die Dreifelderwirtschaft das verbreitete Bodennutzungssystem. Dennoch ist auch ihr Nachweis nur indirekt möglich, weil jener Fachausdruck, ebenso wie der von anderen Feldsystemen, im Mittelalter unbekannt war.[27] Hinweise auf die Dreifelderwirtschaft bietet vor allem die Gliederung einer Dorfflur in drei Felder und die ausgewogene Verteilung des Ackerlandes der einzelnen bäuerlichen Betriebe auf diese drei Zelgen. So lagen z.B. 1377 von einer 66,5 Morgen umfassenden Hube in Großostheim 26,75 im ersten, 22,75 im zweiten und 17 Morgen im dritten Feld. 1387 war die Flur von Kleinwallstadt gegliedert in das Oberfeld, das Niederfeld und das Galgenfeld.[28] Während wir gegenwärtig unter Flur die gesamte landwirtschaftliche Nutzfläche ohne den Wald und ohne randliche größere Allmenden verstehen, war im Mittelalter der Ausdruck Flur ebenfalls für eine Zelge (Feld) der Drei- bzw. Mehrfelderwirtschaft üblich. So werden in Lindflur drei Fluren genannt, die mit den Zelgen der Dreifelderwirtschaft identisch sind. Ob und inwieweit es darüber hinaus noch eine intensivere oder extensivere Form der Zweifelderwirtschaft oder womöglich noch andere Bodennutzungssysteme gegeben hat, ist noch offen.[29] Der Anbau auf dem Ackerland hatte eine Vielzahl von Kulturpflanzen umfaßt, wenn auch das Getreide mit weitem Abstand an der Spitze der Flächennutzung gestanden hat, wie es überall bei vorherrschender Dreifelderwirtschaft üblich gewesen ist. An der Spitze der Getreidearten stand der oft als Korn bezeichnete Roggen, gefolgt von Hafer, seltener Rauhfrucht genannt, dahinter rangierten Weizen und die seltene Gerste. Nur regional, wenn nicht örtlich mit Anpassung an die naturräumlichen Verhältnisse, war außerdem der Anbau von kleineren Flächen an Sonderkulturen und Gemüse verbreitet: Flachs, Linsen, Erbsen, Hopfen, Hirse, Zwiebeln, Mohn, Rüben, Möhren und Knoblauch. Inwieweit der fast nur aus den Abgaben erschließbare Anbau dieser Sonderkulturen in der Flur stattfand oder auf den Krautbeeten (= Krautgärten), die zu den einzelnen landwirtschaftlichen Betrieben gehörten, nahe an ihren Gebäuden lagen und daher nicht dem sogenannten Flurzwang unterlagen, läßt sich allenfalls für einzelne Örtlichkeiten klären. Neben dem Gemüse diente Obst zur Versorgung der Bevölkerung mit Vitaminen. Aus den relativ seltenen Nennungen von Obst hat man nicht ohne weiteres auf sein Fehlen zu schließen; denn es kann im Bereich des Hofareals angebaut worden sein und erscheint dann schwerlich in den Urkunden. Am ehesten treten darin Apfelgärten auf.

2.2 Wein

Die in Unterfranken wichtigste Sonderkultur, die gleichfalls nicht dem Flurzwang unterlag, war der Wein. Vor allem mit der Verbreitung des Eigenbaus, dem weitgehenden Fehlen von preiswerten Weinimporten, der Billigkeit der Arbeitskräfte und dem geringeren Anspruch, nicht jedoch mit Veränderungen des Klimas, hängt zusammen, daß Reben weit über ihre gegenwärtigen Verbreitungsgrenzen hinaus angebaut worden sind. So gab es inmitten des Steigerwaldes, etwa bei Scheinfeld und Schwarzenberg, auf Südhängen bis zu etwa 400 m Höhe Rebflächen. Ebenfalls nach Norden ging der Weinbau im fränkisch-hennebergischen Raum um etwa 60 km weiter als heute nach Norden, bis ins Werratal um Meiningen, um übrigens jenseits des Thüringer Waldes bereits bei Saalfeld wieder aufgenommen zu werden. Im unterfränkischen wie im benachbarten Römhilder Grabfeld waren in den meisten Dorf- und Stadtmarken die sommerwärmsten Südhänge bis in Höhen von ca. 400 m mit Reben besetzt. Den ehemaligen Weinbau im Römhilder Grabfeld wollte Welte in seiner noch immer einzigartigen Verbreitungskarte und im zugehörigen Text genausowenig darstellen wie den ehemaligen Weinbau im Miltenberger und Aschaffenburger Maingebiet, so daß eine entsprechende Bearbeitung jener Räume noch aussteht. Belege sind massenweise in edierten und ungedruckten Archivalien der gebietlich zuständigen Urkundenbücher und Staatsarchive vorhanden. Im Streutal und im Elsbachtal, die zur Fladunger Rhön gehören, reichte der Rebanbau auf Südhängen bis in Höhen von 480 m, so am Südhang des Hepp-Berges nördlich Oberelsbach. Den vielleicht höchst gelegenen Weinberg hat Brüchs (nordöstlich Fladungen) besessen, wo die Reben an die 500 m Höhe erklommen hatten. Im Miltenberger und Aschaffenburger

Mainbereich, wo gegenwärtig hochwertiger Wein angebaut wird, ging die mittelalterliche Rebfläche erheblich in der Horizontalen, weniger nach der Höhe zu, über das jetzige Areal hinaus. Das beweisen in Verbindung mit den schriftlichen Quellen die ehemaligen Weinbergterrassen und lang hingestreckten Lesesteinreihen (Steinrutschen, -schütten u. ä.), die sich in großer Zahl an verbuschten Hängen des Mains, der Tauber und ihrer Nebentäler ebenso beobachten lassen wie in dortigen Wäldern. Leider erfahren wir aus den Quellen nichts über die einzelnen Rebsorten. Wenn um 1320 in den vier Weinkustodien (= Wirtschafts- und Aufsichtsbezirke) des Klosters Schmerlenbach bei Aschaffenburg Fränkischer und Hunischer Wein genannt wird,[30] so verbirgt sich hinter letzterem Namen, der ebenfalls in anderen Quellen auftaucht und dort auch unter den Wortvarianten hiunischer und hunnischer Wein vorkommt, zunächst eine aus Ungarn stammende Rebsorte, dann eine schlechte, hartschalige Traubenart.[31]

2.3 Wiesen und Weiden

Neben dem Ackerland und den Rebanlagen waren wichtigste agrarische Nutzflächen der Fluren die Wiesen, die sich zum größten Teile , wie in der Gegenwart, in den feuchteren Gründen der Täler fanden. Sie waren durch Eingriffe des Menschen, die in vorgeschichtlicher Zeit begonnen hatten, jedoch größtenteils in die Frühgeschichte, ins frühe und hohe Mittelalter fallen, aus Auewald gewonnen worden. Seit der Mitte des 13. Jahrhunderts zeichnet sich allmählich die aus der Neuzeit bekannte Verteilung der Wiesen ab, wenn auch ihre Qualität eine ganz andere war. Denn erst der nach wissenschaftlichen Methoden seit dem 19. Jahrhundert entwickelte und lange Zeit staatlich geförderte Wiesenbau hat zu einer hohen Ertragssteigerung, aber auch größeren Naturferne dieser Nutzflächen geführt.
Wiese gehört als Wort zu einer germanischen Sprachwurzelfamilie mit den Bedeutungen Schlamm und Feuchtigkeit. Das verwandte Wort ›Wasen‹, das in seiner Urbedeutung ebenfalls eine feuchte Fläche bezeichnet, und das ihm entsprechende ›Rasen‹ sind im 16. Jahrhundert, und wahrscheinlich schon im Spätmittelalter, häufige Namen für gewässernahe Allmenden gewesen. Bezeichnend ist, daß für Talweiden und -wiesen ebenfalls ›Ried‹ üblich war. In diesem Sinne war Ried nicht länger eine mit Schilfrohr bestandene Fläche, sondern ein Wiesengelände. Eine solches von ca. 30 ha, unmittelbar am Main gelegen, gehörte z.B. 1519 zum Kloster Kitzingen. Nach Lage, Namen, Erwähnungsdatum und fehlenden Hinweisen auf Rodungen oder Meliorationen im betreffenden Salbuch wird man jene Kitzinger Wiesen durchaus ins späte, wenn nicht hohe Mittelalter zurückprojizieren dürfen. Die Gewinnung von Wiesen aus Pflanzengesellschaften des

Auewaldes läßt sich aus zahlreichen Quellenbelegen ableiten, in denen ›Aue‹ ein Grund- oder Bestimmmungswort des Flurnamens eines gewässernahen Wiesengeländes ist, z.B. Wiesen in der ›Nidern Awe‹ 1340 in Münnerstadt. Da die Wiesenkultur im 16. Jahrhundert, aus dem die meisten älteren Belege überliefert sind, weithin mit gut organisierter und hinreichend finanzierter Bewässerung sowie der Gewinnung von Heu und Grummet weit verbreitet war, so z.B. im großen Wiesengelände an der Fränkischen Saale im Bereich von Lauermündung bis Heustreu, dürften die Anfänge des intensiveren Wiesenbaus weit in die Vergangenheit zurückreichen. Das wird auch durch zahlreiche, wenn auch verstreute Quellenstellen belegt. Das mir bekannte älteste Zeugnis von Wiesenbewässerung aus Franken, das in Deutschland zu den frühen Belegen gehört, findet sich in einer Urkunde von St. Stephan aus dem Jahre 1223 und bezieht sich auf die Gemarkung von Veitshöchheim.[32]

Erheblich jünger als im Tal ist das Dauergrünland auf den trockenen wie feuchteren Böden des Berglandes. Es war überwiegend noch bis ins späte Mittelalter nur als Viehweide, nicht als Mähwiese genutzt worden. Am Beispiel der Rhön läßt sich der Übergang von der einen zur anderen Landnutzungsform aufzeigen. In vielen Zeugnissen, die auf das späte Mittelalter hindeuten, werden Heuwiesen der Hochrhön erwähnt. Um 1480 bis 1600 , und wohl schon lange davor und noch danach, diente z.B. die 700m-Hochfläche der Geba in der Thüringischen Rhön, die bekanntlich zum fränkischen Kulturraum gehört, vorwiegend der Weide mit Kühen, Pferden und Schafen, doch wurde dort ebenfalls Gras gemäht und mit Schlitten zu Tal gebracht.[33] Ähnliche Formen der Nutzung der Hochrhön treten in gleichzeitigen Würzburger Archivalien entgegen, so z.B. aus dem Gebirge um das obere Ulstertal. Die in der älteren landeskundlichen Literatur oft beschriebene Heuernte auf den großen Grasflächen der Hochrhön, die in Archivalien seit Mitte des 16. Jahrhunderts als ›Gras- oder Heufelder‹ bezeichnet werden, läßt sich für den bekannten Kreuzberg bereits für das Jahr 1161 mit Nutzung von Gras und Heu (herba et fenum) belegen.[34] Die Wiesen der mittelalterlichen Rhön haben sich von denen der Gegenwart durch Reichtum an Kräutern, Blumen und Insekten, zahlreiche Waldsträucher, namentlich Weiden und Haseln, einzelne Waldbäume und größere Bodenfeuchtigkeit unterschieden. Insoweit standen jene Wiesen dem Wald, aus dem sie ja gewonnen worden sind, noch näher als die heutigen.

Ausgedehnte Flächen an Weiden waren mit Ausnahme der Hochrhön, wo es sich um eine Anpassung an die naturräumlichen Verhältnisse handelte, nicht vorhanden. Als Weide diente die im Turnus der Dreifelderwirtschaft jährlich brach liegende Zelge, die rund ein Drittel des gesamten Ackerlandes umfaßte. Weitere Weideflächen waren die abgeräumten Wiesen, die gewöhnlich mit Erlaubnis des Schultheißen und der Gemeinde zum Michaelistag (29. September) für den Viehtrieb unter Aufsicht des Gemeindehirten geöffnet wurden, bis sie die Gemeinde im Frühjahr erneut fürs Vieh sperrte. Ebenfalls standen vor allem Rindvieh und Pferden als Weidegründe die Allmenden zur Verfügung. Sie wurden im Fränkischen oft als Gemeine Ried und Wasen bezeichnet. Wie ihr Name bereits andeutet, waren diese Flächen, wie die ihnen benachbarten Wiesen, aus dem Auewald der Niederungen gewonnen worden. ›Gemeine Hut- und Weidrasen‹ konnten das gleiche bedeuten, öfter wurden damit jedoch die wäldernahen Trockenweiden der höheren Lagen bezeichnet. Wenn sie verellert waren, mit anderen Worten: wo sie von Erlen, Birken und Weiden oder anderen Waldbäumen und -sträuchern durchsetzt wurden, erinnerten sie durch diese Teilbewachsung an den Wald, aus dem sie allmählich hervorgegangen waren. Im späteren Mittelalter gab es jedoch auch verellerte Weiden, bei denen es sich um Rückbildungen aus ehemaligem Ackerland handelte. Der dorf- und gewässernahe Gänserasen diente, wie der Name besagt, als Gänseweide, während die Hühner innerhalb des bäuerlichen Betriebsareals gehalten wurden.

2.4 Der Wald und seine Nutzung

Eine seit prähistorischer Zeit bedeutende, für die meisten Siedlungen unverzichtbare Weidefläche waren die Wälder, in die Rinder, Pferde, Schafe, Ziegen und Schweine mit verheerenden Folgen für den Baumbestand eingetrieben wurden. Ein einziges größeres Dorf konnte bisweilen mehrere hundert Stück Vieh in den Wald schicken, so daß in alle Wälder von Unterfranken, die der Weidenutzung unterlagen, jährlich etwa 100000 bis 250000 Haustiere mit entsprechender Umweltbelastung eingetrieben wurden. Allerdings waren darunter im späten Mittelalter weniger Ziegen als in der frühen Neuzeit vertreten, weil die Zahl der ländlichen Kümmerexistenzen, die vor allem Ziegenhalter gewesen sind, noch verhältnismäßig niedrig war. Die zahlreichen Gemeinden, die über eigene Wälder verfügten, konnten diese leicht für den Weide-und Mastbetrieb einsetzen, während beide in den Wäldern der Herrschaft, auch wenn sie auf älteren Rechtstiteln beruhten, am frühsten gewissen Einschränkungen unterlagen. Mehr noch gilt das für jene Wälder, in denen den Gemeinden ein Weiderecht allein aus Gnade, d.h. ohne Rechtsanspruch, gewährt wurde. Wie bei den Weiderechten, so unterlag die Nutzung von Holz für Bauten, Handwerker und Gewerke, Köhler, Kalkbrennerei, Hausbrand und die im Hochstift relativ seltene Waldbienenwirtschaft (Zeidlerei), je nach Besitzrecht am Wald, den Regelungen durch Grundherrn, Gemeinde oder Einzelbetriebe.

Wenn es auch im Verlaufe des spätmittelalterlichen Wüstungsvorganges verbreitet zur vorübergehenden, hie und da zur dauernden Ausdehung von Wald über mittelalterliches Siedlungs- und Agrarland gekommen ist und im Zusammenhang damit vereinzelt zur Neubildung eines großen, geschlossenen Forstes, wie im einzigartigen Falle des Guttenberger Waldes mit Irtenberger Forst,[35] so war andernorts im ausgehenden Mittelalter annähernd die in der Gegenwart beobachtbare Verteilung von Wald und Offenland vorhanden. Die erst im nächsten Bande darzustellenden frühneuzeitlichen Rodungen hatten mitunter Flächen zu Ackerland gemacht, die erst während des vorangegangenen Wüstungsvorganges außer Kultur geraten waren. Nur in der Rhön ist es seit dem Spätmittelalter zu einer größeren Umlagerungen von Wald und Offenland gekommen. Denn dort stehen zahlreichen mittelalterlichen Wüstungen mit ganz oder teilweise bis heute bewaldeten Fluren[36] an anderen Orten Neurodungen des 16. Jahrhunderts mit Anlage von Dörfern und Einzelhöfen gegenüber.[37] Neben den Gemeindewäldern und den größeren Forsten der Grundherrn hat es im hohen wie späten Mittelalter Wälder als Zubehör der größeren Agrarbetriebe, vor allem der Kurien, gegeben.

Die Verteilung der Baumarten, die Bestands- und die Waldwirtschaftsformen der spätmittelalterlichen Wälder waren erheblich anders als in der Gegenwart. Die mittelalterlichen Quellen erlauben nicht einmal einen groben Überblick über die Verteilung der Baumarten. Um so reicher sind dann die Zeugnisse aus den Würzburger Sal- und Standbüchern und den hennebergisch-sächsischen Wald- und Ämterbeschreibungen des 16. Jahrhunderts Da es sich beim Wald um langlebige Pflanzenformationen handelt und sich die meisten raumwirksamen Nutzungsformen erst allmählich seit dem ausgehenden 16. Jahrhundert geändert haben, sind Rückschlüsse unter Beachtung aller nur möglichen wissenschaftlichen Erkenntnisse von der frühen Neuzeit auf die spätmittelalterlichen Zustände in diesem Falle zulässig, ja die wichtigste Methode, die zu einem Gesamtbild führt.

Im ganzen waren die Wälder der fränkischen Platten mit ihren Tälern, ebenfalls Spessart, Odenwald, Haßberge, Steigerwald und Rhön bis in ihre höchsten Gipfelbereiche weithin reiner Laubwald. Allerdings gab es auf ökologisch geeigneten Refugialstandorten, mit anderen Worten: bei passenden Ökotopen, im fränkischen Gäuland hie und da, stärker im Steigerwaldvorland mit seinen sandigen Böden, im nördlichen Grabfeld zum Hennebergischen hin, auf sandigen Böden im Odenwald, im Randspessart und der Rhön kleinere Nadelholzbestände. Auf trockneren, sandigen und besonnten Ökotopen war dort die Kiefer vertreten, in höheren Lagen, wie z. B. im nördlichen Grabfeld auf Standorten über 400 m Seehöhe, hat es auch andere Nadelhölzer, wahrscheinlich Fichten und Tannen, gegeben.

Der am weitesten verbreitete und mit den naturräumlichen Verhältnissen in Einklang stehende Waldbaum war die Rotbuche, während die relativ starke Verbreitung der Eiche, die ja ein lichtliebender Waldbaum ist, teilweise auf direkte und indirekte Einflüsse des Menschen, wie Hute und Mast, zurückzuführen ist. Viel stärker als in der Gegenwart waren die Hainbuche und die Weichhölzer, darunter Birke, Erle oder Eller und Linde, von den Pappeln am weitesten die Aspen oder Espen verbreitet. Reine Bestände gab es nur unter dem besonders gehegten Bauholz, wozu vor allem Eichen gehörten, seltener Nadelbäume. Überwiegend war jedoch Laubmischwald verbreitet, namentlich in den vielen Waldbezirken, die Brennholz lieferten, so daß Baumschädlinge und Windwürfe von Bäumen seltener aufgetreten sind als in der Gegenwart.
Große Teile der gesamten Waldfläche im Gebiet des heutigen Unterfranken waren erz- und hochstiftische Wälder. Der Spessart gehörte, ausgehend vom Mainabschnitt zwischen der Kahlmündung und Miltenberg im Westen, bis in seine zentralen Teile, teilweise darüber hinaus, seit 982/83 zum Hoheitsgebiet des Erzbischofs von Mainz. Der Spessart hat wie die meisten anderen großen Forsten erst im Verlaufe des Mittelalters und später seinen heute bekannten Namen für dessen gegenwärtigen Geltungsbereich erhalten. Im Mainzer Spessart, der im Mittelalter noch lange Aschaffenburger Forst genannt wurde, zeichnen sich im 14. Jahrhundert in der Errichtung von Forst- und Bachhuben, deren Inhaber zum Schutz von Wald und Wild verpflichtet waren, erste Ansätze einer territorialen Forstorganisation ab. Gleiches gilt für die großen, spätestens seit dem 14. Jahrhundert durch Forstmeister beaufsichtigten Forsten des Hochstiftes Würzburg: die Rhön, den Salzforst, die Haßberge und den Steigerwald.[38] Sie alle haben in den verschiedensten Zeitstufen des Mittelalters andere Geltungsbereiche ihres Namens gehabt als in der Gegenwart. Von den genannten fünf Forsten waren allein Steigerwald und Rhön, diese sogar bis in Höhen von 800 m, stärker mit Siedlungen und landwirtschaftlichem Kulturland durchsetzt. Einen erhellenden Einblick in die Verhältnisse eines der großen Forsten des Hochstifts geben die mehrfach von der Forschung ausgewerteten, aber in ihrem Inhalt noch nicht erschöpften vier Weistümer über den Salzforst der Jahre 1326 bis 1377, die zu den ältesten derartigen Quellen in Deutschland gehören.[39] Von jenen Forstweistümern läßt sich eine Entwicklungslinie über die Waldordnungen der Echterzeit bis zum gegenwärtigen Forstrecht aufzeigen. Insofern ist das späte Mittelalter durchaus eine Periode weittragender Neuerungen. Daß es kein Zeitabschnitt mit verharrenden Zuständen gewesen ist, wird u.a. darin sichtbar, daß manche Feststellungen der Forstweistümer bereits im Verlaufe von 50 Jahren präzisiert worden sind. Kein anderer unterfränkischer Forst besitzt vergleich-

bare Dokumente, so daß die Verhältnisse im Salzforst als beispielhaft für die anderen Forsten zu gelten haben. Die Aufsicht über den Forst oblag einem aus dem niederen Adel gewählten Forstmeister als Vertreter des Bischofs, der zur Abgeltung seiner Dienste u.a. 1317/22, als Friedrich von Rotenkolben Forstmeister war, je eine Forsthube in Ebersbach (südwestlich Bad Neustadt) und Lebenhan (nordwestlich Bad Neustadt) empfing. Für Aufsicht und Anordnungen im Walde selbst waren unter ihm Förster zuständig, die für ihre Dienste ursprünglich mit einem landwirtschaftlichen Betrieb (Forsthube) ausgestattet waren, doch lockerte sich diese Schollenbindung mit dem Übergang des Amtes von Erbförstern an Försterschultheißen. Das Weistum von 1368 kennt 14 Förster. Ein Graf von Henneberg, der im nördlichen Grabfeld noch vielerorts Rechtstitel und Besitz besaß, hatte u.a. ein nach Jahreszeit und Tageszeit sehr eingeschränktes Jagdrecht auf Rotwild. Darüber hinausgehende Jagdrechte von Personen, die nicht vom Landesherrn befugt wurden, kamen in der Praxis einem Verbot gleich. Wenn erhebliche, uns heute als sehr grausam anmutende Körperstrafen auf Wilddieberei standen, sollte bei einer Beurteilung bedacht werden, daß solche rigorosen Maßnahmen dazu beigetragen haben, lange Zeit vieles von der natürlichen oder naturnahen Umwelt zu erhalten. Hart bestraft wurden vor allem heimliche Netzesteller (luzser), Schlingenleger (stricker) und Steller von Wildtierfallen (druher). Die Burgmannen der Salzburg und von Steinach, die Bürger der Stadt Neustadt a.d. Saale sowie die Einwohner von umliegenden Dörfern durften mit Erlaubnis des Forstmeisters Bauholz und Kaltholz, d.h. alles Holz, das zum Bauen nicht tauglich ist, hauen. Wenn vom Kaltholz namentlich Birken, Espen, Salweiden und Erlen aufgeführt werden, so geben diese Namen zugleich eine Vorstellung von jenen Baumarten, die im Salzforst neben Rotbuchen und Eichen stark vertreten waren. *Was von dem Walde zu Acker gemacht ist und wider zu walde wirt daz sol wyder zu dem walde gehören* war über das Weistum hinaus eine damals in Deutschland weit verbreitete Rechtsnorm und hat übrigens eine erhebliche Rolle bei der dauerhaften Ausbreitung von Wald über ehemaliges Ackerland während der Wüstungsperiode gespielt. Wenn im Weistum von 1326 die Viehhut im Salzforst verboten war, so sicherlich mit der im Weistum von 1353 genannten Einschränkung: *ez laube yme denne der forstmeyster.*[40] Das in den Weistümern zum Ausdruck kommende Forstrecht und die im Werden begriffene administrative Forstorganisation bedeuteten für den Wald der Beginn eines, wenn auch zunächst noch bescheidenen Schutzes zu seinem Erhalt. Eine Hege des Waldes durch Förster und damit der Beginn einer Waldfürsorge tritt um die Mitte des 14. Jahrhunderts, vor allem im 15. und 16. Jahrhundert, ebenfalls in den Quellen kleinerer Grundherrschaften auf, so beschäftigten danach z. B. die Klöster Zell am Main und Ebrach und die Gemeinde Gräfendorf/Saale, diese unter Obhut ihrer Grundherrschaft, in ihren Wäldern Förster.[41] Ein für das Nonnenkloster Himmelspforten bei Würzburg vom Schultheißen, den Heimbürgen und den Bewohnern des Dorfes Himmelstadt im Jahre 1335 erteiltes Weistum[42] gibt einen aufschlußreichen Einblick in die spätmittelalterliche Nutzung eines Gemeindewaldes in der Gemarkung eines Dorfes. In Himmelstadt, im Maintal südlich von Karlstadt, besaß Himmelspforten Rechte, einen Klosterhof, der von Laienbrüdern (Konversen) bewirtschaftet wurde, und das Obereigentum an einigen Liegenschaften. Die vollen Nutzungsrechte am Wald, namentlich die Befugnis zum Fällen stehender Bäume, standen nach altem Gewohnheitsrecht nur dem Kloster, den Konversen seines Himmelstadter Hofes und den Vollbauern zu. Das waren hier, wie in den meisten anderen Dörfern des Altsiedellandes, alle, die ihre Betriebe nach Vorwerks-, Hufen- oder Lehenrecht besaßen. Es sind das in der geschichtlichen Entwicklung die älteren Betriebe gewesen. Die oft auch als Kurien bezeichneten Vorwerksbetriebe, die es nicht in allen Dörfern gab, und, wo sie vorkamen, nur etwa durch einen oder wenige größere Höfe repräsentiert wurden, gehörten neben den Huben- oder Hufenhöfen zu der ältesten, vorwiegend im inneren Bereich der Dörfer gelegenen Anwesen. Die entwicklungsgeschichtlich jüngere, im Verlaufe des späten Mittelalters und in der frühen Neuzeit wachsende Gruppe von Teilbauern, die sogenannten Söldner oder Seldner, hatten keinen Anteil an der Holzgerechtigkeit. Doch durften sie in Himmelstadt an zwei Tagen in der Woche Reisig und ›Nachschlagholz‹ (= Afterschläge) sammeln. Letzteres waren die Späne, die beim Hauen der Stämme und wohl auch bei Zimmermannsarbeiten im Walde liegen blieben. Daß Holz *zymmerlich in dem Walde* zu machen war, belegt das Salzforstweistum von 1353. Da die gleiche Praxis mit ausführlicheren Belegen in einer weit entfernten Gegend, nämlich in den altpreußischen Wäldern unter dem Deutschen Orden entgegentritt,[43] darf man sie verallgemeinern. Nur so ist auch das, wie in Franken so in vielen Teilen Deutschlands, verbreitete Recht der Nutzung von ›Nach- oder Afterschlägen‹ verständlich.[44] Zusätzliche Angaben über dörfliche Holznutzung und -pflege geben weitere Weistümer des 14. und 15. Jahrhunderts , darunter solche aus Estenfeld im Gäuland (nordöstlich Würzburg).[45] Darin ist bereits von Waldhege die Rede. Sie bestand nicht nur in einer Regelung der Zeit für den Holzeinschlag, der dadurch besser zu überwachen war, sondern eine bis weit in die Neuzeit nachweisbare Bestimmung fordert den besonderen Schutz der Baumschößlinge. Wenn auch die Schonzeit zunächst nur auf drei Jahre begrenzt wurde, so war doch ein wichtiger Anfang zu einer systematischen Waldpflege gemacht. Über die Waldbestandsformen bringen die Quellen natürlich keine genauen Angaben in der Terminologie der modernen Forstwirtschaft. Dennoch läßt sich in Verbindung mit Rückschlüssen aus dem reichhaltigen Material des 16. Jahrhunderts herauslesen, daß Hochstämme für Bau- und Schweinemastholz verbreitet waren, großflächiger noch ist der Anteil von Niederwald gewesen, der vor allem zum Brennholz flächenhaft abgeholzt wurde. Die Umtriebszeiten im Niederwald lagen in Abhängigkeit von der Wuchsleistung des Bodens und dem Verwendungszweck (z. B. Zaunlatten oder Brennholz) bei ca. 7 bis 40 Jahren. Inwieweit die Hochstämme in reinem Hochwald standen oder eher im Mittelwald, der bekanntlich als Oberschicht höheres Stammholz und als Unterschicht Brennholz aus Stockausschlägen in bunter Mischung vereinigte, läßt sich beim derzeitgen Forschungsstand noch nicht beantworten. Einen besonderen Abschnitt über die Veränderung der natürlichen und naturnahen Umwelt einzufügen, verbietet der mir zur Verfügung gestellte Platz. Wenigstens konnte ich diesen wichtigen Problembereich mehrfach in anderen Themenbereichen dieses Beitrags streifen.[46]

Anmerkungen

Die große Zahl der Einzelpublikationen zum Thema, bei gleichzeitigem Fehlen einer Zusammenschau, erfordert bei den Anmerkungen eine Beschränkung auf einführende oder beispielhafte Belege, seien sie aus unveröffentlichten oder edierten Quellen oder aus dem Sekundärschrifttum. Die meisten der zitierten Arbeiten bringen über die annotierten Stellen hinaus weiteres Material zum Thema, so daß auf ein Schriftenverzeichnis verzichtet wird.

1 D. Rosenstock u. L. Wamser, Von der germanischen Landnahme bis zur Einbeziehung in das fränkische Reich, in: UFrGesch 1, 1989, S. 15-90, u.a. Abb. 2, 13, 14 u. S. 68ff; E. Soder v. Güldenstubbe, Christliche Mission u. kirchliche Organisation, ebd., S. 91–152, bes. S. 116ff; W. Störmer, Im Karolingerreich, ebd., S. 153–204.

2 P. Herde, Das staufische Zeitalter, in: UFrGesch 1, 1989, S. 333–366, bes. S. 341ff; P. Rückert, Landesausbau und Wüstungen des Hohen und Späten Mittelalters im fränkischen Gäuland, MainfrSt 47, 1990; Wesentliches zum früh- und hochmittelalterlichen Landesausbau enthalten außerdem die einschlägigen Einzelbände des Historischen Atlas von Bayern, Teil Franken (HAB). Vom Historischen Ortsnamenbuch von Bayern, T. Unterfranken, sind leider erst zwei Bände (Ebern u. Hofheim; Königshofen i. Gr.) erschienen.

3 Zum Einfluß der Zisterzienser auf die Kulturlandschaft u.a. im weiteren Rahmen H. Wagner, Geschichte der Zisterzienserabtei Bildhausen im Mittelalter (bis 1525), MainfrSt. 15, 1976; direkt zum Thema: H. Jäger, Die spätmittelalterliche Kulturlandschaft nach dem Ebracher Gesamturbar vom Jahre 1340, in: G. Zimmermann (Hg.), FS Ebrach, 1977, S. 94–122; W. Schenk, Zisterziensisches Erbe in der mainfränkischen Kulturlandschaft am Beispiel von Ebrach und Frauental, in: W. Brückner u. J. Lenssen (Hgg.), Zisterzienser in Franken, 1991, S. 55–68. Darin auch zu mittelalterlichen Verhältnissen. Wichtig für Rückschlüsse ins Mittelalter: W. Schenk, Mainfränkische Kulturlandschaft unter klösterlicher Herrschaft, WGA 71, 1988.

4 Zum hochmittelalterlichen Ausbau im Jungsiedelland neben den Bänden des HAB u. a. I. Kopp, Untersuchungen zur Siedlungsgenese, Wirtschafts- und Sozialstruktur in Gemeinden des Südostspessarts, Mainzer Geogr. Stud. 8, 1975; W. Matzat, Die Rodungssiedlungen der Benediktinerabtei Amorbach, in: F. Oswald u. W. Störmer (Hgg.), Die Abtei Amorbach im Odenwald, 1984, S. 55–62. Mit instruktiver Karte der Situation um 1250.

[5] Es gibt keine Zusammenfassung über den spätmittelalterlichen Wüstungsvorgang in Unterfranken, doch eine Reihe wertvoller Vorarbeiten. Neben Rückert (wie Anm. 2) und den Kreisbänden des HAB sind einschlägig u.a. H. Jäger, Einige Grundfragen der Wüstungsforschung mit besonderer Berücksichtigung von Mainfranken, in: Neue Fragen der Allgemeinen Geographie, WGA 12, 1964, S. 123–138; R. Lob, Die Wüstungen der bayerischen Rhön und des nördlichen Grabfeldes, MainfrSt 1, 1971; R. Machann, Wüstungen im Steigerwald, MainfrSt 5, 1972; W. Scherzer, Symptome der spätmittelalterlichen Wüstungsvorgänge, in: W. Pinkwart (Hg.), Genetische Ansätze in der Kulturlandschaftsforschung (Jäger-FS), WGA 60, 1983, S. 107–121; H. Jäger u. W. Scherzer, Territorienbildung, Forsthoheit und Wüstungsbewegung im Waldgebiet westlich von Würzburg, MainfrSt 29, 1984; E. Riedenauer, Wüstungen zwischen Main und Steigerwald, in: JffL 47, 1987, S. 1–34; P. Rückert, Spätmittelalterliche Wüstungen in der Grafschaft Wertheim, in: WtJb 1988/89, S. 39–50.

[6] Rückert, wie Anm. 2, S. 142.

[7] Eine Studie über Wüstungen im Hennebergischen wird vom Verfasser vorbereitet. Grundlegend dazu: G. Brückner, Die Wüstungen des Herzogtums Meiningen, Handschrift von ca. 1850 im Staatsarchiv Bamberg, Nachlaß Marschalk v. Ostheim G 35 II 253. Auch im benachbarten oberen Werrabergland sind ärmere Böden und rauheres Klima Teilursache für den Wüstungsprozeß. Der quantitative Verlust an Siedlungssubstanz und Kulturflächen war jedoch geringer als die Prozentzahlen der Wüstungen ausdrücken, da es sich bei ihnen in fast allen Landschaften größtenteils um Kleindörfer des hochmittelalterlichen Ausbaus handelt, während verhältnismäßig wenige der großen Dörfer verlassen worden sind.

[8] Nachweise u.a. in H. Hoffmann (Bearb.), Das älteste Lehenbuch des Hochstifts Würzburg 1303–1345, QFW 25, 1 und 2, 1972, passim; Ders., Das Lehenbuch des Fürstbischofs Albrecht v. Hohenlohe 1345–1372, QFW 33, 1 und 2, 1982, passim; D. Rödel, Das erste Salbuch des Hochstifts Würzburg, St. z. Bayer. Verfassungs- u. Sozialgesch. XIII, 1987.

[9] Kopp u. Matzat, wie Anm. 4.

[10] H. Jäger, Die mainfränkische Kulturlandschaft zur Echter-Zeit, in: F. Merzbacher (Hg.), Julius Echter und seine Zeit, 1973, S. 7–35, bes. S. 7–10. Grundsätzliches zur mittelalterlichen Bevölkerungsentwicklung: B. Herrmann u. R. Sprandel (Hgg.), Determinanten der Bevölkerungsentwicklung im Mittelalter, 1987.

[11] R. Sprandel, Die territorialen Ämter des Fürstbistums Würzburg im Spätmittelalter, in: JffL 37, 1977, 45–64; zur älteren administrativen Organisation: Ders., Gerichtsorganisation und Sozialstruktur Mainfrankens im frühen Mittelalter, in: JffL 38, 1978, S. 7–38.

[12] K.-S. Kramer, Bauern und Bürger im nachmittelalterlichen Unterfranken, VGffG IX/12, 1957, S. 19. Zur älteren Kirchenorganisation und zum Problem der Standortkontinuität von Kirchen: A. Wendehorst, Zwischen Haßbergen und Gleichbergen. Beobachtungen und Funde zur Siedlungsgeschichte und zur mittelalterlichen Kirchenorganisation im mittleren Grabfeldgau, in: Münch. Hist. St., Abt. Bayer. Gesch. 10 (Kraus-FS), 1982, S. 1–14.

[13] Neben die umfassende Sammlung von Weistümern von Jacob Grimm (1840–78) mit Franken in den Bänden 3 u. 6 sind vor allem getreten: K. Dinklage, Fränkische Bauernweistümer, VGffG X/4, 1954; K. Arnold, Dorfweistümer in Franken, in: ZBLG 38, 1975, S. 819–876; H. Kallfelz, Drei Weistümer von Estenfeld aus den Jahren 1383, 1393 u. 1470, in: Vom königlichen Gut zur Gemeinde Estenfeld, 1969, S. 63–81.

[14] C. Binder, Das ehem. Amt Lichtenberg v. d. Rhön, 1896. Einige Archivalien im Staatsarchiv Meiningen, z. B. Amtsbeschreibung über Orte des Amtes Lichtenberg 1598 (M 1160).

[15] MB 40, S. 250.

[16] F.L. Büll, Quellen u. Forschungen zur Geschichte der mittelalterlichen Frauenabtei Schmerlenbach im Spessart, 2 Teile, 1970, Teil I. Nr. 314.

[17] W. Störmer, Probleme der spätmittelalterlichen Grundherrschaft und Agrarstruktur in Franken, in: ZBLG 30, 1967, S. 118–160, bes. S. 121. Die Umrechnung der Getreidegewichte erfolgte, um eine Größenordnung zu erhalten, nach den von Büll, wie Anm. 16, S. 973 f., angegebenen Maßen.

[18] Zu den herrschaftlichen Höfen u. a. W. Störmer, Miltenberg, (HAB Teil Franken 25),

1979, S. 203ff; W. Scherzer, Curia Lützelfeld, in: MainfrJb 13, 1961, S. 41–54; Ch. Pescheck, Der Lützelhof bei Würzburg, ebd., S. 32–40; Jäger, wie Anm. 3, S. 102ff. u. S. 110. Zum Hof Eichenfirst: Rückert, wie Anm. 2 u. 5.

[19] Zum Helwigis Hof MB 39, S. 540.

[20] Störmer, wie Anm. 17, u. H. Jäger, Huben, Lehen, Güter und verwandte Einheiten in Franken, in: ZS. f. Agrargesch. u. Agrarsoziologie 22, 1974, S. 1–8. Zur Gleichsetzung von bona mit Lehen: MB 39, S. 540.

[21] W. Scherzer, Frühgeschichte Estenfelds, in: Vom Königlichen Gut zur Gemeinde Estenfeld, 1969, S. 26–45.

[22] Ludwig Müller, Gült- und Zinsbücher des Deutschordenshauses zu Schweinfurt aus den Jahren 1313 u. 1337, in: AUFr 22, 1874, S. 553–701 (S. 577 u. 591). Die Wüstung Hilpersdorf liegt an der nordwestlichen Bebauungsgrenze von Schweinfurt bei Bellevue. Zum Hausbau: K. Bedal, Fachwerk in Franken, 1980.

[23] H. Hoffmann (Bearb.), Urkundenregesten zur Geschichte des Zisterzienserinnenklosters Himmelspforten (1231–1400), QFW 14, 1962, Nr. 53.

[24] Zu Damm: Büll, wie Anm. 16, S. 711; zu Eßleben: Hoffmann, wie Anm. 23, Nr. 135.

[25] A. Zumkeller, Urkunden und Regesten zur Geschichte der Augustinerklöster Würzburg und Münnerstadt, QFW 18, T.1, 1966, Nr. 172.

[26] Henneberger Amtsbeschreibung 1584, Staatsarchiv Meiningen GHA 1043; F. A. Jäger, Briefe über die hohe Rhön Frankens, 1803, 2 Teile, S. 83f., darin u.a. in Teil 1, S. 100f. über die in den Weiden der Hochrhön verbreiteten Spuren von vorangegangener Beackerung als Folge der Feld-Gras-Wirtschaft.

[27] Jäger, wie Anm. 3, S. 109f; Rödel, wie Anm. 8., S. 109f.

[28] Büll, wie Anm. 16, Nr. 342 u. 350.

[29] Jäger u. Rödel, wie Anm. 27.

[30] Büll, wie Anm. 16, Urbar von 1312/22, S. 725-730 u. Skizze nach S. 1029.

[31] Zum Weinbau A. Welte, Der Weinbau des mittleren Mainlandes in seiner ehemaligen Verbreitung (Forsch. z. deutschen Landes- u. Volkskunde 31), 1. H., 1934. Zum Begriff ›hiunischer‹ Wein: Lexer, Mittelhochdeutsches Taschenwörterbuch, 37. Aufl., 1986.

[32] Näheres über Wiesen mit Einzelbelegen künftig vom Verfasser: Ur- und frühgeschichtliche Umwelten im südlichen Deutschland. FS für Christian Pescheck, im Druck.

[33] Staatsarchiv Meiningen Sect. III, 496.

[34] H. Wagner, Regesten der Zisterzienserabtei Bildhausen 1158–1525, QFW 37, 1987, Nr. 2.

[35] Jäger u. Scherzer, wie Anm.5.

[36] Lob, wie Anm. 5.

[37] A. Welte, Die Besiedlung des östlichen Rhönvorlandes, in: Geogr. Anzeiger 33, 1932, S. 225ff. u. 273ff.

[38] B. Kmiotek, Siedlung u. Waldwirtschaft im Salzforst, 1900. Zu den Hochstiftforsten u. dem Forstamt (officium foresti) bieten Nachweise die beiden ältesten hochstiftischen Lehenbücher, Bearb. Hoffmann, wie Anm. 8. Zum Spessart: C. Cramer, Landeshoheit und Wildbann im Spessart, in: AJb 1, 1952, S. 51–123. u. R. Fischer, Das Untermaingebiet u. Aschaffenburg im frühen u. hohen Mittelalter, in: UFrGesch 1, S. 255–293, bes. S. 266ff.

[39] MB 39, S. 277f.; 42, S. 39ff.; S. 621ff.; 43, S. 193ff.

[40] MB 42, S. 43.

[41] Jäger, wie Anm. 3, S. 120; E. Stahleder, Archiv des Juliusspitals zu Würzburg II, Pergamenturkunden 1162–1575, Bayerische Archivinventare 22, 1963, U 112; Scherzer in: Jäger u. Scherzer, wie Anm. 5, S. 187.

[42] Hoffmann, wie Anm. 23, Nr. 180.

[43] H. Jäger, Wie man vor Augen sieht – mittelalterliche und frühneuzeitliche Umweltwahrnehmung und -nutzung, vornehmlich nach Quellen aus Altpreußen, Berliner Geogr. Abh. H. 53, 1990, S. 243–250 (S. 247).

[44] Dazu bereits Jacob Grimm, Deutsche Rechtsaltertümer, II, 1899, S. 25ff.

[45] Z. B. Kallfelz, wie Anm. 13, S. 69 u. 76f.

[46] Vgl. Anm. 32.

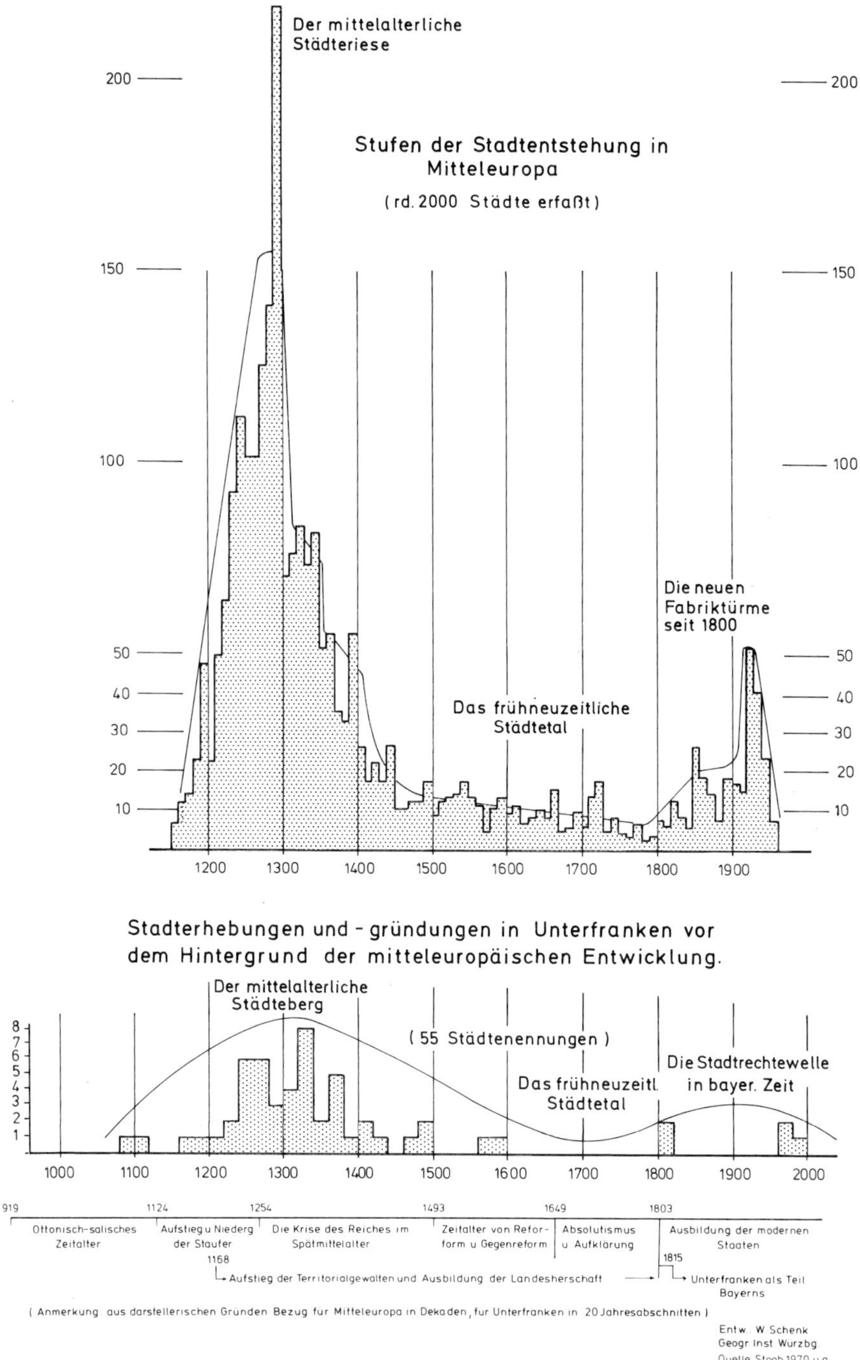

Zeitlicher und zahlenmäßiger Vergleich der unterfränkischen mit der mitteleuropäischen Stadtentwicklung.

WINFRIED SCHENK

Städtische Siedlungen und Verkehr

Im heutigen Unterfranken tragen 37 Gemeinden die Bezeichnung ›Stadt‹; um 1500 waren es 48 Siedlungen, die sich ›Stadt‹ nannten. Drei Jahrhunderte davor trafen auf weniger als eine Handvoll dieser Orte (Abb. S. 494) verfassungrechtliche, funktionale, strukturelle und physiognomische Kriterien zur Kennzeichnung einer Stadt im Sinne der genetischen Stadtforschung zu. Es charakterisiert die gegenwärtigen Verhältnisse in Unterfranken, daß auf eine Reihe von nominell städtischen Siedlungen manche funktionalen und strukturellen Qualitätsmerkmale einer Stadt bis heute nur mit Abstrichen anzuwenden sind, während einige nicht mit dem Stadttitel privilegierte Gemeinden diese Kennzeichen in stärkerem Maße aufweisen und in ihrem Erscheinungsbild durchaus städtisch wirken.[1]
All dies hat Bedeutung für den Inhalt und Aufbau eines Beitrages, der sich mit jenen städtischen Siedlungen beschäftigt, die in der Zeit vom hohen Mittelalter bis zum Beginn des konfessionellen Zeitalters im heutigen Unterfranken ihre entscheidende Ausprägung gefunden haben. Sie belegen zum ersten, daß es besonderen Sinn gibt, in einem Band, der sich mit der Geschichte des heutigen Unterfranken im beschriebenen Zeitraum befaßt, die Hauptentwicklungsphasen städtischer Siedlungen nachzuzeichnen (1) und die daraus entstandenen Städte als neuartige Phänomene der Siedlungslandschaft, aber auch der Gesellschaft zu betrachten (2). Zum zweiten zwingt die Vielzahl der zu berücksichtigenden städtischen Siedlungen bei der gebotenen Kürze zu einer Gratwanderung zwischen der Darstellung des Exemplarisch-typischen und dem Rückbezug auf individuelle Stadtschicksale. Zum dritten läßt die Unbestimmtheit des historischen wie aktuellen Stadtbegriffes weiten Raum für Spekulationen und Unsicherheiten namentlich für die Frühzeit der Stadtentwicklung. Erschwerend wirkt, daß nur für wenige Städte Verleihungs- oder Gründungsurkunden vorliegen. Hier kann nur die Interpretation von Umschreibungen städtischer Rechtsverhältnisse, so die Erstnennungen von ›civitas‹, ›oppidum‹, ›universitas civium‹ oder verwandter Begriffe[2], im Verbund mit Hinweisen zu den Funktionen einer Siedlung als Festung, Markt und Verwaltungssitz, zur sozialen und räumlichen Gliederung des Stadtraumes, zur Struktur seiner Bevölkerung und zum Erscheinungsbild klären helfen, wann sich denn nun die Merkmale so verdichten, daß man von einer ›Stadt‹ sprechen kann.

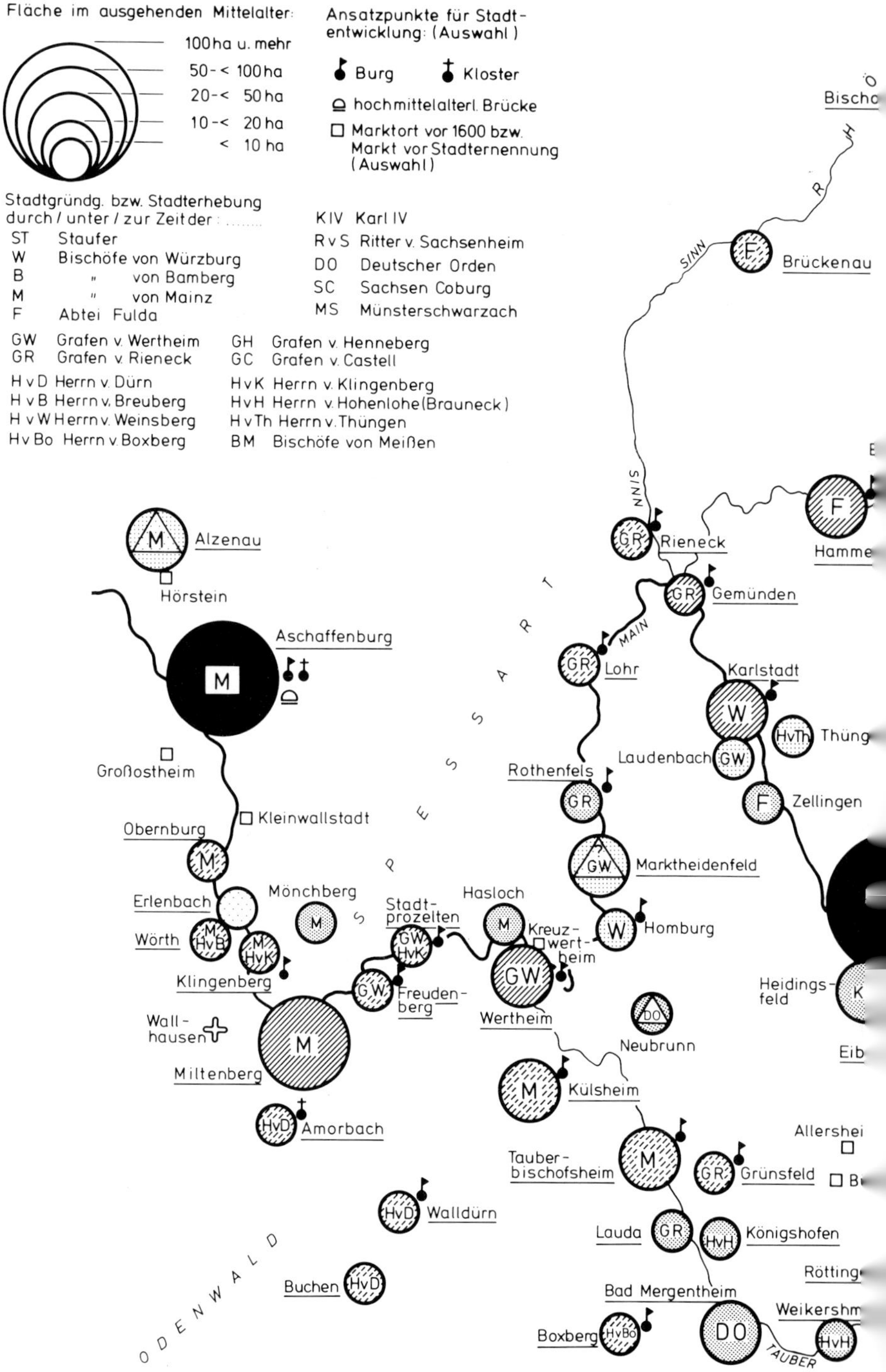

Phasen der Entstehung von Siedlungen mit städtischen Rechten im heutigen Unterfranken.

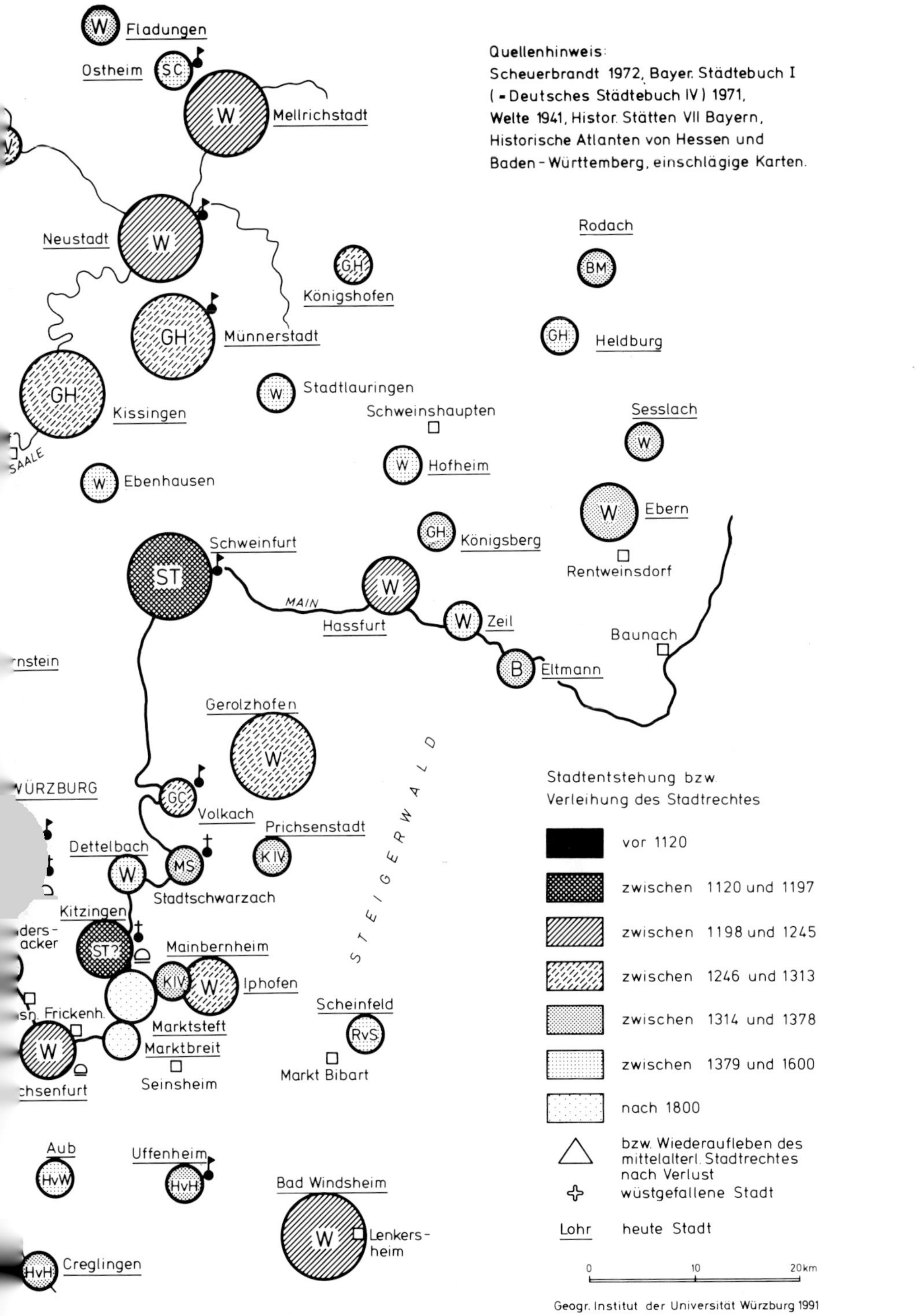

Quellenhinweis:
Scheuerbrandt 1972, Bayer. Städtebuch I
(= Deutsches Städtebuch IV) 1971,
Welte 1941, Histor. Stätten VII Bayern,
Historische Atlanten von Hessen und
Baden-Württemberg, einschlägige Karten.
Fladungen
Ostheim
Mellrichstadt
Neustadt
Königshofen
Rodach
Münnerstadt
Heldburg
Kissingen
Stadtlauringen
Schweinshaupten
Sesslach
SAALE
Ebenhausen
Hofheim
Ebern
Schweinfurt
Königsberg
Rentweinsdorf
MAIN
Hassfurt
Zeil
Baunach
Eltmann
Gerolzhofen
STEIGERWALD
WÜRZBURG
Volkach
Prichsenstadt
Dettelbach
Stadtschwarzach
Kitzingen
Mainbernheim
Iphofen
Scheinfeld
Frickenh.
Marktsteft
Marktbreit
Seinsheim
Markt Bibart
Aub
Uffenheim
Bad Windsheim
Lenkers-
heim
Creglingen
W
SC
GH
BM
ST
B
GC
MS
KIV
ST?
RvS
HvW
HvH
Stadtentstehung bzw.
Verleihung des Stadtrechtes
vor 1120
zwischen 1120 und 1197
zwischen 1198 und 1245
zwischen 1246 und 1313
zwischen 1314 und 1378
zwischen 1379 und 1600
nach 1800
bzw. Wiederaufleben des
mittelalterl. Stadtrechtes
nach Verlust
wüstgefallene Stadt
Lohr
heute Stadt
0
10
20km
Geogr. Institut der Universität Würzburg 1991

1. *Phasen der Stadtentwicklung*

Trotz der dargelegten methodischen Schwierigkeiten ist es möglich, aus der Kombination der aufgeführten Kriterien die Entstehungsschichten des unterfränkischen Städtesystems ausreichend genau nachzuzeichnen (Abb. S. 496).[3] In einer ersten Phase entstanden danach bis etwa 1200, gleichsam aus ›wilder Wurzel‹, die bis heute größten Städte Unterfrankens (vgl. Kap. 1.1). In einer zweiten Phase, die ungefähr bis 1350 anzusetzen ist, wurden Städte planmäßig durch fränkische Herrschaften gegründet oder vorhandene Siedlungen zu Städten ausgebaut (vgl. Kap. 1.2), bevor in der dritten Phase, die bis ins 16. Jahrhundert reichte, Dörfer in großer Zahl zu eher entwicklungsbenachteiligten Kleinstädten erhoben wurden (vgl. Kap. 1.3).

1.1 Der Stand der städtischen Entwicklung um 1200

Der Prozeß der Entwicklung von einer stadtähnlichen Siedlung zur ›civitas‹ im Rechtssinne, nach ihren Aufgaben, ihrem Erscheinungsbild und dem Selbstverständnis ihrer Bewohner war bei den ältesten und bis heute größten unterfränkischen Städten, Würzburg und Aschaffenburg, mit Einschränkungen auch bei Schweinfurt und Kitzingen, um 1200 weit fortgeschritten. Würzburg[4] hatte sich bis zum Ende des 11. Jahrhunderts schon so mächtig entwickelt, daß es als einzige Siedlung im rechtsrheinischen Südwesten Deutschlands alle Merkmale einer Stadt vollgültig aufwies. Die enge Bindung an das staufische Königtum im 12. Jahrhundert hatte die städtische Entwicklung beschleunigt; Würzburg war in dieser Zeit zu einem der Hauptorte des Reiches aufgestiegen. In gleicher Weise hatten sich schon zur Mitte des 12. Jahrhunderts die Merkmale einer städtischen Siedlung im Falle Aschaffenburgs[5] so verdichtet – Ummauerung von Burg und zugehöriger Siedlung 1122, Markt, Münze, Zoll, eine jüdische Gemeinde –, daß die erste, allerdings verlorengegangene Stadtrechtsurkunde aus jener Zeit nur verfassungsrechtlich einen Zustand beschreibt, der längst eingetreten war. Auch Kitzingen[6] befand sich wohl schon in der Friedenszeit Barbarossas auf dem Weg zu einem städtischen Gemeinwesen. Die Siedlung, ausgehend von einem 745 erstmals erwähnten und 1007 von Kaiser Heinrich II. an das Bistum Bamberg geschenkten Kloster und einer angelagerten Fischer- und Händlersiedlung an einer Furt auf halbem Wege zwischen Würzburg und Schweinfurt, erfuhr um 1200 durch die Herren von Hohenlohe oder die Herren von Grumbach als Hauptvögte der Abtei, gefördert wohl auch durch die Staufer, eine topographische Verschiebung des Entwicklungsschwerpunktes. Daraus entwickelte sich die mittelalterliche Stadt. Der Vorgang der Verlagerung des Siedlungsschwerpunktes ist auch für Schweinfurt festzustellen, wobei die Beteiligung des Reiches an der Stadtwerdung, obgleich nicht urkundlich belegt, kaum zu bezweifeln ist.[7] Ungeklärt ist noch, ob die heutige städtische Siedlung aus dem alten Dorf Swinfurt im Schatten der alten Markgrafenburg hervorging und dann nach 1260 an die heutige Stelle verlegt wurde oder gleich zwischen 1180 und 1230 – datierbar nach dem Baubeginn der St.-Johannis-Kirche – als ›Neustadt‹ planmäßig ebendort angelegt worden ist. Markt- und Münzrecht vor 1200 zeigen jedenfalls den Erfolg der ›civitas imperii‹ an, der ›Stadt des Reiches‹. Nach dem ersten Stadtverderben, das Anfang der 1240er Jahre oder um 1250 stattfand, wurde sie nach 1260 wieder aufgebaut; die ›Altstadt‹ verlor dagegen an Bedeutung und wird im 16. Jahrhundert gar als wüstgefallen beschrieben. Ein Vertrag von 1259 akzeptierte vor dem Hintergrund der Schwäche der Zentralgewalt die Festsetzung der Grafen von Henneberg und der Würzburger Bischöfe in der Stadt. Doch unter König Rudolf von Habsburg wußte die wiedererstarkte Reichsgewalt 1282 ihre Ansprüche geltend zu machen. Der König sicherte der nun schon gewichtigen Bürgerschaft den Reichsstadtstatus. Rat und Bürgermeister als deren Verwaltungsorgane erscheinen bald in den Quellen als dominierend. Sie waren stark genug, in frühen Formen von ›Bürgerinitiativen‹[8] die erkämpften Rechte gegenüber den weiterhin andrängenden Territorialherren bis zu den Staatsformen des 19. Jahrhunderts zu verteidigen. Rathaus mit Markt und die großdimensionierte Bürgerkirche St. Johannis, nicht ein Stift wie in Aschaffenburg und der Dom wie in Würzburg, prägen folglich bis heute den Stadtkern Schweinfurts.

Im Vergleich zur Entwicklung des Städtewesens im deutschen Südwesten als dem Kernbereich der Staufermacht[9] ist die Rolle des hohen Adels im 12. Jahrhundert bei Stadtgründungen und -erhebungen im heutigen Unterfranken gering anzusetzen. Die ältesten unterfränkischen Städte hatten sich – im Falle Würzburgs und Aschaffenburgs geradezu modellhaft aus der stadtbildenden und -fördernden Dreiheit von Burg, Markt und Kirche[10] – zu entwickeln begonnen, bevor sie durch Eingriffe der Herrschaften räumliche Veränderungen und funktionale Umwertungen erfuhren.

Nach 1200 können wir dagegen einen neue Form städtischer Entwicklung im Untersuchungsbereich greifen. Nun werden Städte in größerer Zahl mehr oder minder planmäßig angelegt oder vorhandene Siedlungen zu Städten ausgebaut. Träger dieser Bewegung sind die fränkischen Territorialgewalten. Die sie bewegenden Motive sind schon im Zusammenhang mit der Stadtentstehung Karlstadts aus der Zeit um 1198/1202[11] durch Bischof Konrad I. von Querfurt (1198–1202) zu erkennen. Er gliederte aus der Karlburger Dorfmark rechts des Maines gelegenes Land aus und ließ auf einer Terrasse außerhalb der größten Hochwassergefahren planmäßig eine

Stadt, eben Karlstadt, anlegen. Im rechteckigen Verlauf der Ummauerung und dem Straßenkreuz mit zu einem Platz aufgeweitetem Markt ist der Planstadtcharakter Karlstadts bis heute gut zu erkennen. Der machtbewußte Bischof hatte offenkundig schon früh den Wert einer solchen Siedlung erkannt. Sofern die Rahmenbedingungen stimmten, konnten Städte lukrative Wirtschaftsplätze innerhalb einer Festung mit hochmotivierter Besatzung sein, denn die ›Wehr‹[12] rekrutierte sich auch aus den dort ansässigen Händlern und Handwerkern. Ihnen oblag die Ausführung der Umwehrungen und deren Unterhalt. Befristete Steuerbefreiungen und -gewährungen sowie freie Baustofflieferungen erleichterten die kostspielige Pflicht. Der ummauerte Raum sollte zuallererst die Bürger schützen, in zunehmendem Maße galt dies aber auch für den Umkreis einer Stadt. Die dortigen Einwohner konnten bei Gefahr hinter die Umwehrungen fliehen. Fiel die Stadt, drohte das umliegende Gebiet verlorenzugehen, und damit auch die Stütze einer jeden erfolgreichen städtischen Entwicklung. Konsequent weitergedacht ließen sich Städte aus der Sicht des heimischen Adels als Mittel des herrschaftlichen Territorialaufbaus einsetzen. Angesichts solcher Vorteile, wurde es im 13. Jahrhundert das Anliegen nahezu aller fränkischen Herrschaften, über ›neue Städte‹ wie Karlstadt verfügen zu können. Die politischen Rahmenbedingungen zur Umsetzung dieser Wünsche waren am Ende der Stauferzeit günstig.

1.2 Die Stadterhebungen und -gründungen des ausgehenden Hochmittelalters (ca. 1200–1350) als Initiativen der fränkischen Territorialgewalten

Die Politik der Staufer, Städte als Instrumente der Machtpolitik zu gebrauchen, hatte das Vorbild für die aufstrebenden fränkischen Territorialgewalten abgegeben, in der Endphase der Staufermacht und nach deren Niedergang gemäß eigenen Interessen Siedlungen mit städtischen Rechten zu versehen oder solche neu anzulegen. Dabei verstanden es namentlich die Bischöfe von Würzburg auf ihrem Weg zur herzogsähnlichen Stellung in Mainfranken, die der ›Confoederatio cum principibus ecclesiasticis‹ (1220) innewohnenden Möglichkeiten und Formen der Landesherrschaft auszunutzen. Sie hatten sich dabei mit einer Reihe gleichprivilegierter geistlicher und nach 1231 mit einer Vielzahl nun durch das ›Statutum in favorem principum‹ ähnlich begünstigter weltlicher Konkurrenten auseinanderzusetzen. Fehden, Friedensschlüsse, Verträge, Burgenbau[13] und Burgenbrechung, Tausch und Raub waren dabei ebenso Mittel wie die Erhebung von Siedlungen zu Städten durch die Verleihung von städtischen Rechten an eine Siedlung oder die planmäßige Anlage einer Stadt. Vor diesem Hintergrund entstanden in der späten Stauferzeit und fortgeführt namentlich unter Ludwig dem Baiern in etwas mehr als einem Jahrhundert in einer ersten Welle etwa zwei Drittel aller jemals in Unterfranken mit dem Stadtrecht versehenen Siedlungen. Als Stadtherren zur Zeit der Stadterhebung oder -gründung auf heute unterfränkischem Gebiet bis etwa Mitte des 14. Jahrhunderts sind anhand direkter oder indirekter Belege nachzuweisen:[14]

- die Bischöfe von Würzburg[15] mit dem schon erwähnten Karlstadt als zeitlichem Vorläufer und Vorbild (zwischen 1198–1202), Neustadt a. d. Saale (vor 1232), Haßfurt (1235, 1243 oppidum), Ochsenfurt (vor 1260, 1269 erstmals cives), Mellrichstadt (vor 1273 erste civitas-Nennung, cives schon 1232/1233, 1442 durch Würzburg erneuert und 1454 erweitert), Bischofsheim v. d. R. (obgleich erst 1489 durch Bischof Rudolf II. Stadtrecht wie Fladungen, schon 1270 castrum et oppidum), Iphofen (wohl 1293), Homburg a. Main (1332), Ebern (1335), Fladungen (sicher vor 1335, siehe Bischofsheim), Eltmann (1335), Arnstein (1292 oppidum et castrum), Gerolzhofen (1327 oppidum, 1354 stat, 1359 Bezeugung eines Stadtsiegels);
- die Erzbischöfe von Mainz[16] in Miltenberg (vor 1237), Wörth a. Main (nach 1292, als König Adolf von Nassau dem Erzstift Mainz Generalvollmacht für die Schaffung von neun neuen Städten gab), Obernburg a. Main (1313 als Stadt bewidmet, 1317 durch Ludwig den Baiern bestätigt);
- die Grafen von Hohenlohe[17] in Röttingen (1275 Benennungen civitas und 1287 oppidum, 1316 burg und stat);
- die Grafen von Dürn[18] in Amorbach (1253 villa et civitas, 1272 oppidum);
- die Schenken von Klingenberg in den einstigen Schwerpunkten der staufischen Territorialpolitik[19] Klingenberg a. Main (vielleicht schon um 1200, sicher 1276 Stadt), möglicherweise auch Stadtprozelten, dessen Besitzer sie bis 1275 waren; als die Grafen von Wertheim und die Herren von Hanau Stadtherren waren,wird 1287 von einem*castrum et civitas Brodselden* gesprochen, 1355 privilegiert Kaiser Karl IV. schließlich das zum Sitz einer Deutschordens-Komturei gewordene Prozelten;
- die Grafen von Rieneck[20] in Rieneck (vor 1280, als ein *cives in Rienekke* nachgewiesen wird), Lohr a. Main (Stadt deutlich vor 1333, dem Zeitpunkt der Verleihung des Gelnhäuser Stadtrechts durch Ludwig den Baiern), Gemünden a. Main (Erstnennung 1243, 1319 oppidum), Rothenfels (vor 1342, in diesem Jahr erstmalig urkundlich als Stadt bezeichnet);
- die Grafen von Castell[21] in Volkach (1258), die durch dynastisch bedingte Teilungen und nachfolgende Verpfändungen sich um die Stellung am Main brachten;
- die Äbte von Fulda[22] in Hammelburg (um 1240 Magistrat und Siegelrecht), Brükkenau (schon vor 1310 als Zeitpunkt der Verleihung der Stadtrechte durch König Heinrich VII. auf Bitten des Fuldaer Abtes);
- die Grafen von Henneberg[23] in Münnerstadt (um 1251 Stadtbefestigung, obgleich erst 1335 Stadtrechtsverleihung), Königshofen i. Gr. (vor 1315) und Kissingen (1290 castrum et oppidum, 1317 stat), Ebenhausen (vor 1315), Königsberg (1330 Bestätigung eines hennebergischen *castrum et oppidum* Kunigesberg durch Ludwig den Baiern.

Es liegt in der territorialpolitischen Aufgabe der Städte begründet, daß die skizzierten Besitzverhältnisse nicht stabil blieben. Die Stadtherren wechselten besonders häufig in territorialen Grenzlagen, gelegentlich im Kriege, häufig im Zuge von Verpfändungen.[24] Kam in Gemünden a. Main beispielsweise 1243 im Verlaufe einer Fehde eine Hälfte des Ortes mittels eines Verpfändungsvertrages an Würzburg, so ist nach 1342 Kaiser Ludwig der Baier als unmittelbarer Stadtherr nachzuweisen. Sicherte sich 1377 das Hochstift Würzburg am kaiserlichen Hofgericht die würzburgische Lehenshoheit über ganz Gemünden, so verkaufte Bischof Johann II. von Brunn die ganze Stadt und das zugehörige Amt unter dem Vorbehalt eines Rückkaufrechtes an die Rienecker. Diese Klausel nutzte 1466 dann Fürstbischof von Scherenberg. Seit 1469 gehörte die Stadt schließlich ganz zum Hochstift Würzburg, während der heutige Stadtteil Langenprozelten bis 1803 ein wichtiger Vorposten des Mainzer Erzbistums blieb. Die Lage an der Grenze zwischen Mainz und Würzburg behinderte die Stadt in ihrer Entfaltung trotz günstiger großräumlicher Lage letztendlich bis in die Gegenwart hinein. Die Anlage und Funktionstüchtigkeit manch anderer Stadt ist hauptsächlich aus ihrer Eigenschaft als Gegenpol zu einer schon existenten fremdherrischen zu erklären. So sind das würzburgische Bischofsheim und das fuldische Gersfeld als Konkurrenzgründungen zu sehen, Königsberg wurde von den Hennebergern als Grenzfeste zu Bamberg und Würzburg ausgebaut. Die Grafen von Castell errichteten ihre einzige Stadt Volkach nicht im Zentrum ihrer Herrschaft, sondern am Rande im Kontaktbereich zu Würzburg. Die Lage am Main dürfte dabei auch eine Rolle gespielt haben.

Man muß davon ausgehen, daß die meisten der nun mit Stadtrecht bewidmeten Siedlungen schon vor der Stadtrechtsverleihung oder deren indirektem Nachweis auf dem Wege zu Städten im funktionalen, strukturellen und physiognomischen Sinne waren. Dies zeigen vereinzelte Quellenbelege für städtische Attribute aus der Zeit vor oder um den ersten verläßlichen Stadtnachweis herum.[25] Fladungen hatte schon vor 1230 ein ›forum‹, 1326 ist in Gemünden a. Main als typisch städtische Einrichtung ein Spital genannt. Münnerstadt erhielt schon 1250, Amorbach seit 1253, Brückenau 1260 einen die Siedlung umschließenden Mauerring; bereits bestehende Bewehrungen sind für Ebern 1230, für Hammelburg 1242, für Lohr a. Main um 1272, für Röttingen 1275, für Ochsenfurt 1313 und für Königshofen i. Gr. 1315 beurkundet. Dabei wurden schwächere Befestigungsarten[26], wie geböschte Gräben und Holzpalisaden, ab dem 11. Jahrhundert auch in Unterfranken zunehmend durch den ungleich besseren Schutz gewährenden Steinbau abgelöst. Man muß sich das wohl so vorstellen: Jenseits eines Steilgrabens erhob sich die Ringmauer, fast immer mit einem innen verlaufenden Wehrgang versehen. Die Mauer war in engem Abstand mit kleinen Verteidigungstürmen besetzt. Die unvermeidlichen Durchlässe für die Hauptstraßen mußten durch aufwendige Torbauten gesichert werden. Oft war dem mächtigeren Innentor ein niedrigeres Außentor vorgeschaltet. Über den Graben führte eine Zugbrücke. Gegen Ende des Mittelalters zwangen das flächenmäßige Wachstum der Städte – bei z.T. rückläufiger Gesamteinwohnerzahl – und weiterentwickelte Wehrtechniken zu einem zweiten Mauerbau größeren Umfangs, der Vororte miteinbezog. Nur Wehrungen dieser Zeit sind für gewöhnlich auf uns überkommen.

Die Mehrzahl der Städte aus jener Entwicklungsphase der Stadtbildung weist in ihrem Grundriß mehr oder weniger deutlich Kennzeichen einer planmäßigen Anlage auf. Als Regelfall ist die Anlagerung an ältere Herrschaftssitze, vornehmlich Höhenburgen, zu sehen. Dieser Siedlungszustand wird in den Quellen häufig als *castrum cum oppido* gefaßt. Manche der neuen Städte sind in das Tal verlängerte Burgen, Städtebau war Fortsetzung der Burgenpolitik. Durch die Bergflanken sichernden Mauern verband man die bürgerliche Siedlung mit dem Burgbering; in Ortsnamen wie Homburg wird dieser Zusammenhang deutlich. Die Lage am Prallhang, eingezwängt zwischen Fluß und Burg und damit raumbeengt und entwicklungsgehemmt, war günstig für eine Burg, nachteilig für eine Stadt. Zwischen steilem Burgberg und Fluß drängen sich in Mündungsdreiecken Wertheim und Gemünden a. Main. Rothenfels, Stadtprozelten und Freudenberg a. Main bestehen nur aus einer Mainuferstraße, die sich selbst im Marktbereich kaum weitet; Klingenberg a. Main (Abb. S. 504) und Homburg a. Main zeigen ähnliche Lagemomente. Bezeichnenderweise erhielten solche Städte gelegentlich das wichtigste wirtschaftliche Vorrecht, Wochenmärkte abzuhalten, erst lange nach ihrer Erwähnung als Stadt.

Welche politische Dynamik solchen planmäßig geförderten Siedlungen innewohnen konnte, zeigt Iphofen.[27] Der Fürstbischof von Würzburg errichtete um 1300 neben einem bestehenden, aber mit fremden, nämlich hohenlohischen Rechten durchsetzten Dorf eine Planstadt. Unter dem Eindruck der befestigten Stadt gaben die Hohenloher nach und nach ihren Besitz bis 1384 in der nun so entstandenen Vorstadt auf. Erst danach wurde der Flechtzaun auch für diesen Teil durch eine Mauer ersetzt. Daneben gab es ›neue Städte‹, die in einiger Entfernung von der herrschaftlichen Burg zu liegen kamen. Neustadt a. d. Saale nutzte eine hochwassergeschützte Terrasse weit ab von der herrschaftlichen Salzburg. Königshofen i. Gr. und Gerolzhofen konnten sich so unter Aufgabe der beengenden Einheit von Burg und Stadtsiedlung breit ins Land hinlagern. Doch die Gegenpoligkeit von Stadtherr und Bürgertum wurde deshalb nicht aufgelöst. Sie findet nun in Gestalt prächtiger bürgerlicher Rathäuser und repräsentativer herr-

Klingenburg
Bleichwiese
Grabenwiese
Seltenbach

schaftlicher Amtssitze, häufig in einer Randlage innerhalb des Stadtraumes, baulichen Ausdruck, wie Ochsenfurt (Farbbild S. 452) und Haßfurt neben anderen zeigen.

Lohr a. Main mag als anschauliches Beispiel dafür stehen, wie man sich die planmäßige Anlage einer Stadt vorstellen muß.[28] Die nach 1200 territorialpolitisch reüssierenden Grafen von Rieneck trugen sich wohl schon länger mit dem Gedanken, diese Siedlung zu einer repräsentativen Residenzstadt auszubauen. Noch vor 1225 müssen die Pläne konkret geworden sein, den relativ bescheidenen Siedlungskern um Burg und Kirche mit Blick auf die Zukunft systematisch zu erweitern. Man vergegenwärtige sich nun: Der Verlauf der Stadtmauer wird abgesteckt, vorgezeichnet durch das Relief auf einer Terrasse des Maines im Zwickel zweier zulaufender Bäche; die Burg bleibt typischerweise in einer sicheren Ecklage. Gräben werden ausgehoben und provisorische Palisaden errichtet. Die Hausstellen wie auch der Lauf der Straßen und Gassen werden abgemarkt. Aus den umliegenden rieneckischen Ortschaften lockt man Siedler mit wirtschaftlichen und sozialen Vergünstigungen. Mit der Zeit füllt sich das Areal, eine Bürgergemeinde als möglicher Widerpart oder Profiteur der initiativen Herrschaft entsteht. Das Stadtsiegel von 1408 steht als Kennzeichen für eine ausgebildete städtische Verfassung. Die Stadtrechtsverleihung vom 29. Juli 1333 durch Ludwig den Baiern stellt in diesem Prozeß zwar keine geschichtliche Marginalie dar, doch ist sie im eigentlichen nicht konstitutiv für die Stadtwerdung. Unzweifelhaft war Lohr a. Main damals schon vollgültige Stadt kraft Rechtssetzung der Rienecker Grafen, erhielt nun aber vor dem Hintergrund territorialpolitischer Verästelungen ein erweitertes Stadtrecht von Ludwig dem Baiern. Vorteile daraus hatte jeder der Beteiligten. Der Kaiser gewann mit der wieder einziehbaren Privilegierung Einfluß auf eine weitere Stadt, so wie er das schon im Umfeld Lohrs bei Homburg a. Main, Wertheim und Freudenberg a. Main getan hatte. Aus der Sicht der Herrschaft Rieneck wurde ihr Hauptort aufgewertet. Außerdem gab das Reich zu verstehen, daß es grundsätzlich bereit war, sich für die Belange der Rienecker zu engagieren. Die eigentlichen Gewinner aber waren die Bürger. Die Lohrer Kaufleute zahlten von nun an in Reichsstädten keinen Zoll mehr, die Bürger durften ihre Häuser und Güter frei an ihre Kinder und Verwandten vererben und konnten ohne Erlaubnis des Stadtherren heiraten. Wie Lohr wurden viele der fränkischen Städte in ähnlichen Vorgängen mit relativ großzügigen Stadtrechten begabt. Häufig war das Gelnhauser

◁ Der Urkatasterplan (Ausschnitt) von Klingenberg aus dem Jahre 1844 umreißt die für die Mehrzahl der mainfränkischen Städte stadtstiftende Einheit von herrschaftlicher Burg und bürgerlicher Siedlung auf der beengten Lage schmaler Flußterrassen.

Recht Vorbild.[29] Es bleibt jedoch Ort für Ort die Frage zu klären, inwieweit die Verfassungswirklichkeit den Verfassungstexten entsprach.

1.3 Die Stadterhebungen des Spätmittelalters und der beginnenden Frühneuzeit: Dörfer werden Städte

Der ersten Welle folgt im ausgehenden Mittelalter eine Nachlese. Darunter sind in mancherlei Sicht Städte zweiter Wahl, eingefügt in das schon enge Siedlungssystem und als Spätankömmlinge mit verringerten Entwicklungschancen versehen. Unter ihnen sind einige, die das Stadtrecht im Laufe der Jahrhunderte wieder verlieren.[30] Das gilt für das Dorf Stadtschwarzach, welches schon 1230 vom Abt zu Münsterschwarzach zur Stadt erhoben worden war, 1326 wie 1471 oppidum genannt wird, 1818 formell jedoch auf die Bezeichnung Stadt mangels städtischer Funktionen verzichtete. Auch Laudenbach, als Burgsiedlung erstmals 1291 erwähnt, erhielt am 18. März 1379 Stadtrecht; zur Zeit der Privilegierung waren die Grafen von Wertheim dessen Besitzer (ab 1359). Es ist bis heute ein kleines Dorf im Schatten Karlstadts geblieben. Das als Henneberger Städtchen erwähnte Ebenhausen wurde 1353 von Würzburg zur Stadt erhoben, sank aber, da in allzu naher Nachbarschaft zum prosperierenden Kissingen gelegen, von einer kleinen Amtsstadt zu einer Dorfgemeinde und heute gar zu einem Ortsteil Oerlenbachs ab. Am 22. Dezember 1356 erhielt auch Hasloch unter den Mainzer Erzbischöfen Stadtprivilegien nach Frankfurter Recht, entwickelte sich jedoch nicht zur Stadt. 1401 erlaubte König Ruprecht, *daß sich das Dorf Willmundesheim mit Mauern und Graben umgeben und sich eine Stadt nennen dürfe*. Dazu erhielt das fortan nach der Burg genannte Alzenau das Recht, einen Jahr- und Wochenmarkt abzuhalten. Der städtische Charakter ging jedoch im Laufe der Jahrhunderte verloren, zumal es nicht ummauert war. Erst 1951 wurde das Stadtrecht erneuert. Eibelstadt wurde zwar 1434 zur Stadt erhoben, aber im 17. und 18. Jahrhundert wiederholt nurmehr Flecken genannt. Es ist bezeichnend, daß es erst mit dem Stadtrecht einen Mauerring erhielt. Auch Thüngen wurde 1465 durch die nach diesem Ort benannten Herren mit Stadtrechten privilegiert, doch schon 1677 lediglich als Marktflecken bezeichnet. Der Versuch des Deutschen Ordens, aus Neubrunn eine Stadt zu machen, schlug trotz eines kaiserlichen Privilegs von 1323 vollkommen fehl. 1483 trat der Orden das Dorf an das Erzstift Mainz ab.

Zu den Städten, die trotz Ummauerung keine größere Bedeutung entfalten konnten, gehören auch diejenigen, deren Stadtrechtsverleihungen auf die gegen Frankfurt und Nürnberg gerichtete Erwerbspolitik Karls IV. zurückgehen.[31] Mit dem Ziel des Aufbaus einer Landbrücke von Böhmen zur

Krönungsstadt Frankfurt a. Main privilegierte er eine Reihe von Orten als Rastplätze, welche mithelfen sollten, den Würzburger Herrschaftsbereich einzukreisen und die großen Handelsstraßen von Böhmen an den Rhein zu sperren. So wurde das reichsunmittelbare Dorf Heidingsfeld unweit Würzburg mit Markt-, Münz- und Zollprivilegien ausgestattet und erhielt 1367 das Stadtrecht von Sulzbach in der Oberpfalz. Mainbernheim und Prichsenstadt wurden im gleichen Jahr Stadt. Das Unterfangen, das würzburgische Homburg a. Main durch die Erneuerung des Stadtrechtes 1366 der Krone zu unterstellen, scheiterte; bereits 1377 war der Ort wieder hochstiftisch.

Manche der fränkischen Städte dieser Phase unterschieden sich in der Funktion und Ausstattung kaum von solchen Ortschaften, deren Stadtprivilegierungen aus vielfältigen Gründen spät oder nie zustande kamen. Dafür steht Hofheim, das im Spätmittelalter gleichsam unentschieden zwischen Dorf und Stadt hin und her pendelte. Im 12. Jahrhundert wurde es Dorf genannt, 1385 wurde dagegen ein ›Stadtbuch‹ aufgelegt[32]; obgleich mit Markt- und Gerichtsrecht im 15. Jahrhundert begabt und jedenfalls vor 1526 ummauert, wurde es 1525 wiederum als Dorf, später als Marktflekken bezeichnet. Erst nachdem Hofheim unter Julius Echter (1573–1617) fast ausschließlich in den Besitz des Hochstifts gekommen war, wurde es nun endgültig Stadt und als solche erstmals 1576 erwähnt, ohne daß von einer förmlichen Stadtrechtsverleihung etwas bekannt wäre. Das benachbarte Stadtlauringen erhielt erst nach mehrmaligem Besitzwechsel unter dem Würzburger Bischof Rudolf II. von Scherenberg nach 1475, genau wohl 1484, Stadtrechte, obgleich seine Lage an der Straße Schweinfurt – Erfurt ihm eine gewisse Bedeutung als Etappenort gab. Diese Verleihung diente vornehmlich der Stützung der bischöflichen Macht im Amte im Zuge der allgemeinen Reformbemühungen Scherenbergs. Der seitdem von der Siedlung getragene Name Stadtlauringen blieb aber trotz städtischer Selbstverwaltung mit Stadtrat, Stadtgericht und Marktrechten ein bloßer Rechtstitel; heute ist Stadtlauringen Markt.

Ostheim v. d. Rhön, um ein weiteres Beispiel einer verzögerten Stadternennung zu geben, wird erst zehn Jahre nach der Verleihung des Marktrechtes durch Herzog Johann Casimir von Sachsen-Coburg 1586 Stadt genannt; 1636 wohnten dort erst 313 Einwohner. Über das später mit dem Attribut ›Markt‹ versehene Heidenfeld hatten die Wertheimer Grafen in mehreren Schritten bis zum Ende des 13. Jahrhunderts die Vogtei erworben. Zielstrebig befestigten sie in der Folge den Ort als Stützpunkt zur Sicherung des Zugriffes auf die würzburgischen Ämter Homburg a. Main und Rothenfels und als Klammer ihres Territoriums. Die Bezeichnung Markt für den zentralen Platz in der Ortsmitte ist schon für das 15. Jahrhundert nachweisbar,

urkundlich aber erst 1659 zu belegen. Der Ort trug ohne Zweifel schon am Ende des Mittelalters städtischen Charakter, eine förmliche Stadterhebung ist jedoch nicht gesichert (1397 oppidum). Obgleich Marktheidenfeld schon im 18. Jahrhundert als ›Städtlein‹ betrachtet wurde, erhielt es erst 1948 den offiziellen Titel Stadt verliehen.
All dies zeigt, wie fließend die Übergänge in Mainfranken am Ende des Mittelalters zwischen einer kleinen Stadt mit den formellen Kennzeichen Stadtrecht, Stadtrat und Bürgermeister und einer Vielzahl von Dörfern zu sehen sind, die oftmals auch über ein eigenes Rathaus, Dorfgericht, Dorfarchiv, Dorfsiegel und Dorfbefestigung verfügten, was als Ausdruck der relativen Freiheit des Bauernstandes im Spätmittelalter zu werten ist.[33] Es ist für die fränkischen Verhältnisse bezeichnend, daß keine Siedlung zwischen Sulzfeld und Würzburg ohne Mauer blieb; zwei der berühmtesten umwehrten Orte am Main, Frickenhausen und Sulzfeld, waren niemals Städte. Für manche solcher Zwischengebilde wird der Ausdruck ›Markt‹[34] verwendet, sofern sie als Urbanitätskriterium zumindest einen Jahrmarkt aufweisen. Dafür seien als Beispiele angeführt das schon 1089 als Markt erwähnte Kreuzwertheim, das 1368 zum Markt aufgestiegene, heute aber als Dorf zu charakterisierende Büchold sowie die ihre Stadtrechte nicht nutzenden Siedlungen Laudenbach bei Karlstadt (1379) und Thüngen (1465). Doch gibt es auch aus dem ausgehenden Mittelalter Stadterhebungen,[35] denen städtische Attribute in größerem Maße zuzuweisen sind. Dazu gehört das durch Bamberg gegen das würzburgische Eltmann geförderte Zeil. 1348 heißt es noch villa, 1383 und 1397, obgleich keine eigentliche Stadtrechtsverleihung nachgewiesen wird, schon Stadt. Mit dem 1. Januar 1404 erhalten Konrad von Weinsberg und Hans Truchsess von Baldersheim die Erlaubnis, aus ihrem Markt ›Auwe‹ eine Stadt zu machen, *als sie das vormals angefangen habent.* Der Würzburger Bischof Rudolf II. von Scherenberg gewährte dem schon 741 erstmals als Dorfsiedlung erwähnten Dettelbach 1484 Stadtrechte und machte es zum Sitz eines Amtes. Die darauf folgende Ummauerung, der Bau eines neuen Rathauses, die Ausführung der Bürgerhäuser im Untergeschoß aus Bruchsteinen sowie das Wachstum von etwa 1000 Einwohnern im erwähnten Jahre 1484 auf 1575 im Jahre 1591 zeugen vom Erfolg dieser späten Stadterhebung.
Im 15. Jahrhundert klang die mittelalterliche Stadtgründungswelle ab. Das Gebiet des heutigen Unterfranken war mit Städten überzogen, ja saturiert. Die territorialen Fronten waren geklärt. Mainz, Würzburg, Bamberg, Fulda und Brandenburg waren die Sieger. Es bedurfte keiner weiteren Städte mehr zur Sicherung der Macht. Abgesehen von einem Nachschlag im 19. und 20. Jahrhundert[36] – Marktsteft, Marktbreit, das schon erwähnte Marktheidenfeld, das 1951 wiederberechtigte Alzenau und schließlich Er-

lenbach 1970 – war die überwiegende Zahl aller heutigen als Städte zu titulierenden Siedlungen Unterfrankens im 16. Jahrhundert schon vorhanden.

2. *Das spätmittelalterliche Städtesystem in Mainfranken: Verteilung und Entwicklungschancen städtischer Siedlungen in der Konkurrenz der Standorte*

Die Entstehung von Siedlungen mit städtischem Recht im heutigen Unterfranken begründet sich vornehmlich und zuallererst, wie gezeigt wurde, aus dem Willen und Streben der politischen Mächte zur Machtabsicherung im Hoch- und Spätmittelalter. Die Verteilung städtischer Siedlungen im Raum und deren Entwicklungschancen in der Konkurrenz untereinander sowie deren kleinräumige Lage im Einzelfall bestimmten neben territorialpolitischen Überlegungen jedoch auch die naturräumlichen Voraussetzungen Frankens in Verbindung mit ökonomischen Einflußgrößen mit.
Die größeren unterfränkischen Flüsse, in Sonderheit der Main, erweisen sich als alles überragende und konstante Anreger städtischen Lebens.[37] Sie bilden bis heute die Leitlinien städtischer Prosperität. Von den 37 unterfränkischen Städten des 20. Jahrhunderts liegen 24 am Main, darunter die größten, weitere sechs an Saale und Sinn. Ermöglichten Furten den Übergang großer Handelswege, so wirkte dies in einer Vielzahl von Fällen stadt- und marktfördernd. Die Brechung des Verkehrs beim Übergang von Land zum Wasser und umgekehrt erklärt den Aufstieg des mainzischen Miltenberg als durch das Stapelrecht begünstiger Umschlagplatz an der Fernhandelsachse Nürnberg-Frankfurt. Auch eine Reihe von Uferorten am Main, die ihre ursprüngliche funktionale Zuordnung durch beidseitige Lage an einer Furt in der Gleichnamigkeit bezeugen (z. B. Sommerhausen – Winterhausen), stiegen zu Städten auf. Dafür steht Haßfurt, das den Prototyp der gegründeten und geplanten Furtstadt darstellt, welche aus mehreren alten Siedlungskernen zusammenwuchs. Es verdankt seinen Aufstieg seit dem frühen 13. Jahrhundert zum Kirchen-, Gerichts-, Verwaltungs-, Handels- und Wirtschaftsmittelpunkt einer ganzen Region der gezielten Territorialpolitik des Hochstiftes Würzburg im Widerstreit zu Königs-, Reichskirchen- und Adelsinteressen.[38]
Der Main war die wichtigste spätmittelalterliche überregionale Verkehrsachse im Untersuchungsgebiet (Abb. S. 510). Bedeutender als der Personenverkehr war der kostensparende Transport schwerer Güter über das Wasser. Das erklärt sich aus der relativ großen Ökonomie des Wassertransports. Man bedenke, daß es sich in vorindustrieller Zeit bei normalen Ertragsverhältnissen aufgrund der hohen Kosten des Landtransports nicht lohnte, Getreide weiter als 120 bis 150 km zu verschicken, während etwa

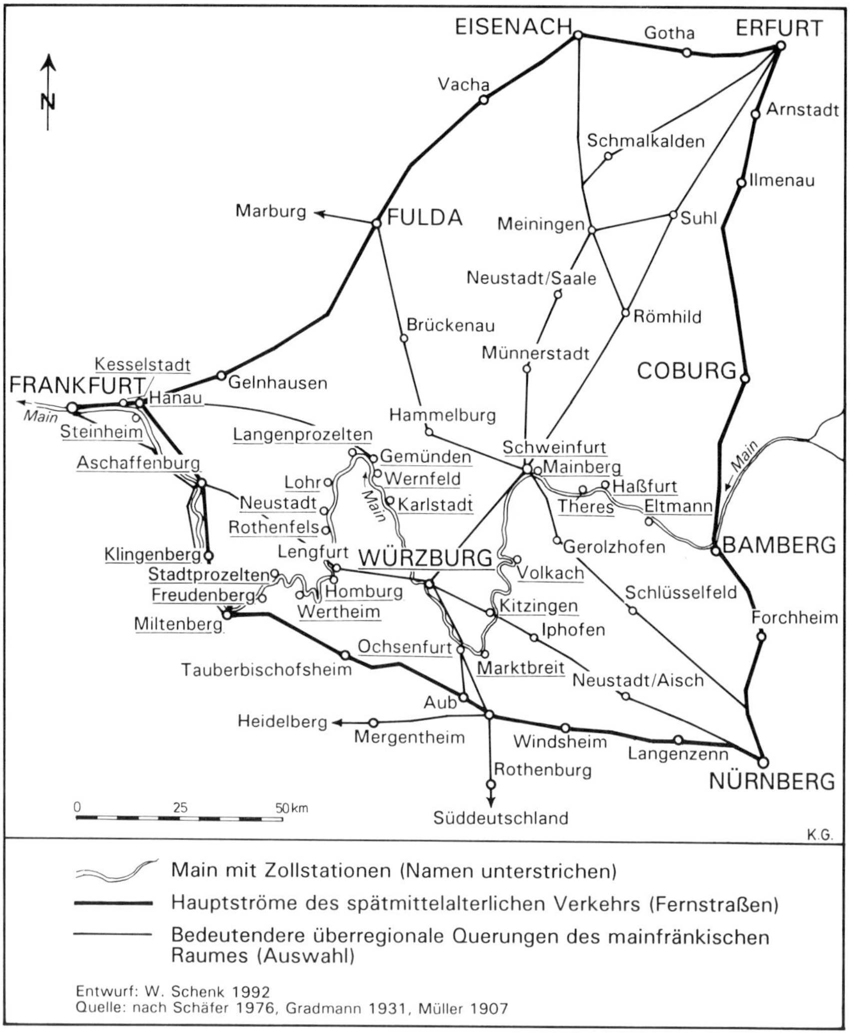

Die Lage des mainfränkischen Raumes im spätmittelalterlichen überregionalen Verkehrsnetz Mitteldeutschlands (ca. 1500).

aus dem Ostseeraum selbst Holz über Wasser mehrere hundert Kilometer weit bis nach England transportiert wurde. Am Ende des Spätmittelalters (1476) dürften etwa 4/5 des Warenverkehrs zwischen Nürnberg und Frankfurt via Bamberg auf dem Main abgewickelt worden sein; von der insgesamt beförderten Frachtmenge von etwa 20000 Zentnern gingen 2/3 mainaufwärts, 1/3 mainabwärts[39]. Das beförderte die Ausbildung eines Transportgewerbes entlang des Maines; im 14. Jahrhundert lebten allein in Wertheim 65 Schiffer. In schelchartigen Schiffen, welche flußaufwärts getreidelt wurden, fuhr man eine große Palette von Produkten ab. Getreidetransporte werden auf dem Main seit dem 9. Jahrhundert als üblich bezeichnet. Von Frankfurt aufwärts sandte man u. a. Kupfer, Zinn, Blei, bisweilen ganze Schiffsladungen mit Pfeffer und Safran. Namentlich unbearbeitetes und veredeltes Holz – etwa Weinbergspfähle, Pech, Lohe und Holzkohle – kam im Gegenzug auf Schiffen und Flößen schon im 15. Jahrhundert aus dem Frankenwald den Main herab; aus der Verbindung von Holz und Wasser hatte sich im 14. Jahrhundert in Lohr a. Main das Schiffbauergewerbe zu entwickeln begonnen. Eisen aus der Oberpfalz um Amberg und Vilseck war Durchgangsgut. Marktschiffahrt nach Würzburg ist auf dem Main von Karlstadt und Gemünden sowie Ochsenfurt ebenfalls für das 14. Jahrhundert nachgewiesen. Die Fischer, die in den Mainorten zahlenmäßig und der sozialen Hierarchie nach eine bedeutende Rolle spielten, konnten auf diesem Wege ihre Fänge am zentralen Markt der Region anbieten. Wein aus den klimatisch begünstigten Haupttälern Mainfrankens fand seinen Weg ebenfalls auf dem Wasserwege in die größeren Städte; marktorientierter Weinbau spielte daher in den Mainstädten seit altersher eine Rolle.[40]

Als hinderlich für den Mainhandel erwiesen sich schon im Mittelalter partikulare Interessen der Städte und Territorialherren. Klagen Würzburger Kaufleute über neue und unvernünftig hohe Mainzölle mußte schon Friedrich Barbarossa schlichten; alle nicht durch kaiserliches Privileg gesicherten Zollabgaben wurden daraufhin aufgehoben. Doch 1406 bis 1408 hören wir schon wieder vom Kampf Bamberger Schiffer gegen Zolltarife, u.a. in den Mainstädten Eltmann, Haßfurt, Volkach, Heidingsfeld. Abb. S. 510 verzeichnet die Zollstationen am Main und deren Besitzer um 1500. Angesichts ihrer dichten Reihung verwundert es nicht, daß der Bericht Albrecht Dürers über seine Reise in die Niederlande 1520 überwiegend aus Aufzählungen von Zoll- und sonstigen Abgaben besteht, soweit es die Fahrt auf dem Main und Rhein betrifft[41]. Schon zu Beginn des 14. Jahrhunderts finden sich in den Quellen vereinzelte Klagen über die Schiffahrt behindernde Bauten wie Wehre und Mühlen, im 15. Jahrhundert häufen sie sich.[42] Regelrechte Stromkommissionen aus Vertretern der am Handel auf dem Main interessierten Städte versuchten, die in ihren Augen widerrechtlich gesetzten Schiffahrtshindernisse in Verhandlungen mit den Maintalgemeinden zu beseitigen oder wenigstens so zu entschärfen, daß eine gefahrlose Passage möglich war. Die Erfolge waren bescheiden, denn neben der beständigen Bedrohung durch Hochwässer[43] bedeutete die Lage einer Stadt am Wasser, über eine stadtnahe Energiequelle verfügen zu können. Mühlen [44] sind für das Spätmittelalter an allen bedeutenderen Wasserläu-

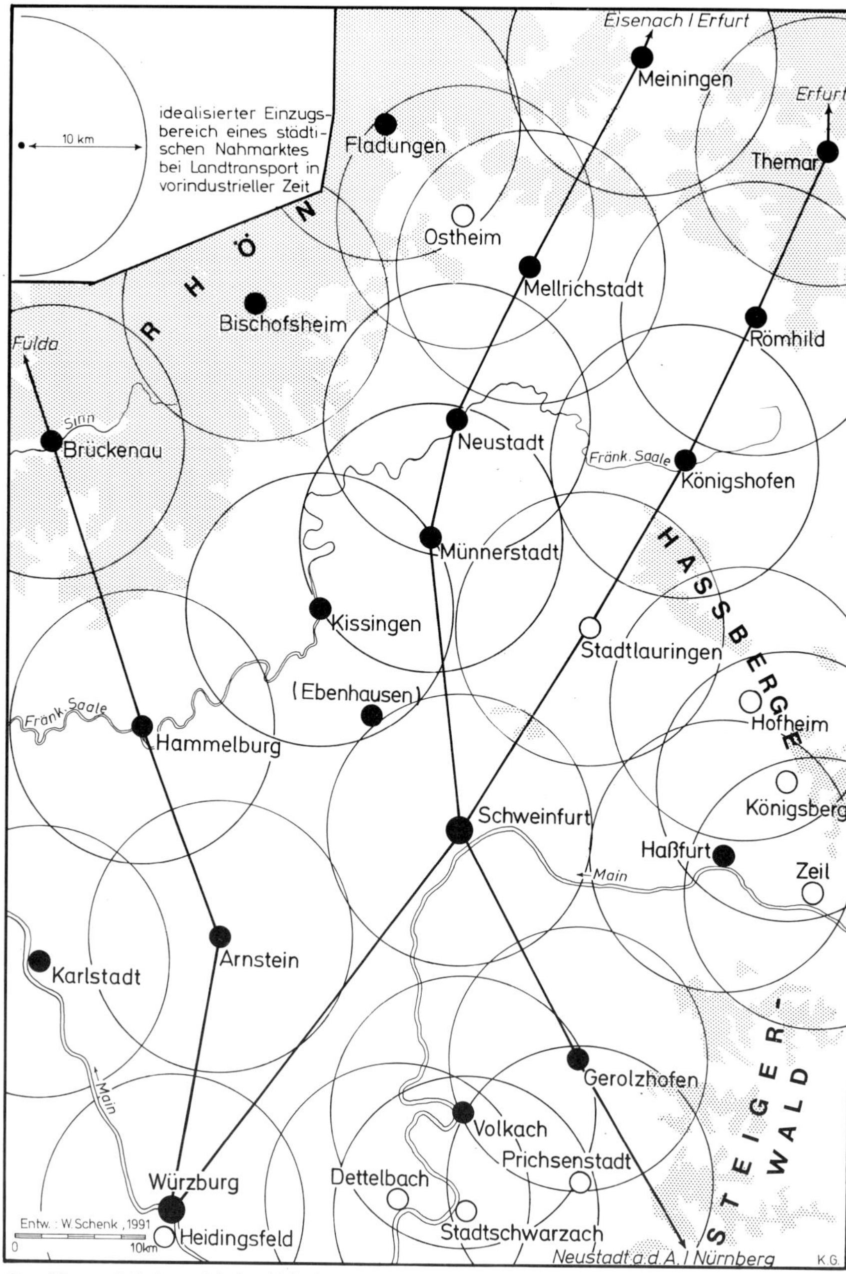

● ältere Städteschicht (13. bis etwa erstes Drittel 14. Jahrhundert)
○ jüngere Städteschicht (nach erstem Drittel 14. Jahrhundert)
(Ebenhausen) – Stadtrecht nicht genutzt

Naheinzugsbereiche städt. Siedlungen in Nordostunterfranken in vorindustrieller Zeit.

fen belegt; 1478 arbeiteten allein in Würzburg 15 Lohgerber am Main und seinen Nebenbächen. Die Nähe zu größeren Wäldern war dabei ein zusätzliches vorteilhaftes Lagemoment. Streitigkeiten über die Entnahme von Brenn- und Bauholz, über Viehweiderechte und den Schweineeintrieb sowie über eine Vielzahl anderer Nutzungen waren daher an der Tagesordnung.[45] Entsprechend devastiert muß man sich die Wälder im Umfeld städtischer Siedlungen auch schon zu jener Zeit vorstellen.

Abstrahiert man von den Vorgaben des Naturraumes, so folgt die räumliche Verteilung der städtischen Siedlungen in Unterfranken einem auffälligen Grundmuster. Sie liegen jeweils etwa 15 bis 20 km voneinander entfernt. Seit Christallers bahnbrechenden Untersuchungen zum Städtewesen Südwestdeutschlands (1933) können wir diese Regelhaftigkeit aus dem »Hauptberuf städtischer Siedlungen« erklären, »Mittelpunkt ihrer ländlichen Umgebung zu sein«.[46] Den Nachweis für die Richtigkeit der Aussage vermag ein einfaches Experiment zu zeigen, das über die geschichtlichen Details im einzelnen wohlwissend hinweggeht, damit aber Grundsätzliches zum mainfränkischen Städtesystem des Spätmittelalters offenlegt. Schlägt man nämlich um die mainfränkischen Städte der älteren Stadtentstehungsschicht einen Kreis mit einem Radius von 10 km (Abb. S. 512) unter Annahme einer Tagesleistung von etwa 20 km als dem Pensum, welches ein Fuhrwerk oder ein mit Lasten beladener Mensch an einem Tag einschließlich eines Marktbesuches zurücklegen kann, so erklärt sich die gleichmäßige Verteilung der Städte der großen Territorialherren als Auswirkung von Transportwiderständen in vorindustrieller Zeit und als daraus notwendige Konzentration von Verwaltungs- und Handelsfunktionen zu deren Minimierung. Anbieter und Nachfrager von gewerblichen Produkten profitierten zudem über Kostenvorteile aus der Konzentration an einem Ort. Das erlaubte vornehmlich im Handwerk eine zunehmend horizontale Arbeitsteilung, deren Kennzeichen eine berufliche Spezialisierung mit erhöhtem Produktivitätsgewinn war, wobei die gesamte Produktion vom ersten bis zum letzten Arbeitsgang in einer Hand blieb. Die Ausdifferenzierung in eine Vielzahl von Holzgewerben in Franken (etwa Schreiner, Tischler, Zimmermann) zeigt dies an. Über Abgaben und Steuern konnte eine Herrschaft an dem skizzierten Prozeß teilhaben, der die älteren Strukturen von Handel und Gewerbe nachhaltig veränderte und Geld vom reinen Tauschobjekt zum ›Wert an sich‹ werden ließ.[47]

Wie die regionalen Herrschaften diese für sie günstige Entwicklung systematisch vorantrieben, kann am Beispiel Gerolzhofens erläutert werden.[48] Sukzessive war es ab dem ausgehenden 13. Jahrhundert zur Sicherung der östlichen Abschirmung des Hochstifts von den Würzburger Bischöfen als städtische Befestigung ausgebaut worden. Damit hatte es schon die strategischen Aufgaben der am Steigerwaldrand gelegenen Burgen übernommen. 1345 verlegte der Würzburger Bischof den benachbarten Dingolshäuser Laurentius-Markt in seine *stat Geroltzhouen.* 1357 formuliert eine bischöfliche Verordnung zur Errichtung des allwöchentlichen Kornmarktes zu Gerolzhofen dann wie folgt: ... *Darumb heissen und gebieten wir bei unsern hulden allen unsern leutten, Edlen und unedlen, armen und reichen, die in unserm ambten zu Geroltzhoven, zu Stolberg und zu Steinbach gesessen sein, und bitten auch alle ander leute in den selben ambten gesessen, das sie den vor genanten wochen marck zu Geroltzhouen mit irem getreid suchen, dar fürren und da verkauffen. Und von dem selben getreide sol man kein zol nemen, man fur es dahin oder von dannen; wer aber sein korn anders wohin fürt, der sol geben die von die wir darüber setzen und meinen zu nemen...* Dies bedeutete faktisch einen Marktzwang für die umliegenden Anwohner über eine entsprechende Handhabung des Zolls. Solche Zoll- und Marktprivilegierungen, häufig verbunden mit Straßenzwängen und Geleitverpflichtungen, zogen den Verkehr auf die Städte. So war es nur logisch, auch die Verwaltungsfunktionen der Burgen nach und nach in die Stadt hinein zu ziehen. Die Steigerwaldburgen verfielen in der Folge, während Gerolzhofen wuchs. Auf eine allgemeine Ebene gehoben, zielten die Herrschaften darauf ab, in solchen Städten wie Gerolzhofen ihre aus verschiedenen Rechtstiteln (eigener Grundbesitz, Nutzungsrechte, Lehen, niedere und höhere Gerichtsbarkeit, Kirchen- und Klostervogteien usw.) erzielbaren Teile des Mehrproduktes – das ist ein Teil der Produktion, den die direkten Produzenten nicht selbst verbrauchten – zu bündeln und zu verdichten. Dazu war regionale Präsenz und Kontrolle notwendig, was in geschlossenen Herrschaftsgebieten am ehesten gewährleistet war. Städte lokalisierten herrschaftliche Gewalt. Den Städten kam somit eine wesentliche Rolle beim Übergang vom mittelalterlichen Personenverbandsstaat zum institutionellen Flächenstaat der Frühneuzeit zu.[49]

Das oben beschriebene ideale Verteilungsmuster und die Ausbildung von marktbestimmten Einzugsbereichen wurde modifiziert durch die schon beschriebenen territorialen Einflüssse. Die hennebergischen Städte Münnerstadt und Königsberg sowie etwa das bambergische Zeil sitzen ihren Würzburger Konkurrenten sehr dicht auf; das sachsen-coburgische Ostheim v.d. Rhön stört als territorialer Fremdkörper die sehr regelhaft angelegte Hierarchie zentraler Orte im nordöstlichen Unterfranken (wiederum Abb. S. 512). Im Westen blieb der Zentralspessart als zuerst königlicher Bannwald, dann Mainzer Jagdgebiet einer stetigen Besiedlung im Mittelalter weitgehend versperrt[50]; Städte finden sich bis heute dort nicht. Die Entwicklung des Städtesystems verlief zudem nicht einsinnig-linear. ›Stadtverderben‹ – Kriege, Brände und Seuchen – und die Tüchtigkeit oder das Versagen einzelner Generationen ließen die eine Stadt in der Konkurrenz der Standorte auf-, die andere absteigen.[51]

Allgemein gilt zudem zu bedenken, daß die Stadt im Mittelalter nicht eine solche dominierende Rolle in Wirtschaft und Verwaltung wie heute spielte. Das Land war wirtschaftlich autarker und sozial eigenständiger; Verwaltungsaufgaben konnten nach altem Recht ausgesprochen dezentral und verteilt auf viele Standorte wahrgenommen werden. Dem städtischen Umland ging daher im Spätmittelalter die Geschlossenheit heutiger funktionaler Einzugsbereiche ab.[52]

Nicht zu beantworten ist aus obigen Befunden die Frage, inwieweit die Stadterhebungen und -gründungen die räumliche Struktur des Verkehrsnetzes im Spätmittelalter veränderten oder ob sie nicht vielmehr ein älteres Straßennetz nachzeichneten. Es mangelt dazu an aussagekräftigen Quellen, und folglich fehlt es – trotz reicher einschlägiger Forschung – bis heute an einer Karte, die mehr als nur die Grundzüge des spätmittelalterlichen Verkehrsnetzes im Gebiet des heutigen Unterfranken in kleinem Maßstab darzulegen sich getraute (Abb. S. 510).[53] Grundsätzlich ist in diesem Zusammenhang zu berücksichtigen, daß im Mittelalter die Trassen lediglich im Sinne von ›Richtungswegen‹ zu verstehen sind. Bei Wandlungen der Verkehrsbedürfnisse und des Wegezustandes, auch infolge territorialer und rechtlicher Veränderungen, konnten sie sich groß- und kleinräumlich verlagern; Städte wurden dabei häufig umgangen. Eine gewisse Beständigkeit des regionalen Wegegefüges ergab sich aus dem herrschaftlichen Geleitrecht, welches sich für das Ende des 16. Jahrhunderts verläßlich auskartieren läßt und wohl auch mittelalterliche Territorialverhältnisse widerspiegelt.[54] Mit solchen Rekonstruktionen ist aber noch keine Aussage zur Verkehrsfrequenz auf den Wegen getroffen. Genauere Zahlen darüber sind wegen der fehlenden Quellen auch nicht mehr zu erwarten. Aussagen zu mittelalterlichen Verkehrsströmen tragen daher ein hohes Maß an Spekulationen in sich. Unstrittig erscheint nur, daß Würzburg all die Zeit das regionale Verkehrszentrum Mainfrankens war, selbst aber – trotz der dargelegten Bedeutung des Maines als Handelsweg – im Schatten der überregionalen spätmittelalterlichen Verkehrsflüsse lag. Wie es heute wieder dem mainfränkischen Raum nach der Einigung Deutschlands droht, umgingen nämlich im Spätmittelalter die bedeutenden Fernstraßen zwischen den großen Handelszentren Nürnberg, Erfurt und Frankfurt die Region. Nur Nebenrouten führten, vornehmlich in Nord-Süd-Richtung, hindurch. Das erklärt sich zum einen aus dem natürlichen Verkehrswiderstand, den der Spessart als Gebirge im Ost-West-Verkehr bot[55], zum anderen aus der vertraglichen Fixierung des hochwertigen Messeverkehrs von Nürnberg nach Frankfurt vorwiegend auf eine südliche Trasse über Windsheim, Tauberbischofsheim und Miltenberg, und erst ab da auf dem Main nach Aschaffenburg und weiter, und nicht zuletzt aber auch daraus, daß Würzburg wie der gesamte mainfränkische Raum im Spätmitelalter, nur noch bedingt zu den wirtschaftlich dynamischen Räumen zählte.

Gerade letzterer Gedanke verweist auf die grundsätzliche Einsicht der Stadtgeographie, daß die Größe und Ausstattung eines städtischen Umlandes die Entwicklungschancen sowie die innere Differenzierung einer städtischen Siedlung mitbestimmten. Das sei an Beispielen veranschaulicht, die verschiedene unterfränkische Stadttypen, zu fassen an der ummauerten Fläche (vgl. Abb. S. 496) und der Einwohnerzahl[56], repräsentieren.

Die aus überregionalen Interessen durch Karl IV. zu Städten erhobenen Siedlungen wie Prichsenstadt und Heidingsfeld konnten sich innerhalb des schon festgefügten Städtesystems mangels Einzugsgebiet nie richtig entwickeln. Eine differenzierte Berufs- und Sozialstruktur darf man also nicht erwarten. Am Anfang des 15. Jahrhunderts nennt ein Prichsenstadter Urbar 14 Bauern und 34 Häcker, was man auf etwa 200 Einwohner hochrechnen kann.[57] Die Landwirtschaft dominierte also als Erwerbsquelle. Auch Homburg a. Main, aus einem älteren Dorf erwachsen, erhielt zwar 1332 Stadtrechte, konnte sich jedoch trotz Fernstraßennähe kaum entwickeln, umfaßte doch der Amtsbereich im Mittelalter nur zwei Dörfer. Obgleich uns verläßliche Kenntnisse zum Aussehen und inneren Gefüge gerade dieses Ortstypus für das ausgehende Mittelalter fehlen, ist es sicher richtig, sie als ›Zwergstädte‹ im funktionalen Sinne zu bestimmen; sie glichen in vielem Dörfern. Das herrschaftliche Amtshaus, das Rathaus, mehrenteils im 16. Jahrhundert entstanden,[58] und die Kirche dürften als die einzigen Gebäude wenigstens zum Teil aus Stein gebaut gewesen sein. Sonst dominierte Holzbau.

Die Mehrzahl der mittelalterlichen Städte im heutigen Unterfranken erreichte eine Flächengröße von etwa 20 ha bis 50 ha und eine Einwohnerzahl von 500 bis 2000 Einwohnern. Sie können als Kleinstädte bezeichnet werden. Ihre Größe wurde wesentlich durch ihre Stellung als Markt- und Verwaltungszentren eines größeren Umlandes bestimmt. Lohr a. Main beispielsweise überflügelte als Mittelpunkt der Herrschaft Rieneck das verkehrsräumlich ungleich günstiger, aber in territorialer Randlage gelegene und nur mit einem kleinen Einzugsbereich ausgestattete Gemünden. Lohr hatte um 1200 erst eine Einwohnerzahl von etwa 400, konnte sie aber bis zum Ende des 16. Jahrhunderts auf ca. 1800 Einwohner steigern, eine Zahl, die Gemünden erst nach dem Eisenbahnbau zur Mitte des 19. Jahrhunderts erreichte, während es im 16. Jahrhundert gerade 600 Einwohner zählte. In den Orten dieser Größe war gegen Ende des Mittelalters eine deutliche soziale Schichtung der Einwohnerschaft gegeben, die sich auch

in der Viertelung des Stadtraumes widerspiegeln konnte.[59] Für Orte dieser Größe kann ein stärkeres Handwerkertum schon im ausgehenden Mittelalter nachgewiesen werden; es fehlen aber noch ausgesprochen städtische Spezialberufe. Zünfte konnten sich in den meisten der kleinen Territorienstädte wohl erst im 16. Jahrhundert festsetzen.[60]
Kitzingen repräsentiert mit 2500 bis 3000 Bewohnern am ausgehenden Mittelalter den seltenen Typus der Mittelstadt in Unterfranken.[61] Ökonomische Bedeutung und Einwohnerzahl gliederten die Bevölkerung deutlich in Schichten auf, deren Zusammensetzung sich aus Steuerlisten bestimmen läßt. Dabei werden bei einer verknüpfenden Betrachtung von sozialer Schicht und Stadttopographie wiederum Viertelsbildungen deutlich, die erneut mit der Genese des Stadtraumes in Beziehung zu setzen sind. 62,1% der Oberschicht Kitzingens wohnten nach einer Steuerliste von 1521 danach im ältesten Stadtteil, der Innenstadt, 38,8% in den jüngeren Vorstädten; dem äußeren Rat der Stadt gehörten gar nur zwei Mitglieder an, die nicht aus der Kernstadt kamen.
Ein differenziertes Bild bietet die ›kleine Großstadt‹ Würzburg im Spätmittelalter (Abb. S. 518/519).[62] In der zweiten Hälfte des 14. Jahrhunderts darf man mit einer Zahl von etwa 8000 Einwohnern rechnen, was den beständigen Ausbau der Kernstadt durch Vorstädte notwendig machte. Dieses Wachstum war das Resultat der großen Kaufkraft der Stadt, die aus ihren überörtlichen Funktionen herrührte. Namentlich der bischöfliche Sitz band in seiner Doppelfunktion als kirchliches und weltliches Verwaltungszentrum eine große Konsumentengruppe ständig an den Ort; in Würzburg befanden sich zu jener Zeit zudem 18 Stifte und Klöster. Das reich gegliederte Handwerk arbeitete vornehmlich für den starken Binnenmarkt; ein exportorientiertes, spezialisiertes Handwerk fehlte dagegen. So war der Handel auch zuallererst auf die binnenstädtischen Bedürfnisse ausgerichtet. Über Stadthöfe brachten zahlreiche Klöster Getreide von den fruchtbaren Gäulagen und einheimischen Wein auf den Markt; die große Zahl von ›Weinmessern‹, die zugleich Gastwirte waren, weist auf einen lebhaften Personen- und Warenverkehr hin.

3. *Das historische Erbe des spätmittelalterlichen Städtewesens*

Die Befunde zur Entwicklung städtischer Siedlungen nach 1200 im heutigen Unterfranken reihen sich ein in eine große Bewegung, die in ihrer Hauptphase nach 1150 aus dem bahnbrechenden Maas-Schelde-Raum in kennzeichnender Anlehnung an die Kräftefelder und Leitlinien der älteren Kaiserzeit entlang von Rhein, Main, Elbe und Saale bis etwa 1500 ganz

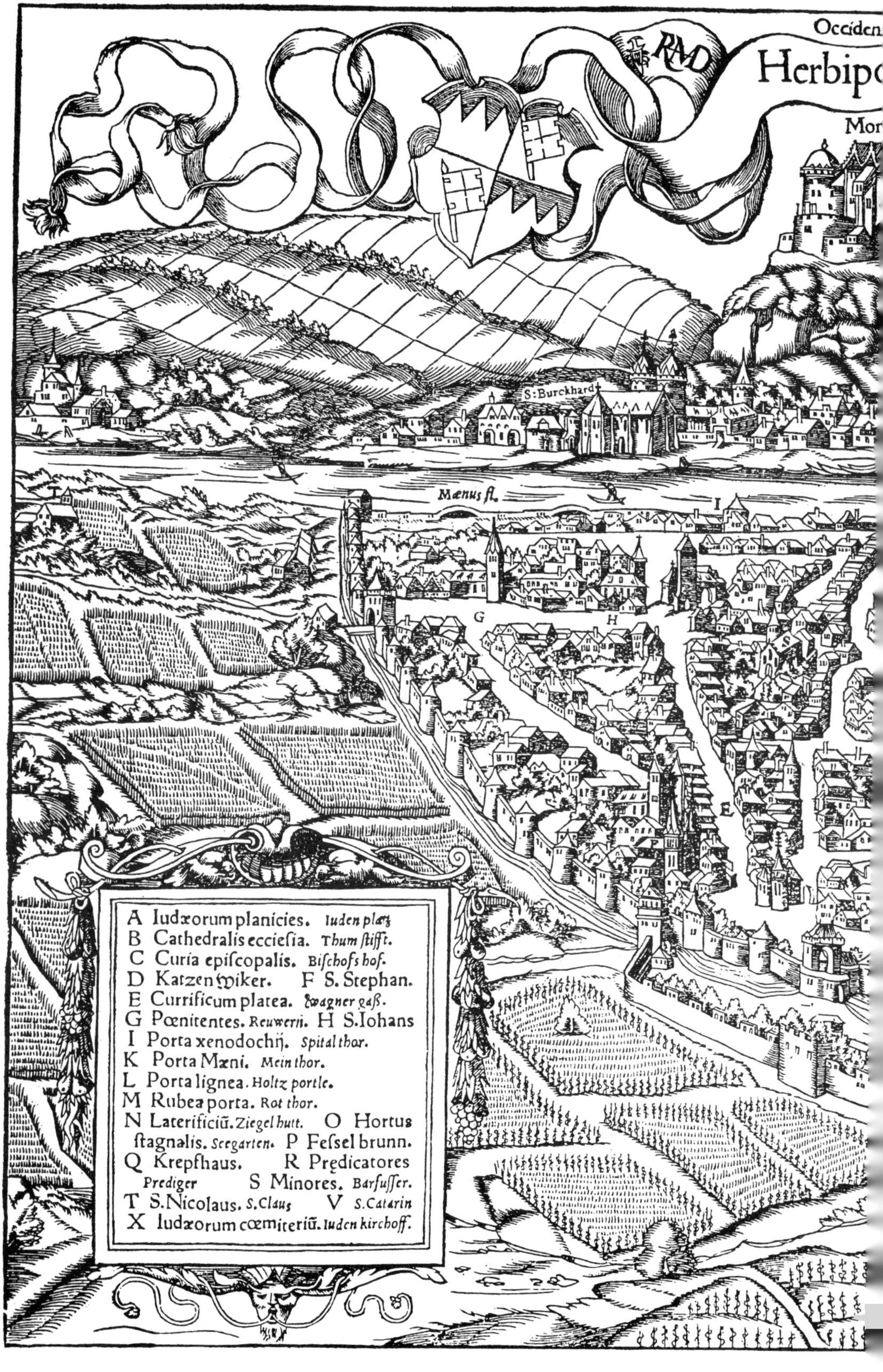
S: Burckhard
Mænus fl.
A Iudæorum planicies. Iuden platz
B Cathedralis ecclesia. Thum stifft.
C Curia episcopalis. Bischofs hof.
D Katzenwiker. F S. Stephan.
E Currificum platea. Wagner gaß.
G Pœnitentes. Reuwern. H S. Iohans
I Porta xenodochij. Spital thor.
K Porta Mæni. Mein thor.
L Porta lignea. Holtz portle.
M Rubea porta. Rot thor.
N Laterificiũ. Ziegel hutt. O Hortus stagnalis. Seegarten. P Fesselbrunn.
Q Krepfhaus. R Prędicatores Prediger S Minores. Barfusser.
T S. Nicolaus. S. Claus V S. Catarin
X Iudæorum cœmiteriũ. Iuden kirchoff.

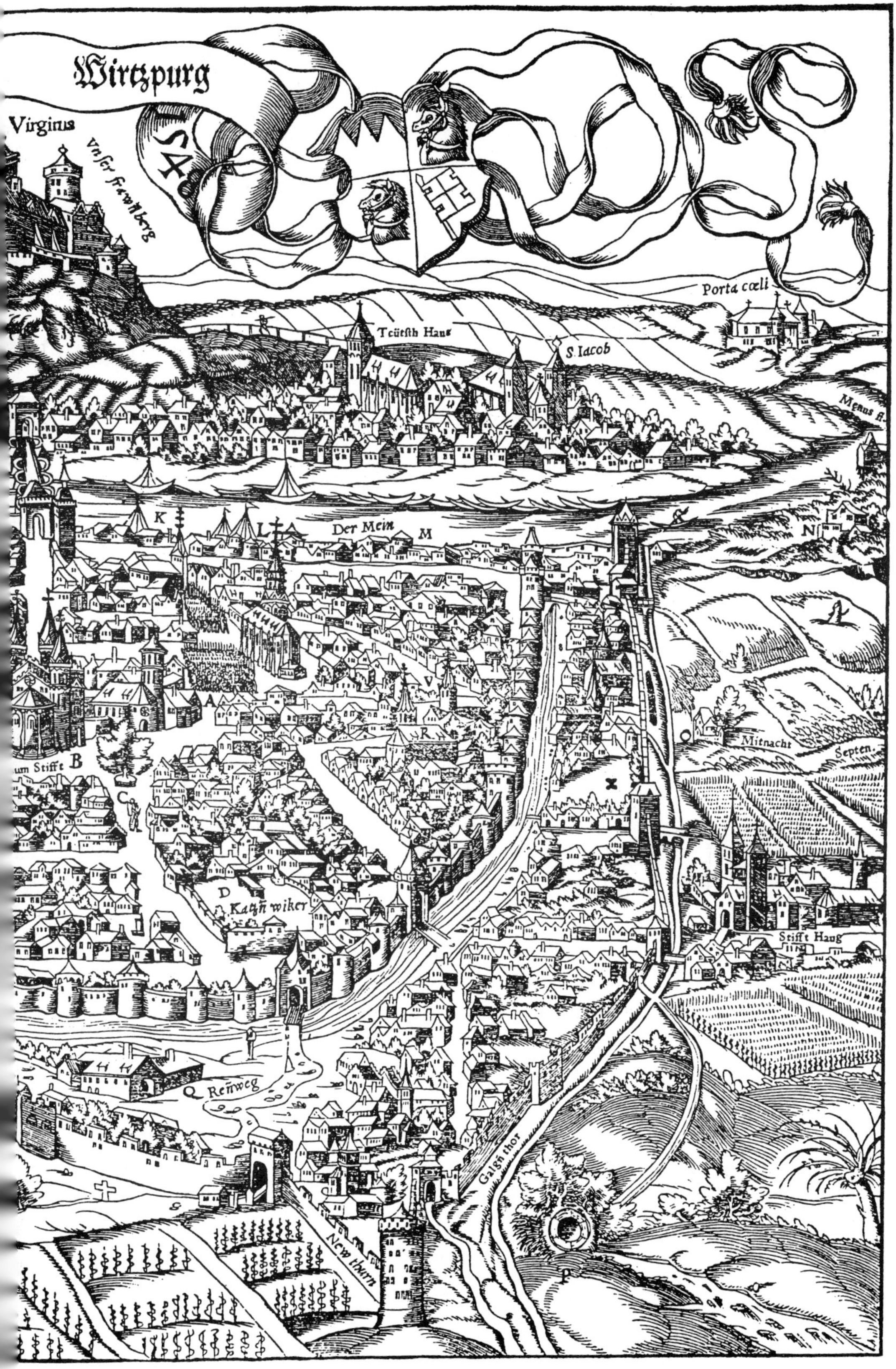
Wirtzpurg
Virginis
vnser frawẽberg
Tcütsch Haus
S. Iacob
Porta cœli
Menus fl.
K
L
Der Mein
M
N
A
V
R
Mitnacht
Septen.
um Stifft
B
C
D
Katzẽwiker
Stifft Haug
Reñweg
Galgẽ thor
New thurn

Mitteleuropa mit Siedlungen unterschiedlichsten städtischen Charakters überzog. Der unterfränkische Raum nimmt dabei zeitlich eine Zwischenstellung mit der Hochzeit der städtischen Entwicklung im 13. Jahrhundert ein. Mainfranken war also weder Innovationsraum noch ›Nachzügler‹. Bis zum Ausgang des Mittelalters hatte sich im Spannungsfeld differenzierter territorialherrlicher Interessen ein mehrschichtiges System von Städten entwickelt, das bis in die Gegenwart hinein zentralörtliche Regelhaftigkeiten widerspiegelt, wie sie für viele Regionen zu beobachten sind, die nicht durch die Industrialisierung eine grundlegende Überformung des Siedlungssystems erfahren haben.

Die älteste Schicht von Städten, aus eigener Kraft erwachsen, zum Teil aus frühmittelalterlichen Wurzeln, günstige natürliche, ökonomische und politische Rahmenbedingungen der Erstlinge nutzend, sich vielzellig in mehreren Wachstumsphasen im Spannungsfeld zwischen Stadtherr und Bürgern entfaltend, brachte die bis heute größten Siedlungen mit bisweilen überregionaler Bedeutung hervor: Würzburg, Aschaffenburg, die Reichsstadt Schweinfurt und – mit Abstrichen schon – Kitzingen. Die wirtschaftlichen und demographischen Stärken dieser Städte bilden bis heute die Eckpfeiler der regionalen Entwicklung in Unterfranken. Raumplanerisch gesehen stellen sie die Oberzentren oder Mittelzentren mit Teilfunktionen eines Oberzentrums.

Es folgte eine zweite Schicht von Städten mittlerer Größe mit wenigstens regionaler Bedeutung im 13. und frühen 14. Jahrhundert. Sie erwuchsen zwar vielfach noch aus älteren Kernen – herrschaftlichen Höfen, Klöstern und Burgen vor allem –, trugen aber in vielem Elemente der planmäßigen Entwicklung je nach machtpolitischem Kalkül der regionalen Herrschaften in sich. Das Bürgertum wurde wegen seiner unternehmerischen Fähigkeiten gebraucht und von daher privilegiert, konnte sich jedoch kaum einmal aus der Umklammerung der Stadtherren lösen. Der Sieg des Bischofs von Würzburg in der Schlacht von Bergtheim am Dreikönigstag 1400 vernichtete die Hoffnungen der Städte auf größere Selbständigkeit. Diese Städte blieben allesamt bis zum Ende des Alten Reiches landsässig.[63] Siedlungen aus dieser Schicht stellten bis zur Gebietsreform die Mehrzahl der Kreissitze; in der zentralörtlichen Hierarchie sind sie als Mittel- und Unterzentren eingestuft.

Eine dritte genetische Schicht schließlich bilden städtische Siedlungen aus der Zeit nach 1350, deren Stadtprivileg einzig der stadtrechtssetzenden

Doppelseite 518/19: Eine scharfe Trennung zwischen ummauerter Stadt und agrarisch geprägtem Umland zeigt die Darstellung Würzburgs in der Cosmographia universalis von Sebastian Münster aus dem Jahre 1550.

Kraft eines Ortsherren enstprang. Im Schatten der normgebenden und mit einem Entwicklungsvorsprung versehenen älteren Städte vermochten sich viele kaum zu entwickeln. Manche dieser Siedlungen verloren die Stadtrechte bald wieder. Manche davon haben heute nicht einmal mehr die zentralörtliche Funktion eines Kleinzentrums.

Doch nicht nur im unterfränkischen Städtesystem als Ganzem, sondern auch im Gefüge der einzelnen Ortskerne[64] und deren Bausubstanz[65] findet sich in den heutigen Städten ›mittelalterliches Erbe‹ in reichem Maße. Es ist nun eine wichtige Aufgabe unserer Zeit, es nicht den Ansprüchen der Gegenwart unkritisch zu opfern.

Anmerkungen

1 Eine von der Forschung allgemein anerkannte Definition des Begriffes ›Stadt‹ gibt es nicht und kann es wegen der erheblichen regionalen Unterschiede in der Ausformung von Städten und den differenzierten Annäherungen der mit der Stadt befaßten Disziplinen nicht geben. Diesem Beitrag liegt ein Stadtbegriff zugrunde, der das Stadtrecht als verfassungsrechtliche Komponente aus historischer Sicht als bedeutend ansieht, zugleich aber die vornehmlich funktionale Sichtweise der neueren Stadtgeographie (etwa B. Hofmeister, Die Stadtstruktur, 1974) mit einbezieht; zur Problematik von Stadtdefinitionen für Franken vgl. R. Sprandel, Mittelalterliche Verfassungs- und Sozialgeschichte vom Blickpunkt einer Landschaft, Mainfranken, in: Zs für historische Forschung 7, 1980, S. 401-422, hier S. 413f.; zur Typologie von Kleinstädten K. Bühn, Kleinzentren in Mainfranken. Ein Beitrag zur Ortstypologie im Überschneidungsbereich zwischen städtischen und nichtstädtischen Siedlungen, WGA 40, 1974.

2 Zur zeitlichen Schichtung der Begrifflichkeit G. Köbler, Civitas und vicus, burg, stat, dorf und wik, in: H. Jankuhn u.a. (Hg.), Vor- und Frühformen der europäischen Stadt im Mittelalter, 1975, S. 61–76; regionales Beispiel für die angeschnittene Diskussion bei F. Bungert, Sigillu(m) Burgensis nove civitatis: das Siegel der Bürger der Neustadt, Herkunft und Deutung, in: Heimat-Jahrbuch des Landkreises Rhön-Grabfeld 11, 1989, S. 188–207.

3 Obgleich eine Reihe von städtischen Siedlungen im heutigen Unterfranken in der Nähe oder auf römischen Siedlungen liegt, so Wörth, Obernburg und das 1229 als civitas bezeichnete, aber 1247 zerstörte Wallhausen in der Nähe Miltenbergs, sind funktionale und demographische Kontinuitätsstränge von der Römerzeit in das Mittelalter auszuschließen, für Örtlichkeitsnamen noch im Detail nachzuweisen. Der mittelalterliche Mensch bewertete vielmehr aufs neue die Raumgegebenheiten als gleichermaßen günstig für die Anlage einer Ortsstelle, wie dies die Römer taten. Die Benennung dieser Städte als ›römische‹ durch H. Weigel (Die fränkische Stadt, in: Das Bayerland 43, 1932, S. 577–608) ist unhaltbar: Deshalb erscheint in Abb. S. 494 und S. 496 auch keine ›römerzeitliche‹ Stadtentwicklungsphase; zum Problem der Siedlungskontinuität aus römischer Zeit Tagungsbericht Mittelalterliche Städte auf römischer Grundlage im einstigen Dekumatenland, in: ZGO 135, 1987, S. 1–66; speziell für Unterfranken: Miltenberg – Amorbach – Obernburg – Aschaffenburg – Seligenstadt (Führer zu vor- und frühgeschichtlichen Denkmälern 8), 1967; B. Beckmann, Walehusen-Wallhausen, eine mittelalterliche Stadt auf römischer Grundlage, in: 750 Jahre Stadt Miltenberg, 1987, S. 75–100; zusammenfassend jüngst E. Pitz, Europäisches Städtewesen und Bürgertum. Von der Spätantike bis zum hohen Mittelalter, 1991.

4 Grundlegend W. Schich, Würzburg im Mittelalter. Studien zum Verhältnis von Topographie und Bevölkerung, (Städteforschung Reihe A, Darst. 3), 1977; siehe auch UFrGesch 1,

S. 356; sehr anschaulich das Modell der Stadt um 1525 im Fürstenbau-Museum auf der Festung Marienberg; R. Feurer und P. Maidt (Bearb.), Gesamtansichten und Pläne der Stadt Würzburg 15.–19. Jahrhundert, (= Kataloge des Mainfränkischen Museums 3), 1988, sowie G. Mälzer und W.M. Brod, Würzburg, Ansichten einer alten Stadt, 1987.

[5] Zusammenfassend jüngst R. Fischer, Aschaffenburg im Mittelalter. Studien zur Geschichte der Stadt von den Anfängen bis zum Beginn der Neuzeit, VGKA 32, 1989; auch: Aschaffenburg. 1000 Jahre Stift und Stadt Aschaffenburg. 2 Bde, AJb 4, 1957; methodisch anregend W. Görich, Betrachtungen zum Aschaffenburger Grundriß, in: AJb 5, 1972, S. 251–275; H.-B. Spies, Aschaffenburgs Aufstieg zur mainzischen Nebenresidenz im 13. Jahrhundert, in: AJb 11/12, 1988, S. 425–436.

[6] H. Weber, Kitzingen, (HAB Teil Franken 16), 1967; D. Böhn, Kitzingen am Main, WGA 28, 1969; Bachmann, L. u. A. Pfrenzinger, Geschichte der Stadt Kitzingen. 1929; P. Endrich, Vor- und Frühgeschichte der Stadt und des Landkreises Kitzingen a. Main, Mainfränkische Heimatkunde 7, 1952.

[7] Den Forschungsstand zusammenfassend D. Rosenstock, Das vor-städtische Schweinfurt, in: Frankenland 4, 1991, S. 88- 101 und Themenheft Schweinfurter Mainleite 2, 1991 zum 1200jährigen Stadtjubiläum; dazu Otto Meyer, Schweinfurt. Von der Markgrafenburg zur Industriestadt, in: Varia Franconiae Historica III, 1986, S. 972-993; A. Fuchs, Die Entwicklung einer fränkischen villula zur Reichsstadt, MainfrSt 2, 1972; H. Hahn, Das Reich, die Grafen von Henneberg und Schweinfurt. Gedanken zur Genesis der Reichsstadt Schweinfurt, in: MainfrJb 19, 1967, S. 18–31; zur Entwicklung und Bedeutung von Reichsstädten in Franken R.A. Müller u. B. Buberl, Reichsstädte in Franken, Katalog zur Ausstellung, 1987 (Veröff. zur Bayerischen Geschichte und Kultur 14/87). Vgl. auch den Beitrag von U. Müller in diesem Band S. 169ff.

[8] Nach Otto Meyer, Schweinfurts reichsstädtische Bürgerinitiative, in: Varia Franconiae Historica I, 1981, S. 154–162, auch Ders., Beiträge zu Fragmentfunden in der Schweinfurter Stadtbibliothek: Fragmenta Prisciani Swinfurtensia, in: ebd. II, S. 696–734.

[9] Dazu E. Maschke, Die deutschen Städte der Stauferzeit, in: Die Zeit der Staufer III, 1977, S. 59–73; C. Meckseper, Städtebau, ebd., S. 75–86.

[10] Grundlegend W. Schlesinger, Burg und Stadt, in: FS Th. Mayer 1, 1954, S. 105f.; K. Bosl, Kernstadt–Burgstadt, Neustadt–Vorstadt in der europäischen Stadtgeschichte. – Sitzungsberichte der Bayer. Akad. der Wissenschaften, Phil. Hist. 1, 1983; zum Verhältnis von Kirche und Stadtentwicklung K. Withold, Die Frühgeschichte der geistlichen Stadt in Franken, Diss. Würzburg 1959; G. Streich, Burg und Kirche während des deutschen Mittelalters, (Konstanzer Arbeitskreis für mittelalterliche Geschichte, Vorträge und Forschungen, Sonderbd. 29) 1984; K. Trüdinger, Stadt und Kirche im spätmittelalterlichen Würzburg, 1978.

[11] Zur Datierung noch immer P. Schöffel, Karlburg, Karlstadt und die ›fränkische Gertrud‹, in: Herbipolis sacra (VGffG IX/7), 1948; W. Zapotetzky, Karlstadt. Geschichte einer Stadt in Franken, 1980; K. Riedenauer, Karlstadt, (HAB Teil Franken 9), 1963, S. 20f.; zur historischen Topographie jüngst P. Ettel/D. Rödel, Castellum et villa Karlburg. Historische und archäologische Überlieferung, in: 1250 Jahre Bistum Würzburg (hg. von J. Lenssen und L. Wamser), 1992, S. 297–318.

[12] Dazu W. Kopp, Würzburger Wehr. Eine Chronik zur Wehrgeschichte Würzburgs, MainfrSt 22, 1979; F. Seberich, Die Stadtbefestigung Würzburgs 1: Die mittelalterliche Befestigung mit Mauern und Türmen, MainfrH 39, 1962.

[13] A. Antonow, Planung und Bau von Burgen im süddeutschen Raum, 1986; Ders., Burgen im Main-Viereck, 1987; zusammenfassend W. Störmer, Die Gründung von Kleinstädten als Mittel herrschaftlichen Territorienaufbaus, gezeigt an fränkischen Beispielen, in: ZBLG 36,2, 1973, S. 563- 585; auch R. Sprandel, Die territorialen Ämter des Fürstentums Würzburg im Spätmittelalter, in: JffL 37, 1977, S. 45–64.

[14] Die Darstellung folgt bei Jahresangaben weitgehend Scheuerbrandt, Südwestdeutsche Stadttypen und Städtegruppen bis zum frühen 19. Jahrhundert (zahlreiche Karten), daneben dem Bayerischen Städtebuch I, Franken.

[15] O. Seuffert, Arnstein und der Werngrund, MainfrSt 48, 1990; L. Benkert, Bad Neustadt an der Saale, Die Stadtchronik, 1985; H. Wagner, Neustadt an der Saale, (HAB Teil Franken 27), 1982, bes. S. 200ff.; B. Sterrmann, H. Schubert, K. Distler, Ebenhausen – Aus der Geschichte eines fränkischen Dorfes. Amtsstadt – Gemeinde – Ortsteil, 1988; H. Kiesel, Chronik der Stadt Fladungen, anläßlich der 650 Jahrfeier der Stadterhebung, 1985; 1200 Jahre Gerolzhofen 779–1979. Beiträge zur Kultur und Geschichte, 1979; A. Brombierstäudl, Iphofen. Eine fränkische Kleinstadt im Wandel der Jahrhunderte, 1983; Iphofen 1991, –92, –93. Jubeljahre im Leben einer Stadt, 1991; J. Kehl, Chronik von Haßfurt, 1948; Stadt Haßfurt 1235–1985; 1984, 1: 750 Jahre Stadtrecht Haßfurt. Beiträge zur Heimatgeschichte; Bosl, Historische Grundstrukturen der fränkischen Stadt – Entstehung, Typus, Funktion, S. 316–328; I. Maierhöfer, Ebern, Bild einer fränkischen Kleinstadt, 1980; Mellrichstadt einst und jetzt. Ein Erinnerungsbuch anläßlich der 750 Jahrfeier der Stadterhebung 1232/33, 1983; S. Wenisch, Ochsenfurt. Von der frühmittelalterlichen Gemarkung zur domkapitelschen Stadt, MainfrSt 3, 1972; G. Knetsch, Verwaltung der Stadt Oschenfurt zwischen domkapitelscher und Bürgergemeinde (vorn. im 16. Jahrhundert), MainfrSt 45, 1988; A. Schumm, Geschichte der Stadt Bischofsheim vor der Rhön, 1875 (Nachdruck 1980).

[16] Grundlegend W. Störmer, Miltenberg, Die Ämter Amorbach und Miltenberg des Mainzer Oberstiftes als Modelle geistlicher Territorialität und Herrschaftsintensivierung, (HAB Teil Franken 25), 1979 sowie N. Höbelheinrich, Die ›9 Städte‹ des Mainzer Oberstifts, ihre verfassungsmäßige Entwicklung und ihre Beteiligung am Bauernkrieg, in: Heimatblätter des Bezirksmuseums Buchen 18, 1939; 750 Jahre Miltenberg, hg. von der Stadt Miltenberg, 1987; M.J. Wirth, Chronik der Stadt Miltenberg. (Neuauflage) 1987; H. Weizmann, Wertheim und Miltenberg. Die Parallelen und divergierenden Entwicklungsphasen zweier Kleinstädte – ein stadtgeographischer Vergleich, 1979 (Veröff. des Histor. Vereins Wertheim 2); R. Wohner, Obernburg. (HAB Teil Franken 17), 1968; W. Trost, Wörth am Main, Chronik einer fränkischen Kleinstadt, 2 Bde., 1991.

[17] H. Stoob, Zur Städtebildung im Lande Hohenlohe, in: ZBLG 36, 2, 1973, S. 522–562; 700 Jahre Stadt Röttingen 1275–1975, 1975.

[18] Grundlegend wiederum Störmer, wie Anm. 16; Amorbach. Beiträge zur Kultur und Geschichte von Abtei, Stadt und Herrschaft (NJBl. d. GffG 25), 1953; F. Oswald, W. Störmer (Hgg.), Die Abtei Amorbach im Odenwald. Neue Beiträge zur Geschichte und Kultur des Klosters und seines Herrschaftsgebietes, 1984.

[19] Knapp W. Störmer, Stadtprozelten – Klingenberg – Gelnhausen – Seligenstadt waren in der Stauferzeit Schwerpunkte der Territorialpolitik des Reiches, in: Spessart 1980, 9, S. 7–9; 700 Jahre Stadt Klingenberg, 1976; H. Kallfelz, Die Bevölkerung der Kurmainzer Amtsstadt Klingenberg am Main zwischen Mittelalter und Moderne, in: F. Seibt (Hg.) Gesellschaftsgeschichte. FS für Karl Bosl zum 80. Geburtstag, I., 1988, S. 330–343.

[20] Allgemein Th. Ruf, Die Grafen von Rieneck. Genealogie und Territorialbildung, 2 Bde. MainfrSt 32, 1 u.2, 1984; Lohr am Main 1333–1983. 650 Jahre Stadtrecht, 1983; A. Dietz, Burg und Stadt Rothenfels am Main, 1926; L. Weiß, Rothenfels 1148–1948, 1948; R. Fabri, Rothenfels, 1981; P. Kolb, Rothenfelser Chronik, 1992; noch immer wichtig G. Höfling, Historisch-topographisch-statistische Notizen über das Städtchen Gemünden in Unterfranken und Aschaffenburg, 1838 (nun als Reprint des Historischen Vereins Gemünden und Umgeb.); außerdem K. Richter, Gemünden, (HAB Teil Franken 11), 1963 und H.-P. Schäfer, Altgemünden vor der Zerstörung, in: 40 Jahre Wiederaufbau, 1985, S. 9–17.

[21] Allgemein F. Stein, Geschichte der Grafen und Herren zu Castell von ihrem ersten Auftreten bis zum Beginne der neuen Zeit 1058–1528, 1892; Otto Meyer, Castell. Landesherrschaft – Burgen – Standesherrschaft, in: Varia Franconiae Historica I, 1981, S. 93–115, hier bes. S. 98ff.; 1258 Volkach am Main 1958, 1958 (Einführung); auf breiter Quellenbasis: G. Egert, Stadt und Pfarrei Volkach am Main, Teil 1: Das städtische Territorium von den Anfängen bis zum Ende des Alten Reiches (1803), phil. Diss. Würzburg 1964; M. Heinrich, Zum Volkacher Stadtrecht am Ende des Spätmittelalters und zu Beginn der Neuzeit unter besonderer Berücksichtigung des Salbuches, jur. Diss. Würzburg 1980; sehr

anschaulich K.S. Kramer, Fränkisches Alltagsleben um 1500. Eid, Markt und Zoll im Volkacher Salbuch, 1985.

[22] K. Gartenhof, Studien zur Geschichte der Stadt Brückenau. MainfrSt 7, 1973; L. Rugel, Stadtgeschichte in Stichworten, 1979; H. Ullrich, Hammelburg. Bilder aus der Geschichte einer uralten Frankensiedlung, 1956 (Neudruck 1975); Otto Meyer, Hammelburg zwischen Fulda und Würzburg, in: Varia Franconiae Historica I, 1981, S. 177–192.

[23] Allgemein E. Henning, Die Entwicklung der Landesherrschaft zwischen dem nördlichen Thüringer Wald und dem südlichen Maingebiet am Beispiel der Grafschaft Henneberg (1078–1583), in: MainfrJb 24, 1976, S. 1–36; E.-G. Krenig, Bad Kissingen, MainfrH 41, 1964 (leicht lesbare Einführung); W. Mahr, Geschichte der Stadt Bad Kissingen, 1959; 800 Jahre 1180 – 1980 Königsberg/Bayern, 1980; R. Mett, Der Königsberg im Haßgau. Ursprung und Entwicklung der Stadt Königsberg in Franken bis zum 14. Jahrhundert, 1980; J. Sperl, Stadt und Festung Königshofen im Grabfeld, 1974; Otto Meyer, Königshofen, in: Varia Franconiae Historica I, 1981, S. 163-176; jüngst auf breiter Quellenbasis L.W. Hamm, Chuningishaoba – Chuningeshoue – Chuningeshofe, Der Königshof im Grabfeld. Von den Anfängen bis zur Reichsgründung, (Schriften des Vereins für Heimatgeschichte im Grabfeld 3), 1991; K. Dinklage, 15 Jahrhunderte Münnerstädter Geschichte. Die Entwicklung von Verfassung und Wirtschaft in Dorf und Stadt Münnerstadt namentlich im Mittelalter fortgeführt bis 1983, 1983; E.-G. Krenig, Münnerstadt – ein Streifzug durch seine Geschichte, 1970 (Einführung); Münnerstadt in Vergangenheit und Gegenwart. Beiträge zur Stadtgeschichte, 1985.

[24] Vgl. Aufstellung von Ämterverpfändungslisten bei Sprandel, wie Anm. 13, S. 52; J. Büdel, Mainlandschaft zwischen Wald und Gäu. Bayerland Sonderheft Lohr und Gemünden, 1956; grundlegend W. Störmer, Städte der territorialen Randzonen im westlichen Mainfranken. Gründungsmotive, Funktionen, wirtschaftliche Entfaltungsmöglichkeiten, in: B. Kirchgässner u. W. O. Keller (Hgg.), Stadt an der Grenze, 1990, S. 39–83; mit fränkischen Beispielen H.H. Hofmann, Grenzen und Kernräume in Franken, in: Grenzbildende Faktoren in der Geschichte, (Historische Raumforschung 7, Forschungs- und Sitzungsberichte d. Akad. für Raumforschung und Landesplanung 48), 1969, S. 23–50.

[25] Nach W. Mahr, Siedlungs- und Herrschaftsgeschichte im fränkischen Saaletal von den Anfängen bis zum späten Mittelalter, masch. phil Diss. Würzburg 1962, hier bes. S. 67.

[26] B. Röttger, Die unterfränkische Stadt, 1926, S. VIff.; zur Entwicklung der Befestigungen von Würzburg siehe Seberich, wie Anm. 12.

[27] Nach I. Güssow, Stadtanlage und Stadtbild von Iphofen, MainfrH 25, 1956.

[28] In Anlehnung an Th. Ruf, Lohr und die Grafen von Rieneck – Die Hintergründe der Stadtrechtsverleihung vom 29. Juli 1333, in: Lohr am Main 1333-1983. 650 Jahre Stadtrecht, 1983, S. 10–27.

[29] Vgl. Oberrheinische Stadtrechte 1, 1. Abtlg. Fränkische Rechte I, 1895; sehr anschaulich illustrieren einschlägige Karten in den Historischen Atlanten von Hessen und Baden-Württemberg die ›Stadtrechtsfamilien‹.

[30] Es handelt sich bei diesen Städten nicht um Minderstädte im rechtlichen Sinne, sondern um solche, die ihre administrativen und ökonomischen Aufgaben als Stadt nicht erfüllen konnten; man sollte deshalb eher von Klein- oder Zwergstädten sprechen; vgl. H. Stoob, Minderstädte, Formen der Stadtentstehung im Spätmittelalter, in: VSWG 46, 1969, S. 1-28; A. Dresch, Quellen und Berichte der Marktgemeinde Schwarzach am Main, 1986; R. Redelberger, Eibelstadt. Bild einer mainfränkischen Kleinstadt in der Nachbarschaft Würzburgs, MainfrH 56, 1971; H. Hures, H. Grünewald, Eibelstadt. 550 Jahre Stadt, 1984; A. Gehrsitz und J. Schreiber (Hgg.), 1150 Jahre Neubrunn, 1965; F. Kugler, Thüngener Heimatbuch, 1988.

[31] Vgl. Beitrag Fischer in diesem Band; grundlegend dazu H.H. Hofmann, Karl IV. und die politische Landbrücke von Prag nach Frankfurt am Main, in: Zwischen Frankfurt und Prag, 1963, S. 51–74; auch A. Welte, Geographische Leitlinien und mittelalterliche Erwerbspolitik in Franken, in: Geographische Zeitschrift 43, 1937, S. 281–290; W.S. Mathes, Heidingsfeld. Diss. Würzburg 1956; R. Neußner, Bilder aus der Geschichte Mainbern-

heims, 1982; vgl. Beiträge in Homburg am Main, 1200 Jahre Hohenburg I, 1981, S. 35–46; insgesamt positive Entwicklungschancen trotz kleinem Einzugsbereich sieht für Prichsenstadt G. Wöppel, Prichsenstadt: Entwicklung und Struktur einer fränkischen Kleinstadt, Diss. Würzburg 1968, bes. S. 51 ff.; anders H. Jäger, Stadt und Stadtraum. Entwicklung und Stagnation in historischen Städten, (Veröff. d. Akad. f. Raumforschung und Landesplanung, Forschungs- und Sitzungsberichte 97), S. 74–96.

[32] Siehe J.B. Seikel, Das Stadtbuch von Hofheim aus dem Jahre 1385, in: AUFr 17/I, 1864; zu den Städten dieses Abschnittes: H. Schmidt, Geschichte und Geschichten von Ostheim vor der Rhön, 1979; H. Körner, Ostheim vor der Rhön. Geschichte der Burgenstadt zwischen Thüringen und Franken, MainfrH 78, 1983; E. Langguth, Oppidum Marktheidenfeld, in: WtJb 1955, S. 84-85; G. Zimmermann, Der Raum Homburg am Main – Marktheidenfeld in der Geschichte des hohen Mittelalters. Fünf Skizzen aus fünf Jahrhunderten (Historischer Verein Marktheidenfeld 5), 1982; S. Zeißner, Stadtlauringen einst und jetzt, 1920.

[33] Dazu noch immer anregend K.S. Kramer, Bauern und Bürger im nachmittelalterlichen Unterfranken, 1957.

[34] Zum Marktbegriff und zur Entwicklung von Marktorten bis in die Gegenwart mit Beispielen aus Ostunterfranken G. Höhl, Fränkische Städte und Märkte im geographischen Vergleich (Forschungen zur deutschen Landeskunde 139), 1962; Beispiele bei Riedenauer, wie Anm. 11, S. 42; vgl. auch Karte im Bayerischen Geschichtsatlas S. 22 f.; E. Hering, Befestigte Dörfer in südwestdeutschen Landschaften und ihre Bedeutung für die Siedlungsgeographie, Diss. Frankfurt/Main 1934.

[35] Zu den Städten dieses Abschnitts: G. Menth, Stadt Aub, Baldersheim, Burgerroth, 1988; G. Göpfert, Amt Wallburg und Stadt Eltmann, 1908; Dettelbach 1484–1984 – 500 Jahre Stadt, 1984; H. Bauer, Die kulturlandschaftliche Entwicklung des alten Amtes Dettelbach seit dem 16. Jahrhundert (2 Bde.), MainfrH 17/1 und 2, 1977; Ders., Dettelbach. Geschichte einer romantischen Stadt am Main und ihrer Ortsteile, 1983; Chronik der Stadt Zeil am Main (3 Bde.), 1971, 1975, 1981.

[36] Zu den Städten des 19. und 20. Jahrhunderts: F. Mägerlein, 111 Jahre Stadt Marktsteft, Jahrbuch d. Landkreises Kitzingen 1981, S. 205–212; J. Wenzel, Marktbreit. Geschichte einer kleinen fränkischen Stadt, 1987; J. Fächer, Alzenau, (HAB Teil Franken 18), 1968; Markt Erlenbach am Main (Hg.), Erlenbach am Main im Spiegel der alten und neuen Zeitgeschichte, 1958; K. Böhm, Die neue Chronik – Erlenbach am Main 1958–1984, 1984; zu Marktheidenfeld wie Anm. 32; Wörth war vorübergehend zwischen 1833 und 1849 zur Landgemeinde abgestuft worden, vgl. Trost, wie Anm. 16, Bd. 1, S. 140 f.

[37] Nach G. Pfeiffer, Wasser und Wald als Faktoren der städtischen Entwicklung in Franken, in: JffL 32, 1972, S. 151–171; W. Scherzer, Die alten Mainbrücken Unterfrankens und ihre Baulastträger, in: WDGBl 20, 1958, S. 154 ff.; vgl. auch E. Maschke, Die Brücke im Mittelalter, in: Ders. u. J. Sydow (Hgg.), Die Stadt am Fluß, 1975, S. 9–39; W. Trost, Die gleichnamigen Uferorte beiderseits des Mains, in: MainfrJb 21, 1969, S. 1–161; zur Etymologie der -furt-Orte vgl. H. Bahlow, Deutschlands geographische Namenwelt. Etymologisches Lexikon der Fluß- und Ortsnamen alteuropäischer Herkunft, 1965. Danach könnte lediglich im Falle Ochsenfurts eine Furt beschrieben worden sein, die mit Ochsen durchtrieben werden konnte. Haßfurts Name leitet sich ab von der Lage der Furt im Haßgau, Schweinfurt von ›der Furt durch das Sumpfwasser Swin‹; vgl. auch W.-A. v. Reitzenstein, Lexikon bayerischer Ortsnamen, 1986.

[38] Dazu Bosl, Die bayerische Stadt in Mittelalter und Neuzeit: Altbayern – Franken – Schwaben (neben Haßfurt auch Würzburg und Aschaffenburg in Einzelbeiträgen).

[39] Nach H.-P. Schäfer, Die Entwicklung des Straßennetzes im Raum Schweinfurt bis zur Mitte des 19. Jahrhunderts, MainfrSt 13, 1976, S. 93 ff., Studie noch immer grundlegend für den Forschungsstand und die Methodik der historischen Verkehrswegeforschung in Mainfranken; zur Frage Land-/Maintransport J. Müller, Geleitswesen und Güterverkehr zwischen Nürnberg und Frankfurt a. M. im 15. Jahrhundert, in: VSWG 5, 1907 und A. Köberlin, Der Obermain als Handelsstraße im späten Mittelalter (Wirtschafts- und Ver-

waltungsstudien mit bes. Berücks. Bayerns), 1899; vgl. in diesem Zusammenhang auch S.E. Aström, English timber imports from northern Europe in the 18th century, in: Scand. Econ. Hist. Rev. 18, 1970, S. 12–32; zu den Fischern und Schiffern siehe etwa W.M. Brod, O. Meyer, Weistümer, Ordnungen und Satzungen der Fischer- und Schifferzunft zu Miltenberg 1379–1919, MainfrH 85, 1988.

[40] Zum Weinbau W. Lutz, Die Geschichte des Weinbaus in Würzburg im Mittelalter und in der Neuzeit bis 1800, MainfrH 43, 1965; A. Welte, Der Weinbau der Mittleren Mainlande in seiner ehemaligen Verbreitung (Forschungen zur deutschen Landeskunde 31), 1934; H. Kahlert, Verbreitung und Rückgang des Weinbaus am Untermain, in: AJb 3, 1956, S. 157–178; O.W. Keller, Untersuchungen zum Weinbau und Weinhandel der Stadt Miltenberg und am südlichen Untermain bis zum Dreißigjährigen Krieg, in: 750 Jahre Stadt Miltenberg, wie Anm. 16, S. 147–168.

[41] Albrecht Dürer, Das Tagebuch der niederländischen Reise, Einleitung und Anmerkungen von J.-A. Goris und G. Marlier, 1970, S. 50ff.

[42] Schäfer, wie Anm. 39, S. 94ff.; zu den Mainzollstätten im Spätmittelalter am Main (mit Liste) neben Müller, wie Anm. 39, S. 370ff. auch R.K.J. Hummel, Die Mainzölle von Wertheim bis Mainz bis zum Ausgang des 15. Jahrhunderts, 1892.

[43] R. Gerlach, Flußdynamik des Mains unter dem Einfluß des Menschen seit dem Spätmittelalter (Forschungen zur deutschen Landeskunde 234), 1990; in Wörth kam es nach 1882 wegen der Belastungen durch häufige Überschwemmungen zu einer Verlagerung von Teilen der Stadt, vgl. Trost, wie Anm. 16, Bd. 1, S. 454ff.

[44] Zur Mühlengeschichte auch für Unterfranken Ch. Bachmann, Zur Entwicklung des Mühlenrechts in Altbayern. Mit einem bibliographischen Anhang zu Geschichte und Recht der Mühlen in Bayern, in: ZBLG 51, 3, 1988, S. 719–765; jüngst D. Rödel, Zur Mühlengeschichte des Eberner Raumes im Mittelalter, in: BHVB 126, 1990, S. 405–421.

[45] Zu städtische Entwicklung und Wald in Franken siehe wieder Pfeiffer, wie Anm. 37; allgemein R. Kiess, Bemerkungen zur Holzversorgung von Städten, in: J. Sydow (Hg.), Städtische Versorgung und Entsorgung im Wandel der Geschichte, 1981, S. 77–98; zu Nutzungen in Bauernwäldern Störmer, wie Anm. 16, S.196ff.; zur Waldausbreitung und Zustand H. Jäger u. W. Scherzer, Territorienbildung, Forsthoheit und Wüstungsbewegung im Waldgebiet westlich von Würzburg, MainfrSt 29, 1984.

[46] W. Christaller, Die zentralen Orte in Süddeutschland. Eine ökonomisch-geographische Untersuchung über die Gesetzmäßigkeit der Verbreitung und Entwicklung der Siedlung mit städtischen Funktionen, 1933 (Reprint 1986) und Ders., Die städtischen Siedlungen des Königreiches Württemberg, 1914, bes. S. 164 zu vorindustriellen Transportdistanzen.

[47] Allgemein HDSW, 1, 1971, darin bes. R. Sprandel, Gewerbe und Handel 900–1350, S. 102ff.; regional zu fassen in der Umwandlung von Naturalabgaben durch Geld, siehe dazu H. Eichhorn, Der Strukturwandel im Geldumlauf Frankens zwischen 1437 und 1610. Ein Beitrag zur Methodologie der Geldgeschichte, VSWG Beih. 58, 1973.

[48] Schäfer, wie Anm. 39, S. 64ff.

[49] Sprandel, wie Anm. 13.

[50] C. Cramer, Landeshoheit und Wildbann im Spessart, in: AJb 1, 1952, S. 51–123.

[51] Vgl. Bayerisches Städtebuch I, Franken, Stichworte ›Seuchen‹ (6b) und ›Kriegerische Ereignisse‹ (10b) in jeweiligem Ortskapitel; zur Verlagerung von Entwicklungsschwerpunkten in Franken U. Knefelkamp, Die Städte Würzburg, Bamberg und Nürnberg. Vergleichende Studien zu Aufbau und Verlust zentraler Funktionen in Mittelalter und Neuzeit, in: BHVB 120, 1984, S. 205–224.

[52] R. Machalka-Felser, Stadt und Umland im Herrschafts- und Wirtschaftsgefüge des Spätmittelalters, in: Die Alte Stadt 6, 4, 1979, S. 329–347.

[53] Zur Quellenproblematik Schäfer, wie Anm. 39; Ders., Funktionales Verkehrsgefüge, Verkehrszwang und Merkantilismus, in: G. Braun (Hg.), Räumliche und zeitliche Bewegungen, FS für W. Gerling, WGA 37, 1972, S. 303–325, sowie jüngst sehr anregend G. Kampfmann, Verkehrsgeographische und landeskundliche Aspekte der vorindustriellen Glasproduktion im Spessart, in: Ders. und S. Krimm, Verkehrsgeographie und Standorttypologie

der Glashütten im Spessart, VGKA 18,2 (Studien zur Geschichte des Spessartglases 2), 1988, S. 9–109, hier S. 12ff.; neben einschlägigen Karten im Bayerischen Geschichtsatlas auch kleinmaßstäbige Verkehrswegekarte zur Wende Mittelalter und Neuzeit mit Bezug auf Unterfranken: Geschichtlicher Atlas von Hessen, Karte 29a ›Landstraßen 16.–18. Jahrhundert‹; R. Gradmann, Süddeutschland, 1, 1931, Tafel 8; O. Schlüter und O. August, Atlas des Saale- und mittleren Elbegebietes, 1959ff., Karte 40.

[54] Wiederum Schäfer, wie Anm. 39, bes. Kartenbeilage 5 sowie für das südliche Untersuchungsgebiet Karte X,1 ›Geleitstraßen um 1550 im Raum Worms – Würzburg – Straßburg – Ulm‹ im Historischen Atlas von Baden-Württemberg 1972ff.; zur Umgehung Schweinfurts H. Hahn, Neuere Überlegungen zu den Nord-Südstraßen im Raum Geldersheim – Schweinfurt, in: MainfrJb 42, 1990, S. 108–118.

[55] Zu den Spessartwegen im Detail Kampfmann, wie Anm. 53, S. 21ff., auch J. Siebert, Der Spessart, 1943; zu den Messestraßen und deren vertraglich geregelte Benutzung neben Schäfer, wie Anm. 39 bzw. 53 auch J. Müller, Die Hauptwege des Nürnbergischen Handels im Spätmittelalter, in: Archiv für Kulturgeschichte 5, 1907, S. 1–23; zur wirtschaftlichen Lage Mainfrankens am Ende des Mittelalters H. Hoffmann, Würzburgs Handel und Gewerbe im Mittelalter, 1940, und Knefelkamp, wie Anm. 51.

[56] Die Angaben zur ummauerten Fläche der fränkischen Städte beruhen auf Angaben bei Scheuerbrandt, wie Anm. 14, sowie eigenen Ausmessungen und Schätzungen nach großmaßstäbigen topographischen Karten; bei Scheuerbrandt auch Einwohnerzahlen S. 379ff.; vgl. auch Bayerisches Städtebuch I, Franken und F. Seberich; Die Einwohnerzahl Würzburgs in alter und neuer Zeit, in: MainfrJb 12, 1960, S. 49–68; vgl. allgemein R. Sprandel, Überregionale Tendenzen und örtliche Determinanten: Die Bevölkerung der deutschen Städte im Spätmittelalter, in: Saeculum 39, 1988, S. 207–216.

[57] Störmer, wie Anm. 13, S. 581.

[58] Zum mittelalterlichen Hausbau in Franken K. Bedal, S. Codreanu, W. Endres, H. Heidrich u. W. Oppelt, Ein Bauernhaus aus dem Mittelalter, 1987 und K. Bedal, Fachwerk vor 1600 in Franken: eine Bestandsaufnahme (Quellen und Materialien zur Hausforschung in Bayern 2; zugleich Schriften und Kataloge des Fränkischen Freilandmuseums Windsheim 11), 1990.

[59] Sehr deutlich herausgearbeitete Abhängigkeit von räumlichen und sozialen Strukturen bei K. Zimmermann, Obrigkeit, Bürgertum und Wirtschaftsformen im alten Wertheim, MainfrSt 11, 1975.

[60] Störmer, wie Anm. 13, S. 582f.

[61] Nach K. Arnold, Spätmittelalterliche Sozialstruktur, Bürgeropposition und Bauernkrieg in der Stadt Kitzingen, in: JffL 36, 1976, S. 173–214; vgl. auch dessen Beitrag in diesem Band.

[62] Besonders wieder Schich, wie Anm. 4, dazu Ders., Die Reichen und die Armen von Würzburg, in: I. Batori (Hg.), Städtische Gesellschaft und Reformation, 1980, S. 97–135, hier S. 131; vgl. Beitrag Störmer in diesem Band.

[63] E. Schubert, Die Landstände des Hochstifts Würzburg (VGffG IX/ 23), 1967, bes. S. 34ff.; vgl. dazu auch Beitrag Scherzer in diesem Band.

[64] Zu den Möglichkeiten und zum Forschungsstand der Stadtkernanalyse H. Jäger, (Hg.), Stadtkernforschung (Städteforschung Reihe A, Darst. 27), 1987.

[65] D. A. Chevalley (Bearb.), Unterfranken. Ensembles, Baudenkmäler, archäologische Geländedenkmäler (Denkmäler in Bayern VI), 1985; vgl. auch die bezirksamtsweise erschienenen Bände der Reihe ›Die Kunstdenkmäler des Königreichs Bayern‹. Regierungsbezirk Unterfranken und Aschaffenburg 1911–1927 (24 Bde, z.T. in Reprints wieder erhältlich) und G. Dehio, Handbuch der Deutschen Kunstdenkmäler, Bayern I, bearb. von T. Breuer u.a., 1979.

Literatur (Auswahl)

Zur mittelalterlichen Stadtgeschichte allgemein:

Übersichtsarbeit mit reichen Literaturangaben E. Isenmann, Die deutsche Stadt im Spätmittelalter. Stadtgestalt, Recht, Stadtregiment, Kirche, Gesellschaft, Wirtschaft (UTB für Wissenschaft, große Reihe), 1988; C. Haase (Hg.), Die Stadt des Mittelalters, 1969 (dreibändiges Sammelwerk mit zentralen Aufsätzen zur Stadtgeschichte = Wege der Forschung 243–245); noch immer anregend H. Pirenne, Sozial- und Wirtschaftsgeschichte Europas im Mittelalter, 5. Aufl. 1982, S. 163 ff.; z. T. veraltet H. Planitz, Die deutsche Stadt im Mittelalter, 1954; H. Stoob, Forschungen zum deutschen Städtewesen in Europa, 1970 (Slg. zentraler Aufsätze); Ders. (Hg.), Die Stadt. Gestalt und Wandel bis zum industriellen Zeitalter (Städtewesen 1 = wichtigste Forschungsreihe zur Stadtgeschichte), 1979; knapp Ders., Die hochmittelalterliche Städtebildung im Okzident, in: Ders. (Hg.), Die Stadt, 1979, S. 131–156; Ders., Stadtformen und städtisches Leben im späten Mittelalter, in: Ders. (Hg.), Die Stadt, 1979, S. 157–194.

Zu 1: Phasen der Stadtentwicklung

Übersichtsarbeiten zur fränkischen Stadtentwicklung: K. Bosl, Historische Grundstrukturen der fränkischen Stadt – Entstehung, Typus, Funktion. Die Mainstädte (Würzburg, Bamberg, Schweinfurt) und der Fall Haßfurt, in: Ders., Die Bayerische Stadt in Mittelalter und Neuzeit, 1988, S. 316–328; einschlägige Bände des HAB, Teil Franken und mit kurzen ortsgeschichtlichen Abrissen Handbuch der historischen Stätten Deutschlands, Bayern, 1974; unentbehrlich E. Keyser/H. Stoob (Hgg.), Bayerisches Städtebuch I, (= Deutsches Städtebuch IV), 1971; mit zahlreichen Karten, Tabellen und einem ›stadthistorischen Überblick‹ A. Scheuerbrandt, Südwestdeutsche Stadttypen und Städtegruppen bis zum 19. Jahrhundert, Heidelberger Geographische Arbeiten 32, 1972; P. Schöffel, Alte Städte in Mainfranken, Mainfränkische Heimatkunde 2 (Grundzüge); W. Störmer, Die Gründung von Kleinstädten als Mittel herrschaftlichen Territorialaufbaus, gezeigt an fränkischen Beispielen, in: ZBLG 36, 2, 1973, S. 563–585; in den Grundzügen noch immer stimmig A. Welte, Zur Entstehung der mainfränkischen Städte, in: Petermanns Mitteilungen 87, 1941, S. 223–250. Weiterführende Literatur zu den einzelnen Städten findet sich unter den Anmerkungen nach der jeweiligen ersten Erwähnung der Stadt; kontinuierlicher Nachweis der erscheinenden Arbeiten über unterfränkische Städte durch die ›Unterfränkische Bibliographie‹ im MainfrJb.

Zu 2: Das spätmittelalterliche Städtesystem in Mainfranken: Verteilung und Entwicklungschancen städtischer Siedlungen in der Konkurrenz der Standorte

Zur Rezeption des ›Zentrale Orte‹-Konzeptes von Christaller siehe H.-H. Blotevogel, Die Theorie der Zentralen Orte und ihre Bedeutung für Volkskunde und Kulturraumforschung, in: G. Kaufmann (Hg.), Stadt-Land-Beziehungen, 1975, S. 1–13; zur Einordnung der Stadtentwicklungen in die allgemeine Kulturlandschaftsgeschichte M. Born, Die Entwicklung der deutschen Agrarlandschaft, 1974; G. W. Heinze, H.-M. Drutschmann, Raum, Verkehr und Siedlung als System, dargestellt am Beispiel der deutschen Stadt des Mittelalters (Vorträge und Studien aus dem Institut für Verkehrswissenschaft 17), 1977; als Einführung in die geographische Stadtforschung mit genetischem Ansatz B. Hofmeister, Stadtgeographie, 1980 und später (Das Geographische Seminar), bes. S. 37 ff.; zur Methodik der genetisch arbeitenden Geographie zur Einführung H. Jäger, Entwickungsprobleme europäischer Kulturlandschaften, 1988; Zusammenfassung der wichtigsten Forschungsansätze in der Nachfolge Christallers bei P. Schöller (Hg.), Zentralitätsforschung (Wege der Forschung 301), 1972.

Zu 3: Das historisches Erbe des spätmittelalterlichen Städtewesens

Neben Literatur in Anm. 65 mit weiterführender Literatur H.-E. Lindemann, Historische Ortskerne in Mainfranken: Geschichte – Struktur – Entwicklung, 1989.

BILDUNG UND LITERARISCHES LEBEN

Rudolf Endres

Schulen, Universität und Bibliotheken

Überblick

Zentren der Bildung entstanden im Mittelalter stets in unmittelbarer Nähe zu den Bischofssitzen und Klöstern, weshalb man von einem ›kirchlichen Bildungsmonopol‹ spricht, das die Strukturen des Schul- und Bildungswesens entscheidend geprägt hat. Erst seit dem Ende des 14. Jahrhunderts lassen sich in einigen Städten und Märkten eine stärkere Teilnahme der Bürgerschaft bzw. die Aufsicht des Rates über das Schulwesen nachweisen. Meist nach längeren Auseinandersetzungen wurde schrittweise das Bildungsmonopol der Kirche durchbrochen, und die Pfarr- oder Lateinschule wurde weitgehend kommunalisiert. Der Rat setzte nun, meist im Einvernehmen mit dem Pfarrer, den Schulmeister ein und übernahm auch einen Teil seiner Besoldung. Der Schulmeister wurde so zu einem Bediensteten der Stadt und hatte dem Rat einen Diensteid zu leisten. Dabei blieb jedoch die ursprüngliche Funktion der Latein- oder Pfarrschule als Hilfsanstalt der Kirche weiter bestehen, waren Unterricht und Schulbetrieb weiterhin auf die Mitwirkung beim Kirchendienst ausgerichtet. Als Gegenleistung kam die Kirche für den Unterhalt der Schule sowie für Kost und Logis des Schulmeisters auf oder für einen Teil seines Soldes. Im ausgehenden Mittelalter finden sich daneben Ansätze für sog. ›Teutsche Schulen‹, in denen Privatpersonen als Schreib- und Rechenmeister Unterricht erteilten.[1]

1. *Domschule*

Die Anfänge eines institutionalisierten Bildungswesens in Unterfranken sind bereits in der Karolingerzeit zu suchen. Es fehlen zwar konkrete Belege, doch kann man davon ausgehen, daß gleichzeitig mit der Gründung der Bistümer auch Kathedralschulen oder mit dem dazugehörigen Kloster verbundene Schulen entstanden.[2] Denn für eine erfolgreiche Missionierung und Verbreitung der christlichen Religion war es unabdingbar notwendig, genügend gelehrte Personen auszubilden, die das Evangelium angemessen verstehen und anderen vermitteln konnten. Für die Existenz einer Schule am Dom zu Würzburg spricht zudem, daß die karolingischen

Codices, die aus der hervorragenden Würzburger Schreibschule stammen, deutliche Benutzungsspuren aufweisen, und vor allem lassen die zahlreichen althochdeutschen Glossen an einen Einsatz für Unterrichtszwecke schon im 9. Jahrhundert denken.[3]
Mit dem Grammatiker Stephan von Novara, der um die Mitte des 10. Jahrhunderts an die Würzburger Domschule berufen wurde, kann erstmals einer ihrer Lehrer namentlich erfaßt werden. Nahezu 20 Jahre unterstand diese Schule seiner Leitung, bevor Stephan frühestens 970 in seine Heimat an das Domstift von Novara zurückkehrte. Die Bücher, die er besaß, ließ er dabei in Würzburg zurück, wo sie fortan seinen Nachfolgern bzw. ihren Schülern zur Verfügung standen.[4]
Zu Beginn des 11. Jahrhunderts betreute *famosus ille Wirzeburgensis magister Pernolfus*[5] die Domschule. Die Absolventen dieser Schule waren vorrangig für kirchliche Aufgaben innerhalb der Diözese bestimmt. So berichtet die Vita des Adalbero von Lambach-Wels, der 1045 in Würzburg zum Bischof ernannt wurde, er sei bereits in früher Jugend von seinem Vater der Domschule übergeben worden.[6]
Im 12. Jahrhundert hatte die Domschule in Würzburg ihre frühere Bedeutung wohl weitgehend eingebüßt, da zum einen die ›vita communis‹ mit ihrer strengen Disziplin aufgegeben und zum anderen der Fächerkanon nicht an die neueren Entwicklungen angepaßt worden war. Die einstig führende Bildungsstätte verkümmerte dadurch zu einer bloßen Vorbereitungsschule für die neuen Universitäten, an denen die scholastische Theologie sowie die Jurisprudenz und die Medizin ihren Eingang in den Lehrbetrieb gefunden hatten.[7]
Für das ausgehende 15. Jahrhundert gibt es dann eine vorzügliche Quelle, die etwas tiefere Einblicke in den Ablauf des Unterrichts sowie in die Lehrinhalte der Domschule gestatten. Denn in seinen ›Colloquia‹ aus der Zeit von 1480–1490 reagiert der Domschulmeister Magister Petrus Popon offensichtlich auf die bedrängende Konkurrenz insbesondere der Schule am Stift Neumünster. Er sah sich schließlich veranlaßt, in einigen fiktiven Gesprächen die Vorzüge der ihm unterstehenden Domschule deutlicher hervortreten zu lassen und diese besonders herauszustreichen. Er schildert in den ›Colloquia‹ die Situation eines Knaben aus Schweinfurt, der zum Lernen nach Würzburg kommt. Zunächst wird ihm die Neumünsterschule von einem ihrer Angehörigen als die beste Würzburger Schule gepriesen. Nachdem ihm jedoch das Programm der Domschule eingehender vorgestellt wird, entscheidet sich der wißbegierige junge Schweinfurter spontan für diese. Auch bei einer am Stift Haug stattfindenden fiktiven Disputation zwischen Dom- und Neumünsterschülern kann die Domschule im direkten Wettbewerb sowohl in der Grammatik und Logik als auch in der Rhetorik

den größeren Erfolg für sich verbuchen. Eine Verspottung der Domschule durch einen Schüler am Stift Neumünster gerät, entsprechend der tendenziösen Absicht von Magister Petrus Popon, unfreiwillig zum großen Vorteil der angegriffenen Lehranstalt. Der angeführte Unterrichtsstoff läßt zudem eine gewisse Öffnung der offensichtlich fortschrittlicheren Domschule für die von den Humanisten propagierte Lektüre antiker römischer Autoren erkennen, während diese an der Neumünsterschule ausgeschlossen blieben. Im übrigen waren sich beide Unterrichtsanstalten jedoch offenkundig sehr ähnlich. So standen am Beginn und am Ende jedes Unterrichtstages, der am Dom um 5.00 bzw. um 6.00 Uhr im Stift Neumünster begann, jeweils eine Andacht. Ein Schulgeld wird von Magister Petrus Popon nicht erwähnt.[8]

2. *Kloster- und Stiftsschulen*

Im Hochmittelalter waren neben der Domkirche die geistlichen Orden die wichtigsten Träger des Bildungswesens, wenn auch mit unterschiedlicher Intensität. Die Bildungsstätten der Klöster (Farbbild S. 453) waren geteilt in eine innere Schule für den Nachwuchs des Klosters und eine äußere Schule, die auch anderen Kindern offenstand, die überwiegend aus dem Bürgertum der Stadt stammten. An dem Benediktinerkloster St. Burkard, das später in ein Ritterstift umgewandelt wurde, kann schon für das Jahr 1113 die Existenz eines Schulmeisters belegt werden.[9] Wissenschaftlich geschulte Mitglieder des Konvents, aber auch angestellte Laien oder Weltgeistliche erteilten Unterricht für auswärtige Schüler, die nicht Novizen waren.[10]

Eine weitere Schule bildete sich bei dem Benediktinerstift St. Stephan[11] in Würzburg, wo erstmals 1212 das Amt eines Kantors oder Sangmeisters belegt ist. Er wurde vom Abt ernannt und war für die Ausbildung der ›scholares‹ zuständig, mit denen er die Psalmen, Chorgesänge, die Heiligen Schriften und die Klosterregeln einzuüben hatte. Der Schulmeister erhielt zwar vom Konvent für seine Dienste eine Pfründe als Entlohnung, mußte aber nicht unbedingt Mitglied des Konvents sein.

In dem Benediktinerkloster Neustadt am Main[12] wurde der Unterrichtsbetrieb im 15. Jahrhundert freilich nur noch auf einem ziemlich anspruchslosen Niveau weitergeführt, während an anderen Klöstern die innere Schule zum Teil sogar völlig eingegangen war. In Münsterschwarzach[13] wird erst im 16. Jahrhundert wieder eine Schule erwähnt.

Insbesondere in der Bischofsstadt Würzburg entfalteten die Bettelorden eine rege Bildungstätigkeit. Die Dominikaner, die Franziskaner[14] und die Augustiner-Eremiten[15], die zudem auch in Münnerstadt ähnliche Initiati-

ven ergriffen, errichteten Schulen nicht nur zur Ausbildung des eigenen Nachwuchses. Allerdings liegen außer den Belegen für die Existenz der Schulen kaum genauere Nachrichten über ihre Tätigkeit und ihr Wirken vor. Schließlich versuchten auch die Würzburger Karmeliten 1431 ein ›studium primum partikulare‹ in Gang zu bringen. Hinsichtlich der Schulen im Aschaffenburger Raum wird auf den Beitrag von R. Fischer (S. 151 f.) verwiesen.
Wegen ihrer intensiven Bemühungen um die Wissenschaft sind aber vor allem die Zisterzienser hervorzuheben, deren Abt Winrich von Ebrach schon 1282 in Würzburg in dem Hof Sunderhofen ein Studienhaus für die Ordensmitglieder einrichten ließ. Auf seine Initiative erhielt dieses zwei Jahre später vom Generalkapitel der Zisterzienser auch die notwendigen Privilegien verliehen. Dennoch hatte die wissenschaftliche Stätte keinen Bestand und wurde, nachdem um 1373 nochmals kurzfristig eine Wiederbelebung versucht worden war, 1394 endültig nach Erfurt oder nach Heidelberg übertragen.[16]
Neben dem Ritterstift St. Burkard in Würzburg, das aus dem umgewandelten Benediktinerkloster entstanden war, weist insbesondere das um 1057/58 gegründete Stift Neumünster eine reiche schulische Tradition auf.[17] Die Reihe der Scholaster kann hier bis zu Richer 1136 zurückverfolgt werden[18], während an dem 1002 von Bischof Heinrich I. gegründeten Kollegiatstift Haug erst 1176 *Burchardus magister scolarum* erwähnt wird.[19] Das Niveau dieser beiden Schulen war so hoch, daß es im Spätmittelalter ohne weiteres möglich war, von diesen Schulen unmittelbar auf Universitäten überzuwechseln. Aus beiden Stiften finden sich im 14. Jahrhundert einige als Hochschulbesucher oder sogar Rektoren in Heidelberg und Erfurt.[20] Mit Einschränkungen traf dies auch auf die Absolventen der äußeren Klosterschule am Stift St. Burkard[21] und der Domschule[22] zu, so daß die Diözese Würzburg auf den spätmittelalterlichen Universitäten relativ zahlreich vertreten war. So besuchten etwa die philosophische Fakultät in Prag zwischen 1373 und 1447 fast 50 Studenten aus der Diözese Würzburg und etwa die gleiche Zahl war an der Universität Heidelberg immatrikuliert. In Erfurt haben zwischen 1393 und 1490 nicht weniger als 800 Angehörige des Hochstifts studiert, darunter auch der spätere Bischof Lorenz von Bibra.[23] Unter den Universitätsbesuchern finden sich junge fränkische Adelige, insbesondere aber Mitglieder der Domstifte und vor allem Kleriker aus den Kollegiatstiften, aber auch Bürger aus den unterschiedlichsten Orten der Diözese Würzburg. Es war also ein reges geistiges Interesse und Leben in der Diözese vorhanden.

3. *Die Universitätsgründung in Würzburg (1402)*[24]

In der älteren Würzburger Geschichtsschreibung wurde verbreitet, schon Bischof Berthold von Sternberg habe 1282 Lehrer aller Fakultäten nach Würzburg berufen und die Gründung einer Hochschule beabsichtigt. In diesem Jahr war allerdings, wie F. X. Wegele gezeigt hat, lediglich das Studienhaus der Zisterzienser gegründet worden. Zur späteren Universität, deren Gründung erst 1402 erfolgte, führt von diesem Studienhaus keine direkte Verbindungslinie. Ein indirekter Zusammenhang besteht nur insofern, als es im ausgehenden 14. Jahrhundert in Würzburg offenkundig intensive wissenschaftliche und literarische Bemühungen gab, die vor allem an den zahlreichen Studenten an den Universitäten Bologna, Paris, Prag, Wien, Heidelberg und Erfurt abzulesen sind.

Sogleich nachdem Bischof Johann I. von Egloffstein in Würzburg sein Amt angetreten hatte[25], begann er mit umfangreichen Reformmaßnahmen, die nicht zuletzt das Bildungswesen betrafen. Bischof Johann war der erste geistliche Fürst im Reich, der eine neue Universität ins Leben rief. Er hatte nach dem Besuch der Würzburger Domschule in Heidelberg studiert und wußte dadurch Bescheid über die Bedingungen und die Organisation einer solchen Bildungsstätte. Der Zweck oder die Intention seiner Neugründung bestand vor allem darin, dem geistlichen Nachwuchs in seiner Diözese eine bessere Ausbildung oder eine verbesserte berufliche Qualifikation zu vermitteln. Darüber hinaus sind aber auch Ansätze hin zu einer Territorialisierung des Bildungswesens erkennbar. Denn eine innerhalb des Stifts gelegene Ausbildungsstätte eignet sich vorzüglich dazu, die Studenten, die eine berufliche Position in der Diözese oder in der Verwaltung des Territoriums anstrebten, stärker zu integrieren. Zudem wird eine Kontrolle der Ausbildungsinhalte und der Verhaltensformen der Studenten erleichtert, was bei auswärtigen Universitätsbesuchen praktisch unmöglich war.

Nach dem Erwerb der notwendigen Gebäude wurden die rechtlichen Grundlagen gelegt (Farbbild S. 453). Papst Bonifaz IX. genehmigte am 10. Dezember 1402 in Würzburg eine Hohe Schule und stattete sie mit den entsprechenden Privilegien aus, wofür die Universität in Bologna als Vorbild diente.[26] Daraufhin konnten die Lehrtätigkeit in einer theologischen und einer juristischen Fakultät aufgenommen werden (Abb. S. 536). Weiterhin ist die Existenz einer artistischen Fakultät grundsätzlich anzunehmen, auch wenn sie nicht eigens erwähnt wird. Zu ihren akademischen Lehrern gehörten u. a. der aus Wien kommende Peter von Treysa, Johann Ambundii, der spätere Erzbischof von Riga, Winand von Steeg, der später Sekretär von Kaiser Sigmund wurde, Johann Zantfurt sowie Bartholomäus Frowein, ein Zisterzienser aus Kloster Ebrach.

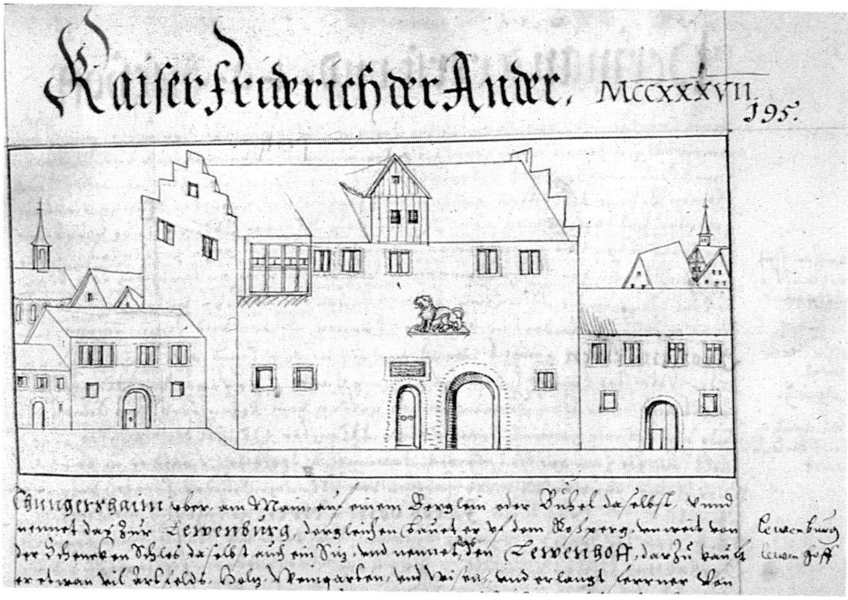

Der Lehrbetrieb in der ersten Hochschule in Würzburg fand im Großen Löwenhof statt. Abb. aus Fries-Chronik der UBW M.ch.f. 760, Bl. 195 a.

Die eigene Gerichtsbarkeit wurde der neuen Universität erst im Jahr 1410 zugestanden. Im Gegenzug zum entsprechenden Privileg Bischof Johanns vom 2. Oktober 1410 versprachen der Rektor, damals Johann Zantfurt, die Professoren und Studenten sowie die Stadt Würzburg, die besonderen Rechte der Universität zu achten und einzuhalten.

Allerdings hatte Bischof Johann es angesichts der schwierigen finanziellen Situation des Bistums versäumt, eine ausreichende und dauerhafte materielle Grundlage der neuen Universität zur Verfügung zu stellen.[27] Zwar wurden mit Zustimmung des Kapitels als Gegenleistung zu einem bischöflichen Verzicht auf Kollektengelder die Gefälle der Erzpriesterämter an die Hohe Schule überwiesen, doch eine sichere Dotierung, wie etwa eine Inkorporation von Pfründen zugunsten der Professoren fand nicht statt. Dieses Versäumnis wirkte sich bald sehr nachteilig aus, als Bischof Johann wegen seiner Forderungen nach neuen außerordentlichen Steuern und Zehnten in einen schwerwiegenden Konflikt mit dem Domkapitel geriet. Zusätzlich gab es in der Stadt Würzburg deutliche Spannungen zwischen der Geistlichkeit und der Bürgerschaft, worunter die Attraktivität der Hochschule für einheimische und vor allem fremde Studenten litt. Bei einem *ufflauf* 1406 erlitt sogar der Rektor Günter von der Kere einigen materiellen Schaden. In einer päpstlichen Bulle wurde daraufhin der Universität und ihrem Personal der besondere Schutz auch ihrer Güter zugesichert.

Der Bischof von Augsburg, der Domdechant von Mainz und der Dechant von Stift Haug in Würzburg wurden mit der Überwachung dieses speziellen Schutzes beauftragt.
Nach dem Tod von Bischof Johann I. im Jahre 1411 hatte das verärgerte Domkapitel kein Interesse daran, die Kosten für die von Johann gegründete Hochschule zu tragen.
Schließlich fiel 1413 auch noch der Rektor Johann Zantfurt einem Mord zum Opfer, dessen Hintergründe nicht geklärt werden konnten (Farbbild S. 453). Dieses Verbrechen setzte allenfalls ein aufsehenerregendes äußerliches Indiz für den Niedergang der Universität. Die tieferen und eigentlichen Ursachen ihres Scheiterns lagen vielmehr in den Differenzen zwischen Bischof und Domkapitel sowie zwischen Klerus und Bürgerschaft an ihrem Standort, weiterhin in der ungesicherten materiellen Dotierung und im Fehlen eines vermögenden Trägers. Faktisch erlosch die Universität und existierte nur noch als Fiktion weiter. Die sogenannte Rufus-Chronik berichtet schon nach dem Tod Bischof Johanns I. von Egloffstein: *do he dot was, do vorghink dat studium.*[28]

4. *Lateinschulen*

In Schweinfurt gab es wahrscheinlich, wie es für Rothenburg sicher belegt ist, schon am Ende des 13. Jahrhunderts eine ›gemeine‹ Pfarr- oder Lateinschule, die durch einen Scholaster des Stifts Haug in Würzburg geleitet wurde. Dies geht zumindest aus den Quellen des ausgehenden 14. Jahrhunderts hervor.[29]
Urkundlich belegt ist auch für das 13. Jahrhundert schon eine ›gemeine‹ Schule in Münnerstadt. Hier bestand seit 1251 eine Kommende des Deutschen Ordens, der auch eine Schule errichtete, an der zwischen 1281 und 1302 ›Heynricus de Geylinghausen‹ als ›rector scholarum‹ die Stadtkinder im Lesen und Schreiben der deutschen Sprache, im Gesang sowie in den Anfängen des Lateinischen unterrichtete.[30] Außer dem Schulgeld, für das jeweils die Eltern aufzukommen hatten, erhielt der Lehrer zusätzlichen Lohn durch den Deutschen Orden, der ihn auch verköstigte.[31] Über Anstellung und Entlassung des Schulmeisters entschied zunächst allein der Orden, doch seit 1335 konnte auch der Rat seinen Einfluß geltend machen. Denn seit diesem Jahr war ein Ausschuß von vier Personen, der paritätisch von Deutschordensbrüdern und Ratsherrn besetzt wurde, für die Benennung und Einsetzung des Schulmeisters zuständig.
Diese Entwicklung zur Kommunalisierung der Schule ist vor allem charakteristisch für das 15. Jahrhundert, als die Gemeinden in der Regel mit Er-

folg versuchten, mehr Einfluß und Kompetenzen im Schulwesen zu gewinnen. Dies mußte unausweichlich zu Konflikten mit der Kirche führen, die bislang weitgehend unangefochten das Bildungsmonopol besessen und wahrgenommen hatte. In Kitzingen beispielsweise berief der Rat 1426 eigenmächtig einen Schulmeister an die Lateinschule. Der Pfarrer sah darin eine Einschränkung seiner tradierten Rechte, hatte er doch auch aus den kirchlichen Einkünften für den Unterhalt des Schulmeisters zu sorgen. Der Streit wurde schließlich dem Würzburger Bischof als dem Landesherrn vorgebracht. Seine Entscheidung führte zu einer gewissen Parität, indem fortan der Rat und der Pfarrer den Schulmeister gemeinsam bestimmen und in sein Amt einsetzen sollten.[32]

Die Pflichten des Schulmeisters (Farbbild S. 454) sind etwa in der Eidesformel, die in Volkach 1504 gültig war, eingehend beschrieben. Grundsätzlich verpflichtete sich der Schulmeister: *Das ich einem pfarrer oder seinem stathalter gehorsam und gedrewe sein sol und wil in der kirchen mit singen und lesen wes ich von ime und seinem cappellan (...) geheißen und bescheiden wurden, gedrewlich volziehen.*[33] Weiterhin wurde seine Verschwiegenheit über dienstliche Angelegenheiten eingefordert, und vor allem hatte er die Zubereitung und das Auftragen für den Tisch des Pfarrers zu besorgen und durfte sich nur nach besonderer Erlaubnis dazusetzen. Erst an dritter Stelle stand die Aufgabe, *Auch den burgers und andern kindern in der schuele, kirchen, kore und allen geburlichen enden mit singen, lesen und lere vleißick und gedrewlich vorsein.* Genaue Vorschriften gab es ferner für die Strafen, wenn einer der Schüler gegen die disziplinarischen Regeln verstieß. Die Art der Strafe war genau festgelegt, wobei es grundsätzlich verboten war, auf Hände oder Köpfe zu schlagen. Für beide Seiten, den Schulmeister und den Rat, wurde eine vierteljährliche Kündigungsfrist vereinbart. In Ochsenfurt war zur gleichen Zeit der Einfluß der Kirche bereits stärker zurückgedrängt. Aus dem städtischen Eidbuch von 1498, in dem auch die Pflichten und Rechte des Schulmeisters genau geregelt sind, wird deutlich, daß der Rat sich hier weitgehend hatte durchsetzen können. Die Besetzung der Stelle fiel eindeutig und uneingeschränkt unter die Kompetenz des Rates. Der Schulmeister war nun ein städtischer Angestellter.

Dem Rat hatte der angenommene Lehrer durch Eid zu versprechen, *Daß ich der Schulen und der Kirchen getreulich warten und die Schüler auf das Best nach eines jeden Verständnisse lehren und nach einer jeden Sache dieselbigen ziemlichen nach eines jeden Alters strafen*[34] werde. Je nach Anzahl der Schüler mußte er zugleich zusagen, ein bis zwei Locaten, also ältere Schüler in der Funktion von Hilfslehrern, anzustellen, die ihn auch beim Heizen des Schulgebäudes, bei den Gebeten sowie bei der sicheren Aufbewahrung der Bücher und der liturgischen Geräte unterstützen sollten. Dem Lehrer wurde im Schulhaus eine Wohnung überlassen, in der er auch nachts anwesend sein mußte, um den Ausbruch von Feuer verhüten zu können. Wenn er die Stadt für einige Zeit verlassen wollte, hatte er hierzu die Erlaubnis des Bürgermeisters oder des Gotteshauspflegers einzuholen. Seine Mahlzeiten erhielt der Schulmeister donnerstags sowie an den Feiertagen im Pfarrhof, an den übrigen Tagen hatte er gemeinsam mit den Pfründnern im Spital seinen Tisch. Als jährlicher Lohn galt später eine Summe von 28 Gulden, die ihm der Gotteshauspfleger auszuhändigen hatte. Hinzu kamen weitere Einnahmen aus liturgischen Aufgaben oder von Hochzeiten und Beerdigungen, die er sich mit den Lokaten zu teilen hatte. Für beide Seiten, den Rat und den Lehrer galt eine vierteljährliche Kündigungsfrist.

Nachdem Schulen zunächst nur in Städten und Märkten angesiedelt waren, verbreiteten sie sich im ausgehenden 15. Jahrhundert sogar auf die großen Pfarrdörfer des Umlandes[35], wie Marktbreit und Sommerach.

Die humanistische Bewegung drang nur langsam und gegen heftigen Widerstand nach Franken vor. Zu den größten Förderern gehörten Ratsherren der Reichsstädte. Wie in Nürnberg und Rothenburg bemühten sich auch einige Ratsherrn in Schweinfurt, humanistisch gebildete Schulmeister, sogenannte ›Poeten‹, als Lehrer zu gewinnen, um somit neue Lerninhalte an der Lateinschule einzuführen.

5. *Teutsche Schulen*

Zumindest in den größeren Städten gab es neben den Latein- oder Pfarrschulen zudem noch die sog. ›Teutschen Schulen‹, die als selbständige Einrichtungen privater Unternehmer organisiert waren.[36] Ihre Lehrer besaßen in etwa den Status von Handwerkern. Sie unterstanden der städtischen Obrigkeit, welche die Teutschen Schulen konzessionierte, Schulordnungen erließ und deren Einhaltung überwachte, sowie die Höhe des von den Schülern zu zahlenden Schulgeldes festlegte.

Diese Teutschen Schulen waren einem stärkeren Wettbewerbsdruck ausgesetzt, weshalb ihr Lehrplan mehr praxisnahe Fertigkeiten umfaßte, die der wachsenden Nachfrage der erwerbstätigen Bürger und ihren wirtschaftlichen Erfordernissen entsprachen. Die Teutschen Schulen konzentrierten sich überwiegend auf das Erlernen von Lesen und Schreiben in deutscher Sprache sowie zum Teil sogar auf das Erlernen der Rechenkünste.[37]

In der Regel besaßen die teutschen Schulmeister keine besondere privilegierte Stellung. In Kitzingen waren ihm jedoch die Nachtwachen und das Torhüten, das sonst zu den Pflichten aller Bürger zählte, durch den Rat erlassen worden.[38]

Oft war mit der Tätigkeit von Stuhlschreibern auch das Unterrichten verknüpft. Bei dem 1437 in den Würzburger Steuerrechnungen aufgeführten Stuhlschreiber Michel gibt es allerdings hierfür noch keinen gesicherten Nachweis, dafür aber zum Jahr 1508, als Johannes Adler aus Niedernhall sich als ›tewscher schulmeister‹ in Würzburg niederließ.[39]

Die Verzahnung und Überschneidung der unterschiedlichen Schultypen, denen noch keine klare hierarchische Abstufung und präzise Trennung zu eigen war, zeigt sich in Münnerstadt, wo seit 1450 ein teutscher Schulmeister als Gehilfe des Lateinschulmeisters tätig war. Der teutsche Schulmeister erteilte den Elementarunterricht, nach dem erst die Schüler an die vom ›rector scolarium‹ geleitete ›gemaine‹ oder ›vermengte‹ Lateinschule überwechseln konnten.[40]

Ebenso ist in Schweinfurt neben der schon im 14. Jahrhundert genannten Lateinschule seit 1488 auch eine teutsche Schule belegbar[41], in der Heinz Schneider nicht nur Unterricht erteilen, sondern auch mit Büchern und Schreibwaren handeln durfte. Sein Einkommen setzte sich somit aus den Schulgeldern seiner Schüler sowie aus den Einnahmen aus seiner sonstigen gewerblichen Tätigkeit zusammen.

Einen größeren Aufschwung erlebte der Typus der Teutschen Schule jedoch erst im Verlauf des 16. Jahrhunderts, als nachweislich auch in Ochsenfurt[42] und in Kitzingen[43] derartige Einrichtungen gegründet wurden. Für den teutschen Schulmeister in Ochsenfurt galten aufgrund des 1532 angelegten Amtsbuches nahezu die gleichen Bedingungen, wie bereits 1498 für den Schulmeister der Lateinschule. Allerdings wurde ihm keine Wohnung gestellt und er erhielt auch kein fixes Gehalt. Auch wurden nun vom Rat die Lehrinhalte genauer festgelegt, denn der deutsche Schulmeister in Ochsenfurt sollte seine Schüler *in dem gewöhnlichen katholischen Katechismus fleißig unterweisen und daran sein, daß sie alle Stücke desselben auswendig recitieren lernen.*[44]

6. *Bibliotheken*

Das Bildungsniveau und die unterschiedlichen Formen der Wissensvermittlung lassen sich vorzüglich am Vorhandensein von Büchern ablesen. Über die spätmittelalterliche Bibliothekslandschaft im heutigen Unterfranken besitzen wir relativ spärliche Informationen, obwohl die Bibliothekswissenschaft inzwischen einige Ergebnisse zutage gefördert hat. Dennoch lassen nur wenige Bücherverzeichnisse oder Inventare genauere Rückschlüsse über den Umfang und die Zusammensetzung der Bibliotheken zu, welche zumindest rudimentär bei allen der genannten Schulträger als vorhanden anzunehmen sind. Die wenigen überlieferten bzw. bereits publizierten Nachrichten zu Bibliotheken beziehen sich insbesondere auf kirchliche Einrichtungen, wie das Domstift von Würzburg, das Stift Neumünster, das Dominikanerkloster, die Marienkapelle auf dem Grünen Markt, das Benediktinerkloster Münsterschwarzach sowie die Pfarrkirche von Wertheim.[45] Schon bald nach der Gründung des Bistums gab es in Würzburg eine aufblühende Handschriftenproduktion.[46] Darunter finden sich auch die wichtigsten, zum Erlernen der lateinischen Sprache notwendigen Werke wie die ›Institutiones‹ von Cassiodor, von Isidor von Sevilla die ›Etymologien‹, ein Glossar, eine Grammatik, ein Traktat ›De syllabis‹ von Bonifatius selbst sowie Schriften der antiken Rhetorik.

Die ältesten Hinweise auf Buchbesitz stammen ebenfalls aus der Karolingerzeit und beziehen sich auf das Domstift in Würzburg. Um das Jahr 800 sind hierfür zwar erst drei Titel zu den artes genannt: Prosper, Altheim und eine grammatica, doch sie zeigen, daß in Würzburg aufbauend auf den elementaren Grammatikunterricht bereits eine Lektüre für Fortgeschrittene in Gebrauch war. Eine weitere Liste wurde etwa um die Jahrtausendwende angelegt und zeigt vor allem eine beachtliche Erweiterung auf dem Gebiet der Theologie.

Um 1000 ist auch eine Stiftsbibliothek in Aschaffenburg nachweisbar, doch wuchs sie nur langsam an, so daß es erst zu Beginn des 14. Jahrhunderts notwendig war, einen eigenen Raum für die Bücher zu errichten.[47]

Noch weniger Nachrichten liegen über privaten Buchbesitz vor. Meist wird ein solcher erst erkennbar, wenn ein Büchersammler seine Bibliothek testamentarisch kirchlichen Bibliotheken als Grundstock oder als Ergänzung vermachte und stiftete. So schenkte Magister Konrad Wellin, Professor der Theologie in Köln, im Jahr 1448 »alle seine Bücher in der Theologie, dem kanonischen und bürgerlichen Recht, der Medizin und in den freien Künsten der Bücherei in der Pfarrkirche von Wertheim in der Diözese von Würzburg«.[48] Bereits drei Jahre zuvor war hier offenbar als Vorbereitung für die zu erwartende reiche Bücherschenkung mit dem Bau eines eigenen Bibliothekraumes begonnen worden, der sich an das nördliche Seitenschiff der Pfarrkirche anschloß. Hier fanden schließlich 63 Bände aus der Büchersammlung Wellins ihren Platz, wodurch die Kirchenbibliothek von Wertheim begründet wurde. Die Titel dieses ursprünglichen Bestandes lassen sich nicht mehr genau ermitteln, doch standen sie als Kettenbücher, die auf Pulte aufgelegt waren, insbesondere den Vikaren an der Pfarrkirche zur Verfügung. Erweitert wurde dieser Bestand in der Folge durch Zustiftungen der Grafen von Wertheim sowie nach der Einführung der Reformation 1561 durch die Einverleibung von Büchern aus der aufgehobenen Kartause Grünau im Spessart. Nicht minder umfangreich als die Wertheimer

Pfarrbibliothek war offenbar die in Ebern, in der 64 Bände erhalten waren, überwiegend biblische und liturgische Texte sowie Kirchenväter. Die zum Teil bis in die Mitte des 14. Jahrhunderts zurückreichenden angeketteten Folianten wurden erst 1878 von der Kirchenstiftung in Ebern an einen Antiqitätenhändler nach München verkauft.
Auch die Kirchenbibliothek von Heilsbronn geht ursprünglich auf den umfangreichen Bücherbesitz eines einzelnen Gelehrten zurück. Johann von Allendorf[49], der Kanzler des Bischofs Rudolf II. von Scherenberg, verfügte testamentarisch, daß die eine Hälfte der Büchersammlung nach Heilsbronn gegeben werden sollte, während er die andere Hälfte dem Stift St. Burkard in Würzburg überließ, wo er selbst eine Pfründe als Stiftspropst genossen hatte.
Noch ungünstiger ist die Quellenlage bezüglich Bibliotheken des unterfränkischen Adels. Wahrscheinlich trifft auch hier die »Grundstruktur einer Adelsbibliothek« zu, wie sie für andere Regionen beschrieben worden ist. Sie könnte eine Bibel, einen deutschen Psalter, ein deutsches Evangelium und ein Epistelbuch, ein Landrecht und ein Lehenrecht, Predigtsammlungen, Traktate zur Erbauung, Gebetbücher, Liederbücher, Gedichte der Hof- und Volkspoesie, ein Haus- und Arzneibuch sowie ein Roß- und Jagdbuch enthalten haben.[50]

Chronologische Liste mittelalterlicher Schulen[51] in Unterfranken mit Jahr der Erstnennung:

Würzburg	770 (Domschule)	Volkach	1447
Aschaffenburg	976	Fladungen	1450
Neustadt am Main	11. Jh.	Bad Königshofen im Grabfeld	1453
Münnerstadt	1281	Lohr am Main	1461
Kitzingen	1301	Mellrichstadt	1472
Karlstadt	1331	Dettelbach	1476
Haßfurt	1359	Mainbernheim	1477
Röttingen	1366	Stadtlauringen	1480
Miltenberg	1379	Aub	1481
Bad Neustadt a. d. Saale	1381	Frickenhausen am Main	1481
Bad Kissingen	1395	Sommerach am Main	1491
Schweinfurt	1397	Eibelstadt	1495
Ebern	1406	Kleinlangheim	1497
Gerolzhofen	1412	Prichsenstadt	1499
Ochsenfurt	1423	Heidingsfeld	1500
Iphofen	1425	Gemünden am Main	1514
Arnstein	1434	Großlangheim	1517
Eltmann	1442	Hofheim i. Ufr.	1520

Anmerkungen

[1] Vgl. hierzu Endres, Schulwesen in Franken, S. 173–215; Ders., Schulwesen von ca. 1200 bis zur Reformation, in: M. Liedtke (Hg.), Handbuch der Geschichte des bayerischen Bildungswesens, 1., 1991, S. 141–188.

[2] Frenz, Schulwesen, S. 113.

[3] Bischoff/Hofmann, Libri Sancti Kyliani, S. 72.

[4] GS Würzburg 1, S. 62 f. und S. 66; Meyer, Privatlehrer, S. 120 f.

[5] Anonymus Haserenis, zit. nach GS Würzburg 1, 1. Tl., S. 91.

[6] GS Würzburg 1, S. 102.

[7] Schmale, Wissenschaft und Bildung, S. 535.

[8] H. Götz, Würzburg im 16. Jahrhundert, 1986, S. 135 Anm. 393.

[9] Fr. Merzbacher, Johann von Allendorf, Stiftspropst von St. Burkard und bischöflicher Kanzler (1400–1496). Ein Lebensbild aus dem spätmittelalterlichen Würzburg, QFW 11, 1955, S. 15; J. B. Stamminger, Die Pfarrei zu St. Burkhard, 1889, S. 229. .

[10] M. Wieland, Historische Darstellung des Stiftes St. Burkhard, I, S. 95 u. II, S. 132.

[11] UBW, M. ch. F. 401/II Bl. 18; M. Ofer, St. Stephan in Würzburg, 1990, S. 374 u. 434.

[12] B. Schemmel, St. Gertrud in Franken, in: WDGBl 30, 1968, S. 72; E. Pleticha-Geuder, Ex Bibliotheca Monasterii Neustatt ad Moenum, in: Kolb/Mälzer, Kostbare Bücher, S. 71.

[13] E. Hochholzer, Die Benediktinerabteien im Hochstift Würzburg in der Zeit der katholischen Reform (ca. 1550–1618), 1988, S. 276 Anm. 3.

[14] Bavaria Franciscana Antiqua, 1956, S. 127.

[15] A. Zumkeller, Urkunden und Regesten zur Geschichte der Augustinerklöster Würzburg und Münnerstadt I, 1966, S. 21–25; S. Back, Das Augustinerkloster Münnerstadt, 1975, S. 35.

[16] In der Chronik des Abtes Albericus von Ebrach ist Erfurt genannt, doch nach der Vermutung von J. Fr. Abert, Aus der Geschichte der ersten Würzburger Universität, S. 2, könnte auch Heidelberg gemeint sein, wo eben 1394 ein Studienhaus der Zisterzienser gegründet worden war.

[17] Wendehorst, Das Stift Neumünster, 1989, S. 231–236.

[18] Wendehorst, wie Anm. 17, bes. 396 ff.: Liste der Scholaster.

[19] H. Hoffmann, Urkundenregesten zur Geschichte des Klosters Himmelspforten, 1962, S. 122; Jakob, Schulen, S. 36.

[20] Abert, Aus der Geschichte der ersten Würzburger Universität, S. 4 f.

[21] Vgl. D. Feineis, Das Ritterstift St. Burkhard zu Würzburg, 1986, S. 42 f.; Stamminger, wie Anm. 9, S. 229 u. 289.

[22] Götz, wie Anm. 8, S. 135.

[23] Braun, Geschichte der Heranbildung des Klerus, S. 56–65.

[24] Schmidt, Geschichte der älteren Universität, S. 85–102; v. Pölnitz, Bischöfl. Reformarbeit.

[25] Wahl: 19. November 1400; Verpflichtung: 9. Mai 1402 Mai; GS Würzburg 2, S. 129.

[26] Ediert bei Wegele, Universität Würzburg, 2, S. 4 f. Nr. 2.

[27] Von seinem Vorgänger Gerhard von Schwarzburg hatte er Schulden in einer geschätzten Höhe von 2,5 Mio. Gulden übernommen; er mußte auch die Politik weiterer Verpfändungen fortsetzen. Vgl. Wendehorst, wie Anm. 17, S. 135 f.

[28] 1. Dezember 1413; Städtechroniken 28, S. 20.

[29] Mahr, Schweinfurt, S. 50 f.

[30] König, Franken, S. 206.

[31] K. Dinklage, Fünfzehn Jahrhunderte Münnerstädter Geschichte, Neudruck 1983, S. 71 f.

[32] D. Demandt, H. Ch. Rublack, Stadt und Kirche in Kitzingen, 1978, S. 27 f.; Endres, Schulwesen in Franken, S. 175 f.

[33] Ediert bei Jakob, wie Anm. 19, S. 479 f.

[34] Zit. nach O. Selzer, Beiträge zur Schulgeschichte der Stadt Ochsenfurt, in: Die Mainlande 6, 1955, S. 77, und G. Knetsch, Verwaltung der Stadt Ochsenfurt zwischen Domkapitelscher Herrschaft und Bürgergemeinde, MainfrSt 45, 1988, S. 154 f.

[35] 1491 Sommerach a. M.; T. J. Scherg, Zur Schule des Dorfes Sommerach a. M., in: Die christliche Schule. Pädagogische Studien und Mitteilungen 6, 1915, S. 154.
[36] Endres, Schulwesen in Franken, S. 188.
[37] Endres, wie Anm. 36, S. 168.
[38] Endres, Sozial- und Bildungsstrukturen, S. 59.
[39] StadtA Würzburg, Rb 212, Bl. 2 v; Jakob, wie Anm. 19, S. 37. Die Behauptung von H. Götz, Würzburg im 16. Jahrhundert, S. 135 Anm. 392 u. daran anschließend König, (1991), S. 215, in Würzburg habe es keine eigene teutsche Schule gegeben, ist so widerlegt.
[40] Dinklage, wie Anm. 31, S. 135.
[41] Mahr, wie Anm. 29, S. 58 ff.; Endres, wie Anm. 36, S. 189.
[42] 1532; Endres, wie Anm. 36, S. 189 und Knetsch, wie Anm. 34, S. 155.
[43] 1540; vgl. Endres, wie Anm. 38, S. 60.
[44] Selzer, wie Anm. 34, S. 78, und Knetsch, a.a.O., S. 155.
[45] Knaus, Bistum Würzburg, S. 869–1020.
[46] Bischoff/Hofmann, Libri sancti Kyliani.
[47] Fischer, Privater Buchbesitz, S. 1- 32.
[48] Übertragung aufgrund des Testaments im Fürstlich Löwenstein-Wertheim Gemeinschaftlichen Archiv in Wertheim, Urk. Lade XVII, Nr. 66; ediert bei Stoll, Kirchenbibliothek Wertheim, 1984, S. 166–174, bes. S. 167 f.
[49] Fr. Merzbacher, wie Anm. 9, S. 5 ff.
[50] O. Brunner, Adliges Landleben, S. 150 f.; Pleticha, Adel und Buch.
[51] Erstellt aufgrund der Angaben von Jakob, wie Anm. 19, Anhang B und Endres, wie Anm. 36, S. 143–146.

Literatur (Auswahl)

Allgemein:

C. Braun, Geschichte der Heranbildung des Klerus in der Diöcese Wirzburg seit ihrer Gründung bis zur Gegenwart. FS zur dritten Säkularfeier des bischöfl. Klerikalseminars ad Pastorem bonum, 1889; R. Endres, Das Schulwesen in Franken im ausgehenden Mittelalter, in: B. Moeller, H. Patze, Kl. Stackmann (Hgg.), Studien zum städtischen Bildungswesen des späten Mittelalters und der frühen Neuzeit (Abh. d. Akad. d. Wiss. in Göttingen. Philolog.-hist. Kl. 3/137), 1983, S. 173–215; Ders., Die Verbreitung der Schreib- und Lesefähigkeit zur Zeit der Reformation, in: Festgabe H. Hürten, hg. v. H. Dickerhof, 1988, S. 213–223; Ders., Stadt und Umland im bildungspolitischen Bereich im Spätmittelalter und in der Frühneuzeit, in: Städtisches Um- und Hinterland in vorindustrieller Zeit, hg. v. H. K. Schulze, 1985, S. 157–182; K. König, Franken, in: M. Liedtke (Hg.), Handbuch der Geschichte des bayerischen Bildungswesens, 1. Bd.: Geschichte der Schule in Bayern. Von den Anfängen bis 1800, 1991, S. 195–232; F.-J. Schmale, Wissenschaft und Bildung im Spätmittelalter bis 1450, in: M. Spindler (Hg.), Handbuch der bayerischen Geschichte, III/1, 1979^2, S. 535–555.

Zu 1. Domschule

B. Bischoff, J. Hofmann, Libri Sancti Kyliani. Die Würzburger Schreibschule und die Dombibliothek im VIII. und IX. Jahrhundert, QFW 6, 1952; Th. Frenz, Das Schulwesen des Mittelalters bis ca. 1200, in: M. Liedtke (Hg.), Handbuch der Geschichte des bayerischen Bildungswesens, 1. Bd.: Geschichte der Schule in Bayern. Von den Anfängen bis 1800, 1991, S. 81–133; J. Kempf, Zur Kulturgeschichte Frankens während d. sächs. und salischen Kaiser. Mit einem Exkurs: Über einen Schulstreit zwischen Würzburg und Worms im 11. Jahrhundert, Programm d. K. Neuen Gymnasiums Würzburg 1914/15, S. 31–51; G.

Koch/ J. Pretscher (Hgg.), Würzburgs Domschule in alter und neuer Zeit, 1990; P. Riché, Les écoles et l'enseignement dans l'occident chrétien de la fin du Ve siécle au milieu du XVe siécle, 1979; A. Wendehorst, Das Bistum Würzburg, 1. T.: Die Bischofsreihe bis 1254 (Germania Sacra NF 4), 1969.

Zu 2. Kloster- und Stiftsschulen

R. Bauerreiß, Kirchengeschichte Bayerns, 2., 1950 (ND 1973); H. Grauert, Magister Heinrich der Poet in Würzburg und die römische Kurie (Abh. d. Kgl. Bay. Akad. d. Wiss. Philosph.-philolog. u. hist. Kl. 27), 1912; P. Keyser, Michael de Leone († 1355) und seine literarische Sammlung (VGffG IX/21), 1966; Otto Meyer, Der Würzburger Domscholaster Stephan von Novara und seine Gesinnungsgenossen in der geistigen Auseinandersetzung ihrer Zeit, in: Varia Franconiae Historica II, 1981, S. 753–763; Ders., Der Privatlehrer des frühen Mittelalters. Eine Studie zur Entstehung und kulturellen Wirkung des Lehrberufes, in: L. Kriss-Rettenbeck, M. Liedtke (Hgg.), Schulgeschichte im Zusammenhang der Kulturentwicklung, 1983, S. 119–142; A. Wendehorst (Bearb.), Das Stift Neumünster in Würzburg (GS NF 26; Das Bistum Würzburg 4), 1989.

Zu 3. Die Universitätsgründung in Würzburg (1402)

J. Fr. Abert, Aus der Geschichte der ersten Würzburger Universität unter Bischof Johann von Egloffstein, in: AUFr 63, 1922, S. 1–32; K. Eisenmann, Studien über Voraussetzungen und Rezeption des Humanismus in den fränkischen Territorien Würzburg, Bamberg und der Markgrafschaft Ansbach-Bayreuth, Diss. Würzburg 1953; Fr. Machilek, Zur Geschichte der älteren Universität Würzburg, in: WDGBl 34, 1972, S. 157–168; Otto Meyer, Die Universität Würzburg von 1402 und ihr Professor Winand von Steeg, in: Varia Franconiae Historica III, 1986, S. 1115–1127; S. Frhr. v. Pölnitz, Die bischöfliche Reformarbeit im Hochstift Würzburg während des 15. Jahrhunderts, in: WDGBl 8/9, 1940/41; A. Schmidt, Zur Geschichte der älteren Universität Würzburg, in: WDGBl 11/12, 1950, S. 85–102; Fr. X. Wegele, Geschichte der Universität Wirzburg, 2. Bd.: Urkundenbuch, 1882; A. Wendehorst (Bearb.), Das Bistum Würzburg, Teil 2: Die Bischofsreihe von 1254 bis 1455 (Germania Sacra NF 4), 1969.

Zu 4. Lateinschulen und 5. Teutsche Schulen

R. Endres, Sozial- und Bildungsstrukturen fränkischer Reichsstädte im Spätmittelalter und in der Frühen Neuzeit, in: H. Brunner (Hg.) Literatur in der Stadt. Bedingungen und Beispiele städtischer Literatur des 15. bis 17. Jahrhunderts, Göppinger Arbeiten zur Germanistik 343, 1982, S. 37–72; R. Jakob, Schulen in Franken und in der Kuroberpfalz 1250–1520. Verbreitung – Organisation – Gesellschaftliche Bedeutung, Diss. Erlangen-Nürnberg 1991; M. Mahr, Bildungs- und Sozialstruktur der Reichsstadt Schweinfurt, MainfrSt 20, 1978; A. Pfrenzinger, Das Kitzinger höhere Schulwesen bis zur Mitte des Dreißigjährigen Krieges, 1932.

Zu 6. Bibliotheken

A. Büchner, Die ehemalige Bibliothek des Würzburger Franziskanerklosters, in: M. Sehi, Im Dienst der Gemeinde, 750 Jahre Franziskaner-Minoriten in Würzburg 1221–1971, 1972, S. 149–167; R. Fischer, Privater Buchbesitz im mittelalterlichen Aschaffenburg, in: AJb 9, 1985, S. 1–32; H. Knaus, Bistum Würzburg, in: Mittelalterliche Bibliothekskataloge

Deutschlands und der Schweiz, IV/2, 1979, S. 869–1020; P. Kolb, G. Mälzer (Hgg.), Kostbare Bücher aus drei alten fränkischen Bibliotheken. Bronnbach, Kleinheubach, Neustadt a. M. Beiträge zur Bibliotheksgeschichte und Katalog des 1985 ersteigerten Bestandes, 1988; E. G. Krenig, Nachrichten zur ehemaligen Pfarrbibliothek in Ebern, in: MainfrJb 12, 1982, S. 293–299; G. Mälzer, Die Bibliothek des Würzburger Domstifts, in: WDGBl 50, 1988, S. 509–544; E.-M. Moritz, Die Bibliothek der freien Reichsstadt Schweinfurt, in: Veröff. d. Hist. Vereins u. StadtASW 6, 1959; E. Pleticha, Adel und Buch, Studien zur Geisteswelt des fränkischen Adels am Beispiel seiner Bibliotheken vom 15. bis 18. Jahrhundert (VGffG IX/33), 1983; W. Stoll, Geschichte der Kirchenbibliothek Wertheim, MainfränkSt 31, 1984; H. Thurn, Die Handschriften der Universitätsbibliothek Würzburg I–III/2, 1970 ff; A. Zumkeller, Die Bibliothek des siebenhundertjährigen Augustinerklosters St. Michael in Münnerstadt. Ein Blick in ihre Handschriften und alten Drucke, in: WDGBl 41, 1979.

Horst Brunner

Deutsche Literatur

Der Anteil des heutigen Unterfranken an der Geschichte der deutschsprachigen Literatur, deren schriftliche Überlieferung bald nach der Mitte des 8. Jahrhunderts einsetzt, ist bis hinein ins Hochmittelalter denkbar gering. Freilich stehen am Anfang der althochdeutschen Literatur einige wichtige Sprach- und Geschichtsdenkmäler aus dem unterfränkischen Raum: die ›Hammelburger Markbeschreibung‹ vom 8. Oktober 777 (erhalten in einer Kopie aus der ersten Hälfte des 9. Jahrhunderts),[1] die beiden ›Würzburger Markbeschreibungen‹, die erste vom 14. Oktober 779, die zweite undatiert (überliefert in Kopien einer Hand des ausgehenden 10. Jahrhunderts),[2] schließlich (niedergeschrieben in der zweiten Hälfte des 9. Jahrhunderts) die ›Würzburger Beichte‹.[3] Ansonsten aber fällt Mainfranken bis um 1200 als Landschaft deutschsprachiger Literatur ganz aus. Erst in der Blütezeit der höfischen Dichtung, deren Geschichte um 1150 beginnt, tritt die Region wieder in die deutsche Literaturgeschichte ein. Auftraggeber, Hörer und Leser, gelegentlich auch Autoren deutscher Dichtung sind nun in erster Linie fürstliche und adlige Personen, deren Interessen sich an den Haupttypen der Literatur – Minnesang, Sangspruchdichtung, höfischer Roman, Heldenepik – ablesen lassen.

1. *Wolfram von Eschenbach und der mainfränkische Adel*[4]

Als erster mittelhochdeutscher Dichter mit Mainfranken in Verbindung gebracht werden kann Wolfram von Eschenbach, der bedeutendste Autor des deutschen Mittelalters. Wolfram ist der Verfasser der beiden großen Versromane ›Parzival‹ (entstanden etwa 1200/1210) und ›Willehalm‹ (beendet etwa 1220), der epischen ›Titurel‹-Fragmente und einiger Lieder. Er wurde um 1170/80 vermutlich in (Ober-)Eschenbach nordöstlich Gunzenhausen (im heutigen Regierungsbezirk Mittelfranken) geboren; sein Heimatort nennt sich seit 1917 Wolframs-Eschenbach. Möglicherweise hängt der Dichter genealogisch mit einer zwischen etwa 1260 und etwa 1400 in mehreren Zweigen belegten, nicht sehr bedeutenden adligen Familie zusammen; ein Familienmitglied, das den Namen Wolfram führte, hatte um 1350 Besitz in der Gegend von Wertheim. Als Auftraggeber und Gönner der

großen epischen Werke Wolframs kann man mit größerer oder geringerer Sicherheit die Herren von Truhendingen (in der Gegend des mittelfränkischen Oettingen), die Grafen von Hirschberg, die damals Hochstiftsvögte von Eichstätt waren, den baierischen Herzog Ludwig I. von Wittelsbach, den Landgrafen Hermann I. von Thüringen – den bedeutendsten Förderer deutscher Literatur jener Zeit –, schließlich den Grafen von Wertheim und die Freiherren von Durne namhaft machen.
Seine Kenntnis Mainfrankens verrät Wolfram darin, daß er im ›Willehalm‹ einmal *Kizzingen* (Kissingen? Kitzingen? – Wh. 385,26) und in beiden großen Romanen mehrfach den Spessart erwähnt (Pz. 216,12; Wh. 96,16 u. 377,25). Ein näheres Verhältnis zu den Grafen von Wertheim und den Freiherren von Durne scheint sich aus dem ›Parzival‹ zu ergeben. Im IV. Buch des Romans gelangt der Titelheld zu einer belagerten Burg, auf der Hungersnot herrscht. Um eingelassen zu werden, muß Parzival versprechen, für die Belagerten einzutreten: *Da kamen von allen Seiten Ritter, die ihn empfingen. Sie kamen teils zu Pferd, teils zu Fuß. Der ganze Jammerhaufe war aschfahl oder sah aus wie heller Lehm* (183,28–184,3). Wolfram fährt fort, wobei er offensichtlich das mitleidige Verhalten seines Helden im Auge hat: *min herre der graf von Wertheim / waer ungern soldier da gewesen: / er möht ir soldes niht genesn* (184,4–6). Die Stelle gibt einige Rätsel auf. Wie ist die Formulierung *min herre* zu verstehen? Sie kann unzweifelhaft ein persönliches Abhängigkeitsverhältnis zum Ausdruck bringen. In diesem Fall wäre zu übersetzen: *Mein Herr, der Graf von Wertheim, wäre dort nicht gerne Soldritter gewesen: ihr Sold hätte ihm nicht das Leben fristen können.* Es kann sich aber auch nur um eine höflich-distanzierte Anrede handeln, etwa *Mijnher oder Monsieur der Graf von Wertheim.* Der Sachverhalt wird nicht eindeutiger, wenn man feststellt, daß sich die Formulierung nur in der einen Handschriftengruppe des ›Parzival‹ (D) findet, während es in der anderen (G) ohne Bezug auf ein persönliches Verhältnis heißt: *der grave Poppe von Wertheim* - womit entweder Graf Poppo I. (bis 1212 bezeugt) oder Graf Poppo II. (urkundet bis 1238) gemeint ist. Wie immer der Dichter selbst formuliert haben mag, festhalten muß man wohl: verständlich waren die Verse, die scherzhaft, vielleicht auch ironisch auf eine anspruchsvolle, aufwendige Lebenshaltung des Grafen hinzuweisen scheinen, überall, wo man ihn kannte. An die Anfang des 12. Jahrhunderts errichtete Wertheimer Burg auf der linken Mainseite als Entstehungs- und Vortragsort braucht man nicht unbedingt zu denken, ja nicht einmal an die persönliche Anwesenheit Graf Poppos – diese ist freilich keinesfalls auszuschließen. Zum Erscheinen des Grafen im ›Parzival‹ muß man wissen, daß die Wertheimer seit dem ausgehenden 12. Jahrhundert (ebenso wie die gleichfalls mainfränkischen Grafen von Rieneck und andere) in Eschenbach be-

gütert waren. Sie übergaben 1210/20 die dortige Pfarrkirche an den Deutschen Orden, der hundert Jahre später, 1316, ihre sämtlichen Güter in Eschenbach übernahm. Vielleicht war Wolfram ein ritterlicher Hintersasse der Wertheimer zu Eschenbach und der Graf tatsächlich sein Herr. Das außerordentliche Ansehen des Dichters ermöglichte es ihm, mit dem Grafen in ironischer oder scherzhafter Manier umzugehen. Gedichtet und vorgetragen haben kann Wolfram die Verse auch in Eschenbach.
Ein wahrscheinlicher Bezug zu den Freiherren von Durne ergibt sich aus einer anderen, vielumstrittenen Stelle des ›Parzival‹. Im Hinblick auf die drei großen Marmorkamine, die Parzival bei seinem ersten Besuch auf der Gralsburg (V.Buch) sieht, heißt es: *so groziu fiwer sit noch e / sach niemen hie ze Wildenberc: / jenz waren kostenlichiu werc – So große Feuer sah keiner seither noch zuvor je hier auf Wildenberg: es waren kostbare Brände* (da sie, wie zuvor gesagt wurde, von Aloeholz genährt wurden) (230, 12–14). ›Wildenberg‹ kann einfach als Verdeutschung des Namens der Gralsburg ›Munsalvaesche‹ *(Mont sauvage)* gebraucht sein. Dann drücken die Worte des allwissenden Erzählers aus, daß auf der Gralsburg niemals größere und kostbarere Feuer brannten als bei Parzivals erstem, enttäuschend verlaufendem Besuch – verständlich, weil der Gralskönig Anfortas damals aufgrund einer besonderen Planetenkonstellation mehr litt als sonst und Wärme und Duft der Feuer seine Qualen lindern sollten. Freilich ist auch nicht ausgeschlossen, daß die Verse auf außerliterarische Realität verweisen. Dann wären sie auf einer Burg mit Namen Wildenberg vorgetragen worden. Im allgemeinen nimmt man heute an, daß Burg Wildenberg bei Amorbach im Odenwald gemeint ist. Die Burg gehörte Nachbarn der Wertheimer, den Freiherren von Durne. Der Bau wurde von Rupert I. (urkundlich bis 1197) begonnen, von dessen Enkel Konrad I. (gest. 1258), der sich spätestens ab 1226 nach Wildenberg nannte, abgeschlossen. Der untere Palassaal mit dem gewaltigen Kamin, der mit 9 qm »von keinem erhaltenen Burgkamin der Hohenstaufenzeit übertroffen« wird,[5] scheint bereits unter Rupert I. gebaut worden zu sein. Hier könnte Wolfram – möglicherweise als Gast von Ruperts I. Sohn Ulrich I. (urkundlich bis 1201, vielleicht 1204 Teilnehmer am 4. Kreuzzug) – das V. ›Parzival‹-Buch vorgetragen und die auf den großen Kamin, der freilich keinen Vergleich mit den imaginierten Feuern der Gralsburg aushielt, sich beziehende Stelle gedichtet haben (Farbbild S. 455).[6]

2. *Walther von der Vogelweide und Würzburg; Reinmar von Zweter*[7]

Walther von der Vogelweide, der größte Lieddichter der Epoche, bedankt sich in einem allem Anschein nach auf das Jahr 1220 datierbaren, in der Großen Heidelberger (Manessischen) Liederhandschrift (entstanden in Zürich ca. 1300/1330) überlieferten Sangspruch (28,31) auf überschwengliche Weise beim deutschen König Friedrich II., dem späteren Kaiser, für ein Lehen, das ihm offensichtlich Sicherheit und ein Auskommen gewährte. Walther, der wie Wolfram um oder bald nach 1170 geboren sein dürfte – seine Geburtsheimat ist umstritten, Gewißheit in dieser Frage ist nicht zu gewinnen -, hatte seit 1198, als er den Wiener Hof der Babenberger Herzöge verlassen hatte, das Wanderleben eines Berufsdichters geführt, er stand der Reihe nach im Dienst der Könige Philipp von Schwaben, Otto IV., Friedrich II., aber auch weiterer fürstlicher und adliger Gönner, ohne doch offenbar in ein dauerhaftes Dienstverhältnis eintreten zu können. Walther war auf den Ertrag seiner Dichtkunst angewiesen. In der Hauptsache schuf er Minnelieder, in denen er von der Liebe und ihren Problemen sang, sowie Sangsprüche, Strophen, in denen er Protagonisten und Ereignisse der politischen Bühne rühmte oder auch beschimpfte, in denen er moralische und religiöse Belehrung verkündete, in denen er aber immer wieder auch von sich selbst und seinen prekären Lebensverhältnissen sprach. Im Lauf der Jahre, mit zunehmendem Alter, war der Ton, mit dem er als Lohn für seine Dienste um ein festes Unterkommen bat, immer dringender geworden. Die Waltherforschung nimmt an, daß das Lehen, das Friedrich II. ihm schließlich gewährte – worum es sich genau handelte, ist unbekannt, jedenfalls doch wohl um Einkünfte und eine gesicherte Wohnung – und das ihm für die letzten etwa zehn Jahre seines Lebens vielleicht einige Behaglichkeit schenkte – Walther starb um 1230 – in oder bei Würzburg lag. Man vermutet dies aufgrund des Umstands, daß Walther nach guter mittelalterlicher Überlieferung in Würzburg begraben wurde.
Der Mann, dem wir das Wissen von Walthers Begräbnisplatz verdanken, war ein Kleriker aus der ersten Hälfte des 14. Jahrhunderts, ein gebürtiger Würzburger, Michael, der sich nach seinem Besitz, dem Großen Löwenhof in der Dominikanergasse, Michael de Leone nannte (vgl. zu ihm unten Abschnitt 7). Michael interessierte sich nicht nur für lateinische und deutsche Literatur, sondern auch für die Geschichte seiner Vaterstadt. In die beiden Handschriften, die er anlegen ließ, das ›Manuale‹ (UB Würzburg M.p.misc.f.6) und das ›Hausbuch‹ (UB München 2° Cod.ms.731), sind auch allerlei Lokalnachrichten eingetragen, Walthers Begräbnisplatz ist gleich dreimal verzeichnet, zweimal in lateinischer Sprache (›Manuale‹ Bl.31v, ›Hausbuch‹ Bl.212v), einmal auf Deutsch (Hausbuch‹ Bl.191v).

Der lateinische Eintrag teilt mit, daß der Ritter Walther, genannt von der Vogelweide, im Kreuzgang des Würzburger Neumünsters (Farbbild S. 455) beigesetzt sei, ferner ist der Wortlaut der in gereimten Hexametern abgefaßten lateinischen Grabinschrift wiedergegeben:

Pascua qui volucrum viuus Walthere fuisti.
Qui flos eloquij. qui Palladis os obiisti.
Ergo quod aureolam probitas tua possit hebere.
Qui legit. hic dicat. Deus istius miserere.

Walther, der du als Lebender die Weide der Vögel gewesen bist,
die Blume der Beredsamkeit, der Mund der Pallas, du bist gestorben.
Damit nun deine Rechtschaffenheit den himmlischen Kranz erlangen möge,
so spreche, wer dies liest: Gott erbarme sich seiner!

Der deutsche Eintrag über Walthers Begräbnisplatz lautet: *her Walther von der Vogelweide begraben ze Wirzeburg zu dem Nuwemunster in dem grasehove.*

Zwar hat es manche Zweifler an der Authentizität dieser Mitteilung gegeben, die darauf verwiesen, daß Michaels Handschriften erst gut hundert Jahre nach Walthers Tod entstanden, doch für mittelalterliche Quellenverhältnisse ist das eine gute Überlieferung. Dazu kommt, daß es, unabhängig von Michael de Leone, aus dem 17. und 18. Jahrhundert Nachrichten über Walthers Grab im Grashof des Neumünsterkreuzgangs, dem Lusamgärtchen, gibt, die auch sicherstellen, daß die von Michael zitierte lateinische Grabinschrift bis in das 18. Jahrhundert vorhanden war.[8] Wir können daher mit einiger Sicherheit davon ausgehen, daß der große Lieddichter sein Leben in Würzburg beschlossen hat. Alle weitergehenden Spekulationen, etwa die, Walther könne auch in Würzburg geboren und nach seinem Wanderleben hierher zurückgekehrt sein, bleiben freilich unbeweisbar.
Michael de Leone verdanken wir auch die Nachricht, daß Reinmar von Zweter, ein anderer bekannter mittelhochdeutscher Autor, in Eßfeld bei Ochsenfurt begraben liegt: *er reimer von zwetel an dem Rin begraben in franken ze Esfelt* (›Hausbuch‹ Bl. 191v). Reinmar, der nach eigener Aussage am Rhein geboren wurde, wohl um 1200, war wie Walther ein fahrender Dichter, der vorwiegend Sangsprüche verfaßte. Aufgrund seiner politischen Strophen läßt sich sagen, daß er sich 1235/37 offenbar im Dienst Kaiser Friedrichs II. befand, anschließend, zwischen 1237 und 1241, am Prager Hof König Wenzels I. von Böhmen; alle weiteren Aufenthaltsorte sind mehr oder weniger unsicher. Da keiner der erhaltenen Sprüche später als 1248 zu datieren ist, nimmt man an, daß Reinmar um 1250 verstarb. Ob er über nähere Beziehungen zu Mainfranken verfügte, ist unbekannt; le-

diglich die Nachricht Michaels de Leone bringt ihn mit dieser Region in Verbindung.

3. *Otto von Botenlauben; Süßkind von Trimberg*[9]

Höfische Liebesliedдichtung in der Volkssprache gibt es seit dem späten 11. Jahrhundert in der in Südfrankreich gesprochenen okzitanischen Sprache. In Deutschland greifbar wird der Minnesang - *minne* ist ein seit althochdeutscher Zeit belegtes Wort mit der Grundbedeutung ›liebendes Gedenken‹ – seit etwa 1150. Je nach dem zugrunde liegenden Liebeskonzept sowie nach gewissen formalen Kriterien unterscheidet die Forschung unterschiedliche Phasen des Minnesangs. Die früheste deutsche Minneliedichtung, die man nach der Herkunft der meisten Autoren als Donauländischen Minnesang bezeichnet, zeigt sich kaum beeinflußt von der Romania. In den vielfach einstrophigen Texten von Dichtern wie dem Kürenberger, Dietmar von Eist, Meinloh von Sevelingen stehen Mann und Frau sich als gleichrangige Partner adligen Standes gegenüber, die einander ihre Liebe schenken können; freilich muß das Einverständnis vor der Öffentlichkeit verborgen bleiben. Der Mann wirbt um die Frau, er kann aber kommen und gehen wie er will; der Frau bleibt dann nur die Klage. Seit etwa 1170/80 rezipieren bedeutende Autoren wie Heinrich von Veldeke, Rudolf von Fenis, Friedrich von Hausen die Minneliedichtung der provenzalischen Trobadors und der nordfranzösischen Trouvères. Ihr entlehnen sie neue Strophenformen, vor allem aber das Konzept der ›Hohen Minne‹: in ihm herrscht kein Einverständnis zwischen den Liebenden, vielmehr wirbt der Mann unablässig um die hoch und unerreichbar über ihm stehende Dame; Liebeserfüllung ist nurmehr ein Traum, eine Hoffnung. Nach der Phase enger Anlehnung an romanische Vorbilder gelangt der deutsche Minnesang dann um 1200 bei Dichtern wie Hartmann von Aue, Reinmar der Alte, Heinrich von Morungen und Albrecht von Johansdorf zu seiner eigenständigen klassischen Ausfaltung auf der Basis des Konzepts der Hohen Minne und der neuen formalen Errungenschaften. Für die Minneliedichtung Walthers von der Vogelweide schließlich ist die kritische Auseinandersetzung mit der hohen Minne und die Erweiterung des inhaltlichen und formalen Spektrums kennzeichnend.

In die Geschichte des Minnesangs um und nach 1200 gehört der erste deutsche Dichter, den das heutige Unterfranken hervorgebracht hat: Otto von Botenlauben. Otto wurde um 1175 als vierter Sohn Graf Poppos VI. von Henneberg geboren, er ist zwischen 1197 und 1244 in zahlreichen Urkunden bezeugt, zuerst als *Otto comes de Henneberg,* ab 1206 nannte er sich dann nach seiner Burg über Kissingen *comes de Botenlouben.* Wie sein Vater stand er zeitlebens in enger Beziehung zum staufischen Hof. In Syrien, wo er 1208 und 1220 urkundlich belegt ist, ging er eine vorteilhafte Ehe mit Beatrix ein, einer Tochter Joscelins III. von Courtenay, des Seneschalls von Jerusalem. Jahrelang hielt er sich teilweise in Syrien, teilweise in Deutschland auf. 1220 kehrte das gräfliche Paar endgültig nach Franken zurück. 1231 stiftete es das Zisterzienserinnenkloster Frauenrode bei Kissingen, 1234 verkaufte Otto Burg Botenlauben an den Würzburger Bischof Hermann I. von Lobdeburg. Am 7. Februar 1245 wird Beatrix als Witwe genannt. Das prachtvolle Grabmal des Paares befindet sich noch heute in der ehemaligen Klosterkirche, der jetzigen Dorfkirche von Frauenroth (Farbbild S. 600).

Erhalten sind von Otto in mehreren Handschriften insgesamt 13 Liedtexte (die Melodien sind durchweg verloren); in der Großen Heidelberger Liederhandschrift (Minnesangs-Handschrift C) und der etwa gleichzeitigen Weingartner Liederhandschrift (Handschrift B) findet sich außerdem je ein Dichterbild. Bei den Texten handelt es sich um acht Minnelieder im eigentlichen Sinn (Nr. I, II, V-VIII, X, XII) sowie um vier Tagelieder (Nr. III, IX/IV, XIII, XIV); außerdem hat Otto einen Minneleich hinterlassen (Nr.XI). Die Lieder erweisen den Grafen gewiß nicht als einen großen Dichter, mit den glänzendsten Autoren seiner Zeit kann er sich nicht messen. Gleichwohl ist sein Œuvre von außerordentlichem literarhistorischem Interesse. Wie Ottos Lieddichtung chronologisch in seinen Lebensgang einzuordnen ist, entzieht sich unserer Kenntnis. Aufgrund ihrer formalen und inhaltlichen Besonderheiten liegt es nahe, an die Jugend des Grafen vor und um 1200 zu denken; das ist aber nicht mehr als eine Vermutung.

Ottos Minnelieder erscheinen in formaler und inhaltlicher Hinsicht ein wenig altertümlich. Zwar bedient er sich der seit etwa 1170 aus der Romania entlehnten dreiteiligen Strophenform der Kanzone (AAB), gleichwohl scheinen sechs der acht Minnelieder durch ihre Einstrophigkeit dem Donauländischen Minnesang noch nahezustehen. Beliebt bei den donauländischen Dichtern waren auch die Formen der Frauenklage und des Wechsels – Mann und Frau nehmen in getrennten Monologen (nicht im Dialog!) Bezug auf ihre gemeinsame Liebe –, die anscheinend bald nach 1200 aus der Mode kamen: Otto kennt in Nr. VIII die Frauenklage, in Nr. XII benutzt er die Form des Wechsels. Wesentlicher als diese formalen Momente ist für die Beurteilung von Ottos Minnesang indes die Feststellung, daß er keineswegs stets das Konzept der Hohen Minne zugrundegelegt hat, sondern daß in mehreren seiner Lieder das Einverständnis zwischen den Partnern vorausgesetzt ist: in der dreistrophigen Minneklage Nr.V fordert der Ritter nach längerer Abwesenheit (auf dem Kreuzzug?) die ihm vor dem

Abschied verheißene Erhörung durch die Dame ein; in Nr.X klagt der Ritter darüber, daß die frühere Liebesfreude nunmehr, offenbar durch die Schuld der Dame, gestört sei; auch der Wechsel Nr. XII, in dem der Ritter Abschied nimmt, um auf den Kreuzzug zu gehen, zeigt Ritter und Dame im Einverständnis. Formal und konzeptionell ›modernste‹ Züge zeigt Ottos Leich, der zu den ältesten erhaltenen Minneleichs gehört. Die Leichs, nicht-strophige, vielmehr durchkomponierte Stücke, stellen die anspruchsvollste Dichtungsform der mittelhochdeutschen Liedautoren dar. Ottos Text trägt in 119 reich gereimten Verszeilen eine intensive, geradezu atemlose Bitte um Erhörung an die Geliebte vor.

Literaturgeschichtlich womöglich bedeutender als Ottos Minneliеddichtung sind seine vier Tagelieder. Der Liedtyp der Alba, des Tagelieds, findet sich zuerst bei den provenzalischen Trobadors. Dargestellt wird das Erwachen eines Liebespaares, das sich nach heimlich verbrachter Liebesnacht beim Weckruf des Wächters am Morgen trennen muß. Der Liedtyp war, soweit die Überlieferung ein Urteil zuläßt, in Deutschland zunächst nur zögernd aufgenommen worden. Den ›Durchbruch‹ brachten, wohl um 1200, die bedeutenden Tagelieder Wolframs von Eschenbach; in der Folge wurde diese Art von Lied überaus beliebt, bis in das 16. Jahrhundert. Ottos von Botenlauben Tagelieder können sich neben denen Wolframs durchaus sehen lassen. Sie bringen interessante Abwandlungen der Grundkonstellation des Tagelieds: In Nr. XIII, das den bei den Trobadors üblichen, in Deutschland jedoch seltenen Refrain am Strophenende kennt *(stant uf, ritter!)*, klagen der Wächter, die Dame und der Ritter strophenweise über den Tagesanbruch. – In Nr. III beklagt der Wächter sich zunächst, daß sein Ruf nicht beachtet wird; der Ritter erwacht schließlich und macht der Dame vor dem Abschied Vorwürfe, daß sie ihn nicht geweckt und dadurch in Gefahr gebracht hat. – In Nr. IX/IV trifft der Ritter am Abend ein, er bittet den Wächter, ihn bei der Dame zu melden; diese bringt ihre Freude über seine Ankunft zum Ausdruck. – In Nr. XIV schließlich klagt die Dame über das Ausbleiben des Ritters und fordert den Wächter auf, mit seinem Ruf die für sie freudlose Nacht zu beenden; schließlich trifft der Geliebte aber doch ein.

So gut wie nichts wissen wir von einem anderen mittelhochdeutschen Liеddichter, Süßkind von Trimberg, der lediglich durch seinen Beinamen zu erkennen gibt, daß er mit dem Ort oder der Burg im Tal der Fränkischen Saale etwas zu tun hatte; vielleicht war er in Trimberg geboren. Süßkind war ein fahrender Sangspruchdichter wie Walther von der Vogelweide oder Reinmar von Zweter, von dem – ausschließlich in der Großen Heidelberger (Manessischen) Liederhandschrift – zwölf recht eindrucksvolle Strophen in sechs verschiedenen Strophenformen (Tönen) erhalten sind (die Melodien sind verloren). Die Texte behandeln ohne gelehrten Aufwand religiöse Fragen, Fragen der Morallehre und Lebensprobleme, außerdem enthalten sie Klagen über die Armut. Politische Thematik erscheint nicht, weshalb man Süßkind räumlich und zeitlich auch nicht genauer situieren kann; vermutlich hat er um die Mitte des 13. Jahrhunderts gewirkt. Am meisten beschäftigt hat die Forschung sich mit der Frage, ob Süßkind Jude gewesen ist, der älteste jüdische Autor deutscher Sprache. Die Manessische Handschrift bezeichnet ihn ausdrücklich als solchen: *Suskint der Jvde von Trimperg* bzw. *Suskint von Trimberg ein Jvde,* in einer zweiten Handschrift (Zürich C 31, wo Süßkind zwei Strophen zu Unrecht zugeschrieben werden) heißt es: *diß haut gemacht süßkind ain Jud.* Süßkind ist als Judenname im Mittelalter belegt, etwa 1218 in Würzburg. Auch die Miniatur in der Manessischen Handschrift stellt den Dichter als Juden dar: vornehm gekleidet, doch mit Judenhut und einem für mittelalterliche Judendarstellungen typischen Bart steht er vor drei geistlichen Herren, von denen einer offenbar als Bischof ausgewiesen ist. Ob Süßkind wirklich Jude war, ist einem Teil der Forschung dennoch zweifelhaft. Sie verweisen darauf, daß die Juden›rolle‹ aus einer Armutsklage des Dichters herausgesponnen sein könnte; es heißt da (Str. V, 2): *Es ist wirklich eine Torheit, mit meiner Kunst herumzureisen! Weil mir die Herren nichts geben vollen, will ich ihren Hof meiden und mir einen langen Bart aus grauen Haaren wachsen lassen: In der Manier alter Juden will ich künftig herumziehen. Mein Mantel soll lang sein, der Hut tief heruntergezogen, mein Gang soll voll Demut sein, und nie mehr will ich ihnen höfischen Gesang vortragen, da die Herren mich nicht von ihrem Besitz profitieren lassen.* Zu bedenken ist in diesem Zusammenhang ferner, daß die Berufsautoren des 12. und 13. Jahrhunderts vielfach Dichternamen trugen, aufgrund deren sie – so muß man vermuten – bei ihren Auftritten auch gewisse ›Rollen‹ zu spielen in der Lage waren; man vergleiche etwa Namen wie Bruder (d. h. *frater*) Wernher – der Sänger trat allem Anschein nach in der Rolle und mit der Autorität eines geistlichen Bruders auf, oder Der wilde Alexander – dieser Autor wollte als einer erscheinen, der wie der berühmte Makedonenkönig die Welt durchstreifte und daher Neues berichten konnte. In den Miniaturen der Manessischen Handschrift sind die Namen dieser (und anderer) Dichter entsprechend in Bilder umgesetzt. Letztlich kann die Frage, ob der Dichter aus Trimberg wirklich Süßkind hieß und Jude war, nicht entschieden werden.

4. *Konrad von Würzburg*[10]

Der bedeutendste Dichter, den Würzburg hervorgebracht hat, war Konrad von Würzburg (Farbbild S. 454). Diesem Sprachvirtuosen, der um 1235 in Würzburg geboren wurde und am 31. August 1287 in Basel starb, vermochte seine Heimatstadt freilich auf die Dauer keinen Nährboden zu bieten. Konrad ist der Verfasser aller möglichen Arten von Lieddichtung – Minnesang, Leich- und Sangspruchdichtung –, dreier gereimter Heiligenlegenden – ›Silvester‹, ›Pantaleon‹, ›Alexius‹ –, mehrerer Erzählungen – ›Der Schwanritter‹, ›Der Welt Lohn‹, ›Das Herzmaere‹, ›Heinrich von Kempten‹ –, der politischen Propagandadichtung für den deutschen König Richard von Cornwall ›Das Turnier von Nantes‹, des Marienlobgedichts ›Die goldene Schmiede‹, des allegorischen Gedichts ›Die Klage der Kunst‹, sowie dreier Romane – ›Engelhart‹, ›Partonopier und Meliur‹, ›Trojanerkrieg‹: sein Œuvre erweist ihn als den vielseitigsten Autor in der Geschichte der mittelhochdeutschen Literatur. Angesichts der für die volkssprachliche Dichtung im Mittelalter geltenden Entstehungsbedingungen war er zeitlebens auf Gönner angewiesen, die ihm seine Heimatstadt nicht bieten konnte. Er fand sie vorwiegend am Rhein: die niederrheinischen Grafen von Kleve sowie den deutschen König Richard von Cornwall, ferner vornehme und vermögende Kleriker und Herren in den oberrheinischen Bischofsstädten Straßburg und Basel.
Über Konrads Herkunft und Stand ist nichts bekannt, doch war er, soviel ergibt sich aus einer der seltenen Selbstaussagen sowie aus der zeitgenössischen Bezeichnung als Magister oder Meister, nicht adelig. Konrad konnte Latein, in mehreren Werken beruft er sich ausdrücklich auf Vorlagen in lateinischer Sprache. Aus den Quellen, die er in seinem letzten und größten Werk, dem ›Trojanerkrieg‹, verarbeitete, ergibt sich, daß er über gründliche Kenntnisse Vergils, Ovids und anderer lateinischer Schulautoren verfügte. Da er sich als ausgezeichneter Kenner der Gedichte Walthers von der Vogelweide erweist, könnte man an die Schule des Neumünsterstifts denken, wo es eine gewisse Präsenz von Walthers Werk gegeben haben könnte. Doch ist dieser Schluß keineswegs zwingend, da Walthers Dichtungen auch sonst weit verbreitet waren und Konrad sie auch anderswo kennengelernt haben kann.
Konrads frühestes datierbares Gedicht ist die Erzählung ›Der Schwanritter‹. Darin wird ein Stoff verwendet, der zuvor, wohl um 1200, in einem altfranzösischen Epos und, um 1210, am Schluß des ›Parzival‹ Wolframs von Eschenbach behandelt worden war – heute ist er durch Richard Wagners Oper ›Lohengrin‹ bekannt geblieben. Wolfram hatte die Geschichte des Ritters mit dem Schwan, der eine Fürstin heiratet und sie wieder ver-

läßt, als sie ihn entgegen seinem Verbot nach dem Namen fragt, erstmals mit dem Herzogtum Brabant verbunden und dem Schwanritter, einem Sohn Parzivals, den Namen Lohengrin gegeben. Konrad nahm die geographische Anbindung auf, doch bleibt der Ritter bei ihm namenlos, auch wird über seine Herkunft weiter nichts gesagt. Anders als im altfranzösischen Epos ist der geheimnisvolle Schwanritter in Konrads Dichtung nicht Vorfahr Gottfrieds von Bouillon (bei Konrad Gottfried von Brabant), vielmehr ist der im Jahre 1100 im Heiligen Land verstorbene berühmte Kreuzfahrer und erste König von Jerusalem hier der Vater der jungen Herzogin, der Gemahlin des Schwanritters. Das Erscheinen des von Gott gesandten Ritters dient der erneuten Bestätigung der auf Gottfrieds Haus ruhenden göttlichen Gnade. Konrad erzählt die Geschichte aus einer genealogischen Perspektive; im Epilog führt er hierzu aus: *Die schöne Herzogin erzog ihre geliebten Kinder mit Eifer. Seither erwuchsen aus ihnen große Herren. Viele auserlesene Fürsten stammen aus ihrem Geschlecht, aus ihrem Samen kamen ihnen viele Verwandte und stolze Vettern. Die Grafen von Geldern und dazu die von Kleve sind von ihnen hergekommen. Auch die Rienecker stammen aus ihrem weitbekannten Geschlecht – deren Familie wurde in viele Länder verbreitet; noch heute führt und trägt sie dort im Kampf den Schwan* (v. 1596–1611).

Hervorgehoben werden hier insbesondere die mit Brabant, Geldern und Kleve verwandtschaftlich verbundenen Grafen von Rieneck. Ihre Familie stammt ursprünglich vom Niederrhein: um 1100 hatte ein Graf von Loon (heute Looz in der Nähe von Maastricht) die Erbin der erstmals 1156 Rieneck – Rheineck – genannten Grafschaft geheiratet, erst 1226/27 waren Loon und Rieneck zwischen zwei Brüdern geteilt worden. Den entscheidenden Hinweis für die Datierung von Konrads Gedicht liefern die Siegel der Rienecker. Graf Ludwig III., belegt seit 1243, hatte bis Juli 1257 als Helmzier eine Art Windrad geführt, seit Oktober 1258 erscheint in dieser Funktion dann der Schwan. Fortan blieb er in Ludwigs III. Linie Helmzier, die jüngeren Brüder des Grafen nahmen ihn nicht auf. Offensichtlich war Ludwig an der Schwanritterabkunft interessiert, durch die zugleich die Verwandtschaft mit mächtigen Dynastien am Niederrhein hervorgehoben wurde. Anlaß der Herausstellung dieser Genealogie könnte Ludwigs III. Hochzeit mit der begüterten Udelhilt von Grumbach-Rothenfels gewesen sein, die vielleicht 1257 oder 1258 stattfand. Man kann kaum daran zweifeln, daß Ludwig von Rieneck Konrads Auftraggeber für den ›Schwanritter‹ gewesen ist und daß das Gedicht und der Wechsel der Helmzier unmittelbar zusammenhängen.[11]

Es ist möglich, ja wahrscheinlich, daß ›Der Schwanritter‹ nicht Konrads von Würzburg frühestes Werk war. Unter den erhaltenen Dichtungen

könnten jedoch allenfalls zwei vorausgehen, die die Forschung bisher nicht chronologisch einordnen konnte: ›Das Herzmaere‹ – die am Tristanroman Gottfrieds von Straßburg (um 1210) orientierte, einen weitverbreiteten Stoff selbständig ausführende Geschichte vom unwissend gegessenen Herzen des toten Liebhabers – und das strophische Gedicht ›Die Klage der Kunst‹, in dem allegorisch beklagt wird, daß die Freigebigkeit der Herren in der Gegenwart nur den Kunstlosen zuteil wird.
Zur Zeit der Abfassung des ›Schwanritters‹ oder bald danach wurde Konrad vermutlich mit den an der Schwanrittergenealogie besonders interessierten niederrheinischen Grafen von Kleve bekannt. Jedenfalls verfaßte er seine beiden folgenden Werke – ›Das Turnier von Nantes‹ und den Roman ›Engelhart‹ – in ihrem Umkreis am Niederrhein. Seit den sechziger Jahren bis zu seinem Tod wirkte er dann in den oberrheinischen Bischofsstädten, insbesondere in Basel, wo er sich häuslich niedergelassen hatte.

5. *Hugo von Trimberg*[12]

Gleichaltrig mit Konrad von Würzburg war Hugo von Trimberg, der, wohl ebenfalls um 1235, in Werna, heute Ober- und Niederwerrn bei Schweinfurt, geboren wurde; wie bei Süßkind ist unklar, weshalb der nichtadlige Autor sich nach Burg oder Ort des nicht allzuweit entfernten Trimberg nannte. Vielleicht war Hugo Mitschüler Konrads, den er im ›Renner‹ ausführlich, doch nicht unkritisch erwähnt, denn auch er könnte die Schule des Würzburger Neumünsterstifts besucht haben. Um 1260 kam Hugo nach Bamberg, wo er jahrzehntelang als magister und rector scolarum an der Stiftsschule St. Gangolf in der damaligen Vorstadt Teuerstadt wirkte. Verstorben ist Hugo bald nach 1313. Die zahlreichen deutschen und lateinischen Schriften, die Hugo verfaßt hat, sind nicht alle erhalten; die lateinischen Werke werden im vorliegenden Buch an anderer Stelle gewürdigt (vgl. S. 576f.). Berühmt wurde Hugo vor allem durch sein umfangreiches deutsches Lehrgedicht ›Der Renner‹, das er im Jahr 1300 abschloß, durch spätere Nachträge indes noch weiter ergänzte. ›Der Renner‹, der sich an alle Stände richtet, gilt als der Höhepunkt der mittelhochdeutschen Lehrdichtung und erfreute sich bis in die Frühe Neuzeit hinein großer Beliebtheit. Erhalten haben sich über sechzig, teilweise reich illustrierte Handschriften, außerdem gibt es einen Frühdruck von 1549. In fast 25000 Paarreimversen liefert Hugo ein Werk, das Sündenklage, Bußpredigt, Sittenlehre und popularisierendes Wissenskompendium in einem ist und worin er dem nichtlateinkundigen Publikum vielfältiges lateinisches Schulwissen erschloß. Gegliedert ist ›Der Renner‹ in sechs Distinktionen nach den Sieben Todsünden (1. *hochvart/superbia,* 2. *gitikeit/avaritia,* 3. *fraz/gula,* 4. *unkiusche/luxuria,* 5. *zorn/ira* und *nit/invidia,* 6. *lazheit/acedia*). Es handelt sich um ein »enzyklopädische(s) Haus- und Realienbuch, in dem indes Wissen nie Selbstzweck ist, sondern anagogisches Mittel zur Gottes- und Selbsterkenntnis.«[13] Der Titel ›Der Renner‹ war von Hugo als Gleichnis für seine von Thema zu Thema schweifende, ›rennende‹ Darstellungsweise gemeint; erst später wurde er (durch Michael de Leone) umgedeutet im Sinn der Wirkung in die Breite: ein Buch, das überall ›herumrennt‹.

Im Zusammenhang mit Hugos Ausführungen über die Unterschiede zwischen den deutschen Dialekten findet sich auch der berühmte Preis seiner Heimat: *Jeder spricht gern die Sprache, mit der er erzogen wurde. Wenn meine Worte etwas fränkisch klingen, soll niemand darüber zürnen, denn ich bin ein gebürtiger Franke. Übrigens soll man den tüchtigen Franken allesamt für ein Sprichwort Dank sagen – man sagt gern, wenn man heutzutage einen lobt, er sei wie die alten Franken: die waren arglos, treu, aufrichtig; wollte Gott, daß ich auch so wäre! Niemand soll sein Vaterland schelten, seinen Hausherrn und seinen Dienstherrn, das gehört sich so – taugen die drei aber nichts und schilt man sie dann, so laß ich das hingehen. Das Frankenland genießt großes Ansehen ...* (v. 22306–22321).

6. *Ruprecht von Würzburg; Der arme Konrad; Johann von Würzburg; ›Die Minneburg‹*[14]

Das 14. Jahrhundert hatte ein leidenschaftliches Interesse an der Frage nach dem Wesen und den Wechselfällen der Liebe. Ihm suchten die Dichter in den verschiedensten literarischen Formen und auf die unterschiedlichste Weise gerecht zu werden: indem sie in kurzen Erzählungen beispielhaft zeigten, wie man sich in Liebesdingen falsch oder richtig verhalten kann; indem sie in Romanen, in denen sie die genealogischen Ursprünge von Fürstenhäusern ausphantasierten, historisch bedeutsame Folgen individueller Liebesgeschichten darstellten; oder indem sie in Artes amandi, Lehrbüchern der Liebe, die verschiedenen Liebesprobleme theoretisch ergründeten. Für alle drei Gattungen haben wir glänzende Beispiele von Würzburger Autoren.

Diese Erzählung hat Ruprecht, ein Würzburger, gedichtet und bis zu Ende erzählt: so nennt sich der Dichter am Schluß seiner Erzählung ›Die zwei Kaufleute‹, die einzig in einer interessanten, aus Würzburg stammenden Handschrift von etwa 1400 erhalten ist (Gotha, Forschungsbibliothek, Cod-Chart. A 216).[15] Mit dieser Formulierung des Namens ist offengelassen, ob Ruprecht sie in seiner Heimatstadt oder außerhalb geschaffen hat;

erst die neuzeitliche Germanistik hat seinen Namen in die Form Ruprecht von Würzburg gebracht. Wir wissen über Ruprecht weiter nichts – daß er in der Einleitung sagt, er dichte nur sehr selten, ist wahrscheinlich eine bloße Bescheidenheitsformel, denn seine Erzählweise ist knapp, flott, anschaulich und stilistisch gekonnt, keineswegs unbeholfen. Möglicherweise hatte er eine französische Vorlage. Entstanden ist die Erzählung um oder bald nach 1300.

Zwei reiche Kaufleute in Verdun – so erzählt Ruprecht – verheiraten standesgemäß ihre Kinder miteinander. Das Eheglück Irmengarts und Bertrams ist groß. Nach zehn freudvollen Jahren reist Bertram zu einer Champagne-Messe. Im Wirtshaus zu Provins ziehen mehrere Kaufleute über ihre Ehefrauen her, nur Bertram rühmt die seine. Da wettet der Wirt Hogier um beider ganzen Besitz, er könne innerhalb eines halben Jahres die treue Ehefrau verführen – im Vertrauen auf Irmengarts Tugendhaftigkeit geht Bertram darauf ein. Während er unter einem Vorwand an Ort und Stelle bleibt, reist Hogier nach Verdun. Er schickt der Frau kostbare Geschenke und besticht das Gesinde, dann läßt er durch die Magd Amelin Geld anbieten: 100, 200, zuletzt die Riesensumme von 1000 Mark für eine einzige Nacht. Alle Angehörigen – auch die Eltern und Schwiegereltern – setzen der Frau zu, im Interesse der Vermögensvermehrung des Mannes das kleine Opfer zu bringen. Irmengart ist verzweifelt, doch Gott zeigt ihr einen Ausweg. Gegen einen Anteil von 100 Mark tauscht die Magd mit ihr die Rolle. Der ahnungslose Hogier verbringt die Nacht mit Amelin. Als Beweisstück schneidet er ihr am Morgen einen Finger ab, dann kehrt er triumphierend zu Bertram zurück. Beide reisen nach Verdun zurück. Hier klärt sich rasch alles auf. Bertram erhält den ganzen Besitz Hogiers, dieser muß zufrieden sein, mit Amelin, die 100 Mark besitzt, verheiratet zu werden. – Frauen und Jungfrauen sollen aus der Geschichte lernen, ihre Begierde durch Keuschheit zu zähmen, dann erwächst ihnen daraus Heil und Ruhm.

Diese Geschichte, der das überkommene Erzählmuster der sogenannten Keuschheitswette zugrunde liegt, scheint zunächst zu zeigen, daß alles käuflich ist. Freilich steht die Tugend der Frau doch höher – sie verwandelt sich indes, wie man sieht, schließlich durch Gottes Gnade auch noch in klingende Münze. Falls Ruprechts Erzählung in Würzburg entstanden ist, könnte man als Adressaten an die führenden Kaufleute der Stadt denken. Sie mochten in der Geschichte eigene Erfahrungen und Vorstellungen wiedergegeben finden.

Wie eine treulose Ehefrau durch Geistesgegenwart der an sich verdienten Strafe entgehen kann, das zeigt der etwas anrüchige Schwank, den, wohl in der zweiten Hälfte des 14. Jahrhunderts, ein anderer Würzburger Autor

verfaßt hat, der sich Der arme Konrad nennt. In seiner Erzählung ›Frau Metze‹ überredet die Kupplerin Frau Metze den Würzburger Dompropst Heinrich von Rotenstein zu einem Stelldichein mit einer schönen Frau. Dann spricht sie eine schöne Dame an, von der sie schließlich eine Zusage erhält. Im Haus der Kupplerin wartet die Dame mit ihrer Magd auf den Verehrer. Dieser ist indes verhindert. Als Ersatz besorgt die Kupplerin von der Straße weg einen anderen Galan. Vom Fenster aus erkennt die Dame den eigenen Ehemann. Auf den Rat der Magd hin fällt sie bei seinem Eintritt über ihn her und beschimpft ihn als Ehebrecher. Schließlich bittet der Mann sie um Verzeihung, die sie ihm großmütig gewährt.
In ein ganz anderes, nämlich betont adlig-fürstliches Milieu führt uns der bedeutende, im Spätmittelalter weitverbreitete und auch noch im 16. Jahrhundert geschätzte Roman ›Wilhelm von Österreich‹ des Johann von Würzburg. Der im Jahr 1314 abgeschlossene Roman wurde freilich nicht in Würzburg geschrieben. Anscheinend stand Johann im Dienst der schwäbischen Grafen von Hohenberg-Haigerloch (Haigerloch liegt südöstlich von Tübingen), doch hat er sich vermutlich – jedoch möglicherweise vergeblich – um die Gönnerschaft von deren nahen habsburgischen Verwandten bemüht, den österreichischen Herzögen Leopold I. und Friedrich der Schöne. Der Roman erzählt von Abenteuer, Liebe und Tugend. Das phantastische Geschehen ist in den Rahmen einer genealogischen Vorgeschichte des Hauses Österreich gestellt und mit mancherlei historischen Ereignissen und Personen in bunter, auf historische Daten keinerlei Rücksicht nehmender Klitterung angereichert. In dieser Hinsicht ist Johann freilich kein Neuerer. Die Erzählliteratur des 13. und 14. Jahrhunderts ist – wir sahen es bereits an Konrads von Würzburg ›Der Schwanritter‹ – voll von phantastischen genealogischen Verherrlichungen fürstlicher Familien.
Der kinderlose Herzog Leopold von Österreich wallfahrtet zum heiligen Johannes nach Ephesus. Unterwegs trifft er den ebenfalls kinderlosen heidnischen König Agrant von Zyzia, der sich ihm anschließt. Nach der Rückkehr wird Leopold der Sohn Wilhelm, dem Heiden die Tochter Agly geboren. Dem noch kindlichen Wilhelm wird die Königstochter von Frau Venus als Traumbild gezeigt. Unsterblich verliebt macht der Kleine sich sofort heimlich auf, um die Geliebte zu finden, was ihm auch rasch gelingt. Die beiden Kinder, die am heidnischen Hof zusammen aufgezogen werden, sind im höchsten Grad ineinander verliebt. Ihre Liebe muß indes noch viele Bewährungsproben überstehen. Dem zum tapferen Ritter herangewachsenen Wilhelm gelingt es zweimal, heidnische Freier der Braut gerade noch rechtzeitig im Kampf zu besiegen und zu töten. Endlich, nach vielen Abenteuern, findet das Paar zueinander. Schließlich treten christliche und heidnische Welt in einer großen Entscheidungsschlacht gegeneinander an.

Sie endet mit dem Sieg der Christen und mit einer Massentaufe. Doch Wilhelm und Agly ist kein langes Glück beschieden. Bald nach der Geburt des Sohnes Friedrich, des künftigen Herzogs von Österreich, wird Wilhelm auf der Jagd ermordet. Agly stirbt über seiner Leiche den Liebestod.
Den Rang von Johanns Roman macht freilich nicht dieser aus mancherlei Versatzstücken zusammengesetzte, recht spannende Handlungsverlauf aus. Er basiert vielmehr vorwiegend auf der an der klassischen mittelhochdeutschen Romanliteratur geschulten glänzenden Erzählweise des Autors. Johann arbeitet mit den damals modernsten Mitteln einer entwickelten Romankunst. Von seinem Hauptvorbild Wolfram von Eschenbach hat er die subjektivistische, perspektivenreiche Art der Erzählung übernommen. Immer wieder unterbrechen persönliche Bemerkungen, lehrhafte Exkurse, ausgeführte Allegorien den in metaphern- und ornamentreicher Sprache, dem sogenannten Geblümten Stil, vorgetragenen Erzählverlauf; Johann schiebt Gebete, zahlreiche Liebesbriefe, in denen das musterhafte Verhalten der Liebenden in der Art der Liebeslehrbücher dargestellt wird, Gespräche, Wappenschilderungen und sonstige Beschreibungen ein, die die Lektüre des Romans auch heute noch zu einem aufregenden und spannenden Erlebnis machen.
Obwohl Johann weitab von seiner Heimat dichtete und wohl auch lebte, war er ein begeisterter Würzburger und Franke. Von ihm stammt die wohl schönste Liebeserklärung an Würzburg, die es aus dem Mittelalter gibt. Beim Aufmarsch des christlichen Heeres vor der großen Schlacht am Ende sagt Johann: *Nun hört von meinen heimischen Fürsten, den edlen Franken. Wie ritterlich sich die in der christlichen Heerschar bewegten! Den hohen Bischof, frei von Schande, kann ich von rechtswegen rühmen: aufgrund seines machtvollen Herzogsranges garantiert er mit Stola und Schwert die Rechtsordnung. Um Ehre bemüht ist stets das Würzburger Hochstift, wofür ich ihm an den Stab der Ehre in schönen Worten Lob hefte. Das ganze Bistum war stets ohne Falschheit: das bewies es auch bei dieser Gelegenheit zu Gottes Ruhm mit dem Schwert. Ihr sollt es mir nachsehen, wenn ich von ihnen zu ausführlich reden muß; es ist nur billig, daß ich sie ehre, da ich in Würzburg geboren bin ...* (v. 16695–16714).
Schließlich ist in diesem Zusammenhang die umfangreiche Minnelehre ›Die Minneburg‹ zu würdigen. Die Würzburger Herkunft des um 1330/40 entstandenen Werks ergibt sich nicht nur aus Dialektmerkmalen in der Sprache des unbekannten Autors, sondern wohl auch daraus, daß er den – auch sonst belegten – Würzburger Maler Arnold von Rotenstein erwähnt, mit dem er offenbar näher vertraut war. Die ›Minneburg‹ gilt als die systematischste deutsche Minnelehre des Mittelalters, als eine summa, ein compendium amoris, in dem die Liebe gleichsam wissenschaftlich analy-

siert wird. Adressat war in erster Linie die adlige Jugend: *Ei, ihr schönen Frauen und höfischen jungen Männer, wer sich an der Liebe erfreuen will, der lese dieses Büchlein oft* (v. 701–703)! Die Minnelehre hat der Dichter in das Gerüst einer ungewöhnlicherweise nach dem Muster lateinischer Prosatraktate in fünf Kapitel gegliederten allegorischen Handlung eingespannt. Im 1. und 2. Kapitel geht es dabei um die Entstehung und die Definition der Minne, im 3. Kapitel werden die Leser ausführlich über Wesen und Wirken der Minne belehrt: woran ist aufrichtige Liebe zu erkennen?, wie soll der Mann seine Liebe zu erkennen geben?, darf die Frau einen Liebhaber grob abweisen und das Geheimnis seiner Liebe allgemein bekannt machen? – diese und ähnliche Fragen werden gestellt und beantwortet, das 4. Kapitel gilt dem vorbildlichen Werben, das 5. schließlich den Bedingungen für eine dauernde wechselseitige Liebe. Die Darstellungsweise ist dadurch verkompliziert, daß der literarisch überaus gebildete, zu glanzvoller Darstellung im Geblümten Stil befähigte Autor in die objektiv-lehrhaften Partien dreimal ausführliche, subjektiv-geprägte Ausführungen über sein mit geringem Erfolg gesegnetes, jedoch gewiß nur fiktives Liebesverhältnis zu einer nicht genannten Dame einschiebt. Der auf diese Weise zustandekommende Perspektivenwechsel führt dazu, daß die Belehrungen der objektiven Abschnitte gleichsam durch subjektive Erlebnisberichte illustriert werden. Man hat in dieser Struktur früher Unvermögen des Dichters sehen wollen, heute hat man indes erkannt, daß bei Autoren wie Wolfram von Eschenbach, Johann von Würzburg und etwa auch dem Verfasser der ›Minneburg‹ ein wohlkalkulierter Wechsel der Erzähl- und Darstellungsweisen zu finden ist, wie er in neuerer Zeit erst wieder im subjektivistischen Roman seit dem 18. Jahrhundert auftritt.

7. *Würzburger Literatursammler des 14. Jahrhunderts: Wilhelm von Kirweiler; Michael de Leone*[16]

Die Bedeutung Würzburgs für die deutsche Literaturgeschichte des 14. Jahrhunderts ist mit den erwähnten Autoren und Werken noch nicht hinreichend dargestellt. Hinzu kommen noch die Verfasser fachliterarischer Texte, über die im nächsten Abschnitt gehandelt wird, sowie die Literatursammler, literarisch interessierte, jedoch nicht oder nicht in erster Linie selbst literarisch aktiv tätige Personen. Zu nennen ist in diesem Zusammenhang zunächst der aus einem rheinpfälzischen Ministerialengeschlecht der Bischöfe von Speyer stammende Würzburger Deutschordensritter Wilhelm von Kirweiler, der sich 1333 eine Handschrift zusammenstellen ließ, die zwei stofflich zusammenhängende, damals weit über hundert Jahre alte

Versromane mit historischen Stoffen enthält (UB Heidelberg Cpg 368), das ›Lied von Troja‹ des Herbort von Fritzlar (entstanden wohl um 1190), in dem nach einer altfranzösischen Vorlage die Geschichte des Trojanischen Kriegs bis zum Untergang der Stadt erzählt wird,[17] sowie den Eneasroman des Heinrich von Veldeke, die ›Eneit‹ (um 1180), in dem, gleichfalls nach einer französischen Vorlage (die ihrerseits auf Vergils ›Aeneis‹ beruht), die Vorgeschichte der Gründung Roms dargestellt wird. Die heutige Bedeutung der Handschrift beruht darauf, daß sie die neben wenigen Fragmenten einzige vollständige Überlieferung des ›Lieds von Troja‹ bietet – der Roman war im 14. Jahrhundert durch Konrads von Würzburg Meisterwerk ›Trojanerkrieg‹ ziemlich antiquiert.
Vor allem aber muß an dieser Stelle auf den oben (Abschnitt 2) genannten Michael de Leone eingegangen werden, den bedeutendsten unter den namentlich bekannten Literatursammlern des 14. Jahrhunderts. Michael wurde als Sohn des aus Mainz stammenden Juristen Konrad Jude um 1300 in Würzburg geboren. Das Familienwappen, das drei Judenhüte zeigt, ist im Hof des Bürgerspitals heute noch zu sehen (Farbbild S. 456). Michael erwarb in Bologna den Magistergrad und studierte beide Rechte, dann kehrte er an den Main zurück. Spätestens 1336 wurde er Protonotar des Bischofs. Ende der vierziger Jahre erhielt er daneben das Amt des Scholasters des Neumünsterstifts; Kanoniker des Stifts war er seit mindestens 1342. Daß Michael sich nach dem 1332 von ihm erworbenen Großen Löwenhof (heute Dominikanergasse 6) nannte, wurde oben bereits erwähnt. Michael de Leone starb am 3. Januar 1355 und wurde im Neumünster beigesetzt; sein Epitaph ist dort noch erhalten.[18]
Die Bedeutung Michaels für die Literaturgeschichte beruht auf den beiden von ihm veranlaßten handschriftlichen Sammlungen. Es handelt sich, wie oben (S. 550) schon gesagt, zum einen um das ›Manuale‹, zum andern und vor allem um das für das eigene Haus und die eigene Familie bestimmte ›Hausbuch‹. Dieses umfaßte ursprünglich zwei Bände, doch sind vom ersten Band nur noch wenige Fragmente (in München und Nürnberg) erhalten – den Textbestand kennen wir aus dem im zweiten Band enthaltenen Inhaltsverzeichnis –, der wichtigere zweite Band wurde Würzburg im 16. Jahrhundert entfremdet (heute in der Universitätsbibliothek München).
Die Sammlungen Michaels enthalten eine Fülle von Texten unterschiedlicher Art und Länge, auf Deutsch und Lateinisch, in Prosa und in Versen. Deutlich ist, daß der Sammler ein ausgeprägt lokales und regionales Interesse hatte, daß er sowohl aktuelle wie ältere Texte aufnahm, daß didaktische und lebenspraktische Themen eine bedeutende Rolle spielten, daß er mit einer Reihe von Personen in Verbindung stand, die ihm eigene Texte liefern konnten.

Die von Michael selbst verfaßten Texte sowie die lateinischen Texte weiterer Autoren werden in diesem Buch an anderer Stelle behandelt (vgl. S. 576 ff.). Deutsche Texte steuerten folgende Autoren aus Michaels Umgebung bei:[19] der Geistliche Otto Baldemann aus Karlstadt, dessen Dichtung ›Von dem Romschen Riche eyn clage‹ die deutsche Umsetzung eines lateinischen Gedichts Lupolds von Bebenburg ist; Lupold Hornburg von Rothenburg, von dem vier aktuelle Dichtungen in Reimpaaren stammen, darunter befindet sich eine Totenklage auf den 1347 gefallenen fränkischen Reichsfreiherrn Konrad III. von Schlüsselberg, außerdem ein dreistrophiges Loblied auf zwölf berühmte Dichter des 13. Jahrhunderts wie Walther von der Vogelweide, Wolfram von Eschenbach, Reinmar von Zweter – seine Eigenart liefert einen Hinweis darauf, daß um 1350 in Würzburg bereits Praktiken bekannt waren, die für den sonst erst ab etwa 1400 greifbaren städtischen Meistergesang charakteristisch sind;[20] schließlich der originelle Dichter, der sich der König vom Odenwald nannte und der in seinen zwölf Reimpaarreden nicht die Schlechtigkeit der Welt, die Schönheit der Frauen oder den ewigen Ruhm heute vergessener Adliger behandelte, sondern so triviale, aber lebensnotwendige Themen wie die Kuh, die Henne, die Gans, das Schwein, das Stroh, das Bad und den Hausrat.
Dazu kommen noch zahlreiche weitere, nicht selten nur durch Michaels Sammlungen überlieferte deutsche Texte. So bearbeitete und tradierte Michael etwa Hugos von Trimberg ›Der Renner‹, er ließ mehrere Dichtungen Konrads von Würzburg aufzeichnen (›Die Klage der Kunst‹ und ›Das Turnier von Nantes‹ kennen wir einzig aus dem ›Hausbuch‹), er nahm das ›Buch von guter Speise‹ auf, das älteste deutsche Kochbuch, Gesundheitslehren, Lehrtexte über die Liebe, unterhaltend-lehrhafte Erzählungen und Fabeln und den deutschen ›Lucidarius‹, ein Lehrbuch der Geographie, auch deutsche Mariendichtung, Merkverse und Epitaphien verschmähte er nicht; schließlich legte er eine der bedeutendsten Sammlungen von Minneliedern Walthers von der Vogelweide und seines Zeitgenossen Reinmar der Alte (den er mit Reinmar von Zweter verwechselte) an – dieser Teil trug dem ›Hausbuch‹ den Beinamen ›Würzburger Liederhandschrift‹ ein (Minnesangs-Handschrift E).

8. *Deutsche Fachliteratur aus Würzburg*[21]

Das Bild der deutschen Literaturüberlieferung aus dem heutigen Unterfranken bliebe unvollständig, würde man die Beiträge Würzburger Autoren zur mittelalterlichen Fachliteratur nicht wenigstens kurz erwähnen. Zwei der bekanntesten ›Fachbücher‹ des Mittelalters sind in Würzburg ent-

standen. Zu nennen ist zunächst das berühmteste medizinische Handbuch des Mittelalters in deutscher Sprache, das ›Arzneibuch‹, das der Würzburger chirurgicus Ortolf von Baierland wohl gegen 1280 abschloß. Ortolf, Zeitgenosse Konrads von Würzburg und Hugos von Trimberg, stammte aus Baiern, hatte vermutlich studiert (in Salerno oder Paris) und wirkte in Würzburg wahrscheinlich im Dienst des Domkapitels. Mit Ortolfs Werk wurde dem ausschließlich volkssprachlich gebildeten fertigen Wundarzt ein Lehrbuch in die Hand gegeben, in dem das im lateinisch geschriebenen Fachschrifttum ausgebreitete Wissen umfassend, gut gegliedert und auf die Bedürfnisse des Praktikers zugeschnitten, in souveränem Umgang mit den Quellen ausgebreitet wurde. Ortolfs Buch, das bis in die Frühe Neuzeit benutzt wurde, ist heute noch in über siebzig Vollhandschriften und in acht Drucken (Erstdruck 1472 in Augsburg) tradiert, dazu kommen zahlreiche Überlieferungen einzelner Teile sowie zumindest auszugsweise Übersetzungen ins Tschechische, Dänische, Lateinische, Italienische, Spanische.
Ein weiterer mittelalterlicher ›Bestseller‹ gelang dem um 1300 in oder bei Würzburg geborenen Gottfried von Franken, der vermutlich Geistlicher war. Der Zeitgenosse Michaels de Leone verfaßte vor 1350 in lateinischer Sprache ein Lehrbuch über den Obst- und Weinbau, das heute in der Regel unter dem Titel ›Pelzbuch‹ bekannt ist (›pelzen‹ ist Fachterminus für das Veredeln der Bäume durch ›pfropfen‹). Der lateinische Titel ›Palladius abbreviatus‹, der an einen römischen Agrarschriftsteller des 4. Jahrhunderts n. Chr. erinnert, ist ein wenig irreführend, da Gottfrieds Werk vor allem aus der Praxis erwachsen ist und mit den durchaus auch herangezogenen literarischen Quellen ziemlich selbständig verfährt. Der erste Teil handelt von den Bäumen (Veredelungsverfahren und Pflege von Obst und Obstbäumen), der zweite vom Wein (Weinlese und Pflege des Weins, Herstellung von Medizinalweinen und von Weinessig). Seine größte Wirkung entfaltete Gottfrieds Buch, das in allerlei Bearbeitungen bis weit in die Neuzeit lebendig blieb, in zwei (von insgesamt drei) unterschiedlichen deutschen Fassungen aus der zweiten Hälfte des 14. Jahrhunderts. Bekannt sind etwa achtzig Handschriften, außerdem wurde das ›Pelzbuch‹ bereits früh gedruckt.
Neben diesen beiden Büchern hat das sonstige Fachschrifttum von Würzburger Autoren geringere Bedeutung. Aus dem 15. Jahrhundert zu nennen ist der Chirurg Hans Pfarrer, der deutsche Anweisungen zur Wundbehandlung bei Stichverletzungen in die Seite verfaßt hat. Weiter verdient Johann Pfeiffelmann Erwähnung, der seit 1492 Sekretär der Bischöfe Rudolf von Scherenberg und Lorenz von Bibra war. Er verdeutschte das lateinische ›Carmen de ingenio sanitatis‹, Regeln der Diätetik und Hygiene, des Humanisten Burkhard von Horneck, der 1505 bis 1515 als bischöflicher

Leibarzt wirkte; die Übersetzung erschien unter dem Titel ›Ein kurtze vnterweisung zu enthaltunge Langwiriger Leiplicher gesuntheit‹ im Jahr 1507. Ferner übersetzte Pfeiffelmann, angeregt wohl von seinem Würzburger Sekretärskollegen Johann Sieder, der 1501 die erste deutsche Übersetzung einer Schrift Plutarchs vorgelegt hatte, die (Pseudo-)Plutarchsche Erziehungsschrift ›De liberis educandis‹ (unter dem Titel ›Von zucht der kinnder‹ gedruckt 1508) sowie Plutarchs ›De mulierum virtutibus‹ (›Von den übertrefflichsten und berümptisten frawen‹, gedr. 1533). Abschließend vermerkt sei die von dem Würzburger Minoriten und Weihbischof Georg Antworter (gest. 1499) im Jahre 1482 verfaßte, nur in einer Handschrift überlieferte deutsche ›Belehrung über das Beschwören von Geistern‹.

9. *Deutsche Dichtungen des 15. und frühen 16. Jahrhunderts*[22]

Bald nach 1350 verlor Mainfranken erneut fast jede Bedeutung für die deutsche Literaturgeschichte. Nach derzeitiger Kenntnis sind neben den wenigen oben erwähnten fachliterarischen Titeln in der Region vorwiegend einige politische Propagandagedichte entstanden, Zeitdichtungen, in denen die (oft anonym bleibenden) Autoren und ihre Auftraggeber ein breiteres Publikum nicht nur über bestimmte Ereignisse und Protagonisten der Zeitgeschichte informieren, sondern es zugleich in ihrem Sinn beeinflussen wollten.[23] Die im folgenden genannten Gedichte sind durchweg in Reimpaaren abgefaßt, sie sind meist ohne größeren artifiziellen Ehrgeiz und wurden zum Teil schriftlich, zum Teil aber wohl auch durch Sprecher verbreitet.

Literarisch am bedeutendsten ist das 1397/1400 entstandene umfangreiche Gedicht ›Vom Würzburger Städtekrieg‹ (Liliencron Nr.40; 2178 Verse) eines urkundlich nicht nachgewiesenen Bernhard von Uissigheim (Utzingen). Es schildert aus der Sicht der adlig-bischöflichen Partei die Ereignisse der Auseinandersetzung zwischen dem Würzburger Rat und anderen Städten des Bistums mit Bischof Gerhard von Schwarzenberg. Das schlecht, erst aus dem 16. Jahrhundert überlieferte Gedicht ist in der erhaltenen Fassung ein mixtum compositum mehrerer ursprünglich selbständiger Texte, das im ersten Teil detailliert den Beginn des Aufstandes in Würzburg schildert, dann wird, überleitend, die kurzzeitige Verleihung der Reichsfreiheit durch König Wenzel in Form einer Klagrede des Reichsadlers über sein mißliches Geschick, nach Würzburg kommen zu müssen, kritisiert, schließlich folgt die ausführliche Schilderung des Endes der Bemühungen der Würzburger in der Schlacht bei Bergtheim – mehr als 1200 Tote auf städtischer, nur fünf auf adeliger Seite – samt den folgenden Hinrichtungen.

Bernhard von Uissigheim war kein ungeschickter Dichter. Literarischer Darstellungstraditionen bedient er sich mit einigem Können, etwa indem er den Aufbruch des Ritterheeres zur Schlacht gegen die Aufständischen mit wenigen Andeutungen zum Heidenkreuzzug stilisiert. Besonders bemerkenswert ist die Art, in der er die Würzburger Bürger darstellt. Unter Rückgriff auf das populäre, durch und durch negative literarische Bild der Bauern, das in der ersten Hälfte des 13. Jahrhunderts der Lieddichter Neidhart geschaffen hatte und das seither erfolgreich perpetuiert und vergröbert worden war, schildert Uissigheim die Würzburger als törichte, ehrlose, streitsüchtige, jedoch feige Bauern. Als Ursache ihres Aufstandes betrachtet er ihre Torheit, ihre Überheblichkeit und den guten Frankenwein, an dem sie sich fortwährend berauschen. Sie sind nicht zufrieden mit dem, was sie haben und sind, sondern sie wollen sich über ihren Stand erheben und es dem Adel gleichtun. Holen sie sich dabei blutige Nasen, so geschieht ihnen recht. Der adlige Dichter bewältigt sozusagen das Problem des Aufstandes gegen die angeblich von Gott eingesetzten Herren, indem er die Städter mit den vertrauten, allgemein als komisch empfundenen Bauerntölpeln der Neidharttradition identifiziert und sie somit jeden Anspruchs auf Ernsthaftigkeit und auf menschlich-christliche Behandlung beraubt. Über den Ausgang der Erhebung kann es aus dieser kaltschnäuzigen Sicht der Dinge heraus keinen Zweifel geben; die wirklichen Ursachen sowohl für den Aufstand wie für seine Erfolglosigkeit treten nicht ins Blickfeld.

Weitere politische Zeitgedichte aus dem 15. Jahrhundert können an dieser Stelle nur kursorisch behandelt werden. Lediglich aus kleineren Bruchstükken in der ›Würzburger Bischofschronik‹ des Lorenz Fries bekannt ist *ein sehr langes teutsches gedicht von leben, thaten und wesen* Bischof Johannes' II. von Brunn (1411–1440) eines gewissen Johann Simon. Der anonyme Reimspruch ›Vom Hasen‹ (Liliencron Nr. 119; 205 Verse), verfaßt 1466, schmäht den kurz zuvor verstorbenen Bischof Johann III. von Grumbach, seinen verhaßten, damals im Main ertränkten langjährigen Zuträger Fritz Hase – die Erzählung seiner Hinrichtung macht den Hauptinhalt aus – und seinen noch in Amt und Würden befindlichen Kanzler Schultheß.[24] Der gleichfalls anonyme Spruch ›Die Niklashäuser Fahrt‹ (Liliencron Nr. 148; 492 Verse) von 1476 stellt die Ereignisse um Hans Böhm (Behem), den Pfeifer von Niklashausen, dar und kommentiert sie aus der Sicht des Würzburger Bischofs. Ein Reimspruch von 1493 ›Wie Herzog Friedrich zu Würzburg Pfleger werden wollte‹ (Liliencron Nr. 188; 107 Verse) beschreibt und kritisiert den Versuch Herzog Albrechts von Sachsen, seinen Sohn Friedrich mit kaiserlicher Unterstützung zum Coadjutor Bischof Rudolfs von Scherenberg zu machen, ein Ansinnen, das vom Würzburger Domkapitel abgelehnt worden war. Als ein in Bamberg gedrucktes Flugblatt mit dem Spruch in Würzburg feilgeboten wurde, ließ der Bischof die Exemplare sofort einziehen und vernichten, dennoch wurde die Angelegenheit von Herzog Albrecht als Kränkung verstanden. Er vermutete den Dichter unter den Würzburger Domherren und erhob Klage bei Kaiser Maximilian I. Nach ergebnislosen Nachforschungen nach dem Dichter ließ man die Sache schließlich auf sich beruhen. Eine Abschrift des Textes hat sich glücklicherweise erhalten.[25] Schließlich ist noch ein gegen die Stadt Heidingsfeld gerichtetes Schmähgedicht eines gewissen Pochsfleisch (Pseudonym?) aus dem Jahr 1499 zu erwähnen, ›Von den Heidingsfelder Schweizern‹ (Liliencron Nr. 195; 262 Verse). Darin wird aus bischöflicher Sicht behauptet, die Heidingsfelder wollten sich nach Art der abtrünnigen Schweizer ihres rechtmäßigen Herrn Christoph von Gutenstein entledigen.

Deutlicher faßbar als die Autoren der Zeitdichtungen ist der schriftstellernde Ritter Hieronymus Schenck von Siemau, der aus einem Geschlecht am Obermain und dessen Nebenlinie Garstadt (bei Schweinfurt) stammte. Seit 1501 lebte er in Würzburg, wo er letztmals 1525 als Verteidiger der Festung gegen die aufständischen Bauern auftrat. Neben einem lateinischen Traktat über den wahren Adel (gedruckt Würzburg 1504) verfaßte er eine deutsche ›Kinderzucht‹ (gedr. 1502), »eine der frühesten und bedeutendsten unter den deutschen Ehelehren und Erziehungsschriften, geprägt von den ritterlichen Idealen... und humanistischen Überzeugungen ihres Verfassers« (Klaus Arnold), eine an seine Mutter gerichtete Trostschrift ›Ein Epistel in der beweist wirt das not vnd nutze sei / mit gedult anfechtung jn dieser welt zuleiden‹ (gedr. 1504), sowie zwei lange geistliche Lieder: ›Von Maria reiner entpfaung‹, eine poetische Verherrlichung der damals umstrittenen unbefleckten Empfängnis Marias (25 Strophen, gedr. 1503), und ›Salve ich grus dich lilg und ros‹, ein Lied, in dem die einzelnen Wörter und Wendungen des lateinischen ›Salve regina‹ strophenweise glossiert werden (29 Strophen, gedr. 1504).

Letztmals in der deutschen Literaturgeschichte der vorreformatorischen Zeit erscheint Würzburg im Jahr 1516. Damals erreichte der junge Nürnberger Hans Sachs (1494–1576) auf seiner Gesellenwanderung die Stadt. Hier dichtete er eines seiner frühesten Meisterlieder, fünf Strophen im Langen Ton Muskatbluts, eines Dichters aus der ersten Hälfte des 15. Jahrhunderts (Ellis Nr. 21). Sachs berichtet, er sei im vorherigen Winter mittellos in der Herberge in München angekommen. Der Herbergsvater gab ihm Wein, verlangte als Entgelt aber seinen Rock. Die Herbergsmutter versprach ihm dessen Rückgabe, wenn er ein Gedicht über die Werkzeuge und die Arbeit des Schusters machen könne. Als er die Aufgabe gelöst hatte, habe er den Rock wieder bekommen. Dann sei er nach Würzburg gezogen,

Da ich dy pest geselschafft vant,
die ich offt horen preissen,
weil ich was in dem Paerlant (Bayern).

Gemeint ist damit freilich nicht eine Würzburger Meistersingergesellschaft – eine solche gab es nicht -, sondern die Gesellschaft der Würzburger Schuhknechte, die Sachs zu Beginn der ersten Strophe als sein Publikum angeredet hatte.[26]

Anmerkungen

[1] Vgl. dazu zuletzt R. Schmidt-Wiegand, in: K. Ruh u. a. (Hg.), Die deutsche Literatur des Mittelalters. Verfasserlexikon, 2. Aufl., Bd. 1 ff., 1978 ff. (im Folgenden zitiert als ²VL), hier Bd. 3, 1981, Sp. 427 f.

[2] Vgl. G. Ehrismann, Geschichte der deutschen Literatur bis zum Ausgang des Mittelalters, 1. Teil, 1918, S. 339; J. Heinzle (Hg.), Geschichte der deutschen Literatur von den Anfängen bis zum Beginn der Neuzeit, Bd. 1/1: W. Haubrichs, Von den Anfängen zum hohen Mittelalter. 1. Teil, 1988, S. 191 f. Vgl. zu den Markbeschreibungen auch UFrGesch 1, S. 184.

[3] Vgl. Ehrismann, wie Anm. 2, S. 308 f.; Haubrichs, wie Anm. 2, S. 304.

[4] Vgl. hierzu J. Bumke, Wolfram von Eschenbach (Sammlung Metzler 36), 6. Aufl., 1991, S. 10–17; H. Brunner, Wolfram von Eschenbach (ca. 1170/80–ca. 1220), in: FrLB 11, (VGffG VII A/11), 1984, S. 11–27; U. Meves, Die Herren von Durne und die höfische Literatur zur Zeit ihrer Amorbacher Vogteiherrschaft, in: F. Oswald/W. Störmer (Hgg.), Die Abtei Amorbach im Odenwald, 1984, S. 113–143.

[5] Vgl. W. Hotz, Burg Wildenberg im Odenwald. Ein Herrensitz der Hohenstaufenzeit, 1963, S. 58.

[6] Nicht in Verbindung mit dem Haus Durne zu bringen sind die Amorbacher Fragmente des ›Prosa-Lancelot‹, die neuerdings in die Zeit um 1270/80 gesetzt werden; ob sie ostfränkischer Herkunft sind, ist unklar, vgl. dazu Meves, wie Anm. 4, S. 129 f.

[7] Vgl. zu Walther von der Vogelweide: K. H. Halbach, Walther von der Vogelweide (Sammlung Metzler 40), 4. Aufl., 1983; G. Hahn, Walther von der Vogelweide (Artemis-Einführungen 22), 1986; die Grabinschrift wurde zuletzt ediert von K. Borchardt (Hg.), Die Würzburger Inschriften bis 1525 (Die deutschen Inschriften 27), 1988, S. 21 f. (mit ausführlichen Literaturangaben). Zu Reinmar von Zweter vgl. zuletzt H. Brunner in: ²VL, wie Anm. 1, Bd. 7, 1989, Sp. 1198–1207.

[8] Vgl. H. Grauert, Magister Heinrich der Poet in Würzburg und die römische Kurie (Abh. der Bayer. Akademie der Wiss. Phil.Kl. 27), 1912, S. 366–409.

[9] Vgl. zu Otto von Botenlauben zuletzt K. D. Jaehrling, Die Lieder Ottos von Bodenlouben, (Geistes- u. sozialwiss. Dissertationen 5), 1970; S. Ranawake in: ²VL, wie Anm. 1, Bd. 7, 1989, Sp. 208–213; zu Süßkind von Trimberg vgl. zuletzt P. Wapnewski, Ein Fremder im Königlichen Liederbuch: Süßkind von Trimberg, in: Kontroversen, alte und neue. Akten des VII. Internationalen Germanisten-Kongresses Göttingen 1985, hg. von A. Schöne, Bd. 1, 1986, S. 111–125; H. Brunner/B. Wachinger (Hgg.), Repertorium der Sangsprüche und Meisterlieder des 12. bis 18. Jh.s, Bd. 5, 1991, S. 424–426 (mit weiteren Literaturangaben).

[10] Vgl. zu Konrad zuletzt H. Brunner in: ²VL, wie Anm. 1, Bd. 5, 1985, Sp. 272–304; H. Brunner, Konrad von Würzburg (ca. 1230–1287), in: FrLB 12 (VGffG VII A/12), 1986, S. 14–27; R. Brandt, Konrad von Würzburg (Erträge der Forschung 249), 1987; H. Kokott,

Konrad von Würzburg, 1989; H. Brunner (Hg.), Konrad von Würzburg – seine Zeit, sein Werk, seine Wirkung, in: Jb der Oswald-von Wolkenstein-Gesellschaft 5, 1988/89.

11 Vermutungen, der vielseitige Dichter Stricker (Schaffenszeit etwa 1220/1250) habe seine beiden epischen Frühwerke um 1220 in Verbindung mit dem Haus Rieneck geschaffen, sind bisher ungesichert. Vgl. U. von der Burg, Strickers Karl der Große als Bearbeitung des Rolandsliedes (Göppinger Arbeiten zur Germanistik 131), 1974, S. 170 ff.; J. Reisel, Zeitgeschichtliche und theologisch-scholastische Aspekte im ›Daniel von dem blühenden Tal‹ des Stricker (Göppinger Arbeiten zur Germanistik 464), 1986, S. 57 ff.

12 Vgl. zu Hugo zuletzt G. Schweikle in: [2]VL, wie Anm. 1, Bd. 4, 1983, Sp. 268–282; Ch. Huber in: W. Killy (Hg.), Literaturlexikon. Autoren und Werke deutscher Sprache, Bd. 5, 1990, S. 510–512.

13 Vgl. Schweikle, wie Anm. 12, Sp. 273.

14 Vgl. zum folgenden Abschnitt H. Brunner, *... daz ich den sumer luft und in dem winter hitze han.* Würzburg und die deutsche Literatur des Mittelalters (Rostra Universitatis Wirceburgensis 1), 1990, S. 23–31. Zu Ruprecht von Würzburg vgl. H. Fischer, Studien zur deutschen Märendichtung, 2. Aufl., 1983, S. 201 f. und 392 f.; zum Armen Konrad vgl. W. Williams-Krapp in: [2]VL, wie Anm. 1, Bd. 1, 1978, Sp. 454 f.; zu Johann von Würzburg vgl. zuletzt I. Glier in: ebd. Bd. 4, 1983, Sp. 824–827; M. G. Scholz, Zum Verhältnis von Mäzen, Autor und Publikum im 14. und 15. Jh., 1987, S. 1–96; zur ›Minneburg‹ vgl. zuletzt W. Blank in: [2]VL, wie Anm. 1, Bd. 6, 1987, Sp. 566–571.

15 Vgl. dazu Ch. Gutknecht, Ruprecht von Würzburg: ›Von zwein koufmannen‹ (Hamburger philolog. Studien 2), 1966, S. 1–35.

16 Vgl. zu Wilhelm von Kirweiler P. J. Becker, Handschriften und Frühdrucke mhd. Epen, 1977, S. 21 f.; zu Michael de Leone vgl. zuletzt G. Kornrumpf in: [2]VL, wie Anm. 1, Bd. 6, 1987, Sp. 491–503.

17 Vgl. dazu zuletzt H. Brunner (Hg.), Die deutsche Trojaliteratur des Mittelalters und der Frühen Neuzeit (Wissensliteratur im Mittelalter 3), 1990, passim.

18 Vgl. dazu Borchardt, wie Anm. 7, S. 48 f. und Abb. 43.

19 Vgl. zu Otto Baldemann zuletzt D. Huschenbett in: [2]VL, wie Anm. 1, Bd. 1, 1978, Sp. 582–584; zu Lupold Hornburg F. Schanze in: ebd. Bd. 4, 1983, Sp. 143–146; zum König vom Odenwald G. Kornrumpf in: ebd. Bd. 5, 1985, Sp. 78–82.

20 Vgl. dazu zuletzt Brunner, wie Anm. 14, S. 35 Anm. 38.

21 Vgl. zu Ortolf von Baierland zuletzt G. Keil in: [2]VL, wie Anm. 1, Bd. 7, 1989, Sp. 67–82; zu Gottfried von Franken derselbe in: ebd. Bd. 3, 1981, Sp. 125–136, sowie G. Keil, Würzburg als internationales Zentrum des Gartenbaus oder: Das Sakrileg Gottfrieds von Franken, in: Würzburg heute H. 50, 1990, S. 63–67; zu Pfarrer W. Gerabek in: [2]VL Bd. 7, Sp. 555 f.; zu Pfeiffelmann F. J. Worstbrock in: ebd. Sp. 561 f.; zu Antworter P. Assion in: ebd., Bd. 1, 1978, Sp. 405. – Zu weiteren Würzburger Autoren, die in den vorliegenden Zusammenhang gehören, vgl. [2]VL unter: Schrautenbach, Balthasar; Siegfried von Bacharach; Sintram, Johannes; ›Stephans von Gumpenberg Pilgerreise‹.

22 Vgl. zu Bernhard von Uissigheim zuletzt P. Johanek in: [2]VL, wie Anm. 1, Bd. 1, 1979, Sp. 774–776, sowie Brunner, wie Anm. 14, S. 36–39; zu Niklashausen K. Arnold in: [2]VL Bd. 6, 1987, Sp. 1035–1037; zu Pochsfleisch I. Neugart in: ebd. Bd. 7, 1989, Sp. 765 f.; zu Hieronymus Schenck von Siemau K. Arnold in: ebd. Bd. 8, 1992, Sp. 635–637.

23 Vgl. zu den spätmittelalterlichen Zeitdichtungen E. Straßner, Politische Relevanz ›historischer Volkslieder‹, in: O. Werner/B. Naumann (Hgg.), Formen mittelalterlicher Literatur, FS für S. Beyschlag (Göppinger Arbeiten zur Germanistik 25), 1970, S. 229–246; E. Schubert, ›bauerngeschrey‹. Zum Problem der öffentlichen Meinung im spätmittelalterlichen Franken, in: JffL 34/35, 1974/75, S. 883–907; U. Müller, Untersuchungen zur politischen Lyrik des deutschen Mittelalters (Göppinger Arbeiten zur Germanistik 55/56), 1974; H. Brunner, Verkürztes Denken. Religiöse und literarische Modelle in der politischen Dichtung des deutschen Mittelalters, in: W. Fritsch-Rößler (Hgg.), Uf der mâze pfat. FS für W. Hoffmann (Göppinger Arbeiten zur Germanistik 555), 1991, S. 309–333.

[24] Vgl. dazu R. von Liliencron (Hg.), Die historischen Volkslieder der Deutschen vom 13. bis 16. Jahrhundert, 4 Bde., 1865–1869, hier Bd. 1, S. 545 f.
[25] Vgl. dazu ebd. Bd. 2, S. 329–331.
[26] Vgl. dazu Brunner/Wachinger, wie Anm. 9, Bd. 9, S. 9. – Für mehrere Hinweise zu Dank verpflichtet bin ich Christine Stöllinger-Löser.

Textausgaben

Außer den wissenschaftlichen Ausgaben sind, soweit möglich, auch Übersetzungen ins Neuhochdeutsche aufgeführt.

Zu 1. Wolfram von Eschenbach und der mainfränkische Adel

K. Lachmann (Hg.), Wolfram von Eschenbach, 6. Ausgabe, 1926, Nachdruck 1965 u. ö.; P. Wapnewski, Die Lieder Wolframs von Eschenbach, 1972 (mit Übersetzungen); Wolfram von Eschenbach, Parzival, mittelhochdeutsch/neuhochdeutsch, Übersetzung und Nachwort von W. Spiewok (Reclam), 1982; Wolfram von Eschenbach, Willehalm, mhd. Texte und Übersetzung von D. Kartschoke, 1989.

Zu 2. Walther von der Vogelweide und Würzburg; Reinmar von Zweter

W. Höver/E. Kiepe (Hgg.), Epochen der deutschen Lyrik, Bd. 1 (dtv), 1978, S. 224–245 (Auswahl von Texten Reinmars mit Übersetzungen ins Nhd.); K. Lachmann/C. von Kraus/H. Kuhn (Hgg.), Die Gedichte Walthers von der Vogelweide, 13. Aufl., 1965; G. Roethe (Hg.), Die Gedichte Reinmars von Zweter, 1887, Nachdruck 1967; Walther von der Vogelweide, mhd./nhd. hg. von F. Maurer, 1972.

Zu 3. Otto von Botenlauben; Süßkind von Trimberg

Höver/Kiepe (wie oben zu 2.), S. 162–169 (Otto von Botenlauben), S. 468–471 (Süßkind) (Auswahl mit Übersetzungen ins Nhd.); K. D. Jaehrling, Die Lieder Ottos von Bodenlouben (Geistes- und sozialwissenschaftliche Dissertationen 5), 1970 (mit Übersetzungen); C. von Kraus (Hg.), Deutsche Liederdichter des 13. Jahrhunderts, 2. Aufl., 1978, Nr. 41 (Otto von Botenlauben), 56 (Süßkind).

Zu 4. Konrad von Würzburg

H. J. Gernentz, Der Schwanritter. Deutsche Verserzählungen des 13. und 14. Jahrhunderts, 2. Aufl., 1979, S. 109–201 (Übersetzung des ›Schwanritters‹); E. Schröder (Hg.), Konrad von Würzburg: Kleinere Dichtungen, 3 Bde., 1924/26 u. ö. (darin Bd. 2 ›Der Schwanritter‹; weitere Ausgaben der Werke Konrads verzeichnet die oben in Anm. 10 angegebene Literatur.

Zu 5. Hugo von Trimberg

G. Ehrismann (Hg.), Der Renner von Hugo von Trimberg, 4 Bde. (Bibliothek des Litterarischen Vereins Stuttgart), 1908/11, Nachdruck besorgt von G. Schweikle (Deutsche Neudrucke), 1970.

Zu 6. Ruprecht von Würzburg; Der arme Konrad; Johann von Würzburg; ›Die Minneburg‹

H. Fischer, Die schönsten Schwankerzählungen des deutschen Mittelalters, 2. Aufl., 1968, S. 90–98 (Übersetzung der Erzählung des Armen Konrad); H. Niewöhner (Hg.), Neues Gesamtabenteuer, Bd. 1, 2. Aufl., 1967, Nr. 37 (Ruprecht von Würzburg), Nr. 11 (Der arme Konrad); H. Pyritz (Hg.), Die Minneburg (Deutsche Texte des Mittelalters 43), 1950; E. Regel (Hg.), Johanns von Würzburg Wilhelm von Österreich (Deutsche Texte des Mittelalters 3), 1906; W. Spiewok, Altdeutsches Decamerone, 1982, S. 445–463 (Übersetzung der Erzählung Ruprechts).

Zu 7. Würzburger Literatursammler des 14. Jahrhunderts: Wilhelm von Kirweiler; Michael de Leone

H. Brunner (Hg.), Das Hausbuch des Michael de Leone (Würzburger Liederhandschrift) der Universitätsbibliothek München (2° Cod.ms. 731) (Litterae 100), 1983 (Schwarzweiß-Faksimile); G. Kornrumpf (Hg.), Die Lieder Reinmars und Walthers von der Vogelweide aus der Würzburger Handschrift 2° Cod.ms. 731 der UB München, Bd. 1 (mehr nicht erschienen), 1972 (farbiges Faksimile eines Teils der Handschrift).

Zu 8. Deutsche Fachliteratur aus Würzburg

G. Eis, Gottfrieds Pelzbuch (Südosteuropäische Arbeiten 38), 1944; eine kritische Ausgabe des ›Arzneibuchs‹ Ortolfs von Baierland wird von G. Keil und seinen Mitarbeitern im Rahmen des Sonderforschungsbereichs 226 Würzburg-Eichstätt vorbereitet.

Zu 9. Deutsche Dichtungen des 15. und des frühen 16. Jahrhunderts

F. H. Ellis, The Early Meisterlieder of Hans Sachs, 1974; R. von Liliencron (Hg.), Die historischen Volkslieder der Deutschen vom 13. bis 16. Jahrhundert, 4 Bde., 1865–1869; Ph. Wackernagel (Hg.), Das deutsche Kirchenlied von der ältesten Zeit bis zu Anfang des 17. Jahrhunderts, Bd. 2, 1867, Nachdr. 1964, Nr. 1261 u. 1262 (die Lieder Hieronymus Schencks).

Reinhard Düchting

Lateinische Literatur

1. *Vor und nach 1200*

Anfang Dezember 1202 wurde der Würzburger Bischof Konrad I. von Querfurt, seit Jahren zwischen den Fronten von Papst Innozenz III., dem Welfen Otto IV. und dem Stauferkönig Philipp von Schwaben stehend und kirchlich angefochten, ermordet; schon vor dem Tod des kunstsinnigen und reformfreudigen Bischofs Lorenz von Bibra 1519 hatte ein neues Säkulum begonnen.

Die früheste Kultur Unterfrankens ist geprägt durch Mission und Martyrium des Iren Kilian und seiner Gefährten Kolonat und Totnan (689) und den Episkopat des Angelsachsen Burkard als des ersten Bischofs von Würzburg (742). Zwei Passiones Kiliani (eine ältere Passio minor, eine jüngere Passio maior) gehören dem 9. Jahrhundert an; als eines der frühesten Heiligenleben ist die Passio minor (zusammen mit dem Margareten-Leben) nach 975 illustriert worden. Der Verfasser der jüngeren Kilian-Passion hat auch die ältere Burkard-Vita geschrieben, die jüngere hat womöglich Ekkehard von Aura († nach 1125) zum Verfasser. Kult und Memoria Kilians und Burkards sind nie unterbrochen worden; sie halten auch die Erinnerung fest an die Bibliothek des Doms: libri sancti Kiliani, vor allem mitgebrachte und später noch importierte Handschriften insularer, also irisch-angelsächsicher Provenienz. Es handelt sich um höchst bedeutsame Codices der Kirchenväter, Liturgica, Grammatica, in toto »ein Monument von europäischem Rang« (F. Dressler).

Wenn die Identifizierungen stimmen, dann ist ein schon von Theodulf bezeugter Clemens derselbe, zu welchem als Grammatiker der fuldische Abt Ratgar Schüler schickt und dessen Lehre (dogma) Ermoldus Nigellus betont; Clemens war auch Lehrer Kaiser Lothars und ist an einem 29. Mai in Würzburg ins Totenbuch eingetragen *(presbiter magister palatinus)*. Notker Balbulus erzählt in den spätkarolingischen ›Gesta Karoli Magni‹, daß dieser Clemens als einer der beiden *irischen Weisheitskrämer* auf den fränkischen Kontinent gekommen ist und die studia litterarum unter Karl neu belebt habe; vielleicht sind durch ihn lateinische Bibeltexte und Grammatica mit lateinischen (und altirischen) Glossen und Kommentaren und mit vielen eingehängten Zettelchen in Würzburg erhalten.

Die Grabschrift für Bischof Megingoz (um 800) gibt in Würzburg Zeugnis von der renovatio studii; die zeitlich nächsterhaltenen Inschriften sind zweihundertundfünfzig Jahre jünger (ab 1050). Um 800 setzen auch die ersten mittelalterlichen Bibliothekskataloge des Domstifts ein: bei aller Knappheit kostbare Zeugnisse bis zum umfangreichen Katalog der Dombibliothek um 1000; alle wohl nicht vollständig, manche Titel sind identifiziert, die meisten nicht und wohl auch nicht erhalten. Fast zwanzig Jahre lehrte der Magister Stephan von Novara Grammatik am Domstift, 970 schenkte er seine kleine Bibliothek und was er sonst besaß *(pauci libri, parva supellex)* dem hl. Kilian und kehrte nach Novara zurück. Otloh von St. Emmeram und der Anonymus von Eichstätt wissen manches über ihn und Würzburger Schulverhältnisse (mit freundschaftlicher Konkurrenz zu Eichstätt und Worms) zu erzählen; eine seiner Visiones hat Otloh in Würzburg angesiedelt.[1]

Die mittelalterlichen Bibliothekskataloge geben den Bestand von in eigenen Skriptorien geschriebenen oder erworbenen Codices wieder; sie dokumentieren ein gelehrtes Interesse und Studium, das einen liturgisch notwendigen Bücherbesitz überschreitet. Das Neumünster ist nach der Mitte des 11. Jahrhunderts gegründet worden[2]; das Bücher- und Schatzverzeichnis von 1233 (StAW, Standbuch 184) listet biblische und liturgische Bücher sowie Glossierungen und Kirchenväterkommentare auf (libri divini), in einer eigenen Rubrik libri scolastici für den Unterricht (Farbbild S. 585). Ein Kanoniker *(dominus Albertus decanus in novo monasterio Wirzeburg)* hinterließ mit diesen Büchern dem Stift auch aufgezählte Kultgegenstände (ornatus); nichts scheint erhalten. Von Bedeutung ist, daß neben der Domschule im Neumünsterstift namhafte Scholaster (scholasticus) wirken, die Schulen im späten Mittelalter fast konkurrierten. Hugo von Trimberg weiß durch Augenschein, daß Bücher Heinrichs von Würzburg dort hochgehalten und im Autograph zu lesen sind (? libri autentisati).

Heinrich ist Schwabe (de Suevia) und viele Jahr lang Kanoniker und Scholastikus am Neumünster; um 1265 ist er gestorben.

Johannis et apostoli	*gesta metrificavit*
de septem electoribus	*imperiique fecit*
librum	

(Hugo von Trimberg 650f.). Beide Werke: metrische ›Gesta Iohannis ap.‹ und ›De VII electoribus imperii/columnis Germaniae‹ (nach dem mitgeteilten Incipit in Hexametern) scheinen nicht erhalten, auch nicht die ›Tränen der Kirche‹, welche er nach dem Selbstzeugnis seines großen Poems ›De statu curiae Romanae‹ gedichtet hat (V. 5f. *tu, qui nuper cecinisti/ecclesiae lacrimas*). Dieses Werk soll Heinrich im Auftrag des Papstes um 1261

(Alexanders IV.?, Urbans IV.?) verfaßt haben; aufgrund der 1026 Versus (513 Distichen) soll er *auctoritate papali canonicus praebendatus ecclesiae novi monasterii Herbipolensis* geworden sein; überliefert ist es auch im Manuale (UBW M.p.misc.f.6) des Michael de Leone. Das Gedicht ist ein Dialog zwischen einem Spanier (Aprilis), der nach Rom zu reisen gedenkt, und einem rom- und kurienkundigen Gaufredus, der ihn umfassend informiert. Tadel durch Überlob: der detaillierte Bericht, die Behauptung jeglicher Integrität der Kurie, ihrer Virtus, des engelhaften Lebens aller Höflinge und Ränge stellt – ironice und e contrario – alle Laster (vitia) der Urbs vor Augen – in vielem gewiß topisch und also eine lange Tradition der Rom-Invektive aufgreifend, insgesamt aber auch eine der bedeutendsten kirchenkritischen Zeitdichtungen aus dem hohen Mittelalter[3]; das vergleichbare ›Carmen satiricum‹ des Nikolaus von Bibra (nach 1280) scheint nicht unbeeinflußt. Im Neumünster wurde Heinricus poeta beigesetzt.

2. *Michael de Leone und seine Zeit*

Der ›Unterfranke‹ Hugo von Trimberg († nach 1313) wirkte in Bamberg und hat seine Gelehrsamkeit vielleicht in Würzburg am Neumünsterstift erworben; die gereimte Enzyklopädie des ›Renner‹ läßt die lateinischen Werke bis auf eines zurücktreten: die ›Laurea sanctorum‹ (Kranz der Heiligen) ordnet die Heiligen des Cisiojanus, d. h. jener kalendarischen Merkverse, die für jeden Monat die Heiligenfeste aufzählen, als schulischen Lehrstoff. Das ›Solsequium‹ gehört zur Gattung der Exempel-Sammlungen mit gelegentlichen Versen und langen Moralisationen. Das lateinische Opus magnum ist das ›Registrum multorum auctorum‹[4]; in drei Teilen (distinctiones) mit je zwei Unterteilen (particulae) für ältere und jüngere Autoren (antiqui, moderni) verzeichnet es 1. (auctores) ethici maiores von Vergil bis zu den Epikern und Dichtungstheoretikern des 12. und 13. Jahrhunderts, 2. kirchlich-theologische Autoren von den Bibelepikern bis zu den Theologen des 12. Jahrhunderts (hier zitiert Hugo das dreizeilige Incipit einer nicht überlieferten hexametrischen Passio s. Kiliani: *Nobilis et prudens Kilianus origine Scotus*...) und 3. unter ethici minores allerlei Kleindichtung, Fabulöses und Schwankhaftes. Was als ein instructorium minorum (scolarium) intendiert ist, wurde eine unschätzbare Quelle und originelle Leistung. Nicht nur gibt Hugo am Ende V. 839 ff. sein eigenes Schriftenverzeichnis und sagt V. 814 ff., wie er formal je zwei Vagantenzeilen mit Reimen verbunden hat; das eigentlich Besondere des Literaturregisters ist die Nennung des Autors oder, wo ein Werk anonym ist, des Werktitels und Incipits. Hugo folgt darin dem Modus des Kirchenvaters Augustin; wo dieser jedoch drei Jahre vor seinem Tod in den ›Retractationes‹ Rechenschaft gibt über sein eigenes schriftstellerisches Werk und es sichert und unmißverständlich macht, verfährt Hugo so mit der lateinischen Literaturgeschichte von Vergil bis auf seine Lebenszeit. Eine Literaturgeschichte hat das Mittelalter nicht schreiben können; es reichte die Tradition der Gattung ›De viris illustribus/ecclesiasticis‹ und der sogenannten ›Accessus‹ und ›Super auctores‹. Hugo ist hier ein ›Augustinus modernus‹ mit einem Vers-Register bisher verfaßter und zu studierender Literatur.

Um 1350 macht Michael de Leone († 1355) Würzburg zur »literarisch interessantesten Stadt in Deutschland« (J. Bumke); er ist Scholaster am Neumünster, schreibt und sammelt, läßt schreiben und übersetzen:[5] zahlreiche eigene und fremde Stücke (wenn auch nicht alle) sind im Manuale und im noch erhaltenen zweiten Teil des Hausbuchs (UB München 2° cod.ms. 731) aufbewahrt. Das Interesse gilt dem Reich, besonders der Diözese und Bischofsstadt Würzburg. Michael de Leone exzerpiert und gestaltet Material zu Würzburger Bischöfen und zum Neumünster, zur Lokalhistorie überhaupt, Orationes, Medizinisches, Pesttraktate, Rezepte und Lebensregeln.

Der Augustinermönch Hermann von Schildesche († 1357) lebt ab 1340 im Würzburger Kloster als begeisternder Lehrer und Generalvikar und gibt dort interessante Schriften heraus (Metrisches, ›Vom vierfachen Schriftsinn‹, ›De conceptione Mariae‹, ›Super Cantica‹, ›Claustrum animae‹ u. a.). Michael de Leone hat ihn zur Niederschrift der ›Divisio metrica‹ animiert (auch zum ›Compendium de IV sensibus sacrae scripturae‹), Hermann widmet sie ihm.

Dr. Lupold von Bebenburg († 1363), ungemein belesen und in kirchlichen und Reichsangelegenheiten vielfältig und unermüdlich tätig (und die letzten zehn Jahre Bischof von Bamberg), kopierte für Würzburg bisherige königliche Privilegien mit Nachrichten über die herrscherlichen Aussteller. Lupold appelliert in historischer Rückschau an den Glaubenseifer der deutschen Fürsten (›Libellus de zelo christianae religionis veterum principum Germanorum‹) und schrieb ›De iuribus regni et imperii‹: von Macht und Grenze der einzelnen Königreiche und dem einen gewählten Römischen König; er griff damit in die große staatsrechtliche Debatte ein. Über die schlimmen Zeitläufte verfaßte Lupold eine rhythmische Klagedichtung (in 7+7 Silben, je zwei Zeilen endgereimt): ›Ritmaticum, querulosum et lamentosum dictamen de modernis cursibus et defectibus regni ac imperii Romanorum‹. Das Römische Reich selbst (sacrum imperium Romanum) erscheint dem Dichter als herrliche Frau, beklagt die Unehre des Reichs, erinnert an die ihr reservierten privilegia honoris und bittet den Dichter, das Vernommene zu publizieren und für die Wiederherstellung der Reichs-

rechte zu werben. Der Text ist wiederum auch im Manuale des Michael de Leone erhalten; Otto Baldemann hat ihn 1341 umgedichtet (›Von dem Romschen Riche eyn clage‹, überliefert nur im Manuale), den wiederum Lupold Hornburg 1348 bearbeitet und auf dem Fürstentag in Passau vorgetragen hat (überliefert nur im Hausbuch).
Zu den Literaten um Michael de Leone gehört auch Johannes von Lauterbach. Der Erfurter Benediktiner lebt seit 1348 in Würzburg (St. Stephan und Feste Marienburg). Michael de Leone gewinnt ihn zur Verfertigung einer Vita Kiliani (inc. *Sanctorum merita norunt compungere mentes*) nach der Passio maior und einer Vita Burghardi in zwei Büchern (inc. *Magni Gregorii virtute pia meritorum*) nach der jüngeren des Ekkehard von Aura. Beide Viten hat Johannes in Hexametern verfaßt, indem je zwei Versus collateral miteinander reimen; beide Viten hat er 1350 durch den Schreiber (scriptor) Giselher ins Manuale eintragen lassen.

3. *Rückkehr der Musen*

Es ist, als ob die ungewöhnliche Dichte der gelehrten, literarischen, antiquarischen und lokalhistorischen Interessen um Michael de Leone gegen Mitte des 14. Jahrhunderts die geistigen Kräfte der Bistumslandschaft verbraucht hätte. Die Gründung einer Universität 1402 zieht selbstverständlich Lehrer und Lernende an. Winand von Steeg ist nur der bekannteste Name.[6] Über Heidelberg kam er 1402 für ein knappes Jahrzehnt nach Würzburg und wirkte als Kanonist, begehrter Festredner und Prediger; hier hat er die Predigtsammlung ›Lapis angularis‹ (Eckstein) zusammengestellt; nach dem Tod seines Gönners, des Bischofs Johann I. von Egloffstein (1411), verließ Winand von Steeg Würzburg, die Universität wird ›suspendiert‹.
Jegliche Wissensvermittlung geschieht zunächst durch Ab- und Nachschreiben. Gedruckt hat als erster in Würzburg Georg Reyser[7]; vor 1479 mußte Bischof Rudolf II. von Scherenberg (1466–1495) noch auswärts drucken lassen. Im ›Breviarium Herbipolense‹ von 1479 gewährte er Reyser (und St. Dold und J. Beckenhub) das Privileg, anstelle der uneinheitlichen und darum in Kollegiat- und Parrochialkirchen und Kapellen eingezogenen Breviere die rubricarum unitas des Dombreviers für alle geistlichen Häuser nunmehr zu drucken – *gegeben zu Würzburg am 20. September 1479* –, mit eigenem Wappen und dem des Hochstifts (Farbbild S. 585). Die Frage Handschrift oder Druck, drucken wie schreiben (und bald sogar: schreiben wie drucken) wird noch Jahrzehnte diskutiert. Trithemius läßt sein ›Lob der Schreiber‹ (›De laude scriptorum manualium‹) 1494 in

Mainz drucken; Reyser kann bald ehrenvolle Druckaufträge von außerhalb annehmen, die typi Reyseriani werden ein Begriff.
Wenige Jahre später erfahren wir aus Colloquia und Carmina des (Schweinfurter?) Magisters Petrus Popon[8] interessante Nachrichten über Schulverhältnisse in Schweinfurt (ÖNB Wien cod. 3111) und Würzburg (München clm 18910), und hier besonders über Rivalitäten zwischen den Schulen am Dom und Neumünster. Die vier Gespräche zwischen Schülern über beste Lernerfolge in welchem Institut sind sehr lebendig, voller Details zu studentischer Lebensform; letztlich wird die Domschule als die modernere empfohlen, weil sie (anders als das Neumünster) nicht mehr auf das Doctrinale des Alexander de Villa Dei setzt, sondern auf Disputation und die Lektüre der Klassiker und poetischen Auctores – Spuren des Frühhumanismus, wenn nicht längst etwa ein Gregor Heimburg († 1472, aus Schweinfurt[9] und von Würzburg aus operierend) als Jurist, Diplomat und politischer Schriftsteller Eloquenz und Rhetorik in Deutschland heimisch gemacht hätte und wenn nicht Conrad Celtis (1459–1508) aus Wipfeld Apoll nach Deutschland mit seinen ›Amores‹ (Nürnberg 1502) und ›Odae‹ (postum Straßburg 1513) gebracht hätte und ein Fürst des deutschen Humanismus geworden wäre. Der eine knappe Generation ältere Regiomontan (weil aus Königsberg/Franken, eigentlich Johannes Müller, 1436–1476) arbeitete nach Studien- und Lehrjahren in Wien, Italien und Ungarn in Nürnberg – ein Übersetzer antiker naturwissenschaftlicher Autoritäten, Mathematiker und Astronom. Der aus Schweinfurt stammende Johannes Cuspinian (1473–1529) wirkt weit über die unterfränkische Heimat hinaus als der geborene Nachfolger des Celtis; beider Grabdenkmale finden sich im Wiener Stephansdom. Nächst Schweinfurt und Umgebung scheint Karlstadt bedeutende Köpfe hervorgebracht zu haben, wie die Bodensteins und Schöners. Andreas Bodenstein (= Karlstadt, † 1541) wird Wittenberger Lehrer Luthers und, distanziert durch Bildersturm und Abendmahlsfrage, reformatorischer Kämpfer ganz eigener Statur; sein Sohn Adam wird ein reputierter Paracelsist. Johannes Schöner (1477–1547), vor allem in Bamberg und Nürnberg wirkend, und sein Sohn Andreas († 1590) sind ›mathematici‹ (Astronomen) von Rang.[10] Um 1500 können der spätere Dekan am Neumünster Engelhard Funk (= Scintilla)[11] oder ein Johannes Greul (›Historia divi Kiliani‹, 1526) um Celtis und Cuspinian Poesien verfassen; aus Aub stammt Joannes Boemus (vor 1475 – nach 1520), der mit hebraistischen, musikalischen und völkerkundlichen Arbeiten hervortrat; sein Hauptwerk ›Repertorium librorum trium: Omnium gentium mores, leges et ritus‹ wurde im 16. Jahrhundert zum vielbenützten Nachschlagewerk. Boemus lebte im bayerisch-schwäbischen Grenzbereich.[12] Das späte 16. Jahrhundert sieht die Frucht aufgehen und erblickt als ›fränkisches

Dreigestirn‹ dreier Generationen: Celtis (aus Wipfeld, † 1508), Hutten (auf Burg Steckelberg bei Fulda, † 1523) und Petrus Lotichius Secundus (aus Schlüchtern, † 1560); Paulus Melissus Schede (aus Mellrichstadt, † 1602) möchte als Neulateiner von europäischer Reputation der vierte in dieser Runde sein.[13] Ein Karriereweg aus Unterfranken über Würzburg nach Nürnberg und Wien ist mehrfach erkennbar; deutlich erfahrbar auch eine hessisch-fränkisch-thüringische Humanisten-Landschaft.
Unter Bischof Lorenz von Bibra (1495–1519) wird die literarische Landschaft und Familiarität in Unterfranken und Würzburg selbst noch lieblicher und enger. 1506 kann er Johannes Trithemius, Abt von Sponheim, fürs Benediktinerkloster St. Jakob links des Mains berufen.[14] Wenn Trithemius auch seine literarhistorischen Repertorien ›De scriptoribus ecclesiasticis‹ bereits 1494 und den ›Catalogus illustrium virorum Germaniae‹ bereits 1495 hatte drucken lassen, so bringt das letzte Würzburger Jahrzehnt doch noch mit neuen Freunden und literarischen Aufgaben reiche Frucht. 1516 ist er gestorben, sein Grabdenkmal steht im Neumünster (Farbbild S. 586). Aus Miltenberg kommt Johannes Butzbach (1477–1516), ein ›Trithemius minor‹, seit 1500 im Kloster Maria Laach. 1506 beschrieb er im ›Odeporicon‹ sein schweres und unruhiges frühes Wanderleben mit mainfränkischen Erinnerungen, besonders im ersten und dritten Buch.[15]
Michael de Leone um 1350, Johannes Trithemius vor und nach 1510, Lorenz Fries (aus Mergentheim) seit 1520, Ignaz Gropp im 18. Jahrhundert: aus diesen Literaturfreunden – alle auch selbst produktiv, alle große Sammler (collectores) großer und kleiner historiographischer Denkmäler – ließe sich unschwer eine Historia litteraria Franconiae schreiben rund um die Herbipolis.
Würzburg ist als Stätte des Martyriums Kilians und seiner Gefährten, als Bischofsstadt des Bonifatius seit Burkard und mit seiner 1582 gegründeten Universität die natürliche Mitte Unterfrankens. Die ›authentische‹ Stadtansicht in Hartmann Schedels ›Liber cronicarum‹[16] (Nürnberg: Koberger 1493 fol. CLIX^{v}–CLX; Farbbild S. 585), erinnert im Text Mission und Tod Kilians, die nur hügelige, sandreiche Landschaft, die Weinberge, die Feste (arx) als ein von Natur und Menschenwerk uneinnehmbares Kastell und die zahlreichen, einzeln genannten Gotteshäuser, Klöster und Stifte – vor Augen die Prinzipalin und hochberühmte Stadt Ostfranziens, welches Franken heißt: *principalis ac inclita civitas Franciae orientalis, quae Franconia dicitur.*

Anmerkungen

[1] Inzwischen neu hg. von P. G. Schmidt, Otloh von St. Emmeram, Liber visionum (MGH. Quellen zur Geistesgeschichte des Mittelalters 13), 1989, S. 65–67.

[2] A. Wendehorst, Das Bistum Würzburg 4: Das Stift Neumünster in Würzburg (GS NF 26,4), 1989.

[3] Hg. von H. Grauert, Magister Heinrich der Poet in Würzburg und die römische Kurie (Abh. München 27,1.2), 1912, S. 65–106; F. J. Worstbrock, Artikel Heinrich von Würzburg, in: [2]VL 3, 1981, Sp. 924–926; Wendehorst, wie Anm. 2, S. 463 f.

[4] Hg. von K. Langosch, Das Registrum multorum auctorum des Hugo von Trimberg. Untersuchungen und kommentierte Textausgabe (Germanische Studien 235), 1942; G. Schweikle, Artikel Hugo von Trimberg, in: [2]VL 4, 1983, Sp. 268–282. Zum Titel ›Solsequium‹ (= Heliotrop, auch Wegwarte) vgl. B. Bischoff, Das rhythmische Nachwort Hugos von Trimberg zum Solsequium, in: Zs für deutsche Philologie 70, 1947/1948, S. 36–54, bes. S. 41 und 50 f. V. 348 ff.

[5] Zu Michael de Leone, Hermann von Schildesche, Lupold von Bebenburg, Otto Baldemann, Lupold Hornburg und Johannes von Lauterbach s. die Artikel im [2]VL und LexMA (mit Ausgaben und Literatur).
Zu Michael de Leone bes. P. Keyser, Michael de Leone († 1355) und seine literarische Sammlung, 1966, sowie die Handschriftenbeschreibungen des Manuale (H. Thurn 1990) und Hausbuchs (G. Kornrumpf 1968) und das Faksimile des Hausbuchs (H. Brunner 1983). Grabinschrift im Neumünster: Würzburger Inschriften S. 48 f. Nr. 75.

[6] A. Schmidt/H. Heimpel, Winand von Steeg (1371–1453) ... (Abh. München NF 81), 1977; Otto Meyer, Varia Franconiae Historica III, S. 1115–1127.

[7] O. Meyer, wie Anm. 6, S. 1265–1301, auch S. 1246–1253; GS Würzburg 3, S. 45.

[8] G. Schepss, Magistri Petri Poponis Colloquia de scholis Herbipolensibus, 1882; Ders., Die Gedichte des Magisters Petrus Popon, in: AUFr 27, 1884, S. 277–300. O. Meyer, Varia Franconiae Historica I, S. 32 f.; Wendehorst, wie Anm. 2, S. 232–234.

[9] P. Johanek, Artikel Gregor Heimburg, in: [2]VL 3, 1981, Sp. 629–642.

[10] D. Wuttke, Artikel Conrad Celtis, in: Killys LiteraturLexikon 2, 1989, S. 395–400; siehe Düchting, Kat. Bibliotheca Palatina, 1986, S. 196 f.; F. Krafft, Artikel Regiomontanus, in: Killys LiteraturLexikon 9, 1991, S. 334–336 (mit Literatur); H. Ankwicz-Kleehoven, Der Wiener Humanist Johannes Cuspinian, 1959; zuletzt M. Franz, Artikel Johannes Cuspinianus, in: Killys LiteraturLexikon 2, 1989, S. 500; zu Adam von Bodenstein vgl. J. Telle, in: Killys LiteraturLexikon 2, 1989, S. 45 f. (mit Literatur); zu den Schöners vgl. E. Zinner, Deutsche und niederländische astronomische Instrumente des 11.–18. Jahrhunderts, 1956, bes. S. 527 f.

[11] Zuletzt Wendehorst, wie Anm. 2, S. 345–347 (mit Literatur) und K. Arnold, Engelhard Funck (Scintilla), in: JffL 52/I, 1992 (FS Alfred Wendehorst), S. 367–380.

[12] Zuletzt Chr. Stöcker, Franken in der Beschreibung des Johannes Greul 1526 (Miscellanea Suinfurtensia Historica 9), 1989, S. 9–26; P. Schienerl, Artikel Boemus, in: Killys LiteraturLexikon 2, 1989, S. 83 (mit Literatur).

[13] Siehe Düchting, wie Anm. 10, S. 422.

[14] Umfassend K. Arnold, Johannes Trithemius (1462–1516), [2]1991: S. 208 ff. Abt von St. Jakob in Würzburg, S. 228 ff. Werkverzeichnis, S. 350 b s. v. Würzburg. Zum Grabmal (Tilman Riemenschneider?) im Neumünster s. Arnold S. 286 ff., zur umlaufenden und Sockelinschrift s. Würzburger Inschriften S. 213 f. Nr. 463.

[15] K. Arnold, Artikel Johannes Butzbach, in: LexMA 2, 1983, Sp. 1163 und Killys LiteraturLexikon 2, 1989, S. 340; reich kommentierte lat.-deutsche Ausgabe des kulturhistorisch bedeutsamen ›Odeporicon‹ durch A. Beriger, 1991.

[16] E. Rücker, Die Schedelsche Weltchronik, 1973; Dies., Hartmann Schedels Weltchronik, 1988. O. Meyer, Varia Franconiae Historica II, S. 788–806; zuletzt Gesamtansichten und Pläne der Stadt Würzburg. 15.–19. Jahrhundert ... bearb. von R. Feurer und P. Maidt, 1988, S. 32 f. Nr. 1.

Literatur (Auswahl)

B. Bischoff/J. Hofmann, Libri Sancti Kyliani. Die Würzburger Schreibschule und die Dombibliothek im VIII. und IX. Jahrhundert, QFW 6, 1952; Fränkische Lebensbilder 1, 1967 – (bisher) 14, 1991; Franconia sacra (Ausstellungskatalog),1952; HbbG, III, S. 575 ff. Humanistische Zentren: Würzburg (A. Kraus), 1971; Die Handschriften der UB Würzburg, bearb. von H. Thurn. I Die Handschriften der Zisterzienserabtei Ebrach 1970; II 1 Die Handschriften aus benediktinischen Provenienzen (mit Würzburg: St. Afra, St. Burkard, Schottenkloster St. Jakob) 1973, 2 Die Handschriften aus St. Stephan zu Würzburg 1986; III 1.2 Die Pergamenthandschriften/Papierhandschriften der ehemaligen Dombibliothek 1984. 1981; IV Die Handschriften der kleinen Provenienzen und Fragmente 1990; I. Hubay, Incunabula der UB Würzburg, 1966; Kilian, Mönch aus Irland – aller Franken Patron (Ausstellungskatalog; Aufsätze, hg. von J. Erichsen), 1989; G. Mälzer, Die Inkunabeln der UB Würzburg (Ausstellungskatalog), 1986; Ders., Aus der Schatzkammer der UB Würzburg (Ausstellungskatalog), 1990; G. Mälzer/H. Thurn, UB Würzburg: Kostbare Handschriften (Ausstellungskatalog), 1982; Diess., Die Bibliothek des Würzburger Domstifts 742–1803 (Ausstellungskatalog), 1988; Otto Meyer, Varia Franconiae Historica, I–III, 1981–1986, bes. II, S. 753 ff.; III, S. 1115 ff. und S. 1265 ff.; Mittelalterliche Bibliothekskataloge Deutschlands und der Schweiz IV 2: Bistum Freising, bearb. von G. Glauche, Bistum Würzburg, bearb. von H. Knaus, 1979, S. 948 ff.; Unterfränkische Geschichte, 1, 1989, bes. S. 241 ff. (Otto Meyer); Die Würzburger Inschriften bis 1525 ..., bearb. von K. Borchardt (Deutsche Inschriften 27, Münchner Reihe 7), 1988.

Die Farbbilder

Seite 585 oben links *Druckprivileg Bischof Rudolfs II. von Scherenberg für Georg Reyser im Breviarium Herbipolense 1479.*

Seite 585 oben rechts *Würzburg, Neumünster: Schatz- und Bücherverzeichnis von 1233 mit Libri scolastici und Schlußnotiz (StAW, Standbuch 184, p. 239).*

Seite 585 unten *›Herbipolis‹ in der lateinischen Ausgabe von Schedels Liber cronicarum (Nürnberg: Koberger, Juli 1493) fol. CLIX v -CLX.*

Seite 586 *Grabdenkmal des Benediktinerabtes von St. Jakob, Johannes Trithemius (von Tilman Riemenschneider?), seit 1825 in der Neumünsterkirche Würzburg.*

Seite 587 *Würzburg, Marienkirche auf der Festung Marienberg (von Westen).*

Seite 588 oben *Würzburg, St. Burkard, Langhaus (gegen Osten).*

Seite 588 unten *Würzburg, St. Stephan, Krypta (gegen Westen).*

Seite 589 oben *Aschaffenburg, Stiftskirche, Tympanon des Hauptportals.*

Seite 589 unten *Aschaffenburg, Stiftskirche, Langhaus (gegen Osten mit Blick auf Vierung und Chor).*

Seite 590 *Burg Rieneck, Kapelle (Blick gegen die Apsis mit Altar).*

Seite 591 *Würzburg, Dom, Chor, Querhaus und Osttürme (von Osten).*

Seite 592 oben *Würzburg, Tympanon aus der Katharinenkirche (Mainfränkisches Museum Würzburg).*

Seite 592 unten *Würzburg, Rathaus, Grafeneckartbau, Wenzelsaal (gegen Südwesten).*

Seite 593 *Aschaffenburg, Stiftskirche, romanischer Kruzifixus.*

Seite 594 *Würzburg, Franziskanerkirche, Langhaus und Chor (gegen Osten).*

Seite 595 *Würzburg, Deutschhauskirche, Schiff und Altarhaus (gegen Osten).*

Seite 596 *Würzburg, Marienkapelle (von Südwesten).*

Seite 597 *Dettelbach, Rathaus, Hauptfassade mit Freitreppe und Erker.*

Seite 598 oben links *Ochsenfurt, Stadtpfarrkirche, Langhaus und Chor (gegen Osten).*

Seite 598 oben rechts *Würzburg, Dom, Dreikönigsgruppe (Detail).*

Seite 598 unten links *Würzburg, Dom, Wandmalerei an der Südseitenschiffwand.*

Seite 598 unten rechts *Würzburg, Mitteltafel des Kiliansaltars vom ›Meister des Kiliansmartyriums‹ (Martin-von-Wagner-Museum der Universität Würzburg).*

Seite 599 oben links *Würzburg, Dom, Grabmal des Fürstbischofs Gerhard von Schwarzburg.*

Seite 599 oben Mitte *Würzburg, Dom, Grabmal des Fürstbischofs Otto von Wolfskeel.*

Seite 599 oben rechts *Würzburg, Statue des Adam vom Südportal der Marienkapelle von Tilman Riemenschneider (Mainfränkisches Museum Würzburg).*

Seite 599 unten links *Schmerlenbach, Pfarrkirche, Tonmadonna.*

Seite 599 unten rechts *Würzburg, Marienkapelle, Nordportal, Tympanon mit Darstellung der Verkündigung.*

Seite 600 *Frauenroth, ehemalige Zisterzienserinnenklosterkirche, Doppelgrabmal des Otto von Botenlauben und seiner Gemahlin Beatrix.*

Rudolfus dei gr̃a Ep̃s Herbipolensis et Francie orientalis Dux. Kilianus de Bibra decretorum doctor Prepositus. Wilhelmus de Limperg baro sacri Romani imperij Archipincerna Decanus. Totumq; capitulum ecclesie herbipolen. Cunctis per presentes ad noticiã deducimus. qualiter pro dei laude et decore alta revoluimus mente. omnesq; horarum canonicarum tam maioris quam ceterarum Collegiatarum ecclesiarum Parrochialiumq; et capellarum civitatis quoque nostrarum dioces Herbipolensis libros summo studio rimari fecimus. quibus dignum et salutare plurimum fore comperimus. opus esse permaxime ut libri huiusmodi iuxta vim et seriem librorum horarum Canonicarum chori nostre maioris ecclesie Herbipolen. in et ad unã seriam debitamq; rubricarum unitatẽ reparent reintegrarentq;. prout et quemadmodum libros horarum chori nostri herbipolen. per discretos ac idoneos viros ad hoc deputatos exactissima diligẽtia per multos iam menses clare inspici. corrigi. et emendari. iussimus. quod et ita summis vigilijs pactum esse reperimus. Et ut deinceps plati et ceteri ecclesiastici ac beneficiati nostrarum civitatis et dioces de talibus librorum debita correctura et integra reparacõne. ad omnipotentis dei laudẽ et nostre Herbipolensis ecclesie decorẽ. perpetuis futuris temporibus liberalissime frui possint et valeant. decrevimus propterea nil rectius. nil demq; commodosius esse. quam quod librorum horarum canonicarum. iuxta et secundum correcturã et emendationẽ huiusmodi impressura per aliquos notabiles artis impressorie magistros fiat et adaptet. cuius rei gr̃a cum providis nobis in xp̃o devotis et sincere dilectis Stephano dold Jeorio ryser et Johanne bekenhub dicto mentzer huius artis magistris peritissimis convenimus. et eos ad nostram civitatẽ Herbipolen. equis condicõibus et pactis conduximus. quibus duntaxat et non alijs libros horarum canonicarum (ut premittitur) imprimẽdi subtili et optimo modo dedimus facultatẽ. Quos et eorum familiã. res et bona. sub nostra pia et paterna tuitione et protectione recepimus. Ut igitur de huiusmodi librorum impressura cunctis plenior pateat fides. iussimus et annuimus ut magistri impressores huiusmodi libros horarum ut premittitur imprimẽdos. nostrorum pontificatus et capituli insignijs decorarẽt. Datum in civitate nostra Herbipolensi Anno domini millesimo quadringentesimo septuagesimonono. die vicesima mensis septembris.

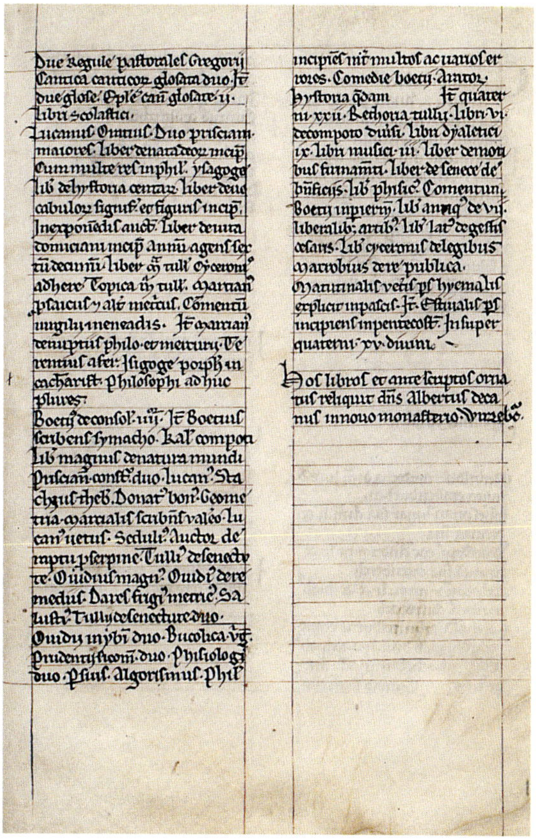

Due Regule pastorales Gregorij
Cantica canticorum glosata duo. Item
due glose. Epistole canonicales glosate .ij.
Libri scolastici.
Lucanus Ovidius. Duo prisciani
maiores. liber de natura deorum incipit
Cum multe res in phil. ysagoge
lib. de hystoria certarum. liber de vo
cabulorum figuris et figuris incip.
In exponendis auct. liber de vita
domiciani incip. annum agens sex
tum decimum. liber quoque tull. Cyceroni
adhere. Topica item tull. Martian.
presaicus et ali metrus. Comentum
virgilij in eneadis. Item Martian.
de nuptijs philo. et mercurij. Te
rentius afer. Ysigoge porph. in
cathariste. Philosophi ad huc
plures.
Boetius de consol. iiij. Item Boetius
scribens symacho. Kal. compoti
Lib. magnus de natura mundi
Priscian. const. duo. lucan. Sta
chyus theb. Donat. bon. Geome
tria. Martialis scribens valeo. Lu
can. vetus. Sedulius. Auctor de
raptu proserpine. Tullius de senectu
te. Ovidius magnus. Ovidius de re
medus. Dares frigius metrice. Sa
lustius. Tully de senectute duo.
Ovidij in ybin duo. Bucolica vg.
Prudentij sicomi. duo. Philologi
duo. Plinius. Algorismus. Phil
incipiens inter multos ac varios er
rores. Comedie boetij. Aratoris.
Hystoria quedam. Item quater
ni .xxii. Rethorica tullij. libri .vi.
de compoto divisi. libri dyaletici
ix. libri musici .iii. liber de moti
bus firmamenti. liber de senece de
beneficijs. lib. phisic. Comentum
Boetij in pierry. lib. anniq. de vij.
liberalib. artib. lib. lat. de gestis
cesaris. Lib. cyceronis de legibus
Macrobius de re publica.
Matutinalis vetus per hyemalis
explicit in pascas. Item Estivalis per
incipiens in pentecoste. Insuper
quaterni .xv. divini.

Hos libros et ante scriptos omnia
tus reliquit dominus Albertus deca
nus in novo monasterio Wirzeb.

Herbipolis vernacula lingua wirtzipurgk appellata. principalis ac inclita civitas francie orientalis que franconia dicitur. quam moganus fluvius ex montibus bohemie ortus preterlabitur. In qua dyana dea usq; ad tempora s. kiliani martyris colebatur. qui ducem Gotzbertum ac subiectum populum in fide orthodoxa instruxit. filius hetanus dux in monte wirtzburg ob honorem marie virginis gloriose. primam ecclesiam construxit. Et cum regio franconie partim plana. partim montosa sit. Montes haud ipsi difficiles sunt. Ager non admodum pinguis. Nam pleruq; arenosus est. Multis in locis consiti colles vineis. gratum producunt vinum. Maxime vero apud herbipolim. Et quamquam terra in multos partita sit dominos. tamen herbipolensem episcopum ducem franconie dicunt. Cum et ea urbs nobilis episcopi sedes sit. qui et franconum dux habetur. Et cum rem divinam facit gladium in altari nudum ante se habet. Estq; prope urbem in excelso monte (quem montem nostre domine appellant) arx arte et opere munita. ac spectatu digna. ubi prelatus ut plurimum residet. Estq; super alta rupe constructum castellum. a tribus partibus et planicie sursum erectum. ac sua natura defensum. Pars quarta foveam habet. pontemq; profunditas fovee altissima est. In hac parte turris est undiq; propugnaculis communita. In cuius summitate custos residet. qui cornu tuba clamitat. Murus castelli duplex est in medio platea est articularis. Estq; in ea capella ad divinum cultum perornata. ubi are consecrate sunt. Sunt et ibi mansiones quam plures. tum ample tum decore. cellaria sub castro perampla. et stabula multa. Habet similiter hec insignis civitas tres collegiatas ecclesias. preter basilicam episcopalem merito summam dictam. Et quatuor ordines mendicantes. Ordo quoq; sancti benedicti ad sanctum Stephanum locum aptum possidet. Cartusiensesq; domini theutonici. et sancti Joannis cum scotis ibi domicilia habent Quinq; etiam monasteria sanctimonialium. Extant et in ea quinq; parrochie. et duo hospitalia. Sacellum item virginis marie cum turri mira arte constructa. Edesq; perpulchre canonicorum et civium hanc urbem exornant. Huic sedi nunc preest nobilis ac prestantissimus episcopus Rudolphus de Scherenberg. qui nonagesimum etatis annum iam excedit. Et episcopatum innumeris divitijs ac varijs possessionibus auxit.

JESUS CHRISTUS

KUNST

Stefan Kummer

Von der Romanik zur Gotik

Unterfranken ist Teil einer Kunstlandschaft, die man seit Fritz Knapp ›Mainfranken‹ nennt[1] und zu der ferner das Gebiet des ehemaligen Hochstifts Bamberg, das württembergische Frankenland und Teile des nordbadischen Grenzlandes gehören. Man kann darüber streiten, ob Mainfranken tatsächlich eine klassische Kunstlandschaft wie das Elsaß bzw. der Oberrhein, der Mittelrhein, Altbayern usw. gewesen ist. Zu vielfältig sind in den Mainlanden die Erscheinungsformen der Kunst, als daß diese sich auf einen gemeinsamen Nenner bringen ließen. Das gilt nicht minder für das Kerngebiet Mainfrankens, den heutigen Regierungsbezirk Unterfranken, der sich zum größten Teil aus dem Gebiet des alten Hochstifts Würzburg, Teilen von Kurmainz (Spessart und Aschaffenburg) und aus einer Fülle kleiner und kleinster Territorien zusammensetzt, unter denen die ehemalige Freie Reichsstadt Schweinfurt herausragt.[2] Es leuchtet ein, daß auf dieser historischen Grundlage die Geschichte der Kunst keinen einheitlichen Verlauf nehmen konnte, weshalb es unmöglich ist, eine zusammenhängende Kunstgeschichte Unterfrankens unter Berücksichtigung aller politischen, kulturellen, wirtschaftlichen und sozialen Präzedentien zu schreiben. So wird im folgenden nur von einzelnen Kunstwerken die Rede sein können, die im Laufe des Mittelalters in Unterfranken ›Kunstgeschichte‹ gemacht haben, wobei die Epoche der Romanik und der Gotik getrennt behandelt werden. Da die mittelalterliche Kunstgeschichte in der Regel keine Künstlernamen kennt, wurde der Stoff nach den klassischen Gattungen (Baukunst, Malerei, Plastik) geordnet – ein Verfahren, das sich generell in der Kunstgeschichtsschreibung bewährt hat. Freilich darf man darüber nicht vergessen, daß jedes Kunstwerk von Rang eine schöpferische Persönlichkeit voraussetzt, deren Leistung darin bestand, aus dem historisch gegebenen Stoff etwas Einmaliges, Unverwechselbares zu formen.

1. *Die Baukunst*

1.1 Vom frühen zum hohen Mittelalter

Nur verschwindend wenige Reste karolingischer Architektur haben sich in Unterfranken erhalten, wie etwa Teile der karolingischen Peter- und Paulskapelle in Neustadt am Main.[3] Manche Bauwerke der Karolingerzeit wurden durch Ausgrabungen zumindest in den Fundamenten erfaßt, so der Gründungsbau des Würzburger Domes. Diese seltenen, zufällig erhaltenen oder gelegentlich durch die Archäologie des Mittelalters nachgewiesenen frühen Zeugnisse des fränkischen Steinbaus vermitteln verständlicherweise kein zusammenhängendes Bild frühmittelalterlicher Bautätigkeit in unserem Raum. Generell darf man annehmen, daß der bei weitem überwiegende Teil karolingischer Bauten in Holzbauweise errichtet worden war. Die Vergänglichkeit des Baumaterials, aus dem nicht nur Profan-, sondern auch viele Sakralbauten, sofern sie nur bescheidenen Ansprüchen zu genügen hatten, konstruiert waren, hatte den Ruin sämtlicher Holzbauwerke zur Folge. Die Holzkirchen sind im Laufe des Mittelalters allgemein durch wesentlich haltbarere, massive Steinbauten ersetzt worden. Im frühen Mittelalter wurden indessen nur anspruchsvolle, repräsentative Gebäude in Stein errichtet. Die meisten von diesen teilten allerdings das Schicksal mit den Holzbauten.

Erst aus der romanischen Epoche haben sich relativ viele Bauwerke, zumeist Sakralbauten, erhalten können. Die beträchtliche Steigerung der Bautätigkeit nach der Wende zum zweiten Jahrtausend und die zunehmend bessere Qualität der Bauausführung schufen wesentlich günstigere Voraussetzungen für die Erhaltung des Monumentenbestandes. Zwar ist vieles, unvorstellbar vieles, im Laufe der Jahrhunderte untergegangen, insbesondere in der Spätgotik und im Barockzeitalter. Dennoch gewinnt man ein vergleichsweise klares, wenn auch nicht lückenloses Bild von der romanischen Architektur Unterfrankens.

An der Schwelle vom frühen zum hohen Mittelalter steht ein berühmter, gleichwohl rätselhafter Bau: die Marienkirche auf der Festung Marienberg zu Würzburg (Farbbild S. 587). Lange galt der kreisrunde Zentralbau als jene Marienkirche, die, dem Chronicon Wirzeburgense von 1340 zufolge, Herzog Hedan im Jahre 706 errichten ließ. Dies ist verschiedentlich bezweifelt worden, ohne daß sich freilich die beispielsweise von Friedrich Oswald vorgeschlagene Datierung der Rotunde in die Frühromanik allgemein durchsetzen konnte.[4] Der zweigeschossige Bau weist im Erdgeschoß einen kompakten Mauermantel auf, in den acht Nischen eingetieft sind. Das Obergeschoß springt außen deutlich ein, nicht jedoch im Inneren. Eine im Querschnitt halbkreisförmige Kuppel überwölbt den Raum. Trotz mancher Veränderungen in der Echter-Zeit (Fenster, Portal, Chor) hat sich der mittelalterliche Baukörper in den wesentlichen Zügen gut erhalten. Ob sich die achte Nische gegen Osten ursprünglich zu einem Altarraum öffnete und ob die ergrabene Hallenkrypta unter dem heutigen Chor zum originalen Bestand gehört, muß offenbleiben. Auffällig ist der Kontrast zwischen dem mächtigen, am Außenbau gänzlich ungegliederten Untergeschoß und dem von dünnen Lisenen und einem Rundbogenfries geschmückten Obergeschoß. Man kann nicht ausschließen, daß sich hier zwei Bauphasen abzeichnen: eine ältere, vielleicht tatsächlich noch ins frühe Mittelalter datierende (8. bis 9. Jahrhundert) und eine jüngere, die mit Sicherheit ins frühe 11. Jahrhundert zu setzen ist, wie das flache Gliederungsgerüst, das aus der Wandfläche ausgeschnitten zu sein scheint, eindeutig zu erkennen gibt. Der Bautypus erklärt sich durch das Marienpatrozinium und steht in der Nachfolge des römischen Pantheon, das 608/10 Maria geweiht worden war. An dieses berühmte antike Bauwerk und viele andere spätantike und frühchristliche Zentralbauten erinnert der massive Mauermantel des Untergeschosses mit den eingetieften Nischen, das Obergeschoß indessen verweist mit seiner Gliederung, die im frühen Mittelalter noch nicht gebräuchlich war, bereits auf die Romanik.

Aus der Zeit des Übergangs vom frühen zum hohen Mittelalter dürften auch beträchtliche Teile der Pfarrkirche in BRENDLORENZEN (Stadt Bad Neustadt a. d. Saale, Lkr. Rhön-Grabfeld) stammen.[5] Im 10. Jahrhundert (?) stellte sich der Bau vermutlich, ähnlich wie heute, als eine Saalkirche mit querhausartigen Annexen im Osten dar; eine erhöhte Vierung war mit den Querarmen durch je eine Doppelarkade verbunden. Letztere blieben, im Verband mit einigen anschließenden Mauerzungen, allein erhalten. Sämtliche in Quadermauerwerk errichteten Außenmauern sowie das Altarhaus, über dem sich ein Turm erhebt, wurden in der ersten Hälfte des 13. Jahrhunderts erneuert.

Bereits der Frühromanik gehören zwei bedeutende Klosterkirchen in Würzburg an: ST. STEPHAN und ST. BURKARD. Von der romanischen STEPHANSKIRCHE ist nur wenig auf uns gekommen[6]: die (teilweise rekonstruierte) hochbedeutende Krypta im Westen (Farbbild S. 588), Teile der Querarme mit ihren Apsidiolen im Osten und die am nördlichen Querarm anschließende Michaelskapelle. Untergegangen sind 1715 das östliche Altarhaus, 1788 das Langhaus, an dessen Stelle ein Saalbau errichtet wurde, und am 16. März 1945 der Westchor mit den Resten des Westquerhauses

und den Stümpfen der Chorwinkeltürme. Durch Schrift- und Bildquellen sowie durch archäologische Untersuchungen läßt sich der von Bischof Heinrich I. gegen 1013 gestiftete und im Jahre 1032 geweihte Bau in den wichtigsten Zügen rekonstruieren: Eine dreischiffige, sechs Travéen zählende Säulenbasilika war zwischen zwei Querhäuser eingespannt. Apsidiolen an den östlichen Querarmen bildeten mit der größeren Apsis des Altarhauses eine gen Osten gerichtete Dreiapsidenanlage. An das westliche Querhaus, das wie sein Pendant kräftig über die Fluchten der Seitenschiffmauern hinaustrat, schloß sich der quadratische Westchor mit seiner Halbkreisapsis an. Unter diesem lag die Krypta, die über Treppen in den Chorwinkeltürmen erreicht werden konnte. Die zweipolige, mit doppeltem Quer- und Altarhaus ausgestattete Kirchenanlage fügt sich in das bekannte Bild ottonischer Sakralbaukunst ein; erinnert sei nur an den Heinrichsdom in Bamberg und St. Michael in Hildesheim, die etwa gleichzeitig errichtet wurden.
In der Bildung des Details wies die Stephanskirche bereits ein frühromanisches Gepräge auf, wie die Hallenkrypta, die zu den wichtigsten Vertretern ihrer Gattung in der ersten Hälfte des 11. Jahrhunderts gehört, eindrücklich bezeugt: Die strenge Unterteilung der Wölbung in Joche, wobei Gurt- und Schildbögen die Kreuzgratgewölbe rahmen, und die Korrespondenz der freistehenden Säulen mit Wandvorlagen bewirken eine ›Bindung‹ aller Gliederungen, die charakteristisch für die Raumbildung der Romanik werden sollte. Infolge der Zerstörungen im Zweiten Weltkrieg mußten die Säulen (samt Basen und Kapitellen) durch Kopien ersetzt werden.
Wesentlich mehr hat sich von der frühromanischen, von Abt Willemund in den Jahren 1033 bis 1042 errichteten ehemaligen Klosterkirche St. Burkard erhalten.[7] Auch dieser Bau war mit je einem Altarhaus im Osten wie im Westen ausgestattet, wies indessen nur ein einziges, weit ausladendes Querhaus, und zwar im Westen, auf. Während der gesamte Westbau mit Querhaus, Chor und Chornebenräumen im 17. Jahrhundert abgebrochen wurde, konnte sich das Presbyterium des östlichen Altarhauses samt den flankierenden Türmen erhalten; die Ostapsis allerdings wurde 1665 niedergelegt, um die Verbindung zu den ab etwa 1500 errichteten gotischen Bauteilen herzustellen. Weitgehend ungeschmälert ist das basilikale dreischiffige Langhaus auf uns gekommen. Frühmittelalterlich ist das Erscheinungsbild seines Äußeren, das sich durch glatte, verputzte Wände ohne jegliche Gliederung auszeichnet. Abgesehen von den in der Barockzeit erneuerten Fenstern und dem spätromanischen Portal im Norden samt seiner Vorhalle bietet sich der charakteristische Anblick einer vorromanischen Kirche. Die papierhaft dünnen, wie aus der Wand ausgeschnittenen Lisenen und Rundbogenfriese der ersten beiden Turmgeschosse sind indessen bezeichnende

frühromanische Gliederungselemente (vgl. das Obergeschoß der Marienkirche auf der Festung Marienberg). Ein wichtiges Zeugnis der deutschen Frühromanik ist der Innenraum (Farbbild S. 588). Die Wand des steilen Mittelschiffs, das doppelt so hoch als breit ist, ruht auf einer Arkade, die alternierend von Säulen und Pfeilern gebildet wird. Sechsmal wiederholt sich der sogenannte einfache Stützenwechsel, wodurch sich je drei Zweierbogengruppen ergeben, indem zwei Pfeiler eine Säule in ihre Mitte nehmen. Unmerklich ergibt sich eine Zellenbildung und Zentralisierung des räumlichen Gefüges. Die Rhythmisierung der Arkade und die Proportionen des Raumes verraten schon das architektonische Denken der Romanik. Die schlanken Säulen samt ihren gedrückten Würfelkapitellen gehören einer Erneuerungsmaßnahme des 12. Jahrhunderts an. Die ursprünglichen Säulenschäfte dürften wesentlich stämmiger und die Würfelkapitelle steiler gewesen sein, so daß die Arkade kraftvoller und gedrungener wirkte.

1.2. Der Würzburger Dom

Der bedeutendste Bau der romanischen Epoche in Unterfranken ist der Würzburger Dom,[8] der nicht nur durch seine Ausmaße (Gesamtlänge: ca. 105 m; Länge des Querhauses: ca. 58 m), sondern auch durch seine baukünstlerische Qualität beeindruckt. Verschiedene Umstände standen bisher einer gerechten Würdigung dieses großartigen Monuments der Salierzeit im Wege: Zum einen hat man generell den Dom zu spät, nämlich ins 12. Jahrhundert, datiert, während er großteils noch im 11. Jahrhundert entstanden sein dürfte. Zum anderen wurde das Innere der Kathedrale infolge der Einwölbung in der Echter-Zeit, der barocken Stuckierung zu Beginn des 18. Jahrhunderts und schließlich durch den purifizierenden Wiederaufbau des Langhauses nach den Zerstörungen im Zweiten Weltkrieg so gründlich verändert, daß sich nur noch schemenhaft der romanische Charakter des Raumes zu erkennen gibt. Von einigen späteren Eingriffen abgesehen und trotz der Rekonstruktion des Hochschiffes, konnte immerhin das Äußere die ursprüngliche Gestalt weitgehend wahren.
Tatsächlich zählte der Bau in seiner Zeit, nämlich im 11. Jahrhundert, zu den wichtigsten architektonischen Leistungen in Deutschland. Konzipiert wurde er von Bischof Bruno dem Heiligen, einem Vetter Kaiser Konrads II. Wieweit sich der hl. Bruno nach bereits vorhandener Bausubstanz richtete und ob, beziehungsweise in welchem Maße, er sich an einem Vorgängerbau orientierte, kann hier nicht erörtert werden. Die Formensprache des Baus, seine Gesamtform wie auch die Gliederungen und der bauplastische Schmuck lassen indessen erkennen, daß der Bau in der salischen Epo-

che von Grund auf neu errichtet wurde, wobei auf Bischof Bruno die Anlage des Ganzen, Teile des Chors und des Querhauses sowie die Chorkrypta zurückgehen dürften. Nach dem Tode des Heiligen (1045) wurde der Bau vermutlich unter seinem Nachfolger Adalbero bis etwa 1078 vollendet. Der baufreudige Bischof dürfte den Chor und das Querhaus vollendet, die Chorkrypta durch die Vierungskrypta erweitert und das Langhaus errichtet haben. Für diesen jüngst von Susanne Hohmann[9] vorgeschlagenen Bauverlauf und dessen zeitliche Eingrenzung spricht die Tatsache, daß wesentliche Elemente der Wandgliederung des Würzburger Domquerhauses, wie die im 11. Jahrhundert ungewöhnliche Kombination von breiten gequaderten Ecklisenen mit begleitenden gestreckten Viertelsäulen, an der ab 1078 errichteten und 1088 von Bischof Adalbero (!) geweihten Klosterkirche von Großkomburg wiederbegegnen.[10] Auch die Wandgliederung der ab etwa 1100 errichteten Ägidiuskirche[11] auf Kleinkomburg steht mit Sicherheit in der Nachfolge der weitaus bedeutenderen Würzburger Kathedralkirche, so daß die Vollendung des salischen Dombaus in der zweiten Hälfte des 11. Jahrhunderts als wahrscheinlich gelten kann. Die bekannte Baunachricht von 1133 indessen, aus der man einen weitgehenden Domneubau folgerte, dürfte sich, wie der Wortlaut der Quelle bereits nahelegt,[12] auf eine Erneuerung des damals bereits wieder 60 bis 70 Jahre alten Daches beziehen, wahrscheinlich auch auf die Erhöhung der Westtürme. Die Weihenotizen von 1187 und 1188 schließlich[13] lassen an Erneuerungsarbeiten im Chorbereich denken.
Hat man den Dom als ein Werk des 11. Jahrhunderts erkannt, dann wird man seine kunsthistorische Bedeutung anders als bisher einschätzen. Die Zusammenhänge mit dem Speyerer Dom und den Klosterkirchen in Limburg an der Haardt und in Hersfeld hat man stets gesehen. Mit diesen gewaltigen salischen Bauten[14] teilt die Würzburger Kathedrale den Anspruch und die Anlage des Ganzen; vor allem das mächtig ausladende Querhaus ist in diesem Zusammenhang zu nennen. Wie der Speyerer ist auch der Würzburger Dom eine Pfeilerbasilika, allerdings sind die Langhausarkaden des letzteren wesentlich weiter gespannt, nicht so gedrängt und steil. Von Speyer wurde das Motiv der Halbsäule an den Arkardenpfeilern entlehnt, aber in einen anderen Kontext eingebettet: Am Kaiserdom (Bau I) gehören die kolossalen Halbsäulen im Mittelschiff zu einem komplizierten, mehrschichtigen Blendbogensystem der Wände, in Würzburg indessen tragen sie Unterzüge in den Bogenlaibungen und bereichern die Arkaden in plastischem Sinne. Im übrigen bleibt die Hochschiffwand hier weitgehend ungegliedert, nur die – ursprünglich – gequaderten Arkadenzonen setzten sich von den nackten, lediglich durch ein Gesims unterteilten verputzten Sargwänden ab. Verglichen mit dem Speyerer Dom, ist das Mittelschiff des

Würzburger insgesamt traditioneller, da es der reichen Durchgliederung entbehrt und statt des Quadermauerwerks verputzte Wandflächen das Bild bestimmen. Zukunftsweisend ist indessen die plastische Schichtung der Arkaden, die der Speyerer Dom noch nicht kennt und die anscheinend, nachdem französische Bauten vorangegangen waren (Loiregebiet, Normandie), hier erstmals in Deutschland auftritt. Weitaus anspruchsvoller, wenn auch um einige Jahrzehnte jünger als die Speyerer (Bau I), ist die Außenwandgliederung des Würzburger Domes mit Halbsäulen, Pilastern und Rundbogenfriesen. Letztere bestehen wie auch die Vorlagen aus rotem Haustein, der wirkungsvoll zu den verputzten Wandflächen kontrastiert. Mit strenger Logik ist der Vorlagenapparat um Langhaus, Querschiff und Chor herumgeführt, wodurch alle Bauteile wie aus einem Guß erscheinen. Eine Steigerung erfährt die Gliederung in den Ostteilen durch die Superposition der Ordnungen und durch breite, um die Ecken des Querhauses und des Chors geführte Lisenen, die einerseits wichtige Akzente an den Gebäudekanten setzen und andererseits dem Vorlagengerüst, indem sie es einrahmen, eine größere Dichte und Geschlossenheit verleihen. Die Langhausgliederung erfährt ihrerseits einen Abschluß in der Eckquaderung der Westtürme. Der klare, herbe Gliederungsapparat besticht durch seine Konsequenz und seine Einheitlichkeit – ein Grund mehr, eine zügige Bauerrichtung im 11. Jahrhundert anzunehmen. Die Streckung und die Zartheit der Wandvorlagen sowie der weitgehende Verzicht auf ornamentalen Schmuck sind im übrigen typisch für die romanische Baukunst um die Mitte des 11. Jahrhunderts (vgl. Trier, Dom; Köln, St. Marien im Kapitol),[15] während die in Hausteinen ausgeführten Rundbogenfriese und die gestuften Fensterlaibungen des Obergadens (vgl. Speyer, Bau II) auf die zweite Jahrhunderthälfte verweisen. Die Außengliederung des Würzburger Domes gehört zum Bedeutendsten, was die deutsche romanische Baukunst hervorgebracht hat; in ihrer Zeit steht sie einzigartig da. Sicherlich gingen von ihr beträchtliche Impulse aus, nicht nur in das rheinisch-fränkische Umland (Groß- und Kleinkomburg), sondern weit darüber hinaus (Hildesheim, St. Godehard). Ob dieses wohldurchdachte Wandgliederungssystem sich an lombardischen Bauten der Romanik orientierte, wie man vermutet hat,[16] ist sehr fraglich, eher unwahrscheinlich. Offen muß auch bleiben, woher die Bauleute kamen, welche die qualitätvollen Polster- und Kelchblockkapitelle mit den flach aufgelegten, spröden Spiral- und Gratornamenten schufen – Zierformen, die sich im unterfränkischen Raum noch weit bis ins 12. Jahrhundert hinein großer Beliebtheit erfreuen sollten.

Im Gegensatz zu der zukunftsweisenden Gestaltung des Außenbaus stehen offenkundig traditionelle Züge des Bauwerks, von denen schon die Rede war. Auffällig ist auch, daß der Dom keine ausgeschiedene Vierung, die zum Standard des 11. Jahrhunderts gehörte, aufwies (die heutigen Vierungspfeiler sind barock); merkwürdig ferner, daß sich noch nicht einmal ansatzweise der Quadratische Schematismus in der Grundrißanlage ankündigt. So nimmt der Würzburger Kiliansdom insgesamt eine Mittelstellung zwischen Innovation und traditioneller Beharrung ein.

1.3 Hoch- und Spätromanik

Die Errichtung des Würzburger Domes stellt den Höhepunkt der romanischen Baukunst in Unterfranken dar. Kein Kirchenbau kam der Kathedrale des Bistums an Größe und künstlerischer Bedeutung gleich, weder im 11. noch im darauffolgenden Jahrhundert. War der Kiliansdom noch ein Bauwerk von überregionalem Rang gewesen, so zeichnet die Bautätigkeit des 12. Jahrhunderts in unserem Raum Stagnation und Provinzialität aus. Am Rhein dagegen hatte die Einwölbung des Speyerer Domes (Speyer II) und die Errichtung der Mainzer sowie der Wormser Kathedrale die Epoche der Hochromanik eingeleitet. Quadratischer Schematismus (beziehungsweise Gebundenes System) und dementsprechende jochweise Einwölbung des Lang- und Querhauses wurden zu den hervorstechenden Charakteristika der Sakralarchitektur am Ober-, Mittel- und Niederrhein, ab etwa 1150 auch in Westfalen. Im Verein mit der Wölbung der Kirchenräume gestaltete sich auch der Aufriß (wiederum in der Nachfolge von Speyer I und II) als komplexes Gliederskelettgerüst mit reicher Schichtung und plastischer Durchformung der Wandflächen, nicht nur im Inneren, sondern auch am Außenbau.

Demgegenüber beharrten Mittel-, Süd- und Südwestdeutschland in der Tradition. Hier herrschte nach wie vor die althergebrachte Basilika mit ihren flachgedeckten Kastenräumen vor, deren Wände, abgesehen von der Arkatur, einer differenzierten Gliederung entbehrten. Die Bautätigkeit Unterfrankens im 12. Jahrhundert fügt sich in diesen Rahmen ein.[17] Verglichen mit den architektonischen Leistungen Sachsens, Altbayerns und des Südwestens (›Hirsauer Bauschule‹) dieses Zeitraums, fällt indessen die generell relativ bescheidene Qualität unterfränkischer Kirchenbauten ins Auge. Kaum eines der erhaltenen Monumente erhebt sich über schlichtes Mittelmaß. Die Gründe hierfür müssen im dunkeln bleiben. Für den Bereich des Hochstifts Würzburg, vor allem die Bischofsstadt selbst, darf man vermuten, daß die finanzielle Beanspruchung durch die staufischen Könige schuld daran war, daß es hier allgemein zu keiner hohen kulturellen Blüte kam.[18] Zu bedenken ist auch, daß es nach der Vollendung des Würzburger Domes in der salischen Epoche an Aufgaben mit hohem baukünstlerischen Anspruch, die de-

mentsprechende Energien freigesetzt hätten, gänzlich mangelte. Einzig der Um- und partielle Neubau des Stiftes Neumünster macht hierin eine Ausnahme, und in der Tat ragen die spätromanischen Bauteile der Stiftskirche deutlich aus dem üblichen künstlerischen Niveau heraus.
Bezeichnende unterfränkische Bauten des 12. Jahrhunderts sind die im Zweiten Weltkrieg fast völlig zerstörte SCHOTTENKIRCHE ST. JAKOB in WÜRZBURG (heute: DON BOSCO) und die ASCHAFFENBURGER STIFTSKIRCHE ST. PETER UND ALEXANDER. Die Würzburger Schottenkirche wurde wohl in den fünfziger Jahren des 12. Jahrhunderts errichtet.[19] Die drei Schiffe der langgestreckten, querschifflosen Basilika münden im Osten in eine Dreiapsidenanlage, die sich durch westlich vorgelagerte Raumzellen und Bogenstellungen gegen das Langhaus abgrenzt. Im Westen schließt sich an den Baukörper ein zweigeschossiger Querriegel an. Letzterer wie auch die Choranlage im Osten mit den Doppeltürmen orientierten sich an der Mutterkirche der Schottenmönche, St. Jakob in Regensburg (Bau I), das Langhaus indessen dürfte in der Nachfolge des Würzburger Domes stehen. Die bauplastische Ausschmückung vertritt bereits eine deutlich spätere Stilstufe als die des Würzburger Domes: Die plastischen Polsterfriese und die Weichheit der miteinander verschliffenen Stäbe und Kehlen der weitausladenden, kapitellartigen Pfeilerkämpfer, die Würfelkapitelle in den südlichen Chornebenräumen mit flach geschichteten doppelten Schilden, zwischen denen ›Hirsauer Ecknasen‹ vermitteln, und schließlich der spielerische Umgang mit Zierformen am südlichen Glockenturm sind Kennzeichen der Formensprache des 12. Jahrhunderts, deren Schmuckfreudigkeit und Vielfalt sich merklich von der Herbheit der salischen Bauplastik am Kiliansdom unterscheidet. Wie bei diesem (ursprünglich) sind auch die Schiffe der Schottenkirche flach gedeckt; immerhin war zumindest geplant, die Seitenschiffe einzuwölben. Daß man sich dazu dann doch nicht entschließen konnte und sich mit der traditionellen Flachdecke begnügte, wirft ein bezeichnendes Licht auf die romanische Baukunst Unterfrankens im 12. Jahrhundert.
Von ähnlichem stilistischen Gepräge wie die Würzburger Schottenkirche ist das Langhaus der Aschaffenburger Stiftskirche, das vielleicht schon in der ersten Hälfte des 12. Jahrhunderts, spätestens aber gegen die Jahrhundertmitte entstand (Farbbild S. 589).[20] Obwohl die Kunst Aschaffenburgs sich aus historischen und geographischen Gründen an der mittelrheinischen Kunstlandschaft orientierte, fügt sich das dreischiffige, basilikale Langhaus der Stiftskirche durchaus in den Rahmen der unterfränkischen Romanik. Wie die Würzburger Schottenkirche stellt sich der Bau als schlichte Pfeilerbasilika dar. Die recht altertümliche und insgesamt anspruchslose Wandgestaltung hat nichts mit der aufwendigen Gliederung

mittelrheinischer Bauten gemein, ja bleibt sogar hinter der konservativen Haltung der Würzburger Architektur im 12. Jahrhundert zurück.
Aufgrund des erhaltenen Monumentenbestandes darf man vermuten, daß die Form der Pfeilerbasilika mit Flachdecke die für sakrale Großbauten der Romanik bevorzugte in Unterfranken war. Über die genannten Bauwerke hinaus verdienen die ehemaligen Klosterkirchen in THULBA (ab 1127)[21] und auf dem GOTTHARDSBERG BEI AMORBACH (12. Jahrhundert; Ruine)[22] der Erwähnung, ferner die frühen Zisterzienserinnenklosterkirchen in WECHTERSWINKEL (geweiht 1179) und in FRAUENROTH (ab 1231)[23] sowie die Pfarrkirchen in SALZ[24] (sofern diese nicht vorromanisch ist, wie man wegen der Proportionen des Hauptschiffraumes vermuten könnte) und in HEIDINGSFELD (ST. LAURENTIUS; wohl 12. Jahrhundert),[25] die 1945 mit Ausnahme des Turms zerstört wurde. Gänzlich verschwunden ist die Kirche des ehemaligen Zisterzienserklosters MARIA BILDHAUSEN,[26] das, von Ebrach aus besiedelt, 1154 gegründet worden sein dürfte. Der einst sehr stattliche Kirchenbau wurde 1826 abgebrochen. Ein Plan von 1788 überliefert die Gestalt des Grundrisses, der sich nur zum Teil aus den fränkischen Baugewohnheiten der Romanik ableiten läßt. In das bekannte Bild fügt sich das Langhaus, eine dreischiffige Pfeilerbasilika zu immerhin schon sieben Travéen. Das schmale Querhaus indessen ist charakteristisch zisterziensisch (vgl. Fontenay und Maulbronn, Abteikirchen),[27] der Fünfapsidenstaffelchor steht jedoch erstaunlicherweise in einer älteren cluniazensischen Tradition (Cluny II!).[28] Die Bildhausener Klosterkirche beweist einmal mehr, wie vielfältig die Baukunst der Zisterzienser war und aus wie vielen Quellen sie schöpfte.
Mitunter begegnet man in Unterfranken auch der romanischen Säulenbasilika. Hier ist an erster Stelle die ehemalige PRÄMONSTRATENSER-ABTEIKIRCHE in OBERZELL bei Würzburg zu nennen.[29] Während sich über die originale Gestalt der Ostteile des ab 1128 errichteten Bauwerks infolge späterer Umbauten, Abbruchsmaßnahmen und Rekonstruktionen keine klaren Aussagen machen lassen, hat das Langhaus trotz barockzeitlicher und späterer Eingriffe wenigstens in großen Zügen seine romanische Erscheinung bewahren können. Auffällig ist, etwa im Vergleich zu hirsauischen Säulenbasiliken wie in Alpirsbach und Paulinzella,[30] die Stämmigkeit der Säulenschäfte, deren ausgeprägte Entasis einen altertümlichen Eindruck macht. Diesen unterstützt auch der Variationsreichtum der Kelchblockkapitelle, deren Ablauf mal steiler, mal flacher ausfällt. Wie die unterfränkischen Pfeilerbasiliken, weist auch die Oberzeller Säulenbasilika ausgesprochen konservative Züge auf. Ob auch die ehemalige PRÄMONSTRATENSER-ABTEIKIRCHE in TÜCKELHAUSEN eine Säulenbasilika gewesen ist, läßt sich nicht entscheiden.[31] In jedem Falle steht seit kurzem fest,[32] daß der über einem lateinischen Kreuz errichtete Bau ursprünglich ein dreischiffiges, sicherlich

basilikal gestuftes Langhaus besessen hat. Die ab 1138 errichtete Kirche wurde durch spätromanische Umbauten und neuzeitliche Eingriffe in den Ostteilen beträchtlich verändert, und das romanische Langhaus ersetzte man im 14. Jahrhundert, nachdem die Kartäuser das Kloster übernommen hatten, durch einen schlichten Saal. Wie Petra Schäfer nachweisen konnte,[33] war das Querschiff, offensichtlich gemäß dem Vorbild des Würzburger Domes, als durchgehend ausgebildet, wobei vier Wandvorlagen eine rudimentäre Vierung andeuteten – eine auffällig altertümliche Lösung, war doch spätestens seit der zweiten Hälfte des 11. Jahrhunderts die ausgeschiedene Vierung an der Tagesordnung.

Eine besondere Stellung innerhalb der romanischen Baukunst Unterfrankens nehmen die ehemaligen Klosterkirchen in NEUSTADT AM MAIN und in AURA AN DER SAALE ein. Die Neustädter Klosterkirche wurde in der ersten Hälfte des 12. Jahrhunderts errichtet.[34] Trotz einer durchgreifenden Erneuerung nach einem Brand im Jahre 1857 entspricht ihr heutiges Erscheinungsbild, zumindest in großen Zügen, dem ursprünglichen. Das durchgehende Querschiff – eine in der Hochromanik altertümliche Lösung – orientiert sich zweifellos am Würzburger Dom. Dasselbe gilt für die Gratverzierung und Spiralornamentik der Bauplastik. Für den unterfränkischen Raum sehr ungewöhnlich ist hingegen der rheinische Stützenwechsel im Langhaus: Jeweils zwei, mit einer Säule alternierende Pfeiler werden von einem Blendbogen zu einer Doppelarkade zusammengefaßt. Hier haben offensichtlich rheinische Kirchenbauten der Hochromanik Pate gestanden (vgl. z. B. Stiftskirche in Echternach).[35] Die Klosterkirche in Aura[36] steht indessen im Bann der sächsischen Architektur. Die Langhausarkatur der ab 1108 erbauten und 1113 (teil-)geweihten Basilika wies einen doppelten, den sogenannten sächsischen Stützenwechsel auf (Abfolge von Pfeiler – Säule – Säule – Pfeiler), der vornehmlich eben in Sachsen beheimatet war (z. B. St. Michael in Hildesheim; St. Servatius in Quedlinburg). Dorthin, namentlich auf die Stiftskirche in Quedlinburg weist auch die reiche Bauornamentik. Bayrisch indessen mutet die Dreiapsidenanlage an, die vielleicht eine Reminiszenz an die Herkunft des ersten Abtes des Klosters, Ekkehard von Aura, aus Tegernsee ist. Der Konvent jedoch kam aus Hirsau, und hirsauischen Gepflogenheiten entspricht die Verdoppelung der Pfeiler vor dem Chor, wodurch der Bereich des Chorus minor bezeichnet wurde. Die im Barock weitgehend neugestaltete Kirche läßt von der ursprünglichen romanischen Gestalt des Baus fast nichts mehr erkennen.

Den Übergang zur Spätromanik markiert in exemplarischer Weise die ehemalige STIFTSKIRCHE NEUMÜNSTER in WÜRZBURG.[37] Drei Perioden verdankt der Kirchenbau seine Erscheinung: der salischen, der spätromanischen und der des Barock. Von dem gegen 1060 unter Bischof Adalbero errichteten

Gründungsbau haben sich nur Teile im Bereich der Seitenschiffmauern und der Krypta erhalten. Um 1200 sind das Langhaus und die gesamten Ostteile einschließlich des Querhauses neu errichtet worden; 1247 ging der Glockenturm im Norden seiner Vollendung entgegen. Die spätromanischen, in den ersten Jahrzehnten des 13. Jahrhunderts entstandenen Bauteile sind in ihrer Grundgesinnung ›konservativ‹; die Orientierung an der über hundert Jahre älteren Kathedralkirche ist offensichtlich. Die bauplastische Durchgliederung der vielfach gestuften Rundbogenfriese mit ihren hörnchenartigen Füllungen, die Knospen- und Palmettenkapitelle und schließlich das (gleich dem Sockel und manchem anderen ornamentalen Detail) im 19. Jahrhundert erneuerte Radfenster sind hingegen sehr aussagekräftige Zeugnisse des sogenannten Übergangsstils, jener Phase der Spätromanik, in der sich schon gotisches Gestalten ankündigt. Noch reiner vertritt diese Stilphase der Glockenturm, der eines der schönsten Monumente der Stauferzeit auf deutschem Boden ist. Die Differenziertheit der feinen Flächenschichtungen und der vornehme Reichtum des Bauornamentes übertreffen in der Qualität bei weitem die bekannteren elsässischen Beispiele (vgl. Schlettstadt, St. Fides).
Zur Gotik leiten schon die gleichfalls sehr qualitätvollen Osttürme des Würzburger Domes über (Farbbild S. 591).[38] Die spätromanischen, in der Regierungszeit von Bischof Hermann I. von Lobdeburg (1225–1254) errichteten Chorwinkeltürme erheben sich über den Stümpfen unvollendeter Turmbauten salischer Zeit. Die Auflösung der Baumasse durch eine Vielzahl von Öffnungen und die Überführung der oberen Geschosse vom Quadrat ins Oktogon lassen bereits das Formempfinden der Gotik erkennen, obgleich das Formenvokabular noch romanisch bleibt.
Neben den genannten kirchlichen Großbauten der Hoch- und Spätromanik, die zu den bedeutendsten architektonischen Leistungen der Epoche in Unterfranken zu zählen sind, hat sich eine Anzahl kleinerer, bescheidenerer Sakralbauten, bisweilen sogar der eine oder andere Profanbau erhalten. Im Rahmen unserer Darstellung können diese Monumente nicht ausführlich, sondern nur kursorisch behandelt werden, obwohl eine eingehendere Beschäftigung gerade mit den vergleichsweise alltäglichen Bauaufgaben in der romanischen Epoche durchaus von Interesse wäre, zumal die bescheidenen Bauten einst weitaus zahlreicher als die aufwendigen gewesen sind.
Dies gilt in erster Linie für den Typus der Saalkirche, der vor allem auf dem Lande an der Tagesordnung war (und großteils noch bis heute ist). Die rechteckigen, mit einem Satteldach gedeckten Baukörper stellten sich im Inneren als schlichte, ungeteilte Säle dar, das äußere Erscheinungsbild wurde vom Altarhaus, einer meist eingezogenen Rechteck- oder Halbkreisapsis, und einem Turm an einer der Schmalseiten (bisweilen auch an

den Langseiten) bereichert. Von den zahllosen romanischen Landkirchen dieses Typs haben sich in Unterfranken nur wenige zur Gänze über die Zeiten retten können: so die Pfarrkirche in GNÖTZHEIM (Ende 12. Jahrhundert; Einturm im Westen)[39] und die KUNIGUNDENKAPELLE in BURGERROTH (nach 1200; Chorturm mit Erkerapsis).[40] Häufig überdauerte nur der Turm; ein besonders schönes Beispiel ist der von ST. STEPHAN in RANDERSACKER, der aus Quadern errichtet und reich mit Gliederungen versehen wurde (12. bis 13. Jahrhundert).[41]

Noch spärlicher ist der Bestand an erhaltenen romanischen Profanbauten. Unter ihnen ragen immerhin die Reste einiger einst sehr stattlichen Burganlagen der Stauferzeit hervor, deren Charakteristikum in der Regel das mächtige Mauerwerk aus Buckelquadern (mit oder ohne Zangenlöcher) ist. Zu nennen sind hier insbesondere die BURG ROTHENFELS AM MAIN (zweite Hälfte 12. Jahrhundert),[42] die BURG RIENECK mit ihrer bemerkenswerten Turmkapelle (zweite Hälfte 12. Jahrhundert; Farbbild S. 590),[43] die gewaltige SALZBURG (Stadt Bad Neustadt a. d. Saale, Ortsteil Herschfeld; 12. bis 13. Jahrhundert),[44] das JOHANNITERKASTELL in BIEBELRIED (13. Jahrhundert)[45] und schließlich die BURG WILDENBERG (bzw. die WILDENBURG; Gde. Preunschen)[46] mit ihrem prachtvollen Palas (ca. 1220), dessen Bauplastik ein besonders bezeichnendes Beispiel für die Steinmetzkunst des Übergangsstiles ist.

Auch in den Städten begegnet man gelegentlich romanischer Profanbausubstanz, auch wenn es sich meist nur um Reste einst ansehnlicher Gebäude handelt. Zu den wenigen, weitgehend integral erhaltenen Bauten gehörte die Stiftskurie STÄBLERHAUS in ASCHAFFENBURG (Ende 12. Jahrhundert),[47] das ein Opfer des Zweiten Weltkrieges wurde. In Umbauten des 15. und 16. Jahrhunderts gingen die spätromanischen Teile des WÜRZBURGER RATHAUSES,[48] der sogenannte Grafeneckartsbau (Ende 12./Anfang 13. Jahrhundert), auf. Immerhin läßt sich der Kernbau samt seinem Turm (die vier oberen Geschosse aus der Spätgotik abgerechnet) noch gut erkennen. Die repräsentative Halle im Inneren, der sogenannte Wenzelsaal (Farbbild S. 592), der durch eine Mittelsäule in zwei Schiffe unterteilt wird, gehört zu den ganz wenigen gut erhaltenen Profanräumen der Romanik in Deutschland. Auch in den unterfränkischen Landstädten haben sich hie und da Überreste romanischer Profanbauten erhalten; zu nennen sind hier der HOHE BAU in RÖTTINGEN,[49] dessen romanische Teile ins 13. Jahrhundert datieren, und der jüngst von Matthias Wieser gründlich erforschte und zeichnerisch rekonstruierte TURMHOF in EIBELSTADT,[50] ein Turmgebäude, das am Ende des 12. Jahrhunderts entstanden sein dürfte. Bisweilen haben auch nur die Portalanlagen romanischer Profanbauten die Zeiten überdauert, wie die spätromanischen Doppelportale am Weinhaus ›ZUM STACHEL‹

(ehemals Hinterer Gressenhof)[51] und des REUERER VOGTEIHOFES (Bibrastraße) in WÜRZBURG;[52] schließlich verdient das Hoftor des KLOSTERS OBERZELL (zweite Hälfte 12. Jahrhundert) noch der Erwähnung.[53]
Fragt man abschließend nach einem ›eigenen‹ Charakter der unterfränkischen romanischen Architektur, fällt eine Antwort schwer. Am ehesten wird man noch die Pfeilerbasilika mit Flachdecke als eine für unseren Raum ›typische‹ Erscheinung in der romanischen Epoche bezeichnen können. Zweifellos hat das Vorbild des Würzburger Domes die Sakralbaukunst der Hoch- und Spätromanik hierzulande zutiefst geprägt. Im übrigen erweist sich Unterfranken schon in romanischer Zeit als ein Schnittpunkt verschiedener Einflußbereiche. Reflexe der altbayrischen, sächsischen und schwäbischen Baukunst der Romanik finden sich immer wieder. Auch nach Westen orientierten sich die unterfränkischen Bauleute, wovon nicht nur die Krypta des Würzburger Domes (Vorbild: Speyer I), sondern auch manche Doppelturmfassade Zeugnis ablegt (AMORBACH, Klosterkirche,[54] ab ca. 1100; WÜRZBURG, DOM,[55] wohl nach 1133; WÜRZBURG, ALT-STIFT-HAUG,[56] erste Hälfte 12. Jahrhundert).

2. *Die bildende Kunst*

2.1 Die Malerei

Kaum eine andere deutsche Kunstlandschaft ist ärmer an Monumenten der romanischen Malerei als das Frankenland. Fritz Knapp und Otto Demus meinten, daß der Franke generell eher zur Plastik als zur Malerei tendierte, wodurch der Mangel an Zeugnissen romanischer, aber auch gotischer (s. u.) Malkunst seine Erklärung fände.[57] Derartige Verallgemeinerungen bergen immer Gefahren, obgleich sie häufig ein Körnchen Wahrheit enthalten. Immerhin ist es auffällig, daß sich, mit Ausnahme der spärlichen MALEREIRESTE in einer Kapelle der WÜRZBURGER DOMKRYPTA[58] (wohl 11. Jahrhundert), in keinem unterfränkischen romanischen Sakral- oder Profanbau zumindest Reste zeitgleicher Ausmalungen erhalten haben, obwohl die hierzulande damals üblichen Pfeilerbasiliken mit ihren ausgedehnten, ungegliederten Wandflächen dem Pinsel des Malers ein geradezu ideales Betätigungsfeld boten. Freilich kann nicht mit Sicherheit ausgeschlossen werden, daß nicht auch die fränkischen Kirchenbauten der Romanik einst mit Wandmalereien, die samt und sonders untergingen, ausgestattet waren. Wie dem auch sei: Rein statistisch gesehen, ist es ein merkwürdiges Faktum, daß aus unserem Raum, sehr im Gegensatz zu anderen Kunstregionen, nur ein einziges Denkmal romanischer Wandmalerei bekannt ist.

Nicht viel anders steht es mit der Buchmalerei. Wie Helmut Engelhart jüngst feststellte, dürfte es selbst in der Bischofsstadt, in Würzburg, vom 9. bis zum 13. Jahrhundert keine nennenswerte Tätigkeit auf diesem Feld der Malkunst gegeben haben, geschweige denn im Umland.[59] Erst während der Regierungszeit Bischof Hermanns I. von Lobdeburg (1225–1254), die auch für das architektonische Schaffen in der unterfränkischen Metropole eine Blütezeit bedeutete (Osttürme des Würzburger Domes; Glockenturm des Neumünsters, s. o.), scheint, so Engelhart, um 1245 eine Buchmalereischule von überregionaler Bedeutung, die vielleicht am Stift Neumünster beheimatet war, in Würzburg tätig geworden zu sein. Bedeutende Zeugnisse dieses Skriptoriums sind die WÜRZBURGER DOMINIKANERBIBEL (Universitätsbibliothek, M. p. th. f. m. 9; 1246 vollendet) und das PSALTERIUM CLM. 3900 (München, Bayer. Staatsbibliothek; zwischen 1250/60), deren Miniaturenschmuck zu den herausragenden Leistungen der deutschen Buchmalerei im 13. Jahrhundert gehört.[60] Der Stil dieser Malschule enthält ältere, ins 12. Jahrhundert zurückweisende sowie damals aktuelle, westliche, französische Elemente. Die Ornamentik der Randleisten und der Initialen orientiert sich an der romanischen Tradition, während die Drôlerien, insbesondere des Münchner Psalters, von seinerzeit modernsten französischen gotischen Vorbildern inspiriert sind. Auch die Durchbildung der menschlichen Figuren zeugt von der Allgegenwart der gotischen Kunst. Ähnlich wie die Architektur der Lobdeburg-Zeit leitet auch die Würzburger Buchmalerei um die Mitte des 13. Jahrhunderts zur Epoche der Gotik über.

2.2 Die Plastik

Die Anfänge der mittelalterlichen Plastik in Unterfranken liegen gänzlich im dunkeln. Daß es schon im frühen Mittelalter ein entwickeltes Steinmetzenhandwerk in unserem Raum gab, beweisen einige Bruchstücke KAROLINGISCHER BAUPLASTIK aus dem WÜRZBURGER DOM, die heute im Domlapidarium aufbewahrt werden.[61] Unbekannt ist hingegen, ob zu dieser Zeit und an der Schwelle zur Romanik hier bereits Bildhauer, Schnitzer und Goldschmiede (bzw. Gießer) tätig waren, die künstlerisch anspruchsvolle, figürliche Arbeiten schufen. Das wenige, das sich aus dem Zeitraum vom 9. bis zum 11. Jahrhundert erhalten hat, wurde nicht in Unterfranken geschaffen, wie zum Beispiel das bekannte SPÄTKAROLINGISCHE ELFENBEINRELIEF vom Einband eines FULDAER EVANGELIARS, das in Metz entstand (ehemals Würzburg, Domstiftsbibliothek; heute Universitätsbibliothek, M. p. th. f. 65),[62] ferner das noch berühmtere ELFENBEINRELIEF, das den Einband des KILIANSEVANGELIARS schmückt (ehemals Würzburg, Domstiftsbibliothek; heute Universitätsbibliothek, M. p. th. q. 1a);[63] letzteres wurde in Bamberg gegen 1090 geschnitzt. Auch der bronzene Türzieher aus dem Würzburger Dom,[64] ein prachtvolles Löwenhaupt mit Zugring (Leihgabe im Mainfränkischen Museum), ist kein einheimisches Produkt, sondern wurde wahrscheinlich von einer Mainzer Gießhütte gefertigt. Unsicher muß bleiben, wo der Bildhauer beheimatet war, der das in spätkarolingische Zeit datierte merkwürdige Kruzifix mit dem männlichen bärtigen Haupt in der Würzburger Domkrypta schuf,[65] nicht minder ungeklärt ist seine wirkliche Entstehungszeit. Dasselbe gilt für das vielleicht vorromanische Tympanonrelief an der Pfarrkirche von Wegfurth,[66] dessen höchst stilisierte Darstellung liturgischer Geräte einen sehr altertümlichen Eindruck macht.

Das Dunkel über der frühen Geschichte der mittelalterlichen Bildnerei Unterfrankens beginnt sich erst mit dem 12. Jahrhundert zu lichten.[67] Am Anfang stehen zwei Steinreliefs und das steinere Taufbecken aus bzw. in der ehemaligen Klosterkirche von Neustadt am Main,[68] die wahrscheinlich nach Errichtung des hochromanischen Kirchenbaus, als man sich dessen Ausstattung zuwandte, also in der ersten Hälfte des 12. Jahrhunderts, geschaffen worden sind. Die Neustädter Skulpturen vertreten in nahezu reiner Ausprägung den plastischen Stil der Hochromanik. Der scheinbar archaische Charakter der auf den Muldennischenreliefs und am Taufbekken dargestellten Figuren, die sich durch massige Körperlichkeit, streng geschlossenen Umriß und Knappheit der Gebärde auszeichnen, ist nicht mit ›Primitivität‹ zu verwechseln, sondern als Reaktion auf den karolingischen und ottonischen Körperstil, der die antike Wurzel nicht verleugnet, zu verstehen. ›Primitiv‹ ist allenfalls die relativ bescheidene handwerkliche Qualität, die sich vor allem durch den graphischen Schematismus der meist parallel angeordneten Gewandfalten und in den undifferenzierten, maskenhaften Gesichtern zu erkennen gibt. Während das Taufbecken (heute Würzburg, Mainfränkisches Museum) mit der etwas langweiligen Reihung von Apostelfiguren unter nur schwach eingeritzten Arkaden monoton wirkt, beeindruckt das Relief mit der Darstellung der Traumvision des hl. Martin (Mainfränkisches Museum) durch die Dichte seiner Erzählung: In einer gezügelten und doch sehr wirksamen Gebärdensprache wird die Geschichte veranschaulicht, wie Christus dem Heiligen im Traum erscheint und die Mantelhälfte vorweist (Abb. S. 619). Nicht minder einprägsam ist das Relief des Thronenden hl. Martin (Neustadt am Main, ehem. Klosterkirche). Mächtig füllt der Bischof die Muldennische, ja er scheint aus ihr herauszuwachsen, da er den Krummstab vorgesetzt hat, um dergestalt sein Hirtenamt zur Anschauung zu bringen. Beide Reliefs mögen einst Bestandteile einer Chorschranke gewesen sein.

Traumvision des hl. Martin aus der ehemaligen Klosterkirche von Neustadt a. M. (heute Mainfränkisches Museum Würzburg).

Wohl auch ins 12. Jahrhundert gehören die RELIEFFRAGMENTE in der Neumann-Rotunde zu HOLZKIRCHEN,[69] die von geringerer Qualität als die Neustädter Arbeiten sind. Immerhin lassen sie im Verein mit dem Rest des spätromanischen Kreuzgangs auf einen ursprünglich reichen bauplastischen Schmuck der mittelalterlichen Propsteikirche und Klosteranlage schließen. Eine üppige bauplastische Ausstattung muß auch die im 17. Jahrhundert abgebrochene alte HAUGER STIFTSKIRCHE in WÜRZBURG besessen haben, wie die Reste eines TIERFRIESES und vier RANKENKAPITELLE, die teilweise mit figürlichem Detail durchsetzt sind, beweisen (MAINFRÄNKISCHES MUSEUM).[70] Ähnliche Kapitelle begegnen in der Ostkrypta des Straßburger Münsters. Im Vergleich dazu sind die Würzburger, was die Organisation des Rankenwerkes und die Bildung der Tierleiber anbelangt, aber weitaus weniger qualitätvoll. Sie können, wie die Kirche selbst, in die erste Hälfte des 12. Jahrhunderts datiert werden.

In der zweiten Jahrhunderthälfte entstanden die Bauzierde und die figürlichen Reliefs der einzigen erhaltenen Arkadenreihe des NEUMÜNSTER-KREUZGANGS in WÜRZBURG,[71] die zu den bedeutendsten Zeugnissen der romanischen Plastik in Unterfranken gehören, gleichwohl nur von mäßiger künstlerischer Qualität sind (Farbbild S. 455). Das zu Recht bekannteste Relief ist jenes mit der Darstellung des Thronenden Christus. Entsprechend den allgemeinen Tendenzen in der Plastik der zweiten Hälfte des 12. Jahrhunderts, war der Bildhauer bestrebt, den Körper der Figur als Organismus aufzufassen, ihn aus dem in der Hochromanik üblichen, streng geschlossenen Kontur zu befreien und die Gliedmaßen in den Gelenken zu lockern. Doch weit bleibt er in diesem Bemühen hinter den gleichzeitigen rheinischen Bildwerken zurück (vgl. Gustorfer Chorschranke, Bonn, Rheinisches Landesmuseum). Vielmehr erweist sich unser Relief als das Werk eines tastenden, in zeichnerischen Vorstellungen gefangenen Plastikers, der offensichtlich, wie der starr aufragende rechte Unterschenkel, die graphische Faltengebung und die Vorliebe für ornamentale Musterung anzeigen, mit viel Mühe eine malerische Vorlage in die Skulptur zu transponieren suchte, wodurch der Mangel an Frische und Originalität seine Erklärung findet. Ähnlich trocken und unoriginell ist der ornamentale Schmuck der Kapitelle, der einerseits in der Tradition der Bauplastik des Würzburger Domes steht (Grat- und Spiralornamentik), andererseits mit seinem Flechtwerk an die lombardische Ornamentkunst der Romanik erinnert. Die reichlich verwendeten Palmettenmuster waren anscheinend im 12. Jahrhundert in Unterfranken ein üblicher Bestandteil bauplastischer Zierde, wie verschiedene, zufällig erhaltene Monumente vermuten lassen (s. HOLZKIRCHEN, RELIEFFRAGMENTE in der Propsteikirche und die SÄULEN des KREUZGANGS; MASSENBUCH, TYMPANON des Westportals der Pfarrkirche).[72]

Der Thronende Christus des Neumünster-Kreuzgangs war offensichtlich das Vorbild für ein RELIEF mit derselben Darstellung, das aus Würzburg nach MÜNCHEN ins BAYERISCHE NATIONALMUSEUM gelangte.[73] Sein ursprünglicher Bestimmungsort ist unbekannt. Ein deutlich schwächerer Künstler, der seine Vorlage nur zum Teil verstand, war hier am Werk

(Ende 12., Anfang 13. Jh.). Auch die übrigen Werke Würzburger romanischer Plastik, so das GRABMAL des BISCHOFS GOTTFRIED VON SPITZENBERG[74] († 1190) im DOM und das TYMPANON aus der KATHARINENKIRCHE[75] (MAINFRÄNKISCHES MUSEUM; Anfang 13. Jh.) sind nur von bescheidener künstlerischer Qualität (Farbbild S. 592). Überblickt man die wenigen erhaltenen, insgesamt aber doch aussagekräftigen Werke Würzburger romanischer Plastik, ist zu resümieren, daß sich die Bildnerei der romanischen Epoche in der Bischofsstadt auf keinem hohen Niveau befand. Ähnlich verhält es sich mit den plastischen Bildwerken der Romanik im Umland, wie das erwähnte Massenbucher Tympanon, die Holzkirchener Relieffragmente und schließlich die auffallend primitive KARYATIDE der KUNIGUNDEN-KAPELLE in BURGERROTH[76] (Anfang 13. Jh.) hinlänglich belegen.

Allein in ASCHAFFENBURG begegnet man romanischen Plastiken von herausragender künstlerischer Qualität. Ist das romanische TYMPANON der MUTTERGOTTESPFARRKIRCHE[77] eine noch vergleichsweise mäßige Arbeit, so gehört das STIFTSKIRCHENTYMPANON[78] zu den besten seiner Art in Süddeutschland (Farbbild S. 589). Die Gestalt des Thronenden Christus, dem die Kirchenpatrone Petrus und Alexander als Assistenzfiguren zugeordnet sind, zeichnet sich durch eine prononcierte Herausstellung plastischer Werte, energische und ausgreifende Bewegungen und kraftvolle Faltenzüge (nach K.-A. Wirth) aus. Der hochentwickelte Sinn des Bildhauers für die Erfassung des menschlichen Körpers zeugt bereits vom Formempfinden der Gotik. Auch die unverkennbar ›klassische‹ Note der Figur ist zukunftsweisend. Die Voraussetzungen der Kunst des Aschaffenburger Tympanonmeisters mögen in der mittelrheinischen Kunstlandschaft liegen (Worms, Lorsch, Gelnhausen usw.), doch an plastischer Kraft und Eindringlichkeit der bildlichen Aussage übertrifft es alle seine Vorgänger. Die romanischen Stilmittel einerseits, die gotischen Elemente auf der anderen Seite lassen an eine Datierung gegen 1220 denken.

Noch qualitätvoller ist der berühmte KRUZIFIXUS in der STIFTSKIRCHE,[79] der einzig in Unterfranken ist und zu den besten Arbeiten dieser Gattung in der deutschen Romanik gehört (Farbbild S. 593). Schon die Größe des Bildwerkes ist eindrucksvoll (Höhe: 1,95 m; Spannweite: 1,90 m). Ergreifend ist der Ausdruck des zur Seite gesunkenen Hauptes Christi, der bereits den Kreuzestod erlitten hat. Und doch büßte der fast straff aufgerichtete Körper nichts von seiner Majestät ein. Einst dürfte das Kruzifix in der Höhe, wohl am Triumphbogen zum Chor, angebracht gewesen sein. Unentschieden ist die Frage, wo der Künstler beheimatet war, der das gewaltige Bildwerk wohl in der ersten Hälfte des 12. Jahrhunderts geschaffen hat. Ein Einheimischer wird es kaum gewesen sein. Für Unterfranken ist es eine große Auszeichnung, ein so bedeutendes Werk aus der romanischen Epoche zu besitzen.

1. *Die Baukunst*

1.1 Früh- und Hochgotik

Schon die spätromanischen Osttürme des Domes und der Glockenturm des Neumünsters in Würzburg kündigen, wie bereits dargelegt wurde, die Formensprache der Gotik an, obgleich das Formenvokabular noch durchaus romanisch ist, wodurch sie sich als charakteristische Zeugnisse des sogenannten Übergangsstiles erweisen. Die Ablösung der Romanik durch die Gotik vollzog sich im deutschen Sprachraum allgemein sehr schleppend, vor allem aber auf dem Gebiet der Baukunst. Zunächst beschränkte sich die Übernahme des neuen französischen Stils auf einzelne Elemente, im Laufe der ersten Hälfte des 13. Jahrhunderts nimmt indessen das Verständnis für die Prinzipien gotischen Gestaltens zu, wie die Osttürme des Würzburger Domes besonders eindrucksvoll veranschaulichen: Die Verjüngung der Turmschäfte infolge der Überleitung vom Quadrat zum Oktogon und die Tilgung der Mauermasse in jenem Geschoß, in welchem der Wechsel vorbereitet wird, lassen erkennen, daß man schon gotischen Grundsätzen gemäß zu bauen verstand, obgleich das Gepräge des Ganzen noch der Romanik verpflichtet blieb.
Dieser langsame Übergangsprozeß läßt sich noch an einigen anderen Monumenten in Unterfranken studieren. Ein vorzügliches Exempel ist das Querhaus der Pfarrkirche St. Johannis in Schweinfurt, das in den dreißiger Jahren des 13. Jahrhunderts errichtet wurde.[80] Seine südliche Stirnseite präsentiert sich außen als reich gegliederte, in Großquadermauerwerk ausgeführte Fassade in spätromanischen Formen. Ein besonders qualitätvolles Beispiel der staufischen Romanik ist das prachtvolle Stufenportal, dessen üppige bauplastische Zierde alles übertrifft, was in Würzburg zur selben Zeit und in den Jahrzehnten zuvor geschaffen wurde. Ähnlich qualitätvolle à-jour-Arbeiten finden sich in unserem Raum auch auf der Burg Krautheim an der Jagst.[81] Leider ging das sicherlich figürlich gestaltete Tympanon verloren. Die Gotik kündigt sich in der Gliederung des Giebels mit der überschlanken Spitzbogenblendgalerie an. Auch die kantonierten Pfeiler im Inneren, die das breite Querhaus in zwei Schiffe unterteilen, die Kreuzrippengewölbe und die Kapitellformen leiten zur gotischen Epoche über. Die abgekragten Dienste sind ein Hinweis darauf, daß für diesen Stilumschwung das Vorbild früher deutscher Zisterzienserbauten, wie der Michaelskapelle der Abteikirche in Ebrach (1207 geweiht), verantwortlich war.

Man hat die Zisterzienser gerne als »Missionare der Gotik« bezeichnet,[82] was für Süddeutschland sicherlich richtig ist. Auch in unserem Raum kam ihnen ein gewichtiger Anteil an der Vermittlung gotischen Formengutes zu. Für Mainfranken spielte der von 1200 bis 1285 errichtete Neubau der Ebracher Abteikirche (Regierungsbezirk Oberfranken)[83] in dieser Hinsicht eine bedeutende Rolle. In der bereits erwähnten Michaelskapelle und an den nördlichen Chorkapellen mischen sich noch spätromanische und gotische Formen gemäß dem Übergangsstil, im Laufe der Bauzeit setzt sich dann aber eine nüchterne Stilrichtung burgundisch-frühgotischen Gepräges durch, die für Franken ein Novum darstellte. Zwar hielten die Ebracher Bauleute bis in die zweite Hälfte des 13. Jahrhunderts an romanischen Detailformen, wie den Rundbogenfriesen, fest, aber die Kreuzrippengewölbe im Inneren und die Strebepfeiler am Außenbau belegen, daß das architektonische System bereits im Sinne der Gotik konzipiert war. Mit der Ebracher Abteikirche begann die Frühgotik in Franken.
Beeindruckt von zisterziensischen Bauten war offensichtlich der Baumeister, welcher das Querhaus und den Chor der Aschaffenburger Stiftskirche[84] schuf (Farbbild S. 589). Die Ostteile der traditionellen romanischen Pfeilerbasilika stellen die bedeutendste Schöpfung der Frühgotik in Unterfranken dar. Hier erscheint die gotische Raumbildung bereits in reiner Ausprägung: Das Querhaus und der Chor bestehen aus einer Folge von Baldachinen, die ihrerseits aus überschlanken Diensten und Kreuzrippengewölben gebildet werden. Die glatten Wandpfeiler, an die sich die Dienste anlagern, und die breiten Gurte, vor allem aber der abgetreppte massive Triumphbogen, der sich zum Chor hin öffnet, sprechen indessen noch das Idiom der burgundischen Romanik, deren Formen ebenso wie die gotische Raumbildung zweifellos durch die Zisterzienser vermittelt worden waren. Von zisterziensischem Einfluß zeugen auch die abgekragten Wandvorlagen des Chors und nicht zuletzt der rechtwinklige, gerade Chorschluß. Andererseits wirkt aber auch die deutsche, namentlich die rheinische Spätromanik nach, wie der quadratische Grundriß der Joche und insbesondere der Palmettenschmuck der Dienstkapitelle zu erkennen geben. Man wird deshalb, wie Martin Klewitz vorschlug,[85] die Errichtung des Querhauses und des Chores in das zweite Viertel des 13. Jahrhunderts datieren dürfen.
Vielleicht etwas früher ist der Baubeginn des Stiftskreuzgangs in Aschaffenburg[86] anzusetzen (wohl ab ca. 1220), da hier die spätromanischen Elemente noch überwiegen. Den romanischen Charakter unterstreichen die relativ gedrückten, abgetreppten Arkaden und die Flachdecke im Inneren. Auch der Palmettenschmuck der meisten Kapitelle verharrt in der Tradition, während einzelne Knospenkapitelle die Frühgotik ankündigen.
Den Übergang von der Frühgotik zur Hochgotik dokumentiert in Unter-

franken der zweigeschossige WESTBAU der Stadtpfarrkirche in AUB,[87] der ein Überrest einer im frühen 17. Jahrhundert abgebrochenen und durch einen Neubau ersetzten ehemaligen Propsteikirche des Benediktinerklosters St. Burkard in Würzburg ist. Die dreischiffige, gedrungene, zum Kirchenraum geöffnete Erdgeschoßhalle mit ihren stämmigen Pfeilern, in deren Ecken die Dienste der Wölbbaldachine eingestellt sind, erinnert in ihrer Massigkeit an romanische Kryptenräume, obwohl das Architektursystem bereits der Gotik angehört. Während der Kapitellornamentik (Palmetten, Eckmasken, Mischwesen) noch spätromanische Züge eignen, weist der rechteckige Grundriß der Mittelschifftravéen bereits auf die Hochgotik. Die Obergeschoßhalle des Westbaus, die als Empore dient, ist bei identischer Grundrißgestaltung wesentlich gestreckter als die Halle im Erdgeschoß. Erstmals fassen wir hier die Form des gotischen Bündelpfeilers: Einem kreisrunden Pfeilerkern sind konzentrisch acht dreiviertelrunde Dienste vorgelagert, auf deren Kapitellen die Gurtbogen und Rippen ruhen. Auch die schlanken, lanzettförmigen Maßwerkfenster mit Drei- und Vierpässen sind die frühesten (erhaltenen) ihrer Art in unserem Regierungsbezirk. Sowohl die Pfeiler- und Fensterform als auch der reiche bauplastische, teilweise figürliche Schmuck und nicht zuletzt die Maßwerkfensterrose sowie das fein gestufte Westportal gehören bereits der Hochgotik an. Aus diesem Grunde wird man eine Entstehung des Westbaus kaum vor der Mitte des 13. Jahrhunderts annehmen dürfen. Gegen eine wesentlich spätere Datierung sprechen auf der anderen Seite die spätromanischen Zierelemente der Erdgeschoßhalle. In jedem Falle ist der Westbau der Auber Stadtpfarrkirche ein bedeutendes Dokument des allmählichen Übergangs von der Früh- zur Hochgotik.

Etwa zur selben Zeit entstand die FRANZISKANERKIRCHE in WÜRZBURG,[88] die zu den frühen Zeugnissen der Franziskanerarchitektur in Europa gehört. Schon 1221 gründete der junge Orden seine Würzburger Niederlassung, ab 1250 bis zum Jahrhundertende wurde die Klosterkirche erbaut. Während in Norddeutschland der Saalkirchentypus verbreitet war, bevorzugte man in Süddeutschland mehrschiffige Anlagen. Die Würzburger Franziskanerkirche ist eine dreischiffige Basilika, die, wie bei den Bettelorden üblich, eines Querhauses entbehrt (Farbbild S. 594). Das Mittelschiff findet seine Fortsetzung in einem langgestreckten Chor, so wie er sich ab der zweiten Hälfte des 13. Jahrhunderts in der Bettelordensbaukunst einbürgerte. Der rechtwinklige, gerade Chorschluß ist für die früheren Franziskanerkirchen bezeichnend, während sich später allgemein der polygonale durchsetzt. Nur mäßig erhebt sich das Mittelschiff über die Seitenschiffe, da der Obergaden mit den Rundfenstern zu einem schmalen Wandstreifen über den relativ weitgespannten Arkaden reduziert wurde. Infolgedessen ergibt sich im Langhaus wie von selbst die Wirkung einer Hallenkirche – ein Effekt, der beabsichtigt gewesen sein könnte. Schmal und hochaufgerichtet wirkt dagegen der Langchor, den ein schlichtes Kreuzrippengewölbe auf Konsolen bedeckt, während die Schiffe Holzdecken aufweisen. Zielpunkt des Chores ist das große, dreibahnige Maßwerkfenster an der Stirnseite, das zu den lanzettförmig-schmalen, schlichten Lichtöffnungen der Seitenwände kontrastiert und dem an der Westfassade ein Pendant antwortet (Maßwerkformen des frühen 14. Jahrhunderts). Den Charakter des Gesamtraumes prägen die ungegliederten Umfassungswände einerseits und die zwar herben, doch anspruchsvollen Arkadenreihen des Langhauses andererseits. Deren auf oktogonalen Sockeln ruhende Stützen bilden mächtige, rundpfeilerartige Säulen mit angedeuteten Kelchkapitellen, die ein schlichter Abakus bedeckt. Die Arkadenlaibungen weisen gekehlte Kanten auf. Der insgesamt sehr strenge, jeglichen Formenüberfluß vermeidende Raum, der im Einklang mit den franziskanischen Idealen steht, erinnert von Ferne an mittelitalienische Kirchenbauten der romanischen Epoche, weshalb man vermutet hat, daß eine frühe italienische Franziskanerkirche vorbildlich gewesen sein könnte, ohne allerdings ein konkretes Vergleichsbeispiel benennen zu können.[89] Tatsächlich dürfte indessen die wohl ab 1236 errichtete und 1804 abgebrochene Franziskanerkirche Sainte-Madeleine in Paris das direkte Vorbild für unseren Bau gewesen sein.[90] Die Pariser Kirche, deren Gestalt durch Zeichnungen überliefert ist, wies zwar einen höheren Obergaden auf, die Bildung der Arkaden und insbesondere der Stützen einschließlich des Kapitells ist aber fast identisch. Nicht nach Süden also, sondern nach Westen haben sich die Würzburger Bauleute orientiert. Der äußere Aspekt der Kirche ist der für Bettelordenskirchen übliche: kubische Geschlossenheit, die glatten Wandflächen nur durch die Strebepfeiler des Chores, die Fenster und durch ein umlaufendes Kaffgesims sparsam gegliedert. Einzig die Portalgewände und die Riesenfenster im Osten und im Westen erfuhren eine etwas reichere Ausbildung. Der im Zweiten Weltkrieg schwer beschädigte Bau wurde im Laufe der Jahrhunderte mehrfach umgestaltet, konnte aber, nicht zuletzt dank einer glücklich gelungenen Teilrekonstruktion (Arkaden des Langhauses; 1987), sein ursprüngliches Erscheinungsbild weitgehend bewahren. Ähnlich verhält es sich mit dem stimmungsvollen Kreuzgang der Kirche, dessen östlicher Flügel noch ins 13. Jahrhundert datiert.

Von der zweiten bedeutenden Bettelordenskirche in Unterfranken, der ehemaligen DOMINIKANERKIRCHE (heute Augustinerkirche) in WÜRZBURG[91] hat sich nur der Chor, und zwar in der Gestalt, die ihm Balthasar Neumann gab, erhalten. 1266 legte angeblich Albertus Magnus den Grundstein, 1270 wurde wahrscheinlich der Chor geweiht. In der Folgezeit vollendete man das Langhaus, das, wie sein von Neumann ab 1743 erbauter Nachfolger dreischiffig, fast genauso breit, allerdings wesentlich niedriger war.[92] Ursprünglich wurde es von dem vier Joche tiefen Langchor mit polygonaler Apsis beträchtlich überragt, wie beispielsweise das berühmte Stadtpanorama Merians bezeugt. Trotz der spätbarocken Durchfensterung und der Überformung des gotischen Kreuzrippengewölbes ist der gotische Charakter des gewaltigen, hochragenden Chores, dessen äußeres Erscheinungsbild die mächtigen Strebepfeiler prägen, weitgehend erhalten geblieben.

Geistesverwandt mit den Sakralbauten der Bettelorden sind die in der zweiten Hälfte des 13. Jahrhunderts errichteten Kirchen der unterfränkischen Frauenzisterzen. Ein auffälliger Wandel hatte sich seit etwa 1250 vollzogen: Die bereits erwähnten Zisterzienserinnenklosterkirchen in WECHTERSWINKEL (geweiht 1179) und in FRAUENROTH (ab 1231)[93] wurden noch gemäß dem zwar traditionellen, aber anspruchsvollen Schema der romanischen Pfeilerbasilika errichtet. Lokale klösterliche Baugewohnheiten behielten offensichtlich die Oberhand. In der zweiten Hälfte des 13. Jahrhunderts bürgerte sich im Gegensatz dazu bei den Zisterzienserinnen Unterfrankens allgemein die schlichte, langgestreckte Saalkirche mit geradem oder polygonalem Chorschluß und einer Nonnenempore im Westen ein. Alle diese Frauenklosterkirchen entbehren fast gänzlich gliedernder oder gar schmückender Elemente. Das Schiff ist immer flach gedeckt, während das Altarhaus eingewölbt wurde. Der Außenbau präsentiert sich als langgestreckter Baukörper, dessen Satteldach sich häufig gleichmäßig über Lang- und Altarhaus erstreckt. Bisweilen allerdings ist das letztere deutlich von ersterem abgesetzt. In der Regel gliedern allein lanzettförmige Spitzbogenfenster die glatten Wände, gelegentlich treten Strebepfeiler hinzu. Die bedeutendsten Vertreterinnen dieses Bautyps in unserem Regierungsbezirk sind die Kirchen der Zisterzienserinnenklöster HIMMELSPFORTEN in WÜRZBURG (1263–1277), HEILIGENTHAL bei SCHWANFELD (drittes Viertel 13. Jahrhundert) und MARIABURGHAUSEN bei HAßFURT (nach 1287).[94]

Die schlichten Formen der Bettelordens- und der Zisterzienserinnenklosterkirchen entziehen sich weitgehend der üblichen Epochenzuordnung. Doch weisen die voll entwickelten Maßwerkfenster sie als der hochgotischen Periode zugehörig aus, obwohl sie infolge ihrer formalen Schlichtheit nicht als typische Repräsentanten dieser Stilphase gelten können.

Das einzige unterfränkische Bauwerk, das man mit vollem Recht als hochgotisch bezeichnen kann, ist die DEUTSCHHAUSKIRCHE in WÜRZBURG.[95] Der äußere Aspekt der etwa im Zeitraum zwischen 1270 und 1300 errichteten Kirche ähnelt zunächst den zuvor besprochenen Zisterzienserinnenkirchen: Ein langgestreckter, einschiffiger Baukörper mündet nahtlos im po-

lygonalen Altarhaus. Freilich ist die Gliederung eine wesentlich andere: Kräftige Strebepfeiler alternieren mit langgestreckten Maßwerkfenstern im rhythmischen Wechsel, wobei die Wandflächen fast völlig aufgezehrt wurden. Nur im Westen, über dem Schwibbogen, der die Passage zum benachbarten Schottenanger ermöglicht, treten größere Wandpartien in Erscheinung. Insgesamt wirkt der hoch aufgereckte Baukörper wie der Chor einer aufwendigen mehrschiffigen Anlage. Schon das Äußere läßt auf eine große Lichtfülle im Inneren schließen. Dieses stellt sich als ein gestreckter saalartiger Raum dar, in dem die Prinzipien hochgotischer Baukunst zu reiner Anschauung gelangen (Farbbild S. 595). Das Raumgefüge besteht aus querrechteckigen Travéen, deren Staccato in denkbar großem Gegensatz zu dem behäbigen Rhythmus spätromanischer und frühgotischer Jochfolgen (vgl. die Ostteile der Aschaffenburger Stiftskirche, s. o.) steht. In der östlichen Schiffshälfte ersetzen Dienstbündel und Fensteröffnungen weitgehend die Wandflächen, die bis auf eine Sockelzone geschrumpft sind. Auf den Blattkapitellen der Dienste ruhen die Gurte und Rippen des Gewölbes, das den Raum überspannt. Obwohl nur die Dienstbündel des mit fünf Achteckseiten schließenden Altarhauses bis auf den Boden herabgeführt wurden, während die übrigen nach Art der Zisterzienserbauten abgekragt sind, entsteht doch der Eindruck eines steilen, schlanken Gliederbaus, dessen eigentliche Wirkung indessen die ausgebreiteten Fensterflächen ausmachen. Wie ein gläsernes Gehäuse erscheint der Raum, den einst bunte Glasmalereien in Dämmerlicht gehüllt haben dürfte. Die scheinbare Schwerelosigkeit des hohen Gliederbaus und das Leuchten der ›Wände‹ sind wesentliche Merkmale kathedralgotischer Architektur, in deren Umkreis die Deutschhauskirche gehört, obschon der Bautypus bescheiden ist.
Vielleicht kamen die Werkleute, die dieses qualitätvolle Bauwerk schufen, vom Oberrhein, wie das Blendmaßwerk des Portalwimpergs, das von der Westfassade des Straßburger Münsters abzuleiten ist, vermuten läßt. Mit Sicherheit haben im Rheinland geschulte Künstler hier gewirkt, deren genaue Herkunft unbekannt ist. Ihnen verdanken wir auch die vorzügliche bauplastische Ausstattung der Kirche, der ein singulärer Rang in unserem Regierungsbezirk zukommt (s. u.).

1.2 Spätgotik

Nach der Vollendung der Würzburger Deutschhauskirche zu Beginn des 14. Jahrhunderts entstand in Unterfranken jahrzehntelang kein Bauwerk von Rang, ja es hat den Anschein, als habe die Bautätigkeit in unserem Raum über ein halbes Säkulum geruht, um dann gegen Jahrhundertende und vor allem im darauffolgenden 15. Jahrhundert, in der Epoche der

Spätgotik, um so energischer wieder einzusetzen. Nach dieser langen Phase der Stagnation wurde das ganze Land, Städte wie Dörfer, von einer Bauwut erfaßt, die nur noch mit der des Barockzeitalters und der neuesten Zeit zu vergleichen ist – ein Phänomen, das man nicht allein hierzulande, sondern überall im Abendland beobachten kann. Dem Zeitgenossen muß es geschienen haben, als wolle sich der gesamte bewohnte Erdkreis erneuern. Unübersehbar groß ist die Zahl der Bauten, die in der Spätgotik – oft anstelle älterer, romanischer Vorgänger – neu errichtet oder zumindest umgebaut worden sind. Es ist unmöglich, der Fülle des im 15. Jahrhundert allein in den Grenzen unseres Regierungsbezirkes Neugeschaffenen im Rahmen dieser Darstellung auch nur entfernt gerecht zu werden. Quantität und Qualität halten sich allerdings nicht die Waage. Nur sehr weniges ragt aus dem Mittelmaß heraus.

Leitmotiv auf dem Gebiet der Sakralbaukunst war die Hallenkirche. Jedes Gemeinwesen, das den Anspruch erhob, sich aus dem dörflichen Milieu herauszuheben, errichtete eine neue Pfarrkirche in Hallenform, selbst kleine Ackerbürgerstädte, wie ARNSTEIN, nahmen einen aufwendigen Hallenkirchenbau zumindest in Angriff (ehem. Pfarrkirche MARIASONDHEIM, ab 1444; Halle nicht vollendet).[96] Etwa ein Dutzend solcher anspruchsvollen Pfarrkirchen entstanden seit dem Ende des 14., überwiegend indessen im Laufe des 15. Jahrhunderts.

Am Anfang dürfte die Stadtpfarrkirche in OCHSENFURT[97] stehen, die allgemein in die zweite Hälfte des 14. Jahrhunderts datiert wird. Da die Stiftungen für die Ausstattung der Kirche 1391 einsetzen, ist anzunehmen, daß der Bau in den Jahrzehnten zuvor errichtet worden war. Die dreischiffige, sieben Joch tiefe Langhaushalle entbehrt eines Querhauses, das Mittelschiff mündet in einen langgestreckten Chor (Farbbild S. 598). Schon die Anlage des Grundrisses, noch mehr aber die Gestaltung des Aufgehenden, wie zum Beispiel die Form der schlichten, schlanken Achteckpfeiler, die fast, beziehungsweise gänzlich, ohne Absatz in die leicht gekehlten Scheidbögen übergehen, sowie die auf Konsolen – statt auf Diensten – ruhenden Kreuzrippengewölbe lassen erkennen, daß der Baumeister sich an der Bettelordensarchitektur orientierte. Die Schiffe sind nicht, wie beim Hallentypus üblich, gleich hoch; vielmehr überragt das Mittelschiff seine ›Begleiter‹ etwa um ein Fünftel, weshalb die Ochsenfurter Stadtkirche zur Gruppe der Stufen- oder auch Staffelhallenkirchen zählt. Diese Sonderform, die an den traditionellen Basilikatypus erinnert, unterscheidet sich von diesem aber darin, daß das Hauptschiff keinen Lichtgaden aufweist und daß alle Schiffe unter einem einzigen, großen Satteldach vereinigt sind.

In Unterfranken erfreute sich die Staffelhalle großer Beliebtheit. Fast ausnahmslos erfuhr hier das Mittelschiff spätgotischer Hallenkirchen eine ba-

silikale Überhöhung. Ob die Ochsenfurter Stadtpfarrkirche in dieser Hinsicht vorbildlich war, steht dahin. Immerhin folgen ihr einige Bauten recht getreu wie beispielsweise die Stadtpfarrkirche in BAD KÖNIGSHOFEN im Grabfeld[98] (ab 1442). Unter den mit dem Ochsenfurter Bau verwandten Staffelkirchen ragt in qualitativer Hinsicht einzig die KITZINGER STADTPFARRKIRCHE (ab ca. 1400; Südempore und Wölbung zweite Hälfte 15. Jahrhundert)[99] heraus. Die übrigen Kirchenbauten dieses Typs sind mittelmäßige Leistungen. Das Äußere der unterfränkischen Staffelhallenkirchen ist in der Regel schlicht und wenig ansehnlich.
Eine Ausnahme macht hierin die bedeutendste Hallenkirche Unterfrankens, die von 1377 bis 1479 errichtete MARIENKAPELLE in WÜRZBURG,[100] ein Bauwerk von überregionalem Rang (Farbbild S. 596). Die Bürgerschaft von Würzburg setzte sich mit ihm ein eindrucksvolles Denkmal im Zentrum der Bischofsstadt. Vom Anspruch der ›Kapelle‹, die niemals Pfarrkirche war, künden nicht nur ihre Größe und der hohe Turm, sondern nicht minder die reiche bauplastische Ausstattung, namentlich die prachtvollen Portale an den drei Seiten mit ihren figurenreichen Tympana, die von ferne die Erinnerung an die Kathedralen der Hochgotik beschwören. Auch die Auflösung der Wände durch breite Maßwerkfensterbahnen und die in Fialen ausklingenden Strebepfeiler wecken Assoziationen an die hochgotische Epoche. Im Typus gleicht der Bau den zuvor erwähnten unterfränkischen Staffelhallenkirchen, allerdings ist die Höhendifferenz zwischen dem Mittelschiff und den Seitenschiffen nur noch unwesentlich (1,50 m bei einer Gesamthöhe von 20 m), so daß die Marienkapelle eigentlich schon zu den ›echten‹ Hallenkirchen gezählt werden darf. Die annähernd gleiche Höhe bewirkt, daß das Langhaus fast als Einraum erscheint, zumal die erstaunlich schlanken, hohen Achteckpfeiler die Unterteilung in Schiffe eher nur andeuten als wirksam markieren. Auch hierin unterscheidet sich die Würzburger Marienkapelle von den übrigen unterfränkischen Hallenkirchen. Das Mittelschiff findet jenseits des reich profilierten, steilen Triumphbogens seine Fortsetzung im gleichhohen, langgestreckten Chor, der 1393 als vollendet bezeichnet wird. Die Dienste an den Langwänden gehen hier bereits, wie in der Spätgotik üblich, nahtlos, ohne Vermittlung eines Kapitells, in die Gurten und Rippen des Gewölbes über, nicht indessen an der polygonalen Apsis, was für einen Planwechsel spricht. Die Seitenschiffe weisen wie der Chor noch die ältere Form des Kreuzgewölbes auf, das Hauptschiff indessen überspannt ein Netzgewölbe, das gegen Ende der Bauzeit des Langhauses, gegen 1440, eingezogen worden sein dürfte. Es ruht auf Diensten, die nicht bis auf den Fußbogen herabgeführt wurden, sondern über den Baldachinen endigen, die im Verein mit den prachtvollen, parlerischen Figurenkonsolen ›Gehäuse‹ für Pfeilerstatuen bilden soll-

ten. 1479 wurde schließlich der hohe Turm vollendet, dessen filigraner Helm allerdings eine – gelungene – Zutat des 19. Jahrhunderts ist. Verschiedene Baumeister, die mit Sicherheit aus unterschiedlichen ›Schulen‹ kamen, haben hier gewirkt. Mittelrheinische und nürnbergisch-parlerische Stilelemente hat die Forschung notiert.[101] Desungeachtet ist ein Bauwerk von großer Einheitlichkeit und überzeugendem Charakter entstanden, das den Höhepunkt spätgotischer Architektur in Unterfranken verkörpert.

Die Hallenkirche war in der spätgotischen Epoche der für Kirchenbauten bevorzugte Typ. Nach wie vor behauptete sich daneben die bescheidenere Saalkirche, die im übrigen zu allen Zeiten die größte Verbreitung genoß. Unübersehbar ist die Zahl der Kirchenbauten dieses Typs, die in der Spätgotik vorwiegend auf dem Lande errichtet wurden. Das Langhaus war in der Regel flach gedeckt, nur der meist polygonale Chor (i. e. das Altarhaus) wurde eingewölbt. Gelegentlich erhebt sich über diesem ein Turm (Chorturmkirche), häufig steht er daneben. Wenige dieser Kirchen haben sich integral erhalten; häufig wurde das Langhaus in der Echter- oder in der Barockzeit erneuert. Eine besonders stattliche Vertreterin der spätgotischen Saalkirche ist die Stadtpfarrkirche in VOLKACH (ab 1413),[102] deren Größe und deren hoher Turm ihr ein städtisches Gepräge verleihen. Nicht minder ansehnlich ist die im 19. Jahrhundert fragwürdig restaurierte RITTERKAPELLE in HASSFURT (15. Jahrhundert)[103] und vor allem die FRIEDHOFSKIRCHE (Karner) ST. MICHAEL in OCHSENFURT,[104] ein sehr qualitätvoller Bau, den der seinerzeitige Polier der Nürnberger Lorenzkirche, Hans Pauer, ab 1440 errichtete. Eine besonders feine Arbeit ist das von mittelrheinischem Formempfinden[105] zeugende Portal der Michaelskapelle, das mit den Seitenportalen der Würzburger Marienkapelle verwandt ist; Kielbogen und Blendmaßwerk vertreten allerdings schon eine fortgeschrittene Phase der Spätgotik.

Nicht nur auf dem Gebiet des Kirchenbaus hat die Sakralbaukunst der Spätgotik tiefe Spuren in Unterfranken hinterlassen. Zahlreich sind auch die kirchlichen Nebengebäude, wie Kreuzgänge, Sepulturen, Klosteranlagen usw. Sie können hier nicht behandelt werden. Erwähnt seien nur der besonders prachtvolle KREUZGANG und die SEPULTUR des WÜRZBURGER DOMES (ab 1420),[106] die zu den eindrucksvollsten Monumenten der Spätgotik in Unterfranken gehören.

Zahllos sind die spätgotischen Profanbauten in unserem Regierungsbezirk, seien es Domherrenhöfe, Zehnthöfe, Burgen, Stadt- und Kirchenbefestigungen, Bürgerhäuser usw. Im Rahmen unserer Darstellung kann auch dieses wichtige Kapitel der spätmittelalterlichen Baukunst nicht berücksichtigt werden, zumal es immer noch an Grundlagenforschung mangelt.

Hingewiesen sei allein auf die für das Zeitalter des aufstrebenden Bürgertums so bezeichnenden Rathausbauten. Wichtige Beispiele der Gattung befinden sich in Unterfranken. Die sicherlich schönsten Rathäuser sind die von DETTELBACH (spätes 15., Anfang 16. Jahrhundert; Farbbild S. 597)[107] und von OCHSENFURT (gegen 1497).[108] Die Hauptfassade beider Bauten bildet eine der Traufseiten, die durch Freitreppe und Erker ausgezeichnet wird. Die Schmalseiten schmücken Staffelgiebel. Besonders repräsentativ ist die zweiarmige Freitreppe in Dettelbach, während die einarmige in Ochsenfurt einer älteren Tradition verpflichtet ist (vgl. auch das RATHAUS in FRICKENHAUSEN am Main gegen 1480).[109]

2. *Die Malerei*

Wenig ist über die gotische Malerei in Unterfranken bekannt. Aus verschiedenen Quellen weiß man jedoch, daß es im 15. Jahrhundert zum Beispiel in Würzburg eine blühende ›Malschule‹ gab.[110] Wie sollte dies auch anders sein, waren doch die vielen neuerbauten oder umgebauten Kirchen in der Stadt und im Umland zeitgemäß auszustatten, namentlich mit Altarretabeln, deren Flügel in der Regel bemalt waren, wenn sie nicht mit Schnitzereien versehen wurden. Zudem war es üblich, Wände, Gewölbe und Fenster mit Malereien zu schmücken. Verschwindend wenig konnte sich davon über die Zeiten retten, weswegen die Konturen der spätgotischen ›Würzburger Malschule‹ unscharf bleiben. Noch weniger weiß man über die gotische Malerei außerhalb der Bischofsstadt. Zu erklären ist der Mangel an Denkmälern der Malkunst des 13. bis 15. Jahrhunderts durch die Zerstörung vieler Kirchenausstattungen im Gefolge der Wirren des Reformationszeitalters (protestantischer Bildersturm!), ferner durch die umfängliche Restaurierung mittelalterlicher Kirchen im Zuge der Gegenreformation und nicht zuletzt durch den ›Bauwurmb‹ der Barockzeit.

Während es kaum Belege für die Tätigkeit gotischer Buchmaler in Unterfranken gibt, war die Wandmalerei mit Sicherheit an der Tagesordnung. Bis auf einzelne Überreste ist alles untergegangen. Noch in die frühgotische Epoche datieren die FRESKENRESTE in der Erkerapsis der KUNIGUNDENKAPELLE ZU BURGERROTH[111] (ca. 1240), deren schlechter Erhaltungszustand kein Qualitätsurteil erlaubt. Das 14. Jahrhundert vertritt eine KREUZIGUNGSDARSTELLUNG im STIFTSKREUZGANG zu ASCHAFFENBURG (Ende 14. Jahrhundert).[112] Nur das Lineament der Figuren überdauerte (restauriert im 19. Jahrhundert). Der Fluß der Gewandfalten kündigt bereits den Weichen Stil an.

Weitaus besser erhalten und von beachtlicher Qualität sind die von der süd-

lichen Hochschiffwand des WÜRZBURGER DOMES an die SÜDSEITENSCHIFFWAND übertragenen WANDMALEREIRESTE aus der Zeit um 1400. Besonders gut konserviert ist die VERKÜNDIGUNGSSZENE (?),[113] auf der zu Füßen Marias die Stifterin des Bildes verewigt wurde (Farbbild S. 598). Die zart bewegten, schwingenden Figuren umhüllen glockenförmig auf den Boden fallende Gewänder, von den Armen hängen Faltenkaskaden mit ondulierenden Säumen herab. All dies wie auch die lebendigen und zierlichen Gebärden, das porzellanhafte Inkarnat und die Empfindsamkeit des Gesichtsausdrucks sind Merkmale des reifen Weichen Stils. Die in den fünfziger Jahren unseres Jahrhunderts zufällig entdeckten Malereien lassen erahnen, auf welch hohem Niveau sich die Würzburger Malerei um diese Zeit befunden haben muß.
Schlechter erhalten und von bescheidenerer Qualität ist die DARSTELLUNG EINES JÜNGSTEN GERICHTS in der Pfarrkirche ST. JOHANNIS zu SCHWEINFURT, die wohl gegen 1420 geschaffen wurde.[114] Als rares Dokument der spätgotischen Malerei Unterfrankens ist das Wandbild von großem Wert. Ähnlich verhält es sich mit den WANDMALEREIEN im Altarraum der Pfarrkirche in JUNKERSDORF (Mitte 15. Jahrhundert),[115] in der Stadtpfarrkirche zu KARLSTADT (Mitte bzw. Ende 15. Jahrhundert)[116] und in der LAURENTIUSKAPELLE in MILTENBERG (zweite Hälfte 15. Jahrhundert).[117]
Seit etwa 1390 war Würzburg, wie Heinrich Ragaller nachgewiesen hat, ein Zentrum der Glasmalerei.[118] Steuerlisten belegen, daß zahlreiche Glasmaler in der Stadt ansässig waren. Wahrscheinlich hatte der Bau der Marienkapelle, deren Fenster zweifellos dereinst mit Glasmalereien geschmückt waren, die Blüte dieser Gattung der Malkunst bewirkt. Kein einziges Werk Würzburger Glasmaler hat in Würzburg selbst die Zeiten überdauert, alles ist untergegangen. Glücklicherweise begegnet man Zeugen ihrer Kunst in zwei anderen unterfränkischen Städten: Wie Ragaller mit guten Gründen annimmt, dürften die berühmten spätgotischen Glasmalereien in den Stadtpfarrkirchen zu MÜNNERSTADT und zu IPHOFEN von würzburgischen Malern geschaffen worden sein.[119]
Während einige der älteren, noch ins 13. Jahrhundert zu datierenden Münnerstädter Scheiben teils mittelrheinische, teils nürnbergisch-parlerische Elemente aufweisen, vertreten die im Zeitraum zwischen etwa 1415 und der Jahrhundertmitte entstandenen Glasmalereien eine eigene Richtung innerhalb der süd- und südwestdeutschen Glasmalerei, einen Stil, der sich auch in den Iphofener Scheiben (ca. 1425/30 und nach 1430) wiederfinden läßt. Die Glasfenster hier und dort zählen zu den besten Arbeiten der ersten Hälfte des 15. Jahrhunderts in Deutschland.
Vielleicht stand zur selben Zeit und schon davor auch die Tafelmalerei in Blüte – wir wissen es nicht. Die frühesten der wenigen gotischen unterfrän-

kischen Tafelgemälde datieren in die letzten Jahrzehnte des 15. Jahrhunderts. Gelegentlich haben sich Tafelgemälde, meist Flügel von Wandelaltären, in unterfränkischen Kirchen erhalten (z. B. in HASLOCH, Ende 15. Jahrhundert;[120] MILTENBERG, LAURENTIUSKAPELLE, Anfang 16. Jahrhundert),[121] nur selten ganze Altäre mit gemalten Flügeln (z. B. ABTSWIND, um 1500).[122] Die von Veit Stoß geschaffenen Flügel des MÜNNERSTÄDTER ALTARS (MÜNNERSTADT, STADTPFARRKIRCHE, 1504/05) können ebensowenig als ›unterfränkische‹ Arbeiten gelten,[123] wie der schöne ALTAR in WÖRTH (Pfarrkirche; ca. 1470/80) und die ALTARTAFEL in WENIGUMSTADT (Pfarrkirche; ca. 1460),[124] die wohl rheinischer ›Import‹ sind. Die übrigen mainfränkischen Tafelgemälde befinden sich in Sammlungen, die meisten im MARTIN-VON-WAGNER-MUSEUM DER UNIVERSITÄT WÜRZBURG. Das schönste und bedeutendste Werk unterfränkischer gotischer Tafelmalerei ist die hier aufbewahrte Darstellung des KILIANSMARTYRIUMS vom sogenannten ›Meister des Kiliansmartyriums‹, das Mittelbild eines Flügelaltärchens, das vermutlich in Würzburg um 1490 geschaffen wurde (Farbbild S. 598).[125] Drastik und Stille zugleich erfüllt die grausige Szenerie, die von den Gestalten der Schergen und der drei Märtyrer beherrscht wird. Ein sicherer Zeichner und guter Kolorist war hier am Werke, ein Künstler, der zudem sehr gut zu komponieren verstand. Der Stil der faltenreichen, knittrigen Gewänder läßt an Stiche Martin Schongauers oder des Meisters AG (der vielleicht in Würzburg lebte und arbeitete)[126] denken, die dem Meister des Kiliansmartyriums als Anregung gedient haben könnten. Mit klarem Blick wußte der Maler die Charakteristika der Maintallandschaft und die topographischen Gegebenheiten zu erfassen und getreu wiederzugeben, sei es der träg dahinströmende, von flachen Ufern begleitete Fluß, den ein Schelch überquert, sei es die minuziös erfaßte, in reinem Weiß strahlende Veste Marienberg oder sei es der karge Bewuchs der Kalkhügel, die den Main säumen. Hierin, in der genauen, ein wenig trockenen Schilderung der mainfränkischen Landschaft, scheint eine Besonderheit der spätgotischen würzburgischen Malerei zu liegen, wie auch der MARIENALTAR im MARTIN-VON-WAGNER-MUSEUM (Würzburg, um 1470/80) offenbart.[127]
Die Kiliansmarter des Würzburger Universitätsmuseums bildet in ikonographischer Hinsicht mit einem 1965 in der Pfarrkirche zu EIBELSTADT entdeckten FRAGMENT (gegen 1490) und dem gegen 1475 gemalten EPITAPH FÜR BERTHOLD KRAFT, das aus der Lorenzkirche in Nürnberg stammt und im MAINFRÄNKISCHEN MUSEUM zu WÜRZBURG aufbewahrt wird,[128] eine Gruppe, ist in künstlerischer Hinsicht den beiden anderen Darstellungen indessen bei weitem überlegen. Sie ist ein Indiz dafür, daß es im spätgotischen Würzburg nicht nur bedeutende Glas-, sondern auch ebenso begabte Tafelmaler gegeben hat.

Natürlich ist es ein Zufall, daß hier in Würzburg, etwa um 1460/80, Mathis Nithart-Gothart, gen. Matthias Grünewald, dessen Werk von der Gotik zur Renaissance hinüberleitet, geboren wurde.[129] Von einigem Belang könnte es aber sein, daß dieser Maler, der einmal zu den besten seiner Zeit gehören sollte, aus einer Stadt kam, in der die Malkunst ein immerhin respektables Niveau besessen hat. Vielleicht begann in Würzburg Grünewalds Laufbahn. Da seine Anfänge aber unbekannt sind, sein reifes Werk indessen nicht das Geringste mit der Kunst seiner Vaterstadt zu tun hat, lassen sich keine Aussagen darüber machen, was er in Würzburg gelernt haben könnte.

3. *Die Plastik*

Im Gegensatz zur gleichzeitigen Malerei gilt die gotische Plastik Unterfrankens, insbesondere die Würzburger, als Ruhmesblatt der deutschen Kunstgeschichte des Mittelalters. Daran haben verschiedene günstige Umstände schuld: Zum ersten hat sich, ungeachtet großer Verluste, bedeutend mehr erhalten; aus dem 15. Jahrhundert so viel, daß noch kein Historiker der Fülle Herr wurde. Zum zweiten haben sowohl im 14. als auch im 15. Jahrhundert Meister von großem Rang in Unterfranken gewirkt (z. B. ›Wolfskeelmeister‹; Tilman Riemenschneider). Drittens hat die gotische Plastik Mainfrankens, zumal Würzburgs, renommierte Geschichtsschreiber gefunden, wie Wilhelm Pinder,[130] Justus Bier[131] u. a., die ihren Ruhm begründeten und verbreiteten. Dennoch bleibt das Gebiet gotischer Bildnerei in Unterfranken als Ganzes unüberschaubar, zumal es insgesamt doch sehr heterogen ist. Während man eine würzburgisch-gotische Plastik zu fassen glaubt (ob mit Recht, sei dahingestellt), wurde das übrige bildnerische Schaffen Unterfrankens im 14. und 15. Jahrhundert je nach Epoche oder sich wandelnden historischen Konstellationen den Einflußbereichen verschiedener Kunstzentren beziehungsweise -regionen (Nürnberg, Mittelrhein, Schwaben) zugeschlagen, ohne daß sich hieraus ein auch nur annähernd zusammenhängendes Bild ergeben hätte.[132] In Anbetracht dieser schwierigen Ausgangslage muß auf den Versuch verzichtet werden, einen Abriß der Geschichte gotischer Bildnerei in Unterfranken zu geben. Im folgenden seien deshalb allein die Gipfelpunkte ins Auge gefaßt, während die weiten Ebenen und Niederungen mainfränkischer gotischer Plastik nicht durchmessen werden sollen.

3.1 Von der Hochgotik zum Weichen Stil

Unvermittelt tauchte im Gebiet des heutigen Unterfranken ein so bedeutendes hochgotisches Bildwerk wie das DOPPELGRABMAL des OTTO VON BOTENLAUBEN UND SEINER GEMAHLIN BEATRIX auf (FRAUENROTH, ehemalige Zisterzienserinnenklosterkirche; Farbbild S. 600).[133] Nur in der unterfränkischen Baukunst (s. o.), nicht aber im plastischen Schaffen der ersten Hälfte des 13. Jahrhunderts hatte sich die Gotik angekündigt. Eine Erklärung findet ihr überraschender Auftritt im Bereich der Plastik, noch dazu an entlegenem Ort, durch die Gestalt des mutmaßlichen Auftraggebers des Denkmals, des 1290 verstorbenen Grafen Hermann I. von Henneberg. Das Haus der Henneberger war nach Norden, nach Thüringen orientiert, und in den thüringisch-sächsischen Raum weist auch die Formensprache der figürlich gestalteten Grabplatten, die einst eine Tumba bedeckt haben dürften. Zudem scheinen sich neuerliche französische Eindrücke mit mitteldeutschen Elementen zu mischen. Jedenfalls hat ein zugewanderter Künstler, wohl gegen 1270, das Grabmal geschaffen. Die Platten sind fragmentiert und beträchtlich überarbeitet worden,[134] so daß sich der Stil der Figuren, insbesondere der Gesichter, nur mit Vorbehalten beurteilen läßt. Dennoch ist unverkennbar, daß sich in der Gestaltung der Grabbilder des Minnesängers und seiner Gemahlin die Körperauffassung der hochgotischen Plastik von ihrer anziehendsten Seite zeigt. »Der spezifische Unterschied zwischen männlicher und weiblicher Vornehmheit ist selten so feinfühlig charakterisiert worden wie hier; die Darstellung des Grafen (...) ist durchaus auf die Betonung des Edel-Hagern, Scharfen, Schneidigen abgestimmt«, die der Gräfin »dagegen durchaus auf die Betonung des Milden, Zarten und Anmutigen« (Erwin Panofsky).[135]

Wie ein erratischer Block mag sich die Grabtumba des Grafenpaares in ihrer Zeit ausgenommen haben. Es gab kein plastisches Werk in Unterfranken, das mit ihr vergleichbar war. Erst am Ende des 13. Jahrhunderts, also recht spät im Vergleich zu anderen Kunstregionen, beginnt die gotische Bildnerei in unserem Raum aufzublühen. Die Ursache für diese auffällige Verspätung hat schon Wilhelm Pinder benannt:[136] »Es fehlte in der entscheidenden Zeit« (um die Mitte des 13. Jahrhunderts) »an den großen Bauaufgaben, mit denen alle reichere plastische Entwicklung damals durch Personalunion verbunden war.« Diese auf Würzburg bezogene Feststellung gilt für ganz Mainfranken – mit Ausnahme Bambergs. Hier band der in der ersten Hälfte des 13. Jahrhunderts neu errichtete Dom bedeutende Kräfte, setzte mächtige bildhauerische Energien frei. Der Würzburger Dom indessen, die größte mittelalterliche Bauunternehmung im unterfränkischen Raum, war zu früh vollendet, als daß sich hier eine bedeutende go-

tische Bauhütte hätte bilden können. Die erwähnten Osttürme gaben jedenfalls keine Impulse für die Bildnerei.
Der Umschwung erfolgte erst mit der bauplastischen Ausstattung der WÜRZBURGER DEUTSCHHAUSKIRCHE kurz vor der Wende zum 14. Jahrhundert.[137] Mittelrheinische Bildhauer versahen die Schlußsteine, Gurtscheitelsteine und Dienstkonsolen mit figürlichem Schmuck von hoher künstlerischer Qualität. Die besten Arbeiten befinden sich in der westlichen Kirchenhälfte (ab dem vierten Joch von Osten), die einer zweiten Bauphase der Kirche in den neunziger Jahren des 13. Jahrhunderts angehört. Am eindrucksvollsten ist die Dienstkonsole an der Nordwand zwischen dem dritten und vierten Joch (von Osten). Hier wurde eine Höllenszene dargestellt, die von einer Phantasiemächtigkeit ist, daß den Betrachter Grauen vor den Kräften der Finsternis befällt und Mitleid mit den armen Seelen erfüllt. Selten wurden in der deutschen Plastik des Mittelalters so eindringlich die Folgen der Verdammnis geschildert. Die Kunst des großen Meisters, der die Konsole schuf, kann sich mit dem Besten der Zeit messen. Offensichtlich kam er aus Mainz, wie Parallelen zu dem dortigen Domlettner[138] belegen.
Den Beginn der gotischen Monumentalplastik in Unterfranken verkörpert – nach dem ungehört verhallten Präludium in Frauenroth – die bekannte DREIKÖNIGSGRUPPE im WÜRZBURGER DOM (Farbbild S. 598). Wie Beatrize Söding[139] unlängst nachgewiesen hat, ist das Ensemble fast lebensgroßer Statuen keineswegs einheitlich: Unabhängig von den Königen, als Einzelwerk, entstand zunächst, wohl gegen 1295, die Madonna. Wenig später, gegen 1300, kamen die Drei Magier hinzu. Verschiedene Hände lassen sich unterscheiden, die allerdings einer gemeinsamen Werkstatt zugehören. Deren Stil wurzelt zum einen in oberrheinischen, zum anderen in regensburgischen Voraussetzungen und bleibt insgesamt, wie Beatrize Söding feststellt, recht altertümlich. Alle vier Figuren, deren Qualität unterschiedlich ist (am mäßigsten die des Mohrenkönigs), waren von Beginn an für eine Aufstellung an den Pfeilern gedacht, allerdings in sinnvollerer Weise als heute. Bekrönt waren sie einst mit Baldachinen, die im Laufe der Jahrhunderte verloren gingen. Die Dreikönigsgruppe ist ein Nachhall der kathedralgotischen Monumentalplastik, für die es in Unterfranken nur ein weiteres Beispiel gibt, weshalb sie für unseren Raum eine Kostbarkeit darstellt. Noch ist das entscheidende Prinzip hochgotischen Figurenaufbaus klar erkennbar: der um eine Mittelachse gerundete menschliche Leib, den das Gewand in organischer Weise umhüllt. Wie anders dagegen die etwa hundert Jahre jüngeren Nachfahren der Würzburger Dreikönigsgruppe in der OCHSENFURTER STADTPFARRKIRCHE[140] und in der LAURENTIUSKAPELLE zu MILTENBERG,[141] die sich, nach spätgotischer Art und Weise, in der Fläche entfalten!

Aus der Werkstatt, welche die Epiphanie-Gruppe im Würzburger Dom schuf, stammt auch die wohl im ersten Viertel des 14. Jahrhunderts entstandene MADONNENSTATUE in der Pfarrkirche zu LAUB,[142] die noch einmal die Auffassungen einer vergangenen Epoche spiegelt.

Die unterfränkische Monumentalskulptur des 14. Jahrhunderts wird sehr eindrucksvoll durch die berühmte Reihe der BISCHOFSGRABMÄLER im WÜRZBURGER DOM repräsentiert. Am Anfang steht die GRABPLATTE des MANEGOLD VON NEUENBURG,[143] der als erster Nachfolger des hl. Burkard mit dem Schwert, dem Abzeichen der herzoglichen Gewalt, dargestellt wurde. Bald nach dem Tod des Bischofs im Jahre 1303 dürfte die Grabplatte geschaffen worden sein. Wenn auch die Figur zu Teilen überarbeitet wurde – leider auch das Haupt –, so haben wir doch ein immer noch authentisches Werk vor uns. Die Leibesmacht und die individuelle Erscheinung der Physiognomie (Doppelkinn!) weisen zurück auf die Skulptur des 13. Jahrhunderts, zumal die Naumburger. Das Übergewicht des Gewandstoffes aber, die Tendenz zu seiner flächigen Ausbreitung und die kalligraphisch ondulierenden Säume kündigen bereits die Formensprache des 14. Jahrhunderts an.

Mit dem GRABMAL des WOLFRAM VON GRUMBACH[144] († 1333) beginnt eine neue Stilphase. Die breitflächige Figur wird von einem Schwingen erfaßt, während eine stracks diagonal verlaufende Faltenbahn für optische Stabilität sorgt. Zwischen den kontrapostisch differenzierten Beinen bilden sich schattende Schüsselfalten. Noch bleibt die Figur, einer alten Tradition folgend, im rahmenden Gehäuse ›gefangen‹, so als sei sie ein Werk der monumentalen Bauplastik.

In völliger Freiheit, ledig jeglicher Bindung an einen Rahmen, erscheint dagegen die berühmte FIGUR des OTTO II. VON WOLFSKEEL vor dem Betrachter (Farbbild S. 599). Die Grabplatte des 1345 verstorbenen Bischofs wird wohl gegen die Jahrhundertmitte entstanden sein.[145] Dieses Werk, das mit einiger Wahrscheinlichkeit ein genuin würzburgisches ist, hat einer der größten Bildhauer seiner Zeit geschaffen, dem man den Notnamen ›Wolfskeelmeister‹ gab. Die hochgewachsene, feingliedrige Gestalt des Bischofs ist zutiefst belebt durch den beinahe unmerklichen S-Schwung und eine sachte Drehung in der Hüfte, wodurch sie annähernd die Qualität einer Rundfigur erhält, zumal die Unterarme mit den Insignien geistlicher und weltlicher Macht aus der Tiefe hervordrängen. Das in eleganten Schwüngen, in weicher Stofflichkeit herabfallende Gewand bildet ungeachtet seines kalligraphischen Eigenlebens eine überzeugende Einheit mit dem Körper und steigert dessen Wirkung. »Asketisch-aristokratisch« (Pinder) erscheint dieses Idealbild eines Kirchenfürsten, das seinesgleichen in der mittelalterlichen Kunst sucht. Das von einem Mitarbeiter (?) des Wolfskeel-

meisters geschaffene Grabmal des Bischofs Friedrich von Hohenlohe († 1352) im Bamberger Dom bleibt nicht nur in handwerklicher Hinsicht (Faltengebung!), sondern auch in der Vordergründigkeit der Personencharakterisierung deutlich hinter dem Würzburger Denkmal zurück, obgleich es ähnlichen Auffassungen verpflichtet ist.[146]
In den Umkreis des Wolfskeelmeisters gehört auch das monumentale GNADENSTUHLRELIEF[147] aus der ehemaligen Totenkapelle des BÜRGERSPITALS in WÜRZBURG, das heute im MAINFRÄNKISCHEN MUSEUM aufbewahrt wird. Der thronende Gottvater präsentiert voll Trauer den Kruzifixus als Zeichen der göttlichen Barmherzigkeit. Die mächtige Gruppe fährt förmlich aus der Tiefe einer seichten Nische auf, während zu ihren Füßen die Stifter aus dem Hause Steren knien. In dem furchterregenden Ernst Gottvaters, in seinem gramvollen Antlitz, mag man etwas von der durch Pest und Unruhen mancher Art erschütterten Zeit um 1340/50 wiedererkennen, obschon dergleichen Deutungen meist zu kurz greifen. Das Entscheidende ist der Einklang zwischen Thema und Darstellung, worin der Gnadenstuhl dem Grabmal des Otto von Wolfskeel gleicht. Wilhelm Pinders Meinung, daß beide Werke von einer Hand geschaffen wurden, ist verschiedentlich bezweifelt worden; im Geist stimmen sie indessen zweifellos überein.
Von ähnlichem Ernst wie der Gnadenstuhl ist auch der LEPROSENSTEIN[148] in ST. BURKARD ZU WÜRZBURG geprägt, obgleich die Formensprache eine ganz andere ist. Ein vielleicht aus Nürnberg zugewanderter Bildhauer hat das bedeutende Relief gegen 1360 geschaffen. In diese Zeit datiert auch ein VESPERBILD (Pieta)[149] im MAINFRÄNKISCHEN MUSEUM in WÜRZBURG, das wohl von einem Bildhauer im weiteren Umfeld des Wolfskeelmeisters geschaffen wurde. Obgleich es keine besonders qualitätvolle Arbeit ist, darf es doch als typisches, unterfränkisches Beispiel für den Pieta-Typ des 14. Jahrhunderts gelten. Die Gattung des Vesperbildes entstand in der ersten Jahrhunderthälfte und fand eine weite Verbreitung. Es mag einst der andächtigen Versenkung des Gläubigen in die Mysterien des Erlösungswerkes Christi gedient haben; Genaues wissen wir nicht über die Aufgabe der sogenannten ›Andachtsbilder‹.[150] Die Parallelen zur Thronenden Madonna sind evident, allerdings hält Maria nun nicht mehr das Kind im Arm, sondern birgt den toten Sohn in ihrem Schoß. Der steil aufragende Oberkörper Christi ist charakteristisch für die Vesperbilder des 14. Jahrhunderts, eine Besonderheit stellt aber die Wendung von der Profil- in die Frontalansicht dar, wofür es schwäbische Vergleichsbeispiele gibt. Von der Auffassung und vom Stil her gehört auch dieses ernste Bildwerk in die aufgewühlte Zeit um die Jahrhundertmitte.
Eine andere Richtung bricht sich in der mainfränkischen Plastik des

14. Jahrhunderts mit dem GRABDENKMAL ALBRECHTS II. VON HOHENLOHE[151] († 1372) im WÜRZBURGER DOM Bahn. Ein wenig outriert, äußerlich ist die allzu elegant geschwungene Gestalt des Bischofs, dessen von einer modischen Frisur gerahmtes Gesicht mit den erstaunlich individuellen Zügen das eines weltzugewandten und -erfahrenen Hofmannes ist. Der kurze Rumpf und der langgestreckte Unterkörper sowie die Glätte der Faltengebung sind Charakteristika dieser letzten Stilphase würzburgischer Plastik im 14. Jahrhundert, wie verschiedene Madonnenstatuen[152] demonstrieren. Die Wucht des parlerischen Figurenstils wird man in der mainfränkischen Plastik dieser Zeit vergebens suchen. Einen Nachhall glaubt man jedoch in dem GRABDENKMAL des BISCHOFS GERHARD VON SCHWARZBURG[153] († 1400) im WÜRZBURGER DOM erkennen zu können, einem Bildwerk, das zum Weichen Stil überleitet (Farbbild S. 599).

3.2 Vom Weichen Stil zu Tilman Riemenschneider

Verglichen mit der Figur Albrechts II. von Hohenlohe erscheint die der Schwarzburg-Grabplatte in breiter Frontalität, wie um eine Symmetrieachse aufgebaut; nur noch der leise Schwung des Oberkörpers erweckt von ferne die Erinnerung an den würzburgischen Figurenstil der zweiten Hälfte des 14. Jahrhunderts. Die kompakte Gesamterscheinung der Figur mag ein parlerisches Erbe sein; die Gewandfülle indessen und die rahmenden Faltenkaskaden mit den wellenförmig ondulierenden Gewandsäumen sind bezeichnende Elemente des Weichen Stils. Undurchdringlich, ein wenig grämlich ist der Ausdruck der individualisierten Physiognomie des Bischofs, der den Freiheitstraum der Würzburger Bürgerschaft in der Schlacht von Bergtheim (1400) zerstörte. Dem Künstler, der das bedeutende Grabmal schuf, hat man den Notnamen ›Schwarzburgmeister‹ verliehen.

Nicht viele herausragende oder zumindest typische Bildwerke des Weichen Stils finden sich in Unterfranken. Das bedeutendste ist mit Sicherheit die Tonfigur des HL. ANDREAS in der OCHSENFURTER STADTPFARRKIRCHE.[154] Die Gedrungenheit der Statue sowie die Überfülle der breit schwingenden und schwer herabfallenden weichen Gewandfalten verweisen ebenso wie das Material auf Nürnberg als den Entstehungsort der Plastik. Die rahmenden Faltenkaskaden verwachsen förmlich mit dem Massiv der Schüsselfalten. Im Hinblick auf die Verwandtschaft mit der Strahlenkranzmadonna von St. Sebald in Nürnberg datiert man den Tonapostel gegen 1420. Erstaunlich lebendig ist der Ausdruck des Hauptes und der Hände, von denen die eine den Segen spendet, die andere die stumme Beredsamkeit des Antlitzes unterstreicht.

Stilverwandt und zeitgleich, in der Ausführung jedoch wesentlich gröber ist die massige SANDSTEINMADONNA im CHOR der IPHÖFER STADTPFARRKIRCHE,[155] die wiederum kein genuin mainfränkisches Werk sein dürfte. Vielleicht schuf die Statue ein aus Regensburg zugewanderter Bildhauer. Von höherer Qualität ist die wohl gegen 1440 entstandene sogenannte SCHÖNE MADONNA VON IPHOFEN[156] in derselben Kirche, die wahrscheinlich ein Nürnberger Künstler fertigte. Die Lebendigkeit des Kindes, das nach dem von seiner Mutter gereichten Apfel greift, und der liebliche, träumerische Ausdruck der Gesichter spiegeln noch einmal die Ideale des Weichen Stils wider, die einseitige Mantelraffung und der Verzicht auf die verdoppelte Faltenkaskade hingegen weisen die Madonna als spätes Werk dieser Stilrichtung aus.

Wenig früher, gegen 1430, wiederum in der Spätzeit des Weichen Stils, entstand die PIETA aus ST. MICHAEL in VOLKACH,[157] die sich heute im MAINFRÄNKISCHEN MUSEUM in WÜRZBURG befindet. Anders als bei den Vesperbildern des 14. Jahrhunderts liegt der Leichnam Christi nun horizontal auf den Knien der Mutter. Verglichen mit den südostdeutschen Vesperbildern[158] ist die Faltengebung längst nicht mehr so differenziert, sondern ein wenig plump, und fast ein wenig derb wirkt die weinerliche Physiognomie der Mutter. Das Werk besteht zwar aus fränkischem Sandstein, der Bildhauer, der es schuf, dürfte aber kein Einheimischer gewesen sein.

Letzteres gilt auch für die TONMADONNA in der PFARRKIRCHE zu SCHMERLENBACH (Farbbild S. 599),[159] die allerdings früher anzusetzen ist (ca. 1410/15). Ob sie ein mittelrheinischer Meister schuf, steht dahin; Bezüge zur Bauplastik der Marienkapelle sind nicht zu übersehen.[160]

Seit dem 14., vor allem dann im 15. Jahrhundert bürgerte sich das Rittergrabmal ein. Allein die erhaltenen Denkmäler dieser plastischen Gattung sind Legion. Ein charakteristisches Beispiel des Weichen Stils ist das GRABMAL des FRIEDRICHS VON WOLFSKEEL († 1408)[161] aus dem ehemaligen Zisterzienserinnenkloster HEILIGENTHAL, das sich im MAINFRÄNKISCHEN MUSEUM in WÜRZBURG befindet. Bezeichnend für die Epoche des Weichen Stils sind die hypertrophen Faltenkaskaden, die in auffälligem Kontrast zur Starre des Panzers stehen. Die wiederum geradezu individuellen Gesichtszüge des Ritters (vgl. das Schwarzburg-Grabmal) lassen fast an ein Porträt denken.

Unterfrankens bedeutendste bauplastische Arbeiten aus der Zeit des Weichen Stils finden sich an der WÜRZBURGER MARIENKAPELLE.[162] Zwei Bauhütten lassen sich unterscheiden: eine ›parlerische‹, der wir die ungewöhnlich qualitätvollen Figurenkonsolen im Langhaus verdanken, und eine am Mittelrhein geschulte, welche die Schlußsteine im Chor, das Schwarzburg-Epitaph und schließlich die drei Portalreliefs schuf. Letztere Arbeiten sind im

Gegensatz zu denen der parlerischen Hütte nur von mäßiger Qualität; die Eleganz mittelrheinischer Plastik ist pausbäckiger Biederkeit gewichen. Als beste Arbeit darf das Verkündigungstympanon des Nordportals gelten, das in ikonographischer Hinsicht Berühmtheit erlangt hat (Darstellung der Empfängnis Christi durch das Ohr der Jungfrau Maria; Farbbild S. 599).[163] Die Formensprache des Weichen Stils erscheint hier allgemein merkwürdig verdünnt, wenn nicht verwässert. Gleichwohl beeindruckt die bauplastische Ausstattung als Ganzes, ist sie doch ein später, gleichsam bürgerlicher Nachklang der Kathedralgotik. Eine Ausnahmestellung nimmt die Trumeau-Madonna vom Westportal[164] ein, die eine Nachzüglerin der ›Schönen Madonnen‹ ist (s. die unsymmetrische Faltenkaskadenbildung). Probleme wirft die Datierung auf. Vor oder um 1400 könnten die parlerischen Konsolen, um 1420 dürften indessen die Tympanareliefs entstanden sein (vgl. das GRABMAL der GERTRUDIS VON BREYDENBACH[165] in der ASCHAFFENBURGER STIFTSKIRCHE, † 1421). Die Trumeau-Madonna allerdings wird man noch später, gegen 1430, ansetzen müssen.
Die Portalreliefs der Marienkapelle fanden in der unterfränkischen Bauplastik des 15. Jahrhunderts gelegentlich Nachfolge. Vom Gerichtsportal sind das Tympanon der MICHAELSKAPELLE in OCHSENFURT (um 1450)[166] und des NORDPORTALS der KITZINGER STADTPFARRKIRCHE, vom Marienportal das Tympanon des Kitzinger WESTPORTALS[167] abzuleiten. Der Stil des Ochsenfurter Reliefs schließt sich noch recht eng dem des Würzburger Vorbilds an, die Kitzinger Arbeiten sind indessen Zeugnisse bescheidener künstlerischer Fertigkeit, weshalb die Datierung nicht leicht fällt (sicher nach 1420). Völlig unabhängig von der Marienkapelle in Würzburg sind hingegen die PORTALRELIEFS der HASSFURTER RITTERKAPELLE.[168]
In Würzburg wurde der Weiche Stil nie recht heimisch,[169] ja es scheint in der ersten Hälfte des 15. Jahrhunderts generell keine bedeutende plastische Produktion gegeben zu haben, sieht man von der Marienkapelle ab. Bezeichnend ist, daß ein so bedeutendes Werk, wie der gegen 1440 entstandene MARIENTOD im WÜRZBURGER DOM,[170] mit einiger Wahrscheinlichkeit aus Frankfurt, einem Zentrum spätgotischer mittelrheinischer Kunst, importiert worden sein dürfte, auf jeden Fall kein heimisches ›Erzeugnis‹ darstellt.
Schwer zu überblicken ist immer noch jene Zeitspanne in der Geschichte der unterfränkischen Plastik, die zwischen dem Ausgang des Weichen Stils (ca. 1430/40) und dem Wirken Tilman Riemenschneiders am Ende des 15. Jahrhunderts liegt. Gegen 1450 dürfte die FRANKENSTEINSCHE MADONNA in ST. BURKARD in WÜRZBURG[171] geschnitzt worden sein, die sich unverkennbar vom Stil Hans Multschers beeinflußt erweist – ein bemerkenswertes Zeugnis der großen Wirkung, die vom Werk des überragenden

Ulmer Künstlers ausging. Eine neue Formensprache kündigt sich in dem knitterig werdenden Gefält des Madonnengewandes an.
Für den Stil der sechziger Jahre sind die Grabmäler des Bischofs Gottfried IV. Schenk von Limburg und des Bischofs Johann III. von Grumbach[172] im Würzburger Dom charakteristische Beispiele. Wuchtig, fast blockhaft ist die Erscheinung der breit angelegten Figuren. »Beim Grumbach ist jede Falte eigentlich ein prismatischer Körper« (Pinder). Kantig und eckig wie das Faltenwerk ist auch die Behandlung seines Gesichts.
Etwas später (?) dürfte die besonders feine Madonna in der Pfarrkirche zu Burgpreppach[173] entstanden sein. Rätselhaft bleibt, in welchen künstlerischen Voraussetzungen sie wurzelt. Das liebliche Gesicht erinnert immer noch an die ›Schönen Madonnen‹, der spröde Knitterfaltenstil weist sie indessen als deutlich fortgeschrittenes Werk aus.
Zur Riemenschneider-Zeit leitet die Alabastergruppe der Verkündigung an Maria aus der Kapelle des Domherrnhofes Rötelsee in Würzburg (heute: München, Bayerisches Nationalmuseum) über,[174] die um 1484 datiert wird. Wahrscheinlich sind die Statuetten in Würzburg gefertigt worden. Formal gehören sie dem »Stilhorizont der 70/80er Jahre an, der die Wirksamkeit Niclaus Gerhaerts von Leyden voraussetzt« (Alfred Schädler). Der Faltenstil der Gewänder verrät eine Affinität zur niederländischen Malerei, wodurch offenbar wird, wie weltzugewandt und aufgeschlossen die Bildhauerei der Bischofsstadt mit einem Mal geworden war.
Die lange Phase der Stagnation, die mit dem langweiligen Grabmal des Bischofs Johann I. von Egloffstein[175] († 1411) im Würzburger Dom eingesetzt und auch durch die an der Marienkapelle beschäftigten Hütten keine nennenswerte Unterbrechung erfahren hatte, kam nun zum Abschluß. Mit der qualitätvollen Verkündigungsgruppe aus dem Hof Rötelsee fand die unterfränkische Plastik wieder zu einem hohen Niveau zurück.
Fast möchte man soweit gehen und sagen, daß damit der Weg frei gemacht war für die Wirksamkeit eines Künstlers von überregionalem Rang: Tilman Riemenschneider.[176] Immer wieder macht man in der Kunstgeschichte die Beobachtung, daß nach langen Phasen des Niedergangs oder des Tiefstands künstlerischer Tätigkeit sich plötzlich, ohne daß die eigentlichen Ursachen hierfür erkennbar würden, wieder die Kräfte anspannten und daß dann künstlerische Persönlichkeiten auftraten, die die allgemeinen Bestrebungen zusammenfaßten und in ihrem Schaffen zu einem Kulminationspunkt führten. Für die spätgotische Plastik Würzburgs und Unterfrankens war dieser ›Mann der Stunde‹ der aus Heiligenstadt im Eichsfeld gebürtige, in Osterrode im Harz herangewachsene und gegen 1483 zugewanderte Bildhauer Riemenschneider. Seine Kunst, die einerseits in oberrheini-

schen Voraussetzungen (Niclaus Gerhaert; Martin Schongauer) wurzelt, andererseits ulmische Elemente in sich aufgenommen hat (Michel Erhart), entsprach ganz offensichtlich dem Geschmack der Mainfranken, bevor sie dann selbst geschmacksbildend werden sollte. Hinzu kam, daß gerade zu dieser Zeit, als viele Kirchenneubauten ihrer Vollendung entgegengingen und auszustatten waren,[177] sich einem tüchtigen Bildhauer wie Riemenschneider ein großes Betätigungsfeld bot. Verschiedene glückliche Umstände werden es also gewesen sein, die den Aufstieg des zunächst namenlosen, 1483 in die Lukasgilde, die Zunft der Würzburger Maler und Bildhauer, aufgenommenen Malerknechts ermöglichten. Seine ersten großen Werke datieren in die neunziger Jahre, und bald schon zeigte sich allerorten im mainfränkischen Raum Riemenschneiders Einfluß, der schließlich so stark werden sollte, daß man den Würzburger Bildschnitzer einen »zarten Tyrannen« (Pinder)[178] genannt hat. Merkwürdig bleibt, daß die Wirkungen Riemenschneiders allerdings kaum über Mainfranken hinausreichten, daß er immer ein »mainfränkischer« Künstler geblieben ist.
Es kann hier nicht der Ort sein, das Leben und das Riesenwerk dieses außerordentlich fleißigen Bildhauers darzustellen. Es mögen einige wenige Bemerkungen genügen, die zugleich diesen Überblick über die mittelalterliche Kunst Unterfrankens abschließen sollen. Mit Riemenschneiders Werk findet nämlich die Epoche der Gotik in unserem Raum ihren Abschluß und zugleich beginnt mit ihm etwas Neues. Zu einseitig hat man bisher in dem Würzburger Bildhauer allein den Repräsentanten einer untergehenden Zeit erblickt. In Wirklichkeit tritt uns in Riemenschneiders Person und Schaffen auch bereits die sogenannte Neuzeit entgegen. Von symbolhafter Bedeutung ist es, daß mit dem Bildhauer erstmals in der unterfränkischen Kunstgeschichte des Mittelalters eine klar umrissene historische Persönlichkeit den Schauplatz betrat, während in den Jahrhunderten davor die Künstler in der Regel (Ausnahmen bestätigen diese) hinter ihrem Werk verborgen blieben. In Mainfranken änderte sich dies erst mit Riemenschneider. Schon deswegen, aber auch infolge seines mächtigen Einflusses auf das bildnerische Schaffen seiner Zeitgenossen möchte man fast von einer ›Riemenschneider-Zeit‹ sprechen. Durch und durch ›persönlich‹ erscheint auch sein Werk. Er bildete einen ganz eigentümlichen, individuellen Stil aus, der kaum merklichen Wandlungen unterworfen war. Über dem frommen, lyrischen, wenn nicht gar melancholischen Grundton seiner Bildwerke darf man nicht vergessen, wie viel davon schon auf die Renaissance verweist. Der ADAM der MARIENKAPELLE in WÜRZBURG[179] von 1492/93 (heute: MAINFRÄNKISCHES MUSEUM), der wohl auf Betreiben des Bildhauers als bartloser Jüngling dargestellt wurde, ist eine der ersten monumentalen Aktfiguren nördlich der Alpen, die ein manifestes Interesse an

der Darstellung des nackten menschlichen Körpers offenbart (Farbbild S. 599). Auch wenn der Stand der Figur noch ›unsicher‹ wirkt (Unterschenkel und Füße sind übrigens ergänzt), so wird doch in der Ponderierung deutlich, daß Riemenschneider die Wirkung einer neuzeitlichen Statue in idealer, gleichwohl die Naturbeobachtung voraussetzender Nacktheit[180] anstrebte. Im Vergleich zu Adam bleibt die STATUE der EVA[181] wesentlich traditioneller und formelhafter, weil hier auf das Naturstudium verzichtet wurde.

Auch das scheinbar so ›gotische‹ SCHERENBERG-GRABMAL im WÜRZBURGER DOM[182] von 1496/99 weist neuzeitliche Züge auf (Abb. S. 645). Die Fülle der Knitterfalten und das kunstvolle Gesprenge können nicht darüber hinwegtäuschen, daß der Bildhauer bestrebt war, eine unverwechselbare Persönlichkeit, ein Individuum, wenn auch in idealisierter Einkleidung, darzustellen. Selbst wenn die Physiognomie kein echtes Bildnis, sondern ein Idealporträt sein sollte, ist doch nicht zu verkennen, daß zumindest der Anschein der Porträtähnlichkeit erweckt wurde, wodurch sich das Grabmal als im Geiste schon ›neuzeitliches‹ Werk zu erkennen gibt. Der sogenannte spätgotische Realismus und das neuzeitliche Interesse am menschlichen Individuum verbinden sich in der Darstellung des greisen Kirchenfürsten.

Auch ein so durchaus ›mittelalterliches‹ Werk, wie der herrliche MARIENALTAR in CREGLINGEN,[183] der im ersten Jahrzehnt des 16. Jahrhunderts geschaffen wurde, läßt in der Figurenkomposition des Schreins, in der neuartigen Monumentalität der Einzelfigur und schließlich in der dramatischen Inszenierung Auffassungen erkennen, welche die Kunst der Renaissance ankündigen.

So vollendete sich in Tilman Riemenschneiders Werk nicht nur die mittelalterliche Kunst Unterfrankens, sondern zugleich bahnte es den Weg in die Kunst der Neuzeit.

Grabmal des Bischofs Rudolf II. von Scherenberg im Würzburger Dom.

Anmerkungen

[1] Knapp, Mainfranken.
[2] O. Meyer, Unterfranken. Ein Aufriß seines Weges durch die Jahrhunderte, MainfrH 69, 1979.
[3] KDB Lohr, S. 79–83; W. Boeckelmann, Die Stiftskirche zu Neustadt am Main, 1965; L. Schaefer, in: Vorromanische Kirchenbauten. Katalog der Denkmäler bis zum Ausgang der Ottonen, hg. vom Zentralinstitut für Kunstgeschichte, 1966, S. 233; H. Zöller, in: Kilian. Mönch aus Irland – aller Franken Patron 689–1989, Katalog der Sonderausstellung zur 1300-Jahr-Feier des Kiliansmartyriums, 1989, S. 234–236.
[4] Oswald, Würzburger Kirchenbauten, S. 11–32 (mit bibliographischen Angaben); vgl. dagegen R. E. Kuhn, Die Rundkirche St. Maria auf der Festung Marienberg in Würzburg. Eine Studie zu ihrer Form und Herkunft, in: WDGBl 47, 1985, S. 5–30.
[5] KDB Neustadt a. Saale, S. 38–50; F. Oswald, in: Vorromanische Kirchenbauten, wie Anm. 3, S. 44.
[6] KDB, Stadt Würzburg, S. 347–357; Oswald, wie Anm. 4, S. 33–65.
[7] KDB Stadt Würzburg, S. 141–154; Owald, wie Anm. 4, S. 66–96; s. ferner zur ›Vorgeschichte‹ des romanischen Baus H. Schulze, Neue Gedanken zur Baugeschichte der Andreas-/Burkarduskirche in Würzburg, in: WDGBl 48, 1986, S. 163–180; vgl. dagegen L. Wamser, Castellum, quod nominatur Wirciburc, in: Kilian, wie Anm. 3, Aufsätze, hg. von J. Erichsen, 1989, S. 196 ff.
[8] Wichtigste Literatur: KDB Stadt Würzburg, S. 23–48; W. Burmeister, Dom und Neumünster zu Würzburg, 1928; F. Mader, Der Dom zu Würzburg, 1928; G. von Bezold, Zur Geschichte der romanischen Baukunst in der Erzdiözese Mainz, in: Marburger Jb für Kunstwissenschaft 8/9, 1936, S. 42–48; K. Gerstenberg, Der Dom zu Würzburg in seinem baugeschichtlichen Werden, in: Die Kunstpflege 1, 1948, S. 59–66; B. H. Röttger, Felix Ordo. Würzburger Beiträge zur Architekturgeschichte des Mittelalters, in: WDGBl 11/12, 1945/50, S. 43–79; Ders./H. Schulze, Zu einer Baugeschichte des Kiliansdomes und seiner Vorgänger, in: R. Schömig (Hg.), Ecclesia Cathedralis. Der Dom zu Würzburg, 1967, S. 49–53; R. E. Kuhn, Großer Führer durch Würzburgs Dom und Neumünster, 1968; H. Muth, Der Dom zu Würzburg, [9]1980; Schulze, Dom zu Würzburg.
[9] S. Hohmann, Studien zur Wandgliederung und Bauplastik des Würzburger Domes, Wissenschaftliche Arbeit zur Erlangung des Akademischen Grades eines Magister Artium, Phil. Fakultät II d. Universität Würzburg, 1989.
[10] Vgl. G. P. Fehring/R. Schweizer, Großkomburg. Der romanische Gründungsbau der Klosterkirche und seine Geschichte, in: WürttembFr 56, 1972, S. 6, 13–14 (mit Abb. 4).
[11] E. Hause, Der Bau der St.-Aegidius-Basilika auf Kleinkomburg, in: WürttembFr 56, 1972, S. 99–113.
[12] *Cum Majoris Ecclesiae nostrae Tectum propter annosam vetustatem jam penitus dilapsum esset, & jam casum Ruinamque minitaretur, sollicitè cogitavimus quomodo & hoc malum declinare & totum Monasterium in melius reformare possemus* etc., in: Schulze, Dom zu Würzburg, S. 89. Zu überlegen ist, ob mit *maior ecclesia* nicht allein Chor und Vierung bzw. die Ostteile des Domes, die damals in der Tat die ältesten Bauteile waren, gemeint sind (zu der Bezeichnung *ecclesia maior* s. H. Muth, Stiftskirche und Pfarrkirche. Zu den Weihen des Würzburger Domes 1187/88, in: WDGBl 37, 1975, S. 481–484.
[13] Zu den Weihenotizen s. Otto Meyer, Eine Kapelle des hl. Kaisers Heinrich im Würzburger Dom, in: Ders., Varia Franconiae Historica II, MainfrSt 24/II, 1981, S. 457–468; Muth, wie Anm. 12. Die Weihen dürften infolge der Choreinwölbung (ecclesiae maioris) unter Bischof Gottfried I. von Spitzenberg-Helfenstein (1186–1190) nötig geworden sein (s. dazu L. Fries, Historie [etc.] der Bischoffen zu Wirtzburg [etc.], in: J. P. Ludewig, Geschicht-Schreiber von dem Bischoffthum Wirtzburg, 1713, S. 527; Schulze, wie Anm. 12, S. 111, 120).
[14] Burmeister, wie Anm. 8, S. 17 ff.; von Bezold, wie Anm. 8, S. 42–48; Gerstenberg, wie Anm. 8, S. 61 f.; E. Lehmann, Der frühe deutsche Kirchenbau. Die Entwicklung seiner Raumanordnung bis 1080, [2]1949, S. 52 ff., 56, 66, 68, 128.

[15] Vgl. H. E. Kubach/A. Verbeek, Romanische Kirchen an Rhein und Maas, ²1972, S. 345, 352 u. Taf. 55, 57, 61, 243.
[16] R. E. Kuhn, Die Bauornamentik des St.-Kilians-Domes in Würzburg um die Zeit des heiligen Bruno, in: WDGBl 46, 1984, S. 134ff. Gegen die Ableitung des Gliederungssystems aus der Lombardei spricht der Umstand, daß vergleichbare Vorlagenapparate dort erst zu Beginn des 12. Jahrhunderts auftreten (vgl. Westfassade von S. Ambrogio in Mailand).
[17] Vgl. Haas/Pfistermeister, Romanik in Bayern, S. 23ff.; H. Scholke, Romanische Architektur am Harz, 1987, S. 29ff.; H. Wischermann, Romanik in Baden-Württemberg, 1987, S. 25ff.; B. Schütz/W. Müller, Deutsche Romanik. Die Kirchenbauten der Kaiser, Bischöfe und Klöster, 1989, S. 214ff., S. 233ff.
[18] P. Herde, Das staufische Zeitalter, in: P. Kolb/E.-G. Krenig (Hgg.), UFrGesch 1, 1989, S. 340, 342, 347.
[19] KDB Stadt Würzburg, S. 337–344; Oswald, wie Anm. 4, S. 159–186.
[20] KDB Stadt Aschaffenburg, S. 25–53; Klewitz, Stiftskirche zu Aschaffenburg, S. 85–89.
[21] KDB Hammelburg, S. 117–123; Haas/Pfistermeister, wie Anm. 17, S. 314.
[22] KDB Miltenberg, S. 135–142.
[23] KDB Mellrichstadt, S. 150–158; Brückner/Lenssen, Zisterzienser, S. 128–129 (Wechterswinkel). – KDB Bad Kissingen, S. 97–102; Brückner/Lenssen, Zisterzienser, S. 103–104 (Frauenroth).
[24] KDB Neustadt a. Saale, S. 150–162.
[25] KDB Bezirksamt Würzburg, S. 37–47; F. Oswald, in: Wendehorst (Hg.), Würzburg, S. 128 u. Abb. 41.
[26] KDB Bad Kissingen, S. 52–60; Brückner/Lenssen, wie Anm. 23, S. 83–86.
[27] Vgl. H. Hahn, Die frühe Kirchenbaukunst der Zisterzienser, 1957, S. 97ff. (Fontenay), S. 244ff. (Maulbronn).
[28] Vgl. K. J. Conant, Cluny. Les églises et la maison du chef d'ordre, 1968, S. 54ff.
[29] KDB Bezirksamt Würzburg, S. 228–233; H. Muth, Oberzell am Main (Schnell/Steiner Kunstführer 586), ²1986; R. Lichtmaneker, Die Kirche des Klosters Oberzell am Main – Eine Baumonographie, Wissenschaftliche Arbeit zur Erlangung des akademischen Grades eines Magister Artium, Phil. Fakultät II d. Universität Würzburg, 1991.
[30] Vgl. W. Hoffmann, Hirsau und die ›Hirsauer Bauschule‹, 1950, Abb. 14, 21.
[31] KDB Ochsenfurt, S. 254–264; W. Wiesener, Tueglenhausen. 1075 Jahre Tückelhausen, Ochsenfurt 1963; P. Schäfer, Die Baugeschichte der ehemaligen Klosterkirche in Tückelhausen. Wissenschaftliche Arbeit zur Erlangung des akademischen Grades eines Magister Artium, Phil. Fakultät II d. Universität Würzburg, 1990.
[32] Siehe Schäfer, wie Anm. 31.
[33] Ebd.
[34] KDB Lohr, S. 58–70; F. Oswald/V. Plagemann, Die ehemalige Benediktinerabteikirche in Neustadt am Main, in: WDGBl 30, 1968, S. 228–250; B. Klein, Die Klosterkirche zu Neustadt am Main. Wissenschaftliche Arbeit zur Erlangung des akademischen Grades eines Magister Artium, Phil. Fakultät II d. Universität Würzburg, 1992.
[35] Kubach/Verbeek, wie Anm. 15, S. 338 und Taf. 51.
[36] KDB Hammelburg, S. 16–26; Haas/Pfistermeister, wie Anm. 17, S. 259.
[37] KDB Stadt Würzburg, S. 285–303; Oswald, wie Anm. 4, S. 97–127.
[38] KDB Stadt Würzburg, S. 26, 40–43. Die von Schulze, wie Anm. 12, S. 112ff. postulierte Chronologie erscheint als unbegründet. Nach Ausweis der Formen datieren die Osttürme in die späteste Romanik, d. h. in die 1. Hälfte des 13. Jahrhunderts.
[39] KDB Kitzingen, S. 118–123; Haas/Pfistermeister, wie Anm. 17, S. 301.
[40] KDB Ochsenfurt, S. 227–236; G. Menth, St. Kunigund auf dem Altenberg, in: Stadt Aub: Kunst und Geschichte 1, 1985.
[41] KDB Bezirksamt Würzburg, S. 107–112.
[42] KDB Lohr, S. 109–125; W. Mogge, Burg Rothenfels am Main, ³1971; W. Hotz, Pfalzen und Burgen der Stauferzeit, 1981, S. 211; Antonow, Burgen im Mainviereck, S. 81–92.
[43] KDB Gemünden, S. 106–124; Hotz, wie Anm. 42, S. 209.

[44] KDB Neustadt a. Saale, S. 166–193; Hotz, wie Anm. 42, S. 212f.
[45] KDB Kitzingen, S. 67–70; A. Antonow, Die Johanniterburg Biebelried bei Würzburg, in: Burgen und Schlösser. Zeitschrift der Deutschen Burgenvereinigung e. V., 1976, S. 10–20.
[46] KDB Miltenberg, S. 326–343; W. Hotz, Burg Wildenberg im Odenwald, 1963; Ders., wie Anm. 42, S. 190–195; Antonow, wie Anm. 42, S. 111–125.
[47] KDB Stadt Aschaffenburg, S. 303–306; K. Gruber, Aschaffenburg, – Stadt zwischen Schloß und Stift, AJb 4, 1957, S. 43ff.; R. Fischer, Das Untermaingebiet und Aschaffenburg im frühen und hohen Mittelalter, in P. Kolb/E.-G. Krenig (Hgg.), wie Anm. 18, S. 278. Die Ruine des kriegszerstörten Hauses wurde 1953 wegen Baufälligkeit abgebrochen.
[48] KDB Stadt Würzburg, S. 548–562; Hotz, wie Anm. 42, S. 211f.; H. Dunkhase, in: A. Wendehorst (Hg.), wie Anm. 25, S. 134f. u. Abb. 73, 78.
[49] KDB Ochsenfurt, S. 222–225.
[50] M. Wieser, Ein romanisches Turmgebäude in Eibelstadt – Kreis Würzburg. Wissenschaftliche Arbeit zur Erlangung des akademischen Grades eines Magister Artium, Phil. Fakultät II d. Universität Würzburg, 1991 (Druckfassung vorgesehen in: Heimatbogen 7, hg. v. Heimatverein Eibelstadt, 1992). Zur Geschichte des Turmhofes s. auch Otto Meyer, Eibelstadt – Vom Königshof zur Stadt, in: Heimatbogen 3, hg. v. Heimatverein Eibelstadt, 1988.
[51] KDB Stadt Würzburg, S. 627; F. Oswald, in: Wendehorst (Hg.), wie Anm. 25, S. 128 u. Abb. 44.
[52] Ehedem Hof Walkenried. KDB, wie Anm. 51, S. 611 u. S. 615, Fig. 491; A. Bechtold, Beiträge zur Topographie des alten Würzburg, I. Die Bolengasse und der Hof Walkenried, in: AUFr 68, 1929, S. 221–246.
[53] KDB Bezirksamt Würzburg, S. 238–240.
[54] R. M. Gorenflo, Die Rekonstruktion und die zeitliche Einordnung der romanischen Zweiturmfassade der ehemaligen Abteikirche Amorbach, in: F. Oswald/W. Störmer (Hgg.), Die Abtei Amorbach im Odenwald. Neue Beiträge zur Geschichte und Kultur des Klosters und seines Herrschaftsgebietes, 1984, S. 73–87.
[55] S. o. 1.2; vgl. dagegen Schulze, wie Anm. 12, S. 59ff., 101ff., 113.
[56] Oswald, wie Anm. 4, S. 146ff., 152f.
[57] Knapp, wie Anm. 1, S. 334; O. Demus, Romanische Wandmalerei, 1968, S. 44.
[58] R. E. Kuhn, Die Kryptenkapelle, die Freskenreste und der unterirdische Gang im Querschiff des St.-Kilians-Domes, in: WDGBl 50, 1988, S. 551–573; Muth, Die künstlerische Ausstattung des Domes, S. 102.
[59] Engelhart, Würzburger Buchmalerei, S. 285.
[60] Ebd., S. 285–320.
[61] So z. B. der bei H. Schulze, wie Anm. 12, 2, Abb. 112 abgebildete kannelierte Kämpfer. Nicht karolingisch, sondern ohne jeden Zweifel spätromanisch sind dagegen die Spolien auf den Abb. 3–6, 8, 123. Wohl ins 11. Jahrhundert datieren die Pilasterkapitelle auf den Abb. 54–56, 57, 57a.
[62] Franconia Sacra, S. 50; H. Thurn, in: Dombibliothek, S. 61 u. Abb. 40.
[63] Franconia Sacra, S. 2; H. Thurn, in: Dombibliothek, S. 47f.
[64] Muth, wie Anm. 58, S. 101f; s. ferner KDB Stadt Würzburg, S. 64.
[65] Muth, wie Anm. 58, S. 100.
[66] KDB Neustadt a. Saale. S. 216f.; Radziejewski, Romanische Steinplastik, S. 44–46; F. Arens, Romanische Türstürze am Mittel- und Oberrhein sowie in Franken, in: Mainzer Zeitschrift 75, 1980, S. 78f. (mit weiteren Literaturangaben).
[67] Überblick über die wichtigsten Denkmäler bei Radziejewski, wie Anm. 66; Knapp, wie Anm. 1, S. 232ff.
[68] KDB Lohr, S. 73ff.; Radziejewski, wie Anm. 66, S. 47–58; Franconia Sacra, S. 62; von Freeden, Aus den Schätzen, S. 64f. (mit ausführl. Bibliographie).
[69] KDB Marktheidenfeld, S. 40f.; Radziejewski, wie Anm. 66, S. 58–62.
[70] Oswald, wie Anm. 4, S. 153–158; von Freeden, wie Anm. 68, S. 63.

[71] KDB Stadt Würzburg, S. 324–326; Radziejewski, wie Anm. 66, S. 16–23; Franconia Sacra, S. 30; R. Kuhn, Der Neumünster-Kreuzgang und das Grab Walthers von der Vogelweide, 1959; R. Budde, Deutsche romanische Skulptur. 1050–1250, 1979, S. 86.

[72] KDB Marktheidenfeld, S. 40–43; Radziejewski, wie Anm. 66, S. 58–62 (Holzkirchen). – KDB Gemünden, S. 89; Radziejewski, wie Anm. 66, S. 62–64 (Massenbuch).

[73] Ph. M. Halm/G. Lill, Die Bildwerke des Bayerischen Nationalmuseums. I. Abteilung. Die Bildwerke in Holz und Stein vom XII. Jahrhundert bis 1450, in: Kataloge des Bayerischen Nationalmuseums 13, 1924, S. 16; Radziejewski, wie Anm. 66, S. 23–25; Kuhn, wie Anm. 71, S. 25.

[74] Pinder, Mittelalterliche Plastik Würzburgs, S. 9f.; Radziejewski, wie Anm. 66, S. 69–71; E. Soder von Güldenstubbe, Der Dom von Würzburg als geschichtlicher Ort, in: R. Schömig (Hg.), Ecclesia Cathedralis, S. 29 (Abb.: heutiger Zustand des Grabdenkmals).

[75] Pinder, wie Anm. 74, S. 13; Radziejewski, wie Anm. 66, S. 71–73; von Freeden, wie Anm. 68, S. 66 (mit ausführlichen Literaturangaben).

[76] Radziejewski, wie Anm. 66, S. 36–39; Menth, wie Anm. 40, S. 19–21, 31–33.

[77] KDB Stadt Aschaffenburg, S. 191 f.; Radziejewski, wie Anm. 66, S. 65–67.

[78] KDB, wie Anm. 77, S. 42 u. Taf. III–IV; Radziejewski, wie Anm. 66, S. 67 f.; Wirth, Westportaltympanon der Aschaffenburger Stiftskirche; M. Klewitz, Das Leichhofportal des Mainzer Domes, in: Mainz und der Mittelrhein in der europäischen Kunstgeschichte, Studien f. W. F. Volbach zu s. 70. Geb. (in: Forschungen zur Kunstgeschichte und Christlichen Archäologie 6), 1966, S. 204, 208 f.; Budde, wie Anm. 71, S. 81.

[79] Th. Müller, Der Aschaffenburger Kruzifixus, in: AJb 4/1, 1957, S. 390–404; Budde, wie Anm. 71, S. 71.

[80] KDB Schweinfurt, S. 16–35.

[81] D. Leistikow, Burg Krautheim und die Architektur des 13. Jahrhunderts in Mainfranken, Masch.schr. Diss., TH Karlsruhe 1956, S. 107 ff. (gekürzte Druckfassung mit identischem Titel in: WürttembFr 43, 1959, S. 52–147, hier: S. 72 ff.).

[82] N. Nußbaum, Deutsche Kirchenbaukunst der Gotik, 1985, S. 37 ff.

[83] W. Wiemer, Die Baugeschichte und Bauhütte der Ebracher Abteikirche. 1200–1285, 1958.

[84] Klewitz, Stiftskirche zu Aschaffenburg, S. 69 ff., 89 ff.; M. Fath, Die frühgotischen Bauteile der Stiftskirche St. Peter und Alexander zu Aschaffenburg und ihr Kreuzgang, in: AJb 5, 1972, S. 283–301.

[85] Klewitz, wie Anm. 84, S. 89.

[86] Fath, wie Anm. 84, S. 297–301.

[87] KDB Ochsenfurt, S. 12–25; Leistikow, wie Anm. 81, in: WürttembFr 43, 1959, S. 133–137.

[88] KDB Stadt Würzburg, S. 179–184; R. Krautheimer, Die Kirchen der Bettelorden in Deutschland, 1925, S. 65 f.; H. Konow, Die Baukunst der Bettelorden am Oberrhein, 1954, S. 9–11; K. Gerstenberg, Die Franziskanerkirche in Würzburg, 1962.

[89] So Krautheimer, wie Anm. 88, S. 66; Konow, wie Anm. 88, S. 10; Gerstenberg, wie Anm. 88, S. 4.

[90] W. Schenkluhn, Ordines Studentes. Aspekte zur Kirchenarchitektur der Dominikaner und Franziskaner im 13. Jahrhundert, 1985, S. 81 (Abb. 27), 83.

[91] KDB Stadt Würzburg, S. 130–134.

[92] Vgl. dagegen Krautheimer, wie Anm. 88, S. 141, Anm. 57, der, entgegen KDB, einen umgekehrten Bauverlauf postuliert: 1. Langhaus, 2. Chor.

[93] S. o. Anm. 23.

[94] Brückner/Lenssen, wie Anm. 23, S. 110–112 (Himmelspforten), 109 f. (Heiligenthal) u. 119 f. (Mariaburghausen) mit bibliographischen Angaben.

[95] KDB Stadt Würzburg, S. 165–177; Pinder, wie Anm. 74, S. 17–23; H.-P. Trenschel, Deutschhauskirche Würzburg, 1978.

[96] KDB Karlstadt, S. 16–24.

[97] KDB Ochsenfurt, S. 134–142; Trenschel, Ochsenfurter Kirchenbauten, S. 46–53; Ders., Katholische Stadtpfarrkirche St. Andreas, ^{3}1989.

[98] KDB Königshofen, S. 79–92; R. Zürrlein, Stadtpfarrkirche Bad Königshofen im Grabfeld, [4]1984.

[99] KDB Kitzingen, S. 14–30; A. Englert, Katholische Stadtpfarrkirche St. Johannes Baptist Kitzingen am Main, 1979.

[100] KDB Stadt Würzburg, S. 249–261; Gerstenberg, Marienkapelle; R. E. Kuhn, Marienkapelle in Würzburg, [4]1985.

[101] Pinder, wie Anm. 74, S. 150 ff.; Gerstenberg, wie Anm. 100.

[102] KDB Gerolzhofen, S. 235–240; H. Muth, Die Kirchen zu Volkach am Main, [3]1987.

[103] KDB Haßfurt, S. 51–71; E. Kainz, Die Ritterkapelle in Haßfurt. Eine stilgeschichtliche Würdigung, in: WDGBl 4, 1936, S. 1–18; J. Kehl, Chronik von Haßfurt. Die Geschichte eines fränkischen Landstädtchens, 1948, S. 224–232; Ch. Baur, Die Marien- oder Ritterkapelle in Haßfurt. Heideloffs Ideen zu ihrer Restauration und deren Ausführung, in: Stadt Haßfurt. 1235–1985, 1985, S. 57–70.

[104] KDB Ochsenfurt, S. 150–155; Trenschel, Ochsenfurter Kirchenbauten, S. 53–56.

[105] F. Fischer, Die spätgotische Kirchenbaukunst am Mittelrhein. 1410–1520, in: Heidelberger Kunstgeschichtliche Abhandlungen N.F. 7, 1962, S. 90. – Nicht nur nach dem Mittel-, sondern auch nach dem Oberrhein orientierte sich das spätgotische Ochsenfurter Kunstschaffen, wie das prächtige Sakramentshäuschen in der Stadtpfarrkirche demonstriert (KDB Ochsenfurt, S. 144–146; Trenschel, wie Anm. 140, S. 48).

[106] KDB Stadt Würzburg, S. 105–108, 116–119; Schulze, wie Anm. 12, S. 175–180, 193–198.

[107] KDB Kitzingen, S. 106 f.; H. Bauer, Dettelbach. Geschichte einer romantischen Stadt am Main und ihrer Ortsteile, 1983, S. 70–80.

[108] KDB Ochsenfurt, S. 176–184; E. Mainka, ›Capitulum modernum‹ – das Neue Rathaus zu Ochsenfurt, in: H. Pritzl (Hg.), Ochsenfurt. Lebendige Tradition und wirkungsvolle Gegenwart, 1986, S. 59–67.

[109] KDB Ochsenfurt, S. 96 f.

[110] Leitschuh, Geschichte der Malerei in Würzburg.

[111] Menth, wie Anm. 40, S. 26–29.

[112] KDB Stadt Aschaffenburg, S. 134–136.

[113] Muth, wie Anm. 58, S. 110 (s. auch S. 96, Abb.). Während Muth die Szene als ›Trauernde Maria und der Jünger Johannes‹ deutet, wird sie in der Bildlegende auf S. 96 als ›Verkündigung‹ bezeichnet. Die von Muth angegebene Datierung (›letztes Drittel des 14. Jahrhunderts‹) erscheint als zu früh.

[114] KDB Schweinfurt, S. 35 f.

[115] KDB Hofheim, S. 71–74.

[116] KDB Karlstadt, S. 97 f.

[117] KDB Miltenberg, S. 224.

[118] Ragaller, Würzburg – ein Glasmalereizentrum.

[119] Ragaller, wie Anm. 118, S. 93 ff. S. ferner R. Kahsnitz, in: Mainfränkische Glasmalerei um 1420, S. 16.

[120] KDB Marktheidenfeld, S. 29 f. u. Taf. II.

[121] KDB Miltenberg, S. 227 f. u. Taf. XXXVII.

[122] KDB Gerolzhofen, S. 12 u. Taf. I–II.

[123] S. Kleidt, in: Kilian. Mönch aus Irland, wie Anm. 3, S. 34 f.

[124] KDB Obernburg, S. 149 f. u. Taf. X–XII (Wörth); ebd., S. 141 u. Taf. IX (Wenigumstadt). A. Stange, Deutsche Malerei der Gotik, S. 114, u. Ders., Kritisches Verzeichnis der deutschen Tafelbilder, S. 130, Nr. 323, hat dem ›Meister des Kiliansmartyriums‹ (s. u. Anm. 125) den Wörther Altar zugeschrieben – eine Attribution, die sich m. E. nicht aufrechterhalten läßt.

[125] Zum ›Meister des Kiliansmartyriums‹ s. A. Stange, wie Anm. 124, S. 113 f., u. Ders., Kritisches Verzeichnis der deutschen Tafelbilder, S. 129 f., Nr. 321–323. Zum Kiliansmartyrium im M.-v.-Wagner-Mus. s. V. Hoffmann/K. Koppe, Martin-von-Wagner-Museum der Universität Würzburg. Gemäldekatalog, 1986, S. 122 f., Nr. 310 (mit ausführl. Bibliogr.); S. Kavasch, Die ältere Kiliansmarter des Martin-von-Wagner-Museums, Wissen-

schaftliche Arbeit zur Erlangung des akademischen Grades eines Magister Artium, Phil. Fakultät II d. Universität Würzburg, 1990.

[126] M. Geisberg, Geschichte der deutschen Graphik vor Dürer, 1939, S. 90f., 193; U. Petersen, Der Monogrammist AG, Maschinenschriftl. Diss., Freiburg 1953; Vetter/Walz, Die Rolle des Monogrammisten AG, S. 65ff.

[127] Hoffmann/Koppe, wie Anm. 125, S. 220f., Nr. 556 (mit Bibliogr.); A. Söllner, Studien zum sogenannten Marienaltar im Martin-von-Wagner-Museum, Wissenschaftliche Arbeit zur Erlangung des akademischen Grades eines Magister Artium, Phil. Fakultät II d. Universität Würzburg, 1990.

[128] Muth, in: Kilian. Mönch aus Irland, wie Anm. 3, S. 36, Nr. 3 (Eibelstädter Fragment); von Freeden, wie Anm. 68, S. 80 (Epitaph f. B. Kraft).

[129] Zülch, Grünewald, S. 13–16, 74ff., 355, 371, 373.

[130] Pinder, wie Anm. 74.

[131] Bier, Riemenschneider.

[132] H. Müller, Fränkische Plastik.

[133] KDB Bad Kissingen, S. 104 u. Taf. IV–VI; E. Panofsky, Die deutsche Plastik des elften bis dreizehnten Jahrhunderts, 1924, S. 162f.; Pinder, wie Anm. 74, S. 55f.

[134] E. Hubala, Die Kunstdenkmäler Frankens, in: ZBLG 46, 1983, S. 163.

[135] Panofsky, wie Anm. 133, S. 162.

[136] Pinder, wie Anm. 74, S. 8.

[137] Ebd. S. 17–33.

[138] Vgl. A. Peschlow-Kondermann, Rekonstruktion des Westlettners und der Ostchoranlage des 13. Jahrhunderts im Mainzer Dom, in: Forschungen zur Kunstgeschichte und Archäologie 8, 1972, Abb. 28 (Auferstehender).

[139] B. Söding, Die Dreikönigsgruppe im Würzburger Dom. Studien zur hochgotischen Monumentalskulptur in Deutschland an der Wende vom 13. zum 14. Jahrhundert, Diss., Universität Würzburg 1987 (im Druck; erscheint Hildesheim 1992).

[140] KDB Ochsenfurt, S. 147; Pinder, wie Anm. 74, S. 145ff.; Trenschel, Bildwerke in Ochsenfurt, S. 41ff.

[141] KDB Miltenberg, S. 226–229.

[142] KDB Gerolzhofen, S. 156f u. Taf. IV. Zuletzt: Söding, wie Anm. 139. – Erwähnung verdient auch die wohl aus Frauenroth stammende, gegen 1300 entstandene MADONNA in LAUTER (KDB Bad Kissingen, S. 124–125), deren Stil nach Nürnberg weist (B. Söding).

[143] Pinder, wie Anm. 74, S. 50ff.; Söding, wie Anm. 139.

[144] Pinder, wie Anm. 74, S. 69–76.

[145] Ebd. S. 76ff.; Müller, Fränkische Plastik, S. 51ff.

[146] Vgl. dagegen O. von Simson, in: Propyläen Kunstgeschichte 6, 1972, S. 256.

[147] Pinder, wie Anm. 74, S. 78ff.; Müller, wie Anm. 145, S. 51ff.; von Freeden, wie Anm. 68, S. 68 (mit ausführl. Bibliographie).

[148] Pinder, wie Anm. 74, S. 96–100; Müller, wie Anm. 145, S. 62f.

[149] von Freeden, wie Anm. 68, S. 69.

[150] Zu diesem Problemkomplex zuletzt: M. Schawe, Fasciculus myrrhae – Pietà und Hoheslied, in: Jb des Zentralinstituts für Kunstgeschichte 5/6, 1989/90, S. 161–212.

[151] Pinder, wie Anm. 74, S. 88–94; Müller, wie Anm. 145, S. 87.

[152] Pinder, wie Anm. 74, S. 89–95; Müller, wie Anm. 145, S. 87ff.

[153] Pinder, wie Anm. 74, S. 123ff.; Müller, wie Anm. S. 89f.

[154] Pinder, wie Anm. 74, S. 142f.; Müller, wie Anm. 145, S. 126ff.; Trenschel, wie Anm. 140, S. 45f.

[155] Müller, wie Anm. 145, S. 123–126.

[156] Ebd. S. 139–141.

[157] Ebd. S. 110ff.; von Freeden, wie Anm. 68, S. 72.

[158] Vgl. W. Pinder, Die deutsche Plastik vom ausgehenden Mittelalter bis zum Ende der Renaissance (= Handbuch der Kunstwissenschaft) 1, 1924, S. 171–176.

[159] KDB Bezirksamt Aschaffenburg, S. 126 u. Taf. XII; Kunst um 1400 am Mittelrhein – Ein

Teil der Wirklichkeit, Ausstellungskat., Frankfurt a. M. 1975, S. 117, Nr. 8, Abb. 96; B. Schreck, Die Trumeau-Madonna der Würzburger Marienkapelle, Wissenschaftliche Arbeit zur Erlangung des akademischen Grades eines Magister Artium, Phil. Fakultät II d. Universität Würzburg, 1986, S. 38 ff.

160 Hubala, wie Anm. 134, S. 165.

161 Pinder, wie Anm. 74, S. 133; von Freeden, wie Anm. 68, S. 71.

162 Pinder, wie Anm. 74, S. 110–122, 150–152; Müller, wie Anm. 145, S. 92–96; Gerstenberg, wie Anm. 100; Schreck, wie Anm. 159.

163 G. Schiller, Ikonographie der christlichen Kunst 1, 1966, S. 44 ff., hier insbes. S. 56 f.

164 Pinder, wie Anm. 74, S. 151 f.; Schreck, wie Anm. 159 (mit Bibliographie).

165 Pinder, wie Anm. 158, S. 204, Abb. 181, 205.

166 Pinder, wie Anm. 74, S. 115; Müller, wie Anm. 145, S. 96; Trenschel, wie Anm. 140, S. 46 f.

167 Pinder, wie Anm. 74, S. 111 ff.; Müller, wie Anm. 145, S. 94 ff.

168 KDB Haßfurt, S. 63 f., 67, Fig. 37 u. Taf. IV; Pinder, wie Anm. 158, S. 81.

169 Müller, wie Anm. 145, S. 98 ff.

170 Schreck, wie Anm. 159, S. 37 f. (mit Bibliographie).

171 Pinder, wie Anm. 158, 2, S. 311 u. Taf. XV.

172 Ebd. S. 282.

173 Ebd. S. 311. Abb. in KDB Hofheim, Taf. IV (nach S. 38).

174 A. Schädler, in: Tilman Riemenschneider – Frühe Werke, S. 261–263, Nr. 56 (mit Bibliographie).

175 Pinder, wie Anm. 74, S. 127; Ders., wie Anm. 158, 1, S. 199, 2, S. 281.

176 Grundlegend: Bier, Riemenschneider; Schrade, Riemenschneider; Gerstenberg, Riemenschneider; Tilman Riemenschneider – Frühe Werke; Muth, Riemenschneider.

177 S. o. Die Epoche der Gotik, 1.2.

178 Pinder, wie Anm. 158, 2, S. 414.

179 Bier, wie Anm. 176, 1, S. 65 ff.; Muth, wie Anm. 176, S. 29 ff. (mit ausführlicher Bibliographie).

180 Zum Terminus ›ideale Nacktheit‹ s. N. Himmelmann, Ideale Nacktheit, in: Rhein.-Westfäl. Akademie d. Wissensch., Abhandlungen 73, 1985.

181 Wie Anm. 179.

182 Bier, wie Anm. 176, 1, S. 78–86; B. Buczynski/A. Kratz, in: Tilman Riemenschneider – Frühe Werke, S. 343–349.

183 Bier, wie Anm. 176, 2, S. 56–86.

Literatur (Auswahl)

A. Antonow, Burgen im Mainviereck: Breuberg, Freudenberg, Miltenberg, Prozelten, Rothenfels, Wertheim, Wildenberg, 1987; Die Bibliothek des Würzburger Domstifts: 742–1803, e. Ausstellung d. Univ.-Bibliothek Würzburg, 1988; J. Bier, Tilman Riemenschneider, 1–4, 1925–1978; W. Brückner/J. Lenssen (Hgg.), Zisterzienser in Franken. Das alte Bistum Würzburg und seine einstigen Zisterzen, in: Kirche, Kunst und Kultur in Franken 2, 1991; H. Engelhart, Die Würzburger Buchmalerei im hohen Mittelalter, QFW 34, 1987; Franconia Sacra. Meisterwerke kirchlicher Kunst des Mittelalters in Franken, Ausstellungskat., 1952; M. H. von Freeden, Aus den Schätzen des Mainfränkischen Museums Würzburg. Ausgewählte Werke mit 156 Bildtafeln, 1972; K. Gerstenberg, Tilman Riemenschneider, [4]1955; K. Gerstenberg, Die Bauplastik in der Marienkapelle zu Würzburg, in: Zeitschrift für Kunstgeschichte 21, 1958, S. 107–122; W. Haas/U. Pfistermeister, Romanik in Bayern, 1985; M. Klewitz, Die Baugeschichte der Stiftskirche St. Peter und Alexander zu Aschaffenburg, in: VGKA 2, 1953; F. Knapp, Mainfranken. Bamberg, Würzburg, Aschaffenburg. Eine kunstgeschichtliche Heimatkunde, [2]1937; Die Kunstdenkmäler des Königreiches Bayern, 3, Unterfranken 1–24, 1911–1927; F. F. Leitschuh, Zur Geschichte der Malerei in Würzburg im XV.–XVI. Jahrhundert, in: Monatshefte für Kunstwissenschaft 5, 1912, S. 41–51; Mainfränkische Glasmalerei um 1420. Fenster aus den Kirchen in Münnerstadt und Iphofen, Ausstellungskat., 1975; H. Müller, Fränkische Plastik in der Zeit von 1300 bis 1470, Maschinenschriftl. Diss., Würzburg 1951; H. Muth, Tilman Riemenschneider. Die Werke des Bildschnitzers und Bildhauers, seiner Werkstatt und seines Umkreises im Mainfränkischen Museum Würzburg, 1982; H. Muth, Die künstlerische Ausstattung des Domes im Wandel der Zeit, in: R. Schömig (Hg.), Ecclesia Cathedralis. Der Dom zu Würzburg, 1989; F. Oswald, Würzburger Kirchenbauten des 11. und 12. Jahrhunderts, MainfrH 45, 1966; W. Pinder, Mittelalterliche Plastik Würzburgs. Versuch einer lokalen Entwickelungsgeschichte vom Ende des 13. bis zum Anfang des 15. Jahrhunderts, [2]1924; F. Radziejewski, Die romanische Steinplastik in Franken (unter Ausschluß der Diözese Bamberg), Inaugural-Diss., Würzburg 1925; H. Ragaller, Würzburg – ein Glasmalereizentrum in Mainfranken von ca. 1390–1400?, in: MainfrJb 11, 1959, S. 92–109; R. Schömig (Hg.), Ecclesia Cathedralis. Der Dom zu Würzburg, 1989; H. Schrade,Tilman Riemenschneider, 1927; H. Schulze, Der Dom zu Würzburg. Sein Werden bis zum späten Mittelalter. Eine Baugeschichte. Dokumentation und Interpretation, QFW 39/1–3, 1991; A. Stange, Deutsche Malerei der Gotik 9, Franken, Böhmen und Thüringen-Sachsen in der Zeit von 1400 bis 1500; A. Stange, Kritisches Verzeichnis der deutschen Tafelbilder vor Dürer 3, Franken, hg. v. N. Lieb, bearb. v. P. Strieder u. H. Härtle, 1978; Tilman Riemenschneider – Frühe Werke –, Ausstellungskat., 1981; H.-P. Trenschel, Zwischen Würzburg und Nürnberg. Bildwerke des 14. und 15. Jahrhunderts in Ochsenfurt, in: H. Pritzl, Ochsenfurt an einer alten Europastraße, 1980, S. 38–48; H.-P. Trenschel, Ochsenfurter Kirchenbauten – St. Andreas und St. Michael, in: H. Pritzl (Hg.), Ochsenfurt. Lebendige Tradition und wirkungsvolle Gegenwart, 1986, S. 46–56; E. M. Vetter/A. Walz, Die Rolle des Monogrammisten AG im Werk Riemenschneiders, in: Anzeiger des Germanischen Nationalmuseums, 1980, S. 48–73; A. Wendehorst (Hg.), Würzburg. Geschichte in Bilddokumenten, 1981; K.-A. Wirth, Das Westportaltympanon der Aschaffenburger Stiftskirche. Zur Reliefstruktur der spätromanischen Plastik im Rhein-Main-Gebiet, in: AJB 4/1, 1957, S. 405–437; W. K. Zülch, Der historische Grünewald. Mathis Gothardt Neithardt, 1938.

Reihenfolge der Bischöfe von Würzburg*

Heinrich IV. (Caseus) (von Heßberg) 1202/03–1207
Otto I. von Lobdeburg 1207–1223
Dietrich von Homburg 1223–1225
Hermann I. von Lobdeburg 1225–1254
Iring von Reinstein-Homburg 1254–1265
Heinrich V. von Leiningen 1254–1255 († 1272)
Sedisvakanz 1265–1267
Poppo III. von Trimberg 1267–1271
Berthold I. von Henneberg 1267–1274 (†1312 ?)
Berthold II. von Sternberg 1274–1287
Manegold von Neuenburg 1287–1303
Andreas von Gundelfingen 1303–1313
Doppelwahl und Sedisvakanz 1313–1317
Gottfried III. von Hohenlohe 1317 (1314)–1322
Wolfram von Grumbach 1322–1333
Hermann II. Hummel von Lichtenberg 1333–1335
Otto II. von Wolfskeel 1333–1345
Albrecht I. von Hohenberg 1345–1349 († 1359)
Albrecht II. von Hohenlohe 1345 (1350)–1372
Albrecht III. von Heßberg 1372–1376 († 1382)
Gerhard von Schwarzburg 1372–1400
Johann I. von Egloffstein 1400–1411
Johann II. von Brunn 1411–1440
Sigmund von Sachsen 1440–1443 († 1471)
Gottfried IV. Schenk von Limpurg 1443–1455
Johann III. von Grumbach 1455–1466
Rudolf II. von Scherenberg 1466–1495
Lorenz von Bibra 1495–1519

* Nach: GS Würzburg 1, 2, 3

Reihenfolge der Erzbischöfe von Mainz*

Siegfried III. von Eppstein 1230–1249
Christian II. von Weisenau 1249–1251 († 1253)
Gerhard I. Wildgraf von Daun 1251–1259
Werner von Eppstein 1259–1284
Heinrich II. aus Isny 1286–1288
Gerhard II. von Eppstein 1289–1305
Peter von Aspelt 1305–1320
Matthias von Bucheck 1321–1328
Balduin von Luxemburg 1328–1337
Heinrich III. von Virneburg 1338–1346
Gerlach von Nassau 1346–1371
Johann I. von Luxemburg-Ligny 1371–1373
Ludwig von Meißen 1374–1381 († 1382)
Adolf I. von Nassau 1381–1390
Konrad II. von Weinsberg 1390–1396
Johann II. von Nassau 1397–1419
Konrad III. von Daun 1419–1434
Dietrich Schenk von Erbach 1434–1459
Diether von Isenburg 1459–1461/63 (1. Pontifikat)
Adolf II. von Nassau 1461–1475
Diether von Isenburg 1475–1482 (2. Pontifikat)
Adalbert III. von Sachsen 1482–1484 (Administrator)
Berthold von Henneberg 1484–1504
Jakob von Liebenstein 1504–1508
Uriel von Gemmingen 1508–1514
Albrecht von Brandenburg 1514–1545

* Nach: F. Jürgensmeier, Das Bistum Mainz, 1988

Reihenfolge der deutschen Könige und Kaiser*

Staufer

Kg. Konrad III. 1138–1152
K. Friedrich I. Barbarossa 1152–1190
K. Heinrich VI. 1190–1197
Kg. Philipp von Schwaben 1198–1208
K. Otto IV. 1198–1215 (Welfe; † 1218)
K. Friedrich II. 1212–1250
Kg. Heinrich (VII.) 1222–1235 († 1242)
Kg. Konrad IV. 1237–1254

Interregnum 1256–1273

Wilhelm von Holland
Richard von Cornwall
Alfons X. von Kastilien

Verschiedene Häuser

Kg. Rudolf I. von Habsburg 1273–1291
Kg. Adolf von Nassau 1292–1298
Kg. Albrecht I. von Österreich 1298–1308
K. Heinrich VII. von Luxemburg 1308–1313
K. Ludwig IV. der Baier 1314–1346
Kg. Friedrich d. Schöne von Österreich 1314–1322 († 1330)
K. Karl IV. 1346–1378
Kg. Wenzel 1378–1400 († 1419)
Kg. Ruprecht von der Pfalz 1400–1410
K. Sigismund 1410–1437

Habsburger

Kg. Albrecht II. 1438–1439
K. Friedrich III. 1440–1493
K. Maximilian I. 1493–1519

* Nach: Ploetz, Auszug aus der Geschichte

Abkürzungsverzeichnis

ADB	Allgemeine Deutsche Biographie
ADipl	Archiv für Diplomatik
AGBl	Aschaffenburger Geschichtsblätter
AHG	Archiv für hessische Geschichte und Altertumskunde
AJb	Aschaffenburger Jahrbuch
AOFr	Archiv für Geschichte und Altertumskunde von Oberfranken
ASOC	Analecta Sacri Ordinis Cisterciensis
AU	Archiv für Urkundenforschung
AUFr	Archiv des Historischen Vereins von Unterfranken und Aschaffenburg
AZ	Archivalische Zeitschrift
Bf.	Bischof
BHVB	Bericht: Historischer Verein für die Pflege der Geschichte des ehemaligen Fürstbistums Bamberg
DA	Deutsches Archiv für Erforschung des Mittelalters
Diss.	Dissertation
Eb.	Erzbischof
FDA	Freiburger Diözesan-Archiv
fol.	folio
FrLB	Fränkische Lebensbilder
FS	Festschrift
GB	Germania Benedictina
GP	Germania Pontificia
GS	Germania Sacra
GS Würzburg 1,...	Germania Sacra, Das Bistum Würzburg, Teil 1,... (bearb. von Alfred Wendehorst)
HAB	Historischer Atlas von Bayern, Teil Franken, Reihe I
Hb.	Handbuch
HbbG I, II...	Handbuch der bayer. Geschichte, Bd. I, II...
HDSW	Handwörterbuch der Sozialwissenschaften
Hg(g).	Herausgeber
Hs.	Handschrift
HZ	Historische Zeitschrift
Jb	Jahrbuch
JbMFr	Jahrbuch des Historischen Vereins für Mittelfranken
Jb f. Vkde	Jahrbuch für Volkskunde
JffL	Jahrbuch für fränkische Landesforschung
KDB	Die Kunstdenkmäler des Königreiches Bayern, Regierungsbezirk Unterfranken und Aschaffenburg (zit. z. B. KDB Lohr)
LexMA	Lexikon des Mittelalters
LThK	Lexikon für Theologie und Kirche
Lib. div. form.	Libri diversarum formarum
MB	Monumenta Boica
MainfrH	Mainfränkische Hefte

MainfrJb	Mainfränkisches Jahrbuch
MainfrSt	Mainfränkische Studien
MG	Monumenta Germaniae Historica
Conc.	Leges III. Concilia
DD	Diplomata
D K. I. usw.	Die Urkunden Konrads I. (usw.) in: Die Urkunden der deutschen Könige und Kaiser
MIÖG	Mitteilungen des Instituts für österreichische Geschichtsforschung
MSh	Monumenta Suinfurtensia historica
NDB	Neue Deutsche Biographie
NF	Neue Folge
NJBl. d. GffG	Neujahrsblätter der Gesellschaft für fränkische Geschichte
QFW	Quellen und Forschungen zur Geschichte des Bistums und Hochstifts Würzburg
r.	recto
RB	Regesta Boica
RDK	Reallexikon zur Deutschen Kunstgeschichte
Schr. d. Inst. f. fränk. LF	Schriften des Instituts für fränkische Landesforschung
StMBO	Studien und Mitteilungen zur Geschichte des Benediktinerordens und seiner Zweige
U	Urkunde
UB	Urkundenbuch
UBSt	Urkundenbuch der Benediktinerabtei St. Stephan in Würzburg
UFr	Unterfranken
UFrGesch 1	Unterfränkische Geschichte, Band 1
v.	verso
Veröff.	Veröffentlichung
VGffG	Veröffentlichungen der Gesellschaft für fränkische Geschichte
VGKA	Veröffentlichungen des Geschichts- und Kunstvereins Aschaffenburg e. V.
Vkde	Volkskunde
VL	Die Deutsche Literatur des Mittelalters – Verfasserlexikon
VSWG	Vierteljahresschrift für Sozial- und Wirtschaftsgeschichte
WDGBl	Würzburger Diözesangeschichtsblätter
WGA	Würzburger Geographische Arbeiten
WtJb	Wertheimer Jahrbuch
WürttembFr	Württembergisch Franken
WU	Würzburger Urkunde
ZBLG	Zeitschrift für bayer. Landesgeschichte
ZBKG	Zeitschrift für bayer. Kirchengeschichte
ZGO	Zeitschrift für die Geschichte des Oberrheins
ZRG	Zeitschrift der Savigny-Stiftung für Rechtsgeschichte
GA	Germanische Abteilung
KA	Kanonistische Abteilung
RA	Romanistische Abteilung

ZThGA	Zeitschrift des Vereins für Thüringische Geschichte und Altertumskunde
ZWLG	Zeitschrift für württembergische Landesgeschichte
Zs	Zeitschrift

Archive/Bibliotheken/Museen

BHStAM	Bayer. Hauptstaatsarchiv München
BStB	Bayer. Staatsbibliothek München
DAW	Diözesanarchiv Würzburg
GNM	Germanisches Nationalmuseum Nürnberg
GStAM	Geheimes Staatsarchiv München
StAB	Staatsarchiv Bamberg
StAN	Staatsarchiv Nürnberg
StAW	Staatsarchiv Würzburg
StAWt	Staatsarchiv Wertheim
StadtAA	Stadtarchiv Aschaffenburg
StadtASW	Stadtarchiv Schweinfurt
StadtAW	Stadtarchiv Würzburg
StiA	Stiftsarchiv
UBW	Universitätsbibliothek Würzburg

Register der Orts- und Personennamen

zusammengestellt von Peter Kolb

Bgf. = Burggraf; Bf. = Bischof; Eb. = Erzbischof; Gf. = Graf; Hg. = Herzog; Hl. = Heiliger; K. = Kaiser; Kg. = König; Kl. = Kloster; Lgf. = Landgraf; Mgf. = Markgraf; Pfgf. = Pfalzgraf

Abbildungsnachweis

(o. = oben, M. = Mitte, u. = unten, l. = links, r. = rechts).

Bayer. Hauptstaatsarchiv, München: S. 290 r.

Bayer. Landesamt für Denkmalpflege, München: S. 297 u. r.

Bayer. Landesvermessungsamt, München: S. 504 (Kartengrundlage: Uraufnahme NW 80–74a v. J. 1844 usf., Wiedergabe mit Genehmigung des Bayer. Landesvermessungsamtes München, Nr. 4269/91).

Bayer. Nationalmuseum, München: S. 442, 447 o. r., 248.

Bestle A., Würzburg: S. 592 u.

Braun N., Hösbach: S. 295 o. r.

Egert Dr. G., Würzburg/Stadtarchiv Volkach: S. 448 o. und u., 449 o. und u., 450, 454 u.

Eichel H., Schweinfurt: S. 168 o. und u.

Eirich F., Würzburg: S. 292 u.

Erben M., Würzburg: S. 518/19.

Foto Alfen GmbH, Aschaffenburg: S. 166 o. und u., 167, 589 o. und u., 593.

Foto Gundermann, Würzburg: S. 297 u. l.

Foto Studio Fiswik, Bad Neustadt a. d. Saale: S. 295 o. l.

Foto Mark, Ochsenfurt: S. 452 u.

FZB-Ateliers Würzburg/Gerchsheim (Berberich W.: S. 164, 289, 290 l., 291, 292 o. r., 293, 299, 445 u., 455 u., 456, 588 u., 590, 592 o., 594, 597, 598 o. l., 600; Zwicker-Berberich, D.: S. 586, 587, 588 o., 595, 596, 645; Zwicker E.: S. 297 o., 591, 598 o. r., 598 u. l., 599 o. l., M. und r., 599 u. l. und r., 619.

Germanisches Nationalmuseum, Nürnberg: S. 442, 446.

Elmar Hahn Verlag, Veitshöchheim: S. 161.

Heer H., Würzburg: S. 295 u. r.

Hennebergisches Museum Kloster Veßra: S. 163, 296.

Jonath U., Echter Würzburg: S. 165.

Kolb P., Würzburg: S. 344, 451 u., 455 o.

Koppelt H., Gerolzhofen: S. 298, 326.

Mainfränkisches Museum Würzburg: S. 263, 306.

Martin-von-Wagner-Museum, Würzburg: S. 295 u. l., 598 u. r.

Ochsenreiter A., Bozen: S. 447 o. l.

Ostheim v. d. Rhön, Fremdenverkehrsverein: S. 452 o.

Schenk W., Geographisches Institut der Universität Würzburg: S. 494, 496, 510, 512.

Staatliche Münzsammlung, München: S. 147

Staatsarchiv Würzburg: S. 69, 228, 244, 585 o. r.

Staatsbibliothek Bamberg: S. 447 u.

Staatsbibliothek Preußischer Kulturbesitz, Berlin: S. 350.

Stadtarchiv Würzburg: S. 300 u.

Universität Würzburg: S. 380, 382.

Universitätsbibliothek Würzburg: S. 59, 162 o. und u., 246, 292 o. l., 294, 300 o., 445 o., 451 o., 453 o., M. und u., 454 o., 536, 585 o. l., 585 u.

Weißenberger G., Regierung von Unterfranken, Würzburg: S. 126, 133, 198, 416, 435, 436, 473.

Die Autoren

DR. KARL ARNOLD, o. Prof für mittelalterliche Geschichte an der Universität der Bundeswehr Hamburg.

DR. WOLFGANG BRÜCKNER, o. Prof. für deutsche Philologie und Volkskunde; Mitvorstand des Instituts für deutsche Philologie an der Universität Würzburg.

DR. HORST BRUNNER, o. Prof. für deutsche Philologie; Mitvorstand des Instituts für deutsche Philologie an der Universität Würzburg.

DR. REINHARD DÜCHTING, Prof. für Lateinische Philologie des Mittelalters und der Neuzeit an der Universität Heidelberg.

DR. RUDOLF ENDRES, o. Prof. für bayer. Landesgeschichte an der Universität Bayreuth.

DR. ROMAN FISCHER, Archivrat, Frankfurt am Main.

DR. HELMUT JÄGER, o. Prof. (em.) für Kulturgeographie an der Universität Würzburg.

DR. HANS KÖRNER, Generalredaktor i. R. der Neuen Deutschen Biographie, Dürrenmungenau.

DR. PETER KOLB, Leitender Regierungsdirektor, Kulturreferent der Regierung von Unterfranken, Würzburg.

DR. STEFAN KUMMER, o. Prof. für mittlere und neuere Kunstgeschichte; Vorstand des Instituts für Kunstgeschichte der Universität Würzburg.

DR. JOSEF LEINWEBER (†), Domkapitular, o. Prof. für Kirchengeschichte, patristische Theologie und christliche Archäologie an der Theologischen Fakultät Fulda.

DR. JOHANNES MERZ, wiss. Assistent am Institut für Bayer. Geschichte der Universität München.

Dr. Dr. Karlheinz Müller, o. Prof. für biblische Einleitung und biblische Hilfswissenschaften; Mitvorstand des Instituts für biblische Theologie der Universität Würzburg.

Dr. Uwe Müller, Stadtarchivar und -bibliothekar, Schweinfurt.

Dr. Winfried Schenk, wiss. Mitarbeiter am Institut für Geographie der Universität Würzburg.

Dr. Walter Scherzer, Honorarprofessor, Leitender Archivdirektor i. R., Würzburg.

Dipl.-Theol. Erik Soder von Güldenstubbe, Diözesanarchivar, Würzburg.

Dr. Wilhelm Störmer, Prof. für mittlere und neuere Geschichte an der Universität München; Mitvorstand des Instituts für Bayer. Geschichte der Universität München.

Dr. Dieter J. Weiss, wiss. Mitarbeiter am Institut für Geschichte der Universität Erlangen.

Dr. Alfred Wendehorst, o. Prof. für Landesgeschichte an der Universität Erlangen; Wissenschaftlicher Leiter der Gesellschaft für Fränkische Geschichte.

Herausgeber

Dr. Peter Kolb, Kulturreferent bei der Regierung von Unterfranken in Würzburg.

Dr. Ernst-Günter Krenig, Studiendirektor am Wirsberggymnasium in Würzburg.